Helmut Herold: *Das Qt-Buch*

Helmut Herold

Das Qt-Buch

Portable GUI-Programmierung unter Linux / Unix / Windows

2., überarbeitete Auflage

SuSE PRESS

Bibliografische Information Der Deutschen Bibliothek

Die Deutsche Bibliothek verzeichnet diese Publikation in der Deutschen Nationalbibliografie; detaillierte bibliografische Daten sind im Internet über `http://dnb.ddb.de` abrufbar.
ISBN 3-89990-122-3

Umschlaggestaltung: Fritz Design GmbH, Erlangen
Gesamtlektorat: Nicolaus Millin
Fachlektorat: Matthias Eckermann, Michael Eicks, Stefan Fent, Thomas Fricke, Bruno Gerz, Ralf Haferkamp, Michael Hager, Stefan Probst, Harri Porten, Wolfgang Rosenauer, Chris Schläger, Lukas Tinkl
Satz: LaTeX
Druck: Kösel, Kempten
Printed in Germany on acid free paper.

Vorwort zur ersten Auflage

Wenn wir bei Trolltech an Qt denken, so denken wir an ein Werkzeug für „real programmers". Dies bedeutet keinesfalls, dass wir noch mit Fortran arbeiten oder unser API nicht dokumentieren. „Real programmers" sind für uns Profis, die ihre Arbeit gemacht bekommen müssen – schnell, effizient und mit wartbarem Code in bestmöglicher Qualität.

„Real programmers" springen nicht auf den letzten Hype auf – wie auch immer die Programmiersprache des Monats oder das Dogma der Woche lauten sollten. Für sie zählt Ausführungsgeschwindigkeit, Eleganz, Wartbarkeit, Flexibilität und nicht zuletzt die eigene Effizienz bei der Entwicklung der Programme: für immer mehr Projekte bedeutet das fast schon automatisch Qt und C++.

Verglichen mit alternativen Toolkits benötigt eine mit Qt geschriebene Anwendung in der Regel nur einen Bruchteil des Codes, ohne dabei langsamer zu sein. Wohlgemerkt, das gilt bereits für eine einzige Plattform, für cross-platform-Anwendungen fällt das Ergebnis für Qt noch viel günstiger aus. Unser Geheimrezept hierfür sind – neben der konsequenten Anwendung Objekt-orientierter Techniken – sorgfältig gestaltete APIs und Abstraktionen, mit dem Ziel die „normale" Anwendung einer Klasse so einfach wie nur irgend möglich zu machen, ohne dabei die avanciertere Verwendung zu erschweren. Das setzt voraus, dass sich ein Toolkit nicht als Blackbox präsentiert, sondern als offene Lösung auch die dahinterliegenden Konzepte offenbart.

Ein angenehmer Nebeneffekt soll hier nicht verschwiegen werden: Programmieren mit Qt macht einfach Spaß! Zumindest mir ging das vor fünf Jahren so, als ich das Toolkit erstmals als Anwender entdeckte – und bis heute hat sich daran nichts geändert. Und solange ich unsere Entwicklungsabteilung in ihrer Freizeit an privaten Qt-basierten Projekten basteln sehe, wird sich daran auch nichts ändern.

Viel Spaß also auch Ihnen mit Qt und dem bis dato umfangreichsten gedruckten Werk zur Qt-Programmierung!

Eine Bitte noch: Wenn sie einen Fehler in Qt gefunden oder einen Verbesserungsvorschlag zu machen haben, bitte zögern Sie nicht, uns eine Mail auf:

`qt-bugs@trolltech.com`

zu schicken.

Oslo, im Juni 2001 *Matthias Ettrich*

Vorwort zur zweiten Auflage

Die Erfolgsstory von Trolltech AS sucht in den heutigen Tagen ihresgleichen. Gegründet vor zehn Jahren mit einem kleinen, aber enorm schlagkräftigen Team von Spezialisten schaffte es die norwegische Softwareschmiede mit einer beispiellosen Performance Jahr für Jahr ihre Umsätze nahezu stetig zu verdoppeln und etablierte mit Qt in der Industrie genauso wie im Open Source-Umfeld das plattformübergreifende GUI Toolkit schlechthin.
Mittlerweile zählen mehr als 3 800 Unternehmen in über 55 Ländern zu den Kunden von Trolltech, davon allein die Hälfte ISVs (Independent Software Vendors). Kein anderes Application Development Framework erlaubt es, mit einem einheitlichen Quellcode derart viele unterschiedliche Plattformen und Umgebungen zu unterstützen. Auf Qt basierte Anwendungen lassen sich mit minimalem Aufwand praktisch unverändert unter Windows, Mac OS X, Unix, Linux oder Embedded Linux übersetzen und nativ verwenden. Qt ist heute bei mehr als 30 der weltweiten TOP-500 Unternehmen ein zentraler Baustein zur plattform-unabhängigen Entwicklung von Anwendungen und Grundlage für tausende von professionellen Applikationen.
Qt wird derzeit in Bereichen wie Wissenschaft und Forschung, Luft- und Raumfahrt, CAD/CAM/CAE, Unternehmenslösungen, Automobilindustrie, Animationsstudios, Öl- und Erdgassuche sowie der elektronischen Design Automation (EDA) sehr erfolgreich eingesetzt. Es findet Anwendung bei unzähligen kommerziellen Anwendungen, wie z. B. Adobes Photoshop Album, MainConcepts MainActor oder Systemen der europäischen Raumfahrtbehörde zur Erforschung des roten Planeten.
Trolltech hat es dabei geschafft, ein erfolgreiches „dual-licensing"-Geschäftsmodell zu etablieren, das neben einem herkömmlichen, kommerziellen Lizenzmodell auch eine freie Verwendung von Qt für Open Source-Software erlaubt. Dabei hat sich nicht zuletzt Linux als strategischer Inkubator für Qt erwiesen und mit dem Siegeszug von Linux und Open Source konnte auch Qt die Welt erorbern. Neben den ganz großen Qt-basierten Open Source-Projekten, wie dem KDE Desktop oder dem DTP-System Scribus, gibt es eine kaum mehr zu überschauende Anzahl von kleineren und mittleren Projekten, die auf Qt aufsetzen.
Interessant ist auch der Blick auf die Zufriedenheit der Kunden und Entwickler, die Qt einsetzen. 81 % sagen aus, daß Qt ihre Erwartungen überstiegen hat, in vielen Fällen sogar bei weitem. 97 % empfehlen Qt uneingeschränkt weiter. Daraus lässt sich vielleicht ableiten, warum sogar umfangreichste Software-Projekte, wie OpenOffice.org an einer Qt-Portiertung arbeiten oder Volvo seine Telematiksysteme für intelligente Fahrzeugkontrolle komplett auf Qt/embbeded umstellt. Offensichtlich ist es an der Zeit, daß auch Sie jetzt in die Welt von Qt eintauchen und Ihr erstes erfolgreiches Qt-Projekt beginnen.

Nürnberg, im Juli 2004 *Stefan Probst, SUSE LINUX AG, R&D*

Danksagung

Zunächst möchte ich einmal *Nico Millin* und *Dr. Markus Wirtz* von SuSE PRESS meinen Dank dafür aussprechen, dass sie beim Setzen dieses umfangreichen Buches nie den Mut verloren und immer nur positiv nach vorne – oder sagen wir in diesem Falle besser: nach hinten – geblickt haben. Trotz aller Widrigkeiten, die das Setzen eines Buches nun einmal mit sich bringt, war die Zusammenarbeit mit ihnen immer angenehm. Dafür möchte ich mich an dieser Stelle nochmals recht herzlich bedanken.

Des Weiteren möchte ich mich noch bei meinen ehemaligen Kollegen von SuSE Labs bedanken, die selbst in den größten Stresszeiten stets Zeit fanden, mir bei nervenden Fragen zu helfen, und mir mit Rat und Tat zur Seite standen. Ein dickes Dankeschön an *Klaas Freitag*, *Michael Hager*, *Stefan Hundhammer*, *Chris Schläger* und *Adrian Schroeter*.

Auch möchte ich mich bei *Michael Eicks*, *Stefan Fent*, *Thomas Fricke*, *Bruno Gerz*, *Ralf Haferkamp*, *Lukas Tinkl*, *Matthias Eckermann* und *Stefan Probst* für ihre konstruktiven Beiträge und Anregungen während des Korrekturlesens herzlich bedanken, die ich sehr gerne in dieses Buch eingearbeitet habe.

Schließlich möchte ich mich noch bei der norwegischen Firma Trolltech bedanken, ohne die es keine Qt-Bibliothek und somit auch nicht dieses Buch gäbe. Ein dickes Dankeschön an *Matthias Ettrich* und *Harri Porten* von Trolltech für ihre Unterstützung, auf die ich gerade in der Endphase der Entstehung dieses Buches angewiesen war.

Und natürlich danke ich meiner Frau Micha, die meiner Sucht zum Schreiben dieses Buches mit mehr Verständnis und Entbehrung entgegenkam als ich verdient habe. Meinen beiden Söhnen Niklas und Sascha hatte ich bei der ersten Auflage versprochen, dass wir wieder öfter Angeln gehen würden. Das Versprechen habe ich auch gehalten, wobei es trotzdem noch öfter hätte sein können.

Weisendorf-Neuenbürg, im Juli 2004 *Dr. Helmut Herold*

Inhaltsverzeichnis

Einleitung

Ursachen erkennen, das eben ist Denken, und dadurch allein werden Empfindungen zu Erkenntnissen und gehen nicht verloren, sondern werden wesenhaft und beginnen auszustrahlen.

– Herrmann Hesse

Dieses Buch stellt die von der norwegischen Firma *Trolltech* entwickelte C++-Klassenbibliothek Qt (Version 3.2) vor, die eine einfache und portable GUI-Programmierung ermöglicht. Mit Qt entwickelte Programme sind sofort ohne zusätzlichen Portierungsaufwand sowohl unter allen Unix- wie auch unter allen Windows-Systemen lauffähig. Sie müssen lediglich mit den entsprechenden Compilern (Visual C++ oder Borland C++ unter Windows-Systemen oder dem auf dem jeweiligen Unix-System angebotenen cc-Compiler) kompiliert und gelinkt werden.
In Zukunft wird die Portabilität von entwickelter Software wohl immer wichtiger werden, denn warum sollte man ein Programm entwickeln, das nur unter Windows-Systemen lauffähig ist, und sich damit freiwillig aus dem Markt der Millionen von Unix- und Linux-Systemen ausschließen. Der umgekehrte Fall gilt selbstverständlich auch.
Es stellt sich hier natürlich die Frage, warum man bei Neuentwicklungen nicht die Programmiersprache Java verwenden sollte, die auch das Erstellen portabler Programme ermöglicht. Nun, Java hat sicherlich wie Qt den Vorteil der Portabilität, aber die Ablaufgeschwindigkeit von Java-Programmen kann nicht mit der von Qt-Programmen mithalten. Außerdem sollte man berücksichtigen, dass Qt eine C++-Bibliothek ist, und schon von Programmierern, die die Programmiersprache C beherrschen und nur grundlegende Kenntnisse in C++ besitzen, verwendet werden kann. Und die Anzahl von Softwareentwicklern mit diesem Profil ist sehr groß.

Voraussetzungen des Lesers

Ein gutes *Beherrschen der Programmiersprache C* wird in diesem Buch ebenso vorausgesetzt wie die Kenntnis der *wesentlichen C-Standardfunktionen*[1]. Leser, die neu in der Welt der Objektorientierung und nicht der Programmiersprache C++ mächtig

[1]Leser, die sich zuerst die Programmiersprache C aneignen wollen, seien auf das bei SuSE PRESS erschienene Buch *C-Programmierung* verwiesen

sind, seien auf das auf Seite 3 erwähnte Buch verwiesen, das unter anderem einen C++-Schnellkursus enthält.

Ein paar Worte zu diesem Buch

Bei einer so mächtigen Bibliothek wie Qt mit Hunderten von Klassen und Tausenden von Methoden, die zum Teil an Subklassen weitervererbt werden, stellt sich natürlich die Frage, wie man so etwas vermitteln kann. Ein bloßes Vorstellen der Klassen mit ihren Methoden und Datentypen wäre wenig sinnvoll, da der Neuling zum einen von der Vielzahl der Informationen erschlagen würde und zum anderen nicht das Zusammenspiel der einzelnen Klassen, was wohl für die Praxis mit am wichtigsten ist, kennenlernen würde. Hier wurde daher folgende Vorgehensweise gewählt:

- *Vorstellen der wesentlichen Konstrukte, Klassen und Methoden von Qt*
  Es werden nicht alle Klassen, sondern nur die wesentlichen Klassen sowie dort nur die wichtigsten Methoden vorgestellt. So soll vermieden werden, dass der Leser sich durch die Vielzahl der Informationen überfordert fühlt. Eine vollständige Referenz zu Qt befindet sich in der bei der Qt-Software mitgelieferten Online-Dokumentation, ohne die auch erfahrene Qt-Programmierer kaum auskommen.
- *Zusammenfassen der Klassen zu funktionalen Themengebieten*
  Eine Beschreibung der Klassen in alphabetischer Reihenfolge würde dazu führen, dass der Leser die Klassen – ähnlich dem Lernen nach einem Lexikon – nur unstrukturiert kennenlernen würde. Um dies zu vermeiden, ist dieses Buch nach Themengebieten strukturiert, in denen jeweils die Klassen zusammengefasst sind, die artverwandt sind und Ähnliches leisten. Dieses didaktische Prinzip „Vom Problem (Aufgabenstellung) zur Lösung (Klasse)" bringt zwei Vorteile mit sich: Zum einen wird der Leser in einer strukturierten Form an die mächtige Qt-Bibliothek herangeführt, und zum anderen ermöglicht dieser Aufbau ein schnelles Nachschlagen beim späteren praktischen Programmieren, wenn zu einer gewissen Aufgabenstellung entsprechende Informationen benötigt werden.
- *Beispiele, Beispiele und noch mehr Beispiele*
  Um das Zusammenspiel der einzelnen Klassen und Methoden aufzuzeigen, werden immer wieder Beispiele[2] (über 350 Beispielprogramme mit etwa 35.000 Codezeilen) eingestreut, um typische Konstrukte oder Programmiertechniken aufzuzeigen, die es ermöglichen, später beim selbstständigen Programmieren in diesen Beispielprogrammen nachzuschlagen, wenn ähnliche Problemstellungen vorliegen. Es sei an dieser Stelle darauf hingewiesen, dass sich so bisweilen auch umfangreichere Programmlistings ergeben, die vielleicht zunächst etwas abschreckend wirken; aber praxisnahes Programmieren, das durch dieses Buch vermittelt werden soll, hat eben selten etwas mit „Zwanzig-Zeilern" zu tun. Um diese Listings nicht allzu groß werden zu lassen, werden die Methoden oft inline definiert, was hoffentlich verziehen wird.

[2] Beispiele sind mit einem hochgestellten ^{B} gekennzeichnet.

Download der Beispielprogramme und weitere Unterlagen

Webseite zum Download aller Beispielprogramme

Alle Programmbeispiele dieses Buches sowie die des nachfolgend vorgestellten Ergänzungsbuches können von der Webseite
`http://www.susepress.de/de/download/index.html`
heruntergeladen werden.

Ergänzungsbuch mit einer Einführung in die Objektorientierung und C++

Zu diesem Qt-Buch existiert noch ein Ergänzungsbuch, das weitere Beispiele und Techniken enthält. Diese 180 Beispielprogramme wurden ausgelagert, um den Umfang dieses Buches in einem erträglichen Maß zu halten. Diese ausgelagerten und teilweise sehr anspruchsvollen Beispielprogramme, die mit einem hochgestellten ^{Z} gekennzeichnet sind, kann der Leser auch als Übungen heranziehen, um seine in einem Kapitel erworbenen Kenntnisse selbst zu testen. Dabei muss er zwangsweise immer wieder in der Qt-Online-Dokumentation nachschlagen, um die Aufgabenstellungen zu lösen. Dies ist beabsichtigt, da man in der späteren Programmierpraxis auch selbstständig arbeiten muss und kaum ohne ein Nachschlagen in der Qt-Online-Dokumentation auskommen wird.
Leser, die nur an den Quellen der ausgelagerten Beispiele interessiert sind, können sich die zugehörigen Programmbeispiele von der zuvor angegebenen Webseite herunterladen.
Leser, die an folgendes interessiert sind:

- eine Einführung in die Welt der Objektorientierung und insbesondere in die wichtigsten Konzepte der objektorientierten Sprache C++, um sich diesbezüglich grundlegende Kenntnisse anzueignen, die für eine Programmierung mit der objektorientierten C++-Klassenbibliothek Qt erforderlich sind, und/oder
- den gedruckten Lösungen zu den ausgelagerten Beispielen mit entsprechenden Erläuterungen

seien auf das folgende Ergänzungsbuch hingewiesen:

Beispiele und Ergänzungen zum Qt-Buch **24,90 €**
mit einer Einführung in die Objektorientierung und C++
(über 400 Seiten, DIN A4)

Dieses Ergänzungsbuch kann gegen Vorkasse zum obigen Preis, der bereits die Versandkosten beinhaltet, bei folgender Adresse bzw. bei untenstehender Telefonnummer oder Email-Adresse bestellt werden:

less & more
Vertrieb von Lern- und Lehrunterlagen
Postfach 53 Email: *lessamore@web.de*
91084 Weisendorf Tel: *09135/799483*

Kapitel 1

Allgemeines zu Qt

Non quia difficilia sunt non audemus,
sed quia non audemus difficilia sunt.
(Nicht weil es schwer ist, wagen wir es nicht,
sondern weil wir es nicht wagen, ist es schwer.)
– Seneca

Dieses Kapitel klärt zunächst einmal, was Qt überhaupt ist und welche Vorteile Qt gegenüber anderen GUI-Produkten[1] besitzt, bevor der wichtige Qt-Begriff *Widget* eingeführt wird. Die nächsten Absätze gehen kurz auf die bei Qt mitgelieferte Dokumentation ein, bevor abschließend auf die Generierung von Qt-Programmen mit `make` sowie mit dem eigens von den Qt-Entwicklern angebotenen Tool `qmake` zur automatischen Erstellung von Makefiles eingegangen wird.

1.1 Was ist Qt und warum Qt?

Qt ist eine einfache, portable C++-Klassenbibliothek zur GUI-Programmierung:

Qt ist eine von der norwegischen Firma *Troll Tech* entwickelte C++-Klassenbibliothek, die eine einfache und portable GUI-Programmierung ermöglicht. Manche Programmierer behaupten sogar, dass Qt die einfachste GUI-Programmierung überhaupt unter den vielen angebotenen GUI-Toolkits erlaubt. Daneben sind mit Qt entwickelte Programme sowohl unter allen Linux/Unix- wie allen Windows-Systemen lauffähig. Qt unterstützt nämlich folgende Plattformen:

- **MS/Windows** – *95, 98, NT 4.0, ME, 2000* und *XP*
- **Unix/X11** – *Linux, Sun Solaris, HP-UX, Compaq Tru64 UNIX, IBM AIX, SGI IRIX* und *viele andere UNIX-Derivate*
- **Macintosh** – *Mac OS X*
- **Embedded** – *Linux Plattformen mit Framebuffer-Unterstützung*

[1] GUI steht für „Graphical User Interface".

Qt ist ein GUI-Toolkit: GUI-Toolkits sind in der Microsoft-Windows-Welt kaum bekannt, dafür aber umso mehr in der Unix-Welt. Der Grund hierfür ist, dass die Windows-GUI-Schnittstelle API schon von sich aus eine high-level-Schnittstelle ist, die z. B. Buttons, Laufbalken oder Funktionen zum Ändern von Farben und Fonts anbietet.
Anders verhält sich dagegen die unter Unix angebotene Schnittstelle des X-Window-System, die zwar sehr flexibel ist, aber nur low-level-Funktionen anbietet, wie z. B. zum Zeichnen primitiver Graphiken (Linien, Rechtecke usw.) oder zum Setzen der Hinter- und Vordergrundfarbe. Diese X-Window-Schnittstelle bietet keine high-level-Funktionen zum Erzeugen von Buttons, Laufbalken, Dialogboxen usw. Dies ist der Grund, warum einige Toolkits entwickelt wurden, um die GUI-Programmierung unter Unix zu vereinfachen. Der bekannteste Toolkit dürfte *Motif* sein, was nicht nur ein Toolkit, sondern auch eine Spezifikation für ein bestimmtes „look-and-feel" ist. Allerdings ist die Verwendung von Motif sehr schwierig und äußerst mühsam, was sich daran erkennen lässt, dass Motif-Programme wesentlich länger sind als Qt-Programme, mit gleichem Leistungsumfang. Nichtsdestotrotz ist Motif ein Standard. Qt ist nun ein GUI-Toolkit, der dieses look-and-feel von Motif mit einer wesentlich einfacheren GUI-Programmierschnittstelle zur Verfügung stellt.
Nun noch einmal zurück zum Windows-API, das Funktionen anbietet, um GUI-Elemente (wie Buttons, Menüs usw.) zu erzeugen, Farben zu ändern usw. Diese API-Schnittstelle ist zwar wesentlich einfacher als das direkte Programmieren des X-Window-Systems, aber sie ist immer noch nicht ausreichend benutzerfreundlich.
Daneben existiert noch die *Microsoft Foundation Class* (MFC), welche zwar high-level-Funktionen anbietet, aber doch sehr komplex in ihrer Verwendung ist. Bei der Benutzung von MFC muss der Benutzer immer noch sehr viel Zeit aufwenden, um eine Bedienoberfläche zu erzeugen, statt sich auf den eigentlichen Kern seiner Aufgabe zu konzentrieren.
Qt ist nun ein so genanntes *application framework*, das alle die eben erwähnten Nachteile vermeidet. Unter einem Framework versteht man ein komplettes Programmiersystem, das dem Programmierer die low-level-Arbeiten abnimmt. Dazu stellt es ihm eine Bibliothek von Klassen zur Verfügung, sodass er sich Objekte definieren kann, die genau ein *user-interface*-Element repäsentieren (wie z. B. einen Button oder ein Menü), und er so über die vom Programmiersystem bereitgestellten Konstrukte alle Anwenderinteraktionen mit diesen Elementen verwalten kann.

Vorteile von Qt: Für die Verwendung von Qt bei der Entwicklung neuer Software sprechen die folgenden Vorzüge:

- *Qt ist für Unix-Systeme (wie Linux, FreeBSD oder Solaris) frei*, wenn man freie Software für diese Systeme schreibt.
- *Qt ist portabel und einfach.* mit Qt geschriebene Programme werden, sind sowohl unter Linux/Unix als auch unter Windows lauffähig, was z. B. für MFC nicht gilt, denn mit MFC entwickelte Programme sind nur unter Windows-Systemen lauffähig. Zudem stufen viele Programmierer, die sowohl mit MFC als auch mit Qt gearbeitet haben, Qt als einfacher ein.
- *Qt ist schnell.* Programme, die mit Qt geschrieben sind, laufen sehr schnell ab.

1.2 Der Begriff „Widget"

Qt arbeitet mit so genannten *Widgets*. Dieser Begriff wird unter Unix für Windows (Fenster) verwendet: „Widget" ist eine Wortschöpfung aus den beiden Begriffen „Window" und

„Gadget“ (entspricht *Controls* unter Windows-Betriebssystemen). Nahezu alles, was man auf einer in Qt geschriebenen Oberfläche sieht, ist ein Widget: Buttons, Laufbalken, Dialogboxen usw. Widgets können ihrerseits wieder Subwidgets enthalten, wie z. B. Buttons oder Texteingabefelder in einer Dialogbox.

In Qt ist ein Widget ein Objekt einer Klasse, die von der Klasse `QWidget` abgeleitet ist. Neben einer Vielzahl in QT vordefinierter Widgets vordefinierte Widgets, kann der Qt-Programmierer auch eigene Widgets definieren.

1.3 Die Qt-Online-Dokumentation im HTML-Format

Qt bietet eine hervorragende Online-Dokumentation im HTML-Format an. Deswegen ist es in dieser Qt-Einführung auch nicht notwendig, eine Qt-Referenz anzugeben, da mit jeder Qt-Distribution eine vollständige Online-Qt-Referenz mitgeliefert wird. Zum lesen der Online-Dokumentation kann ein Webbrowser wie z. B. *Netscape Navigator*, *Internet Explorer* oder *Opera* verwendet werden. Alternative Browser, wie z. B. *arena* oder *lynx* unter Linux sind auch möglich, da die Qt-Online-Dokumentation weder spezielle HTML-Konstrukte verwendet, noch Java oder JavaScript voraussetzt.

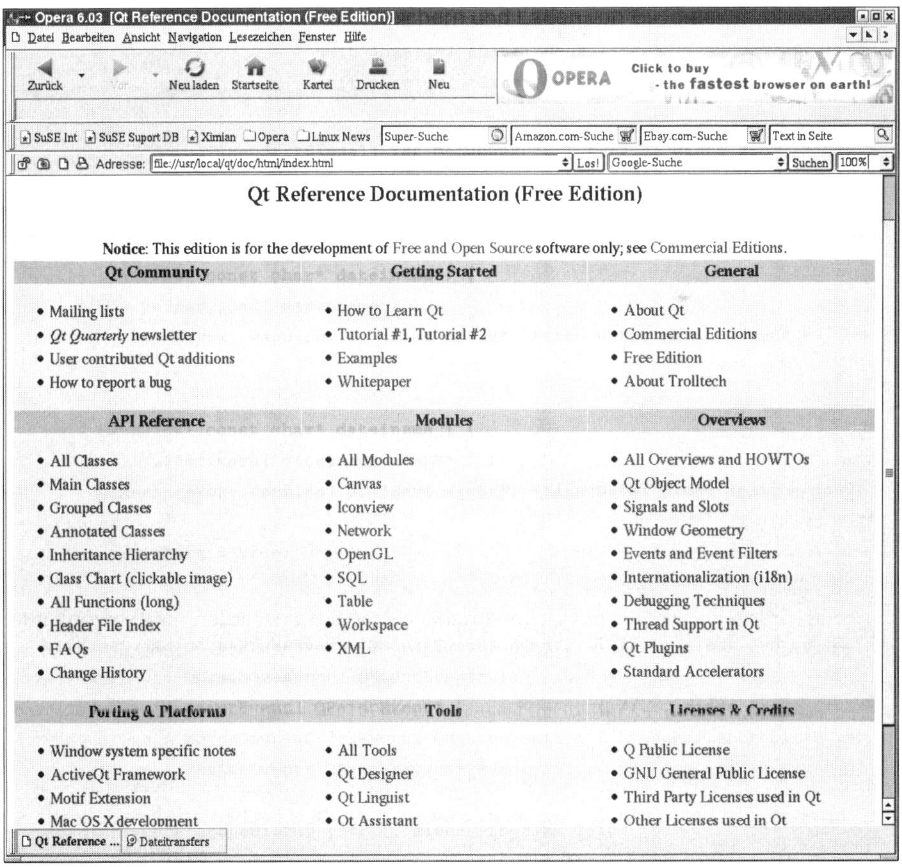

Abbildung 1.1: Startseite der Qt-Referenz-Dokumentation

Im Browser ist dann zuerst die Datei `index.html` im Verzeichnis `doc` der entsprechenden Qt-Installation zu öffnen (unter Linux/Unix-Systemen meist:
`/usr/lib/qt/doc/html` bzw. `/usr/lib/qt3/doc/html` oder auch
`/usr/local/qt/doc/html` bzw. `/usr/local/qt3/doc/html`
um die Titelseite der Qt-Dokumentation einzublenden (siehe auch Abbildung 1.1).
Für einen Einblick in die Organisation des Qt-Klassenbaum sollte man zunächst den Punkt (Link) *Annotated Classes* anklicken. Man bekommt eine Liste aller Qt-Klassen, die `public` sind, mit einer einzeiligen Kurzbeschreibung angezeigt. Später, nachdem man mit Qt etwas mehr vertraut ist, kann man dann meist direkt von der Startseite zum Punkt *All Classes* wechseln. Die dann eingeblendete Liste enthält keine Kurzbeschreibung und zeigt mehr Klassen auf einer Seite. Neben diesen beiden Punkten existieren unter anderem noch die beiden Punkte *Main Classes* (Liste der wichtigsten Klassen) und *Grouped Classes* (Liste von Gruppen, wobei bei Anklick der entsprechenden Gruppe die zu dieser Gruppe gehörigen Klassen eingeblendet werden).
Um einen ersten Eindruck über die Beschreibung der einzelnen Klassen zu erhalten, kann man nach dem Klick auf *Annotated Classes* z. B. den Link *QButton* auswählen. `QButton` ist die Klasse, die für die Erzeugung von Buttons und deren Interaktionen mit dem Programm zuständig Klasse ist (siehe auch Abbildung 1.2).

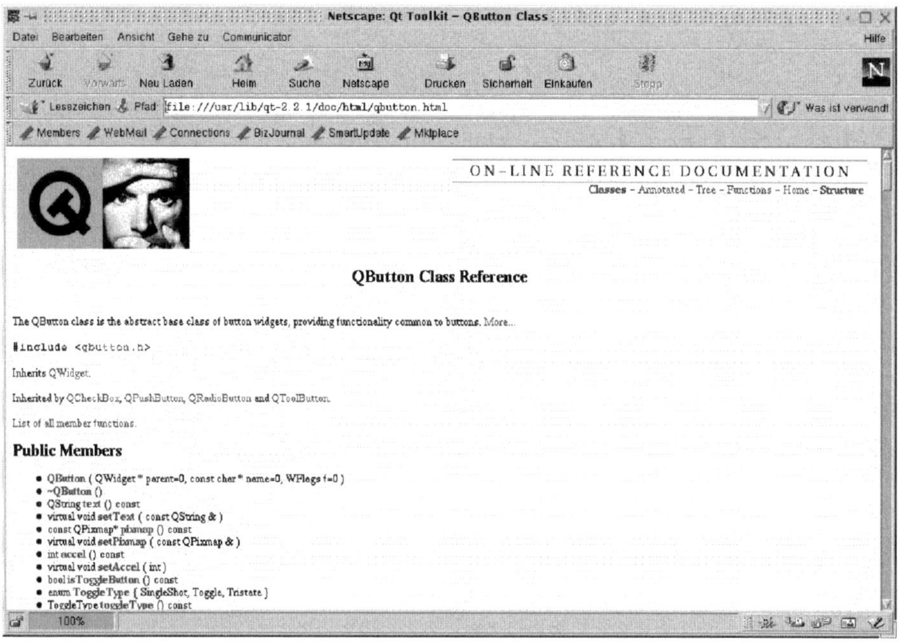

Abbildung 1.2: Die Referenz-Dokumentation für `QButton`

In Abbildung 1.2 sieht man als erste Zeile eine Kurzbeschreibung der jeweiligen Klasse. In der zweiten Zeile ist dann der Name der Headerdatei angegeben, in der diese Klasse definiert ist. Es folgt der Name der Basisklasse, von der diese Klasse abgeleitet ist, bevor in der nächsten Zeile eine Liste der Klassen angegeben ist, die wiederum von dieser Klasse abgeleitet sind, was im Falle von `QButton` die Klassen `QCheckBox`, `QPushButton`, `QRadioButton` und `QToolButton` sind.

Der Link *List of all member functions* ist wichtig für den Fall, dass man einen Überblick über alle Memberfunktionen haben möchte, also nicht nur die Memberfunktionen, die in der Klasse selbst definiert sind, sondern auch über die, welche diese Klasse von ihren übergeordneten Klassen erbt.
Anschließend folgt eine Liste aller *Public Members*, die direkt in dieser Klasse definiert sind, sowie Listen etwaiger *Public Slots*, *Signals*, *Properties* (darauf wird später noch genauer eingangen) oder *Protected Members*, die diese Klasse anbietet.
Nach diesen Listen wird eine detaillierte Beschreibung der entsprechenden Klasse gegeben, die oft ganze Beispiele dazu enthält, wie diese Klasse zu verwenden ist.

1.4 Der Qt-Assistant

Der *Qt-Assistant* ist eine Online-Hilfe, mit der man schnell und leicht nach benötigten Informationen zu Qt suchen kann.
Unter Windows ist der Qt-Assistant als Menüeintrag im Qt-Menü des entsprechenden Compilers verfügbar. Unter Linux/Unix muss man das Programm `assistant` in einer Terminalemulation wie z. B. `xterm` oder `konsole` aufrufen.
Nach dem Start des Qt-Assistant wird ein Fenster eingeblendet, in dem sich oben eine Menü- und eine Werkzeugleiste befinden, links darunter befindet sich ein Navigationsfenster mit Karteikarten und rechts darunter das Fenster mit der entsprechenden Beschreibung. Abbildung 1.3 zeigt einen Screenshot zum Qt-Assistant.

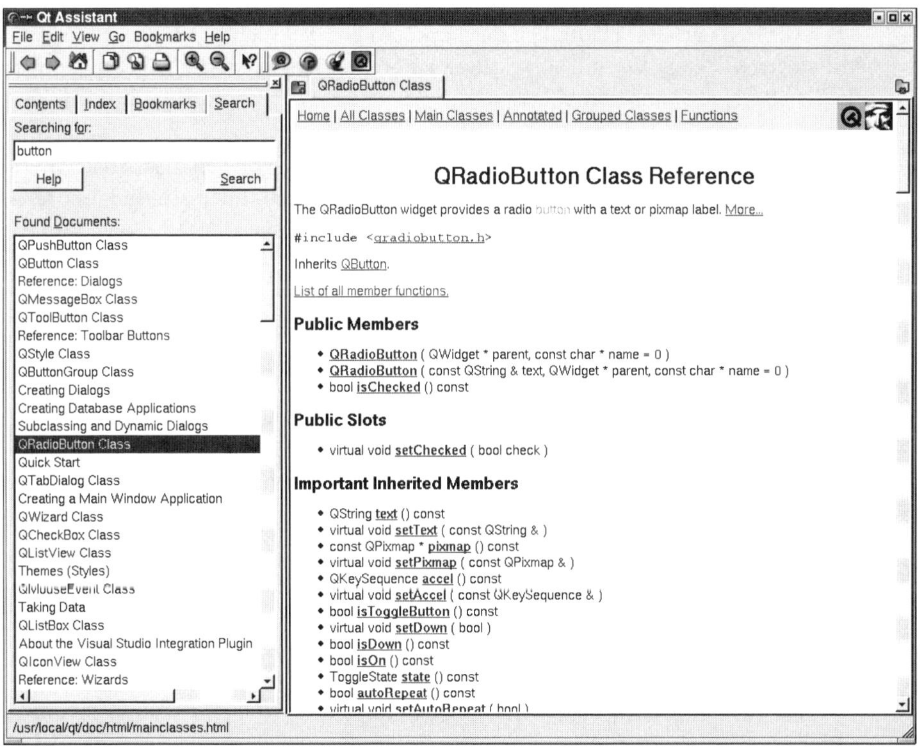

Abbildung 1.3: Der Qt-Assistant

Der Qt-Assistant verhält sich weitgehend wie ein Webbrowser, indem er unter anderem Folgendes unterstützt:

- *Links (Verweise) auf andere Dokumentationsseiten*: Mit einem Klick auf einen solchen unterstrichenen Link kann man sich die entsprechende Seite einblenden lassen.
- *Buttons zum Navigieren (vor- und rückwärts) in bereits besuchten Seiten*: Dazu werden in der linken oberen Ecke der Werkzeugleiste zwei Buttons angeboten.
- *Anlegen von Lesezeichen*

Neben diesen Webbrowserfähigkeiten ermöglicht der Qt-Assistant auch schnelles Suchen nach Begriffen in der Qt-Online-Dokumentation. Man hat dabei zwei Möglichkeiten:

- *Suchen im Index:* Dazu muss man im linken unteren Navigationsfenster nur die Karteikarte *Index* anklicken und im Texteingabefeld `Look For:` (`Suchen nach:`) den entsprechenden Begriff eingeben. Dabei unterstützt der Qt-Assistant inkrementelle Suche, was bedeutet, dass schon während der Eingabe automatisch auf den ersten Begriff positioniert wird, der mit der bisher eingegebenen Zeichenkombination beginnt. Dieser Begriff wird dabei als markiert angezeigt. Mit einem Doppelklick oder durch Drücken der ↵-Taste lässt sich die zu diesem Begriff gehörige Beschreibung im Fenster rechts einblenden.
- *Suchen nach Begriffen in der ganzen Dokumentation:* Dazu muss man im linken unteren Navigationsfenster nur die Karteikarte *Search* anklicken und im Texteingabefeld `Searching For:` (`Suche nach:`) die entsprechenden Begriffe eingeben. Nach Drücken der ↵-Taste werden unterhalb des Texteingabefelds die Überschriften zu allen Seiten eingeblendet, in denen die gesuchten Begriffe vorkommen, wobei diese Überschriften nach der Häufigkeit des Vorkommens der Suchbegriffe geordnet sind. Mit einem Klick auf diese Überschriften kann man sich dann die zugehörige Seite im Fenster rechts einblenden lassen, die gesuchten Begriffe werden dort markiert dargestellt.

Daneben bietet der Qt-Assistant noch weitere Möglichkeiten, wie z. B. das Anlegen von Profiles. An dieser Stelle wird hierauf nicht näher eingegangen. Interessierte Leser seien dazu auf die Online-Dokumentation zum Qt-Assistant verwiesen.

1.5 Kompilieren von Qt-Programmen

Es existieren mehrere Möglichkeiten, zum kompilieren von Qt-Programmen:

1. die direkte Eingabe der Kommandozeile, was mit der Zeit sehr mühsam ist.
2. das Arbeiten mit dem Tool `qmake` und Makefiles, was für Qt-Anfänger unter Linux/Unix zu empfehlen ist.
3. das Verwenden einer IDE (*Integrated Development Environment*), wie z. B.
   - *Visual C++ IDE* (unter Windows-Systemen)
     Für Qt-Anfänger unter Windows ist diese IDE-Verwendung empfehlenswert.
   - *KDevelop* unter Linux
     Bei Verwendung von *KDevelop* verliert allerdings gerade der Qt-Anfänger sehr schnell den Überblick, da hier automatisch viel Code erzeugt wird, was sicherlich für das Erlernen von Qt nicht sehr hilfreich ist.

1.5.1 Direkte Eingabe der Kommandozeile

Hier wird nur exemplarisch die Programmgenerierung für den Compiler *Visual C++* (auf Windows-Betriebssystemen) und den Compiler *GNU C++* (auf Unix-Systemen) vorgestellt. Daneben existieren weitere Möglichkeiten der Programmgenerierung, wie z. B. für den Compiler *Borland C++* (auf Windows-Betriebssystemen) und für nahezu alle in der Unix-Welt bekannten Compiler. Diese werden hier nicht alle vorgestellt; jedoch entspricht die Programmgenerierung auch für diese im Wesentlichen der hier vorgestellten Vorgehensweise.

Kompilieren mit dem Microsoft *Visual-C++*-Compiler

Arbeitet man mit dem Microsoft *Visual-C++*-Compiler unter einem Windows-Betriebssystem, muss man die folgende Kommandozeile eingeben, wenn Qt im Directory `c:\qt` installiert wurde:

```
cl -Ic:\qt\include prog.cpp c:\qt\lib.qt.lib user32.lib gdi32.lib comdlg32.lib
   ole32.lib imm32.lib wsock32.lib ⏎
```

Der obige Text ist in einer einzigen Zeile ohne ⏎ einzugeben; er wurde hier nur aus Platzgründen in zwei Zeilen angegeben. Abhängig von den Einstellungen, die man während der Installation von Qt vorgenommen hat, kann die Bibliotheksdatei auch einen anderen Namen als *qt* haben. Nach Kompilieren wird das Programm durch Eingabe des Programmes gestartet

```
prog ⏎
```

Kompilieren mit dem Unix-Compiler `c++` bzw. `g++`

Auf Unix-Systemen sollte zunächst die Environmentvariable `QTDIR` auf den Pfad gesetzt werden, der die Qt-Dateien enthält. Dies erreicht man am besten mit einem entsprechenden Eintrag in der Datei `~/.profile`:

- Bei Verwendung der *Bourne-Shell*:

```
export QTDIR=/usr/lib/qt      oder
export QTDIR=/usr/lib/qt3     oder
export QTDIR=/usr/local/qt    oder
export QTDIR=/usr/local/qt3   oder ....
```

- und bei Verwendung der *C-Shell*:

```
setenv QTDIR=/usr/lib/qt      oder
setenv QTDIR=/usr/lib/qt3     oder
setenv QTDIR=/usr/local/qt    oder
setenv QTDIR=/usr/local/qt3   oder ....
```

Da der Inhalt der Datei `~/.profile` erst beim nächsten Anmelden ausgewertet wird, hat man hier nun zwei Möglichkeiten:

- Abmelden und wieder anmelden, um die Datei `~/.profile` auswerten zu lassen
- Eingabe der folgenden Kommandozeile, womit man auch den neuen Inhalt der Datei `~/.profile` auswerten lassen kann:

```
source ~/.profile ⏎
```

Dieses explizite Bekanntmachen des Inhalts von `~/.profile` ist nur erforderlich, wenn während einer Sitzung der Inhalt dieser Datei geändert wurde. Beim nächsten Anmelden

wird deren Inhalt automatisch gelesen, und damit ist auch der Inhalt der Variablen `QTDIR` bekannt, weshalb dieses Setzen von `QTDIR` auch nur einmal erfolgen muss.
Zum kompilierem eines Qt-Programms, ist Folgendes einzugeben:

```
c++ -I$QTDIR/include -L$QTDIR/lib -lqt -o prog prog.cpp ⏎
```

Abhängig vom jeweiligen Unix-System kann diese Kommandozeile auch etwas anders aussehen. Die obige Kommandozeile gilt jedenfalls für alle Systeme, die den GNU C++-Compiler verwenden, wobei meist auch der Name `g++` statt `c++` verwendet werden kann. Nach dem Kompilieren kann man das Programm starten, indem man nur den Programmnamen mit einem vorangestellten ./ angibt:

```
./prog ⏎
```

1.5.2 Arbeiten mit dem Tool `qmake` und Makefiles

Dieses Kapitel beschreibt das von der Firma *TrollTech* bereitgestellte Tool `qmake`, mit dem man sich automatisch Makefiles aus seinen Qt-Quellprogrammen generieren lassen kann. Das Tool `qmake` ist Freeware und ein einfach zu benutzendes Tool, um Makefiles für Qt-Software-Projekte automatisch generieren zu lassen. Qt unterstützt über 50 verschiedene C- bzw. C++-Compiler auf Linux/Unix- und Microsoft-Windows-Systemen. `qmake` erzeugt automatisch für den jeweils benutzten Compiler geeignete Makefiles, wobei es auch automatisch Aufrufe des *Meta Object Compilers* `moc` erzeugt, falls erforderlich. Das `moc`-Programm extrahiert Meta-Informationen aus den C++-Quelldateien und erzeugt hierzu eine C++-Datei mit Datentabellen.

Setzen der Environmentvariable `QMAKESPEC`

Bevor man `qmake` verwenden kann, muss die Variable `QMAKESPEC` auf den Namen des benutzten Compilers gesetzt werden, wobei Folgendes gilt:

```
QMAKESPEC=<qtdir>/mkspecs/<compilername>
```

Für *<qtdir>*[2] ist hierbei das Qt-Directory und für *<compilername>* der entsprechende Compilername einzusetzen.
Benutzt man z. B. den *Microsoft Visual* C++-Compiler, und man hat Qt im Directory `c:\qt` installiert, kann man die Environmentvariable z. B. wie folgt setzen:

```
set QMAKESPEC=c:\qt\mkspecs\win32-msvc
```

Unter Unix/Linux-Systemen erreicht man das Setzen der Variablen `QMAKESPEC` mit einem Eintrag in der Datei ~/`.profile`, wie z. B.:

```
export QMAKESPEC=/usr/lib/qt/mkspecs/linux-g++ (GNU-C++) oder
export QMAKESPEC=/usr/local/qt/mkspecs/hpux-cc (HP-UX-C Compiler)
```

C-Shell-Benutzer müssen statt `export` hierbei `setenv` angeben.
Hierbei ist nur zu beachten, dass die Datei ~/`.profile` erst wieder beim nächsten Anmelden ausgewertet wird, außer man lässt sie explizit mit dem Aufruf:

```
source ~/.profile ⏎
```

auswerten. Welche Angaben für < *compilername* > möglich sind, kann man im Directory *<qtdir>*`/mkspecs` nachschlagen.

---

[2]Das Setzen der Environmentvariablen `QTDIR` ist auch hier erforderlich und wurde zuvor beim direkten Kompilieren auf Seite 11 gezeigt.

Einfache Benutzung von `qmake`

Hat man eine kleine Qt-Applikation entwickelt, die sich aus einer C++-Headerdatei und zwei C++-Quelldateien zusammensetzt, muss man zuerst eine Projektdatei (mit der Endung `.pro`) erstellen, wie z. B. `myprog.pro` und anschließend `qmake` aufrufen, um ein Makefile zu generieren, bevor man dann `make` aufrufen kann:

```
$ cat myprog.pro ⏎
CONFIG  += qt warn_on release
HEADERS =  hello.h
SOURCES =  hello.cpp main.cpp
TARGET  =  hello
```

Um sich nun das entsprechende `Makefile`[3] erstellen zu lassen, muss man nur noch aufrufen:

```
qmake -o Makefile myprog.pro ⏎
```

Nachdem das `Makefile` automatisch erstellt wurde, muss man

- unter Windows-Systemen nur:

  ```
  nmake ⏎
  ```

- und unter Linux/Unix-Systemen nur:

  ```
  make ⏎
  ```

aufzurufen, um ein ausführbares Programm zu generieren.
Benutzer von *Visual Studio* unter Windows-Systemen können sich mit dem folgenden Aufruf auch eine `.dsp`-Datei erzeugen lassen, wie z. B.:

```
qmake -t vcapp -o myprog.dsp myprog.pro
```

Möchte man in einer `.pro`-Datei die Namen, die zu einem Eintrag gehören, zwecks besserer Lesbarkeit in eigenen Zeilen angeben, so muss man das Zeilenfortsetzungszeichen \ als letztes Zeichen in der Vorgängerzeile angeben, wie z. B.:

```
$ cat myprog.pro ⏎
CONFIG  += qt warn_on release
HEADERS =  hello.h
SOURCES =  hello.cpp \
           main.cpp
TARGET  =  hello
$
```

Alternativ könnte man auch Folgendes angeben:

```
$ cat myprog.pro ⏎
CONFIG  += qt warn_on release
HEADERS =  hello.h
SOURCES += hello.cpp
SOURCES += main.cpp
TARGET  =  hello
$
```

Die `CONFIG`-Zeile informiert `qmake` über die Konfigurationen, die für die jeweilige Applikation gefordert sind. Der Operator += wird hier benutzt, um diese Konfigurationsoptionen zu anderen eventuell bereits vorhandenen hinzuzufügen. Der Operator = würde

[3]Das Tool `make` und die Syntax von Makefiles ist im Buch „make" von Helmut Herold (Addison-Wesley) detailliert beschrieben.

solche vorhandenen Konfigurationsoptionen einfach überschreiben. Mögliche Konfigurationsoptionen werden nachfolgend genauer erläutert.
Zeilen-Kommentare lassen sich in einer `.pro`-Datei mit dem Zeichen # einleiten.

Konfiguration mit der Variablen `CONFIG`

Folgende wichtige Schlüsselwörter können unter anderem der `CONFIG`-Variablen zugewiesen werden:

- Compiler-Optionen

`release`	bei Kompilierung die Optimierung einschalten.
`debug`	bei Kompilierung Debug-Informationen hinzufügen.
`warn_on`	Compiler soll so viele Warnungen wie möglich ausgeben.
`warn_off`	Compiler soll so wenige Warnungen wie möglich ausgeben.

- Typ der zu erstellenden Applikation bzw. Bibliothek:

`qt`	Es soll eine Qt-Applikation bzw. Qt-Bibliothek erstellt werden, wobei die Qt-Headerdateien und die Qt-Bibliothek benötigt werden.
`opengl`	Es werden Headerdateien und Bibliotheken von OpenGL benötigt.
`thread`	Es soll eine *multithreaded*-Applikation bzw. -Bibliothek erstellt werden.
`x11`	Es soll eine X11-Applikation bzw. -Bibliothek erstellt werden.
`windows`	Es soll eine Windows-Applikation erstellt werden (nur bei `app`).
`console`	Es soll Win32-Konsolenapplikation erstellt werden (nur bei `app`).
`dll`	Es soll ein shared-Objekt bzw. eine DLL erstellt werden.
`plugin`	Es soll ein Plugin (nur bei `lib`) erstellt werden; schaltet auch `dll` ein.
`staticlib`	Es soll eine statische Bibliothek erstellt werden (nur bei `lib`).

- Compiler-Optionen:

`exceptions`	*Exceptions* sollen unterstützt werden
`rtti`	*RTTI* soll unterstützt werden
`stl`	*STL* soll unterstützt werden

Ein Beispiel für eine `CONFIG`-Angabe, wenn die Applikation sowohl Qt als auch OpenGL benutzt und Debug-Information bereitgestellt werden soll, ist:

```
CONFIG += qt opengl debug
```

Weitere qmake-Variablen

Wir haben bisher schon die qmake-Variablen `HEADERS`, `SOURCES` und `CONFIG` kennengelernt. Nachfolgend werden nun noch weitere wichtige qmake-Variablen vorgestellt:

- **`TEMPLATE` – Art des generierenden Makefiles**
  Der Variablen `TEMPLATE`, die festlegt, welche Art von Makefile zu generieren ist, können unter anderem folgende Schlüsselwörter zugewiesen werden:

Schlüsselwort	generiert Makefile für die Erzeugung von ...
`app`	Applikationen (Voreinstellung)
`lib`	Bibliotheken
`vcapp`	*Visual Studio*-Projektdateien, die eine Applikation erzeugen
`vclib`	*Visual Studio*-Projektdateien, die eine Bibliothek erzeugen

- **`DEFINES` – Konstantendefinitionen für den Compileraufruf**

```
DEFINES += EURO GERMAN
```

  bewirkt, dass beim Compileraufruf diese Konstanten in der Kommandzeile definiert werden:

```
..... -DEURO -DGERMAN ...
```

- **`DEF_FILE` – Zu inkludierende `.def`-Datei (nur unter Windows)**
- **`DESTDIR` – Zieldirectory für das zu generierende Programm**

  ```
  DESTDIR = ../../bin
  ```

- **`DLLDESTDIR` – Zieldirectory für die zu generierende DLL-Datei**
- **`INCLUDEPATH` – Zusätzliche include-Directories**
  Hiermit können zusätzliche Pfade angegeben werden, die der Compiler nach include-Dateien durchsuchen soll (Option `-I` beim Compileraufruf).

  ```
  INCLUDEPATH = c:\msdev\include d:\stl\include
  ```

- **`FORMS` – Mit Qt-Designer erzeugte `.ui`-Dateien**
- **`LIBS` – Zusätzliche Bibliotheken, die zu linken sind**

  ```
  unix:LIBS += -lmath -L/usr/local/lib
  win32:LIBS += c:\mylibs\math.lib
  ```

- **`MOC_DIR` – Zieldirectory für die generierten `moc`-Dateien**

  ```
  unix:MOC_DIR = ../myproject/tmp
  win32:MOC_DIR = c:\myproject\tmp
  ```

- **`OBJECTS_DIR` – Zieldirectory für die generierten Objektdateien**

  ```
  unix:OBJECTS_DIR = ../myproject/tmp
  win32:OBJECTS__DIR = c:\myproject\tmp
  ```

- **`TARGET` – Name des zu generierenden Programms**
  Unter Windows wird `.exe` hinzugefügt.
- **`VERSION` – Versionsnummer für eine Bibliothek beim `lib`-Template**

  ```
  VERSION = 1.2.3
  ```

Plattform-spezifische Angaben

Möchte man Quelldateien, die plattform-abhängig sind, auch als solche in der `.pro`-Datei festlegen, so ist dies z. B. wie folgt möglich:

```
CONFIG += qt debug
HEADERS += hello.h
SOURCES += hello.cpp
SOURCES += main.cpp
win32 {
    SOURCES += hellowin.cpp
}
unix {
    SOURCES += hellounix.cpp
}
```

Ruft man nun qmake mit dieser `.pro`-Datei unter Windows auf, wird `hellowin.cpp` zu der Liste von Quelldateien hinzugefügt, während unter Unix-Systemen `hellounix.cpp` hinzugefügt wird. Um Plattform-spezifische Variablen zu setzen, kann man diesen auch das Präfix `unix:` bzw. `win32:` voranstellen, wie z. B.:

```
SOURCES        =  common.cpp  # gilt für alle Plattformen
unix:SOURCES   += unix.cpp    # zusätzliche Quelldatei für Unix
win32:SOURCES  += win32.cpp   # zusätzliche Quelldatei für Windows
unix:LIBS      += -lm         # auf Unix/Linux benötigt man die math-Bibliothek
```

Abbrechen von qmake bei fehlenden Dateien

Möchte man verhindern, dass ein Makefile generiert wird, wenn eine bestimmte Datei nicht vorhanden ist, so ist dies z. B. wie folgt in der `.pro`-Datei möglich:

```
!exists( main.cpp ) {
    error( "Keine Datei main.cpp vorhanden" )
}
```

`exists()` prüft, ob eine Datei vorhanden ist. Der Negationsoperator `!` davor negiert diese Bedingung, was bedeutet, dass `error()` ausgeführt wird, wenn die entsprechende Datei (hier `main.cpp`) nicht vorhanden ist. `error()` gibt die entsprechende Meldung aus und beendet `qmake`.

Aufruf von `qmake`

`qmake` hat die folgende Aufrufsyntax:

`qmake [`*`option(en)`*`]` *`projekt-datei(en)`*

Einige wichtige Optionen sind dabei:

`-o` *`file`*	Ausgabe in Datei *file* schreiben
`-unix`	`qmake` soll im Unix-Modus arbeiten
`-win32`	`qmake` soll im Win32-Modus arbeiten
`-macx`	`qmake` soll im Mac OS X -Modus arbeiten
`-t` *`file`*	legt *`file`* als Template-Datei fest; überschreibt die Variable `TEMPLATE` in der Projektdatei
`-project`	`qmake` soll eine Projektdatei erzeugen; Sind keine `.h`- oder `.cpp`-Dateien angegeben, so sucht `qmake` im aktuellen Directory und allen Subdirectories (bei zusätzlicher Angabe von `-r`) nach `.h`- und `.cpp`-Dateien (außer `moc_*.cpp`).

Ein Beispiel für einen typischen `qmake`-Aufruf ist:

```
qmake myprog.pro -o Makefile
```

Hat man in seiner `.pro`-Datei Folgendes angegeben:

```
release:SOURCES = hello.cpp main.cpp
debug:SOURCES   = hello.cpp main.cpp debuginfo.cpp
```

kann man über den Aufruf steuern, ob ein Makefile für eine Debug-Version mit der Quelldatei `debuginfo.cpp` oder eine Release-Version ohne diese Quelldatei zu erzeugen ist:

```
qmake myprog.pro "CONFIG+=debug" -o Makefile  oder aber
qmake myprog.pro "CONFIG+=release" -o Makefile
```

Dies war ein kurze Einführung in `qmake`. Näheres kann in der Qt-Online-Dokumentation nachgeschlagen werden.

Kapitel 2

Grundlegende Konzepte und Konstrukte von Qt

Gib einem Menschen einen Fisch, und er hat einen Tag zu Essen. Lehre ihn Fischen, und er hat immer zu Essen.

– Sprichwort

Dieses Kapitel gibt einen Überblick über die wesentlichen Konzepte und Konstrukte von Qt, wobei es sich in folgende Abschnitte unterteilt:

- Grundsätzlicher Aufbau eines Qt-Programms
- Das Signal/Slot-Konzept von Qt
- Die Qt-Klasse `QString`
- Die Qt-Farbmodelle
- Ein Malprogramm, das schrittweise erweitert wird

2.1 Grundsätzlicher Aufbau eines Qt-Programms

Unser erstes Qt-Programm 2.1 erzeugt ein kleines Window mit einem Text in der Mitte, über und unter dem sich ein Button befindet (siehe Abbildung 2.1). Beide Buttons sind zur Beendigung des Programms gedacht, wobei der obere Button bereits aktiviert wird, sobald man auf ihm nur die Maustaste drückt, und der untere Button erst nach einem vollständigen Klick (Drücken und Loslassen).

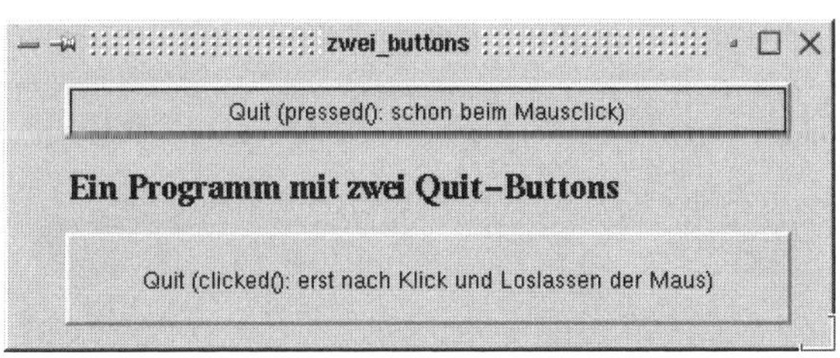

Abbildung 2.1: Window zum Programm 2.1 (`zwei_buttons.cpp`)

Programm 2.1 – `zwei_buttons.cpp`:
Erstes Qt-Programm mit einem Window, das zwei Buttons und Text enthält

```
#include <qapplication.h>    //... in jedem Qt-Programm notwendig
#include <qlabel.h>          //... für Klasse QLabel
#include <qpushbutton.h>     //... für Klasse QPushbutton
#include <qfont.h>           //... für Klasse QFont

int main( int argc, char* argv[] )
{
     // Instantiierung eines QApplication-Objekts; immer notwendig
   QApplication myapp( argc, argv );

     // Hauptwidget, in dem Buttons und Text untergebracht werden.
   QWidget* mywidget = new QWidget();
         //... horizontale, vertikale Position, Breite, Höhe in Pixel
   mywidget->setGeometry( 200, 100, 450, 150 );

     // Instantiierung eines ersten Buttons
   QPushButton* erster_button = new QPushButton(
                "Quit (pressed(): schon beim Mausklick)", mywidget );
         // Rel. Position (30,10) in mywidget (400 breit, 30 hoch)
   erster_button->setGeometry( 30, 10, 400, 30 );
         //... Tritt Signal 'pressed' bei erster_button auf, ist der
         //... SLOTcode 'quit' (Verlassen des Programms) aufzurufen
   QObject::connect( erster_button, SIGNAL( pressed() ), &myapp, SLOT( quit() ) );

     // Instantiierung eines Labels (nur Text)
   QLabel* mylabel = new QLabel( "Ein Programm mit zwei Quit-Buttons", mywidget );
         // Rel. Position (30,40) in mywidget (400 breit, 50 hoch)
   mylabel->setGeometry( 30, 40, 400, 50 );
   mylabel->setFont(QFont("Times", 18, QFont::Bold) );

     // Instantiierung eines zweiten Buttons
   QPushButton* zweiter_button = new QPushButton(
           "Quit (clicked(): erst nach Klick und Loslassen der Maus)", mywidget );
         // Rel. Position (30,90) in mywidget (400 breit, 50 hoch)
   zweiter_button->setGeometry( 30, 90, 400, 50 );
         // Tritt Signal 'clicked' bei zweiter_button auf, ist der
         // SLOTcode 'quit' (Verlassen des Programms) aufzurufen
   QObject::connect( zweiter_button, SIGNAL( clicked() ), &myapp, SLOT( quit() ) );

   myapp.setMainWidget( mywidget ); // 'mywidget' ist das Hauptwidget
   mywidget->show();      // Zeige Hauptwidget mit seinen Subwidgets an
   return myapp.exec(); // Übergabe der Kontrolle an Methode 'exec'
                          // von QApplication
}
```

Nachfolgend einige Erläuterungen zu diesem Programm:

Zeilen 1 – 4: Inkludieren der Qt-Headerdateien

In den meisten Fällen haben die Qt-Headerdateien den gleichen Namen (ohne `.h`) wie die entsprechenden Klassennamen, die dort deklariert sind.

Zeile 9: `QApplication myapp( argc, argv )`

Dieses Objekt ist für das ganze *Event-Handling* verantwortlich und wird immer in Qt-Programmen benötigt. Die Übergabe der Kommandozeilenargumente an den Konstruktor des `QApplication`-Objekts ist notwendig, da `QApplication` einige spezielle Kommandozeilenoptionen kennt, die es – wenn solche angegeben sind – selbst auswertet und dann aus `argv` mit Dekrementierung von `argc` entfernt. Eine solche spezielle Qt-Option ist z. B. `-style`, die es bei Aufruf ermöglicht, einen speziellen Widget-Stil als Voreinstellung für die Applikation festzulegen. Bietet das Anwendungsprogramm eigene Kommandozeilenargumente an, sollte es diese grundsätzlich erst nach der Instantiierung des `QApplication`-Objekts auswerten.

Zeile 12: `QWidget* mywidget = new QWidget()`

Diese Anweisung erzeugt das Hauptwidget `mywidget`, das als Container für die später erzeugten Subwidgets (Text und zwei Buttons) dient.

Zeile 14: `mywidget->setGeometry( 200, 100, 450, 150 )`

- Die horizontalen und vertikalen Positionen (die ersten beiden Argumente) sind immer relativ zum Elternwidget. Da `mywidget` als Hauptwidget kein Elternwidget hat, beziehen sich die hier angegebenen Koordinaten auf den ganzen Bildschirm, während sie sich bei den folgenden Anweisungen relativ auf die linke obere Ecke ihres Hauptwidgets (Objekt `mywidget`) beziehen:

```
19      erster_button->setGeometry( 30, 10, 400, 30 );
27      mylabel->setGeometry( 30, 40, 400, 50 );
33      zweiter_button->setGeometry( 30, 90, 400, 50 );
```

- Der dritte Parameter legt dabei die Breite und
- der vierte die Höhe des betreffenden Widgets in Pixel fest.

Zeile 17: `QPushButton* erster_button = new QPushButton(`
`"Quit (pressed(): schon beim Mausklick)", mywidget )`

Mit dieser Anweisung wird ein erster Button erzeugt. Der erste Parameter des Konstruktors `QPushButton` legt den Button-Text und der zweite das Elternwidget fest, in dem dieser Button (hier `mywidget`) erscheinen soll.

Zeile 22: `QObject::connect( erster_button, SIGNAL(pressed()),`
`&myapp, SLOT(quit()) )`

Mit der Methode `connect()` (von Klasse `QObject`) wird als Reaktion auf Eintreffen des Signals `pressed()` (von `erster_button`) die vordefinierte Slotroutine `quit()` eingerichtet, die zur sofortigen Beendigung des Programms führt.

Zeilen 25, 27, 28:

```
// Zeile 25: erzeugt ein Label (1. Parameter legt den Label-Text und der
             2. Parameter das Elternwidget (mywidget) für das Label fest.
  QLabel* mylabel = new QLabel( "Ein Programm mit zwei Quit-Buttons", mywidget );
// Zeile 27: Mit der von Klasse QWidget geerbten Methode setGeometry() wird nun
//           relative Position dieses Label im Hauptwidget (mywidget) festgelegt.
  mylabel->setGeometry( 30, 40, 400, 50 );
// Zeile 28: legt mit Methode setFont() den Zeichensatz unter Verwendung der
//           Klasse QFont für den auszugebenden Text
  mylabel->setFont(QFont("Times", 18, QFont::Bold) );
```

Zeilen 31, 33, 36:

```
// Zeile 31: Einrichten eines 2. Pushbuttons
  QPushButton* zweiter_button = new QPushButton(
      "Quit (clicked(): erst nach Klick und Loslassen der Maus)", mywidget );
// Zeile 33: Festlegen der relativen Position dieses Buttons
  zweiter_button->setGeometry( 30, 90, 400, 50 );
// Zeile 36: Wenn zweiter_button das vordefinierte Signal clicked() schickt,
             wird die vordefinierte Slotroutine quit() ausgeführt, was zur
             sofortigen Beendigung des Programms führt. Anders als das Signal
             pressed() wird Signal clicked() erst dann ausgelöst, wenn nach
             Drücken der Maustaste auf Button diese wieder losgelassen wird.
  QObject::connect( zweiter_button, SIGNAL(clicked()), &myapp, SLOT(quit()) );
```

Zeile 38: `myapp.setMainWidget( mywidget )`

Mit dieser Anweisung wird dem `QApplication`-Objekt mitgeteilt, dass `mywidget` die Rolle des Hauptwidgets übernimmt. Die Besonderheit eines Hauptwidgets ist, dass das jeweilige Programm vollständig beendet wird, wenn man dieses Hauptwidget schließt. Legt man nicht mit `setMainWidget()` ein Hauptwidget fest und der Benutzer schließt das entsprechende Widget mit einem Mausklick auf den *Schließen*-Button (meist rechts oben in der Titelleiste der Fenster), so wird zwar das Widget vom Bildschirm entfernt, das Programm läuft jedoch im Hintergrund weiter und belastet unnötigerweise die CPU. Wenn man in einem Programm mehr als ein Hauptwidget benötigt, so kann man die Beendigung des Programms erzwingen, wenn das letzte Fenster geschlossen wird. Dazu muss man die folgende Zeile im Programm angeben:

```
QObject::connect( qApp, SIGNAL( lastWindowClosed() ), qApp, SLOT( quit() ) );
```

`qApp` ist immer ein globaler Zeiger auf das `QApplication`-Objekt.

Zeile 39: `mywidget->show()`

legt fest, dass das Hauptwidget mit allen seinen Subwidgets auf dem Bildschirm anzuzeigen ist. Hier ist zu erwähnen, dass jedes Widget entweder sichtbar oder aber auch versteckt (nicht sichtbar) sein kann. Die Voreinstellung ist, dass Widgets, die keine Subwidgets von einem anderen sichtbaren Widget sind, unsichtbar bleiben.

Zeile 40: `return myapp.exec()`

Mit dieser letzten Anweisung wird die vollständige Kontrolle des Programmablaufs an das zu Beginn erzeugte Objekt `myapp` (der Klasse `QApplication`) übergeben.

Hier können wir also festhalten, dass unsere Qt-Programme von nun an die folgende Grundstruktur haben:

```
#include <q...h>
   ....
int main( int argc, char* argv[] ) {
   QApplication myapp( argc, argv );
   QWidget* mywidget = new QWidget();
   mywidget->setGeometry( x_pos, y_pos, breite, hoehe );
   .......
   myapp.setMainWidget( mywidget );
   mywidget->show();
   return myapp.exec();
}
```

2.2 Das Signal-Slot-Konzept von Qt

Hier wird zunächst ein zweites Qt-Programm erstellt, um an diesem das wichtige Signal-Slot-Konzept von Qt zu verdeutlichen, bevor ein weiteres Programmbeispiel aufzeigt, wie man sich eigene Slots in Qt definieren kann.

2.2.1 Schiebebalken und Buttons zum Erhöhen/Erniedrigen von LCD-Nummern

Das hier vorgestellte Programm 2.2 erzeugt ein kleines Window, in dem in der Mitte eine 7-Segment-LCD-Nummer angezeigt wird, die sich sowohl über den darüber angezeigten Schiebebalken (*Slider*) als auch über die beiden darunter angezeigten Buttons erhöhen bzw. erniedrigen lässt (siehe Abbildung 2.2).

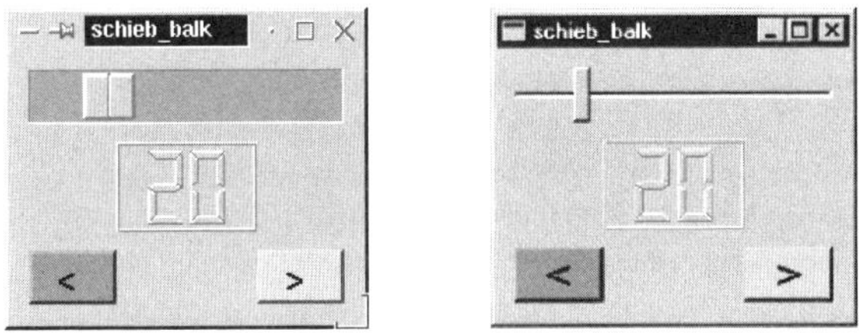

Abbildung 2.2: In- bzw. Dekrementieren einer LCD-Nummer über Schiebebalken bzw. Buttons (im Motif- und Windows-Stil)

Im Programm 2.2 sind neu eingeführte Konstrukte fett hervorgehoben.

Programm 2.2 – `schieb_balk.cpp`:
LCD-Nummer, die mit Schiebebalken bzw. Buttons verändert werden kann

```
#include <qapplication.h>
#include <qpushbutton.h>
#include <qslider.h>
#include <qlcdnumber.h>

int main( int argc, char* argv[] )
{
   QApplication myapp( argc, argv );

   QWidget* mywidget = new QWidget();
   mywidget->setGeometry( 400, 300, 200, 150 );

   //.... Erzeugen eines Schiebebalkens
   QSlider* myslider = new QSlider( 0,  // kleinstmögl. Wert
                                   99,  // größtmögl. Wert
                                    1,  // Schrittweite
                                   20,  // Startwert
                                   QSlider::Horizontal,  // Richtung
                                   mywidget );        // Elternwidget
   myslider->setGeometry( 10, 10, 180, 30 );

```

```
22      //.... Erzeugen eines Objekts zur Anzeige einer LCD-Nummer
23      QLCDNumber* mylcdnum = new QLCDNumber( 2,             // Ziffernzahl
24                                             mywidget ); // Elternwidget
25      mylcdnum->setGeometry( 60, 50, 80, 50 );
26      mylcdnum->display( 20 ); // zeige Startwert an
27
28      // Verbinde Schiebebalken und Nummernanzeige
29      QObject::connect( myslider, SIGNAL( valueChanged( int ) ),
30                        mylcdnum, SLOT( display( int ) ) );
31
32      // Zwei Buttons zum schrittweisen Erhöhen und
33      // Erniedrigen der Schiebebalken-Werte
34      QPushButton* decrement = new QPushButton( "<", mywidget );
35       decrement->setGeometry( 10, 110, 50, 30 );
36       decrement->setFont(QFont("Times", 18, QFont::Bold) );
37       decrement->setPaletteBackgroundColor( Qt::red );
38
39      QPushButton* increment = new QPushButton( ">", mywidget );
40       increment->setGeometry( 140, 110, 50, 30 );
41       increment->setFont(QFont("Times", 18, QFont::Bold) );
42       increment->setPaletteBackgroundColor( Qt::green );
43
44      // Verbinde das clicked()-Signal der Buttons mit den Slots, die
45      // den Schiebebalken-Wert erhöhen bzw. erniedrigen
46      QObject::connect( decrement, SIGNAL( clicked() ),
47                        myslider, SLOT( subtractStep() ) );
48      QObject::connect( increment, SIGNAL( clicked() ),
49                        myslider, SLOT( addStep() ) );
50
51      myapp.setMainWidget( mywidget );
52      mywidget->show();
53      return myapp.exec();
54  }
```

Zur Erläuterung:

```
26      mylcdnum->display( 20 ); // zeige Startwert an
```

Hiermit wird festgelegt, dass beim ersten Einblenden des `mylcdnum`-Widgets als Startwert die Nummer `20` zu verwenden ist. `display()` ist eigentlich keine Methode der Klasse `QLCDNumber`, sondern ein von dieser Klasse zur Verfügung gestellter Slot. Wie diese Anweisung aber zeigt, können Slots genauso wie Methoden verwendet werden, was umgekehrt nicht gilt: Methoden können nämlich nicht wie Slots in einem `connect()`-Aufruf mit einem Signal verbunden werden.

```
29      QObject::connect( myslider, SIGNAL( valueChanged( int ) ),
30                        mylcdnum, SLOT( display( int ) ) );
```

Mit dieser Anweisung wird festgelegt, dass bei jeder Änderung des Schiebebalken-Werts die Slotroutine `display(int)` mit dem aktuellen Schiebebalken-Wert aufzurufen ist. Bei jeder Änderung des Schiebebalken-Werts wird vom `myslider`-Widget das Signal `valueChanged(int)` mit dem aktuellem Schiebebalken-Wert als Argument gesendet, und dieses Argument wird als Argument an `display(int)` weitergereicht.

```
    decrement->setPaletteBackgroundColor( Qt::red );
    increment->setPaletteBackgroundColor( Qt::green );
```

Mit diesen beiden Anweisungen wird für den Button `decrement` als Hintergrundfarbe rot und für den Button `increment` grün festgelegt.

```
    QObject::connect( decrement, SIGNAL( clicked() ),
                      myslider, SLOT( subtractStep() ) );
    QObject::connect( increment, SIGNAL( clicked() ),
                      myslider, SLOT( addStep() ) );
```

Dieser Codeausschnitt legt fest, dass beim Schicken des Signals `clicked()` von einem der beiden Buttons `decrement` bzw. `increment` die vordefinierte Slotroutine `subtractStep()` bzw. `addStep()` des `myslider`-Widgets auszuführen ist.

Die einzelnen Qt-Klassen bieten unterschiedliche Signale und Slotroutinen an, die sich mit `QObject::connect` verbinden lassen. Im Programm 2.2 wurden die in Abbildung 2.3 gezeigten Signal-/Slotverbindungen zwischen den einzelnen Objekten eingerichtet.

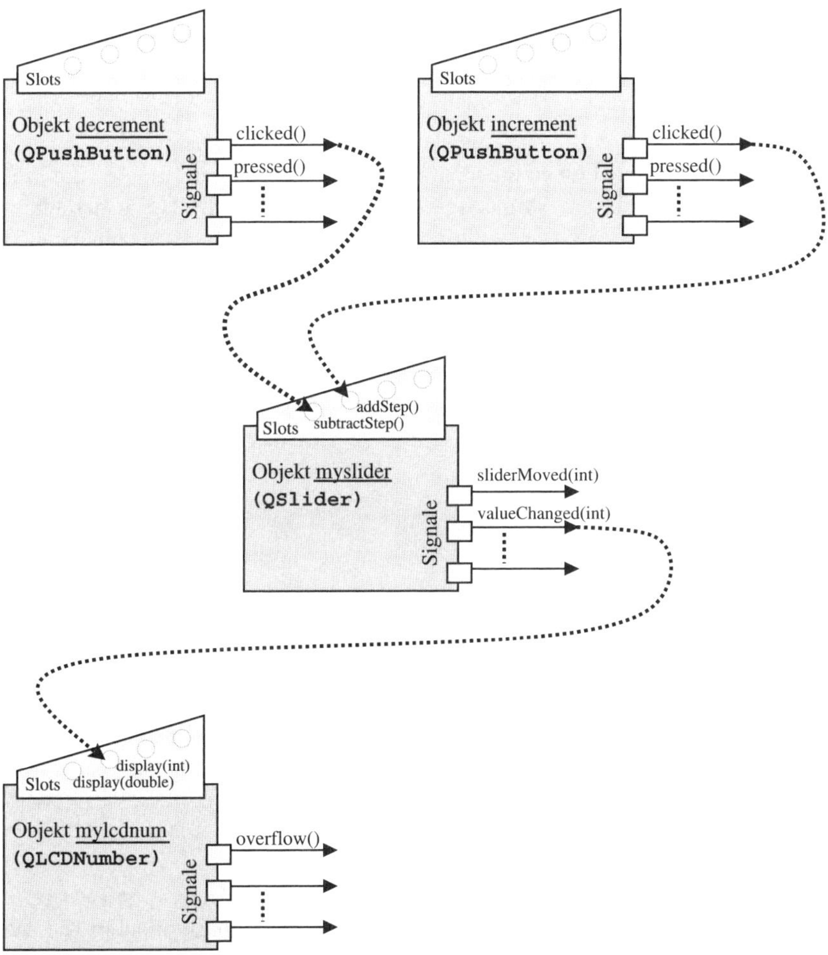

Abbildung 2.3: Signal-/Slotverbindungen im Programm 2.2

2.2.2 Schiebebalken und Buttons zum Ändern der Schriftgröße mit Textanzeige

Hier werden wir kennenlernen, wie man eigene Slots definieren kann und was bei der Generierung des Programms zu beachten ist. Das hier vorgestellte Programm 2.3 ist eine Erweiterung zum vorherigen Programm `schieb_balk.cpp`, indem es die angezeigte LCD-Nummer als Schriftgröße interpretiert und das Aussehen eines Textes mit dieser Schriftgröße exemplarisch rechts anzeigt (siehe Abbildung 2.4).

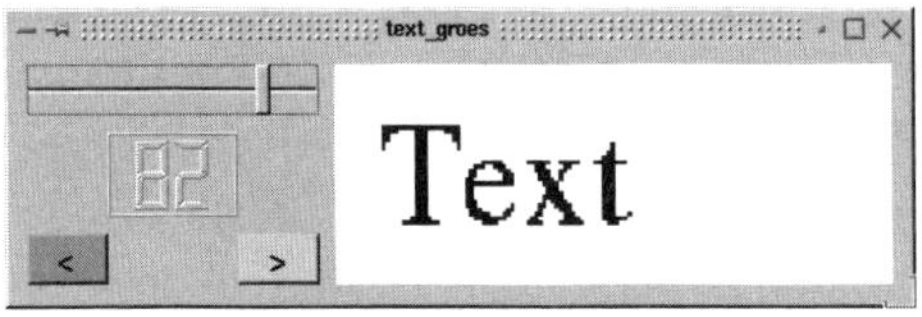

Abbildung 2.4: Schiebebalken und Buttons zum Ändern der Schriftgröße mit Textanzeige

Für dieses Programm 2.3 soll ein eigener Slot definiert werden, der immer aufzurufen ist, wenn der Schiebebalken-Wert sich ändert. Dieser Slot ist für die Darstellung des Textes mit der neuen Schriftgröße, die dem Schiebebalken-Wert entspricht, zuständig.
Für das Signal-Slot-Konzept hat Qt einige neue Schlüsselwörter eingeführt, die vom Präprozessor in die entsprechende C++-Syntax übersetzt werden. Um sich Klassen zu definieren, die eigene Slots und/oder Signale deklarieren, muss folgende Qt-Syntax eingehalten werden:

```
Class MyClass : public QObject {
  Q_OBJECT
   ....
signals:
   //.... hier werden die entsprechenden Signale deklariert, wie z.B.:
     void  buchstabe_a_gedrueckt();
public slots:
   //.... hier werden die public Slots deklariert, wie z.B.:
     void  lasse_text_blinken();
private slots:
   //.... hier werden die privaten Slots deklariert, wie z.B.:
     void  ich_bin_interner_slot();
  //.... Weitere Deklarationen sind hier möglich
}
```

Bei der Deklaration von Slots und Signalen sind die folgenden Punkte zu beachten:

1. **Deklaration von Slots und Signalen ist nur in Klassen erlaubt**
   Die Deklaration einer Funktion, die als Slotroutine dienen soll, oder eines Signals außerhalb einer Klasse ist also nicht möglich, was im Übrigen ja auch der C++-Philosophie widersprechen würde.
2. **Klassen mit eigenen Slots bzw. Signalen müssen von `QObject` abgeleitet sein.**
   Da man wohl in den meisten Fällen beim Programmieren mit Qt ohnehin Klassen verwendet, die direkt oder indirekt von der Klasse `QWidget` abgeleitet sind, ist dies keine große Einschränkung, da `QWidget` seinerseits von `QObject` abgeleitet ist.
3. **Klassen mit eigenen Slots bzw. Signalen müssen `Q_OBJECT` aufrufen**
   Hinter dem Makro `Q_OBJECT` darf kein Semikolon angegeben werden.

Mit diesen Kenntnissen können wir uns nun eine eigene Klasse `Schrift` definieren, die von der Klasse `QLabel` abgeleitet ist und einen eigenen Slot `stelle_neu_dar(int)` zur Neuanzeige des Textes (mit Schiebebalken-Wert als Schriftgröße) anbietet. Dazu erstellen wir eine eigene Headerdatei `text_groes.h`:

```
#include <qlabel.h>
class Schrift : public QLabel {
   Q_OBJECT   // notwendig, da Schrift Slots enthält
public:
   Schrift( char const* text, QWidget *parent ) : QLabel( text, parent )  { }
public slots:
   void stelle_neu_dar( int groesse ) {
      setFont(QFont("Times", groesse) );
      repaint();
   }
};
```

Im Slot `stelle_neu_dar(int groesse)` wird als neue Schriftgröße für den auszugebenden Text der über den Parameter `groesse` gelieferte Wert eingestellt. Mit der Methode `repaint()` wird dann veranlasst, dass der Text auch wirklich mit dem neuen Font im Label angezeigt wird. Mit dieser neuen Klassendefinition können wir nun unser Programm `text_groes.cpp` erstellen. Die sind gegenüber dem vorherigen Programm 2.2 neu hinzugekommenen Konstrukte fett hervorgehoben.

Programm 2.3 – `text_groes.cpp`:
Schiebebalken und zwei Buttons zum Ändern der Größe eines Textes

```
#include <qapplication.h>
#include <qpushbutton.h>
#include <qslider.h>
#include <qlcdnumber.h>
#include <qlabel.h>
#include "text_groes.h" // enthaelt neue Klasse 'Schrift'
                        // mit eigenem Slot 'stelle_neu_dar'
int main( int argc, char* argv[] )
{
   QApplication myapp( argc, argv );

   QWidget* mywidget = new QWidget();
   mywidget->setGeometry( 400, 300, 460, 150 );

   //.... Erzeugen eines Schiebebalkens
   QSlider* myslider = new QSlider(  0,  // kleinstmögl. Wert
                                    99,  // größtmögl. Wert
                                     1,  // Schrittweite
                                    20,  // Startwert
                                    QSlider::Horizontal,  // Richtung
                               mywidget );       // Elternwidget
   myslider->setGeometry( 10, 10, 180, 30 );

   //.... Erzeugen eines Widgets zur Anzeige von LCD-Nummern
   QLCDNumber* mylcdnum = new QLCDNumber( 2,           // Ziffernzahl
                                          mywidget ); // Elternwidget
```

```
27      mylcdnum->setGeometry( 60, 50, 80, 50 );
28      mylcdnum->display( 20 ); // zeige Startwert an
29
30      // Verbinde Schiebebalken und Nummernanzeige
31      QObject::connect( myslider, SIGNAL( valueChanged( int ) ),
32                        mylcdnum, SLOT( display( int ) ) );
33
34      // Zwei Buttons zum schrittweisen Erhöhen und
35      // Erniedrigen der Schiebebalken-Werte
36      QPushButton* decrement = new QPushButton( "<", mywidget );
37       decrement->setGeometry( 10, 110, 50, 30 );
38       decrement->setFont(QFont("Times", 18, QFont::Bold) );
39       decrement->setPaletteBackgroundColor( Qt::red );
40
41      QPushButton* increment = new QPushButton( ">", mywidget );
42       increment->setGeometry( 140, 110, 50, 30 );
43       increment->setFont(QFont("Times", 18, QFont::Bold) );
44       increment->setPaletteBackgroundColor( Qt::green );
45
46      // Verbinde das clicked()-Signal der Buttons mit den Slots, die
47      // den Schiebebalken-Wert erhöhen bzw. erniedrigen
48      QObject::connect( decrement, SIGNAL( clicked() ),
49                        myslider, SLOT( subtractStep() ) );
50      QObject::connect( increment, SIGNAL( clicked() ),
51                        myslider, SLOT( addStep() ) );
52
53      // Label zur Anzeige der Schrift(-groesse)
54      Schrift* anzeige = new Schrift( "Text", mywidget );
55      anzeige->setGeometry( 200, 10, 250, 130 );
56      anzeige->setFont(QFont("Times", 20) );
57      anzeige->setPaletteBackgroundColor( Qt::white );
58
59      // Verbinde Schiebebalken und Label (für Textanzeige)
60      QObject::connect( myslider, SIGNAL( valueChanged( int ) ),
61                        anzeige, SLOT( stelle_neu_dar( int ) ) );
62
63      myapp.setMainWidget( mywidget );
64      mywidget->show();
65      return myapp.exec();
66  }
```

Nachfolgend werden nun die neuen Anweisungen, die zum Verständnis von Programm 2.3 benötigt werden, näher erläutert:

Zeile 54: Hier wird zunächst ein Objekt `anzeige` der Klasse `Schrift` angelegt, was ein Label-Widget ist, da die Klasse `Schrift` von der Klasse `QLabel` abgeleitet ist. In diesem Label wird der Text „Text" angezeigt.

Zeile 55: legt die Position und Größe des Widgets `anzeige` fest, und

Zeile 56: legt den zu verwendenden Font des auszugebenden Textes fest.

Zeile 57: Hier wird als Hintergrund für das Label-Widget `anzeige` die Farbe „Weiß" (`Qt::white`) festgelegt.

Zeilen 60 und 61: legen fest, dass bei Änderung des Schiebebalken-Werts, was durch Schicken des Signals `valueChanged(int)` angezeigt wird, die von `anzeige` definierte Slotroutine `stelle_neu_dar(int)` auszuführen ist, was zu einer Anzeige des Textes mit der neuen Schriftgröße führt, die dem Schiebebalken-Wert entspricht.

Im Programm 2.3 wurden die in Abbildung 2.5 gezeigten Signal-/Slotverbindungen zwischen den einzelnen Objekten eingerichtet.

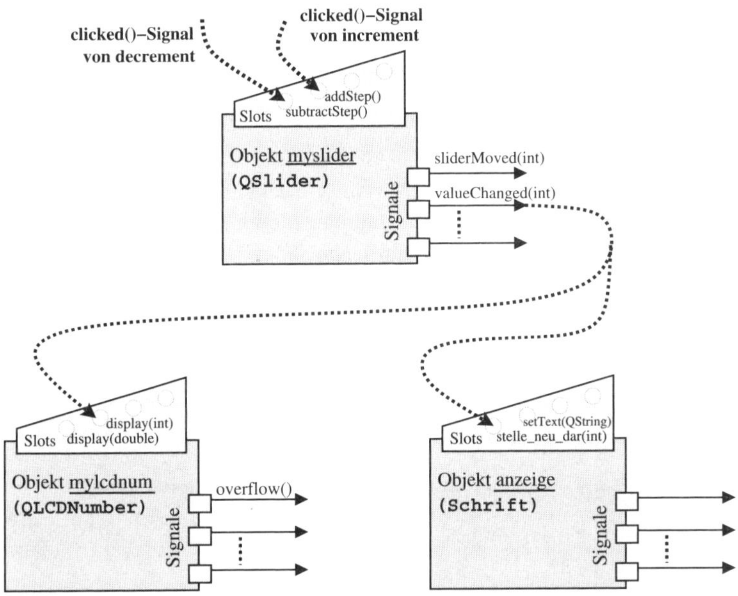

Abbildung 2.5: Signal-/Slotverbindungen im Programm 2.3

Immer wenn man Klassen definiert, die eigene Slots und/oder Signale definieren, muss man diese zunächst mit dem bei der Qt-Distribution mitgelieferten *Meta-Object-Compiler* (`moc`) kompilieren. Verwendet man `qmake` zum Erstellen des `Makefile`s, so erkennt dieses Tool automatisch, dass ein entsprechender `moc`-Aufruf im `Makefile` generiert werden muss. Nehmen wir z. B. für unser Programm hier die folgende Datei `text_groes.pro`:

```
CONFIG  += qt warn_on release
SOURCES  = text_groes.cpp
HEADERS  = text_groes.h
TARGET   = text_groes
```

und rufen dann

```
qmake text_groes.pro -o Makefile
```

auf, so wird ein `Makefile` generiert.

Ein anschließender `make`-Aufruf führt dann zur Generierung eines ausführbaren Programms.

Neben dem expliziten Dazulinken einer von einem `moc`-Aufruf erzeugten `moc`-Datei besteht auch die Möglichkeit, eine solche `moc`-Datei mithilfe von

```
#include "mocdatei.cpp"
```

in der entsprechenden Quelldatei zu inkludieren.

2.2.3 Regeln für die Deklaration eigener Slots und Signale

Hier werden nochmals wichtige Regeln, die beim Signal-Slot-Konzept gelten, zusammengefasst. Sie ergänzen die auf Seite 24 aufgeführte Liste.

1. Slots können wie jede andere C++-Methode deklariert und implementiert werden. Slots sind eigentlich Methoden, die auch wie diese außerhalb eines `connect()`-Aufrufs direkt aufgerufen werden können. Umgekehrt können Methoden nicht als Argument eines `connect()`-Aufrufs angegeben werden.
2. Bei der Definition von Slots muss nur zuvor das Schlüsselwort `slots` zum entsprechenden Schutztyp-Schlüsselwort `public` bzw. `private` hinzugefügt werden. Natürlich ist es auch möglich, `protected slots:` zu definieren und diese alsbreak `virtual` zu deklarieren. Während Methoden auch `static` deklariert sein können, ist dies bei Slots nicht erlaubt.
3. Slots können wie Methoden Parameter besitzen. Es ist dabei nur zu beachten, dass das bei einem `connect()`-Aufruf angegebene Signal die gleichen Parametertypen besitzt wie der entsprechende Slot. Ein Slot kann dabei jedoch auch weniger Parameter haben als das mit ihm verbundene Signal, wenn er diese vom Signal gelieferten Parameter nicht alle benötigt.
4. Die Syntax für Slot-Namen entspricht der für Methoden. Einige Programmierer betten jedoch die Zeichenkette `slot` in den Namen von Slots ein, um diese sofort als Slots identifizieren zu können. Dieser Konvention folgt Qt bei den Namen seiner vordefinierten Slots jedoch nicht.
5. Um Signale in einer Klasse zu definieren, muss zuvor das Schlüsselwort `signals:` angegeben werden. Andernfalls entspricht die Deklaration von Signalen der von anderen Memberfunktionen, mit einem wichtigen Unterschied, dass Signale nur deklariert und niemals direkt implementiert werden dürfen.
6. Zum Senden eines Signals in einer Komponente steht das Qt-Schlüsselwort `emit` zur Verfügung. Wenn z. B. das Signal `void farbe_geaendert(int)` in der Klassendefinition deklariert wurde, wäre z. B. folgender Aufruf möglich:

   ```
   emit farbe_geaendert(173);
   ```

7. Die Verbindung von Signalen und Slots erfolgt mit `QObject::connect()`. Diese Methode wird in überladenen Varianten angeboten, hier aber werden wir nur die statische Variante mit vier Parametern verwenden:

   ```
   QObject::connect( signal_object,         // Objekt, das das Signal schickt
                     SIGNAL(signal_name(...)), // Signal, das mit Slot zu verbinden
                     slot_object,             // Objekt, das Signal empfängt
                     SLOT(slot_name(...)) );  // Slot, der mit Signal zu verbinden
   ```

   Es können sowohl eine beliebige Anzahl von Slots mit einem Signal als auch umgekehrt eine beliebige Anzahl von Signalen mit einem Slot verbunden werden. Da die Reihenfolge, in der Slots aufgerufen werden, bisher noch nicht von Qt festgelegt ist, kann man sich nicht darauf verlassen, dass Slots auch in der Reihenfolge aufgerufen werden, in der sie mittels `connect()` mit Signalen verbunden wurden.
8. Bei den SIGNAL- und SLOT-Routinen sind immer nur Typen als Parameter erlaubt. Ein häufiger Fehler ist, dass hier versucht wird, einen Wert statt eines Typs anzugeben, wie z. B. im Folgenden, wo versucht wird, bei Auswahl des vierten Menüpunkts die Slotroutine `quit()` aufzurufen:

```
QObject::connect( menu, SIGNAL( activated( 4 ) ), // Falsch
                  qApp, SLOT( quit( int ) ) );
```

Dieser Code ist zwar naheliegend, aber nicht erlaubt, stattdessen muss Folgendes angegeben werden:

```
QObject::connect( menu, SIGNAL( activated( int ) ), // Richtig
                  qApp, SLOT( menuBehandle( int ) ) );
```

In der Slotroutine `menuBehandle()` muss dann der übergebene Parameter ausgewertet werden, wie z. B.

```
void menuBehandle(int meuPkt) {
   switch (menuPkt) {
      ...
      case 3: qApp->quit();
      ...
   }
}
```

2.3 Die Klasse `QString` für Zeichenketten

Die Klasse `QString` ist eine Abstraktion zu Unicode-Text und zum String-Konzept im klassischen C (ein char-Array (`char *`), in dem das Stringende durch ein 0-Byte gekennzeichnet ist).
In allen `QString`-Methoden, die `const char*`-Parameter akzeptieren, werden diese Parameter als klassische C-Strings interpretiert, die mit einem 0-Byte abgeschlossen sind. Es ist zu beachten, dass Funktionen, die C-Strings in ein `QString`-Objekt kopieren, das abschließende 0-Byte nicht mitkopieren, da ein String in einem `QString`-Objekt nicht wie in klassischen C-Strings mit einem 0-Byte abgeschlossen ist, sondern die Länge des jeweiligen String intern mitgeführt wird. Ein nicht-initialisiertes `QString`-Objekt hat den Wert *null*, was bedeutet, dass seine interne Länge und sein Daten-Zeiger auf 0 gesetzt sind.
Hier ist noch zu erwähnen, dass man in der Objektorientierung zwei Möglichkeiten unterscheidet, um ein Objekt zu kopieren:

- „tiefe Kopie" (*deep copy*): Hierbei wird das entsprechende Objekt vollständig dupliziert, was abhängig von der Objektgröße sehr speicher- und zeitintensiv ist.
- „flache Kopie" (*shallow copy*): Hierbei wird nur der Zeiger auf den gemeinsam nutzbaren Datenblock kopiert und der Referenzzähler um 1 erhöht, was wesentlich schneller als ein tiefes Kopieren ist. Diese Möglichkeit wird im Kapitel „Data Sharing" ab Seite 312 näher erläutert.

2.3.1 Wichtige Konstruktoren und Methoden

Wichtige Konstruktoren der Klasse `QString`

`QString()`	legt einen `null`-String an
`QString(QChar ch)`	legt String an, der das Zeichen `ch` enthält
`QString(QByteArray& s)`	legt eine tiefe Kopie zum String `s` an
`QString(QString& s)`	legt Kopie (*implicit sharing*) von String `s` an
`QString(QChar *s, uint n)`	legt tiefe Kopie zu den ersten `n` Zeichen von `s` an

Anhängen und Zuweisen

Folgende Methoden liefern eine `QString`-Referenz auf den resultierenden String:

`operator+=(char c) , operator+=(QString& s)`
: hängen das Zeichen `c` bzw. den String `s` an

`operator=(QString& s) , operator=(char c)`
: weisen eine flache Kopie des Strings `s` bzw. das Zeichen `c` zu

Informationen zu `QString`-Objekten

`uint length()`
: liefert die Stringlänge (bei Nullstrings und leeren Strings den Wert 0)

`bool isEmpty()`
: liefert `true`, wenn der String leer ist (`length()==0`)

`bool isNull()`
: liefert `true`, wenn der String ein NULL-String ist

```
QString a;    a.length()==0    |   QString b = "";  b.length() == 0
a.isNull();   liefert true     |   b.isNull();      liefert false
a.isEmpty();  liefert true     |   b.isEmpty();     liefert true
```

Suchen in `QString`-Objekten

Folgende Methoden liefern einen `int`-Wert:

`find(QString& str, int i=0, bool cs=true)`
`find(char c, int i=0, bool cs=true)`
: liefern die Position des ersten Vorkommens von `str` bzw. `c`, wobei die Suche an Position `i` beginnt. Bei `cs=true` wird Groß- und Kleinschreibung berücksichtigt. Bei nicht erfolgreicher Suche wird `-1` zurückgegeben.

`findRev(QString& str, int i=-1, bool cs=true)`
`findRev(char c, int i=-1, bool cs=true)`
: wie die beiden vorherigen Methoden, nur dass sie rückwärts suchen. Bei negativem `i` startet die Suche am Ende des Strings.

`contains(const QString& str, bool cs=true)`
`contains(char c, bool cs=true)`
: liefern zurück, wie oft c bzw. `str` im String vorkommt. Bei `cs=true` wird Groß- und Kleinschreibung berücksichtigt. Bei der ersten Methode werden sich überlappende Strings mitgezählt, z. B. enthält `ararat` zwei Vorkommen des String `ara`.

`contains(const QRegExp& rx)`
: liefert zurück, wie viele Teilstrings der reguläre Ausdruck `rx` im String abdeckt. Abgedeckte Teilstrings, die sich überlappen, werden dabei mitgezählt. Reguläre Ausdrücke sind in Kapitel 13.2 auf Seite 521 beschrieben.

```
QString s = "banana und panama";
QRegExp r = QRegExp("a[nm]a", true, false);
s.contains( r );      // liefert 4
```

Extrahieren von Zeichen bzw. Teilstrings aus QString-Objekten

Der Rückgabetyp der folgenden Methoden ist entweder QChar oder QString:

`at(uint i)`

`operator[](int)`

liefern das Zeichen an der Stelle i (Zählung beginnt bei 0) oder null, wenn i größer als die Länge des String ist.

`left(uint n)`

`right(uint n)`

liefern die linken bzw. rechten n Zeichen oder den ganzen String, wenn n größer als die Länge des String ist.

`mid(uint i, uint n=0xffffffff)`

liefert n Zeichen ab Position i. Bei leerem String oder ungültigem i liefert diese Methode null. Ist i+n größer als die Stringlänge, wird der ganze Substring ab Position i zurückgegeben.

```
QString s = "Schneemann";
QString t = s.left( 6 );     // t == "Schnee"
QString t = s.right( 4 );     // t == "mann"
QString t = s.mid( 5, 3 );    // t == "ema"
```

Formatieren von QString-Objekten

Folgende Methoden liefern entweder ein QString-Objekt oder eine QString-Referenz:

`arg(QString& s, int w=0)`

`arg(char c, int w=0)`

liefern einen String zurück, wobei die erste %ziffer-Angabe im String durch den String s bzw. Zeichen c ersetzt ist. w legt minimale Zeichenzahl fest, mit der der String auszugeben ist, wobei er entsprechend mit Leerzeichen aufgefüllt wird. Ein positiver Wert erzeugt einen rechts und ein negativer Wert einen links ausgerichteten Text.

`arg(`*typ* `z, int w=0, int b=10)`

liefert einen String zurück, wobei die erste %ziffer-Angabe im String durch den Wert z ersetzt ist. Für z können dabei Variablen der Datentypen short, ushort, int, uint, long und ulong angegeben werden. Die Basis des Wertes z kann durch den Parameter b (2 bis 36) festgelegt werden.

`arg(double z, int w=0, char fmt='g', int prec=-1)`

liefert einen String zurück, wobei die erste %ziffer-Angabe im String durch den Wert z ersetzt ist.

`sprintf(const char * cformat, ...)`

formatiert den String. Die Funktionsweise von sprintf() entspricht der, wie sie von der ANSI C-Bibliotheksfunktion printf() her bekannt ist.

```
  QFile f( dateiname );
  if ( !f.open( IO_WriteOnly ) )
     label.setText( QString("Kann nicht in Datei %1 schreiben").arg(dateiname));
//-----------------------------------------------------------------
  QLabel *label1 = new QLabel( QString(
                "Gib einen Wert zw. %1 und %2 ein:").arg(-INT_MAX).arg(INT_MAX));
```

Manipulieren von `QString`-Objekten

Folgende Methoden liefern entweder ein `QString`-Objekt oder eine `QString`-Referenz:

`lower()`

`upper()`

liefern den String in Klein- bzw. Großbuchstaben zurück

`fill(QChar c, int n=-1)`

füllt einen String mit dem Zeichen `c`, wobei `n` festlegt, wie oft `c` im String abzulegen ist. Bei negativem `n` wird der ganze String gefüllt.

`insert(uint i, char c)`

`insert(uint i, QString& s)`

fügt `c` bzw. `str` vor der Position `i` im String ein. Liegt `i` hinter dem Stringende, wird der String entsprechend erweitert und mit Leerzeichen aufgefüllt.

`prepend(char c)`

`prepend(const QString& s)`

entsprechen `insert(0,c)` bzw. `insert(0,s)`.

`remove(uint i, uint n)`

entfernt `n` Zeichen ab Position `i` aus dem String.

`replace(uint i, uint n, QString& str)`

ersetzt `n` Zeichen ab Position `i` im String durch `str`. Bei zu großem `i` wird `str` am Ende angehängt. Ist `i` gültig, aber `n` zu groß, wird der Rest des Strings ersetzt.

`stripWhiteSpace()`

liefert einen String zurück, in dem alle *whitespaces* (ASCII-Zeichen: 9 (TAB), 10 (LF), 11 (VT), 12 (FF), 13 (CR), und 32 (Leerzeichen)) am Anfang und Ende entfernt sind.

`truncate(uint i)`

entfernt ab Position `i` alle Zeichen aus dem String; entspricht `setLength(i)`, wenn `i` kleiner als die Länge des Strings ist.

```
  QString s("BanANE");
  QString l = s.lower();   // l = "banane"
  QString u = s.upper();   // u = "BANANE"
//-------------------------------------------
  QString s1 = "Hllo";
  s1.insert(1, 'a' );      // s1 == "Hallo"
  s1.insert(5, '!');       // s1 == "Hallo!"
  QString s2 = "Qt ist gut";
  s2.insert(7, "sehr ");  // s2 == "Qt ist sehr gut"
  s2 = "x";
  s2.insert(4, "yz" );     // s2 == "x   yz"
//-------------------------------------------
  QString s = "Beifall";
  s.remove( 1, 3 );    // s == "Ball"
//-------------------------------------------
  QString s = "Graustufen";
  s.replace( 1, 7, "art" );    // s == "Garten"
//-------------------------------------------
  QString s = "Wunderbar";
  s.truncate( 6 ); // s == "Wunder"
```

Umwandeln von QString-Objekten in numerische Werte

```
toShort(bool *ok=0, int b=10)     toUShort(bool *ok=0, int b=10)
toInt(bool *ok=0, int b=10)       toUInt(bool *ok=0, int b=10)
toLong(bool *ok=0, int b=10)      toULong(bool *ok=0, int b=10)
```

liefern den dem String entsprechenden numerischen Wert (als ganze Zahl) zurück (`toShort()` liefert `short`, `toUInt()` liefert `uint` usw.). Wenn für den Parameter `ok` nicht `null` angegeben ist, wird `*ok` auf `true` gesetzt, wenn bei der Konvertierung keine Fehler aufgetreten sind. Ist `*ok=false`, so deutet dies auf einen Fehler bei der Konvertierung hin oder aber darauf, dass der String einen nicht in eine ganze Zahl konvertierbaren Rest hat. Über den Parameter `b` kann dabei die Basis des Zahlensystems festgelegt werden, in das der String zu konvertieren ist.

```
float toFloat(bool *ok=0) , double toDouble(bool *ok=0)
```

übergeben dem String den entsprechenden numerischen Wert (als Gleitpunktzahl). Der Parameter `ok` hat hier die gleiche Bedeutung wie bei den vorherigen Methoden.

Umwandeln von numerischen Werten in QString-Objekte

Folgende Methoden liefern eine `QString`-Referenz als Rückgabewert:

```
setNum(short n, int base=10)    setNum(ushort n, int base=10)
setNum(int n, int base=10)      setNum(uint n, int base=10)
setNum(long n, int base=10)     setNum(ulong n, int base=10)
setNum(float n, char f='g', int prec=6)
```

wandeln die Zahl `n` in einen String um und geben eine Referenz auf diesen String zurück. Über den Parameter `base` kann dabei die Basis (2 bis 36) des Zahlensystems festgelegt werden, das bei der Konvertierung des String zu verwenden ist. Bei der letzeten Methode ist der Parameter `f` die Formatvorgabe: `f`, `F`, `e`, `E`, `g`, `G` (wie bei `sprintf()`) und `prec` legt die Genauigkeit fest. Zu den letzten fünf Methoden existieren auch statische überladene Methoden mit den Namen `number()`, die Gleiches leisten und gleiche Parameter besitzen.

Vergleichen von Strings

```
int compare(QString& s)
int compare(QString& s1, QString& s2) static
```

vergleichen den String lexikographisch mit dem String `s` bzw. den String `s1` mit dem String `s2`. Der Rückgabewert zeigt dabei folgendes an:

negativ:	String < s bzw.	s1 < s2
positiv:	String > s bzw.	s1 > s2
0:	String = s bzw.	s1 = s2

```
bool operator<(s1, s2) , bool operator<=(s1, s2)
bool operator==(s1, s2) , bool operator!=(s1, s2)
bool operator>(s1, s2) , bool operator>=(s1, s2)
```

erlauben das lexikographische Vergleichen von zwei Strings, wobei einer der beiden Parameter vom Datentyp `QString` und der andere vom Datentyp `const char *` sein kann. Diesen Methoden entsprechen Aufrufe wie: `strcmp(s1,s2)<0`, `strcmp(s1,s2)<=0`, `strcmp(s1,s2)==0` usw.

2.3.2 Ver-/Entschlüsseln eines Gedichts von Ringelnatz[B]

Von Joachim Ringelnatz stammt das folgende verschlüsselte Gedicht:

```
Ibich habibebi dibich,
Lobittebi, sobi liebib.
Habist aubich dubi mibich
Liebib? Neibin, vebirgibib.
Nabih obidebir Febirn
Gobitt seibi dibir gubit.
Meibin Hebirz habit gebirn
Abin dibir gebirubiht.
```

Die Verschlüsselung beruht auf Einschub von "bi" hinter jedem Vokal bzw. jeder Vokalgruppe des "normalen" Textes. Unverschlüsselt lautet das Gedicht:

```
Ich habe dich,
Lotte, so lieb.
Hast auch du mich
Lieb? Nein, vergib.
Nah oder Fern
Gott sei dir gut.
Mein Herz hat gern
An dir geruht.
```

Programm 2.4 verschlüsselt den Ausgangstext entsprechend. Legt man diesem Programm den Ausgangstext, der sich in der Datei `original.ein` befindet, vor, wie z. B.:

```
machebi < original.ein
```

so liefert es das entsprechend verschlüsselte Gedicht.

Programm 2.4 – `machebi.cpp`:
Verschlüsseln eines Gedichtes gemäß J. Ringelnatz

```
#include <qstring.h>
#include <qregexp.h>
#include <qtextstream.h>

int main(void) {
   QRegExp vokal("[aeiouAEIOU]");
   QString zeile;
   QTextStream eingabe( stdin, IO_ReadOnly );
   QTextStream ausgabe( stdout, IO_WriteOnly );
   ausgabe << "Ein Ringelnatz-Gedicht" << endl
           << "=====================" << endl << endl;
   while ( zeile = eingabe.readLine() ) {
      for (uint i=0; i<zeile.length(); i++) {
         ausgabe << QString( zeile[i] );
         if ( QString( zeile[i] ).contains( vokal ) &&
              !QString( zeile[i+1] ).contains( vokal ) )
            ausgabe << "bi";
      }
      ausgabe << endl;
   }
   return 0;
}
```

Programm 2.5 entschlüsselt ein mit „bi" verschlüsseltes Gedicht. Legt man ihm das verschlüsselte Gedicht vor, das sich in der Datei `verschluesselt.ein` befindet:

```
entferbi < verschluesselt.ein
```

liefert es den entschlüsselten Text.

Programm 2.5 – `entferbi.cpp`:
Entschlüsseln eines Gedichtes, das nach „Ringelnatz-Algorithmus" verschlüsselt wurde

```
#include <qstring.h>
#include <qregexp.h>
#include <qtextstream.h>

int main(void) {
   QRegExp vokal("[aeiouAEIOU]");
   QString zeile;

   QTextStream eingabe( stdin, IO_ReadOnly );
   QTextStream ausgabe( stdout, IO_WriteOnly );
   ausgabe << "Ein Ringelnatz-Gedicht" << endl
           << "======================" << endl << endl;
   while ( zeile = eingabe.readLine() ) {
      for (uint i=0; i<zeile.length(); i++) {
         if ( QString( zeile[i] ).contains( vokal ) && zeile.mid( i+1, 2 ) == "bi" )
            zeile.remove( i+1, 2);
      }
      ausgabe << zeile << endl;
   }
   return 0;
}
```

2.3.3 Palindrome durch Addition von Kehrzahlen[B]

Durch wiederholte Addition von Zahl und Kehrzahl lassen sich Palindrome erzeugen. Programm 2.6 erzeugt zu einem Zahlenbereich, der einzugeben ist, solche Palindrome, wie z. B.

```
Palindrome durch Addition von Kehrzahlen
========================================
Ab welcher Zahl: 158 ⏎
Bis zu welcher Zahl: 167 ⏎
158+851--> 1009+9001--> 10010+01001 = 11011
159+951--> 1110+0111 = 1221
160+061--> 221+122 = 343
161+161--> 322+223 = 545
162+261--> 423+324 = 747
163+361--> 524+425 = 949
164+461--> 625+526--> 1151+1511 = 2662
165+561--> 726+627--> 1353+3531 = 4884
166+661--> 827+728--> 1555+5551--> 7106+6017--> 13123+32131 = 45254
167+761--> 928+829--> 1757+7571--> 9328+8239--> 17567+76571--> 94138+83149-->
           177287+782771--> 960058+850069--> 1810127+7210181-->
           9020308+8030209--> 17050517+71505071 = 88555588
```

Programm 2.6 – `kehrzahl.cpp`:
Palindrome durch Addition von Kehrzahlen

```
#include  <qstring.h>
#include  <qtextstream.h>

void  rekursiv_spiegeln( QString& alt, QString& neu, uint i );

int  main(void) {
   QString  alt, neu;
   long     von, bis;
   QTextStream eingabe( stdin, IO_ReadOnly );
   QTextStream ausgabe( stdout, IO_WriteOnly );
   ausgabe << "Palindrome durch Addition von Kehrzahlen" << endl
           << "========================================" << endl << endl;
   ausgabe << "Ab welcher Zahl: ";       eingabe >> von;
   ausgabe << "Bis zu welcher Zahl: ";  eingabe >> bis;
   ausgabe << endl;
   for (long i=von; i<=bis; i++) {
      alt.sprintf( "%ld", i );
      neu = "";
      rekursiv_spiegeln( alt, neu, 0);
      ausgabe << alt << "+" << neu;
      while (1) {
         alt.sprintf( "%ld", alt.toLong() + neu.toLong() );
         neu = "";
         rekursiv_spiegeln( alt, neu, 0 );
         if ( alt == neu ) {
            ausgabe << " = " << alt << endl;
            break;
         } else {
            ausgabe << "--> " << alt << "+" << neu;
            if ( alt.length() >= 9 ) {
               ausgabe << "= ....... Abbruch (Zahl zu gross)" << endl;
               break;
            }
         }
      }
   }
   return 0;
}
void  rekursiv_spiegeln( QString& alt, QString& neu, uint i ) {
   if ( i < alt.length() ) {
      QString zeich( alt[i] );
      rekursiv_spiegeln( alt, neu, i+1 );
      neu.append( zeich );
   }
}
```

2.4 Farbmodelle, Farbgruppen und Paletten in Qt

Hier werden Farbmodelle, Farbgruppen und Paletten vorgestellt. Qt bietet dazu die drei Klassen `QColor`, `QColorGroup` und `QPalette` an.

2.4.1 Farbmodelle (`QColor`)

Eine Farbe kann unter Qt auf verschiedene Arten festgelegt werden:

Festlegen einer Farbe über den RGB-Wert

Der RGB-Wert legt dabei die Farbe in einer Art fest, wie sie von der Hardware (dem Monitor) verwendet wird. Jede Farbe setzt sich aus drei Werten zusammen: einem roten, grünen und blauen Anteil. Jeder dieser Werte liegt üblicherweise im Wertebereich von `0` bis `255`. So zeigt z. B. folgende Tabelle eine Zuordnung von RGB-Werten zu einfachen Farben.

RGB-Wert	Farbe	RGB-Wert	Farbe	RGB-Wert	Farbe
`(0, 0, 0)`	schwarz	`(255, 255, 255)`	weiss	`(255, 0, 0)`	rot
`(0, 255, 0)`	grün	`(0, 0, 255)`	blau	`(x, x, x)`	grau

Die Angabe des gleichen Wertes für alle drei Farbkomponenten (letzter Eintrag in vorheriger Tabelle) ergibt immer Grau, wobei gilt: je niedriger der Wert x dabei ist, umso dunkler ist das Grau. Um sich ein eigenes Farbobjekt zu erzeugen, kann man die Klasse `QColor` verwenden, wie z. B.:

```
QColor mittelgrau( 128, 128, 128 );
QColor pink( 255, 0, 255 );
QColor gelb( 255, 255, 0 );
QColor hellgrau( 210, 210, 210 );
```

Die RGB-Werte zu einer Farbe lassen sich mit folgenden von der Klasse `QColor` angebotenen Methoden erfragen:

`int red() , int green() , int blue()`
: liefern jeweils den RGB-Wert der roten, grünen oder blauen Komponente einer Farbe.

`QRgb QColor::rgb()`
: liefert RGB-Wert als `QRgb`-Objekt, was einem `unsigned int`-Wert entspricht. In diesem Fall lassen sich die jeweiligen Komponenten des RGB-Werts mit folgenden Methoden ermitteln:

  `int qRed(QRgb rgb) , int qGreen(QRgb rgb) , int qBlue(QRgb rgb)`

Zum Setzen einer Farbe über einen RGB-Wert bietet `QColor` folgende Methoden an:
`setRgb(int r, int g, int b) , setRgb(QRgb rgb)`

Festlegen einer Farbe über den HSV-Wert

Das HSV-Farbmodell ist – im Gegensatz zum RGB-Farbmodell – mehr an der menschlichen Sichtweise einer Farbe orientiert, wie z. B. an Aussagen wie „dunkler als", „stärkerer Farbton als", „das Gegenteil von" usw. Das HSV-Farbmodell arbeitet dabei wie das RGB-Farbmodell mit drei Komponenten:

- *H* (*Hue/Färbung*): ist ein Wert zwischen `0` und `359`, wenn die Farbe nicht grau ist, oder bedeutungslos (Wert `-1`), wenn die Farbe grau ist. *Hue* repräsentiert den Winkel auf einem gedachten Farbenrad: Rot hat den Wert (Winkel) `0`, Grün den Wert `120` und Blau den Wert `240`, Rot ist dann auch wieder `0`.

- *S* (*Saturation / Sättigung*): ist ein Wert zwischen `0` und `255`, und je größer dieser Wert ist, umso stärker wirkt die entsprechende Farbe auf das menschliche Auge. Graue Farben haben einen Wert nahe bei `0`, und sehr starke Farben einen Wert nahe bei `255`.
- *V* (*Value / Wert*): ist ein Wert zwischen `0` und `255` und repäsentiert die Helligkeit einer Farbe: `0` steht für schwarz und der Wert `255` für die hellst mögliche Farbe in diesem Zusammenhang.

Für keine Farben liefert Qt den H-Wert -1. Wenn man einen zu großen H-Wert verwendet, projeziert Qt diesen Wert automatisch in den erlaubten Bereich mittels *modulo 360*, wie z. B. H-Wert 360 → 0, 720 → 0 und 520 → 160.

HSV-Wert	Farbe
`(  0, 255, 255)`	rot (pur)
`(350, 255, 180)`	dunkelrot (mit leichtem Violett-Farbton); identisch zu `(-10, 255, 180)`
`(300, 100, 250 )`	helles Violett
`(  h,   s, 255)`	lachsrot (h=`350-359` oder `0-10`, v=`50-10`)

Um sich nun ein eigenes Farbobjekt über einen HSV-Wert zu erzeugen, kann man wieder die Klasse `QColor` verwenden, wobei man die entsprechenden HSV-Werte als die ersten drei Argumente angibt und als viertes Argument die Konstante `QColor::Hsv`, wie z. B.:

```
QColor rot( 0, 255, 255, QColor::Hsv );
QColor dunkelrot( 350, 255, 180, QColor::Hsv );
QColor hellviolett(300, 100, 250, QColor::Hsv );
```

Bezüglich HSV-Werte zu einer Farbe bietet die Klasse `QColor` folgende Methoden an:
`getHsv(int *h, int *s, int *v)` , `setHsv(int h, int s, int v)`

Festlegen einer Farbe über vordefinierte `QColor`-Objekte

Qt stellt 19 vordefinierte `QColor`-Objekte zur Verfügung:

`Qt::black`	`Qt::white`	`Qt::darkGray`	`Qt::gray`
`Qt::lightGray`	`Qt::red`	`Qt::green`	`Qt::blue`
`Qt::cyan`	`Qt::magenta`	`Qt::yellow`	`Qt::darkRed`
`Qt::darkGreen`	`Qt::darkBlue`	`Qt::darkCyan`	`Qt::darkMagenta`
`Qt::darkYellow`	`Qt::color0`	`Qt::color1`	

Die beiden Farben `color0` (Pixelwert `0`) und `color1` (Pixelwert verschieden von `0`) sind spezielle Farben, die für das Zeichnen in Bitmaps verwendet werden.

```
QColor dunkelBlau( Qt::darkBlue );
QColor hellGrau( Qt::lightGray );
```

Festlegen einer Farbe über einen vordefinierten Farbennamen

Da alle X11-Systeme eine eigene Farbendatenbank (Datei `rgb.txt`) anbieten, in der viele Farbennamen (als Strings) angeboten werden, zu denen der entsprechende RGB-Wert mitgespeichert ist, können auch diese Farbennamen direkt verwendet werden, wie z. B.:

```
QColor koenigsBlau( "RoyalBlue" );
QColor dunkelRot( "DarkRed" );
```

Unter Windows-Systemen liefert Qt diese Datei `rgb.txt` mit, so dass auch dort diese unter X11 angebotenen Farbennamen verwendet werden können.

Hellere bzw. dunklere Farben

Erwähnenswert sind noch die beiden folgenden von der Klasse `QColor` angebotenen Methoden, die beide ein `QColor`-Objekt zurückliefern:

`light(int factor=150)`
: liefert eine hellere (`factor > 100`) oder dunklere (`factor < 100`) Farbe zurück. Bei einem `factor=150` liefert diese Funktion eine Farbe, die 50% heller ist.

`dark(int factor=200)`
: liefert eine dunklere (`factor > 100`) oder hellere (`factor < 100`) Farbe zurück; bei `factor=300` z. B. eine Farbe, die nur ein Drittel Helligkeit hat.

2.4.2 Farbgruppen (`QColorGroup`)

Eine Farbgruppe setzt sich in Qt aus mehreren Farben zusammen. Die zugrundeliegende Idee ist, dass ein Widget nicht endlos viele verschiedene Farben benötigt, sondern funktional mit einer begrenzten Menge von Farben auskommt. Die in `<qpalette.h>` definierte Klasse `QColorGroup` definiert folgende Mitglieder in einer Farbengruppe:

```
enum ColorRole { Foreground,  Button, Light,      Midlight,        Dark,
                 Mid,         Text,   BrightText, ButtonText,      Base,
                 Background,  Shadow, Highlight,  HighlightedText, Link,
                 LinkVisited, NColorRoles };
```

Die einzelnen Konstanten haben dabei die in Tabelle 2.1 gezeigte Bedeutung.

Tabelle 2.1: `ColorRole`-Konstanten mit möglichen Voreinstellungen

		Zentrale `ColorRole`-Konstanten
`Background`	Allgemeine Hintergrundfarbe	hellgrau
`Foreground`	Allgemeine Vordergrundfarbe	schwarz
`Base`	Hintergrundfarbe z. B. für Texteingabefelder	weiß
`Text`	Vordergrundfarbe z. B. für Texteingabefelder	schwarz
`Button`	Hintergrundfarbe für Buttons	hellgrau
`ButtonText`	Vordergrundfarbe für Buttons	schwarz
		ColorRole-Konstanten für 3D-Schattierungs-Effekte
`Light`	heller als `Button`-Farbe	weiß
`Midlight`	heller als `Button`-, aber dunkler als `Light`-Farbe	leicht grau
`Dark`	dunkler als `Button`-Farbe	grau
`Mid`	dunkler als `Button`-, aber heller als `Dark`-Farbe	dunkelgrau
`Shadow`	sehr dunkle Farbe	schwarz
		ColorRole-Konstanten für Markierungen
`Highlight`	Farbe für ausgewählte oder hevorgehobene Elemente	dunkelblau
`HighlightedText`	Textfarbe, die Kontrast zur `Highlight`-Farbe darstellt	weiss
		Restlichen ColorRole-Konstanten
`BrightText`	Textfarbe, die sich sehr von der `Foreground`-Farbe abhebt und einen guten Kontrast zur `Dark` Farbe darstellt	leicht grau
`Link`	Textfarbe für noch nicht besuchte Hyperlinks	blau
`LinkVisited`	Textfarbe für bereits besuchte Hyperlinks	violett
`NColorRoles`	Anzahl der ColorRole-Konstanten (wird intern verwendet)	

Um die Farben zu erfragen, die für die einzelnen Mitglieder einer Farbgruppe eingestellt sind, bietet die Klasse `QColorGroup` gleichnamige Methoden an, die eine `QColor`-Referenz als Rückgabewert liefern:

```
const QColor& background() , const QColor& foreground() ,...
```

2.4.3 Palette eines Widgets (`QPalette`)

Drei `QColorGroup`-Objekte zusammen legen nun eine Palette für ein Widget fest. Eine Palette wird dabei durch die Klasse `QPalette` repräsentiert.

Konstruktoren der Klasse `QPalette`

Zum Anlegen einer neuen Palette stehen folgende Konstruktoren zur Verfügung:

`QPalette(QColor& button, QColor& background)`
: legt aus der `button`- und `background`-Farbe eine neue Palette an. Die anderen Farben werden, basierend auf diesen beiden Farben, automatisch ermittelt.

`QPalette(QPalette& p)`
: legt eine neue Palette an, die eine Kopie (*copy on write*) der Palette `p` ist.

`QPalette(active, disabled, inactive)`
: legt eine neue Palette an, die sich aus den folgenden drei Farbgruppen vom Typ `QColorGroup` zusammensetzt:

`active`	wird verwendet, wenn das entsprechende Window aktiv ist, also der Benutzer den Fokus auf dieses Window eingestellt hat.
`inactive`	ist für alle anderen Windows vorgesehen.
`disabled`	wird für Widgets (nicht Windows) verwendet, die gerade nicht aktiviert sind.

`QPalette`-Methoden zum Setzen und Erfragen von Farbgruppen

`setActive(QColorGroup&)`
`setDisabled(QColorGroup&)`
`setInactive(QColorGroup&)`
: Mit diesen Methoden lassen sich nachträglich für eine bereits existierende Palette neue Farbgruppen festlegen. Die Verwendung dieser Methoden ist jedoch nur empfehlenswert, wenn man entsprechende Kenntnisse im farblichen Design von graphischen Benutzeroberflächen hat. Die Gefahr ist hierbei nämlich sehr groß, dass man eine nicht sehr ansprechende graphische Oberfläche mit nicht ergonomischen Farbkombinationen und Kontrasten erhält. Die beste Vorgehensweise ist sicherlich die Verwendung des ersten `QPalette`-Konstruktors mit Übergabe einer `button`- und `background`-Farbe, sodass harmonische Farben, basierend auf diesen beiden Farben automatisch ermittelt werden.

`active()`,
`disabled()`,
`inactive()`
: liefern die für eine Palette jeweils gesetzten Farbgruppen

`color(ColorGroup fg, QColorGroup::ColorRole m)`
: liefert die Farbe (`QColor`-Referenz) des Mitglieds `m` in der Farbgruppe `fg`. Zu Beispiel liefert folgender Aufruf die Hintergrundfarbe des aktuellen Widgets, wenn dieses aktiv ist:

```
QColor hintergrund = this->palette().color( QPalette::Active,
                                            QColorGroup::Background );
```

Festlegen eigener bzw. Erfragen der aktuell gesetzten Paletten für Widgets

Das Festlegen einer Palette für ein Widget bzw. das Erfragen der für ein Widget festgelegten Palette ist mit den beiden folgenden `QWidget`-Methoden möglich:

```
virtual void setPalette(const QPalette&)
QPalette& palette()
```

Möchte man sich eine eigene Palette für ein Widget festlegen, was man sich im Übrigen sehr genau überlegen sollte, da die voreingestellten Farben meist ausreichen und unter Berücksichtigung wichtiger Design-Aspekte gewählt wurden, so kann man die folgende Vorgehensweise wählen: Man übergibt zwei Farben an den `QPalette`-Konstruktor. Diese Farben werden als Button- und als Background-Farbe für die `active`-Farbgruppe benutzt. Alle anderen Farben der drei Farbgruppen werden dann automatisch berechnet, sodass die Kontraste scharf sind und man eine gefällige Benutzerschnittstelle erhält, wenn man diese Palette für ein Widget mittels `setPalette()` einrichtet, wie z. B.:

```
QPalette blaugelb( Qt::blue, Qt::yellow ); // berechnet ganze Palette basierend auf
                                           // blauen Buttons und gelbem Hintergrund
this->setPalette( blaugelb ); // Festlegen dieser Palette für das aktuelle Widget
```

Festlegen einer gemeinsamen Palette für alle Widgets

Möchte man eine gemeinsame Palette für alle Widgets einer ganzen Anwendung festlegen, empfiehlt sich folgender Code:

```
QPalette rotgruen( Qt::red, Qt::green ); // berechnet ganze Palette basierend auf
                                         // rote Buttons und grünen Hintergrund
qApp->setPalette( rotgruen, true ); // Festlegen dieser Palette für alle Widgets
                       // 2. Parameter (true) legt fest, ob diese neue Palette
                       // sofort auf alle Widgets anzuwenden ist, und diese
                       // neu gezeichnet werden sollen oder nicht (false).
```

Dieses Verändern der voreingestellten Palette ist jedoch nicht empfehlenswert, da diese Palette auf grau basiert und auch für sehbehinderte Menschen, die keine Farben unterscheiden können, entworfen wurde.

2.4.4 Farbenwahl über RGB- bzw. HSV-Schiebebalken^B

Das Programm 2.7 ermöglicht es dem Benutzer, sich die zu einem bestimmten RGB- oder auch die zu einem entsprechenden HSV-Wert gehörige Farbe anzeigen zu lassen. Um die einzelnen RGB- bzw. HSV-Werte zu ändern, stehen ihm jeweils drei Schiebebalken zur Verfügung. Ändert der Benutzer einen RGB-Wert, so werden automatisch die drei HSV-Schiebebalken auf die zugehörigen HSV-Werte gesetzt, was umgekehrt natürlich auch gilt: Wird ein HSV-Wert geändert, so werden die RGB-Schiebebalken entsprechend angepasst (siehe auch Abbildung 2.6).

Programm 2.7 – `farbe.cpp`:
Anzeige einer Farbe über drei RGB- bzw. drei HSV-Schiebebalken

```
#include <qapplication.h>
#include <qpushbutton.h>
#include <qslider.h>
#include <qlcdnumber.h>
#include <qlabel.h>
//.......................................................... Klasse SchiebLCD
```

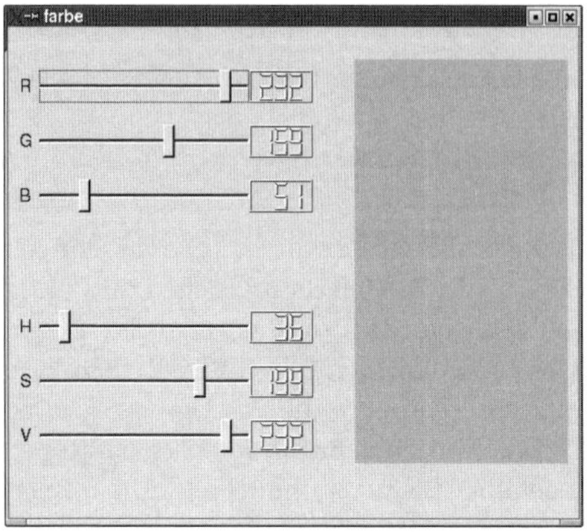

Abbildung 2.6: Anzeige einer Farbe über RGB- bzw. HSV-Schiebebalken

```
class SchiebLCD : public QWidget {
  Q_OBJECT   // notwendig, da eigene Slots enthalten sind
public:
  SchiebLCD(int oben, int nr, QWidget *par, const char* nam) : QWidget(par, nam) {
    nummer = nr;
     //............... Erzeugen eines Text-Labels
    QLabel* name = new QLabel( this );
    name->setText( text );
    name->setGeometry( 1, 10, 15, 30 );
     //............... Erzeugen eines Schiebebalken
    schiebbalk = new QSlider( 0, oben, // min-/max-Wert
                             1, 0,     // Schrittweite u. Startwert
                       QSlider::Horizontal, this ); // Ausrichtung u. Elternwidget
    schiebbalk->setGeometry( 20, 10, 200, 30 );
     //............... Erzeugen einer LCD-Anzeige
    lcdzahl = new QLCDNumber( 3, this ); // maximal 3 Ziffern
    lcdzahl->setGeometry( 220, 10, 60, 30 );
    lcdzahl->display( 0 );
     //............... Verbinde Schiebebalken und LCD-Anzeige
    QObject::connect( schiebbalk, SIGNAL( valueChanged( int ) ),
                      this, SLOT( aktualisiereSchiebLCD( int ) ) );
  }
signals:
  void farbeGeaendert( int nr, int wert );
public slots:
  void aktualisiereSchiebLCD( int wert ) {
    schiebbalk->setValue( wert );
    lcdzahl->display( wert );
    emit farbeGeaendert( nummer, wert ); // Signal farbeGeaendert schicken
  }
private:
  int        nummer;
```

```
   QSlider*    schiebbalk;
   QLCDNumber* lcdzahl;
};
//....................................................... Klasse farbeRgbHsv
class farbeRgbHsv : public QWidget {
   Q_OBJECT   // notwendig, da eigene Slots enthalten sind
public:
   farbeRgbHsv( QWidget *parent ) : QWidget( parent ) { //... Konstruktor
      int i;
      //............... Initialisierungen
      for ( i=0; i<3; i++)
         rgbFarbe[i] = 0;
      //............... Erzeugen einer Farbanzeige
      farbAnzeige = new QLabel( this );
      farbAnzeige->setGeometry( 330, 30, 200, 370 );
      //............... Erzeugen von drei Schiebealken fuer RGB
      const char * rgbText[] = { "R", "G", "B" };
      for ( i=0; i<3; i++ ) {
         rgb[i] = new SchiebLCD( 255, i, this, rgbText[i] );
         rgb[i]->setGeometry( 10, 30+i*50, 300, 60 );
         QObject::connect( rgb[i], SIGNAL( farbeGeaendert( int, int ) ),
                           this, SLOT( rgbNeueFarbe( int, int ) ) );
      }
      //............... Erzeugen von drei Schiebealken fuer HSV
      const char * hsvText[] = { "H", "S", "V" };
      for ( i=0; i<3; i++ ) {
         hsv[i] = new SchiebLCD( i==0 ? 359 : 255, i+3, this, hsvText[i] );
         hsv[i]->setGeometry( 10, 250+i*50, 300, 60 );
         QObject::connect( hsv[i], SIGNAL( farbeGeaendert( int, int ) ),
                           this, SLOT( hsvNeueFarbe( int, int ) ) );
      }
      rgb[0]->aktualisiereSchiebLCD( 255 ); // Für Farbenanzeige (rot) zu Beginn
   }
public slots:
   void rgbNeueFarbe( int nr, int wert ) { //... rgbNeueFarbe
      if ( rgbFarbe[nr] != wert ) {
         int  h, s, v;
         rgbFarbe[ nr ] = wert;
         QColor neueRgbFarbe( rgbFarbe[0], rgbFarbe[1], rgbFarbe[2] );
         farbAnzeige->setPaletteBackgroundColor( neueRgbFarbe );
         neueRgbFarbe.getHsv( &h, &s, &v );
         hsv[0]->aktualisiereSchiebLCD( hsvFarbe[0] = h );
         hsv[1]->aktualisiereSchiebLCD( hsvFarbe[1] = s );
         hsv[2]->aktualisiereSchiebLCD( hsvFarbe[2] = v );
      }
   }
   void hsvNeueFarbe( int nr, int wert ) { //... hsvNeueFarbe
      if ( hsvFarbe[nr-3] != wert ) {
         int r, g, b;
         hsvFarbe[ nr-3 ] = wert;
```

```
            QColor neueHsvFarbe( hsvFarbe[0], hsvFarbe[1], hsvFarbe[2], QColor::Hsv );
            farbAnzeige->setPaletteBackgroundColor( neueHsvFarbe );
            neueHsvFarbe.getRgb( &r, &g, &b );;
            rgb[0]->aktualisiereSchiebLCD( rgbFarbe[0] = r );
            rgb[1]->aktualisiereSchiebLCD( rgbFarbe[1] = g );
            rgb[2]->aktualisiereSchiebLCD( rgbFarbe[2] = b );
        }
    }
private:
    QLabel    *farbAnzeige;
    int        rgbFarbe[3], hsvFarbe[3];
    SchiebLCD *rgb[3],      *hsv[3];
};
#include "farbe.moc"
//............................................................... main
int main( int argc, char* argv[] ) {
    QApplication myapp( argc, argv );
    farbeRgbHsv* mywidget = new farbeRgbHsv( 0 );
    mywidget->setGeometry( 100, 100, 540, 450 );
    myapp.setMainWidget( mywidget );
    mywidget->show();
    return myapp.exec();
}
```

2.4.5 Anzeigen von `Active`, `Disabled`, `Inactive`[Z]

Das Programm `farbgruppe.cpp` ermöglicht es dem Benutzer, über RGB-Schiebebalken neue Button- und Background-Farben für eine Palette zu wählen. Es wird ihm dann angezeigt, wie die einzelnen Mitglieder der drei Farbgruppen `Active`, `Disabled` und `Inactive` bei diesen Palettenfarben dargestellt werden (siehe Abbildung 2.7).

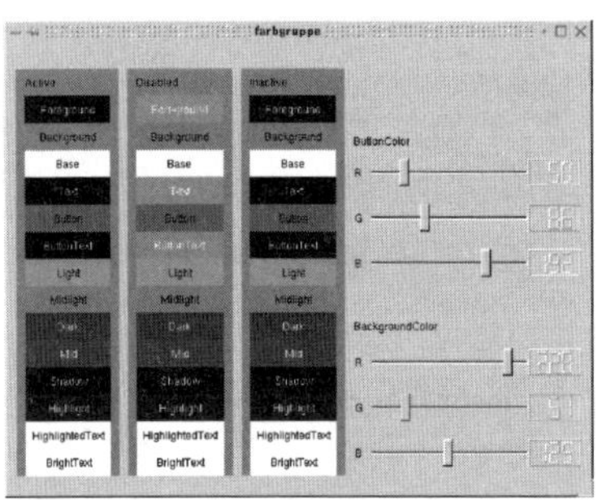

Abbildung 2.7: Interaktive Anzeige der Farbgruppen `Active`, `Disabled` und `Inactive`

2.4.6 Beispielprogramm zu `light()` und `dark()`[Z]

Das Programm `lightdark.cpp` zeigt in 10er Schritten an, wie sich jeweils die vordefinierten Farben bei Verwendung der Methoden `light()` und `dark()` verändern.

2.5 Ein Malprogramm mit Menüs, Events und mehr

In diesem Kapitel soll unter Zuhilfenahme der Klasse `QPainter` ein kleines Malprogramm zum Zeichnen mit der Maus auf dem Bildschirm erstellt werden, welches im Folgenden dann schrittweise erweitert wird.
Die Klasse `QPainter` bietet Methoden zum Zeichnen graphischer Figuren wie Linien, Kreise, Rechtecke, Bezier-Kurven usw. an. Zusätzlich unterstützt sie verschiedene Koordinatensysteme und geometrische Transformationen, wie z. B. Rotieren, Vergrößern, Verkleinern usw.
Bevor wir uns nun an die Realisierung unseres Malprogramms wagen, müssen wir hier zunächst etwas in die Qt-Philosophie von Events eintauchen, da Qt zwischen High-Level- und Low-Level-Events unterscheidet:

- *High-Level-Events* (*semantic events*): sind Ereignisse, die eine semantische Bedeutung haben, wie z. B. ein Mausklick auf einen Button oder auf einen Menüpunkt. Solche High-Level-Events werden in Qt über *Signale* gemeldet, die sich mit einem Slot verbinden lassen.
- *Low-Level-Events* (*syntactic events*): sind dagegen Ereignisse, die lediglich eine syntaktische Bedeutung haben, wie z. B. ein Mausklick in einem Zeichenfenster. Einem solchen Event kann keine eindeutige Bedeutung zugeordnet werden: Soll bei einem solchem Mausklick in einem Zeichenfenster ein Pixel gemalt werden, oder aber ist dies als der Startpunkt einer Linie zu interpretieren, oder...? Solche Low-Level-Events, wie Mausklick, Mausbewegung, Tastendruck usw., werden in Qt über *virtuelle Methoden* gemeldet.

2.5.1 Eine erste einfache Version eines Malprogramms

Nun aber zu unserer ersten Version des Malprogramms `malprog1.cpp` (siehe Programm 2.8), das den Benutzer durch Ziehen der Maus bei gedrückter Maustaste am Bildschirm zeichnen lässt (siehe auch Abbildung 2.8).

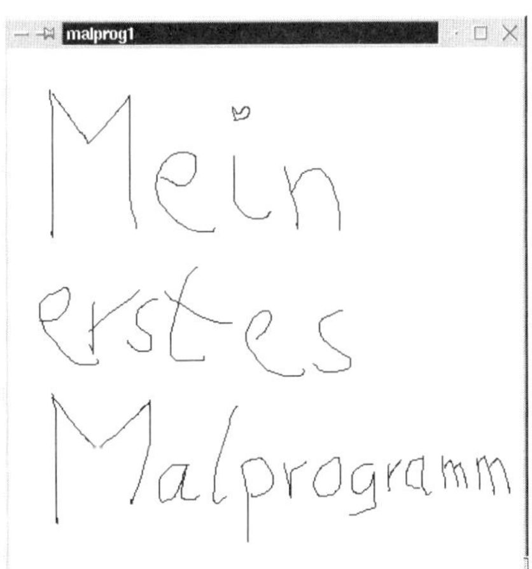

Abbildung 2.8: Malfenster nach einem Zeichnen mit gedrückter Maustaste

Programm 2.8 – `malprog1.cpp`:
Erste, einfache Version eines Malprogramms

```
#include <qapplication.h>
#include <qwidget.h>
#include <qpainter.h>
#include <qpixmap.h>

//------------------------------------ class MalFenster -------------
class MalFenster : public QWidget
{
public:
   MalFenster() {
      setBackgroundMode( NoBackground ); // bei Neumalen nicht loeschen
   }

protected:
      //... Diese virtuelle Methode wird aufgerufen, wenn Benutzer
      //... auf eine Maustaste in diesem Fenster klickt
   virtual void mousePressEvent( QMouseEvent* event) {
      letztepos = event->pos(); // Speichere die Koordinaten vom Event
   }

      //... Diese virtuelle Methode wird aufgerufen, wenn Benutzer
      //... die Maus bei gedrueckter Taste bewegt
   virtual void mouseMoveEvent( QMouseEvent* event) {
      QPainter wMaler; // erzeugt QPainter-Obj. zum Zeichnen im Window
      QPainter pMaler; // erzeugt QPainter-Obj. zum Zeichnen im Puffer

      wMaler.begin( this );    // Start des Zeichnens im Window
      pMaler.begin( &puffer ); // Start des Zeichnens im Puffer

      wMaler.drawLine( letztepos, event->pos() ); // Linie im Window
      pMaler.drawLine( letztepos, event->pos() ); // Linie im Puffer

      wMaler.end();   // Beendigung des Zeichnens im Window
      pMaler.end();   // Beendigung des Zeichnens im Puffer

      letztepos = event->pos();  // merkt sich die akt. Mausposition
   }

      //... Diese virtuelle Methode wird immer aufgerufen, wenn ein
      //... neues Malen erforderlich ist, z.B. wenn das Bild durch
      //... ein anderes Fenster verdeckt wurde und nun wieder
      //... sichtbar sein soll.
   virtual void paintEvent( QPaintEvent* ) {
      bitBlt( this, 0, 0, &puffer ); // kopiert Pufferbild auf Bildsch.
   }

      //... Diese virtuelle Methode wird immer aufgerufen, wenn die
      //... Fenstergroesse sich aendert.
```

```
   virtual void resizeEvent( QResizeEvent* event ) {
      QPixmap save( puffer );     // Sichern des Bildes im Puffer 'save'
      puffer.resize( event->size() ); // Puffergroesse auf neue
                                      // Bildgroesse setzen
      puffer.fill( white );  // Inh. des Puffers weiss ueberschreiben
      bitBlt( &puffer, 0, 0, &save ); // Temporaeren Puffer 'save' in
                                      // Puffer 'puffer' kopieren.
   }

private:
   QPoint      letztepos;
   QPixmap     puffer;
};

//------------------------------------------------ main -------------
int main( int argc, char* argv[] )
{
   QApplication myapp( argc, argv );

   MalFenster* mywidget = new MalFenster();
   mywidget->setGeometry( 50, 50, 400, 400 );

   myapp.setMainWidget( mywidget );
   mywidget->show();
   return myapp.exec();
}
```

In diesem Programm wird eine Klasse `MalFenster` definiert, die von `QWidget` abgeleitet ist, wobei die vier virtuellen Methoden `mousePressEvent()`, `mouseMoveEvent()`, `paintEvent()` und `resizeEvent()` in dieser Klasse reimplementiert werden. Der Konstruktor ruft nur `setBackgroundMode(NoBackground)` auf, um das Flackern zu reduzieren, wenn das Window auf dem Bildschirm neu angezeigt werden muss.

Die virtuelle Methode `mousePressEvent()`

Diese virtuelle Methode wird immer dann aufgerufen, wenn der Benutzer über der Malfläche auf eine Maustaste drückt. Die hier neu implementierte Methode merkt sich dann in der `private`-Variablen `letztepos` die aktuelle Mausposition (`event->pos()`).

Die virtuelle Methode `mouseMoveEvent()`

Die virtuelle Methode `mouseMoveEvent()` wird immer dann aufgerufen, wenn der Benutzer über der Malfläche die Maus bei gedrückter Maustaste bewegt[1]. In dieser neu implementierten Methode wird eine Linie von der zuletzt gemerkten Mausposition (in `letztepos`) zu der aktuellen Mausposition gezeichnet:

```
   virtual void mouseMoveEvent( QMouseEvent* event) {
      QPainter wMaler; // erzeugt QPainter-Obj. zum Zeichnen im Window
      QPainter pMaler; // erzeugt QPainter-Obj. zum Zeichnen im Puffer
```

[1] Soll diese Methode auch aufgerufen werden, wenn die Maus ohne gedrückte Maustaste bewegt wird, muss man zuvor die Methode `setMouseTracking(true)` aufrufen.

```
        wMaler.begin( this );     // Start des Zeichnens im Window
        pMaler.begin( &puffer ); // Start des Zeichnens im Puffer
        wMaler.drawLine( letztepos, event->pos() ); // Linie im Window
        pMaler.drawLine( letztepos, event->pos() ); // Linie im Puffer
        wMaler.end();    // Beendigung des Zeichnens im Window
        pMaler.end();    // Beendigung des Zeichnens im Puffer
        letztepos = event->pos();  // merkt sich die akt. Mausposition
    }
```

Dieser Code bedarf einer Erklärung: die meisten von Qt bereitgestellten Widgets, wie z. B. Buttons oder Schiebebalken, können sich nach einem Verdecken durch ein anderes Window und anschließendem Aufdecken wieder selbst neu darstellen, da sie alle erforderlichen Daten dazu selbst verwalten. Andere Widgets dagegen, wie z. B. eine Malfläche (`QPainter`-Widget) sind dazu nicht in der Lage, da die erforderlichen Daten zum Neuzeichnen von Qt nicht verwaltet werden. Bei solchen Widgets ist es also in der Verantwortung des Programmierers, die entsprechenden Daten selbst zu sichern, um bei Bedarf ein solches Widget neu darzustellen. Im obigen Code wird dies dadurch realisiert, dass jedes Zeichnen einer Linie nicht nur auf dem Bildschirm durchgeführt wird, sondern parallel dazu in einem Puffer, der somit immer eine aktuelle Kopie der am Bildschirm gezeigten Malfläche enthält. Qt stellt für ein das Zeichnen in einem Puffer die Klasse `QPixmap` zur Verfügung. Diese einfache Methode, um Malflächen sich wieder neu zeichnen zu lassen, hat jedoch den Nachteil eines hohen Speicherbedarfs und kann nur bei kleineren Programmen verwendet werden. Später werden wir noch andere Methoden kennenlernen.
Um nun das Zeichnen sowohl am Bildschirm als auch in einem Puffer durchführen zu lassen, wurden in der obigen Methode zwei `QPainter`-Objekte definiert:

```
        QPainter wMaler; // erzeugt QPainter-Obj. zum Zeichnen im Window
        QPainter pMaler; // erzeugt QPainter-Obj. zum Zeichnen im Puffer
```

Um in einem `QPainter`-Objekt zu zeichnen, muss dieses zuerst geöffnet werden:

```
        wMaler.begin( this );     // Start des Zeichnens im Window
        pMaler.begin( &puffer ); // Start des Zeichnens im Puffer
```

Bei der dazu von `QPainter` angebotenen Methode `begin()` muss die Adresse eines `QPaintDevice`-Objekts (wie z. B. eines `QWidget`- oder eines `QPixmap`-Objekts) angegeben werden. Das Zeichnen der Linie in beiden geöffneten `QPainter`-Objekten erfolgt dabei mit den beiden folgenden Zeilen:

```
        wMaler.drawLine( letztepos, event->pos() ); // Linie im Window
        pMaler.drawLine( letztepos, event->pos() ); // Linie im Puffer
```

Nach dem Abschluss der Zeichenoperationen müssen die entsprechenden `QPainter`-Objekte wieder geschlossen werden:

```
        wMaler.end();    // Beendigung des Zeichnens im Window
        pMaler.end();    // Beendigung des Zeichnens im Puffer
```

Die letzte Anweisung in der Methode `mouseMoveEvent()`:

```
        letztepos = event->pos();  // merkt sich die akt. Mausposition
```

merkt sich dann die neue Mausposition als Startpunkt für die nächste zu zeichnende Linie.

Die virtuelle Methode `paintEvent()`

`paintEvent()` wird immer dann aufgerufen, wenn eine neue Darstellung eines `QPainter`-Objekts notwendig ist. In dieser neu implementierten Methode wird nur die im Puffer gespeicherte Kopie des Bildes in das Window kopiert:

```
    virtual void paintEvent( QPaintEvent* ) {
        bitBlt( this, 0, 0, &puffer ); // kopiert Pufferbild auf Bildsch.
    }
```

Hierzu wird die von der Klasse `QPaintDevice` angebotene Funktion `bitBlt()` verwendet, mit der man rechteckige Bildbereiche kopieren kann. Da durch den Kopiervorgang die Malfläche vollständig überschrieben wird, ist kein vorheriges Löschen der Malfläche notwendig, was auch durch den Aufruf von `setBackgroundMode( NoBackground )` im `MalFenster`-Konstruktor festgelegt wurde.

Die virtuelle Methode `resizeEvent()`

Die virtuelle Methode `resizeEvent()` wird immer dann aufgerufen, wenn sich die Fenstergröße ändert. In dieser neu implementierten Methode wird sichergestellt, dass der Puffer immer die gleiche Größe wie die am Bildschirm angezeigte Malfläche hat.

```
    virtual void resizeEvent( QResizeEvent* event ) {
        QPixmap save( puffer );    // Sichern des Bildes im Puffer 'save'
        puffer.resize( event->size() ); // Puffergroesse auf neue
                                        // Bildgroesse setzen
        puffer.fill( white );  // Inh. des Puffers weiss ueberschreiben
        bitBlt( &puffer, 0, 0, &save ); // Temporaeren Puffer 'save' in
                                        // Puffer 'puffer' kopieren.
    }
```

Hier wird zunächst der Pufferinhalt in einen temporären Puffer namens `save` kopiert, bevor die Größe des eigentlichen Puffers der neuen Größe der Malfläche angepasst wird. Um sicherzustellen, dass ein nun etwas größerer Puffer keine undefinierten Werte beinhaltet, wird der Puffer mit weißen Pixeln gefüllt, bevor zuletzt der temporäre Puffer `save` in den aktuellen Puffer zurückkopiert wird. Diese Methode `resizeEvent()` wird im Übrigen das erste Mal aufgerufen, wenn in `main()` die Geometrie des Fensters festgelegt wird:

```
    mywidget->setGeometry( 50, 50, 400, 400 );
```

Danach wird sie immer nur dann aufgerufen, wenn der Benutzer die Größe des Malfensters verändert.

2.5.2 Eine zweite erweiterte Version des Malprogramms

In dieser zweiten Version des Malprogramms soll folgende zusätzliche Funktionalität zum Malprogramm hinzugefügt werden:

- Bewegt der Benutzer die Maus bei gedrückter rechter Maustaste, sind dickere Linien zu zeichnen als bei gedrückter linker bzw. mittlerer Maustaste.
- Es soll auch ein Malen mit anderen Farben als schwarz möglich sein. Der Benutzer kann eine neue Farbe durch Drücken einer der folgenden Tasten einstellen: (W)=weiß, (S)=schwarz, (R)=rot, (B)=blau, (G)=grün und (L)=gelb.
- Bei einem Doppelklick auf eine Maustaste soll die Malfläche gelöscht werden.

Um diese zusätzliche Funktionalität zu erreichen, sind die folgenden Änderungen im Programm 2.8 erforderlich: Nach der Zeile 60 ist eine weitere `private`-Variable zu definieren, die immer die aktuell eingestellte Farbe beinhaltet:

```
QColor  farbe;
```

Da die voreingestellte Farbe bei Programmbeginn schwarz sein soll, muss dieser Variablen `farbe` im `MalFenster`-Konstruktor *nach Zeile 10* diese Farbe zugewiesen werden.

```
farbe = black;
```

Um bei Eingabe einer der oben angegebenen Tasten eine neue Farbe einzustellen, muss die virtuelle Methode `keyPressEvent()` reimplementiert werden, z. B. indem man den folgenden Code ab *Zeile 57* im Programm 2.8 hinzufügt:

```
   //... Diese virtuelle Methode wird immer aufgerufen, wenn
   //... eine Taste auf der Tastatur gedrueckt wird
virtual void keyPressEvent( QKeyEvent* event ) {
   switch( event->key() ) {
      case Key_W:  farbe = white;  break;
      case Key_S:  farbe = black;  break;
      case Key_R:  farbe = red;    break;
      case Key_B:  farbe = blue;   break;
      case Key_G:  farbe = green;  break;
      case Key_L:  farbe = yellow; break;
   }
}
```

Alle von Qt angebotenen Tastencodes haben Namen, die mit `Key_` beginnen, und können in der Headerdatei `<qkeycode.h>` nachgeschlagen werden. Ansonsten sollte dieser Code-Ausschnitt selbsterklärend sein. Um nun bei gedrückter rechter Maustaste dicker malen zu lassen als bei einer anderen gedrückten Maustaste, muss in der Methode `mouseMoveEvent()` *in Zeile 29* von Programm 2.8 folgender Code hinzufügt werden:

```
  if ( event->state() & RightButton ) {  // bei rechter Maustaste
      QPen stift;                         // dicker malen
      stift.setWidth( 15 );     // Stiftdicke auf 15 setzen
      stift.setColor( farbe ); // Stiftfarbe setzen
      wMaler.setPen( stift );  // Stift fuer Window setzen
      pMaler.setPen( stift );  // Stift fuer Puffer setzen
   } else {
      wMaler.setPen( farbe );  // Stiftfarbe fuer Window setzen
      pMaler.setPen( farbe );  // Stiftfarbe fuer Puffer setzen
   }
```

Hiermit wird festgelegt, dass bei gedrückter rechter Maustaste ein `QPen`-Objekt `stift` erzeugt wird, das als Stiftdicke nicht `1`, sondern `15` benutzt. Unabhängig von der gedrückten Maustaste wird hier nun die in `farbe` gespeicherte Farbe als Zeichenfarbe verwendet.

Zuletzt muss nun folgender Code-Ausschnitt im `protected`-Teil der Klasse `MalFenster` hinzugefügt werden, um bei einem doppelten Mausklick die Malfläche löschen zu lassen:

```
virtual void mouseDoubleClickEvent( QMouseEvent* ) {
   puffer.fill( white ); // Uebermale parallel gefuehrt. Puffer weiss
   bitBlt( this, 0, 0, &puffer ); // und kopiere ihn ueber das Window
}
```

2.5.3 Eine dritte Version des Malprogramms mit Menüs

In der dritten Version des Malprogramms wollen wir nun Menüs hinzufügen, wie dies in Abbildung 2.9 gezeigt ist. Die einzelnen Submenüs (Popupmenüs) zu dieser Menüleiste sind in Abbildung 2.10 gezeigt. Ein Klick auf den Submenü-Eintrag *About Malprog* zeigt die im linken Teil von Abbildung 2.11 gezeigte Nachricht an, und ein Klick auf den Submenü-Eintrag *About Qt* blendet die im rechten Teil von Abbildung 2.11 gezeigte Nachricht ein.

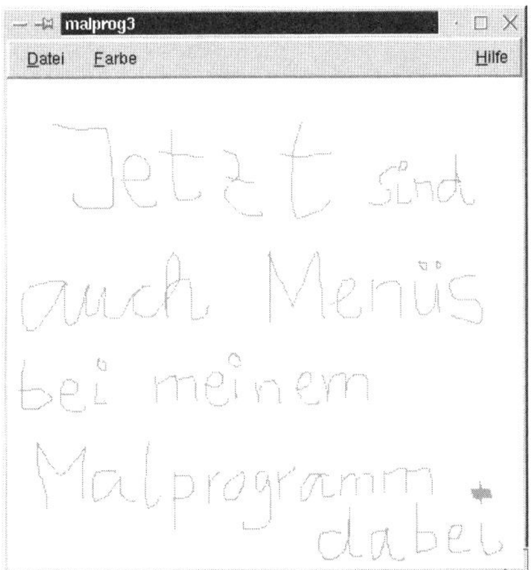

Abbildung 2.9: Dritte Version des Malprogramms mit einer Menüleiste

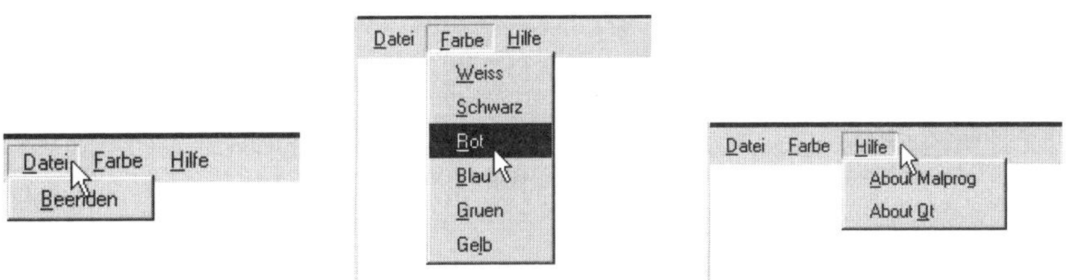

Abbildung 2.10: Die Submenüs zu der Menüleiste in Abbildung 2.9

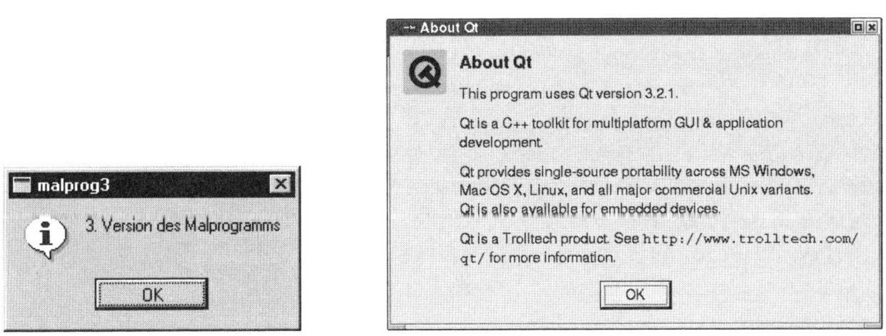

Abbildung 2.11: Eingeblendete Widgets bei den beiden Submenü-Einträge im Hilfe-Menü

Um Menüs zu erzeugen, stellt Qt die beiden Klassen `QMenuBar` (zum Anlegen einer Menüleiste) und `QPopupMenu` (zum Eintragen von Menüeinträgen) zur Verfügung, die beide von der Basisklasse `QMenuData` abgeleitet sind. Eine Menüleiste enthält die einzelnen Menüs, die `QPopupMenu`-Objekte sind. Diese Menüs können ihrerseits wieder andere Submenüs enthalten, die wiederum `QPopupMenu`-Objekte sind. Daneben ist es auch möglich, Popup-Menüs direkt einzublenden, z. B. wenn der Benutzer die rechte Maustaste drückt. Nun zur Realisierung der Menüs, wobei wieder nur die Änderungen gegenüber der zweiten Version des Malprogramms vorgestellt werden.

Inkludieren zusätzlicher Headerdateien

Zunächst müssen wir folgende Headerdateien zusätzlich inkludieren:

```
#include <qmenubar.h>
#include <qpopupmenu.h>
#include <qmessagebox.h>
```

Vergabe von Farbkennungen und Erzeugen des Menüs im Konstruktor

Anschließend müssen so genannte Kennungen (*IDs*) für die einzelnen Farben eingeführt werden, bevor der Konstruktor entsprechend erweitert wird, um die Menüs einzurichten. Nachfolgend sind die neu hinzuzufügenden Zeilen fett hervorgehoben:

```
enum { WEISS, SCHWARZ, ROT, BLAU, GRUEN, GELB }; // Kennungen
class MalFenster : public QWidget {
   Q_OBJECT // notwendig, da MalFenster nun Slots enthaelt
public:
  MalFenster() {
      farbe = black;
      setBackgroundMode( NoBackground ); // beim Neumalen nicht loeschen
      dateimenu = new QPopupMenu; //... erzeugt ein Datei-Menue
       dateimenu->insertItem( "&Beenden", qApp, SLOT( quit() ) );
      farbemenu = new QPopupMenu; //... erzeugt ein Farbe-Menue
       farbemenu->insertItem( "&Weiss",   WEISS );
       farbemenu->insertItem( "&Schwarz", SCHWARZ );
       farbemenu->insertItem( "&Rot",     ROT );
       farbemenu->insertItem( "&Blau",    BLAU );
       farbemenu->insertItem( "&Gruen",   GRUEN );
       farbemenu->insertItem( "Ge&lb",    GELB );
      QObject::connect( farbemenu, SIGNAL( activated( int ) ),
                        this,      SLOT( farbeMenuSlot( int ) ) );
      hilfemenu = new QPopupMenu; //... erzeugt ein Hilfe-Menue
       hilfemenu->insertItem( "&About Malprog", this, SLOT( AboutSlot() ));
       hilfemenu->insertItem( "About &Qt", this, SLOT( AboutQtSlot() ) );
      menubalken = new QMenuBar( this ); //... erzeugt einen Menue-Balken
       menubalken->insertItem( "&Datei", dateimenu );
       menubalken->insertItem( "&Farbe", farbemenu );
       menubalken->insertSeparator();
       menubalken->insertItem( "&Hilfe", hilfemenu );
  }
~MalFenster() { } // noch kein Code fuer den Destruktor
```

In diesem Konstruktor werden zunächst die einzelnen Menüs erzeugt. Zuerst wird dabei der Menüeintrag für das *Datei*-Menü mit den folgenden Codezeilen erzeugt:

```
dateimenu = new QPopupMenu; //... erzeugt ein Datei-Menue
dateimenu->insertItem( "&Beenden", qApp, SLOT( quit() ) );
```

Die von `QMenuData` angebotene Methode `insertItem()` zum Einfügen von Menüeinträgen in einem Menü wird in vielen überladenen Varianten angeboten, auf die an späterer Stelle noch genauer eingegangen wird.
Hier jedenfalls wird mit dieser Methode ein Menüeintrag *Beenden* kreiert. Durch Voranstellen von `&` kann man ein Zeichen festlegen, das beim Einblenden des Popupmenüs unterstrichen angezeigt wird. Solche Zeichen werden als Tastatur-Kurzbefehle (*Shortcuts*) bezeichnet, da nach dem Einblenden des entsprechenden Popupmenüs der entsprechende Menüeintrag dann nicht nur mit der Maus, sondern auch durch Eingabe dieses unterstrichenen Zeichens über die Tastatur direkt ausgewählt werden kann.
Als zweites Argument wird hier bei der Methode `insertItem()` die globale Variable `qApp` angegeben, die in `<qapplication.h>` definiert ist. Diese Variable enthält immer einen Zeiger auf das ganze `QApplication`-Objekt. Das dritte Argument legt die Slotroutine fest, die auszuführen ist, wenn dieser Menüeintrag vom Benutzer angewählt wird. In diesem Fall ist also ein `quit()` für das `QApplication`-Objekt durchzuführen, was somit zur Beendigung des Programms führt.
Mit folgenden Codezeilen werden die Menüeinträge für das *Farbe*-Menü erzeugt:

```
farbemenu = new QPopupMenu; //... erzeugt ein Farbe-Menue
farbemenu->insertItem( "&Weiss",   WEISS );
farbemenu->insertItem( "&Schwarz", SCHWARZ );
farbemenu->insertItem( "&Rot",     ROT );
farbemenu->insertItem( "&Blau",    BLAU );
farbemenu->insertItem( "&Gruen",   GRUEN );
farbemenu->insertItem( "Ge&lb",    GELB );
QObject::connect( farbemenu, SIGNAL( activated( int ) ),
                  this,      SLOT( farbeMenuSlot( int ) ) );
```

Hier wird eine andere Variante der Methode `insertItem()` zum Einfügen von Menüeinträgen verwendet: Wie zuvor legt das erste Argument den anzuzeigenden Text mit *Shortcut*-Buchstaben fest. Das zweite Argument legt hier nun aber eine Kennung (*ID*) fest, die dem entsprechenden Menüeintrag zuzuordnen ist. Abschließend wird dann das gesamte `farbemenu` über das Signal `activated(int)` mit der noch zu definierenden Slotroutine `farbeMenuSlot(int)` verbunden. Der Parameter des Signals `activated(int)` identifiziert dabei den entsprechenden Menüeintrag, der vom Benutzer ausgewählt wurde. In der weiter unten vorgestellten Slotroutine `farbeMenuSlot(int)` kann dann die von der Benutzerwahl abhängige Aktion durchgeführt werden.
Mit folgenden Codezeilen werden beide Menüeinträge für das *Hilfe*-Menü erzeugt:

```
hilfemenu = new QPopupMenu; //... erzeugt ein Hilfe-Menue
hilfemenu->insertItem( "&About Malprog", this, SLOT( AboutSlot() ));
hilfemenu->insertItem( "About &Qt", this, SLOT( AboutQtSlot() ) );
```

Hier werden die Slotroutinen, die bei Auswahl eines Menüeintrags aufzurufen sind, anders als zuvor, wieder direkt beim Aufruf der Methode `insertItem()` angegeben. Beide Slotroutinen werden weiter unten noch definiert.

Nachdem nun alle Menüs erzeugt sind, kann man eine Menüleiste anlegen und die einzelnen Menüs mit der Methode `insertItem()` dort einfügen, was mit den folgenden Codezeilen erreicht wird.

```
menubalken = new QMenuBar( this ); //... erzeugt einen Menue-Balken
menubalken->insertItem( "&Datei", dateimenu );
menubalken->insertItem( "&Farbe", farbemenu );
menubalken->insertSeparator();
menubalken->insertItem( "&Hilfe", hilfemenu );
```

Mit der von `QMenuData` angebotenen Methode `insertSeparator()` können in Popupmenüs horizontale Trennlinien zwischen einzelnen Menüpunkten festgelegt werden. Bei `QMenuBar`-Objekten hat die Methode `insertSeparator()` im Windows-Stil überhaupt keine Auswirkung, während sie im Motif-Stil bewirkt, dass die restlichen Menüeinträge (hier *Hilfe*) rechtsbündig in der Menüleiste angezeigt werden.

Definieren von Slotroutinen und benötigter `private`-Variablen

Nun müssen noch die einzelnen Slotroutinen und entsprechende `private`-Variablen für die Popupmenüs und die Menüleiste definiert werden. Die dazu erforderlichen Codezeilen, die man am Ende der `MalFenster`-Klasse einfügen muss, sind nachfolgend gezeigt, wobei jedoch nur die fettgedruckten Zeilen wirkliche neue Zeilen sind:

```
private slots:
   void AboutSlot() {
      QMessageBox::information( this, "malprog3",
                                "3. Version des Malprogramms\n");
   }
   void AboutQtSlot()   { QMessageBox::aboutQt( this, "About Qt" ); }
   void farbeMenuSlot( int farbeId ) {
      switch( farbeId ) {
         case WEISS:   farbe = white;  break;
         case SCHWARZ: farbe = black;  break;
         case ROT:     farbe = red;    break;
         case BLAU:    farbe = blue;   break;
         case GRUEN:   farbe = green;  break;
         case GELB:    farbe = yellow; break;
      }
   }
private:
   QPoint      letztepos;
   QPixmap     puffer;
   QColor      farbe;
   QMenuBar*    menubalken;
   QPopupMenu*  dateimenu;
   QPopupMenu*  farbemenu;
   QPopupMenu*  hilfemenu;
};
#include "malprog3.moc"  // notwendig, da eigene Slots definiert wurden
```

In der ersten definierten Slotroutine `AboutSlot()` wird eine so genannte `QMessageBox` eingeblendet, deren Aussehen der linken Teilabb. 2.11 entspricht.

```
void AboutSlot() {
      QMessageBox::information( this, "malprog3",
                                "3. Version des Malprogramms\n");
}
```

Weitere von der Klasse `QMessageBox` angebotene statische Methoden neben `information()` sind `question()`, `warning()` und `critical()`. In der Regel übergibt man dabei als erstes Argument das Elternwidget, als zweites den Fenstertitel und als letzes Argument den im `QMessageBox`-Widget anzuzeigenden Text. In der Slotroutine `AboutQtSlot()` wird eine weitere von `QMessageBox` angebotene statische Methode aufgerufen:

```
void AboutQtSlot()    { QMessageBox::aboutQt( this, "About Qt" ); }
```

`aboutQt()` liefert Informationen zu Qt (siehe rechter Teil von Abbildung 2.11).
Die letzte fehlende Slotroutine ist `farbeMenuSlot(int)`, die bei Auswahl eines Eintrags aus dem *Farbe*-Menü angesprungen wird.

```
void farbeMenuSlot( int farbeId ) {
   switch( farbeId ) {
      case WEISS:   farbe = white;  break;
      case SCHWARZ: farbe = black;  break;
      case ROT:     farbe = red;    break;
      case BLAU:    farbe = blue;   break;
      case GRUEN:   farbe = green;  break;
      case GELB:    farbe = yellow; break;
   }
}
```

Die vom Signal `activated(int)` über den Parameter gelieferte Kennung identifiziert den entsprechenden Menüeintrag, sodass hier über eine `switch`-Anweisung leicht die vom Benutzer im Menü ausgewählte Farbe eingestellt werden kann. Hier wäre auch eine andere Vorgehensweise denkbar: Man definiert sich ein Array mit den Farben:

```
QColor farb_array[] = { white, black, red, blue, green, yellow };
```

und benutzt dann die gelieferte Kennung als Index für dieses Array, sodass diese Slotroutine folgt verkürzt werden könnte:

```
void farbeMenuSlot( int farbeId ) {
   farbe = farb_array[farbeId];
}
```

2.5.4 Eine vierte Version des Malprogramms mit Laufbalken

Das Malprogramm soll nun weiter ausgebaut werden, sodass die Malfläche nicht nur auf die Größe des Anwendungsfensters begrenzt ist. Durch Hinzufügen von vertikalen und horizontalen Laufbalken kann dabei der Benutzer auf einer Malfläche malen, die wesentlich größer als das angezeigte Malfenster ist. Mit der von Qt angebotenen Klasse `QScrollView` können sehr leicht einem Widget Laufbalken zugeordnet werden.
Wenn wir z. B. in unserem Malprogramm für das Anwendungsfenster ein eigenes Widget namens `malfenster` erstellen:

```
MalFenster* malfenster = new MalFenster();
malfenster->setGeometry( 50, 50, 400, 400 );
```

und im Konstruktor der Klasse `MalFenster` ein eigenes Subwidget `malflaeche` für das eigentliche Malen erzeugen, das wesentlich größer als sein Elternwidget `malfenster` ist:

```
malflaeche = new MalFlaeche();
malflaeche->setGeometry( 0, 0, 1000, 1000 );
```

dann lassen sich im Konstruktor von `MalFenster` dem `malflaeche`-Subwidget Laufbalken wie folgt zuordnen:

```
   scrollview = new QScrollView( this );
   scrollview->setGeometry( 0, menubalken->height(),
                                  width(), height() - menubalken->height());
```

Nun muss man nur noch das Subwidget angeben, auf das sich die Laufbalken beziehen:

```
scrollview->addChild( malflaeche );
```

Programm 2.9 zeigt diese Version unseres Malprogramms mit Laufbalken (siehe auch Abbildung 2.12).

Abbildung 2.12: Aussehen der vierten Versions des Malprogramms mit Laufbalken

Programm 2.9 – `malprog4.cpp`:
Vierte Version des Malprogramms mit Menüs und Laufbalken

```
.....
#include <qscrollview.h>
enum { WEISS, SCHWARZ, ROT, BLAU, GRUEN, GELB };
//---------------------------------------- class MalFlaeche --------------
class MalFlaeche : public QWidget {
   Q_OBJECT  // notwendig, da MalFlaeche Slots enthaelt
public:
   MalFlaeche() {
       farbe = black;
       setBackgroundMode( NoBackground ); // beim Neumalen nicht loeschen
   }
   ~MalFlaeche() { } // noch kein Code fuer den Destruktor
public slots:
   void setzeFarbe( QColor neu_farbe ) { farbe = neu_farbe; }
protected:
```

```
   //... Diese virtuelle Methode wird immer aufgerufen, wenn Benutzer
   //... auf eine Maustaste über diesem Fenster klickt
virtual void mousePressEvent( QMouseEvent* event) {
   letztepos = event->pos(); // Speichere die Koordinaten vom Event
}
   //... Diese virtuelle Methode wird immer aufgerufen, wenn Benutzer
   //... die Maus bei gedrueckter Taste bewegt
virtual void mouseMoveEvent( QMouseEvent* event) {
   QPainter wMaler; // erzeugt QPainter-Object zum Zeichnen im Window
   QPainter pMaler; // erzeugt QPainter-Object zum Zeichnen im Puffer
   wMaler.begin( this );    // Start des Zeichnens im Window
   pMaler.begin( &puffer ); // Start des Zeichnens im Puffer
   if ( event->state() & RightButton ) {  // bei rechter Maustaste
      QPen stift;                         // dicker malen
      stift.setWidth( 15 );     // Stiftdicke auf 15 setzen
      stift.setColor( farbe ); // Stiftfarbe setzen
      wMaler.setPen( stift );  // Stift fuer Window setzen
      pMaler.setPen( stift );  // Stift fuer Puffer setzen
   } else {
      wMaler.setPen( farbe );  // Stiftfarbe fuer Window setzen
      pMaler.setPen( farbe );  // Stiftfarbe fuer Puffer setzen
   }
   wMaler.drawLine( letztepos, event->pos() ); // Linie im Window
   pMaler.drawLine( letztepos, event->pos() ); // Linie im Puffer
   wMaler.end();   // Beendigung des Zeichnens im Window
   pMaler.end();   // Beendigung des Zeichnens im Puffer
   letztepos = event->pos();  // merkt sich die akt. Mausposition
}
   //... Diese virtuelle Methode wird immer aufgerufen, wenn ein
   //... neues Malen erforderlich ist, z.B. wenn das Bild durch
   //... ein anderes Fenster verdeckt wurde und nun wieder
   //... sichtbar sein soll.
virtual void paintEvent( QPaintEvent* ) {
   bitBlt( this, 0, 0, &puffer ); // kopiert Puffer-Bild auf Bildschirm
}
   //... Diese virtuelle Methode wird immer aufgerufen, wenn die
   //... Fenstergroesse sich aendert.
virtual void resizeEvent( QResizeEvent* event ) {
   QPixmap save( puffer );            // Sichern Bild im Puffer 'save'
   puffer.resize( event->size() ); // Puffergroesse auf neue
                                   // Bildgroesse setzen
   puffer.fill( white );  // Inh. des Puffers mit weiss ueberschreiben
   bitBlt( &puffer, 0, 0, &save ); // Temporaeren Puffer 'save' in den
                                   // Puffer 'puffer' kopieren.
}
   //... Diese virtuelle Methode wird immer bei einem
   //... Maus-Doppelklick aufgerufen
virtual void mouseDoubleClickEvent( QMouseEvent* ) {
   puffer.fill( white );  // Uebermal mitgefuehrt. Puffer weiss
   bitBlt( this, 0, 0, &puffer ); // und kopiere ihn ueber das Window
```

```
   }
      //... Diese virtuelle Methode wird immer aufgerufen, wenn
      //... eine Taste auf der Tastatur gedrueckt wird
   virtual void keyPressEvent( QKeyEvent* event ) {
      switch( event->key() ) {
         case Key_W:  farbe = white;  break;
         case Key_S:  farbe = black;  break;
         case Key_R:  farbe = red;    break;
         case Key_B:  farbe = blue;   break;
         case Key_G:  farbe = green;  break;
         case Key_L:  farbe = yellow; break;
      }
   }
private:
   QPoint      letztepos;
   QPixmap     puffer;
   QColor      farbe;
};
//----------------------------------------- class MalFenster -------------
class MalFenster : public QWidget {
   Q_OBJECT  // notwendig, da MalFenster Slots enthaelt
public:
   MalFenster() {
       dateimenu = new QPopupMenu; //... erzeugt ein Datei-Menue
        dateimenu->insertItem( "&Beenden", qApp, SLOT( quit() ) );
       farbemenu = new QPopupMenu; //... erzeugt ein Farbe-Menue
        farbemenu->insertItem( "&Weiss",   WEISS );
        farbemenu->insertItem( "&Schwarz", SCHWARZ );
        farbemenu->insertItem( "&Rot",     ROT );
        farbemenu->insertItem( "&Blau",    BLAU );
        farbemenu->insertItem( "&Gruen",   GRUEN );
        farbemenu->insertItem( "Ge&lb",    GELB );
       QObject::connect( farbemenu, SIGNAL( activated( int ) ),
                         this,      SLOT( farbeMenuSlot( int ) ) );
       hilfemenu = new QPopupMenu; //... erzeugt ein Hilfe-Menue
        hilfemenu->insertItem( "&About Malprog", this, SLOT( AboutSlot()));
        hilfemenu->insertItem( "About &Qt", this, SLOT( AboutQtSlot() ) );
       menubalken = new QMenuBar( this ); //... erzeugt einen Menue-Balken
        menubalken->insertItem( "&Datei", dateimenu );
        menubalken->insertItem( "&Farbe", farbemenu );
        menubalken->insertSeparator();
        menubalken->insertItem( "&Hilfe", hilfemenu );
       malflaeche = new MalFlaeche();
        malflaeche->setGeometry( 0, 0, 1000, 1000 );
       scrollview = new QScrollView( this );
        scrollview->setGeometry( 0, menubalken->height(),
                                 width(), height() - menubalken->height());
        scrollview->addChild( malflaeche );
       QObject::connect( this,       SIGNAL( farbeGeaendert( QColor ) ),
                         malflaeche, SLOT( setzeFarbe( QColor ) ) );
```

```
   }
   ~MalFenster() { } // noch kein Code fuer den Destruktor
private slots:
   void AboutSlot() {
      QMessageBox::information( this, "malprog4", "4. Version des Malprogramms\n");
   }
   void AboutQtSlot()   { QMessageBox::aboutQt( this, "About Qt" ); }
   void farbeMenuSlot( int farbeId ) {
      switch( farbeId ) {
         case WEISS:   emit farbeGeaendert( white );  break;
         case SCHWARZ: emit farbeGeaendert( black );  break;
         case ROT:     emit farbeGeaendert( red );    break;
         case BLAU:    emit farbeGeaendert( blue );   break;
         case GRUEN:   emit farbeGeaendert( green );  break;
         case GELB:    emit farbeGeaendert( yellow ); break;
      }
   }
signals:
   void farbeGeaendert( QColor );
protected:
   virtual void resizeEvent( QResizeEvent* ) {
      scrollview->setGeometry( 0, menubalken->height(),
                               width(), height() - menubalken->height() );
   }
private:
   QMenuBar*    menubalken;
   QPopupMenu   *dateimenu, *farbemenu, *hilfemenu;
   QScrollView* scrollview;
   MalFlaeche*  malflaeche;
};
#include "malprog4.moc"
//-------------------------------------------------------- main -------------
int main( int argc, char* argv[] ) {
   QApplication myapp( argc, argv );
   MalFenster* mywidget = new MalFenster();
   mywidget->setGeometry( 50, 50, 400, 400 );
   myapp.setMainWidget( mywidget );
   mywidget->show();
   return myapp.exec();
}
```

Programm 2.9 enthält einige wichtige Änderungen gegenüber der dritten Version:

- Um zu verhindern, dass die Menüleiste auch dem Laufbalken zugeordnet ist, was sicherlich äußerst ungeschickt wäre, wurde die vorherige Klasse `MalFenster` in `MalFlaeche` (eigentliche Malfläche) umbenannt und eine neue Klasse `MalFenster` eingeführt, welche das Hauptwidget darstellt, dem die Menüleiste und die Malfläche als Subwidgets zugeordnet werden. Die Klasse `MalFlaeche` behielt dabei alle Methoden, die sich auf das eigentliche Zeichnen beziehen. Lediglich das Anlegen der Menüs und die dazugehörigen Slots wurden vom Konstruktor der Klasse `MalFlaeche` an den Konstruktor der Klasse `MalFenster` abgegeben.

- Zusätzlich ist der Konstruktor der Klasse `MalFenster` für die Erzeugung eines `MalFlaeche`-Objekts und der Laufbalken zuständig:

```
malflaeche = new MalFlaeche();
malflaeche->setGeometry( 0, 0, 1000, 1000 );
scrollview = new QScrollView( this );
scrollview->setGeometry( 0, menubalken->height(),
                         width(), height() - menubalken->height());
scrollview->addChild( malflaeche );
```

- Während die beiden Slotroutinen `AboutSlot()` und `AboutQtSlot()` unverändert von der Klasse `MalFlaeche` in die Klasse `MalFenster` verschoben werden konnten, waren bei der Slotroutine `farbeMenuSlot()` doch einige Änderungen erforderlich, da die `private`-Variable `farbe` sinnvollerweise weiterhin der Klasse `MalFlaeche` zugeordnet bleiben sollte. Um nun von der Slotroutine `farbeMenuSlot()`, die immer bei Auswahl einer neuen Farbe durch den Benutzer aufgerufen wird, die `private`-Variable `farbe` der Klasse `MalFlaeche` entsprechend setzen zu lassen, schickt diese Methode ein Signal `farbeGeaendert(QColor)`:

```
void farbeMenuSlot( int farbeId ) {
   switch( farbeId ) {
      case WEISS:   emit farbeGeaendert( white );  break;
      case SCHWARZ: emit farbeGeaendert( black );  break;
      case ROT:     emit farbeGeaendert( red );    break;
      case BLAU:    emit farbeGeaendert( blue );   break;
      case GRUEN:   emit farbeGeaendert( green );  break;
      case GELB:    emit farbeGeaendert( yellow ); break;
   }
}
```

  Dieses Signal `farbeGeaendert(QColor)` wird im `MalFenster`-Konstruktor mit der neuen Slotroutine `setzeFarbe(QColor)` der Klasse `MalFlaeche` verbunden:

```
QObject::connect( this,       SIGNAL( farbeGeaendert( QColor ) ),
                  malflaeche, SLOT( setzeFarbe( QColor ) ) );
```

  Auf diese Weise wurde die Auswahl einer neuen Farbe klar von dem Setzen und der Verwendung der Farbe getrennt, was bei eventuellen späteren Erweiterungen sehr von Vorteil sein kann, da man dieses Signal dann auch an andere Slotroutinen, die sich auch in anderen Klassen befinden können, weiterleiten kann.

- Eine letzte wichtige Änderung gegenüber der Vorgängerversion ist noch die Neuimplementierung der virtuellen Methode `resizeEvent()` für die Klasse `MalFenster`:

```
virtual void resizeEvent( QResizeEvent* ) {
   scrollview->setGeometry( 0, menubalken->height(),
                            width(), height() - menubalken->height() );
}
```

2.5.5 Eine fünfte Version des Malprogramms mit einigen netten Erweiterungen

In dieser fünften Version des Malprogramms sollen die folgenden Erweiterungen hinzugefügt werden:

- In der Menüleiste soll die Pinseldicke über ein zusätzliches Popupmenü ausgewählt werden können, das entsprechende Linien mit der jeweiligen Dicke anzeigt (siehe auch linkes Bild in Abbildung 2.13).
- Bei einem Klick auf die rechte Maustaste innerhalb der Malfläche soll ein Popupmenü eingeblendet werden, das eine neue Pinselfarbe einstellen bzw. auch das ganze gemalte Bild löschen lässt (siehe auch rechtes Bild in Abbildung 2.13).
- Ein Verschieben der Laufbalken soll nicht nur mit der Maustaste, sondern auch von der Tastatur mit den Tasten `Bild ↑`, `Bild ↓`, ↑, ↓, → und ← möglich sein.
- Ein Vergrößern bzw. Verkleinern der Pinseldicke soll nicht nur über das Menü, sondern auch mit den Tasten > (Größer) und < (Kleiner) möglich sein.
- Ein Zeichnen mit der linken Maustaste bei gedrückter `Shift ⇑`-Taste bewirkt, unabhängig von der eingestellten Pinseldicke, ein Malen mit einer Stiftdicke von 10.

Abbildung 2.13: Wesentliche Erweiterungen in der fünften Versions des Malprogramms

In Programm 2.10 sind die wesentlichen Änderungen fett hervorgehoben.

Programm 2.10 – `malprog5.cpp`:
Fünfte Version des Malprogramms

```
.....
#include <qcursor.h>
enum { WEISS, SCHWARZ, ROT, BLAU, GRUEN, GELB };
class MalFenster;
//---------------------------------------- class MalFlaeche --------------
class MalFlaeche : public QWidget {
   Q_OBJECT // notwendig, da MalFlaeche Slots enthaelt
public:
   MalFlaeche( MalFenster *);
   ~MalFlaeche() { delete popupmenu; } // loescht Popup-Menue
   QColor getFarbe()  { return farbe;  }
```

```
   int    getBreite() { return breite; }
public slots:
   void setzeFarbeBreite( QColor neue_farbe, int neue_breite ) {
      farbe  = neue_farbe;
      breite = neue_breite;
   }
   void sendeFarbeGeaendertSignal( int menupunkt ) {
      switch ( menupunkt ) {
         case WEISS:   emit stiftGeaendert( white, breite );  break;
         case SCHWARZ: emit stiftGeaendert( black, breite );  break;
         case ROT:     emit stiftGeaendert( red, breite );    break;
         case BLAU:    emit stiftGeaendert( blue , breite);   break;
         case GRUEN:   emit stiftGeaendert( green, breite );  break;
         case GELB:    emit stiftGeaendert( yellow, breite ); break;
      }
   }
   void sendeBreiteGeaendertSignal( int breite ) {
      emit stiftGeaendert( farbe, breite );
   }
   void sendeBreiteTasteGeaendertSignal( int delta ) {
      if (breite+delta >= 1 && breite+delta <= 20)
         emit stiftGeaendert( farbe, breite+delta );
   }
protected:
   virtual void mousePressEvent( QMouseEvent* event) {
      if ( event->button() == RightButton )
         popupmenu->exec( QCursor::pos() );
      else
         letztepos = event->pos(); // Speichere die Koordinaten vom Event
   }
   virtual void mouseMoveEvent( QMouseEvent* );
   virtual void paintEvent( QPaintEvent* ) {
      bitBlt( this, 0, 0, &puffer ); // kopiert Puffer-Bild auf Bildschirm
   }
   virtual void mouseDoubleClickEvent( QMouseEvent* ) {
      LoescheFlaecheSlot();
   }
   virtual void resizeEvent( QResizeEvent* event ) {
      QPixmap save( puffer );
      puffer.resize( event->size() );
      puffer.fill( white );
      bitBlt( &puffer, 0, 0, &save );
   }
private slots:
   void LoescheFlaecheSlot() {
      puffer.fill( white );  // Uebermale parallel mitgefuehrten Puffer weiss
      bitBlt( this, 0, 0, &puffer ); // und kopiere ihn ueber das Window
   }
signals:
   void stiftGeaendert( QColor, int );
```

```
private:
   QPoint       letztepos;
   QColor       farbe;
   QPixmap      puffer;
   int          breite;
   QPopupMenu*  popupmenu;
};
//---------------------------------------- class MalFenster -------------
class MalFenster : public QWidget {
   Q_OBJECT  // notwendig, da MalFenster Slots enthaelt
public:
   MalFenster();
   ~MalFenster() { }
public slots:
   void AendereMenu( QColor farbe, int breite ) {
      QPixmap pixmap( 40, breite);
      pixmap.fill( farbe );
      menubalken->changeItem( pixmap, breitemenu_id );
      for (int i=1; i<=20; i++) {
         pixmap.resize( 40, i);
         pixmap.fill( farbe );
         breitemenu->changeItem( pixmap, breitemenusub_id[i] );
      }
      menubalken->repaint();
   }
   virtual void keyPressEvent( QKeyEvent* event ) {
      switch (event->key()) {
         case Key_Up    :  scrollview->scrollBy(  0, -10);  break;
         case Key_Down  :  scrollview->scrollBy(  0,  10);  break;
         case Key_Left  :  scrollview->scrollBy(-10,   0);  break;
         case Key_Right:   scrollview->scrollBy( 10,   0);  break;
         case Key_PageUp:  scrollview->scrollBy(
                              0, -QMAX(scrollview->contentsHeight()/10, 10) );
                                                            break;
         case Key_PageDown: scrollview->scrollBy(
                              0, QMAX(scrollview->contentsHeight()/10, 10) );
                                                            break;
         case Key_W:  emit farbeTasteGedrueckt(WEISS);      break;
         case Key_S:  emit farbeTasteGedrueckt(SCHWARZ);    break;
         case Key_R:  emit farbeTasteGedrueckt(ROT);        break;
         case Key_B:  emit farbeTasteGedrueckt(BLAU);       break;
         case Key_G:  emit farbeTasteGedrueckt(GRUEN);      break;
         case Key_L:  emit farbeTasteGedrueckt(GELB);       break;
         case Key_Less    : emit breiteTasteGedrueckt(-1);  break;
         case Key_Greater: emit breiteTasteGedrueckt(1);    break;
      }
   }
private slots:
   void AboutSlot() {
      QMessageBox::information( this, "malprog", "5. Version des Malprogramms\n");
```

```
   }
   void AboutQtSlot()    { QMessageBox::aboutQt( this, "About Qt" ); }
signals:
   void farbeTasteGedrueckt( int );
   void breiteTasteGedrueckt( int );
protected:
   virtual void resizeEvent( QResizeEvent* ) {
      scrollview->setGeometry( 0, menubalken->height(),
                               width(), height() - menubalken->height() );
   }
private:
   QMenuBar*    menubalken;
   QPopupMenu  *dateimenu, *farbemenu, *breitemenu, *hilfemenu;
   int          breitemenu_id, breitemenusub_id[30];
   QScrollView* scrollview;
   MalFlaeche*  malflaeche;
};
#include "malprog5.moc"
//------------------------------- Konstruktor fuer MalFlaeche -------------
MalFlaeche::MalFlaeche(MalFenster *m) {
   farbe = black;    // voreingestellte Farbe ist schwarz
   setBackgroundMode( NoBackground );
   breite = 4;       // voreingestellte Pinselbreite ist 4
   popupmenu = new QPopupMenu; // erzeugt ein Popup-Menu
   QPixmap pixmap( 40, 20);
   pixmap.fill( white );  popupmenu->insertItem( pixmap, WEISS);
   pixmap.fill( black );  popupmenu->insertItem( pixmap, SCHWARZ );
   pixmap.fill( red );    popupmenu->insertItem( pixmap, ROT );
   pixmap.fill( blue );   popupmenu->insertItem( pixmap, BLAU );
   pixmap.fill( green );  popupmenu->insertItem( pixmap, GRUEN );
   pixmap.fill( yellow ); popupmenu->insertItem( pixmap, GELB );
   popupmenu->insertItem( "&Clear", this, SLOT( LoescheFlaecheSlot() ) );
   QObject::connect( popupmenu, SIGNAL( activated( int ) ),
                     this,      SLOT( sendeFarbeGeaendertSignal( int ) ) );
   QObject::connect( this, SIGNAL( stiftGeaendert( QColor, int ) ),
                     this, SLOT( setzeFarbeBreite( QColor, int ) ) );
   QObject::connect( this, SIGNAL( stiftGeaendert( QColor, int ) ),
                     m,    SLOT( AendereMenu( QColor, int ) ) );
}
//--------------------------- mouseMoveEvent fuer MalFlaeche -------------
void MalFlaeche::mouseMoveEvent( QMouseEvent* event ) {
   QPainter wMaler; // erzeugt  QPainter-Object zum Zeichnen im Window
   QPainter pMaler; // erzeugt  QPainter-Object zum Zeichnen im Puffer
   wMaler.begin( this );      // Start des Zeichnens im Window
   pMaler.begin( &puffer ); // Start des Zeichnens im Puffer
   if ( (event->state() & LeftButton) && (event->state() & ShiftButton) ) {
      wMaler.setPen( QPen(farbe, 10) ); // Neue Zeichenstiftfarbe festlegen
      pMaler.setPen( QPen(farbe, 10) );
   } else {
      wMaler.setPen( QPen(farbe, breite) ); // Neue Zeichenstiftfarbe festlegen
```

```
      pMaler.setPen( QPen(farbe, breite) );
   }
   wMaler.drawLine( letztepos, event->pos() ); // zeichnet Linie im Window
   pMaler.drawLine( letztepos, event->pos() ); // zeichnet Linie im Puffer
   wMaler.end();   // Beendigung des Zeichnens im Window
   pMaler.end();   // Beendigung des Zeichnens im Puffer
   letztepos = event->pos();  // merkt sich die akt. Mausposition
}
//------------------------------ Konstruktor fuer MalFenster -------------
MalFenster::MalFenster() {
   malflaeche = new MalFlaeche(this);
   malflaeche->setGeometry( 0, 0, 1000, 1000 );
   dateimenu = new QPopupMenu; //... erzeugt ein Datei-Menue
    dateimenu->insertItem( "&Beenden", qApp, SLOT( quit() ) );
   farbemenu = new QPopupMenu; //... erzeugt ein Farbe-Menue
    farbemenu->insertItem( "&Weiss",   WEISS );
    farbemenu->insertItem( "&Schwarz", SCHWARZ );
    farbemenu->insertItem( "&Rot",     ROT );
    farbemenu->insertItem( "&Blau",    BLAU );
    farbemenu->insertItem( "&Gruen",   GRUEN );
    farbemenu->insertItem( "Ge&lb",    GELB );
   QObject::connect( farbemenu,  SIGNAL( activated( int ) ),
                     malflaeche, SLOT( sendeFarbeGeaendertSignal( int ) ) );
   breitemenu = new QPopupMenu; //... erzeugt ein Breite-Menue
   for (int i=1; i<=20; i++) {
      QPixmap pixmap( 40, i);
      pixmap.fill( malflaeche->getFarbe() );
      breitemenusub_id[i] = breitemenu->insertItem( pixmap, i );
   }
   QObject::connect( breitemenu, SIGNAL( activated( int ) ),
                     malflaeche, SLOT( sendeBreiteGeaendertSignal( int ) ) );
   hilfemenu = new QPopupMenu; //... erzeugt ein Hilfe-Menue
    hilfemenu->insertItem( "&About Malprog", this, SLOT( AboutSlot() ) );
    hilfemenu->insertItem( "About &Qt", this, SLOT( AboutQtSlot() ) );
   menubalken = new QMenuBar( this ); //... erzeugt einen Menue-Balken
    menubalken->insertItem( "&Datei", dateimenu );
    menubalken->insertItem( "&Farbe", farbemenu );
   QPixmap pixmap( 40, malflaeche->getBreite() );
    pixmap.fill( malflaeche->getFarbe() );
    breitemenu_id = menubalken->insertItem( pixmap, breitemenu );
   menubalken->insertSeparator();
    menubalken->insertItem( "&Hilfe", hilfemenu );
   scrollview = new QScrollView( this );
    scrollview->setGeometry( 0, menubalken->height(),
                             width(), height() - menubalken->height() );
    scrollview->addChild( malflaeche );
   QObject::connect( malflaeche, SIGNAL( stiftGeaendert( QColor, int ) ),
                     malflaeche, SLOT( setzeFarbeBreite( QColor, int ) ) );
   QObject::connect( malflaeche, SIGNAL( stiftGeaendert( QColor, int ) ),
                     this,       SLOT( AendereMenu( QColor, int ) ) );
```

```
    QObject::connect( this,       SIGNAL( farbeTasteGedrueckt( int ) ),
                      malflaeche, SLOT( sendeFarbeGeaendertSignal( int ) ) );
    QObject::connect( this,       SIGNAL( breiteTasteGedrueckt( int ) ),
                      malflaeche, SLOT( sendeBreiteTasteGeaendertSignal( int )));
}
//------------------------------------------------------ main --------------
int main( int argc, char* argv[] ) {
    QApplication myapp( argc, argv );
    MalFenster* mywidget = new MalFenster();
    mywidget->setGeometry( 50, 50, 400, 400 );
    myapp.setMainWidget( mywidget );
    mywidget->show();
    return myapp.exec();
}
```

Nachfolgend werden nur die wichtigsten Neuheiten in Programm 2.10 kurz erläutert:

Einfügen von Pixmaps in die Menüleiste

Eine erste wichtige Neuheit ist das das Einfügen von Pixmaps in Menüs und in der Menüleiste. Dies geschieht mit folgenden Codezeilen im Konstruktor der Klasse `MalFenster`:

```
    breitemenu = new QPopupMenu; //... erzeugt ein Breite-Menue
    for (int i=1; i<=20; i++) {
        QPixmap pixmap( 40, i);
        pixmap.fill( malflaeche->getFarbe() );
        breitemenusub_id[i] = breitemenu->insertItem( pixmap, i );
    }
    QObject::connect( breitemenu, SIGNAL( activated( int ) ),
                      malflaeche, SLOT( sendeBreiteGeaendertSignal( int ) ) );
    .......
      //... zeigt aktuelle Pinselstärke als Linie mit entsprechender Dicke
      //... in der Menüleiste an
     QPixmap pixmap( 40, malflaeche->getBreite() );
     pixmap.fill( malflaeche->getFarbe() );
     breitemenu_id = menubalken->insertItem( pixmap, breitemenu );
```

Slot zur Anzeige der aktuellen Pinselfarbe und -stärke in der Menüleiste

In der Klasse `MalFenster` wird auch eine eigene Slotroutine `AendereMenu()` angeboten, die immer dann aufgerufen wird, wenn sich die Farbe oder die Breite des Malpinsels geändert hat. Diese Slotroutine ist dafür verantwortlich, dass die aktuelle Pinselfarbe und -stärke in der Menüleiste als Pixmap für die Auswahl der Pinselstärke angezeigt wird.

```
    void AendereMenu( QColor farbe, int breite ) {
        QPixmap pixmap( 40, breite);
        pixmap.fill( farbe );
        menubalken->changeItem( pixmap, breitemenu_id );
        for (int i=1; i<=20; i++) {
            pixmap.resize( 40, i);
            pixmap.fill( farbe );
            breitemenu->changeItem( pixmap, breitemenusub_id[i] );
```

```
        }
        menubalken->repaint();
    }
```

Popupmenü bei rechtem Mausklick in der Malfläche

Eine zweite wichtige Neuheit ist das Popupmenü, das eingeblendet wird, wenn die rechte Maustaste über der Malfläche gedrückt wird. Dieses so genannte Kontextmenü wird im Konstruktor der Klasse `MalFlaeche` erzeugt:

```
popupmenu = new QPopupMenu; // erzeugt ein Popup-Menu
QPixmap pixmap( 40, 20);
pixmap.fill( white );  popupmenu->insertItem( pixmap, WEISS);
pixmap.fill( black );  popupmenu->insertItem( pixmap, SCHWARZ );
pixmap.fill( red );    popupmenu->insertItem( pixmap, ROT );
pixmap.fill( blue );   popupmenu->insertItem( pixmap, BLAU );
pixmap.fill( green );  popupmenu->insertItem( pixmap, GRUEN );
pixmap.fill( yellow ); popupmenu->insertItem( pixmap, GELB );
popupmenu->insertItem( "&Clear", this, SLOT( LoescheFlaecheSlot() ) );
QObject::connect( popupmenu, SIGNAL( activated( int ) ),
                  this,      SLOT( sendeFarbeGeaendertSignal( int ) ) );
```

Man kann erkennen, dass solche Kontext-Popupmenüs – wie andere Menüs auch – `QPopupMenu`-Objekte sind. Anders als andere Menüs werden diese Menüs jedoch nicht mit der Methode `insertItem()` in der Menüleiste untergebracht, sondern erst bei Bedarf (hier bei einem Klick auf die rechte Maustaste) mit `exec()` bzw. `popup()` eingeblendet:

```
virtual void mousePressEvent( QMouseEvent* event) {
   if ( event->button() == RightButton )
      popupmenu->exec( QCursor::pos() ); // QCursor::pos() = aktuelle Mauspos.
   else
      letztepos = event->pos(); // Speichere die Koordinaten vom Event
}
```

Während die Methode `exec()` blockierend ist, was bedeutet, dass sie erst zurückkehrt, wenn der Benutzer einen der Menüeinträge ausgewählt hat oder aber an einer anderen Stelle auf eine Maustaste klickt, wirkt die Methode `popup()` nicht blockierend, was bedeutet, dass sie sofort zurückkehrt, wenn das auslösende Ereignis (hier rechter Mausklick) entweder mit Auswahl eines Menüeintrags oder auch nicht beendet wird.
Soll ein solches Kontextmenü immer in einem bestimmten Widget an der gleichen Position eingeblendet werden, muss man die Koordinaten dieses Widgets mit der Methode `QWidget::mapToGlobal()` in globale Koordinaten umrechnen lassen, wobei man dieser Methode dann die relativen Koordinaten, an denen das Kontextmenü anzuzeigen ist, als Argumente übergibt, wie z. B.:

```
popupmenu->exec( widget->mapToGlobal( QPoint(20, 20) ) );
```

Diese Anweisung legt fest, dass das Kontextmenü 20 Pixel rechts und 20 Pixel tief von der linken oberen Ecke des *`widget`* anzuzeigen ist.

Verschieben der Laufbalken über die Tastatur

Eine weitere wichtige Neuheit in der fünften Version unseres Malprogramms ist die Möglichkeit des Verschiebens der Laufbalken nicht nur mit der Maustaste, sondern auch über die Tastatur mit den Tasten (Bild ↑), (Bild ↓), (↑), (↓), (→) und (←). Dies wird mit folgendem Code erreicht:

```
virtual void keyPressEvent( QKeyEvent* event ) {
   switch (event->key()) {
      case Key_Up   :  scrollview->scrollBy( 0, -10);  break;
      case Key_Down :  scrollview->scrollBy( 0,  10);  break;
      case Key_Left :  scrollview->scrollBy(-10,  0);  break;
      case Key_Right:  scrollview->scrollBy( 10,  0);  break;
      case Key_PageUp: scrollview->scrollBy(
                    0, -QMAX(scrollview->contentsHeight()/10, 10) );
                                                       break;
      case Key_PageDown: scrollview->scrollBy(
                    0, QMAX(scrollview->contentsHeight()/10, 10) );
                                                       break;
      case Key_W:  emit farbeTasteGedrueckt(WEISS);     break;
      case Key_S:  emit farbeTasteGedrueckt(SCHWARZ);   break;
      case Key_R:  emit farbeTasteGedrueckt(ROT);       break;
      case Key_B:  emit farbeTasteGedrueckt(BLAU);      break;
      case Key_G:  emit farbeTasteGedrueckt(GRUEN);     break;
      case Key_L:  emit farbeTasteGedrueckt(GELB);      break;
      case Key_Less   : emit breiteTasteGedrueckt(-1);  break;
      case Key_Greater: emit breiteTasteGedrueckt(1);   break;
   }
}
```

Hier wird die von der Klasse `QScrollView` angebotene Methode `scrollBy()` verwendet, um das den Laufbalken zugeordnete Widget (hier: `malflaeche`) mit den entsprechenden Cursortasten zu verschieben.
Beim Drücken der Tasten (Bild ↑) bzw. (Bild ↓) wird das Sichtfenster auf der Malfläche um ein Zehntel ihrer ganzen vertikalen Länge nach oben bzw. unten verschoben oder, wenn dies nicht mehr möglich ist, nur um 10 Pixel.
Im obigen Codeausschnitt ist auch das Vergrößern und Verkleinern der Pinseldicke über die Tasten (>) und (<) realisiert.

Zeichnen mit Stärke 10 bei gedrückter linker Maustaste und (Shift ⇑)-Taste

Eine letzte wichtige Neuheit in der fünften Version unseres Malprogramms ist das Zeichnen mit der Pinselstärke 10, unabhängig von der gerade eingestellten Pinselstärke, wenn der Benutzer die Maus bei gedrückter linker Maustaste und gedrückter (Shift ⇑)-Taste bewegt. Dies wird durch den folgenden Code in der virtuellen Methode `mouseMoveEvent()` in der Klasse `MalFlaeche` erreicht:

```
if ( (event->state() & LeftButton) && (event->state() & ShiftButton) ) {
   wMaler.setPen( QPen(farbe, 10) ); // Neue Zeichenstiftfarbe festlegen
   pMaler.setPen( QPen(farbe, 10) );
} else {
   wMaler.setPen( QPen(farbe, breite) ); // Neue Zeichenstiftfarbe festlegen
   pMaler.setPen( QPen(farbe, breite) );
}
```

Die neuen Methoden `getFarbe()` und `getBreite()` in Klasse `MalFlaeche`

Diese beiden neuen Methoden `getFarbe()` und `getBreite()` dienen zum Erfragen der aktuell gesetzten Farbe und Breite. Die erste Methode wird im Konstruktor der Klasse `MalFenster` zum Anlegen eines Breitemenüs (mit allen verfügbaren Pinseldicken und der aktuell gesetzten Farbe) in der Menüleiste benötigt:

```
breitemenu = new QPopupMenu; //... erzeugt ein Breite-Menue
for (int i=1; i<=20; i++) {
   QPixmap pixmap( 40, i);
   pixmap.fill( malflaeche->getFarbe() );
   breitemenusub_id[i] = breitemenu->insertItem( pixmap, i );
}
QObject::connect( breitemenu, SIGNAL( activated( int ) ),
                  malflaeche, SLOT( sendeBreiteGeaendertSignal( int ) ) );
```

Daneben werden diese beiden Methoden im Konstruktor der Klasse `MalFenster` noch zum Eintragen der aktuell gesetzten Pinseldicke und Farbe in der Menüleiste benötigt:

```
QPixmap pixmap( 40, malflaeche->getBreite() );
pixmap.fill( malflaeche->getFarbe() );
breitemenu_id = menubalken->insertItem( pixmap, breitemenu );
```

Neues Signal in der Klasse `MalFlaeche` für die Farb- und Breitenänderung

In der Klasse `MalFlaeche` wird ein eigenes Signal definiert, das gesendet wird, wenn die aktuelle Farbe oder Breite sich ändert:

```
signals:
   void stiftGeaendert( QColor, int );
```

Neue Slotroutinen in der Klasse `MalFlaeche`

```
void setzeFarbeBreite( QColor neue_farbe, int neue_breite ) {
   farbe  = neue_farbe;
   breite = neue_breite;
}
void sendeFarbeGeaendertSignal( int menupunkt ) {
   switch ( menupunkt ) {
      case WEISS:   emit stiftGeaendert( white, breite );  break;
      case SCHWARZ: emit stiftGeaendert( black, breite );  break;
      ..........
      case GELB:    emit stiftGeaendert( yellow, breite ); break;
   }
}
void sendeBreiteGeaendertSignal( int breite ) {
   emit stiftGeaendert( farbe, breite );
}
void sendeBreiteTasteGeaendertSignal( int delta ) {
   if (breite+delta >= 1 && breite+delta <= 20)
      emit stiftGeaendert( farbe, breite+delta );
}
```

Die Slotroutine `setzeFarbeBreite()` wird sowohl in der Klasse `MalFlaeche` als auch in der Klasse `MalFenster` mit dem Signal `stiftGeaendert()` verbunden:

```
QObject::connect( this, SIGNAL( stiftGeaendert( QColor, int ) ),  // MalFlaeche
                  this, SLOT( setzeFarbeBreite( QColor, int ) ) );
QObject::connect( malflaeche, SIGNAL(stiftGeaendert(QColor, int)), // MalFenster
                  malflaeche, SLOT( setzeFarbeBreite(QColor, int)));
```

Die Slotroutine `sendeFarbeGeaendertSignal()` wird im Konstruktor der Klasse `MalFlaeche` mit dem Signal `activated()` des jeweiligen Kontext-Popupmenüs verbunden, das bei einem Klick auf die rechte Maustaste eingeblendet wird:

```
QObject::connect( popupmenu, SIGNAL( activated( int ) ),
                  this,      SLOT( sendeFarbeGeaendertSignal( int ) ) );
```

Daneben wird die Slotroutine `sendeFarbeGeaendertSignal()` noch im Konstruktor der Klasse `MalFenster` mit dem Signal `activated()` des Farbmenüs aus der Menüleiste und dem Signal `farbeTasteGedrueckt()` verbunden, das geschickt wird, wenn der Benutzer eine neue Farbe über das Kontextmenü bzw. über die Eingabe einer entsprechenden Taste auswählt:

```
QObject::connect( farbemenu,  SIGNAL( activated( int ) ),
                  malflaeche, SLOT( sendeFarbeGeaendertSignal( int ) ) );
QObject::connect( this,       SIGNAL( farbeTasteGedrueckt( int ) ),
                  malflaeche, SLOT( sendeFarbeGeaendertSignal( int ) ) );
```

2.5.6 Eine letzte Version des Malprogramms mit Speichern und Laden von Dateien

In der letzten Version des Malprogramms (`malprog6.cpp`) soll noch das Abspeichern eines gemalten Bilds in einer Datei sowie das Laden eines gespeicherten Bilds realisiert werden. Dazu wird dem Benutzer ein `QFileDialog`-Objekt (siehe Abbildung 2.14) eingeblendet. In Programm 2.11 sind die neu hinzugekommenen bzw. geänderten Konstrukte fett hervorgehoben.

Programm 2.11 – `malprog6.cpp`:
Letzte Version des Malprogramms mit Speichern/Laden von Bilddateien

```
....
#include <qfiledialog.h>
enum { WEISS, SCHWARZ, ROT, BLAU, GRUEN, GELB };
class MalFenster;
//---------------------------------------- class MalFlaeche --------------
class MalFlaeche : public QWidget {
   Q_OBJECT  // notwendig, da MalFlaeche Slots enthaelt
public:
   MalFlaeche( MalFenster *);
   ~MalFlaeche() { delete popupmenu; } // loescht Popup-Menue
   QColor getFarbe()  { return farbe;  }
   int    getBreite() { return breite; }
   bool   istGesichert() { return gesichert; }
public slots:
   void setzeFarbeBreite( QColor neue_farbe, int neue_breite ) {
      //... siehe Programm 2.10
```

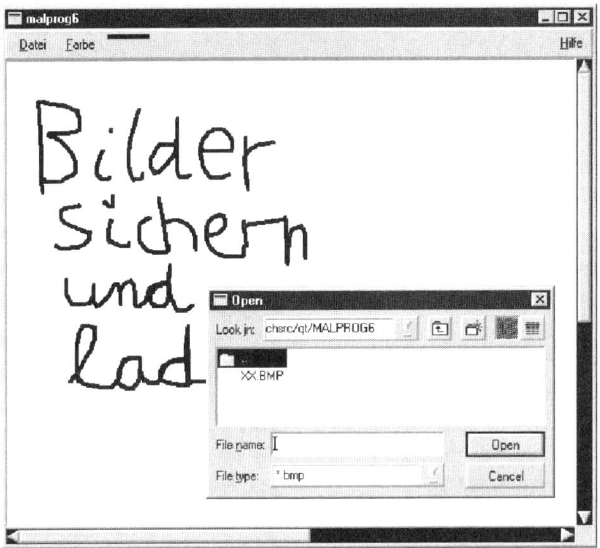

Abbildung 2.14: Letzte Version mit Speichern und Laden von Bilddateien

```
    }
    void sendeFarbeGeaendertSignal( int menupunkt )      { //... siehe Programm 2.10
    void sendeBreiteGeaendertSignal( int breite )        { //... siehe Programm 2.10
    void sendeBreiteTasteGeaendertSignal( int delta )    { //... siehe Programm 2.10

    void LoadSlot( const char* dateiname ) {
       if ( !puffer.load( dateiname ) )
          QMessageBox::warning( 0, "Load error", "Kann Datei nicht laden" );
       repaint();
    }
    void SaveSlot( const char* dateiname ) {
       if ( !puffer.save( dateiname, "BMP" ) )
          QMessageBox::warning( 0, "Save error", "Kann Datei nicht speichern" );
       else
          gesichert = true;
    }
protected:
    virtual void mousePressEvent( QMouseEvent* event)    { //... siehe Programm 2.10
    virtual void mouseMoveEvent( QMouseEvent* );
    virtual void paintEvent( QPaintEvent* )              { //... siehe Programm 2.10
    virtual void mouseDoubleClickEvent( QMouseEvent* ) { LoescheFlaecheSlot(); }
    virtual void resizeEvent( QResizeEvent* event )      { //... siehe Programm 2.10
private slots:
    void LoescheFlaecheSlot() { //... siehe Programm 2.10
signals:
    void stiftGeaendert( QColor, int );
private:
```

```
   QPoint      letztepos;
   QColor      farbe;
   int         breite;
   bool        gesichert;
   QPixmap     puffer;
   QPopupMenu* popupmenu;
};
//----------------------------------------- class MalFenster -------------
class MalFenster : public QWidget {
   Q_OBJECT  // notwendig, da MalFenster Slots enthaelt
public:
   MalFenster();
   ~MalFenster() { }
public slots:
   void AendereMenu( QColor farbe, int breite )   { //... siehe Programm 2.10
   virtual void keyPressEvent( QKeyEvent* event ) { //... siehe Programm 2.10
private slots:
   void AboutSlot()    { //... siehe Programm 2.10
   void AboutQtSlot() { QMessageBox::aboutQt( this, "About Qt" ); }

   void LoadSlot() {
      if ( !malflaeche->istGesichert() )
         if (!QMessageBox::information( this, "Speichern?",
                   "Bild ist noch nicht gespeichert",
                   "Sichern", "Nicht sichern" ) )
            SaveSlot();
      QString dateiname = QFileDialog::getOpenFileName( ".", "*.bmp", this );
      if ( !dateiname.isEmpty() )
         emit load( dateiname );
   }
   void SaveSlot() {
      QString dateiname = QFileDialog::getSaveFileName( ".", "*.bmp", this );
      if ( !dateiname.isEmpty() )
         emit save( dateiname );
   }
   void QuitSlot() {
      if ( !malflaeche->istGesichert() )
         if (!QMessageBox::information( this, "Speichern?",
                   "Bild ist noch nicht gespeichert",
                   "Sichern", "Nicht sichern" ) )
            SaveSlot();
      qApp->quit();
   }
signals:
   void farbeTasteGedrueckt( int );
   void breiteTasteGedrueckt( int );
   void load( const char* );
   void save( const char* );
protected:
   virtual void resizeEvent( QResizeEvent* ) { //... siehe Programm 2.10
```

```
private:
   QMenuBar*    menubalken;
   QpopupMenu   *dateimenu, *farbemenu, *breitemenu, *hilfemenu;
   int          breitemenu_id, breitemenusub_id[30];
   QScrollView* scrollview;
   MalFlaeche*  malflaeche;
};
#include "malprog6.moc"
//------------------------------ Konstruktor fuer MalFlaeche -------------
MalFlaeche::MalFlaeche(MalFenster *m) {
   farbe = black;   // voreingestellte Farbe ist schwarz
   breite = 4;      // voreingestellte Pinselbreite ist 4
   gesichert = true; // zu Beginn noch keine Aenderungen
   setBackgroundMode( NoBackground );
   popupmenu = new QPopupMenu; // erzeugt ein Popup-Menu
   //... Rest (siehe Programm 2.10)
}
//--------------------------- mouseMoveEvent fuer MalFlaeche -------------
void MalFlaeche::mouseMoveEvent( QMouseEvent* event ) {
   //... siehe Programm 2.10
   gesichert = false;
}
//------------------------------ Konstruktor fuer MalFenster -------------
MalFenster::MalFenster() {
   malflaeche = new MalFlaeche(this);
    malflaeche->setGeometry( 0, 0, 1000, 1000 );
   dateimenu = new QPopupMenu; //... erzeugt ein Datei-Menue
   dateimenu->insertItem( "&Laden",   this, SLOT( LoadSlot() ) );
   dateimenu->insertItem( "&Sichern", this, SLOT( SaveSlot() ) );
   dateimenu->insertSeparator();
   dateimenu->insertItem( "&Beenden", this, SLOT( QuitSlot() ) );
   farbemenu = new QPopupMenu; //... erzeugt ein Farbe-Menue

   //... siehe Programm 2.10

   QObject::connect( malflaeche, SIGNAL( stiftGeaendert( QColor, int ) ),
                     malflaeche, SLOT( setzeFarbeBreite( QColor, int ) ) );
   QObject::connect( malflaeche, SIGNAL( stiftGeaendert( QColor, int ) ),
                     this,       SLOT( AendereMenu( QColor, int ) ) );
   QObject::connect( this,       SIGNAL( farbeTasteGedrueckt( int ) ),
                     malflaeche, SLOT( sendeFarbeGeaendertSignal( int ) ) );
   QObject::connect( this,       SIGNAL( breiteTasteGedrueckt( int ) ),
                     malflaeche, SLOT( sendeBreiteTasteGeaendertSignal( int )));
   QObject::connect( this,       SIGNAL( save( const char* ) ),
                     malflaeche, SLOT( SaveSlot( const char* ) ) );
   QObject::connect( this,       SIGNAL( load( const char* ) ),
                     malflaeche, SLOT( LoadSlot( const char* ) ) );
}
//-------------------------------------------------------- main -------------
int main( int argc, char* argv[] ) {
```

```
    QApplication myapp( argc, argv );
    MalFenster* mywidget = new MalFenster();
    mywidget->setGeometry( 50, 50, 400, 400 );
    myapp.setMainWidget( mywidget );
    mywidget->show();
    return myapp.exec();
}
```

Die neu hinzugekommenen Konstrukte im Programm 2.11 werden nachfolgend erläutert:

Zusätzliche Headerdatei, private-Variable und public-Methode

Zunächst musste die Headerdatei `<qfiledialog.h>` inkludiert werden. Desweiteren wurde eine `private`-Variable `gesichert` in der Klasse `MalFlaeche` hinzugefügt, die anzeigt, ob ein Bild bereits gespeichert wurde oder nicht. Sobald an einem Bild Veränderungen vorgenommen werden, wird diese Variable auf `false` gesetzt. Um von der Klasse `MalFenster` aus den aktuellen Wert dieser Variablen zu erfragen, wurde eine Methode `istGesichert()` zur Klasse `MalFlaeche` hinzugefügt.

Neue Slotroutinen in `MalFlaeche` zum Laden bzw. Speichern des Bilds

Neu hinzugekommen zur Klasse `MalFlaeche` sind auch die folgende Slotroutinen:

```
void LoadSlot( const char* dateiname ) {
   if ( !puffer.load( dateiname ) )
      QMessageBox::warning( 0, "Load error", "Kann Datei nicht laden" );
   repaint();
}
void SaveSlot( const char* dateiname ) {
   if ( !puffer.save( dateiname, "BMP" ) )
      QMessageBox::warning( 0, "Save error", "Kann Datei nicht speichern" );
   else
      gesichert = true;
}
```

Diese beiden Methoden sind für das Laden bzw. Speichern eines Bilds zuständig. Dazu rufen sie die von der Klasse `QPixmap` angebotenen Methoden `load()` und `save()` auf. Sollte die entsprechende Operation nicht erfolgreich sein, was an dem Rückgabewert `false` erkennbar ist, wird eine Warnung ausgegeben. Ist beim Laden kein Bildformat angegeben, versucht Qt automatisch zu erkennen, um welches Bildformat es sich bei der entsprechenden Datei handelt. Beim Speichern geben wir das sowohl unter Windows- wie auch Unix-Systemen verfügbare Bildformat BMP an. Diese beiden Slotroutinen werden aufgerufen, wenn das Signal `load()` bzw. das Signal `save()` geschickt wird, was durch die beiden folgenden Anweisungen im `MalFenster`-Kosntruktor festgelegt wird:

```
QObject::connect( this,        SIGNAL( save( const char* ) ),
                  malflaeche, SLOT( SaveSlot( const char* ) ) );
QObject::connect( this,        SIGNAL( load( const char* ) ),
                  malflaeche, SLOT( LoadSlot( const char* ) ) );
```

Neue Slotroutinen in Klasse `MalFenster` zur Auswahl eines Dateinamens

Um dem Benutzer den Dateinamen eines zu speichernden bzw. zu ladenden Bildes auswählen zu lassen, wurden folgende Slotroutinen zur Klasse `MalFenster` hinzugefügt:

```
void LoadSlot() {
   if ( !malflaeche->istGesichert() )
      if (!QMessageBox::information( this, "Speichern?",
                 "Bild ist noch nicht gespeichert",
                 "Sichern", "Nicht sichern" ) )
         SaveSlot();
   QString dateiname = QFileDialog::getOpenFileName( ".", "*.bmp", this );
   if ( !dateiname.isEmpty() )
      emit load( dateiname );
}
void SaveSlot() {
   QString dateiname = QFileDialog::getSaveFileName( ".", "*.bmp", this );
   if ( !dateiname.isEmpty() )
      emit save( dateiname );
}
```

In der Slotroutine `SaveSlot()` wird mit der von der Klasse `QFileDialog` angebotenen Methode `getSaveFileName()` ein `QFileDialog`-Widget eingeblendet, das dem Benutzer die Auswahl bzw. die Eingabe eines Dateinamens ermöglicht (ähnlich zu Abbildung 2.14). Ist der vom Benutzer ausgewählte und von dieser Methode zurückgelieferte Dateiname nicht leer, wird das Signal `save(dateiname)` geschickt, was zum Aufruf der zuvor vorgestellten Methode `SaveSlot(dateiname)` in der Klasse `MalFlaeche` führt. In der Slotroutine `LoadSlot()` wird zunächst überprüft, ob das gerade angezeigte Bild seit der letzten Sicherung verändert wurde. Wenn dies der Fall ist, wird der Benutzer zunächst gefragt, ob er das aktuelle Bild vor dem Laden eines neuen Bilds sichern möchte. Wenn ja, wird zunächst die Slotroutine `SaveSlot()` aufgerufen. Danach wird in jedem Fall mit der von der Klasse `QFileDialog` angebotenen Methode `getOpenFileName()` ein `QFileDialog`-Widget eingeblendet, das dem Benutzer die Auswahl bzw. die Eingabe einer zu ladenden Datei ermöglicht (siehe auch Abbildung 2.14). Ist der vom Benutzer ausgewählte Dateiname und der von dieser Methode zurückgelieferte Dateiname nicht leer, wird das Signal `load(dateiname)` geschickt, was zum Aufruf der zuvor vorgestellten Methode `LoadSlot(dateiname)` in der Klasse `MalFlaeche` führt.

Neue Slotroutine `QuitSlot()` in Klasse `MalFenster`

Eine weitere in der Klasse `MalFenster` hinzugefügte Slotroutine wird aufgerufen, wenn der Benutzer das Programm über den Menüeintrag *Datei* → *Beenden* beenden möchte:

```
void QuitSlot() {
   if ( !malflaeche->istGesichert() )
      if (!QMessageBox::information( this, "Speichern?",
                 "Bild ist noch nicht gespeichert",
                 "Sichern", "Nicht sichern" ) )
         SaveSlot();
   qApp->quit();
}
```

In dieser Slotroutine wird zunächst überprüft, ob das gerade angezeigte Bild seit der letzten Sicherung verändert wurde. Ist dies der Fall, wird der Benutzer zunächst gefragt, ob er das aktuelle Bild vor dem Beenden des Programms sichern möchte. Wenn ja, wird zunächst die Slotroutine `SaveSlot()` aufgerufen. Danach wird in jedem Fall mit Aufruf der Methode `quit()` das Programm beendet.

Erweiterung des *Datei*-Menüs

Als letztes muss noch das *Datei*-Menü im `MalFenster`-Konstruktor erweitert werden:

```
dateimenu->insertItem( "&Laden",   this, SLOT( LoadSlot() ) );
dateimenu->insertItem( "&Sichern", this, SLOT( SaveSlot() ) );
dateimenu->insertSeparator();
dateimenu->insertItem( "&Beenden", this, SLOT( QuitSlot() ) );
```

Kapitel 3

Die wesentlichen Qt-Widgets

Willst du dich am Ganzen erquicken,
so musst du das Ganze im Kleinsten erblicken.
– J. W. Goethe

Dieses Kapitel gibt einen Überblick über wichtige von Qt angebotenen Widgets:

Buttons

`QPushButton`	Pushbutton mit einem Text oder einer Pixmap als Label
`QRadioButton`	Radiobutton mit Text oder Pixmap als Label. Radiobuttons erlauben dem Benutzer, aus mehreren Alternativen eine auszuwählen.
`QCheckBox`	Checkbox mit einem Text oder einer Pixmap als Label. Checkboxen erlauben dem Benutzer, aus mehreren Alternativen keine, eine oder auch mehrere auszuwählen.
`QButtonGroup`	Mehrere zu einer Gruppe zusammengefasste Buttons.

Auswahl-Widgets

`QListBox`	Liste von Alternativen, die durchblättert werden kann.
`QComboBox`	Kombination aus einem Button und einer Listenbox.

Schiebebalken-, Drehknopf- und Spinbox-Widgets

`QSlider`	Horizontaler oder vertikaler Schiebebalken.
`QDial`	Drehknopf zum Einstellen eines Wertes.
`QSpinBox`	Texteingabefeld mit zwei Pfeil-Buttons zum Erhöhen bzw. Erniedrigen der Zahl im Texteingabefeld; direkte Eingabe der gewünschten Zahl im Texteingabefeld ist dabei auch möglich.
`QDateEdit`	Spinbox zur Eingabe eines Datums
`QTimeEdit`	Spinbox zur Eingabe einer Zeit
`QDateTimeEdit`	Spinbox zur Eingabe eines Datums und einer Zeit

Texteingabe

`QLineEdit`	Einzeiliges Texteingabefeld.
`QTextEdit`	Editor mit RichText-Unterstützung.

Widgets zum Anzeigen von Informationen

`QLabel`	Anzeige von Text, Pixmaps, Vektorgraphiken oder Animationen.
`QTextBrowser`	Komfortable Anzeige von Text im RichText-Format mit Hypertext-Navigation und automatische Laufbalken bei größeren Texten.
`QLCDNumber`	Anzeige für Zahlen oder Texte in 7-Segment-LCD-Darstellung.
`QIconView`	Widget mit verschiebbaren Icons

Menüs

`QMenuData`	Basisklasse für für `QMenuBar` und `QPopupMenu`. Diese Klasse enthält Methoden zum Einfügen von Menüpunkten.
`QMenuBar`	Horizontale Menüleiste zum Einfügen von Menüeinträgen.
`QPopupMenu`	Popupmenüs, die bei rechten Mausklick bzw. bei Klick auf einen Menüpunkt in der Menüleiste eingeblendet werden.

Hauptfenster mit Menüleiste, Werkzeugleisten, Statuszeile und Hilfstexten

`QMainWindow`	Typisches Hauptfenster für eine Applikation mit einer Menüleiste, einer oder mehreren Werkzeugleisten und einer Statuszeile.
`QToolBar`	Verschiebbare Werkzeugleiste, in der `QToolButton`-Objekte in Form von Pixmaps oder als Text eingefügt werden können.
`QToolButton`	Pushbuttons für eine Werkzeugleiste (der Klasse `QToolBar`).
`QToolTip`	Einblenden einer kurzen Information zu einem Widget, wie z. B. zu einem Pushbutton in einer Werkzeugleiste.
`QToolTipGroup`	Einblenden einer kurzen Information zu einem Widget mit gleichzeitiger Anzeige einer längeren Hilfsinformation in der Statuszeile.
`QWhatsThis`	Einblenden umfangreicherer Information zu einem Widget, wie z. B. zu einem Menüpunkt oder zu einem Werkzeugleisten-Button.
`QStatusBar`	Horizontale Statuszeile zur Anzeige von Statusmeldungen.

Füllbalken

`QProgressBar`	Horizontaler Füllbalken (zur Fortschrittsanzeige).
`QProgressDialog`	Dialogfenster mit Text, Füllbalken und *Cancel*-Button.

Listenansichten

`QListView`	Widget zum Anzeigen von Informationen in Baumform.
`QListViewItem`	Einträge in einem `QListView`-Widget.

Fenster mit Laufbalken (Scrollviews)

`QScrollView`	Widget mit einer Fensterfläche, zu der zwei Laufbalken hinzugefügt sind, die automatisch verwaltet werden.
`QScrollBar`	Vertikale oder horizontale Laufbalken als eigene Widgets.

Tabellen

`QGridView`	Anzeige von Information in Tabellenform.
`QTable`	Komfortable Tabellen im Spreadsheet-Stil.

3.1 Allgemeine Widget-Methoden und -Parameter

3.1.1 Allgemeine Widget-Methoden

Alle in diesem Kapitel vorgestellten Widgets sind von der Klasse `QWidget` abgeleitet und bieten somit auch die Methoden, Slots und Signale dieser Klasse an. Einige wichtige solcher allgemeinen Methoden sind:

`setEnabled(bool enable)`
: legt fest, ob Widget Benutzerinteraktionen zulässt

`setFont(QFont& font)`
: legt den Zeichensatz für Textausgaben fest.
Die Klasse `QFont` bietet die folgenden Konstruktoren an:

```
QFont(QString& family, int size=12,
        int weight=Normal, bool italic=false)
QFont(QFont&)
```

`setPalette(QPalette & p)`
: legt die im Widget zu verwendende Farbpalette fest.

`setGeometry(int x, int y, int w, int h)`
`setGeometry(QRect& r)`
: bestimmen die Position des Widgets im Elternwidget bzw. auf dem Bildschirm. Die Klasse `QRect` folgende Konstruktoren bereit:

```
QRect(QPoint& topleft, QPoint& bottomright)
QRect(QPoint& topleft, QSize& size)
QRect(int left, int top, int width, int height)
```

Die Klasse `QPoint` bietet folgenden Konstruktor an:

```
QPoint(int xpos, int ypos)
```

und die Klasse `QSize` bietet folgenden Konstruktor an:

```
QSize(int w, int h)
```

`setMinimumSize(int w, int h)`
`setMaximumSize(int w, int h)`
`setMinimumSize(QSize& s)`
`setMaximumSize(QSize& s)`
`setMinimumWidth(int minw)`
`setMaximumWidth(int maxw)`
`setMinimumHeight(int minh)`
`setMaximumHeight(int maxh)`
: legen minimale/maximale Größe, Breite und Höhe fest, auf die Widget verkleinert/vergrößert werden kann

`QSize minimumSizeHint()`
`QSize sizeHint()`
: liefern eine Empfehlung für die (minimale) Größe des Widgets, oder aber eine ungültige Größe, wenn dies nicht möglich ist.

`bool QSize::isValid()`
: liefert `true`, wenn sowohl Breite als auch Höhe des Widgets größer oder gleich `0` ist, ansonsten liefert diese Methode `false`.

3.1.2 Parameter-Konventionen für die meisten Konstruktoren

Die meisten Qt-Konstruktoren für Widgets verfügen über eine gleiche Teil-Schnittstelle, nämlich die folgenden Parameter, die auch immer in dieser Reihenfolge vorliegen:

`QWidget *parent=0`	Elternwidget
`const char *name=0`	interner Widgetname (für Debugging-Zwecke)
`WFlags f=0`	Widgetflags; nur bei Toplevel-Widgets

Da die Default-Werte dieser Parameter `0` sind, kann man Toplevel-Widgets ohne Angabe jeglicher Argumente beim Aufruf des Konstruktors erzeugen. Bei Widgets, die keine Toplevel-Widgets sind, muss immer zumindest das Elternwidget (*parent*) angegeben werden. Einige Klassen bieten weitere überladene Konstruktoren an, die zusätzliche Parameter besitzen, wie z. B. Text, der in einem Widget anzuzeigen ist. Grundsätzlich hält sich Qt jedoch an die Konvention, dass sich zusätzliche Parameter in einem Konstruktor immer vor den drei obigen Standard-Parametern befinden. Um dies für Konstruktoren weiter zu verdeutlichen, sind nachfolgend einige Beispiele für Widget-Konstruktoren aufgelistet:

```
QWidget( QWidget *parent=0, const char *name=0, WFlags f=0 )

QPushButton( QWidget *parent, const char *name=0 )
QPushButton( const QString& text, QWidget *parent, const char *name=0 )

QCheckBox( QWidget *parent, const char *name=0 )
QCheckBox( const QString& text, QWidget *parent, const char *name=0 )

QSlider( QWidget *parent, const char *name=0 )
QSlider( Orientation orientation, QWidget* parent, const char *name=0 )
QSlider( int minValue, int maxValue, int pageStep, int value,
         Orientation orientation, QWidget *parent, const char *name=0 )

QListBox( QWidget *parent=0, const char *name=0, WFlags f=0 )

QButtonGroup( QWidget *parent=0, const char *name=0 )
QButtonGroup( const QString& title, QWidget *parent=0, const char *name=0 )
QButtonGroup( int strips, Orientation o, QWidget* parent=0, const char* name=0 )
```

3.2 Der Widget-Stil

Qt ist in der Lage, Widgets im Windows-Stil unter Linux/Unix oder aber auch Widgets im Motif-Stil unter Windows anzuzeigen. Es ist sogar möglich, Widgets mit unterschiedlichen Stilen in einer Anwendung zu mischen, was allerdings nicht empfehlenswert ist. Zum Festlegen des zu verwendenden Widget-Stils gibt es mehrere Möglichkeiten:

1. durch Aufruf von
   `setStyle(new QWindowsStyle())` oder
   `setStyle(new QMotifStyle())` für das entsprechende Widget.
2. durch Aufruf der statischen Methode
   `QApplication::setStyle(new QWindowsStyle())` bzw.
   `QApplication::setStyle(new QMotifStyle())`. Dadurch wird als Voreinstellung für alle Widgets der entsprechende Stil festgelegt. Dies sollte aber erfolgen, bevor bereits ein Widget erzeugt wurde, andernfalls ist eine Neudarstellung aller existierenden Widgets notwendig, was doch einige Zeilen Code erfordert.

3. durch Angabe einer der beiden Optionen `-style=windows` oder `-style=motif` auf der Kommandozeile beim Programmaufruf. Diese Möglichkeit funktioniert jedoch nur, wenn keine der beiden vorherigen Möglichkeiten verwendet wird.

Neben den beiden hier erwähnten Stilarten `QWindowsStyle` (`-style=windows`) und `QMotifStyle` (`-style=motif`) bietet Qt noch weitere Stilarten (*look and feel*) an, die in Tabelle 3.1 gezeigt sind.

Tabelle 3.1: Stilarten

Klasse (Option)	Stilart
`QMotifPlusStyle (-style=motifplus)`	Verbessertes Motif-look-and-feel
`QCDEStyle (-style=cde)`	CDE (Common Desktop Environment)
`QSGIStyle (-style=sgi)`	SGI-look-and-feel
`QPlatinumStyle (-style=platinum)`	Platinum (ähnlich MacIntosh-Stil)
`QMacStyle (-style=mac)`	Aqua-Stil von MacOS X
`QXPStyle (-style=xp)`	Windows XP-Stil auf Windows XP
`QCompactStyle (-style=compact)`	für Qt/Embedded (ähnlich `QWindowsStyle`)

3.3 Properties von Widgets

Objekte der Klassen, die von `QObject` abgeleitet sind, können so genannte *Properties* besitzen, die in den entsprechenden Seiten zu den jeweiligen Klassen in der Online-Dokumentation als eigener Unterpunkt angegeben sind. *Properties* sind lediglich Namen (Strings), denen entsprechende Methoden zum Setzen bzw. zum Erfragen bestimmter Widget-Eigenschaften oder auch andere Methoden zugeordnet sind. So hat die Klasse `QSlider` z. B. unter anderem eine Property `int maxValue`, der die Methode `setMaxValue()` zum Setzen des maximalen Werts eines Schiebebalkens zugeordnet ist. Somit ist es dann möglich, statt

```
sliderObj->setMaxValue(50);
```

auch Folgendes aufzurufen:

```
sliderObj->setProperty("maxValue", 50);
```

Da solcher Code aber nicht unbedingt lesbarer ist, ist von der Verwendung der Methode `setProperty()` abzuraten. Properties sind nur für Entwicklungswerkzeuge wie dem Qt-Designer vorgesehen, die explizit die angebotenen Eigenschaften (Properties) als Strings anbieten, um sie vom Benutzer auswählen zu lassen.

Um eigene Properties zu definieren, muss man das Makro `Q_PROPERTY()` verwenden. Interessierte Leser seien hier auf die Online-Dokumentation verwiesen.

Programm 3.1 erzeugt zwei Schiebebalken mit LCD-Anzeige, wobei die Eigenschaften des oberen Schiebebalkens und der zugehörigen LCD-Anzeige mit den entsprechenden Methoden gesetzt werden, während diese Eigenschaften für den unteren Schiebebalken und die zugehörige LCD-Anzeige mit `setProperty()` festgelegt werden (siehe auch Abbildung 3.1).

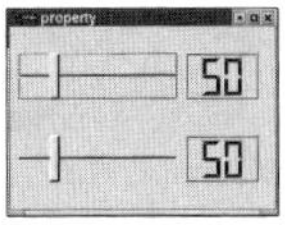

Abbildung 3.1: Gleicher Effekt mit "normalen" Methoden und mit `setProperty()`

Programm 3.1 – `property.cpp`:
Demoprogramm zu `setProperty()`

```
#include <qapplication.h>
#include <qslider.h>
#include <qlcdnumber.h>
#include <qvariant.h>

#define ORIENT Qt::Horizontal
#define FILL   QLCDNumber::Filled

int main( int argc, char* argv[] ) {
   QApplication myapp( argc, argv );

   QWidget* mywidget = new QWidget();
   mywidget->setGeometry( 100, 100, 300, 200 );
   QSlider *slider1 = new QSlider(mywidget),
           *slider2 = new QSlider(mywidget);
   slider1->setGeometry( 10,  30, 180, 50 );
   slider2->setGeometry( 10, 120, 180, 50 );
   //... Normale Methode           ... gleicher Effekt mit setProperty
   slider1->setMinValue( 0 );     slider2->setProperty("minValue", 0 );
   slider1->setMaxValue( 99 );    slider2->setProperty("maxValue", 99 );
   slider1->setValue( 20 );       slider2->setProperty("value", 20 );
   slider1->setTracking( true );  slider2->setProperty("tracking", true );
   slider1->setOrientation(ORIENT); slider2->setProperty("orientation", ORIENT);
   QLCDNumber *lcdnum1 = new QLCDNumber( mywidget ),
              *lcdnum2 = new QLCDNumber( mywidget );
   lcdnum1->setGeometry( 200,  30, 80, 50 );
   lcdnum2->setGeometry( 200, 120, 80, 50 );
   //... Normale Methode          ... gleicher Effekt mit setProperty
   lcdnum1->display( 50 );       lcdnum2->setProperty("intValue", 50 );
   lcdnum1->setNumDigits( 2 );   lcdnum2->setProperty("numDigits", 2 );
   lcdnum1->setSegmentStyle(FILL); lcdnum2->setProperty("segmentStyle", FILL);
   QObject::connect( slider1, SIGNAL( valueChanged( int ) ),
                     lcdnum1, SLOT( display( int ) ) );
   QObject::connect( slider2, SIGNAL( valueChanged( int ) ),
                     lcdnum2, SLOT( display( int ) ) );
   myapp.setMainWidget( mywidget );
   mywidget->show();
   return myapp.exec();
}
```

3.4 Buttons

Man unterscheidet verschiedene Arten von Buttons:

- *Pushbuttons*, deren Anwahl durch einen Mausklick eine bestimmte Aktion (wie z. B. Schließen einer Dialogbox oder Aufruf einer bestimmten Funktion) nach sich zieht.
- *Radiobuttons und Checkboxen*, die üblicherweise dazu verwendet werden, um dem Benutzer aus mehreren Alternativen (Optionen) eine bzw. bei Checkboxen auch keine oder mehrere auswählen zu lassen.

3.4.1 Die Klasse `QPushButton`

Pushbuttons können Text oder Icons (Pixmaps) enthalten, die bereits im Konstruktor angegeben werden können. Mit folgenden Methoden kann man nachträglich Folgendes festlegen:

`setText(QString&)`
: im Button anzuzeigender Text

`setIcon(QPixmap&)`
`setPixmap(QPixmap&)`
: im Button anzuzeigende Icon bzw. Pixmap

`setDefault(bool)`
: *default*-Button, der ⏎-Taste zugeordnet ist

`setAutoDefault(bool)`
: *default*-Button, wenn Widget den Fokus erhält.

Wichtige Signale sind, die gesendet werden, wenn über Button die Maustaste:

`clicked()`	gedrückt und anschließend wieder losgelassen wird;
`pressed()`	gedrückt wird;
`released()`	losgelassen wird.

3.4.2 Die Klassen `QRadioButton` und `QCheckBox`

Während Radiobuttons aus einer Liste von Alternativen nur eine Auswahl zulassen, können bei Checkboxen aus einer solchen Liste auch mehrere oder gar keine ausgewählt werden. Wie Pushbuttons können auch Radiobuttons und Checkboxen einen Text (`setText()`) oder eine Pixmap (`setPixmap()` bzw. `setIcon()`) als Label haben. Anders als bei Pushbuttons wird der Text bzw. die Pixmap nicht im, sondern neben dem Button angezeigt. Ein Klick auf den Text bzw. die Pixmap hat dann dieselbe Wirkung wie ein Klick auf den Button an sich. Wichtige Methoden bei Radiobuttons und Checkboxen sind:

`bool isChecked()`	liefert zurück, ob entsprechender Button gesetzt wurde;
`setChecked(bool)`	setzt einen Button bzw. macht diesen wieder ungesetzt.

Normalerweise werden die Werte der einzelnen Radiobuttons und Checkboxen in einem Dialog erst überprüft, wenn der Dialog mit *OK* beendet wird. In manchen Fällen ist es jedoch erforderlich, dass das Ändern eines einzelnen Radiobutton oder einer Checkbox eine sofortige Reaktion des Programms nach sich zieht. Für solche Anwendungsfälle werden für Radiobuttons und Checkboxen die gleichen Signale wie für Pushbuttons angeboten: `clicked()`,`pressed()` und `released()`.

3.4.3 Pushbuttons mit der Wirkungsweise von Radiobuttons

In manchen Anwendungssituationen benötigt man Buttons, die wie Pushbuttons aussehen, aber wie Radiobuttons oder aber auch wie Checkboxen wirken. Ein Beispiel hierfür ist ein Textverarbeitungsprogramm, in welchem dem Benutzer Buttons angeboten werden, mit denen er einen Text linksbündig, rechtsbündig, zentriert oder aber im Blocksatz ausrichten kann. Für diese vier Auswahlmöglichkeiten werden dem Benutzer üblicherweise Buttons (Icons) angeboten, die wie Radiobuttons wirken, da zu einem Zeitpunkt immer nur eine der vier Alternativen aktiviert sein kann. Ein Beispiel für Buttons, die wie Checkboxen wirken sollen, wären Buttons, die das Festlegen von Fettschrift, Kursivschrift und Unterstreichen für Zeichen in einem Textverarbeitungsprogramm ermöglichen.

Um solche Pushbuttons zu realisieren, die sich wie Radiobuttons verhalten, müssen diese als `QPushButton`-Objekte angelegt werden, die sich gegenseitig ausschalten, wenn eines aus dieser Gruppe ausgewählt wird. Dazu müssen sie mit `setToggleButton(true)` als ein- und ausschaltbar eingerichtet werden. Auch kann man Slotroutinen erstellen, die aufgerufen werden, wenn diese Buttons das Signal `toggled()` schicken.

3.4.4 Gruppieren von Buttons mit `QButtonGroup`

Um meherere Buttons, Radiobuttons und Checkboxen mittels eines `QButtonGroup`-Widgets zu einer Gruppe zusammenfassen, gibt es zwei Möglichkeiten:

1. Angabe eines `QButtonGroup`-Widget als Eltern-Widget bei der Erzeugung der Buttons, wie z. B.:

```
QButtonGroup* bBox = new QButtonGroup(spaltenzahl, Horizontal,
                                      "überschrift", elternwidget );
QRadioButton* rbutton1 = new QRadioButton( "text1", bBox );
QRadioButton* rbutton2 = new QRadioButton( "text2", bBox );
QRadioButton* rbutton3 = new QRadioButton( "text3", bBox );
```

2. Einfügen des Button in einem `QButtonGroup`-Widget mit der von `QButtonGroup` angebotenen Methode `insert()`, wie z. B.:

```
QButtonGroup* bBox = new QButtonGroup(spaltenzahl, Horizontal,
                                      "überschrift", elternwidget);
QRadioButton* rbutton1 = new QRadioButton( "text1", elternwidget );
bBox->insert( rbutton1 );
QRadioButton* rbutton2 = new QRadioButton( "text2", elternwidget );
bBox->insert( rbutton2 );
QRadioButton* rbutton3 = new QRadioButton( "text3", elternwidget );
bBox->insert( rbutton3 );
```

Beim Konstruktor `QButtonGroup()` kann folgendes auch weggelassen werden:

- Spaltenzahl und Ausrichtung oder
- Überschrift oder
- Spaltenzahl, Ausrichtung und Überschrift

Das Hinzufügen eines Radiobuttons zu einer Gruppe macht diesen automatisch exklusiv, was bedeutet, dass mit dem Einschalten dieses Button automatisch alle anderen Radiobuttons dieser Gruppe ausgeschaltet werden. Umgekehrt wird dieser Radiobutton automatisch ausgeschaltet, wenn ein anderer Radiobutton dieser Gruppe eingeschaltet wird.

Um dieses Verhalten für andere Buttons, die keine Radiobuttons sind, in einem `QButtonGroup`-Objekt zu erreichen, muss man explizit die von `QButtonGroup` angebotene Methode `setExclusive(true)` aufrufen.

Manchmal hat man mehrere Buttons, die zueinander gehören, da sie Ähnliches leisten. In solchen Fällen möchte man alle diese Buttons mit einer Slotroutine verbinden, da der auszuführende Code bei einem Klick auf einen dieser Button sehr ähnlich ist. Leider liefert nun das Signal `clicked()` keinerlei Information, über welche der angeklickte Button identifiziert werden könnte. Daher muss man auch für jeden einzelnen Button eine eigene Slotroutine schreiben, wie z. B.:

```
QPushButton *b1 = new QPushButton( "Button1", elternwidget );
QObject::connect( b1, SIGNAL( clicked() ), zielobjekt, SLOT( slotroutine1() ) );
QPushButton *b2 = new QPushButton( "Button2", elternwidget );
QObject::connect( b2, SIGNAL( clicked() ), zielobjekt, SLOT( slotroutine2() ) );
QPushButton *b3 = new QPushButton( "Button3", elternwidget );
QObject::connect( b3, SIGNAL( clicked() ), zielobjekt, SLOT( slotroutine3() ) );
```

Um nun aber mit einer statt mehrerer Slotroutinen auszukommen, kann man folgende Vorgehensweise wählen: Man erzeugt ein `QButtonGroup`-Objekt, in das man die einzelnen Buttons einfügt, und verbindet dann das Signal `clicked(int)` dieses `QButtonGroup`-Objekts mit einer gemeinsamen Slotroutine für alle in der Gruppe eingeordneten Buttons:

```
QButtonGroup *bgruppe = new QButtonGroup( elternwidget );
QPushButton *b1 = new QPushButton( "Button1", bgruppe );
QPushButton *b2 = new QPushButton( "Button2", bgruppe );
QPushButton *b3 = new QPushButton( "Button3", bgruppe );
QObject::connect( bgruppe, SIGNAL( clicked(int) ),
                  zielobjekt, SLOT( slotroutine_fuer_alle_buttons(int) ) );
```

Der `int`-Parameter des Signals `clicked(int)` liefert dabei die Nummer des angeklickten Button: `0`=zuerst eingefügte Button, `1`=der zweite eingefügte usw.

3.4.5 Beispiel zu Buttons^B

Programm 3.2 erzeugt sowohl Radiobuttons als auch Checkboxen in zwei verschiedenen Buttongruppen. Über den Pushbutton *Ok* kann der Benutzer seine Auswahl bestätigen, welche ihm dann in einem Widget unterhalb der Pushbuttons in Textform nochmals bestätigt wird. Klickt der Benutzer den Pushbutton *Cancel* an, werden alle aktuell vorgenommenen Änderungen verworfen und ihm werden in dem Widget unterhalb der Pushbuttons die vorherigen Einstellungen, welche nun wieder die aktuellen sind, nochmals in Textform eingeblendet (siehe auch Abbildung 3.2).

Programm 3.2 – `buttons.cpp`:
Demoprogramm zu RadioButtons, Checklisten und Buttons

```
#include .....
const char *farbName[] = { "Weiss", "Schwarz", "Rot", "Blau" };
const char *elemName[] = { "Wasser", "Luft", "Erde" };
const int farbZahl = sizeof(farbName) / sizeof(*farbName);
const int elemZahl = sizeof(elemName) / sizeof(*elemName);
//---------------------------------------------------- Buttons Klasse -----
class Buttons : public QWidget {
   Q_OBJECT
public:
   Buttons();
private slots:
```

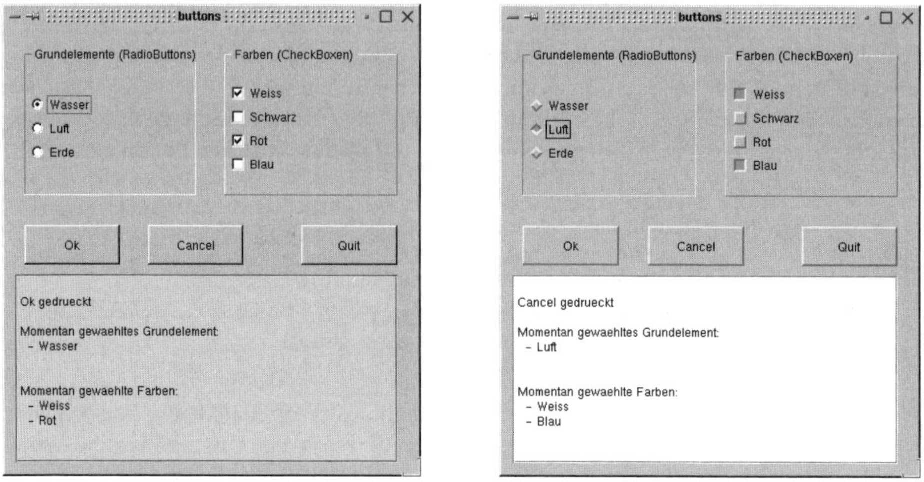

Abbildung 3.2: Radio-, Pushbuttons und Checkboxen im Windows- und Motif-Stil

```
    void ok_slot() {
       zeigeWahl( "Ok gedrueckt", Qt::green ); sichereAlteWerte();
    }
    void cancel_slot() {
       setzeAlteWerte(); zeigeWahl( "Cancel gedrueckt", Qt::white );
    }
private:
    QCheckBox      *farbe[farbZahl];
    QRadioButton   *element[elemZahl];
    QButtonGroup   *buttonBox1, *buttonBox2;
    QLabel         *textausgabe;
    bool            altFarbe[farbZahl], altElement[elemZahl];
    void sichereAlteWerte( void ) {
       for (int i=0; i<farbZahl; i++) altFarbe[i] = farbe[i]->isChecked();
       for (int i=0; i<elemZahl; i++) altElement[i] = element[i]->isChecked();
    }
    void setzeAlteWerte( void ) {
       for (int i=0; i<farbZahl; i++) farbe[i]->setChecked( altFarbe[i] );
       for (int i=0; i<elemZahl; i++) element[i]->setChecked( altElement[i] );
    }
    void zeigeWahl( QString titel, QColor c ) {
       textausgabe->setPalette( QPalette( c, c ) );
       QString neuer_text( titel ), str;
       neuer_text += "\n\nMomentan gewaehltes Grundelement:\n";
       for (int i=0; i<elemZahl; i++)
          if ( element[i]->isChecked() )
             neuer_text += str.sprintf("  - %s\n", elemName[i]);
       neuer_text += "\nMomentan gewaehlte Farben:\n";
       for (int i=0; i<farbZahl; i++)
          if ( farbe[i]->isChecked() )
```

```
            neuer_text += str.sprintf("   - %s\n", farbName[i]);
        textausgabe->setText( neuer_text );
    }
};
#include "buttons.moc"
//--------------------------------------------------- Konstruktor Buttons -----
Buttons::Buttons() {
    int i;
    setFont( QFont("Times", 12) );
    buttonBox1 = new QButtonGroup( 1, Horizontal,
                                    "Grundelemente (RadioButtons)", this);
    buttonBox1->setGeometry( 20, 20, 220, 150 );
    buttonBox1->setFrameStyle( QFrame::StyledPanel | QFrame::Sunken );
    for (i=0; i<elemZahl; i++)
        element[i] = new QRadioButton( elemName[i], buttonBox1 );
    element[1]->setChecked( true );
    buttonBox2 = new QButtonGroup( 1, Horizontal, "Farben (CheckBoxen)", this );
    buttonBox2->setGeometry( 260, 20, 220, 150 );
    buttonBox2->setFrameStyle( QFrame::Panel | QFrame::Raised );
    for (i=0; i<farbZahl; i++) {
        farbe[i] = new QCheckBox( farbName[i], buttonBox2 );
        buttonBox2->insert( farbe[i] );
    }
    farbe[0]->setChecked( true );
    farbe[3]->setChecked( true );
    sichereAlteWerte();
    QPushButton* ok     = new QPushButton( "Ok", this );
     ok->setGeometry( 20, 200, 100, 40 );
    QPushButton* cancel = new QPushButton( "Cancel", this );
     cancel->setGeometry( 150, 200, 100, 40 );
    QPushButton* quit = new QPushButton( "Quit", this );
     quit->setGeometry( 380, 200, 100, 40 );
    QObject::connect( ok,     SIGNAL( clicked() ), SLOT( ok_slot() ) );
    QObject::connect( cancel, SIGNAL( clicked() ), SLOT( cancel_slot() ) );
    QObject::connect( quit,   SIGNAL( clicked() ), qApp, SLOT( quit() ) );
    textausgabe = new QLabel( "Noch keine Wahl", this );
    textausgabe->setGeometry( 10, 250, 480, 240 );
    textausgabe->setFrameStyle( QFrame::Box | QFrame::Sunken );
}
//------------------------------------------------------------------ main ------
int main( int argc, char* argv[] ) {
    QApplication myapp( argc, argv );
    Buttons* mywidget = new Buttons();
    mywidget->setGeometry( 10, 10, 500, 500 );
    mywidget->show();
    myapp.setMainWidget( mywidget );
    mywidget->show();
    return myapp.exec();
}
```

3.4.6 Beispiel zu Gruppen von Buttons^B

Programm 3.3 erzeugt vier Gruppen von Buttons, wobei jede Gruppe unterschiedliche Arten von Buttons enthält (siehe auch Abbildung 3.3). Die in Abbildung 3.3 unterstrichenen Buchstaben sind so genannte *Shortcuts* (Kurzformen): Gibt der Benutzer den entsprechenden Buchstaben bei gedrückter `Alt`-Taste ein, so wählt er den zugehörigen Eintrag aus, als ob er diesen mit der Maus angeklickt hätte.

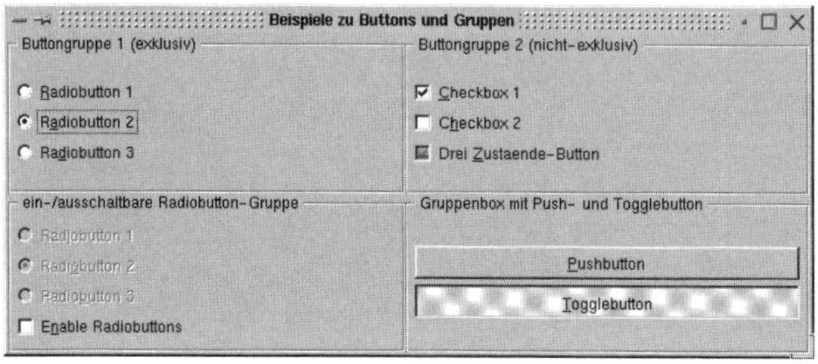

Abbildung 3.3: Vier Gruppen unterschiedlicher Buttons (Programm 3.3)

Programm 3.3 – `button_gruppe.cpp`:
Vier Gruppen von unterschiedlichen Buttons

```
#include ....
//...................................... ButtonGruppe-Klasse ..........
class ButtonGruppe : public QVBox {
    Q_OBJECT
public:
    ButtonGruppe( QWidget *parent = 0 );
protected:
    QCheckBox    *zustand;
    QRadioButton *radio21, *radio22, *radio23;
protected slots:
    void schalteGrp3EinAus() {
       radio21->setEnabled( zustand->isChecked() );
       radio22->setEnabled( zustand->isChecked() );
       radio23->setEnabled( zustand->isChecked() );
    }
};
#include "button_gruppe.moc"
//................................. ButtonGruppe-Konstruktor ..........
ButtonGruppe::ButtonGruppe( QWidget *parent ) : QVBox( parent ) {
      //..... Widgets fuer ein einfaches Layout
    QHBox *box1 = new QHBox( this );
    QHBox *box2 = new QHBox( this );
      //..... Erste Buttongruppe (exklusive Auswahl)
    QButtonGroup *grp1 = new QButtonGroup( 1, Horizontal,
                           "Buttongruppe 1 (exklusiv)", box1);
    grp1->setExclusive( true );
    QRadioButton *radio11 = new QRadioButton( "&Radiobutton 1", grp1 );
    radio11->setChecked( TRUE );
```

```
    (void)new QRadioButton( "R&adiobutton 2", grp1 );
    (void)new QRadioButton( "Ra&diobutton 3", grp1 );
     //..... Zweite Buttongruppe (nicht-exklusive Auswahl)
    QButtonGroup *grp2 = new QButtonGroup( 1, Horizontal,
                  "Buttongruppe 2 (nicht-exklusiv)", box1 );
    grp2->setExclusive( false );
    (void)new QCheckBox( "&Checkbox 1", grp2 );
    QCheckBox *check12 = new QCheckBox( "C&heckbox 2", grp2 );
    check12->setChecked( true );
    QCheckBox *check13 = new QCheckBox( "Drei &Zustaende-Button", grp2 );
    check13->setTristate( true ); // 3-Zustände Button
    check13->setChecked( true );
     //..... Dritte Buttongruppe (ein-/ausschaltbare Radiobuttons)
    QButtonGroup *grp3 = new QButtonGroup( 1, Horizontal,
                  "ein-/ausschaltbare Radiobutton-Gruppe", box2 );
    grp3->setRadioButtonExclusive( true );
    radio21 = new QRadioButton( "Rad&iobutton 1", grp3 );
    radio22 = new QRadioButton( "Radi&obutton 2", grp3 );
    radio23 = new QRadioButton( "Radio&button 3", grp3 );
    radio23->setChecked( true );
    zustand = new QCheckBox( "E&nable Radiobuttons", grp3 );
    zustand->setChecked( true );
    connect( zustand, SIGNAL( clicked() ), this, SLOT( schalteGrp3EinAus() ) );
     //..... Vierte Buttongruppe (Push- und Togglebutton)
    QButtonGroup *grp4 = new QButtonGroup( 1, Horizontal,
                  "Gruppenbox mit Push- und Togglebutton", box2 );
    (void)new QPushButton( "&Pushbutton", grp4 );
    QPushButton *toggle = new QPushButton( "&Togglebutton", grp4 );
    toggle->setToggleButton( true );
    toggle->setOn( true );
}
//........................................................ main ..........
int main( int argc, char *argv[] ) {
    QApplication a( argc, argv );
    ButtonGruppe buttonGrp;
    buttonGrp.resize( 650, 250 );
    buttonGrp.setCaption( "Beispiele zu Buttons und Gruppen" );
    a.setMainWidget( &buttonGrp );
    buttonGrp.show();
    return a.exec();
}
```

3.4.7 Popupmenüs bei Pushbuttons^Z

Das Programm buttonpopup.cpp zeigt Programmiertechniken, mit denen man Pushbuttons realisieren kann, bei deren Anklicken ein Popupmenü eingeblendet wird. Dazu werden zwei Pushbuttons angeboten. Klickt man auf den linken Pushbutton, wird ein Popupmenü eingeblendet, in dem ein Label mit einer zufälligen Farbe angezeigt wird. In diesem Popupmenü wird außerdem noch ein Pushbutton angezeigt, mit dem man die Farbe in dem Label ändern kann, was wieder zufällig erfolgt. Ein weiterer Pushbutton ermöglicht das Schließen des Popupmenüs (siehe auch linken Teil in Abbildung 3.4). Klickt man auf den rechten Pushbutton, wird ein kleines Widget eingeblendet, in dem immer die aktuelle Mausposition relativ zur linken oberen Ecke des gerade eingeblendeten Widget angezeigt wird (siehe rechten Teil in Abbildung 3.4). Beide Popupmenüs werden automatisch geschlossen, wenn auf den jeweils anderen der beiden Pushbuttons geklickt wird.

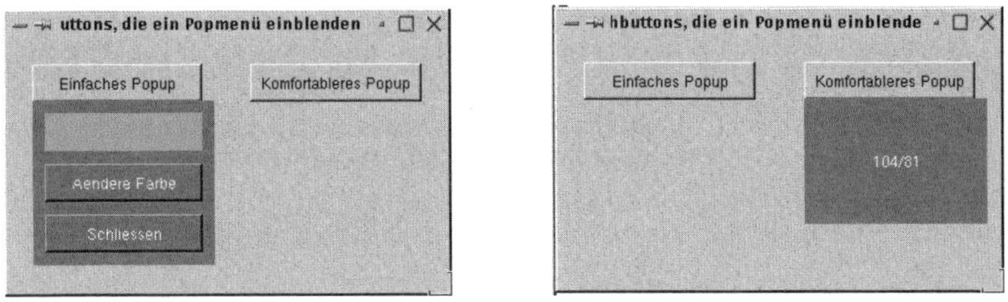

Abbildung 3.4: Eingeblendetes Popupmenü nach Klick auf linken bzw. rechten Pushbutton

3.4.8 Synchronisieren von Radio- mit Togglebuttons[Z]

Das Programm `togglebutton.cpp` blendet zwei Radiobuttons und einen Togglebutton ein. Ist der Togglebutton geklickt, wird der „Geklickt"-Radiobutton gesetzt, bzw. wenn der Togglebutton nicht geklickt ist, wird der „Nicht geklickt"-Button gesetzt. Umgekehrt ist das *Toggeln* des Togglebutton auch über das Anklicken der beiden Radiobuttons möglich sein (siehe auch Abbildung 3.5).

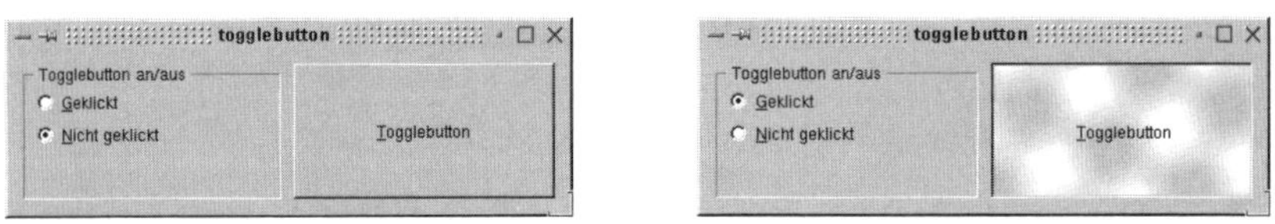

Abbildung 3.5: Synchronisieren von Radiobuttons mit einem Togglebutton

3.5 Auswahl-Widgets (List- und Komboboxen)

List- und Komboboxen lassen den Benutzer aus einer vorgegebenen Liste von Alternativen eine (oder mehrere) auswählen. Meist sind diese Listen von Alternativen in Textform angegeben, wobei sie jedoch auch graphische Elemente (Pixmaps) enthalten können.

3.5.1 Die Klasse `QListBox`

Die Klasse `QListBox` bietet unter anderem folgende Methoden an:

`insertItem(...)`
: fügt Einträge in Textform, als Pixmaps oder aber als eine Kombination aus beiden (Objekte der Klasse `QListBoxItem`) hinzu.

`insertStrList(...)`
: fügt mehrere Strings ein, die als `QStrList`-Objekt (siehe Seite 354) vorliegen.

`setSelected(...)`
: wählt einen Eintrag aus einer Liste aus.

`int currentItem()`
: liefert Positionsnummer (Zählung beginnt bei `0`) eines ausgewählten Listenelements.

`QString text(int nr) , QPixmap *pixmap(int nr)`
: liefern den Text bzw. die Pixmap des Listenelements mit der Nummer `nr`.

`setSelectionMode(SelectionMode mode)`
: legt den Modus fest, mit dem der Benutzer Listeneinträge auswählen kann.

Für den Parameter `mode` kann bei `setSelectionMode()` eine der folgenden vordefinierten `enum`-Konstanten angegeben werden:

`QListBox::Single` (Voreinstellung)
: Es kann immer nur einer der Listeneinträge ausgewählt werden. Wird ein neuer Listeneintrag durch den Benutzer ausgewählt, wird automatisch – ähnlich wie bei Radiobuttons – die vorherige Auswahl zurückgenommen.

`QListBox::Multi`
: Wenn der Benutzer einen Listeneintrag auswählt, ändert dieser Eintrag seinen Zustand: von „ausgewählt" nach „nicht ausgewählt" bzw. umgekehrt. Die anderen Listeneinträge bleiben davon unberührt, behalten also ihren Zustand. Somit ist es in diesem Modus möglich, mehrere Listeneinträge auszuwählen.

`QListBox::Extended`
: Wenn der Benutzer einen neuen Listeneintrag in der normalen Art auswählt, wird wie im `Single`-Modus der bisher ausgewählte Eintrag als „nicht ausgewählt" markiert. Drückt der Benutzer aber die `Strg`-Taste, während er einen neuen Eintrag anklickt, hat er ein Verhalten wie im `Multi`-Modus: Der angeklickte Eintrag ändert seinen Zustand: von „ausgewählt" nach „nicht ausgewählt" bzw. umgekehrt, während die anderen Listeneinträge davon unberührt bleiben, also ihren bisherigen Zustand behalten. Drückt der Benutzer die `Shift ⇑`-Taste, während er einen neuen Eintrag anklickt, werden alle Listeneinträge zwischen dem aktuellen (zuletzt angeklickten) Eintrag und dem gerade angeklickten Eintrag als „ausgewählt" markiert. In diesem Modus ist auch durch Ziehen der Maus bei gedrückter linker Maustaste Mehrfachauswahl möglich.

`QListBox::NoSelection`
: Es ist keine Auswahl in den Listeneinträgen durch den Benutzer möglich.

In einer Liste, die Mehrfachauswahl zulässt, muss man mittels einer Schleife alle Listenelemente durchlaufen und für jedes Element erfragen, ob es ausgewählt wurde, wie z. B.:

```
for (uint i=0; i < listeLaender->count(); i++) {
   if (listeLaender->isSelected(i)) {
      if (i == 2)   //... ist eine Pixmap
         neuer_text += "Deutschland";
      else if (i == 4)   //... ist eine Pixmap
         neuer_text += "Grossbritannien";
      else
         neuer_text += listeLaender->text(i);
   }
}
```

Neben dieser Vorgehensweise, bei eine Auswahl erst zu bestätigen ist (z. B. durch einen *Ok*-Button), ist auch möglich, sofort auf die Auswahl eines Listeneintrags zu reagieren:

1. Wenn der Benutzer einen Listeneintrag mit einem einfachen Mausklick anwählt, werden die Signale `highlighted(int nr)` und `highlighted(const QString& text)` gesendet. Diese können mit einer Slotroutine verbunden werden, in der dann entsprechende Aktionen mit der übergebenen Positionsnummer bzw. dem übergebenen Text des angeklickten Listeneintrags durchgeführt werden.
2. Wenn der Benutzer einen Listeneintrag mit doppelten Mausklick bzw. durch Drücken der ⟵-Taste auswählt, werden die Signale `selected(int nr)` und `selected( QString& text)` geschickt, die sich mit eigenen Slotroutinen verbinden lassen.
3. In Listboxen mit Mehrfachauswahl kann das Signal `selectionChanged()` sehr hilfreich sein. Dieses Signal wird immer dann geschickt, wenn ein neuer Eintrag ausgewählt bzw. die Auswahl eines Eintrags wieder zurückgenommen wird.

Die Klasse `QListBox` bietet noch viele weitere Möglichkeiten an, die man in der Online-Dokumentation nachschlagen kann.

3.5.2 Die Klasse `QComboBox`

Komboboxen, die wie Listboxen (Auswahl mit Einfachauswahl) eine Auswahl aus mehreren Alternativen anbieten, zeigen immer nur den aktuell ausgewählten Eintrag mit einem „Pfeil-nach-unten"-Button rechts davon an. Klickt der Benutzer auf diesen Pfeil-Button, wird ihm die ganze Liste (eventuell mit Laufbalken) eingeblendet, aus der er nun einen neuen Eintrag auswählen kann. Nachdem der Benutzer einen (neuen) Eintrag ausgewählt hat, verschwindet diese Einblendung der ganzen Liste wieder, und es wird wieder nur der gerade ausgewählte Eintrag angezeigt.

Komboboxen können ebenfalls Text oder Pixmaps als Elemente enthalten. Bei Komboboxen unterscheidet man zwischen *read-only*- und *read-write*-Komboboxen. *Read-write*-Komboboxen erlauben es dem Benutzer, neue Einträge während des Programmablaufs zu der Liste hinzuzufügen. Solche *read-write*-Komboboxen zeigen ein Texteingabefeld an, das den aktuell ausgewählten Listeneintrag enthält, welcher durch neuen Text vom Benutzer überschrieben werden kann. Überschreibt ein Benutzer einen solchen angezeigten Eintrag, so wird dieser automatisch als neuer Eintrag in die Liste übernommen. Ob und wo ein solcher neuer Eintrag in der Liste einzuordnen ist, lässt sich zuvor mit folgender von `QComboBox` angebotenen Methode festlegen:

`setInsertionPolicy(Policy policy)`

Über Parameter `policy` kann man festlegen, ob und wo ein Eintrag einzufügen ist:

`QComboBox::NoInsertion`	Eintrag wird nicht übernommen
`QComboBox::AtTop`	am Anfang der Liste
`QComboBox::AtBottom`	am Ende der Liste
`QComboBox::AtCurrent`	aktueller Eintrag wird durch neuen ersetzt
`QComboBox::AfterCurrent`	nach dem aktuellen Eintrag
`QComboBox::BeforeCurrent`	vor dem aktuellen Eintrag

Es erklärt sich von selbst, dass bei *read-write*-Komboboxen keine Pixmaps als Listenelemente erlaubt sind, da diese nicht in einem Texteingabefeld editiert werden könnten.

Um eine Kombobox zu erzeugen, muss der von der Klasse `QComboBox` angebotene Konstruktor verwendet werden. Der erste Parameter hat dabei den Datentyp `bool` und legt fest, ob die Kombobox als *read-write* (`true`) oder als *read-only* (`false`) anzulegen ist:

```
QComboBox *kombo1 = new QComboBox(true, elternwidget);   // read-write
QComboBox *kombo2 = new QComboBox(false, elternwidget);  // read-only
```

Um neue Einträge zu einer Kombobox hinzuzufügen, existieren zwei Möglichkeiten:

1. Mit der von `QComboBox` angebotenen Methode `insertItem()` kann sowohl ein Text als auch eine Pixmap als ein Eintrag zu einer Kombobox hinzugefügt werden.
2. Um eine ganze Stringliste, die als `QStrList`-Objekt (siehe auch Seite 354) vorliegt, zu einer Kombobox hinzuzufügen, muss man die von der Klasse `QComboBox` bereitgestellte Methode `insertStrList()` verwenden.

Wie bei Listboxen kann die Positionsnummer des aktuell ausgewählten Eintrags mit der von `QComboBox` angebotenen Methode `currentItem()` erfragt werden.
Ein `QComboBox`-Widget sendet die folgenden Signale:

`highlighted(int index)`

`highlighted(const QString& string)`

, wenn ein Eintrag in einer Kombobox mit gedrückter, aber noch nicht losgelassener Maustaste ausgewählt wurde.

`activated(int index)`

`activated(const QString& string)`

, wenn mit einem Mausklick (nach dem Loslassen der Maustaste) ein Eintrag in einer Kombobox ausgewählt wurde.

`textChanged(const QString& string)`

wird von einer *read-write*-Kombobox geschickt, wenn der Inhalt im Texteingabefeld geändert wurde.

Dabei liefert das entsprechende Signal über den Parameter `index` die Positionsnummer und über den Parameter `string` den Text des entsprechenden Eintrags. Die Klasse `QComboBox` bietet noch viele weitere Methoden an, die man in der Online-Dokumentation von Qt nachschlagen kann.

3.5.3 Beispiel zu List- und Komboboxen^B

Programm 3.4 erzeugt drei Listboxen mit unterschiedlichen Einträgen sowie auch zwei Komboboxen. Über den Pushbutton *Ok* kann der Benutzer seine Auswahl bestätigen, die ihm dann unterhalb der Pushbuttons nochmals in Textform angezeigt wird (siehe Abbildung 3.6).

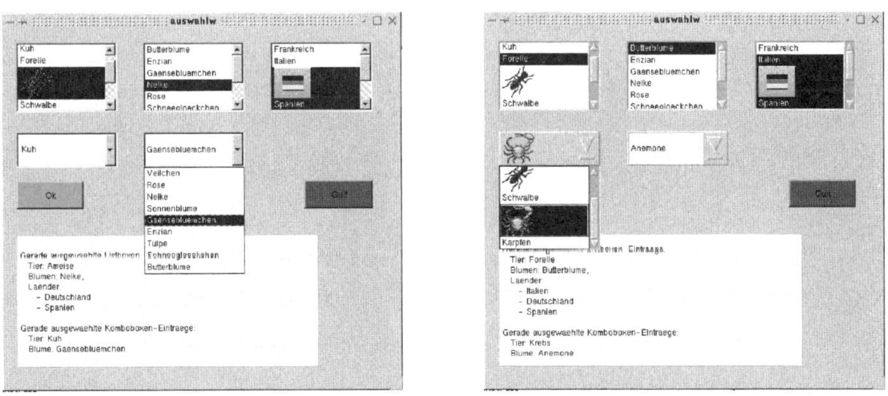

Abbildung 3.6: List- und Komboboxen mit Textanzeige im Windows- und Motif-Stil

Programm 3.4 – `auswahlw.cpp`:
Demonstrationsprogramm zu List- und Komboboxen

```
#include .....
QString tiere[] = { "Elefant",  "Kuh",        "Forelle", "Ameise.xpm",
                    "Schwalbe", "Krebs.xpm", "Karpfen" };
QString blumen[] = { "Veilchen", "Rose", "Nelke", "Sonnenblume",
                     "Gaensebluemchen", "Enzian", "Tulpe",
                     "Schneegloeckchen", "Butterblume" };
QString laender[] = { "Frankreich", "Italien", "Deutschland.xpm",
                      "Spanien", "Grossbritannien.xpm", "Norwegen" };
const int tiereZahl   = sizeof(tiere)   / sizeof(*tiere);
const int blumenZahl  = sizeof(blumen)  / sizeof(*blumen);
const int laenderZahl = sizeof(laender) / sizeof(*laender);
//-------------------------------- Klasse Auswahl --------
class Auswahl : public QWidget {
   Q_OBJECT
public:
   Auswahl();
private slots:
   void ok_slot();
private:
   QListBox  *listeTiere, *listeBlumen, *listeLaender;
   QComboBox *comboTiere, *comboBlumen, *comboLaender;
   QLabel*    textausgabe;
};
#include "auswahlw.moc"
//--------------------------- Konstruktor Buttons --------
Auswahl::Auswahl() {
   setFont( QFont( "Times", 12) );
   listeTiere = new QListBox(this);
   listeTiere->setGeometry( 20, 20, 150, 100 );
   comboTiere = new QComboBox( false, this );
   comboTiere->setGeometry( 20, 150, 150, 50 );
   for (int i=0; i<tiereZahl; i++)
      if (tiere[i].right(4) != ".xpm") {
         listeTiere->insertItem( tiere[i] );
         comboTiere->insertItem( tiere[i] );
      } else {
         listeTiere->insertItem( QPixmap( tiere[i] ) );
         comboTiere->insertItem( QPixmap( tiere[i] ) );
      }
   listeTiere->setSelected( 4, true );
   listeBlumen = new QListBox(this);
   listeBlumen->setSelectionMode( QListBox::Multi );  //.... Multi
   listeBlumen->setGeometry( 210, 20, 150, 100 );
   comboBlumen = new QComboBox( true, this );
   comboBlumen->setGeometry( 210, 150, 150, 50 );
   for (int i=0; i<blumenZahl; i++) {
      listeBlumen->insertItem( blumen[i] );
      comboBlumen->insertItem( blumen[i] );
```

```
    }
    listeBlumen->sort();
    listeBlumen->setSelected( 1, true );
    comboBlumen->setCurrentItem( 1 );
    listeLaender = new QListBox(this);
    listeLaender->setSelectionMode( QListBox::Extended ); //.... Extended
    listeLaender->setGeometry( 400, 20, 150, 100 );
    for (int i=0; i<laenderZahl; i++)
       if (laender[i].right(4) != ".xpm")
          listeLaender->insertItem( laender[i] );
       else
          listeLaender->insertItem( QPixmap( laender[i] ) );
    listeLaender->setSelected( 2, true );
    QPushButton* ok     = new QPushButton( "Ok", this );
     ok->setGeometry( 20, 220, 100, 40);
     ok->setPaletteBackgroundColor( Qt::green );
    QPushButton* quit = new QPushButton( "Quit", this );
     quit->setGeometry( 450, 220, 100, 40);
     quit->setPaletteBackgroundColor( Qt::red );
    QObject::connect( ok, SIGNAL( clicked() ), SLOT( ok_slot() ) );
    QObject::connect( quit, SIGNAL( clicked() ), qApp, SLOT( quit() ) );
    textausgabe = new QLabel( "Bisher keine Wahl", this );
    textausgabe->setPaletteBackgroundColor( Qt::white );
    textausgabe->setGeometry( 20, 300, 570, 290 );
    textausgabe->setFrameStyle( QFrame::Panel | QFrame::Raised );
}
//-------------------------------------- ok_slot --------
void Auswahl::ok_slot() {
    uint i, tier = listeTiere->currentItem();
    QString neuer_text( "Gerade ausgewaehlte Listboxen-Eintraege:\n" );
    neuer_text += "   Tier: ";
    if (tiere[tier].right(4) != ".xpm")
       neuer_text += listeTiere->text(tier);
    else
       neuer_text += tiere[tier].left(tiere[tier].length() - 4);
    neuer_text += "\n   Blumen: ";
    for ( i=0; i < listeBlumen->count(); i++ )
       if ( listeBlumen->isSelected( i ) ) {
          neuer_text += listeBlumen->text( i );
          neuer_text += ", ";
       }
    neuer_text += "\n   Laender: ";
    for ( i=0; i < listeLaender->count(); i++ ) {
       if (listeLaender->isSelected( i ) ) {
          neuer_text += "\n       - ";
          if (laender[i].right(4) != ".xpm")
             neuer_text += listeLaender->text(i);
          else
             neuer_text += laender[i].left(laender[i].length() - 4);
       }
```

```
    }
    tier  = comboTiere->currentItem();
    neuer_text += "\n\nGerade ausgewaehlte Komboboxen-Eintraege:\n";
    neuer_text += "   Tier: ";
    if (tiere[tier].right(4) != ".xpm")
       neuer_text += comboTiere->text(tier);
    else
       neuer_text += tiere[tier].left(tiere[tier].length() - 4);
    neuer_text += "\n   Blume: ";
    neuer_text += comboBlumen->text( comboBlumen->currentItem() );
    textausgabe->setText( neuer_text );
}
//------------------------------------------ main --------
int main( int argc, char *argv[] ) {
    QApplication myapp( argc, argv );
    Auswahl* mywidget = new Auswahl();
    mywidget->setGeometry( 10, 10, 600, 620 );
    myapp.setMainWidget( mywidget );
    mywidget->show();
    return myapp.exec();
}
```

3.5.4 Eingabe von Daten über List- und Komboboxen^Z

Das Programm `listbox.cpp` blendet zwei Listboxen und eine Kombobox ein. In der ersten Listbox kann der Benutzer den Kontinent, auf dem er wohnt, und in der zweiten Listbox seine Hobbies auswählen. In der Kombobox, die der Benutzer auch um eigene Einträge erweitern kann, wählt er seine Lieblingsfarbe aus. Trifft der Benutzer eine neue Auswahl, wird die aktuell gültige Auswahl immer sofort in einem eigenen Label angezeigt, wobei dieses Label bei jeder neuen Anzeige seine Hintergrundfarbe zufällig ändert (siehe auch Abbildung 3.7).

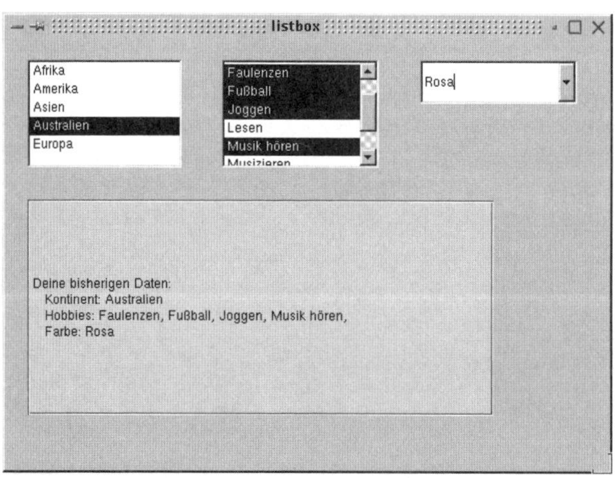

Abbildung 3.7: Auswahl persönlicher Daten mit sofortiger Anzeige

3.6 Schiebebalken, Drehknöpfe und Spinboxen

Mit diesen Widgets kann man den Benutzer einen numerischen Wert aus einem bestimmten Wertebereich auswählen lassen. Während man bei Schiebebalken (*sliders*) und Drehknöpfen eine feste Unter- und Obergrenze für den Wertebereich festlegen kann, die der Benutzer nicht unter- oder überschreiten kann, ist dies bei Spinboxen, die auch eine direkte Eingabe eines Wertes durch den Benutzer erlauben, nicht garantiert.

3.6.1 Schiebebalken (`QSlider`)

Um einen Schiebebalken zu erzeugen, muss der Konstruktor der Klasse `QSlider` aufgerufen werden, wie z. B.:

```
QSlider* schiebbalk = new QSlider( 1, 150, // Unter- und Obergrenze
                                   5, 30,  // Schrittweite und Startwert
                        QSlider::Horizontal, // Ausrichtung; auch Vertical moegl.
                        elternwidget, "name");
```

Dieser Aufruf erzeugt einen horizontalen Schiebebalken für den Zahlenbereich von `1` bis `150`. Klickt man mit der Maus in den Balken links bzw. rechts vom Knopf, so wird der Schiebebalken-Knopf um den Wert `5` nach links bzw. nach rechts geschoben. Beim Anlegen des Schiebebalkens wird der Knopf auf die Position gestellt, die dem Startwert `30` entspricht. Daneben bietet die Klasse `QSlider` noch zwei weitere Konstruktoren an:

`QSlider(Orientation o, QWidget *parent=0, const char *name=0)`

`QSlider(QWidget *parent=0, const char *name=0)`

Die hier fehlenden Spezifikationen können dann nachträglich mit folgenden Methoden festgelegt werden:

`setMinValue(int)`, `setMaxValue(int)`, `setOrientation(Orientation)`, `setPageStep(int)`, `setValue(int)`

Neben diesen Methoden ist noch die Folgende erwähnenswert:

`setTickmarks(int)`
: legt fest, ob der Schiebebalken zusätzlich mit einer Skala zu versehen ist oder nicht. Als Argument kann dabei `NoMarks` (Voreinstellung), `Above`, `Left`, `Below`, `Right` oder `Both` angegeben werden.

Folgende Signale schickt ein `QSlider`-Widget, wenn:

`sliderMoved(int)`
: Schiebebalken-Knopf bewegt wird. Über den Parameter wird dabei der neue eingestellte Positionswert des Schiebebalkens zur Verfügung gestellt.

`valueChanged(int)`
: Schiebebalken-Knopf neu positioniert wurde, also nachdem der Benutzer die Maustaste wieder losgelassen hat. Über den Parameter wird dabei der neu eingestellte Positionswert des Schiebebalkens zur Verfügung gestellt.

`sliderPressed()`, `sliderReleased()`
: Benutzer den Schiebebalken-Knopf mit der Maus anklickt bzw. wieder loslässt.

3.6.2 Drehknopfeinstellungen (`QDial`)

Die Klasse `QDial` ist der Klasse `QSlider` sehr ähnlich, nur dass Sie den Benutzer einen Wert nicht über einen Schiebebalken, sondern über einen Drehknopf (ähnlich einem Potentiometer) einstellen lässt. Um ein `QDial`-Objekt zu erzeugen, muss der Konstruktor der Klasse `QDial` aufgerufen werden, wie z. B.:

```
QDial *drehKnopf = new QDial( 0, 359, // Unter- und Obergrenze
                              1, // Schrittweite beim Drücken "Bild auf/ab"
                              45, // Startwert
                              elternwidget, "name" );
```

Dieser Aufruf erzeugt einen Drehknopf für den Zahlenbereich `0` bis `359`.

Der Drehknopf-Zeiger kann nicht nur mit der Maus, sondern auch mit den folgenden Tasten gedreht werden: (←) und (↓) erniedrigen den Wert bzw. (→) und (↑) erhöhen den Wert um die mit `setLineStep(int)` eingestellte `lineStep`-Schrittweite. (`Bild ↓`) erniedrigt den Wert um die eingestellte `pageStep`-Schrittweite, und (`Bild ↑`) erhöht den Wert um die eingestellte `pageStep`-Schrittweite. (`Pos1`) (bzw. (`Home`)) setzt den Drehknopf-Zeiger auf den kleinstmöglichen, (`Ende`) auf den größtmöglichen Wert. Daneben bietet die Klasse `QDial` noch folgenden Konstruktor an:

`QDial(QWidget *parent=0, const char *name=0)`

Die hier fehlenden Spezifikationen können dann nachträglich mit folgenden Methoden festgelegt werden:

`setMinValue(int)`, `setMaxValue(int)`,
`setPageStep(int)`, `setValue(int)`

Einige wichtige Methoden, die die Klasse `QDial` anbietet, sind:

`setWrapping(bool enable) virtual slot`
: legt fest, ob der Drehknopf beim Erreichen des höchsten bzw. niedrigsten Werts weitergedreht werden kann (`enable=true`) oder nicht (`enable=false`). Bei `enable=true` wird der Drehknopf als vollständiger Kreis, andernfalls mit einem Zwischenraum zwischen dem niedrigsten und dem höchsten Wert angezeigt.

`setNotchTarget(double target) virtual`
: legt die Anzahl der Pixel zwischen den Skalenstrichen fest.

`setNotchesVisible(bool b) virtual slot`
: legt fest, ob eine Skala anzuzeigen ist (`b=true`) oder nicht (`b=false`).

Folgende Signale schickt ein `QDial`-Widget, wenn ...:

`dialMoved(int value)`, `valueChanged(int value)`
: Drehknopf-Zeiger bewegt wird bzw. neu positioniert wurde, also nachdem der Benutzer den Zeiger mit der Maus wieder losgelassen hat. Über den Parameter wird dabei der neu eingestellte Positionswert des Drehknopfs zur Verfügung gestellt.

`dialPressed()`, `dialReleased()`
: Benutzer den Drehknopf-Zeiger mit der Maus anklickt bzw. wieder loslässt.

3.6.3 Spinboxen (`QSpinBox`)

Spinboxen setzen sich aus einem Texteingabefeld und zwei Pfeil-Buttons zum Erhöhen und zum Erniedrigen der Zahl im Texteingabefeld zusammen. Um dem Benutzer auch die direkte Eingabe seines gewünschten Werts zu ermöglichen, steht ihm das Texteingabefeld der Spinbox zur Verfügung. Die Klasse `QSpinBox` bietet die folgenden Konstruktoren an:

`QSpinBox(int min, int max, int s=1, QWidget *p=0, char *nam=0)`
: legt ein `QSpinBox`-Objekt mit einem Zahlenbereich von `min` bis `max` und der Schrittweite `s` an. Der aktuelle Wert wird dabei auf `min` gesetzt.

`QSpinBox(QWidget *par=0, char *nam=0)`
: legt ein `QSpinBox`-Objekt mit einem Zahlenbereich von `0` bis `99` und der Schrittweite `1` an. Der aktuelle Wert wird hier auf `0` gesetzt.

Einige wichtige von einem `QSpinBox`-Objekt angebotene Methoden sind:

`setRange(int minValue, int maxValue)`
: zum Festlegen des Zahlenbereichs für eine Spinbox. Mittels der Pfeil-Buttons kann sich der Benutzer nicht außerhalb dieses Zahlenbereichs klicken. Normalerweise wird bei Erreichen der festgelegten Unter- bzw. Obergrenze nicht weitergezählt. Soll der Wert in diesem Fall automatisch von der Untergrenze auf die Obergrenze umspringen bzw. umgekehrt, muss dies mit `setWrapping(true)` eingestellt werden.

`setValue(int), value()`
: setzt bzw. liefert den aktuellen Wert in einer Spinbox

`setPrefix(const QString& text), setSuffix(const QString& text)`
: legen Text fest, der vor bzw. nach dem Zahlenwert im Texteingabefeld einer Spinbox anzuzeigen ist; z. B. `setPrefix("Euro")` oder `setSuffix("km")`.

`setSpecialValueText(const QString& text)`
: legt einen Text fest, der anstelle des kleinsten Werts anzuzeigen ist.

`setButtonSymbols(ButtonSymbols newSymbols)`
: legt Buttonanzeige fest: `UpDownArrows` (△ und ∇) oder `PlusMinus` (+ und -).

Ein `QSpinBox`-Objekt schickt die beiden folgenden Signale

`valueChanged(int)` und `valueChanged(const QString&)`,

wenn der Wert der Spinbox geändert wird. Die erste Variante liefert über den Parameter den neu eingestellten Wert, während die zweite den ganzen String aus dem Texteingabefeld liefert, welcher auch das Präfix und Suffix enthält, wenn solches festgelegt wurde.

3.6.4 Eingabe von Datum und Zeit (`QDateEdit`, `QTimeEdit`, `QDateTimeEdit`)

Die hier vorgestellten Klassen sind Spinboxen, die speziell zur Eingabe eines Datums bzw. einer Zeit oder beides dienen.

Die Klasse `QDateEdit` zur Eingabe eines Datums

Beim Anlegen eines `QDateEdit`-Objekts sollte man dies bereits initialisieren, wie z. B.

```
  //.... Initialisieren mit dem heutigen Datum
QDateEdit *dateEdit = new QDateEdit( QDate::currentDate(), this );
  //.... Änderungen bis 365 Tage vor und nach heutigen Datum erlaubt
dateEdit->setRange( QDate::currentDate().addDays( -365 ),
                    QDate::currentDate().addDays(  365 ) );
  //... Datum-Format ist: Tag.Monat.Jahr
dateEdit->setOrder( QDateEdit::DMY );
dateEdit->setSeparator( "." );
```

Einige wichtige Methoden und Signale der Klasse `QDateEdit` sind:

`setRange(const QDate& min, const QDate& max)`

`setMinValue(const QDate& d), setMaxValue(const QDate& d)`
: legen wie bei Klasse `QSpinBox` den erlaubten Eingabebereich fest

`setOrder(order)`
: legt Datumsformat fest, wobei für Parameter `order` Folgendes anzugeben ist:

`QDateEdit::MDY`	Monat-Tag-Jahr	`QDateEdit::DMY`	Tag-Monat-Jahr
`QDateEdit::YMD`	Jahr-Monat-Tag	`QDateEdit::YDM`	Jahr-Tag-Monat

`setSeparator(const QString& s)`
: legt das Trennzeichen fest

`setAutoAdvance(true)`
: legt fest, dass der Fokus automatisch auf die nächste Komponente weiterbewegt wird, wenn eine Komponente vollständig eingegeben wurde. So wird automatisch auf das Jahr positioniert, wenn man z. B. für den Monat 10 eingegeben hat.

Das folgende Signal wird immer dann geschickt, wenn sich das Datum ändert:

`valueChanged(const QDate& date)`
: aktuell eingestelltes Datum wird als `QDate`-Argument mitgeschickt.

Die Klasse `QTimeEdit` zur Eingabe einer Zeit

Beim Anlegen eines `QTimeEdit`-Objekts sollte dies bereits initialisiert werden, wie z. B.

```
  //.... Initialisieren mit aktueller Zeit
QTime timeNow = QTime::currentTime();
QTimeEdit *timeEdit = new QTimeEdit( timeNow, this );
  //.... Änderungen nur zwischen aktueller Zeit bis eine Stunde später erlaubt
timeEdit->setRange( timeNow, timeNow.addSecs( 60 * 60 ) )
```

Die Klasse `QTimeEdit` kennt bis auf `setOrder()` die gleichen Methoden, die zuvor bei der Klasse `QDateEdit` vorgestellt wurden, nur dass diese sich hierbei eben auf die Zeit beziehen. Zusätzlich ist folgende Methode vorhanden:

`setDisplay(uint disp)`
: legt fest, welche Zeitkomponenten anzuzeigen sind, wobei für *disp* folgende Konstanten, die mit bitweisem OR (|) verknüpft werden können, erlaubt sind:

`QTimeEdit::Hours`	Stunden	`QTimeEdit::Minutes`	Minuten
`QTimeEdit::Seconds`	Sekunden	`QTimeEdit::AMPM`	AM/PM

Folgendes Signal wird immer dann geschickt, wenn sich die Zeit ändert:

`valueChanged(const QTime& time)`
: gerade eingestellte Zeit wird als `QTime`-Argument mitgeschickt.

Die Klasse `QDateTimeEdit` zur Eingabe von Datum und Zeit

Ein `QDateTimeEdit`-Widget beinhaltet zugleich ein `QDateEdit`- und `QTimeEdit`-Widget. Ein `QDateTimeEdit`-Objekts sollte man bereits beim Anlegen initialisieren, wie z. B.

```
  //.... Initialisieren mit akt. Datum und Zeit
QDateTimeEdit *dateTimeEdit = new QDateTimeEdit( QDateTime::currentDateTime(),
                                                 this);
  //.... Änderungen von Datum nur ab heute bis in einer Woche
dateTimeEdit->dateEdit()->setRange( QDateTime::currentDate(),
                                    QDateTime::currentDate().addDays( 7 ) );
```

Die folgenden Methoden liefern Zeiger auf die beiden internen Widgets:

`QDateEdit *dateEdit() , QTimeEdit *timeEdit()`

Mit diesen Zeigern kann man dann alle zuvor vorgestellten Methoden dieser beiden Klassen nutzen. Daneben bietet `QDateTimeEdit` noch die Methode `setAutoAdvance()` an, sodass man für das ganze `QDateTimeEdit`-Widget das automatische Weiterschalten auf einmal einstellen kann, und dies nicht einzeln für jedes der beiden Subwidgets durchführen muss. Folgendes Signal wird geschickt, wenn Datum oder Zeit geändert wird, wobei aktuell eingestelltes Datum und Zeit als `QDateTime`-Argument mitgeschickt wird:

`valueChanged(const QDateTime& datetime)`

3.6.5 Beispiel zu Schiebebalken und Spinboxen^B

Programm 3.5 ermöglicht es dem Benutzer, sich eine zu einem bestimmten RGB-Wert gehörige Farbe direkt anzeigen zu lassen. Um die einzelnen RGB-Werte zu ändern, stehen ihm sowohl ein Schiebebalken als auch eine Spinbox zur Verfügung. In der Spinbox wird vor dem `0`-Wert (also an Indexstelle `-1`) der Text *Default* angezeigt. Wählt der Benutzer diesen *Default*-Eintrag, wird automatisch die Voreinstellung für diesen Farbwert (hier `120`) angenommen (siehe Abbildung 3.8).

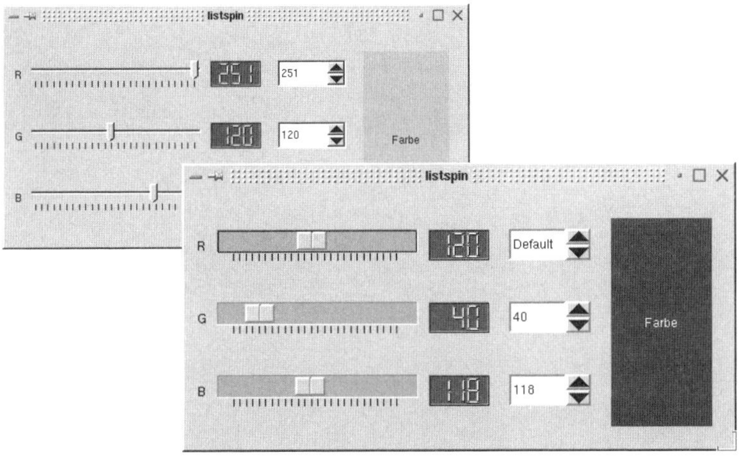

Abbildung 3.8: Schiebebalken und Spinboxen zum Ändern von RGB-Werten einschließlich Farbanzeige im Windows- und Motif-Stil

Programm 3.5 – `listspin.cpp`:
Schiebebalken und Spinboxen zum Ändern von RGB-Werten

```
#include ....
//................................................................ SpinListLCD
class SpinListLCD : public QWidget {
   Q_OBJECT
public:
   SpinListLCD( QWidget *parent, const char* text ) : QWidget( parent, text ) {
        //... Text-Label
      name = new QLabel( this );
      name->setText( text );
      name->setGeometry( 0, 10, 15, 30 );
        //...Schiebebalken
      schiebbalk = new QSlider( 0, 255, 5, 120, QSlider::Horizontal, this );
      schiebbalk->setTickmarks( QSlider::Below );
      schiebbalk->setTickInterval( 10 );
      schiebbalk->setGeometry( 20, 10, 200, 30 );
        //... LCD-Anzeige
      lcdzahl = new QLCDNumber( 3, this );
      lcdzahl->setSegmentStyle( QLCDNumber::Filled );
      lcdzahl->setPalette( QPalette( Qt::darkGray, Qt::darkGray ) );
```

```
      lcdzahl->setGeometry( 230, 10, 60, 30 );
      lcdzahl->display( 120 );
        //... Drei Spinboxen
      spinbox = new QSpinBox( -1, 255, 1, this );
      spinbox->setValue( 120 ); // Startwert
      spinbox->setSpecialValueText( "Default" ); // ist: 120
      spinbox->setWrapping( true );
      spinbox->setGeometry( 310, 10, 80, 30 );
        //... Verbinde Schiebebalken und Spinbox mit LCD-Anzeige
      QObject::connect( schiebbalk, SIGNAL( valueChanged( int ) ),
                        this,       SLOT( aktualisiereSpinListLCD( int ) ) );
      QObject::connect( spinbox, SIGNAL( valueChanged( int ) ),
                        this,    SLOT( aktualisiereSpinListLCD( int ) ) );
   }
signals:
   void farbeGeaendert( int farbwert );
private slots:
   void aktualisiereSpinListLCD( int wert ) {
      schiebbalk->setValue( wert==-1 ? 120 : wert );
      spinbox->setValue( wert );
      lcdzahl->display( wert==-1 ? 120 : wert );
      emit farbeGeaendert( wert==-1 ? 120 : wert );
   }
private:
   QLabel*     name;
   QSlider*    schiebbalk;
   QLCDNumber* lcdzahl;
   QSpinBox*   spinbox;
};
//.............................................................. FarbLabel
class FarbLabel : public QLabel {
   Q_OBJECT
public:
   FarbLabel( QWidget *parent ) : QLabel( parent ) {
      setPaletteBackgroundColor( QColor( rot=120, gruen=120, blau=120 ) );
   }
public slots:
   void rotNeueFarbe( int neuefarbe ) {
      setPaletteBackgroundColor( QColor( rot=neuefarbe, gruen, blau ) );
   }
   void gruenNeueFarbe( int neuefarbe ) {
      setPaletteBackgroundColor( QColor( rot, gruen=neuefarbe, blau ) );
   }
   void blauNeueFarbe( int neuefarbe ) {
      setPaletteBackgroundColor( QColor( rot, gruen, blau=neuefarbe ) );
   }
private:
   int rot, gruen, blau;
};
#include "listspin.moc"
```

```
//.................................................................... main
int main( int argc, char* argv[] ) {
   QApplication myapp( argc, argv );
   QWidget* mywidget = new QWidget();
   mywidget->setGeometry( 100, 100, 540, 250 );
     //............... Erzeugen von drei SpinListLCD-Balken
   SpinListLCD* rotBalken = new SpinListLCD( mywidget, "R" );
   rotBalken->setGeometry( 10, 30, 390, 60 );
   SpinListLCD* gruenBalken = new SpinListLCD( mywidget, "G" );
   gruenBalken->setGeometry( 10, 100, 390, 60 );
   SpinListLCD* blauBalken = new SpinListLCD( mywidget, "B" );
   blauBalken->setGeometry( 10, 170, 390, 60 );
     //............... Erzeugen einer Farbanzeige
   FarbLabel* farbAnzeige = new FarbLabel( mywidget );
   farbAnzeige->setGeometry( 420, 30, 100, 200 );
     //............... Verbinde RGB-Balken mit Farbanzeige
   QObject::connect( rotBalken, SIGNAL( farbeGeaendert( int ) ),
                     farbAnzeige, SLOT( rotNeueFarbe( int ) ) );
   QObject::connect( gruenBalken, SIGNAL( farbeGeaendert( int ) ),
                     farbAnzeige, SLOT( gruenNeueFarbe( int ) ) );
   QObject::connect( blauBalken, SIGNAL( farbeGeaendert( int ) ),
                     farbAnzeige, SLOT( blauNeueFarbe( int ) ) );
   myapp.setMainWidget( mywidget );
   mywidget->show();
   return myapp.exec();
}
```

3.6.6 Beispiel zu `QDateEdit`, `QTimeEdit`, `QDateTimeEdit`^{B}

Programm 3.6 ist ein Demoprogramm, bei dem man das Datum bzw. die Zeit sowohl über jeweils eine `QDateTime`- bzw. eine `QTimeEdit`-Spinbox als auch über eine `QDateTimeEdit`-Spinbox ändern kann. Die Änderungen sind dabei synchronisiert und werden in zwei `QLCDNumber`-Widgets angezeigt (siehe Abbildung 3.9).

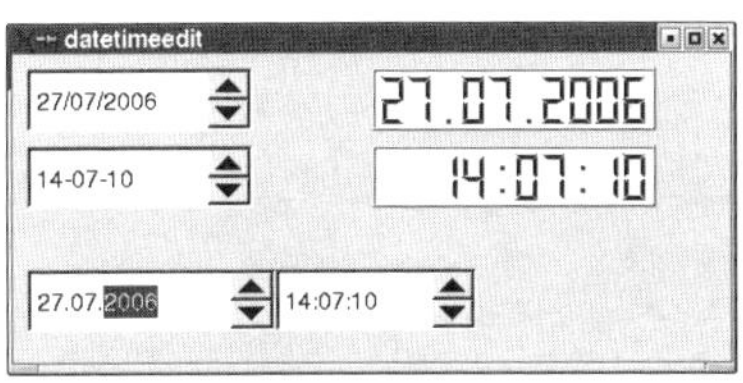

Abbildung 3.9: Synchronisiertes Eingeben von Datum und Zeit mit Anzeige

Programm 3.6 – `datetimeedit.cpp`:
Synchronisiertes Editieren von Datum und Zeit mit Anzeige

```
#include <qapplication.h>
#include <qlabel.h>
#include <qdatetimeedit.h>
#include <qlcdnumber.h>
```

```
//........................................................ zeitDatumEingabe
class zeitDatumEingabe : public QWidget {
    Q_OBJECT
public:
    zeitDatumEingabe( QWidget* parent = 0, const char* name = 0 );
    ~zeitDatumEingabe() { }
    QDateEdit     *datumEdit;
    QTimeEdit     *zeitEdit;
    QDateTimeEdit *datumZeitEdit;
    QLCDNumber    *anzeige[2]; // [0] = Datum, [1] = Zeit
private slots:
    void datumGeaendert(const QDate &datum) {
       anzeige[0]->display( datum.toString( "dd.MM.yyyy" ) );
       if (datumZeitEdit->dateEdit()->date() != datum)
          datumZeitEdit->dateEdit()->setDate( datum);
    }
    void zeitGeaendert(const QTime &zeit) {
       anzeige[1]->display( zeit.toString( QString("hh:mm:ss") ) );
       if (datumZeitEdit->timeEdit()->time() != zeit)
          datumZeitEdit->timeEdit()->setTime( zeit);
    }
    void datumZeitGeaendert(const QDateTime &datumZeit) {
       anzeige[0]->display( datumZeit.date().toString( "dd.MM.yyyy" ) );
       anzeige[1]->display( datumZeit.time().toString( "hh:mm:ss" ) );
       if (zeitEdit->time() != datumZeit.time() )
           zeitEdit->setTime( datumZeit.time() );
       if (datumEdit->date() != datumZeit.date() )
           datumEdit->setDate( datumZeit.date() );
    }
};
//.......................................... zeitDatumEingabe-Konstruktor
zeitDatumEingabe::zeitDatumEingabe( QWidget* parent, const char* name )
                                             : QWidget( parent, name ) {
    datumEdit = new QDateEdit( this );
    datumEdit->setDate( QDate::currentDate() );
    datumEdit->setAutoAdvance( true );
    datumEdit->setOrder( QDateEdit::DMY );
    datumEdit->setSeparator( "/" );
    datumEdit->setGeometry( 10, 10, 150, 40 );
    zeitEdit = new QTimeEdit( this );
    zeitEdit->setTime( QTime::currentTime() );
    zeitEdit->setAutoAdvance( true );
    zeitEdit->setDisplay( int( QTimeEdit::Seconds |
                               QTimeEdit::Minutes | QTimeEdit::Hours ) );
    zeitEdit->setSeparator( "-" );
    zeitEdit->setGeometry( 10, 60, 150, 40 );
    datumZeitEdit = new QDateTimeEdit( this );
    datumZeitEdit->setDateTime( QDateTime::currentDateTime() );
    datumZeitEdit->setGeometry( 10, 140, 300, 40 );
    for (int i=0; i<2; i++) {
```

```
        anzeige[i] = new QLCDNumber( this );
        anzeige[i]->setGeometry( 240, 10+i*50, 190, 40 );
        anzeige[i]->setPaletteBackgroundColor( Qt::yellow );
        anzeige[i]->setFont( QFont( "Times", 20)  );
        anzeige[i]->setSegmentStyle( QLCDNumber::Filled );
        anzeige[i]->setNumDigits( 10 );
     }
     connect( zeitEdit, SIGNAL( valueChanged(const QTime&) ),
              this,     SLOT( zeitGeaendert(const QTime&) ) );
     connect( datumEdit, SIGNAL( valueChanged(const QDate&) ),
              this,      SLOT( datumGeaendert(const QDate&) ) );
     connect( datumZeitEdit, SIGNAL( valueChanged(const QDateTime&) ),
              this,          SLOT( datumZeitGeaendert(const QDateTime&) ) );
     datumZeitGeaendert( QDateTime::currentDateTime() );
}
#include "datetimeedit.moc"
//............................................................... main
int main( int argc, char *argv[] ) {
   QApplication  myapp( argc, argv );
   zeitDatumEingabe* mywidget = new zeitDatumEingabe();
   mywidget->setGeometry( 20, 20, 480, 200 );
   myapp.setMainWidget( mywidget );
   mywidget->show();
   return myapp.exec();
}
```

3.6.7 Größeneinstellung eines Rechtecks über Schiebebalken und Spinboxen^Z

Das Programm `lspin.cpp` ermöglicht es dem Benutzer die Höhe und Breite eines Rechtecks mit Schiebebalken und Spinboxen zu verändern (siehe auch Abbildung 3.10).

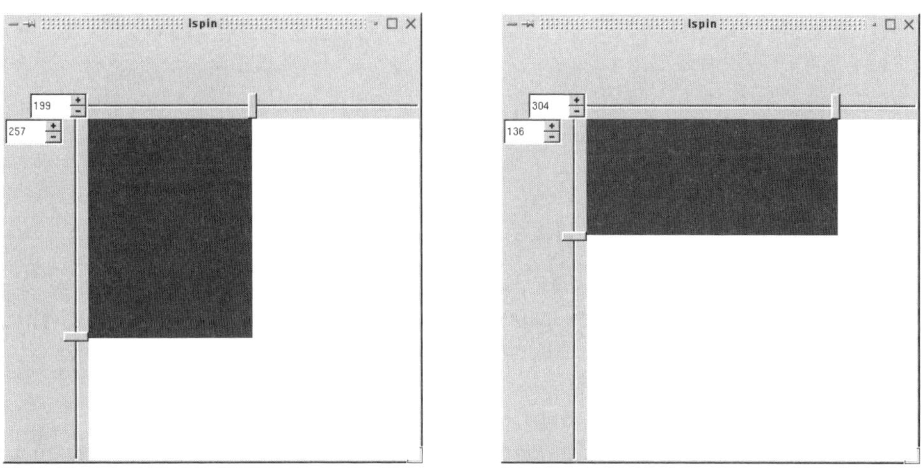

Abbildung 3.10: Größeneinstellung eines Rechtecks über Schiebebalken und Spinboxen

3.6.8 Farbeinstellung mit Potentiometern und Spinboxen^Z

Das Programm `dial.cpp` leistet Ähnliches wie Programm 3.5, nur dass es statt Schiebebalken Drehknöpfe für die Einstellung der einzelnen RGB-Komponenten anbietet. Zusätzlich zeigt dieses Programm die einzelnen Drehknöpfe in der Farbe an, die gerade für diese RGB-Komponente eingestellt ist (siehe auch Abbildung 3.11).

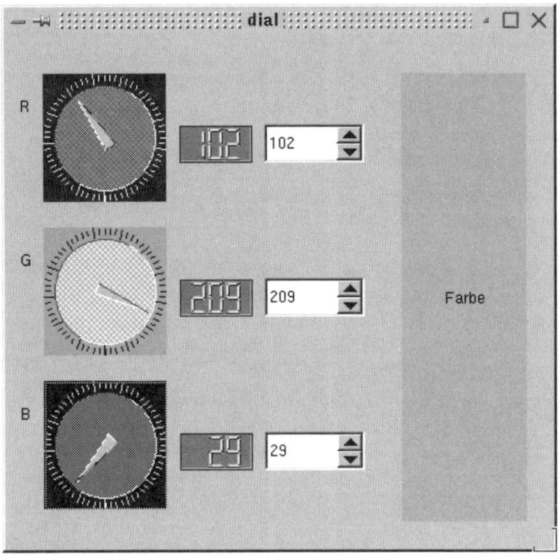

Abbildung 3.11: Farbanzeige mit Potentiometer und Spinboxen

3.7 Widgets zum Anzeigen von Informationen

Die hier vorgestellten Widgets lassen keinerlei Interaktionen mit dem Benutzer zu, sondern dienen lediglich der Anzeige von Information. Qt bietet hierfür drei Klassen an:

`QLabel`	einfache Anzeige von Text, Pixmaps oder einer Animation.
`QTextBrowser`	komfortable Anzeige von Text im RichText-Format mit Hypertext-Navigation und Laufbalken bei größeren Texten.
`QLCDNumber`	Anzeige einer Zahl bzw. eines Textes in 7-Segment-LCD-Darstellung.

3.7.1 Einfache Labels (`QLabel`)

Soll Text in einem Label-Widget angezeigt werden, kann dieser bereits beim Erzeugen des `QLabel`-Objekts als erstes Argument beim Aufruf des Konstruktors angegeben werden. Die Klasse `QLabel` bietet unter anderem die folgenden Methoden an:

`setText(const QString& text) virtual slot`

`setPixmap(const QPixmap& pixmap) virtual slot`

zum Festlegen des im Label anzuzeigenden Textes bzw. der anzuzeigenden Pixmap.

`setNum(int num) virtual slot`

`setNum(double num) virtual slot`

zum Festlegen der im Label anzuzeigenden `int`- bzw. `double`-Zahl.

`setPicture(const QPicture& picture ) virtual slot`

`setMovie(const QMovie& movie) virtual slot`

zum Festlegen einer im Label anzuzeigenden Vektorgraphik bzw. einer Animation. Die Klassen `QPicture` und `QMovie` werden in einem späteren Kapitel behandelt.

`setAlignment(int position) virtual`

zum Festlegen der Position eines Textes oder einer Pixmap bzw. Animation in einem Label. Als Argument können dabei unter anderem folgende Flags (eventuell mit bitweisem `OR` verknüpft) angegeben werden: `AlignLeft`, `AlignRight`, `AlignTop`, `AlignBottom`, `AlignHCenter` (horizontal in der Mitte), `AlignVCenter` (vertikal in der Mitte), `AlignCenter` (= `AlignHCenter | AlignVCenter`).

`setBuddy(QWidget *buddy) virtual`

Wie bei Menüs kann auch in einem Text, der in einem Label anzuzeigen ist, das Zeichen `&` einem Zeichen vorangestellt werden. Während dies bei Menüs bedeutet, dass bei Eingabe dieses Tastaturzeichens, wenn das Popupmenü eingeblendet ist, der entsprechende Menüeintrag zu aktivieren ist, bedeutet dies bei `QLabel`-Objekten, dass bei Eingabe dieses Tastaturzeichens der Fokus auf ein bestimmtes Widget (wie z. B. ein Texteingabefeld) gesetzt wird. Welches Widget dies sein soll, wird mit der Methode `setBuddy()` festgelegt, wie z. B.:

```
QLineEdit *eingabeName = new QLineEdit( this );
QLabel    *nameLabel   = new QLabel( "&Name:", this );
namelabel->setBuddy( eingabeName );
QLineEdit *eingabeTelnr = new QLineEdit( this );
QLabel    *telLabel = new QLabel( "&Telefon:", this );
telLabel->setBuddy( eingabeTelnr );
```

3.7.2 Komfortable Textanzeige (`QTextBrowser`)

Um umfangreichere Texte in einer bestimmten Stilart und eventuell mit Laufbalken anzuzeigen, steht die Klasse `QTextBrowser` zur Verfügung. Neben der Methode `setText()`, die zum Eintragen von Text in einem `QTextBrowser`-Widget dient, und der Methode `setSource()` zum Festlegen eines Namens für ein angezeigtes Dokument, bietet diese Klasse noch eine Vielzahl weiterer Methoden an, die ausführlich in der Online-Dokumentation von Qt beschrieben sind und auf die hier nicht näher eingegangen wird.
In einem `QTextBrowser`-Widget kann ein Text im RichText-Format angezeigt werden. Dieses Format bietet ähnlich zu HTML Tags an, um den Zeichensatz, die Farbe und die Ausrichtung des Textes sowie auch Links auf andere Seiten festzulegen. Ebenso können auch Abbildungen in den Text eingebunden werden. Um Links in einem Hypertext-Dokument folgen zu können, muss man diese in einem `QTextBrowser`-Widget nur anklicken.

3.7.3 7-Segment-LCD-Anzeige (`QLCDNumber`)

In einem `QLCDNumber`-Widget werden Zahlen bzw. auch ein Text in der 7-Segment-LCD-Darstellung angezeigt. Es kann dabei festgelegt werden, ob es sich bei der darzustellenden Zahl um eine Dual-, Oktal-, Dezimal- oder Hexadezimalzahl handelt. Neben der Darstellung von Zahlen bietet die Klasse `QLCDNumber` auch die Möglichkeit, gewisse Zeichen in 7-Segment-LCD-Darstellung anzuzeigen.
Die Anzahl der Ziffern, die ein `QLCDNumber`-Widget darstellen soll, kann als erstes Argument beim Aufruf des zweiten der beiden folgenden Konstruktoren angegeben werden:

`QLCDNumber(QWidget *parent=0, const char *name=0)`

`QLCDNumber(uint numDigits, QWidget *parent=0, const char *name=0)`

Die wichtigsten von der Klasse `QLCDNumber` angebotenen Methoden sind:

`setNumDigits(int ziffzahl) virtual`
: Hiermit kann nach der Erzeugung eines `QLCDNumber`-Widget die Anzahl der darzustellenden Ziffern in diesem Widget festgelegt werden.

`display(int zahl) slot`

`display(double zahl) slot`

`display(const QString& text) slot`
: Mit diesen Slotroutinen kann die Zahl bzw. der Text festgelegt werden, der in einem `QLCDNumber`-Widget anzuzeigen ist. Bei der Anzeige von Text ist zu beachten, dass nicht alle ASCII-Zeichen angezeigt werden können. Welche Zeichen darstellbar sind, kann in der Online-Dokumentation nachgeschlagen werden. Nicht darstellbare Zeichen werden durch Leerzeichen ersetzt.

`setMode(Mode modus) virtual`
: legt die Basis für eine darzustellende Zahl fest. Als Argument kann dabei `BIN`, `HEX`, `OCT` oder `DEC` (Voreinstellung) angegeben werden. Alternativ zu dieser Methode können auch die nachfolgend angegebenen Methoden verwendet werden.

`setBinMode() virtual slot`, `setOctMode() virtual slot`

`setDecMode() virtual slot`, `setHexMode() virtual slot`
: legen die Basis für die in einem `QLCDNumber`-Widget darzustellende Zahl fest.

`setSmallDecimalPoint(bool b) virtual slot`
: legt fest, wie ein Dezimalpunkt dargestellt werden soll: in einer eigenen Stelle (`false`) oder zwischen zwei Stellen (`true`).

`setSegmentStyle(SegmentStyle stil) virtual`
: Mit dieser Methode kann der Stil festgelegt werden, mit dem die Ziffern bzw. der Text anzuzeigen sind. Als Argument kann dabei Folgendes angegeben werden:

`Outline`	(Voreinst.) hervorgehobene mit Hintergrundfarbe gefüllte Segmente
`Filled`	hervorgehobene mit Vordergrundfarbe gefüllte Segmente
`Flat`	flache mit Vordergrundfarbe gefüllte Segmente

3.7.4 Beispiel zu Labels: Anzeige von Graphikbildern^B

Mit Programm 3.7 kann man sich ein in einer Datei vorliegendes Graphikbild anzeigen lassen. Der Dateiname ist dabei beim Aufruf des Programms auf der Kommandozeile anzugeben. Ruft der Benutzer dieses Programm ohne einen Dateinamen auf, oder aber kann das Programm die entsprechende Datei nicht öffnen, weil sie z. B. nicht existiert oder aber keine gültige Graphikdatei ist, so wird ihm in einem Label eine entsprechende Fehlermeldung angezeigt.

Programm 3.7 – `zeigbild.cpp`:
Einfache Anzeige von Graphikbildern

```
#include <qapplication.h>
#include <qpixmap.h>
#include <qlabel.h>
int main( int argc, char *argv[] ) {
   QApplication  myapp( argc, argv );
   QWidget* mywidget = new QWidget();
```

```
   mywidget->setGeometry( 20, 20, 400, 120 );
   QString  dateiname;
   bool     fehler = false;
   QPixmap  bild;
   if ( argc < 2 ) {
      dateiname += "Kein Dateiname auf der Kommandozeile angegeben";
      fehler = true;
   } else if (argc > 2) {
      dateiname += "Mehr als ein Dateiname auf Kommandozeile angegeben";
      fehler = true;
   } else if ( !bild.load( argv[1] ) ) {
      dateiname += "Kann angegebene Datei nicht oeffnen";
      fehler = true;
   }
   if ( fehler == true ) {
      QLabel* fehlanzeig = new QLabel( dateiname, mywidget );
      fehlanzeig->setGeometry( 0, 0, 400, 120 );
      fehlanzeig->setPalette( QPalette( Qt::red, Qt::red ) );
      fehlanzeig->setAlignment( QLabel::AlignCenter );
   } else {
      QLabel* bildlabel = new QLabel( mywidget );
      mywidget->resize( bild.width()+20, bild.height()+20 );
      mywidget->setPaletteBackgroundColor(Qt::black );
      bildlabel->setPixmap( bild );
      bildlabel->setGeometry( 10, 10, bild.width(), bild.height());
      bildlabel->resize( bild.size() );
   }
   myapp.setMainWidget( mywidget );
   mywidget->show();
   return myapp.exec();
}
```

3.7.5 Beispiel zur Anzeige von RichText^B

Programm 3.8 zeigt kluge Sprüche und Anekdoten, die im Richtext-Format vorliegen, am Bildschirm an. Dazu verwendet es ein `QTextBrowser`-Objekt (siehe Abbildung 3.12.

Programm 3.8 – `richtext.cpp`:
Anzeige von Richtext-Format in einem `QTextBrowser`-Widget

```
#include <qapplication.h>
#include <qpushbutton.h>
#include <qtextbrowser.h>
#include <qbrush.h>
#include <qhbox.h>   // zum Anordnen der einzelnen Buttons
#include <qvbox.h>   //         ........
//........................................................ der anzuzeigende Text
static const char* texte[] = {
   "<b>1. Spruch:</b><br>"
    "<hr><br><br>"
    "<big>Der Mensch gleicht einem Bruch.<br>"
```

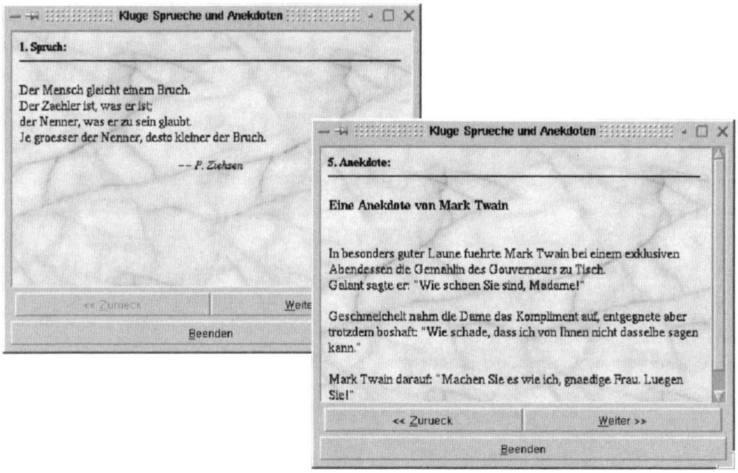

Abbildung 3.12: Anzeigen von RichText (Programm 3.8)

```
        "Der Zaehler ist, was er ist;<br>"
        "der Nenner, was er zu sein glaubt.<br>"
        "Je groesser der Nenner, desto kleiner der Bruch."
        "</big><br><br>"
        "<center><i>-- P. Ziehsen</i></center>",
      "<b>2. Spruch:</b><br>"
        "<hr><br><br>"
        "<big>Ein Mensch hoert staunend und empoert,<br>"
        ......
      "<b>6. Ankedote:</b><br>"
        "<hr><br><br>"
        "<big>Alfred Polgar erhielt ein ausgeliehenes Buch "
        "voller Fettflecken zurueck.<br>"
        "Er schickte dem Entleiher eine Oelsardine und schrieb:<br>"
        "Ïch bestaetige den Empfang meines Buches und "
        "erlaube mir, Ihnen anbei Ihr Lesezeichen zurueckzugeben."
        "</big><br><br>"
        "<center><i>-- Anekdote</i></center>",
      0
};
//.......................................................... Klasse MeinRichText
class MeinRichText : public QVBox {
    Q_OBJECT
public:
   MeinRichText( QWidget *parent=0, const char *name=0 ) : QVBox(parent, name) {
      setMargin( 5 );
      anzeige = new QTextBrowser( this );
       QBrush paper;
       paper.setPixmap( QPixmap( "marble.xpm" ) );
       anzeige->setPaper( paper );
```

```
        anzeige->setFont( QFont( "Times", 12 ) );
        anzeige->setText( texte[0] );
        anzeige->setMinimumSize( 450, 250 );
       QHBox *buttons = new QHBox( this );
        buttons->setMargin( 5 );
       bBeenden = new QPushButton( "&Beenden", this );
        QWidget *w = new QWidget( this );
        w->setMaximumHeight( bBeenden->sizeHint().height() );
       bZurueck = new QPushButton( "<< &Zurueck", buttons );
        bWeiter  = new QPushButton( "&Weiter >>", buttons );
       buttons->setMaximumHeight( bWeiter->sizeHint().height() + 10 );
        bZurueck->setEnabled( false );
       connect( bBeenden, SIGNAL( clicked() ), qApp, SLOT( quit() ) );
       connect( bZurueck, SIGNAL( clicked() ), this, SLOT( zurueck() ) );
       connect( bWeiter,  SIGNAL( clicked() ), this, SLOT( weiter() ) );
       nr = 0;
   }
protected:
   QTextBrowser *anzeige;
   QPushButton  *bBeenden, *bWeiter, *bZurueck;
   int nr;
protected slots:
   void zurueck() {
      if ( nr-- <= 0 )
         return;
      anzeige->setText( texte[nr] );
      bZurueck->setEnabled( nr > 0 );
      bWeiter->setEnabled( true );
   }
   void weiter() {
      if ( !texte[++nr] )
         return;
      anzeige->setText( texte[nr] );
      bWeiter->setEnabled( texte[nr + 1] );
      bZurueck->setEnabled( true );
   }
};
#include "richtext.moc"
//........................................................................ main
int main( int argc, char *argv[] ) {
    QApplication a( argc, argv );
    MeinRichText richtext;
    richtext.resize( 450, 350 );
    richtext.setCaption( "Kluge Sprueche und Anekdoten" );
    a.setMainWidget( &richtext );
    richtext.show();
    return a.exec();
}
```

3.7.6 Beispiel zu LCD-Zahlen: Synchronisierte Darstellung in verschiedenen Zahlensystemen^Z

Das Programm lcdwandel.cpp zeigt in vier verschiedenen QLCDNumber-Widgets die gleiche LCD-Nummer an, allerdings jeweils in einem anderen Zahlensystem (Dual, Oktal, Dezimal und Hexadezimal). Jedes QLCDNumber-Widget ist dabei mit einem Schiebebalken versehen. Ändert man eine dieser LCD-Zahlen mit dem zugehörigen Schiebebalken, so werden automatisch die anderen drei LCD-Nummern (einschließlich ihres Schiebebalkens) entsprechend angepasst (siehe Abbildung 3.13).

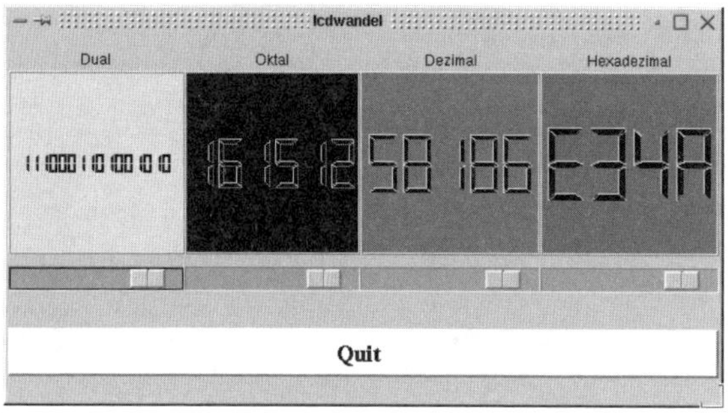

Abbildung 3.13: Synchronisierte LCD-Nummern in verschiedenen Zahlensystemen

3.7.7 Mausposition als LCD-Nummer und als Fadenkreuz^Z

Das Programm woistmaus.cpp zeigt in der linken oberen Ecke immer die aktuelle Mausposition an. Sowohl die x- als auch die y-Koordinate wird dabei als LCD-Zahl angezeigt. Zudem wird noch in einem Label in Form eines Fadenkreuzes die relative Mausposition angezeigt. Dazu werden auf einem schwarzen Hintergrund vier Labels so gezeichnet, dass an ihren Berührungspunkten ein Pixel frei bleibt, wodurch dies dann das Aussehen einer Linie bekommt (siehe auch Abbildung 3.14).

Abbildung 3.14: Aktuelle Mausposition als LCD-Nummer und mit Fadenkreuz

3.8 Texteingabe

Texteingabefelder (*text entry fields*) sind Widgets, in denen der Benutzer Text eingeben kann. Qt bietet hierzu die beiden folgenden Klassen an:

`QLineEdit` für einzeilige Texte und
`QTextEdit` für mehrzeilige Texte

3.8.1 Einzeilige Texteingabefelder (`QLineEdit`)

Soll in einem `QLineEdit`-Widget ein anfänglicher Text angezeigt werden, ist dieser als erstes Argument beim Aufruf des zweiten der folgenden Konstruktoren anzugeben:

```
QLineEdit(QWidget *parent, const char *name=0)
QLineEdit(const QString&, QWidget *parent, const char *name=0)
```

Einige wichtige von der Klasse `QLineEdit` angebotene Methoden sind:

`setText(const QString& text) virtual slot`
legt den Text fest, der im `QLineEdit`-Widget anzuzeigen ist.

`QString text() const`
liefert den momentan im `QLineEdit`-Widget befindlichen Text.

`setMaxLength(int maxzeich) virtual slot`
legt maximale Zeichenzahl fest, die im Texteingabefeld eingegeben werden kann.

`setEchoMode(EchoMode mode) virtual slot`
Das Argument legt dabei fest, ob bei der Eingabe von Text in einem `QLineEdit`-Widget die eingegebenen Zeichen sichtbar (`Normal`, ist Voreinstellung) oder unsichtbar (`NoEcho`) sein sollen, oder aber durch das Zeichen `*` (`Password`) angezeigt werden sollen. Letzten beiden Flags dienen zur Eingabe von Passwörtern.

`setValidator(const QValidator *v) virtual slot`
legt fest, dass im Texteingabefeld nur bestimmte Eingaben erlaubt sind. Welche Eingaben erlaubt sind, wird über den Parameter v festgelegt, wie z. B.

`setValidator(0)` beliebige Texte
`setValidator(QIntValidator(this))`
`setValidator(QIntValidator(10, 99, this))`
beliebige ganze Zahlen bzw. nur ganze Zahlen zwischen 10 und 99
`setValidator(QDoubleValidator(1.31, 4.43, 2, this))`
Gleitpunktzahlen zwischen 1.31 und 4.43 mit höchstens 2 Nachkommastellen

Folgende Signale kann ein `QLineEdit`-Objekt unter anderem schicken:

`textChanged(const QString& string)`
schickt immer den vollständigen neuen Text, wenn dieser geändert wird.

`returnPressed()`
wird immer gesendet, wenn ⏎ gedrückt wird.

3.8.2 Mehrzeilige Texteingabefelder (`QTextEdit`)

`QTextEdit` stellt einen komfortablen WYSIWYG-Editor mit RichText-Unterstützung und automatischen Laufbalken zur Verfügung. `QTextEdit` kennt folgende Modi:

`setTextFormat(PlainText)`	einfacher Text
`setTextFormat(RichText)`	RichText
`setTextFormat(AutoText)`	Qt versucht automatisch zu erkennen, um welche Textart es sich handelt (Voreinstellung)

`setTextFormat(LogText)`	gezeigter einfacher Text ist nicht änderbar
`setReadOnly(true)`	gezeigter RichText ist nicht änderbar

`QTextEdit` arbeitet mit Abschnitten (*paragraphs*) und Zeichen. Neuezeilezeichen kennzeichnen das Ende von Abschnitten. Abschnitte sind dabei mit 0 beginnend durchnummeriert. Verwendet man die Klasse `QSyntaxHighlighter` in Verbindung mit `QTextEdit`, so wird *syntax highlighting* unterstützt.

Verwendung von `QTextEdit` zum Anzeigen

Nachfolgend sind hierzu einige wichtige Punkte kurz aufgezählt:

- `QTextEdit` kann große HTML-Dateien einschließlich Bilder, Tabellen und Listen anzeigen. Der Text im `QTextEdit`-Widget wird dabei mit `setText()` gesetzt, wodurch bereits existierender Text überschrieben wird. Einfügen von Text ist unter anderem mit `insert()`, `paste()` und `append()` möglich, und Ausschneiden mit `cut()`. Löschen des ganzen Textes ist mit `clear()` und Löschen eines markierten Textes mit `removeSelectedText()` bzw. `del()` möglich, wobei `del()` das Zeichen rechts vom Cursor löscht, wenn kein Text markiert ist.
- Laden und Sichern von Text ist z. B. wie folgt möglich:

```
QFile datei( dateiName ); // Laden von Text aus einer Datei
if ( datei.open( IO_ReadOnly ) ) {
   QTextStream stream( &datei );
   textEdit->setText( stream.read() );
}
QFile datei( dateiName ); // Sichern von Text in einer Datei
if ( datei.open( IO_WriteOnly ) ) {
   QTextStream stream( &datei );
   stream << textEdit->text();
   textEdit->setModified( FALSE );
}
```

Weitere wichtige Methoden sind:

`setWordWrap()`, `setWrapColumnOrWidth()`, `setWrapPolicy()`
: Die Voreinstellung ist, dass der Text an Leer- und Tabulatorzeichen zwischen den Wörtern automatisch umgebrochen wird, wenn das Zeilenende erreicht wird. Dieses Verhalten kann mit diesen Methoden geändert werden.

`setPaper(const QBrush& pap)`
: Mit dieser Methode lässt sich der Hintergrund einstellen.

`setLinkUnderline(bool)`
: legt fest, ob Hypertext-Links unterstrichen werden sollen (Voreinstellung) oder nicht.

`setTabStopWidth(int n)`
: Hiermit lassen sich Tabulatorpositionen setzen.

`zoomIn()`, `zoomOut()`
: Hiermit lässt sich Text vergrößern bzw. verkleinern.

`lines()`, `paragraphs()`, `length()`
: liefern die Anzahl der Zeilen, der Abschnitte und der Zeichen im Text

`find(...)`
: ermöglicht das Suchen nach einem String im Text

Verwendung von `QTextEdit` als Editor

Alles was zum Anzeigen von Texten zuvor erwähnt wurde, gilt auch hierbei. Nachfolgend noch einige wichtige Punkte bei der Verwendung von `QTextEdit` als Editor:

- **Markierungen**
  Um Text zu markieren, muss der Benutzer bei gedrückter (`Shift` ⇑)-Taste die entsprechenden Cursortasten drücken, wie z. B. (`Shift` ⇑) +(→) markiert das nächste Zeichen rechts vom Cursor und (`Shift` ⇑) +(`Strg`)+(→) das Wort rechts vom Cursor. Wenn der Benutzer eine "Nicht-Markierungs"-Taste drückt, ohne dass er gleichzeitig die (`Shift` ⇑)-Taste festhält, werden alle vorgenommenen Markierungen aufgehoben. `QTextEdit` unterstützt dabei auch Mehrfach-Markierungen. Die meisten der folgenden Markierungsmethoden beziehen sich per Voreinstellung auf den ersten Abschnitt mit der Nummer 0.

  `setSelection()`, `selectAll()`, `setSelectionAttributes()`
  : ermöglichen das Markieren von Text

  `hasSelectedText()`
  : liefert `true`, wenn markierter Text vorliegt, ansonsten `false`

  `QString selectedText()`
  : liefert den markierten Text selbst

  `copy()`, `cut()`
  : kopieren markierten Text in das Clipboard, wobei `cut()` diesen löscht

  `removeSelectedText()`
  : löscht den markierten Text

- **Sonstige Methoden**

  `setCursorPosition(...)`, `getCursorPosition(...)`
  : ermöglichen Ändern bzw. Erfragen der aktuellen Cursorposition

  `isModified()`
  : liefert `true`, wenn Text geändert wurde, und sonst `false`

  `setItalic()`, `setBold()`, `setUnderline()`, `setFamily()`
  `setPointSize()`, `setColor()`, `setCurrentFont()`
  : ermöglichen das Formatieren von Text

  `setAlignment(int a)`
  : ermöglicht das Ausrichten des aktuellen Abschnitts

  `undo()`, `redo()`
  : führen so genannte *undo*- und *redo*-Operationen durch

  `setUndoDepth(int d)`
  : legt die mögliche Anzahl von *undo*-Operationen (Voreinstellung ist 100) fest

  `setOverwriteMode(bool)`
  : dient zum Umschalten vom Einfüge- auf Überschreibmodus

  `indent()`
  : dient zum Einrücken von Abschnitten

Tasten zur Bedienung des Editors sind in der Online-Dokumentation beschrieben.

3.8.3 Beispiel zu `QLineEdit`: Potenzieren von Zahlen[B]

Programm 3.9 ermöglicht es dem Benutzer, in einem Texteingabefeld eine Basiszahl (als ganze Zahl oder als Gleitpunktzahl) und in einem anderen Texteingabefeld eine ganzzahlige Potenz einzugeben. Bei jedem Tastendruck wird ihm dann sofort das Ergebnis in einem Label-Widget angezeigt. Bei einer ungültigen Eingabe in einem der beiden `QLineEdit`-Widgets wird dessen Hintergrundfarbe rot und als Ergebnis wird mit einem roten Hintergrund der Text „undefiniert“ angezeigt. So kann der Benutzer seine falsche Eingabe sofort korrigieren (siehe Abbildung 3.15).

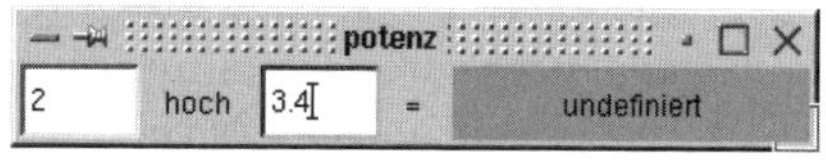

Abbildung 3.15: Potenzieren von Zahlen (gültige und ungültige Eingabe)

Programm 3.9 – `potenz.cpp`:
Potenzieren von Zahlen

```
#include <qapplication.h>
#include <qlabel.h>
#include <qlineedit.h>
//.............................................................. Klasse Rechner
class Rechner : public QWidget {
   Q_OBJECT
public:
   Rechner() : basis(1), ergebnis(1), potenz(1) {
      basisEingabe = new QLineEdit( this );
       basisEingabe->setGeometry( 0, 0, 50, 30);
       basisEingabe->setText( "1" );
       basisEingabe->setPaletteBackgroundColor( QColor(0, 255, 255) );
      QLabel* label1 = new QLabel( "hoch", this );
       label1->setGeometry( 60, 0, 50, 30);
      potenzEingabe = new QLineEdit( this );
       potenzEingabe->setGeometry( 100, 0, 50, 30);
       potenzEingabe->setText( "1" );
       potenzEingabe->setPaletteBackgroundColor( QColor(0, 255, 255) );
      QLabel* label2 = new QLabel( "=", this );
       label2->setGeometry( 160, 0, 30, 30);
      ergebnisAnzeige = new QLabel( this );
       ergebnisAnzeige->setGeometry( 180, 0, 150, 30);
       ergebnisAnzeige->setNum( 1 );
       ergebnisAnzeige->setAlignment( QLabel::AlignCenter );
       ergebnisAnzeige->setPaletteBackgroundColor( QColor(0, 255, 255) );
      QObject::connect(basisEingabe, SIGNAL( textChanged( const QString & ) ),
                       this,         SLOT( neueBasis( const QString & ) ) );
      QObject::connect(potenzEingabe, SIGNAL( textChanged( const QString & ) ),
                       this,          SLOT( neuePotenz( const QString & ) ) );
   }
private slots:
   void neueBasis( const QString& neuWert ) {
      double bas = neuWert.toDouble(&ok);
      if (ok == true)
         basis = bas;
```

```
      berechne( basisEingabe );
   }
   void neuePotenz( const QString& neuWert ) {
      uint pot = neuWert.toUInt(&ok);
      if (ok == true)
         potenz = pot;
      berechne( potenzEingabe );
   }
private:
   QLineEdit *basisEingabe, *potenzEingabe;
   QLabel*    ergebnisAnzeige;
   double     basis, ergebnis;
   uint       potenz;
   bool       ok;
   void berechne( QLineEdit *eingabeWidget ) {
      if (ok == true) {
         uint  pot = potenz;
         ergebnis = 1;
         while (pot-- > 0)
            ergebnis *= basis;
         ergebnisAnzeige->setNum(ergebnis);
         eingabeWidget->setPaletteBackgroundColor( QColor( 0, 255, 255 ) );
         ergebnisAnzeige->setPaletteBackgroundColor( QColor( 0, 255, 255 ) );
      } else {
         eingabeWidget->setPaletteBackgroundColor( Qt::red );
         ergebnisAnzeige->setPaletteBackgroundColor( Qt::red );
         ergebnisAnzeige->setText( "undefiniert" );
      }
      repaint();
   }
};
#include "potenz.moc"
//.............................................................. main
int main( int argc, char *argv[] ) {
   QApplication  myapp( argc, argv );
   Rechner* mywidget = new Rechner();
   mywidget->setGeometry( 20, 20, 330, 30 );
   myapp.setMainWidget( mywidget );
   mywidget->show();
   return myapp.exec();
}
```

3.8.4 Verschiedene Eingabemodi und Ausrichtungen bei Texteingabefeldern[Z]

Das Programm `lineedit.cpp` zeigt drei einzeilige Texteingabefelder an, von denen jedes mit einer Kombobox gekoppelt ist. Über diese Kombobox kann der Benutzer unterschiedliche Eingabeformen für das zugehörige Texteingabefeld auswählen (siehe Abbildung 3.16).

1. Verschiedene Eingabemodi (`Normal`, `NoEcho` oder `Password`),
2. Verschiedene Eingabearten (Beliebiger Text, Integer-Zahl oder Double-Zahl).
3. Verschiedene Ausrichtungen (Links, Mitte oder Rechts).

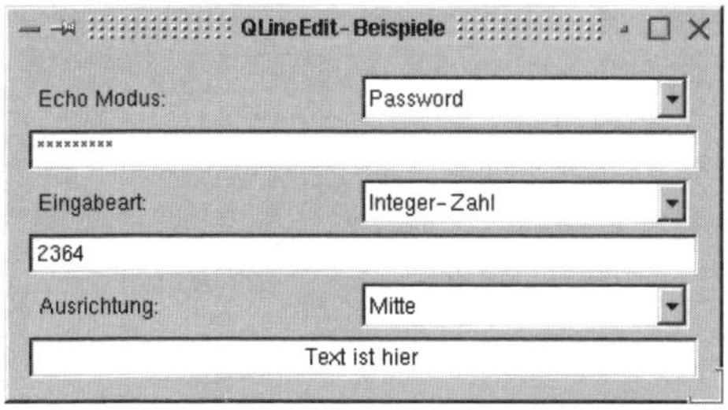

Abbildung 3.16: Demonstration unterschiedlicher Eingabeformen für Texteingabefelder

3.8.5 Synchronisierte Darstellung in verschiedenen Zahlensystemen^{Z}

Das Programm `lcdwandel2.cpp` ist eine Erweiterung zum Programm `lcdwandel.cpp` (auf Seite 112), indem es dem Benutzer unterhalb jedes der vier Schiebebalken noch ein Texteingabefeld anbietet, in dem dieser seine gewünschte Zahl im jeweiligen Zahlensystem direkt über die Tastatur eingeben kann (siehe auch Abbildung 3.17).

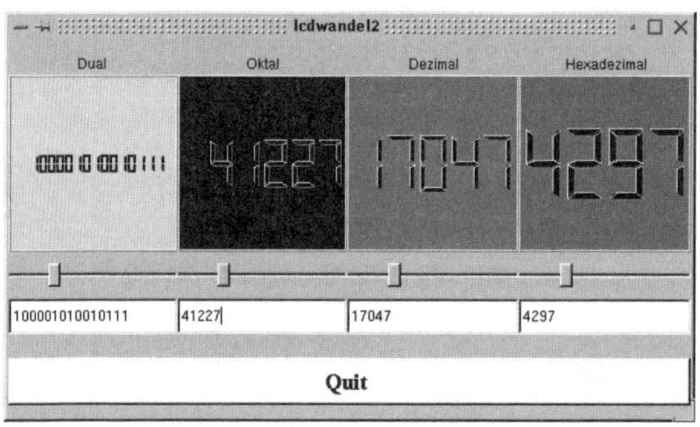

Abbildung 3.17: Synchronisierte Anzeige einer Zahl in verschiedenen Zahlensystemen

3.9 Menüs

Für Menüs bietet Qt drei Klassen an:

- `QMenuData`: Basisklasse für Menüs, insbesondere für `QMenuBar` und `QPopupMenu`. Sie enthält Methoden zum Einfügen von Menüpunkten.
- `QMenuBar`: Horizontale Menüleiste, in der Menüeintrage eingefügt werden können.
- `QPopupMenu`: Popupmenüs, die typischerweise eingeblendet werden, wenn die rechte Maustaste gedrückt oder ein Menüpunkt in der Menüleiste angeklickt wird.

3.9.1 Die Basisklasse für Menüs (`QMenuData`)

Eigenschaften von Menüeinträgen Die Zusammenstellung und Verwaltung der einzelnen Menüeinträge ist für Menüleisten und für Popupmenüs identisch, da sie über die gemeinsame Basisklasse `QMenuData` erfolgt. `QMenuData` bietet für jeden Menüeintrag die folgenden Eigenschaften an:

- Anzeige (Text und/oder Icon bzw. Pixmap)
- Position innerhalb des Menüs
- eine Kennung (ID)
- ein Objekt mit einem Slot (optional)
- ein Sub-Popupmenü (optional)
- einen Tastatur-Kurzbefehl (*accelerator*; optional)
- eingeschaltet oder nicht (*enabled*)
- markiert oder nicht (*checked*)

Bis auf die beiden letzten können alle Eigenschaften beim Einfügen eines Menüeintrags festgelegt werden. Die beiden letzten Eigenschaften können über die beiden von der Klasse `QMenuData` angebotenen Methoden festgelegt werden:

`setItemEnabled(int id, bool enable)`
: schaltet den Menüeintrag mit der Kennung `id` ein bzw. aus.

`setItemChecked(int id, bool check)`
: schaltet Markierung für den Menüeintrag mit der Kennung `id` ein bzw. aus

Weitere wichtige Methoden der Klasse `QMenuData` sind:

`insertItem(...)`
: fügt einen neuen Menüeintrag in ein Menü ein. Von dieser Methode gibt es viele überladene Varianten, um auch einige der oben aufgezählten Eigenschaften weglassen zu können.

`insertSeparator(...)`
: fügt in Popupmenüs eine horizontale Trennlinie zwischen den einzelnen Menüpunkten ein. Bei `QMenuBar`-Objekten hat diese Methode im Windows-Stil überhaupt keine Auswirkung, während sie im Motif-Stil bewirkt, dass die übrigen Menüeinträge (wie z. B. *Hilfe*) rechtsbündig in der Menüleiste angezeigt werden.

Shortcuts (Tastatur-Kurzbefehle) Durch Voranstellen von `&` kann man ein Zeichen festlegen, das beim Einblenden des Popupmenüs unterstrichen angezeigt wird. Solche Zeichen werden als Tastatur-Kurzbefehle (*Shortcuts*) bezeichnet, da nach dem Einblenden des entsprechenden Popupmenüs der entsprechende Menüeintrag dann nicht nur mit der Maus, sondern auch durch Eingabe dieses unterstrichenen Zeichens auf der Tastatur direkt ausgewählt werden kann.

Accelerators (Beschleuniger) Beschleuniger (*Accelerators*) ermöglichen eine direkte Auswahl eines Menüeintrags von Tastatur aus, ohne dass das jeweilige Popupmenü eingeblendet ist. Beim Codeausschnitt weiter unten kann z. B. der Menüeintrag *Oeffnen* direkt mit der Eingabe des Zeichens `O` bzw. der Menüeintrag *Beenden* direkt mit der Eingabe des Zeichens `Q` jeweils bei gedrückter `Strg`-Taste ausgewählt werden.

1. Möglichkeit, um einem Menüeintrag eine Aktion zuzuordnen Hier wird eine erste Möglichkeit gezeigt, um einem Menüeintrag eine Aktion zuzuordnen, die auszuführen ist, wenn dieser Menüpunkt durch den Benutzer ausgewählt wird. Dazu wird dem Menüeintrag eine Slotroutine zugeordnet, die bei dessen Auswahl zu aktivieren ist, wie z. B.:

```
dateiMenu = new QPopupMenu; //... erzeugt ein Datei-Menue
dateiMenu->insertItem( "Oe&ffnen...", this,
                       SLOT( oeffnenSlot() ), CTRL + Key_O );
dateiMenu->insertItem( "S&chliessen", this,
                       SLOT( schliessenSlot() ), CTRL + Key_W );
dateiMenu->insertItem( "&Speichern", this,
                       SLOT( speichernSlot() ), CTRL + Key_S );
dateiMenu->insertItem( "&Beenden", qApp, SLOT( quit() ), CTRL + Key_Q );
```

In diesem Popupmenü `dateimenu` sind die Menüeinträge *Oeffnen*, *Schliessen*, *Speichern* und *Beenden* enthalten.

2. Möglichkeit, um einem Menüeintrag eine Aktion zuzuordnen Die zweite Möglichkeit, um einem Menüeintrag eine Aktion zuzuordnen, ist die Verwendung des Signals `activated(int)`. Dieses Signal liefert die Kennung (ID) des ausgewählten Menüeintrags. So kann man mehrere ähnliche Menüeinträge in einem Menü zusammenzufassen, um sie bei Aktivierung von einem einzigen Slot bearbeiten zu lassen. Ein Beispiel für ein Menü mit ähnlichen Einträgen ist die Auswahl einer Farbe, wie dies im Programm 3.10 gezeigt ist.

3.9.2 Auswahl einer Farbe über ein Menü^B

Programm 3.10 erlaubt die Auswahl einer Farbe über ein Popupmenü und zeigt dann diese ausgewählte Farbe in einem Label an (siehe Abbildung 3.18).

Abbildung 3.18: Farbauswahl über ein Menü mit Anzeige der Farbe in einem Label

Man kann die ID jedes Menüeintrags von `QMenuData` selbst festlegen lassen. In diesem Fall werden die automatisch vergebenen IDs von `QMenuData` immer um 1 hochgezählt. Daneben kann man jedoch auch beim Aufruf der Methode `insertItem()` eine eigene ID angeben, wie dies im Programm 3.10 gezeigt ist. Macht man in einem Programm von den beiden hier vorgestellten Möglichkeiten der Zuordnung einer Aktion zu einem Menüeintrag Gebrauch, empfiehlt es sich, die eigenen IDs mit einer höheren Zahl, wie z. B. 200 beginnen zu lassen, um auszuschließen, dass die eigenen IDs mit den intern von `QMenuData` vergebenen IDs kollidieren.

Programm 3.10 – `farbmenu.cpp`:
Auswahl einer Farbe über ein Menü

```
#include <qapplication.h>
#include <qmenubar.h>
#include <qpopupmenu.h>
#include <qlabel.h>
enum { ROT=200, GRUEN, GELB, BLAU, SCHWARZ };
class Farbmenu : public QWidget {
   Q_OBJECT
public:
   Farbmenu() {
      anzeige = new QLabel( this );
      anzeige->setGeometry( 0, 30, 200, 170 );
      anzeige->setPaletteBackgroundColor( Qt::black );
      farbeMenu = new QPopupMenu;
      farbeMenu->insertItem( "Rot", ROT);
      farbeMenu->insertItem( "Gruen", GRUEN);
      farbeMenu->insertItem( "Gelb", GELB);
      farbeMenu->insertItem( "Blau", BLAU);
      farbeMenu->insertItem( "Schwarz", SCHWARZ);
      connect( farbeMenu, SIGNAL( activated( int ) ),
               this,      SLOT( zeigeFarbe( int ) ) );
      menuBalken = new QMenuBar( this );
      menuBalken->insertItem( "Farbenwahl", farbeMenu );
   }
private slots:
   void zeigeFarbe( int f ) {
      switch ( f ) {
         case ROT:     anzeige->setPaletteBackgroundColor( Qt::red );    break;
         case GRUEN:   anzeige->setPaletteBackgroundColor( Qt::green );  break;
         case GELB:    anzeige->setPaletteBackgroundColor( Qt::yellow ); break;
         case BLAU:    anzeige->setPaletteBackgroundColor( Qt::blue );   break;
         case SCHWARZ: anzeige->setPaletteBackgroundColor( Qt::black );  break;
      }
      anzeige->show();
   }
private:
   QMenuBar*   menuBalken;
   QPopupMenu* farbeMenu;
   QLabel*     anzeige;
};
#include "farbmenu.moc"
int main( int argc, char* argv[] ) {
   QApplication myapp( argc, argv );
   Farbmenu* mywidget = new Farbmenu();
   mywidget->setGeometry( 10, 10, 200, 200 );
   myapp.setMainWidget( mywidget );
   mywidget->show();
   return myapp.exec();
}
```

3.9.3 Festlegen von Beschleunigern (Accelerators)

Neben dem Festlegen eines Beschleunigers (*Accelerator*) mit der Methode `insertItem()` besteht auch die Möglichkeit, einen Beschleuniger nachträglich für einen Menüeintrag festzulegen. Dazu wird die Methode `QMenuData::setAccel(const QKeySequence &key, int id)` angeboten. Als erstes Argument ist dabei die Tastenkombination und als zweites die Kennung (ID) des entsprechenden Menüeintrags anzugeben.
Die Tastenkombination sollte dabei ein Ausdruck wie z. B. `CTRL + Key_Q` oder `SHIFT + ALT + Key_X` sein. Eine vollständige Liste der möglichen Tastennamen kann in <qnamespace.h> nachgeschlagen werden. Im Menüeintrag wird dann die entsprechende Tastenkombination angezeigt. So wird z. B. für den Ausdruck `CTRL + Key_Q` der Text *Ctrl+O* angezeigt.

```
QMenuBar   *hauptMenu = new QMenuBar;
QPopupMenu *dateiMenu = new QPopupMenu;       // Datei Submenü
dateiMenu->insertItem( "Speichern", 202 );     // Menüpkt. "Speichern"
dateiMenu->setAccel( CTRL + Key_S, 202 );      // Beschleuniger
dateiMenu->insertItem( "Beenden", 203 );       // Menüpkt. "Beenden"
dateiMenu->setAccel( CTRL + ALT + Key_Delete, 203 ); // Beschleuniger
hauptMenu->insertItem( "Datei", dateiMenu );    // Hinzufügen des dateiMenü
```

3.9.4 Popupmenüs, deren Inhalt sich dynamisch ändert

Für Popupmenüs, die sich während des Programmablaufs dynamisch ändern können, bietet die Klasse `QPopupMenu` das Signal `aboutToShow()` an, das immer geschickt wird, bevor das Popupmenü eingeblendet wird. In einer Slotroutine kann dann das Popupmenü mit Methoden wie z. B. `changeItem()`, `removeItem()`, `updateItem()`, `insertItem()`, `setItemEnabled()` usw. entsprechend verändert werden, bevor es wirklich eingeblendet wird.

3.9.5 Die Menüleiste (`QMenuBar`)

Zum Anlegen der Menüleiste ist der Konstruktor der Klasse `QMenuBar` zu verwenden. Zu jedem Menüpunkt, der in der Menüleiste angezeigt wird, sollte ein eigenes Popupmenü aufgerufen werden. Die übliche Vorgehensweise ist, dass man zuerst die Popupmenüs erzeugt und entsprechend einrichtet, bevor man die Menüleiste erzeugt, in der dann die einzelnen Popupmenüs nacheinander eingehängt werden.

3.9.6 Kontextmenüs

Es hat sich als Standard durchgesetzt, dass ein Klick auf die rechte Maustaste innerhalb eines Arbeitsfensters ein Kontextmenü einblendet, aus dem die wichtigsten Menüpunkte direkt ausgewählbar sind. Man erstellt ein solches Kontextmenü, indem man eine Unterklasse des Arbeitswidget bildet und dort die virtuelle Methode `mousePressEvent()` oder `mouseReleaseEvent()` überschreibt, wie z. B. für das Editierfenster in einem Editor:

```
enum { ....   cutID, copyID, insertID, .... };
.....
class TextEdit : public QTextEdit {
  Q_OBJECT
```

```
public:
  TextEdit( QWidget* parent=0, const char* name=0 ) : QTextEdit(parent, name) {
    popupMenu = new QPopupMenu(); //... erzeugt Kontext-Menue
    popupMenu->insertItem( "Ausschneiden", this, SLOT( schneid() ), 0, cutID );
    popupMenu->insertItem( "Kopieren",     this, SLOT( kopier() ),  0, copyID );
    popupMenu->insertItem( "Einfuegen",    this, SLOT( einfueg() ), 0, insertID );
  }
  bool  textMarkiert()    { return hasSelectedText();  }
  bool  einfuegenMoegl() { return clipboard;           }
  .....
protected:
  void mouseReleaseEvent( QMouseEvent* event ) {
    if ( event->button() == RightButton ) {
        popupMenu->setItemEnabled( cutID, textMarkiert() );
        popupMenu->setItemEnabled( copyID, textMarkiert() );
        popupMenu->setItemEnabled( insertID, einfuegenMoegl() );
        popupMenu->popup( mapToGlobal( event->pos() ) );
    }
  }
      ......
}
```

Eine Alternative dazu ist das Überschreiben der von `QWidget` angebotenen virtuellen Methode `contextMenuEvent()`, wie es auf Seite 127 aufgezeigt ist.

3.9.7 Beispiel zu Menüs[B]

Programm 3.11 erzeugt typische Menüs in einer Menüleiste und bestätigt dem Benutzer in einem eigenen Label immer seine Auswahl. Die beiden Menüeinträge des Popupmenüs zum Menüpunkt *Bearbeiten* werden dabei immer zufällig ein- bzw. ausgeschaltet (siehe auch Abbildungen 3.19 und 3.20).

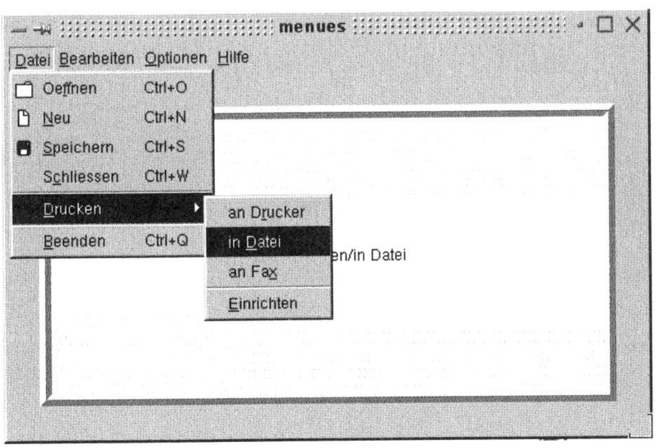

Abbildung 3.19: Die Menüleiste mit Anzeige der Benutzerauswahl

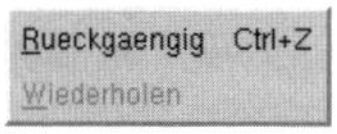

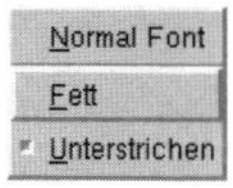

Abbildung 3.20: Die Popupmenüs zu den Menüpunkten *Bearbeiten* und *Optionen*

Programm 3.11 – `menues.cpp`:
Demoprogramm zu Menüs

```
#include <qapplication.h>
#include <qwidget.h>
#include <qmenubar.h>
#include <qlabel.h>
#include <qpopupmenu.h>
#include <qkeycode.h>
#include <qmessagebox.h>
#include <qpixmap.h>
#include <stdlib.h>
class MenuBeispiel : public QWidget {
    Q_OBJECT
public:
    MenuBeispiel( QWidget *parent=0, const char *name=0 );
public slots:
    void oeffnen()     { emit anzeige( "Datei/Oeffnen" );           }
    void neu()         { emit anzeige( "Datei/Neu" );               }
    void speichern()   { emit anzeige( "Datei/Speichern" );         }
    void schliessen()  { emit anzeige( "Datei/Schliessen" );        }
    void rueckgaeng()  { emit anzeige( "Bearbeiten/Rueckgaengig" ); }
    void wiederhol()   { emit anzeige( "Bearbeiten/Wiederholen" );  }
    void normal() {
       menu->setItemChecked( fettID, istFett = false );
       menu->setItemChecked( unterID, istUnter = false );
       emit anzeige( "Optionen/Normal" );
    }
    void fett() {
        menu->setItemChecked( fettID, istFett = !istFett );
        emit anzeige( "Optionen/Fett" );
    }
    void unterstrichen() {
        menu->setItemChecked( unterID, istUnter = !istUnter);
        emit anzeige( "Optionen/Unterstrichen" );
    }
    void about() {
        QMessageBox::about( this, "Qt Menue-Beispiel",
                                  "Dieses Beispiel demonstriert die\n"
                                  "einfache Verwendung von Menues in Qt");
    }
    void aboutQt()  { QMessageBox::aboutQt( this, "Menue-Beispiel" ); }
    void drucker()  { emit anzeige( "Datei/Drucken/an Drucker" );     }
```

```
    void datei()     { emit anzeige( "Datei/Drucken/in Datei" );      }
    void fax()       { emit anzeige( "Datei/Drucken/an Fax" );        }
    void druckEin()  { emit anzeige( "Datei/Drucken/Einrichten" );    }
    void neuMenu() {
       bearbeiten->setItemEnabled( rueckID, rand()%2 );
       bearbeiten->setItemEnabled( wiederID, rand()%2 );
    }
protected:
    void resizeEvent( QResizeEvent * ) {
       label->setGeometry( 25, 50, width()-50, height()-75 );
    }
signals:
    void    anzeige( const QString& );
private:
    QMenuBar   *menu;
    QPopupMenu *bearbeiten;
    QLabel     *label;
    bool       istFett, istUnter;
    int        fettID, unterID, rueckID, wiederID;
};
#include "menues.moc"
MenuBeispiel::MenuBeispiel( QWidget *parent, const char *name )
                                             : QWidget( parent, name ) {
    QPixmap oeffnenP( "oeffnen.xpm" );
    QPixmap neuP( "neu.xpm" );
    QPixmap speichernP( "speichern.xpm" );
    QPopupMenu *druck = new QPopupMenu( this );
     druck->insertItem( "an D&rucker", this, SLOT(drucker()) );
     druck->insertItem( "in &Datei", this, SLOT(datei()) );
     druck->insertItem( "an Fa&x", this, SLOT(fax()) );
     druck->insertSeparator();
     druck->insertItem( "&Einrichten", this, SLOT(druckEin()) );
    QPopupMenu *datei = new QPopupMenu( this );
     datei->insertItem( oeffnenP, "Oe&ffnen",  this,
                        SLOT(oeffnen()), CTRL+Key_O );
     datei->insertItem( neuP, "&Neu", this, SLOT(neu()), CTRL+Key_N );
     datei->insertItem( speichernP, "&Speichern", this,
                        SLOT(speichern()), CTRL+Key_S );
     datei->insertItem( "S&chliessen", this, SLOT(schliessen()), CTRL+Key_W );
     datei->insertSeparator();
     datei->insertItem( "&Drucken", druck, CTRL+Key_P );
     datei->insertSeparator();
     datei->insertItem( "&Beenden",  qApp, SLOT(quit()), CTRL+Key_Q );
    bearbeiten = new QPopupMenu( this );
     rueckID = bearbeiten->insertItem( "&Rueckgaengig",
                                       this, SLOT(rueckgaeng()), CTRL+Key_Z  );
     wiederID = bearbeiten->insertItem( "&Wiederholen", this, SLOT(wiederhol()));
     connect( bearbeiten, SIGNAL( aboutToShow() ), this, SLOT( neuMenu() ) );
    QPopupMenu* optionen = new QPopupMenu( this );
     optionen->insertItem( "&Normal Font", this, SLOT(normal()) );
```

```
        optionen->insertSeparator();
        fettID = optionen->insertItem( "&Fett", this, SLOT(fett()) );
        unterID = optionen->insertItem( "&Unterstrichen",
                                        this, SLOT(unterstrichen()) );
        istFett = istUnter = false;
        optionen->setCheckable( TRUE );
    QPopupMenu *hilfe = new QPopupMenu( this );
        hilfe->insertItem( "&About", this, SLOT(about()), CTRL+Key_H );
        hilfe->insertItem( "About &Qt", this, SLOT(aboutQt()) );
    menu = new QMenuBar( this );
        menu->insertItem( "&Datei", datei );
        menu->insertItem( "&Bearbeiten", bearbeiten );
        menu->insertItem( "&Optionen", optionen );
        menu->insertSeparator();
        menu->insertItem( "&Hilfe", hilfe );
    label = new QLabel( this );
        label->setGeometry( 25, 50, width()-50, height()-75 );
        label->setFrameStyle( QFrame::Box | QFrame::Raised );
        label->setLineWidth( 5 );
        label->setAlignment( AlignCenter );
        label->setPaletteBackgroundColor( Qt::white );
        connect( this,  SIGNAL(anzeige(const QString&)),
                 label, SLOT(setText(const QString&)) );
    setMinimumSize( 300, 150 );
}
int main( int argc, char ** argv ) {
    QApplication a( argc, argv );
    MenuBeispiel m;
    a.setMainWidget( &m );
    m.show();
    return a.exec();
}
```

3.9.8 Die Klasse `QCustomMenuItem` und die virtuelle Methode `contextMenuEvent()`

Selbst definierte Menüeinträge (Klasse `QCustomMenuItem`)

Reicht ein einfacher Text oder eine Pixmap bzw. ein Icon nicht als Menüeintrag aus, da man eine eigene Darstellung für einen solchen Eintrag haben möchte, wie z. B. unterstrichenen Text, dann muss man eine eigene Klasse von der abstrakten Klasse `QCustomMenuItem` ableiten. In dieser abgeleiteten Klasse muss man die beiden folgenden virtuellen Methoden reimplementieren:

`paint(...)`
: Hier legt man über das übergebene `QPainter`-Objekt die gewünschte Darstellung des entsprechenden Menüpunkts fest.

`QSize sizeHint()`
: Der Rückgabewert dieser Methode legt die gewünschte Größe des Menüpunkts fest.

Weitere virtuelle Methoden dieser Klasse, die man reimplementieren kann, sind z. B.

`bool fullspan() const`
: bei Rückgabe von `true` erstreckt sich der Menüpunkt über die ganze Popupmenü-Breite. Die Voreinstellung ist `false`, sodass für diesen Menüeintrag auch noch ein Icon oder ein Beschleuniger möglich ist.

`bool isSeparator() const`
: bei Rückgabe von `true` wird der selbst definierte Menüeintrag als Trennzeichen angezeigt.

Um einen selbst definierten Menüpunkt in ein Menü einzutragen, muss man – wie bei "normalen" Menüeinträgen – nur ein Objekt dieser abgeleiteten Klasse mit `QMenuData::insertItem()` im Menü einfügen (siehe auch Programm `custommenu.cpp`).

Einblenden von Kontextmenüs mit `contextMenuEvent()`

Mit dem Reimplementieren der von `QWidget` angebotenen virtuellen Methode:
`contextMenuEvent(QContextMenuEvent *e)`
kann man sehr leicht ein Kontextmenü erzeugen, das bei einem rechten Mausklick eingeblendet wird (siehe auch Programm `custommenu.cpp`).

Beispielprogramm zu `QCustomMenuItem` und `contextMenuEvent()`^{Z}

Das Programm `custommenu.cpp` ist ein Demoprogramm zu der Klasse `QCustomMenuItem` und der virtuellen Methode `contextMenuEvent()`, bei dem man das Zeichenformat sowohl über die Menüleiste als auch über ein Kontextmenü (bei rechtem Mausklick) ändern kann; siehe auch Abbildung 3.21.

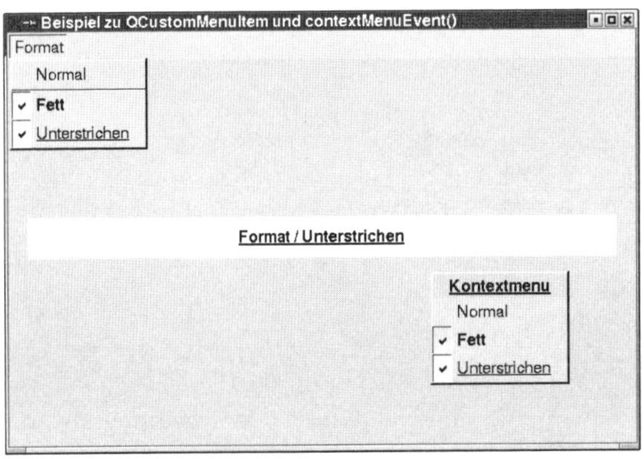

Abbildung 3.21: Ändern des Zeichenformats über Menüleiste bzw. über ein Kontextmenü

3.9.9 Einstellen des Fonts über Menüs, Beschleuniger oder Kontextmenüs^Z

Das Programm `menues2.cpp` erlaubt es dem Benutzer, eine Schriftgröße und einen Font über Menüs, Beschleuniger oder Kontextmenüs einzustellen. Die aktuellen Einstellungen werden dabei immer an einem Beispieltext veranschaulicht (siehe auch Abbildung 3.22).

Die Popupmenüs zu den Menüpunkten *Klein*, *Mittel*, *Gross* und *Font* sind in Abbildung 3.23 gezeigt. Zusätzlich kann der Benutzer diese Popupmenüs auch mit einem Klick auf die rechte Maustaste als Kontextmenüs einblenden, wobei, abhängig von einer gleichzeitig gedrückten Taste, folgende Popmenüs eingeblendet werden:

`Alt` + rechte Maustaste	*Klein*-Popupmenü
`Strg` + rechte Maustaste	*Mittel*-Popupmenü
`Alt` + `Strg` + rechte Maustaste	*Gross*-Popupmenü
nur rechte Maustaste	*Font*-Popupmenü

Abbildung 3.22: Interaktives Einstellen von Schriftgröße und Font

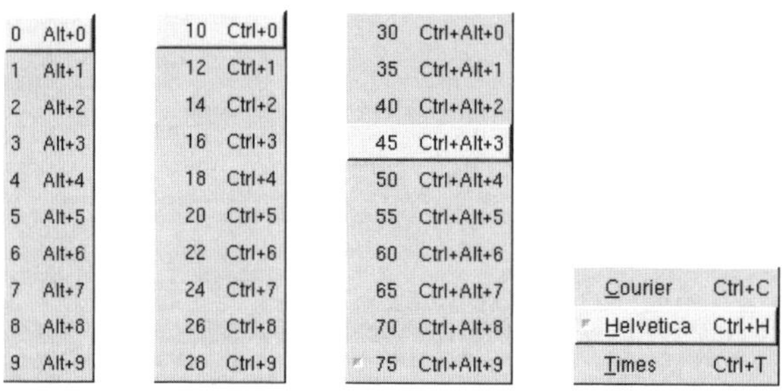

Abbildung 3.23: Popupmenüs

3.10 Hauptfenster mit Menüs, Werkzeugleisten, Statuszeile und Hilfstexten

Ein Hauptfenster ist ein Toplevel-Widget, das eine Menüleiste, eine oder mehrere Werkzeugleisten und eine Statuszeile enthält, sowie ein Widget einer beliebigen Klasse als Arbeitsfenster (wie z. B. einen Text zum Editieren oder eine Malfläche zum Zeichnen).
Qt bietet hierzu die folgenden Klassen an:

`QMainWindow`	Typisches Hauptfenster für eine Applikation mit einer Menüleiste, einer oder mehreren Werkzeugleisten und einer Statuszeile.
`QToolBar`	Werkzeugleiste, in der Pushbuttons (der Klasse `QToolButton`) in Form von Pixmaps oder als Text eingefügt werden können.

`QToolButton`	Pushbuttons für eine Werkzeugleiste (der Klasse `QToolBar`).
`QToolTip`	Einblenden einer kurzen Information zu einem Widget, wie z. B. zu einem Pushbutton in einer Werkzeugleiste.
`QToolTipGroup`	Einblenden einer kurzen Information zu einem Widget mit gleichzeitiger Anzeige einer eventuell anderen (längeren) Hilfsinformation in der Statuszeile.
`QWhatsThis`	Einblenden umfangreicherer Information zu einem Widget, wie z. B. zu einem Menüpunkt oder Pushbutton in der Werkzeugleiste.
`QStatusBar`	Horizontale Statuszeile zur Anzeige von Statusmeldungen.

3.10.1 Das Hauptfenster (`QMainWindow`)

Die Klasse `QMainWindow` stellt ein typisches Anwendungsfenster mit einer Menüleiste, verschiebbaren Widgets (wie z. B. Werkzeugleisten) und einer Statusleiste zur Verfügung.

Erzeugen eines `QMainWindow`-Objekts

Nachfolgend ist der typische Code zum Erzeugen eines `QMainWindow`-Objekts gezeigt, wenn man keine Unterklasse dazu bildet:

```
QMainWindow *mw = new QMainWindow;
QTextEdit *edit = new QTextEdit( mw, "Editor" );
edit->setFocus();
mw->setCaption( "Beschreibung der Anwendung" );
mw->setCentralWidget( edit ); // Festlegen des Arbeitsfensters
mw->show();
```

Üblicherweise leitet man aber eine eigene Klasse von `QMainWindow` ab, da dies das Einbetten des Arbeitsfensters, der Menüs, der Werkzeugleisten usw. erleichtert. In der entsprechenden Unterklasse kann man dann eigene Slotroutinen definieren, die bei Auswahl von Menüpunkten oder bei Klicks auf die Buttons in der Werkzeugleiste aufzurufen sind. Dazu müsste im obigen Code nur die erste Zeile durch folgende ersetzt werden, wenn man eine eigene Klasse `HauptFenster` von `QMainWindow` abgeleitet hat:

```
HauptFenster *mw = new HauptFenster();
....
```

Eintragen einer Menü- oder Statusleiste im Hauptfenster ist auf zwei Arten möglich:

- Mit den von der Klasse `QMainWindow` angebotenen Methoden `menuBar()` bzw. `statusBar()`. Diese Methoden erzeugen ein entsprechendes Subwidget im Hauptfenster, wenn ein solches noch nicht existiert, bzw. liefern im anderen Fall einen Zeiger auf ein bereits existierendes Objekt dieses Typs zurück.
- Durch Anlegen eines Objekts der Klassen `QMenuBar`, `QPopupMenu` oder `QStatusBar`, wobei als Elternobjekt das entsprechende `QMainWindow`-Objekt anzugeben ist.

Einfügen von Popupmenüs

Popupmenüs lassen sich nun im `HauptFenster`-Konstruktor in die voreingestellte Menüleiste einfügen, wie z. B.

```
QPopupMenu *hilfMenu = new QPopupMenu( this );
menuBar()->insertItem( "&Hilfe", hilfMenu );
hilfe->insertItem( "&About", this, SLOT(about()), Key_F1 );
```

Erzeugen einer Werkzeugleiste mit Pushbuttons

Der folgende Codeausschnitt zeigt die Erzeugung einer verschiebbaren Werkzeugleiste mit einem Button im `HauptFenster`-Konstruktor:

```
QToolBar *dateiLeiste = new QToolBar( this );
dateiLeiste->setLabel( "Operationen auf Dateien" );
QToolButton *fileOpen =
      new QToolButton( openIcon, "Datei öffnen", QString::null,
                       this, SLOT(slotRoutine()), dateiLeiste );
```

Die Werkzeugleiste wird hierbei oben (voreingestellter Andock-Bereich) platziert. Eine weitere Methode, mit der man das Aussehen von Werkzeugleisten beeinflussen kann, ist:

`setUsesBigPixmaps(bool enable) virtual slot`
: legt fest, ob große (`enable=true`) oder kleine Pixmaps (`enable=false`) in den Werkzeugleisten anzuzeigen sind.

Zugriff auf die Statusleiste

Die Methode `statusBar()` liefert einen Zeiger auf die Statusleiste, sodass man darin entsprechende Information anzeigen kann, wie z. B.

```
statusBar()->message( "Fertig", 2000 ); // Text 2000 Millisek. anzeigen
```

In der Statusbar lässt sich nicht nur Text, sondern z. B. auch mit `QStatusBar::addWidget()` ein anderes Widget anzeigen.

Die Klasse `QAction`

Oft will man einen Button aus der Werkzeugleiste mit einem Menüeintrag synchronisieren. Wenn z. B. der Benutzer den "Fett"-Button in der Werkzeugleiste anklickt, so soll der Menüeintrag "Fett" im Popupmenü als ausgewählt angezeigt werden. Eine solche Synchronisation erreicht man durch die Verwendung von `QAction`-Objekten, wie z. B.

```
QAction* fileOpenAction;
fileOpenAction = new QAction( QPixmap( fileopen ), "&Open...",
                              CTRL+Key_O, this, "open" );
connect( fileOpenAction, SIGNAL( activated() ) , this, SLOT( slotroutine() ) );
```

Hier wurde ein `QAction`-Objekt mit einem Icon erzeugt, das zu jedem Menü oder zur Werkzeugleiste hinzugefügt werden kann. Bei einem Anklicken des Menüpunkts bzw. Werkzeug-Button wird dann `slotroutine()` aufgerufen. Nachfolgender Code zeigt, wie man ein `QAction`-Objekt einem Menüpunkt bzw. Werkzeug-Button zuordnen kann:

```
QPopupMenu *dateiMenu = new QPopupMenu( this );
 menuBar()->insertItem( "&Datei", dateiMenu );
 fileOpenAction->addTo( dateiMenu );
QToolBar *dateiLeiste = new QToolBar( this );
 fileTools->setLabel( "Dateioperationen" );
 fileOpenAction->addTo( dateiLeiste );
```

Das voreingestellte `QToolTipGroup`-Objekt

`QMainWindow` stellt ein voreingestelltes `QToolTipGroup`-Objekt zur Verfügung, das mit der Statusleiste verbunden ist. Die Methode `toolTipGroup()` liefert einen Zeiger auf dieses Objekt.

3.10.2 Dock-Windows (`QDockWindow`, `QDockArea`)

`QMainWindow`-Methoden für Dock-Windows

`QMainWindow` stellt unterschiedliche Andock-Bereiche zur Verfügung, an die der Benutzer verschiebbare Widgets wie Werkzeugleisten mit der Maus verschieben kann. Dazu werden die folgenden `Dock`-Konstanten angeboten:

`Qt::DockTop`	über dem Arbeitsfenster; unter der Menüleiste
`Qt::DockBottom`	unter dem Arbeitsfenster; über der Statusleiste
`Qt::DockLeft`	links vom Arbeitsfenster
`Qt::DockRight`	rechts vom Arbeitsfenster
`Qt::DockMinimized`	Werkzeugleiste ist nicht sichtbar, sondern stattdessen ein kleiner Button unterhalb der Menüleiste, um sie wieder sichtbar zu machen
`Qt::DockTornOff`	Dock-Widget wird als eigenes Window über dem Arbeitsfenster angezeigt
`Qt::DockUnmanaged`	keine Verwaltung durch `QMainWindow`

Das Hinzufügen von Dock-Windows in einem Hauptfenster ist auf zwei Arten möglich:

- Mit der von `QMainWindow` angebotenen Methode `addDockWindow()`.
- Durch Anlegen eines entsprechenden Objekts der Klasse `QDockWindow`, wobei als Elternobjekt das entsprechende `QMainWindow`-Objekt anzugeben ist.

Die Klasse `QMainWindow` kümmert sich um die Dock-Bereiche und die Größe des Arbeitsfensters. Einige wichtige Methoden von `QMainWindow` im Zusammenhang mit Dock-Windows sind:

`addDockWindow(QDockWindow *dw, Dock edge=DockTop, bool nL=false)`

zum Hinzufügen eines Dock-Windows. Über den Parameter `nL` kann man festlegen, ob die Werkzeugleiste an eventuell schon vorhandene Werkzeugleisten rechts bzw. unten anzufügen ist (`false`) oder eben in einer eigenen neuen Zeile bzw. Spalte (`true`) anzuordnen ist.

`moveDockWindow(QDockWindow *dw, Dock edge=DockTop)`

zum Verschieben eines Dock-Windows.

`removeDockWindow(QDockWindow *dw)`

zum Entfernen eines Dock-Windows.

`setDockEnabled(Dock dock, bool enable)`

legt fest, ob Verschieben an einen bestimmten Dock-Bereich möglich ist oder nicht.

`setDockEnabled(QDockWindow *dw, Dock dock, bool enable)`

legt für ein bestimmtes `QDockWindow`-Objekt fest, ob ein Verschieben an einen bestimmten Dock-Bereich möglich ist oder nicht.

`setDockWindowsMovable(bool m) virtual slot`

legt für ein Dock-Window fest, ob es verschiebbar sein soll oder nicht.

`QPopupMenu* createDockWindowMenu(DockWindows dw=AllDockWindows)`

Dock-Windows lassen sich durch den Benutzer durch einen Klick auf den *close*-Button ausblenden. Grundsätzlich lassen sich Dock-Windows ein- bzw. ausblenden mit einem rechten Mausklick in einem Dock-Bereich und dem anschließenden Anklicken des Namens des entsprechenden Dock-Bereichs im angezeigten Popupmenü. Dieses Popupmenü enthält per Voreinstellung alle Dock-Windows (`AllDockWindows`). Möchte man nur die Namen von Werkzeugleisten bzw. von den anderen Dock-Windows in diesem Popupmenü anzeigen lassen, muss man diese Methode mit `OnlyToolBars` bzw. `NoToolBars` aufrufen.

`setAppropriate(QDockWindow *dw, bool a) virtual slot`
legt fest, ob das Dock-Window `dw` im Popupmenü anzuzeigen ist oder nicht; siehe auch vorherige Methode.

Die Klasse `QDockWindow`

Die Klasse `QDockWindow` stellt ein Widget zur Verfügung, das an die verschiedenen Dock-Bereiche verschoben werden kann. Um ein `QDockWindow`-Objekt zu erzeugen, steht z. B. folgender Konstruktor zur Verfügung:

`QDockWindow(Place p=InDock, QWidget *par=0, const char *nam=0)`
Wenn für den Parameter `p` die Konstante `inDock` angegeben ist, muss das Elternwidget ein `QMainWindow`- oder `QDockArea`-Objekt sein. Im ersten Fall wird das Dock-Widget im Hauptfenster oben platziert und im zweiten Fall in dem Dock-Bereich, den das `QDockArea`-Objekt repräsentiert. Wenn für den Parameter `p` die Konstante `OutsideDock` angegeben ist, muss für `par` 0 angegeben werden, da dann dieses Dock-Window frei auf dem Bildschirm bewegt werden kann. Folgender Code zeigt die typische Vorgehensweise zum Erzeugen und Andocken eines Dock-Windows:

```
QDockWindow *dw = new QDockWindow( InDock, hauptFenster );
hauptFenster->moveDockWindow( dw, Left ); // Links im Hauptfenster andocken
```

Einige wichtige Methoden der Klasse `QDockWindow` sind:

`setWidget(QWidget *w) virtual`
legt `w` als `QMainWidget` für das Dock-Window fest.

`dock() virtual slot`
verschiebt das Dock-Window an den Dock-Bereich, an dem es sich zuvor befand.

`setCloseMode(int m) virtual`
legt fest, ob dieses Dock-Window einen *close*-Button haben soll oder nicht, wobei für `m` eine der folgenden Konstanten anzugeben ist:

`QDockWindow::Never`	niemals vorhanden
`QDockWindow::Docked`	nur vorhanden, wenn "angedockt"
`QDockWindow::Undocked`	nur vorhanden, wenn nicht "angedockt"
`QDockWindow::Always`	immer vorhanden

`setHorizontallyStretchable(bool b)`
`setVerticallyStretchable(bool b)`
legen fest, ob ein Dock-Window durch den Benutzer horizontal bzw. vertikal mit der Maus vergrößert werden kann oder nicht.

Die Klasse `QDockArea`

Die Klasse `QDockArea` repräsentiert einen Dock-Bereich, und bietet unter anderem folgende Methoden an:

`moveDockWindow(...)`
zum Anhängen eines Dock-Windows

`count()`
liefert die Zahl von Dock-Windows an diesem Dock-Bereich

`hasDockWindow(...)`
liefert true, wenn an diesem Dock-Bereich das Dock-Window angedockt ist, dessen Adresse als Argument übergeben wird.

3.10.3 Verschiebbare Menüleiste

Die Menüleiste eines `QMainWindow`-Objekts wird per Voreinstellung oben angezeigt, und ist nicht verschiebbar. Möchte man eine verschiebbare Menüleiste haben, so kann man das z. B. wie folgt erreichen:

```
QToolBar *tb = new QToolBar( this );
addDockWindow( tb, "Menüleiste", Top, false );
QMenuBar *mb = new QMenuBar( tb );
mb->setFrameStyle( QFrame::NoFrame );
tb->setStretchableWidget( mb );
setDockEnabled( tb, Right, false ); // Nach rechts verschieben ist nicht erlaubt
```

Dieser Code legt fest, das die Menüleiste nach oben, nach links und nach unten verschoben werden kann.

3.10.4 Werkzeugleisten (`QToolBar` und `QToolButton`)

Um eine Werkzeugleiste anzulegen, muss man zunächst eine leere Werkzeugleiste, also ein `QToolBar`-Objekt (als Kind vom Hauptfenster) mit dem folgenden Konstruktor erzeugen:
`QToolBar(QMainWindow *parent=0, const char *name=0)`
Dieser Konstruktor erzeugt eine leere horizontale Werkzeugleiste oben im Hauptfenster. Danach kann man beliebig viele `QToolButton`-Objekte in diese leere Werkzeugleiste legen, indem man beim `QToolButton`-Konstruktor als Elternobjekt das entsprechende `QToolBar`-Objekt angibt. Der folgende Codeausschnitt soll dies verdeutlichen:

```
QMainWindow *hauptfenster = new QMainWindow());
QToolBar *schriftTools = new QToolBar( hauptfenster );
QToolButton *normalSchrift =
        new QToolButton( eine_pixmap, "text_in_button", QString::null,
                         this, SLOT(normal_slot()), schriftTools );
QToolButton *fettSchrift =
        new QToolButton( fett_pixmap, "Fett", QString::null,
                         this, SLOT(fett_slot()), schriftTools );
QToolButton *kursivSchrift =
        new QToolButton( K_pixmap, "Kursiv", QString::null,
                         this, SLOT(kursiv_slot()), schriftTools );
```

Dies ist die einfachste Möglichkeit, um eine Werkzeugleiste anzulegen und zu füllen. Daneben existieren weitere von den beiden Klassen `QToolBar` und `QToolButton` angebotenen Konstruktoren, die in der Qt-Online-Dokumentation nachgeschlagen werden können.

Methoden der Klasse `QToolBar`

Drei von der Klasse `QToolBar` angebotenen Methoden seien hier erwähnt:

`addSeparator()`
: fügt einen Zwischenraum zwischen zwei Toolbuttons ein; wird meist verwendet, wenn die Toolbars visuell verschiedenen Gruppen zugeordnet sein sollen.

`setOrientation(Orientation newOrientation) virtual`
: Mit dieser Methode kann eine Werkzeugleiste horizontal (`Horizontal`) oder vertikal (`Vertical`) ausgerichtet werden.

`setStretchableWidget(QWidget *w) virtual`
: legt fest, dass die Werkzeugleiste den ganzen verfügbaren Raum nutzt, wobei das Widget `w` so zu dehnen ist, dass es restlichen Raum in der Werkzeugleiste ausfüllt.

Da die Klasse `QToolBar` von der Klasse `QDockWindow` abgeleitet ist, verfügt sie auch über alle Methoden dieser Klasse.

Methoden der Klasse `QToolButon`

Auch seien hier vier von der Klasse `QToolButton` angebotenen Methoden erwähnt:

`setToggleButton(bool enable) virtual slot`
: macht einen Toolbutton zu einem Togglebutton (`true`) bzw. zu einem normalen Toolbutton (`false`), was die Voreinstellung ist.

`setUsesBigPixmap(bool enable) virtual slot`
: legt fest, ob die entsprechende Pixmap in einem Toolbutton groß (`enable=true`) oder klein (`enable=false`) anzuzeigen ist.

`setUsesTextLabel(bool enable) virtual slot`
: legt fest, ob unterhalb der Pixmap in einem Toolbutton ein Text anzuzeigen ist (`enable=true`) oder nicht (`enable=false`).

`setTextLabel(const QString& newLabel, bool toolTip=true)`
: Mit dieser Methode kann ein anzuzeigender Text festgelegt werden. Ist dabei für den Parameter `toolTip` der Wert `false` angegeben, so wird dieser Text nicht automatisch als Tooltip verwendet.

3.10.5 `QMainWindow` mit Menüs und Werkzeugleisten[B]

Programm 3.12 kreiert eine Menüleiste und zwei Werkzeugleisten. Wählt der Benutzer einen Menüeintrag oder klickt er einen Toolbutton aus den beiden Werkzeugleisten an, so wird ihm diese Auswahl nochmals im Arbeitsfenster (hier ein Label) angezeigt (siehe Abbildung 3.24). Die Werkzeugleisten lassen sich dabei durch den Benutzer mittels der Maus verschieben.

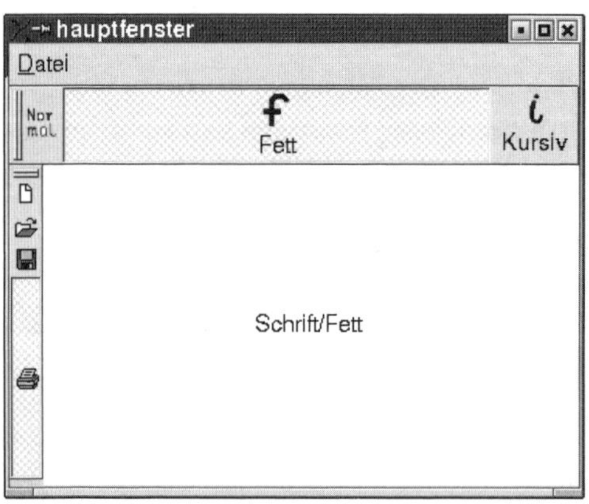

Abbildung 3.24: Hauptfenster mit einer Menüleiste und zwei Werkzeugleisten

Programm 3.12 – `hauptfenster.cpp`:
Demoprogramm zu `QMainWindow` mit Menü- und Werkzeugleisten

```
#include <qapplication.h>
#include <qwidget.h>
#include <qmenubar.h>
#include <qlabel.h>
#include <qpopupmenu.h>
#include <qmessagebox.h>
#include <qpixmap.h>
#include <qmainwindow.h>
#include <qtoolbar.h>
#include <qtoolbutton.h>
//...................................... HauptFenster-Klasse .........
class HauptFenster : public QMainWindow {
    Q_OBJECT
public:
    HauptFenster();
signals:
    void    anzeige( const QString& );
private slots:
    void neu()            { emit anzeige( "Datei/Neu" );           }
    void oeffnen()        { emit anzeige( "Datei/Oeffnen" );       }
    void sichern()        { emit anzeige( "Datei/Speichern" );     }
    void drucken()        { emit anzeige( "Datei/Drucken" );       }
    void schliessen()     { emit anzeige( "Datei/Schliessen" );    }
    void normal()         { emit anzeige( "Schrift/Normal" );      }
    void fett()           { emit anzeige( "Schrift/Fett" );        }
    void kursiv()         { emit anzeige( "Schrift/Kursiv" );      }
private:
    QMenuBar     *menu;
    QToolBar     *dateiTools, *schriftTools;
    void erzeugeToolBars( void );
};
#include "hauptfenster.moc"
//................................. HauptFenster-Konstruktor .........
HauptFenster::HauptFenster() : QMainWindow( 0, "Beispiel zu QMainWindow" ) {
    erzeugeToolBars();
    QPopupMenu *datei = new QPopupMenu( this ); //... Anlegen der Menüs ........
     datei->insertItem( QPixmap("new.xpm"), "&Neu",       this, SLOT(neu()) );
     datei->insertItem( QPixmap("open.xpm"), "Oe&ffnen",  this, SLOT(oeffnen()));
     datei->insertItem( QPixmap("save.xpm"), "&Sichern",  this, SLOT(sichern()));
     datei->insertItem( "S&chliessen", this, SLOT(schliessen()) );
     datei->insertSeparator();
     datei->insertItem( QPixmap("print.xpm"), "&Drucken", this, SLOT(drucken()));
     datei->insertSeparator();
     datei->insertItem( "&Beenden", qApp, SLOT(quit()));
    menu = new QMenuBar( this );
     menu->insertItem( "&Datei", datei );
    QLabel *label = new QLabel( this );
     label->setAlignment( AlignCenter );
```

```
    label->setPaletteBackgroundColor( Qt::white );
   setCentralWidget( label );
   connect( this,  SIGNAL(anzeige(const QString&)),
            label, SLOT(setText(const QString&)) );
}
//.......................................... erzeugeToolBars ........
void HauptFenster::erzeugeToolBars( void ) {
     //... Anlegen der dateiTools-Werkzeugleiste .......
   dateiTools = new QToolBar( this );
   new QToolButton( QPixmap("new.xpm"),  "Neue Datei", QString::null,
                    this, SLOT(neu()), dateiTools );
   new QToolButton( QPixmap("open.xpm"), "Oeffne Datei", QString::null,
                    this, SLOT(oeffnen()), dateiTools );
   new QToolButton( QPixmap("save.xpm"), "Sichere Datei", QString::null,
                    this, SLOT(sichern()), dateiTools );
   QToolButton *druckButton =
       new QToolButton( QPixmap("print.xpm"), "Drucke Datei", QString::null,
                        this, SLOT(drucken()), dateiTools );
   addDockWindow( dateiTools, "Datei-Operationen", Left, false );
   dateiTools->setOrientation( Vertical );
   dateiTools->setStretchableWidget( druckButton );
   druckButton->setToggleButton( true );
   druckButton->setOn( true );
     //... Anlegen der schriftTools-Werkzeugleiste .......
   schriftTools = new QToolBar( this );
   new QToolButton( QPixmap( "normal.xpm" ), "Normal", QString::null,
                    this, SLOT(normal()), schriftTools );
   QToolButton *fettSchrift =
          new QToolButton( QPixmap( "fett.xpm" ), "Fett", QString::null,
                           this, SLOT(fett()), schriftTools );
    fettSchrift->setUsesTextLabel( true );
   QToolButton *kursivSchrift =
          new QToolButton( QPixmap( "kursiv.xpm" ), "Kursiv", QString::null,
                           this, SLOT(kursiv()), schriftTools );
    kursivSchrift->setUsesTextLabel( true );
   addDockWindow( schriftTools, "Schriftarten" );
   fettSchrift->setToggleButton( true );
   fettSchrift->setOn( true );
   schriftTools->setStretchableWidget( fettSchrift );
}
//..................................................... main .........
int main( int argc, char ** argv ) {
   QApplication a( argc, argv );
   HauptFenster m;
   m.setGeometry( 10, 10, 400, 300 );
   a.setMainWidget( &m );
   m.show();
   return a.exec();
}
```

3.10.6 Multiple Document Interface (`QWorkspace`)

Auf Windows-Systemen existieren so genannte *Multiple Document Interfaces (MDI)*. MDI-Programme enthalten in einem Hauptfenster mehrere Subwindows, in denen sich ihrerseits unterschiedliche Anwendungen (wie z. B. ein Editor oder eine Malfläche zum Zeichnen) befinden. Jedes dieser Subwindows verhält sich weitgehend wie das Hauptfenster, was bedeutet, dass jedes z. B. seine eigene Titelleiste hat, es verkleinert, vergrößert, minimiert oder geschlossen werden kann.

Um ein MDI-Objekt zu erzeugen, steht die Klasse `QWorkspace` zur Verfügung. Mit dem Konstruktor

`QWorkspace(QWidget *parent=0, const char *name=0)`

lässt sich ein solches Objekt anlegen, wobei meist ein `QMainWindow`-Objekt als `parent` hierbei angegeben wird, und anschließend das `QWorkspace`-Objekt mit

`setCentralWidget(workspace)`

als Arbeitsfenster für das `QMainWindow`-Objekt festgelegt wird.

Die im `QWorkspace`-Objekt angelegten Subwindows-Objekte verfügen dann über die Methoden der jeweiligen Klasse. Sind sie z. B. direkt oder indirekt von `QWidget` abgeleitet, so lassen sie sich mit `show()` und `hide()` ein- bzw. ausblenden, oder aber mit `showMaximized()` maximieren usw.

Da die Klasse `QWorkspace` ihrerseits von `QWidget` abgeleitet ist, verfügt auch sie über alle Methoden, Slotroutinen usw. dieser Klasse. Daneben bietet sie jedoch selbst auch eigene Methoden, Slotroutinen und Signale an, wie z. B.

`cascade() slot`
: alle Subwindows im `QWorkspace`-Widget werden kaskadiert nach rechts unten angezeigt, wobei sie so verkleinert werden, dass außer beim letzten gerade noch die Titelleiste sichtbar ist.

`tile() slot`
: alle Subwindows im `QWorkspace`-Widget werden nebeneinander in Form von Kacheln angezeigt, wobei sie sich dabei nicht überlappen und bei Bedarf automatisch so verkleinert werden, dass sie nebeneinander passen.

`setScrollBarsEnabled(bool enable)`
: legt fest, ob bei Bedarf automatisch Laufbalken im `QWorkspace`-Widget anzuzeigen sind oder nicht. Mit `scrollBarsEnabled()` lässt sich dabei ermitteln, was diesbezüglich gerade eingestellt ist.

`QWidget *activeWindow() const`
: liefert das Widget, das gerade den Fokus besitzt.

`windowActivated(QWidget *w) signal`
: Dieses Signal wird geschickt, wenn ein neues Subwindow aktiviert wird, wobei der Parameter `w` dieses identifiziert.

Programm 3.13 ist ein Demoprogramm zu `QWorkspace`, wobei es im Arbeitsfenster zehn Subwindows (`QLabel`-Objekte) anlegt, die es mit zufälligen Hintergrundfarben füllt. Über den Menüpunkt *Menü* kann der Benutzer einstellen, ob die Subwindows kaskadiert oder als Kacheln anzuzeigen sind. Daneben kann er auch über das Menü das automatische Einblenden von Laufbalken ein- bzw. ausschalten (siehe Abbildung 3.25).

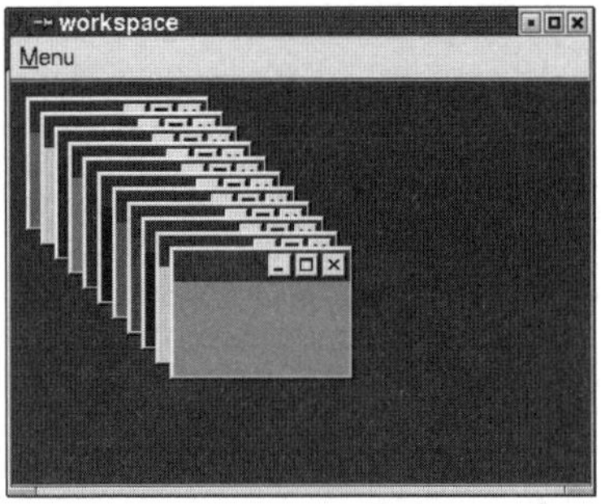

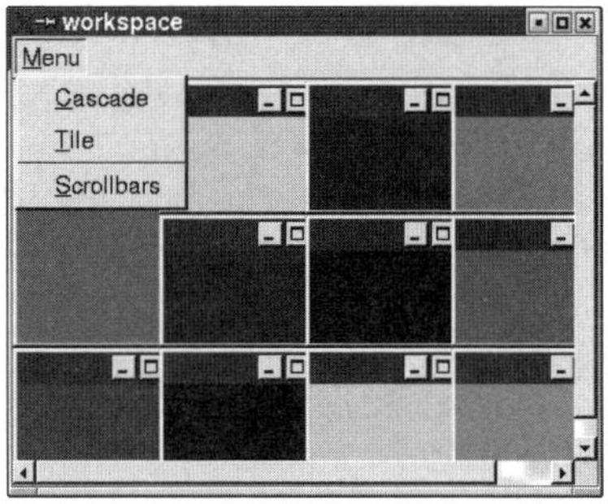

Abbildung 3.25: `QWorkspace`-Widget mit kaskadierten und gekachelten Subwindows

Programm 3.13 – `workspace.cpp`:
Demoprogramm zu `QWorkspace`

```
#include <qapplication.h>
#include <qwidget.h>
#include <qmenubar.h>
#include <qlabel.h>
#include <qpopupmenu.h>
#include <qmessagebox.h>
#include <qmainwindow.h>
#include <qworkspace.h>
#include <stdlib.h>
#include <time.h>
//....................................... HauptFenster-Klasse .........
class HauptFenster : public QMainWindow {
    Q_OBJECT
public:
    HauptFenster() : QMainWindow( 0, "Beispiel zu QWorkspace" ) {
       QLabel *l[10];
       ::srand(time( NULL ) );
       ws = new QWorkspace( this );
       ws->setScrollBarsEnabled( true );
       for (int i=0; i<=10; i++) {
          l[i] = new QLabel( ws );
          l[i]->setPaletteBackgroundColor(
                   QColor( rand()&0xff, rand()&0xff, rand()&0xff ) );
          l[i]->setGeometry( 10+i*10, 10+i*10, 60, 60 );
       }
       toolbarMenu = new QPopupMenu( this );
        toolbarMenu->insertItem( "&Cascade", ws, SLOT( cascade()) );
        toolbarMenu->insertItem( "&Tile", ws, SLOT( tile()) );
        toolbarMenu->insertSeparator();
        toolbarMenu->insertItem( "&Scrollbars", this, SLOT( scrollBar()) );
       menu = new QMenuBar( this );
        menu->insertItem( "&Menu", toolbarMenu );
       setCentralWidget( ws );
```

```
    }
private slots:
    void scrollBar()  { ws->setScrollBarsEnabled( !ws->scrollBarsEnabled() ); }
private:
    QMenuBar   *menu;
    QPopupMenu *toolbarMenu;
    QWorkspace *ws;
};
#include "workspace.moc"
//...................................................... main .........
int main( int argc, char ** argv ) {
    QApplication a( argc, argv );
    HauptFenster m;
    m.setGeometry( 10, 10, 400, 300 );
    a.setMainWidget( &m );
    m.show();
    return a.exec();
}
```

3.10.7 Kurze Hilfstexte mit `QToolTip`

Kurze Hilfsinformation, die automatisch in einem rechteckigen Kasten eingeblendet wird, wenn der Benutzer die Maus eine kürzere Zeit über einem Widget ruhen lässt, wird im Englischen auch mit *Tool tip*, *Bubble help* oder *Balloon help* bezeichnet. Wird die Maus aus dem entsprechenden Widget bewegt oder aber eine Maus- bzw. Tastaturtaste gedrückt, wird ein solcher Tooltip wieder automatisch ausgeblendet. Für solche kurzen Hilfsinformationen stellt Qt die Klasse `QToolTip` zur Verfügung. Um ein Widget mit einem Tooltip zu versehen, muss man nur die Methode `QToolTip::add()` verwenden, wie z. B.:

```
QButtonGroup *buttonBox = new QButtonGroup(1, Horizontal, "RadioButtons", this);
QToolTip::add(buttonBox, "Hier ist nur eine Auswahl moeglich");
```

Hiermit legt man für die gesamte Box `buttonBox`, in der Radiobuttons platziert werden, als Tooltip den Text „Hier ist nur eine Auswahl moeglich“ fest. Dieser Text wird automatisch nach kurzer Zeit eingeblendet, wenn der Benutzer die Maus in diese Box bewegt.
Um eventuell später einen für ein Widget eingerichteten Tooltip wieder zu entfernen, steht die Methode `QToolTip::remove()` zur Verfügung.
An dieser Stelle ist noch anzumerken, dass diese beiden Methoden von `QToolTip` statisch sind, so dass sie wie oben verwendet werden können, ohne dass man hierzu ein eigenes `QToolTip`-Objekt erzeugen muss.
Möchte man das Einblenden eines Tooltip nur auf einen bestimmten Bereich eines Widgets begrenzen, so kann man dies wie folgt tun:

```
QButtonGroup *buttonBox = new QButtonGroup(1, Horizontal, "RadioButtons", this);
QToolTip::add(buttonBox1,
              QRect( 0, 0, buttonBox->width(), buttonBox->height()/3 ),
              "Hier ist nur eine Auswahl moeglich");
```

Hiermit legt man fest, dass der Tooltip nur einzublenden ist, wenn sich die Maus im oberen Drittel der Box befindet. Daneben existieren noch weitere von der Klasse `QToolTip` angebotene Varianten der Methode `add()`, die in der Qt-Online-Dokumentation nachgeschlagen werden können.

3.10.8 Dynamische Tooltips (Möglichkeit 1)^B

In bestimmten Anwendungssituationen können Tooltips nicht statisch festgelegt werden, sondern müssen während des Programmlaufs dynamisch erstellt werden. Eine Möglichkeit dies zu tun, ist im Programm 3.14 gezeigt. Dieses Programm durchläuft schrittweise eine der drei möglichen RGB-Komponenten, die zufällig ausgewählt wird, mit den Werten von `0` bis `255`, während die anderen beiden Komponenten `0` bleiben. Für jeden so kombinierten RGB-Wert wird ein Button mit der entsprechenden Farbe angezeigt. Als Tooltip für jeden dieser Buttons wird der zugehörige RGB-Wert (dreiteilig) festgelegt. Klickt der Benutzer nun auf einen solchen Button, dann wird eine vollständige neue Farbe für diesen Button bestimmt, indem alle drei Teile des zugehörigen RGB-Werts zufällig bestimmt werden. Dieser neue RGB-Wert wird dann auch als neuer Tooltip (wieder dreiteilig) für diesen Button festgelegt (siehe auch Abbildung 3.26).

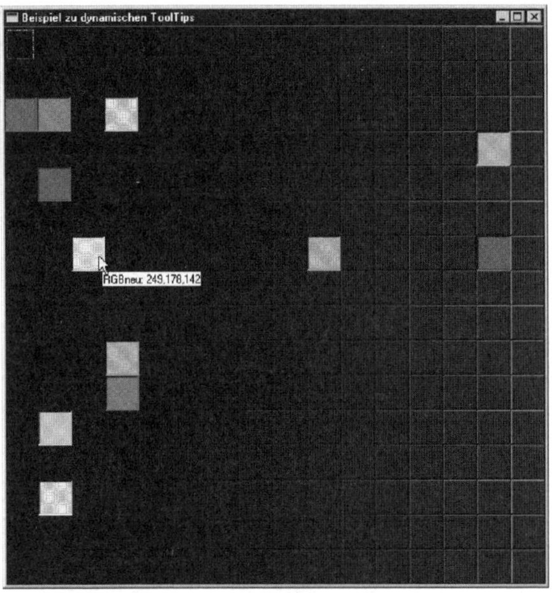

Abbildung 3.26: Buttons, die nach einem Klick mit dynamischen Tooltips versehen werden

Programm 3.14 – `tooltip.cpp`:
Demoprogramm zu dynamischen Tooltips

```
#include  <qapplication.h>
#include  <qpainter.h>
#include  <stdlib.h>
#include  <qwidget.h>
#include  <qpushbutton.h>
#include  <qtooltip.h>
#include  <time.h>
#define  ZEIL_ZAHL    16
#define  SPALT_ZAHL   16
//.................................. FarbButton - Klasse ...........
class FarbButton : public QPushButton {
```

```
    Q_OBJECT
public:
    FarbButton( QColor farb, QWidget *parent=0, const char *name=0 )
                                        : QPushButton( parent, name ) {
        setPaletteBackgroundColor( farb );
        setToggleButton( true );
        QString s;
        s.sprintf( "RGB: %d,%d,%d", farb.red(), farb.green(), farb.blue() );
        QToolTip::add( this, s );
        connect( this, SIGNAL( clicked() ), this, SLOT( klickSlot() ) );
    }
public slots:
    void klickSlot() {
        QString  s;
        QColor farb( rand()&0xff, rand()&0xff, rand()&0xff );
        setPaletteBackgroundColor( farb );
        s.sprintf( "RGBneu: %d,%d,%d", farb.red(), farb.green(), farb.blue() );
        QToolTip::add( this, s );
        this->setOn( true );
    }
};
//................................. MeinWidget - Klasse ...........
class MeinWidget : public QWidget {
  public:
    MeinWidget( QWidget *p=0, const char *nam=0 ) : QWidget( p, nam ) {
        ::srand( time(NULL) );
        setMinimumSize( 100, 100 );
        setGeometry(10, 10, 600, 600);
        setCaption( "Beispiel zu dynamischen ToolTips" );
        rgb_teil = rand()%3;
        breite = width()/SPALT_ZAHL;
        hoehe  = height()/ZEIL_ZAHL;
        rot = gruen = blau = 0;
        for (int i=0; i < SPALT_ZAHL; i++) {
           for (int j=0; j < ZEIL_ZAHL; j++) {
              f[i][j] = new FarbButton( QColor(rot, gruen, blau), this );
              f[i][j]->setGeometry( i*breite, j*hoehe, breite, hoehe );
              switch (rgb_teil) {
                 case 0: rot++;    break;
                 case 1: gruen++;  break;
                 case 2: blau++;   break;
              }
           }
        }
    }
  protected:
    void resizeEvent( QResizeEvent * ) {
        breite = width()/SPALT_ZAHL;
        hoehe  = height()/ZEIL_ZAHL;
        resize( breite*SPALT_ZAHL, hoehe*ZEIL_ZAHL );
```

```
        for (int i=0; i < SPALT_ZAHL; i++)
           for (int j=0; j < ZEIL_ZAHL; j++)
               f[i][j]->setGeometry( i*breite, j*hoehe, breite, hoehe );
        show();
     }
 private:
    int         breite, hoehe, rgb_teil, rot, gruen, blau;
    FarbButton *f[SPALT_ZAHL][ZEIL_ZAHL];
};
#include "tooltip.moc"
//.......................................... main ...........
int main( int argc, char *argv[] ) {
    QApplication a( argc, argv );
    MeinWidget mw;
    a.setMainWidget( &mw );
    mw.show();
    return a.exec();
}
```

3.10.9 Dynamische Tooltips (Möglichkeit 2)^Z

Eine andere Möglichkeit, dynamische Tooltips zu realisieren, ist die folgende Vorgehensweise: Man definiert sich eine eigene von `QToolTip` abgeleitete Klasse, in der die folgende rein virtuelle Methode neu implementiert wird:

`maybeTip(const QPoint& p) virtual protected`

Der Parameter `p` liefert dabei die Position der Maus. Abhängig von dieser Position kann man nun entscheiden, ob man einen Tooltip anzeigt oder nicht. Hierbei ist auch ein Zugriff auf das Elternwidget, dem der Tooltip zugeordnet ist, mit der Methode `QToolTip::parentWidget()` möglich.

Um den Tooltip einzublenden, muss folgende `QToolTip`-Methode aufgerufen werden:

`tip(const QRect& rect, const QString& text) protected`

Der Parameter `rect` legt dabei die Position und die Größe des Tooltip und `text` legt den anzuzeigenden Tooltip-Text fest.

Im Programm `tooltip2.cpp` werden zunächst drei gefüllte Kreise an zufälligen Stellen positioniert und alle drei durch Linien miteinander verbunden. Einer dieser Kreise wird fest verankert und kann nicht mit der Maus verschoben werden. Dieser Kreis bekommt als statischen Tooltip den Text „Dieser Knopf kann nicht bewegt werden" (siehe Abbildung 3.27 links). Die beiden anderen Kreise können mit der Maus verschoben werden und bekommen dann als neuen Tooltip ihre aktuelle Position zugeordnet. Bei einem Verschieben werden im übrigen auch die Linien zwischen den einzelnen Kreisen aktualisiert (siehe Abbildung 3.27 rechts).

3.10.10 Längere Hilfstexte mit `QToolTipGroup` und `QWhatsThis`

Die Klasse `QToolTipGroup`

In manchen Situationen benötigt man das Anzeigen eines Tooltips nicht nur im entsprechenden Widget, sondern auch an einer anderen Stelle, wie z. B. in einer Statuszeile. Dazu stellt Qt die Klasse `QToolTipGroup` zur Verfügung. Dabei ist es sogar möglich, unter-

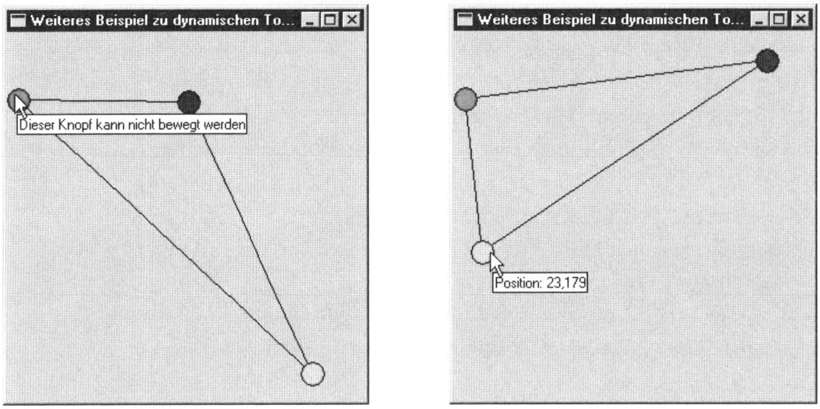

Abbildung 3.27: Statischer Kreis (statischer Tooltip) und zwei verschiebbare Kreise (mit dynamischen Tooltips)

schiedliche Tooltips an den verschiedenen Stellen anzuzeigen. Wie dies zu realisieren ist, soll der folgende Codeausschnitt zeigen:

```
QToolTipGroup *tipgruppe = new QToolTipGroup( parent );
QLabel *label = new QLabel( parent ); // z.B. für Statuszeile
connect( tipgruppe, SIGNAL( showTip(const QString&) ),
         label,     SLOT( setText(const QString&) ) );
connect( tipgruppe, SIGNAL( removeTip() ), label, SLOT( clear() ) );
buttonBox = new QButtonGroup(1, Horizontal, "RadioButtons", this);
QToolTip::add(buttonBox1,
              "kurze Beschreibung fuer Tooltip",
              tipgruppe,
              "andere (evtl. längere) Beschreibung für Statuszeile");
```

Die Klasse `QWhatsThis`

Neben Tooltips bietet Qt noch eine Klasse `QWhatsThis` an, deren Zweck weitgehend dem der Klasse `QToolTip` entspricht, nur dass diese Klasse das Anzeigen von längeren und somit detaillierteren Hilfsinformationen ermöglicht (siehe auch Abbildung 3.28).

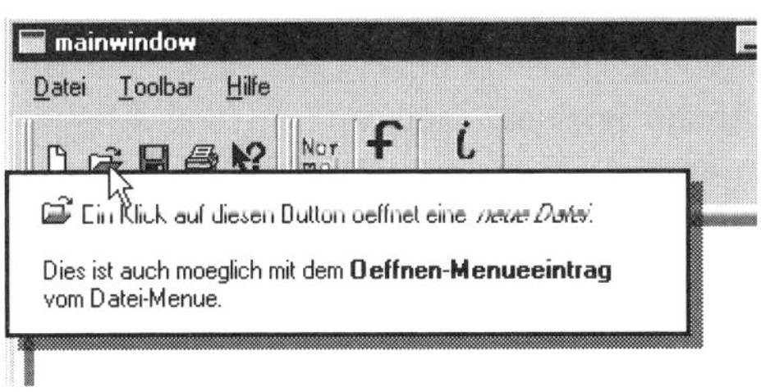

Abbildung 3.28: Ausführlichere Hilfsinformation (`QWhatsThis`)

Um ein `QWhatsThis`-Widget, das einen bestimmten `text` enthält, einem anderen `widget` zuzuordnen, muss lediglich Folgendes aufgerufen werden:

```
QWhatsThis::add(widget, text);
```

Eine andere Möglichkeit, einem Menüeintrag ein `QWhatsThis`-Widget zuzuordnen, ist die von den Klassen `QMenuData` und `QPopupMenu` angebotene Methode:

```
QMenuData::setWhatsThis(int menuid, const QString& text)
QPopupMenu::setWhatsThis(int menuid, const QString& text)
```

`QAction`-Objekten lassen sich mit folgender Methode `QWhatsThis`-Widgets zuordnen:

```
QAction::setWhatsThis(constQString &text)
```

Der `text` kann dabei im RichText-Format gegeben werden. Ebenso kann dieser `text` Pixmaps enthalten, die im `QWhatsThis`-Widget anzuzeigen sind, wie z. B.:

```
const char * dateiOeffnenText = "<img source=\"fileopen\"> \n"
   "Ein Klick auf diesen Button oeffnet eine "<em>neue Datei </em>.<br><br>"
   "Dies ist auch möglich mit <b>Oeffnen-Menueeintrag </b> vom Datei-Menue.";
```

Um eine `QWhatsThis`-Zuordnung zu einem Widget wieder zu entfernen, steht die Methode `remove(QWidget *)` zur Verfügung.

Anders als Tooltips, die automatisch ein- und ausgeblendet werden, werden `QWhatsThis`-Widgets nicht automatisch angezeigt, sondern nur auf Wunsch des Benutzers, der dabei die folgenden Möglichkeiten hat:

- **Drücken der F1-Taste bei gleichzeitig gedrückter Shift ⇑-Taste**
  Daraufhin wird ihm die `QWhatsThis`-Information zu dem Widget angezeigt, auf das gerade die Tastatur fokussiert ist.

- **Mausklick auf Button**  **mit anschließendem Klick auf entsprechendes Widget**
  Daraufhin wird ihm die `QWhatsThis`-Information zu dem angeklickten Widget angezeigt. Der spezielle Help-Button kann mit der folgenden von `QWhatsThis` angebotenen statischen Methode erzeugt werden:

  ```
  QToolButton* QwhatsThisButton(QWidget *parent)
  ```

  Als `parent` wird dabei üblicherweise ein `QToolBar`-Objekt angegeben.
  Um ein solches Umschalten in den `QWhatsThis`-Modus auch über einen Menüeintrag nachzubilden, muss die im folgenden Codeausschnitt gezeigte Vorgehensweise gewählt werden:

  ```
  QPopupMenu *hilfe = new QPopupMenu( this );
  hilfe->insertItem( "&About", this, SLOT(about()), CTRL+Key_H );
  hilfe->insertItem( "About &Qt", this, SLOT(aboutQt()) );
  hilfe->insertSeparator();
      //... whatsThis ist Slotroutine der Klasse QMainWindow
  hilfe->insertItem( "What's &This", this, SLOT(whatsThis()), SHIFT+Key_F1);
  ```

Beide Vorgehensweisen sind im Programm 3.15 nochmals gezeigt.

3.10.11 Statuszeilen (`QStatusBar`)

Statuszeilen, die Informationen zum aktuellen Modus und Zustand eines Programms geben (siehe auch Abbildung 3.29), werden in Qt über die Klasse `QStatusBar` angeboten. Qt unterscheidet drei Arten von Nachrichten in der Statuszeile:

- *Temporäre Nachrichten*
  Solche Nachrichten werden nur kurzzeitig angezeigt. Meist sind dies Hilfsinformationen zu Menüeinträgen oder Toolbuttons. Sie lassen sich in der Statuszeile mit den

Abbildung 3.29: Typisches Aussehen einer Statuszeile

folgenden von `QStatusBar` angebotenen Slotroutinen anzeigen:

```
message(const QString& message) slot
message(const QString& message, int ms) slot
```

Bei der ersten Variante bleibt der entsprechende Text solange in der Statuszeile eingeblendet, bis die ebenfalls von `QStatusBar` angebotene Methode `clear()` aufgerufen wird. Bei der zweiten Variante dagegen wird die Nachricht nur `ms` Millisekunden angezeigt und dann wieder aus der Statuszeile entfernt. Es können niemals mehrere temporäre Nachrichten gleichzeitig in der Statuszeile angezeigt werden, was bedeutet, dass bei einem erneuten Aufruf der Methode `message()` eine schon in der Statuszeile stehende temporäre Nachricht automatisch entfernt wird.

- *Normale Nachrichten*
  Solche Nachrichten befinden sich in der linken Hälfte der Statuszeile und können kurzzeitig durch temporäre Nachrichten überblendet werden. Für normale Nachrichten kann jedes beliebige Widget in der Statuszeile eingeblendet werden, wobei jedoch üblicherweise ein `QLabel`-Widget herangezogen wird, wie z. B. zur Anzeige der Zeilen- und Seitennummer in einem Textverarbeitungsprogramm. Ein anderes Widget, das auch des öfteren in der Statuszeile benutzt wird, ist ein `QProgressBar`-Objekt. Das Einblenden des entsprechenden Widget erfolgt dabei durch die von `QStatusBar` angebotene Methode:

  ```
  addWidget(QWidget *w, int stretch, bool permanent=false)
  ```

  Der Parameter `stretch` legt den relativen Dehnungsfaktor der normalen Nachricht im Vergleich zu der permanenten Nachricht fest, die sich in der rechten Hälfte der Statuszeile befindet. Bei normalen Nachrichten sollte der dritte Parameter entweder weggelassen oder aber hierfür der Wert `false` eingesetzt werden. Das Entfernen eines normalen Nachrichten-Widget aus der Statuszeile ist mit der von `QStatusBar` angebotenen Methode `removeWidget(QWidget *widget)` möglich.

- *Permanente Nachrichten*
  Solche Nachrichten befinden sich in der rechten Hälfte der Statuszeile und können nicht durch temporäre Nachrichten überblendet werden. Man verwendet sie meist, um weitgehend statische Information für den Benutzer einzublenden, wie z. B. den aktuellen Modus in einer Applikation. Oft wird hier jedoch auch das aktuelle Datum mit Uhrzeit eingeblendet. Um eine permanente Nachricht zu erzeugen, muss – wie bei normalen Nachrichten – die Methode `addWidget()` verwendet werden, wobei jedoch für den dritten Parameter `true` anzugeben ist.

3.10.12 Beispiel zu `QMainWindow` mit Werkzeugleisten, Statuszeile und Hilfstexten^B

Programm 3.15 kreiert zwei Werkzeugleisten mit einer Statuszeile sowie einer Menüleiste. Wählt ein Benutzer einen Menüeintrag aus dem *Datei*-Menü aus oder klickt er einen Toolbutton aus den beiden Werkzeugleisten an, so wird ihm diese Auswahl nochmals im Arbeitsfenster (hier ein Label) angezeigt (siehe Abbildung 3.30).

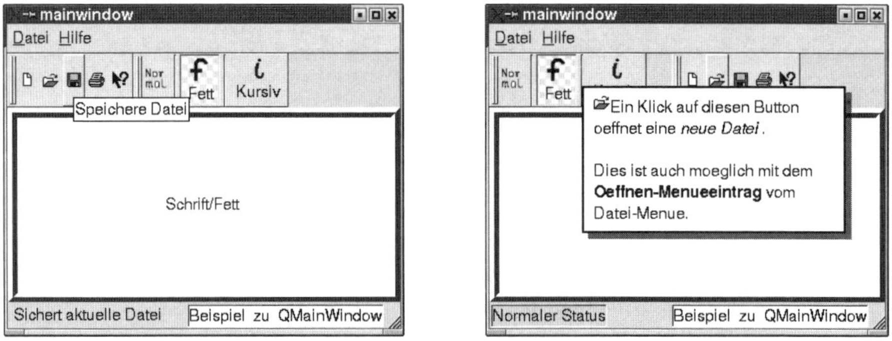

Abbildung 3.30: Tooltip mit temporären Hilfstext in Statuszeile und ausführlichere Hilfsinformation (`QWhatsThis`) zu den oberen Toolbuttons

Bewegt der Benutzer den Cursor über einen der Toolbutton in den Werkzeugleisten, so wird ihm nach einer kurzen Zeitspanne ein kurzer Hilfstext (*Tooltip*) zu diesem Button sowie ein etwas längerer Hilfstext unten in der linken Hälfte der Statuszeile temporär angezeigt (siehe links in Abbildung 3.30).

Klickt man zunächst auf den Help-Button  und anschließend auf einen Button aus der oberen Werkzeugleiste, erhält man einen ausführlicheren Hilfstext (`QWhatsThis`) zu diesem Toolbutton eingeblendet (siehe rechts in Abbildung 3.30).
Das *Datei*-Menü bietet die links in Abbildung 3.31 und das *Hilfe*-Menü die rechts in Abbildung 3.31 gezeigten Menüeinträge an.

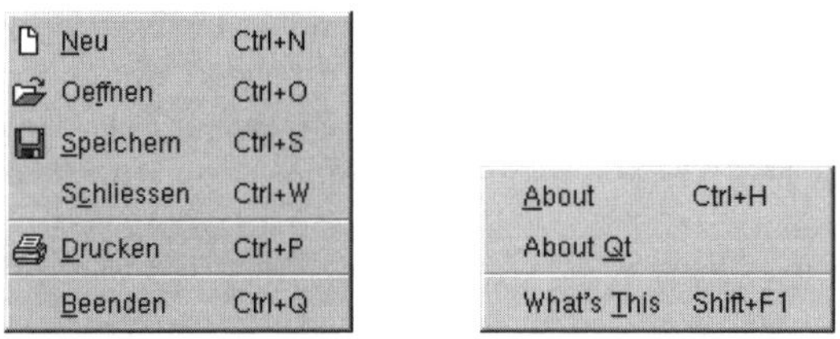

Abbildung 3.31: Das *Datei*- und *Hilfe*-Menü

Programm 3.15 – `mainwindow.cpp`:
Demoprogramm zu QMainWindow

```
#include  ....
//.................................... Texte fuer QWhatsThis .........
const char * dateiNewText =
  "Klicke auf diesen Button, um ein neues Fenster zu erzeugen."
  "Dies ist auch moeglich mit dem <b>Neu-Menueeintrag </b> vom Datei-Menue.";
const char * dateiOpenText = "<img source=fileopen"> \n"
  "Ein Klick auf diesen Button oeffnet eine <em>neue Datei </em>.<br><br>"
  "Dies ist auch moeglich mit dem <b>Oeffnen-Menueeintrag </b> vom Datei-Menue.";
const char * dateiSaveText =
  "Klicke auf diesen Button, um die aktuelle Datei zu sichern."
```

```
    "Dies ist auch moeglich mit dem <b>Sichern-Menueeintrag </b> vom Datei-Menue.";
const char * dateiPrintText =
    "Klicke auf diesen Button, um die aktuelle Datei zu drucken."
    "Dies ist auch moeglich mit dem <b>Drucken-Menueeintrag </b> vom Datei-Menue.";
//..................................... HauptFenster-Klasse .........
class HauptFenster : public QMainWindow {
    Q_OBJECT
public:
    HauptFenster();
signals:
    void    anzeige( const QString& );
private slots:
    void status(const QString & text) { statusBar()->message( text, 3000 ); }
    void neu()     { emit anzeige( "Datei/Neu" );           }
    void open()    { emit anzeige( "Datei/Oeffnen" );       }
    void save()    { emit anzeige( "Datei/Speichern" );     }
    void print()   { emit anzeige( "Datei/Drucken" );       }
    void close()   { emit anzeige( "Datei/Schliessen" );    }
    void normal()  { emit anzeige( "Schrift/Normal" );      }
    void fett()    { emit anzeige( "Schrift/Fett" );        }
    void kursiv()  { emit anzeige( "Schrift/Kursiv" );      }
    void about()   { QMessageBox::about(this, "QMainWindow-Beispiel", "..." ); }
    void aboutQt() { QMessageBox::aboutQt( this, "QMainWindow-Beispiel" ); }
private:
    QMenuBar     *menu;
    QToolBar     *dateiTools, *schriftTools;
    QLabel       *label, *normalStatus, *permanentStatus;
    QPixmap      newP, openP, saveP, printP, normalP, fettP, kursivP;
    void erzeugeToolBars( void );
};
#include "mainwindow.moc"
//................................ HauptFenster-Konstruktor .........
HauptFenster::HauptFenster() : QMainWindow( 0, "Beispiel zu QMainWindow" ),
            newP("new.xpm"),   openP("open.xpm"),
            saveP("save.xpm"), printP("print.xpm"),
            normalP("normal.xpm"),  fettP("fett.xpm"), kursivP("kursiv.xpm") {
    int id;
    erzeugeToolBars();
      //... Anlegen der Menüs ........
    QPopupMenu *datei = new QPopupMenu( this );
    datei->insertItem( newP, "&Neu", this, SLOT(neu()), CTRL+Key_N );
    id = datei->insertItem( openP, "Oe&ffnen", this, SLOT(open()), CTRL+Key_O);
    datei->setWhatsThis( id, dateiOpenText );
    id = datei->insertItem( saveP, "&Speichern", this, SLOT(save()), CTRL+Key_S);
    datei->setWhatsThis( id, dateiSaveText );
    datei->insertItem( "S&chliessen", this, SLOT(close()), CTRL+Key_W);
    datei->insertSeparator();
    id = datei->insertItem( printP, "&Drucken", this, SLOT(print()), CTRL+Key_P);
    datei->setWhatsThis( id, dateiPrintText );
    datei->insertSeparator();
```

```
    datei->insertItem( "&Beenden", qApp, SLOT(quit()), CTRL+Key_Q);
    QPopupMenu *hilfe = new QPopupMenu( this );
    hilfe->insertItem( "&About", this, SLOT(about()), CTRL+Key_H );
    hilfe->insertItem( "About &Qt", this, SLOT(aboutQt()) );
    hilfe->insertSeparator();
    hilfe->insertItem( "What's &This", this, SLOT(whatsThis()), SHIFT+Key_F1);
    menu = new QMenuBar( this );
    menu->insertItem( "&Datei", datei );
    menu->insertSeparator();
    menu->insertItem( "&Hilfe", hilfe );
    label = new QLabel( this );
    label->setFrameStyle( QFrame::Box | QFrame::Raised );
    label->setLineWidth( 5 );
    label->setAlignment( AlignCenter );
    label->setPaletteBackgroundColor( Qt::white );
      //... Konfigurieren der Statusbar .......
    normalStatus = new QLabel( "Normaler Status", statusBar() );
    normalStatus->setPaletteBackgroundColor( QColor( 0, 255, 255 ) );
    statusBar()->addWidget( normalStatus, 0, false );
    permanentStatus = new QLabel( "Beispiel  zu  QMainWindow", statusBar() );
    permanentStatus->setPaletteBackgroundColor( QColor( 255, 255, 0 ) );
    permanentStatus->setAlignment( AlignCenter );
    statusBar()->addWidget( permanentStatus, 0, true );
    statusBar()->message( "Bin bereit", 4000 );
    setCentralWidget( label );
    connect( this,  SIGNAL(anzeige(const QString&)),
             label, SLOT(setText(const QString&)) );
}
//........................................... erzeugeToolBars .........
void HauptFenster::erzeugeToolBars( void ) {
      //... Anlegen der dateiTools-Werkzeugleiste ........
    dateiTools = new QToolBar( this );
    QToolButton *dateiNew = new QToolButton(newP, "Neue Datei", QString::null,
                                    this, SLOT(neu()), dateiTools );
    QToolButton *dateiOpen = new QToolButton(openP,"Oeffne Datei", QString::null,
                                    this, SLOT(open()), dateiTools );
    QToolButton *dateiSave = new QToolButton(saveP, "Speichere Datei",
                              QString::null, this, SLOT(save()), dateiTools );
    QToolButton *dateiPrint = new QToolButton( printP, "Drucke Datei",
                             QString::null, this, SLOT(print()), dateiTools );
    addDockWindow( dateiTools, "Datei-Operationen", Top, false );
    QToolTipGroup * dt = new QToolTipGroup( dateiTools );
    QToolTip::add( dateiNew, "Neue Datei", dt, "Legt ein neues Fenster an");
    QToolTip::add( dateiOpen, "Oeffne Datei", dt, "Oeffnet eine neue Datei");
    QToolTip::add( dateiSave, "Speichere Datei", dt, "Sichert aktuelle Datei");
    QToolTip::add( dateiPrint, "Drucke Datei", dt, "Druckt die aktuelle Datei");
    connect( dt, SIGNAL( showTip( const QString & ) ),
             this, SLOT( status( const QString & ) ) );
    (void)QWhatsThis::whatsThisButton( dateiTools );
    QWhatsThis::add( dateiNew, dateiNewText );
```

```
    QWhatsThis::add( dateiOpen, dateiOpenText );
    QWhatsThis::add( dateiSave, dateiSaveText );
    QWhatsThis::add( dateiPrint, dateiPrintText );
      //... Folg. Zeile ist notwendig, damit Pixmap
      //... fuer Datei-Oeffnen im Hilfstext angezeigt wird
    QMimeSourceFactory::defaultFactory()->setPixmap("fileopen", openP);
      //... Anlegen der schriftTools-Werkzeugleiste .......
    schriftTools = new QToolBar( this );
    QToolButton *normalSchrift = new QToolButton( normalP, "Normal",
                        QString::null, this, SLOT(normal()), schriftTools );
    schriftTools->addSeparator();
    QToolButton *fettSchrift = new QToolButton( fettP, "Fett", QString::null,
                                     this, SLOT(fett()), schriftTools );
    schriftTools->addSeparator();
    QToolButton *kursivSchrift = new QToolButton( kursivP, "Kursiv",
                        QString::null, this, SLOT(kursiv()), schriftTools );
    normalSchrift->setToggleButton( true );
    fettSchrift->setUsesTextLabel( true );
    fettSchrift->setToggleButton( true );
    kursivSchrift->setUsesTextLabel( true );
    kursivSchrift->setToggleButton( true );
    addDockWindow( schriftTools, "Schriftarten", Top, false );
    QToolTipGroup *st = new QToolTipGroup( schriftTools );
    QToolTip::add( normalSchrift, "Normal", st, "Normale Schrift");
    QToolTip::add( fettSchrift, "Fett", st, "Fette Schrift");
    QToolTip::add( kursivSchrift, "Kursiv", st, "Kursive Schrift");
    connect( st,   SIGNAL( showTip( const QString & ) ),
             this, SLOT( status( const QString & ) ) );
    dateiTools->show();
    schriftTools->show();
}
//.................................................... main ........
int main( int argc, char *argv[] ) {
    QApplication a( argc, argv );
    HauptFenster m;
    m.setGeometry( 10, 10, 400, 300 );
    a.setMainWidget( &m );
    m.show();
    return a.exec();
}
```

3.10.13 Einfacher Texteditor^{Z}

Das Programm `editor.cpp` realisiert einen einfachen Editor für Textdateien. Dieser Editor verfügt über die Grundfunktionalität eines jeden Editors, wie Laden und Speichern von Dateien sowie Editieren des Textes, was sich leicht mit einem `QTextEdit`-Widget erreichen lässt. Daneben bietet dieser Editor auch Funktionalitäten wie „Suchen im Text", „Letzte Änderung rückgängig machen", „Text kopieren" usw. an.

3.11 Füllbalken

Qt bietet für so genannte Füllbalken zwei Klassen an:

`QProgressBar`	Horizontaler Füllbalken
`QProgressDialog`	Dialogfenster mit Text, Füllbalken und *Cancel*-Button

3.11.1 Horizontaler Füllbalken (`QProgressBar`)

Für einfache horizontale Füllbalken stellt Qt die Klasse `QProgressBar` zur Verfügung. Solche Füllbalken werden üblicherweise verwendet, um bei länger dauernden Operationen, wie z. B. einer Installation oder einem Download, den Benutzer darüber zu informieren, wie weit die entsprechende Operation schon fortgeschritten ist.

Normalerweise wird man hierfür die weiter unten vorgestellte Klasse `QProgressDialog` verwenden. Es gibt jedoch auch Anwendungsfälle, in denen man einfache horizontale Füllbalken ohne jeglichen Dialog benötigt, wie z. B. beim Laden einer großen Datei, wo man dem Benutzer den Fortschritt dieser Operation als Füllbalken in der Statuszeile anzeigt, oder aber in Dialogboxen, in denen man einen Füllbalken benötigt, aber nicht nur einen *Cancel*-Button, sondern eben mehrere Buttons.

Zum Anlegen eines `QProgressBar`-Objekts bietet Qt folgende Konstruktoren an:

`QProgressBar(QWidget *parent=0, char *name=0, WFlags f=0)`

`QProgressBar(int total, QWidget *par=0, char *nam=0, WFlags f=0)`

Über den Parameter `total` wird die Anzahl der Schritte festgelegt, die im Füllbalken anzuzeigen sind. Die Voreinstellung hierfür ist `100` bei der ersten Variante. Wenn z. B. 200 Dateien zu untersuchen sind, sollte für `total` der Wert `200` angegeben werden. Die weiteren Parameter `par`, `nam` und `f`, die an den `QFrame`-Konstruktor und von dort an den `QWidget`-Konstruktor weitergeleitet werden, werden meist weggelassen. Interessierte können sie in der Qt-Online-Dokumentation beim `QWidget`-Konstruktor nachschlagen.

Einige wichtige Methoden der Klasse `QProgressBar` sind:

`setTotalSteps(int totalSteps) virtual slot`

`int totalSteps() const`

setzt bzw. liefert die eingestellte die Schrittzahl

`setProgress(int progress) virtual slot`

setzt den Füllbalken weiter, wobei `progress` die neue gewünschte Schrittnummer festlegt. Wenn z. B. 200 Dateien zu untersuchen sind, sollte man, bevor die erste Datei untersucht wird, `setProgress(0)` aufrufen. Nachdem man diese erste Datei untersucht hat, muss man `setProgress(1)` und, nachdem man die zweite Datei untersucht hat, `setProgress(2)` aufrufen usw. Nachdem die letzte der 200 Dateien untersucht wurde, muss `setProgress(200)` aufgerufen werden.

`int progress() virtual slot`

liefert die aktuelle Schrittnummer, die in einem Füllbalken angezeigt wird.

`reset() slot`

setzt Füllbalken zurück, indem es ihn leert.

Programm 3.16 ist ein Demonstrationsbeispiel zu einem Füllbalken. Der Benutzer kann dabei wählen, ob der Füllbalken langsam, normal oder schnell zu füllen ist. Während des Füllens des Balkens kann der Benutzer den Vorgang anhalten und dann wieder fortsetzen bzw. kann er den Füllbalken immer auch vollständig zurücksetzen (siehe auch Abbildung 3.32).

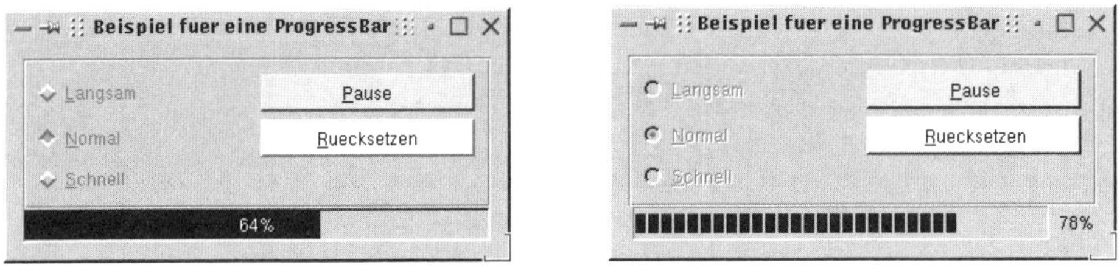

Abbildung 3.32: Progressbar im Motif- und Windows-Stil

Programm 3.16 – `progressbar.cpp`:
Demoprogramm zu Progressbars

```
#include <qapplication.h>
#include <qradiobutton.h>
#include <qpushbutton.h>
#include <qprogressbar.h>
#include <qbuttongroup.h>
#include <qvbox.h>
#include <qtimer.h>
//.............................................................. ProgressBar
class ProgressBar : public QVBox {
    Q_OBJECT
public:
    ProgressBar( QWidget *parent = 0, const char *name = 0 );
protected:
    QRadioButton  *langsam, *normal, *schnell;
    QPushButton   *start, *pause, *ruecksetz;
    QProgressBar  *progress;
    QTimer timer;
protected slots:
    void slotStart();
    void slotRuecksetz();
    void slotTimeout();
};
#include "progressbar.moc"
//.................................................... ProgressBar-Konstruktor
ProgressBar::ProgressBar( QWidget *parent, const char *name )
             : QVBox( parent, name ), timer()                {
    setMargin( 10 );
      // Kreiere eine exklusive Buttongruppe mit zwei Spalten
    QButtonGroup *bg = new QButtonGroup( 2, Horizontal, this );
    bg->setRadioButtonExclusive( TRUE );
      // Drei Radiobuttons zum Festlegen der Geschwindigkeit und zwei
      // Pushbutton zum Start/Pause/Fortsetzen and Ruecksetzen des Progressbars
    langsam   = new QRadioButton( "&Langsam", bg );
    start     = new QPushButton( "S&tart", bg );
    normal    = new QRadioButton( "&Normal", bg );
    ruecksetz = new QPushButton( "&Ruecksetzen", bg );
```

```
    schnell   = new QRadioButton( "&Schnell", bg );
    start->setPaletteBackgroundColor( QColor( 0, 255, 255 ) );
    ruecksetz->setPaletteBackgroundColor( Qt::white );
    progress = new QProgressBar( 100, this );
    connect( start, SIGNAL( clicked() ), this, SLOT( slotStart() ) );
    connect( ruecksetz, SIGNAL( clicked() ), this, SLOT( slotRuecksetz() ) );
    connect( &timer, SIGNAL( timeout() ), this, SLOT( slotTimeout() ) );
    normal->setChecked( true );
}
//.................................................. ProgressBar::slotStart
// wird aufgerufen, wenn Benutzer auf Start/Pause/Fortsetzen klickt
void ProgressBar::slotStart() {
    if ( progress->progress() == -1 ) { // progressbar steht am Anfang
        if ( langsam->isChecked() )
            progress->setTotalSteps( 10000 );
        else if ( normal->isChecked() )
            progress->setTotalSteps( 1000 );
        else
            progress->setTotalSteps( 150 );
        langsam->setEnabled( false );
        normal->setEnabled( false );
        schnell->setEnabled( false );
    }
    if ( !timer.isActive() ) {  // progressbar laeuft gerade nicht
        timer.start( 1 ); // starte Zeitschaltuhr (und Progress) mit
                          // einem Intervall von 1 Millisekunde
        start->setText( "&Pause" ); // 'Pause' in Start/Pause/Fortsetzen-Button
    } else {  // progressbar laeuft gerade
        timer.stop(); // halte Zeitschaltuhr (und Progress) an
        start->setText( "&Fortsetzen" ); // Text in Start/Pause/Fortsetzen-Button
    }
}
//................................................ ProgressBar::slotRuecksetz
// wird aufgerufen, wenn Benutzer auf ruecksetz-Button klickt
void ProgressBar::slotRuecksetz() {
    timer.stop(); // halte Zeitschaltuhr (und Progress) an
    start->setText( "S&tart" ); // 'Start' in Start/Pause/Fortsetzen-Button
    start->setEnabled( true );
    langsam->setEnabled( true );
    normal->setEnabled( true );
    schnell->setEnabled( true );
    progress->reset(); // setze progressbar zurueck;
}
//................................................ ProgressBar::slotTimeout
// wird jede ms aufgerufen, wenn Schaltuhr laeuft (also progressbar aktiv ist)
void ProgressBar::slotTimeout() {
    int p = progress->progress();
    if ( p == progress->totalSteps() )  { // progress beendet
        start->setText( "S&tart" ); // 'Start' in Start/Pause/Fortsetzen-Button
        start->setEnabled( false );
```

```
    } else
      progress->setProgress( ++p ); // erhoehe den progress
}
//............................................................ main
int main(int argc, char *argv[]) {
    QApplication a(argc,argv);
    ProgressBar progressbar;
    progressbar.resize(300,200);
    progressbar.setCaption("Beispiel fuer eine ProgressBar");
    a.setMainWidget(&progressbar);
    progressbar.show();
    return a.exec();
}
```

3.11.2 Dialog mit Text, Füllbalken und Cancel-Button (`QProgressDialog`)

Um ein `QProgressDialog`-Objekt zu erstellen, stellt Qt die beiden folgenden Konstruktor-Varianten zur Verfügung:

```
QProgressDialog(QString& labelText, QString& cancelText,
    int tot, QWidget *creator=0, char *nam=0, bool modal=false,
    WFlags f=0)
QProgressDialog(QWidget *creator=0, char *nam=0,
                bool modal=false, WFlags f=0 )
```

Bei der ersten Variante legt der Parameter `labelText` den Text fest, der dem Benutzer mitteilt, auf welche Aktion sich der angezeigte Füllbalken bezieht. Der Parameter `cancelText` legt den im *Cancel*-Button anzuzeigenden Text fest. Wird hierfür `QString::Null` angegeben, wird kein *Cancel*-Button angezeigt.

Über den Parameter `tot` wird wie zuvor bei `QProgressBar` die Anzahl der Schritte festgelegt, die insgesamt im Füllbalken anzuzeigen sind. Die weiteren Parameter `nam`, `modal` und `f`, die an den `QSemiModal`-Konstruktor weitergeleitet werden, werden meist weggelassen. Interessierte können sie in der Qt-Online-Dokumentation beim `QSemiModal`-Konstruktor nachschlagen.

Bei der zweiten Variante des obigen Konstruktors werden für die ersten drei fehlenden Parameter die folgenden voreingestellten Werte verwendet:

```
labelText=QString::Null
cancelText="Cancel"
tot=100
```

Einige weitere wichtige Methoden, welche die Klasse `QProgressDialog` anbietet, sind:

`setLabel(QLabel *label)`
: legt ein Label an, in dem der Benutzer über die Aktion informiert werden kann, auf die sich der Füllbalken bezieht.

`setLabelText(const QString& text) slot`
: legt den im Informationslabel anzuzeigenden Text fest.

`setCancelButton(QPushButton *cancelButton)`
: richtet einen *Cancel*-Button im `QProgressDialog`-Objekt ein.

`setCancelButtonText(const QString& cancelButtonText) slot`
: legt den Text für den *Cancel*-Button fest.

`setBar(QProgressBar *bar)`
: richtet einen Füllbalken im `QProgressDialog`-Objekt ein.

`setTotalSteps(int totalSteps) slot`
: legt die insgesamt im Füllbalken anzuzeigenden Schrittanzahl fest.

`setProgress(int progress) slot`
: legt die schon durchgeführte, also anzuzeigende Schrittzahl im Füllbalken fest.

`reset() slot`
: setzt den Füllbalken zurück.

`int totalSteps() const`
: liefert die für den Füllbalken festgelegte Gesamtschrittanzahl.

`int progress() const`
: liefert die aktuelle im Füllbalken angezeigte Schrittanzahl. Liefert diese Methode `-1`, dann hat die Anzeige im Füllbalken noch nicht begonnen.

`bool wasCanceled() const`
: liefert `true`, wenn im `QProgressDialog`-Objekt der *Cancel*-Button geklickt bzw. die Slotroutine `cancel()` explizit aufgerufen wurde, sonst `false`.

`cancel() slot`
: setzt den Füllbalken zurück. Nach dem Aufruf dieser Slotroutine liefert die Methode `wasCanceled()` als Rückgabe `true` und das `QProgressDialog`-Widget wird ausgeblendet.

`setMinimumDuration(int ms) slot`
: Die Klasse `QProgressDialog` zeigt nicht jedes geforderte `QProgressDialog`-Widget an. Abhängig von der Dauer, die für den ersten Schritt benötigt wird, berechnet sie die Gesamtdauer. Nur wenn diese Gesamtdauer vier Sekunden überschreitet, zeigt sie das `QProgressDialog`-Widget an. So wird verhindert, dass `QProgressDialog`-Widgets nur für wenige Millisekunden eingeblendet werden, was meist sehr störend für den Benutzer ist. Ist der Programmierer mit dieser Minimaldauer von vier Sekunden nicht einverstanden, kann er mit der Methode `setMinimumDuration(int ms)` eine eigene Mindestdauer (in Millisekunden) für das Einblenden eines `QProgressDialog`-Widgets festlegen. Bei `ms=0` wird das `QProgressDialog`-Widget immer eingeblendet.

`int minimumDuration() const slot`
: liefert die Millisekunden, die vergehen müssen, bevor das `QProgressDialog`-Widget eingeblendet wird.

`setAutoReset(bool b)`
: legt fest, ob automatisch `reset()` aufzurufen ist, wenn der Füllbalken die maximale Schrittzahl erreicht hat (Voreinstellung) oder nicht.

`setAutoClose(bool b)`
: legt fest, ob das `QProgressDialog`-Widget automatisch auszublenden, wenn `reset()` aufgerufen wird (Voreinstellung) oder nicht.

Nachfolgend noch einige Punkte, die zu beachten sind:

- Bei den Methoden `setLabel()`, `setBar()` und `setCancelButton()` wird das `QProgressDialog`-Objekt Eigentümer des übergebenen Labels, Füllbalkens bzw. Buttons, was bedeutet, dass diese beim Entfernen des `QProgressDialog`-Objekts automatisch gelöscht werden, weshalb hier auch niemals die Adresse eines Objekts, das sich auf dem Stack befindet, übergeben werden sollte.

- `QProgressDialog`-Widgets sollten nicht mit `exec()`, sondern mit `show()` angezeigt werden, da sie keine echten modalen Dialoge sind.
- Ein `QProgressDialog`-Objekt schickt das Signal `canceled()`, wenn der *Cancel*-Button geklickt wird. Die Voreinstellung ist, dass beim Auftreten dieses Signals die oben vorgestellte Slotroutine `cancel()` aufgerufen wird. Der Benutzer muss dafür sorgen, dass beim Auftreten dieses Signals auch die im Hintergrund laufende Operation abgebrochen wird, für welche das `QProgressDialog`-Widget angezeigt wurde. Er sollte also das Signal `canceled()` mit einer eigenen Slotroutine verbinden, die für den Abbruch der entsprechenden Aktion sorgt.

Ein typischer Codeausschnitt bei einem länger dauernden Kopieren von Dateien mit dem Einblenden eines `QProgressDialog`-Widgets ist z. B.:

```
QProgressDialog progress("Kopiere Dateien...", "Abbruch", dateiZahl,
                         this, "progress", TRUE);
for (int i=0; i< dateiZahl; i++) {
   progress.setProgress(i);
   qApp->processEvents();
   if ( progress.wasCanceled() )
      break;
   //..... Code zum Kopieren einer Datei
}
progress.setProgress( dateiZahl );
```

3.11.3 Demoprogramm zu `QProgressDialog`^{Z}

Das Programm `progressdialog.cpp` ist ein Demonstrationsbeispiel zu einem `QProgressDialog`-Widget. Es zeichnet dabei `n` zufällige Linien, wobei der Startpunkt einer Linie immer der Endpunkt der vorherigen Linie ist. Wie viele Linien der Benutzer dabei gezeichnet haben möchte, kann er über das *Datei*-Menü, und wie diese Linien zu zeichnen sind (zeit- oder codegesteuert), kann er über das *Optionen*-Menü wählen. Beim *Optionen*-Menü hat der Benutzer noch die Möglichkeit festzulegen, ob eine Mindestdauer bei dieser Zeichenoperation zum Einblenden eines `QProgressDialog`-Widgets eingehalten werden soll oder nicht (siehe Abbildung 3.33). Nach einer Auswahl im *Datei*-Menü wird abhängig von den Einstellungen im *Optionen*-Menü mit dem Zeichnen begonnen und ein `QProgressDialog`-Widget eingeblendet (siehe rechts in Abbildung 3.33).

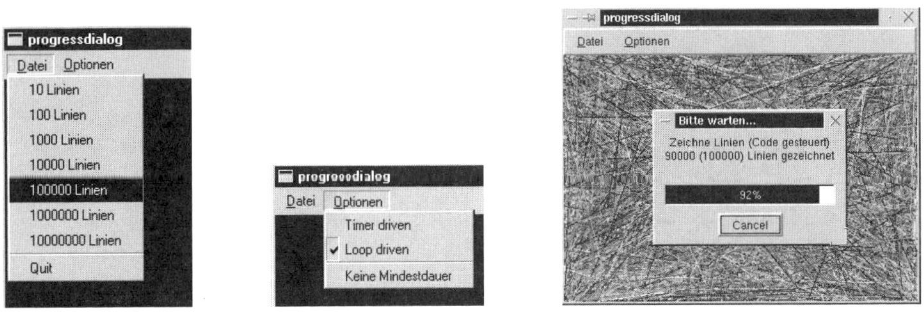

Abbildung 3.33: Auswahlmöglichkeiten und eingeblendetes `QProgressDialog`-Widget beim Programm `progressdialog.cpp`

3.11.4 Steuern eines Füllbalkens über Schiebebalken^Z

Das Programm `progressbar2.cpp` ermöglicht es, die Anzeige in einem Füllbalken über einen Schiebebalken zu steuern (siehe auch Abbildung 3.34).

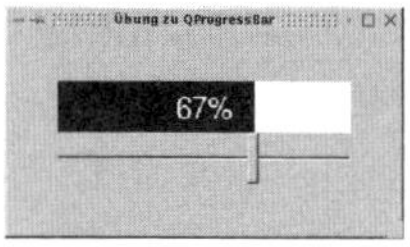

Abbildung 3.34: Steuern eines Füllbalkens über einen Schiebebalken

3.11.5 Würfeln der Gaußschen Glockenkurve^Z

Wirft man sechs Würfel gleichzeitig, ergibt sich eine gesamte Augensumme zwischen 6 und 36. Es ist offensichtlich, dass die kleinstmögliche Augensumme 6 (alle Würfeln eine Eins) sehr viel unwahrscheinlicher ist als z. B. die Augensumme 20, welche durch mehrere Kombinationen der einzelnen Augen gebildet werden kann. Das Programm `progressdialog2.cpp` simuliert dieses gleichzeitige Werfen von sechs Würfeln, und zwar 100 Millionen mal. Immer nach 10 000 Würfelsimulationen wird eine Statistik über die Anzahl der erschienenen einzelnen Augensummen in Form eines Stabdiagramms angezeigt, wobei der größte Stab die ganze Widget-Höhe beansprucht, während die Höhen der anderen Stäbe dann relativ zu diesem angezeigt werden (siehe links in Abbildung 3.35). Über ein zusätzlich eingeblendetes `QProgressDialog`-Widget, das den Fortschritt der Simulation anzeigt, hat der Benutzer die Möglichkeit, diese Simulation jederzeit abzubrechen (siehe rechts in Abbildung 3.35).

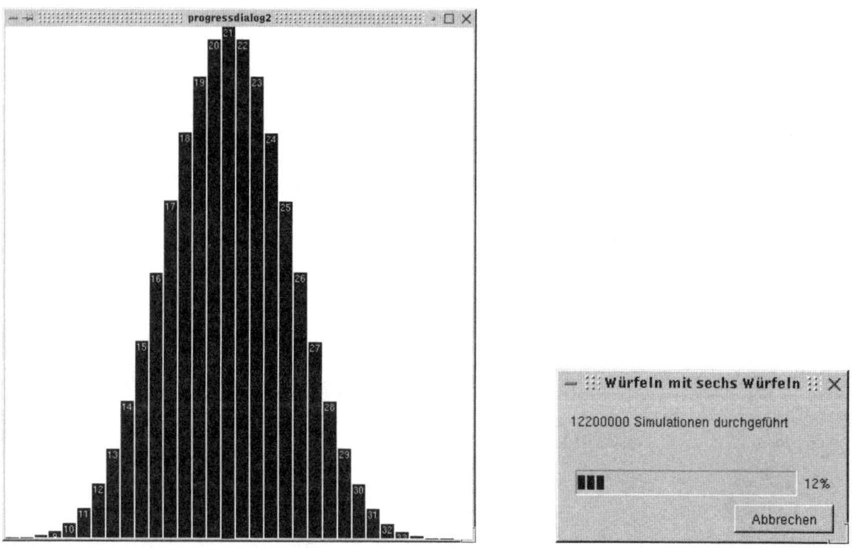

Abbildung 3.35: Stabdiagramm zu den Augensummen beim Werfen von sechs Würfeln und Fortschrittsanzeige der Simulation mit *Abbrechen*-Button

3.12 Listenansichten

Qt bietet für so genannte Listenansichten zwei Klassen an:

- `QListView`: Widget zum Anzeigen von Informationen in Baumform.
- `QListViewItem`: Einträge in einem `QListView`-Widget. Die einzelnen Einträge umfassen dabei immer eine Zeile, welche die entsprechende Information in mehreren Spalten anzeigen kann. Untereinander können die einzelnen Einträge hierarchisch, also in Baumform organisiert werden.

3.12.1 Die Klasse `QListView`

Um ein `QListView`-Widget anzulegen, muss folgender Konstruktor aufgerufen werden:

`QListView(QWidget *parent=0, const char *name=0)`

Einige wichtige Methoden, die `QListView` anbietet, sind:

`setColumnWidthMode(int c, WidthMode modus) virtual`

legt den Modus (`Manual` oder `Maximum`) fest, der für Spalte `c` einzuschalten ist. Die Spaltenzählung beginnt immer bei `0`.

`int addColumn(const QString& label, int width=-1) virtual`

fügt eine neue Spalte rechts hinzu, wobei als Überschrift der Text `label` verwendet wird. Diese Methode liefert den Index der neuen Spalte zurück. Die Breite dieser Spalte kann über `width` festgelegt werden. Wird für `width` eine negative Zahl angegeben, wird hierfür der Modus `Maximum` angenommen, was eine Konstante des `enum`-Typs `WidthMode` ist. Dieser `enum`-Typ kennt zwei Konstanten:

`Manual` Spaltenbreite wird nicht automatisch angepasst. In diesem Fall lässt sie sich mit `setColumnWidth(int column, int w)` setzen.

`Maximum` Spaltenbreite wird automatisch angepasst, so dass auch der breiteste Eintrag in dieser Spalte noch vollständig angezeigt werden kann.

`setSelectionMode(SelectionMode mode)`

legt den Modus fest, mit dem der Benutzer Listeneinträge auswählen kann. Für `mode` kann dabei eine der folgenden vordefinierten Konstanten angegeben werden:

`Single`

Es kann dann immer nur einer der Listeneinträge ausgewählt werden. Wird ein neuer Listeneintrag durch den Benutzer ausgewählt, wird automatisch die vorherige Auswahl zurückgenommen. Dies ist die Voreinstellung.

`Multi`

Wenn der Benutzer einen Listeneintrag auswählt, ändert dieser Eintrag seinen Zustand: von „ausgewählt" zu „nicht ausgewählt" bzw. umgekehrt. Die anderen Listeneinträge bleiben davon unberührt, behalten also ihren Zustand. Somit ist es in diesem Modus möglich, mehrere Listeneinträge auszuwählen.

`Extended`

Wählt der Benutzer einen neuen Listeneintrag in der normalen Art aus, wird wie bei `Single` der bisher ausgewählte Eintrag als „nicht ausgewählt" markiert.

Drückt der Benutzer aber die `Strg`-Taste, während er einen neuen Eintrag anklickt, hat er ein Verhalten wie bei `Multi`: Angeklickter Eintrag ändert seinen Zustand: von „ausgewählt" nach „nicht ausgewählt" bzw. umgekehrt, während die anderen Listeneinträge davon unberührt bleiben.

Drückt der Benutzer die (Shift ⇑)-Taste, während er einen neuen Eintrag anklickt, werden alle Listeneinträge zwischen dem aktuellen (zuletzt angeklickten) Eintrag und dem gerade angeklickten Eintrag als „ausgewählt" markiert. In diesem Modus kann man auch durch Ziehen der Maus bei gedrückter linker Maustaste mehrere Listeneinträge auf einmal auswählen.

`NoSelection`

Es ist keinerlei Auswahl in den Listeneinträgen möglich.

`setSelected(QListViewItem *item, bool selected) virtual`

ermöglicht es vom Programm aus, einen Listeneintrag auszuwählen (`selected=true`) bzw. eine Auswahl wieder zurückzunehmen (`selected=false`). Ist der Einzelauswahlmodus eingeschaltet, so wird bei `selected=true` automatisch die Auswahl des aktuell ausgewählten Listeneintrags zurückgenommen und das Signal `selectionChanged()` geschickt. Anders als die gleichnamige Methode `QListViewItem::setSelected()` aktualisiert diese Methode die Listenansicht und schickt auch das Signal `selectionChanged()`.

`setAllColumnsShowFocus(bool enable) virtual`

legt fest, ob bei Auswahl eines Listeneintrags bzw. beim Setzen des Tastaturfokus auf einen Listeneintrag alle Spalten (`enable=true`) oder nur die erste Spalte (`enable=false`) invers hervorzuheben („zu highlighten") ist. Die Voreinstellung ist: `enable=false`.

`setRootIsDecorated(bool enable) virtual`

legt fest, ob bei Listeneinträgen, zu denen weitere Untereinträge existieren, entsprechende Sonderzeichen (Pfeile nach unten/rechts im Motif-Stil bzw. -/+ im Windows-Stil) anzuzeigen sind, wenn ein Listeneintrag geöffnet bzw. geschlossen ist. Dies kann mit `enable=true` erreicht werden. Mit `enable=false`, was die Voreinstellung ist, werden keine solchen Sonderzeichen eingeblendet.

`setTreeStepSize(int l) virtual`

legt die Anzahl von Pixeln fest, um die untergeordnete Einträge in der Baumansicht einzurücken sind. Die Voreinstellung ist dabei 20 Pixel.

`setSorting(int column, bool ascending=true) virtual`

Klickt man auf eine der Spaltenüberschriften, so werden alle Listeneinträge nach den Daten in dieser Spalte sortiert. Um ein solches Sortieren vom Programm aus zu erreichen, muss man die Methode `setSorting()` aufrufen, wobei als erster Parameter die Nummer der Spalte anzugeben ist, nach der zu sortieren ist, und als zweiter Parameter, ob aufsteigend (`true`) oder absteigend (`false`) zu sortieren ist. Bei `column=-1` wird die Sortierung ausgeschaltet, so dass der Benutzer diese Spalte nicht durch einen Mausklick zum Sortieren verwenden kann.

`setCurrentItem(QListViewItem *i) virtual`

setzt den Tastaturfokus auf den Listeneintrag `i`.

`QListViewItem* firstChild() const`

liefert ersten Listeneintrag bzw. `0`, wenn kein solcher existiert. Mit `nextSibling()` kann dann der Listenbaum durchlaufen werden. Eine andere Möglichkeit, den Listenbaum zu durchlaufen ist die Verwendung des weiter unten beschriebenen Iterators `QListViewItemIterator`.

Ein `QListView`-Widget sendet unter anderem folgende Signale, wenn ...:

`selectionChanged()`

sich die Auswahl der Listeneinträge ändert

`selectionChanged(QListViewItem *)`
im Modus „Einfachauswahl" ein neuer Listeneintrag ausgewählt wird, wobei der Parameter den neu ausgewählten Listeneintrag liefert.

`currentChanged(QListViewItem *)`
sich der Tastaturfokus ändert, wobei der Parameter den Listeneintrag liefert, auf den der Tastaturfokus neu eingestellt wurde.

`doubleClicked(QListViewItem *, const QPoint &, int)`
auf einem Listeneintrag ein doppelter Mausklick stattfindet. Der erste Parameter identifiziert dabei das betroffene Listenelement und der zweite liefert die globalen Koordinaten des Mausklicks. Der dritte Parameter schließlich liefert den Index der betroffenen Spalte bzw. -1, wenn der Mausklick außerhalb der Liste stattfand.

`returnPressed(QListViewItem *)`
bei dem Listeneintrag, auf den gerade der Tastaturfokus eingestellt ist, die ⏎-Taste gedrückt wird. Dieses Signal und das vorherige sollten beide mit der gleichen Slotroutine verbunden werden, da es sich eingebürgert hat, dass ein Doppelklick mit der Maus die gleiche Funktionalität nach sich zieht wie ein Drücken der ⏎-Taste.

`rightButtonClicked(QListViewItem *, const QPoint&, int)`
die rechte Maustaste geklickt wird. Dieses Signal empfiehlt sich für das Einblenden eines Kontextmenüs. Die beiden letzten Argumente liefern die globalen Mauskoordinaten und die Spalte des Mausklicks.

3.12.2 Die Klasse `QListViewItem`

Diese Klasse bietet eine Vielzahl von Methoden an, wobei die meisten für spezielle Anwendungsfälle ausgelegt sind. Hier werden deshalb nur die wichtigsten vorgestellt, für die übrigen sei auf die Qt-Online-Dokumentation verwiesen. Solange man nur Text als Listeneinträge benutzt, wird man meist nur die Konstruktoren dieser Klasse benötigen. Grundsätzlich gibt es vier Möglichkeiten, um einen neuen Listeneintrag zu erzeugen, der dann wie folgt eingeordnet wird:

`QListViewItem(QListView *parent)`
an oberster Stelle (im Toplevel), also in der Wurzel des Baums

`QListViewItem(QListViewItem *parent)`
in einer tieferen Ebene des Listenbaums

`QListViewItem(QListView *parent, QListViewItem *after)`
im Toplevel nach dem Listeneintrag `after`

`QListViewItem(QListViewItem *parent, QListViewItem *after)`
in einer tieferen Ebene nach dem Listeneintrag `after`

Zu allen vier Möglichkeiten gibt es nun noch eine Variante, bei der man bis zu acht Strings angeben kann, die in den jeweiligen Spalten als Text einzusetzen sind. Benötigt man mehr als acht Spalten oder möchte man Pixmaps in den Spalten anzeigen, so muss man eine der beiden folgenden Methoden verwenden:

`setText(int column, const QString& text) virtual`

`setPixmap(int column, const QPixmap& pm) virtual`

Einige weitere wichtige Methoden sind:

`setSelected(bool s) virtual`
ermöglicht es, vom Programm aus einen Listeneintrag auszuwählen (`s=true`) bzw. eine Auswahl wieder zurückzunehmen (`s=false`).

`setExpandable(bool enable) virtual`
: legt fest, ob ein Listeneintrag geöffnet werden kann, auch wenn er keine Untereinträge besitzt (`enable=true`) bzw. dass er nur geöffnet werden kann, wenn er Untereinträge besitzt (`enable=false`), was die Voreinstellung ist.

`setSelectable(bool enable) virtual`
: legt fest, ob ein Listeneintrag per Mausklick oder über den Tastaturfokus ausgewählt werden kann (`enable=true`), was die Voreinstellung ist, oder nicht.

`QListViewItem* firstChild() const`
: liefert ersten Untereintrag zu diesem Listeneintrag bzw. `0`, wenn kein solcher existiert. Mit folgenden Methoden kann man dann den ganzen Baum durchlaufen.

`QListViewItem* nextSibling() const`
: liefert den nächsten Listeneintrag, der sich auf der gleichen Ebene befindet, bzw. `0`, wenn kein solcher mehr existiert.

`QListViewItem* itemBelow()`
`QListViewItem* itemAbove()`
: liefern den nächsten Listeneintrag, der sich auf dem Bildschirm unmittelbar unterhalb bzw. oberhalb befindet. Beide Methoden setzen dabei voraus, dass alle übergeordneten Listeneinträge geöffnet sind.

3.12.3 Die Klasse `QListViewItemIterator`

Die Klasse `QListViewItemIterator` stellt einen Iterator zur Verfügung, mit dem man eine zusammengehörige Menge von `QListViewItem`-Objekten durchlaufen kann. Hat man z. B. ein `QListViewItemIterator`-Objekt `it`, so bewegt die Anweisung `++it` den Iterator zunächst auf den ersten untergeordneten Listeneintrag. Sollte kein untergeordneter Listeneintrag existieren, wird der Iterator auf den nächsten Listeneintrag der gleichen Ebene bewegt. Existiert auch kein weiterer Listeneintrag auf der gleichen Ebene, wird der Iterator auf den nächsten Listeneintrag in der übergeordneten Ebene bewegt.
Möchte man z. B. alle ausgewählten Listeneinträge erfragen und in einer Liste (`QPtrList`-Objekt) ablegen, so bietet sich der folgende Codeausschnitt an:

```
QListView *lv = new QListView(this);
lv->setSelectionMode( Extended );

//... Erzeugen der Listeneinträge

   //... Funktion zum Ermitteln aller ausgewählten Listeneinträge
QPtrList<QListViewItem> * getSelectedItems( QListView *lv ) {
    if ( !lv )
       return 0;
       //... Lege ein QList-Objekt an (dazu s.u.))
    QPtrList<QListViewItem> *lst = new QPtrList<QListViewItem>;
      //... Durchlaufen aller Listeneinträge
    QListViewItemIterator it( lv );
    for ( ; it.current(); ++it )
       if ( it.current()->isSelected() )
          lst->append( it.current() );
    return lst;
}
```

3.12.4 Drag-and-Drop bei `QListView`-Objekten

Die Klasse `QListView` unterstützt auch *Drag-and-Drop*. Darauf wird hier aus Platzgründen nicht tiefer eingegangen. Interessierte Leser seien hier auf das bei der Qt-Distribution mitgelieferte Beispiel `dirview` verwiesen.

3.12.5 Einfaches Beispiel zu einer Listenansicht^B

Programm 3.17, das eine Tierverwaltung in einem Zoo über eine Listenansicht realisiert, zeigt die grundlegenden Operationen für die Implementierung einer einfachen Listenansicht, wie sie in Abbildung 3.36 gezeigt ist.

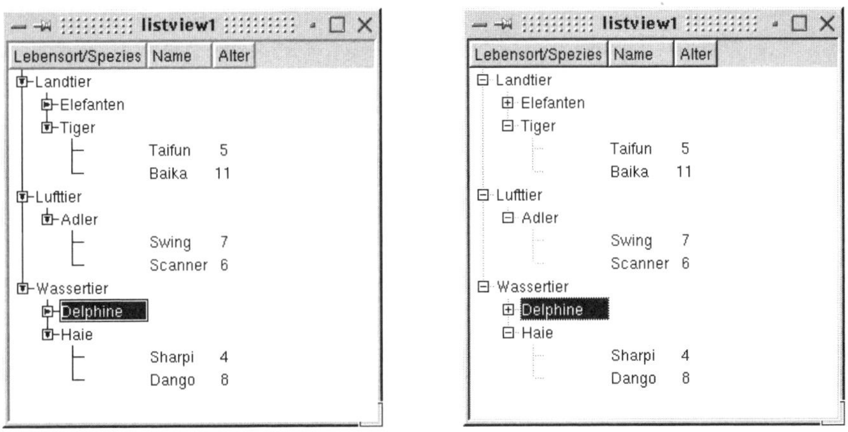

Abbildung 3.36: Tierübersicht in einem Zoo in Form einer Listenansicht im Motif-Stil (links) und im Windows-Stil (rechts)

Programm 3.17 – `listview1.cpp`:
Tierübersicht in einem Zoo über eine Listenansicht

```
#include <qapplication.h>
#include <qlistview.h>
int main( int argc, char *argv[] ) {
   QApplication a( argc, argv);
   QListView* listview = new QListView();
    listview->addColumn( "Lebensort/Spezies" );
    listview->addColumn( "Name" );
    listview->addColumn( "Alter" );
   listview->setRootIsDecorated( true ); // zeigt anhand von Pfeilen an,
                                 // ob eine Liste weitere Untereintraege
                                 // enthaelt, und ob sie geöffnet ist oder nicht
        //.... Zum Testen der entsprechenden Eigenschaften muessen in den
        //.... jeweiligen Zeilen die Kommentarzeichen entfernt werden
//   listview->setColumnWidthMode( 0, QListView::Manual );
//   listview->setAllColumnsShowFocus( true );
//   listview->setSelectionMode( QListView::Single );
//   listview->setSelectionMode( QListView::Multi );
//   listview->setSelectionMode( QListView::Extended );
```

```
//    listview->setSelectionMode( QListView::NoSelection );
   QListViewItem* landtier   = new QListViewItem( listview, "Landtier" );
   QListViewItem* wassertier = new QListViewItem( listview, "Wassertier" );
   QListViewItem* lufttier   = new QListViewItem( listview, "Lufttier" );
   QListViewItem* exemplar;
   QListViewItem* elefant = new QListViewItem( landtier, "Elefanten");
    exemplar = new QListViewItem( elefant, "", "Benjamin", " 7" );
    exemplar = new QListViewItem( elefant, "", "Rambo", " 9" );
    exemplar = new QListViewItem( elefant, "", "Zorro", " 7" );
   QListViewItem* tiger = new QListViewItem( landtier, "Tiger");
    exemplar = new QListViewItem( tiger, "", "Baika", "11" );
    exemplar = new QListViewItem( tiger, "", "Taifun", " 5" );
   QListViewItem* delphin = new QListViewItem( wassertier, "Delphine");
    exemplar = new QListViewItem( delphin, "", "Flopper", " 5" );
    exemplar = new QListViewItem( delphin, "", "Jumper", " 3" );
   QListViewItem* hai = new QListViewItem( wassertier, "Haie");
    exemplar = new QListViewItem( hai, "", "Dango", " 8" );
    exemplar = new QListViewItem( hai, "", "Sharpi", " 4" );
   QListViewItem* adler = new QListViewItem( lufttier, "Adler");
    exemplar = new QListViewItem( adler, "", "Scanner", " 6" );
    exemplar = new QListViewItem( adler, "", "Swing", " 7" );
   listview->resize( 300, 300 );
   listview->show();
   a.setMainWidget( listview );
   return a.exec();
}
```

3.12.6 Directorybrowser in Form einer Listenansicht^{Z}

Wenn man einen sehr umfangreichen Baum, wie z. B. ein Dateisystem, in Listenansicht darstellen will, ist es nicht ratsam, alle Listeneinträge gleich zu Beginn zu erzeugen, denn dies würde viel zu lange dauern. In diesem Fall empfiehlt es sich, zunächst nur die Einträge zu generieren, die sich auf der obersten Ebene (im Toplevel) befinden. Die jeweiligen Untereinträge werden erst dann erzeugt, wenn der Benutzer diese angezeigt haben möchte, also wenn er auf den jeweiligen übergeordneten Listeneintrag klickt. Um dies zu realisieren, muss man eine eigene Klasse definieren, die von `QListViewItem` abgeleitet ist, welche die beiden folgenden virtuellen `QListViewItem`-Methoden reimplementiert:

`setOpen(bool o)`
: wird immer aufgerufen, wenn ein Listeneintrag geöffnet (`o=true`) bzw. geschlossen (`o=false`) wird. Hier kann man nun beim ersten Öffnen, was sich an den Rückgabewert `0` der Methode `childCount()` erkennen lässt, den Inhalt des jeweiligen Directory lesen und für alle Dateien und Subdirectories entsprechende Listeneinträge erzeugen.

`setup()`
: wird immer aufgerufen, bevor ein Listeneintrag das erste Mal angezeigt wird bzw. auch dann, nachdem Attribute wie Schriftsatz oder der Widget-Stil geändert wurden. Hier kann man also entsprechende Konfigurationen für einen neuen Listeneintrag vornehmen, wie z. B. `setExpandable(true)` aufrufen.

Das Programm `dirbrows.cpp` zeigt eine mögliche Realisierung eines solchen Verzeichnisbrowsers (siehe auch Abbildung 3.37).

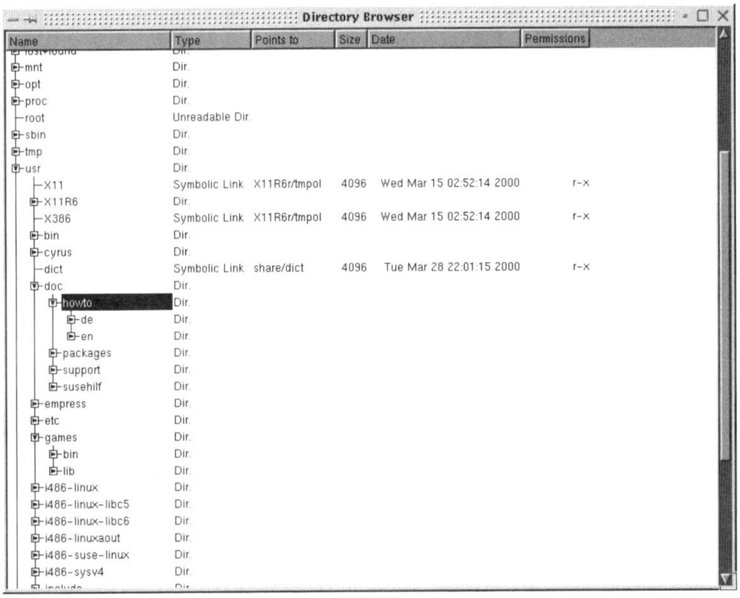

Abbildung 3.37: Der Directorybrowser im Einsatz

3.12.7 Qt-Klassenhierarchie in einer Listenansicht^{Z}

Das Programm `listview2.cpp` zeigt einen Ausschnitt der Qt-Klassenhierarchie in einer Listenansicht an, wie z. B. in Abbildung 3.38 zu sehen.

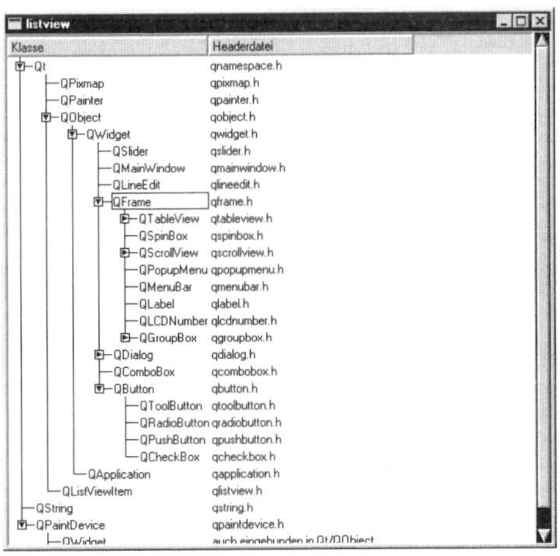

Abbildung 3.38: Qt-Klassenhierarchie in Form einer Listenansicht

3.13 Fenster mit Laufbalken (Scrollviews)

Für Fensterinhalte, die größer als das am Bildschirm angezeigte Fenster sind, werden in der GUI-Programmierung üblicherweise Laufbalken (*Scrollbars*) verwendet, die es dem Benutzer durch horizontales und vertikales Blättern ermöglichen, sich andere, gerade unsichtbare Teile des Fensterinhalts (im Sichtfenster) anzeigen zu lassen.
Qt bietet für so genannte Scrollviews zwei Klassen an:

- `QScrollView`: Widget mit einer Fensterfläche, zu der zwei Laufbalken hinzugefügt sind, die automatisch verwaltet werden.
- `QScrollBar`: Vertikale oder horizontale Laufbalken als eigene Widgets

3.13.1 Die Klasse `QScrollView`

Diese Klasse stellt ein Widget mit einer Fensterfläche zur Verfügung, zu dem automatisch bei Bedarf ein horizontaler und/oder vertikaler Laufbalken eingeblendet wird. Beide Laufbalken mit der zugehörigen Teilansicht werden automatisch von dieser Klasse verwaltet. Klassen wie z. B. `QListBox`, `QTextEdit` oder `QListView` verwenden implizit diese Klasse `QScrollView`. Es ist hier zu erwähnen, dass ein `QScrollView`-Widget beliebig viele Subwidgets enthalten kann, wobei diese sich mit den von `QWidget` geerbten Methoden `hide()` bzw. `show()` ein- bzw. ausblenden lassen.
Diese Klasse bietet nur einen Konstruktor an:

```
QScrollView(QWidget *parent=0, const char *name=0, WFlags f=0)
```

Einige wichtige Methoden, die von der Klasse `QScrollView` angeboten werden, sind:

`addChild(QWidget *child, int x=0, int y=0) virtual`
: fügt Widget `child` an Position `(x,y)` in der Fensterfläche ein. Sollte sich Widget `child` bereits in der Fensterfläche befinden, so wird es lediglich neu positioniert.

`moveChild(QWidget *child, int x, int y) virtual`
: positioniert Widget `child` an Position `(x,y)`.

`removeChild(QWidget *child)`
: entfernt Widget `child` wieder von der Fensterfläche, was im Übrigen auch automatisch geschieht, wenn das Widget `child` gelöscht wird.

`setVScrollBarMode(ScrollBarMode mode) virtual`
`setHScrollBarMode(ScrollBarMode mode) virtual`
: legen Modus für vertikalen bzw. horizontalen Laufbalken fest. Für `mode` können folgende Konstanten des `enum`-Typs `ScrollBarMode` angegeben werden:

`Auto`	zeigt einen Laufbalken nur bei Bedarf an, wenn also das Anzeigefenster zu klein für die gesamte Fensterfläche ist (Voreinstellung).
`AlwaysOff`	zeigt nie Laufbalken an, auch wenn dies notwendig ist.
`AlwaysOn`	zeigt immer Laufbalken, selbst wenn dies nicht notwendig ist.

`setCornerWidget(QWidget *corner) virtual`
: legt ein Widget fest, das in der Ecke zwischen den beiden Laufbalken anzuzeigen ist. Bei Angabe des Werts `0` für Parameter `corner` wird kein „Ecken-Widget“ angezeigt.

`QWidget* viewport() const`
: liefert das Fensterflächen-Widget eines `QScrollView`-Widgets.

`setContentsPos(int x, int y) virtual slot`
: setzt das Sichtfenster so, dass der Punkt `(x,y)` der gesamten Fensterfläche sich in der linken oberen Ecke des Sichtfensters befindet.

`drawContents(QPainter *p, int cx, int cy,int cw,int ch) virtual`

Wenn man in der Fensterfläche keine eigenen Widgets darstellt, sondern direkt auf die Fensterfläche zeichnet, muss man diese Methode reimplementieren, wobei man hierbei dann nur den neuen sichtbaren Fensterausschnitt (`cx`, `cy`, `cw`, `ch`) des gesamten Fensterinhalts unter Verwendung des `QPainter`-Objekts `p` neuzeichnen sollte, wie dies exemplarisch nachfolgend für das Zeichnen eines ausgefüllten Rechtecks der Größe 40000 x 50000 an der Position `(100000,150000)` gezeigt ist:

```
  // Berechne die Koordinaten... (nicht QPoint, QRect usw. verwenden!)
int x1 = 100000, y1 = 150000;
int x2 = x1+40000-1, y2 = y1+50000-1;
  // Anpassen (Beschneiden) der Koordinaten für X/Windows...
if (x1 < clipx) x1=clipx;
if (y1 < clipy) y1=clipy;
if (x2 > clipx+clipw-1) x2=clipx+clipw-1;
if (y2 > clipy+cliph-1) y2=clipy+cliph-1;
  // Zeichnen mit den berechneten Koordinaten
if ( x2 >= x1 && y2 >= y1 )
    p->fillRect(x1, y1, x2-x1+1, y2-y1+1, red);
```

`QPoint viewportToContents(const QPoint& vp) const`

`viewportToContents(int vx, int vy, int& x, int& y) const`

dienen zur Transformation von relativen Koordinaten des Sichtfensters in absolute Koordinaten der gesamten Fensterfläche. Die erste Methode liefert die absoluten Koordinaten als `QPoint`-Objekt zurück, wobei die relativen Koordinaten des Sichtfensters als `QPoint`-Argument übergeben werden. Bei der zweiten Methode dagegen werden die übergebenen relativen Koordinaten `(vx,vy)` des Sichtfensters über die beiden letzten Referenzparameter als absolute Koordinaten `(x,y)` an den Aufrufer zurückgegeben.

`QPoint contentsToViewport(const QPoint& p) const`

`contentsToViewport(int x, int y, int& vx, int& vy) const`

dienen zur Transformation von absoluten Koordinaten der gesamten Fensterfläche in relative Koordinaten des Sichtfensters und entsprechen weitgehend den beiden vorherigen Methoden, nur dass sie die Transformation in umgekehrter Richtung durchführen.

`resizeContents(int w, int h) virtual slot`

legt Breite des Sichtfensters auf `w` und Höhe auf `h` Pixel fest.

`scrollBy(int dx, int dy) slot`

blättert Sichtfenster um `dx` Pixel horizontal und `dy` Pixel vertikal.

`ensureVisible(int x, int y) slot`

`ensureVisible(int x, int y, int xmargin, int ymargin) slot`

setzen das Sichtfenster so, dass der Punkt `(x,y)` der gesamten Fensterfläche sichtbar wird, wobei bei der ersten Methode dieser Punkt mindestens 50 Pixel vom Rand entfernt ist, wenn dies möglich ist; wenn nicht, wird er in der Mitte des Sichtfensters positioniert. Bei der zweiten Methode kann man den Abstand von den Rändern selbst wählen. Wenn diese Forderung nicht eingehalten werden kann, wird dieser Punkt wieder – wie bei der ersten Methode – in der Mitte des Sichtfensters positioniert.

`center(int x, int y) slot`

`center(int x, int y, float xmargin, float ymargin) slot`

setzen das Sichtfenster so, dass der Punkt `(x,y)` der gesamten Fensterfläche in der Mitte des Sichtfensters liegt wobei jedoch bei der zweiten Methode gewisse Abweichungen zugelassen sind. Diese Abweichungen (`xmargin`, `ymargin`) sind dabei als Bruchteil des Sichtfensters anzugeben, wie z. B.:

`(0.0,0.0)` `(x,y)` kann auch am Rand des Sichtfensters liegen.
`(0.5,0.5)` `(x,y)` muss in mittleren 50 % des Sichtfensters liegen.
`(1.0,1.0)` `(x,y)` muss in der Mitte des Sichtfensters liegen.

Der Wert `1.0` legt also fest, dass keinerlei Abweichung vom Mittelpunkt erlaubt ist, während der Wert `0.0` jede mögliche Abweichung vom Mittelpunkt zulässt, solange sich `(x,y)` noch im Sichtfenster befindet.

`enableClipper(bool y)`

Wenn sich eine große Zahl von Subwidgets in einer Fensterfläche befinden, insbesondere wenn diese eng zusammenliegen, kann dies zu erheblichen Verzögerungen beim Verschieben des Sichtfensters führen. In diesem Fall empfiehlt es sich, `enableClipper(true)` aufzurufen, was bewirkt, dass ein eigenes Widget verwendet wird, in dem alle Subwidgets gruppiert werden, und somit solche Verzögerungen, die aus dem Einblenden der einzelnen Widgets resultieren, vermieden werden. Es ist zu beachten, dass man `enableClipper(true)` aufrufen muss, bevor man Widgets in einem `QScrollView`-Widget einfügt.

Die Klasse `QScrollView` kennt folgende Signale:

`contentsMoving(int x, int y) signal`

wird geschickt, unmittelbar bevor Sichtfenster an Position (`x, y`) verschoben wird.

`horizontalSliderPressed() signal`

`horizontalSliderReleased() signal`

`verticalSliderPressed() signal`

`verticalSliderReleased() signal`

werden geschickt, wenn der Benutzer den horizontalen bzw. vertikalen Laufbalken mit der Maus zum Verschieben anklickt bzw. wieder loslässt.

Um low-level-Events zu bearbeiten, stellt die Klasse `QScrollView` eine ganze Reihe an Methoden zur Verfügung, wie z. B.

`viewportPaintEvent()`, `viewportResizeEvent()`,

`contentsMousePressEvent()`, `contentsMouseReleaseEvent()`,

`contentsMouseDoubleClickEvent()`

Für weitere low-level-Methoden sei auf die Qt-Online-Dokumentation verwiesen. Um die von `QScrollView` angebotenen low-level-Events bearbeiten zu können, muss man eine eigene Klasse von `QScrollView` ableiten und dann in dieser abgeleiteten Klasse diese Methoden reimplementieren.

3.13.2 Vorgehensweisen abhängig von der Fensterfläche

Abhängig von der Größe und dem Inhalt der Fensterfläche empfiehlt die Qt-Dokumentation unterschiedliche Implementierungen einer Scrollview:

1. Fensterflächen, die weniger als 4 000 Pixel breit und hoch sind Hier empfiehlt es sich, ein großes Subwidget im `QScrollView`-Widget anzulegen. Dieses Subwidget sollte ein Subwidget von dem Widget sein, das die Methode `scrollview()` des zugehörigen `QScrollView`-Widgets liefert. Mittels der Methode `addChild()` sollte dann dieses Subwidget dem `QScollView`-Widget hinzugefügt werden. Die Qt-Online-Dokumentation zeigt hierzu den folgenden Codeausschnitt:

```
QScrollView* sv = new QScrollView(...);
QVBox* big_box = new QVBox(sv->viewport());
sv->addChild(big_box);
   //... Nun können beliebige Subwidgets zu diesem Subwidget
   //... big_box, das in Fensterfläche liegt, hinzugefügt werden
QLabel* child1 = new QLabel("CHILD1", big_box);
QLabel* child2 = new QLabel("CHILD2", big_box);
QLabel* child3 = new QLabel("CHILD3", big_box);
   ...
```

Bei diesem Codeausschnitt hat das `QScrollView`-Widget vier Subwidgets, die man sich mit folgenden Methoden liefern lassen kann: das `viewport()`, den `verticalScrollBar()`, den `horizontalScrollBar()` und ein kleines `cornerWidget()`. Das `viewport()` seinerseits hat nur ein Subwidget: das `QVBox`-Widget `big_box`, was lediglich ein Container für weitere Subwidgets ist, nämlich drei `QLabel`-Widgets.

2. Sehr große Fensterfläche mit nur wenigen Subwidgets Hier empfiehlt es sich, die Größe der Fensterfläche mit `resizeContents()` festzulegen und die Methode `drawContents()` zu reimplementieren, um den Inhalt des Sichtfensters bei einem Verschieben immer selbst neu zu zeichnen. Daneben können natürlich auch hier – wie bei der vorherigen Vorgehensweise – weitere Subwidgets mit der Methode `addChild()` hinzugefügt werden. Die Qt-Online-Dokumentation zeigt für diesen Anwendungsfall den folgenden Codeausschnitt:

```
QScrollView* sv = new QScrollView(...);
QLabel* child1 = new QLabel("CHILD1", sv->viewport());
sv->addChild(child1);
QLabel* child2 = new QLabel("CHILD2", sv->viewport());
sv->addChild(child2);
QLabel* child3 = new QLabel("CHILD3", sv->viewport());
sv->addChild(child3);
   ...
```

Bei diesem Codeausschnitt hat das `QScrollView`-Widget auch wieder vier Subwidgets, die man sich mit folgenden Methoden liefern lassen kann: das `viewport()`, den `verticalScrollBar()`, den `horizontalScrollBar()` und ein kleines `cornerWidget()`. Anders als bei der vorherigen Vorgehensweise enthält das `viewport()` nun selbst die drei `QLabel`-Widgets.

3. Sehr große Fensterfläche mit vielen Subwidgets In diesem Fall empfiehlt sich die gleiche Vorgehensweise wie im vorherigen Fall, nur dass man hier zusätzlich noch `enableClipper(true)` aufruft, wie dies nachfolgend gezeigt ist:

```
QScrollView* sv = new QScrollView(...);
sv->enableClipper(TRUE);
QLabel* child1 = new QLabel("CHILD1", sv->viewport());
```

```
sv->addChild(child1);
QLabel* child2 = new QLabel("CHILD2", sv->viewport());
sv->addChild(child2);
QLabel* child3 = new QLabel("CHILD3", sv->viewport());
sv->addChild(child3);
  ...
```

Bei diesem Codeausschnitt hat das `QScrollView`-Widget auch wieder vier Subwidgets, die man sich mit folgenden Methoden liefern lassen kann: das `clipper()` (nicht das `viewport()`), den `verticalScrollBar()`, den `horizontalScrollBar()` und ein kleines `cornerWidget()`. Das `clipper()` hat nun ein Subwidget: das `viewport()`, welches seinerseits die drei QLabel-Widgets enthält.

3.13.3 Beispiel zu den unterschiedlichen Vorgehensweisen^{Z}

Das Programm `scrollview.cpp` demonstriert alle drei zuvor vorgestellten Vorgehensweisen anhand eines Beispiels.

3.13.4 Die Klasse `QScrollBar`

Meist wird man wohl mit der zuvor vorgestellten `QScrollView`-Klasse arbeiten, da diese dem Programmierer viel Arbeit abnimmt. Daneben gibt es jedoch auch die Klasse `QScrollBar`, mit der man seine Laufbalken als eigene Widgets selbst verwalten kann. Wie Schiebebalken haben dabei die Laufbalken einen minimalen Wert, einen maximalen Wert, einen aktuellen Wert und eine Ausrichtung (horizontal oder vertikal). Daneben kann man noch zwei Schrittweiten einstellen, um die ein Laufbalken zu verschieben ist:

- Zeilenschrittweite (*line step size*): legt fest, wie viele Pixel der Laufbalken zu verschieben ist, wenn man auf einen der beiden Pfeile am Rand eines Laufbalkens klickt.
- Seitenschrittweite (*page step size*): legt fest, wie viele Pixel der Laufbalken zu verschieben ist, wenn man ober- oder unterhalb bzw. links oder rechts des Laufbalkens klickt.

An Konstruktoren bietet die `QScrollBar`-Klasse folgende drei Varianten an:

```
QScrollBar(QWidget *parent, const char *name=0)
QScrollBar(Orientation, QWidget *parent, const char *nam=0)
QScrollBar(int minValue, int maxValue, int LineStep,
           int PageStep, int value, Orientation,
           QWidget *parent, const char *nam=0)
```

Für den Parameter `Orientation` muss dabei entweder `Qt::Vertical` oder `Qt::Horizontal` angegeben werden. Einige wichtige Methoden der Klasse `QScrollBar` sind:

`setRange(int minValue, int maxValue)`
`setMaxValue(int maxValue) , setMinValue(int minValue)`
legen minimalen und/oder maximalen Wert für einen Laufbalken fest.

`setSteps(int lineStep, int pageStep)`
`setLineStep(int lineStep) , setPageStep(int pageStep)`
legen Zeilen- und/oder Seitenschrittweite für einen Laufbalken fest.

`setValue(int value)`
legt den aktuell einzustellenden Wert für einen Laufbalken fest.

`setOrientation(Orientation orientation) virtual`
: legt Ausrichtung für einen Laufbalken fest. Für den Parameter `Orientation` muss dabei entweder `Qt::Vertical` oder `Qt::Horizontal` angegeben werden.

`setTracking(bool enable) virtual`
: legt fest, wann beim Ziehen des Laufbalkens das Signal `valueChanged()` zu senden ist. Bei `enable=true`, was auch die Voreinstellung ist, wird das Signal `valueChanged()` bei jeder Bewegung des Laufbalkens geschickt. Bei `enable=false` dagegen wird das Signal `valueChanged()` erst dann geschickt, wenn die Maustaste wieder losgelassen wurde.

Die Klasse `QScrollBar` bietet die folgenden Signale an:

`valueChanged(int value)`
: wird geschickt, wenn sich der Wert des Laufbalkens ändert, wobei der neue Wert als Argument geliefert wird. Bei `setTracking(true)` wird dieses Signal bei jeder Änderung des Laufbalken-Werts geschickt, während es bei `setTracking(false)` erst dann geschickt wird, wenn die Maustaste wieder losgelassen wurde.

`sliderMoved(int value)`
: wird immer übergeben, wenn sich der Laufbalken-Wert ändert, unabhängig von der mit der Methode `setTracking()` vorgenommenen Einstellung. Der neue Laufbalken-Wert wird dabei als Argument geliefert.

`nextLine() , prevLine()`
: werden weitergegeben, wenn der Laufbalken-Wert sich um eine Zeilenschrittweite nach unten/rechts bzw. nach oben/links ändert.

`nextPage() , prevPage()`
: werden geschickt, wenn der Laufbalken-Wert sich um eine Seitenschrittweite nach unten/rechts bzw. nach oben/links ändert.

`sliderPressed() , sliderReleased()`
: werden geschickt, wenn der Benutzer zum Verschieben des Laufbalkens auf diesen mit der Maus klickt bzw. die Maustaste nach dem Verschieben wieder loslässt.

3.13.5 Scrollen eines Bildes mit `QScrollBar`^{Z}

Das Programm `scrollbar.cpp` ist ein Demoprogramm zur Klasse `QScrollBar`. Es ermöglicht, das Sichtfenster in einem Bild (siehe Abbildung 3.39) zu verschieben, wobei dies nicht nur mit der Maus, sondern auch mit den Steuertasten (←), (→), (↑), (↓), (`Bild ↑`) und (`Bild ↓`) möglich ist.

Abbildung 3.39: Scrollen eines Bildes (links: Motif-Stil, rechts: Windows-Stil)

3.13.6 Geschachtelte Fenster mit Laufbalken^Z

Das Programm `scrollview2.cpp` blendet ein Hauptfenster mit Laufbalken ein. In diesem Hauptfenster werden nun unterschiedliche Bilder in Form einer Tabelle eingeblendet, die ihrerseits wieder Laufbalken enthalten, wenn dies erforderlich ist. Zusätzlich wird bei allen diesen Laufbalken-Fenstern in der Ecke zwischen dem jeweiligen horizontalen und vertikalen Laufbalken die Position des aktuellen Sichtfensters in Form eines kleinen blauen Rechtecks angezeigt, wie dies in Abbildung 3.40 gezeigt ist.

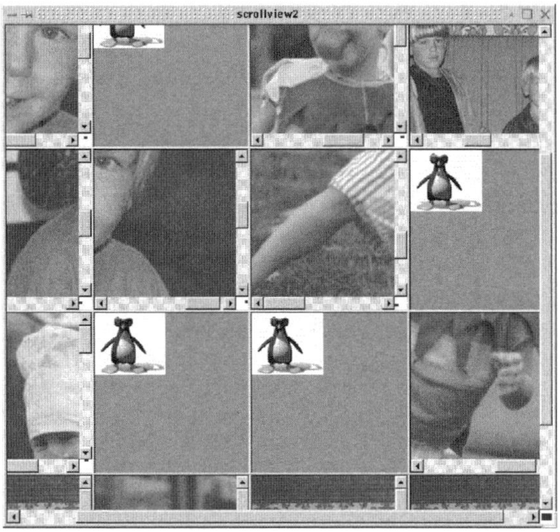

Abbildung 3.40: Bilder mit Laufbalken in einem gemeinsamen Laufbalken-Fenster

3.14 Tabellen

Um Information in Form einer Tabelle bereitzustellen, bietet Qt zwei Klassen an:

`QGridView` Abstrakte Klasse zur Anzeige von Information in Tabellenform

`QTable` sehr flexibles Tabellen-Widget, das ein Editieren der einzelnen Zellen im Spreadsheet-Stil ermöglicht.

3.14.1 Einfache Tabellen mit `QGridView`

Da es sich bei `QGridView` um eine abstrakte Klasse handelt, kann diese nicht direkt benutzt werden. Stattdessen muss man eine eigene Klasse von `QGridView` ableiten, um dann die von `QGridView` angebotene Funktionalität benutzen zu können.
Die Klasse `QGridView` bietet einen Konstruktor an:

```
QGridView(QWidget *parent=0, const char *name=0, WFlags f=0)
```

Nachfolgend werden einige wichtige Methoden der Klassen `QGridView` kurz vorgestellt:

```
setNumRows(int rows) virtual
setNumCols(int cols) virtual
```

legen Zeilen- bzw. Spaltenzahl der Tabelle fest. Die Indizes beginnen dabei immer bei `0`, und nicht bei `1`.

`setCellWidth(int cellWidth) virtual`
`setCellHeight(int cellHeight) virtual`
: legen die Breite bzw. Höhe für die Zellen in der Tabelle fest.

`int cellWidth() const , int cellHeight() const`
: liefern die eingestellte Breite bzw. Höhe der Zellen.

`int rowAt(int y) const , int columnAt(int x) const`
: liefern den Index der Zeile bzw. der Spalte an der `y`-Koordinate bzw. an der `x`-Koordinate, wenn diese Koordinaten sich innerhalb der Tabelle befinden.

`ensureCellVisible(int zeile, int spalte)`
: versetzen das Sichtfenster so, dass die Zelle `(zeile, spalte)` sichtbar ist.

`updateCell(int row, int col)`
: aktualisiert die Zelle in der Zeile `row` und der Spalte `col`.

`paintCell(QPainter *p, int row, int col) virtual protected`
: Diese rein virtuelle Funktion wird immer aufgerufen, um eine einzelne Zelle an der Position `(row,col)` unter Benutzung des `QPainter`-Objekts `p` zu zeichnen. Das `QPainter`-Objekt `p` ist bereits offen, wenn diese Funktion aufgerufen wird, und es muss auch offen bleiben.

3.14.2 Beispiel zu `QGridView`: Multiplikationsaufgaben^B

Hier wird als Beispiel eine Tabelle erstellt, deren Zellen alle Kombinationen für die Multiplikation zweier Zahlen zwischen `0` und `30` enthalten. Der Benutzer kann sowohl über die Steuertasten (↑), (↓), (←) und (→) als auch mit Mausklick eine Zelle auswählen. In der aktuell ausgewählten Zelle kann er nun das entsprechende Ergebnis eintragen. Ist es richtig, wird die Ergebniszahl in dieser Zelle hinterlegt. Ist das Ergebnis falsch, wird wieder der alte Multiplikationstext eingeblendet. Zellen, in denen der Benutzer Eingaben vorgenommen hat, werden farblich hinterlegt: grün, wenn die Rechenaufgabe richtig gelöst wurde, und rot, wenn sie falsch gelöst wurde. Die aktuell angewählte Zelle wird immer mit gelben Hintergrund und durch einen gestrichelten Rahmen gekennzeichnet. Abbildung 3.41 zeigt ein mögliches Aussehen der Tabelle, nachdem der Benutzer einige Rechenaufgaben gelöst bzw. zu lösen versucht hat.

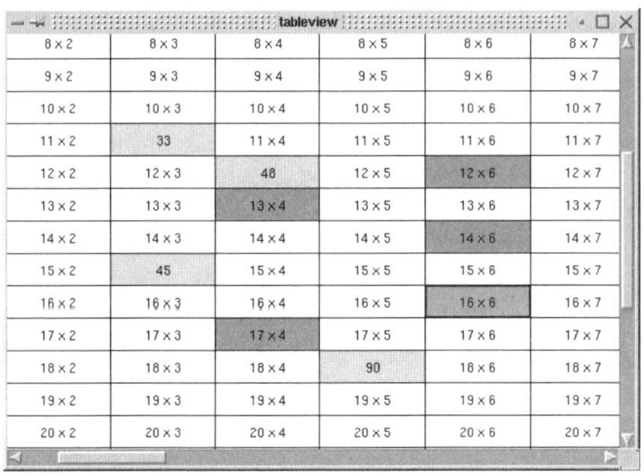

8 x 2	8 x 3	8 x 4	8 x 5	8 x 6	8 x 7
9 x 2	9 x 3	9 x 4	9 x 5	9 x 6	9 x 7
10 x 2	10 x 3	10 x 4	10 x 5	10 x 6	10 x 7
11 x 2	33	11 x 4	11 x 5	11 x 6	11 x 7
12 x 2	12 x 3	48	12 x 5	12 x 6	12 x 7
13 x 2	13 x 3	13 x 4	13 x 5	13 x 6	13 x 7
14 x 2	14 x 3	14 x 4	14 x 5	14 x 6	14 x 7
15 x 2	45	15 x 4	15 x 5	15 x 6	15 x 7
16 x 2	16 x 3	16 x 4	16 x 5	16 x 6	16 x 7
17 x 2	17 x 3	17 x 4	17 x 5	17 x 6	17 x 7
18 x 2	18 x 3	18 x 4	90	18 x 6	18 x 7
19 x 2	19 x 3	19 x 4	19 x 5	19 x 6	19 x 7
20 x 2	20 x 3	20 x 4	20 x 5	20 x 6	20 x 7

Abbildung 3.41: Eine Multiplikationstabelle

Programm 3.18 zeigt die Headerdatei und Programm 3.19 zeigt die Implementierung zu dieser Aufgabenstellung.

Programm 3.18 – `tableview.h`:
Headerdatei zur Multiplikationstabelle

```
#ifndef TABLEVIEW_H
#define TABLEVIEW_H
#include <qgridview.h>
class Tableview : public QGridView {
  public:
    Tableview( int zeilZahl, int spaltZahl, QWidget* p=0, const char* nam=0 );
    ~Tableview() { delete[] inhalt; }
    const char* zellenInhalt(int z, int s) const { return inhalt[indexOf(z, s)]; }
    void setzeZellenInhalt(int z, int s, const char* c) {
       inhalt[indexOf(z, s)] = c; updateCell(z, s);
    }
    void setzeZellenFarbe(int z, int s, QColor f) {
       zellenFarbe[indexOf(z, s)] = f; updateCell(z, s);
    }
  protected:
    void paintCell( QPainter*, int zeile, int spalte );
    void mousePressEvent( QMouseEvent* );
    void keyPressEvent( QKeyEvent* );
  private:
    int indexOf(int z, int s) const { return (z*numCols()) + s; }
    void pruefEingabe( int zeile, int spalte ) {
       if ( eingabeGemacht ) {
          if ( spalte * zeile == eingabewert)
             setzeZellenFarbe( zeile, spalte, Qt::green );
          else {
             setzeZellenFarbe( zeile, spalte, Qt::red );
             setzeZellenInhalt( zeile, spalte, alt );
          }
          eingabewert = 0;
          eingabeGemacht = false;
       } else
          updateCell( zeile, spalte );
    }
    QString  *inhalt, alt;
    QColor   *zellenFarbe;
    int       aktZeile, aktSpalte, eingabewert;
    bool      eingabeGemacht;
};
#endif
```

Programm 3.19 – `tableview.cpp`:
Implementierung der Multiplikationstabelle

```
#include <qapplication.h>
#include <qwidget.h>
#include <qpainter.h>
```

```
#include <qkeycode.h>
#include <qgridview.h>
#include "tableview.h"
const int zahlZeilen  = 31;
const int zahlSpalten = 31;
//............................................. Tableview (Konstruktor)
Tableview::Tableview(int zeilZahl, int spaltZahl, QWidget *p, const char *nam)
                 : QGridView(p,nam) {
    aktZeile = aktSpalte = 0;          // Aktuell ausgewaehlte Zelle
    setNumCols( spaltZahl ); setNumRows( zeilZahl ); // Spalten- und Zeilenzahl
    setCellWidth( 100 );     setCellHeight( 30 ); // Zellenbreite/-höhe in Pixel
    resize( 600, 400 );
    inhalt      = new QString[zeilZahl * spaltZahl]; // Speicher fuer Inhalt
    zellenFarbe = new QColor[zeilZahl * spaltZahl];  // Speicher fuer Farben
    eingabewert = 0;
    eingabeGemacht = false;
}
//............................................................ paintCell
void Tableview::paintCell( QPainter* p, int zeile, int spalte ) {
    int w = cellWidth(), h = cellHeight();
    if ( zeile == aktZeile && spalte == aktSpalte ) {
       p->setBrush( Qt::yellow ); p->setPen( DotLine );
       p->drawRect( 0, 0, w-1, h-1 );
       p->setPen( SolidLine );
    } else
       p->fillRect( 0, 0, w, h, zellenFarbe[ indexOf( zeile, spalte ) ] );
    p->drawLine(w-1, 0, w-1, h-1); p->drawLine(0, h-1, w-1, h-1); // Zellenrahmen
      //... Inhalt (Text) der Zelle ausgeben
    p->drawText( 0, 0, w, h, AlignCenter, inhalt[indexOf(zeile,spalte)] );
}
//....................................................... mousePressEvent
void Tableview::mousePressEvent( QMouseEvent* e ) {
   int  altZeile = aktZeile, altSpalte = aktSpalte;
     //... Position ermitteln, an der Mauszeiger geklickt wurde
   QPoint clickedPos = viewportToContents( e->pos() );
   aktZeile = rowAt( clickedPos.y() );
   aktSpalte = columnAt( clickedPos.x() );
     //... Wenn aktuelle Zelle sich geaendert hat
   if ( aktZeile != altZeile || aktSpalte != altSpalte ) {
       pruefEingabe( altZeile, altSpalte );  // alten Rahmen loeschen
       updateCell( aktZeile, aktSpalte );  // Rahmen fuer neue Zelle
   }
   eingabewert = 0;
}
//......................................................... keyPressEvent
void Tableview::keyPressEvent( QKeyEvent* e ) {
    int      altZeile = aktZeile, altSpalte = aktSpalte;
    QString  s;
    if ( eingabewert == 0 )
       alt = inhalt[ indexOf( aktZeile, aktSpalte ) ];
```

```
    switch( e->key() ) {
       case Key_Left:  pruefEingabe( aktZeile, aktSpalte );
                       if ( aktSpalte > 0 )
                          ensureCellVisible(aktZeile, --aktSpalte);
                       break;
       case Key_Right: pruefEingabe( aktZeile, aktSpalte );
                       if ( aktSpalte < numCols()-1 )
                          ensureCellVisible(aktZeile, ++aktSpalte);
                       break;
       case Key_Up:    pruefEingabe( aktZeile, aktSpalte );
                       if ( aktZeile > 0 )
                          ensureCellVisible(--aktZeile, aktSpalte);
                       break;
       case Key_Down:  pruefEingabe( aktZeile, aktSpalte );
                       if ( aktZeile < numRows()-1 )
                         ensureCellVisible(++aktZeile, aktSpalte);
                       break;
       default:        if ( e->key() >= Key_0 && e->key() <= Key_9) {
                          eingabeGemacht = true;
                          eingabewert = eingabewert * 10 + e->key()-Key_0;
                          s.sprintf("%d", eingabewert);
                          setzeZellenInhalt( aktZeile, aktSpalte, s );
                       } else if ( e->key() == Key_Return ) {
                          pruefEingabe( aktZeile, aktSpalte );
                       } else {
                          e->ignore();  //.... Alle anderen Tasten ignorieren
                          return;
                       }
    }
     //... Wenn aktuelle Zelle sich geaendert hat
   if ( aktZeile != altZeile || aktSpalte != altSpalte ) {
       updateCell( altZeile, altSpalte );  // alten Rahmen loeschen
       updateCell( aktZeile, aktSpalte );  // Rahmen fuer neue Zelle
   }
}
int main( int argc, char *argv[] ) {
   QApplication a(argc,argv);
   Tableview t( zahlZeilen, zahlSpalten );
   QString s;
   for( int i = 0; i < zahlZeilen; i++ ) {
      for( int j = 0; j < zahlSpalten; j++ ) {
         s.sprintf("%d x %d", i, j);
         t.setzeZellenInhalt( i, j, s ); //... Zelleninhalt (Malaufgabe)
         t.setzeZellenFarbe( i, j, Qt::white ); //... Zellenfarbe
      }
   }
   a.setMainWidget( &t );
   t.show();
   return a.exec();
}
```

3.14.3 Die Klasse `QTable` für Tabellen im Spreadsheet-Stil

Hier wird die Klasse `QTable` vorgestellt, die ein sehr flexibles Tabellen-Widget zur Verfügung stellt, das ein leichtes Editieren der einzelnen Zellen ermöglicht.
Die Klasse `QTable` bietet die folgenden Konstruktoren an:

`QTable(QWidget *parent=0, char *nam=0)`
: legt eine leere Tabelle an. Die Anzahl der Zeilen und Spalten können dann mit `setNumRows()` und `setNumCols()` festgelegt werden.

`QTable(int numRows, int numCols, QWidget *par=0, char *nam=0)`
: legt eine Tabelle mit `numRows` Zeilen und `numCols` Spalten an.

Nachfolgend sind einige wichtige Methoden aufgezählt, die die Klasse `QTable` anbietet:

`setColumnWidth(int col, int w) virtual slot`
`setRowHeight(int row, int h) virtual slot`
: legen Breite der Spalte `col` auf `w` Pixel bzw. Höhe der Zeile `row` auf `h` Pixel fest.

`setText(int row, int col, const QString& text) virtual`
`setPixmap(int row, int col, const QPixmap& pix) virtual`
: schreibt den Text `text` bzw. stellt das Bild `pix` in die Zelle, die sich in Zeile `row` und Spalte `col` befindet.

`QString text(int row, int col) const virtual`
`QPixmap pixmap(int row, int col) const virtual`
: liefern den Text bzw. das Bild aus der Zelle `(row,col)`.

`setNumRows(int r) virtual slot , setNumCols(int c) virtual slot`
: legen Anzahl der Zeilen (`r`) bzw. Spalten (`c`) für die Tabelle fest.

`int numRows() const , int numCols() const`
: liefern die Zeilen- bzw. Spaltenzahl der Tabelle.

`setShowGrid(bool b) virtual slot`
: legt fest, ob Trennlinien zwischen den Zellen anzuzeigen sind (`b=true`) oder nicht (`b=false`). Die Voreinstellung ist, dass diese Trennlinien sichtbar sind.

`bool showGrid() const`
: liefert zurück, ob Trennlinien zwischen den Zellen gerade sichtbar sind.

`setCurrentCell(int row, int col) virtual slot`
: setzt Fokus auf Zelle `(row,col)` und macht diese so zur aktuellen Zelle.

`int currentRow() const , int currentColumn() const`
: liefern aktuelle Zeile bzw. Spalte der Tabelle.

`hideRow(int row) virtual slot , hideColumn(int col) virtual slot`
`showRow(int row) virtual slot , showColumn(int col) virtual slot`
: verstecken die Zeile `row` bzw. die Spalte `col` oder machen diese sichtbar.

`sortColumn(int col, bool ascend=true, bool whole=false) virtual`
: sortiert die Spalte `col` in aufsteigender (`ascend=true`) bzw. absteigender (`ascend=false`) Ordnung. Bei `whole=true` werden die Zeilen vollständig mittels der virtuellen Slotroutine `swapRows(int row1, int row2)` und bei `wholeRows=false` werden nur die Daten der Spalte mittels der virtuellen Slotroutine `swapCells(int row1, int col1, int row2, int col2)` vertauscht.

`setSorting(bool b) virtual slot`
: legt für die Tabelle fest, ob bei einem Klick auf die Kopfzeile eine Sortierung der entsprechenden Spalte stattfinden soll (`b=true`) oder nicht (`b=false`).

`swapRows(int row1, int row2, bool swapHead=false) virtual slot`

`swapColumns(int col1,int col2, bool swapHead=false) virtual slot`

vertauschen die beiden Zeilen `row1` und `row2` bzw. die beiden Spalten `col1` und `col2`. Diese Methode wird auch beim Sortieren aufgerufen oder wenn der Benutzer selbst zwei Spalten bzw. zwei Zeilen vertauscht. Bei `swapHead=true` werden auch die Zeilen- und Spaltenbeschriftungen mit vertauscht.

`swapCells(int row1, int col1, int row2, int col2) virtual slot`

vertauscht die beiden Zellen (`row1,col1`) und (`row2,col2`). Diese Methode wird auch beim Sortieren aufgerufen.

`setTopMargin(int m) virtual slot`

`setLeftMargin(int m) virtual slot`

legen den oben bzw. links einzuhaltenden Rand für Tabelle fest. Um Spalten- bzw. Zeilenbeschriftung unsichtbar zu machen, kann folgender Code verwendet werden:

```
setTopMargin( 0 );  //... obere Beschriftungszeile unsichtbar machen
horizontalHeader()->hide();
setLeftMargin( 0 );  //... linke Beschriftungszeile unsichtbar machen
verticalHeader()->hide();
```

`setColumnMovingEnabled(bool b) virtual slot`

`setRowMovingEnabled(bool b) virtual slot`

legen fest, ob Spalten bzw. Zeilen durch den Benutzer verschoben werden können (`b=true`) oder nicht (`b=false`).

`adjustColumn(int col) virtual slot`

`adjustRow(int row) virtual slot`

verändern die Breite der Spalte `col` bzw. die Höhe der Zeile `row` so, dass ihr ganzer Inhalt sichtbar ist. Die benötigte Breite bzw. Höhe bestimmt dabei die Zelle mit dem breitesten bzw. höchsten Inhalt.

`setColumnStretchable(int col, bool stretch) virtual slot`

`setRowStretchable(int row, bool stretch) virtual slot`

legen fest, dass Spalte `col` bzw. Zeile `row` dehnbar (`stretch=true`) bzw. nicht dehnbar (`stretch=false`) sein soll. Dehnbare Spalten bzw. Zeilen werden automatisch verkleinert bzw. vergrößert, wenn Tabelle verkleinert bzw. vergrößert wird, und können nicht manuell durch den Benutzer verkleinert bzw. vergrößert werden.

`int columnWidth(int col) const virtual`

`int rowHeight(int row) const virtual`

liefern die Breite der Spalte `col` bzw. die Höhe der Zeile `row` als Pixelzahl.

`QRect cellGeometry(int row, int col) const virtual`

liefert die Position und Ausmaße der Zelle (`row,col`) in `QRect`-Form.

`int columnPos(int col) const virtual`

`int rowPos(int row) const virtual`

liefern die x- bzw. y-Position der Spalte `col` bzw. der Zeile `row` als Pixelzahl.

`ensureCellVisible(int row, int col)`

verschiebt das Sichtfenster in der Tabelle so, dass die Zelle (`row,col`) sichtbar wird.

`int columnAt(int pos) const virtual`

`int rowAt(int pos) const virtual`

liefern die Spalte bzw. Zeile, die sich an der Pixel-Position `pos` befindet.

Folgende Signale stellt die Klasse `QTable` zur Verfügung:

`currentChanged(int z, int s)`
: wird geschickt, wenn die aktuelle Zelle auf `(z, s)` geändert wurde.

`clicked(int z, int s, int button, const QPoint& mPos)`
`doubleClicked(int z, int s, int button, const QPoint& mPos)`
`pressed(int z, int s, int button, const QPoint& mPos)`
: werden geschickt, wenn Benutzer mit der Maustaste `button` auf Zelle `(z, s)` einen einfachen bzw. doppelten Mausklick durchgeführt hat oder eben bei `pressed()` schon, wenn er die Maustaste dort gedrückt hat. `mPos` liefert dabei die Mausposition.

`valueChanged(int z, int s)`
: wird geschickt, wenn Benutzer den Inhalt der Zelle `(z, s)` ändert.

`selectionChanged()`
: wird geschickt, wenn sich eine Auswahl in der Tabelle ändert.

`contextMenuRequested(int z, int s, const QPoint& pos)`
: wird geschickt, wenn Benutzer in der Zelle `(z,s)` mit der rechten Maustaste (oder einer anderen speziellen Tastenkombination) das Einblenden eines Kontextmenüs wünscht. `pos` liefert dabei die Mausposition als globale Koordinaten.

`dropped(QDropEvent *e)`
: wird geschickt, wenn mittels einer *Drag-and-Drop*-Aktion das Ablegen (*drop*) eines Elements in Tabelle versucht wird. `e` enthält die Information über die *Drop*-Aktion.

3.14.4 Die Klasse `QHeader`

Die Klasse `QHeader` ermöglicht das Bearbeiten der Tabellenbeschriftungen, die sich oben und links von einer Tabelle (`QTable`-Objekt) befinden. Die Objekte zu diesen Tabellenbeschriftungen kann man sich, wie zuvor erwähnt, mit den beiden folgenden `QTable`-Methoden liefern lassen:

```
QHeader* horizontalHeader() const
QHeader* verticalHeader() const
```

Nachfolgend sind einige wichtige Methoden angegeben, die die Klasse `QHeader` anbietet:

`int mapToIndex(int section) const`
: wird benötigt, wenn Spalten bzw. Zeilen verschoben wurden. `section` ist dabei die Position, an der die Spalte bzw. Zeile zu Beginn eingeordnet wurde. Diese Methode liefert den aktuellen Index, an dem sich diese Spalte bzw. Zeile nun befindet.

`int mapToSection(int index) const`
: liefert die `section`, die sich an der Position `index` befindet.

`int addLabel(QString& s, int g=-1)`
`int addLabel(QIconSet& is, QString& s, int g=-1)`
: fügt einen neuen Eintrag mit Beschriftung `s` und eventuell einer Pixmap `is` zur Beschriftung hinzu und liefert dessen Index als Rückgabewert. Über den Parameter `g` kann dabei die Breite dieses neuen Eintrags festgelegt werden. Ist `g` negativ, wird diese Breite automatisch berechnet.

`setLabel(int section, QString& s, int g=-1) virtual`
`setLabel(int section, QIconSet& is,QString& s, int g=-1) virtual`
: Diese beiden Methoden entsprechen weitgehend den beiden vorherigen Methoden, nur dass man hier noch explizit die Position (`section`) angeben kann, an der der neue Eintrag einzuordnen ist.

3.14.5 Die Klassen `QTableItem` und `QTableSelection`

Der Vollständigkeit halber seien noch die beiden Klassen `QTableItem` und `QTableSelection` hier erwähnt:

- `QTableItem`: ermöglicht die eigene Verwaltung von Zelleninhalten. Eine wichtige Methode ist dabei die virtuelle Methode `createEditor()`, die man reimplementieren muss, um in einer Zelle z. B. einen eigenen (mehrzeiligen) Editor zu hinterlegen. In diesem Fall muss man zusätzlich noch die virtuelle Methode `setContentFromEditor()` reimplementieren, um den Editor-Inhalt in die Zelle übernehmen zu können. Um eine Kombo- oder Checkbox in einer Zelle unterzubringen, stehen zwei eigene Klassen: `QComboTableItem` und `QCheckTableItem` zur Verfügung.
- `QTableSelection`: ermöglicht Zugriff auf ausgewählte Bereiche in Tabelle.

Interessierte Leser seien hier auf die Qt-Online-Dokumentation verwiesen.

3.14.6 Spreadsheet für eine Personalverwaltung^{Z}

Das Programm `table.cpp` realisiert einen einfachen Spreadsheet für eine Personalverwaltung, in dem man Daten eingeben kann, wie in Abbildung 3.42 zu sehen. Klickt man auf die obere Beschriftung einer Spalte, werden die Zeilen nach den Daten in dieser Spalte aufsteigend sortiert (siehe links in Abbildung 3.43). Klickt man erneut auf die gleiche Beschriftung, werden die Zeilen nach den Daten in dieser Spalte absteigend sortiert (siehe auch rechts in Abbildung 3.43). Klickt man mit der rechten Maustaste in eine Zelle der beiden Spalten „Monatsgehalt“ oder „Alter“, wird in einem eigenen Widget ein Balkendiagramm zu den Daten in dieser Spalte angezeigt (siehe links in Abbildung 3.44). Klickt man mit der rechten Maustaste in eine Zelle der ersten fünf Spalten, wird in einem eigenen Widget der gesamte Inhalt dieser Spalte gezeigt (siehe rechts in Abbildung 3.44).

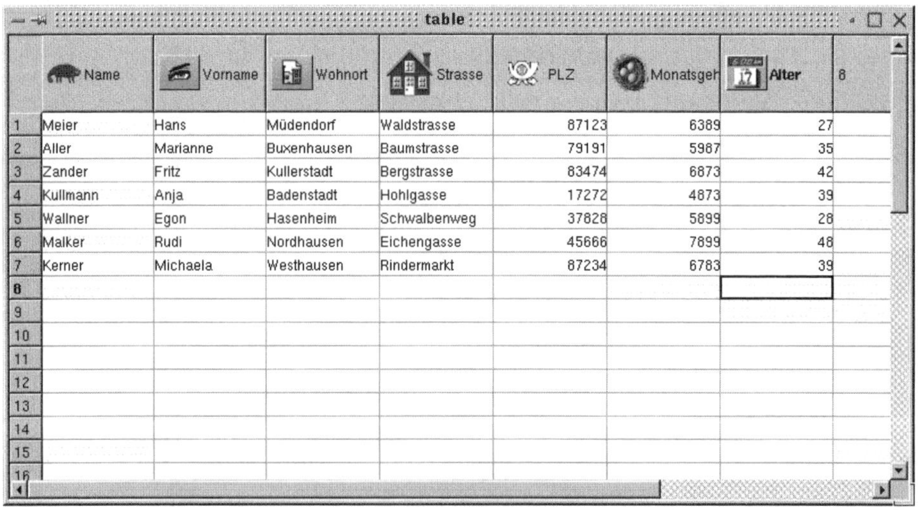

	Name	Vorname	Wohnort	Strasse	PLZ	Monatsgeh	Alter	8
1	Meier	Hans	Müdendorf	Waldstrasse	87123	6389	27	
2	Aller	Marianne	Buxenhausen	Baumstrasse	79191	5967	35	
3	Zander	Fritz	Kullerstadt	Bergstrasse	83474	6873	42	
4	Kullmann	Anja	Badenstadt	Hohlgasse	17272	4873	39	
5	Wallner	Egon	Hasenheim	Schwalbenweg	37828	5899	28	
6	Malker	Rudi	Nordhausen	Eichengasse	45666	7899	48	
7	Kerner	Michaela	Westhausen	Rindermarkt	87234	6783	39	
8								
9								
10								
11								
12								
13								
14								
15								

Abbildung 3.42: Tabelle nach Eingabe der Daten

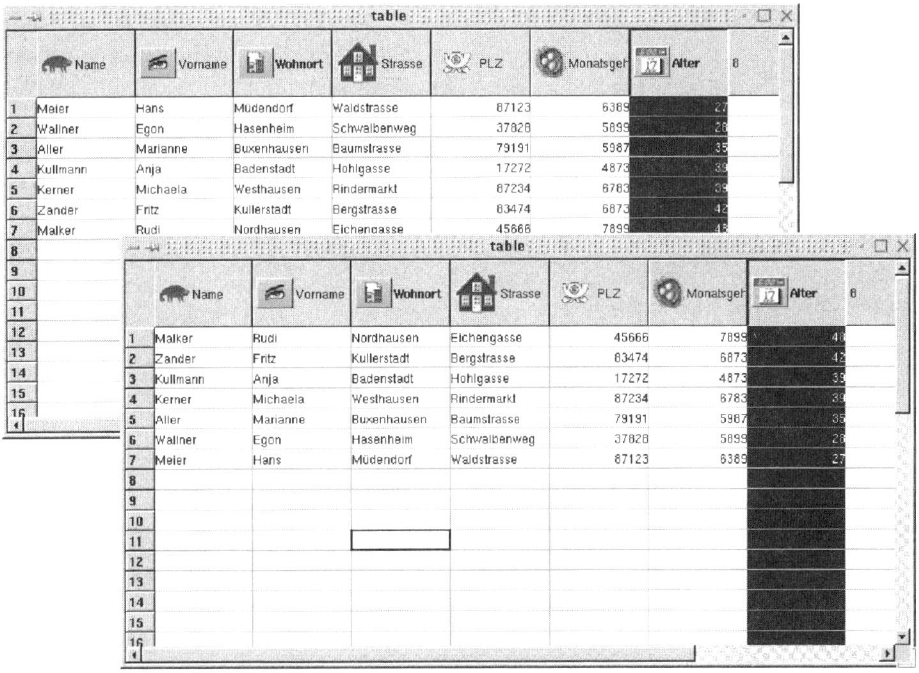

Abbildung 3.43: Tabelle nach Mausklicks auf „Alter“-Header (nach Alter aufwärts bzw. abwärts sortiert)

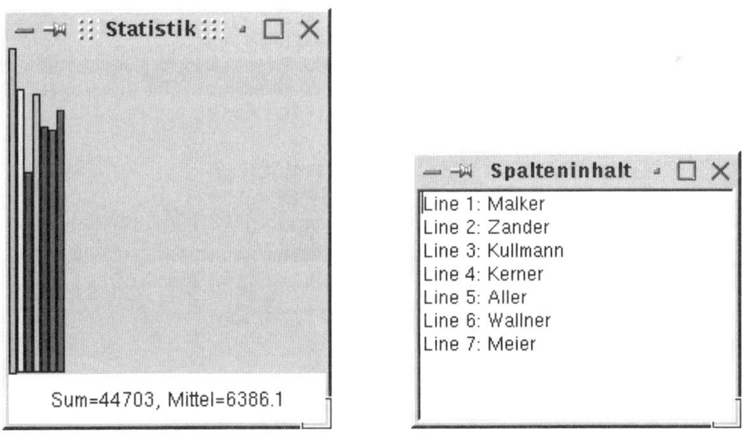

Abbildung 3.44: Anzeige einer Statistik nach rechtem Mausklick in „Monatsgehalt“-Spalte bzw. aller Inhalte der ersten Spalte nach rechtem Mausklick in „Namen“-Spalte

3.14.7 Tabelle mit Multiplikationsaufgaben^{Z}

Das Programm `multtable.cpp` blendet mit Hilfe der Klasse `QTable` eine Tabelle ein, deren Zellen alle Kombinationen für die Multiplikation zweier Zahlen zwischen `1` und `30` enthalten. Der Benutzer kann sowohl über die Cursortasten als auch durch Mausklick eine Zelle auswählen. In der aktuell ausgewählten Zelle kann er nun das entsprechende Ergebnis eintragen. Ist es korrekt, wird in dieser Zelle das richtige Ergebnis und eine andere Pixmap eingeblendet. Ist seine Eingabe falsch, wird wieder der alte Multiplikationstext eingeblendet, allerdings mit einer anderen Pixmap, die anzeigen soll, dass in dieser Zelle schon ein Lösungsversuch unternommen wurde. Abbildung 3.45 zeigt ein mögliches Aussehen der Tabelle, nachdem der Benutzer einige Rechenaufgaben gelöst bzw. zu lösen versucht hat.

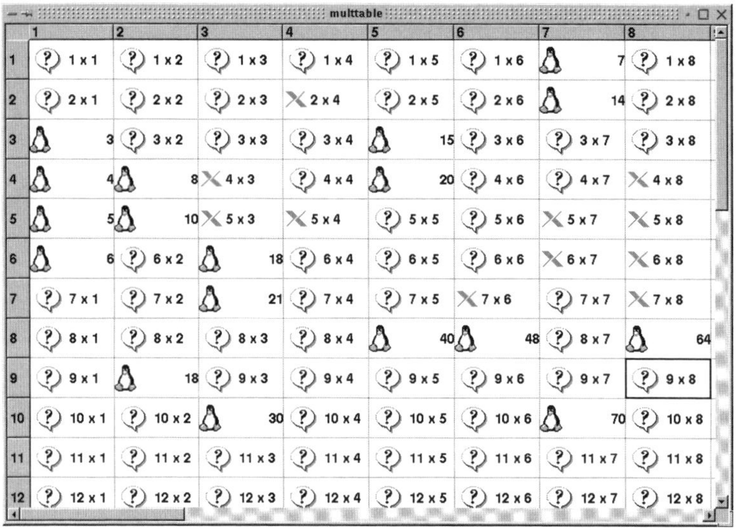

	1	2	3	4	5	6	7	8
1	1 x 1	1 x 2	1 x 3	1 x 4	1 x 5	1 x 6	7	1 x 8
2	2 x 1	2 x 2	2 x 3	2 x 4	2 x 5	2 x 6	14	2 x 8
3	3	3 x 2	3 x 3	3 x 4	15	3 x 6	3 x 7	3 x 8
4	4	8	4 x 3	4 x 4	20	4 x 6	4 x 7	4 x 8
5	5	10	5 x 3	5 x 4	5 x 5	5 x 6	5 x 7	5 x 8
6	6	6 x 2	18	6 x 4	6 x 5	6 x 6	6 x 7	6 x 8
7	7 x 1	7 x 2	21	7 x 4	7 x 5	7 x 6	7 x 7	7 x 8
8	8 x 1	8 x 2	8 x 3	8 x 4	40	48	8 x 7	64
9	9 x 1	18	9 x 3	9 x 4	9 x 5	9 x 6	9 x 7	9 x 8
10	10 x 1	10 x 2	30	10 x 4	10 x 5	10 x 6	70	10 x 8
11	11 x 1	11 x 2	11 x 3	11 x 4	11 x 5	11 x 6	11 x 7	11 x 8
12	12 x 1	12 x 2	12 x 3	12 x 4	12 x 5	12 x 6	12 x 7	12 x 8

Abbildung 3.45: Eine Multiplikationstabelle mit der Klasse `QTable`

3.15 Widgets mit verschiebbaren Icons

Die Klasse `QIconView` stellt eine Fensterfläche zur Verfügung, in der Icons platziert werden, die sich dann verschieben lassen, wie man es z. B. von Dateimanagern her kennt, wenn diese im Symbolansicht-Modus betrieben werden, oder aber auch von Desktops. Jedes Icon ist dabei ein Objekt der Klasse `QIconViewItem`, das durch einen Text und/oder ein Bild dargestellt wird.

Programm 3.20 zeigt eine einfache Möglichkeit, wie man ein `QIconView`-Widget mit Icons anlegen kann, die man dann mit der Maus innerhalb des `QIconView`-Widgets verschieben kann (siehe auch Abbildung 3.46).

Programm 3.20 – `iconview.cpp`:
Fenster mit allen XPM-Icons aus dem Working-Directory

```
#include <qapplication.h>
#include <qiconview.h>
#include <qpixmap.h>
#include <qdir.h>
int main( int argc, char *argv[] ) {
    QApplication a( argc, argv );
```

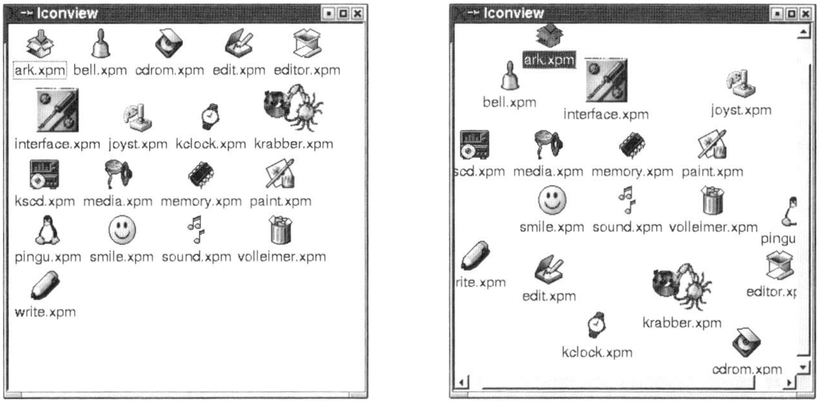

Abbildung 3.46: `QIconView`-Widget mit verschiebbaren Icons

```
    QIconView iconview;
    QIconViewItem *item;
    iconview.setSelectionMode( QIconView::Extended );
    QDir dir( ".", "*.xpm" );
    for (uint i=0; i < dir.count(); i++) {
       item = new QIconViewItem( &iconview, dir[i], QPixmap( dir[i] ) );
       item->setRenameEnabled( true );
    }
    iconview.setCaption( "Iconview" );
    a.setMainWidget( &iconview );
    iconview.resize( 400, 400 );
    iconview.show();
    return a.exec();
}
```

3.15.1 Die Klasse `QIconView`

`QIconView` bietet folgenden Konstruktor an, der ein leeres `QIconView`-Wigdet anlegt:

`QIconView(QWidget *parent=0, const char *name=0, WFlags f=0)`

Einige wichtige Methoden der Klasse `QIconView` sind:

`setArrangement(Arrangement a) virtual`

Über Parameter a kann festgelegt werden, wie die Icons im `QIconView`-Widget zu platzieren sind. Dafür stehen die beiden folgenden Konstanten zur Verfügung:

`QIconView::LeftToRight`	von links nach rechts und von oben nach unten
`QIconView::TopToBottom`	von oben nach unten und von links nach rechts

`sort(bool ascend=true) virtual`

sortiert Icons in einem `QIconView`-Widget aufsteigend (`ascend=true`) oder absteigend (`ascend=false`). Zum Sortieren wird dabei der Text verwendet, der für die einzelnen Icons mit `QIconViewItem::setKey(const QString &k)` festgelegt wurde. Andernfalls, wird nach dem für die jeweiligen Icons festgelegten Text sortiert, der sich mit `text()` erfragen lässt.

`setSorting(bool sort, bool ascend=true)`
Bei `sort=true` werden die Icons sortiert, wenn ein neues Icon eingefügt wird. Über Parameter `ascend` kann dabei festgelegt werden, wie die Icons zu sortieren sind: aufsteigend (true) oder absteigend (false). Um beim Einfügen neuer Icons sortieren zu lassen, muss allerdings zuvor `setAutoArrange(true)` aufgerufen werden. Wie zuvor wird auch hier nach dem mit `QIconViewItem::setKey(const QString &k)` festgelegten Text bzw. dem im Icon angezeigten Text sortiert.

`setSpacing(int sp) virtual`
legt den Zwischenraum zwischen den Icons fest (Voreinstellung ist 5 Pixel).

`setGridX(int rx) virtual`
`setGridY(int ry) virtual`
legen fest, dass die Icons in Tabellenform mit der Spaltenbreite `rx` bzw. der Zeilenhöhe `ry` anzuordnen sind.

`setItemTextPos(ItemTextPos pos) virtual`
legt fest, wo der Text der Icons anzuzeigen ist:

`QIconView::Bottom`	unterhalb vom Icon
`QIconView::Right`	rechts vom Icon

`setSelectionMode(SelectionMode m) virtual`
legt den Modus fest, mit dem der Benutzer Icons auswählen kann. Für den Parameter `m` kann eine der folgenden vordefinierten Konstanten angegeben werden: `QIconView::Single`, `QIconView::Multi`, `QIconView::Extended` oder `QIconView::NoSelection`. Diese Konstanten haben dieselbe Bedeutung wie bei der Klasse `QLIstView` (siehe auch Kapitel 3.12.1 auf Seite 157).

`setItemsMovable(bool b) virtual`
legt fest, ob die Icons durch den Benutzer verschiebbar sind oder nicht.

`takeItem(QIconViewItem *item) virtual`
entfernt ein Icon aus dem `QIconView`-Widget, wobei dieses Icon selbst noch nicht gelöscht wird. Dazu ist ein `delete`-Aufruf erforderlich.

`QIconViewItem *firstItem() const`
`QIconViewItem *currentItem() const`
`QIconViewItem *lastItem() const`
liefern erstes, aktuelles bzw. letztes Icon im `QIconView`-Widget. Man benötigt keine Iteratoren, um auf die Icons in einem `QIconView`-Widget nacheinander zuzugreifen. Stattdessen kann man den folgenden Code verwenden:

```
for (QIconViewItem *icon = iv->firstItem(); icon; icon = icon->nextItem() )
    //... Benötigte Aktionen mit icon
```

`uint count() const`
liefert die Anzahl der Icons im `QIconView`-Widget.

`clear() virtual`
entfernt alle Icons aus einem `QIconView`-Widget.

Die Klasse `QIconView` schickt eine Vielzahl nützlicher Signale, wie z. B.

`selectionChanged()`	`currentChanged()`	`clicked()`
`moved()`	`itemRenamed()`	

3.15.2 Die Klasse `QIconViewItem`

Die Klasse `QIconViewItem` bietet die folgenden Konstruktoren an, wobei statt `QPixmap`- auch `QPicture`-Parameter erlaubt sind:

```
QIconViewItem(QIconView *parent)
QIconViewItem(QIconView *parent, QIconViewItem *after)
QIconViewItem(QIconView *parent, const QString& text)

QIconViewItem(QIconView *parent, QIconViewItem *after, const QString& text)
QIconViewItem(QIconView *parent, const QString& text, const QPixmap& icon)

QIconViewItem(QIconView *parent, QIconViewItem *after, const QString& text,
              const QPixmap &icon)
```

Einige wichtige Methoden der Klasse `QIconViewItem` sind:

`setRenameEnabled(bool b) virtual`
: legt fest, ob der Benutzer den Text des Icons mit einem Mausklick auf den Text bzw. durch Drücken der (F2)-Taste, wenn Icon ausgewählt ist, ändern darf oder nicht.

`setText(const QString& text) virtual`

`setPixmap(const QPixmap& icon) virtual`
: legen den Text bzw. das Bild für das Icon fest. Mit `text()` bzw. `pixmap()` lässt sich der Text bzw. das Bild eines Icons erfragen.

3.15.3 Einfaches Drag-and-Drop bei `QIconView`-Widgets^Z

Das Programm `icondrag.cpp` zeigt, wie sich ein einfaches *Drag-and-Drop* zwischen einem `QIconView`-Widget und einem anderen Widget (hier `QListBox`) sowie zwischen unterschiedlichen Windows realisieren lässt.

Kapitel 4

Zuordnung und Layout von Widgets

Ordnung führt zu allen Tugenden.
Was aber führt zur Ordnung?
– G. C. Lichtenberg

In diesem Kapitel werden wir Klassen kennenlernen, mit denen eine Zuordnung und ein Layout von Widgets möglich ist.

Klassen zum Zuordnen von Widgets

`QFrame`	Basisklasse für Widgets, die einen Rahmen haben können
`QGroupBox`	Gruppieren von Widgets mit einem eventuellen Rahmen und Titel
`QHGroupBox`	Gruppieren in einer horizontalen Zeile (abgeleitet von `QGroupBox`)
`QVGroupBox`	Gruppieren in einer vertikalen Spalte (abgeleitet von `QGroupBox`)
`QButtonGroup`	wie `QGroupBox`, nur mit einigen Erweiterungen, die speziell für Buttons ausgelegt sind
`QHButtonGroup`	Gruppieren von Button-Widgets in einer horizontalen Zeile (abgeleitet von `QButtonGroup`)
`QVButtonGroup`	Gruppieren von Button-Widgets in einer vertikalen Spalte (abgeleitet von `QButtonGroup`)
`QSplitter`	Aufteilung einer Fläche zwischen mehreren Widgets
`QWidgetStack`	Ansammlung von Widgets, von denen immer nur eines sichtbar ist

Klassen zum Layout von Widgets

`QHBox`	einfaches horizontales Layout
`QVBox`	einfaches vertikales Layout
`QGrid`	einfaches Layout in Zeilen und Spalten
`QLayout`	Basisklasse für `QBoxLayout` und `QGridLayout`
`QBoxLayout`	fortgeschrittenes horizontales und vertikales Layout mit mehr Möglichkeiten als bei `QHBox` und `QHBox`
`QHBoxLayout`	fortgeschrittenes horizontales Layout (abgeleitet von `QBoxLayout`)
`QVBoxLayout`	fortgeschrittenes vertikales Layout (abgeleitet von `QBoxLayout`)
`QGridLayout`	fortgeschrittenes Layout in Zeilen und Spalten mit mehr Möglichkeiten als bei `QGrid`

4.1 Zuordnung von Widgets untereinander

4.1.1 Die Klasse `QFrame`

Diese Klasse ist eine Basisklasse, die üblicherweise verwendet wird, um mehrere Subwidgets in einem `QFrame`-Widget zusammenzufassen, das man eventuell noch mit einem entsprechenden Rahmen und Titel versehen kann.
Die Klasse `QFrame` bietet nur einen Konstruktor an:

```
QFrame(QWidget *parent=0, const char *name=0, WFlags f=0)
```

Dieser Konstruktor legt ein `QFrame`-Widget an, für das `NoFrame` und eine Rahmenbreite von 1 Pixel voreingestellt ist. Einige wichtige Methoden der Klasse `QFrame` sind:

`drawContents(QPainter *) virtual protected`
: Diese virtuelle Funktion wird vom `QFrame`-Konstruktor aufgerufen, um den Inhalt des `QFrame`-Widget zu zeichnen. Das entsprechende `QPainter`-Objekt ist dabei bereits geöffnet und darf in dieser Funktion auch nicht geschlossen werden.

`setMargin(int w) virtual`
: legt fest, dass der Inhalt des `QFrame`-Widget einen Rand von `w` Pixel haben soll.

`QRect contentsRect() const`
: liefert die Maße des Rechtecks innerhalb des `QFrame`-Widget, was der eigentliche Inhalt ohne Rahmen und Rand ist. Diese Methode wird man meist innerhalb von `drawContents()` benötigen.

`setFrameStyle(int style) virtual`
: legt den Stil, also das Aussehen des Rahmens um das `QFrame`-Widget fest. Als Argument für den Parameter `style` ist dabei eine Konstante aus Tabelle 4.1 anzugeben, die eventuell mit bitweisem `OR` mit einer Konstante aus Tabelle 4.2 verknüpft ist.

`setLineWidth(int w) virtual`
`setMidLineWidth(int w) virtual`
: legen die Liniendicke bzw. Dicke der Mittellinie auf `w` Pixel fest.

Tabelle 4.1: Form des Rahmens (*frame shape*)

Konstante	**Bedeutung**
`NoFrame`	kein Rahmen
`Box`	rechteckiger Rahmen um flachen Inhalt
`Panel`	rechteckiger Rahmen um 3D-darstellbaren Inhalt
`StyledPanel`	rechteckiger Rahmen um 3D-dargestellten Inhalt, wobei Hervorhebungsart vom aktuellen GUI-Stil abhängig ist
`WinPanel`	rechteckiger Rahmen um 3D-dargestellten Inhalt im MS-Windows-Stil. Hier wird die Liniendicke automatisch auf 2 Pixel eingestellt. Von der Verwendung von `WinPanel` wird abgeraten. Stattdessen sollte `StyledPanel` verwendet werden, um unabhängig von einem bestimmten GUI-Stil zu sein.
`GroupBoxPanel`	rechteckiger Rahmen um 3D-dargestellten Inhalt im `QGroupBox`-Stil
`PopupPanel`	rechteckiger Rahmen um 3D-dargestellten Inhalt im Popup-Stil
`MenuBarPanel`	rechteckiger Rahmen um 3D-dargestellten Inhalt im `QMenuBar`-Stil
`ToolBarPanel`	rechteckiger Rahmen um 3D-dargestellten Inhalt im `QToolBar`-Stil
`LineEditPanel`	rechteckiger Rahmen um 3D-dargestellten Inhalt im `QLineEdit`-Stil
`TabWidgetPanel`	rechteckiger Rahmen um 3D-dargestellten Inhalt im `QTabWidget`-Stil
`HLine`	horizontale Linie in Mitte des `QFrame`-Widget; für Abgrenzung (*Separator*)
`VLine`	vertikale Linie in Mitte des `QFrame`-Widget; für Abgrenzung (*Separator*)

Tabelle 4.2: Schattierungsstil des Rahmens (*shadow style*)

Konstante	Bedeutung
`Plain`	flache Darstellung ohne jeglichen 3D-Effekt
`Raised`	hervorgehobener Inhalt in 3D-Darstellung, wobei die hellen und dunklen Farben der aktuell eingestellten Farbgruppe verwendet werden.
`Sunken`	versunkener Inhalt in 3D-Darstellung, wobei die hellen und dunklen Farben der aktuell eingestellten Farbgruppe verwendet werden.

Interaktive Anzeige von `QFrame`-Stilen[Z]

Das Programm `frame.cpp` erlaubt es dem Benutzer, sich alle Kombinationen von unterschiedlichen Rahmenformen und Schattierungsstilen interaktiv anzeigen zu lassen, wie dies beispielhaft in Abbildung 4.1 gezeigt ist.

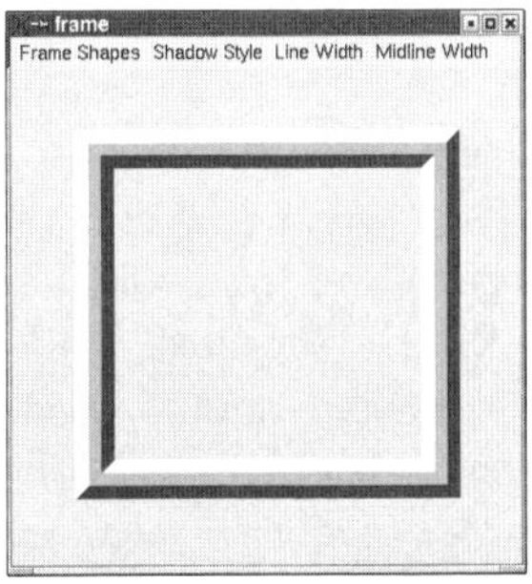

Abbildung 4.1: Interaktive Anzeige eines `QFrame`-Aussehens

Anzeigen der unterschiedlichen Stile in Tabellenform[Z]

Das Programm `frame2.cpp` zeigt die unterschiedlichen Stilkombinationen in Form einer Tabelle an, wie es in Abbildung 4.2 gezeigt ist. Jede Zeile dieser Tabelle besitzt dabei eine zufällige Farbe. Linien-Dicken sind über eigene Menüpunkte auswählbar.

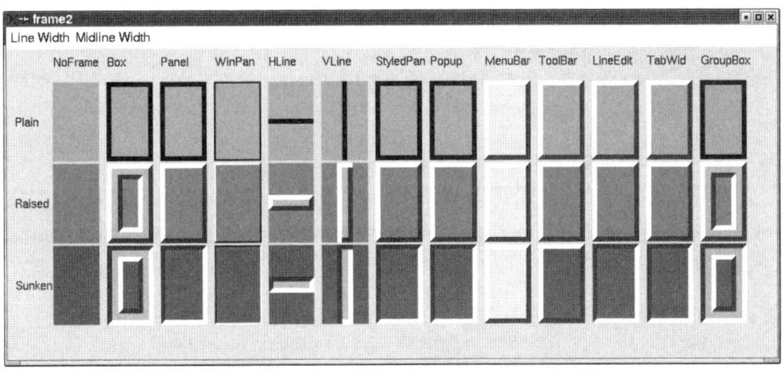

Abbildung 4.2: Anzeigen der unterschiedlichen Stile in Tabellenform

4.1.2 Die Klassen `QGroupBox`, `QHGroupBox` und `QVGroupBox`

Die Klasse `QGroupBox` ermöglicht das Gruppieren von Widgets in einem `QGroupBox`-Widget mit einem eventuellen Rahmen und Titel.

Die Klasse `QGroupBox`

Die Klasse `QGroupBox` bietet vier Konstruktor-Varianten an:

```
QGroupBox(QWidget *par=0, char *nam=0)
QGroupBox(const QString& title, QWidget *par=0, char *nam=0)
QGroupBox(int strips, Orientation orient,
          QWidget *par=0, char *name=0)
QGroupBox(int strips, Orientation orient, QString& title,
          QWidget *par=0, char *nam=0)
```

Für die Parameter gilt dabei folgendes:

- `title` legt Titel fest, der für `QGroupBox`-Widget anzuzeigen ist.
- Für `orient` ist `Horizontal` oder `Vertical` anzugeben.
- `strips` legt fest, in wie vielen Spalten bzw. Zeilen (abhängig von `orientation`) die Subwidgets anzuordnen sind.

Einige wichtige Methoden, die von der Klasse `QGroupBox` angeboten werden, sind:

`setColumnLayout(int columns, Orientation direction) virtual`

Wurde ein `QGroupBox`-Widget unter Verwendung des ersten Konstruktors angelegt, so wird dieses nicht angezeigt. In diesem Fall kann man mit dieser Methode nachträglich das Layout für die `QGroupBox` festlegen.

`setTitle(const QString& title) virtual`

legt den Titel für ein `QGroupBox`-Widget fest, wobei auch ein Beschleuniger festgelegt werden kann, wie z.B.: `g->setTitle("Gruppen&Box")`. In diesem Fall wird das `B` unterstrichen, und der Tastaturfokus kann mit `Alt`-`B` in dieses `QGroupBox`-Widget gelegt werden.

`setAlignment(int alignment) virtual`

legt die horizontale Ausrichtung des Titels, der immer in der obersten Randlinie des `QGroupBox`-Widget angezeigt wird, im `QGroupBox`-Widget fest. Für den Parameter `alignment` kann eines der folgenden Flags angegeben werden:

`AlignLeft`	linksbündige Ausrichtung
`AlignRight`	rechtsbündige Ausrichtung
`AlignHCenter`	mittige Ausrichtung
`AlignAuto`	automatische Ausrichtung (sprachenabhängig)

Die Klassen `QHGroupBox` und `QVGroupBox`

Die von `QGroupBox` abgeleiteten Klassen `QHGroupBox` und `QVGroupBox` ermöglichen das Gruppieren von Widgets in einer horizontalen Zeile bzw. in einer vertikalen Spalte. Neben den von `QGroupBox` geerbten Methoden bieten sie jeweils zwei Konstruktoren an:

```
QHGroupBox(QWidget *parent=0, const char *name=0)
QHGroupBox(const QString& title, QWidget *parent=0, const char *name=0)
```

```
QVGroupBox(QWidget *parent=0, const char *name=0)
QVGroupBox(const QString& title, QWidget *parent=0, const char *name=0)
```

Interaktives Anordnen in einem `QGroupBox`-Widget^Z

Das Programm `groupbox.cpp` ermöglicht es dem Benutzer interaktiv 10 Labels, 10 Buttons und ein `QLineEdit`-Widget unterschiedlich anordnen zu lassen. Die Labels und Buttons erhalten dabei bei jeder neuen Anordnung eine neue zufällige Farbe. Im `QLineEdit`-Widget kann der Benutzer einen Titel eintragen, der dann bei der nächsten Änderung der Anordnung als Titel für das `QGroupBox`-Widget verwendet wird. Über den Menüpunkt *Orientation* kann der Benutzer dabei auswählen, ob eine horizontale oder vertikale Anordnung zu verwenden ist, und über den Menüpunkt *Strips* kann er die Anzahl der anzuzeigenden Labels und Buttons (bis zu 10) festlegen. Anschließend werden Labels, Buttons und das Tedxteingabefeld entsprechend angeordnet, wie dies beispielhaft in Abbildung 4.3 gezeigt ist.

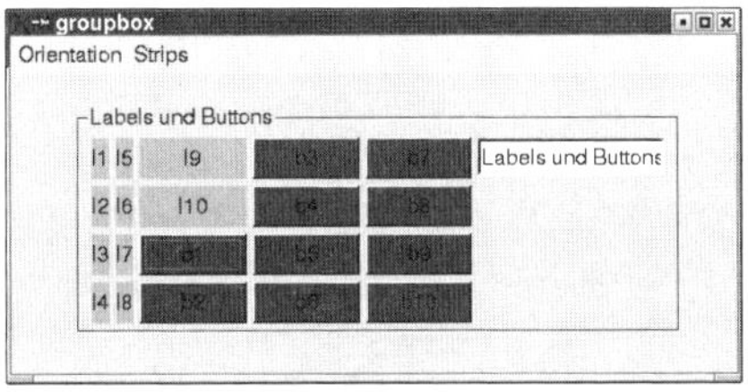

Abbildung 4.3: Interaktives Anordnen in einem `QGroupBox`-Widget

Interaktives Anordnen von Labels mit `QGroupBox`^{Z}

Das Programm `groupbox2.cpp` arbeitet ähnlich zum vorherigen Programm `groupbox.cpp`, indem es zwei Menüpunkte anbietet, über die der Benutzer die Ausrichtung (*Orientation*) und die Anzahl der Zeilen bzw. Spalten (*Strips*) interaktiv auswählen kann. Zusätzlich kann der Benutzer noch über einen Schiebebalken die Gesamtanzahl der in einem `QGroupBox`-Widget anzuzeigenden Labels auswählen. Jedesmal, wenn der Benutzer über die beiden Menüpunkte oder über den Schiebebalken die Konfiguration ändert, werden ihm dann die Labels entsprechend angezeigt werden, wobei diese abwechselnd schwarz und weiß dargestellt werden (siehe auch Abbildung 4.4).

4.1.3 Die Klasse `QButtonGroup`

Die Klasse `QButtonGroup`, die von der Klasse `QGroupBox` abgeleitet ist, entspricht weitgehend auch der Klasse `QGroupBox`, nur dass sie mit einigen Erweiterungen ausgestattet ist, die speziell für Buttons ausgelegt sind. Diese Klasse `QButtonGroup` wurde bereits im Zusammenhang mit Buttons in Kapitel 3.4.4 auf Seite 84 vorgestellt.
Die von `QButtonGroup` abgeleiteten Klassen `QHButtonGroup` und `QVButtonGroup` ermöglichen das Gruppieren von Buttons in einer horizontalen Zeile bzw. in einer vertikalen Spalte. Neben den von `QButtonGroup` geerbten Methoden bieten sie jeweils folgende Konstruktoren an:

```
QHButtonGroup(QWidget *parent=0, const char *name=0)
QHButtonGroup(const QString& title, QWidget *parent=0, const char *name=0)

QVButtonGroup(QWidget *parent=0, const char *name=0)
QVButtonGroup(const QString& title, QWidget *parent=0, const char *name=0)
```

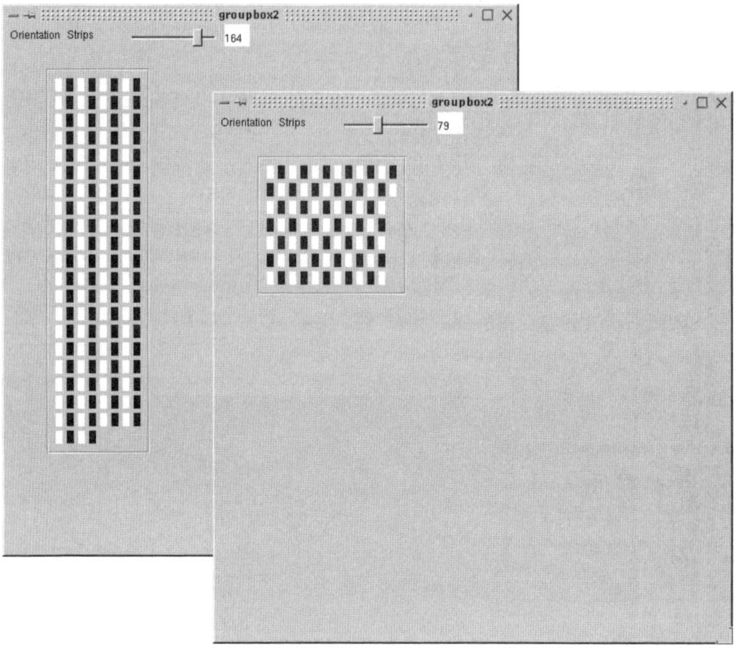

Abbildung 4.4: Interaktives Anordnen von Labels mit einem `QGroupBox`-Widget

4.1.4 Die Klasse `QSplitter`

Diese Klasse `QSplitter` ermöglicht die Aufteilung einer Widget-Fläche unter mehreren Subwidgets aufzuteilen. Zwischen diesen `QSplitter`-Widgets werden dabei – abhängig von der Form der Anordnung – in horizontaler und/oder vertikaler Richtung kleine Leisten gezeigt, die der Benutzer mit gedrückter Maustaste verschieben kann, um interaktiv eine neue Aufteilung einzustellen.

Die von `QFrame` abgeleitete Klasse `QSplitter` bietet zwei Konstruktor-Varianten an:

`QSplitter(QWidget *parent=0, const char *nam=0)`
: erzeugt ein horizontales `QSplitter`-Widget, in dem nun entsprechende Subwidgets angelegt werden können, die alle automatisch nebeneinander in horizontaler Richtung angeordnet werden.

`QSplitter(Orientation o, QWidget *parent=0, const char *nam=0)`
: erzeugt ein `QSplitter`-Widget, in dem nun entsprechende Subwidgets angelegt werden können, die abhängig vom Parameter `o` nebeneinander in horizontaler (`o=Qt::Horizontal`) oder untereinander in vertikaler Richtung (`o=Qt::Vertical`) angeordnet werden.

Einige wichtige Methoden, die von der Klasse `QSplitter` angeboten werden, sind:

`setOrientation(Orientation o) virtual`
: legt die Form der Aufteilung in einem `QSplitter`-Widget fest: `Qt::Horizontal` oder `Qt::Vertical`.

`moveToFirst(QWidget *w) , moveToLast(QWidget *w)`
: verschieben das Subwidget `w` in die linke obere bzw. rechte untere Ecke im `QSplitter`-Widget.

`setResizeMode(QWidget *w, ResizeMode mode) virtual`

legt fest, wie das Subwidget w bei Veränderung der Größe des ihm übergeordneten QSplitter-Widget zu behandeln ist. Für mode kann dabei z. B. eine der folgenden enum-Konstanten (vom Typ ResizeMode) angegeben werden:

`QSplitter::Stretch`

Subwidget wird entsprechend vergrößert bzw. verkleinert, wenn sich die Größe seines übergeordneten QSplitter-Widget ändert.

`QSplitter::KeepSize`

Größe des Subwidget wird nicht verändert, wenn das ihm übergeordnete QSplitter-Widget eine Verkleinerung oder Vergrößerung erfährt.

`QSplitter::FollowSizeHint`

Größe des Subwidget wird immer automatisch an die von Qt empfohlene Größe angepasst.

`setOpaqueResize(bool on=true) virtual`

legt fest, ob bei Veränderung der Größe eines Subwidget über die Splitter-Leiste seitens des Benutzers diese Veränderung sofort anzuzeigen ist (on=true) oder erst, wenn der Benutzer das Ziehen der Splitter-Leiste (durch Loslassen der Maustaste) beendet hat (on=false). Die Voreinstellung ist on=false.

Weitere Methoden, die bei QSplitter-Widgets nützlich sein können, sind:

`setMaximumSize(int maxw, int maxh) virtual`

`setMaximumSize(const QSize& size) virtual`

Diese von QWidget geerbten Methoden legen fest, dass ein Subwidget in einem QSplitter-Widget niemals breiter als maxw Pixel und niemals höher als maxh Pixel werden kann.

`setMinimumSize(int minw, int minh) virtual`

`setMinimumSize(const QSize& size) virtual`

Diese von QWidget geerbten Methoden kann man verwenden, wenn man unterbinden möchte, dass ein Subwidget in einem QSplitter-Widget vollständig (durch Ziehen der Splitterleiste) ausgeblendet werden kann, wie z. B.:

```
QSplitter *splitter = new QSplitter();
QLabel *l1 = new QLabel( "Label 1", splitter);
QLabel *l2 = new QLabel( "Label 2", splitter);
l1->setMinimumSize( l1->sizeHint() );
```

Dieser Codeausschnitt stellt sicher, dass l1 niemals kleiner werden kann, als für die Anzeige des Textes „Label 1“ notwendig ist. Das Label l2 dagegen kann durch Ziehen der Splitterleiste so verkleinert werden, dass es nicht mehr sichtbar ist.

Laufen von Billard-Kugeln in QSplitter-Subwidgets[B]

Programm 4.1 erzeugt zunächst ein QSplitter-Widget s1, in dem vertikal drei weitere QSplitter-Widgets (s2, s3, s4) eingeordnet sind, welche ihrerseits ihre Subwidgets horizontal anordnen. Im obersten Splitter s2 werden fünf Labels horizontal untergebracht, für die gilt, dass sie immer mindestens so groß sind, um den in ihnen enthaltenen Text anzuzeigen. Im mittleren Splitter s3 werden horizontal zwei Subwidgets b1 und b2 untergebracht, in denen endlos eine Billardkugel läuft, wobei das Subwidget b2 bei Größenveränderungen, die nicht über die zugehörige Splitter-Leiste erfolgen, seine eingestellte Größe behält, was mit dem folgenden Code erreicht wird:

```
s3->setResizeMode( b2, QSplitter::KeepSize );
```

Im unteren Splitter `s4` werden horizontal drei Subwidgets untergebracht, in denen ebenso endlos Billardkugeln laufen. Abbildung 4.5 zeigt ein entsprechendes `QSplitter`-Widget.

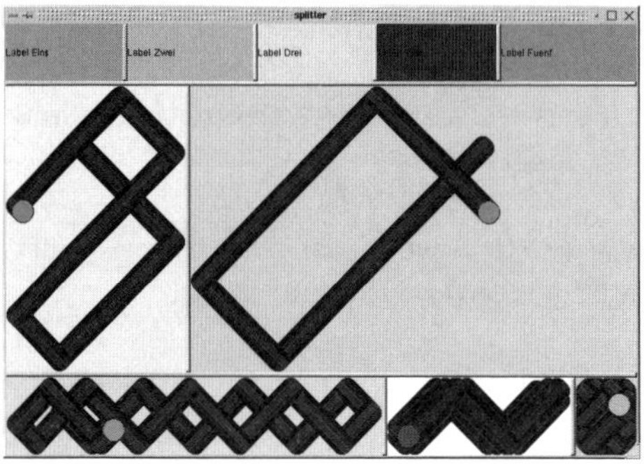

Abbildung 4.5: Splitter-Widget zum Programm 4.1 im Windows-Stil

Während das Verschieben der horizontalen Leiste im mittleren Splitter-Widget `s3` nicht sofort zur Aktualisierung der beteiligten Widgets `b1` und `b2` führt, zieht ein Verschieben aller anderen Splitter-Leisten sofort zu einer aktualisierten Anzeige der betroffenen Widgets, was durch das folgende Codefragment erreicht wird:

```
s1->setOpaqueResize( true );
s2->setOpaqueResize( true );
// s3->setOpaqueResize( true ); // s3 nicht
s4->setOpaqueResize( true );
```

Programm 4.1 – `splitter.cpp`:
Demoprogramm zu `QSplitter` mit Labels und Billard-Kugeln

```
#include ....
static const char *zahl[] = { "Eins", "Zwei", "Drei", "Vier", "Fuenf" };
//........................................................ Klasse Billard
class Billard : public QWidget {
  public:
    Billard( QWidget* parent=0, const char* name=0 ) : QWidget(parent, name) {
        p = new QPainter( this );
        p->setBrush( QColor( ::rand()%255, ::rand()%255, ::rand()%255 ) );
        x = y = 5; dx = dy = 1;
        startTimer(2); // alle 2 Millisek. Signal schicken, um Bild zu aktualisieren
    }
    ~Billard() { delete p; }
    void timerEvent(QTimerEvent* ) { repaint(false); } // altes Bild nicht löschen
    void paintEvent(QPaintEvent* ) { //... Billardkugel laufen lassen
        int w = width()-30, h = height()-30;
        if (x+dx >= w || x+dx <= 0) dx = -dx;
        if (y+dy >= h || y+dy <= 0) dy = -dy;
        x += dx; y += dy;
        if (x > w) x = w;
        if (y > h) y = h;
        if (x <= 0) x = 30;
        if (y <= 0) y = 30;
```

```
        p->drawEllipse( x, y, 30, 30 );
    }
  private:
    int      x, y, dx, dy;
    QPainter *p;
};
//................................................................. main
int main( int argc, char *argv[] ) {
    QApplication a( argc, argv );
    ::srand(time(NULL));
     //... Hauptsplitter, in dem vertikal drei Subsplitter angeordnet werden
    QSplitter *s1 = new QSplitter( Qt::Vertical, 0 , "main" );
    s1->setGeometry( 0, 0, 600, 400 );
     //... Oberer Subsplitter mit fuenf horizontal angeordneten Subsplittern
    QSplitter *s2 = new QSplitter( Qt::Horizontal, s1, "top" );
    for (int i=0; i<5; i++) {
       QString s;
       s.sprintf("Label %s", zahl[i] );
       QLabel *l = new QLabel( s, s2 );
       l->setMinimumSize( l->sizeHint() );
       QColor farbe( ::rand()&255, ::rand()&255, ::rand()&255 );
       l->setPaletteBackgroundColor( farbe );
    }
     //... Mittlerer Subsplitter mit zwei horizontal angeordneten Subsplittern
    QSplitter *s3 = new QSplitter( Qt::Horizontal, s1, "medium" );
     Billard *b1 = new Billard( s3 );
      b1->setPaletteBackgroundColor( Qt::blue.light(180) );
      b1->setMinimumSize( 150, 150 );
     Billard *b2 = new Billard( s3 );
      b2->setPaletteBackgroundColor( Qt::green.light(180) );
      s3->setResizeMode( b2, QSplitter::KeepSize );
     //... Unterer Subsplitter mit drei horizontal angeordneten Subsplittern
    QSplitter *s4 = new QSplitter( Qt::Horizontal,  s1, "bottom" );
     Billard *b3 = new Billard( s4 );
      b3->setPaletteBackgroundColor( Qt::red.light(180) );
     Billard *b4 = new Billard( s4 );
      b4->setPaletteBackgroundColor( Qt::white );
     Billard *b5 = new Billard( s4 );
      b5->setMaximumHeight( 250 );
      b5->setMinimumSize( 80, 100 );
      b5->setPaletteBackgroundColor( Qt::yellow.dark(120) );
     //... Subwidgets der Split. s1, s2 und s4 erfahren sofort alle Resize-Events
    s1->setOpaqueResize( true );
    s2->setOpaqueResize( true );
//    s3->setOpaqueResize( true );  // s3 nicht
    s4->setOpaqueResize( true );
    a.setMainWidget( s1 );
    s1->show();
    return a.exec();
}
```

Malen von Rechtecken in Subwidgets eines `QSplitter`-Widget[Z]

Das Programm `splitter2.cpp` zeigt ähnlich zu Programm 4.1 fünf Subwidgets in einem `QSplitter`-Widget. In jedem dieser Subwidgets werden nun von außen nach innen immer kleiner werdende Rechtecke in zufälligen Farben gezeichnet. Ist ein Rechteck so klein geworden, dass es nur noch einen Strich darstellt, werden von innen nach außen immer größer werdende Rechtecke gezeichnet, diese aber nun immer in der gleichen Farbe. Ist der Rand wieder erreicht, beginnt wieder das Zeichnen der Rechtecke in unterschiedlichen Farben von außen nach innen usw. (siehe dazu auch Abbildung 4.6).

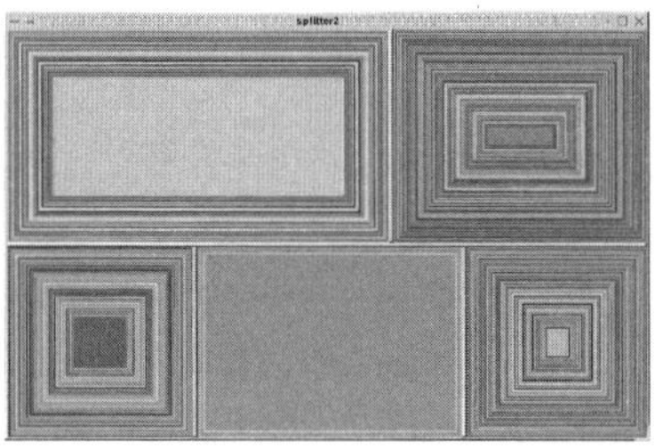

Abbildung 4.6: Malen von Rechtecken in Subwidgets eines `QSplitter`-Widget

4.1.5 Die Klasse `QWidgetStack`

Die Klasse `QWidgetStack` ermöglicht es, mehrere Widgets in einer Gruppe zusammenzufassen, von denen immer nur eines sichtbar sein kann. Diese Klasse erzeugt keine sichtbaren Widgets, sondern hat lediglich eine organisatorische Funktionalität.
Nachdem man ein Objekt dieser Klasse mit folgendem Konstruktor instantiiert hat:
`QWidgetStack(QWidget *parent=0, const char *name=0)`
muss man nur die entsprechenden Subwidgets erzeugen, die man in dem `QWidgetStack`-Objekt zusammenfassen möchte; dies erreicht man dadurch, dass man bei der Erzeugung der Subwidgets als Elternobjekt das `QWidgetStack`-Objekt angibt. Einige wichtige Methoden, die von der Klasse `QWidgetStack` angeboten werden, sind:

`int addWidget(QWidget *w, int id=-1)`

fügt das Widget `w` zum Widgetstack hinzu und teilt diesem Widget die Kennung `id` zu. Bei einer negativen `id` werden die Kennungen automatisch vergeben. Wird eine bereits vergebene `id` angegeben, wird eine eindeutige negative Kennungsnummer (nicht -1) vergeben. Die `id` wird als Rückgabewert geliefert, wobei -1 einen Fehler anzeigt. Sollte `w` kein Subwidget des Widgetstack sein, so erhält es nun nachträglich das `QWidgetStack`-Objekt als Elternobjekt. Die Klasse `QWidgetStack` ruft dazu die von `QWidget` geerbte Methode `reparent()` auf.

`raiseWidget(QWidget *w) slot`
`raiseWidget(int id) slot`

macht das Subwidget `w` bzw. das Subwidget mit der Kennung `id`, die bei `addWidget()` festgelegt wurde, sichtbar. Das zuvor eingeblendete Subwidget aus dem Widgetstack wird dadurch unsichtbar.

`removeWidget(QWidget *w)`

entfernt Subwidget `w` aus Widgetstack, löscht es aber nicht. Sollte `w` das gerade sichtbare Widget sein, wird kein anderes Widget aus dem Widgetstack neu eingeblendet.

`QWidget *widget(int id) const`
: liefert einen Zeiger auf das Widget mit der Kennung `id`. Sollte im Widgetstack kein Widget mit der Kennung `id` existieren, liefert diese Methode `0` als Rückgabewert.

`int id(QWidget *widget) const`
: liefert die Kennung zu dem Widget `widget`. Sollte im Widgetstack dieses Widget `widget` nicht existieren, liefert diese Methode `-1` als Rückgabewert.

`QWidget *visibleWidget() const`
: liefert einen Zeiger auf das gerade sichtbare Widget des Widgetstacks oder `0`, wenn gerade kein Widget aus dem Widgetstack sichtbar ist.

Zwei Signale bietet die Klasse `QWidgetStack` an:

`aboutToShow(int) signal`

`aboutToShow(QWidget *) signal`
: werden geschickt, unmittelbar bevor ein Widget aus dem Widgetstack sichtbar wird. Das Argument liefert Kennung bzw. Adresse des entsprechenden Widget.

Demoprogramm zur Klasse `QWidgetStack`[B]

Programm 4.2 erzeugt 20 Labels, denen es zufällige Farben zuteilt und die es im `QWidgetStack`-Objekt `wstack` ablegt. Über den Menüeintrag *Einblenden* kann der Benutzer sich dann immer eines dieser Label aussuchen, das neu anzuzeigen ist. Alle anderen Labels bleiben unsichtbar.

Programm 4.2 – `widgetstack.cpp`:
Demoprogramm zur Klasse `QWidgetStack`

```
#include ....
//.................................................... Klasse MyWidget
class MyWidget : public QWidget {
   Q_OBJECT
public:
   MyWidget( QWidget *parent=0, const char *nam=0) : QWidget(parent, nam) {
      int     i;
      QString s;
      ::srand(time(NULL));
      frame = new QFrame( this );          frame->setGeometry( 0, 0, 600, 600);
      wstack = new QWidgetStack( frame ); wstack->setGeometry( 0, 0, 600, 600);
      for (i=0; i<20; i++) {
         QColor farbe(::rand()%255, ::rand()%255, ::rand()%255 );
         label[i] = new QLabel( wstack );
         label[i]->setPaletteBackgroundColor( farbe );
         label[i]->setAlignment( AlignCenter );
         label[i]->setFont( QFont( "Helvetica", 30 ) );
         s.sprintf("Label %d", i);
         label[i]->setText( s );
         wstack->addWidget( label[i], i );
      }
      wstack->raiseWidget( 10 );
      einblendMenu = new QPopupMenu; // Menu zum Einblenden eines anderen Labels
      for (i=0; i<20; i++) {
         QString s;
```

```
        s.sprintf("Label %d", i); einblendMenu->insertItem( s, i );
      }
      einblendMenu->setItemChecked( 10, true );
      QObject::connect( einblendMenu, SIGNAL( activated( int ) ),
                        this,         SLOT( zeigeLabelSlot( int ) ) );
      menuBalken = new QMenuBar( this ); //....... Menu-Balken
      menuBalken->insertItem( "Einblenden",  einblendMenu );
   }
private slots:
   void zeigeLabelSlot( int l ) {
      wstack->raiseWidget( l );
      for (int i=0; i <= 20; i++)
         einblendMenu->setItemChecked( i , l==i );
   }
private:
   QMenuBar      *menuBalken;
   QPopupMenu    *einblendMenu;
   QFrame        *frame;
   QWidgetStack  *wstack;
   QLabel        *label[20];
};
#include "widgetstack.moc"
//............................................................... main
int main( int argc, char *argv[] ) {
   QApplication myapp( argc, argv );
   MyWidget *mywidget = new MyWidget();
   mywidget->setGeometry( 0, 0, 600, 600 );
   myapp.setMainWidget( mywidget );
   mywidget->show();
   return myapp.exec();
}
```

Memory-Spiel mit Hilfe eines Widgetstack^Z

Das Programm `widgetstack2.cpp` realisiert unter Zuhilfenahme eines `QWidgetStack`-Objekts ein Memory-Spiel. Der Widgetstack ist dabei nicht sichtbar, sondern immer nur die jeweils angeklickte Karte wird intern sichtbar gemacht, damit man sie in dem Memory-Spiel einblenden kann (siehe auch Abbildung 4.7).

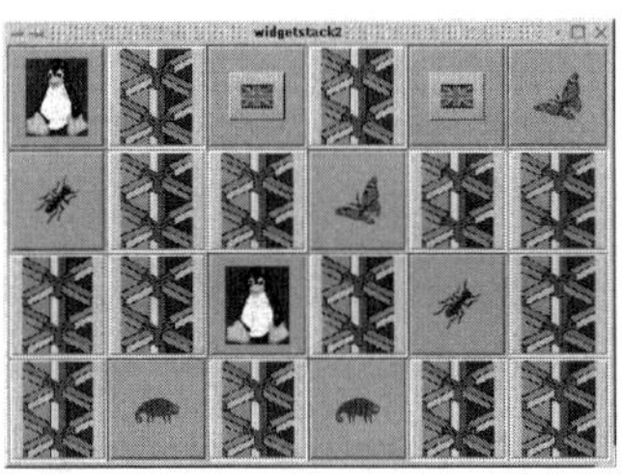

Abbildung 4.7: Memory-Spiel mit Hilfe eines Widgetstacks

4.2 Layout von Widgets

Qt bietet zwei Gruppen von Klassen an, mit denen ein Layout von Widgets möglich ist.

4.2.1 Einfaches Layout mit `QHBox`, `QVBox` und `QGrid`

Die einfachste Möglichkeit, um ein schnelles Layout von Widgets zu erreichen, ist die Verwendung der folgenden von `QFrame` abgeleiteten Klassen:

`QHBox` für einfaches horizontales Layout von Widgets
`QVBox` für einfaches vertikales Layout von Widgets
`QGrid` für eine einfache Anordnung von Widgets in Zeilen und Spalten

Wichtige Methoden und Konstruktoren der Klassen `QHBox`, `QVBox`, `QGrid`

In allen diesen drei Klassen wird die folgende Methode angeboten:

`setSpacing(int space)`
legt den Zwischenraum fest, den der entsprechende Layout-Manager zwischen den einzelnen Subwidgets einfügen soll.

Möchte man einen Rand um ein `QHBox`-, ein `QVBox`- oder ein `QGrid`-Widget haben, muss man die folgende Methode aufrufen, die alle drei Klassen von der Klasse `QFrame` erben:

`setMargin(int w) virtual`
legt eine Randbreite von `w` Pixel fest.

Folgende Konstruktoren bieten die beiden Klassen `QHBox` und `QVBox` an:

`QHBox(QWidget *parent=0, const char *name=0, WFlags f=0)`

`QVBox(QWidget *parent=0, const char *name=0, WFlags f=0)`

Daneben bieten die beiden Klassen `QHBox` und `QVBox` noch folgende Methode an:

`bool setStretchFactor(QWidget *w, int stretch)`
legt einen so genannten relativen `stretch`-Faktor (*Dehnungsfaktor*) für das Widget `w` im Bezug zu den anderen Subwidgets fest und liefert `true`, wenn `w` ein Subwidget vom entsprechenden `QHBox`- bzw. `QVBox`-Objekt ist, andernfalls `false`. Wird z. B. in einem `QHBox`-Widget einem Subwidget der `stretch`-Wert `1` und einem anderen der `stretch`-Wert `3` zugeordnet, so bedeutet dies, dass das zweite Subwidget im Verhältnis 3:1 zum ersten Subwidget horizontal dargestellt und dieses Verhältnis auch immer beibehalten wird, wenn der Benutzer das Widget vergrößert oder verkleinert. Dabei ist allerdings sichergestellt, dass die einzelnen Widgets weder ihre festgelegte Minimal- noch ihre Maximalgröße unter- oder überschreiten.

Die Klasse `QGrid` bietet zwei Konstruktoren an:

`QGrid(int n, QWidget *par=0, char *nam=0`
legt ein `QGrid`-Widget mit `n` Spalten an.

`QGrid(int n, Orientation o, QWidget *par=0, char *nam=0)`
legt ein `QGrid`-Widget mit `n` Spalten (bei `o=Qt::Horizontal`) bzw. `n` Zeilen (bei `o=Qt::Vertical`).

Demoprogramm zu `QHBox`, `QVBox` und `QGrid`[B]

Programm 4.3 erzeugt ein Widget, wie es in Abbildung 4.8 gezeigt ist. Vergrößert der Benutzer das Widget aus Abbildung 4.8 auf die ganze Bildschirmgröße, erhält er ein Aussehen wie es in Abbildung 4.9 gezeigt ist.

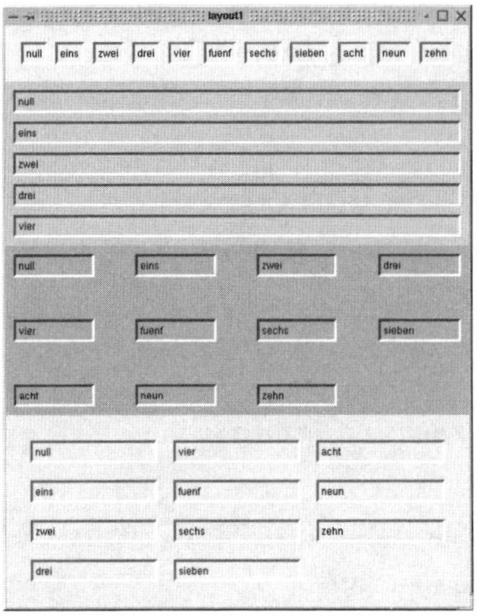

Abbildung 4.8: Layout, das durch Programm 4.3 erzeugt wurde.

Abbildung 4.9: Auf ganzen Bildschirm vergrößertes Layout aus Abbildung 4.8

Programm 4.3 – `layout1.cpp`:
Demoprogramm zu `QHBox`, `QVBox` und `QGrid`

```
#include <qapplication.h>
#include <qlabel.h>
#include <qgrid.h>
#include <qhbox.h>
#include <qvbox.h>
const char *zahl[] = { "null",  "eins",   "zwei", "drei", "vier", "fuenf",
                       "sechs", "sieben", "acht", "neun", "zehn"          };
```

```
class MeinLayout : public QVBox {
public:
  MeinLayout( QWidget *parent=0, const char *name=0 ) : QVBox( parent, name ) {
     int  i;
     QLabel  *q;
        //.......................... Horizontales Layout (QHBox)
     QHBox *hlayout = new QHBox( this );
     hlayout->setSpacing(10); hlayout->setMargin(20);
     hlayout->setPaletteBackgroundColor( Qt::gray.light(150) );
     for (i=0; i<=10; i++) {
        q = new QLabel( zahl[i], hlayout );
        q->setFrameStyle( QFrame::Panel | QFrame::Sunken );
        q->setLineWidth( 3 );
     }
        //............................ Vertikales Layout (QHVox)
     QVBox *vlayout = new QVBox( this );
     vlayout->setSpacing(10); vlayout->setMargin(10);
     vlayout->setPaletteBackgroundColor( Qt::blue.light(180) );
     for (i=0; i<5; i++) {
        q = new QLabel( zahl[i], vlayout );
        q->setFrameStyle( QFrame::Panel | QFrame::Sunken );
        q->setLineWidth( 3 );
     }
        //..................... spaltenweises Grid-Layout (QGrid)
     QGrid *sglayout = new QGrid( 4, this );
     sglayout->setSpacing(50); sglayout->setMargin(10);
     sglayout->setPaletteBackgroundColor( Qt::red.light(150) );
     for (i=0; i<=10; i++) {
        q = new QLabel( zahl[i], sglayout );
        q->setFrameStyle( QFrame::Panel | QFrame::Sunken );
        q->setLineWidth( 3 );
     }
        //..................... zeilenweises Grid-Layout (QGrid)
     QGrid *zglayout = new QGrid( 4, QGrid::Vertical, this );
     zglayout->setSpacing(20); zglayout->setMargin(30);
     zglayout->setPaletteBackgroundColor( Qt::green.light(180) );
     for (i=0; i<=10; i++) {
        q = new QLabel( zahl[i], zglayout );
        q->setFrameStyle( QFrame::Panel | QFrame::Sunken );
        q->setLineWidth( 3 );
     }
  }
};
int main( int argc, char *argv[] ) {
  QApplication a( argc, argv );
  MeinLayout* layout = new MeinLayout();
  layout->show();
  a.setMainWidget( layout );
  return a.exec();
}
```

„Mastermind" gegen den Computer[Z]

Das Programm `mastermind.cpp` erlaubt es dem Benutzer, sich eine beliebige Farbkombination für das beliebte „Mastermind"-Spiel auszudenken. Anschließend soll der Computer versuchen, diese Kombination zu erraten. Der Benutzer muss dem Computer nach jedem Rateversuch lediglich mitteilen, wie viele Farben an der richtigen Position (schwarzer Button) und wie viele Farben zwar richtig sind, sich aber noch an einer falschen Position befinden (weißer Button). Ein Klick auf einen der Buttons in der rechten Spalte zieht immer einen Farbwechsel dieses Button nach sich: *grau->weiß->schwarz->grau->...* usw. Zur Anordnung der Farben-Labels und Buttons werden die Klassen `QHBox` und `QVBox` verwendet. Abbildung 4.10 zeigt einen möglichen Ablauf dieses Spiels, bei dem sich der Benutzer *schwarz-rot-gelb-schwarz-rot* gemerkt hat.

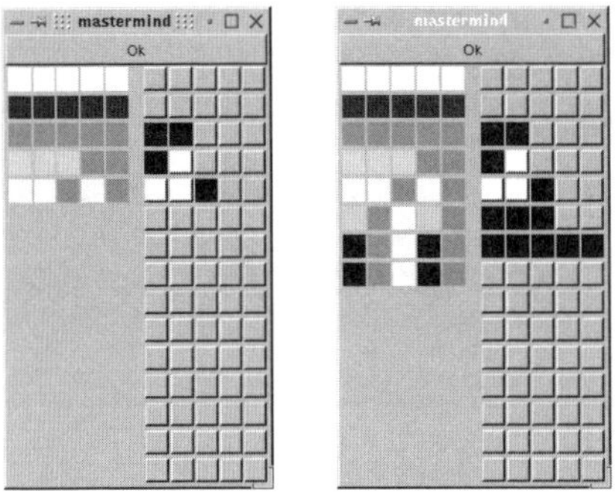

Abbildung 4.10: Mastermind gegen den Computer

4.2.2 Fortgeschrittenes Layout mit `QLayout`-Klassen

Für ein Layout mit mehr Möglichkeiten als bei `QHBox`, `QVBox` und `QGrid` bietet Qt folgende Klassen an:

`QHBoxLayout`	für horizontales Layout von Widgets
`QVBoxLayout`	für vertikales Layout von Widgets
`QBoxLayout`	Basisklasse für `QHBoxLayout` und `QVBoxLayout`
`QGridLayout`	für ein Layout von Widgets in Zeilen und Spalten
`QLayout`	Basisklasse für `QBoxLayout` und `QGridLayout`

Die Klasse `QHBoxLayout` für horizontales Layout

Die Klasse `QHBoxLayout` bietet die folgenden Konstruktoren an:

`QHBoxLayout(int sp=-1, char *nam=0)`

erzeugt einen Layout-Manager, der die ihm später zugeteilten Subwidgets horizontal anordnet. Dieser Layout-Manager muss danach in einem anderen ihm übergeordneten Layout-Manager eingeordnet werden.

`QHBoxLayout(QLayout *parentLayout, int sp=-1, char *nam=0)`

erzeugt neuen Sub-Layout-Manager, der im übergeordneten `parentLayout`-Manager eingeordnet wird und die ihm später zugeteilten Subwidgets horizontal anordnet.

`QHBoxLayout(QWidget *parent, int rand=0, int sp=-1, char *nam=0)`
erzeugt Toplevel-Layout-Manager, der im `parent`-Widget (was nicht 0 sein darf) eingeordnet wird und die ihm später zugeteilten Subwidgets horizontal anordnet. `rand` legt dabei einen Rand für den Layout-Manager fest, der ungenutzt bleiben soll. Hat `sp` den Wert `-1`, wird der für `rand` angegebene Wert auch als `sp` (Zwischenraum) zwischen den einzelnen Subwidgets benutzt.

Beim Anordnen der Subwidgets verwenden alle drei einen Zwischenraum von `sp` Pixeln, wenn der entsprechende Wert nicht `-1` ist. Ist der Wert von `sp` gleich `-1`, verwenden die ersten beiden Konstruktoren den gleichen Zwischenraum, der auch für den übergeordneten Layout-Manager bzw. für das `parentLayout` eingestellt ist.

Die Klasse `QVBoxLayout` für vertikales Layout

Die Klasse `QVBoxLayout` bietet die folgenden Konstruktoren an, wobei diese weitgehend identisch zur Klasse `QHBoxLayout` sind, mit dem einzigen Unterschied, dass die entsprechenden Subwidgets hier vertikal angeordnet werden:

```
QVBoxLayout(QLayout *parentLayout, int sp=-1, char *nam=0)
QVBoxLayout(QWidget *parent, int rand=0, int sp=-1, char *nam=0)
QVBoxLayout(int sp=-1, char *nam=0)
```

Die Basisklasse `QBoxLayout`

Es ist auch möglich, folgende Konstruktoren der Basisklasse `QBoxLayout` zu verwenden:

```
QBoxLayout(QLayout *parentLayout, Direction d, int sp=-1,
           char *nam=0)
QBoxLayout(QWidget *parent, Direction d, int rand=0, int sp=-1,
           char *nam=0)
QBoxLayout(Direction d, int sp=-1, char *nam=0)
```

Diese Konstruktoren entsprechen denen der Klassen `QHBoxLayout` und `QVBoxLayout`, nur dass sie zusätzlich den `Direction`-Parameter besitzen, für den eine der folgenden vordefinierten Konstanten anzugeben ist, um die Richtung der Anordnung festzulegen:

`QBoxLayout::LeftToRight`	horizontal von links nach rechts
`QBoxLayout::RightToLeft`	horizontal von rechts nach links
`QBoxLayout::TopToBottom`	vertikal von oben nach unten
`QBoxLayout::Down`	entspricht der Konstante `TopToBottom`
`QBoxLayout::BottomToTop`	vertikal von unten nach oben
`QBoxLayout::Up`	entspricht der Konstante `BottomToTop`

Die wichtigsten Methoden, die die Basisklasse `QBoxLayout` anbietet und die auch die beiden von ihr abgeleiteten Klassen `QHBoxLayout` und `QVBoxlayout` erben, sind:

`addWidget(QWidget *w, int stretch=0, int alignment=0)`
übergibt das Widget `w` dem Layout-Manager. Der Parameter `stretch` legt einen relativen Stretch-Faktor (*Dehnungsfaktor*) für dieses Widget im Bezug zu den anderen Widgets und Einheiten in diesem Layout-Manager fest. Wird z. B. in einem `QHBoxLayout`-Widget einem Subwidget der `stretch`-Wert `1` und einem anderen der `stretch`-Wert `3` zugeordnet, so bedeutet dies, dass der Layout-Manager das zweite Subwidget im Verhältnis 3:1 zum ersten Subwidget horizontal darstellt und dieses Verhältnis auch immer beibehält, wenn der entsprechende Layout-Manager vergrößert oder verkleinert wird.

Wird keinem der Subwidgets in einem Layout-Manager ein Stretch-Faktor größer als `0` zugeordnet, so wird der verfügbare Raum entsprechend einer von `QWidget::sizePolicy()` vorgegebenen Strategie unter den beteiligten Subwidgets aufgeteilt. Der Parameter `alignment` legt die Ausrichtung des entsprechenden Subwidgets fest, wobei der voreingestellte Wert `0` festlegt, dass das Widget den ganzen für ihn vorgesehenen Platz füllen soll. Ansonsten können für den Parameter `alignment` unter anderem die folgenden Flags (eventuell mit bitweisem `OR` verknüpft) angegeben werden: `AlignLeft`, `AlignRight`, `AlignTop`, `AlignBottom`, `AlignHCenter` (horizontal in der Mitte), `AlignVCenter` (vertikal in der Mitte), `AlignCenter` (= `AlignHCenter | AlignVCenter`). Weitere Flags können in der Qt-Online-Dokumentation nachgeschlagen werden.

`addStretch(int stretch=0)`

fügt im Layout-Manager einen leeren Zwischenraum ein, der entsprechend dem übergebenen `stretch`-Faktor (in Bezug zu den anderen Widgets) in diesem Layout-Manager gedehnt wird, wenn der ihm übergeordnete Layout-Manager eine Größenveränderung erfährt.

`addSpacing(int size)`

fügt im Layout-Manager einen leeren Zwischenraum mit `size` Pixeln ein. Anders als bei der Methode `addStretch()` wird dieser Zwischenraum nicht gedehnt, sondern behält immer seine feste Größe von `size` Pixeln.

`addLayout(QLayout *layout, int stretch=0)`

Wenn `QBoxLayout` nicht das Toplevel-Widget ist, muss man das entsprechende Layout-Widget erst mit dieser Methode dem Elternwidget hinzufügen (wie z. B. `elternLayout->addLayout()`), bevor man mit dem Layout beginnen kann.

`insertWidget(int index, QWidget *w, int stretch=0, int align=0)`

`insertStretch(int index, int stretch=0)`

`insertSpacing(int index, int size)`

`insertLayout(int index, QLayout *layout, int stretch=0)`

Diese vier Methoden entsprechen weitgehend den vier zuvor vorgestellten Methoden, nur dass sie einen zusätzlichen Parameter `index` besitzen, mit dem man direkt eine Position angeben kann, an der das entsprechende Widget im entsprechenden Layout-Manager einzuordnen ist. Wenn `index` negativ ist, entsprechen diese Methoden den zuvor vorgestellten Methoden.

`bool setStretchFactor(QWidget *w, int stretch)`

`bool setStretchFactor(QLayout *l, int stretch)`

legt für Widget `w` bzw. Layout `l` einen `stretch`-Faktor fest und liefert `true`, wenn `w` ein Subwidget bzw. `l` ein Sublayout des Layout-Managers ist, sonst `false`.

Folgende Methode erben die beide Klassen von ihrer Basisklasse `QLayout`:

`setAutoAdd(bool b) virtual`

Bei `b=true` werden alle Subwidgets, die neu im Hauptwidget (Mainwidget) erzeugt werden, dem Layout-Manager hinzugefügt, der diese Methode aufgerufen hat. Allerdings funktioniert dies nur für Toplevel-Layout-Manager, die ein direktes Subwidget von `mainWidget()` sind.

Hinzufügen von Widgets mit `addWidget()` zu einem Layout-Manager[B] Programm 4.4 zeigt die Verwendung der Methode `addWidget()`, um Widgets zu einem Layout-Manager hinzuzufügen. Um das Programm möglichst einfach zu gestalten, werden dabei drei Buttons horizontal in einem `QHBoxLayout`-Manager eingeordnet, sodass sich das in Abbildung 4.11 gezeigte Window ergibt. Vergrößert man dieses Window, werden alle drei Buttons gleichmäßig mit vergrößert, wie dies in Abbildung 4.12 gezeigt ist.

Abbildung 4.11: Drei horizontale Buttons in einem `QHBoxLayout`-Manager

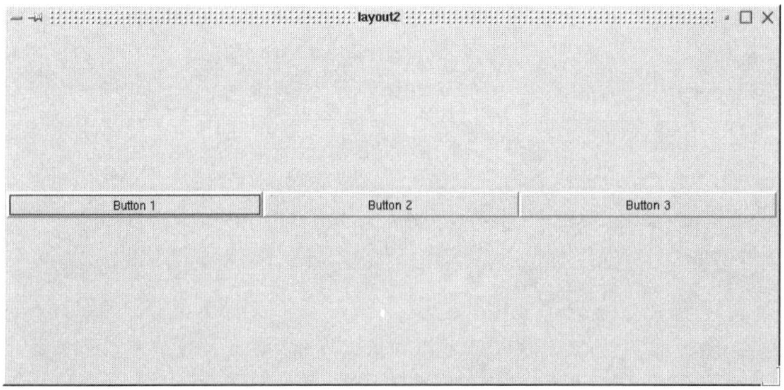

Abbildung 4.12: Window aus Abbildung 4.11, nachdem es Benutzer vergrößert hat

Programm 4.4 – `layout2.cpp`:
Hinzufügen von Widgets mit `addWidget()` zu einem Layout-Manager

```
#include <qdialog.h>
#include <qpushbutton.h>
#include <qlayout.h>
#include <qapplication.h>
class MeinAddLayout : public QWidget {
  public:
    MeinAddLayout( QWidget *par=0, const char *nam=0 ) : QWidget(par, nam) {
       QPushButton* b1 = new QPushButton( "Button 1", this );
       QPushButton* b2 = new QPushButton( "Button 2", this );
       QPushButton* b3 = new QPushButton( "Button 3", this );
       QBoxLayout* layout = new QHBoxLayout( this );
       layout->addWidget( b1 ); layout->addWidget( b2 ); layout->addWidget( b3 );
    }
};
int main( int argc, char *argv[] ) {
  QApplication a( argc, argv );
  MeinAddLayout  *mal = new MeinAddLayout;
  a.setMainWidget( mal );
  mal->show();
  return a.exec();
}
```

Hinzufügen von Widgets zum Layout-Manager beim Erzeugen der Widgets[B]

Programm 4.5 zeigt eine Möglichkeit, wie man schon bei der Erzeugung von Widgets diese einem Layout-Manager hinzufügen kann: Dazu muss man zunächst `layoutmanager->setAutoAdd(true)` aufrufen, wodurch man festlegt, dass alle Subwidgets, die neu im Hauptwidget (Mainwidget) erzeugt werden, dem Layout-Manager, der diese Methode aufgerufen hat, hinzugefügt werden. Allerdings funktioniert diese Möglichkeit nur für Toplevel-Layout-Manager, welche ein direktes Subwidget von `mainWidget()` sind.

Programm 4.5 – `layout3.cpp`:
Hinzufügen von Widgets zu einem Layout-Manager schon beim Erzeugen der Widgets

```
#include <qdialog.h>
#include <qpushbutton.h>
#include <qlayout.h>
#include <qapplication.h>
class MeinParentLayout : public QWidget {
  public:
     MeinParentLayout( QWidget *par=0, const char *nam=0 ) : QWidget(par, nam) {
        QBoxLayout* layout = new QHBoxLayout( this );
        layout->setAutoAdd( true );
        new QPushButton( "Button 1", this );
        new QPushButton( "Button 2", this );
        new QPushButton( "Button 3", this );
     }
};
int main( int argc, char *argv[] ) {
   QApplication a( argc, argv );
   MeinParentLayout *mpl = new MeinParentLayout;
   a.setMainWidget( mpl );
   mpl->show();
   return a.exec();
}
```

Das Programm 4.5 verhält sich genauso wie das Programm 4.4; siehe dazu auch Abbildung 4.11 und Abbildung 4.12.

Stretch-Faktoren, dehnbare und feste Zwischenräume[B] Programm 4.6 erzeugt vier Buttons mit unterschiedlichen Farben und Stretch-Faktoren. Der Text in den einzelnen Buttons ist der entsprechende Farbenname, gefolgt von dem Stretch-Faktor in runden Klammern. Zwischen dem ersten und zweiten Button wird dabei ein fester (nicht dehnbarer) Zwischenraum von 30 Pixeln und zwischen dem zweiten und dritten Button ein dehnbarer Zwischenraum (mit Stretch-Faktor 3) eingeschoben. Abbildung 4.13 zeigt das Window, das beim Start von Programm 4.6 eingeblendet wird. Das Aussehen bei Vergrößerung dieses Window, ist rechts in Abbildung 4.14 dargestellt.

Programm 4.6 – `layout4.cpp`:
Demoprogramm zu Stretch-Faktoren, dehnbaren und festen Zwischenräumen

```
#include <qapplication.h>
#include <qpushbutton.h>
#include <qlayout.h>
//........................................................... MeinLayout
```

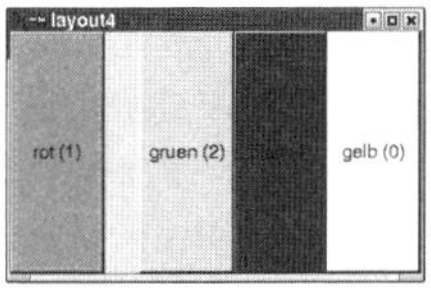

Abbildung 4.13: Window, das beim Start von Programm 4.6 angezeigt wird

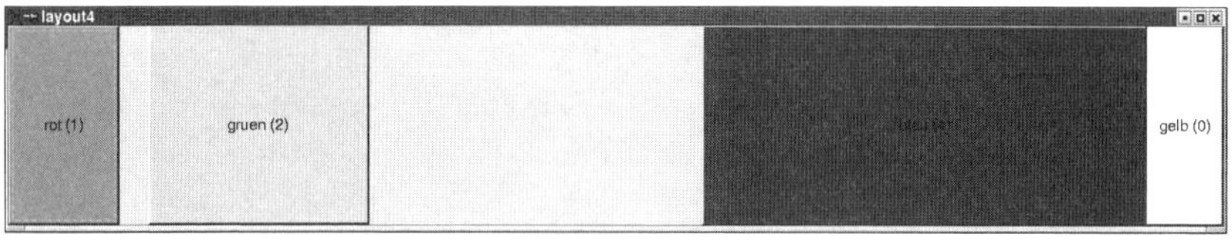

Abbildung 4.14: Window aus Abbildung 4.13 nach horizontaler Vergrößerung

```
class MeinLayout : public QWidget {
  public:
     MeinLayout( QWidget *parent=0, const char *nam=0 ) : QWidget(parent, nam) {
        QHBoxLayout* layout = new QHBoxLayout( this );
        //... Anlegen eines roten Buttons mit Stretch-Faktor 1
        QPushButton* b1 = new QPushButton( "rot (1)", this );
          b1->setPaletteBackgroundColor( Qt::red ); b1->setFixedHeight( 200 );
          layout->addWidget( b1, 1 );
        //... Einfuegen eines festen Zwischenraums von 30 Pixeln
        layout->addSpacing( 30 );
        //... Anlegen eines gruenen Buttons mit Stretch-Faktor 2
        QPushButton* b2 = new QPushButton( "gruen (2)", this );
          b2->setPaletteBackgroundColor( Qt::green ); b2->setFixedHeight( 200 );
          layout->addWidget( b2 ); layout->setStretchFactor( b2, 2 );
        //... Einfuegen einer leeren Stretch-Flache (Faktor=3)
        layout->addStretch( 3 );
        //... Anlegen eines blauen Buttons mit Stretch-Faktor 4
        QPushButton* b3 = new QPushButton( "blau (4)", this );
          b3->setPaletteBackgroundColor( Qt::blue ); b3->setFixedHeight( 200 );
          layout->addWidget( b3, 4 );
        //... Anlegen eines gelben Buttons mit Stretch-Faktor 0
        QPushButton* b4 = new QPushButton( "gelb (0)", this );
          b4->setPaletteBackgroundColor( Qt::yellow ); b4->setFixedHeight( 200 );
          layout->addWidget( b4, 0 );
     }
};
int main( int argc, char *argv[] ) {
   QApplication a( argc, argv );
   MeinLayout *mal = new MeinLayout; mal->setFixedHeight( 200 ); mal->show();
   a.setMainWidget( mal );
   return a.exec();
}
```

Layout-Manager in `QGroupBox`- oder `QButtonGroup`-Widgets[B] Die von der Basisklasse `QBoxLayout` angebotene Methode `addSpacing()` lässt sich sehr nützlich einsetzen, wenn man einen Layout-Manager für die Anordnung von Subwidgets in `QGroupBox`- oder `QButtonGroup`-Widgets verwenden möchte. Hierbei muss man darauf achten, dass weder die Überschrift noch der Rahmen durch die hinzugefügten Subwidgets überschrieben werden. Das Programm 4.7 zeigt die dabei zu verwendende Technik, um ein Window wie in Abbildung 4.15 zu erhalten.

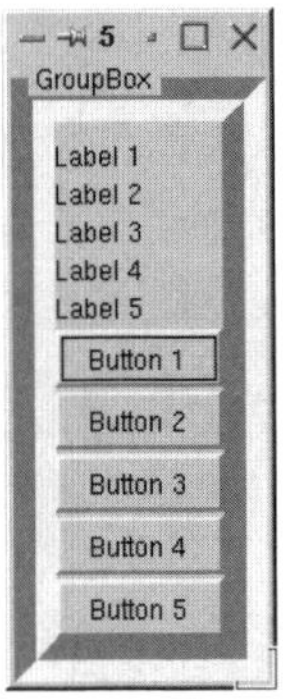

Abbildung 4.15: Einsatz eines Layout-Manager für ein `QGroupBox`-Widget

Programm 4.7 – `layout5.cpp`:
Einsatz eines Layout-Manager in einem `QGroupBox`-Widget

```
#include <qapplication.h>
#include <qlayout.h>
#include <qlabel.h>
#include <qpushbutton.h>
#include <qgroupbox.h>
class MyWidget : public QWidget {
 public:
   MyWidget() {
       int          i;
       QString      s;
         //......... Anlegen eines QGroupBox-Widgets
       QGroupBox  *groupbox = new QGroupBox( "GroupBox",  this );
       groupbox->setFrameStyle( QFrame::Box | QFrame::Sunken );
       groupbox->setLineWidth( 10 );
         //......... Anlegen eines QVBoxLayout-Managers, dessen Elternwidget
         //......... das QGroupBox-Widget ist und dessen Randbreite sich
         //......... aus der Rahmenbreite des groupbox-Widgets ergibt;
         //......... Zwischenraum zw. Subwidgets hier auf 2 eingestellt.
       QBoxLayout *bl = new QVBoxLayout( groupbox, groupbox->frameWidth(), 2 );
         //......... Hinzufuegen eines statischen Zwischenraums, dessen
         //......... Groesse sich aus dem verwendenden Zeichensatz
         //......... ermittelt; so wird die Ueberschrift und der Rahmen
         //......... des QGroupBox-Widgets nicht ueberschrieben.
       bl->addSpacing( groupbox->fontMetrics().height() );
```

```
        //.......... Anordnen (senkrecht) von 5 Labels
      for (i=0; i<5; i++) {
          s.sprintf("Label %d", i+1);
          QLabel *l = new QLabel( s, groupbox );
          bl->addWidget( l );
      }
        //.......... Anordnen (senkrecht) von 5 Buttons
      for (i=0; i<5; i++) {
          s.sprintf("Button %d", i+1);
          QPushButton *b = new QPushButton( s, groupbox );
          bl->addWidget( b );
      }
      groupbox->resize( groupbox->sizeHint() );
      this->resize( groupbox->sizeHint() );
   }
};
int main( int argc, char* argv[] ) {
   QApplication myapp( argc, argv );
   MyWidget *mywidget = new MyWidget();
   myapp.setMainWidget( mywidget );
   mywidget->show();
   return myapp.exec();
}
```

Geschachtelte Layout-Manager[B]

Es ist auch möglich, dass man Layout-Manager einsetzt, die ihrerseits durch andere Layout-Manager verwaltet werden. Hierbei ist eine beliebige Schachtelung möglich.
Programm 4.8 demonstriert eine einfache Schachtelung von Layout-Managern, indem es zunächst fünf Buttons erzeugt, bevor es einen vertikalen Toplevel-Layout-Manager namens `toplayout` erzeugt. Als nächstes erzeugt es mit dem folgenden Codeausschnitt zwei horizontale Layout-Manager, deren Elternobjekt jeweils der Toplevel-Layout-Manager `toplayout` ist, welcher somit für das vertikale Layout der beiden Sub-Layout-Manager `hlayout_oben` und `hlayout_unten` zueinander zuständig ist:

```
QBoxLayout* hlayout_oben  = new QHBoxLayout( toplayout );
QBoxLayout* hlayout_unten = new QHBoxLayout( toplayout );
```

Die Zuordnung der beiden horizontalen Sub-Layout-Manager zum Toplevel-Layout-Manager wäre im übrigen auch mit folgenden Codeausschnitt möglich gewesen:

```
        //...................... Zwei horizontale Layout-Manager
QBoxLayout* hlayout_oben  = new QHBoxLayout();
QBoxLayout* hlayout_unten = new QHBoxLayout();
        //...... Toplevel-Layout-Manager die horiz. Layout-Manager zuordnen
toplayout->addLayout( hlayout_oben );
toplayout->addLayout( hlayout_unten );
```

Im Programm 4.8 bleibt dann nur noch die Einordnung der einzelnen Buttons in die jeweiligen Sub-Layout-Manager mit der Methode `addWidget()` übrig. Hier werden dabei unterschiedliche Stretch-Faktoren angegeben, die man auch weglassen könnte, wenn man eine gleichmäßige Aufteilung des Platzes unter den Buttons in ihrem jeweiligen horizontalen Layout-Manager möchte. Abbildung 4.16 zeigt links das Window, das beim Start von

Programm 4.8 eingeblendet wird. Vergrößert man dieses Window, ergibt sich ein Aussehen, wie dies rechts in Abbildung 4.16 gezeigt ist.

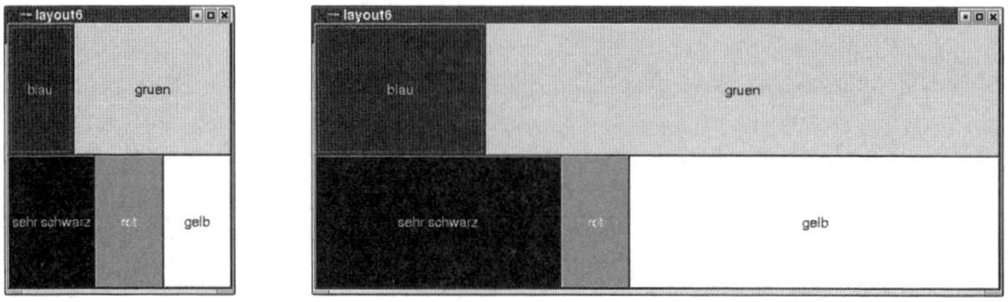

Abbildung 4.16: Window beim Start von Programm 4.8 und nach Vergrößerung

Programm 4.8 – `layout6.cpp`:
Demoprogramm zur einfachen Schachtelung von Layout-Managern

```
#include <qpushbutton.h>
#include <qlayout.h>
#include <qapplication.h>
class MeinLayout : public QWidget {
  public:
     MeinLayout( QWidget *p=0, const char *nam=0 ) : QWidget( p, nam ) {
        QPushButton* b1 = new QPushButton( "blau", this );
          b1->setPaletteBackgroundColor( Qt::blue );
          b1->setPaletteForegroundColor( Qt::white);   b1->setFixedHeight( 150 );
        QPushButton* b2 = new QPushButton( "gruen", this );
          b2->setPaletteBackgroundColor( Qt::green );  b2->setFixedHeight( 150 );
        QPushButton* b3 = new QPushButton( "sehr schwarz", this );
          b3->setPaletteBackgroundColor( Qt::black );
          b3->setPaletteForegroundColor( Qt::white);   b3->setFixedHeight( 150 );
        QPushButton* b4 = new QPushButton( "rot", this );
          b4->setPaletteBackgroundColor( Qt::red );
          b4->setPaletteForegroundColor( Qt::white);   b4->setFixedHeight( 150 );
        QPushButton* b5 = new QPushButton( "gelb", this );
          b5->setPaletteBackgroundColor( Qt::yellow ); b5->setFixedHeight( 150 );
           //.................. Toplevel-Layout-Manager (vertikal)
        QBoxLayout* toplayout = new QVBoxLayout( this );
           //... Zwei horizontale Layout-Manager erzeugen, die durch
           //............. Toplevel-Layout-Manager verwaltet werden
        QBoxLayout* hlayout_oben  = new QHBoxLayout( toplayout );
        QBoxLayout* hlayout_unten = new QHBoxLayout( toplayout );
           //.. Oberen Layout-Manager die ersten 2 Buttons zuordnen
        hlayout_oben->addWidget( b1, 1 );
        hlayout_oben->addWidget( b2, 3 );
           // Unteren Layout-Manager die letzten 3 Buttons zuordnen
        hlayout_unten->addWidget( b3, 2 );
        hlayout_unten->addWidget( b4, 0 );
        hlayout_unten->addWidget( b5, 3 );
     }
};
```

```
int main( int argc, char *argv[] ) {
  QApplication a( argc, argv );
  MeinLayout  *ml = new MeinLayout;
  a.setMainWidget( ml );
  ml->setFixedHeight( 150 ); ml->show();
  return a.exec();
}
```

Layout in Tabellenform mit `QGridLayout`

Konstruktoren und wichtige Methoden der Basisklasse `QGridLayout`: Um ein Layout in Tabellenform zu erreichen, bietet Qt die Klasse `QGridLayout` an, welche die folgenden Konstruktoren zur Verfügung stellt:

`QGridLayout(QLayout *parentLayout, int nRows=1, int nCols=1,`
`int sp=-1, char *nam=0)`

erzeugt ein neues Grid-Layout, das im übergeordneten `parentLayout`-Manager eingeordnet wird und die ihm später zugeteilten Subwidgets in einer Tabelle mit `nRows` Zeilen und `nCols` Spalten einordnet. Beim Anordnen der Subwidgets verwendet dieser Layout-Manager einen Zwischenraum von `sp` Pixeln, wenn der entsprechende Wert nicht `-1` ist, andernfalls verwendet es den gleichen Zwischenraum, der auch für das `parentLayout` eingestellt ist.

`QGridLayout(QWidget *parent, int nRows=1, int nCols=1,`
`int rand=0, int sp=-1, char *nam=0)`

erzeugt ein neues Grid-Layout für eine Tabelle mit `nRows` Zeilen und `nCols` Spalten. Dieses Grid-Layout wird im `parent`-Widget (was nicht `0` sein darf) eingeordnet. Beim Anordnen der Subwidgets verwendet dieser Layout-Manager einen Zwischenraum von `sp` Pixeln, wenn der entsprechende Wert nicht `-1` ist. `rand` legt dabei einen Rand für den Layout-Manager fest, der ungenutzt bleiben soll. Wenn für `sp` der Wert `-1` festgelegt wird, so wird der für `rand` angegebene Wert auch als `sp` (Zwischenraum) zwischen den einzelnen Subwidgets benutzt.

`QGridLayout(int nRows=1, int nCols=1, int sp=-1, char *name=0)`

erzeugt ein neues Grid-Layout für eine Tabelle mit `nRows` Zeilen und `nCols` Spalten. Dieses Grid-Layout muss danach in einem anderen ihm übergeordneten Layout-Manager eingeordnet werden. Beim Anordnen der Subwidgets verwendet dieser Layout-Manager einen Zwischenraum von `sp` Pixeln, wenn der entsprechende Wert nicht `-1` ist, andernfalls verwendet es den gleichen Zwischenraum, der auch für seinen übergeordneten Layout-Manager eingestellt ist.

Die wichtigsten Methoden, die die Klasse `QGridLayout` anbietet, sind:

`addWidget(QWidget *w, int zeile, int spalte, int align=0)`

fügt das Widget `w` in der Tabelle an der Stelle (`zeile`, `spalte`) ein. Die Zählung beginnt dabei immer bei `0`; (`0`, `0`) ist die linke obere Zelle der Tabelle. Der Parameter `align` legt die Ausrichtung des entsprechenden Subwidget fest, wobei der voreingestellte Wert `0` festlegt, dass das entsprechende Widget den ganzen für ihn vorgesehenen Platz füllen soll. Weitere mögliche Angaben für den Parameter `align` sind auf Seite 202 bei der Methode `QBoxLayout::addWidget()` beschrieben. Diese Methode sollte nicht aufgerufen werden, wenn `autoAdd()` (siehe weiter unten) eingeschaltet ist.

`addMultiCellWidget(QWidget *w, int fromRow, int toRow,`
`                    int fromCol, int toCol, int align=0)`

fügt das Widget `w` ein. Dieses Widget soll sich über mehrere Zellen erstrecken, die in Form eines rechteckigen Bereichs angegeben werden. Die linke obere Ecke dieses Bereichs wird mit (`fromRow`, `fromCol`) und die rechte untere Ecke mit (`toRow`, `toCol`) festgelegt. Der Parameter `align` legt die Ausrichtung des entsprechenden Subwidget fest, wobei der voreingestellte Wert `0` festlegt, dass das entsprechende Widget den ganzen für ihn vorgesehenen Platz füllen soll. Weitere mögliche Angaben für den Parameter `align` sind auf Seite 202 bei der Methode `QBoxLayout::addWidget()` beschrieben.

`setRowStretch(int row, int stretch) virtual`

`setColStretch(int col, int stretch) virtual`

legt den `stretch`-Faktor für Zeile `row` bzw. Spalte `col` fest. Die Zählung beginnt dabei immer bei `0`; die erste Zeile bzw. Spalte hat also die Nummer `0`. Der `stretch`-Faktor wird dabei relativ zu den anderen Zeilen bzw. Spalten in diesem Grid-Layout interpretiert. Größere `stretch`-Faktoren bedeuten dabei entsprechend mehr Platz für die betreffenden Zeilen bzw. Spalten. Der voreingestellte `stretch`-Faktor ist `0`.

`addLayout(QLayout *layout, int row, int col)`

fügt einem anderen Layout-Manager an der Position (`row`, `col`) in diesem Grid-Layout ein.

`expand(int nRows, int nCols)`

expandiert das entsprechende Grid-Layout so, dass es nun `nRows` Zeilen und `nCols` Spalten umfasst. Mit dieser Methode ist jedoch nur eine Vergößerung und keine Verkleinerung eines existierenden Grid-Layout möglich. Da `QGridLayout` auch automatisch seine Tabelle vergrößert, wenn man neue Subwidgets hinzufügt, die außerhalb der Tabellengrenzen liegen, wird diese Methode nicht so häufig benötigt.

Einige Methoden, die die Klasse `QGridLayout` von der Basisklasse `QLayout` erbt, seien hier noch erwähnt:

`setSpacing(int sp) virtual`

legt einen Zwischenraum von `sp` Pixeln fest, den der Grid-Layout-Manager zwischen den Subwidgets freihalten soll, wenn er diese einordnet.

`setMargin(int w) virtual`

legt eine Randbreite von `w` Pixeln für den Grid-Layout-Manager fest.

`setAutoAdd(bool b) virtual`

Bei `b=true` werden alle Subwidgets, die neu im Hauptwidget (Mainwidget) erzeugt werden, automatisch dem Layout-Manager hinzugefügt, der diese Methode aufgerufen hat. Allerdings funktioniert dies nur für Toplevel-Layout-Manager, welche ein direktes Subwidget von `mainWidget()` sind. Die Voreinstellung ist, dass `autoAdd()` ausgeschaltet ist.

Einfaches Layout mit `QGridLayout`^{B} Programm 4.9 zeigt die Verwendung der Methode `addWidget()`, um Widgets zu einem Grid-Layout hinzuzufügen. Um das Programm möglichst einfach zu gestalten, werden dabei sechs Label mit unterschiedlichen Farben in einem Grid-Layout von 2 Zeilen und 3 Spalten eingeordnet. Die einzelnen Zeilen und Spalten werden dabei noch mit Stretch-Faktoren versehen, sodass sich das links in Abbildung 4.17 gezeigte Window, ergibt. Vergrößert der Benutzer dieses Window, ergibt sich z. B. das rechts in Abbildung 4.17 gezeigte Aussehen dieses Window.

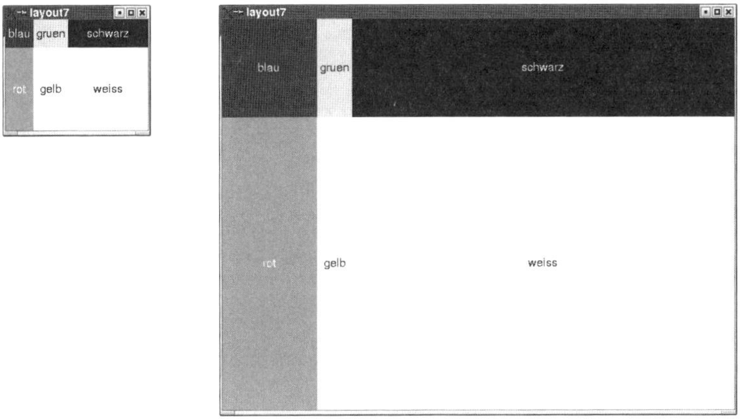

Abbildung 4.17: In einem Grid-Layout mit 2 Zeilen und 3 Spalten angeordnete Labels vor und nach Vergrößerung

Programm 4.9 – `layout7.cpp`:
Demoprogramm zu einem einfachen Layout mit `QGridLayout`

```
#include <qapplication.h>
#include <qlabel.h>
#include <qlayout.h>
class MeinLayout : public QWidget {
  public:
    MeinLayout( QWidget *p=0, const char *nam=0 ) : QWidget( p, nam ) {
       QLabel* b1 = new QLabel( " blau ", this );
         b1->setPaletteBackgroundColor( Qt::blue );
         b1->setPaletteForegroundColor( Qt::white );
         b1->setAlignment( QLabel::AlignCenter );
       QLabel* b2 = new QLabel( " gruen ", this );
         b2->setPaletteBackgroundColor( Qt::green );
         b2->setAlignment( QLabel::AlignCenter );
       QLabel* b3 = new QLabel( "schwarz", this );
         b3->setPaletteBackgroundColor( Qt::black );
         b3->setPaletteForegroundColor( Qt::white );
         b3->setAlignment( QLabel::AlignCenter );
       QLabel* b4 = new QLabel( "rot", this );
         b4->setPaletteBackgroundColor( Qt::red );
         b4->setPaletteForegroundColor( Qt::white );
         b4->setAlignment( QLabel::AlignCenter );
       QLabel* b5 = new QLabel( "gelb", this );
         b5->setPaletteBackgroundColor( Qt::yellow );
         b5->setAlignment( QLabel::AlignCenter );
       QLabel* b6 = new QLabel( "weiss", this );
         b6->setPaletteBackgroundColor( Qt::white );
         b6->setAlignment( QLabel::AlignCenter );
          //............ Grid-Layout (mit 2 Zeilen und 3 Spalten)
       QGridLayout* toplayout = new QGridLayout( this, 2, 3 );
```

```
      //................. Einordnen der Buttons im Grid-Layout
      toplayout->addWidget( b1, 0, 0 ); toplayout->addWidget( b4, 1, 0 );
      toplayout->addWidget( b2, 0, 1 ); toplayout->addWidget( b5, 1, 1 );
      toplayout->addWidget( b3, 0, 2 ); toplayout->addWidget( b6, 1, 2 );
      //............. Stretch-Faktoren fuer Zeilen und Spalten
      toplayout->setRowStretch( 0, 1 );
      toplayout->setRowStretch( 1, 3 );
      toplayout->setColStretch( 0, 1 );
      toplayout->setColStretch( 1, 0 );
      toplayout->setColStretch( 2, 4 );
   }
};
int main( int argc, char *argv[] ) {
  QApplication a( argc, argv );
  MeinLayout  *ml = new MeinLayout;
  a.setMainWidget( ml );
  ml->show();
  return a.exec();
}
```

Komplexeres Layout mit `QGridLayout`[Z]

Das Programm `layout8.cpp` realisiert ein etwas komplexeres Layout, wobei es zum einen meherere verschiedene Layout-Manager schachtelt und zum anderen auch unterschiedlichste Widget-Typen in den einzelnen Layouts einordnet. Auch zeigt dieses Programm, wie man ein einzelnes Widget in mehrere Zeilen in einem Grid-Layout unterbringen kann. Startet man Programm `layout8.cpp`, so blendet es das in Abbildung 4.18 gezeigte Window ein. Abbildung 4.19 zeigt das Window, nach Vergrößerung und Eingaben durch den Benutzer.

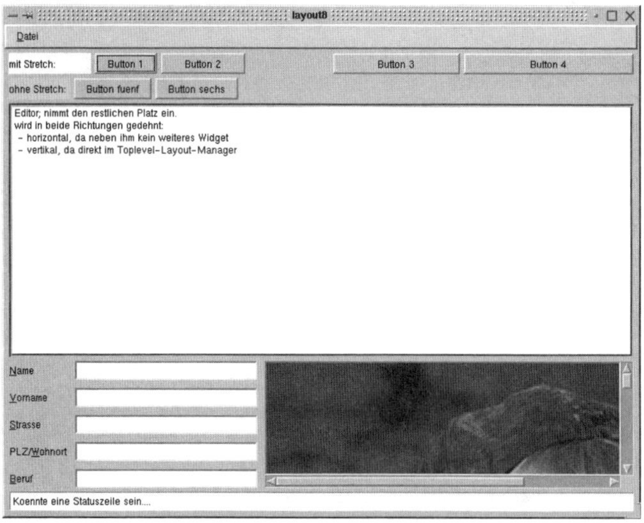

Abbildung 4.18: Startwindow, des Programms `layout8.cpp`

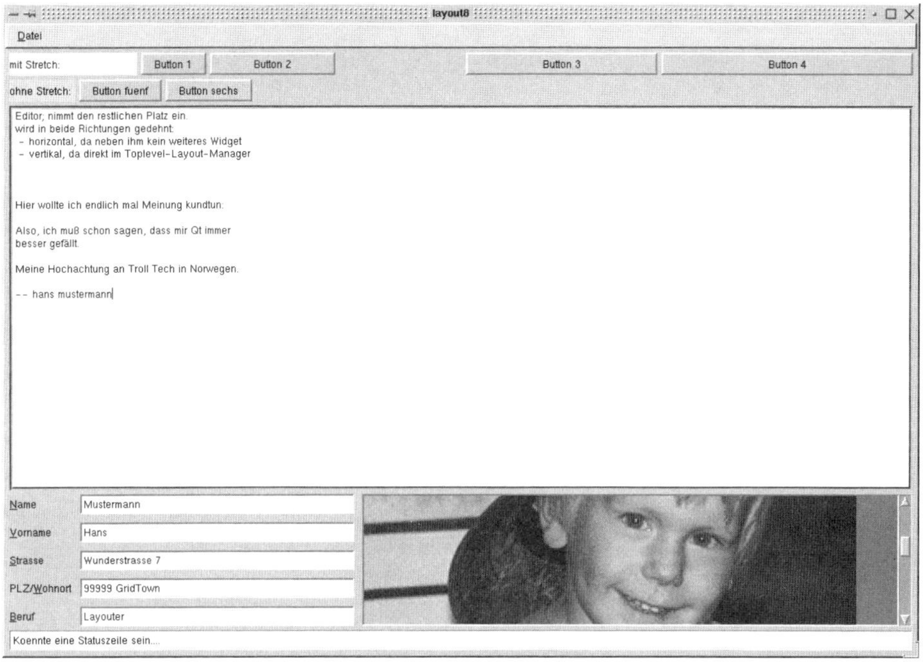

Abbildung 4.19: Window aus Abbildung 4.18 nach Vergrößerung und Eingaben durch den Benutzer

Interaktives Einstellen der Zeilen, Spalten und Zahl von Zellen^Z

Beim Programm dynlayout.cpp kann man links die Anzahl der Zeilen und Spalten sowie die Gesamtzahl von anzuzeigenden Zellen (Labels mit einem Rahmen) einstellen. Rechts wird die entsprechende Einstellung sofort sichtbar. Startet man dieses Programm dynlayout.cpp, zeigt es ein Window ähnlich zu dem in Abbildung 4.20 an. Abbildung 4.21 zeigt dann beispielhaft ein späteres Window zum Programm dynlayout.cpp, nachdem der Benutzer dieses Window vergrößert und entsprechende Einstellungen vorgenommen hat.

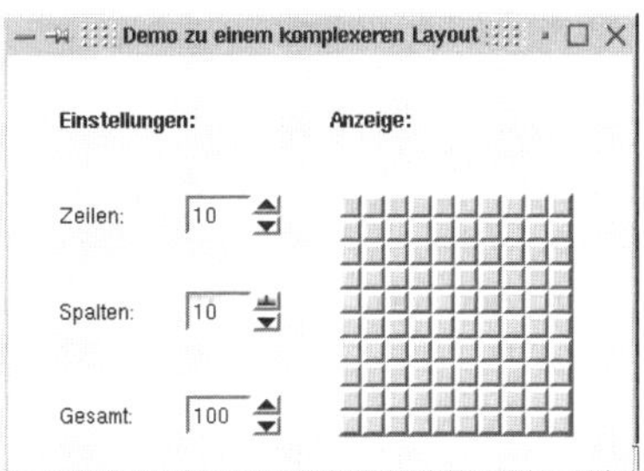

Abbildung 4.20: Window, das beim Start des Programms dynlayout.cpp eingeblendet wird

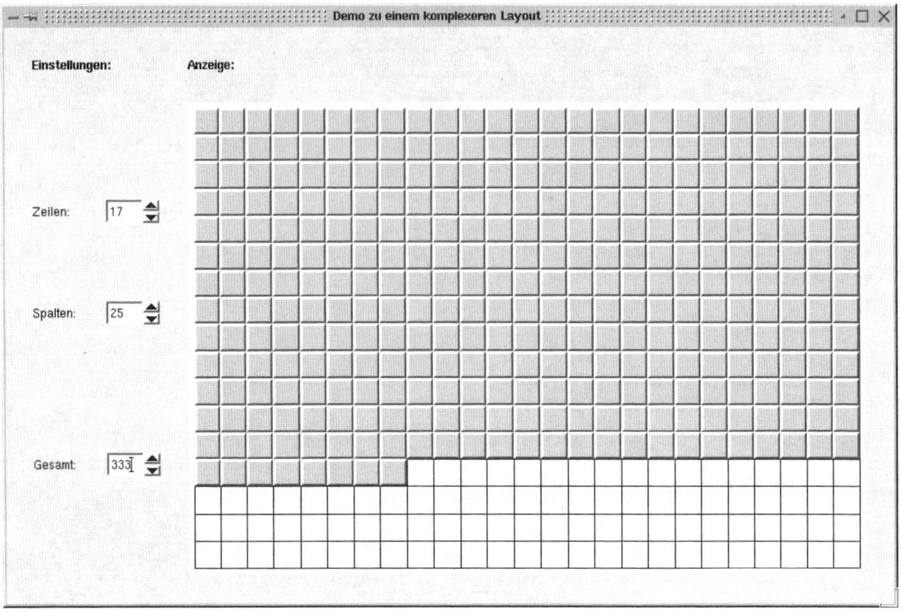

Abbildung 4.21: Window aus Abbildung 4.20 nach Vergrößerung und Einstellungsänderungen durch den Benutzer

4.2.3 Benutzerdefinierte Layouts

In manchen Anwendungsfällen reicht die Funktionalität der in Qt vordefinierten Layout-Klassen nicht aus. In solchen Fällen muss man sich eigene Layout-Klassen erstellen.

Grundlegendes zum Erstellen eigener Layout-Klassen

Um sich eine eigene benutzerdefinierte Layout-Klasse zu erstellen, muss man folgende Vorgehensweise wählen:

- Definieren einer eigener Datenstruktur, um die vom Layout-Manager zu verwaltenden Elemente zu speichern, wie z. B. ein `QPtrList`-Objekt, das die Elemente in Form einer Liste verwaltet.
- Reimplementieren der folgenden virtuellen `QLayout`-Methode:
  `addItem(QLayoutItem *item) virtual`
  In dieser Reimplementierung legt man fest, wie die einzelnen Elemente in dem Layout hinzuzufügen sind.
- Reimplementieren der folgenden virtuellen `QLayout`-Methode:
  `setGeometry(const QRect& r) virtual`
  In dieser Reimplementierung legt man die Form des Layout fest.
- Reimplementieren der folgenden virtuellen `QLayoutItem`-Methode:
  `QSize sizeHint() const virtual`
  In dieser Reimplementierung legt man die bevorzugte Größe des Layout fest.
- Reimplementieren der folgenden virtuellen `QLayout`-Methode:
  `QLayoutIterator iterator() virtual`

In dieser Reimplementierung legt man fest, wie die einzelnen Elemente des Layout mit einem hierin definierten Iterator zu durchlaufen sind. Diesen selbst definierten Iterator liefert diese Methode als Rückgabewert.

- Reimplementieren der folgenden virtuellen `QLayout`-Methode:
  `QSize minimumSize() const virtual`
  In dieser Reimplementierung sollte man die kleinst mögliche Größe zurückgeben, die das Layout haben kann.

Layout, das Überlappung von Elementen zulässt[Z]

Hier wird eine eigene benutzerdefinierte Layout-Klasse `OverLayout` erstellt, die es ermöglicht, einzelne Elemente in diesem Layout übereinander zu legen. Wieweit ein neu einzuordnendes Element gegenüber dem zuvor in dieses Layout eingeordnete Element zu verschieben (horizontal und vertikal) ist, kann über den Parameter `sp` festgelegt werden. Diese eigene Klasse `OverLayout` bietet fast die gleichen Konstruktoren wie die Klasse `QLayout` an:

```
OverLayout(QWidget *p, int sp)
OverLayout(QLayout *p, int sp)
OverLayout(int sp)
```

Das Programm `overlayout.cpp` stellt diese eigene Klasse `OverLayout` zur Verfügung. Um diese eigene Klasse `OverLayout` zu testen, wird das Programm 4.10 verwendet, das mittels dieser Klasse `OverLayout` Karten und farbige Labels verschoben übereinander legt, wie dies in Abbildung 4.22 gezeigt ist. Vergrößert der Benutzer nun dieses Widget, so behalten die Karten ihre Originalgröße, während die farbigen Labels entsprechend gedehnt werden (siehe auch Abbildung 4.23).

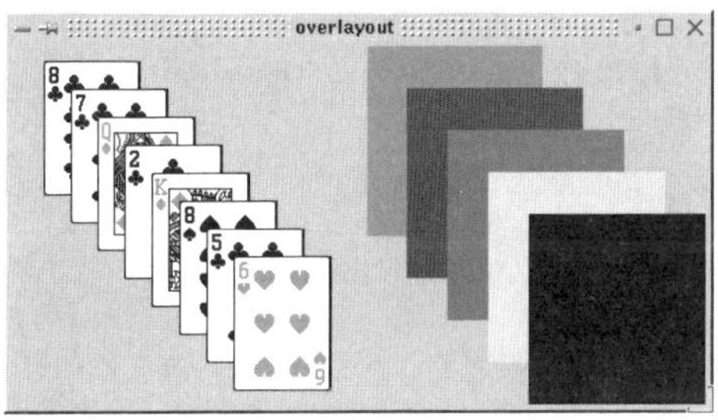

Abbildung 4.22: Übereinander gelegte Karten und farbige Labels

Programm 4.10 – `main.cpp`:
Überlappende Karten und farbigen Labels

```
#include <qapplication.h>
#include <qpushbutton.h>
#include <qlabel.h>
#include <qpixmap.h>
#include <stdlib.h>
#include <time.h>
#include "overlayout.h"
```

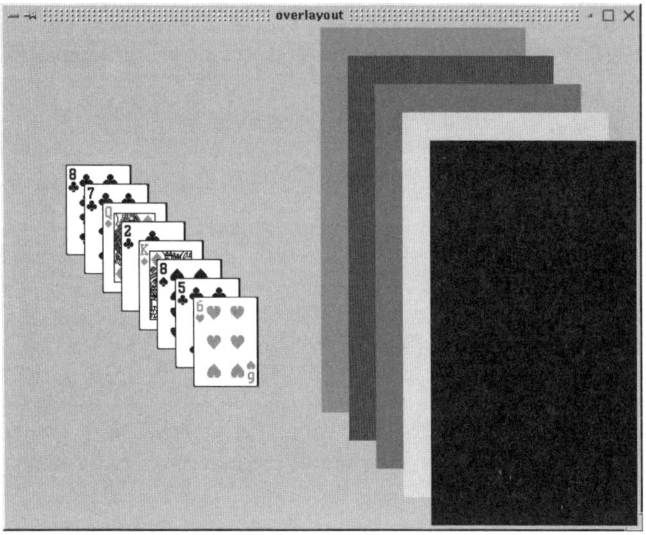

Abbildung 4.23: Widget aus Abbildung 4.22 nach Vergrößerung durch Benutzer

```
int main( int argc, char *argv[] ) {
    QApplication a( argc, argv );
    int         i;
    ::srand( time( NULL ) );
    QWidget     *p     = new QWidget;
    QBoxLayout *bl     = new QHBoxLayout( p, 2 );
    QWidget     *w     = new QWidget( p ); // Karten verschoben übereinander legen
    OverLayout *blatt = new OverLayout( w, 20 );
    QString s;
    for (i=0; i< 8; i++) {
       QPixmap karte;
       QLabel  *label = new QLabel( w );
       s.sprintf("%d.bmp", ::rand()%52+1 ); karte.load(s); label->setPixmap(karte);
       label->setMaximumSize( karte.size() ); blatt->add( (QWidget *)label );
    }
    bl->addWidget( w );
    w = new QWidget(p); // dehnbare Farbblätter verschoben übereinander legen
    QWidget  *f;
    OverLayout *farben = new OverLayout( w, 30 );
    for (i=0; i< 5; i++) {
       f = new QWidget( w );
       f->setPaletteBackgroundColor(
            QColor ( ::rand()&255, ::rand()&255, ::rand()&255 ) ); farben->add(f);
    }
    bl->addWidget( w );
    a.setMainWidget( p ); p->show();
    return a.exec();
}
```

Dynamisch sich änderndes Layout

Nachfolgend wird gezeigt, wie man eigene Layout-Klassen erstellt, bei denen sich das Layout abhängig von der aktuellen Window-Größe dynamisch ändert. Im Zusammenhang von Layouts, die sich dynamisch ändern, muss man meist die folgenden Methoden reimplementieren:

`int QLayoutItem::heightForWidth(int) const virtual`

liefert die bevorzugte Höhe eines Layout-Elements, wenn es die Breite `w` hat. Die voreingestellte Implementierung liefert `-1` als Rückgabewert, was bedeutet, dass die bevorzugte Höhe unabhängig von der Breite des jeweiligen Elements ist. Eine typische Reimplementierung dieser Methode hat das folgende Aussehen:

```
int MyLayout::heightForWidth( int w ) const {
    if ( cached_width != w )
    {
        MyLayout * mthis = (MyLayout*)this;
        int h = berechne_eigene_HeightForWidth( w );
        mthis->cached_hfw = h;
        return h;
    }
    return cached_hfw;
}
```

Man sollte sich unbedingt die aktuelle Breite (hier in `cached_width`) merken und keine unnötigen Berechnungen durchführen, da dies zu einer erheblichen Verlangsamung des dynamischen Layout und damit der Applikation führt.

`bool QLayoutItem::hasHeightForWidth() const virtual`

liefert `true`, wenn für dieses Layout die bevorzugte Höhe eines Elements von seiner Breite abhängt, ansonsten liefert diese Methode `false`, was auch die Voreinstellung ist. Wenn die Methode `heightForWidth()` in einem eigenen Layoutmanager reimplementiert wurde, muss man auch diese Methode reimplementieren, und zwar wie folgt:

```
bool hasHeightForWidth() const {
   return true;
}
```

`SizePolicy::ExpandData QLayoutItem::expanding() const virtual`

legt fest, ob und wie ein Element in diesem Layout zu expandieren ist. Folgende Rückgabewerte sind für diese Methode erlaubt:

`ExpandData::NoDirection`	keine Expandierung
`ExpandData::Horizontal`	horizontale Expandierung
`ExpandData::Vertical`	vertikale Expandierung
`ExpandData::BothDirections`	horizontale und vertikale Expandierung (`ExpandData::Horizontal | ExpandData::Vertical`)

Automatisches Anpassen des Layout an aktuelle Fensterbreite[Z]

Hier wird eine eigene benutzerdefinierte Layout-Klasse `FlowLayout` erstellt, die das Layout der einzelnen Elemente immer der aktuellen Fensterbreite anpasst. Dies bedeutet, dass sie automatisch Elemente aus der nächsten Zeile nach oben zieht, wenn genügend Platz für diese in der höheren Zeile ist. Diese eigene Klasse `FlowLayout` bietet die gleichen Konstruktoren wie die Klasse `QLayout` an:

```
FlowLayout(QWidget *p, int rand=0, int space=-1)
FlowLayout(QLayout *p, int space=-1)
FlowLayout(int space=-1)
```

Das Programm `flowlayout.cpp` stellt diese eigene Klasse `FlowLayout` zur Verfügung. Zum Testen dieser eigenen Klasse `FlowLayout`, wird das Programm 4.11 verwendet, das mittels dieser Klasse `FlowLayout` zunächst sechs Buttons untereinander anordnet, wie aus Abbildung 4.24 ersichtlich ist. Vergrößert der Benutzer nun dieses Widget, so werden die Buttons entsprechend hochgezogen, wenn dies möglich ist (siehe Abbildung 4.25). Bei einer Verkleinerung des Widget werden die Buttons dann auch wieder nach unten verschoben, wenn nicht mehr genügend Platz in einer Zeile ist (siehe Abbildung 4.26).

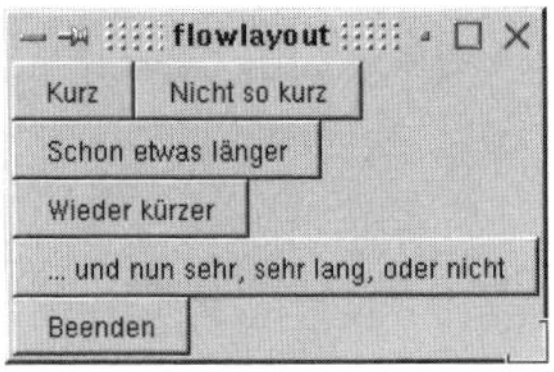

Abbildung 4.24: Sechs Buttons untereinander

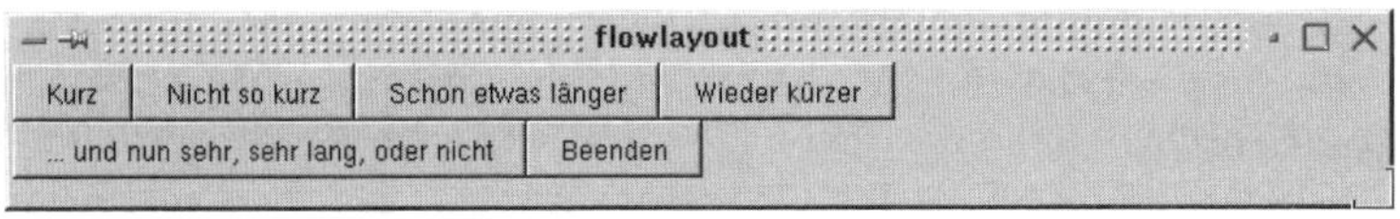

Abbildung 4.25: Widget aus Abbildung 4.24 nach Vergrößerung durch den Benutzer

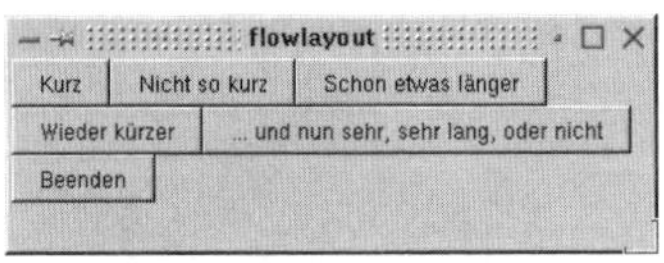

Abbildung 4.26: Widget aus Abbildung 4.25 nach Verkleinerung durch den Benutzer

Programm 4.11 – `main.cpp`:
Dynamisches Anordnen von sechs Buttons mit der Klasse `FlowLayout`

```
#include <qapplication.h>
#include <qpushbutton.h>
#include "flowlayout.h"

int main( int argc, char *argv[] ) {
   QApplication a( argc, argv );
   QWidget *w = new QWidget;
```

```
    FlowLayout *b1 = new FlowLayout( w );
     b1->add( new QPushButton( "Kurz", w ) );
     b1->add( new QPushButton( "Nicht so kurz", w ) );
     b1->add( new QPushButton( "Schon etwas länger", w ) );
     b1->add( new QPushButton( "Wieder kürzer", w ) );
     b1->add( new QPushButton( "... und nun sehr, sehr lang, oder nicht", w ) );
    QPushButton* qb = new QPushButton( "Beenden", w );
     b1->add( qb );
    a.connect( qb, SIGNAL( clicked() ), SLOT( quit() ) );
    a.setMainWidget( w );
    w->show();
    return a.exec();
}
```

Layout von außen nach innen[Z]

Hier wird eine eigene benutzerdefinierte Layout-Klasse `RahmenLayout` erstellt, die ein Layout von außen nach innen ermöglicht. Beim Einordnen der jeweiligen Elemente muss dann nur angegeben werden, wo dieses Element einzuordnen ist. Dazu muss der Aufrufer eine der folgenden `enum`-Konstanten angeben:

```
enum Position { Links, Oben, Unten, Rechts, Mitte };
```

Ändert sich die Größe des Fensters, so passen sich die oben und unten eingeordneten Elemente immer automatisch der neuen Breite an, während sich die links und rechts eingeordneten Elemente immer der aktuellen Höhe anpassen. Das in der Mitte platzierte Widget ändert bei Änderung der Fenstergröße sowohl seine Breite als auch seine Höhe.

Das Programm `rahmenlayout.cpp` stellt diese eigene Klasse `RahmenLayout` zur Verfügung. Um diese eigene Klasse `RahmenLayout` zu testen, wird das Programm 4.12 verwendet, das mittels dieser Klasse `RahmenLayout` zunächst links, rechts, unten und oben einen Button platziert. Danach platziert es in der Mitte eine Scrollview, in der ein Bild enthalten ist, und rechts noch einen weiteren Button; siehe auch Abbildung 4.27. Vergrößert man dieses Fenster aus Abbildung 4.27, so ergibt sich z. B. ein Aussehen wie es in Abbildung 4.28 gezeigt ist.

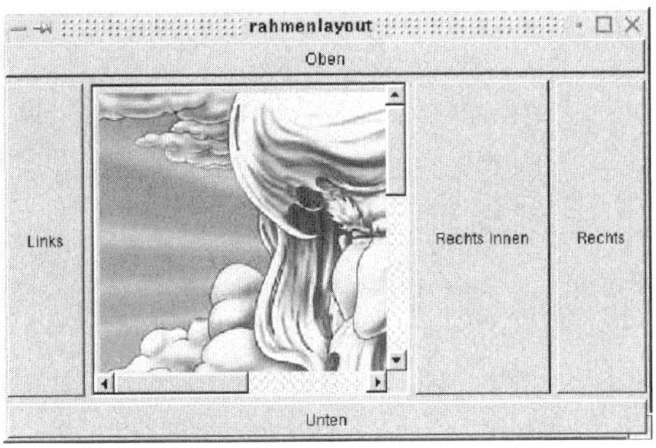

Abbildung 4.27: Layout von außen nach innen (zu Beginn)

Abbildung 4.28: Layout von außen nach innen (nach Vergrößerung)

Programm 4.12 – `main.cpp`:
Anordnen von fünf Buttons als Rahmen für ein Bild in der Mitte

```
#include <qapplication.h>
#include <qpushbutton.h>
#include <qscrollview.h>
#include <qvbox.h>
#include <qpixmap.h>
#include <qlabel.h>
#include "rahmenlayout.h"

int main( int argc, char *argv[] ) {
    QApplication a( argc, argv );
    QWidget *w = new QWidget;
    RahmenLayout *large = new RahmenLayout( w );
     large->setSpacing( 5 );
     large->addWidget( new QPushButton( "Links", w ),  RahmenLayout::Links );
     large->addWidget( new QPushButton( "Rechts", w ), RahmenLayout::Rechts );
     large->addWidget( new QPushButton( "Unten", w ),  RahmenLayout::Unten );
     large->addWidget( new QPushButton( "Oben", w ),   RahmenLayout::Oben );
    QString s;
    QLabel *l;
    QScrollView *sv = new QScrollView( w );
```

```
    QVBox *g = new QVBox( sv->viewport() );
    sv->addChild( g );
    QPixmap bild;
    bild.load( "steintafeln.png" );
    l = new QLabel( "", g );
    l->setFrameStyle( QFrame::Box | QFrame::Sunken );
    l->setPixmap( bild );
    sv->repaint();
    large->addWidget( sv, RahmenLayout::Mitte );
    large->addWidget( new QPushButton( "Rechts innen", w ), RahmenLayout::Rechts);
    a.setMainWidget( w );
    w->resize( 500, 300 );
    w->show();
    return a.exec();
}
```

Dynamisches Anordnen von Icons in einem Widget[Z]

Das Programm `bildflow.cpp` blendet unter Zuhilfenahme der zuvor erstellten Klasse `FlowLayout` eine gewisse Anzahl von Icons ein (siehe links in Abbildung 4.29). Die Position der einzelnen Icons soll sich dabei abhängig von der Fensterbreite dynamisch ändern. Dies bedeutet, dass Icons automatisch aus der nächsten Zeile nach oben gezogen werden, wenn genügend Platz für diese in der höheren Zeile ist (siehe rechts in Abbildung 4.29).

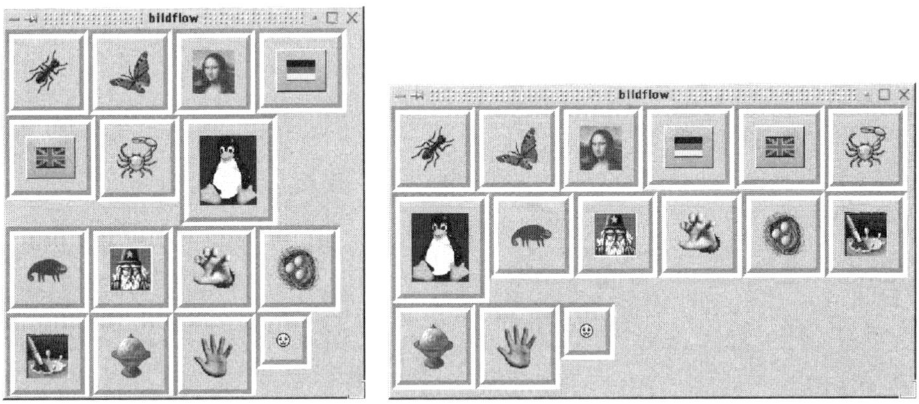

Abbildung 4.29: Anordnung von Icons mit der Klasse `FlowLayout` und dynamisches Ändern dieser Anordnung bei Größenänderungen

Kapitel 5

Vordefinierte Dialogfenster

Genau betrachtet, ist alles Gespräch nur Selbstgespräch.
– C. Morgenstern

Ein Dialogfenster ist ein Widget, das für eine spezielle Kommunikation mit dem Benutzer ausgelegt ist, wie z. B. Auswahl einer bestimmten Farbe oder einer Datei. Qt bietet für solche typischen Kommunikationen mit dem Benutzer eine ganze Reihe von vordefinierten Dialogfenstern an, die schon mit entsprechenden Auswahlmöglichkeiten und/oder Buttons versehen sind und so dem Qt-Programmierer eine Menge Arbeit abnehmen.
Die wichtigsten von Qt vordefinierten Dialogfenster sind:

`QDialog`	Basisklasse für vordefinierte Dialogfenster
`QColorDialog`	zur Auswahl einer Farbe
`QFileDialog`	zur Auswahl einer Datei (z. B. zum Öffnen oder Speichern)
`QFontDialog`	zur Auswahl eines Font (Zeichensatzes)
`QMessageBox`	zur Anzeige von kurzen Informationen, die der Benutzer durch Drücken der dazu angebotenen Buttons bestätigen muss.
`QErrorMessage`	zur ausschaltbaren Anzeige von Meldungen
`QTabDialog`	zur Stapelung von Widgets im Karteikartenformat, von denen über eine Karteikartenreiterleiste (Tableiste) immer eines in den Vordergrund gebracht werden kann.
`QWizard`	zum Blättern in einer vorgegebenen Menge von Widgets. Dabei kann immer nur eine Seite vor- bzw. zurückgeblättert werden. Es wird dabei immer nur die aktuelle Seite angezeigt, während die anderen Seiten nicht sichtbar sind.
`QInputDialog`	für einfache Eingaben, wie z. B. Zahlen, Text oder Auswahl aus einer vorgegebenen Liste
`QProgressDialog`	zur Anzeige in Form eines Prozentbalkens, wie weit eine bestimmte Aktion schon fortgeschritten ist
`QPrinter`	zum Drucken mit möglichen Druckereinstellungen (nicht von `QDialog`, sondern von `QPaintDevice` abgeleitet)

5.1 Die Basisklasse `QDialog`

Zunächst soll hier der Begriff *modal* geklärt werden, denn jedes Dialogfenster kann entweder modal oder nicht-modal sein:

- Ein *nicht-modaler Dialog* ist ein normales Window, das, während es eingeblendet ist, ein gleichzeitiges Arbeiten in anderen Windows dieses Programms zulässt.
- Ein *modaler Dialog* dagegen ist ein Window, das kein gleichzeitiges Arbeiten mit anderen Windows zulässt, während es eingeblendet ist. Erst nach der Beendigung eines modalen Dialogfensters ist es dem Benutzer wieder erlaubt, Aktivitäten in anderen Windows dieses Programms durchzuführen.

Konstruktor und Methoden der Basisklasse `QDialog`

Die Klasse `QDialog` bietet einen Konstruktor an:

```
QDialog(QWidget *par=0, char *nam=0, bool modal=false,WFlags f=0)
```

Der Parameter `modal` legt dabei fest, ob es sich um einen modalen oder nicht-modalen Dialog handelt. Seit Qt3.2 ist der Parameter `modal` veraltet. Stattdessen wird empfohlen, mit der Methode `setModal(bool b)` nachträglich festzulegen, ob es sich um einen modalen oder nicht-modalen Dialog handelt. Die Voreinstellung ist dabei ein nicht-modaler Dialog. Die Klasse `QDialog` bietet den folgenden `enum`-Datentyp, der für das Resultat eines modalen Dialogs vorgesehen ist:

```
enum DialogCode { Rejected, Accepted };
```

Wichtige Methoden, die die Klasse `QDialog` anbietet, sind:

`int exec() slot`
: startet den Dialog als modalen Dialog und liefert die Antwort des Benutzers auf diesen Dialog als Rückgabewert. Während diese Funktion für modale Dialoge sehr nützlich ist, macht sie keinen Sinn für nicht-modale Dialoge. Der Rückgabewert von `exec()` zeigt an, wie der Dialog beendet wurde: `QDialog::Accepted` (Button *OK* wurde gedrückt) bzw. `QDialog::Rejected` (Button *Cancel* wurde gedrückt).

`show() virtual`
: blendet den Dialog als nicht-modalen Dialog ein. Wurde allerdings mit `setModal(true)` der Dialog als modaler Dialog festgelegt, so zeigt auch `show()` ihn als modalen Dialog an.

`int result() const`
: liefert das Resultat des Dialogs als Rückgabewert. Wie `exec()` macht auch diese Methode nur Sinn bei modalen Dialogen.

`setResult(int r) protected`
: setzt das Resultat des Dialogs auf Wert `r`.

`setExtension(QWidget *extension)`
: legt eine Erweiterung zum Dialog fest, die der Benutzer bei Bedarf einblenden kann.

`showExtension(bool showIt) protected slot`
: bei `showIt=true` wird die Erweiterung zum Dialog ein- und bei `showIt=false` wird sie ausgeblendet.

Die Klasse `QDialog` bietet unter anderem die folgenden Slotroutinen an:

`accept() virtual protected slot`
: versteckt den Dialog und setzt das Resultat auf den Wert `Accepted`; entspricht dem Aufruf `done(Accepted)`.

`reject() virtual protected slot`
: versteckt den Dialog und setzt das Resultat auf den Wert `Rejected`; entspricht dem Aufruf `done(Rejected)`.

`done(int r) virtual protected slot`
: versteckt den Dialog und setzt das Resultat auf den Wert `r`; entspricht dem Aufruf `hide()`, gefolgt von `setResult(r)`.

Einblenden eines modalen oder nicht-modalen Dialogfensters[B]

Programm 5.1 ermöglicht es dem Benutzer, sich ein modales oder ein nicht-modales Dialogfenster anzeigen zu lassen. Die Voreinstellung ist das Einblenden eines nicht-modalen Dialogfensters. Wird beim Aufruf dieses Programms die Option `-m` angegeben, wird ein modales Dialogfenster eingeblendet, wie es im linken Teil der Abbildung 5.1 gezeigt ist. Nachdem der Benutzer einen der beiden Buttons angeklickt hat, wie z. B. den *OK*-Button, wird ihm in einem Nachrichtenfenster (*Messagebox*) seine Auswahl nochmals bestätigt (siehe auch rechter Teil der Abbildung 5.1).

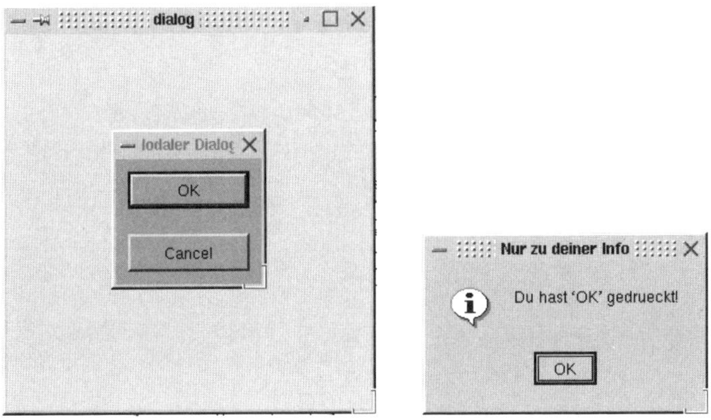

Abbildung 5.1: Modales Dialogfenster von Programm 5.1 mit Anzeige der Benutzerwahl (rechts)

Programm 5.1 – `dialog.cpp`:
Demoprogramm zur Klasse `QDialog`

```
#include <qwidget.h>
#include <qapplication.h>
#include <qdialog.h>
#include <qpushbutton.h>
#include <qmessagebox.h>
#include <stdio.h>
//............................................................. MeinDialog
class MeinDialog : public QDialog {
  public:
    MeinDialog::MeinDialog( QWidget *parent, QString name, bool modal=true )
                                      : QDialog( parent, name ) {
        setModal( modal );
        QPushButton *ok = new QPushButton( "OK", this );
```

```
        ok->setGeometry( 10,10, 100,30 );
        connect( ok, SIGNAL(clicked()), SLOT(accept()) );

        if ( modal ) {
           QPushButton *cancel = new QPushButton( "Cancel", this );
           cancel->setGeometry( 10,60, 100,30 );
           connect( cancel, SIGNAL(clicked()), SLOT(reject()) );
        }
    }
};
//............................................................... main
int main( int argc, char *argv[] ) {
  QApplication a( argc, argv );
  QWidget *w = new QWidget;
  w->setGeometry( 10, 10, 300, 300 );
  w->setPalette( QPalette( Qt::blue, Qt::blue ) );
  w->show();
  if ( argc > 1 && !strcmp( argv[1], "-m" ) ) {
     MeinDialog  *modal = new MeinDialog( w, 0, true );
     modal->setCaption( "Modaler Dialog" );
     modal->setPaletteBackgroundColor( Qt::red );
     int r = modal->exec();
     QString s;
     s.sprintf("Du hast '%s' gedrueckt!",
               r == QDialog::Accepted ? "OK" : "Cancel" );
     QMessageBox::information( 0, "Nur zu deiner Info", s );
  } else {
     MeinDialog  *nichtModal = new MeinDialog( w, 0, false );
     nichtModal->setCaption( "Nicht-Modaler Dialog" );
     nichtModal->setPaletteBackgroundColor( Qt::red );
     nichtModal->show();
  }
  a.setMainWidget( w );
  return a.exec();
}
```

Erweiterung zu einem Dialog[Z]

Das Programm `dialogext.cpp` zeigt, wie man eine Erweiterung zu einem Dialog ein- und wieder ausblenden lassen kann. Dabei wird demonstriert, wie man dem Benutzer das Ein- bzw. Ausblenden des Dialogs über einen Pushbutton bzw. über eine Checkbox ermöglicht; siehe auch Abbildung 5.2.

Dialog-Widget mit Checkboxen und mehreren Pushbuttons[Z]

Das Programm `dialog2.cpp` blendet ein Dialog-Widget mit Checkboxen ein, die der Benutzer ein- und ausschalten kann, sowie mit mehreren Buttons, die ihn seine Auswahl z. B. bestätigen oder ignorieren lassen. Unter Zuhilfenahme dieses Widget kann dann der Benutzer in den Checkboxen Länder auswählen, zu denen er Flaggen angezeigt haben möchte (siehe auch Abbildung 5.3).

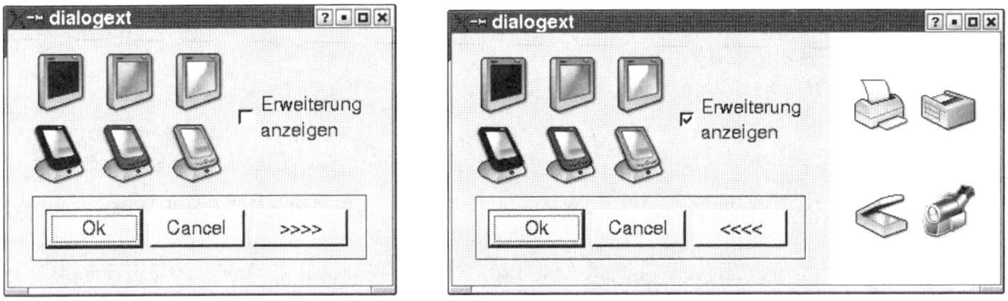

Abbildung 5.2: Ein- und Ausblenden einer Dialog-Erweiterung über Pushbutton bzw. über Checkbox

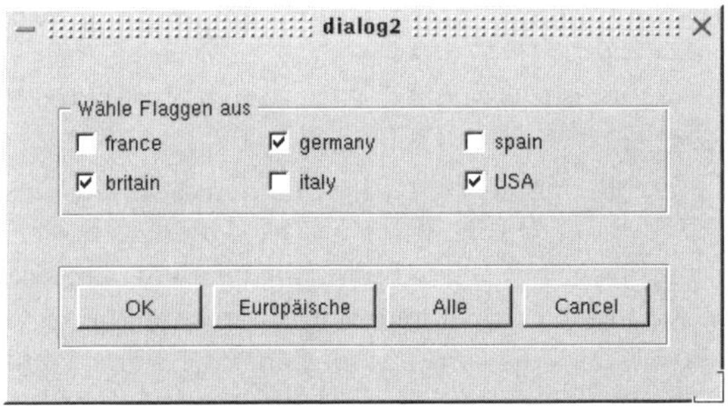

Abbildung 5.3: Eigenes Dialog-Widget zur Auswahl von Länderflaggen

Klickt der Benutzer auf den *Ok*-Button, werden ihm die Flaggen zu den Ländern angezeigt, die er in den Checkboxen ausgewählt hat. Bei einem Klick auf den Button *Europäische* sollen ihm in jedem Fall alle europäischen Flaggen und eventuell zusätzlich angeklickte Länderflaggen angezeigt werden. Klickt der Benutzer auf den Button *Alle*, sollen ihm unabhängig von seiner Auswahl in den Checkboxen alle Länderflaggen angezeigt werden. Ein Klick auf den *Cancel*-Button beendet unabhängig von der vorgenommenen Auswahl das Programm ohne jegliche Anzeige von Länderflaggen.

5.2 `QColorDialog` zur Auswahl einer Farbe

Die Klasse `QColorDialog` bietet keine Konstruktoren an, sondern nur statische Funktionen, wie z. B. `getColor()`, die ein Dialogfenster zur Auswahl einer Farbe einblendet:

```
QColor QColorDialog::getColor(QColor& initial=white,
                                QWidget *parent=0, char *name=0) static
```

Diese Funktion blendet ein modales Dialogfenster ein, das den Benutzer eine Farbe auswählen lässt (siehe auch rechts in Abbildung 5.4). In diesem Dialogfenster ist, die mit dem Parameter `initial` übergebene Farbe, voreingestellt. Als Rückgabewert liefert diese Funktion die Farbem die vom Benutzer ausgewählt wurde, nachdem dieser den *Ok*-Button gedrückt hat und das Dialogfenster wieder ausgeblendet wurde. Drückt der Benutzer den *Cancel*-Button gedrückt, liefert diese Funktion einen ungültigen Farbenwert, der sich mit der von der Klasse `QColor` angebotenen Methode `isValid()` erkennen lässt.

Neben der statischen Funktion `getColor()` bietet die Klasse `QColorDialog` noch einige weitere statische Methoden an, wie z. B.:

`QRgb QColorDialog::getRgba(QRgb initial, bool *ok=0`
`QWidget *par=0, char *nam=0) static`

blendet wie `getColor()` ein modales Dialogfenster ein, das dem Benutzer eine Farbe auswählen lässt. Anders als bei `getColor()` hat der Benutzer hier noch die Möglichkeit, einen Alpha-Kanal für die Transparenz einer Farbe (unterhalb des *Blue*-Eingabefelds) festzulegen. Ist für `ok` kein Nullzeiger angegeben, so wird `*ok` auf `true` gesetzt, wenn der Benutzer den *Ok*-Button gedrückt hat, bzw. auf `false`, wenn er den *Cancel*-Button gedrückt hat. Wenn der Benutzer den *Cancel*-Button drückt, wird `initial` zurückgegeben.

`int QColorDialog::customCount() static`

liefert Anzahl der als *Custom colors* im `QColorDialog`-Widgets festgelegten Farben.

`QRgb QColorDialog::customColor(int i) static`

liefert die `i`-te festgelegte Farbe aus den *Custom colors* des `QColorDialog`-Widget.

`QColorDialog::setCustomColor(int i, QRgb c) static`

setzt `i`-te Farbe von *Custom colors* im `QColorDialog`-Widget auf den `QRgb`-Wert `c`.

Programm 5.2 ist ein Demonstrationsprogramm zur Klasse `QColorDialog`. Dieses Programm bietet im Hauptfenster eine Widget-Fläche mit einem Button an, mit dem man sich ein `QColorDialog`-Fenster (siehe auch Abbildung 5.4) einblenden lassen kann, um eine neue Farbe auszuwählen. Nach abgeschlossener Auswahl und Bestätigung dieser Wahl mit dem *Ok*-Button wird die neu gewählte Farbe in der Widget-Fläche des Hauptfensters als Hintergrundfarbe angezeigt (siehe auch links in Abbildung 5.4). Die zu Beginn voreingestellte Hintergundfarbe ist Weiß.

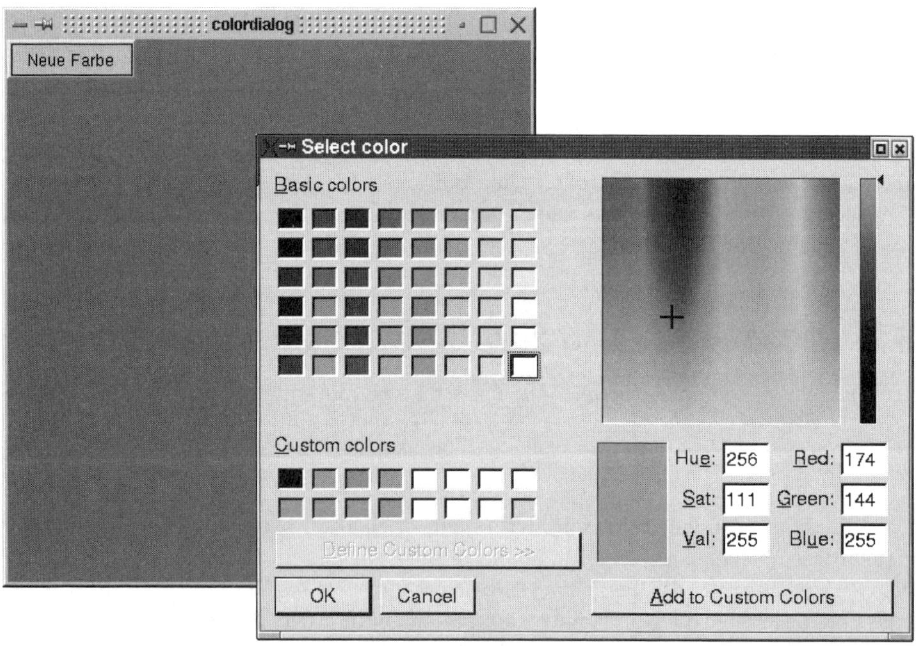

Abbildung 5.4: Hauptfenster des Programms 5.2 und ein `QColorDialog`-Fenster

Programm 5.2 – colordialog.cpp:
Demoprogramm zur Auswahl einer Farbe mit QColorDialog

```
#include <qwidget.h>
#include <qapplication.h>
#include <qpushbutton.h>
#include <qcolordialog.h>
class MeinFarbe : public QWidget {
    Q_OBJECT
public:
    MeinFarbe::MeinFarbe() : QWidget( 0, 0) {
        setPaletteBackgroundColor( aktFarbe = Qt::white );
        farbeButton = new QPushButton( "Neue Farbe", this );
        connect( farbeButton, SIGNAL( clicked() ), SLOT( neueFarbe() ) );
        setGeometry( 0, 0, 400, 400 );
    }
private slots:
    void neueFarbe() {
        QColor neuFarbe;
        neuFarbe = QColorDialog::getColor( aktFarbe, 0 );
        if ( neuFarbe.isValid() ) {
            setPaletteBackgroundColor( aktFarbe = neuFarbe ); repaint();
        }
    }
private:
    QPushButton *farbeButton;
    QColor      aktFarbe;
};
#include "colordialog.moc"
int main( int argc, char *argv[] ) {
  QApplication a( argc, argv );
  MeinFarbe *w = new MeinFarbe;
  w->show();
  a.setMainWidget( w );
  return a.exec();
}
```

Anzeige eines Textes in einer über QColorDialog gewählten Farbe[Z]

Das Programm colordialog2.cpp blendet ähnlich zu Programm 5.2 einen Button *Neue Farbe* und zusätzlich ein Label mit einem Text ein. Bei jedem Klick auf den Button *Neue Farbe* wird ein QColorDialog-Fenster eingeblendet, in dem der Benutzer eine neue Farbe wählen kann. Bestätigt er hier seine gewählte Farbe mit den *Ok*-Button, wird ihm der Text im Label mit dieser Farbe angezeigt.

Sichern der eingestellten *Custom colors* für eine Applikation[Z]

Möchte man die eingestellten *Custom colors* für eine Applikation sichern, so dass diese beim nächsten Start der Applikation wieder zur Verfügung stehen, kann man dies mit dem im Programm customcolor.cpp gezeigten Code erreichen. Ansonsten leistet Programm customcolor.cpp das Gleiche wie das vorherige Programm 5.2.

5.3 `QFileDialog` zur Auswahl einer Datei

Die Klasse `QFileDialog` bietet ein vordefiniertes Dialogfenster zur Auswahl eines Dateinamens an.

Konstruktoren und Methoden der Klasse `QFileDialog`

Die Klasse `QFileDialog` bietet zwei Konstruktoren an:

`QFileDialog(QWidget *parent=0, char *nam=0, bool modal=false)`

erzeugt ein `QFileDialog`-Widget. Ob es sich dabei um ein modales oder nicht-modales Dialogfenster handelt, kann mit dem Parameter `modal` festgelegt werden.

```
QFileDialog(QString& dirName, QString& filt=null,
            QWidget *parent=0, char *nam=0, bool modal=false)
```

erzeugt ein `QFileDialog`-Widget. Der Parameter `dirName` legt den Namen des Directory fest, aus dem die entsprechenden Dateien (für eine Auswahl) anzuzeigen sind. Der Parameter `filt` spezifiziert den Filter, der für die Anzeige von Dateinamen zu benutzen ist. Als Filter sind dabei reguläre Ausdrücke erlaubt, wie sie in einem späteren Kapitel beschrieben sind. Dabei ist es auch erlaubt, Texte anzugeben, die zur Information für den Benutzer dienen. In diesem Fall muss der entsprechende reguläre Ausdruck am Ende des entsprechenden Textes in runden Klammern angegeben werden; so liefern z. B. die beiden folgenden Angaben die gleiche Anzeige von Dateinamen in dem `QFileDialog`-Widget, nur dass die erste Angabe etwas informativer ist: `"Alle C-Header- und Quelldateien (*.[ch])"` bzw. `"*.[ch]"`. Es ist auch möglich, mehrere Filter anzugeben, indem man diese durch neue Zeilen oder zwei Semikolons trennt, wie z. B. `"C++ Dateien (*.cpp *.cc *.C *.cxx *.c++);;Headerdateien (*.h *.hxx *.h++)"`. Ob es sich dabei um ein modales oder nicht-modales Dialogfenster handelt, kann mit dem Parameter `modal` festgelegt werden.

Wichtige Methoden, die die Klasse `QFileDialog` anbietet, sind:

```
QString getOpenFileName(QString& start=null, QString& filt=null,
         QWidget *parent=0, char *nam=0, QString& caption=null,
         QString *selectedFilter=0, bool symlinks=true) static
```

Diese statische Funktion öffnet ein modales `QFileDialog`-Fenster und liefert den vom Benutzer ausgewählten Dateinamen zurück.

Ist `start` ein Directoryname, startet der Dialog in diesem Directory. Ist `start` der Pfadname einer existierenden Datei, startet der Dialog im zugehörigen Directory, wobei entsprechender Dateiname schon als ausgewählt angezeigt wird. Ist `start` ein Leerstring startet der Dialog im Working Directory und beim erneuten Aufrufen immer in dem Directory, in dem das letzte `QFileDialog`-Fenster beendet wurde.

Sollen nur bestimmte Dateinamen im Dialogfenster angezeigt werden, so muss für den Parameter `filt` ein entsprechender regulärer Ausdruck angegeben werden. Falls für `filt` der Wert `null` eingestellt wird, werden alle Dateinamen des entsprechenden Verzeichnisses im Dialogfenster angezeigt.

Mit dem Parameter `caption` kann man eine Beschriftung für das einzublendende `QFileDialog`-Objekt festlegen.

Über den Parameter `selectedFilter` kann man eine Maske festlegen, mit der man einen von mehreren angegebenen Filter auswählen lassen kann.

Unter X11 bei Unix/Linux-Systemen lässt sich über den Parameter `symlinks` festlegen, ob symbolische Links selbst (`false`) oder aber bei `true` deren Ziel, auf das sie verweisen, anzuzeigen ist.
Falls der Benutzer das Dialogfenster mit dem Drücken des *Cancel*-Button beendet, liefert diese Funktion den `null`-String als Rückgabewert. Nachfolgend ist ein Beispiel für den Aufruf dieser Methode gezeigt:

```
// im Dir. /home alle Graphikdateien mit Endung .png, .xpm bzw. .jpg anzeigen
  QString f = QFileDialog::getOpenFileName(
                    "/home", "Images (*.png *.xpm *.jpg)", this,
                    "open file dialog",
                    "Wählen Sie eine Datei, die zu öffnen ist" );
 if ( !d.isEmpty() ) {
     //... Benutzer hat eine existierende Datei ausgewählt
 } else {
     //... Benutzer hat das Dialogfenster mit dem Cancel-Button beendet
 }
```

`QStringList getOpenFileNames(QString& filt=null,`
`QString& dir=null, QWidget *parent=0, char *nam=0,`
`QString& caption=null, QString *selectedFilter=0,`
`bool symlinks=true) static`

Diese statische Funktion entspricht wesentlich der Funktion `getOpenFileName()`, nur dass sie den Benutzer mehrere Dateien auswählen lässt und diese dann als Rückgabewert liefert, wie z. B.:

```
QStringList list = QFileDialog::getOpenFileNames(...);
  //... Durchlaufen der vom Benutzer ausgewählten Dateien
QStringList::Iterator it = list.begin();
while( it != list.end() )        dateiBearbeiten( *it );        ++it;
```

`QString getSaveFileName(QString& start=null, QString& filt=null,`
`QWidget *parent=0, char *nam=0, QString& caption=null,`
`QString *selectedFilter=0, bool symlinks=true) static`

Diese statische Funktion entspricht weitgehend der Funktion `getOpenFileName()`,mit dem einzigen Unterschied, dass hier der Benutzer auch eine nicht existierende Datei auswählen kann, was ja beim Sichern von Dateien unter einem neuen Namen auch unbedingt notwendig ist.

`QString getExistingDirectory(QString& dir=null,`
`QWidget *parent=0, char *nam=0, QString& caption=null,`
`bool dirOnly=true, bool symlinks=true) static`

Diese statische Funktion blendet ein Dialogfenster ein, in dem der Benutzer ein existierendes Directory auswählen kann, das sie als Rückgabewert liefert. Welches Directory dabei beim Start des Dialogfensters der Ausgangspunkt sein soll, kann mit dem Parameter `dir` festgelegt werden. Falls `dir=null` gilt, wird als Ausgangspunkt das Verzeichnis genommen, in dem das letzte `QFileDialog`-Fenster beendet wurde. Über den Parameter `dirOnly` lässt sich festlegen, ob nur Directories oder aber auch Dateien anzuzeigen sind.

`setDir(QDir& dir)`

`setDir(QString& pathstr) slot`

legen einen Directorypfad für ein `QFileDialog`-Fenster fest.

`QString dirPath() const`

liefert den aktuellen Directorypfad eines `QFileDialog`-Fensters zurück.

`setSelection(QString& filename)`

markiert in einem `QFileDialog`-Fenster den Dateinamen `filename` als ausgewählt. Falls es sich bei `filename` um einen absoluten Pfadnamen handelt, so wird automatisch auch `setDir()` aufgerufen.

`QString selectedFile() const`

liefert zu der in einem `QFileDialog`-Fenster ausgewählten Datei den absoluten Pfadnamen. Falls kein Dateiname ausgewählt wurde, wird der `null`-String zurückgegeben.

`setFilter(QString& newFilter) slot`

legt für ein `QFileDialog`-Fenster einen neuen Filter fest, der als regulärer Ausdruck anzugeben ist, wie dies bereits beim zweiten Konstruktor zuvor beschrieben wurde.

`setMode(Mode newMode)`

legt für ein `QFileDialog`-Fenster einen neuen Modus fest. Für den Parameter `newMode` kann dabei eine der folgenden Konstanten angegeben werden, die entsprechende Auswahl durch den Benutzer zulassen:

`ExistingFile`	(Voreinstellung) Nur Auswahl existierender Dateien
`Directory`	Auch Auswahl von Directories
`AnyFile`	Angabe beliebiger Dateinamen (existierend oder nicht)
`DirectoryOnly`	Nur Auswahl von Directories
`ExistingFiles`	wie `ExistingFile`, aber Mehrfachauswahl möglich

`addWidgets(QLabel *l, QWidget *w, QPushButton *b) protected`

fügt bis zu drei Widgets unten in dem `QFileDialog`-Widget hinzu. `l` ist dabei ein (optionales) Label, welches unterhalb der Spalte angeordnet wird, in der sich die Texte *File name* und *File type* befinden. `w` ist ein (optionales) Widget, das unterhalb der Kombobox für den *File type* platziert wird. `b` ist ein (optionaler) Button, der unterhalb des *Cancel*-Button angesiedelt wird. Soll eines dieser optionalen Widgets nicht angezeigt werden, muss für den entsprechenden Parameter nur der Wert `0` angegeben werden.

`rereadDir()`

zwingt ein `QFileDialog`-Fenster den entsprechenden Directoryinhalt erneut zu lesen. Dies kann notwendig sein, wenn sich der Directoryinhalt ändert, nachdem das `QFileDialog`-Fenster für dieses Directory schon eingeblendet war.

Die Klasse `QFileDialog` bietet unter anderem die folgenden Signale an:

`fileHighlighted(QString&) signal`

wird gesendet, wenn der Benutzer einen Dateinamen markiert.

`fileSelected(QString&) signal`

wird gesendet, wenn der Benutzer einen Dateinamen auswählt.

`dirEntered(QString&) signal`

wird gesendet, wenn der Benutzer ein neues Directory ausgewählt hat.

Vorschau in einem QFileDialog-Widget

Die Klasse QFileDialog bietet noch weitere Methoden an, mit denen man z. B. unter Zuhilfenahme der Klasse QFilePreview eine Vorschau zu Dateien einblenden kann oder unter Verwendung der Klasse QFileIconProvider die Dateinamen abhängig von ihrem Inhalt mit entsprechenden Icons versehen kann.
Es gibt zwei Arten von Vorschau-Widgets für QFileDialog: Inhalts- (setContentsPreview()) bzw. Informationsvorschau (setInfoPreview()). Ein Vorschau-Widget wird dabei innerhalb des QFileDialog-Widgets angezeigt.
Der folgende Codeausschnitt zeigt ein von QFilePreview abgeleitetes Vorschau-Widget, in dem die virtuelle Methode previewUrl(const QUrl& u) von QFilePreview reimplementiert wird. Diese Methode wird immer dann aufgerufen, wenn eine neue Datei im QFileDialog-Widget markiert wird:

```
class Preview : public QLabel, public QFilePreview {
  public:
    Preview( QWidget *parent=0 ) : QLabel( parent ) {}

    void previewUrl( const QUrl &u ) {
      QString path = u.path();
      QPixmap pix( path );
      if ( pix.isNull() )
        setText( "Keine Bilddatei" );
      else
        setPixmap( pix ); // Anzeigen der Bilddatei als Vorschau
    }
};
```

Um dieses Preview-Widget als Vorschau-Widget im QFileDialog-Widget zu platzieren, dient der folgende Code:

```
Preview* p = new Preview;  // Anlegen eines Preview-Objekts

QFileDialog* fd = new QFileDialog( this ); // Anlegen QFileDialog-Widget
fd->setContentsPreviewEnabled( true );  // Vorschau zulassen
fd->setContentsPreview( p, p );  // Zuordnen des Vorschau-Widgets
fd->setPreviewMode( QFileDialog::Contents ); // Inhalt anzeigen
                                             // also kein Informations-Widget
fd->show();
```

Das Programm filepreview.cpp weiter unten zeigt ein Demoprogramm zu Vorschau-Widgets. Auf eine tiefergehende Behandlung dieser Methoden wird hier verzichtet. Der interessierte Leser kann diese in der Qt-Online-Dokumentation nachschlagen.

Editor, der Betrachtung/Konvertierung von Bildern ermöglicht[Z]

Das Programm filedialog.cpp ist ein Demoprogramm zur Klasse QFileDialog. Über ein QFileDialog-Fenster (siehe links in Abbildung 5.5) kann dabei der Benutzer sich eine Datei auswählen. Handelt es sich dabei um eine Bilddatei, deren Format Qt interpretieren kann, so wird ihm das entsprechende Bild angezeigt, wie dies z. B. im linken Teil von Abbildung 5.6 gezeigt ist. Kann Qt das Format der entsprechenden Datei nicht als ein ihm bekanntes Bildformat interpretieren, liest das Programm filedialog.cpp diese Datei als Textdatei in ein QTextEdit-Widget ein, welches das Editieren dieses Textes ermöglicht, wie dies z. B. im rechten Teil von Abbildung 5.6 gezeigt ist. Das Speichern einer Datei ist dabei auch möglich, wie dies rechts in Abbildung 5.5 gezeigt ist. Handelt es sich bei der entsprechenden Datei um ein Bild, so konvertiert das Programm `filedialog.cpp` das Bild bei der Speicherung abhängig von der Dateiendung automatisch in das entsprechende Bildformat (`.png`, `.gif`, `.bmp`, `.xbm`, `.xpm`, `.pnm`).

Abbildung 5.5: `QFileDialog`-Fenster zum Laden bzw. Speichern einer Datei

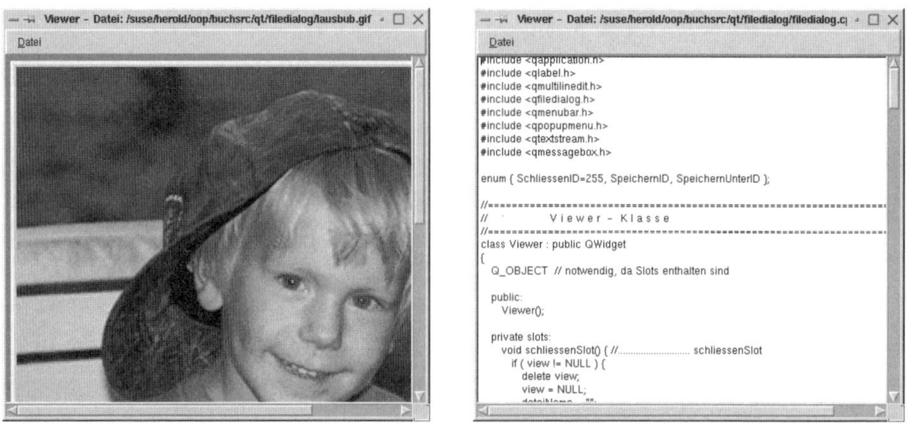

Abbildung 5.6: Laden eines Bildes bzw. eines Textes im Programm `filedialog.cpp`

`QFileDialog`-Widget mit Vorschau^{Z}

Das Programm `filepreview.cpp` zeigt, wie man eine einfache Vorschau in einem `QFileDialog`-Widget realisieren kann. Wird eine Datei markiert, so wird deren Inhalt angezeigt: Handelt es sich um ein Bild, so wird in der Vorschau das verkleinerte bzw. vergrößerte Bild, das sich in dieser Datei befindet, angezeigt, andernfalls wird ihr Text angezeigt, wobei im Falle von HTML-Dateien dies sogar noch so angezeigt erden, wie sie von einem HTML-Browser angezeigt würden; siehe auch Abbildung 5.7.

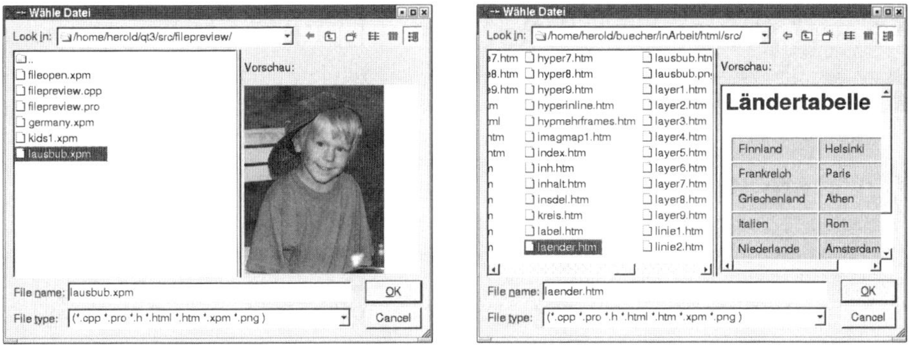

Abbildung 5.7: `QFileDialog`-Widget mit Vorschau

Anzeige ausgewählter Dateinamen in einem Label^Z

Das Programm `filedialog2.cpp` ist eine Erweiterung zum Programm 5.2 auf Seite 229, indem es nicht nur einen *Farbe*-Button, sondern auch einen *Dateinamen*-Button zeigt. Klickt der Benutzer auf diesen zweiten Button, wird ihm ein `QFileDialog`-Widget eingeblendet, in dem er auch mehrere Dateinamen gleichzeitig auswählen kann (mit `QFileDialog::getOpenFileNames()`), indem er bei dem Anklicken der Dateinamen die `Strg`-Taste drückt. Nachdem der Benutzer seine Auswahl mit *Ok* bestätigt hat, werden ihm die ausgewählten Dateinamen in der aktuellen Farbe angezeigt; siehe auch Abbildung 5.8.

Abbildung 5.8: Anzeige von ausgewählten Dateinamen in einem Label

5.4 `QFontDialog` zur Auswahl eines Fonts

Die Klasse `QFontDialog` bietet ein vordefiniertes Dialogfenster zur Auswahl eines Fonts an.

Wichtige Methoden der Klasse `QFontDialog`

Die Klasse `QFontDialog` bietet keine `public`-Konstruktoren an, sondern nur eine statische Funktion `getFont()`, die ein Dialogfenster zur Auswahl eines Fonts einblendet und in zwei Varianten angeboten wird:

`QFont getFont(bool *ok, QWidget *parent=0, char *nam=0) static`

Diese statische Funktion blendet ein modales Dialogfenster ein, das den Benutzer einen Font auswählen lässt (siehe auch Abbildung 5.10). Den vom Benutzer ausgewählten Font liefert diese Funktion dann als Rückgabewert, nachdem dieser den *Ok*-Button gedrückt hat und das Dialogfenster wieder ausgeblendet wurde. Ob der Benutzer den *Ok*-Button gedrückt hat, lässt sich am Wert des Parameters `ok` erkennen. Ist `*ok=true`, hat er den *Ok*-Button gedrückt; bei `*ok=false` hat er das `QFontDialog`-Fenster mit dem *Cancel*-Button beendet oder eben anders geschlossen. Bei `*ok=false` liefert diese Funktion den voreingestellten Font zurück.

```
bool ok;
QFont f = QFontDialog::getFont( &ok, this );
if ( ok ) {
    //... Benutzer hat einen neuen Font ausgewählt
} else {
    //... Benutzer hat Dialogfenster mit Cancel-Button oder anders beendet
}
```

`QFont getFont(bool *ok, QFont& f,`
`QWidget *parent=0, char *nam=0) static`

entspricht weitgehend der vorherigen Funktion, nur dass im `QFontDialog`-Fenster der über den Parameter `f` übergebene Font voreingestellt wird.

```
bool ok;
QFont f = QFontDialog::getFont( &ok, QFont( "Times", 12 ), this );
if ( ok ) {
    //... Benutzer hat einen neuen Font ausgewählt
} else {
    //... Benutzer hat Dialogfenster mit Cancel-Button oder anders beendet
}
```

Demonstrationsprogramm zur Klasse `QFontDialog`[B]

Programm 5.3 zeigt in seinem Hauptfenster (siehe links in Abbildung 5.9) in einem Label den gerade gesetzten Font in Form eines Beispieltextes (`Text`) an. Die dazugehörigen Font-Daten werden in einem darunter angeordneten Label angezeigt. Als letztes bietet dieses Programm noch einen Button an, mit dem man sich ein `QFontDialog`-Fenster einblenden lassen kann, um einen neuen Font auszuwählen. Drückt der Benutzer auf diesen Button, wird ihm ein solches neues `QFontDialog`-Fenster eingeblendet, in dem er nun seine gewünschten Font-Einstellungen vornehmen kann, wie dies z. B. in Abbildung 5.10 gezeigt ist. Drückt der Benutzer in diesem `QFileDialog`-Fenster den *Ok*-Button, werden ihm im Hauptfenster der Beispieltext `Text` in seinem gewählten Font sowie die zugehörigen Font-Daten angezeigt (siehe auch rechts in Abbildung 5.9).

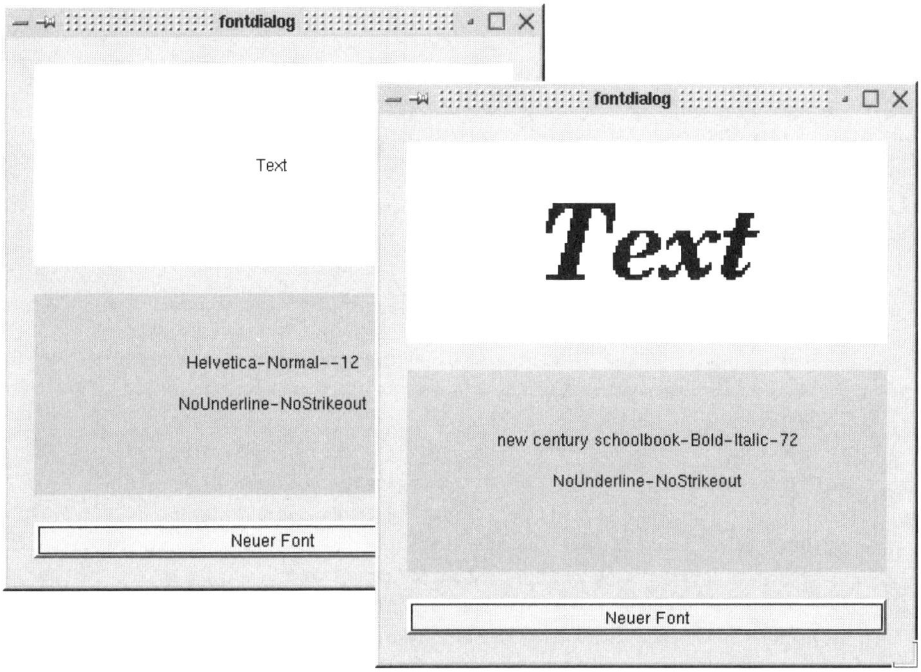

Abbildung 5.9: Hauptfenster beim Start von Programm 5.3 und nach neuer Font-Wahl durch Benutzer

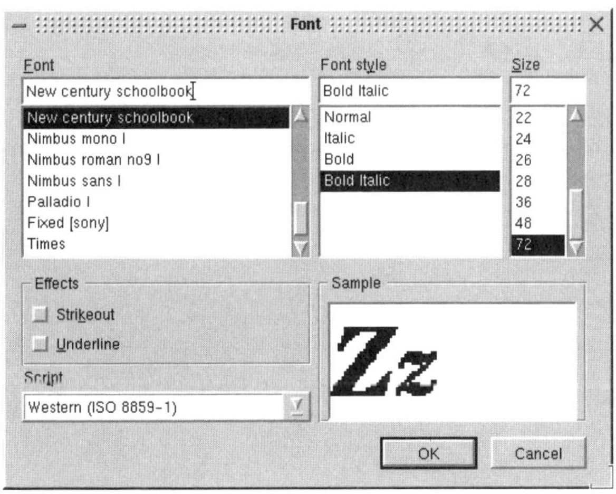

Abbildung 5.10: `QFontDialog`-Fenster zur Auswahl eines Fonts im Programm 5.3

Programm 5.3 – `fontdialog.cpp`:
Demoprogramm zur Klasse `QFontDialog`

```
#include <qwidget.h>
#include <qapplication.h>
#include <qvbox.h>
#include <qpushbutton.h>
#include <qlabel.h>
#include <qfont.h>
#include <qfontdialog.h>
//............................................................ MeinFont
class MeinFont : public QVBox {
    Q_OBJECT
public:
    MeinFont::MeinFont() : QVBox( 0, 0) {
          //................. Vertikaler Layoutmanger
        QVBox *v = new QVBox( this );
        v->setSpacing( 20 );
        v->setMargin( 20 );
        v->setPaletteBackgroundColor( Qt::blue.light( 180 ) );
          //.... Label zur Anzeige des aktuellen Fonts
        fontAnzeige = new QLabel( "Text", v );
        fontAnzeige->setPaletteBackgroundColor( Qt::white );
        fontAnzeige->setAlignment( AlignCenter );
        aktFont = fontAnzeige->font();
          //.... Label zur Anzeige der aktuellen Fontdaten
        fontDaten = new QLabel( "", v );
        fontDaten->setText( fontToString() );
        fontDaten->setAlignment( AlignCenter );
          //.... Button zum Einblenden QFontDialog-Fensters
        fontButton = new QPushButton( "Neuer Font", v );
        fontButton->setPalette( QPalette( Qt::red, Qt::red ) );
        connect( fontButton, SIGNAL( clicked() ), SLOT( neuerFont() ) );
        setGeometry( 0, 0, 400, 400 );
    }
private slots:
    void  neuerFont() {
       QFont  neuFont;
       bool   ok;
       neuFont = QFontDialog::getFont( &ok, aktFont );
       if ( ok ) {
          fontAnzeige->setFont( aktFont = neuFont );
          fontAnzeige->repaint();
          fontDaten->setText( fontToString() );
          fontDaten->repaint();
       }
    }
private:
    QFont        aktFont;
    QLabel       *fontAnzeige;
    QLabel       *fontDaten;
```

```
    QPushButton *fontButton;
     //... liefert die Font-Daten als String zurueck.
     //... Dazu ruft diese Funktion die von der Klasse QFont angebotenen
     //... Methoden family(), weight(), italic() pointSize(),
     //... underline() und strikeOut() auf.
    QString fontToString() {
        QString s, weight;
        switch ( aktFont.weight() ) {
           case QFont::Light:    weight = "Light";    break;
           case QFont::Normal:   weight = "Normal";   break;
           case QFont::DemiBold: weight = "DemiBold"; break;
           case QFont::Bold:     weight = "Bold";     break;
           case QFont::Black:    weight = "Black";    break;
        }
        s.sprintf("%s-%s-%s-%d\n\n%sUnderline-%sStrikeout\n",
                       (const char *)aktFont.family(),
                       (const char *)weight,
                       (const char *)aktFont.italic() ? "Italic" : "",
                       aktFont.pointSize(),
                       (const char *)aktFont.underline() ? "" : "No",
                       (const char *)aktFont.strikeOut() ? "" : "No" );
        return s;
    }
};
#include "fontdialog.moc"
//...................................................................... main
int main( int argc, char *argv[] ) {
  QApplication a( argc, argv );
  MeinFont *w = new MeinFont;
  w->setGeometry( 20, 20, 400, 400 );
  w->show();
  a.setMainWidget( w );
  return a.exec();
}
```

Erweiterung des Programms `filedialog2.cpp` um Fonts[Z]

Das Programm `fontdialog2.cpp` erweitert das Programm `filedialog2.cpp` auf Seite 235, indem es nicht nur einen *Farbe*-Button und einen *Dateinamen*-Button, sondern auch einen *Font*-Button zeigt. Klickt der Benutzer auf diesen dritten Button, wird ihm ein `QFontDialog`-Widget eingeblendet, in dem er sich einen entsprechenden Font für die Anzeige der Dateinamen im Label auswählen kann.

5.5 `QMessageBox` für Mitteilungen

Die Klasse `QMessageBox` ermöglicht es, den Benutzer über Situationen, Ereignisse oder Bedingungen zu informieren, die eingetreten sind oder aber eintreten könnten. `QMessageBox`-Dialogfenster sind fast immer modal.

Typen, Konstruktoren und Methoden der Klasse `QMessageBox`

Die Klasse `QMessageBox` bietet zwei eigene `enum`-Datentypen an:

```
enum Icon { NoIcon, Information, Warning, Critical, Question }
```

Diese Konstanten legen das `Icon` (Bildchen) für das `QMessageBox`-Fenster fest:

`NoIcon`	kein Icon
`Information`	(Buchstabe ‚i' in Sprechblase) zum Ausgabe einer Information
`Warning`	(Ausrufezeichen in Warnschild) zur Ausgabe einer Warnung
`Critical`	(weißes ‚x' in rotem Kreis) für Hinweis auf eine kritische Situation
`Question`	(‚?' in Sprechblase) zur Ausgabe einer Frage

```
enum { NoButton, Ok, Cancel, Yes, No, Abort, Retry, Ignore,
    YesAll, NoAll, Default=0x100, Escape=0x200 }
```

Diese Konstanten identifizieren Texte bzw. Einstellungen für Buttons, die in einem `QMessageBox`-Fenster angezeigt werden.

Die Klasse `QMessageBox` bietet zwei Konstruktoren an:

```
QMessageBox(QWidget *parent=0, char *nam=0)
```

erzeugt ein `QMessageBox`-Widget, das keinerlei Text, aber einen Button mit der Beschriftung *Ok* enthält.

```
QMessageBox(QString& caption, QString& text, Icon icon,
            int button0, int button1, int button2, QWidget *par=0,
            char *nam=0, bool modal=true, ...)
```

Dieser Konstruktor erzeugt ein `QMessageBox`-Widget, dessen Titel durch den Parameter `caption` und dessen Informationstext durch den Parameter `text` festgelegt ist. Für Parameter `icon` kann eine der folgenden Konstanten angegeben werden:

```
QMessageBox::NoIcon        QMessageBox::Question
QMessageBox::Information   QMessageBox::Warning
QMessageBox::Critical
```

Für die drei Parameter `button0`, `button1` und `button2` ist eine der folgenden Konstanten anzugeben:

```
QMessageBox::NoButton   QMessageBox::Abort
QMessageBox::Ok         QMessageBox::Retry
QMessageBox::Cancel     QMessageBox::Ignore
QMessageBox::Yes        QMessageBox::YesAll
QMessageBox::No         QMessageBox::NoAll
```

Einer dieser drei Buttons kann mit bitweisem `OR` mit der Konstante `QMessageBox::Default` verknüpft werden, was ihn zum Default-Button macht. Der Default-Button ist der Button, auf den automatisch der Tastaturfokus eingestellt wird und der so direkt durch Drücken der ⏎-Taste ausgewählt (gedrückt) werden kann.

Einer dieser drei Buttons kann mit bitweisem `OR` mit der Konstante `QMessageBox::Escape` verknüpft werden, was ihn mit der ESC-Taste verbindet. Dies bedeutet, dass beim Drücken der ESC-Taste (auf der Tastatur) immer dieser Button aktiviert wird, so als ob man auf diesen Button mit der Maus geklickt hätte.

Der Parameter `modal` schließlich legt fest, ob ein modales oder ein nicht-modales `QMessageBox`-Widget zu erzeugen ist.

Nachfolgend ist ein kleiner Codeausschnitt für ein Nachrichtenfenster gezeigt, das beim Beenden eines Editors eingeblendet wird, wenn der Benutzer den Editor verlassen möchte, ohne dass er zuvor seine Datei gesichert hat.

```
QMessageBox mb( "Datei noch nicht gesichert", "Was soll geschehen?",
                QMessageBox::Question, QMessageBox::Yes | QMessageBox::Default,
                QMessageBox::No,       QMessageBox::Cancel | QMessageBox::Escape);
mb.setButtonText( QMessageBox::Yes,    "Sichern" );
mb.setButtonText( QMessageBox::No,     "Nicht sichern" );
mb.setButtonText( QMessageBox::Cancel, "Abbrechen" );
switch ( mb.exec() ) {
  case QMessageBox::Yes:    //.. Datei speichern und Editor verlassen
     break;
  case QMessageBox::No:     //.. Datei nicht speichern und Editor verlassen
     break;
  case QMessageBox::Cancel: //.. Datei nicht speichern und Editor nicht verlassen
     break;
}
```

Mit folgenden statischen Methoden kann man auch direkt ein `QMessageBox`-Widget einblenden, ohne explizit ein Objekt dazu mittels eines Konstruktors anzulegen:

`int question(...) static`	Frage
`int information(...) static`	Information
`int warning(...) static`	Warnung
`int critical(...) static`	kritische Situation

Zu allen diesen vier statischen Methoden werden zwei Varianten mit den folgenden Schnittstellen angeboten:

`int` *`funcName`*`(QWidget *parent, QString& caption, QString& text, QString& button0Text=null, QString& button1Text=null, QString& button2Text=null, int defaultButtonNumber=0, int escapeButtonNumber=-1) static`

blendet ein `QMessageBox`-Fenster des entsprechenden Typs ein, dessen Titel durch den Parameter `caption` und dessen Text durch den Parameter `text` festgelegt wird. Die nächsten drei Parameter `buttonXText` spezifizieren den Text für die einzelnen Buttons (bis zu drei). Ist für `button0Text` kein Argument angegeben, wird hierfür ein *Ok*-Button angezeigt, während ein Weglassen der beiden letzten optionalen Buttons dazu führt, dass diese Buttons überhaupt nicht angezeigt werden. Der Parameter `defaultButtonNumber` spezifiziert dann den Default-Button (0, 1 oder 2) und der Parameter `escapeButtonNumber` spezifiziert den Escape-Button (0, 1 oder 2). Diese Funktion liefert die Nummer des Button, den der Benutzer gedrückt hat, als Rückgabewert (0, 1 oder 2).

`int` *`funcName`*`(QWidget *parent, QString& caption, QString& text, int button0, int button1=0, int button2=0) static`

blendet ein `QMessageBox`-Fenster des entsprechenden Typs ein, dessen Titel durch den Parameter `caption` und dessen Text durch den Parameter `text` festgelegt wird. Dieses `QMessageBox`-Fenster enthält bis zu drei Buttons, deren Text der Benutzer durch die entsprechenden Kennungen (`Ok`, `Cancel`, `Yes`, ...) festlegen kann.

Die Angabe von `QMessageBox::NoButton` für einen der Parameter `button0`, `button1` oder `button2` legt fest, dass dieser Button nicht anzuzeigen ist. Diese Funktion liefert die Nummer des Button, den der Benutzer gedrückt hat, als Rückgabewert (0, 1 oder 2). Jeweils einer dieser drei Buttons kann mit bitweisem `OR` mit der Konstante `QMessageBox::Escape` bzw. `QMessageBox::Default` verknüpft werden, was ihn mit der (ESC)-Taste verbindet bzw. zum Default-Button macht.

Zwei weitere statische Methoden sind:

`about(QWidget *parent, QString& caption, QString& text) static`
: Diese statische Methode blendet ein `QMessageBox`-Widget mit dem Titel `caption` und dem Informationstext `text` ein, in dem sich lediglich ein *Ok*-Button befindet (siehe auch linken Teil in Abbildung 2.11 auf Seite 51).

`aboutQt(QWidget *parent, QString& caption=null) static`
: Diese statische Methode blendet ein `QMessageBox`-Widget mit dem Titel `caption` und einigen Informationen zu Qt (wie z. B. die Versionsnummer) als Informationstext ein; in diesem `QMessageBox`-Widget befindet sich lediglich ein *Ok*-Button (siehe auch rechten Teil in Abbildung 2.11 auf Seite 51).

Nachfolgend werden nun noch einige Methoden vorgestellt, mit denen man nachträglich ein zuvor mit einem Konstruktor erzeugtes `QMessageBox`-Objekt entsprechend konfigurieren kann:

`setText(QString& text)`
: legt den anzuzeigenden Informationstext für ein `QMessageBox`-Objekt fest.

`setIcon(Icon icon)`
: legt das anzuzeigende Icon (`NoIcon`, `Question`, `Information`, `Warning`, `Critical`) für ein `QMessageBox`-Objekt fest.

`setIconPixmap(QPixmap& pixmap)`
: legt ein benutzerdefiniertes Icon (`pixmap`) für ein `QMessageBox`-Objekt fest.

`setButtonText(int button, QString& text)`
: legt in einem `QMessageBox`-Objekt für den entsprechenden `button`, der die hier angegebene Kennung (`Ok`, `Cancel`, `Yes`, `No`, `Abort`, `Retry`, `Ignore`, ...) besitzt, den anzuzeigenden `text` fest.

Demonstrationsprogramm zur Klasse `QMessageBox`^{Z}

Das Programm `messagebox.cpp` bietet über eine Menüleiste alle möglichen Konfigurationen für ein `QMessageBox`-Widget an (siehe Abbildung 5.11). Nachdem der Benutzer eine neue Konfiguration über einen Eintrag in dieser Menüleiste vorgenommen hat, wird ihm das entsprechende `QMessageBox`-Widget eingeblendet (siehe auch links in Abbildung 5.12). Nachdem der Benutzer dieses `QMessageBox`-Widget mit einem Klick auf einen der drei Buttons beendet hat, wird ihm in einem neuen `QMessageBox`-Fenster vom Typ `Information` seine Auswahl bestätigt (siehe auch rechts in Abbildung 5.12).

Auswahl eines Landes und Anzeige dessen Flagge^Z

Das Programm `messagebox2.cpp` blendet zunächst eine Messagebox ein, wie sie links in Abbildung 5.13 gezeigt ist. Klickt der Benutzer den Button *Weiter*, wird ihm eine nächste Wahlmöglichkeit gezeigt (siehe Mitte in Abbildung 5.13). Klickt der Benutzer auch hier wieder auf den Button *Weiter*, wird ihm eine dritte und letzte Wahlmöglichkeit gezeigt (siehe rechts in Abbildung 5.13). Sollte er sich auch hier nicht für ein Land entscheiden können und klickt nun auf den Button *None*, wird ihm schließlich noch eine letzte Messagebox (siehe links in Abbildung 5.14) eingeblendet, in der er lediglich mit einem Klick auf den *Ok*-Button das Programm beenden kann. Sollte der Benutzer sich aber in einer der drei Messageboxen aus Abbildung 5.13 für ein Land entschieden haben, wird ihm die Flagge dieses Landes als Icon in einer Messagebox eingeblendet, wie dies beispielhaft für die Länder „Britain“ und „USA“ rechts in in Abbildung 5.14 gezeigt ist.

Abbildung 5.11: Hauptfenster im Programm messagebox.cpp zur Konfiguration einer QMessageBox

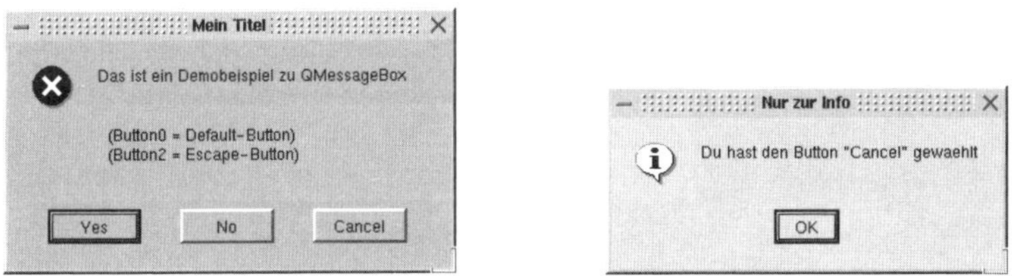

Abbildung 5.12: Anzeige des konfigurierten QMessageBox-Fensters im Programm messagebox.cpp sowie Anzeige des ausgewählten Buttons

Abbildung 5.13: Auswahl eines Landes über Messageboxen

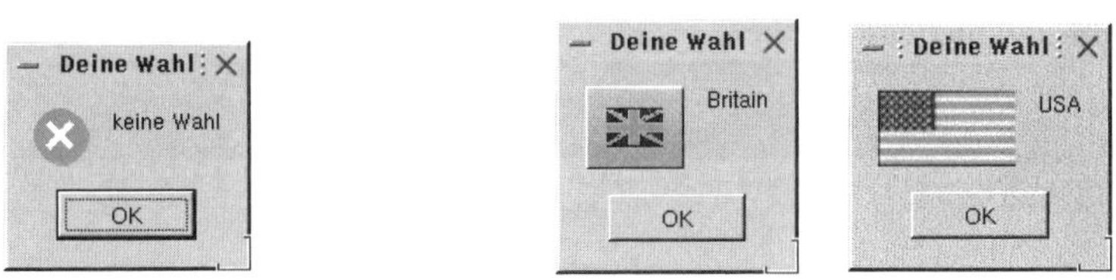

Abbildung 5.14: Messagebox, wenn Benutzer kein Land auswählte bzw. Anzeige der Flagge des gewählten Landes in einer Messagebox

5.6 `QErrorMessage` zur ausschaltbaren Anzeige von Meldungen

Die von `QDialog` abgeleitete Klasse `QErrorMessage` ist speziell für die Anzeige von Meldungen vorgesehen, bei denen der Benutzer über eine Checkbox festlegen kann, ob er diese Meldung nochmals oder nicht mehr eingeblendet haben möchte, wie man dies von Programmen her kennt, die am Anfang z. B. einen Tipp einblenden. Möchte man beim nächsten Programmstart nicht wieder einen Tipp eingeblendet haben, muss man dies in der entsprechenden Checkbox festlegen.

Man muss dabei nur ein `QErrorMessage`-Objekt anlegen und dieses dann immer bei Bedarf mit der Methode `message()` einblenden. Schaltet der Benutzer das Einblenden über die Checkbox aus, wird bei einem erneuten Aufruf von `message()` mit dem gleichen Text dieses `QErrorMessage`-Widget nicht mehr eingeblendet.

Programm 5.4 ist ein Demoprogramm zur Klasse `QErrorMessage`. Es erzeugt nacheinander vier unterschiedliche Meldungen, die es dann jeweils fünfmal über ein `QErrorMessage`-Widget einzublenden versucht (siehe auch Abbildung 5.15). Schaltet jedoch der Benutzer die Checkbox bei *"Show this message again"* aus, wird unabhängig davon, wie oft die Meldung schon angezeigt wurde, mit der Anzeige der nächsten Meldung fortgefahren.

Abbildung 5.15: Ein `QErrorMessage`-Widget

Programm 5.4 – `errormessage.cpp`:
Demoprogramm zur Klasse `QErrorMessage`

```
#include <qapplication.h>
#include <qerrormessage.h>
#include <qtextedit.h>
#include <qstring.h>
#include <stdio.h>
#include <stdlib.h>
class MyWidget : public QWidget {
   public:
      MyWidget() {
         QString text;
         QErrorMessage *meldung = new QErrorMessage( this );
         for (int i=1; i<=4; i++) {
            text.sprintf("Das ist die %d. Meldung\n", i);
            for (int j=1; j<=5; j++ )
               meldung->message( text );
         }
      }
};
```

```
int main( int argc, char *argv[] ) {
   QApplication myapp( argc, argv );
   MyWidget*mywidget = new MyWidget();
   mywidget->setGeometry( 10, 10, 100, 100 );
   myapp.setMainWidget( mywidget );
   mywidget->show();
   return myapp.exec();
}
```

5.7 `QTabDialog` zur Stapelung von Widgets im Karteikartenformat

Die Klasse `QTabDialog` ermöglicht die Stapelung von Widgets im Karteikartenformat, von denen über eine Karteikartenreiterleiste (Tableiste) immer eines in den Vordergrund gebracht werden kann.

Konstruktor und Methoden der Klasse `QTabDialog`

Die Klasse `QTabDialog` bietet einen Konstruktor an:

`QTabDialog(QWidget *parent=0, char *nam=0, bool modal=false)`

Er erzeugt ein `QTabDialog`-Widget mit einem *Ok*-Button. Die übliche Vorgehensweise beim Programmieren einer `QTabDialog`-Anwendung ist die folgende:

1. Erzeugen eines `QTabDialog`-Widget (mit dem obigen Konstruktor).
2. Erzeugen von `QWidget`-Objekten für jede Seite, die in diesem `QTabDialog`-Widget untergebracht werden sollen.
3. Einfügen der entsprechenden Subwidgets (eventuell unter Verwendung von Layout-Managern) in die einzelnen `QWidget`-Objekte der entsprechenden Seiten.
4. Aufrufen der Methode `addTab()`, um die einzelnen Seiten (`QWidget`-Objekte) in dem `QTabDialog`-Widget einzuordnen.
5. Einrichten der einzelnen Buttons (*Apply, Cancel* usw.) des `QTabDialog`-Widget und Verknüpfen der einzelnen Button-Signale mit den entsprechenden Slotroutinen.

Nachfolgend werden einige wichtige Methoden der Klasse `QTabDialog` kurz vorgestellt.

Hinzufügen bzw. Ändern von `QTabDialog`-Seiten

`addTab(QWidget *child, const QString& label)`

fügt eine neue Seite (`child`) zu einem `QTabDialog`-Widget hinzu. `label` ist dabei die Beschriftung dieser Seite, die in der immer sichtbaren Tableiste für diese Seite (in Button-Form) angezeigt wird. Ein Klick auf diese Beschriftung bringt dann diese Seite in den Vordergrund. Innerhalb des Beschriftungstextes kann dabei ein Beschleuniger angegeben werden, indem dem entsprechenden Zeichen `&` vorangestellt wird, um so dem Benutzer eine schnelle Anwahl dieser Seite mittels Eingabe des entsprechenden Zeichens bei gedrückter `Alt`-Taste zu ermöglichen.

Es ist darauf hinzuweisen, dass eine Seite in jedem Fall mit `addTab()` bzw. `insertTab()` in einem `QTabDialog`-Widget hinzuzufügen ist. Die alleinige Angabe des `QTabDialog`-Widget als Elternwidget bei der Erzeugung einer `QWidget`-Objekts (für eine Seite) reicht nicht aus. Eine solche Seite würde nicht im `QTabDialog`-Widget eingeordnet und damit auch nicht angezeigt.

`insertTab(QWidget *child, const QString& label, int index=-1)`
entspricht `addTab()`, nur dass man hier eine Position (`index`) angeben kann, an der die entsprechende einzufügen ist. Die Voreinstellung (`index=-1`) bedeutet, dass die entsprechende Seite am Ende – wie bei `addTab()` – eingefügt wird.

`changeTab(QWidget *w, const QString& label)`
legt eine neue Beschriftung (`label`) für die Seite `w` fest.

Hinzufügen von Buttons zu einem `QTabDialog`-Widget

Die folgenden Methoden fügen entsprechende Buttons unten in einem `QTabDialog`-Widget hinzu, wobei folgendes gilt:

- der voreingestellte Text in diesen Buttons ist *Ok*, *Apply*, *Cancel*, *Defaults* oder *Help*. Über den Parameter `text` lässt sich dabei auch ein anderer Text festlegen.
- Wird für den Parameter `text` ein `null`-String angegeben, wird der entsprechende Button nicht angezeigt.
- Wird einer der Buttons angeklickt, wird automatisch das zugehörige Signal geschickt.

`setOkButton()`   `setOkButton(const QString& text)`
`setApplyButton()`   `setApplyButton(const QString& text)`
schicken alle bei Anklicken das Signal `applyButtonPressed()`, wobei die aktuellen Einstellungen aller Seiten des `QTabDialog`-Widgets übernommen werden. Anschließend wird beim *Ok*-Button das `QTabDialog`-Widget ausgeblendet, was beim *Apply*-Button nicht geschieht.

`setCancelButton()`   `setCancelButton(const QString& text)`
schicken bei Anklicken das Signal `cancelButtonPressed()` und die Einstellungen aller Seiten des `QTabDialog`-Widget werden in die Zustände zurückgesetzt, die vorlagen, als das `QTabDialog`-Widget eingeblendet wurde, bzw. in die Zustände, die mit dem letzten Klicken des *Apply*-Button eingestellt wurden. Anschließend wird dann das `QTabDialog`-Widget ausgeblendet.

`setDefaultButton()`   `setDefaultButton(const QString& text)`
schicken bei Anklicken das Signal `defaultButtonPressed()` und die Einstellungen aller Seiten des `QTabDialog`-Widget sollten auf ihre Defaults (Voreinstellungen) zurückgesetzt werden. Wichtig ist hierbei, dass lediglich die Einstellungen im `QTabDialog`-Widget zurückgesetzt, diese aber noch nicht in der entsprechenden Anwendung übernommen werden sollten. Zum Übernehmen der vorgenommenen Einstellungen in der jeweiligen Applikation dienen der *Ok*- und *Apply*-Button.

`setHelpButton()`   `setHelpButton(const QString& text)`
schicken bei Anklicken das Signal `helpButtonPressed()`, das mit einer Slotroutine verbunden werden sollte, die entsprechende *Help*-Information einblendet.

Weitere Methoden

`showPage(QWidget *w)`
bringt die Seite `w` in den Vordergrund, so dass sie sichtbar wird. Diese Methode kann bei der Verwendung von Beschleunigern (in der Tableiste) sehr nützlich sein.

`setTabEnabled(QWidget *w, bool on)`
schaltet die Anwahlmöglichkeit der Seite `w` ein (`on=true`) bzw. aus (`on=false`). Ist die Anwahl einer Seite ausgeschaltet, so wird deren Button in der Tableiste blass dargestellt, um Benutzer anzuzeigen, dass er diese Seite nicht anwählen kann.

`setTabBar(QTabBar *tb) protected`

ändert den Stil der Tableiste und muss aufgerufen werden, bevor irgendwelche Seiten zum QTabDialog-Widget hinzugefügt werden. Zum Ändern des Aussehens der Tableiste kann dabei z. B. folgender Codeausschnitt verwendet werden:

```
        QTabBar   *tb = new QTabBar( this );
//     .... Verschiedene Stilarten (in folg. 4 Zeilen ein // entfernen)
//          tb->setShape( QTabBar::RoundedAbove );
//          tb->setShape( QTabBar::RoundedBelow );
//          tb->setShape( QTabBar::TriangularAbove );
//          tb->setShape( QTabBar::TriangularBelow );
        setTabBar( tb );
```

Tiefergehende Informationen können Interessierte in der Qt-Online-Dokumentation bei der Klasse QTabBar nachschlagen

Signale der Klasse QTabDialog

`aboutToShow() signal`

wird geschickt, bevor ein QTabDialog-Widget eingeblendet wird. Dieses Signal ist nützlich, wenn man ein QTabDialog-Widget nur einmal erzeugt, und immer bei Bedarf einblendet, und ansonsten versteckt im Hintergrund hält.

`currentChanged(QWidget *w) signal`

wird geschickt, wenn eine neue Seite sichtbar gemacht wird.

`applyButtonPressed() signal`

sollte mit einer oder auch mehreren Slotroutinen verbunden werden, die die entsprechenden Einstellungen des QTabDialog-Widgets in die Applikation übernehmen.

`cancelButtonPressed() signal`

Dieses Signal ist automatisch mit der Methode QDialog::reject() verbunden, die das QTabDialog-Widget ausblendet. Da dieses Signal andeutet, dass alle vorgenommen Änderungen in den Einstellungen zu verwerfen sind, sollten die entsprechenden Einstellungen auch nicht in der Applikation übernommen werden.

`defaultButtonPressed() signal`

`helpButtonPressed() signal`

Die Klasse QTabWidget

Neben der Klasse QTabDialog existiert noch die Klasse QTabWidget, die weitgehend identisch zu QTabDialog ist. Der einzige Unterschied ist, dass es sich bei QTabWidget-Objekten um keine eigene alleinstehende Dialogfenster handelt, sondern diese in einem anderen Widget als Subwidgets eingebettet sind, und somit nicht über eigene Buttons wie QTabDialog-Widgets verfügen.

Demonstrationsprogramm zur Klasse QTabDialog[Z]

Das Programm tabdialog.cpp blendet ein Hauptfenster mit zwei Buttons ein, zwischen denen ein Label eingeschoben ist, das die aktuellen Einstellungen (Beantwortung der Fragen mit entsprechender Bewertung) anzeigt (siehe Abbildung 5.16). Dieses Programm erzeugt ein QTabDialog-Widget, das es immer bei einem Klick auf den Button *TabDialog* einblendet. Dieses QTabDialog-Widget enthält auf den ersten beiden Seiten einen kleinen Wissenstest: Auf Seite 1 eine Frage zum Allgemeinwissen (siehe links in Abbildung 5.17) und auf Seite 2 zwei Fragen zur Mathematik (siehe Mitte in Abbildung 5.17). Klickt der Benutzer auf den *Übernehmen*-Button, wird seine Antwort ausgewertet und ihm im Label des Hauptfensters die Bewertung seiner Auswahl (richtig oder falsch) angezeigt. Auf der dritten Seite bietet dieses QTabDialog-Widget einen Button *Farbauswahl* an, der bei einem Klick ein QColorDialog-Widget (siehe z. B. rechts in Abbildung 5.4) einblendet, in dem der Benutzer sich eine Farbe auswählen kann, die dann im Label unter diesem Button (siehe rechts in Abbildung 5.17) angezeigt wird. Bei einem Klick auf den Button *Übernehmen* wird diese Farbe in dem Label des Hauptfensters als Hintergrundfarbe verwendet.

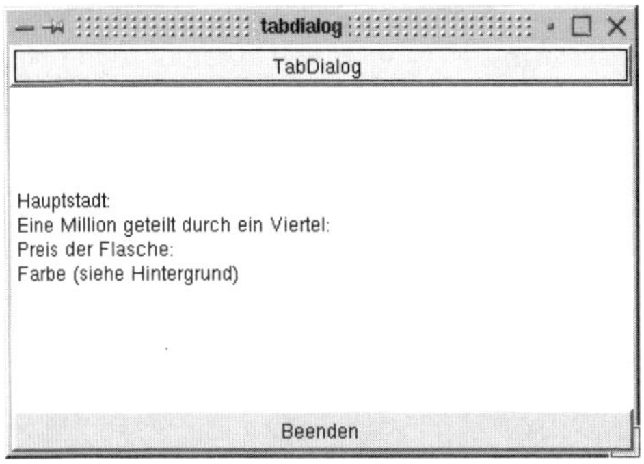

Abbildung 5.16: Hauptfenster des Programms tabdialog.cpp

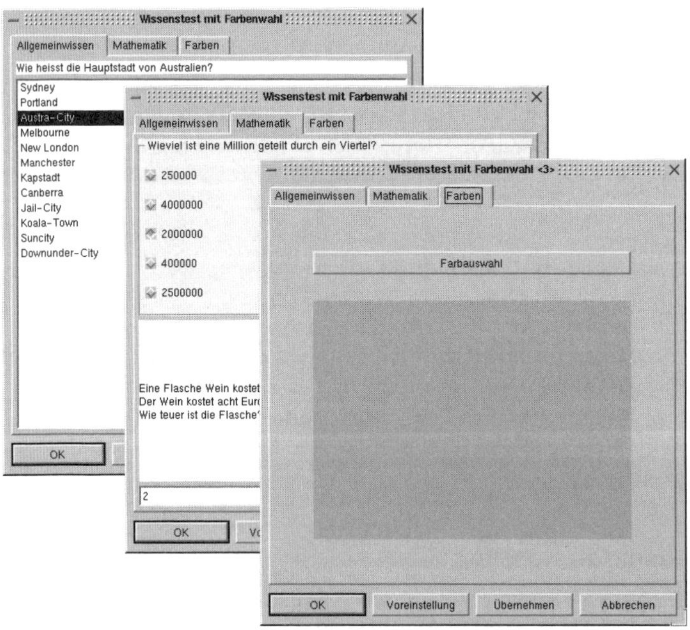

Abbildung 5.17: Seiten 1, 2 und 3 des TabDialogs im Programm tabdialog.cpp

In allen drei Seiten haben die unten angezeigten Buttons die gleichen Auswirkungen:

`Ok`
: Die aktuellen Einstellungen aus allen drei Seiten werden übernommen und ausgewertet. Anschließend wird das `QTabDialog`-Widget ausgeblendet.

`Voreinstellung`
: Alle drei Seiten werden auf ihre Voreinstellungen zurückgesetzt

`Übernehmen`
: Die aktuellen Einstellungen aus allen drei Seiten werden übernommen, ohne dass das `QTabDialog`-Widget ausgeblendet wird.

`Abbrechen`
: Das `QTabDialog`-Widget wird ausgeblendet, ohne dass die vorgenommenen Einstellungen übernommen werden.

Eingabe persönlicher Daten über ein `QTabDialog`-Widget[Z]

Das Programm `tabdialog2.cpp` erlaubt es dem Benutzer, auf zwei Seiten (siehe Abbildung 5.18) seine persönliche Daten einzugeben. Bei Drücken des Buttons *Uebernehmen* werden ihm immer die aktuell eingestellten Daten im Hauptfenster, das bereits beim Programmstart eingeblendet wird, angezeigt (siehe Abbildung 5.19).

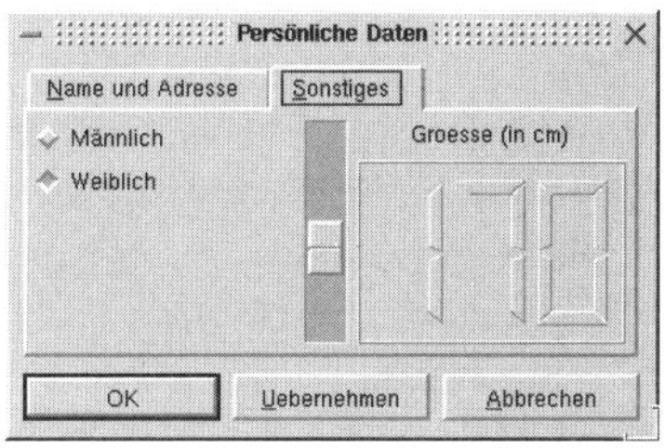

Abbildung 5.18: Seite 1 zur Eingabe der Adresse und Seite 2 zur Eingabe des Geschlechts und der Körpergröße

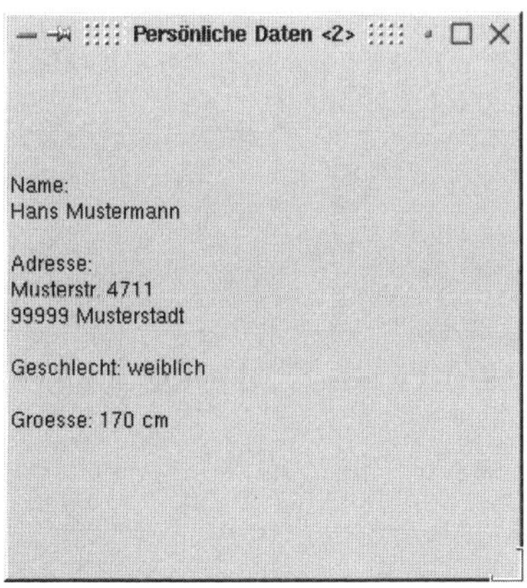

Abbildung 5.19: Anzeige der in Abbildung 5.18 festgelegten Daten

5.8 `QWizard` zum Blättern in einer vorgegebenen Menge von Widgets

Die Klasse `QWizard`, die ebenso wie die vorherigen Dialog-Klassen von der Basisklasse `QDialog` abgeleitet ist, ist für das Vorwärts- und Rückwärts-Blättern in einer vorgegebenen Menge von Seiten (Widgets) vorgesehen. Es wird dabei immer nur die aktuelle Seite angezeigt, während die anderen Seiten nicht sichtbar sind.

Konstruktor und Methoden der Klasse `QWizard`

Die Klasse `QWizard` bietet einen Konstruktor an, der einen leeren `QWizard`-Dialog anlegt:

`QWizard(QWidget *parent=0, char *nam=0, bool modal=false)`

Wichtige Methoden, die die Klasse `QWizard` anbietet, sind:

`addPage(QWidget *page, const QString& title) virtual`
: fügt eine neue Seite (das Widget `page`) am Ende des `QWizard`-Dialogs an. `title` legt dabei die Überschrift dieser neuen Seite fest.

`removePage(QWidget *page) virtual`
: entfernt die Seite `page` wieder aus einem `QWizard`-Dialog. Das Widget `page` selbst wird dabei jedoch nicht gelöscht. Falls `page` die gerade sichtbare Seite im `QWizard`-Dialog ist, wird die davor eingeordnete Seite bzw. die erste Seite (wenn erste Seite entfernt wird) im `QWizard`-Dialog eingeblendet.

`showPage(QWidget *page) virtual`
: blättert zur Seite `page`, sodass das entsprechende Widget sichtbar wird, und schickt das Signal `selected(QString& title)`.

`QWidget *currentPage() const`
: liefert einen Zeiger auf die gerade sichtbare Seite des `QWizard`-Dialogs.

`QPushButton *backButton() const`
`QPushButton *nextButton() const`
`QPushButton *finishButton() const`
`QPushButton *cancelButton() const`
`QPushButton *helpButton() const`
: liefern den jeweiligen Button des `QWizard`-Dialogs (*Back, Next, Finish, Cancel, Help*). Die Texte der jeweiligen Buttons lassen sich z. B. wie folgt ändern:

```
backButton()->setText( "Zurück" );
nextButton()->setText( "Weiter" );
finishButton()->setText( "Fertigstellen" );
cancelButton()->setText( "Abbrechen" );
helpButton()->setText( "Hilfe" );
```

Per Voreinstellung sind diese Buttons mit folgenden virtuellen Slots verbunden:

Back	`back()`
Next	`next()`
Finish	`QDialog::accept()`
Cancel	`QDialog::reject()`
Help	`help()` (wenn dieser Button Signal `helpClicked()` schickt)

Demonstrationsprogramm zur Klasse QWizard^Z

Das Programm `wizard.cpp` liest entsprechende Daten des Benutzers unter Zuhilfenahme eines `QWizard`-Dialogs ein. Zunächst fordert es einen vierstelligen PIN-Code an (siehe links in Abbildung 5.20), wobei der Button "`Weiter`" erst eingeschaltet wird, wenn eine vierstellige Zahl eingegeben ist. Drückt der Benutzer auf den *Weiter*-Button, wird ihm eine Seite eingeblendet, in der er seine Adresse und sein Geburtsdatum eingeben kann (siehe rechts in Abbildung 5.20). Auf der zweiten Seite (rechts in Abbildung 5.20) ist erkennbar, dass nun auch der Button *Zurück* (zum Zurückblättern auf die vorherige Seite) eingeschaltet ist. Auf dieser Seite müssen zumindest die Felder *Vorname*, *Nachname* und *Adresse* ausgefüllt werden, bevor weitergeblättert werden kann. Das Ausfüllen des Felds *Geburtsdatum* dagegen ist nicht zwingend erforderlich. Blättert der Benutzer weiter, werden ihm auf der dritten Seite des `QWizard`-Dialogs seine getätigten Eingaben angezeigt (siehe Abbildung 5.21), die er nun mit einem Klick auf den Button *Fertigstellen* bestätigen kann oder aber auch korrigieren kann, indem er mittels des Button *Zurück* auf die entsprechenden Seiten zurückblättert.

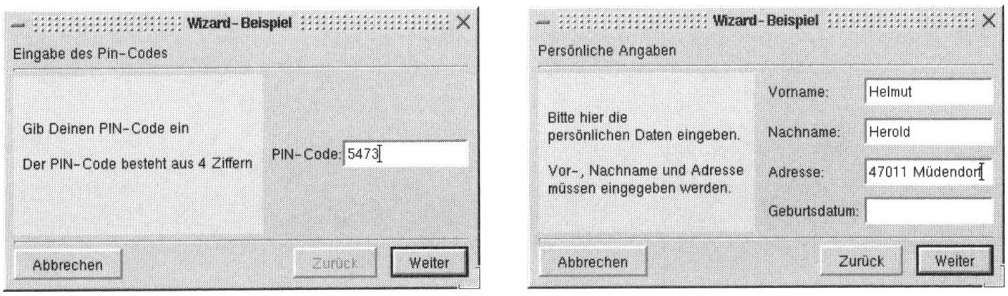

Abbildung 5.20: Erste und zweite Seite des `QWizard`-Dialogs des Programms `wizard.cpp`

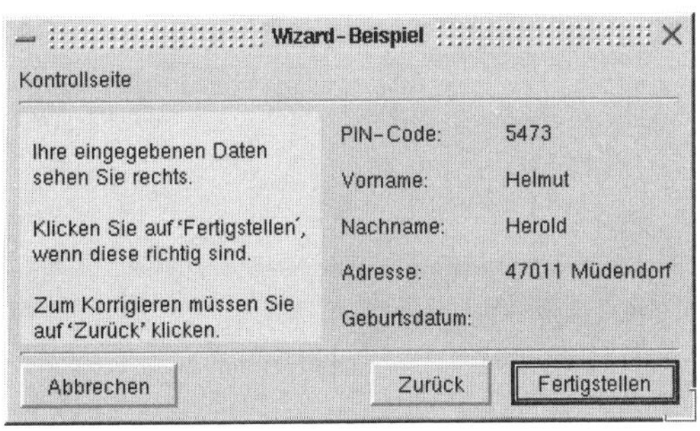

Abbildung 5.21: Dritte Seite des `QWizard`-Dialogs des Programms `wizard.cpp`

Simulation eines Bankautomaten^Z

Das Programm `wizard2.cpp` simuliert einen Bankautomaten. Erst nachdem der Benutzer seine richtige Geheimzahl eingegeben hat, wird der *Ok*-Button zum Fortfahren aktiviert (siehe auch Abbildung 5.22).

Im danach eingeblendeten Menü kann der Benutzer zwischen *Kontostand zeigen* und *Geld abheben* wählen. Erst wenn der Benutzer eine Wahl getroffen hat, wird hier der *Ok*-Button aktiviert (siehe auch Abbildung 5.23).
Klickt der Benutzer nun auf den *Ok*-Button wird ihm entweder der Kontostand eingeblendet oder aber eine Auswahl von abzuhebenden Beträgen gegeben, wie dies in Abbildung 5.24 gezeigt ist, wo der *Ok* -Button wieder erst aktiviert wird, nachdem der Benutzer einen Betrag ausgewählt hat.

Abbildung 5.22: Eingabe der Geheimzahl am Bankautomaten

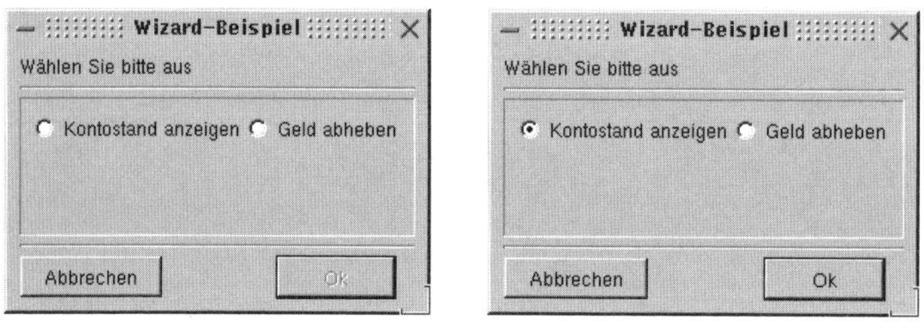

Abbildung 5.23: Auswahlmöglichkeiten am Bankautomaten

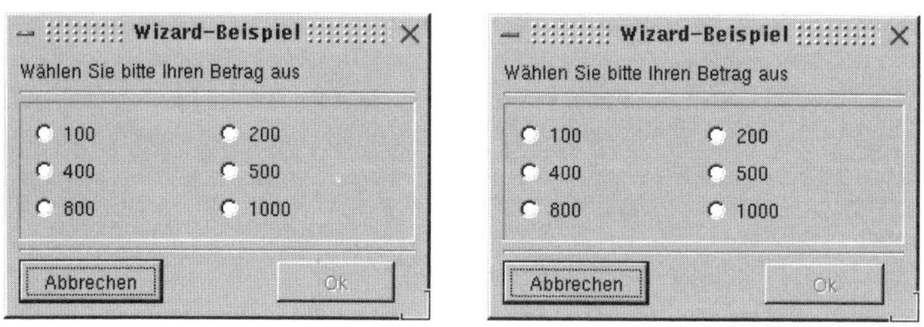

Abbildung 5.24: Auswahlmöglichkeiten von abzuhebenden Beträgen

5.9 `QInputDialog` für einfache Benutzereingaben

Die Klasse `QInputDialog` eignet sich sehr gut für einfache Benutzereingaben wie Text, Zahlen oder die Auswahl eines Elements aus einer vorgegebenen Liste.

Statische Methoden der Klasse QInputDialog

Die Klasse QInputDialog bietet keine Konstruktoren an, sondern nur die folgenden statischen Methoden:

```
int QInputDialog::getInteger(
      const QString& caption,       // Titel des Widgets
      const QString& label,         // informiert Benutzer, was er eingeben soll
      int value = 0,     // vorgegebene Zahl; wird zu Beginn in Spinbox angezeigt,
                         // in der die ganze Zahl/ einzugeben ist, bzw. aus den
                         // vorgegebenen Zahlen der Spinbox auszuwählen ist
      int minValue = -2147483647, // untere Grenze für die einzugebende Zahl
      int maxValue = 2147483647,  // obere Grenze für die einzugebende Zahl
      int step = 1,               // Schrittweite, mit der Zahl in der Spinbox
                                  // zu erhöhen bzw. zu erniedrigen ist.
      bool *ok = false,  // hat Benutzer OK-Button gedrückt, wird *ok auf true
                         // und bei Cancel-Button wird *ok auf false gesetzt.
      QWidget *parent=0, const char *name=0 ) static
```

Diese Methode ermöglicht das Einlesen einer vom Benutzer einzugebenden ganzen Zahl. Als Rückgabewert liefert diese Methode die vom Benutzer eingegebene bzw. die in der Spinbox ausgewählte Zahl. Bei der von dieser Methode eingeblendeten Dialogbox handelt es sich um einen modalen Dialog.

```
double QInputDialog::getDouble(
      const QString& caption,         // Titel des Widgets
      const QString& label,           // informiert Benutzer, was er eingeben soll
      double value = 0,               // vorgegebene Zahl; wird zu Beginn angezeigt
      double minValue = -2147483647, // untere Grenze für die einzugebende Zahl
      double maxValue = 2147483647,  // obere Grenze für die einzugebende Zahl
      int decimals = 1,               // mögliche Nachkommastellen für Zahl
      bool *ok = false,  // hat Benutzer OK-Button gedrückt, wird *ok auf true
                         // und bei Cancel-Button wird *ok auf false gesetzt.
      QWidget *parent=0, const char *name=0 ) static
```

Diese Methode ermöglicht das Einlesen einer vom Benutzer einzugebenden Gleitpunktzahl. Als Rückgabewert liefert diese Methode die vom Benutzer eingegebene Zahl. Bei der von dieser Methode eingeblendeten Dialogbox handelt es sich um einen modalen Dialog.

```
QString QInputDialog::getText(
      const QString& caption,    // Titel des Widgets
      const QString& label,      // informiert Benutzer, was er eingeben soll
      QLineEdit::EchoMode mode = QLineEdit::Normal,
      const QString& text = QString::null, // vorgegebener Text, der zu Beginn
                                           // im QLineEdit-Fenster anzuzeigen ist
      bool *ok = false, // hat Benutzer OK-Button gedrückt, wird *ok auf true
                        // und bei Cancel-Button wird *ok auf false gesetzt.
      QWidget *parent=0, const char *name=0 ) static
```

Diese Methode ermöglicht das Einlesen eines vom Benutzer einzugebenden Textes. Über das dritte Argument kann festgelegt werden, ob bei der Eingabe des Textes die eingegebenen Zeichen sichtbar (QLineEdit::Normal), unsichtbar (QLineEdit::NoEcho) oder aber nur durch einen Asterisk * (QLineEdit::Password) angezeigt werden sollen. Als Rückgabewert liefert diese Methode den vom Benutzer eingegebenen Text. Bei der von dieser Methode eingeblendeten Dialogbox handelt es sich um einen modalen Dialog.

```
QString QInputDialog::getItem(
      const QString& caption,    // Titel des Widgets
      const QString& label,      // informiert Benutzer, was er eingeben soll
      const QStringList& list,  // String-Liste, die in Form einer Kombobox
                                 // anzuzeigen ist.
      int current = 0,           // Nummer des Elements aus der Liste, das
                                 // zu Beginn in der Kombobox anzuzeigen ist
      bool editable = true,      // legt fest, ob Liste in der Kombobox
                                 // editierbar (true) sein soll oder nicht (false)
      bool *ok = false, // wenn Benutzer OK-Button gedrückt hat, wird
                        // *ok auf true und bei Cancel-Button wird
                        // *ok auf false gesetzt.
      QWidget *parent=0, const char *name=0 ) static
```

Diese Methode ermöglicht das Einlesen eines Elements, das der Benutzer aus einer vorgegebenen Liste auswählen kann. Diese Liste wird dem Benutzer in Form einer Kombobox angezeigt. Als Rückgabewert liefert diese Methode das vom Benutzer aus der Liste ausgewählte Element oder bei einer editierbaren Liste den eventuell vom Benutzer in der Kombobox eingegebenen Text. Bei der von dieser Methode eingeblendeten Dialogbox handelt es sich um einen modalen Dialog.

Demoprogramm zur Klasse `QInputDialog`[B]

Programm 5.5 blendet dem Benutzer ein Label ein, in dem rechts sechs Buttons eingeblendet sind, mit denen der Benutzer unterschiedliche Eingaben tätigen kann, wobei ihm immer die aktuellen Eingaben im Label angezeigt werden (siehe auch Abbildung 5.25). Klickt der Benutzer auf den Button *Int-Zahl* kann er eine ganze Zahl (siehe links in Abbildung 5.26) eingeben, und bei einem Klick auf den Button *Double-Zahl* kann er eine Gleitpunktzahl (siehe rechts in Abbildung 5.26) eingeben.

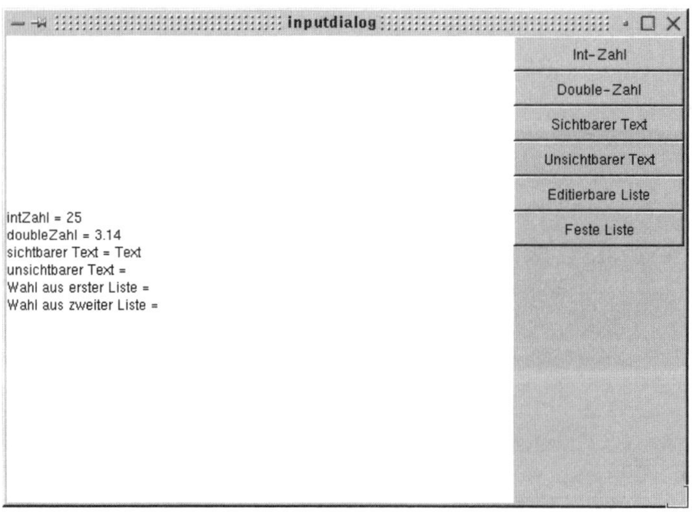

Abbildung 5.25: Label mit sechs Buttons für Benutzereingaben

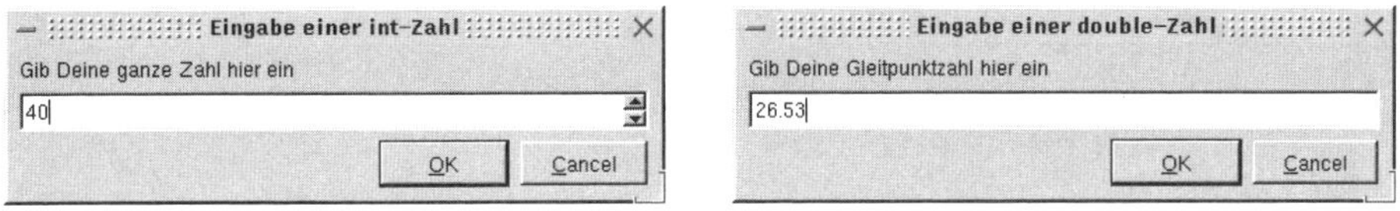

Abbildung 5.26: Inputdialoge für die Eingabe einer ganzen Zahl bzw. einer Gleitpunktzahl

Klickt der Benutzer auf den Button *Sichtbarer Text*, kann er einen sichtbaren Text (siehe links in Abbildung 5.27) eingeben, und bei einem Klick auf den Button *Unsichtbarer Text* werden ihm bei der Eingabe seines Textes nur Sternchen angezeigt (siehe rechts in Abbildung 5.27).

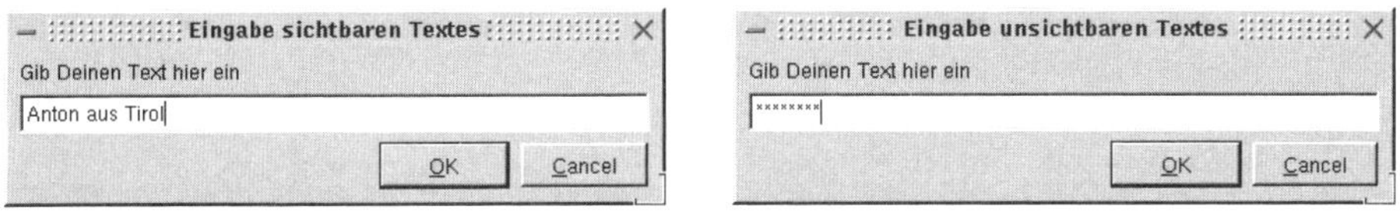

Abbildung 5.27: Inputdialoge für die Eingabe eines sichtbaren und unsichtbaren Textes

Klickt der Benutzer auf den Button *Editierbare Liste* kann er aus einer vorgegebenen Liste, die in Form einer Kombobox angezeigt wird, ein Element auswählen, dessen Text er aber ändern kann (siehe links in Abbildung 5.28). Bei einem Klick auf den Button *Feste Liste* kann er aus einer fest vorgegebenen Liste, die in Form einer Kombobox angezeigt wird, ein Element auswählen (siehe rechts in Abbildung 5.28).

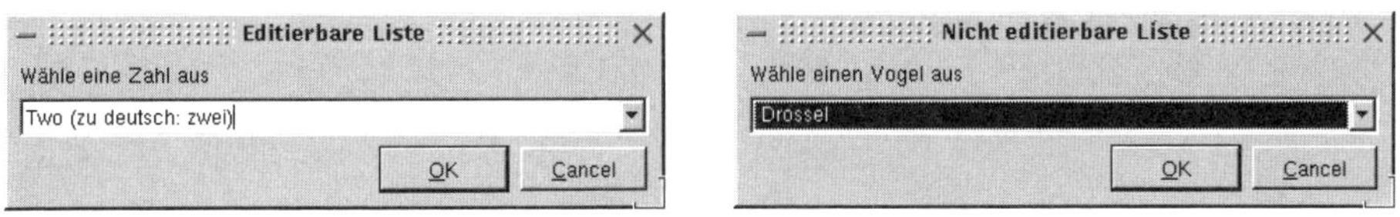

Abbildung 5.28: Inputdialoge für die Auswahl eines Elements aus einer editierbaren und festen Liste

Programm 5.5 – `inputdialog.cpp`:
Demoprogramm zur Klasse `QInputDialog`

```
#include <qwidget.h>
#include <qapplication.h>
#include <qlabel.h>
#include <qpushbutton.h>
#include <qinputdialog.h>
//............................................................... MyLabel
class MyLabel  : public QWidget {
    Q_OBJECT
public:
    MyLabel() : QWidget(0,0), intZahl(25), doubleZahl(3.14), text("Text"),
                              passwordText(""), item1(""), item2("") {
```

```
        label = new QLabel( this );
         label->setPaletteBackgroundColor( Qt::white );
         label->setGeometry( 0, 0, 450, 400 );
         label->setIndent( 20 );
        list1 << "One" << "Two" << "Three" << "Four" << "Five";
         list2 << "Amsel" << "Drossel" << "Fink" << "Star" << "Spatz";
        intButton = new QPushButton( "Int-Zahl", this );
         intButton->setGeometry( 450, 0, 150, 30 );
         connect( intButton, SIGNAL( clicked() ), SLOT( neueIntZahl() ) );
        doubleButton = new QPushButton( "Double-Zahl", this );
         doubleButton->setGeometry( 450, 30, 150, 30 );
         connect( doubleButton, SIGNAL( clicked() ), SLOT( neueDoubleZahl() ) );
        textButton = new QPushButton( "Sichtbarer Text", this );
         textButton->setGeometry( 450, 60, 150, 30 );
         connect( textButton, SIGNAL( clicked() ), SLOT( neuerText() ) );
        passwordButton = new QPushButton( "Unsichtbarer Text", this );
         passwordButton->setGeometry( 450, 90, 150, 30 );
         connect( passwordButton, SIGNAL( clicked() ), SLOT( neuesPasswort() ) );
        item1Button = new QPushButton( "Editierbare Liste", this );
         item1Button->setGeometry( 450, 120, 150, 30 );
         connect( item1Button, SIGNAL( clicked() ), SLOT( neuItem1() ) );
        item2Button = new QPushButton( "Feste Liste", this );
         item2Button->setGeometry( 450, 150, 150, 30 );
         connect( item2Button, SIGNAL( clicked() ), SLOT( neuItem2() ) );
        showInput();
    }
private slots:
    void neueIntZahl() {
       bool ok = false;
       int z = QInputDialog::getInteger( "Eingabe einer int-Zahl",
                                "Gib Deine ganze Zahl hier ein",
                                intZahl, -30, 50, 5, &ok, this );
       if ( ok ) { intZahl = z; showInput(); }
    }
    void neueDoubleZahl() {
       bool ok = false;
       double z = QInputDialog::getDouble( "Eingabe einer double-Zahl",
                                "Gib Deine Gleitpunktzahl hier ein",
                                 doubleZahl, -10, 20, 2, &ok, this );
       if ( ok ) { doubleZahl = z; showInput(); }
    }
    void neuerText() {
       bool ok = false;
       QString z = QInputDialog::getText( "Eingabe sichtbaren Textes",
                                "Gib Deinen Text hier ein",
                                QLineEdit::Normal, text, &ok, this );
       if ( ok ) { text = z; showInput(); }
    }
    void neuesPasswort() {
       bool ok = false;
```

```
        QString z = QInputDialog::getText( "Eingabe unsichtbaren Textes",
                        "Gib Deinen Text hier ein", QLineEdit::Password,
                        passwordText, &ok, this );
        if ( ok ) { passwordText = z; showInput(); }
    }
    void neuItem1() {
        bool ok = false;
        QString z = QInputDialog::getItem( "Editierbare Liste",
                       "Wähle eine Zahl aus", list1, 1, true, &ok, this );
        if ( ok ) { item1 = z; showInput(); }
    }
    void neuItem2() {
        bool ok = false;
        QString z = QInputDialog::getItem( "Nicht editierbare Liste",
                       "Wähle einen Vogel aus", list2, 1, false, &ok, this );
        if ( ok ) { item2 = z; showInput(); }
    }
private:
    void showInput() {
        QString t;
        t.sprintf( "intZahl = %d\ndoubleZahl = %g\n"
                   "sichtbarer Text = %s\nunsichtbarer Text = %s\n"
                   "Wahl aus erster Liste = %s\nWahl aus zweiter Liste = %s\n",
                     intZahl, doubleZahl, (const char *)text,
                     (const char *)passwordText,
                     (const char *)item1, (const char *)item2 );
        label->setText( t );
        label->show();
    }
    QPushButton *intButton, *doubleButton, *textButton, *passwordButton,
                *item1Button, *item2Button;
    int         intZahl;
    double      doubleZahl;
    QString     text, passwordText, item1, item2;
    QStringList list1, list2;
    QLabel      *label;
};
#include "inputdialog.moc"
//................................................................ main
int main( int argc, char *argv[] ) {
  QApplication a( argc, argv );
  MyLabel  *w = new MyLabel ;
  w->show();
  w->resize( 600, 400 );
  a.setMainWidget( w );
  return a.exec();
}
```

Eingabe persönlicher Daten über Inputdialoge[Z]

Das Programm inputdialog2.cpp blendet ähnlich zu Programm 5.5 ein Label ein, in dem immer die aktuell eingegebenen Daten sichtbar sind. Über drei rechts angezeigte Buttons (siehe auch Abbildung 5.29) kann der Benutzer nun persönliche Daten eingeben: Name über QInputDialog::getText(), Alter über QInputDialog::getInteger() und sein Land über QInputDialog::getItem() mit einer vorgegebenen Liste von Ländern, die editierbar ist.

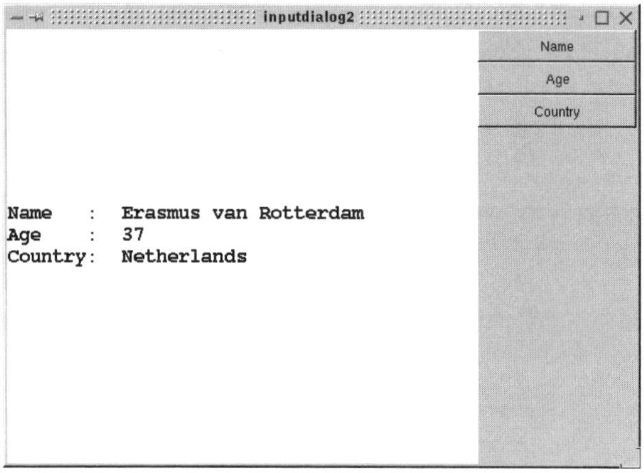

Abbildung 5.29: Eingabe von persönlichen Daten über Inputdialoge

5.10 QProgressDialog zur Fortschrittsanzeige in einem Prozentbalken

Die Klasse QProgressDialog dient zur Anzeige eines Dialogfensters, das einen Text, einen *Cancel* -Button und einen Füllbalken enthält. Der Füllbalken zeigt dabei immer in Prozent an, wie weit eine bestimmte Operation (wie z. B. ein Kopiervorgang) schon fortgeschritten ist.

Da die Klasse QProgressDialog bereits früher behandelt wurde, wird auf Seite 153 verwiesen, wo diese Klasse anhand eines Beispiels beschrieben ist.

5.11 QPrinter zum Drucken mit möglichen Druckereinstellungen

Beim Drucken werden auf den verschiedenen Plattformen unterschiedliche Philosophien angewendet:

- Unter Windows werden die Druckertreiber entweder schon beim Betriebssystem mitgeliefert oder aber vom entsprechenden Druckerhersteller zur Verfügung gestellt.
- Unter Linux-/Unix-Systemen dagegen wird üblicherweise nicht mit speziellen Druckertreibern gearbeitet, sondern wird meist nur das PostScript-Format beim Drucken

verwendet, was sicherlich kein Nachteil ist, da man so druckerunabhängig ist und heute die meisten Drucker PostScript unterstützen. Sollte ein Drucker kein PostScript-Format unterstützen, so kann man immer noch den frei verfügbaren RIP (*Raster Image Processor*) *ghostscript* verwenden, der PostScript-Dateien in nahezu jedes Druckerformat umwandeln kann.

Konstruktor und Methoden der Klasse `QPrinter`

Die Klasse `QPrinter`, die wie `QWidget`, `QPixmap`, `QPicture` und `QPainter` von der Klasse `QPaintDevice` abgeleitet ist, bietet nur einen Konstruktor an:

`QPrinter(PrinterMode m=ScreenResolution)`

legt ein *printer paint device* an, was eine Schnittstelle ist, auf die man mittels eines `QPainter`-Objekts zeichnen kann. Jedes im `QPainter`-Objekt stattfindende Zeichnen wird dann an den Drucker weitergeleitet. Einziger Unterschied zum Zeichnen in einem anderen Objekt (wie z. B. in einem `QPixmap`-Objekt) ist, dass man sich beim Zeichnen auf ein `QPrinter`-Objekt selbst um die Seitenvorschübe an entsprechender Stelle kümmern muss. Für Parameter `m` kann Folgendes angegeben werden:

`QPrinter::ScreenResolution`

setzt die Auflösung für das Drucken auf die Bildschirmauflösung

`QPrinter::PrinterResolution`

verwendet die physikalische Auflösung des Druckers auf Windows-Systemen. Auf Unix-Systemen wird die Postscript-Auflösung auf 72 dpi gesetzt.

`QPrinter::HighResolution`

verwendet die Auflösung des Druckers auf Windows-Systemen. Auf Unix-Systemen wird die Postscript-Auflösung auf 600 dpi gesetzt.

`QPrinter::Compatible`

ähnlich zu `PrinterResolution`; für Portierungen von Qt2.x auf Qt3.x.

Wichtige Methoden, die die Klasse `QPrinter` anbietet sind:

`bool setup(QWidget *parent=0)`

öffnet ein Dialogfenster zur Auswahl von entsprechenden Druckereinstellungen (siehe Abbildung 5.30). Diese Methode liefert `true`, wenn der Benutzer dieses Dialogfenster mit einem Klick auf den *Ok*-Button beendet, und `false`, wenn er es anders schließt, wie z. B. mit einem Klick auf den *Cancel*-Button. Beim Rückgabewert `true` startet das Programm, das diese Methode aufrief, üblicherweise den Druckvorgang.

`bool newPage()`

bewirkt einen Seitenvorschub am Drucker. Kann dieser Seitenvorschub erfolgreich durchgeführt werden, wird `true`, andernfalls `false` zurückgegeben.

`bool abort()`

bricht den Druckvorgang ab. Wenn der Druckvorgang erfolgreich abgebrochen werden konnte, liefert diese Methode `true` als Rückgabewert, andernfalls `false`.

`bool aborted() const`

liefert `true` als Rückgabewert, wenn der Druckvorgang abgebrochen wurde, andernfalls `false`. Bei längeren Druckvorgängen sollte man diese Methode in bestimmten Zeitintervallen aufrufen, um bei einem abgebrochenen Druckvorgang nicht weiter unnötige Druckbefehle vom Programm aus an den Drucker zu schicken.

`setMinMax(int minPage, int maxPage) virtual`

legt fest, dass der Benutzer im `QPrinter`-Dialogfenster nur die Seiten mit den Nummern von `minPage` bis `maxPage` zum Drucken auswählen kann.

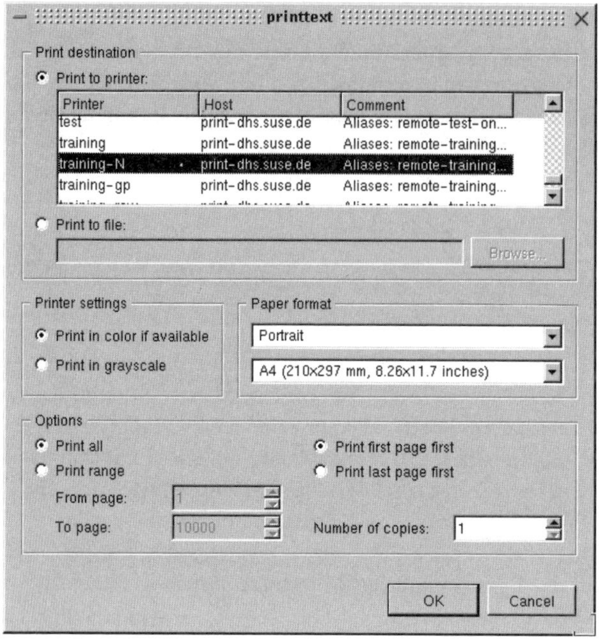

Abbildung 5.30: Dialogfenster zu Druckereinstellungen (unter Linux-/Unix-Systemen)

`setResolution(int dpi) virtual`
`int resolution() const virtual`

setzt Auflösung für das Drucken auf `dpi` bzw. liefert aktuell eingestellte Auflösung.

`setOrientation(Orientation orient) virtual`
`Orientation orientation() const`

legt für `QPrinter`-Dialogfenster Hochformat (`orient=QPrinter::Portrait`) oder Querformat (`orient=QPrinter::Landscape`) fest bzw. liefert die im `QPrinter`-Dialogfenster eingestellte Ausrichtung.

`setPageSize(PageSize newPageSize) virtual`
`PageSize pageSize() const`

legt fest, welches Format (`A4`, `B5`, `Letter` usw.) im `QPrinter`-Dialogfenster voreingestellt sein soll, bzw. liefert das im `QPrinter`-Dialogfenster eingestellte Format.

`setNumCopies(int numCopies) virtual`
`int numCopies() const`

legt die voreingestellte Zahl für die Anzahl der zu druckenden Kopien (*number of copies*) im `QPrinter`-Dialogfenster fest bzw. liefert diese eingestellte Anzahl.

`setFromTo(int fromPage, int toPage) virtual`

legt die Werte für *From page* und *To page* im `QPrinter`-Dialogfenster fest.

`int fromPage() const, int toPage() const`

liefern jeweils die im `QPrinter`-Dialogfenster bei *From page* bzw. *To page* eingestellten Werte. Die Voreinstellung ist in beiden Fällen der Wert `0`. Das jeweilige Programm ist selbst verantwortlich dafür, dass es diese Werte ermittelt und nur die entsprechenden Seiten druckt.

`setOutputToFile(bool enable) virtual`

legt fest, ob im `QPrinter`-Dialogfenster *Print to file* (`enable=true`) oder *Print to printer* (`enable=false`) voreingestellt sein soll.

`setOutputFileName(const QString& name) virtual`

legt den Dateinamen fest, der im `QPrinter`-Dialogfenster bei *Print to file* voreingestellt sein soll. Die Angabe von `0` oder `""` für `name` entspricht dem Aufruf `setOutputToFile(false)`, während die Angabe eines String für `name` implizit den Aufruf `setOutputToFile(true)` nach sich zieht.

`QString outputFileName() const`

liefert den im `QPrinter`-Dialogfenster eingestellten Namen der Datei, in die das Drucken erfolgen soll.

`setPageOrder(PageOrder newOrder) virtual`

legt die Reihenfolge der Seitenausgabe am Drucker fest, die im `QPrinter`-Dialogfenster voreingestellt sein soll:
von vorne nach hinten (`newOrder=QPrinter::FirstPageFirst`) oder
von hinten nach vorne (`newOrder=QPrinter::LastPageFirst`).
Das jeweilige Programm ist selbst verantwortlich dafür, dass es diese Werte ermittelt und die Seiten in der entsprechenden Reihenfolge druckt.

`PageOrder pageOrder() const`

liefert die im `QPrinter`-Dialogfenster eingestellte Reihenfolge für die Seitenausgabe. Die Voreinstellung ist: `QPrinter::FirstPageFirst`.

Ausgabe von Rechtecken und Ellipsen auf zwei Seiten[B]

Programm 5.6 ist ein einfaches Demoprogramm zur `QPrinter`-Klasse. Es blendet sofort ein `QPrinter`-Dialogfenster ein. Nachdem der Benutzer in diesem Fenster den *Ok*-Button angeklickt hat, wird dieses Fenster wieder ausgeblendet und am Drucker werden zwei Seiten ausgegeben: Auf der ersten Seite befinden sich an zufälligen Positionen 20 unterschiedliche Rechtecke, deren Füllfarbe, Höhe und Breite zufällig sind. Auf der zweiten Seite befinden sich dann 20 in Position und Ausmaßen ebenfalls zufällige Ellipsen.

Programm 5.6 – `printer1.cpp`:
Einfaches Demoprogramm zur `QPrinter`-Klasse

```
#include <qapplication.h>
#include <qpainter.h>
#include <qprinter.h>
#include <stdlib.h>
#include <time.h>

int main( int argc, char* argv[] ) {
   int  i;
   QApplication myapp( argc, argv );
   QWidget *dummy = new QWidget;
   srand( time (NULL ) );
   QPrinter meinDrucker;  // Einrichten eines QPrinter-Objekts
      //.... evtl. hier Standard-Einstellungen vornehmen
      // meinDrucker.setPrinterName( "training" );
      // meinDrucker.setPrintProgram( "lpr" );
```

```
    if ( meinDrucker.setup() ) { // nur, wenn Benutzer "OK" klickt
      QPainter druckerMaler( &meinDrucker );
      for (i= 0; i<20; i++)
        druckerMaler.fillRect(
            50+rand()%200, 50+rand()%200, rand() % 100, rand() % 100,
            QBrush(QColor( rand()%256, rand()%256, rand()%256 ) ) );
      if ( meinDrucker.newPage() ) //.... Seitenvorschub
        for (i= 0; i<20; i++)
          druckerMaler.drawEllipse( 50+rand()%200, 50+rand()%200,
                                   rand() % 100, rand() % 100 );
      return 0;
    }
    myapp.setMainWidget( dummy );
    return myapp.exec();
}
```

Ermitteln der Daten eines Druckers mit Klasse `QPaintDeviceMetrics`

Die Klasse `QPaintDeviceMetrics` liefert Informationen über ein `QPaintDevice`-Objekt, wozu auch ein `QPrinter`-Objekt gehört, da die Klasse `QPrinter` von der Klasse `QPaintDevice` abgeleitet ist. Die Klasse `QPaintDeviceMetrics` stellt nur den Konstruktor

`QPaintDeviceMetrics(const QPaintDevice *pd)`

zur Verfügung. Daneben bietet diese Klasse zum einen die Methoden: `height()`, `heightMM()`, `width()` und `widthMM()` an, welche die Höhe bzw. Breite des `QPaintDevice`-Objekts in Pixel bzw. Millimeter liefern, und zum anderen bietet sie noch die Methode `numColors()` an, welche die Anzahl der Farben liefert, über die das `QPaintDevice`-Objekt verfügt. Daneben bietet die Klasse `QPaintDeviceMetrics` noch die beiden Methoden `logicalDpiX()` und `logicalDpiY()` an, die die horizontale bzw. vertikale Auflösung des `QPaintDevice`-Objekts in *Dots per Inch* liefern. Das *aspect ratio* für ein `QPaintDevice`-Objekt könnte man z. B. mit den beiden folgenden Codezeilen berechnen:

```
QPaintDeviceMetrics pdm( myWidget );
double aspect = (double)pdm.widthMM / (double)pdm.heightMM();
```

Programm 5.7 zeigt die Daten des im eingeblendeten `QPrinterDialog`-Fenster ausgewählten Drucker in einem `QLabel`-Widget an (siehe Abbildung 5.31).

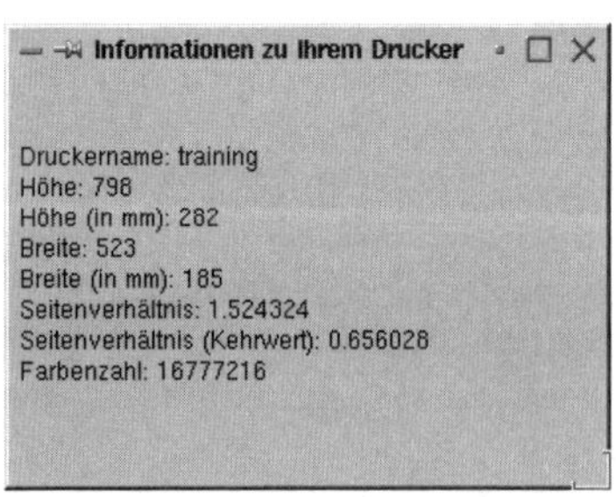

Abbildung 5.31: Mögliche Anzeige durch das Programm 5.7

Programm 5.7 – printerinfo.cpp:
Anzeige von Drucker-Daten

```
#include <qapplication.h>
#include <qlabel.h>
#include <qprinter.h>
#include <qpainter.h>
#include <qpaintdevicemetrics.h>
class PrinterInfo: public QLabel {
  public:
    PrinterInfo() : QLabel( 0, 0 ) {
       QPrinter *printer = new QPrinter;
       if ( printer->setup() ) {
          QPaintDeviceMetrics printerWerte( printer );
          QString s;
          s.sprintf(" Druckername: %s\n"
                    " Höhe: %d\n Höhe (in mm): %d\n"
                    " Breite: %d\n Breite (in mm): %d\n"
                    " Seitenverhältnis: %f\n"
                    " Seitenverhältnis (Kehrwert): %f\n"
                    " Farbenzahl: %d\n",
                     (const char *)printer->printerName(),
                     printerWerte.height(), printerWerte.heightMM(),
                     printerWerte.width(), printerWerte.widthMM(),
                     (double)printerWerte.heightMM() / printerWerte.widthMM(),
                     (double)printerWerte.widthMM() / printerWerte.heightMM(),
                     printerWerte.numColors() );
          setCaption( "Informationen zu Ihrem Drucker" );
          setText( s );
          resize( 300, 200 );
          show();
       }
    }
};
int main( int argc, char *argv[] ) {
    QApplication a( argc, argv );
    (void)new PrinterInfo();
    a.connect( &a, SIGNAL(lastWindowClosed()), &a, SLOT(quit()) );
    return a.exec();
}
```

Ausgeben von Text am Drucker^{Z}

Das Programm printtext.cpp zeigt die Realisierung eines kleinen Editors, der auch in der Lage ist, den Text bzw. nur bestimmte Seiten des Textes am Drucker auszugeben. Nachdem man eine Datei geladen hat, könnte das Hauptfenster des Programms printtext.cpp ein Aussehen wie in Abbildung 5.32 haben. Das Einblenden eines QPrinter-Dialogfensters und damit das Drucken der Datei bzw. nur einzelner Seiten dieser Datei ist dabei sowohl über das *Datei*-Menü als auch über das *Drucker*-Icon möglich.

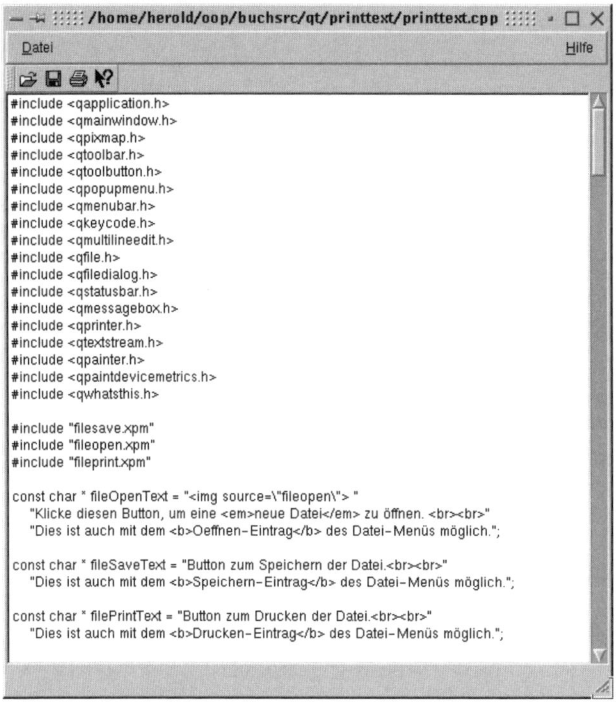


```
#include <qapplication.h>
#include <qmainwindow.h>
#include <qpixmap.h>
#include <qtoolbar.h>
#include <qtoolbutton.h>
#include <qpopupmenu.h>
#include <qmenubar.h>
#include <qkeycode.h>
#include <qmultilineedit.h>
#include <qfile.h>
#include <qfiledialog.h>
#include <qstatusbar.h>
#include <qmessagebox.h>
#include <qprinter.h>
#include <qtextstream.h>
#include <qpainter.h>
#include <qpaintdevicemetrics.h>
#include <qwhatsthis.h>

#include "filesave.xpm"
#include "fileopen.xpm"
#include "fileprint.xpm"

const char * fileOpenText = "<img source=\"fileopen\"> "
  "Klicke diesen Button, um eine <em>neue Datei</em> zu öffnen. <br><br>"
  "Dies ist auch mit dem <b>Oeffnen-Eintrag</b> des Datei-Menüs möglich.";

const char * fileSaveText = "Button zum Speichern der Datei.<br><br>"
  "Dies ist auch mit dem <b>Speichern-Eintrag</b> des Datei-Menüs möglich.";

const char * filePrintText = "Button zum Drucken der Datei.<br><br>"
  "Dies ist auch mit dem <b>Drucken-Eintrag</b> des Datei-Menüs möglich.";
```

Abbildung 5.32: Hauptfenster des Programms `printtext.cpp` nach dem Laden einer Textdatei

Ausgeben von Zeichnungen am Drucker[B]

Programm 5.8 zeigt die Realisierung eines kleinen Malprogramms, das auch in der Lage ist, das gemalte Bild am Drucker auszugeben. Um ein `QPrinter`-Dialogfenster einzublenden und so das Drucken des Bildes einzuleiten, ist ein doppelter Mausklick in der Malfläche erforderlich. In diesem Programm ist vor allen Dingen die virtuelle Methode `mouseDoubleClickEvent()` der Klasse `MalFenster` von Interesse, da diese die Technik zeigt, wie man ein bereits gemaltes Bild am Drucker ausgeben kann.

Programm 5.8 – `printbild.cpp`:
Malprogramm, das das Drucken eines gemalten Bildes erlaubt

```
#include <qapplication.h>
#include <qwidget.h>
#include <qpainter.h>
#include <qprinter.h>
#include <qpixmap.h>
//------------------------------------------ class MalFenster -------------
class MalFenster : public QWidget {
 public:
   MalFenster() {
      meinDrucker = new QPrinter;
      setBackgroundMode( NoBackground ); // beim Neumalen nicht loeschen
   }
```

```
 protected:
   virtual void mousePressEvent( QMouseEvent* event) {
      letztepos = event->pos(); // Speichere die Koordinaten vom Event
   }
   virtual void mouseMoveEvent( QMouseEvent* event) {
      QPainter wMaler; // erzeugt QPainter-Object zum Zeichnen im Window
      QPainter pMaler; // erzeugt QPainter-Object zum Zeichnen im Puffer
      wMaler.begin( this );     // Start des Zeichnens im Window
      pMaler.begin( &puffer ); // Start des Zeichnens im Puffer
      wMaler.setPen( QPen( Qt::black, 5 ) );
      pMaler.setPen( QPen( Qt::black, 5 ) );
      wMaler.drawLine( letztepos, event->pos() ); // zeichnet Linie im Window
      pMaler.drawLine( letztepos, event->pos() ); // zeichnet Linie im Puffer
      wMaler.end();    // Beendigung des Zeichnens im Window
      pMaler.end();    // Beendigung des Zeichnens im Puffer
      letztepos = event->pos();  // merkt sich die akt. Mausposition
   }
   virtual void paintEvent( QPaintEvent* ) {
      bitBlt( this, 0, 0, &puffer ); // kopiert Puffer-Bild auf Bildschirm
   }
   virtual void resizeEvent( QResizeEvent* event ) {
      QPixmap save( puffer );
      puffer.resize( event->size() );
      puffer.fill( white );
      bitBlt( &puffer, 0, 0, &save );
   }
   virtual void mouseDoubleClickEvent( QMouseEvent* ) {
      if (meinDrucker->setup( this )) {
         QPainter p( meinDrucker );
         p.drawPixmap( 0, 0, puffer ); //... Bild auf Drucker kopieren
         p.drawRect( puffer.rect() );  //... Rahmen um Bild (auf Drucker)
      }
   }
private:
   QPoint    letztepos;
   QPixmap   puffer;
   QPrinter  *meinDrucker;
};
//------------------------------------------------------ main --------------
int main( int argc, char* argv[] ) {
   QApplication myapp( argc, argv );
   MalFenster* mywidget = new MalFenster();
   mywidget->setGeometry( 50, 50, 500, 500 );
   myapp.setMainWidget( mywidget );
   mywidget->show();
   return myapp.exec();
}
```

Anzeigen des Druckstatus mit Abbruchmöglichkeiten[Z]

Das Programm `printviel.cpp` zeigt eine Technik, die man anwenden kann, wenn man umfangreichere Druckaufträge hat. In einem `QProgressDialog`-Fenster wird dabei angezeigt, wie weit der Druckauftrag fortgeschritten ist. Der Benutzer kann dabei den Druckauftrag jederzeit abbrechen, indem er auf den Button *Abbrechen* im `QProgressDialog`-Fenster klickt. Programm `printviel.cpp` druckt alle zwei Sekunden eine Seite, die lediglich den Text „Seite" mit der aktuellen Seitennummer enthält. Dieser Text wird dabei in einer etwas größeren Schrift und im Querformat am Drucker ausgegeben.

Drucken von Bildern mit automatischer Seitenanpassung[Z]

Das Programm `printbild2.cpp` gibt die auf der Kommandozeile angegebene Bilddatei am Drucker aus. Passt das Bild auf eine Seite, wird es unverändert ausgegeben, andernfalls wird es gleichmäßig so verkleinert, dass es gerade in der Breite bzw. Höhe auf die Seite passt.

Kapitel 6

Portable Datei- und Directory-Operationen

Schreiben ist ein Missbrauch der Sprache,
stille für sich zu lesen ein trauriges Surrogat der Rede.
– J. W. Goethe

Die von den einzelnen Betriebssystemen angebotenen Funktionen für Datei- und Directory-Operationen sind meist systemspezifisch, was bedeutet, dass Programme, die diese Systemroutinen verwenden, nicht mehr portabel sind. Da man in den meisten Programmen wohl kaum ohne Zugriffe auf Dateien und/oder Directories auskommt, wären solche Programme trotz der Verwendung von Qt nicht mehr portabel und der große Vorteil der Portabilität von Qt-Programmen wäre dahin. Damit auch Programme mit Datei- und Verzeichnis-Operationen portabel bleiben, bietet Qt eigene Klassen für Datei- und Directory-Operationen an, die nicht nur plattformunabhängig, sondern auch einfach zu verwenden sind. Die wichtigsten dieser Klassen sind:

`QIODevice`	Basisklasse für `QFile`, `QBuffer`, `QSocket` und `QSocketDevice`
`QFile`	für Zugriffe auf Dateien
`QBuffer`	für Zugriffe auf gepufferte Dateien, deren Inhalt sich im dazu eingerichteten Puffer befindet
`QTextStream`	für das Lesen und Schreiben von Text in Dateien
`QDataStream`	für das Lesen und Schreiben von binären Daten in Dateien
`QFileInfo`	für Informationen über Dateien (Zugriffsrechte, Pfadname usw.)
`QDir`	für Directory-Operationen
`QSettings`	zum Speichern und Auswerten von Konfigurationsdaten

6.1 Die Basisklasse `QIODevice` für Zugriffe auf E/A-Geräte

Die Klasse `QIODevice` ist eine abstrakte Basisklasse für E/A-Geräte (*I/O devices*). Ein E/A-Gerät ist ein Medium, von dem man Bytes lesen oder auf das man Bytes schreiben kann. Die Klasse `QIODevice` selbst ist nicht in der Lage, Daten zu lesen oder zu schreiben; sie bietet lediglich virtuelle Funktionen hierfür an, welche dann in den von ihr abgeleiteten Klassen (`QFile`, `QBuffer`, usw.) implementiert sind.

Es gibt zwei Arten von E/A-Geräten:

- E/A-Geräte, auf die direkt zugegriffen werden kann (wie z. B. auf Puffer und auf Dateien, außer auf `stdin`) und
- solche, auf die nur sequentiell zugegriffen werden kann (wie z. B. Magnetbänder).

Beim Zugriff auf ein E/A-Gerät unterscheidet man ebenfalls zwei Arten:

- *raw*: ist eine low-level-Zugriffsform, welche meist bei blockorientierten Geräten verwendet wird, wenn Blöcke gelesen oder geschrieben werden, die 4 Kbyte oder größer sind.
- *buffered*: ist eine Zugriffsform auf einer höheren Ebene, da hier intern eine entsprechende Pufferung stattfindet. Diese Zugriffsform wird meist verwendet, wenn kleinere Datenmengen bei den einzelnen Zugriffen auf das E/A-Gerät gelesen bzw. geschrieben werden.

Die Klasse `QIODevice` stellt eine Vielzahl von reinen virtuellen Funktionen zur Verfügung, die man für den Fall, dass man eigene Klassen von dieser Basisklasse ableiten möchte, neu implementieren müsste, wie z. B.

```
class YourDevice : public QIODevice {
   public:
       YourDevice();
      ~YourDevice();

       bool open( int mode );
       void close();
       void flush();

       uint size() const;
       int  at() const;       // keine reine virtuelle Funktion
       bool at( int );        // keine reine virtuelle Funktion
       bool atEnd() const;    // keine reine virtuelle Funktion

       int readBlock( char *data, uint maxlen );
       int writeBlock( const char *data, uint len );
       int readLine( char *data, uint maxlen );

       int getch();
       int putch( int );
       int ungetch( int );
};
```

Die drei Funktionen, die nicht rein virtuell sind, können bei sequentiellen E/A-Geräten (wie z. B. Magnetbändern) ignoriert werden.
Die beiden Klassen `QDataStream` and `QTextStream` stellen Methoden zur Verfügung, um Text oder binäre Daten in einem `QIODevice`-Objekt zu lesen bzw. zu schreiben.

6.2 Klasse `QFile` für Datei-Operationen

Konstruktoren und Methoden der Klasse `QFile`

Die Klasse `QFile`, die von der Basisklasse `QIODevice` abgeleitet ist, bietet die beiden folgenden Konstruktoren an:

`QFile()`
: legt ein `QFile`-Objekt ohne Namen an.

`QFile(const QString& name)`
: legt ein `QFile`-Objekt zu der Datei mit dem Namen `name` an. `name` darf dabei ein absoluter oder relativer Pfadname sein. Als Trennzeichen für die Directories sollte dabei / verwendet werden, da dies auf allen von Qt unterstützten Plattformen richtig interpretiert wird.

Die wichtigsten von `QFile` angebotenen Methoden sind:

`bool open(int m) virtual`
: öffnet die Datei, deren Name für das zugehörige `QFile`-Objekt festgelegt ist, und liefert `true` als Rückgabewert, wenn dieses Öffnen erfolgreich verlief, sonst `false`. Der Parameter `m` legt den Modus fest, mit dem die Datei zu öffnen ist. Für `m` kann eine der folgenden Konstanten angegeben werden:

`IO_ReadOnly`	zum Lesen
`IO_WriteOnly`	zum Schreiben (alter Inhalt der Datei wird gelöscht)
`IO_ReadWrite`	zum Lesen und Schreiben (äquivalent zu `IO_ReadOnly|IO_WriteOnly`)
`IO_Append`	zum Schreiben am Dateiende; muss als `IO_WriteOnly | IO_Append` angegeben werden. In diesem Modus sollte nicht die Methode `at()` verwendet werden.
`IO_Truncate`	zum Löschen des Dateiinhalts
`IO_Translate`	schaltet die *Carriage Return/Linefeed*-Umformung bei Textdateien unter MS-DOS, Windows und OS/2 ein.
`IO_Raw`	für einen *raw* (ungepufferten) Zugriff

Wenn eine Datei nicht existiert und `IO_WriteOnly` oder `IO_ReadWrite` wurde angegeben, so wird diese angelegt.

`bool open(int m, FILE *f)`
: öffnet die Datei, auf die `FILE`-Zeiger `f` eingestellt ist, mit dem Modus `m` und liefert `true` als Rückgabewert, wenn dieses Öffnen erfolgreich verlief, sonst `false`.

```
#include <stdio.h>

void fehlerMeldung( const char* text ) {
    QFile f;
    f.open( IO_WriteOnly, stderr );
    f.writeBlock( text, qstrlen(text) );  // Ausgabe auf stderr
    f.close();
}
```

`bool open(int m, int f)`
: öffnet Datei, auf der Filedeskriptor `f` eingestellt ist, mit Modus `m` und gibt `true` zurück, wenn Öffnen erfolgreich war, sonst `false`. Wie in C so gilt auch hier, dass die folgenden Werte voreingestellt sind: `0` (`stdin`), `1` (`stdout`) oder `2` (`stderr`).

`close() virtual`
: schließt eine offene Datei. Die Datei wird nicht geschlossen, wenn sie mit einem existierenden `FILE`-Zeiger (zweite Variante von `open()`) oder Filedeskriptor (dritte Variante von `open()`) geöffnet wurde. Während im Falle eines `FILE`-Zeigers zumindest implizit noch die Methode `flush()` aufgerufen wird, findet bei einem Filedeskriptor keinerlei Aktion statt.

`flush() virtual`

schreibt alle Dateipuffer auf das entsprechende E/A-Gerät (wie z. B. Festplatte). Wurde eine Datei mit der ersten Variante von `open()` geöffnet, so wird bei einem `close()`-Aufruf auch automatisch `flush()` aufgerufen.

`Q_LONG readLine(QString& s, ULONG maxlen)`

`Q_LONG readLine(char *p, ULONG maxlen) virtual`

Beide Methoden lesen eine Zeile aus der Datei und speichern sie im String `s` bzw. an die Adresse `p`. Dabei lesen sie Bytes bis einer der folgenden Fälle eintritt:

- Dateiende wird erreicht
- `maxlen` Bytes sind schon gelesen
- Neuezeilezeichen '\n' wird gelesen. Das Neuezeilezeichen wird hier am Ende von String `s` bzw. `p` gespeichert.

Wie viele Bytes gelesen wurden, zeigt dabei der Rückgabewert an, wobei der Rückgabewert `-1` auf einen Fehler beim Lesen hinweist.

`int getch() virtual`

liest ein Byte aus der Datei und liefert dieses als Rückgabewert. Der Rückgabewert `-1` zeigt an, dass das Dateiende erreicht wurde.

`int ungetch(int ch) virtual`

macht eine vorherige Lese-Operation mit `getch()` wieder rückgängig und liefert `ch` zurück bzw. `-1`, wenn diese Operation nicht erfolgreich war.

`int putch(int ch) virtual`

schreibt das Zeichen `ch` in die Datei und liefert dieses auch als Rückgabewert. Der Rückgabewert `-1` zeigt an, dass diese Operation nicht erfolgreich war.

`Offset size() const virtual`

liefert die Dateigröße.

`Offset QIODevice::at() const virtual`

liefert die Position des „Schreib-/Lesezeigers" in der Datei. Das erste Byte in der Datei hat dabei die Nummer `0`.

`bool QIODevice::at(Offset pos) virtual`

setzt den „Schreib-/Lesezeiger" auf die Position `pos` und liefert `true` als Rückgabewert, wenn dies erfolgreich war, sonst `false`.

```
QFile f( "dump.o" );
f.open( IO_ReadOnly ); // "Schreib-/Lesezeiger" steht an Pos. 0
f.at( 400 );           // "Schreib-/Lesezeiger" steht nun an Pos. 400
f.at( f.at()+70 );     // "Schreib-/Lesezeiger" steht nun an Pos. 470
f.at( f.size()-50 );   // und nun 50 Bytes vor Dateiende
f.close();
```

Wenn die Datei im `IO_Append`-Modus geöffnet wurde, dann sollte diese Methode nicht auf diese Datei angewendet werden.

`bool atEnd() const virtual`

liefert `true`, wenn der „Schreib-/Lesezeiger" am Dateiende steht, sonst `false`.

`void setName(const QString& name)`

legt relativen oder absoluten Dateinamen für das `QFile`-Objekt fest. Diese Methode sollte nicht für bereits geöffnete Dateien aufgerufen werden. Bei einem relativen Dateinamen wird immer das Working-Directory verwendet, in dem man sich beim Öffnen der Datei befand, und nicht das, in dem der Aufruf von `setName()` erfolgt.

`QString name() const`
: liefert den Namen der Datei, der für das entsprechende `QFile`-Objekt beim Anlegen bzw. mit `setName()` festgelegt wurde.

`int handle() const`
: liefert den Filedeskriptor zu einer geöffneten Datei, was üblicherweise eine kleine positive Zahl ist. Diese Funktion wird benötigt, wenn man mit Standard-C-Funktionen (wie z. B. `fdopen()` oder `fcntl()`) auf eine bereits geöffnete Datei zugreifen möchte. Der Rückgabewert -1 weist auf einen Fehler hin, wie z. B. dass die Datei nicht geöffnet ist.

`bool exists() const`
: liefert `true`, wenn die Datei existiert, deren Name für das zugehörige `QFile`-Objekt festgelegt ist, und sonst `false`.

`bool exists(const QString& fileName) static`
: liefert `true`, wenn die Datei `fileName` existiert, sonst `false`.

`bool remove()`
: löscht die Datei, deren Name für das zugehörige `QFile`-Objekt festgelegt ist, und liefert `true`, wenn das Löschen erfolgreich war, sonst `false`. Bevor eine Datei gelöscht wird, wird sie jedoch noch zuvor geschlossen.

`bool remove(const QString& fileName) static`
: löscht die Datei `fileName` und liefert `true`, wenn das Löschen erfolgreich war, sonst `false`.

Um Informationen zu einer Datei abzufragen, wie z. B. ihre Größe, Zugriffsrechte, Pfadname usw., steht die Klasse `QFileInfo` zur Verfügung (siehe auch Kapitel 6.5 auf Seite 285).

Ausgabe einer Textdatei mit Zeilennummern[B]

Programm 6.1 ist ein Demonstrationsprogramm zur Klasse `QFile`. Es erwartet genau ein Argument, den Namen einer existierenden Textdatei, auf der Kommandozeile. Diese Datei öffnet es dann und gibt deren Inhalt mit Zeilennummerierung auf der Standardausgabe aus. Bei einem falschen Aufruf, wie z. B. mit keinem oder aber mit mehr als einem Argument, blendet dieses Programm ein `QMessageBox`-Widget ein, in dem es den Benutzer über den richtigen Aufruf dieses Programms informiert. Ebenso wird dem Benutzer über ein `QMessageBox`-Widget mitgeteilt, wenn die von ihm auf der Kommandozeile angegebene Datei nicht geöffnet werden kann.

Programm 6.1 – `numausg.cpp`:
Ausgabe einer Textdatei mit Zeilennummerierung

```
#include  <qapplication.h>
#include  <qmessagebox.h>
#include  <qfile.h>
#include  <stdio.h>

int  main( int argc, char *argv[] ) {
  QString      msg;
  QApplication a( argc, argv );
   if (argc != 2) {
      msg.sprintf( "usage:  %s dateiname", argv[0] );
```

```
        QMessageBox::information( 0, "Falscher Aufruf", msg, QMessageBox::Ok );
        return 1;
    }
    QFile datei( argv[1] );
    if ( !datei.open( IO_ReadOnly ) ) {
        msg.sprintf( "Datei '%s' kann nicht geöffnet werden", argv[1] );
        QMessageBox::information( 0, "Fehler beim Öffnen der Datei",
                                  msg, QMessageBox::Ok );
        return 2;
    } else {
        QString zeile;
        int     r, zeilnr = 0;
        while ( ( r = datei.readLine( zeile, 1000 ) ) != 0 ) {
            if ( r == -1 ) {
                if ( !datei.atEnd() ) {
                    msg.sprintf( "Fehler beim Lesen der Datei '%s'", argv[1] );
                    QMessageBox::information( 0, "Fehler beim Lesen",
                                              msg, QMessageBox::Ok );
                    return 3;
                } else
                    break;
            } else
                fprintf(stdout, "%5d  %s", ++zeilnr, (const char *) zeile);
        }
        datei.close();
    }
    return 0;
}
```

Zählen der Zeichen und Zeilen von Textdateien[Z]

Das Programm `zeilzeich.cpp` ermittelt die Zeichen und Zeilen der auf der Kommandozeile angegebenen Textdateien und gibt diese aus. Zudem gibt dieses Programm auch aus, wie viele Zeichen und Zeilen diese auf der Kommandozeile angegebenen Textdateien insgesamt umfassen.

6.3 Klasse `QBuffer` für Speicherzugriffe wie bei einem E/A-Gerät

Die Klasse `QBuffer` ist ein E/A-Gerät, das auf den Speicher ausgerichtet ist, also auf ein Array von Bytes (Klasse `QByteArray`; siehe auch Kapitel 7.3.4 auf Seite 319). Diese Klasse `QBuffer` ist also ein E/A-Gerät, mit dem man Daten in den Hauptspeicher schreiben bzw. daraus lesen kann. Diese Klasse kann nützlich sein, wenn man für schnelleren Zugriff Daten aus Dateien im Hauptspeicher ablegen möchte zu haben, was man als *Caching* bezeichnet. So könnte man z. B. ein Bild aus einer Datei in einem `QBuffer`-Objekt ablegen, um dann später schneller auf diese Daten zugreifen zu können, wobei man übliche Datei-Operationen verwendet, wie z. B. `readBlock()` oder `size()`.

Konstruktoren und wichtige Methoden der Klasse QBuffer

Die Klasse QBuffer stellt zwei Konstruktoren zur Verfügung:

QBuffer()	legt einen leeren Puffer an.
QBuffer(QByteArray b)	legt Puffer an, dessen Inhalt durch b festgelegt ist.

Wichtige Methoden der Klasse QBuffer sind:

bool setBuffer(QByteArray buf)

ersetzt den Inhalt des Puffers durch buf. Eine solche Ersetzung ist jedoch nur möglich, wenn der Puffer noch nicht geöffnet ist (siehe auch nachfolgende Methode). Wie bei dem zweiten Konstruktor so gilt auch hier, dass ein Schreiben in diesen Puffer, nachdem dieser im Schreib-Modus (IO_WriteOnly oder IO_ReadWrite) geöffnet wurde, auch entsprechende Änderungen auf den Inhalt von buf selbst nach sich zieht, da es sich bei QByteArray um eine Klasse handelt, deren Objekte sich den Speicherplatz explizit teilen (siehe auch Kapitel 7.3.4 auf Seite 319).

```
QString str = "123";
QBuffer puffer( str );
puffer.open( IO_WriteOnly );
puffer.at( 3 );              // auf \0 positionieren
puffer.writeBlock( "gsuffa", 7 ); // Anhängen von "gsuffa" (einschl. \0)
b.close();
 // Nun gilt: str == "123gsuffa"
```

QByteArray buffer() const

liefert den Puffer zurück, der zuletzt für das QPuffer-Objekt festgelegt wurde: entweder beim Konstruktor oder mit der Methode setBuffer().

bool open(int m) virtual

öffnet den entsprechenden Puffer, der zuvor mit einem der obigen Konstruktoren eingerichtet wurde, mit dem Modus m. Diese Methode liefert true, wenn der Puffer erfolgreich geöffnet werden konnte, sonst false. Für den Modus-Parameter m können dabei die folgenden Konstanten angegeben werden: IO_ReadOnly, IO_WriteOnly, IO_ReadWrite, IO_Append und IO_Truncate. Diese Konstanten haben die gleiche Wirkung wie bei QFile (siehe auch Kapitel 6.2), nur dass sie eben nicht auf eine Datei, sondern auf einen Speicherpuffer wirken.

close() virtual

schließt einen offenen Puffer.

int readLine(char *p, uint maxlen) virtual

liest eine Zeile von Text aus dem Puffer an die Adresse p, bis entweder ein Neuezeilezeichen (\n) gelesen wird, oder aber maxlen Bytes gelesen wurden. Wie viele Bytes gelesen wurden, zeigt der Rückgabewert an, wobei -1 einen Lesefehler anzeigt.

Q_LONG writeBlock(const char *p, Q_ULONG len) virtual

schreibt len Bytes von der Adresse p in den Puffer an die Adresse, auf die der interne Lese-/Schreibzeiger gerade zeigt. Dort stehende Bytes werden dabei überschrieben und der Puffer wird automatisch erweitert, wenn dies notwendig ist. Wie viele Bytes geschrieben wurden, zeigt dabei der Rückgabewert an, wobei der Rückgabewert -1 auf einen Fehler beim Schreiben hinweist.

Q_LONG writeBlock(const QByteArray& data)

schreibt Inhalt von data im Puffer an Adresse, auf die interner Lese-/Schreibzeiger zeigt; entspricht dem Aufruf writeBlock(data.data(),data.size()).

Üblicherweise verwendet man `QBuffer` über `QDataStream` oder `QTextStream`, die Konstruktoren mit einem `QBuffer`-Parameter anbieten. Für `QBuffer`-Objekte stehen auch die von `QIODevice` geerbten Methoden, wie z. B. `readBlock()`, `at()`, `getch()`, `putch()` and `ungetch()`, zur Verfügung.

Ausgeben eines Ausschnitts einer Datei[Z]

Das Programm `filebytes.cpp` liest einen Dateinamen ein, deren Inhalt es in einem `QBuffer`-Objekt ablegt. Der Benutzer kann nun eingeben, welchen Ausschnitt der Datei (aus `QBuffer`-Objekt) er ausgegeben haben möchte, indem er die Start- und Endenummer der Bytes dieses Bereichs eingibt. Ein möglicher Ablauf dieses Programms ist z. B.:

```
Dateiname: filebytes.cpp ↵
Ausgabe ab Bytenr (Ende=-1) ? 20 ↵
       bis Bytenr ? 110 ↵
Ausgabe der Datei filebytes.cpp (von Bytenr 20 bis 110)
--------------------------
ion.h>
#include  <qmessagebox.h>
#include  <qfile.h>
#include  <qbuffer.h>
#include  <ctyp
--------------------------
Ausgabe ab Bytenr (Ende=-1) ? 10 ↵
       bis Bytenr ? 22 ↵
Ausgabe der Datei filebytes.cpp (von Bytenr 10 bis 22)
--------------------------
<qapplication
--------------------------
Ausgabe ab Bytenr (Ende=-1) ? -1 ↵
```

6.4 Die Klassen `QTextStream` und `QDataStream`

Die Klassen `QTextStream` und `QDataStream` stellen Methoden zur Verfügung, um Text oder binäre Daten in einem `QIODevice`-Objekt zu lesen bzw. dorthin zu schreiben.

6.4.1 Klasse `QTextStream` zum Lesen und Schreiben von Text in Dateien

Konstruktoren und wichtige Methoden der Klasse `QTextStream`

Die folgenden `QTextStream`-Konstruktoren legen ein `QTextStream`-Objekt an, das ...:

`QTextStream()` keinem E/A-Gerät zugeordnet ist.

`QTextStream(QIODevice *d)` dem E/A-Gerät `d` zugeordnet ist.

`QTextStream(FILE *f, int mode)`

auf Datei eingerichtet ist, deren `FILE`-Zeiger `f` hier angegeben ist, wie z. B.

```
QTextStream cout( stdout, IO_WriteOnly );
QTextStream cin ( stdin,  IO_ReadOnly );
QTextStream cerr( stderr, IO_WriteOnly );
```

`QTextStream(QString *str, int filemode)`
auf ein QString-Objekt eingerichtet ist, wie z. B.

```
QString str;
QTextStream ts( &str, IO_WriteOnly );
ts << "2 * 2.6 = " << 5.2;          // str enthält nun: "2 * 2.6 = 5.2"
```

Jedes Schreiben in das QTextStream-Objekt verändert somit auch gleichzeitig den Inhalt des QString-Objekts, wobei das QString-Objekt automatisch vergrößert wird, wenn über sein Ende hinaus geschrieben wird.

`QTextStream(QByteArray a, int mode)`
auf ein QByteArray-Objekt eingerichtet ist, wie z. B.

```
QByteArray array;
QTextStream ts( array, IO_WriteOnly );
ts << "pi = " << 3.14 << '\0';    // array enthält nun: "pi = 3.14"
```

Jedes Schreiben in das QTextStream-Objekt verändert somit auch gleichzeitig den Inhalt des QByteArray-Objekts, wobei das QByteArray-Objekt automatisch vergrößert wird, wenn über sein Ende hinaus geschrieben wird. Das vorherige Beispiel hätte man auch unter Verwendung der Klasse QBuffer realisieren können, wie z. B.

```
QByteArray array;
QBuffer buf( array );
buf.open( IO_WriteOnly );
QTextStream ts( &buf );
ts << "pi = " << 3.14 << '\0';     // array enthält nun: "pi = 3.14"
buf.close();
```

Wichtige Methoden, die die Klasse QTextStream anbietet, sind:

>> und <<
Hierbei handelt es sich um Operatoren zum Lesen (>>) aus bzw. zum Schreiben (<<) in einem QTextStream-Objekt. Beide Operatoren sind vielfach überladen, so dass automatisch anhand des Datentyps erkannt wird, wie der entsprechende Wert einzulesen bzw. auszugeben ist. Die Klasse QTextStream ist der Standard-C++-Klasse iostream sehr ähnlich. Der Unterschied zwischen iostream und QTextStream ist, dass QTextStream auf ein QIODevice-Objekt eingerichtet wird, wovon sich weitere Klassen ableiten lassen. iostream dagegen ist nur für FILE-Zeiger ausgelegt, wovon keine Unterklassen abgeleitet werden können. Qt stellt einige globale Funktionen zur Verfügung, die weitgehend denen von iostream entsprechen:

bin, oct, dec, hex	legen fest, dass das QTextStream-Objekt binäre, oktale, dezimale oder hexadezimale Zahlen lesen bzw. schreiben soll.
endl	bewirkt einen Zeilenvorschub.
flush	bewirkt, dass alle gepufferten Daten auf das zugehörige E/A-Gerät geschrieben werden.
ws	bewirkt, dass *white spaces* (Leer-, Tab- und Neuezeilezeichen) bei der Eingabe überlesen werden.
reset	setzt QTextStream-Objekt in voreingestellten Modus zurück (siehe auch Methode reset()).
qSetW(int), qSetPrecision(int), qSetFill(int)	legen Feldweite, Nachkommastellen und Füllzeichen fest.

QTextStream erkennt automatisch, ob es sich bei einer ganzen Zahl um eine dezimale, eine oktale (beginnt mit 0), eine hexadezimale (beginnt mit 0x) oder eine binäre Zahl (beginnt mit 0b) handelt. So würde z. B. „0100“ als 64 (dezimal) interpretiert.

`int flags() const`
: liefert die aktuell eingestellten Flags für ein `QTextStream`-Objekt. Die Voreinstellung ist der Wert 0. Die einzelnen Flags haben die in Tabelle 6.1 gezeigte Bedeutung.

`int flags(int f)`
: setzt die mit `f` übergebenen Flags und liefert die zuvor gesetzten Flags zurück.

`int setf(int bits)`
: fügt das Flag `bits` zu den gesetzten Flags hinzu und liefert zuvor gesetzten Flags als Rückgabewert. `setf(bits)` entspricht `flags(flags()|bits)`.

`int setf(int bits, int mask)`
: setzt Flags `bits` mit Bitmaske `mask` und liefert zuvor gesetzten Flags zurück. `setf(bits, mask)` entspricht `flags((flags()&~ mask)|(bits & mask))`.

`int unsetf(int bits)`
: löscht die Flags `bits` und liefert zuvor gesetzten Flags zurück. `unsetf(bits)` entspricht `flags(flags() &~ mask)`.

`int width() const`
: liefert aktuell eingestellte Feldweite (minimal zu schreibenden Zeichen).

`int width(int w)`
: setzt Feldweite auf `w` und liefert zuvor eingestellte Feldweite zurück.

`int fill() const`
: liefert aktuell eingestelltes Füllzeichen. Die Voreinstellung ist das Leerzeichen.

`int fill(int f)`
: setzt Füllzeichen auf `f` und liefert zuvor eingestellte Füllzeichen zurück.

`int precision() const`
: liefert aktuell eingestellte Genauigkeit für Gleitpunktzahlen als Rückgabewert.

`int precision(int p)`
: setzt die Genauigkeit für Gleitpunktzahlen des auf `p` und liefert zuvor eingestellte Genauigkeit als Rückgabewert.

Tabelle 6.1: Flags für ein `QTextStream`-Objekt und deren Bedeutung

Flag	Bedeutung
`skipws`	*whitespaces* (Leer-, Tab- und Neuezeilezeichen) werden ignoriert.
`left`	Numerische Ausgaben werden linksbündig ausgerichtet.
`right`	Numerische Ausgaben werden rechtsbündig ausgerichtet.
`internal`	Zwischen +/- und eigentlichen Wert werden Füllzeichen eingeschoben.
`bin`	Ein- und Ausgaben von numerischen Werten erfolgen nur binär.
`oct`	Ein- und Ausgaben von numerischen Werten erfolgen nur oktal.
`dec`	Ein- und Ausgaben von numerischen Werten erfolgen nur dezimal.
`hex`	Ein- und Ausgaben von numerischen Werten erfolgen nur hexadezimal.
`showbase`	Bei numerischen Ausgaben wird den Zahlen `0b`, `0` oder `0x` vorangestellt, wenn das `bin`-, `oct`- oder `hex`-Format eingeschaltet ist.
`uppercase`	es soll `0B` und `0X` statt `0b` und `0x` bei der Ausgabe verwendet werden.
`showpoint`	wird zur Zeit nicht unterstützt.
`showpos`	gibt ein + bei positiven Zahlen aus.
`scientific`	Für Gleitpunktzahlen wird wissenschaftliche Darstellung verwendet.
`fixed`	Für Gleitpunktzahlen wird die Festpunkt-Darstellung verwendet.

`reset()`
: setzt das QTextStream-Objekt auf seine Voreinstellungen zurück: Alle Flags und die Feldweite werden auf 0 gesetzt, als Füllzeichen wird das Leerzeichen und für Genauigkeit (*precision*) wird 6 eingestellt.

`skipWhiteSpace()`
: entspricht `*this << ws`.

`bool atEnd() const`
: liefert `true`, wenn der „Schreib-/Lesezeiger" des zugeordneten E/A-Geräts am Ende steht oder dem QTextStream-Objekt überhaupt kein E/A-Gerät zugeordnet ist, andernfalls liefert diese Methode `false`.

`QString readLine()`
: liest eine Zeile aus dem QTextStream-Objekt und liefert diese als String zurück. Der zurückgegegebene String enthält dabei am Ende kein Neuezeilezeichen `\n`.

`QString read()`
: liefert den ganzen Inhalt des QTextStream-Objekts als String.

Ausgabe einer Textdatei mit Zeilennummern[B]

Programm 6.2 ist ein Demonstrationsprogramm zur Klasse QTextStream. Es erwartet wie Programm 6.1 genau ein Argument, den Namen einer existierenden Textdatei, auf der Kommandozeile. Diese Datei öffnet es dann und gibt deren Inhalt mit Zeilennumerierung auf der Standardausgabe aus. Bei einem falschen Aufruf, wie z. B. mit keinem oder aber mit mehr als einem Argument, blendet dieses Programm ein QMessageBox-Widget ein, in dem es den Benutzer über den richtigen Aufruf dieses Programms informiert. Ebenso wird es dem Benutzer über ein QMessageBox mitgeteilt, wenn die von ihm auf der Kommandozeile angegebene Datei nicht geöffnet werden kann.

Programm 6.2 – `numausg2.cpp`:
Ausgabe einer Textdatei mit Zeilennummerierung

```
#include <qapplication.h>
#include <qmessagebox.h>
#include <qfile.h>
#include <qtextstream.h>

int main( int argc, char *argv[] ) {
  QString      msg;
  QApplication a( argc, argv );

  if (argc != 2) {
    msg.sprintf( "usage:  %s dateiname", argv[0] );
    QMessageBox::information( 0, "Falscher Aufruf", msg, QMessageBox::Ok );
    return 1;
  }
  QFile datei( argv[1] );
  if ( !datei.open( IO_ReadOnly ) ) {
    msg.sprintf( "Datei '%s' kann nicht geoeffnet werden", argv[1] );
    QMessageBox::information( 0, "Fehler beim Oeffnen der Datei",
                              msg, QMessageBox::Ok );
    return 2;
```

```
    } else {
        int     zeilnr = 0;
        QString zeile;
        QTextStream inStream( &datei );
        QTextStream outStream( stdout, IO_WriteOnly );

        while ( !inStream.atEnd() ) {
            zeile = inStream.readLine();
            outStream.width( 5 );
            outStream << ++zeilnr << "   " << zeile << endl;
        }
        datei.close();
    }
    return 0;
}
```

Zählen der Zeichen und Zeilen von Textdateien[Z]

Das Programm `zeilzeich2.cpp` ermittelt wie das Programm `zeilzeich.cpp` auf Seite 272, allerdings unter Zuhilfenahme der Klasse `QTextStream`, die Anzahl der Zeichen und Zeilen in den auf der Kommandozeile angegebenen Textdateien, die es dann für jede einzelne Datei ausgibt, wobei es am Ende die Gesamtzahl der Zeichen und Zeilen in allen betroffenenen Dateien ausgibt

6.4.2 Klasse `QDataStream` zum plattformunabhängigen Lesen und Schreiben in Dateien

Während die Klasse `QTextStream` für das Lesen und Schreiben von Texten ausgelegt ist, muss man beim Arbeiten mit binären Daten die Klasse `QDataStream` verwenden, wenn das Programm portabel sein soll. Programme, die `QDataStream` verwenden, um binäre Daten in Dateien zu schreiben oder aus ihnen zu lesen, können ohne jeglichen Portierungsaufwand sofort unter Windows- als auch unter Unix-Systemen verwendet werden. Auch sind solche Programme nicht von der Byte-Anordnung des jeweiligen Systems abhängig und somit auch zwischen *little-endian*-Systemen (wie z. B. auf Intel-Prozessoren basierende) und *big-endian*-Systemen (wie z. B. SPARC) austauschbar. Mit `QDataStream` erstellte Dateien können sogar ohne jeglichen Transformationen zwischen allen Systemen ausgetauscht werden.

Konstruktoren und wichtige Methoden der Klasse `QDataStream`

Die Klasse `QDataStream` bietet die folgenden Konstruktoren an:

`QDataStream()`
: legt ein `QDataStream`-Objekt an, das keinem E/A-Gerät zugeordnet ist.

`QDataStream(QIODevice *d)`
: legt ein `QDataStream`-Objekt an, das dem E/A-Gerät `d` zugeordnet ist.

`QDataStream(QByteArray a, int mode)`
: legt ein `QDataStream`-Objekt an, das auf ein `QByteArray`-Objekt eingerichtet ist.

- Beispiel 1:

```
static char bytes[] = { 351, 7, 61, ... };
QByteArray  a;
a.setRawData( bytes, sizeof(bytes) );    // a zeigt auf bytes
QDataStream s( a, IO_ReadOnly ); // öffnet QDataStream-Obj. auf Inhalt von a
s >> .....;          // liest (raw) Daten aus bytes
a.resetRawData( bytes, sizeof(bytes) ); // fertig
```

- Beispiel 2 (Schreiben von Daten in einen Stream):

```
QFile f( "xxx.bin" );
f.open( IO_WriteOnly );    // Datei zum Schreiben öffnen
QDataStream s( &f );       // Zuordnen eines QDataStream zur Datei f
s << "Columbus im Jahr "; // Schreiben eines Strings nach QDataStream s
s << (Q_INT32)1492;        // Schreiben ganzer Zahl nach QDataStream s
f.close();                 // Datei schliessen
```

- Beispiel 3 (Lesen von Daten aus einem Stream):

```
QFile f( "xxx.bin" );
f.open( IO_ReadOnly ); // Datei zum Lesen öffnen
QDataStream s( &f );   // Zuordnen eines QDataStream zur Datei f
QSrting str;
Q_INT32 a;             // Deklaration einer 32-Bit int-Variablen
s >> str >> a;         // schreibt "Columbus im Jahr " in den String str
                       //  und die Zahl 1492 in die int-Variable a
f.close();             // Datei wieder schliessen
```

Wichtige Methoden, die die Klasse `QDataStream` anbietet, sind:

\>> und <<

Hierbei handelt es sich um Operatoren zum Lesen (>>) aus bzw. zum Schreiben (<<) in einem `QDataStream`-Objekt. Beide Operatoren sind vielfach überladen, so dass automatisch anhand des Datentyps erkannt wird, wie der entsprechende Wert einzulesen bzw. zu schreiben ist. Während die Klasse `QDataStream` die Operatoren >> und << für Standarddatentypen anbietet, stellen andere Klassen, wie z. B. `QColor`, `QFont`, `QDateTime` usw., weitere überladene Operatoren << und >> zur Verfügung, um ihre Objekte aus einem `QDataStream`-Objekt zu lesen bzw. dorthin zu scheiben; siehe auch Programm 6.4.

`bool atEnd() const`

liefert nur `true`, wenn „Schreib-/Lesezeiger" des zugeordneten E/A-Geräts am Ende steht oder dem `QDataStream`-Objekt überhaupt kein E/A-Gerät zugeordnet ist.

`QDataStream& readBytes(char *&s, uint& l)`

liest Bytes aus dem `QDataStream`-Objekt in den Puffer `s` und liefert eine Referenz auf das `QDataStream`-Objekt zurück. Der Puffer `s` wird dabei automatisch mit `new` alloziert. Es liegt in der Verantwortung des Programmierers, dass er diesen Speicherplatz später, wenn er ihn nicht mehr benötigt, mit `delete` wieder freigibt. Falls die Länge des Puffers `0` ist oder aber `s` nicht alloziert werden kann, dann wird `s` auf `0` gesetzt. Der Parameter `l` enthält nach der Rückkehr aus dieser Methode die Länge des Puffers. Im zurückgelieferten `QDataStream` befindet sich an erster Stelle die Länge des Puffers (als 32 Bit Wert) gefolgt von den Daten (`l` Bytes).

`QDataStream& readRawBytes(char *s, uint len)`

liest `len` Bytes aus `QDataStream`-Objekt in den Puffer `s` und liefert eine Referenz auf das `QDataStream`-Objekt zurück. Anders als bei vorheriger Methode muss Puffer `s` hier vor dem Aufruf dieser Methode alloziert werden.

`QDataStream& writeBytes(const char *s, uint len)`
: schreibt die Länge `len` (als 32 Bit Wert) und `len` Bytes aus dem Puffer `s` in das `QDataStream`-Objekt und liefert eine Referenz auf das `QDataStream`-Objekt zurück.

`QDataStream& writeRawBytes(const char *s, uint len)`
: schreibt `len` Bytes aus dem Puffer `s` in das `QDataStream`-Objekt und liefert eine Referenz auf das `QDataStream`-Objekt zurück.

Ausgeben einer Datei als hexadezimaler Dump^B

Programm 6.3 gibt unter Verwendung eines `QDataStream`-Objekts den Inhalt der Dateien, deren Namen auf der Kommandozeile angegeben sind, Byte für Byte als zweistellige hexadezimale Zahlen aus, wobei es rechts dazu die entsprechenden ASCII-Zeichen angibt, soweit diese darstellbar sind, andernfalls wird nur ein Punkt für dieses Zeichen ausgegeben. Würde man z. B. dieses Programm auf die eigene ausführbare Datei (`hexd hexd`) anwenden, ergibt sich z. B. die folgende Ausgabe:

```
----hexd----
  000000  7f 45 4c 46 01 01 01 00  00 00 00 00 00 00 00 00 |.ELF............|
  000010  02 00 03 00 01 00 00 00  20 8e 04 08 34 00 00 00 |........ ...4...|
  000020  14 36 00 00 00 00 00 00  34 00 20 00 06 00 28 00 |.6......4. ...(.|
  000030  1f 00 1c 00 06 00 00 00  34 00 00 00 34 80 04 08 |........4...4...|
  000040  34 80 04 08 c0 00 00 00  c0 00 00 00 05 00 00 00 |4...À...À.......|
  000050  04 00 00 00 03 00 00 00  f4 00 00 00 f4 80 04 08 |........ô...ô...|
  000060  f4 80 04 08 13 00 00 00  13 00 00 00 04 00 00 00 |ô...............|
  000070  01 00 00 00 01 00 00 00  00 00 00 00 00 80 04 08 |................|
  000080  00 80 04 08 76 17 00 00  76 17 00 00 05 00 00 00 |....v...v.......|
  000090  00 10 00 00 01 00 00 00  78 17 00 00 78 a7 04 08 |........x...x§..|
  0000a0  78 a7 04 08 d4 02 00 00  00 04 00 00 06 00 00 00 |x§..Ô...........|
  0000b0  00 10 00 00 02 00 00 00  84 19 00 00 84 a9 04 08 |............©..|
 :::::::::::::::::::::::::::::::::::::::::::::::::::::::::::::::::
```

Programm 6.3 – `hexd.cpp`:
Hexadezimaler Dump einer Datei mit einem `QDataStream`-Objekt

```
#include <qapplication.h>
#include <qmessagebox.h>
#include <qfile.h>
#include <qdatastream.h>
#include <qstring.h>
#include <stdio.h>
#include <stdlib.h>
#include <ctype.h>

static void hex_ausgabe( QFile *datei, QString dateiname );
//............................................................... main
int main( int argc, char *argv[] ) {
   QString      msg;
   QApplication a( argc, argv );
   if (argc < 2) {
      msg.sprintf( "usage:  %s datei1 ...", argv[0] );
      QMessageBox::information( 0, "Falscher Aufruf", msg, QMessageBox::Ok );
      return 1;
```

```
    }
    for (int i=1; i<argc; i++) {
       QFile datei( argv[i] );
       if ( !datei.open( IO_ReadOnly ) ) {
          msg.sprintf( "Datei '%s' kann nicht goeffnet werden", argv[i] );
          QMessageBox::information( 0, "Fehler beim Oeffnen der Datei",
                                    msg, QMessageBox::Ok );
       } else {
          hex_ausgabe( &datei, argv[i] );
          datei.close();
       }
    }
    return 0;
}
//........................................................... hex_ausgabe
static void hex_ausgabe( QFile *datei, QString dateiname ) {
    Q_UINT8   byte;
    QString   puffer = "";
    uint      i=0, gesamt=0;

    QDataStream streamEin( datei );
    printf("\n----%s----\n", (const char *)dateiname);

    while ( !streamEin.atEnd() ) {
       if (  (i = i % 16) == 0) {
          if ( !puffer.isEmpty() ) {
             printf(" |%s|\n", (const char *)puffer);
             puffer = "";
          }
          printf("  %06x ", gesamt);
       }
       streamEin >> byte;
       printf(" %02x", byte);

       if ( iscntrl( byte ) ) // Steuerzeichen werden
          puffer += ".";      // durch '.' dargestellt
       else
          puffer += byte;
       if (i==7)    // Trennzeichen nach 8 Hexa-Bytemustern ausgeben
          printf(" ");
       i++;
       gesamt++,
    }
    for ( uint j=i; j<16; j++)
       printf("%s", (j==7) ? "    " : "   " );
    if ( !puffer.isEmpty() ) {
       puffer[i] = 0;
       printf(" |%-16s|\n", (const char *)puffer);
    }
}
```

Schreiben/Lesen von `QColor`- und `QDateTime`-Objekten in einem `QDataStream`[B]

Programm 6.4 zeigt, dass man neben den Standarddatentypen auch andere Objekte in einen `QDataStream` schreiben bzw. auch wieder aus ihm lesen kann, wenn die zugehörige Klasse hierfür die entsprechenden Operatoren (<< und >>) anbietet.
In Programm 6.4 wird dies für die beiden Klassen `QColor` und `QDateTime` gezeigt, welche solche Operatoren anbieten. Dazu wird ein Fenster mit zwei Buttons eingeblendet, zwischen denen sich ein Label befindet (siehe links in Abbildung 6.1). Bei jedem Klick auf den Button *Neue Farbe/Zeit* wird dann die Slotroutine `neuFarbZeit()` aufgerufen, welche ihrerseits die beiden Methoden `generiereNeuFarbZeit()` und `liesNeuFarbZeit()` aufruft. Die Methode `generiereNeuFarbZeit()` ermittelt nun eine neue Farbe und schreibt diese Farbe sowie die aktuelle Zeit über ein `QDataStream`-Objekt in die Datei `farbzeit.cfg`. Die Methode `liesNeuFarbZeit()` öffnet dann diese Datei `farbzeit.cfg` zum Lesen und liest mittels eines `QDataStream`-Objekts die von der Methode `generiereNeuFarbZeit()` dorthin geschriebene Farbe und Zeit wieder aus. Diese aus der Datei `farbzeit.cfg` gelesene Farbe stellt sie dann für das Label ein und zeigt zusätzlich noch die gelesene Zeit in diesem Label an (siehe rechts in Abbildung 6.1).

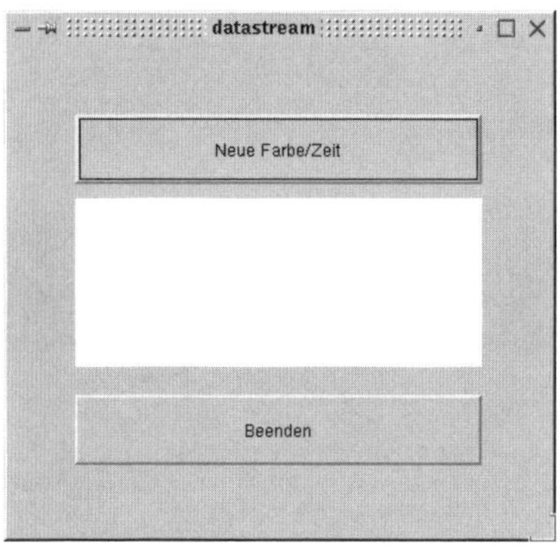

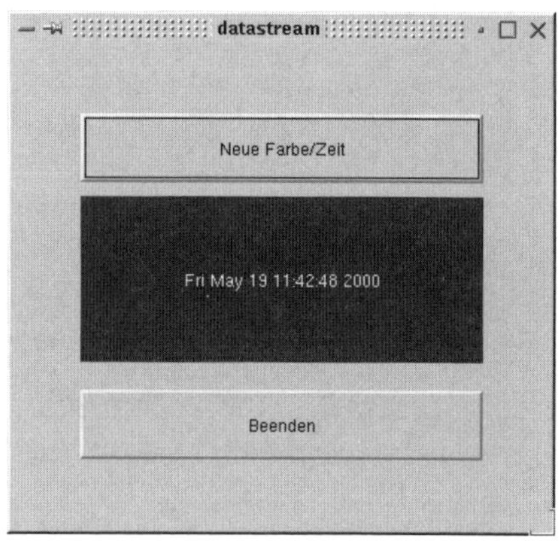

Abbildung 6.1: Hauptfenster (links) mit immer neuer Farb- und Zeitanzeige bei Klick auf oberen Button (rechts)

Programm 6.4 – `datastream.cpp`:
Schreiben/Lesen von `QColor`- und `QDateTime`-Objekten in einem `QDataStream`

```
#include <qapplication.h>
#include <qlabel.h>
#include <qpushbutton.h>
#include <qfile.h>
#include <qdatastream.h>
#include <qcolor.h>
#include <qdatetime.h>
#include <stdlib.h>
#include <time.h>
//.................................................... Klasse FarbZeit
class FarbZeit : public QWidget {
```

```
   Q_OBJECT
public:
   FarbZeit() {
      QPushButton *b1 = new QPushButton( "Neue Farbe/Zeit", this);
      b1->setGeometry( 50, 50, 300, 50 );
      connect( b1, SIGNAL( clicked() ), this, SLOT( neuFarbZeit() ) );
      label = new QLabel( this );
      label->setGeometry( 50, 110, 300, 120 );
      label->setAlignment( AlignCenter );
      label->setPaletteBackgroundColor( Qt::white );
      QPushButton *b2 = new QPushButton( "Beenden", this);
      b2->setGeometry( 50, 250, 300, 50 );
      connect( b2, SIGNAL( clicked() ), qApp, SLOT( quit() ) );
   }
private slots:
   void neuFarbZeit( void ) { generiereNeuFarbZeit(); liesNeuFarbZeit(); }
private:
   void generiereNeuFarbZeit( void ) {
      QFile datei( "/tmp/farbzeit.cfg" );
       datei.open( IO_WriteOnly );
      QDataStream schreib( &datei );
       schreib << QColor ( rand()%256, rand()%256, rand()%256 );
       schreib << QDateTime::currentDateTime();
      datei.close();
   }
   void liesNeuFarbZeit( void ) {
      QColor     farbe;
      QDateTime  aktZeit;
      QFile      datei( "/tmp/farbzeit.cfg" );
      datei.open( IO_ReadOnly );
      QDataStream lies( &datei );
      lies >> farbe;
      lies >> aktZeit;
      label->setPaletteBackgroundColor( farbe );
      label->setText( aktZeit.toString() );
      datei.close();
   }
   QLabel  *label;
};
#include "datastream.moc"
//.............................................................. main
int main( int argc, char* argv[] ) {
   QApplication myapp( argc, argv );
   FarbZeit* mywidget = new FarbZeit();
   mywidget->setGeometry( 50, 50, 400, 350 );
   ::srand( time( NULL ) );
   myapp.setMainWidget( mywidget );
   mywidget->show();
   return myapp.exec();
}
```

Schreiben/Lesen von `QPixmap`-, `QString`- und `QFont`-Objekten in einem `QDataStream`[Z]

Das Programm `datastream2.cpp` blendet ein Fenster mit zwei Buttons ein, wie dies in Abbildung 6.2 gezeigt ist. Bei jedem Klick auf den Button *Neues Bild/Font* wird dann zufällig aus einer vorgegebenen Menge von Bilddateien eine ausgewählt, diese dann in eine `QPixmap` geladen, bevor noch ein zufälliger Font ausgewählt wird. Alle Daten: Dateiname der Bilddatei (`QString`-Objekt), Bild selbst (`QPixmap`-Objekt) und Font (`QFont`-Objekt) werden dann mit den Operator << in eine Datei `picfont.cfg` geschrieben werden, aus der sie dann wieder mittels des Operators >> ausgelesen werden, um dann in einem eigenen Widget das Bild und den Namen der Bilddatei in dem gelesenen Font anzuzeigen, wie dies in Abbildung 6.3 gezeigt ist.

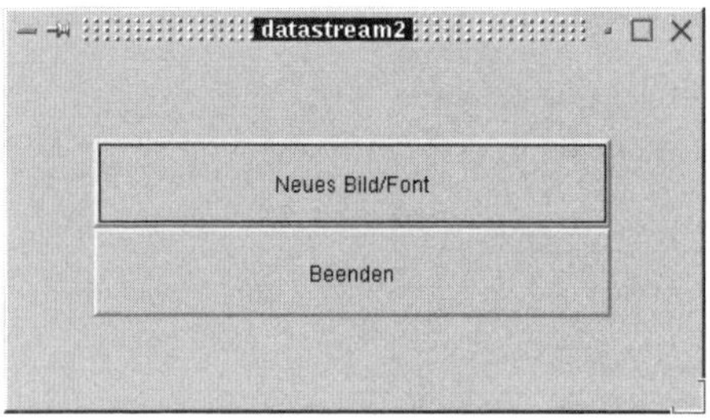

Abbildung 6.2: Erstes Hauptfenster mit zwei Buttons

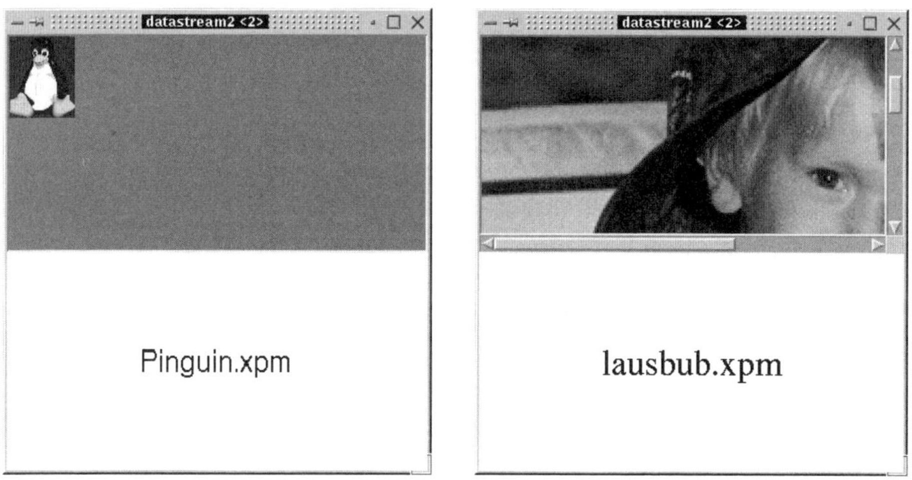

Abbildung 6.3: Neue Widgets nach Mausklicks auf *Neues Bild/Font*

6.5 Klasse `QFileInfo` zum Erfragen von Informationen zu Dateien

Die Klasse `QFileInfo` ermöglicht es, Informationen zu einer Datei abzufragen, wie z. B. ihre Größe, Zugriffsrechte, Pfadname usw.

Typen, Konstruktoren und wichtige Methoden der Klasse `QFileInfo`

Die Klasse `QFileInfo` bietet folgenden `enum`-Datentyp an:

```
enum PermissionSpec {   ReadOwner,  WriteOwner,  ExeOwner,
                        ReadUser,   WriteUser,   ExeUser,
                        ReadGroup,  WriteGroup,  ExeGroup,
                        ReadOther,  WriteOther,  ExeOther   };
```

Die Klasse `QFileInfo` bietet folgende Konstruktoren an:

`QFileInfo()`
: legt ein leeres `QFileInfo`-Objekt an.

`QFileInfo(const QDir& d, const QString& fileName)`
: legt ein `QFileInfo`-Objekt zur Datei `fileName` im Directory `d` an.

`QFileInfo(const QFile& file)`
: legt ein `QFileInfo`-Objekt zur Datei `file` an, die ein `QFile`-Objekt sein muss.

`QFileInfo(const QString& fileName)`
: legt ein `QFileInfo`-Objekt zu der Datei `fileName` an. `fileName` kann dabei ein absoluter oder relativer Pfadname sein.

`QFileInfo(const QFileInfo& fi)`
: legt ein neues `QFileInfo`-Objekt an, das eine Kopie des `QFileInfo`-Objekts `fi` ist.

Wichtige Methoden, die die Klasse `QFileInfo` anbietet, sind:

`setFile(const QDir& d, const QString& fileName)`
: legt als Datei für das `QFileInfo`-Objekt die Datei `fileName` im Directory `d` fest.

`setFile(const QFile& file)`
: legt als Datei für das `QFileInfo`-Objekt die Datei `file` fest.

`setFile(const QString& file)`
: legt als Datei für das `QFileInfo`-Objekt die Datei `fileName` fest. `fileName` kann dabei ein absoluter oder relativer Pfadname sein.

`bool exists() const`
: liefert `true`, wenn die für das `QFileInfo`-Objekt eingerichtete Datei existiert.

`QString absFilePath() const`
: liefert absoluten Pfadnamen der für das `QFileInfo`-Objekt eingerichteten Datei.

`QString filePath() const`
: liefert Pfadnamen der für das `QFileInfo`-Objekt eingerichteten Datei. Dieser kann relativ oder absolut sein, je nachdem wie er vom Benutzer festgelegt wurde.

`QString dirPath(bool absPath=false) const`
: liefert den Directory-Pfad der für das `QFileInfo`-Objekt eingerichteten Datei. Wenn `absPath=true` ist, wird in jedem Fall der absolute Pfadname zurückgegeben.

`QString fileName() const`
: liefert den Dateinamen (ohne vorangestellten Pfad) der für das `QFileInfo`-Objekt eingerichteten Datei.

`QString baseName(bool complete=false) const`

liefert den Basisnamen der für das `QFileInfo`-Objekt eingerichteten Datei. Bei `complete=false` besteht dieser Basisname aus allen Zeichen des Dateinamens ohne vorangestellten Pfadnamen und ohne Erweiterung am Ende, die mit dem ersten auftretenden Punkt beginnt. Bei `complete=true` wird nur die letzte Erweiterung, die mit dem letzten Punkt beginnt, weggelassen.

```
QFileInfo fi( "/home/herold/quellen.tar.gz" );
QString basisname = fi.baseName(); // basisname = "quellen"
basisname = fi.baseName( true );    // basisname = "quellen.tar"
```

`QString extension(bool complete=true) const`

liefert die Erweiterung (Extension) eines Dateinamens. Wenn `complete=true` ist, werden alle Zeichen nach dem ersten Punkt zurückgegeben. Ist `complete=false`, werden alle Zeichen nach dem letzten Punkt zurückgegeben.

```
QFileInfo fi( "/tmp/examples.tar.gz" );
QString ext = fi.extension();          // ext = "tar.gz"
        ext = fi.extension( false );   // ext = "gz"
```

`QDir dir(bool absPath=false) const`

liefert Directory (`QDir`-Objekt) der für das `QFileInfo`-Objekt eingerichteten Datei. Wurde Dateiname für das `QFileInfo`-Objekt relativ festgelegt und `absPath=false` ist, wird der Pfad im `QDir`-Objekt relativ übernommen, und sonst absolut.

`uint size() const`

liefert Größe (in Bytes) der Datei, für die das `QFileInfo`-Objekt eingerichtet ist, oder `0`, wenn diese Datei nicht existiert oder aber die Größe nicht abgefragt werden kann.

`bool isReadable() , bool isWritable() , bool isExecutable()`

liefern jeweils `true`, wenn die für das `QFileInfo`-Objekt eingerichtete Datei lesbar, beschreibbar oder ausführbar ist, und ansonsten `false`.

`bool permission(int permissionSpec) const`

prüft Zugriffsrechte für die Datei, die für das `QFileInfo`-Objekt eingerichtet ist.

```
QFileInfo fi( "/home/herold/kasse.txt" );
if ( fi.permission( QFileInfo::WriteUser | QFileInfo::ReadGroup ) )
    qWarning( "kasse.txt kann ich ändern und die Gruppe lesen");
if ( fi.permission( QFileInfo::WriteGroup | QFileInfo::WriteOther ) )
    qWarning( "Vorsicht!! kasse.txt kann "
              " von der Gruppe und allen andern geändert werden!" );
```

`bool isRelative() const`

liefert `true`, wenn die für das `QFileInfo`-Objekt eingerichtete Datei relativ und nicht absolut festgelegt wurde, und ansonsten `false`.

`bool isFile() const`

liefert `true`, wenn die für das `QFileInfo`-Objekt eingerichtete Datei eine Datei oder ein symbolischer Link auf eine Datei ist, und ansonsten `false`.

`bool isDir() const`

liefert `true`, wenn die für das `QFileInfo`-Objekt eingerichtete Datei ein Directory oder ein symbolischer Link auf ein Directory ist, und ansonsten `false`.

`bool isSymLink() const`

liefert `true`, wenn die für das `QFileInfo`-Objekt eingerichtete Datei ein symbolischer Link ist, und ansonsten `false`.

`QString readLink() const`

liefert den Namen, auf den ein symbolischer Link zeigt, oder `null`, wenn das Objekt nicht auf einen symbolischen Link zeigt. Ein hier zurückgelieferter String garantiert jedoch nicht, dass diese Datei wirklich existiert. Um dies festzustellen, müsste man `exists()` aufrufen.

`bool convertToAbs()`

konvertiert den für das `QFileInfo`-Objekt festgelegten Pfadnamen in einen absoluten Pfadnamen. Diese Methode hat keine Auswirkung, wenn der Pfadname bereits absolut ist.

`QString owner() const, uint ownerId() const`

`QString group() const, uint groupId() const`

liefern den Eigentümer bzw. die Gruppe als String oder numerischen Wert (*Id*) für die Datei, die für das `QFileInfo`-Objekt eingerichtet ist.

`QDateTime lastModified() const, QDateTime lastRead() const`

liefern den Zeitpunkt, an dem die Datei, die für das `QFileInfo`-Objekt eingerichtet ist, das letzte Mal modifiziert bzw. gelesen wurde.

`refresh() const`

`QFileInfo` ermittelt die Informationen zu einer Datei nur einmal und hält diese dann im Cache. Da sich nun aber zwischenzeitlich die Daten einer Datei – bedingt durch Benutzeraktionen oder ablaufende Programme – ändern können, kann diese Information im Cache veraltet und damit falsch sein. Um diese Information im Cache zu aktualisieren, muss man die Methode `refresh()` aufrufen.

`setCaching(bool enable)`

schaltet das Caching von `QFileInfo` ein (`enable=true`) oder aus (`enable=false`). Die Voreinstellung ist, dass das Caching eingeschaltet ist.

`bool caching() const`

liefert `true`, wenn das Caching eingeschaltet ist, sonst `false`.

`QFileInfo& operator=(const QFileInfo& fi)`

macht eine Kopie von `fi` und weist diese dem `QFileInfo`-Objekt zu.

Interaktive Anzeige von Informationen zu Dateien^{B}

Programm 6.5 lässt dem Benutzer in einem Texteingabefeld den Namen einer Datei eingeben und zeigt ihm dann entsprechende Informationen zu dieser Datei an (siehe auch Abbildung 6.4).

Programm 6.5 – `fileinfo.cpp`:
Interaktive Anzeige von Informationen zu Dateien

```
#include <qapplication.h>
#include <qgrid.h>
#include <qlabel.h>
#include <qlineedit.h>
#include <qfileinfo.h>
```

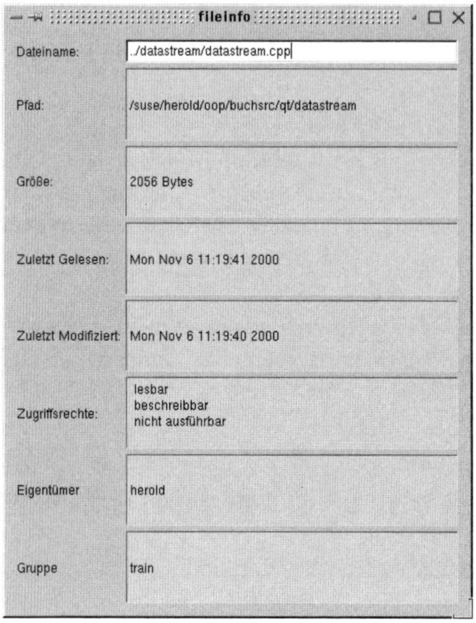

Abbildung 6.4: Interaktive Anzeige von Informationen zu Dateien

```
class DateiInfoBox : public QGrid {
    Q_OBJECT
public:
    DateiInfoBox( QWidget *parent, const char *name, const QString &dateiname )
                                  : QGrid( 2, parent, name ) {
       setMargin( 10 );  setSpacing( 5 );  setupDateiInfo( dateiname );
    }
private slots:
    void updateDateiInfo();
private:
    QLineEdit *dname;
    QLabel    *pfad, *groesse, *lread, *lmodif, *lrechte, *besitzer, *gruppe;
    void setupDateiInfo( QString dateiname );
};
void DateiInfoBox::setupDateiInfo( QString dateiname ) {
    (void)new QLabel( "Dateiname:", this );
    dname = new QLineEdit( dateiname, this );
     dname->setFocus();
     connect( dname, SIGNAL(returnPressed()), this, SLOT(updateDateiInfo()) );
    (void)new QLabel( "Pfad:", this );
     pfad = new QLabel( this );
     pfad->setFrameStyle( QFrame::Panel | QFrame::Sunken );
     pfad->setPaletteBackgroundColor( Qt::yellow );
    (void)new QLabel( "Größe:", this );
     groesse = new QLabel( this );
     groesse->setFrameStyle( QFrame::Panel | QFrame::Sunken );
```

```
    groesse->setPaletteBackgroundColor( Qt::yellow );
   (void)new QLabel( "Zuletzt Gelesen:", this );
    lread = new QLabel( this );
    lread->setFrameStyle( QFrame::Panel | QFrame::Sunken );
    lread->setPaletteBackgroundColor( Qt::yellow );
   (void)new QLabel( "Zuletzt Modifiziert:", this );
    lmodif = new QLabel( this );
    lmodif->setFrameStyle( QFrame::Panel | QFrame::Sunken );
    lmodif->setPaletteBackgroundColor( Qt::yellow );
   (void)new QLabel( "Zugriffsrechte:", this );
    lrechte = new QLabel( this );
    lrechte->setFrameStyle( QFrame::Panel | QFrame::Sunken );
    lrechte->setPaletteBackgroundColor( Qt::yellow );
   (void)new QLabel( "Eigentümer", this );
    besitzer = new QLabel( this );
    besitzer->setFrameStyle( QFrame::Panel | QFrame::Sunken );
    besitzer->setPaletteBackgroundColor( Qt::yellow );
   (void)new QLabel( "Gruppe", this );
    gruppe = new QLabel( this );
    gruppe->setFrameStyle( QFrame::Panel | QFrame::Sunken );
    gruppe->setPaletteBackgroundColor( Qt::yellow );
   updateDateiInfo();
}
void DateiInfoBox::updateDateiInfo() {
   QString    r, dateiname = dname->text();
   QFileInfo  fileinfo( dateiname );
   pfad->setText( fileinfo.dirPath( true ) );
   groesse->setText( QString( "%1 Bytes" ).arg( fileinfo.size() ) );
   lread->setText( fileinfo.lastRead().toString() );
   lmodif->setText( fileinfo.lastModified().toString() );
   r.sprintf( "%s lesbar\n%s beschreibbar\n%s ausführbar\n",
              fileinfo.isReadable() ? "" : " nicht",
              fileinfo.isWritable() ? "" : " nicht",
              fileinfo.isExecutable() ? "" : " nicht" );
   lrechte->setText( r );
   besitzer->setText( fileinfo.owner() );
   gruppe->setText( fileinfo.group() );
}
#include "fileinfo.moc"
int main( int argc, char *argv[] ) {
  QApplication a( argc, argv );
  QWidget w;
  DateiInfoBox dateiInfo(&w, "Datei-Infos", QString( argc<2 ? "." : argv[1] ));
  dateiInfo.setCaption( "Beispiel zu QFileInfo" );
  dateiInfo.resize( 450, 550 );
  a.setMainWidget( &w );
  w.setGeometry( 20, 20, 450, 550 ); w.show();
  return a.exec();
}
```

Visuelles Anzeigen von neu angekommener Post[Z]

Das Programm `postistda.cpp` zeigt zu Beginn einen leeren Postkasten (siehe links in Abbildung 6.5). Sollte neue E-Mail ankommen, so wird dies dem Benutzer durch einen gefüllten Briefkasten (siehe rechts in Abbildung 6.5) angezeigt. Liest der Benutzer seine E-Mail oder klickt er mit der Maus auf den Briefkasten, so wird ihm wieder ein leerer Briefkasten angezeigt, wie im linken Teil von Abbildung 6.5 gezeigt.

Abbildung 6.5: Leerer bzw. nicht leerer Briefkasten, abhängig davon, ob neue E-Mail angekommen ist oder nicht

Nachbildung des Kommandos `ls -l`[Z]

Das Programm `meinls.cpp` bildet das Kommando `ls -l` nach, indem es zu allen Dateien, deren Namen auf der Kommandozeile angegeben sind, Informationen ausgibt, wie dies beim Unix-Kommandoaufruf `ls -l` geschieht. Startet man dieses Programm, so liefert es z. B. die folgende Ausgabe:

```
$ meinls  /usr/lib/* ⏎
drwxr-xr-x adabas   root      4096 Tue Mar 28 21:47:57 2000 adabas
drwxr-xr-x root     root      4096 Sat Mar 25 06:46:16 2000 apsfilter
drwxr-xr-x root     root      4096 Tue Mar 28 21:48:12 2000 awk
-rw-r--r-- root     root      8179 Fri Mar 24 18:58:17 2000 crt1.o
-rw-r--r-- root     root      1112 Fri Mar 24 18:58:17 2000 crti.o
-rw-r--r-- root     root       846 Fri Mar 24 18:58:17 2000 crtn.o
drwxr-xr-x root     root      4096 Tue Mar 28 21:54:17 2000 curses
 .............................................
 .............................................
drwxr-xr-x root     root      4096 Fri Mar 24 18:59:31 2000 terminfo -> ../share/...
drwxr-xr-x root     root      4096 Tue Mar 28 22:01:26 2000 tk8.0
drwxr-xr-x root     root      4096 Fri Mar 24 23:32:14 2000 vga
drwxr-xr-x root     root      4096 Tue Mar 28 20:19:50 2000 YaST
drwxr-xr-x root     root      4096 Tue Mar 28 21:54:36 2000 zoneinfo
drwxr-xr-x root     root      4096 Tue Mar 28 21:55:38 2000 zsh
$
```

6.6 Klasse `QDir` für Directory-Operationen

Die Klasse `QDir` ermöglicht es, Operationen für Directories durchzuführen, wie z. B. Wechseln in ein anderes Directory, Anlegen eines Directory, Erfragen aller oder nur bestimmter Dateinamen in einem Directory usw.

Typen, Konstruktoren und wichtige Methoden der Klasse `QDir`

Die Klasse `QDir` bietet die folgenden beiden `enum`-Datentypen an:

```
enum FilterSpec {
     Dirs, Files, Drives, NoSymLinks, All, TypeMask,
     Readable,   Writable,  Executable,
     RWEMask,    Modified,  Hidden,  System,
     AccessMask, DefaultFilter                          };
enum SortSpec {
     Name, Time, Size, Unsorted, SortByMask, DirsFirst,
     Reversed, IgnoreCase, DefaultSort };
```

Die Klasse `QDir` bietet folgende Konstruktoren an:

`QDir()`

legt ein `QDir`-Objekt an, das auf das Working-Directory zeigt.

`QDir(QString& path, QString& nameFilter=null,`
`int sort=Name|IgnoreCase, int filter=All)`

legt ein `QDir`-Objekt an, das wie folgt eingestellt wird:

`path`	Pfadname des Directory
`nameFilter`	Filter für die Dateinamen; siehe `setNameFilter()`
`sort`	Sortierreihenfolge für die Dateinamen im Directory
`filter`	Arten von Dateien, die anzuzeigen sind

```
   //... Auflisten aller Dateien des Directorys /home/herold
QDir d( "/home/herold" );
for ( int i=0; i<d.count(); i++ )
   printf( "%s\n", d[i] );
```

Ist für `path` `""` oder `null` angegeben, wird das Working-Directory „`.`“ verwendet. Falls `nameFilter` `""` oder `null` ist, entspricht dies der Angabe „`*`“ (alle Dateien).

`QDir(const QDir& d)`

legt ein `QDir`-Objekt an, das eine Kopie des Directory-Objekts `d` ist.

Wichtige Methoden, die die Klasse `QDir` anbietet sind:

`setPath(const QString& path) virtual`

legt den (absoluten oder relativen) Pfad des `QDir`-Objekts fest.

`QString path() const virtual`

`QString absPath() const virtual`

liefern den relativen bzw. absoluten Pfad des `QDir`-Objekts.

`QString dirName() const virtual`

liefert den Directorynamen (nicht den ganzen Pfad) des `QDir`-Objekts. Im Falle des `root`-Directory wird ein `null`-String zurückgeliefert.

`setNameFilter(QString& nameFilter) virtual`

legt den Namensfilter fest, der von `entryList()` und `entryInfoList()` verwendet werden soll, wie z. B.

`setNameFilter("*.cpp *.h")`: legt fest, dass diese beiden Funktionen nur Dateien liefern sollen, deren Name mit „`.cpp`“ oder „`.h`“ endet.

`setNameFilter("??.txt")`: legt fest, dass diese beiden Funktionen nur Dateien liefern sollen, deren Name mit „`.txt`“ endet und genau sechs Zeichen lang sind.

Es können mehrere Filter mit Leerzeichen oder Semikolon als Trennzeichen angegeben werden.

`bool cd(QString& dirName, bool absPath=true) virtual`

wechselt in das Directory `dirName` und liefert `true`, wenn dieser Wechsel erfolgreich war. Wird `dirName` als absoluter Pfadname angegeben, so sollte für den Parameter `absPath` der Wert `true` angegeben werden. Bei `absPath=false` wird nämlich ein eventuell angegebener absoluter Pfadname ignoriert und relativ in das Verzeichnis gewechselt, dessen Name nach dem letzten Slash / in `dirName` steht.

```
QDir d = QDir::home();     // home-Directory
if ( !d.cd("briefe") ) {   // Versuch ins Subdir. briefe des
                           // Home-Directorys zu wechseln
    QFileInfo fi( d, "briefe" );
    if ( fi.exists() ) {
        qWarning( "kann nicht nach \"%s\"wechseln.",
                  (char*)d.absFilePath("briefe") );
        if ( !fi.isDir() )
            qWarning( "Eine Datei \"%s\" existiert schon\n",
                      (const char *)d.path() );
        return;
    } else {
        qWarning( "Lege Directory \"%s\" an",
                  (const char *) d.absFilePath("briefe") );
        if ( !d.mkdir( "c++" ) ) {
            qWarning("Kann Directory \"%s\" nicht anlegen",
                     (const char *)d.absFilePath("briefe") );
            return;
        }
    }
}
```

`bool cdUp() virtual`

entspricht dem Aufruf `cd ..`

`setSorting(int sort) virtual`

legt die Sortier-Reihenfolge fest, die bei `entryList()` und `entryInfoList()` anzuwenden ist. Für `sort` muss eine der folgenden Konstanten angegeben werden:

`Name`	nach Name (alphabetisch) sortieren
`Time`	nach Zeit (jüngsten Dateien zuerst) sortieren
`Size`	nach Größe (größten Dateien zuerst) sortieren
`Unsorted`	nach der vom Betriebssystem gewählten Reihenfolge

Die hier gewählte Konstante kann dann mit bitweisem `OR` mit einer oder auch mehreren der folgenden Konstanten verknüpft werden:

`DirsFirst`	Directorynamen immer zuerst
`Reversed`	umgekehrt sortieren
`IgnoreCase`	Groß- und Kleinschreibung beim Sortieren nach Namen ignorieren

`setMatchAllDirs(bool enable) virtual`

Bei `enable=true` werden alle Directories gelistet, auch wenn sie nicht zu den eingerichteten Filtern passen. Bei `enable=false` werden nur Directories gelistet, deren Namen durch die eingerichteten Filter abgedeckt sind.

`setFilter(int filter) virtual`

legt den Filter fest, der von `entryList()` und `entryInfoList()` verwendet werden soll. Für `filter` können dabei eine oder auch mehrere der folgenden Konstanten (mit bitweisem `OR` verknüpft) angegeben werden:

`Dirs, Files`	nur Directories bzw. nur Dateien listen
`Drives`	Laufwerke listen (keine Auswirkung unter Linux/Unix)
`NoSymLinks`	keine symbolischen Links listen
`All`	Directories, Dateien, Laufwerke und symbolische Links listen
`Modified`	nur modifzierte Dateien listen (keine Auswirkung unter Linux/Unix)
`Hidden`	auch versteckte Dateien listen (.* unter Linux/Unix)
`System`	Systemdateien listen (FIFOs, Sockets and Gerätedateien unter Linux/Unix)
`Readable`	lesbare Dateien listen
`Writable`	beschreibbare Dateien listen
`Executable`	ausführbare Dateien listen; muss mit `Dirs` oder `Files` verknüpft werden

Wird keines der drei letzten Flags gesetzt, werden automatisch alle drei Flags gesetzt.

```
QStringList entryList(int filter=DefaultFilter,
                      int sort=DefaultSort) const virtual
QStringList entryList(QString& nameFilter,
                      int filter=DefaultFilter,
                      int sort=DefaultSort) const virtual
```

liefern Liste aller Datei- und Directorynamen des aktuellen Directory, die durch `nameFilter` (nur bei zweiter Methode) und `filter` abgedeckt werden. In dieser Liste sind die Namen nach den Kriterien sortiert, die über `sort` festgelegt sind. Diese Methode liefert eine leere Liste, wenn das Directory nicht lesbar ist oder nicht existiert. Werden für die einzelnen Parameter `filterName`, `filter` und `sort` keine Werte angegeben, gelten die Filter und Sortierkriterien, die (eventuell) zuvor mit `setNameFilter()`, `setFilter()` und `setSorting()` festgelegt wurden.

```
const QFileInfoList* entryInfoList(int filter=DefaultFilter,
                                   int sort=DefaultSort) const virtual
const QFileInfoList* entryInfoList(QString& nameFilter,
                                   int filter=DefaultFilter,
                                   int sort=DefaultSort) const virtual
```

liefern eine Liste von `QFileInfo`-Objekten zu allen Datei- und Directorynamen des aktuellen Directory, welche durch die Filter `nameFilter` (nur bei der zweiten Methode) und `filter` abgedeckt werden. In dieser Liste sind die einzelnen Namen nach den Kriterien sortiert, die über den Parameter `sort` festgelegt sind. Diese Methode liefert `0`, wenn das Directory nicht lesbar ist oder nicht existiert. Werden für die einzelnen Parameter `filterName`, `filter` und `sort` keine Werte angegeben, so gelten die entsprechenden Filter und Sortierkriterien, welche (eventuell) zuvor mit `setNameFilter()`, `setFilter()` und `setSorting()` festgelegt wurden.

```
  // Dieses Programm listet alle Dateien des Working-Directorys,
  // die keine symbolischen Links sind.
  // Die Dateien sind dabei nach Größe sortiert (kleinste zuerst)
#include <stdio.h>
#include <qdir.h>
int main( int argc, char *argv[] ) {
    QDir d;
    d.setFilter( QDir::Files | QDir::Hidden | QDir::NoSymLinks );
    d.setSorting( QDir::Size | QDir::Reversed );
```

```
    const QFileInfoList *list = d.entryInfoList();
    QFileInfoListIterator it( *list ); // Anlegen eines Listen-Iterators
    QFileInfo *fi;        // für das Durchlaufen der einzelnen Dateien

    printf( "      Bytes Dateiname\n" ); // Ueberschrift
    while ( (fi=it.current()) ) {   // jede aus der Liste Datei holen
        printf( "%10li %s\n", fi->size(), fi->fileName().latin1() );
        ++it;              // zum nächsten Listenelement weiterschalten
    }
    return 0;
}
```

`uint count() const`
: liefert die Zahl der gefundenen Dateien; ist äquivalent zu `entryList().count()`.

`bool mkdir(QString& dirName, bool absPath=true) const virtual`
: legt das Directory `dirName` an und liefert `true`, wenn dieses Anlegen erfolgreich war. Wird `dirName` als absoluter Pfadname angegeben, so sollte für den Parameter `absPath` der Wert `true` angegeben werden. Bei `absPath=false` wird nämlich ein eventuell angegebener absoluter Pfadname ignoriert und relativ das Directory angelegt, dessen Name nach dem letzten Slash / in `dirName` steht.

`bool rmdir(QString& dirName, bool absPath=true) const virtual`
: löscht das Directory `dirName` und liefert `true`, wenn dieses Löschen erfolgreich war. Es können nur leere Directories gelöscht werden. Wird `dirName` als absoluter Pfadname angegeben, so sollte für `absPath` `true` angegeben werden. Bei `absPath=false` wird nämlich ein eventuell angegebener absoluter Pfadname ignoriert und relativ das Directory gelöscht, dessen Name nach dem letzten Slash / in `dirName` steht.

`bool isReadable() const virtual`
: liefert `true`, wenn das Directory lesbar ist und auch Dateien in diesem Directory über ihren Namen geöffnet werden können. Ist nur eine dieser beiden Bedingungen nicht erfüllt, liefert diese Methode `false`, was im übrigen nicht bedeutet, dass auf Dateien in diesem Directory nicht zugegriffen werden kann.

`bool isRelative() const virtual`
: liefert `true`, wenn der für das `QDir`-Objekt eingerichtete Directorypfad relativ angegeben wurde, ansonsten liefert diese Methode `false`.

`bool exists() const virtual`
: liefert `true`, wenn das für das `QDir`-Objekt eingerichtete Directory existiert, und sonst `false`.

`bool exists(QString& name, bool absPath=true) virtual`
: liefert `true`, wenn die Datei `name` existiert, und sonst `false`. Ist `name` als absoluter Pfadname angegeben, sollte für `absPath` `true` angegeben werden. Bei `absPath=false` wird nämlich ein eventuell angegebener absoluter Pfadname ignoriert und relativ der Name verwendet, dessen Name nach dem letzten Slash / in `name` steht.

`bool isRoot() const virtual`
: liefert `true`, wenn das aktuelle Directory des `QDir`-Objekts das root-Directory ist, und sonst `false`. Wenn das aktuelle Directory ein symbolischer Link auf das `root`-Directory ist, liefert diese Methode auch `false`.

`convertToAbs() virtual`

wandelt den Directorypfad des `QDir`-Objekts in einen absoluten Pfadnamen um.

`bool remove(QString& fileName, bool absPath=true) virtual`

löscht die Datei `fileName` und liefert `true`, wenn dieses Löschen erfolgreich war. Ist `fileName` als absoluter Pfadname angegeben, so sollte für den Parameter `absPath` der Wert `true` angegeben werden. Bei `acceptAbsPath=false` wird nämlich ein eventuell angegebener absoluter Pfadname ignoriert und relativ der Name verwendet, dessen Name nach dem letzten Slash / in `fileName` steht.

`bool rename(QString& oldName, QString& newName,`
`bool absPath=true) virtual`

benennt die Datei `oldName` in `newName` um. Ist `oldName` und/oder `newName` als absoluter Pfadname angegeben, so sollte für den Parameter `acceptAbsPath` der Wert `true` angegeben werden. Bei `absPath=false` wird nämlich ein eventuell angegebener absoluter Pfadname ignoriert und relativ der Name verwendet, dessen Name nach dem letzten Slash / in `oldName` bzw. `newName` steht.

`QString operator[](int index) const`

liefert den Namen, der sich an der Position `index` in der Liste der gefundenen Dateinamen befindet; is äquivalent zu `entryList().at(index)`.

`QDir& operator=(QString& path)`

legt als Directorypfad `path` fest.

`QDir& operator=(QDir& d)`

macht eine Kopie von `d` und weist diese dem `QDir`-Objekt zu.

Einige wichtige statische Methoden, die die Klasse `QDir` anbietet, sind:

`bool setCurrent(QString& path) static`

legt als aktuelles Directory `path` fest und liefert `true`, wenn dies erfolgreich war.

`QDir current() static`

`QString currentDirPath() static`

liefert das aktuelle Directory bzw. den absoluten Pfadnamen des aktuellen Directory.

`QDir home() static`

`QString homeDirPath() static`

liefert das Home-Directory bzw. den absoluten Pfadnamen des Home-Directory.

`QDir root() static`

`QString rootDirPath() static`

liefert `root`-Directory bzw. dessen absoluten Pfadnamen (/ unter Unix).

`QString convertSeparators(QString& pathName) static`

ersetzt in `pathName` alle Trennzeichen für Directories (Slash /) durch systemspezifisches Trennzeichen und liefert den so umgewandelten String zurück. Unter Windows liefert z. B. `convertSeparators("c:/winnt/system32")` den String `c.\winnt\system32`.

`char separator() static`

liefert das systemspezifische Trennzeichen für Directories: „/“ unter Unix und „\“ unter MS-DOS, Windows NT and OS/2.

`const QFileInfoList* drives() static`

liefert eine Liste von root-Directories am jeweiligen System. Unter Windows liefert diese Funktion eine Liste von `QFileInfo`-Objekte für „`C:/`“, „`D:/`“ usw. Unter anderen Systemen liefert diese Methode eine Liste mit nur einem Eintrag, wie z. B. „/“.

Durchlaufen eines ganzen Directorybaums[B]

Programm 6.6 zeigt eine Technik, mit der man ganze Directoryhierarchien durchlaufen kann. Es listet alle Dateinamen dieses Directorybaums mit ihrer Größe (in Bytes) auf und gibt am Ende die Gesamtsumme der von diesen Dateien belegten Bytes aus. Welche Directories zu durchlaufen sind, ist auf der Kommandozeile anzugeben. Wird dort kein Directoryname angegeben, verwendet das Programm das Working-Directory („.“).

Programm 6.6 – `treesize.cpp`:
Ermitteln der Größe aller Dateien eines Directorybaums

```
#include  <qapplication.h>
#include  <qdir.h>
#include  <qfileinfo.h>
unsigned long  gesamtBytes = 0, dateiZahl = 0;
void tree( QString dirName );
int main( int argc, char *argv[] ) {
    QApplication a( argc, argv );
    if ( argc < 2 )
       tree( "." );
    else
       for (int i=1; i<argc; i++)
          tree( argv[i] );
    printf("-----------------------------------------------------------------\n" );
    printf("%43lu Dateien mit insgesamt: %9lu Bytes\n", dateiZahl, gesamtBytes );
    return 0;
}
void tree( QString dirName ) {
    uint g;
    QDir dir( dirName );
    dir.setFilter( QDir::Dirs | QDir::Files | QDir::NoSymLinks | QDir::Hidden );
    dir.setSorting( QDir::Name );
    QFileInfo            *fi;
    const QFileInfoList   *fil = dir.entryInfoList();
    QFileInfoListIterator it( *fil );
    while ( ( fi = it.current() ) ) {
       if ( fi->fileName() == "." || fi->fileName() == ".." )
          ;
       else {
          if ( fi->isDir() && fi->isReadable() )
             tree( fi->absFilePath() );
          else {
             // evtl. hier andere Operationen
             g = fi->size();
             printf("%-65s: %9u\n", (const char *)fi->absFilePath(), g );
             gesamtBytes += g;
             dateiZahl++;
          }
       }
       ++it;
    }
}
```

Suchen nach einen Dateinamen im Directorybaum[Z]

Das Programm `woist.cpp` sucht nach Dateinamen, die den String enthalten, der als letztes Argument auf der Kommandozeile angegeben ist. Sind keine weitere Argumente angegeben, wird im Directorybaum des Working Directory gesucht. Soll in einem anderen Directorybaum gesucht werden, so ist das entsprechende Directory vor dem Suchstring als erstes Argument anzugeben, z. B.

```
$ woist oi ↵
/home/herold/oop/buchsrc/qt/woist/woist
/home/herold/oop/buchsrc/qt/woist/woist.cpp
/home/herold/oop/buchsrc/qt/woist/woist.o
/home/herold/oop/buchsrc/qt/woist/woist.pro
$ woist /home/herold  "xpm" ↵
.................
/home/herold/Office51/kde/icons/setup.xpm
/home/herold/Office51/kde/icons/sgl.xpm
/home/herold/Office51/kde/icons/smf.xpm
/home/herold/Office51/kde/icons/so.xpm
/home/herold/Office51/l_soffice.xpm
/home/herold/Office51/s_soffice.xpm
/home/herold/oop/buchsrc/qt/auswahlw/Ameise.xpm
/home/herold/oop/buchsrc/qt/auswahlw/Deutschl.xpm
/home/herold/oop/buchsrc/qt/auswahlw/Grossbri.xpm
/home/herold/oop/buchsrc/qt/auswahlw/Krebs.xpm
.................
$
```

6.7 Klasse `QSettings` für Konfigurationsdaten

Die Klasse `QSettings` ermöglicht ein plattformunabhängiges Erstellen und Auswerten von Konfigurationen, die ein Benutzer für eine Anwendung vorgenommen hat.
Auf Unix/Linux-Systemen werden dabei Textdateien und auf Windows-Systemen die *system registry* für die Speicherung von Konfigurationsdaten verwendet.
Jeder Eintrag in die Konfigurationsdatei besteht dabei aus einer Kennung (*key*) und den entsprechenden Daten dazu. Eine Kennung ist dabei ein String, der aus zwei oder mehreren Unter-Kennungen (*subkeys*) besteht. Eine Unter-Kennung ist dabei ein Slash gefolgt von mehreren Zeichen (außer Slash, Neuezeilezeichen und =-Zeichen), wie z. B.

```
/MyCompany/MyApplication/background color
/MyCompany/MyApplication/foreground color
/MyCompany/MyApplication/geometry/x
/MyCompany/MyApplication/geometry/y
/MyCompany/MyApplication/geometry/width
/MyCompany/MyApplication/geometry/height
/MyCompany/MyApplication/zuletzt geöffnete Dateien/1
/MyCompany/MyApplication/zuletzt geöffnete Dateien/2
/MyCompany/MyApplication/zuletzt geöffnete Dateien/3
```

Die zugehörigen Daten, die auch mit *entry* oder *value* bezeichnet werden, können ein boolescher Wert, eine ganze Zahl, eine Gleitpunktzahl, ein String oder aber eine Liste von Strings sein.

Einlesen von Konfigurationsdaten

Nachfolgend ist ein typischer Code zum Einlesen von Konfigurationsdaten gezeigt:

```
QSettings settings;
   // Festlegen des Pfads: 1. Argument sollte Internet-Domainname der Firma sein,
   // wie z.B. "trolltech.com" und 2. Argument der Name des Applikationsprogramms
settings.setPath( "MyCompany.com", "MyApplication" );
   // Lesen eines Strings zu einer Kennung: 1. Argument gibt Unter-Kennung an,
   // zu der String zu erfragen ist. Sollte zu dieser Unter-Kennung kein String
   // in der Konfiguration vorliegen, wird das 2. Argument als String verwendet.
QString bgColor = settings.readEntry( "/background color", "white" );
   // Lesen einer ganzen Zahl zu einer Kennung: 1. Argument gibt Unter-Kennung
   // an, zu der ganze Zahl zu erfragen ist. Sollte hierzu keine ganze Zahl
   // in der Konfiguration vorliegen, wird das 2. Argument verwendet.
int width = settings.readNumEntry( "/geometry/width", 640 );
   // Lesen eines booleschen Werts bzw. einer Gleitpunktzahl
double faktor = readDoubleEntry("/factor", 1.0 );
bool   mitLaufbalken = readBoolEntry("/laufbalken", true );
```

Die eben vorgestellten Methoden haben alle einen optionalen dritten Parameter `bool *ok`. In die hier übergebene Adresse wird `true` geschrieben, wenn die entsprechende Kennung eingelesen werden konnte, und ansonsten `false`.

Schreiben von Konfigurationsdaten

Folgender Code zeigt, wie man vorgenommene Konfigurationen beim Verlassen des Anwendungsprogramms bzw. bei einem Menüpunkt *"Einstellungen speichern"* sichern kann:

```
QSettings settings;
   // 1. Argument sollte der Internet-Domainname der Firma sein, wie z.B.
   // "trolltech.com" und 2. Argument der Name des Applikationsprogramms
settings.setPath( "MyCompany.com", "MyApplication" );
   // Schreiben von Konfigurationsdaten: 1. Argument gibt Unter-Kennung an,
   // die zu speichern // ist, und das 2. Argument legt entspr. Datum dazu fest
settings.writeEntry( "/background color", bgColor ); // Speichern eines Strings
settings.writeEntry( "/geometry/width", width ); // Speichern einer ganzen Zahl
settings.writeEntry( "/factor", faktor ); // Speichern einer double-Zahl
settings.writeEntry( "/laufbalken", mitLaufbalken ); // Speichern von bool. Wert
```

Einstellen von Präfixe

Einer Kennung kann automatisch mit `beginGroup()` ein Präfix vorangestellt werden. Das Ausschalten solcher Präfixe ist mit `endGroup()` möglich, wie z. B.

```
QSettings settings;
settings.beginGroup( "/MainWindow" );
    settings.beginGroup( "/Geometry" );
        int x = settings.readEntry( "/x" );
        // ...
    settings.endGroup();
    settings.beginGroup( "/Toolbars" );
        // ...
    settings.endGroup();
settings.endGroup();
```

Erfragen einer Liste von Kennungen

Mit `entryList()` kann man sich eine Liste von Kennungen bzw. mit `subkeyList()` von Unter-Kennungen geben lassen, wie z. B.

```
QStringList keys = entryList( "/MyApplication" );
   // keys enthält dann 'background color' und 'foreground color'.
QStringList keys = entryList( "/MyApplication/zuletzt geöffnete Dateien" );
   // keys enthält dann '1', '2' und '3'.
QStringList subkeys = subkeyList( "/MyApplication" );
   // subkeys enthält dann 'geometry' und 'zuletzt geöffnete Dateien'
QStringList subkeys = subkeyList( "/MyApplication/zuletzt geöffnete Dateien" );
   // subkeys ist leer
```

Besonderheiten bei Windows-Systemen

Unter Windows-Systemen werden die Konfigurationen in der *registry* gespeichert. Beim Suchen von Konfigurationsdaten wird vorwärts in folgender Reihenfolge gesucht:

1. `HKEY_CURRENT_USER/Software/MyCompany/MyApplication`
2. `HKEY_LOCAL_MACHINE/Software/MyCompany/MyApplication`
3. `HKEY_CURRENT_USER/Software/MyApplication`
4. `HKEY_LOCAL_MACHINE/Software/MyApplication`

Wird dabei die entsprechende Konfiguration gefunden, wird diese zurückgeliefert bzw. überschrieben und nicht weiter gesucht. Ist man mit dieser Suchreihenfolge nicht einverstanden, so kann man diese mit `insertSearchPath()` anders einstellen, wie z. B.

```
QSettings settings;
  settings.insertSearchPath( QSettings::Windows, "/MyCompany" );
  settings.writeEntry( "/MyApplication/Tip of the day", true );
```

Dieser Code bewirkt, dass die Unter-Kennung "`Tip of the day`" in das erste beschreibbare *registry*-Directory geschrieben wird, das gefunden wird, wobei nun die folgende Suchreihenfolge verwendet wird:

1. `HKEY_LOCAL_MACHINE/Software/MyCompany/MyApplication`
2. `HKEY_CURRENT_USER/Software/MyCompany/MyApplication`
3. `HKEY_LOCAL_MACHINE/Software/MyApplication`
4. `HKEY_CURRENT_USER/Software/MyApplication`

Bedingt durch *registry* existieren unter Windows-Systemen einige Einschränkungen, die für Linux/Unix- und Mac OS X-Systemen nicht gelten. Die entsprechenden Einschränkungen können in der Qt-Online-Dokumentation nachgeschlagen werden.

Besonderheiten bei Linux/Unix-Systemen

Unter Linux/Unix-Systemen sind folgende Suchpfade voreingestellt:

1. `SYSCONF`: ist ein Directory, das beim Einrichten von Qt gesetzt wird. Die Voreinstellung ist dabei `INSTALL/etc/settings`.
2. `$HOME/.qt/`: `$HOME` ist dabei das Home-Directory des Benutzers.

Ist man mit dieser Suchreihenfolge nicht einverstanden, so kann man diese mit `insertSearchPath()` anders einstellen, wie z. B.

```
QSettings settings;
settings.insertSearchPath( QSettings::Unix, "/opt/MyCompany/share/etc" );
settings.insertSearchPath( QSettings::Unix,
                           "/opt/MyCompany/share/MyApplication/etc" );
```

Da immer zuerst in `SYSCONF` gesucht wird, ergibt sich nach diesem Code die folgende Suchreihenfolge:

1. `SYSCONF`
2. `/opt/MyCompany/share/etc`
3. `/opt/MyCompany/share/MyApplication/etc`
4. `$HOME/.qt`

Beim Lesen haben dann später aufgefundene Konfigurationen bei der obigen Suchreihenfolge eine höhere Priorität. Beim Schreiben wird die entsprechende Konfiguration in die erste beschreibbare Datei bei der obigen Suchreihenfolge geschrieben.

Unter Linux/Unix legt die erste Unter-Kennung den Konfigurations-Dateinamen fest, wobei Großbuchstaben durch Kleinbuchstaben und Leerzeichen durch Unterstrich ersetzt werden. Zudem wird an diesem Namen noch die Endung "`rc`" angehängt. So ergibt sich z. B. aus der Kennung "`/MyCompany/MyApplication/background color`" der Dateiname "`myapplicationrc`", wenn "`/MyCompany`" Teil des Suchpfads ist.

Demoprogramm zur Klasse `QSettings`[B]

Programm 6.7 lässt den Benutzer in einem Label eine beliebige Hintergrundfarbe und einen beliebigen Font einstellen. Über ein `QFileDialog`-Widget kann der Benutzer zudem Dateinamen auswählen, die dann im Label angezeigt werden. Über den Button "*Einstellungen sichern*" kann er dann seine so vorgenommenen Einstellungen sichern, so dass diese beim nächsten Programmstart wieder verfügbar sind; siehe auch Abbildung 6.6.

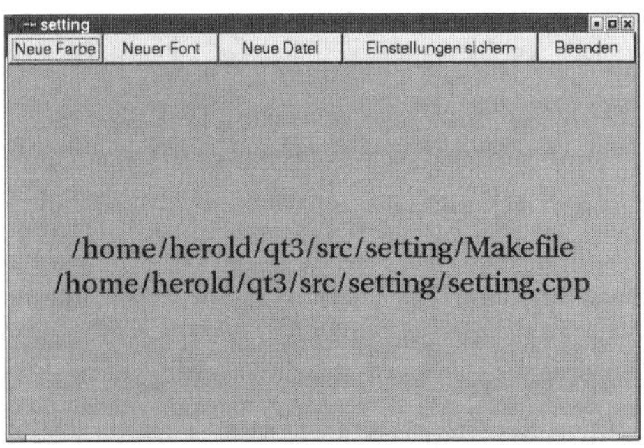

Abbildung 6.6: Sichern von Einstellungen für eine Applikation

Programm 6.7 – `setting.cpp`:
Demoprogramm zur Klasse `QSettings`

```
#include <qwidget.h>
#include <qapplication.h>
#include <qlabel.h>
#include <qpushbutton.h>
#include <qcolordialog.h>
#include <qfiledialog.h>
#include <qfontdialog.h>
#include <qsettings.h>
const QString WINDOWS_REGISTRY = "/Trolltech/settingbeispiel";
const QString APP_KEY = "/Setting/";
```

```
//............................................................. MyLabel
class MyLabel  : public QWidget {
    Q_OBJECT
public:
    MyLabel () : QWidget( 0, 0) {
        QSettings   config;
        config.insertSearchPath( QSettings::Windows, WINDOWS_REGISTRY );
          //.... Lesen der eingestellten Farbe
        rot   = config.readNumEntry( APP_KEY + "color/rgb/r", 120 ),
        gruen = config.readNumEntry( APP_KEY + "color/rgb/g", 220 ),
        blau  = config.readNumEntry( APP_KEY + "color/rgb/b", 60 );
          //.... Lesen des eingestellten Fonts
        font = QFont( "Helvetica", 12 );
        font.fromString( config.readEntry( APP_KEY + "font", font.toString() ) );
          //.... Lesen des eingestellten Textes
        text = config.readEntry( APP_KEY + "zuletzt/text", "Noch kein Text" );
          //.... Pushbuttons
        QPushButton *farbeButton = new QPushButton( "Neue Farbe", this );
         connect( farbeButton, SIGNAL( clicked() ), SLOT( neueFarbe() ) );
         farbeButton->setGeometry( 0, 0, 100, 30 );
        QPushButton *fontButton = new QPushButton( "Neuer Font", this );
         connect( fontButton, SIGNAL( clicked() ), SLOT( neuerFont() ) );
         fontButton->setGeometry( 100, 0, 120, 30 );
        QPushButton *dateiButton = new QPushButton( "Neue Datei", this );
         connect( dateiButton, SIGNAL( clicked() ), SLOT( neueDatei() ) );
         dateiButton->setGeometry( 220, 0, 130, 30 );
        QPushButton *sicherButton = new QPushButton("Einstellungen sichern", this);
         connect( sicherButton, SIGNAL(clicked()), this, SLOT(saveConfig()) );
         sicherButton->setGeometry( 350, 0, 200, 30 );
        QPushButton *quitButton = new QPushButton( "Beenden", this );
         connect( quitButton, SIGNAL(clicked()), qApp, SLOT( quit() ) );
         quitButton->setGeometry( 550, 0, 100, 30 );
        label = new QLabel( this );
         label->setPaletteBackgroundColor( QColor( rot, gruen, blau ) );
         label->setAlignment( Qt::AlignCenter ); label->setFont( font );
         label->setGeometry( 0, 30, 650, 370 ); showText();
    }
private slots:
    void neueFarbe() {
       QColor neuFarbe = QColorDialog::getColor( QColor(rot, gruen, blau), 0 );
       if ( neuFarbe.isValid() ) {
          rot = neuFarbe.red(); gruen = neuFarbe.green(); blau = neuFarbe.blue();
          showText();
       }
    }
    void neuerFont() {
       bool ok = true;
       font = QFontDialog::getFont( &ok, font, this );
       if ( ok ) { label->setFont( font ); showText(); }
    }
```

```
    void neueDatei() {
        QStringList list( QFileDialog::getOpenFileNames( "*", 0, this) );
        if ( !list.isEmpty() ) {
            text = "\n";
            for ( QStringList::Iterator it=list.begin(); it != list.end(); ++it ) {
                text += *it; text += "\n";
            }
            showText();
        }
    }
    void saveConfig() {
        QSettings    config;
        config.writeEntry( APP_KEY + "color/rgb/r", rot );
        config.writeEntry( APP_KEY + "color/rgb/g", gruen );
        config.writeEntry( APP_KEY + "color/rgb/b", blau );
        config.writeEntry( APP_KEY + "zuletzt/text", text );
        config.writeEntry( APP_KEY + "font", font.toString() );
    }
private:
    void showText() {
        label->setPaletteBackgroundColor( QColor( rot, gruen, blau ) );
        label->setText( text ); label->show();
    }
    int          rot, gruen, blau;
    QFont        font;
    QString      text;
    QLabel      *label;
};
#include "setting.moc"
//............................................................... main
int main( int argc, char *argv[] ) {
  QApplication a( argc, argv );
  MyLabel  *w = new MyLabel ;
  w->show(); w->resize( 650, 400 );
  a.setMainWidget( w );
  return a.exec();
}
```

Das Programm 6.7 erstellt unter Linux/Unix in `$HOME/.qt` eine Datei `settingrc` mit z. B. folgenden Inhalt:

```
[General]
font=Utopia,22,-1,5,50,0,0,0,0,0

[color]
rgb/b=97
rgb/g=169
rgb/r=176

[zuletzt]
text=/home/herold/qt3/src/setting/Makefile\n/home/herold/qt3/src/setting/setting.cpp
```

Kapitel 7

Vordefinierte Datentypen und Datenstrukturen (Containerklassen)

Der eine geht zum Nächsten, weil er sich sucht, und der andre, weil er sich verlieren möchte.

– F. Nietzsche

Neben vordefinierten Datentypen, die insbesondere für die Positionierung und Ausmaße von geometrischen Objekten in einer Malfläche geeignet sind, bietet Qt eigene Template-Klassen für typische Datenstrukturen wie z. B. Arrays oder Listen an. Zwar verfügt die bei jedem C++-Compiler mitgelieferte STL (*Standard Template Library*) über mehr Template-Klassen und ist auch für anspruchsvollere Anwendungsfälle ausgelegt, dafür sind aber die von der STL angebotenen Template-Klassen meist nicht so leicht verwendbar wie die entsprechenden Qt-Klassen.

Dieses Kapitel stellt zunächst die vordefinierten Datentypen (Klassen) `QPoint`, `QSize` und `QRect` vor, die vor allen Dingen beim Zeichnen von geometrischen Objekten in einer Malfläche benötigt werden.

Bevor dieses Kapitel dann mit der detaillierteren Beschreibung der einzelnen Template-Klassen beginnt, stellt es zunächst nochmals kurz grundlegende Konzepte von C++ vor, die für das Verständnis der nachfolgenden Abschnitte notwendig sind. Dabei werden zunächst Konzepte wie „explizites und implizites Sharing" oder „tiefe Kopie" (*deep copy*) und „flache Kopie" (*shallow copy*) geklärt, bevor die entsprechenden Template-Klassen und Methoden aufgezählt werden, die das jeweilige Konzept verwenden.

Vordefinierte Klassen (Datentypen) für geometrische Objekte

`QPoint`	Punkt (x- und y-Wert) in einem Koordinatensystem
`QSize`	Größe (Breite und Höhe) von zweidimensionalen Objekten
`QRect`	Rechteck (linke obere und rechte untere Ecke) in einem Koordinatensystem

Stacks (LIFO-Strategie) und Queues (FIFO-Strategie)

`QPtrStack`	Template-Klasse für einen Stack
`QValueStack`	Wertbasierende Template-Klasse für einen Stack
`QPtrQueue`	Template-Klasse für eine Queue

Arrays

`QMemArray`	Template-Klasse für Arrays von einfachen Datentypen
`QPtrVector`	Template-Klasse für Arrays von einfachen Datentypen, die anders als die wertbasierende Klasse `QMemArray`, die die Daten speichert, nur Zeiger auf die entsprechenden Elemente speichert
`QValueVector`	Wertbasierende STL-kompatible Template-Klasse als Alternative zu `QPtrVector`
`QByteArray`, `QBitArray`, `QPointArray`	Arrays von Bytes, Bits und Koordinatenpunkten

Hashtabellen und zugehörige Iterator-Klassen

`QDict`	Template-Klasse für eine Hashtabelle mit `QString`-Schlüsseln
`QAsciiDict`	Template-Klasse für eine Hashtabelle mit `char*`-Schlüsseln
`QPtrDict`	Template-Klasse für eine Hashtabelle mit `void*`-Schlüsseln
`QIntDict`	Template-Klasse für eine Hashtabelle mit `long`-Schlüsseln
`QDictIterator`, `QAsciiDictIterator`, `QPtrDictIterator` `QIntDictIterator`	Iterator-Klassen zu den vorherigen Klassen
`QCache`	Templates für Hashtabelle mit `QString`-Schlüsseln im Cache
`QAsciiCache`	Templates für Hashtabelle mit `char*`-Schlüsseln im Cache
`QIntCache`	Templates für Hashtabelle mit `long`-Schlüsseln im Cache
`QAsciiCacheIterator`, `QIntCacheIterator` `QCacheIterator`	Iterator-Klassen zu den drei vorherigen Klassen
`QMap`	Wertbasierende Template-Klasse für eine Hashtabelle
`QMapConstIterator` `QMapIterator`	Iterator-Klassen zur Klasse `QMap`

Listen und zugehörige Iterator-Klassen

`QPtrList`	Template-Klasse für eine doppelt verkettete Liste
`QPtrListIterator`	Iterator-Klasse zur Klasse `QPtrList`
`QValueList`	Template-Klasse für eine doppelt verkettete Liste, die beim Einfügen neuer Elemente private Kopien von diesen Elementen (und keine Zeiger auf diese) erstellt
`QValueListIterator`, `QValueListConstIterator`	Iterator-Klassen zu `QValueList`. Bei `QValueListConstIterator` können die Einträge der Liste nicht über den Iterator verändert werden.
`QStringList`	Klasse für eine doppelt verkettete Liste von `QString`-Objekten. Diese Klasse ist als `QValueList<QString>` definiert.
`QStrList`	Klasse für eine doppelt verkettete Liste von `char*`-Objekten. Diese Klasse ist eine `QPtrList<char>`-Instanz.
`QStrIList`	Von `QStrList` abgeleitete Klasse, die bei Vergleichen ihrer Einträge keine Groß- und Kleinschreibung unterscheidet.
`QStrListIterator`	Iterator-Klasse zu den Klassen `QStrList` und `QStrIList`
`QObjectList`	Klasse für eine doppelt verkettete Liste von `QObject`-Elementen
`QObjectListIterator`	Iterator-Klasse zur Klasse `QObjectList`

7.1 Vordefinierte Datentypen (QPoint, QSize und QRect)

7.1.1 Die Klasse QPoint

Die Klasse QPoint definiert einen Punkt (x/y-Wert) in einem Koordinatensystem. Mit QPoint-Objekten sind alle Grundrechenarten möglich: Addition, Division, Multiplikation und Division, wie z. B.

```
QPoint p(   5, 4 );
QPoint q(  -7, 6 );
QPoint r(  10, 4 );
QPoint x = 2*p + (q-r)*4.3 - (r+p/1.2);
```

Konstruktoren und wichtige Methoden der Klasse QPoint

Die Klasse QPoint bietet die folgenden Konstruktoren an:

QPoint()
: legt einen Nullpunkt (0,0) an.

QPoint(int xpos, int ypos)
: legt Koordinatenpunkt (xpos, ypos) an.

Wichtige Methoden, die die Klasse QPoint anbietet, sind:

setX(int x) , setY(int y)
: setzen die x- bzw. y-Koordinate des Koordinatenpunktes auf den Wert x bzw. y.

int x() const , int y() const
: liefern die x- bzw. y-Koordinate des Koordinatenpunktes.

QCOORD& rx() , QCOORD& ry()
: liefern eine Referenz auf den x- bzw. den y-Wert des Koordinatenpunktes, sodass man mit diesen Methoden den x- bzw. y-Wert direkt verändern kann.

```
QPoint p( 1, 2 );
p.rx()--;     // p wird (0,2)
QPoint p( 1, 2 );
p.ry()++;     // p wird (1,3)
```

int manhattanLength() const
: liefert Entfernung des Koordinatenpunktes vom Nullpunkt des Koordinatensystems, wenn man sich – ähnlich zu den Straßen in Manhattan – nur auf dem rechteckigen Gitter zum Nullpunkt bewegt, was eine Approximation zu folgender Formel ist: sqrt(pow(x(),2)+pow(y(),2))

bool isNull() const
: liefert true, wenn es sich beim Koordinatenpunkt um einen Nullpunkt mit den Koordinaten (0,0) handelt, und sonst false.

QPoint& operator+=(const QPoint& p)

QPoint& operator-=(const QPoint& p)
: addiert bzw. subtrahiert den Koordinatenpunkt p und liefert eine Referenz auf den den so berechneten Koordinatenpunkt.

```
QPoint p(3,7), q(-1,4 );  p += q; // p wird (2,11)
QPoint p(3,7), q(-1,4 );  p -= q; // p wird (4,3)
```

`QPoint& operator*=(double c) , QPoint& operator*=(int c)`

`QPoint& operator/=(double c) , QPoint& operator/=(int c)`

multiplizieren bzw. dividieren den x- und den y-Wert mit bzw. durch den Wert c und liefern eine Referenz auf den so berechneten Koordinatenpunkt. Sollte der für x oder y berechnete Wert eine Kommazahl sein, so wird der Nachkommateil abgeschnitten.

```
QPoint p(-1,4);  p *= 2.5; // p wird (-2,10)
QPoint p(-1,4);  p *= 2;   // p wird (-2,8)

QPoint p(-3,10); p /= 2.5; // p wird (-1,4)
QPoint p(-2,8);  p /= 2;   // p wird (-1,4)
```

`QPoint operator+ (const QPoint& p1, const QPoint& p2)`

`QPoint operator- (const QPoint& p1, const QPoint& p2)`

liefern den Koordinatenpunkt, der sich aus der Addition p1+p2 bzw. der Subtraktion von p1-p2 ergibt. Bei dieser Berechnung werden sowohl die beiden x- als auch die beiden y-Werte getrennt addiert bzw. subtrahiert.

`QPoint operator* (const QPoint& p, int c)`

`QPoint operator* (const QPoint& p, double c)`

`QPoint operator* (int c, const QPoint& p)`

`QPoint operator* (double c, const QPoint& p)`

multiplizieren sowohl den x- als auch den y-Wert des Koordinatenpunktes p mit dem Wert c und liefern den so berechneten Koordinatenpunkt als Rückgabe.

`QPoint operator/ (const QPoint& p, int c)`

`QPoint operator/ (const QPoint& p, double c)`

dividieren sowohl den x- als auch den y-Wert des Koordinatenpunktes p durch den Wert c und liefern den so berechneten Koordinatenpunkt als Rückgabe.

`QPoint operator- (const QPoint& p)`

negiert sowohl den x- als auch den y-Wert des Koordinatenpunktes p und liefert den so veränderten Koordinatenpunkt als Rückgabe.

`bool operator== (const QPoint& p1, const QPoint& p2)`

`bool operator!= (const QPoint& p1, const QPoint& p2)`

liefern `true`, wenn p1 und p2 gleich bzw. verschieden sind, und ansonsten `false`.

7.1.2 Die Klasse `QSize`

`QSize` definiert die Größe (Breite und Höhe) eines zweidimensionalen Objektes.

Konstruktoren und wichtige Methoden der Klasse `QSize`

Die folgenden `QSize`-Konstruktoren legen ein `QSize`-Objekt mit ...

`QSize()`	einer ungültigen (negativen) Breite und Höhe an.
`QSize(int w, int h)`	der Breite w und der Höhe h an.

Wichtige Methoden, die die Klasse `QSize` anbietet, sind:

`int width() const , int height() const`

liefern die Breite bzw. Höhe des `QSize`-Objekts.

`setWidth(int w) , setHeight(int h)`

legen die Breite bzw. Höhe des `QSize`-Objekts fest.

QCOORD& rwidth() , QCOORD& rheight()

liefern eine Referenz auf die Breite bzw. Höhe des QSize-Objekts, so dass man mit diesen Methoden die Breite bzw. Höhe des QSize-Objekts direkt ändern kann.

```
QSize s( 100, 10 );  s.rwidth() += 20; // s wird (120,10)
QSize s( 100, 10 );  s.rheight() += 5; // s wird (100,15)
```

transpose()

vertauscht die Werte von Breite und Höhe des QSize-Objekts.

bool isEmpty() const

liefert true, wenn Breite oder Höhe es QSize-Objekts $\leq$ 0 ist, und sonst false.

bool isNull() const

liefert true, wenn Breite und Höhe des QSize-Objekts 0 ist, und sonst false.

bool isValid() const

liefert true, wenn Breite und Höhe des QSize-Objekts $\geq$ 0 ist, und sonst false.

QSize& operator*= (double c) , QSize& operator*= (int c)

QSize& operator/= (double c) , QSize& operator/= (int c)

multiplizieren bzw. dividieren sowohl die Breite als auch die Höhe des QSize-Objekts mit bzw. durch den Wert c und liefern eine Referenz auf das so berechnete zweidimensionale Objekt. Sollte der jeweils berechnete Wert eine Kommazahl sein, wird der Nachkommateil abgeschnitten.

QSize& operator+= (const QSize& s)

QSize& operator-= (const QSize& s)

addiert s zu bzw. subtrahiert s von dem QSize-Objekt und liefert eine Referenz auf das so berechnete zweidimensionale Objekt.

```
QSize s(3,7); QSize r(-1,4);  s += r; // s wird (2,11)
QSize s(3,7); QSize r(-1,4);  s -= r; // s wird (4,3)
```

const QSize operator+ (const QSize& s1, const QSize& s2)

const QSize operator- (const QSize& s1, const QSize& s2)

liefern das zweidimensionale Objekt, das sich aus der Addition s1+s2 bzw. der Subtraktion von s1-s2 ergibt. Bei dieser Berechnung werden sowohl die beiden Breite- als auch die beiden Höhe-Werte getrennt addiert bzw. subtrahiert.

const QSize operator* (const QSize& s, int c)

const QSize operator* (const QSize& s, double c)

const QSize operator* (int c, const QSize& s)

const QSize operator* (double c, const QSize& s)

multiplizieren das QSize-Objekt mit dem Wert c und liefern das so berechnete zweidimensionale Objekt als Rückgabe.

const QSize operator/ (const QSize& s, int c)

const QSize operator/ (const QSize& s, double c)

dividieren das QSize-Objekt durch den Wert c und liefern das so berechnete zweidimensionale Objekt als Rückgabe.

bool operator== (const QSize& s1, const QSize& s2)

bool operator!= (const QSize& s1, const QSize& s2)

liefern true, wenn s1 und s2 gleich bzw. verschieden sind, und ansonsten false.

7.1.3 Die Klasse `QRect`

Die Klasse `QRect` definiert ein Rechteck in einem Koordinatensystem. Dieses Rechteck wird zwar intern durch eine linke obere und eine rechte untere Ecke festgelegt, wird aber meist durch seine linke obere Ecke, seine Breite und Höhe angegeben.
Es ist zu beachten, dass ein Rechteck, dessen linke obere Ecke gleich der rechten unteren Ecke ist, als Breite und Höhe den Wert `1` (und nicht `0`) hat. Dies bedeutet, dass beim Zeichnen eines solchen Rechtecks ein Punkt gezeichnet wird. Es gilt allgemein:

Breite eines `QRect`-Objekts: rechter x-Wert - linker x-Wert + 1

Höhe eines `QRect`-Objekts: unterer y-Wert - oberer y-Wert + 1

Die Voreinstellung für das verwendete Koordinatensystem ist, dass der Nullpunkt `(0,0)` in der linken oberen Ecke des entsprechenden Widgets liegt, und die x-Achse nach rechts und die y-Achse nach unten verläuft.

Konstruktoren und wichtige Methoden der Klasse `QRect`

Die Klasse `QRect` bietet die folgenden Konstruktoren an:

`QRect()`

legt ein leeres ungültiges Rechteck an.

`QRect(const QPoint& topLeft, const QPoint& bottomRight)`

legt ein Rechteck mit `topLeft` als linke obere und `bottomRight` als rechte untere Ecke an.

`QRect(const QPoint& topLeft, const QSize& size)`

legt ein Rechteck mit `topLeft` als linke obere Ecke und der Größe an, die durch den Parameter `size` festgelegt ist.

`QRect(int left, int top, int width, int height)`

legt ein Rechteck mit `(left, top)` als linke obere Ecke an, dessen Breite und Höhe durch die beiden Parameter `width` und `height` festgelegt ist.

Die folgenden drei Angaben legen alle identische Rechtecke an:

```
QRect r1( QPoint(100,200), QPoint(110,215) );
QRect r2( QPoint(100,200), QSize(11,16) );
QRect r3( 100, 200, 11, 16 );
```

Wichtige Methoden, die die Klasse `QRect` anbietet, sind:

`QSize size() const`

liefert die Größe des Rechtecks zurück.

`coords(int *xp1, int *yp1, int *xp2, int *yp2) const`

liefert die linke obere Ecke (in `*xp1` und `*yp1`) und die rechte untere Ecke (in `*xp2` und `*yp2`) des Rechtecks.

`rect(int *x, int *y, int *w, int *h) const`

liefert linke obere Ecke (in `*x` und `*y`) sowie die Breite (in `*w`) und die Höhe (in `*h`) des Rechtecks.

`int width() const , int height() const`

liefern die Breite bzw. die Höhe des `QRect`-Objekts.

`int left() const , int x() const`

liefern die x-Koordinate des linken Rands vom `QRect`-Objekt.

`int top() const , int y() const`

liefern die y-Koordinate des oberen Rands vom `QRect`-Objekt.

`int right() const`, `int bottom() const`
: liefern x-Koordinate des rechten bzw. y-Koordinate des unteren Rands.

`QPoint topLeft() const`, `QPoint topRight() const`
`QPoint bottomLeft() const`, `QPoint bottomRight() const`
: liefern jeweils die Koordinaten der linken oberen, der rechten oberen, der linken unteren bzw. der rechten unteren Ecke des `QRect`-Objekts.

`QPoint center() const`
: liefert den Mittelpunkt des `QRect`-Objekts.

`QCOORD& rTop()`, `QCOORD& rBottom()`
: liefern eine Referenz auf die y-Koordinate des oberen bzw. unteren Rands vom `QRect`-Objekt.

`QCOORD& rLeft()`, `QCOORD& rRight()`
: liefern eine Referenz auf die x-Koordinate des linken bzw. rechten Rands vom `QRect`-Objekt.

`setSize(const QSize& s)`
: legt die Größe des Rechtecks auf `s` fest, wobei die linke obere Ecke dabei nicht verändert wird.

`setCoords(int xp1, int yp1, int xp2, int yp2)`
: legt die linke obere Ecke (`xp1`,`yp1`) und die rechte untere Ecke (`xp2`,`yp2`) des Rechtecks fest.

`setRect(int x, int y, int w, int h)`
: legt die linke obere Ecke (`x`,`y`) sowie die Breite (`w`) und Höhe (`h`) des Rechtecks fest.

`setWidth(int w)`
: legt die Breite des Rechtecks auf `w` fest. Diese Methode ändert die linken Ecken nicht, verschiebt aber die rechten Ecken entsprechend.

`setHeight(int h)`
: legt die Höhe des Rechtecks auf `h` fest. Diese Methode ändert die oberen Ecken nicht, verschiebt aber die unteren Ecken entsprechend.

`setLeft(int x)`, `setX(int x)`
: legen beide die x-Position des linken Rands vom Rechteck fest. Diese Methoden ändern die Breite, aber niemals den rechten Rand des Rechtecks.

`setTop(int y)`, `setY(int y)`
: legen beide die y-Position des oberen Rands vom Rechteck fest. Diese Methoden ändern die Höhe, aber niemals den unteren Rand des Rechtecks.

`setRight(int x)`
: legt die x-Position des rechten Rands vom Rechteck fest. Diese Methode ändert die Breite, aber niemals den linken Rand des Rechtecks.

`setBottom(int y)`
: legt die y-Position des unteren Rands vom Rechteck fest. Diese Methode ändert die Höhe, aber niemals den oberen Rand des Rechtecks.

`bool isEmpty() const`
: liefert `true`, wenn das Rechteck leer ist, ansonsten `false`. Für ein leeres Rechteck gilt: `left()>right()` oder `top()>bottom()`. Ein leeres Rechteck ist kein gültiges Rechteck: `isEmpty()==!isValid()`

`bool isNull() const`

liefert `true`, wenn das Rechteck ein `null`-Rechteck ist, ansonsten `false`. Die Breite und Höhe eines `null`-Rechtecks ist `0`, sodass gilt: `right()==left()-1` und `bottom()==top()-1`. Wenn `right() == left()` und `bottom() == top()` zutrifft, dann hat das Rechteck eine Breite und Höhe von `1`. Ein `null`-Rechteck ist auch zugleich leer, aber kein gültiges Rechteck.

`bool isValid() const`

liefert `true`, wenn das Rechteck ein gültiges Rechteck ist, ansonsten `false`. Ein gültiges Rechteck liegt vor, wenn `left()<=right()` und `top()<=bottom()` gilt, was sich auch durch `isValid()==!isEmpty()` ausdrücken lässt.

`bool contains(const QPoint& p, bool proper=false) const`

`bool contains(int x, int y, bool proper) const`

liefert `true`, wenn sich der Punkt `p` bzw. der Punkt `(x,y)` innerhalb des Rechtecks oder auf dessen Rändern befindet, und ansonsten `false`. Falls `proper=true` ist, liefert diese Methode nur dann `true`, wenn sich der entsprechende Punkt wirklich innerhalb und nicht auf den Rändern des Rechtecks befindet.

`bool contains(const QRect& r, bool proper=false) const`

liefert `true`, wenn sich Rechteck `r` innerhalb des Rechtecks befindet, und sonst `false`. Falls `proper=true` ist, liefert diese Methode nur dann `true`, wenn sich das Rechteck `r` vollständig innerhalb des Rechtecks befindet und nicht seine Ränder berührt.

`QRect intersect(const QRect& r) const`

`QRect operator& (const QRect& r) const`

liefern beide das Rechteck, das alle Pixel enthält, die von diesem Rechteck und zugleich auch vom Rechteck `r` eingeschlossen sind, also die Durchschnittsmenge dieser beiden Rechtecke bilden. Beide geben ein leeres Rechteck zurück, wenn die beiden Rechtecke sich überhaupt nicht überdecken.

`bool intersects(const QRect& r) const`

liefert `true`, wenn das Rechteck `r` sich mit diesem Rechteck in mindestens einem Pixel überdeckt.

`QRect& operator&= (const QRect& r)`

liefert eine Referenz auf das Rechteck, welches alle Pixel umschließt, die von beiden Rechtecken zugleich überdeckt werden.

`QRect unite(const QRect& r) const`

`QRect operator| (const QRect& r) const`

liefern beide das Rechteck, das dieses Rechteck und das Rechteck `r` umschließt.

`QRect& operator|= (const QRect& r)`

liefert eine Referenz auf das Rechteck, welches dieses Rechteck und das Rechteck `r` umschließt.

`moveTopLeft(const QPoint& p), moveTopRight(const QPoint& p)`

`moveBottomLeft(const QPoint& p), moveBottomRight(const QPoint& p)`

legen jeweils als neue linke obere Ecke, als neue rechte obere Ecke, als neue linke untere Ecke bzw. als neue rechte untere Ecke des Rechtecks den Punkt `p` fest, wobei die Größe dieses Rechtecks sich nicht verändert.

`moveBy(int dx, int dy)`

verschiebt Rechteck von aktueller Position um die relativen Koordinaten `(dx,dy)`.

`moveCenter(const QPoint& p)`
: legt als neuen Mittelpunkt des Rechtecks den Punkt `p` fest, wobei die Größe dieses Rechtecks sich nicht verändert.

`QRect normalize() const`
: liefert ein normalisiertes Rechteck, das keine negative Breite und Höhe hat. Diese Methode vertauscht den linken und rechten Rand, wenn `left()>right()` gilt, und sie vertauscht den oberen und unteren Rand, wenn `top()>bottom()` gilt.

`bool operator== (const QRect& r1, const QRect& r2)`
`bool operator!= (const QRect& r1, const QRect& r2)`
: liefern `true`, wenn die beiden Rechtecke `r1` und `r2` gleich bzw. verschieden sind, und ansonsten `false`.

7.1.4 Durchschnitt und umschließendes Rechteck von zwei Rechtecken^{Z}

Das Programm `zweirect.cpp` ermittelt bei jedem Mausklick zwei Rechtecke an zufälligen Positionen mit zufälligen Maßen. Dann zeichnet es als erstes das Rechteck, das diese beiden Rechtecke umschließt, mit weißer Hintergrundfarbe, bevor es die beiden zufällig bestimmten Rechtecke zeichnet, wobei es das eine Rechteck rot und das andere grün füllt. Danach zeichnet dieses Programm das Rechteck, das die Schnittmenge aus beiden Rechtecken ist, gestrichelt und mit gelber Hintergrundfarbe. Schließlich zeichnet dieses Programm noch die Mittelpunkte zu diesen vier Rechtecken in der jeweiligen Farbe (siehe dazu auch Abbildung 7.1).

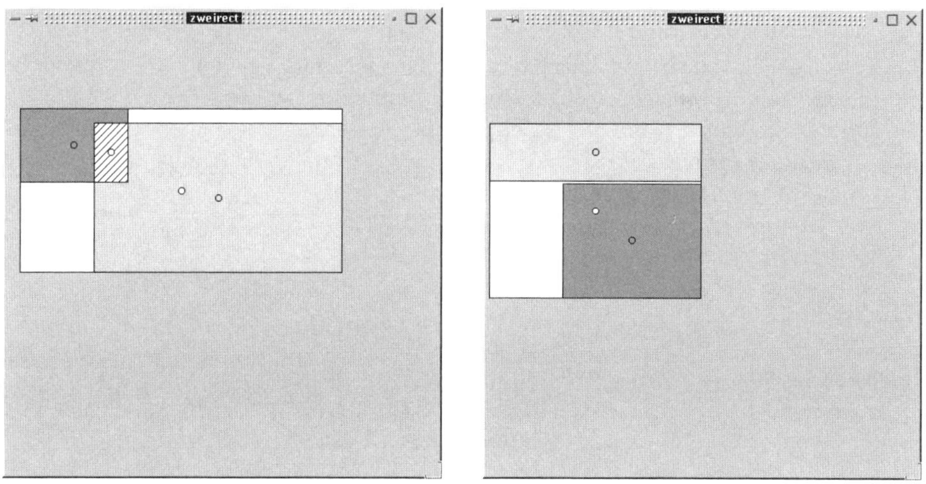

Abbildung /.1: Anzeige von Programm `zweirect.cpp` nach Masuklicks

7.2 Data-Sharing

Viele C++-Klassen in Qt benutzen ein so genanntes *Data-Sharing*, was eine gemeinsame Nutzung des gleichen Speicherplatzes durch unterschiedliche Variablen ist. Data-Sharing bringt den Vorteil mit sich, dass (überflüssiges) Kopieren von Daten minimiert wird.

Implizites und explizites Data-Sharing

Qt kennt nun zwei Arten von Data-Sharing: *implizites* und *explizites*.
Allgemein gilt hierbei zunächst, dass eine *shared* -Klasse aus einem Zeiger besteht, der auf einen gemeinsam nutzbaren Datenblock zeigt. Dieser Datenblock enthält neben den eigentlichen Daten noch einen so genannten „Referenzzähler".
Wenn von einer shared-Klasse ein Objekt erzeugt wird, wird der Referenzzähler auf `1` gesetzt. Dieser Referenzzähler wird dann um `1` erhöht, wenn ein neues Objekt auf diesen gemeinsamen Speicherbereich verweist. Gibt ein Objekt seinen Verweis auf diese gemeinsamen Daten wieder auf, wird der Referenzzähler um `1` erniedrigt. Wenn der Referenzzähler `0` wird, wird der entsprechende gemeinsam genutzte Speicherbereich freigegeben, sodass auf die Daten in diesem Speicherbereich nicht mehr zugegriffen werden kann.
Beim Arbeiten mit shared-Objekten bestehen zwei Möglichkeiten, um ein Objekt zu kopieren:

- tiefe Kopie (*deep copy*):
  Hierbei wird das entsprechende Objekt vollständig dupliziert, was natürlich sehr speicher- und zeitintensiv ist.
- flache Kopie (*shallow copy*):
  Hierbei wird nur der Zeiger auf den gemeinsam nutzbaren Datenblock kopiert und der Referenzzähler um `1` erhöht, was wesentlich schneller als ein tiefes Kopieren ist.

Bei Zuweisungen von shared-Objekten mittels des Operators = findet immer eine flache Kopie statt. Um bei solchen Objekten eine tiefe Kopie durchzuführen, muss die Funktion `copy()` aufgerufen werden. Als Beispiel für eine shared-Klasse (aus der Qt-Online-Dokumentation) wird hier die Klasse `QByteArray` gezeigt, die ein Array von Bytes realisiert und explizites Data-Sharing benutzt:

```
                         //       a=        b=        c=
QByteArray a(3),b(2)     // 1:    ?,?,?     ?,?
b[0] = 12; b[1] = 34;    // 2:    ?,?,?     12,34
a = b;                   // 3:    12,34     12,34
a[1] = 56;               // 4:    12,56     12,56
QByteArray c = a;        // 5:    12,56     12,56     12,56
a.detach();              // 6:    12,56     12,56     12,56
a[1] = 78;               // 7:    12,78     12,56     12,56
b = a.copy();            // 8:    12,78     12,78     12,56
a[1] = 90;               // 9:    12,90     12,78     12,56
```

Nachfolgend werden einige Punkte aus diesem Beispiel näher erläutert:

Zeile 3: Die Zuweisung `a = b` bewirkt, dass der originale shared-Datenblock verworfen und dem internen Datenzeiger von `a` die Adresse des shared-Datenblocks von `b` zugewiesen wird. Auch bewirkt diese Zuweisung, dass der Referenzzähler für diesen shared-Datenblock um `1` inkrementiert wird.

Zeile 4: Diese Veränderung des Inhalts von `a` zieht gleichzeitig eine Veränderung des Inhalts von `b` nach sich, da beide (`a` und `b`) den gleichen shared-Datenblock benutzen.

Das ist im Übrigen der wesentliche Unterschied zwischen explizitem und implizitem Data-Sharing, welches weiter unten näher erläutert wird.

Zeile 6: Hier klinkt sich a mittels der Funktion `detach()` aus dem gemeinsam genutzten Datenblock aus. Die Funktion `detach()` bewirkt, dass die shared-Daten zunächst kopiert werden, sodass das entsprechende Objekt nun über seine eigenen privaten Daten verfügt.

Zeile 7: Diese Veränderung von a wirkt sich nun nicht mehr auf die Objekte b und c aus, da sich a zuvor mittels `detach()` von dem shared-Datenblock losgelöst hat.

Zeile 8: Hier wird eine tiefe Kopie von a durchgeführt und diese Kopie dann dem Objekt b zugewiesen, sodass nun sowohl a und b über ihre eigene privaten Datenblöcke verfügen.

Zeile 9: Aufgrund der vorherigen Zuweisung in Zeile 8 mittels einer tiefen Kopie wirkt sich diese Änderung von a nicht mehr auf das Objekt b aus.

Unterschied zwischen implizitem und explizitem Sharing

Der Unterschied zwischen explizitem und implizitem Sharing ist, dass sich beim impliziten Sharing ein Objekt automatisch von einem shared-Datenblock loslöst, wenn der gemeinsam genutzte Datenblock geändert wird, vorausgesetzt, dass der Referenzzähler größer als `1` ist. Implizites Sharing wird manchmal auch als COW-Verfahren (*copy-on-write*) bezeichnet.

Beim expliziten Sharing dagegen wirken sich alle Änderungen in einem Objekt auf alle Objekte aus, die mit diesem einen shared-Datenblock teilen. Erst ein explizites Aufrufen der Funktion `detach()` durch den Programmierer bewirkt hierbei, dass ein Objekt sich aus dem gemeinsam genutzten Datenblock ausklinkt und ein privater Datenblock für dieses Objekt eingerichtet wird.

Als Beispiel für eine Klasse, die implizites Sharing benutzt, wird hier die Klasse `QPen` herangezogen. Alle Memberfunktionen dieser Klasse `QPen`, die die internen Daten verändern, bewirken automatisch ein Loslösen des entsprechenden Objekts von dem gemeinsam genutzten Datenblock, wie z. B.:

```
void QPen::setStyle( PenStyle s ) {
    detach();            // Loslösen vom gemeinsamen Datenblock
    data->style = s;     // Setzen des Stift-Stils
}
void QPen::detach() {
    if ( data->count != 1 )    // nur, wenn Referenzzähler > 1
        *this = copy();
}
```

Die Klasse `QByteArray` dagegen ist ein Beispiel dafür, wo implizites Sharing keinen Sinn macht, denn der Programmierer kann Folgendes tun:

```
QByteArray array( 10 );
array.fill( 'a' );
array[0] = 'f';          // modifiziert array
array.data()[1] = 'i';   // modifiziert array
```

Würde bei jeder Änderung in einem `QByteArray`-Objekt eine Kopie angefertigt, würde die Verwendung dieser Klasse zu sehr langsamen Programmen führen.

Explizite shared-Klassen

Alle Klassen, die Instantiierungen der Template-Klasse `QMemArray` sind, verwenden explizites Sharing:

`QBitArray` `QPointArray` `QByteArray`
irgendeine andere Instantiierung von `QMemArray<`*`type`*`>`
`QImage` (erbt nicht `QMemArray`)
`QMovie` (unterstützt nicht `detach()` oder `copy()`)

Außer `QMovie` bieten diese Klassen eine Funktion `detach()` an, die aufgerufen werden kann, wenn ein Objekt eine private Kopie des shared-Datenblocks anlegen möchte. Ebenso bieten diese Klassen (außer `QMovie`) eine Funktion `copy()` an, die eine tiefe Kopie eines Objekts (mit einem Referenzzähler `1`) durchführt und diese Kopie als Rückgabe liefert.

Implizite shared-Klassen

Bei folgenden Qt-Klassen handelt es sich um Klassen, die implizites Sharing verwenden:

`QBitmap`	`QBrush`	`QCursor`	`QFont`	`QFontInfo`
`QFontMetrics`	`QIconSet`	`QMap`	`QPalette`	`QPen`
`QPicture`	`QPixmap`	`QRegion`	`QString`	`QStringList`
`QValueList`	`QValueStack`			

Diese Klassen lösen ein Objekt automatisch von dem gemeinsam genutzten Datenblock, wenn er geändert wird.
Der Programmierer wird dabei überhaupt nicht merken, dass diese Objekte Sharing verwenden, da dies nur stattfindet, wenn dies Sinn macht, nämlich solange kein Schreiben in einem gemeinsam genutzten Datenblock stattgefunden hat.
Dies ist auch der Grund, warum man diese Klassen als Argumente an Funktionen übergeben kann, ohne dass man zuvor eine Kopie von ihnen erstellen muss.

```
QPixmap p1, p2;
p1.load( "image.bmp" );
p2 = p1;              // p1 und p2 benutzen gleichen Datenblock
QPainter paint;
paint.begin( &p2 ); // p2 wird nun automat. von p1 losgelöst
paint.drawText( 0,50, "Hallo" );
paint.end();
```

In diesem Beispiel nutzen `p1` und `p2` den gleichen Datenblock bis `QPainter::begin()` für `p2` aufgerufen wird. Dieser Aufruf bewirkt, dass die Pixmap modifiziert wird und somit von nun an `p1` und `p2` „verschiedene Wege gehen müssen“.

7.3 Arrays

Dieses Kapitel stellt die Klassen `QMemArray`, `QPtrVector`, `QValueVector`, `QByteArray`, `QBitArray` und `QPointArray` vor.

7.3.1 Die Klasse `QMemArray`

Die Klasse `QMemArray` ist eine Template-Klasse, die eine Array-Datenstruktur für einfache Datentypen zur Verfügung stellt. Um Objekte von der Template-Klasse `QMemArray` zu erzeugen, muss die folgende Syntax eingehalten werden:

`QMemArray<`*`typ`*`>` *`name`*`;`

Diese Angabe erzeugt ein `QMemArray`-Objekt *name*, das Elemente vom Typ *typ* enthalten kann, wie z. B.:

```
QMemArray<int> g;     // g kann ganze Zahlen enthalten
QMemArray<double> d; // d kann Gleitpunktzahlen enthalten
```

Bei der Klasse `QMemArray` sind die folgenden Punkte zu beachten:

- `QMemArray` ist die Basisklasse für die Klassen `QByteArray`, `QBitArray` und `QPointArray`, die für das Speichern von Bytes, von Bits oder von Paaren von Koordinatenwerten ausgelegt sind.
- Anders als alle in diesem Kapitel vorgestellten Klassen speichern die Klasse `QMemArray` und die von ihr abgeleiteten Klassen `QByteArray`, `QBitArray` und `QPointArray` ihre Elemente direkt im Array, während die restlichen in diesem Kapitel vorgestellten Klassen lediglich Zeiger auf ihre Elemente im Array speichern.
- Die Klasse `QMemArray` kann nur sehr eingeschränkt verwendet werden, da sie lediglich für einfache Datentypen ausgelegt ist: C++-Standarddatentypen, Strukturen und Klassen, die keine Konstruktoren, Destruktoren oder virtuelle Funktionen besitzen. Diese Einschränkungen resultieren aus der Tatsache, dass die Klasse `QMemArray` bitweise arbeitet, wenn Arrayelemente zu kopieren oder zu vergleichen sind.
- `QMemArray` verwendet explizites Sharing mit einen Referenzzähler. Wenn mehr als ein Array sich gemeinsame Daten teilen, und der Inhalt eines Arrays wird geändert, so wirkt sich diese Änderung auch auf alle anderen Arrays aus, welche sich mit diesem Array die gemeinsamen Daten teilen.

Konstruktoren und wichtige Methoden der Klasse `QMemArray`

Die wichtigsten von `QMemArray` angebotenen Konstruktoren sind:

`QMemArray()`

legt ein `null`-Array an.

`QMemArray(const QMemArray<type>& a)`

legt eine flache Kopie (*shallow copy*) des Array `a` an.

`QMemArray(int size)`

legt ein Array an, das Platz für `size` Elemente hat. Bei `size=0` wird ein `null`-Array angelegt.

Wichtige Methoden, die die Klasse `QMemArray` anbietet, sind:

`QMemArray<type> copy() const`

liefert tiefe Kopie (*deep copy*) dieses Array.

`detach() virtual`

löst dieses Array vom shared-Datenblock, indem es eine tiefe Kopie (*deep copy*) der Daten durchführt, wenn der Referenzzähler größer als `1` ist.

`QMemArray<type>& assign(const QMemArray<type>& a)`

`QMemArray<type>& operator=(const QMemArray<type>& a)`

Beide Methoden weisen dem `QMemArray`-Objekt eine flache Kopie des Array `a` zu und liefern eine Referenz auf dieses Array als Rückgabe.

`type& operator[](int index) const`

`type& at(uint index) const`

Beide Methoden liefern eine Referenz auf das Element an der Position `index` im Array zurück. Mit beiden Methoden ist es möglich, ein Element aus dem Array zu lesen oder aber in dieses zu schreiben.

`uint count() const`

`uint size() const`

liefern beide die Größe (maximal mögliche Anzahl von Elementen) des Arrays. Rückgabewert `0` bedeutet, dass es sich um ein `null`-Array handelt.

`bool resize(uint size)`

vegrößert bzw. verkleinert das Array auf `size` Elemente. Bei `size=0` wird das Array ein `null`-Array. Diese Methode liefert `true`, wenn das Vergrößern bzw. Verkleinern erfolgreich war, sonst `false`.

`bool isNull() const`

liefert `true`, wenn das Array ein `null`-Array ist, ansonsten `false`. Für ein `null`-Array gilt: `size()==0` und `data()==0`.

`bool isEmpty() const`

liefert `true`, wenn das Array leer ist, ansonsten `false`. Anders als die gleichnamigen Methoden der Klasse `QString` sind die beiden `QMemArray`-Methoden `isEmpty()` und `isNull()` äquivalent.

`bool fill(const type& v, int size=-1)`

füllt das Array mit dem Wert `v`. Wenn `size!=-1` gilt, wird das Array entsprechend vergrößert bzw. verkleinert, bevor es mit dem Wert `v` gefüllt wird. Diese Methode liefert `true`, wenn das Füllen erfolgreich war, und sonst `false`.

`int find(const type& v, uint index=0) const`

sucht ab Position `index` erstes Vorkommen des Wertes `v` im Array. Wird `v` gefunden, wird dessen Position und sonst -1 zurückgegeben.

`int contains(const type& v) const`

liefert zurück, wie oft der Wert `v` im Array vorhanden ist.

```
bool operator==(const QMemArray<type>& a) const
bool operator!=(const QMemArray<type>& a) const
```

liefern `true`, wenn das Array gleich bzw. ungleich dem Array `a` ist, ansonsten `false`. Die beiden Arrays werden dabei bitweise verglichen.

`Iterator begin()`

liefert einen so genannten Iterator, der auf den Anfang des Array zeigt. Dieser Iterator ist hier ein richtiger Zeiger. Wie diese Iteratoren zu benutzen sind, zeigt Programm 7.2.

`Iterator end()`

liefert einen Iterator, der hinter das letzte Element des Array zeigt. Der hier gelieferte Iterator ist auch hier ein richtiger Zeiger. Die Verwendung von Iteratoren im Zusammenhang mit der Klasse `QMemArray` ist in Programm 7.2 gezeigt.

`type *data() const`

liefert einen Zeiger auf die aktuellen Array-Daten. Das Array ist ein `null`-Array, wenn `data()==0` gilt.

`sort()`

sortiert die Elemente des Arrays in aufsteigender Reihenfolge.

`int bsearch(const type& v) const`

führt in einem sortierten Array eine binäre Suche nach dem ersten Vorkommen des Wertes `v` durch. Findet diese Methode den Wert `v` im Array, so liefert sie dessen Position zurück, und ansonsten den Wert `-1`. In einem sortierten Array ist diese Methode wesentlich schneller als die Methode `find()`, welche linear sucht.

Demonstrationsprogramm zur Klasse `QMemArray`[B]

Programm 7.1 gibt eine so genannte teuflische Folge zu einer auf der Kommandozeile angegebenen ungeraden Zahl aus. Die teuflische Folge ist wie folgt definiert: Man startet mit dieser ungeraden positiven Zahl. Der Nachfolger einer Zahl z ist:

$$\frac{z}{2} \quad \text{wenn z gerade ist und} \quad \frac{3 \cdot z + 1}{2} \quad \text{wenn z ungerade ist}$$

Die Folge ist beendet, wenn die Zahl `1` erreicht wird.
Programm 7.1 verwendet eine Funktion `teufFolge()` zur Ermittlung der teuflischen Folge. In dieser Funktion werden in dem lokalen `QMemArray`-Objekt `f` die einzelnen Zahlen der teuflischen Folge hinterlegt. Dieses Array wird dabei immer um ein Element vergrößert, wenn es eine neue Zahl aus der Folge aufnehmen soll. Das ganze `QMemArray f` wird dann an `main()` zurückgegeben. In `main()` wird dann der zurückgegebene Inhalt dieses `QMemArray`-Objekts ausgegeben, wobei zusätzlich noch gezählt wird, wie oft die Zahl 1 vorkommt und an welcher Stelle sich die Zahl 5 befindet. Ruft man dieses Programm z. B. wie folgt auf:

```
memarray 59
```

so liefert es die folgende Ausgabe:

```
 0:      59
 1:      89
 2:     134
 3:      67
 4:     101
 5:     152
 6:      76
 7:      38
 8:      19
 9:      29
10:      44
11:      22
12:      11
13:      17
14:      26
15:      13
16:      20
17:      10
18:       5
19:       8
20:       4
21:       2
22:       1
Zahl 1 ist 1 mal enthalten
Zahl 5 befindet sich im Array beim Index 18
```

Programm 7.1 – `memarray.cpp`:
Demoprogramm zur Klasse `QMemArray` (Teuflische Folge zu einer Zahl)

```
#include <qmemarray.h>
#include <stdlib.h>
#include <stdio.h>
```

```
//.................................................................. teufFolge
QMemArray<int> teufFolge( int startZahl )
{
    QMemArray<int> f;  // Leeres Array fuer int-Zahlen

      // Pruefen, ob positive ungerade Zahl uebergeben wurde
    if ( startZahl <= 0 || startZahl % 2 == 0 )
        return f;
    do {
       uint  len = f.size();
       f.resize( len+1 );  // Array um eine Stelle vergroessern
       f[len] = startZahl; // startZahl am Ende des Arrays einfuegen
       if ( startZahl % 2 == 0 )
          startZahl /= 2;
       else
          startZahl = (3*startZahl + 1) / 2;
    } while ( !f.contains( 1 ) );
    return f;
}
//....................................................................... main
int main( int argc, char *argv[] ) {
    QMemArray<int> a;
    if (argc < 2)
       return 1;
    a = teufFolge( atoi( argv[1] ) );
    for ( uint i=0; i<a.size(); i++ )
        printf( "%3d: %10d\n", i, a[i] );
    if ( a.size() > 0 ) {
       printf( "Zahl 1 ist %d mal enthalten\n", a.contains(1) );
       printf( "Zahl 5 befindet sich im Array beim Index %d\n", a.find(5) );
    }
    return 0;
}
```

Demonstrationsprogramm zu Iteratoren bei der Klasse `QMemArray`[B]

Programm 7.2 leistet das Gleiche wie das Programm 7.1, nur dass es das Array a nun mittels eines Iterators durchläuft.

Programm 7.2 – `memarray2.cpp`:
Demoprogramm zur Verwendung von Iteratoren bei der Klasse `QMemArray`

```
#include <qmemarray.h>
#include <stdlib.h>
#include <stdio.h>
//.................................................................. teufFolge
QMemArray<int> teufFolge( int startZahl ) {
    ....
    ..... // identisch zum Programm 7.1
    ....
}
```

```
//.................................................................. main
int main( int argc, char *argv[] ) {
   QMemArray<int> a;

   if (argc < 2)
      return 1;
   a = teufFolge( atoi( argv[1] ) );
   QMemArray<int>::Iterator it;
   for ( it = a.begin(); it != a.end(); it++ )
       printf( "%3d: %10d\n", it-a.begin(), (*it) );
   if ( a.size() > 0 ) {
      printf( "Zahl 1 ist %d mal enthalten\n", a.contains(1) );
      printf( "Zahl 5 befindet sich im Array beim Index %d\n", a.find(5) );
   }
   return 0;
}
```

7.3.2 Die Klasse `QPtrVector`

Neben der Klasse `QMemArray` existiert mit der Klasse `QPtrVector` eine weitere Template-Klasse für Arrays. Definiert man eine Instanz von dieser Klasse, wie z. B.:

`QPtrVector<`*`typ`*`>` *`ptrArray`*`;`

legt man ein Array mit Zeigern auf den Typ *`typ`* fest.

Der Hauptunterschied zwischen der Klasse `QPtrVector` und der Klasse `QMemArray` ist, dass in `QPtrVector`-Objekten Zeiger auf die einzelnen Elemente gespeichert werden, während in `QMemArray`-Objekten die Elemente selbst gespeichert werden, da die Klasse `QMemArray` wertebasierend (*value-based*) ausgelegt ist. Für weitere Informationen zu der Klasse `QPtrVector` sei an dieser Stelle auf die Qt-Online-Dokumentation verwiesen.

7.3.3 Die Klasse `QValueVector`

Neben der Klasse `QPtrArray` existiert mit der Klasse `QValueVector` eine wertbasierende Template-Klasse für dynamische Arrays. `QValueVector` ist eine Qt-Implementierung zur STL-Klasse `vector`.

7.3.4 Die Klasse `QByteArray`

Zur Klasse `QByteArray` bedarf es wenig Erklärung, da diese Klasse lediglich wie folgt definiert ist:

```
typedef QMemArray<char> QByteArray;
```

7.3.5 Die Klasse `QBitArray`

Die Klasse `QBitArray` stellt ein Array von Bits zur Verfügung. Da die Klasse `QBitArray` von der Klasse `QMemArray` abgeleitet ist, verwendet sie ebenfalls wie ihre Basisklasse explizites Sharing mit einem Referenzzähler.

Ein `QBitArray`-Objekt ist ein spezielles Byte-Array, in dem man zum einen auf einzelne Bits zugreifen kann und zum anderen aber auch Bit-Operationen (`AND`, `OR`, `XOR` und `NOT`) entweder auf ganze Bit-Arrays oder auf einzelne Bits durchführen kann.

Konstruktoren und wichtige Methoden der Klasse `QBitArray`

Die wichtigsten von `QBitArray` angebotenen Konstruktoren sind:

`QBitArray()`	legt ein leeres Bit-Array an.
`QBitArray(const QBitArray& a)`	legt eine flache Kopie des Bit-Arrays a an.
`QBitArray(uint size)`	legt ein Bit-Array für `size` Bits an.

Wichtige Methoden, die die Klasse `QBitArray` anbietet, sind:

`QBitArray& operator=(const QBitArray& a)`
: weist dem `QBitArray`-Objekt eine flache Kopie des Arrays `a` zu und liefert eine Referenz auf dieses Array als Rückgabe.

`bool at(uint index) const`

`bool operator[](uint index)`
: liefern beide den Wert (`0` oder `1`) des Bits an der Position `index` im Bit-Array.

`QBitVal operator[](int index)`
: stellt den Operator `[]` für Bit-Arrays zur Verfügung. `QBitVal` ist eine interne Klasse, die von `QBitArray` benutzt wird, wie z. B.:

```
QBitArray a( 3 );
a[0] = 0;
a[1] = 1;
a[2] = a[0] ^ a[1];
```

`setBit(uint index)`
: setzt das Bit an der Position `index` auf `1`.

`setBit(uint index, bool v)`
: setzt das Bit an der Position `index` auf den Wert `v`.

`clearBit(uint index)`
: setzt das Bit an der Position `index` auf `0`.

`bool testBit(uint index) const`
: liefert `true`, wenn das Bit an Position `index` gesetzt ist, also Wert `1` hat, und ansonsten `false`.

`bool toggleBit(uint index)`
: invertiert das Bit an der Position `index`.

`bool resize(uint size)`
: vegrößert bzw. verkleinert das Bit-Array auf `size` Bits. Diese Methode liefert `true`, wenn das Vergrößern bzw. Verkleinern erfolgreich war, sonst `false`.

`uint size() const`
: liefert die Größe (Anzahl der Bits) des Bit-Arrays.

`QBitArray copy() const`
: liefert tiefe Kopie (*deep copy*) des Bit-Arrays zurück.

`detach() virtual`
: löst dieses Bit-Array von dem shared-Datenblock, indem es eine tiefe Kopie (*deep copy*) der Daten durchführt, wenn der Referenzzähler größer als `1` ist.

`bool fill(bool v, int size=-1)`
: füllt das Bit-Array mit `v` (`1`, wenn `v` `true` ist, bzw. `0`, wenn `v` `false` ist). Wenn `size>=0` gilt, wird das Bit-Array entsprechend vergrößert bzw. verkleinert, bevor es mit dem Wert v gefüllt wird. Diese Methode liefert `true`, wenn das Füllen erfolgreich war, und sonst `false`, was nur bei `size >= 0` möglich ist.

`QBitArray& operator&= (const QBitArray& a)`

`QBitArray& operator|= (const QBitArray& a)`

`QBitArray& operator^= (const QBitArray& a)`

führen bitweises AND, OR bzw. XOR für alle Bits mit denen des Bit-Array a durch und liefern eine Referenz auf das Bit-Array zurück. Das aus diesen Operationen resultierende Bit-Array hat die Länge der längsten der beiden Bit-Arrays, wobei fehlende Bits im kürzeren Bit-Array als 0 interpretiert werden.

`QBitArray operator~ () const`

liefert ein Bit-Array, in dem alle Bits dieses Bit-Arrays invertiert sind.

`QBitArray operator& (const QBitArray& a, const QBitArray& b)`

`QBitArray operator| (const QBitArray& a, const QBitArray& b)`

`QBitArray operator^ (const QBitArray& a, const QBitArray& b)`

liefern jeweils das Ergebnis, das sich aus dem bitweisem AND, OR bzw. XOR der beiden Bit-Arrays a und b ergibt.

```
QBitArray a(3), b(2);
a[0] = 1;  a[1] = 0;  a[2] = 1;   // a = [1 0 1]
b[0] = 1;  b[1] = 0;              // b = [1 0  ]
a &= b;                           // a = [1 0 0]
a[0] = 1;  a[1] = 0;  a[2] = 1;   // a = [1 0 1]
b[0] = 1;  b[1] = 0;              // b = [1 0  ]
a |= b;                           // a = [1 0 1]
a[0] = 1;  a[1] = 0;  a[2] = 1;   // a = [1 0 1]
b[0] = 1;  b[1] = 0;              // b = [1 0  ]
a ^= b;                           // a = [0 0 1]
a[0] = 1;  a[1] = 0; a[2] = 1;    // a = [1 0 1]
QBitArray c = ~a;                 // c = [0 1 0]
```

Demonstrationsprogramm zur Klasse `QBitArray`[B]

Programm 7.3 zeigt anhand einer Wahrheitstabelle, dass die beiden booleschen Ausdrücke `s | (~a & ~b))` und `~( (a | b & ~s))` äquivalent sind. Startet man dieses Programm, liefert es die folgende Ausgabe:

```
-----------------------------------------
 a  b  s     s + (-a * -b)    -((a+b)*-s)
-----------------------------------------
 0  0  0          1               1
 0  0  1          1               1
 0  1  0          0               0
 0  1  1          1               1
 1  0  0          0               0
 1  0  1          1               1
 1  1  0          0               0
 1  1  1          1               1
-----------------------------------------
                         + = bitweises OR
                         * = bitweises AND
                         - = bitweise Negation
```

Programm 7.3 – `bitarray.cpp`:
Demoprogramm zur Klasse `QBitArray`

```
#include  <qbitarray.h>
#include  <stdio.h>
//................................................................ funk1
QBitArray funk1(QBitArray a, QBitArray b, QBitArray s) {
   return( s | (~a & ~b) );
}
//................................................................ funk2
QBitArray funk2(QBitArray a, QBitArray b, QBitArray s) {
   return( ~( (a | b) & ~s) );
}
//................................................................. main
int  main(void) {
    uint i;
    QBitArray  a(8), b(8), s(8), f1(8), f2(8);

    for ( i=0; i<8; i++) {
       a[i] = i>3;
       b[i] = i % 4 < 2 ? 0 : 1;
       s[i] = i%2;
    }
    f1 = funk1( a, b, s );
    f2 = funk2( a, b, s );
    printf("-----------------------------------------\n");
    printf(" a  b  s    s + (-a * -b)    -((a+b)*-s)\n");
    printf("-----------------------------------------\n");
    for ( i=0; i<8; i++) {
        printf("%2d", a[i] ? 1 : 0 );
        printf("%3d", b[i] ? 1 : 0 );
        printf("%3d", s[i] ? 1 : 0 );
        printf("%12d", f1[i] ? 1 : 0 );
        printf("%16d", f2[i] ? 1 : 0 );
        printf("\n");
    }
    printf("-----------------------------------------\n");
    printf("                          + = bitweises OR\n"
           "                          * = bitweises AND\n"
           "                          - = bitweise Negation\n");
    return 0;
}
```

7.3.6 Die Klasse `QPointArray`

Da die Klasse `QPointArray` von der Klasse `QMemArray` abgeleitet ist, verwendet sie ebenfalls wie ihre Basisklasse explizites Sharing mit einem Referenzzähler.
Die Klasse `QPointArray`, die ein Array von Koordinatenpunkten (`QPoint`-Objekten) zur Verfügung stellt, wird von der Klasse `QPainter` verwendet, um z. B. Segmente, Polygone oder Bezier-Kurven zu zeichnen.

Konstruktoren und wichtige Methoden der Klasse `QPointArray`

Die von `QPointArray` angebotenen Konstruktoren sind:

`QPointArray()`
: legt ein `null`-`QPointArray`-Objekt an.

`QPointArray(const QRect& r, bool closed=false)`
: legt zum Rechteck `r` ein `QPointArray`-Objekt an. Bei `closed=false` enthält dieses Array vier Punkte: `r.topLeft()`, `r.topRight()`, `r.bottomRight()`, `r.bottomLeft()` Ist `closed=true`, enthält dieses Array zusätzlich noch einen fünften Punkt `r.topLeft()`, um das Rechteck vollständig zu schließen.

`QPointArray(const QPointArray& a)`
: legt eine flache Kopie zu dem `QPointArray`-Objekt a an.

`QPointArray(int size)`
: legt ein `QPointArray` an, das groß genug ist, um `size` Punkte aufzunehmen. Falls `size=0` ist, wird ein `null`-Array angelegt.

Einige wichtige Methoden, die die Klasse `QPointArray` neben den von ihrer Basisklasse `QMemArray` geerbten Methoden noch anbietet, sind:

`setPoint(uint i, int x, int y)`
`setPoint(uint i, const QPoint& p)`
: setzen Punkt an Position `i` des `QPointArray`-Objekts auf (x,y) bzw. `p`.

`QPointArray copy() const`
: erzeugt eine tiefe Kopie (*deep copy*) des Array.

`QPointArray& operator= (const QPointArray& a)`
: weist diesem `QPointArray`-Objekt eine flache Kopie von a zu und liefert eine Referenz auf dieses `QPointArray`-Objekt.

`bool putPoints(int index, int n,`
`                    const QPointArray& from, int fromIndex=0)`
: kopiert `n` Punkte aus dem übergebenen Array `from` in dieses `QPointArray`-Objekt (beginnend bei `index` in diesem Array und beginnend bei `fromIndex` im Array `from`). Bei diesem Kopievorgang wird dieses `QPointArray`-Objekt automatisch vergrößert, wenn dies notwendig sein sollte. Der Rückgabewert `true` zeigt an, dass der Kopiervorgang erfolgreich war, und der Rückgabewert `false`, dass das Kopieren fehlschlug, weil z. B. das `QPointArray`-Objekt nicht vergrößert werden konnte.

```
QPointArray a, b;
a.putPoints( 0, 3, 1,2, 0,0, 5,6 ); // a hat 3 Pkte: ( 1,2, 0,0, 5,6 )
b.putPoints( 0, 3, 4,4, 5,5, 6,6 ); // b hat 3 Pkte: ( 4,4, 5,5, 6,6 );
a.putPoints( 2, 3, b ); // a nun 5 Pkte: ( 1,2, 0,0, 4,4, 5,5, 6,6 );
```

`bool putPoints(int i, int n, int firstx, int firsty, ...)`
: kopiert `n` Punkte, die mittels der variablen Argumentenliste übergeben werden, in dieses `QPointArray`-Objekt (beginnend bei `i`). Wenn notwendig, wird dabei dieses `QPointArray`-Objekt automatisch vergrößert. Der Rückgabewert `true` zeigt an, dass der Kopiervorgang erfolgreich war, und `false`, dass das Kopieren fehlschlug, weil z. B. das `QPointArray`-Objekt nicht vergrößert werden konnte.

```
QPointArray a( 1 );
a[0] = QPoint( 8, 5 );
a.putPoints( 1, 2, 3,4, 5,6 ); // a enth. 3 Pkte: (8,5), (3,4), (5,6)
```

`QRect boundingRect() const`
: liefert ein Rechteck zurück, das alle Punkte des `QPointArray`-Objekts umschließt. Ist das `QPointArray` leer, liefert diese Methode `QRect(0,0,0,0)` als Rückgabe.

`QPointArray cubicBezier() const`
: liefert Bezier-Punkte für die vier Kontrollpunkte in diesem `QPointArray`-Objekt.

Demonstrationsprogramm zur Klasse `QPointArray`^{B}

Programm 7.4 blendet dem Benutzer ein kleines Malfenster ein, in dem er schnell die Maus bei gedrückter Maustaste bewegen kann. Dieses Programm merkt sich dann, so schnell es ihm eben möglich ist, immer die jeweiligen Mauspositionen in dem `QPointArray`-Objekt `mausPixel`. Lässt der Benutzer die Maustaste los, verbindet dieses Programm jeden gemerkten Punkt mit allen anderen Punkten. Die Verbindungslinien zwischen den einzelnen Punkten werden dabei in zufälligen Farben gezeichnet (siehe auch Abbildung 7.2).

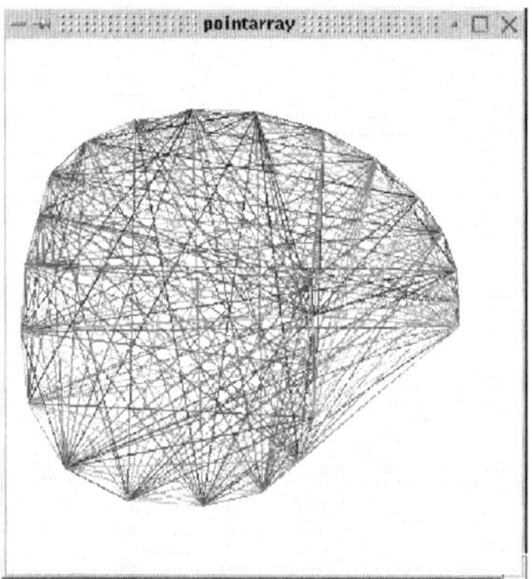

Abbildung 7.2: Verbindungslinien zwischen allen Punkten nach Loslassen der Maus

Programm 7.4 – `pointarray.cpp`:
Demoprogramm zur Klasse `QPointArray`

```
#include <qapplication.h>
#include <qwidget.h>
#include <qpainter.h>
#include <qpixmap.h>
#include <qpointarray.h>
#include <stdlib.h>
#include <time.h>
class MalFenster : public QWidget {
public:
   MalFenster() {
      setBackgroundMode( NoBackground ); // beim Neumalen nicht loeschen
   }
protected:
   virtual void mousePressEvent( QMouseEvent* ) {
      mausPixel.resize( 0 );
```

```
      puffer.fill( white );
      bitBlt( this, 0, 0, &puffer );
   }
   virtual void mouseMoveEvent( QMouseEvent* event ) {
      uint  len = mausPixel.size();
      mausPixel.resize( len + 1 );
      mausPixel[len] = event->pos();
   }
   virtual void mouseReleaseEvent( QMouseEvent* ) {
      QPainter wMaler; // erzeugt QPainter-Objekt zum Zeichnen im Window
      QPainter pMaler; // erzeugt QPainter-Objekt zum Zeichnen im Puffer
      wMaler.begin( this );     // Start des Zeichnens im Window
      pMaler.begin( &puffer ); // Start des Zeichnens im Puffer
      int  len = mausPixel.size();
      for ( int i=0; i < len; i++)
         for ( int j=0; j<len; j++)
            if (i != j ) {
               int r = rand() % 256,
                   g = rand() % 256,
                   b = rand() % 256;
               wMaler.setPen( QColor( r, g, b ) );
               pMaler.setPen( QColor( r, g, b ) );
               wMaler.drawLine( mausPixel[i], mausPixel[j] );
               pMaler.drawLine( mausPixel[i], mausPixel[j] );
            }
      wMaler.end();    // Beendigung des Zeichnens im Window
      pMaler.end();    // Beendigung des Zeichnens im Puffer
   }
   virtual void paintEvent( QPaintEvent* ) {
      bitBlt( this, 0, 0, &puffer ); // kopiert Puffer-Bild auf Bildschirm
   }
   virtual void resizeEvent( QResizeEvent* event ) {
      QPixmap save( puffer );
      puffer.resize( event->size() );
      puffer.fill( white );
      bitBlt( &puffer, 0, 0, &save );
   }
private:
   QPixmap     puffer;
   QPointArray mausPixel;
};
int main( int argc, char* argv[] ) {
   QApplication myapp( argc, argv );
   MalFenster* mywidget = new MalFenster();
   mywidget->setGeometry( 50, 50, 400, 400 );
   ::srand( time( NULL ) );
   myapp.setMainWidget( mywidget );
   mywidget->show();
   return myapp.exec();
}
```

Wachsen von Strichen[Z]

Das Programm `pointarray2.cpp` simuliert ein Wachsen von Strichen vom unteren Rand eines Widget zum oberen Rand. Nach einer gewissen Zeit ändert sich dabei immer die Farbe. Wird der obere Widgetrand erreicht, so wird die entsprechende Pixelspalte vollständig gelöscht, und das Wachsen für diese Spalte beginnt erneut vom unteren Widgetrand (siehe auch Abbildung 7.3).

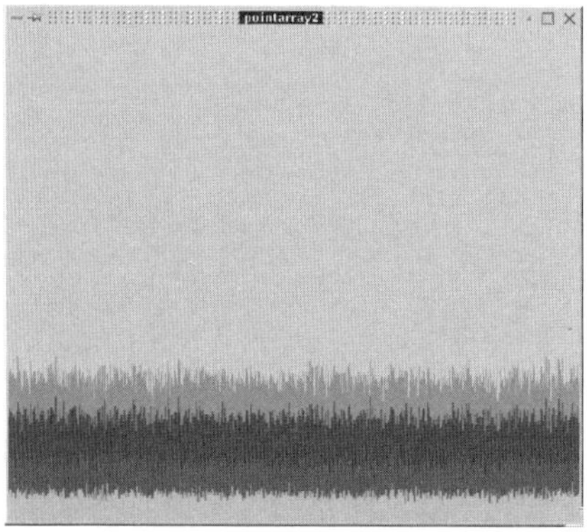

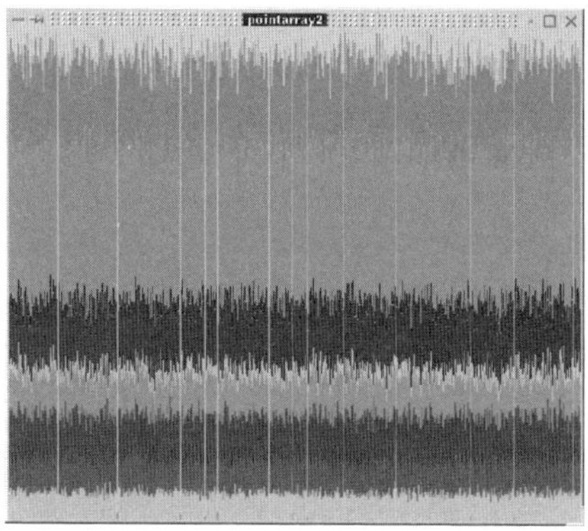

Abbildung 7.3: Wachsen von Strichen (links: ziemlich am Anfang; rechts: etwas später)

7.4 Hashtabellen und zugehörige Iterator-Klassen

Dieses Kapitel stellt Klassen vor, die Hashtabellen (*Dictionaries*) mit unterschiedlichen Hashschlüsseln (*hash keys*) zur Verfügung stellen.

7.4.1 Die Klasse `QDict`

Die Klasse `QDict` ist eine Template-Klasse, die eine Hashtabelle mit `QString`-Schlüsseln bereitstellt. Um Objekte von der Template-Klasse `QDict` zu erzeugen, muss die folgende Syntax eingehalten werden:

```
QDict<typ> name;
```

Diese Angabe erzeugt ein `QDict`-Objekt *name*, das Zeiger auf Elemente vom Typ *typ* enthalten kann.

Da jedes Element in einem `QDict`-Objekt auf eine einfach verkettete Liste zeigt, in der die einzelnen Einträge untergebracht sind, sind auch Kollisionen (Einträge mit gleichen Hashschlüsseln) erlaubt. Wenn ein neuer Eintrag in der Hashtabelle eingefügt wird, wird sein Hashschlüssel in eine ganze Zahl umgewandelt, die als Index für die Hashtabelle dient. Der entsprechende Eintrag wird dann an erster Stelle in der verketteten Liste eingefügt. Die Größe einer Hashtabelle sollte wie bei allen Hashtabellen immer eine entsprechend große Primzahl sein.

Wenn man einen neuen Eintrag in die Hashtabelle einfügt, findet eine flache Kopie statt, was bedeutet, dass nur ein Zeiger kopiert wird und nicht der Eintrag selbst. Man kann zwar auch eine tiefe Kopie erzwingen. Dazu muss man jedoch einige intern verwendeten Methoden reimplementieren. Interessierte Leser seien auf die Qt-Online-Dokumentation verwiesen.

Konstruktoren und wichtige Methoden der Klasse QDict

Die von QDict angebotenen Konstruktoren sind:

QDict(const QDict<type>& dict)

legt eine flache Kopie vom QDict-Objekt dict an, sodass sich nur die entsprechenden Zeiger in dieser Kopie befinden.

QDict(int size=17, bool caseSensitive=true)

legt ein QDict-Objekt an, wobei size die Größe dieser Hashtabelle festlegt. Der Parameter caseSensitive legt fest, ob bei der Berechnung der Hashschlüssel Klein- und Großschreibung zu unterscheiden ist (caseSensitive=true) oder nicht (caseSensitive=false).

Wichtige Methoden, die die Klasse QDict anbietet, sind:

insert(const QString& key, const type *item)

fügt das Element item mit dem Hashschlüssel key in das QDict-Objekt ein. Sollte der Hashschlüssel key im QDict-Objekt bereits existieren, wird item am Anfang der zugehörigen einfach verketteten Liste eingefügt.

type* operator[] (const QString& key) const

type* find(const QString& key) const

beide Methoden liefern den Eintrag mit dem Hashschlüssel key zurück, oder null, wenn sich in dem QDict-Objekt kein Eintrag zu diesem Hashschlüssel befindet. Sollten sich in dem QDict-Objekt zwei oder mehrere Einträge mit diesem Hashschlüssel befinden, wird der zuletzt eingefügte Eintrag zurückgeliefert.

uint count() const virtual

liefert die Anzahl von Einträgen in dem QDict-Objekt.

uint size() const

liefert die Größe der intern für das QDict-Objekt verwendeten Hashtabelle.

resize(uint newsize)

ändert die Größe der Hashtabelle auf newsize.

clear() virtual

entfernt alle Einträge aus dem QDict-Objekt. Die entfernten Einträge selbst werden nur gelöscht, wenn setAutoDelete(true) aufgerufen wurde.

bool isEmpty() const

liefert true, wenn das QDict-Objekt leer, also count()==0 ist, ansonsten liefert diese Methode false.

QDict<type>& operator= (const QDict<type>& dict)

weist diesem QDict-Objekt das QDict-Objekt dict zu und liefert eine Referenz auf dieses Objekt zurück. Bei dieser Zuweisung wird zuerst dieses QDict-Objekt vollständig geleert, bevor die einzelnen Zeiger (flache Kopie) aus dict in diesem QDict-Objekt eingefügt werden.

bool remove(const QString& key)

entfernt den Eintrag mit dem Hashschlüssel key aus dem QDict-Objekt. Diese Methode liefert true, wenn dieses Entfernen erfolgreich war, und false, wenn der Hashschlüssel nicht existiert, also kein Eintrag entfernt werden konnte. Wenn zwei oder mehr Einträge mit dem Hashschlüssel key existieren, wird nur der zuletzt eingefügte Eintrag entfernt. Der entfernte Einträge selbst wird nur gelöscht, wenn zuvor setAutoDelete(true) aufgerufen wurde.

`replace(const QString& key, const type* item)`

ersetzt den Eintrag mit dem Hashschlüssel `key` durch `item`. Diese Methode verhält sich wie der folgende Codeausschnitt:

```
QDict<char> dict;
      ...
if ( dict.find(key) )
   dict.remove( key );
dict.insert( key, item );
```

Wenn zwei oder mehr Einträge mit dem Hashschlüssel `key` existieren, wird nur der zuletzt eingefügte Eintrag ersetzt.

Demonstrationsprogramme zur Klasse `QDict`^{B}

Programm 7.5 ist ein erstes Demonstrationsprogramm zur Klasse `QDict`. Startet man es, liefert es die folgende Ausgabe:

```
Oslo
Paris
Berlin
Rom
Ungarn ist nicht definiert
```

Programm 7.5 – `dict.cpp`:
Erstes Demoprogramm zur Klasse `QDict`

```
#include <qdict.h>
#include <stdio.h>

int main() {
       // Erzeugt eine Hashtabelle (Dictionary), welche QString-Elemente
       // aufnimmt, die als "char* (case insensitive)" abgelegt werden.
   QDict<char> dict( 17, false );

   dict.insert( "Frankreich",  "Paris" );
   dict.insert( "Deutschland", "Berlin" );
   dict.insert( "Norwegen",    "Oslo" );
   dict.insert( "Italien",     "Rom" );

   printf( "%s\n", dict["norwegen"] );
   printf( "%s\n", dict["FRANKREICH"] );
   printf( "%s\n", dict["DeutschLand"] );
   printf( "%s\n", dict["ITAlien"] );

   if ( !dict["Ungarn"] )
      printf( "Ungarn ist nicht definiert\n" );
   return 0;
}
```

Programm 7.6 ist ein weiteres Demonstrationsprogramm zur Klasse `QDict`. Startet man es, liefert es die folgende Ausgabe:

```
Bonn
Seit 3. Oktober 1990: Berlin
```

Programm 7.6 – `dict2.cpp`:
Zweites Demoprogramm zur Klasse `QDict`

```
#include <qdict.h>
#include <stdio.h>


int main() {
        // Erzeugt eine Hashtabelle (Dictionary), welche QString-Elemente
        // aufnimmt, die als "char* (case insensitive)" abgelegt werden.
   QDict<char> dict;
   dict.insert( "Deutschland", "Berlin" );
   dict.insert( "Deutschland", "Bonn" );
   printf( "%s\n", dict["Deutschland"] );
   dict.remove( "Deutschland" );
   printf( "Seit 3. Oktober 1990: " );
   printf( "%s\n", dict["Deutschland"] );
   return 0;
}
```

7.4.2 `QDictIterator` - Eine Iterator-Klasse für `QDict`

Mit der Klasse `QDictIterator` bietet Qt eine Iterator-Klasse zur Klasse `QDict` an. Um Objekte von der Template-Klasse `QDictIterator` zu erzeugen, muss die folgende Syntax eingehalten werden:

`QDictIterator<`*typ*`> name;`

Diese Angabe erzeugt ein `QDictIterator`-Objekt *name*, mit dem man die Einträge eines `QDict<`*typ*`>`-Objekts durchlaufen kann.
Es ist zu beachten, dass beim Durchlaufen eines `QDict`-Objekts mittels eines `QDictIterator`-Objekts keine bestimmte Reihenfolge garantiert werden kann.
Es können gleichzeitig mehrere `QDictIterator`-Objekte auf ein `QDict`-Objekt eingerichtet werden, welche dann alle unabhängig voneinander sind.

Konstruktor und wichtige Methoden der Klasse `QDictIterator`

Die Klasse `QDictIterator` bietet den folgenden Konstruktor an:

`QDictIterator(const QDict<type>& dict)`
: legt einen Iterator für das `QDict`-Objekt `dict` an. Der aktuelle Iterator zeigt hierbei auf den ersten Eintrag in dem `QDict`-Objekt.

Wichtige Methoden, die die Klasse `QDictIterator` anbietet, sind:

`uint count() const`
: liefert Anzahl der Einträge in dem `QDict`-Objekt, die dieser Iterator durchläuft.

`type *current() const`
: liefert einen Zeiger auf den Eintrag, auf dem der Iterator gerade steht.

`QString currentKey() const`
: liefert einen Zeiger auf den Hashschlüssel, auf dem der Iterator gerade steht.

`type *operator++ ()`
: (nur in Präfixschreibweise) setzt Iterator auf nächsten Eintrag und liefert diesen als Rückgabe. Falls es sich beim gerade aktuellen Eintrag um letzten Eintrag im `QDict`-Objekt oder aber um einen `null`-Eintrag handelte, wird `null` zurückgegeben.

`type *operator() ()`

setzt Iterator auf nächsten Eintrag und liefert aber anders als ++ den Eintrag, auf den der Iterator zuvor zeigte, als Rückgabe. Falls es sich beim gerade aktuellen Eintrag um den letzten Eintrag im `QDict`-Objekt oder aber um einen `null`-Eintrag handelte, wird `null` zurückgegeben.

`type *operator+= (uint jump)`

setzt den Iterator auf den Eintrag, der sich `jump` Positionen (weiter hinten) vom gerade aktuellen Eintrag befindet, und liefert diesen als Rückgabe. Falls dieses Weiterpositionieren dazu führt, dass sich der Iterator hinter dem letzten Eintrag befindet oder aber das `QDict`-Objekt leer ist, wird der Iterator auf `null` gesetzt und `null` zurückgegeben.

`type *toFirst ()`

setzt den Iterator auf den ersten Eintrag und liefert diesen als Rückgabe. Falls das `QDict`-Objekt leer ist, wird der Iterator auf `null` gesetzt und `null` zurückgegeben.

`bool isEmpty() const`

liefert `true`, wenn das `QDict`-Objekt leer ist (`count()==0`), und sonst `false`.

Demonstrationsprogramm zur Klasse `QDictIterator`[B]

Programm 7.7 ist ein einfaches Demonstrationsprogramm zur Klasse `QDictIterator`. Startet man es, liefert es die folgende Ausgabe:

```
Deutschland : Berlin
Frankreich  : Paris
Norwegen    : Oslo
Italien     : Rom

.... und ein zweites mal:
Deutschland : Berlin
Frankreich  : Paris
Norwegen    : Oslo
Italien     : Rom

.... und ein letztes mal (nur Hauptstaedte):
Berlin
Paris
Oslo
Rom
```

Programm 7.7 – `dictiterator.cpp`:
Einfaches Demoprogramm zur Klasse `QDictIterator`

```
#include <qdict.h>
#include <stdio.h>

int main() {
   QDict<char> dict( 17, false );
   dict.insert( "Frankreich",   "Paris" );
   dict.insert( "Deutschland", "Berlin" );
   dict.insert( "Norwegen",     "Oslo" );
   dict.insert( "Italien",      "Rom" );
```

```
    QDictIterator<char> it( dict ); // Iterator fuer dict
    while ( it.current() ) {
        printf( "%-12s: %s\n", (const char *)it.currentKey(), it.current() );
        ++it;
    }
    printf(" \n.... und ein zweites mal: \n" );
    it.toFirst();
    for ( uint i=0; i<it.count(); i++, ++it )
        printf( "%-12s: %s\n", (const char *)it.currentKey(), it.current() );
    printf(" \n.... und ein letztes mal (nur Hauptstaedte): \n" );
    it.toFirst();
    while ( it.current() )
        printf( "%-12s\n", (const char *)it() );
    return 0;
}
```

Wortstatistiken zu Dateien[B]

Programm 7.8 erstellt zu allen auf der Kommandozeile angegebenen Dateien eine Wortstatistik. Startet man dieses Programm z. B. wie folgt:

`wortstat wortstat.cpp`

so liefert es die folgende Ausgabe:

```
      ::::::::::::
int               :   9
wort              :   7
sprintf           :   3
argc              :   4
argv              :   6
      ::::::::::::
```

Möchte man unter Linux/Unix die Ausgabe sortiert haben, sind folgende Aufrufe möglich

`wortstat wortstat.cpp | sort`	(alphabetisch sortieren)
`wortstat wortstat.cpp | sort -t: +1rn`	(nach Häufigkeit; meisten zuerst)
`wortstat wortstat.cpp | sort -t: +1n`	(wenigsten zuerst)

Programm 7.8 – `wortstat.cpp`:
Wortstatistik zu allen auf Kommandozeile angegebenen Dateien

```
#include <qapplication.h>
#include <qmessagebox.h>
#include <qdict.h>
#include <qfile.h>
#include <stdio.h>
#include <stdlib.h>
#include <string.h>
int main( int argc, char *argv[] ) {
    QApplication a( argc, argv );
    QString      msg;
    QDict<int>   woerter( 9973, false );
    const char   *wort;
    const char   *trennzeichen = ".,;-:+*~'`=)(/{}[]&%$!?<>|\\#\"\t\n ";
    char         zeile[1000];
```

```
    int          *anzahl;
    if (argc < 2) {
       msg.sprintf( "usage:  %s datei(en)", argv[0] );
       QMessageBox::information( 0, "Falscher Aufruf", msg, QMessageBox::Ok );
       return 1;
    }
    for ( int i=1; i < argc; i++) {
       QFile datei( argv[i] );
       if ( !datei.open( IO_ReadOnly ) ) {
          msg.sprintf( "Datei '%s' kann nicht geöffnet werden", argv[i] );
          QMessageBox::information( 0, "Fehler beim Öffnen der Datei",
                                        msg, QMessageBox::Ok );
       } else {
          int      r;
          while ( ( r = datei.readLine( zeile, 1000 ) ) != 0 ) {
             if ( r == -1 ) {
                if ( !datei.atEnd() ) {
                   msg.sprintf( "Fehler beim Lesen der Datei '%s'", argv[i] );
                   QMessageBox::information( 0, "Fehler beim Lesen",
                                                 msg, QMessageBox::Ok );
                } else
                   break;
             } else {
                wort = strtok( zeile, trennzeichen);
                while (wort != NULL) {
                   anzahl = woerter.find( wort );
                   if ( !anzahl ) {
                      int  *eins = new int;
                      *eins = 1;
                      woerter.insert( wort, eins );
                   } else {
                      (*anzahl)++;
                      woerter.replace( wort, anzahl );
                   }
                   wort = strtok(NULL, trennzeichen);
                }
             }
          }
          datei.close();
       }
    }
    QDictIterator<int> it( woerter ); // Iterator fuer woerter
    while ( it.current() ) {
        printf( "%-20s: %3d\n", (const char *)it.currentKey(), *(it.current()) );
        ++it;
    }
    return 0;
}
```

Vorsicht beim Iterieren mit gleichzeitigem Löschen von Einträgen

Verwendet man einen Iterator, um eine Datenstruktur zu durchlaufen, wobei man gleichzeitig auch Einträge aus dieser Datenstruktur löscht, ist Vorsicht geboten. Löscht man nämlich den aktuellen Eintrag, auf den gerade der Iterator zeigt, dann wird durch das am Ende der Schleife stattfindende Inkrementieren des Iterators der direkt nachfolgende Eintrag übersprungen und damit ausgelassen. Hätte man z. B. in Programm 7.8 nach der Ausgabe eines Eintrags diesen auch aus der Hashtabelle entfernt, wie dies im nachfolgenden Codeausschnitt gezeigt ist, so wäre nur die Hälfte der Einträge aus der Hashtabelle ausgegeben wurden, da nach der Ausgabe eines Eintrags immer der nächste übersprungen wird:

```
QDictIterator<int> it( woerter ); // Iterator fuer woerter
while ( it.current() ) {
    printf( "%-20s: %3d\n", (const char *)it.currentKey(), *(it.current()) );
    woerter.remove( it.currentKey() );
    ++it;
}
```

Um dies zu vermeiden, kann die im folgenden Codeausschnitt gezeigte Vorgehensweise gewählt werden:

```
QDictIterator<int> it( woerter ); // Iterator fuer woerter
int      *elem;
QString key;
while ( ( elem = it.current() ) ) {
    key = it.currentKey();
    ++it;
    printf( "%-20s: %3d\n", (const char *)key, *elem );
    woerter.remove( key );
}
```

7.4.3 Die Klassen `QAsciiDict`, `QPtrDict`, `QAsciiDictIterator` und `QPtrDictIterator`

Die Klassen `QAsciiDict` und `QPtrDict` sind Template-Klassen, die eine Hashtabelle mit `char*`- bzw. `void*`-Schlüsseln bereitstellen. Neben diesem Unterschied: `char*`- bzw. `void*`- statt `QString`-Schlüsseln, sind diese beiden Klassen weitgehend identisch zur Klasse `QDict` und bieten auch bis auf wenige Ausnahmen die gleichen Konstruktor-Schnittstellen und Methoden an, weswegen hier auch auf eine detailliertere Beschreibung dieser beiden Klassen verzichtet werden kann.

Mit den Klassen `QAsciiDictIterator` und `QPtrDictIterator` bietet Qt Iterator-Klassen zu den beiden Klassen `QAsciiDict` und `QPtrDict` an. Da diese beiden Iterator-Klassen wieder weitgehend identisch zur Klasse `QDictIterator` ist, indem sie die gleiche Konstruktor-Schnittstelle und die gleichen Methoden anbieten, kann hier wieder auf eine detailliertere Beschreibung dieser Klassen verzichtet werden.

7.4.4 Die Klassen `QIntDict` und `QIntDictIterator`

Die Klasse `QIntDict` ist eine Template-Klasse, die eine Hashtabelle mit `long`-Schlüsseln bereitstellt. Um Objekte von der Template-Klasse `QIntDict` zu erzeugen, muss die folgende Syntax eingehalten werden:

```
QIntDict<typ> name;
```

Diese Angabe erzeugt ein `QIntDict`-Objekt *name*, das Zeiger auf Elemente vom Typ *typ* enthalten kann. Die Klasse `QIntDict` bietet wieder nahezu die gleiche Funktionalität wie die Klasse `QDict`, nur dass diese Klasse eben `long`- anstelle von `QString`-Schlüsseln verwendet. Deswegen sollte hier auch ein Auflisten der Konstruktoren und gleichnamigen Methoden mit ihren Schnittstellen ohne detailliertere Beschreibung ausreichen:

```
QIntDict(int size=17)
QIntDict(const QIntDict<type>& dict)

insert(long key, const type *item)
type *operator[] (long key) const
type *find(long key) const
uint count() const virtual
uint size() const
resize(uint newsize)
clear() virtual
bool isEmpty() const
QIntDict<type>& operator= (const QIntDict<type>& dict)
bool remove(long key)
replace(long key, const type *item)
setAutoDelete (bool enable)
```

Mit der Klasse `QIntDictIterator` bietet Qt eine Iterator-Klasse zur Klasse `QIntDict` an. Da diese Klasse `QIntDictIterator` weitgehend identisch zur Klasse `QDict-Iterator` ist, indem sie die gleiche Konstruktor-Schnittstelle und die gleichen Methoden anbietet, kann auf eine detailliertere Beschreibung dieser Klasse an dieser Stelle verzichtet werden.

Wenn auch auf eine detailliertere Beschreibung der Konstruktoren und Methoden der Klasse `QIntDict` verzichtet wurde, so sollen doch zwei Beispiele hier dazu dienen, die Verwendung dieser Klasse etwas zu verdeutlichen.

Demonstrationsprogramme zur Klasse `QIntDict`[B]

Programm 7.9 ist ein erstes Demonstrationsprogramm zur Klasse `QIntDict`. Startet man es, liefert es die folgende Ausgabe:

```
Eins
Two
Hundert
Tausend
'150' ist nicht definiert
```

Programm 7.9 – `intdict.cpp`:
Erstes Demoprogramm zur Klasse `QintDict`

```
#include <qintdict.h>
#include <stdio.h>

int main() {
   QIntDict<char> dict;
   dict.insert( 1, "Eins" );
   dict.insert( 2, "Two" );
   dict.insert( 100,"Hundert" );
```

```
    dict.insert( 1000, "Tausend" );
    printf( "%s\n", dict[1] );
    printf( "%s\n", dict[2] );
    printf( "%s\n", dict[100] );
    printf( "%s\n", dict[1000] );
    if ( !dict[150] )
       printf( "'150' ist nicht definiert\n" );
    return 0;
}
```

Programm 7.10 ist ein weiteres Demonstrationsprogramm zur Klasse `QIntDict`. Startet man es, liefert es die folgende Ausgabe:

```
Potential
Nach der Rechtschreibreform: Potenzial
```

Programm 7.10 – `intdict2.cpp`:
Zweites Demoprogramm zur Klasse `QIntDict`

```
#include <qintdict.h>
#include <stdio.h>


int main() {
    QIntDict<char> dict;

    dict.insert( 15, "Potenzial" );
    dict.insert( 15, "Potential" );

    printf( "%s\n", dict[15] );
    dict.remove( 15 );
    printf( "Nach der Rechtschreibreform: " );
    printf( "%s\n", dict[15] );

    return 0;
}
```

7.4.5 Die Klasse `QCache`

Die Klasse `QCache` ist eine Template-Klasse, die eine Hashtabelle mit `QString`-Schlüsseln im Cache bereitstellt. Um Objekte von der Template-Klasse `QCache` zu erzeugen, muss die folgende Syntax eingehalten werden:

`QCache<`*`typ`*`>` *`name`*`;`

Diese Angabe erzeugt ein `QCache`-Objekt *`name`*, das Zeiger auf Elemente vom Typ *`typ`* enthalten kann.

Ein `QCache`-Objekt ist eine Liste von Einträgen, die sich im Cache befinden, auf die mittels `QString`-Schlüsseln zugegriffen werden kann.

Jeder Eintrag im Cache hat einen so genannten *cost*-Wert.

Die Summe der *cost*-Werte aller Einträge übersteigt dabei niemals einen festgelegten maximalen Wert. Sollte durch das Einfügen eines neuen Eintrags in den Cache dieser maximale *cost*-Wert überschritten werden, werden die Einträge, auf die am längsten nicht mehr zugegriffen wurde, aus dem Cache entfernt. Diese Cache-Strategie nennt man auch LRU (*least recently used*).

Konstruktor und wichtige Methoden der Klasse `QCache`

Die Klasse `QCache` bietet folgenden Konstruktor an:

`QCache(int maxCost=100, int size=17, bool caseSensitive=true)`
: legt ein `QCache`-Objekt an, wobei `cost` den maximal erlaubten *cost*-Wert und `size` die Größe der internen Hashtabelle festlegt. Der Parameter `caseSensitive` legt fest, ob bei der Berechnung der Hashschlüssel Klein- und Großschreibung zu unterscheiden ist (`caseSensitive=true`) oder nicht (`caseSensitive=false`).

Wichtige Methoden, die die Klasse `QCache` anbietet, sind:

`setMaxCost(int m)`
: legt maximalen *cost*-Wert für `QCache`-Objekt auf `m` fest. Sollte aktueller *cost*-Wert größer als der neue maximale *cost*-Wert `m` sein, werden sofort entsprechend viele Einträge aus dem Cache entfernt.

`int maxCost() const`
: liefert den aktuell eingestellten maximalen *cost*-Wert für das `QCache`-Objekt zurück.

`int totalCost() const`
: liefert Summe der *cost*-Werte aller aktuell im `QCache`-Objekt befindlichen Einträge.

`bool insert(const QString& k, const type *d, int c=1, int p=0)`
: fügt den Eintrag `d` mit dem Hashschlüssel `k` in das `QCache`-Objekt ein. Die Parameter `c` und `p` legen dabei den *cost*-Wert und die Priorität dieses Eintrags fest. Diese Methode liefert `true`, wenn das Einfügen erfolgreich war, und sonst `false`.

`type *find(const QString& k, bool ref=true) const`
: liefert den Eintrag mit dem Hashschlüssel `k` zurück, oder `null`, wenn sich in dem `QCache`-Objekt kein Eintrag zu diesem Hashschlüssel befindet. Sollten sich in dem `QCache`-Objekt zwei oder mehrere Einträge mit diesem Hashschlüssel `k` befinden, wird der zuletzt eingefügte Eintrag zurückgeliefert. Wenn `ref=true` ist, wird dieser Eintrag am Anfang der LRU-Liste eingeordnet. Bei `ref=false` dagegen wird dieser Zugriff überhaupt nicht registriert.

`type *operator[] (const QString& k) const`
: entspricht dem Aufruf `find(k,true)`.

`uint count() const virtual`
: liefert die Anzahl von Einträgen im `QCache`-Objekt.

`uint size() const`
: liefert die Größe der intern vom `QCache`-Objekt verwendeten Hashtabelle.

`clear() virtual`
: entfernt alle Einträge aus dem `QCache`-Objekt. Die entfernten Einträge selbst werden nur gelöscht, wenn `setAutoDelete(true)` aufgerufen wurde.

`bool isEmpty() const`
: liefert `true`, wenn das `QCache`-Objekt leer, also `count()==0` ist, ansonsten liefert diese Methode `false`.

`bool remove(const QString& k)`
: entfernt den Eintrag mit dem Hashschlüssel `k` aus dem `QCache`-Objekt. Diese Methode liefert `true`, wenn dieses Entfernen erfolgreich war, und `false`, wenn der Hashschlüssel nicht existiert, also kein Eintrag entfernt werden konnte. Wenn zwei oder mehr Einträge mit dem Hashschlüssel `k` existieren, wird nur der zuletzt eingefügte Eintrag entfernt. Der entfernte Einträge selbst wird nur gelöscht, wenn zuvor `setAutoDelete(true)` aufgerufen wurde.

7.4.6 QCacheIterator – Eine Iterator-Klasse für QCache

Mit der Klasse QCacheIterator bietet Qt eine Iterator-Klasse zur Klasse QCache an. Um Objekte von der Template-Klasse QCacheIterator zu erzeugen, muss die folgende Syntax eingehalten werden:

QCacheIterator<*typ*> *name*;

Diese Angabe erzeugt ein QCacheIterator-Objekt *name*, mit dem man die Einträge eines QCache<*typ*>-Objekts durchlaufen kann. Beim Durchlaufen eines QCache-Objekts mittels eines QCacheIterator-Objekts kann keine bestimmte Reihenfolge garantiert werden. Es können gleichzeitig mehrere QCacheIterator-Objekte auf ein QCache-Objekt eingerichtet werden, die dann alle unabhängig voneinander sind.

Konstruktoren und wichtige Methoden der Klasse QCacheIterator

Die Klasse QCacheIterator bietet folgende Konstruktoren an:

QCacheIterator(const QCache<type>& cache)
: legt einen Iterator für das QCache-Objekt cache an. Der aktuelle Iterator zeigt hierbei auf den ersten Eintrag im QCache-Objekt.

QCacheIterator(const QCacheIterator<type>& ci)
: legt einen Iterator für das gleiche QCache-Objekt an, auf das der Iterator ci eingerichtet wurde. Dieser neue Iterator zeigt dann auf ci.current(), kann von nun aber getrennt von ci bewegt werden.

Wichtige Methoden, die die Klasse QDictIterator anbietet, sind:

uint count() const
: liefert die Anzahl der Einträge in dem QCache-Objekt, die dieser Iterator durchläuft.

type *current() const
: liefert einen Zeiger auf den Eintrag, auf dem der Iterator gerade steht.

QString currentKey() const
: liefert den Hashschlüssel, auf dem der Iterator gerade steht.

type *operator++ (), type *operator-- ()
: (nur in Präfixschreibweise) setzt Iterator auf nächsten bzw. vorherigen Eintrag und liefert diesen als Rückgabe. Falls es sich beim gerade aktuellen Eintrag um den letzten bzw. den ersten Eintrag im QCache-Objekt oder aber um einen null-Eintrag handelt, wird null zurückgegeben.

type *operator() ()
: setzt den Iterator auf den nächsten Eintrag und liefert aber anders als ++ den Eintrag, auf den der Iterator zuvor zeigte, als Rückgabe. Falls es sich beim gerade aktuellen Eintrag um den letzten Eintrag im QCache-Objekt oder aber um einen null-Eintrag handelt, wird null zurückgegeben.

type *operator+= (uint jump), type *operator-= (uint jump)
: setzen den Iterator auf den Eintrag, der sich jump Positionen weiter hinten bzw. weiter vorne vom gerade aktuellen Eintrag befindet, und liefern diesen als Rückgabe. Falls dieses Neupositionieren dazu führt, dass sich der Iterator hinter dem letzten bzw. vor dem ersten Eintrag befindet oder, aber das QCache-Objekt leer ist, wird der Iterator auf null gesetzt und null zurückgegeben.

type *toFirst(), type *toLast()
: setzt Iterator auf ersten bzw. letzten Eintrag und liefert diesen als Rückgabe. Falls das QCache-Objekt leer ist, wird der Iterator auf null gesetzt und null zurückgegeben.

QCacheIterator<type>& operator= (const QCacheIterator<type>& ci)

bewirkt, dass dieser Iterator für das gleiche QCache-Objekt gesetzt wird, auf das der Iterator ci eingerichtet wurde. Dieser neue Iterator zeigt dann auf ci.current(), kann von nun aber getrennt von ci bewegt werden.

bool isEmpty() const

liefert true, wenn das QCache-Objekt leer ist (count()==0), und sonst false.

7.4.7 Die Klassen QAsciiCache und QAsciiCacheIterator

Die Klasse QAsciiCache ist eine Template-Klasse, die eine Hashtabelle mit char*-Schlüsseln im Cache bereitstellt. Neben diesem Unterschied: char*- statt QString-Schlüsseln, ist diese Klasse QAsciiCache weitgehend identisch mit der Klasse QCache und bietet auch bis auf wenige Ausnahmen die gleichen Konstruktor-Schnittstellen und Methoden an, weswegen hier auch auf eine detailliertere Beschreibung dieser Klasse QAsciiCache verzichtet werden kann.

Mit der Klasse QAsciiCacheIterator bietet Qt eine Iterator-Klasse zur Klasse QAsciiCache an. Da diese Klasse QAsciiCacheIterator weitgehend identisch zur Klasse QCacheIterator ist, indem sie die gleiche Konstruktor-Schnittstelle und die gleichen Methoden anbietet, kann hier wieder auf eine detailliertere Beschreibung dieser Klasse verzichtet werden.

7.4.8 Die Klassen QIntCache und QIntCacheIterator

Die Klasse QIntCache ist eine Template-Klasse, die eine Hashtabelle mit long-Schlüsseln im Cache bereitstellt. Um Objekte von der Template-Klasse QIntCache zu erzeugen, muss die folgende Syntax eingehalten werden:

```
QIntCache<typ> name;
```

Diese Angabe erzeugt ein QIntCache-Objekt *name*, das Zeiger auf Elemente vom Typ *typ* enthalten kann. Die Klasse QIntCache bietet wieder nahezu die gleiche Funktionalität wie die Klasse QCache, nur dass diese Klasse eben long- anstelle von QString-Schlüsseln verwendet. Deswegen sollte hier ein Auflisten der Konstruktoren und gleichnamigen Methoden mit ihren Schnittstellen ohne detailliertere Beschreibung ausreichen:

```
QIntCache(int maxCost=100, int size=17)
setMaxCost(int m)
int maxCost() const
int totalCost() const
bool insert(long k, const type *d, int c=1, int p=0)
type *find( long k, bool ref=true) const
type *operator[] (long k) const
uint count() const virtual
uint size() const
clear() virtual
bool isEmpty() const
bool remove(long k)
```

Mit QIntCacheIterator bietet Qt eine Iterator-Klasse zur Klasse QIntCache an. Da diese Klasse QIntCacheIterator weitgehend identisch zur Klasse QCacheIterator ist, indem sie die gleiche Konstruktor-Schnittstelle und die gleichen Methoden anbietet, kann wieder auf eine genauere Beschreibung dieser Klasse verzichtet werden.

7.4.9 Die Klasse `QMap` für wertebasierende Hashtabellen

Die Klasse `QMap` ist eine wertebasierende (*value based*) Template-Klasse für eine Hashtabelle. Um Objekte von der Template-Klasse `QMap` zu erzeugen, muss die folgende Syntax eingehalten werden:

```
QMap<key,data> name;
```

Diese Angabe erzeugt eine Hashtabelle mit Schlüsseln des Typs `key` und Werten des Typs `data`. Die wertebasierende Klasse `QMap` speichert anders als die Klasse `QDict` keine Zeiger auf ihre Elemente, sondern eine Kopie der Elemente selbst.
Als Elemente eines `QMap`-Objekts sind nur echte Werte erlaubt, weshalb auch nicht alle Klassen verwendet werden können. So können z. B. alle Klassen, die von `QObject` abgeleitet sind, um Widgets zu realisieren, nicht als Elemente verwendet werden. Als Elemente von `QMap`-Objekten sind nur „Werte-Klassen" erlaubt. Eine Klasse ist eine „Werte-Klasse", wenn sie einen Kopier-Konstruktor, einen Zuweisungsoperator = und einen Default-Konstruktor (ohne Parameter) besitzt. Die für den `key` verwendete Klasse muss einen Operator < anbieten, mit dem die Reihenfolge der Schlüssel festgelegt werden kann.

Konstruktoren und wichtige Methoden der Klasse `QMap`

Die von `QMap` angebotenen Konstruktoren sind z. B.

`QMap()`	legt ein leeres `QMap`-Objekt an.
`QMap(const QMap<Key,T>& m)`	legt Kopie zum `QMap`-Objekt `m` an.

Wichtige Methoden, die die Klasse `QMap` anbietet, sind:

`iterator insert(const Key& k, const T& v, bool overwrite=true)`

fügt Element `v` mit Schlüssel `k` in das `QMap`-Objekt ein und liefert Iterator, der auf diesen eingefügten Wert zeigt. Sollte der Schlüssel bereits exsitieren, dann wird das zugehörige Element nur überschrieben, wenn `overwrite=true` gesetzt ist.

`T& operator[] (const Key& k)`

`const T& operator[] (const Key& k) const`

liefern beide den Wert zu dem Schlüssel `k`. Wenn kein Schlüssel `k` existiert, wird ein leeres Element mit dem Schlüssel `k` im `QMap`-Objekt eingefügt und eine Referenz auf dieses Element zurückgegeben. Diesen Operator kann man also sowohl zum Lesen aus als auch zum Schreiben in einem `QMap`-Objekt verwenden. Die folgenden Codezeilen würden z. B. `Hans` und `""` (Leerstring) ausgeben, da mit `map["Haller"]` ein leeres Element eingefügt wird.

```
QMap<QString,QString> map;
map.insert( "Meier", "Hans" );
cout << map["Meier"] << map["Haller"] << endl;
```

Die folgenden Codezeilen würden dann ebenfalls `Hans` und `""` (Leerstring) ausgeben, aber keinen neuen leeren Eintrag im `QMap`-Objekt erzeugen, da beim Anlegen des `QMap`-Objekts das Schlüsselwort `const` angegeben wurde.

```
const QMap<QString,QString>& map2 = map;
cout << map2["Meier"] << map2["Kohler"] << endl;
```

`iterator find(const Key& k)`

`const_iterator find(const Key& k) const`

liefern beide Iterator, der auf Element mit dem Schlüssel `k` zeigt. Sollte der Schlüssel `k` nicht existieren, entsprechen diese Aufrufe dem Aufruf der Methode `end()`.

```
iterator begin()
const_iterator begin() const
```

liefern beide einen Iterator, der auf das erste Element in dem `QMap`-Objekt zeigt. Sollte das `QMap`-Objekt leer sein, ist der zurückgelieferte Iterator der gleiche, der bei der Methode `end()` zurückgegeben wird.

```
iterator end()
const_iterator end() const
```

liefern beide einen Iterator, der hinter das letzte Element in dem `QMap`-Objekt zeigt. Sollte das `QMap`-Objekt leer sein, ist der zurückgelieferte Iterator der gleiche, der bei der Methode `begin()` zurückgegeben wird.

```
QMap<Key, T>& operator= (const QMap<Key, T>& m)
```

weist `m` diesem `QMap`-Objekt zu und liefert eine Referenz auf dieses `QMap`-Objekt zurück.

```
clear()
```

entfernt alle Elemente aus dem `QMap`-Objekt.

```
bool contains(const Key& k) const
```

liefert `true`, wenn der Schlüssel `k` im `QMap`-Objekt existiert.

```
size_type count() const
```

liefert die Anzahl von Elementen im `QMap`-Objekt. `size_type` ist eine Datentyp für nicht-negative ganze Zahlen.

```
bool isEmpty() const
```

liefert `true`, wenn das `QMap`-Objekt leer ist, also `count()==0` ist, ansonsten liefert diese Methode `false`.

```
remove(iterator it)
remove(const Key& k)
```

entfernen das Element an der Position `it` bzw. mit dem Schlüssel `k` aus dem `QMap`-Objekt.

```
iterator replace(const Key& k, const T& v)
```

ersetzt den Wert mit dem Schlüssel `k`, wenn dies möglich ist und fügt den neuen Wert `v` mit dem Schlüssel `k` in dem `QMap`-Objekt ein.

Demoprogramm zur Klasse `QMap`[B]

Programm 7.11 verdeutlicht, dass die Klasse `QMap` wertebasierend ist. Dieses Programm zeigt, dass eine Änderung eines Elements (Zeile 29), nachdem es in einem `QMap`-Objekt eingefügt wurde (Zeile 28) keine Auswirkung auf das eingefügte Element hat, was sich auch an der folgenden Ausgabe dieses Programms erkennen lässt:

```
Kohler, Fritz ist 36 alt
Meier, Hans ist 50 alt
Rauscher, Toni ist 46 alt
Schroeder, Laura ist 12 alt
```

Zusätzlich lässt diese Ausgabe erkennen, dass die Elemente alphabetisch sortiert sind, wenn man mittels eines Iterators das `QMap`-Objekt durchläuft.

Programm 7.11 – `mapdemo.cpp`:
Demoprogramm zur Klasse `QMap`

```
#include <qmap.h>
#include <qstring.h>
#include <iostream>

class Person {
    public:
        Person(): a(0) {}
        Person( const QString& name, int age ) : n(name), a(age) {}

        QString  name()  const       { return n; }
        int      age() const         { return a; }
        void     setAge( int age )   { a = age; }
    private:
        QString  n;
        int      a;
};

int main( void )
{
   typedef QMap<QString,Person> PersonMap;
   PersonMap map;

   map.insert( "Meier", Person("Hans", 50) );
   map.insert( "Schroeder", Person("Laura", 12) );
   map.insert( "Rauscher", Person("Toni",  46) );

   Person fritz( "Fritz", 36 );
   map.insert( "Kohler", fritz );
   fritz.setAge( 29 ); // keine Auswirkung auf Eintrag in QMap

   PersonMap::Iterator it;

   for( it = map.begin(); it != map.end(); ++it ) {
      std::cout << it.key().latin1() << ", " << it.data().name().latin1();
      std::cout << " ist " << it.data().age() << " alt" << "\n";
   }

   return 0;
}
```

`QMapIterator` und `QMapConstIterator` – Zwei Iterator-Klassen für `QMap`

Man kann keine eigene `QMapIterator`- bzw. `QMapConstIterator`-Objekte erzeugen, sondern muss sich diese von der Klasse `QMap` bereitstellen lassen. Anders als die Klasse `QMapIterator` wird die Klasse `QMapConstIterator` verwendet, wenn man ein `QMap`-Objekt durchlaufen möchte, das als `const` deklariert ist und somit keine Änderungen an den Elementen des `QMap`-Objekts vorgenommen werden können.

7.4.10 Cross-Reference-Liste für C-Programme[Z]

Das Programm `xref.cpp` erstellt eine Cross-Reference-Liste zu allen auf der Kommandozeile angegebenen Dateien, wie dies z. B. der folgende Ablauf dieses Programms zeigt:

```
$ xref xref.cpp zweirect.cpp zeilzeich.cpp | sort ⏎
#include          : xref.cpp       1, 2, 3, 4, 5, 6, 7, 8
#include          : zeilzeich.cpp  1, 2, 3, 4
#include          : zweirect.cpp   1, 2, 3, 4, 5, 6
Aufruf            : xref.cpp       20
Aufruf            : zeilzeich.cpp  15
BDiagPattern      : zweirect.cpp   41
Falscher          : xref.cpp       20
Falscher          : zeilzeich.cpp  15
Fehler            : xref.cpp       32, 40, 41
Fehler            : zeilzeich.cpp  42
IO_ReadOnly       : xref.cpp       30
IO_ReadOnly       : zeilzeich.cpp  23
Iterator          : xref.cpp       82
Lesen             : xref.cpp       40, 41
Lesen             : zeilzeich.cpp  42
MalFenster        : zweirect.cpp   8, 9, 12, 64, 64
NULL              : xref.cpp       47, 73
NULL              : zweirect.cpp   67
Ok                : xref.cpp       20, 33, 42
Ok                : zeilzeich.cpp  15
QBrush            : zweirect.cpp   39, 39, 41, 41, 54, 54
QColor            : zweirect.cpp   51
QDictIterator     : xref.cpp       82
QMouseEvent       : zweirect.cpp   15
QString           : xref.cpp       13, 24, 25, 50, 51, 57, 58, 63, 67, 82
QString           : zeilzeich.cpp  8, 26
  ::::::::::::::::::::::::::::::
  ::::::::::::::::::::::::::::::
void              : zweirect.cpp   15, 51
werden            : xref.cpp       31
while             : xref.cpp       37, 47, 83
while             : zeilzeich.cpp  28
white             : zweirect.cpp   32, 45
width             : zweirect.cpp   52
wort              : xref.cpp       14, 46, 47, 48, 54, 73
xref              : xref.cpp       24, 48, 54, 82, 82
yellow            : zweirect.cpp   39, 43
zeichen           : zeilzeich.cpp  27, 34, 39, 41
zeichenGesamt     : zeilzeich.cpp  9, 39, 46
zeile             : xref.cpp       16, 37, 46
zeile             : zeilzeich.cpp  26, 28
zeilen            : zeilzeich.cpp  27, 35, 40, 41
zeilenGesamt      : zeilzeich.cpp  10, 40, 46
$
```

7.5 Listen und zugehörige Iterator-Klassen

7.5.1 Die Klasse `QPtrList`

Die Klasse `QPtrList` ist eine Template-Klasse, die eine doppelt verkettete Liste bereitstellt. Um Objekte von der Template-Klasse `QPtrList` zu erzeugen, muss die folgende Syntax eingehalten werden:

`QPtrList<`*`typ`*`>` *`name`*`;`

Diese Angabe erzeugt ein `QPtrList`-Objekt *`name`*, das Zeiger auf Elemente vom Typ *`typ`* enthalten kann.

Wenn man einen neuen Eintrag in die Liste einfügt, findet eine flache Kopie statt, was bedeutet, dass nur ein Zeiger kopiert wird und nicht der Eintrag selbst. Man kann zwar auch eine tiefe Kopie erzwingen. Dazu muss man jedoch einige intern verwendete Methoden reimplementieren. Interessierte Leser seien auf die Qt-Online-Dokumentation verwiesen.

Konstruktoren und wichtige Methoden der Klasse `QPtrList`

Die von `QPtrList` angebotenen Konstruktoren sind:

`QPtrList()`
: legt eine leere Liste an.

`QPtrList(const QPtrList<type>& list)`
: legt eine neue Liste an, die eine flache Kopie von `list` ist.

Wichtige Methoden, die die Klasse `QPtrList` anbietet, sind:

`append(const type *item)`
: fügt das Element `item` am Ende der Liste an. Der eingefügte Eintrag wird dann der aktuelle Eintrag, auf den gerade der interne Listenzeiger zeigt; diese Methode entspricht dem Aufruf `insert(count(),item)`.

`bool insert(uint index, const type *item)`
: fügt das Element `item` an der Position `index` in der Liste ein und macht diesen neuen Eintrag zum aktuellen Eintrag, auf den gerade der interne Listenzeiger zeigt. Diese Methode liefert `true`, wenn das Einfügen erfolgreich war, oder `null`, wenn `index` keine gültige Position (`0` bis `count()`) in der Liste ist. Wenn `index==count()` gilt, wird `item` am Ende der Liste angehängt.

`type *current() const`
: liefert Zeiger auf den aktuellen Eintrag, auf den gerade interner Listenzeiger zeigt. Der Rückgabewert `null` zeigt an, dass der aktuelle Eintrag `null` (Index `-1`) ist.

`type *next()`
: liefert Zeiger auf den Eintrag, der dem aktuellen Eintrag folgt. Dieser folgende Eintrag wird dann auch der aktuelle Eintrag, auf den nun der interne Listenzeiger zeigt. Diese Methode liefert `null`, wenn aktueller Eintrag `null` oder der letzte Eintrag ist.

`type *prev()`
: liefert einen Zeiger, der auf den Eintrag zeigt, der vor dem aktuellen Eintrag in der Liste steht. Dieser voranstehende Eintrag wird dann auch der aktuelle Eintrag, auf den nun der interne Listenzeiger zeigt. Diese Methode liefert `null`, wenn der aktuelle Eintrag `null` oder der erste Eintrag ist.

`int at() const`
: liefert den Index des gerade aktuellen Eintrags. Der Rückgabewert `-1` zeigt an, dass der aktuelle Eintrag `null` ist.

`type *at(uint index)`

liefert einen Zeiger auf den Eintrag an der Position `index`, oder `null`, wenn `index` keine gültige Position (`0` bis `count()-1`) in der Liste ist. Der gefundene Eintrag wird hierbei der aktuelle Eintrag, auf den gerade der interne Listenzeiger zeigt.

`clear() virtual`

entfernt alle Einträge aus der Liste. Die entfernten Einträge selbst werden nur dann gelöscht, wenn zuvor `setAutoDelete(true)` aufgerufen wurde.

`uint contains(const type *item) const`

zählt, wie oft `item` in der Liste vorhanden ist, und liefert diese Zahl zurück.

`uint containsRef(const type *item) const`

zählt, wie oft der Eintrag `item` in der Liste vorhanden ist, und liefert diese Zahl zurück. Anders als die Methode `contains()` vergleicht diese Methode allerdings nur die Zeiger und nicht die Daten, auf die die jeweiligen Zeiger zeigen, weshalb diese Methode natürlich wesentlich schneller als die Methode `contains()` ist.

`uint count() const virtual`

liefert die Zahl der Einträge in der Liste zurück.

`bool isEmpty() const`

liefert `true`, wenn die Liste leer ist (`count()==0`), und sonst `false`.

`int find(const type *item)`

sucht das erste Vorkommen von `item` in der Liste. Wird `item` in der Liste gefunden, wird der Index des entsprechenden Eintrags zurückgegeben. Dieser Eintrag wird dann der aktuelle Eintrag, auf den der interne Listenzeiger nun zeigt. Wird `item` nicht in der Liste gefunden, wird der aktuelle Eintrag auf `null` und der aktuelle Index auf `-1` gesetzt; in diesem Fall liefert diese Methode `-1` als Rückgabe.

`int findRef(const type *item)`

verhält sich weitgehend wie die Methode `find()`, nur dass sie nur die Zeiger und nicht die Daten, auf die die Zeiger zeigen, vergleicht, was sie natürlich wesentlich schneller macht.

`int findNext(const type *item)`

sucht, ausgehend vom aktuellen Eintrag, auf den der interne Listenzeiger zeigt, das nächste Vorkommen von `item` in der Liste. Wird `item` in der Liste gefunden, wird der Index des entsprechenden Eintrags zurückgegeben. Dieser Eintrag wird dann der aktuelle Eintrag, auf den der interne Listenzeiger nun zeigt. Wird `item` nicht in der Liste gefunden, wird der aktuelle Eintrag auf `null` und der aktuelle Index auf `-1` gesetzt; in diesem Fall liefert diese Methode `-1` als Rückgabe.

`int findNextRef(const type *item)`

verhält sich weitgehend wie die Methode `findNext()`, nur dass sie nur die Zeiger und nicht die Daten, auf die die Zeiger zeigen, vergleicht, was sie natürlich wesentlich schneller macht.

`type *first(), type *last()`

liefern Zeiger auf ersten bzw. letzten Eintrag in der Liste und machen diesen zum aktuellen Eintrag. Wenn Liste leer ist, liefert diese Methode `null` zurück.

`type *getFirst() const, type *getLast() const`

liefern Zeiger auf ersten bzw. letzten Eintrag in der Liste, machen diesen aber anders als `first()` bzw. `last()` nicht zum aktuellen Eintrag. Wenn die Liste leer ist, liefert diese Methode `null` zurück.

`inSort(const type *item)`

fügt `item` in der Liste an einer sortierten Position ein und macht diesen Eintrag zum aktuellen Eintrag. Die Sortier-Reihenfolge wird dabei durch die virtuelle Methode `compareItems()` festgelegt. Wenn Einträge mit dieser Methode eingefügt werden, müssen auch alle vorherigen Einträge mit dieser Methode `inSort()` eingefügt worden sein. Diese Methode ist sehr langsam. Wenn viele Einträge zu sortieren sind, empfiehlt es sich, diese zunächst mit `insert()` unsortiert in der Liste einzufügen und dann anschließend die ganze Liste mit `sort()` zu sortieren.

`bool remove()`

entfernt den aktuellen Eintrag, auf den gerade der interne Listenzeiger zeigt, aus der Liste. War dieses Entfernen erfolgreich, liefert diese Methode `true`, und sonst `false`. Der entfernte Eintrag selbst wird nur dann gelöscht, wenn zuvor `setAutoDelete(true)` aufgerufen wurde. Der Eintrag nach dem entfernten Eintrag wird dann der aktuelle Eintrag, auf den der interne Listenzeiger nun zeigt.

`bool remove(const type *item)`

entfernt das erste Vorkommen von `item` aus der Liste. War dieses Entfernen erfolgreich, liefert diese Methode `true`, und sonst `false`. Der entfernte Eintrag selbst wird nur dann gelöscht, wenn zuvor `setAutoDelete(true)` aufgerufen wurde. Der Eintrag nach dem entfernten Eintrag wird dann der aktuelle Eintrag, auf den der interne Listenzeiger nun zeigt.

`bool removeRef(const type *item)`

entspricht dem folgenden Codeausschnitt:

```
if ( list.findRef(item) != -1 )
    list.remove();
```

`bool remove(uint i)`

entfernt Eintrag an Position `i` aus der Liste. War das Entfernen erfolgreich, liefert diese Methode `true`, und `false`, wenn `i` keine gültige Position (`0` bis `count()-1`) in der Liste ist. Der entfernte Eintrag selbst wird nur gelöscht, wenn zuvor `setAutoDelete(true)` aufgerufen wurde. Der Eintrag nach dem entfernten Eintrag wird dann der aktuelle Eintrag, auf den der interne Listenzeiger nun zeigt.

`bool removeFirst(), bool removeLast()`

entfernen den ersten bzw. letzten Eintrag aus der Liste und liefern `true`, wenn dieses Entfernen erfolgreich war, oder `false`, wenn die Liste leer ist. Der entfernte Eintrag selbst wird nur dann gelöscht, wenn zuvor `setAutoDelete(true)` aufgerufen wurde. Der neue erste bzw. letzte Eintrag wird dann der aktuelle Eintrag, auf den der interne Listenzeiger nun zeigt.

`QPtrList<type>& operator= (const QPtrList<type>& list)`

weist dieser Liste die Liste `list` zu und liefert eine Referenz auf diese Liste zurück. Bei dieser Zuweisung findet wieder eine flache Kopie von Zeigern statt.

Demonstrationsprogramm zur Klasse `QPtrList`[B]

Programm 7.12 ist ein einfaches Demonstrationsprogramm zur Klasse `QPtrList`. Startet man es, liefert es die folgende Ausgabe:

```
     Meyer Hans:  32000 Euro
  Aller Antonia:  37150 Euro
   Kohler Fritz:  52000 Euro
```

Programm 7.12 – `ptrlist.cpp`:
Einfaches Demoprogramm zur Klasse `QPtrList`

```
#include <qstring.h>
#include <qptrlist.h>
#include <qstringlist.h>
#include <stdio.h>
//................................................ Klasse Angestellter
class Angestellter {
public:
    Angestellter( const QString& name, int verdienst ) { n=name; v=verdienst; }
    QString     name()      const                      { return n; }
    int         verdienst() const                      { return v; }
private:
    QString     n;
    int         v;
};
//............................................................... main
int  main( void ) {
   Angestellter *angest;
   QPtrList<Angestellter> liste;      // Liste von Zeigern auf Angestellter

   liste.append( new Angestellter("Meyer Hans", 32000) );
   liste.append( new Angestellter("Aller Antonia", 37150) );
   liste.append( new Angestellter("Kohler Fritz", 52000) );

   for ( angest=liste.first(); angest != 0; angest=liste.next() )
      printf( "%20s: %6d Euro\n", angest->name().ascii(), angest->verdienst() );
   printf("\n");
   return 0;
}
```

7.5.2 `QPtrListIterator` – Iterator-Klasse für `QPtrList`

Mit der Klasse `QPtrListIterator` bietet Qt eine Iterator-Klasse zur Klasse `QPtrList` an. Um Objekte von der Template-Klasse `QPtrListIterator` zu erzeugen, muss die folgende Syntax eingehalten werden:

`QPtrListIterator<`*`typ`*`> name;`

Diese Angabe erzeugt ein `QPtrListIterator`-Objekt *name*, mit dem man die Einträge eines `QPtrList<`*`typ`*`>`-Objekts durchlaufen kann. Obwohl die Klasse `QPtrList` eigene Methoden zum Durchlaufen der doppelten verketteten Liste anbietet, wird mit `QPtrListIterator` eine eigene Iterator-Klasse zur Klasse `QPtrList` angeboten. Die Gründe hierfür sind:

- Es können gleichzeitig mehrere `QPtrListIterator`-Objekte auf ein `QPtrList`-Objekt eingerichtet werden, welche dann alle unabhängig voneinander sind.
- Ein `QPtrListIterator`-Objekt verändert niemals den aktuellen Eintrag, auf den der interne Listenzeiger gerade zeigt.
- Ein `QPtrListIterator`-Objekt kann die Einträge einer Liste nur lesen, aber nie verändern.

Konstruktor und wichtige Methoden der Klasse `QPtrListIterator`

Die Klasse `QPtrListIterator` bietet den folgenden Konstruktor an:

`QPtrListIterator (const QPtrList<type>& list)`
: erzeugt einen Iterator für die Liste `list`. Dieser Iterator zeigt auf das erste Element in der Liste.

Wichtige Methoden, die die Klasse `QPtrListIterator` anbietet, sind:

`uint count() const`
: liefert die Anzahl der Einträge in der Liste, die dieser Iterator durchläuft.

`type *operator* ()`
`type *current() const`
: liefern beide einen Zeiger auf den Eintrag, auf den der Iterator gerade zeigt.

`type *operator++ ()`
`type *operator-- ()`
: (nur in Präfixschreibweise) setzen den Iterator auf den nächsten bzw. den vorherigen Eintrag in der Liste und liefern diesen als Rückgabe. Falls es sich beim gerade aktuellen Eintrag um den letzten bzw. den ersten Eintrag in der Liste oder aber um einen `null`-Eintrag handelt, wird `null` zurückgegeben.

`type *operator() ()`
: setzt den Iterator auf den nächsten Eintrag und liefert aber anders als ++ den Eintrag, auf den der Iterator zuvor zeigte, als Rückgabe. Falls es sich beim gerade aktuellen Eintrag um den letzten Eintrag in der Liste oder aber um einen `null`-Eintrag handelt, wird `null` zurückgegeben.

`type *operator+= (uint jump)`
`type *operator-= (uint jump)`
: setzen den Iterator auf den Eintrag, der sich `jump` Positionen weiter hinten bzw. weiter vorne von dem Eintrag befindet, auf den der Iterator gerade zeigt, und liefern einen Zeiger auf diesen als Rückgabe. Falls dieses Neupositionieren dazu führt, dass sich der Iterator hinter dem letzten bzw. vor dem ersten Eintrag befindet, oder aber die Liste leer ist, wird der Iterator auf `null` gesetzt und `null` zurückgegeben.

`QPtrListIterator<t>& operator= (const QPtrListIterator<t>& it)`
: macht eine Kopie des Iterators `it` und liefert eine Referenz auf diesen Iterator.

`type *toFirst()`
`type *toLast()`
: setzen den Iterator auf den ersten bzw. den letzten Eintrag in der Liste und liefert einen Zeiger auf diesen als Rückgabe. Falls die Liste leer ist, wird der Iterator auf `null` gesetzt und `null` zurückgegeben.

`bool isEmpty() const`
: liefert `true`, wenn die Liste leer ist (`count()==0`), und sonst `false`.

`bool atFirst() const`
`bool atLast() const`
: liefern `true`, wenn der Iterator gerade auf den ersten bzw. letzten Eintrag der Liste gesetzt ist, und sonst `false`.

Demonstrationsprogramm zur Klasse `QPtrListIterator`[B]

Programm 7.13 ist ein einfaches Demonstrationsprogramm zur Klasse `QPtrListIterator`. Startet man es, liefert es die folgende Ausgabe:

```
          Meyer Hans:  32000 Euro
       Aller Antonia:  37150 Euro
        Kohler Fritz:  52000 Euro

Kohler Fritz
Kohler Fritz
```

Programm 7.13 – `ptrlistiter.cpp`:
Einfaches Demoprogramm zur Klasse `QlistIterator`

```
#include <qstring.h>
#include <qptrlist.h>
#include <stdio.h>
//.................................................. Klasse Angestellter
class Angestellter {
public:
    Angestellter( const QString& name, int verdienst ) { n=name; v=verdienst; }
    QString     name()       const                     { return n; }
    int         verdienst()  const                     { return v; }
private:
    QString     n;
    int         v;
};
//............................................................... main
int  main( void ) {
   QPtrList<Angestellter> liste;      // Liste von Zeigern auf Angestellter

   liste.append( new Angestellter("Meyer Hans", 32000) );
   liste.append( new Angestellter("Aller Antonia", 37150) );
   liste.append( new Angestellter("Kohler Fritz", 52000) );

   QPtrListIterator<Angestellter> it(liste); // Iterator fuer Angestellter-Liste
   for ( ; it.current(); ++it ) {
      Angestellter *angest = it.current();
      printf( "%20s: %6d Euro\n", angest->name().ascii(), angest->verdienst() );
   }
   printf("\n");

   liste.at(1); // akt. Eintrag, auf den Listenzeiger zeigt: "Aller Antonia"
   it.toLast(); // it steht auf: "Kohler Fritz"
   --it;        // nun steht it auf: "Aller Antonia"
     // Eintrag "Aller Antonia" loeschen
     //       --> neuer akt. Eintrag: "Kohler Fritz"
   liste.remove();
   printf( "%s\n", (const char *)it.current()->name() );
   printf( "%s\n", (const char *)liste.current()->name() );
   return 0;
}
```

7.5.3 Klasse QValueList – Eine wertebasierende Liste

Die Klasse QValueList ist eine wertbasierende Template-Klasse, die eine doppelt verkettete Liste bereitstellt. Um Objekte von der Template-Klasse QValueList zu erzeugen, muss die folgende Syntax eingehalten werden:

```
QValueList<typ> name;
```

Diese Angabe erzeugt ein QValueList-Objekt *name*, das Elemente vom Typ *typ* (und keine Zeiger auf diese Elemente) enthalten kann. Anders als bei der Klasse QPtrList werden hier beim Einfügen neuer Elemente Kopien dieser Elemente und keine Zeiger auf diese Elemente eingefügt, was man auch als tiefe Kopie bezeichnet. Das ist auch der Grund, warum diese Klasse QValueList *wertebasierend* ist, während andere Klassen, wie z. B. QPtrList und QDict, *referenzbasierend* sind.

Konstruktoren und wichtige Methoden der Klasse QValueList

Die folgenden QValueList-Konstruktoren legen eine Liste an, die ...

QValueList()	leer ist
QValueList(const QValueList<T>& l)	eine implizite shared-Kopie von l ist

Wichtige Methoden, die die Klasse QValueList anbietet, sind:

iterator append(const T& x)
: hängt x am Ende der Liste an und liefert Iterator, der auf diesen zeigt.

iterator insert(iterator it, const T& x)
: fügt den Wert x vor der Stelle ein, auf die der Iterator it zeigt, und liefert einen Iterator zurück, der auf diesen eingefügten Eintrag zeigt.

iterator at(uint i)
const_iterator at(uint i) const
: liefern beide Iterator, der auf Eintrag an Position i in der Liste zeigt. Sollte i kein gültiger Index, entsprechen diese Aufrufe dem Aufruf von end().

iterator begin()
ConstIterator begin() const
: liefern beide Iterator, der auf den Eintrag am Anfang der Liste zeigt. Sollte Liste leer sein, entsprechen diese Aufrufe dem Aufruf von end().

iterator end()
ConstIterator end() const
: liefern beide einen Iterator, der hinter den letzten Eintrag in der Liste zeigt. Sollte die Liste leer sein, entsprechen Aufrufe dieser Methoden dem Aufruf von begin().

clear()
: entfernt alle Einträge aus der Liste und löscht diese Einträge selbst auch.

uint contains(const T& x) const
: liefert zurück, wie oft der Wert x in der Liste vorkommt.

uint count() const
: liefert die Anzahl von Einträgen in der Liste zurück.

iterator find(const T& x)
const_iterator find(const T& x) const
: suchen beide das erste Vorkommen von x, wobei die Suche am Anfang der Liste beginnt. Sollte x nicht in der Liste vorhanden sein, entsprechen diese Aufrufe dem Aufruf von end().

`iterator find(iterator it, const T& x)`

`const_iterator find(const_iterator it, const T& x) const`

suchen beide das erste Vorkommen von `x` in der Liste, wobei die Suche bei dem Eintrag beginnt, auf den der Iterator `it` zeigt. Sollte `x` nicht in der Liste gefunden werden, entsprechen Aufrufe dieser Methoden dem Aufruf von `end()`.

`int findIndex(const T& x) const`

liefert den Index des ersten Vorkommens von Wert `x` in der Liste oder `-1`, wenn dieser Wert `x` nicht in der Liste gefunden werden kann.

`T& first() , const T& first() const`

`T& last() , const T& last () const`

liefern eine Referenz auf ersten bzw. letzten Eintrag in der Liste. Existiert kein solcher Eintrag ist der Rückgabewert undefiniert.

`iterator fromLast()`

`const_iterator fromLast() const`

liefern beide einen Iterator, der auf den letzten Eintrag in der Liste zeigt. Sollte die Liste leer sein, entsprechen Aufrufe dieser Methoden dem Aufruf von `end()`.

`bool isEmpty() const`

liefert `true`, wenn die Liste leer ist (`count()==0`), und sonst `false`.

`bool operator== (const QValueList<T>& l) const`]

`bool operator!= (const QValueList<T>& l) const`

liefern `true`, wenn beide Listen gleich bzw. ungleich sind, und sonst `false`.

`QValueList<T> operator+ (const QValueList<T>& l) const`

legt neue Liste an, in der zunächst alle Einträge dieser Liste einfügt und anschließend die Einträge der Liste `l` anhängt werden. Diese neue Liste liefert diese Methode als Rückgabe.

`QValueList<T>& operator+= (const QValueList<T>& l)`

fügt die Liste `l` an diese Liste an und liefert eine Referenz auf diese Liste zurück.

`QValueList<T>& operator+= (const T& x)`

`QValueList<T>& operator<< (const T& x)`

fügen beide den Wert `x` am Ende der Liste an und liefern eine Referenz auf diese Liste zurück.

`QValueList<T>& operator= (const QValueList<T>& l)`

weist die Liste `l` dieser Liste zu und liefert eine Referenz auf diese Liste zurück.

`T& operator[] (uint i)`

`const T& operator[] (uint i) const`

liefern beide eine Referenz auf den Eintrag, der sich an Position `i` in der Liste befindet. Sollte dieser Eintrag nicht existieren, ist der Rückgabewert undefiniert.

`iterator remove(iterator it)`

entfernt den Eintrag an der Position, auf den der Iterator `it` gerade steht. Als Rückgabe liefert diese Methode einen Iterator, der auf den Eintrag zeigt, der sich nach dem gelöschten Eintrag befindet. Sollte es sich beim gelöschten Eintrag um den letzten Eintrag in der Liste gehandelt haben, liefert diese Methode das Gleiche, als hätte man `end()` aufgerufen.

`uint remove(const T& x)`

entfernt alle Einträge aus der Liste, die Wert `x` haben, und löscht diese Einträge selbst auch. Der Rückgabewert zeigt an, wie viele Elemente gelöscht wurden.

7.5.4 Die Iterator-Klassen `QValueListIterator` und `QValueListConstIterator`

Die Klasse `QValueListIterator` stellt einen Iterator zur Klasse `QValueList` zur Verfügung. Es gilt grundsätzlich, dass man keinen Iterator für sich alleine erzeugen kann, sondern dass ein Iterator immer nur von einem `QValueList`-Objekt zur Verfügung gestellt werden kann.
Anders als die Klasse `QPtrList` bietet die Klasse `QValueList` keine eigene Funktionen an, mit denen man die Liste durchlaufen kann. Um die Einträge in einem `QValueList`-Objekt zu durchlaufen, muss man immer einen Iterator verwenden.

Konstruktoren und Methoden der Klasse `QValueListIterator`

Die Klasse `QValueListIterator` bietet die folgenden Konstruktoren an.

`QValueListIterator()`
: legt einen nicht initialisierten Iterator an.

`QValueListIterator(const QValueListIterator<T>& it)`
: erzeugt eine Kopie vom Iterator `it`.

Wichtige Methoden, die die Klasse `QValueListIterator` anbietet, sind:

`T& operator* ()`
`const T& operator* () const`
: liefern beide eine Referenz zum Eintrag, auf den der aktuelle Iterator zeigt.

`QValueListIterator<T>& operator++ ()` (Präfix-Schreibweise)
`QValueListIterator<T> operator++ (int)` (Postfix-Schreibweise)
: stellen den Iterator auf den nächsten Eintrag in der Liste und liefern einen Iterator zurück, der auf diesen bzw. auf den vorherigen Eintrag zeigt. Der Iterator kann dabei nicht selbst feststellen, ob er bereits das Ende der Liste erreicht hat.

`QValueListIterator<T>& perator-- ()` (Präfix-Schreibweise)
`QValueListIterator<T> operator-- (int)` (Postfix-Schreibweise)
: stellen den Iterator auf den vorherigen Eintrag in der Liste und liefern einen Iterator zurück, der auf diesen bzw. auf den vorherigen Eintrag zeigt. Der Iterator kann dabei nicht selbst feststellen, ob er bereits das Anfang der Liste erreicht hat.

`bool operator== (const QValueListIterator<T>& it) const`
`bool operator!= (const QValueListIterator<T>& it) const`
: vergleichen die beiden Iteratoren und liefern `true`, wenn beide auf den gleichen bzw. auf verschiedene Einträge in der Liste zeigen, ansonsten liefern diese Methoden `false`.

Neben der Klasse `QValueListIterator` existiert noch die Klasse `QValueListConstIterator`, welche weitgehend die gleichen Konstruktoren und Methoden anbietet. Anders als die Klasse `QValueListIterator` ist diese Klasse für das Durchlaufen von konstanten Listen vorgesehen. Bei Verwendung der Klasse `QValueListConstIterator` können die Einträge der entsprechenden Liste nicht über den Iterator verändert werden.

Demoprogramm zu den Klassen `QValueList` und `QValueListIterator`[B]

Programm 7.14 ist ein einfaches Demoprogramm zur Klasse `QValueList`. Startet man dieses Programm, liefert es die folgende Ausgabe:

```
..... Werte in der Liste
          Meyer Hans:  32000 Euro
       Aller Antonia:  37150 Euro
        Kohler Fritz:  52000 Euro
       Verona Kuhner:  60000 Euro

..... Verdienst vom Verona-Objekt, das nicht in der Liste ist
       Verona Kuhner:  63000 Euro
```

Programm 7.14 – `valuelist.cpp`:
Demoprogramm zur Klasse `QValueList`

```
#include <qvaluelist.h>
#include <qstring.h>
#include <stdio.h>
//....................................................... Klasse Angestellter
class Angestellter {
  public:
    Angestellter() { }
    Angestellter( const QString& name, int gehalt ) { n=name; v=gehalt;    }

    QString     name()        const             { return n; }
    int         verdienst() const               { return v; }
    void        neuVerdienst( int gehalt )      { v = gehalt; }
  private:
    QString     n;
    int         v;
};
//.................................................................... main
int  main( void ) {
   QValueList<Angestellter> liste;  // Liste von Angestellten (keine Zeiger)
   liste.append( Angestellter("Meyer Hans", 32000) );
   liste.append( Angestellter("Aller Antonia", 37150) );
   liste.append( Angestellter("Kohler Fritz", 52000) );

   Angestellter verona( "Verona Kuhner", 60000 );
   liste.append( verona );
   verona.neuVerdienst( 63000 );

   QValueList<Angestellter>::Iterator it;

   printf("..... Werte in der Liste\n" );
   for ( it=liste.begin(); it != liste.end(); ++it )
      printf( "%20s: %6d Euro\n", (*it).name().ascii(), (*it).verdienst() );
   printf("\n");

   printf("..... Verdienst vom Verona-Objekt, das nicht in der Liste ist\n" );
   printf( "%20s: %6d Euro\n", verona.name().ascii(), verona.verdienst() );
   return 0;
}
```

7.5.5 Die Klasse QStringList

Die Klasse QStringList, die als QValueList<QString> definiert ist, ist für eine Liste von QString-Objekten ausgelegt. Wie QValueList ist die Klasse QStringList *wertbasierend*. Wie die Klasse QString verwendet auch QStringList implizites Data-Sharing.

Konstruktoren und Methoden der Klasse QStringList

Die Klasse QStringList bietet die folgenden Konstruktoren an:

QStringList()

legt eine leere Liste an.

QStringList(const char *i)

QStringList(const QString& i)

legen eine String-Liste an, die nur ein Element enthält, nämlich den String i. Längere Listen lassen sich sehr einfach wie folgt erzeugen:

```
QStringList liste;
liste << "Eins" << "Zwei" << "Drei";
```

QStringList(const QStringList& l)

erzeugt eine Kopie der Liste l, wobei implizites Data-Sharing verwendet wird, sodass erst bei einer Änderung in einer beiden Listen eine tiefe Kopie stattfindet.

QStringList(const QValueList<QString>& l)

legt eine neue Liste an, die eine Kopie von l ist.

Neben den von QValueList geerbten Methoden bietet die Klasse QStringList unter anderem noch die folgenden Methoden an:

sort()

sortiert die Strings in der Liste in aufsteigender Reihenfolge.

QString join(const QString& sep) const

fügt alle Strings aus der Liste zu einem String zusammen, wobei zwischen den einzelnen Strings der String sep eingefügt wird. Den so gebildeten String liefert diese Methode als Rückgabewert.

QStringList grep(const QString& str, bool cs=true) const

liefert Liste mit allen Strings aus der Liste, die str enthalten. Bei cs=true wird zwischen Klein- und Großschreibung unterschieden, und bei cs=false nicht.

QStringList grep(QRegExp& expr) const

liefert eine Liste, die alle Strings aus der Liste enthält, die durch den regulären Ausdruck expr (siehe auch Kapitel 13.2 auf Seite 521) abgedeckt sind.

QStringList split(QString& sep, QString& str, bool empty=false)

QStringList split(QRegExp& sep, QString& str, bool empty=false)

Diese statischen Funktionen zerteilen str, wobei sep die Schnittstellen festlegt, und geben die hieraus resultierende Liste von Strings zurück. Bei empty=true werden auch leere Strings in dieser Liste eingefügt, und sonst nicht. Hat man z. B. den String Hallo+++wie+gehts+ und gibt für sep das Zeichen + an, wird bei empty=false eine Liste mit drei Strings: Hallo, wie und gehts, und bei empty=true eine Liste mit sechs Strings geliefert: Hallo, "", "", wie, gehts und "".

QStringList fromStrList(const QStrList& ascii) static

konvertiert eine QStrList-Liste (ASCII) in eine QStringList-Liste (Unicode).

Demonstrationsprogramm zur Klasse `QStringList`[B]

Programm 7.15 ist ein einfaches Demoprogramm zur Klasse `QStringList`. Startet man dieses Programm, liefert es die folgende Ausgabe:

```
...... Unsortierte Liste:
Meyer Hans
Aller Antonia
Kohler Fritz
Ahlers Kerstin
...... Sortierte Liste:
Ahlers Kerstin
Aller Antonia
Kohler Fritz
Meyer Hans
```

Programm 7.15 – `stringlist.cpp`:
Demoprogramm zur Klasse `QStringList`

```
#include <qstring.h>
#include <qstringlist.h>
#include <stdio.h>

int  main( void ) {
   QStringList liste;
     // 3 verschiedene Moeglichkeiten, um Werte in der Liste einzufuegen
   liste.append( "Meyer Hans");
   liste += "Aller Antonia";
   liste << "Kohler Fritz" << "Ahlers Kerstin";
   printf( "...... Unsortierte Liste:\n" );
   for ( QStringList::Iterator it = liste.begin(); it != liste.end(); ++it )
      printf( "%s\n", (*it).latin1() );
   liste.sort();  // Sortiere Liste
   printf( "...... Sortierte Liste:\n" );
   for ( QStringList::Iterator it = liste.begin(); it != liste.end(); ++it )
      printf( "%s\n", (*it).latin1() );
   return 0;
}
```

7.5.6 Die Klassen `QStrList` und `QStrIList`

Folgende Punkte gelten für die Klasse `QStrList`:

- Die Klasse `QStrList`, die von der Klasse `QPtrList` abgeleitet ist, stellt eine doppelt verkettete Liste für `char*`-Elemente zur Verfügung. Die Klasse `QStrList` ist eine `QPtrList<char>`-Instanz.
- Die Funktion `inSort()` fügt die Strings in einem `QStrList`-Objekt so ein, dass sie immer alphabetisch sortiert sind. Wesentlich schnellere Programme erhält man jedoch, wenn man Strings zunächst einfach unsortiert in einer Liste einfügt und diese Liste dann am Ende mit einem `sort()`-Aufruf als Ganzes sortieren läßt.
- Zur Klasse `QStrList` steht auch eine Iterator-Klasse zur Verfügung, die wie folgt definiert ist:
  `typedef QPtrListIterator<char> QStrListIterator;`

Konstruktoren und Methoden der Klasse `QStrList`

Die Klasse `QStrList` bietet die folgenden Konstruktoren an:

`QStrList(bool deepCopies=true)`
: legt eine leere Liste von Strings an. Wenn `deepCopies==true` gilt, findet bei jedem Einfügen eines String in diese Liste eine tiefe Kopie, und sonst (`deepCopies==false`) eben eine flache Kopie statt.

`QStrList(const QStrList& list)`
: erzeugt eine Kopie der Liste `list`. Falls die Liste `list` für tiefe Kopien eingerichtet wurde, wird auch hier eine tiefe Kopie durchgeführt, und sonst eben eine flache (*shallow copy*), bei der lediglich die Zeiger auf die einzelnen Elemente kopiert werden.

Neben den von `QPtrList` geerbten Methoden bietet die Klasse `QStrList` lediglich eine weitere Methode an:

`QStrList& operator= (const QStrList& list)`
: weist dieser Liste die Liste `list` zu und liefert eine Referenz auf diese Liste zurück. Falls die Liste `list` für tiefe Kopien eingerichtet wurde, wird auch hier eine tiefe Kopie durchgeführt, und sonst eben eine flache Kopie (*shallow copy*), bei der lediglich die Zeiger auf die einzelnen Elemente kopiert werden.

Die Klasse `QStrIList`

Neben der Klasse `QStrList` existiert noch die Klasse `QStrIList`, welche von der Klasse `QStrList` abgeleitet ist und auch weitgehend identisch zu dieser Klasse ist. Der wesentliche Unterschied zwischen diesen beiden Klassen ist, dass die Klasse `QStrIList` bei Vergleichen, welche ja z. B. beim Sortieren von Strings in einer Liste notwendig werden, keine Unterscheidung zwischen Klein- und Großschreibung vornimmt.

Demonstrationsprogramm zu den Klassen QStrList und QStrIList^B

Programm 7.16 ist ein einfaches Demoprogramm zu den Klassen `QStrList` und `QStrIList`. Startet man dieses Programm, liefert es die folgende Ausgabe:

```
...... Unsortierte Liste:
Wald
Luft
Feuer
WASSER

...... Sortierte Liste: (QStrList)
Feuer
Luft
WASSER
Wald

...... Sortierte Liste: (QStrIList)
Feuer
Luft
Wald
WASSER
```

Programm 7.16 – `strlist.cpp`:
Demoprogramm zu den Klassen `QStrList` und `QStrIList`

```
#include <qstring.h>
#include <qstrlist.h>
#include <stdio.h>
int  main( void ) {
   QStrList  liste;
   QStrIList iliste;
   char      *zgr;
   liste.append( "Wald" );   iliste.append( "Wald" );
   liste.append( "Luft" );   iliste.append( "Luft" );
   liste.append( "Feuer" );  iliste.append( "Feuer" );
   liste.append( "WASSER" ); iliste.append( "WASSER" );
   printf( "..... Unsortierte Liste:\n" );
   for ( zgr = liste.first(); zgr != 0; zgr = liste.next() )
      printf( "%s\n", zgr );
   liste.sort(); // Sortiere liste
   printf( "\n..... Sortierte Liste: (QStrList)\n" );
   for ( zgr = liste.first(); zgr != 0; zgr = liste.next() )
      printf( "%s\n", zgr );
   iliste.sort(); // Sortiere iliste
   printf( "\n..... Sortierte Liste: (QStrIList)\n" );
   for ( zgr = iliste.first(); zgr != 0; zgr = iliste.next() )
      printf( "%s\n", zgr );
   return 0;
}
```

7.5.7 Das Josephus-Spiel[Z]

Im Jahre 67 n. Chr. wurde die galiläische Stadt Jotapata unter Führung des jüdischen Historikers Josephus (37–100) ein Zentrum des antirömischen Widerstands, nach 47tägiger Belagerung von Kaiser Vespasian eingenommen. Josephus und 40 Soldaten zogen sich in eine Zisterne zurück. Um der Sklaverei zu entgehen, wollten die Soldaten sich selbst umbringen. Josephus beschwor sie vergebens, davon abzulassen. Damit er wenigstens seinen Freund und sich selbst rettete, schlug Josephus als Tötungsritual den alten römischen Brauch der *decimatio* (Aussonderung jedes Zehnten) vor. An welche Stelle des Kreises stellte er seinen Freund und sich, um zu überleben?

Das Programm `josephus.cpp` ordnet `n` nummerierte Personen mit Hilfe eines `QPtrList`-Objekts an; dann wird, beginnend mit Nummer `m`, jede `m`-te Person ausgesondert, wobei sich der Kreis sofort wieder schließt. Das Programm soll die Reihenfolge der Aussonderung ausgeben. Mögliche Abläufe des Programms `josephus.cpp` sind:

```
Wie viele Personen: 41 ↵
Der wievielte soll immer ausgesondert werden: 10 ↵
In folgender Reihenfolge wird ausgesondert:
10, 20, 30, 40, 9, 21, 32, 2, 14, 26, 38, 11, 24, 37, 12, 27, 1, 17, 34, 8, 29, 6,
28, 7, 33, 16, 41, 25, 18, 5, 3, 39, 4, 15, 23, 13, 36, 22, 31, 19, 35,
Wie viele Personen: 100 ↵
Der wievielte soll immer ausgesondert werden: 2 ↵
In folgender Reihenfolge wird ausgesondert:
2, 4, 6, 8, 10, 12, 14, 16, 18, 20, 22, 24, 26, 28, 30, 32, 34, 36, 38, 40, 42, 44,
```

```
46, 48, 50, 52, 54, 56, 58, 60, 62, 64, 66, 68, 70, 72, 74, 76, 78, 80, 82, 84, 86,
88, 90, 92, 94, 96, 98, 100, 3, 7, 11, 15, 19, 23, 27, 31, 35, 39, 43, 47, 51, 55,
59, 63, 67, 71, 75, 79, 83, 87, 91, 95, 99, 5, 13, 21, 29, 37, 45, 53, 61, 69, 77,
85, 93, 1, 17, 33, 49, 65, 81, 97, 25, 57, 89, 41, 9, 73,
```

7.5.8 Die Klassen `QObjectList` und der Iterator `QObjectListIterator`

Folgende Punkte gelten für die Klasse `QObjectList`:

- Die Klasse `QObjectList`, die von der Klasse `QPtrList` abgeleitet ist, stellt eine doppelt verkettete Liste für `QObject`-Elemente zur Verfügung. Die Klasse `QObjectList` ist eine `QPtrList<QObject>`-Instanz.
- Die Liste kann dabei mit den geerbten Methoden durchlaufen werden, wie z. B. `getFirst()`, `next()` usw.
- Zur Klasse `QObjectList` steht mit `QObjectListIterator` auch eine Iterator-Klasse zur Verfügung, die ein `QPtrListIterator<QObject>`-Iterator ist.

7.6 Stacks (LIFO-Strategie)

7.6.1 Die referenzbasierende Klasse `QPtrStack`

Die Klasse `QPtrStack` ist eine Template-Klasse, die einen Stack bereitstellt. Um Objekte von der Template-Klasse `QPtrStack` zu erzeugen, muss die folgende Syntax eingehalten werden:

`QPtrStack<`*`typ`*`>` *`name`*`;`

Diese Angabe erzeugt ein `QPtrStack`-Objekt *`name`*, das Zeiger auf Elemente vom Typ *`typ`* enthalten kann. Ein Stack arbeitet nach der LIFO-Strategie: *Last In, First Out*. Elemente, die neu in einem Stack hinterlegt werden, werden immer an oberster Stelle hinterlegt, was man üblicherweise mit der `push()`-Operation bewirkt. Mit der `pop()`-Operation lässt sich das an oberster Stelle befindliche Element, also das zuletzt im Stack hinterlegte Element, wieder aus dem Stack entfernen.

Konstruktoren und Methoden der Klasse `QPtrStack`

Die Klasse `QPtrStack` bietet die folgenden Konstruktoren an:

`QPtrStack()`
: legt einen leeren Stack an.

`QPtrStack(const QPtrStack<type>& s)`
: erzeugt einen neuen Stack, der eine flache Kopie vom Stack `s` ist.

Wichtige Methoden, die die Klasse `QPtrStack` anbietet, sind:

`push(const type *d)`
: hinterlegt das Element `d` an oberster Stelle im Stack.

`type *pop()`
: entfernt oberstes Element aus dem Stack und liefert es als Rückgabe.

`bool isEmpty() const`
: liefert `true`, wenn der Stack leer ist, und sonst `false`.

`type *top() const`
`type *current() const`
`operator type * () const`

liefern Zeiger auf oberstes Element des Stack, wobei dieses Element jedoch nicht wie bei `pop()` aus dem Stack entfernt wird. Bei einem leeren Stack liefern sie `null`.

`bool remove()`

entfernt das oberste Element aus dem Stack. Dieses Element selbst wird nur gelöscht, wenn zuvor `setAutoDelete(true)` aufgerufen wurde. Diese Methode liefert `true`, wenn der Stack nicht leer war, also ein Element entfernt werden konnte, und sonst `false`.

`QPtrStack<type>& operator= (const QPtrStack<type>& s)`

weist diesem Stack mittels einer flachen Kopie (*shallow copy*) den Inhalt vom Stack `s` zu und liefert eine Referenz auf diesen Stack.

`uint count() const virtual`

liefert die Anzahl der Elemente, die sich gerade im Stack befinden.

`clear() virtual`

enfernt alle Elemente aus dem Stack. Die Elemente selbst werden nur gelöscht, wenn zuvor `setAutoDelete(true)` aufgerufen wurde.

Rückwärtige Ausgabe der Zeilen einer Datei mit `QPtrStack`^{B}

Programm 7.17 gibt die Zeilen der Textdatei, deren Name auf der Kommandozeile angegeben ist, rückwärts aus. Nachdem es die Datei geöffnet hat, liest es Zeile für Zeile aus dieser Datei und hinterlegt sie einzeln mit der Methode `push()` auf dem Stack. Nachdem dieses Programm die ganze Datei gelesen hat, holt es die einzelnen Zeilen wieder mit der Methode `pop()` vom Stack und gibt sie aus, was dazu führt, dass die einzelnen Zeilen nun in umgekehrter Reihenfolge ausgegeben werden.

Programm 7.17 – `ptrstack.cpp`:
Rückwärtige Ausgabe der Zeilen einer Datei

```
#include <qapplication.h>
#include <qmessagebox.h>
#include <qptrstack.h>
#include <qfile.h>
#include <stdio.h>
#include <stdlib.h>
#include <string.h>

int main( int argc, char *argv[] ) {
   QString            msg;
   QPtrStack<QString> zeilen;
   char               zeile[1000];

   QApplication a( argc, argv );
   if (argc != 2) {
      msg.sprintf( "usage: %s datei", argv[0] );
      QMessageBox::information( 0, "Falscher Aufruf", msg, QMessageBox::Ok );
      return 1;
   }
```

```
    QFile datei( argv[1] );
    if ( !datei.open( IO_ReadOnly ) ) {
        msg.sprintf( "Datei '%s' kann nicht geöffnet werden", argv[1] );
        QMessageBox::information( 0, "Fehler beim Öffnen der Datei",
                                  msg, QMessageBox::Ok );
        return 2;
    } else {
        int     r;
        while ( ( r = datei.readLine( zeile, 1000 ) ) != 0 ) {
            if ( r == -1 ) {
                if ( !datei.atEnd() ) {
                    msg.sprintf( "Fehler beim Lesen der Datei '%s'", argv[1] );
                    QMessageBox::information( 0, "Fehler beim Lesen",
                                              msg, QMessageBox::Ok );
                } else
                    break;
            } else {
                zeilen.push( new QString(zeile) );
            }
        }
        datei.close();
    }
    while ( !zeilen.isEmpty() )
        printf( "%s", (const char *)*zeilen.pop() );
    return 0;
}
```

7.6.2 Die wertebasierende Klasse `QValueStack`

`QValueStack` ist ein wertebasierende (*value based*) Template-Klasse für einen Stack. Um `QValueStack`-Objekte zu erzeugen, muss die folgende Syntax eingehalten werden:

`QValueStack<`*`typ`*`>` *`name`*`;`

Diese Angabe erzeugt einen Stack (`QValueStack`-Objekt) mit Namen *name*, der Elemente vom Typ *typ* (und keine Zeiger auf diese Elemente wie die Klasse `QPtrStack`) enthalten kann.

Konstruktoren und wichtige Methoden der Klasse `QValueStack`

Die Klasse `QValueStack` bietet den folgenden Konstruktor an:

`QValueStack()`
: legt ein leeres `QValueStack`-Objekt an.

Wichtige Methoden, die die Klasse `QValueStack` anbietet, sind:

`T pop()`
: entfernt das oberste Element aus dem Stack und liefert es als Rückgabe.

`push(const T& d)`
: hinterlegt das Element `d` an oberster Stelle im Stack.

`T& top()`
: liefert Referenz auf oberstes Element des Stack, wobei dieses Element jedoch nicht wie wie `pop()` aus dem Stack entfernt wird.

Rückwärtige Ausgabe einer Datei mit `QValueStack`[B]

Programm 7.18 gibt die Textdatei, deren Name auf der Kommandozeile angegeben ist, rückwärts aus. Nachdem es die Datei geöffnet hat, liest es Zeile für Zeile aus dieser Datei und hinterlegt die einzelnen Zeichen der Zeile mit der Methode `push()` auf dem Stack. Nachdem dieses Programm die ganze Datei gelesen hat, holt es die einzelnen Zeichen wieder mit der Methode `pop()` vom Stack und gibt sie aus, was dazu führt, dass die Datei Zeichen für Zeichen von hinten ausgegeben wird.

Programm 7.18 – `valuestack.cpp`:
Rückwärtige Ausgabe einer Datei

```
#include <qvaluestack.h>
#include ......
using namespace std;
int main( int argc, char *argv[] ) {
   QString              msg;
   QValueStack<char>    zeilen;
   char                 zeile[1000];
   QApplication a( argc, argv );
   if (argc != 2) {
      msg.sprintf( "usage:  %s datei", argv[0] );
      QMessageBox::information( 0, "Falscher Aufruf", msg, QMessageBox::Ok );
      return 1;
   }
   QFile datei( argv[1] );
   if ( !datei.open( IO_ReadOnly ) ) {
      msg.sprintf( "Datei '%s' kann nicht geöffnet werden", argv[1] );
      QMessageBox::information( 0, "Fehler beim Öffnen der Datei",
                                   msg, QMessageBox::Ok );
      return 2;
   } else {
      int     r;
      while ( ( r = datei.readLine( zeile, 1000 ) ) != 0 ) {
         if ( r == -1 ) {
            if ( !datei.atEnd() ) {
               msg.sprintf( "Fehler beim Lesen der Datei '%s'", argv[1] );
               QMessageBox::information( 0, "Fehler beim Lesen",
                                            msg, QMessageBox::Ok );
            } else
               break;
         } else {
            for ( uint i=0; i<strlen( zeile ); i++ )
               zeilen.push( zeile[i] );
         }
      }
      datei.close();
   }
   while ( !zeilen.isEmpty() )
      cout << zeilen.pop();
   return 0;
}
```

7.6.3 Umwandlung einer Dezimalzahl in Dualzahl[Z]

Das Programm `dualstack.cpp` wandelt eine Dezimalzahl in ein anderes Zahlensystem (2 ... 10) um. Nachdem dieses Programm die Basis des Zielsystems und die umzuwandelnde Dezimalzahl eingelesen hat, verwendet es folgenden Umwandlungsalgorithmus:

1. Hinterlegen des Restes, der sich aus der Division der Zahl durch die Basis des Zielsystems ergibt, auf dem Stack.
2. Division der Zahl durch die Basis des Zielsystems.

Diese zwei Schritte werden so lange wiederholt, bis die Zahl `0` ist.
Nun muss der Stack nur noch mittels der Methode `pop()` abgearbeitet werden, wobei die jeweils vom Stack gelesene Ziffer immer ausgegeben wird, was dann zur Ausgabe der entsprechenden umgewandelten Zahl führt.
Ein möglicher Ablauf des Programms `dualstack.cpp` ist z. B. folgender:

```
Gib Zielbasis ein (2..10); Abbruch mit 0): 2 ↵
Gib eine Dezimalzahl ein: 10 ↵
1010
Gib Zielbasis ein (2..10); Abbruch mit 0): 8 ↵
Gib eine Dezimalzahl ein: 100 ↵
144
Gib Zielbasis ein (2..10); Abbruch mit 0): 2 ↵
Gib eine Dezimalzahl ein: 100 ↵
1100100
Gib Zielbasis ein (2..10); Abbruch mit 0): 2 ↵
Gib eine Dezimalzahl ein: 100000000 ↵
101111101011110000100000000
Gib Zielbasis ein (2..10); Abbruch mit 0): 0 ↵
```

7.7 Queues (FIFO-Strategie)

7.7.1 Die Klasse `QPtrQueue`

`QPtrQueue` ist eine Template-Klasse, die eine so genannte *Queue* bereitstellt. Um Objekte von der Template-Klasse `QPtrQueue` zu erzeugen, muss die folgende Syntax eingehalten werden:

`QPtrQueue<`*`typ`*`>` *`name`*`;`

Diese Angabe erzeugt ein `QPtrQueue`-Objekt *`name`*, das Zeiger auf Elemente vom Typ *`typ`* enthalten kann. Eine Queue arbeitet nach der FIFO-Strategie (*First In, First Out*) und bildet somit eine Warteschlange nach, in der die Elemente am Ende der Warteschlange mit der Operation `enqueue()` eingefügt und am Anfang der Warteschlange mit der Operation `dequeue()` entfernt werden.

Konstruktoren und Methoden der Klasse `QPtrQueue`

Die Klasse `QPtrQueue` bietet die folgenden Konstruktoren an:

`QPtrQueue()`
: legt eine leere Queue an.

`QPtrQueue(const QPtrQueue<type>& queue)`
: erzeugt eine neue Queue, die eine flache Kopie von der Queue `queue` ist.

Wichtige Methoden, die die Klasse `QPtrQueue` anbietet, sind:

`enqueue(const type *d)`
  fügt das Element `d` am Ende der Queue an.

`type *dequeue()`
  entfernt das Element, das sich am Anfang der Schlange befindet, aus der Queue und liefert einen Zeiger auf ihn als Rückgabe.

`bool isEmpty () const`
  liefert `true`, wenn die Queue leer ist, und sonst `false`.

`type *head() const`
`type *current() const`
`operator type *() const`
  liefern alle drei eine Referenz auf das Element, das sich am Anfang der Schlange befindet, wobei dieses Element jedoch nicht wie bei `dequeue()` aus der Queue entfernt wird.

`bool remove()`
  entfernt das Element, das sich am Anfang der Schlange befindet, aus der Queue. Dieses Element selbst wird nur gelöscht, wenn zuvor `setAutoDelete(true)` aufgerufen wurde. Diese Methode liefert `true`, wenn die Queue nicht leer war, also ein Element entfernt werden konnte, und sonst `false`.

`QPtrQueue<type>& operator= (const QPtrQueue<type>& queue)`
  weist dieser Queue mittels einer flachen Kopie (*shallow copy*) den Inhalt von der Queue `queue` zu und liefert eine Referenz auf diese Queue.

`uint count() const`
  liefert die Anzahl der Elemente, die sich gerade in der Queue befinden.

`clear()`
  enfernt alle Elemente aus der Queue. Die Elemente selbst werden nur gelöscht, wenn zuvor `setAutoDelete(true)` aufgerufen wurde.

Die wertbasierende Klasse `QValueVector` ist eine STL-kompatible Alternative zu dieser referenzbasierenden Klasse.

7.7.2 Simulation einer Warteschlange^{Z}

Das Programm `ptrqueue.cpp` simuliert eine typische Warteschlange, wie sie z. B. vor einem Amt, in einem Ärztezimmer oder vor einem Postschalter vorkommen könnte. In zufälligen Zeiten kommen neue Kunden an, die sich immer hinten in der Warteschlange einreihen. Sollte die Warteschlange voll sein, werden neu ankommende Personen abgewiesen. Um einen Kunden zu bedienen, muss der Button *Nächste(r) bitte* gedrückt werden, wodurch dann die einzelnen Personen in der Warteschlange um eine Position nach vorne verschoben werden. Dieses Programm protokolliert in einem eigenen `QTextEdit`-Fenster, das sich rechts in dieser Warteschlangensimulation befindet, folgende Ereignisse mit:

- Ankunft einer neuen Person,
- Bedienung einer Person,
- Abweisung einer Person, weil Warteschlange voll ist, und
- Pause für das Bedienungspersonal, da Warteschlange leer ist.

Kapitel 8

Datenaustausch zwischen verschiedenen Applikationen

Besuche machen immer Freude:
Wenn nicht beim Kommen, dann beim Gehen.
– Sprichwort aus Portugal

In diesem Kapitel wird gezeigt, wie unterschiedliche Applikationen direkt untereinander Daten austauschen können, ohne dass die eine Applikation ihre Daten in eine Datei schreibt, aus der sie dann ein anderes Applikationsprogramm liest. Eine solche direkte Kommunikation kann sowohl zwischen zwei Qt-Applikationen oder aber auch zwischen einer Qt-Applikation und einer anderen Applikation stattfinden, wenn beide das gleiche Protokoll benutzen.
Es existieren zwei Techniken, um einen vom Benutzer gesteuerten Datenaustausch von einer laufenden Applikation zu einer anderen durchzuführen:

Verwendung des Clipboard: Hier hinterlegt der Benutzer zunächst seine aus einer Applikation zu transferierenden Daten in einem so genannten Clipboard, auf das alle gerade laufenden Applikationsprogramme Zugriff haben. Danach kann er in der gleichen Applikation oder aber auch in anderen Applikationen diese Daten aus dem gemeinsamen Clipboard einkopieren.

Drag-and-Drop: Bei dieser Technik kann der Benutzer die zu transferierenden Daten direkt mit der Maus aus einem Applikationsprogramm in ein anderes gerade ablaufendes Programm ziehen.

8.1 Verwendung des Clipboard

Das Clipboard ist ein eigenes Objekt, das vom Betriebssystem bzw. dem entsprechenden Windows-System verwaltet wird. In diesem Clipboard können Daten abgelegt werden, die andere Applikationen übernehmen können. Der Typ der Daten, der dabei im Clipboard hinterlegt werden kann, ist vom Betriebssystem bzw. dem entsprechenden Windows-System abhängig.

8.1.1 Die Klasse `QClipBoard`

Damit eine Qt-Applikation auf das gemeinsame Clipboard zugreifen kann, muss sie die Klasse `QClipboard` verwenden. Von dieser Klasse kann allerdings nur ein Objekt instantiiert werden, auf das alle Applikationen Zugriff haben. Um zu verhindern, dass die einzelnen Applikationen eigene `QClipboard`-Objekte erzeugen, sind Konstruktor und Destruktor dieser Klasse privat.
Eine Applikation, die Zugriff auf das vom Betriebssystem bzw. Windows-System verwaltete Clipboard-Objekt haben möchte, kann sich stattdessen mit folgender von `QApplication` angebotenen Methode einen Zeiger auf das globale Clipboard liefern lassen:

`QClipboard *QApplication::clipboard() static`

Nachdem ein Zeiger auf globales Clipboard verfügbar ist, kann eine Applikation mit folgenden von `QClipboard` angebotenen Methoden auf das globale Clipboard zugreifen.

Wichtige Methoden der Klasse `QClipboard`

Bei allen folgenden Methoden muss man über den Parameter `mode` festlegen, auf welches Clipboard sich die jeweilige Operation beziehen soll: auf das globale Clipboard (`QClipboard::Clipboard`) oder auf das globale Clipboard mit Mausauswahl-Möglichkeit (`QClipboard::Selection`).

`setText(const QString& text, Mode mode)`
: kopiert den Text `text` in das Clipboard.

`QString text(Mode mode) const`
: liefert den Text, der sich gerade im Clipboard befindet, oder aber `null`, wenn das Clipboard gerade keinen Text enthält.

`setImage(const QImage& image, Mode mode)`
: kopiert Bild `image` in das Clipboard. Diese Methode entspricht dem Aufruf `setData(new QImageDrag(image), mode);` siehe auch Kapitel 8.2.2 auf Seite 375.

`setPixmap(const QPixmap& pixmap, Mode mode)`
: kopiert das Bild `pixmap` in das Clipboard. Diese Methode ist langsamer als `setImage()`, da sie das `QPixmap`-Bild erst in ein `QImage`-Bild konvertieren muss.

`QImage image() const`

`QPixmap pixmap() const`
: liefern das Bild, das sich gerade im Clipboard befindet, oder aber `null`, wenn das Clipboard gerade kein Bild enthält. Bei der Methode `pixmap()` gehen üblicherweise aufgrund notwendiger Konvertierungen mehr Informationen verloren als bei der Methode `image()`.

`clear(Mode mode)`
: löscht den Inhalt des Clipboard.

`QMimeSource *data(Mode mode) const`
: liefert eine Referenz auf eine `QMimeSource`-Repräsentation der Daten im Clipboard; siehe auch Kapitel 8.2.2 auf Seite 375.

`setData(QMimeSource *src, Mode mode)`
: kopiert die Daten `src` in das Clipboard; siehe auch Kapitel 8.2.2 auf Seite 375.

Die Klasse `QClipboard` schickt das Signal `dataChanged()`, wenn sich die Daten im Clipboard ändern.

Zum Austausch von Text kann auch ein `QTextEdit`-Widget verwendet werden, das von sich aus schon den Zugriff auf das Clipboard unterstützt. Man muss dazu nur die rechte Maustaste drücken und bekommt dann ein entsprechendes Popupmenü eingeblendet.

8.1.2 Austausch von Bildern über das Clipboard^B

Programm 8.1, das ein zufällig ausgewähltes Bild einblendet, ermöglicht es, Bilder zwischen unterschiedlichen Applikationen auszutauschen. Um dieses Programm zu testen, sollte man es zweimal oder auch mehrmals starten und dann Bilder zwischen diesen unterschiedlichen Fenstern hin- und herkopieren. Um auf das Clipboard zuzugreifen, muss man im jeweiligen Editorfenster die rechte Maustaste drücken, worauf dann ein Popupmenü eingeblendet wird. Sollte sich noch kein Bild im Clipboard befinden, hat das Popupmenü ein Aussehen, wie es im linken Teil von Abbildung 8.1 gezeigt ist, und sonst, wie es im rechten Teil von Abbildung 8.1 gezeigt ist.

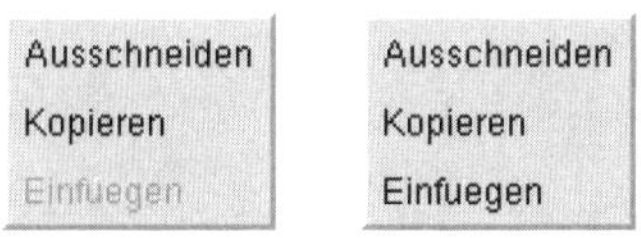

Abbildung 8.1: Popupmenü beim Drücken der mittleren Maustaste, abhängig davon, ob das Clipboard ein Bild enthält (rechts) oder nicht (links)

Programm 8.1 – `clipboardimage.cpp`:
Austausch von Bildern über das Clipboard

```
#include <qapplication.h>
#include <qlabel.h>
#include <qpixmap.h>
#include <qimage.h>
#include <qclipboard.h>
#include <qpopupmenu.h>
#include <stdlib.h>
#include <time.h>

//........................................................ Klasse einBild
class einBild : public QLabel {
  Q_OBJECT
   public:
      einBild( QWidget* p=0, const char* nam=0) : QLabel(p, nam) {
         ::srand( time(NULL) );
         popupMenu = new QPopupMenu();
         popupMenu->insertItem( "Ausschneiden", this, SLOT( cutImage() ) );
         popupMenu->insertItem( "Kopieren", this, SLOT( copyImage() ) );
         einfuegeElement = popupMenu->insertItem( "Einfuegen",
                                              this, SLOT( pasteImage() ) );
         clipboard = QApplication::clipboard();
         popupMenu->setItemEnabled( einfuegeElement,
            !clipboard->pixmap(QClipboard::Clipboard).isNull() ? true : false );
         QString bildDatei;
```

```
        switch ( rand()%3 ) {
           case 0: bildDatei = "Suse.xpm";                   break;
           case 1: bildDatei = "Crab.xpm";                   break;
          default: bildDatei.sprintf( "%d.bmp", ::rand()%52+1 ); break;
        }
        bild.load( bildDatei );
        setPixmap( bild );
    }
protected:
    void mouseReleaseEvent( QMouseEvent* event ) {
        if ( event->button() == RightButton ) {
           popupMenu->setItemEnabled( einfuegeElement,
             !clipboard->pixmap(QClipboard::Clipboard).isNull() ? true : false );
           popupMenu->popup( mapToGlobal( event->pos() ) );
        }
    }
private slots:
    void cutImage() {
        clipboard->setImage( bild.convertToImage(), QClipboard::Clipboard );
        clear();
    }
    void copyImage() {
        clipboard->setImage( bild.convertToImage(), QClipboard::Clipboard );
    }
    void pasteImage() {
        bild.convertFromImage( clipboard->image(), QClipboard::Clipboard );
        setPixmap( bild );
        resize( bild.width(), bild.height() );
    }
private:
    QPopupMenu*  popupMenu;
    QClipboard*  clipboard;
    int          einfuegeElement;
    QPixmap      bild;
};
#include "clipboardimage.moc"
//.................................................................... main
int main( int argc, char* argv[] ) {
   QApplication a( argc, argv );
   einBild* b = new einBild();
   a.setMainWidget( b );
   b->show();
   QObject::connect(qApp, SIGNAL(lastWindowClosed()), qApp, SLOT(quit()));
   return a.exec();
}
```

8.1.3 Zufälliges Austauschen von Bildern über das Clipboard[Z]

Das Programm `clipboardsend.cpp` blendet fünf Label-Widgets ein, die zufällig ausgewählte Bilder enthalten. Jedes dieser Widgets legt nun immer nach einer zufälligen Zeit sein Bild im Clipboard ab, was den anderen Widgets durch das Senden des Signals `dataChanged()` mitgeteilt wird. Diese können nun entscheiden, ob sie dieses in der Zwischenablage hinterlegte Bild selbst anzeigen wollen oder nicht. Ist die Entscheidung, die wieder zufällig erfolgt, positiv, holt sich das jeweilige Widget das Bild aus dem Clipboard und zeigt es an.

8.2 Drag-and-Drop

Bei dieser Technik kann der Benutzer die zu transferierenden Daten direkt mit der Maus aus einem Applikationsprogramm in ein anderes gerade ablaufendes Programm oder aber auch im selben Programm an eine andere Stelle ziehen.

8.2.1 Drag-and-Drop von Text oder Bildern in Qt

Starten einer Drag-Operation

Um eine Drag-Operation zu starten, z. B. wenn eine Maustaste gedrückt wird, muss man ein Objekt von einer `QDragObject`-Unterklasse anlegen. Welche Subklasse von `QDragObject` man dabei heranzieht, hängt vom Typ der Daten ab, auf die die Drag-and-Drop-Operation stattfinden soll, wie z. B. `QTextDrag` für Text und `QImageDrag` für Bilder.
Danach muss man nur noch die Methode `dragCopy()` aufrufen, wenn vom Drag-Objekt eine Kopie an einer anderen Stelle oder aber in einer anderen Applikation zu hinterlegen ist. Soll das Drag-Objekt an eine andere Stelle im gleichen Applikationsprogramm verschoben werden, muss man statt `dragCopy()` die Methode `dragMove()` aufrufen.
Der folgende Codeausschnitt zeigt die typischen Anweisungen, die eine Drag-Operation für einen Text bzw. für ein Bild einleiten. Hierbei wird angenommen, dass die Drag-Operation für ein Objekt mit dem Drücken einer Maustaste eingeleitet wird:

```
   //.... Start einer Drag-Operation für Text
virtual void mousePressEvent( QMouseEvent *event ) {
   QTextDrag *dragText = new QTextDrag( text(), this );
   dragText->dragCopy();
}
   //.... Start einer Drag-Operation für ein Bild
 virtual void mousePressEvent( QMouseEvent * ) {
    if ( pixmap() ) {
       QDragObject *d = new QImageDrag( pixmap()->convertToImage(), this );
       d->dragCopy();
    }
 }
```

Durchführen einer Drop-Operation

Bei einer Drop-Operation, welche z. B. beim Loslassen der Maustaste stattfindet, wird das entsprechende Drag-Objekt (Text oder Bild) an der aktuellen Mausposition eingefügt. Eine Drop-Operation muss nicht in dem gleichen Applikationsprogramm stattfinden, in dem

die Drag-Operation gestartet wurde, sondern kann auch in einer anderen Applikation durchgeführt werden.
Um in einem Widget eine Drop-Operation durchführen zu können, muss dieses dafür eine entsprechende Erlaubnis geben. Dazu muss dieses Widget z. B. in seinem Konstruktor `setAcceptDrops(true)` aufrufen. Zusätzlich muss dieses Widget die beiden folgenden virtuellen Methoden reimplementieren:

`dragEnterEvent()`
: Diese Methode wird automatisch aufgerufen, wenn der Benutzer den Mauszeiger, nachdem er eine Drag-Operation gestartet hat, in dieses Widget bei gedrückter Maustaste bewegt.

`dropEvent()`
: Diese Methode wird aufgerufen, wenn eine Drag-and-Drop-Operation abgeschlossen wird, also z. B. die Maustaste in einem Widget wieder losgelassen wird.

Daneben kann man noch die beiden folgenden virtuellen Methoden reimplementieren:

`dragMoveEvent()`
: Nachdem `dragEnterEvent()` aufgerufen wurde, wird ständig diese Methode aufgerufen, solange der Mauszeiger bei gedrückter Maustaste innerhalb dieses Widget bewegt wird.

`dragLeaveEvent()`
: Diese Methode wird automatisch aufgerufen, wenn eine Drag-Operation gestartet wurde und der Mauszeiger bei gedrückter Maustaste dieses Widget wieder verlässt.

Der folgende Codeausschnitt zeigt die typischen Anweisungen, mit denen ein Widget eine Drop-Operation für einen Text oder ein Bild ermöglicht.

```
MeinWidget::MeinWidget( QWidget* parent=0, const char* name=0)
                                        : QWidget(parent,name) {
   .....
   setAcceptDrops( true );
}
void MeinWidget::dragEnterEvent( QDragEnterEvent* event ) {
   event->accept( QTextDrag::canDecode( event ) ||
                  QImageDrag::canDecode( event ) );
}
void MeinWidget::dropEvent( QDropEvent* event ) {
   QImage  bild;
   QString text;
   if ( QImageDrag::decode( event, bild ) ) {
      insertImageAt(bild, event->pos());
   } else if ( QTextDrag::decode( event, text ) ) {
      insertTextAt(text, event->pos());
   }
}
```

Dieser Codeausschnitt verwendet die beiden Methoden `canDecode()` und `decode()`.
Die Methode `canDecode(event)` liefert `true`, wenn die in `event` vorliegenden Daten in einen `QString` (`QTextDrag::canDecode()`) bzw. in ein `QImage` (`QImageDrag::canDecode()`) umgewandelt werden können, und sonst `false`.
Die Methode `decode()` versucht die in `event` vorliegenden Daten in ein `QImage` bzw. in einen `QString` umzuwandeln und dann in `bild` bzw. `text` zu hinterlegen. War diese Umwandlung erfolgreich, liefert diese Methode `true`, ansonsten `false`.

Demonstrationsprogramm zu Drag-and-Drop von Text^{B}

Programm 8.2, das ein kleines `QTextEdit`-Widget einblendet, ermöglicht es, Text zwischen unterschiedlichen Applikationen auszutauschen. Um dieses Programm zu testen, sollte man es zwei- oder auch mehrmals in unterschiedlichen Fenstern starten und dann Text zwischen diesen unterschiedlichen Editorfenstern mit der Maus hin- und herziehen. Dieses Programm merkt sich beim Drücken der linken Maustaste die aktuelle Mausposition. Wird nun die Maus mindestens 3 Pixel horizontal oder vertikal bewegt, so wird eine Drag-Operation gestartet. Dies soll verhindern, dass der Benutzer unabsichtlich durch einen Klick auf die Maustaste eine Drag-and-Drop-Aktion durchführt.

Programm 8.2 – `dragdroptext.cpp`:
Austausch von Text mit Drag-and-Drop

```
#include <qapplication.h>
#include <qdragobject.h>
#include <qtextedit.h>
//.............................................. Klasse DragDropTextEdit
class DragDropTextEdit : public QTextEdit {
 public:
   DragDropTextEdit( QWidget *p=0, const char *nam=0) : QTextEdit(p, nam) { }
 protected:
   virtual void mousePressEvent( QMouseEvent *event ) {
      if ( event->button() == LeftButton )
         dragStartPos = event->pos();
      QTextEdit::mousePressEvent( event );
   }
   virtual void mouseMoveEvent( QMouseEvent *event ) {
      if ( event->state() & LeftButton )
            //... nur wenn Maus mind. 3 Pixel gezogen wurde
         if ( abs( event->pos().x() - dragStartPos.x() ) >= 3 ||
              abs( event->pos().y() - dragStartPos.y() ) >= 3 )  {
            QTextDrag *dragText = new QTextDrag( text(), this );
            dragText->dragCopy();
         }
      QTextEdit::mouseMoveEvent( event );
   }
   virtual void dragEnterEvent( QDragEnterEvent *event ) {
      if ( QTextDrag::canDecode( event ) )
         event->accept();
   }
   virtual void dropEvent( QDropEvent *event ) {
      QString textdrop;
      if ( QTextDrag::decode( event, textdrop ) ) {
         int zeile, spalte;
         getCursorPosition( &zeile, &spalte );
         insertAt( textdrop, zeile, spalte );
      }
   }
 private:
   QPoint dragStartPos;
};
```

```
//.............................................................. main
int main( int argc, char *argv[] ) {
   QApplication a( argc, argv );
   DragDropTextEdit *edit = new DragDropTextEdit;
   a.setMainWidget( edit );
   edit->show();
   return a.exec();
}
```

Demonstrationsprogramm zu Drag-and-Drop von Bildern[B]

Programm 8.3 blendet zunächst drei Toplevel-Widgets (`QLabel`-Widgets) ein, in denen sich Bilder (zufällig ausgewählte Skatkarten) befinden. Diese Skatkarten können nun mittels Drag-and-Drop sowohl zwischen den `QLabel`-Widgets der gleichen Applikation oder auch zwischen unterschiedlichen Applikationen, wenn dieses Programm mehrmals gestartet wird, ausgetauscht werden. Wird eine Maustaste in einem `QLabel`-Widget zum Start einer Drag-Operation gedrückt, so wird dies durch einen roten Hintergrund angezeigt. Nachdem eine Drag-Operation gestartet wurde, wird bei jedem Eintritt des Mauszeigers (bei gedrückter Maustaste) in ein `QLabel`-Widget der Hintergund dieses Widgets blau dargestellt. Verlässt der Mauszeiger ein solches Widget wieder, wird der Hintergrund grau dargestellt. Bei einer Drop-Operation (Loslassen der Maustaste) in einem `QLabel`-Widget wird das entsprechende Drag-Objekt (Skatkarte) in diesem `QLabel`-Widget abgelegt, wobei dieses `QLabel`-Widget nun einen versunkenen breiten Rahmen erhält, sodass man leicht alle Widgets erkennen kann, in denen eine Drop-Operation stattfand.

Programm 8.3 – `dragdropimage.cpp`:
Austausch von Bildern mit Drag-and-Drop

```
#include <qapplication.h>
#include <qlabel.h>
#include <qevent.h>
#include <qpixmap.h>
#include <qimage.h>
#include <qdragobject.h>
#include <stdlib.h>
#include <time.h>
//......................................... Klasse MeinLabel .................
class MeinLabel : public QLabel {
public:
    MeinLabel( QWidget* parent=0, const char* name=0) : QLabel(parent,name) {
        QString dateiName;
        dateiName.sprintf("%d.bmp", ::rand()%52+1 );
        QPixmap b;
        b.load( dateiName );
        setPixmap( b );
        setGeometry( ::rand()%600, ::rand()%600, 1, 1 );
        adjustSize();
        resize( width()+10, height()+10 );
        setAcceptDrops( true );
    }
protected:
```

```
    void dragEnterEvent( QDragEnterEvent *e ) {
        if ( QImageDrag::canDecode( e ) )
            e->accept();
        setPaletteBackgroundColor( Qt::blue );
    }
    void dragLeaveEvent( QDragLeaveEvent* ) {
        setPaletteBackgroundColor( Qt::gray );
    }
    void dropEvent( QDropEvent *e ) {
        QPixmap pm;
        if ( QImageDrag::decode( e, pm ) ) {
            setPixmap( pm );
            setFrameStyle( QFrame::Sunken | QFrame::Panel );
            setLineWidth( 8 );
            resize( width()+10, height()+10 );
            adjustSize();
        }
    }
    virtual void mousePressEvent( QMouseEvent * ) {
        if ( pixmap() ) {
            QDragObject *d = new QImageDrag( pixmap()->convertToImage(), this );
            d->dragCopy();
            setPaletteBackgroundColor( Qt::red );
        }
    }
};
//............................................................... main ..........
int main( int argc, char *argv[] ) {
    QApplication a( argc, argv );
    ::srand( time(NULL) );
    for (int i=0; i<3; i++) {
        MeinLabel *l = new MeinLabel( 0 );
        l->show();
    }
    QObject::connect(qApp, SIGNAL(lastWindowClosed()), qApp, SLOT(quit()));
    return a.exec();
}
```

Die Basisklasse QDragObject

Die Klasse `QDragObject`, die von der Klasse `QMimeSource` abgeleitet ist, ist die Basisklasse für alle Drag-and-Drop-Operationen. Von dieser Klasse sind die weiter unten vorgestellten Klassen `QTextDrag`, `QImageDrag`, `QIconDrag` und `QStoredDrag` abgeleitet. Die Klasse `QDragObject` stellt den folgenden Konstruktor zur Verfügung:

`QDragObject(QWidget *dragSource=0, char *nam=0)`
: legt ein Drag-Objekt an, dessen Elternobjekt `dragsource` ist. Wird das Elternobjekt `dragsource` gelöscht, so wird auch automatisch das Drag-Objekt gelöscht.

Wichtige Methoden, die die Klasse `QDragObject` anbietet, sind:

`dragCopy()`
: startet eine Drag-Operation mit den Inhalten dieses Drag-Objekts. Von diesem Moment an ist Qt der Besitzer dieses Objekts. Deshalb sollten weder dieses Objekt noch andere Daten, die dieses Objekt referenziert, gelöscht werden.

`bool dragMove()`
: startet eine Drag-Operation mit den Inhalten dieses Drag-Objekts. Anders als bei der Methode `dragCopy()` wird hier das Drag-Objekt verschoben.

`QPixmap pixmap() const`
: liefert die Pixmap des Drag-Objekts. Sollte sich kein Pixmap-Bild im Drag-Objekt befinden, liefert diese Methode `null`, was sich auch mit `isNull()` feststellen lässt.

`setPixmap(QPixmap pm, QPoint hotspot) virtual`
: legt fest, dass die Pixmap `pm` beim Mauszeiger anzuzeigen ist, während die Drag-Operation stattfindet. Der Parameter `hotspot` legt dabei den Punkt in oder außerhalb der Pixmap-Bildes fest, an dem sich das Bild bei der Drag-Operation unter dem Cursor befinden soll. Diese Angabe ist dabei relativ zur linken oberen Ecke des Pixmap-Bildes anzugeben.

`setPixmap(QPixmap pm) virtual`
: entspricht weitgehend der vorherigen Methode, nur dass sie als Voreinstellung für den Parameter `hotspot` eine vorgegebene Position hat, so dass sich das Pixmap-Bild rechts unterhalb des Mauszeigers befindet. So kann der Benutzer genau den Punkt sehen, an dem er sich gerade bei der Drag-Operation befindet, da dieser nicht durch das Pixmap-Bild verdeckt ist.

`QWidget *source()`
: liefert einen Zeiger auf das Widget, in dem die Drag-Operation gestartet wurde.

`QWidget *target() static`
: Nachdem eine Drag-Operation abgeschlossen wurde, liefert diese Funktion einen Zeiger auf das Widget, in dem das Drag-Objekt abgelegt wurde, wo also die Drop-Operation stattfand. Der Rückgabewert `0` zeigt dabei an, dass das Drag-Objekt in einem anderen Programm abgelegt wurde.

Die Klasse `QTextDrag`

Die von `QDragObject` abgeleitete Klasse `QTextDrag` stellt ein Drag-Objekt zur Verfügung, in dem sich normaler oder Unicode-Text befinden kann. Die Klasse `QTextDrag` stellt folgende Konstruktoren bereit:

`QTextDrag(QWidget *dragSource=0, char *nam=0)`
: legt ein Drag-Objekt an, in dem Text abgelegt werden kann. Der Parameter `dragSource` legt dabei das Widget fest, in dem die Drag-Operation startet.

`QTextDrag(const QString& text, QWidget *dragSource=0, char *nam=0)`
: legt ein Drag-Objekt an, in dem der Text `text` abgelegt wird. Der Parameter `dragSource` legt dabei das Widget fest, in dem die Drag-Operation startet.

Wichtige Methoden, die die Klasse `QTextDrag` anbietet, sind:

`setText(const QString& text) virtual`
: hinterlegt den Text `text` im Drag-Objekt.

`bool canDecode(const QMimeSource *e) static`
: liefert `true`, wenn die in `e` vorliegenden Daten in einen `QString` umgewandelt werden können, und sonst `false`.

`bool decode(const QMimeSource *e, QString& str) static`
versucht die in `e` vorliegenden Daten in einen `QString` umzuwandeln und dann in `str` zu hinterlegen. War diese Umwandlung erfolgreich, liefert diese Methode `true`, und sonst `false`.

`setSubtype(const QCString& str) virtual`
legt den MIME-Subtyp des Textes fest, der im Drag-Objekt hinterlegt werden kann. Der voreingestellte Subtyp ist `plain` (normaler Text), was dem voreingestellten MIME-Typ für Text `text/plain` entspricht. Möchte man z. B. HTML-Text im Drag-Objekt hinterlegen, muss man nur `setSubtype("html")` aufrufen.

Die Klasse `QImageDrag`

Die von `QDragObject` abgeleitete Klasse `QImageDrag` stellt ein Drag-Objekt zur Verfügung, in dem sich ein Bild befinden kann. Ein im Drag-Objekt befindliches Bild wird dem Widget, in dem das Bild abzulegen ist, also in dem die Drop-Operation stattfindet, in mehreren Bildformaten angeboten. Welche Bildformate Qt unterstützt, kann man sich mit dem Programm 8.4 ausgeben lassen, das dazu die beiden von der Klasse `QImage` angebotenen Methoden `inputFormats()` und `outputFormats()` aufruft. Startet man dieses Programm, liefert es z. B. die folgende Ausgabe:

```
.... Von Qt unterstuetzte Input-Bildformate:
BMP
JPEG
MNG
PBM
PGM
PNG
PPM
XBM
XPM
.... Von Qt unterstuetzte Output-Bildformate:
BMP
JPEG
PBM
PGM
PNG
PPM
XBM
XPM
```

Programm 8.4 – `bildformat.cpp`:
Ausgabe der von Qt unterstützten Bildformate

```
#include <qstring.h>
#include <qstrlist.h>
#include <qimage.h>
#include <stdio.h>

int main( void ) {
  QStrList  inputFormate, outputFormate;
  char      *zgr;
```

```
    printf(".... Von Qt unterstuetzte Input-Bildformate:\n");
    inputFormate = QImage::inputFormats();
    for ( zgr=inputFormate.first(); zgr != 0; zgr = inputFormate.next() )
       printf("%s\n", zgr );

    printf("\n.... Von Qt unterstuetzte Output-Bildformate:\n");
    outputFormate = QImage::outputFormats();
    for ( zgr=outputFormate.first(); zgr != 0; zgr = outputFormate.next() )
       printf("%s\n", zgr );
    return 0;
}
```

Die Klasse `QImageDrag` stellt nun die folgenden Konstruktoren zur Verfügung:

`QImageDrag(QWidget *dragSource=0, char *nam=0)`

legt ein Drag-Objekt an, in dem ein Bild abgelegt werden kann. Der Parameter `dragSource` legt dabei das Widget fest, in dem die Drag-Operation startet.

`QImageDrag(QImage image, QWidget *dragSource=0, char *nam=0)`

legt ein Drag-Objekt an, in dem das Bild `image` abgelegt wird. Der Parameter `dragSource` legt dabei das Widget fest, in dem die Drag-Operation startet.

Wichtige Methoden, die die Klasse `QImageDrag` anbietet, sind:

`setImage(QImage image) virtual`

hinterlegt das Bild `image` im Drag-Objekt.

`bool canDecode(const QMimeSource *e) static`

liefert `true`, wenn die in `e` vorliegenden Daten in ein Bild umgewandelt werden können, und sonst `false`.

`bool decode(const QMimeSource *e, QImage& img) static`

`bool decode(const QMimeSource *e, QPixmap& pm) static`

versuchen die in `e` vorliegenden Daten in ein `QImage`- bzw. ein `QPixmap`-Bild umzuwandeln und dann in `img` bzw. `pm` zu hinterlegen. War diese Umwandlung erfolgreich, liefern diese Methoden `true`, und sonst `false`.

Die Klasse `QColorDrag`

Die Klasse `QColorDrag`, die ein Drag-Objekt zur Verfügung stellt, in dem sich eine Farbe befinden kann, stellt die folgenden Konstruktoren zur Verfügung:

`QColorDrag(QWidget *dragsource=0, char *nam=0)`

legt ein Drag-Objekt an, in dem die Farbe *weiss* abgelegt wird. Der Parameter `dragSource` legt dabei das Widget fest, in dem die Drag-Operation startet.

`QColorDrag(const QColor& col, QWidget *dragsource=0, char *nam=0)`

legt ein Drag-Objekt an, in dem die Farbe `col` abgelegt wird. Der Parameter `dragSource` legt dabei das Widget fest, in dem die Drag-Operation startet.

Folgende Methoden bietet die Klasse `QColorDrag` an:

`setColor(const QColor& col)`

legt die Farbe `col` im Drag-Objekt ab.

`bool canDecode(QMimeSource *e) static`

liefert `true`, wenn die in `e` vorliegenden Daten in eine Farbe umgewandelt werden können, und sonst `false`.

`bool decode(QMimeSource *e, QColor& col) static`
: versucht die in `e` vorliegenden Daten in ein `QColor`-Objekt umzuwandeln und dann in `col` zu speichern. War diese Umwandlung erfolgreich, liefert diese Methode `true`, und sonst `false`.

Die Klasse `QIconDrag`

Die Klasse `QIconDrag` stellt ein Drag-Objekt zur Verfügung, in dem sich mehrere Icons befinden können, die in einer Icon-Ansicht (`QIconView`) mittels Drag-and-Drop verschoben werden können.
Die von der Klasse `QIconView` angebotene Drag-and-Drop-Funktionalität reicht für die meisten Anwendungen aus. Möchte man diese Grundfunktionalität jedoch erweitern, muss man folgende Vorgehensweise wählen:

1. Anlegen eines `QIconDrag`-Objekt in der Methode `QIconView::dragObject()`.
2. Anlegen von `QIconDragItem`-Objekte für alle Icons, die mittels Drag-and-Drop bewegt werden können.
3. Zuweisen der Icon-Daten an die einzelnen `QIconDragItem`-Objekte mit der Methode `QIconDragItem::setData()`.
4. Hinzufügen der `QIconDragItem`-Objekte zum Drag-Objekt mit der Methode `QIconDrag::append()`.

Näheres hierzu kann in der Qt-Online-Dokumentation nachgelesen werden.

8.2.2 Drag-and-Drop in Verbindung mit dem Clipboard

Die Klassen `QDragObject`, `QDragEnterEvent`, `QDragMoveEvent` und `QDropEvent` haben alle die Klasse `QMimeSource` als Basisklasse. Um nun neben dem Drag-and-Drop-Verfahren dem Benutzer auch gleichzeitig den Datenaustausch über das Clipboard zu ermöglichen, muss man die beiden folgenden von der Klasse `QClipboard` angebotenen Methoden verwenden:

`setData(QMimeSource *src, Mode mode)`
: kopiert die Daten `src` in das Clipboard.

`QMimeSource* data(Mode mode) const`
: liefert eine Referenz auf eine `QMimeSource`-Repräsentation der Daten im Clipboard.

Mit diesen beiden Methoden ist es möglich, Daten, die eigentlich für Drag-and-Drop-Operationen ausgelegt sind, im Clipboard zu hinterlegen und von dort auch wieder zu holen, wie dies z. B. der folgende Codeausschnitt für Text zeigt:

```
  //.... Hinterlegen von Text im Clipboard
void MeinWidget::copy() {
  QApplication::clipboard()->setData(new QTextDrag(text()), QClipboard::Clipboard);
}
  //.... Einkopieren des Textes aus dem Clipboard
void MeinWidget::paste() {
  QString txt;
  if (QTextDrag::decode(QApplication::clipboard()->data(QClipboard::Clipboard),txt))
     insert( txt );
}
```

Drag-and-Drop von Bildern mit gleichzeitiger Verwendung des Clipboard^Z

Das Programm `dragdropclip.cpp` demonstriert die eben vorgestellte Technik zur gleichzeitigen Benutzung des Clipboard bei Drag-and-Drop. Dieses Programm ist ähnlich dem Programm 8.3, nur dass es die Möglichkeit anbietet, mit der Taste (Strg)-(C) ein Bild in das Clipboard zu kopieren und dieses Bild aus dem Clipboard wieder mittels der Taste (Strg)-(V) in ein `QLabel`-Widget hineinzukopieren. Dazu wurden in diesem Programm die beiden privaten Methoden `copy()` und `paste()` zur Verfügung gestellt.

8.2.3 Definieren von eigenen Typen für Drag-and-Drop

Datenaustausch über standardisierte MIME-Typen

Zur Nutzung von Drag and Drop über Text und Bild hinaus für andere Typen von Daten (wie z.B. HTML-Text) werden so genannte MIME-Typen verwendet. Ein MIME-Typ[1] ist eine kurze Beschreibung über den Typ vorliegende Daten. Ein MIME-Typ setzt sich aus einem allgemeinen Typ (*major type*) und einem speziellen Typ (*minor type*) zusammen, wobei beide durch einen Slash getrennt sind, wie z. B.

`text/plain`	für normalen unformatierten Text
`text/richtext`	für Text, der im Richtext-Format vorliegt
`text/html`	für Text, der im HTML-Format vorliegt
`image/jpeg`	für Bilder, die im JPEG-Format vorliegen
`image/gif`	für Bilder, die im GIF-Format vorliegen
`image/png`	für Bilder, die im PNG-Format vorliegen
`application/pdf`	für Daten, die im PDF-Format vorliegen
`application/zip`	für Daten, die im ZIP-Format vorliegen

Zwei Applikationen, die Daten unter Verwendung von MIME-Typen austauschen möchten, gehen nun wie folgt vor:

- Die Applikation, in der eine Drag-Operation gestartet wird, stellt eine Liste von MIME-Typen zur Verfügung, die sie erzeugen kann. Sie ordnet dabei die Liste so, dass die am besten geeigneten MIME-Typen für die zu transferierenden Daten am Anfang dieser Liste stehen und die weniger geeigneten am Ende, welche meist mit Verlust von Qualität verbunden sind.
- Die Applikation, in der die entsprechende Drop-Aktion stattfindet, sucht sich dann aus dieser Liste den ersten geeigneten MIME-Typ aus, den sie selbst verarbeiten kann. Zum Beispiel unterstützt die Klasse `QTextDrag` den MIME-Typ `text/plain` (normaler unformatierter Text) und die Unicode-Formate `text/utf16` und `text/utf8`. Die Klasse `QImageDrag` unterstützt z. B. `image/*`, wobei für `*` alle von Qt unterstützten Bildformate eingesetzt werden können.

Wenn man nun Drag-and-Drop für Daten durchführen möchte, zu denen keine eigene `QDragObject`-Unterklasse existiert, muss man im Internet nachschlagen, welche MIME-Typen angeboten werden. Dort stellt die *Internet Assigned Numbers Authority* (IANA) eine hierarchisch organisierte Liste von MIME-Typen beim *Information Sciences Institute* (ISI) zur Verfügung. In der Qt-Online-Dokumentation ist ein Link zu dieser Liste vorhanden: *http://www.isi.edu/in-notes/iana/assignments/media-types/*.

Bei Verwendung dieser standardisierten MIME-Typen stellt man sicher, dass der Datenaustausch zwischen dem eigenen Programm und anderen Programmen jetzt und auch in Zukunft weitgehend problemfrei vonstatten geht.

[1]MIME ist die Abkürzung für *Multipurpose Internet Mail Extensions*

Datenaustausch über selbst definierte MIME-Typen

Sollte man eigene Typen für den Datenaustausch benötigen, zu denen keine standardisierte MIME-Tyen existieren, muss man von den Klassen `QDragObject` bzw. `QStoredDrag` eine eigene Unterklasse ableiten. Von der Klasse `QStoredObject` sollte man eine Unterklasse ableiten, wenn man lediglich einen MIME-Typ verwendet, und von der Klasse `QDragObject`, wenn man mehrere MIME-Typen für die zu transferierenden Daten zulässt.

Wenn man eine Unterklasse von `QStoredDrag` ableitet, muss man sowohl eine `set`-Methode, zum kodieren der entsprechenden Daten, als auch die beiden Methoden `canDecode()` und `decode()` zum Dekodieren der einzukopierenden Daten zur Verfügung stellen.

Die Methode `canDecode()` kann dabei folgende von der Klasse `QDropEvent` zur Verfügung gestellte Methode aufrufen:

`bool QDropEvent::provides(char *mimeType) virtual`

liefert `true` wenn Event (Ereignis) das Format `mimeType` bearbeiten kann, und sonst `false`.

Die Methode `decode()` kann dabei folgende von der Klasse `QDropEvent` zur Verfügung gestellte Methode aufrufen:

`QByteArray QDropEvent::encodedData(char *format) virtual`

liefert ein Byte-Array, das die Daten des Drag-Objekts in dem angegebenen `format` enthält.

Beim Ableiten einer Unterklasse von `QDragObject` sind noch einige zusätzliche Punkte zu beachten, die in der Qt-Online-Dokumentation näher beschrieben sind.

Hier soll lediglich anhand eines Beispiels die Vorgehensweise beim Ableiten von der Klasse `QStoredDrag` gezeigt werden. Programm 8.5 blendet bei seinem Start drei Toplevel-Widgets ein, wie dies in Abbildung 8.2 gezeigt ist. Wird eines der beiden Bilder „Lausbub" und „Pinguin" mittels gedrückter Maustaste in ein anderes Widget gezogen, das für dieses Bild eine Drop-Aktion erlaubt, so wird dort, während die Maustaste noch nicht losgelassen wurde, dieses Bild in Kleinformat (ein Drittel seiner Größe) an der Mausposition angezeigt. Bei einem Drag-and-Drop von dem selbstdefinierten MIME-Typ `geheim/mein`, der sich hinter dem Label „Geheim" befindet, wird in allen Widgets, die eine Drop-Aktion für diesen MIME-Typ zulassen, entsprechend ein kleines *Smiley*-Bild am Mauszeiger angezeigt.

Programm 8.5 – `dragdropmime.cpp`:
Drag-and-Drop für Text, Bilder und einen eigenen MIME-Typ

```
#include <qapplication.h>
#include <qevent.h>
#include <qpixmap.h>
#include <qdragobject.h>
#include <qimage.h>
#include <qlabel.h>
#include <qlayout.h>
#include <stdlib.h>
//-------------------------- Eigener MIME-Typ geheim/mein -------------
//..................................................... Klasse GeheimDrag
class GeheimDrag: public QStoredDrag {
  public:
    GeheimDrag( int geheim, QWidget * parent=0, const char * name=0 )
```

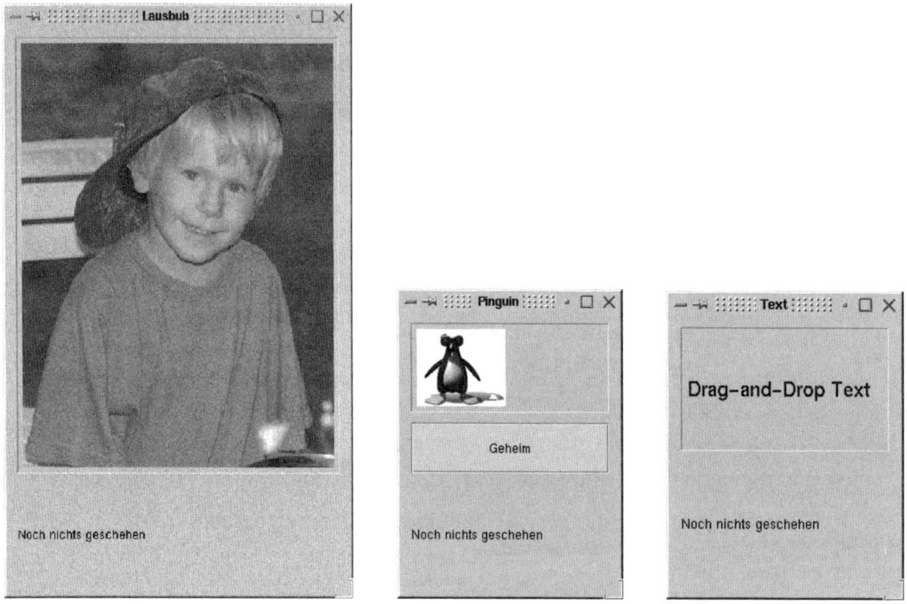

Abbildung 8.2: Die beim Start von Programm 8.5 angezeigten Toplevel-Widgets

```
              : QStoredDrag( "geheim/mein", parent, name ) {
      QByteArray data(1);
      data[0]= geheim;
      setEncodedData( data );
   }
   ~GeheimDrag() {}
   static bool canDecode( QDragMoveEvent* e ) {
      return e->provides( "geheim/mein" );
   }
   static bool decode( QDropEvent* e, QString& str ) {
      QByteArray dekodiertInString = e->encodedData( "geheim/mein" );
      if ( dekodiertInString.size() ) {
         e->accept();
         QString msg;
         msg.sprintf("Die Geheimnummer ist: %d", dekodiertInString[0] );
         str = msg;
         return true;
      }
      return false;
   }
};
//...................................................... Klasse GeheimQuelle
class GeheimQuelle: public QLabel {
  public:
   GeheimQuelle( QWidget *parent=0, const char *name=0 )
                                  : QLabel( "Geheim", parent, name ) {
```

```
        if ( !smiley.load( "smiley.xpm" ) ) {
           smiley = QPixmap( 20, 20 );
           smiley.fill( Qt::green );
        }
        setPaletteBackgroundColor( Qt::green );
        setFrameStyle( Box | Sunken );
        setMinimumHeight( sizeHint().height()*2 );
        setAlignment( AlignCenter );
        geheimZahl = ::rand()%100;
    }
    ~GeheimQuelle() { }
protected:
    void mousePressEvent( QMouseEvent * ) {
        GeheimDrag *gd = new GeheimDrag( geheimZahl++, this );
        gd->setPixmap( smiley, QPoint(8,8) );
        gd->dragCopy();
    }
private:
    QPixmap  smiley;
    int      geheimZahl;
};
//---------------------------- Klasse DropStelle ------------------------
class DropStelle: public QLabel {
    Q_OBJECT
public:
    DropStelle( QWidget *p=0, const char *nam=0 ) : QLabel(p, nam) {
        setAcceptDrops( true );
    }
    ~DropStelle() { }
signals:
    void mimeTypen( const QString& );
protected:
    void dragEnterEvent( QDragEnterEvent *e ) {
        if ( e->source() == this )
           return;
        if ( GeheimDrag::canDecode( e ) ||
             QTextDrag::canDecode( e )  || QImageDrag::canDecode( e ) )
           e->accept();
        QString t;  //... Ausgabe aller akzeptierten MIME-Typen
        for( int i=0; e->format( i ); i++ ) {
           if ( *(e->format( i )) ) { t += e->format( i ); t += "\n"; }
        }
        emit mimeTypen( t );
        setPaletteBackgroundColor( Qt::white );
    }
    void dragLeaveEvent( QDragLeaveEvent * ) {
        emit mimeTypen("");
        setPaletteBackgroundColor( Qt::lightGray );
    }
    void dropEvent( QDropEvent * e ) {
```

```
      QString str;
      if ( QTextDrag::decode( e, str ) ) { //... Ist es Text ?
         setText( str );
         setMinimumSize( minimumSize().expandedTo( sizeHint() ) );
         return;
      }
      QPixmap pm;
      if ( QImageDrag::decode( e, pm ) ) { //... Ist es ein Bild ?
         setPixmap( pm );
         setMinimumSize( minimumSize().expandedTo( sizeHint() ) );
         return;
      }
      if ( GeheimDrag::decode( e, str ) ) { //... Ist es Typ geheim/mein ?
         setText( str );
         setMinimumSize( minimumSize().expandedTo( sizeHint() ) );
      }
   }
   void mousePressEvent( QMouseEvent * ) {
      QDragObject *d;
      QPixmap     pm;
      if ( pixmap() ) {
         d = new QImageDrag( pixmap()->convertToImage(), this );
            //... Drag-Objekt bei Drag-and-Drop eines Bildes
            //... in Kleinformat (Drittel des Originals) anzeigen
         pm.convertFromImage(pixmap()->convertToImage().smoothScale(
                     pixmap()->width()/3,pixmap()->height()/3));
      } else {
         d = new QTextDrag( text(), this );
         if ( !pm.load( "text.xpm" ) ) {
            pm = QPixmap( 20, 20 );
            pm.fill( Qt::white );
         }
      }
      d->setPixmap( pm );
      d->dragCopy();
   }
};
//--------------------------- Restlicher Code --------------------------
static void neuesWidget( QWidget * parent, QString datei, bool secret = false ) {
   QVBoxLayout *vbox = new QVBoxLayout( parent, 10 );
   DropStelle * d = new DropStelle( parent );
   d->setFrameStyle( QFrame::Sunken | QFrame::Panel );
   vbox->addWidget( d );
   if ( !datei.isNull() ) {
      QPixmap bild;
      if ( !bild.load( datei ) ) {
          bild = QPixmap(20,20);
          bild.fill(Qt::blue);
      }
      d->setPixmap( bild );
```

```
    } else
       d->setText("Drag-and-Drop Text");
    d->setFont(QFont("Helvetica",18));
    d->setMinimumSize( d->sizeHint() );

    if ( secret ) {
       GeheimQuelle *s = new GeheimQuelle( parent );
       vbox->addWidget( s );
    }
    QLabel * format = new QLabel( "\nNoch nichts geschehen\n", parent );
    format->setMinimumSize( 200, 100 );
    vbox->addWidget( format );
    parent->resize( parent->sizeHint() );
    QObject::connect( d, SIGNAL(mimeTypen(const QString&)),
                      format, SLOT(setText(const QString&)) );
}
int main( int argc, char *argv[] ) {
    QApplication a( argc, argv );
    QWidget mw1;
     neuesWidget( &mw1, "lausbub.xpm" );
     mw1.setCaption( "Lausbub" ); mw1.show();
    QWidget mw2;
     neuesWidget( &mw2, QString::null );
     mw2.setCaption( "Text" ); mw2.show();
    QWidget mw3;
     neuesWidget( &mw3, "penguin.xpm", true );
     mw3.setCaption( "Pinguin" ); mw3.show();
    QObject::connect(qApp,SIGNAL(lastWindowClosed()),qApp,SLOT(quit()));
    return a.exec();
}
#include "dragdropmime.moc"
```

8.2.4 Die Klasse `QUriDrag` zum Austausch von Dateinamen

An dieser Stelle sei noch die Klasse `QUriDrag` erwähnt, die von der Klasse `QStoredDrag` abgeleitet ist und ein Drag-and-Drop für URI-Referenzen ermöglicht. URIs ermöglichen es, auf Dateien zu verweisen, die über mehrere Maschinen verteilt sind. Meistens wird ein URI auf eine Datei verweisen, bei der sowohl die Drag- als auch die Drop-Operation auf der lokalen Maschine stattfindet. Deswegen werden URIs auch unter anderem dazu verwendet, um Dateinamen auszutauschen. Interessierte Leser seien auf die Qt-Online-Dokumentation verwiesen.

8.2.5 Zusammenstellen eines Kartenblattes mit Drag-and-Drop^{Z}

Das Programm `dragdropcards.cpp` blendet 20 verschiedene Karten in eigenen Widgets ein, die der Benutzer nun mittels Drag-and-Drop in ein anderes Widget ziehen kann, um sich ein Kartenblatt zusammenzustellen. Während einer Drag-and-Drop-Aktion wird dem Benutzer immer an der Cursorposition die aktuell ausgewählte Karte um den Faktor 2 verkleinert angezeigt, solange er die Drop-Operation durch Loslassen der Maustaste noch nicht abgeschlossen hat; siehe auch Abbildung 8.3.

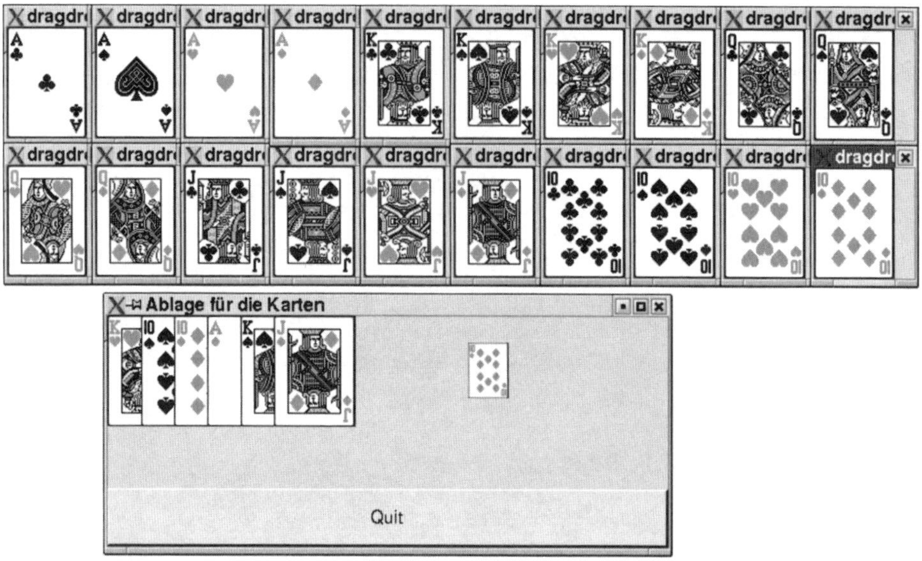

Abbildung 8.3: Zusammenstellen eines Kartenblattes mit Drag-and-Drop

Kapitel 9

Datum, Zeit und Zeitschaltuhren

Wem Zeit wie Ewigkeit und Ewigkeit wie Zeit,
der ist befreit von allem Leid.
– J. Böhme

Dieses Kapitel stellt Klassen vor, mit denen man Datums- und Zeitoperationen durchführen kann oder sich aber auch Zeitschaltuhren (Timer) einrichten kann, die in festgelegten Zeitperioden immer wieder Signale an das eigene Programm schicken.

Datums- und Zeitoperationen

`QDate`	Datums-Operationen zum Gregorianischen Kalender
`QTime`	Zeit-Operationen für die 24-Stunden eines Tages
`QDateTime`	Kombination aus den beiden Klassen `QDate` und `QTime`

Zeitschaltuhren (Timer)

`QTimer`	zum Einrichten von Zeitschaltuhren (Timer)
`QTimerEvent`	zum Einrichten von so genannten Timer-Events, die eine Kennung erhalten und in regelmäßigen Zeitintervallen an ein Programm gesendet werden. Bei der Vorstellung dieser Timer-Events wird auch auf die von der Klasse `QObject` angebotenen Methoden `startTimer()`, `killTimer()` und `killTimers()` eingegangen, die eine Alternative zur Klasse `QTimer` sind.

9.1 Die Klasse `QDate`

Die Klasse `QDate` stellt Datums-Funktionen zur Verfügung.
Sie arbeitet dabei mit dem heute überall eingesetzten Gregorianischen Kalender. Da bei der Umstellung vom Julianischen auf den Gregorianischen Kalender am 14. September 1752 (in England[1]) einige Tage übersprungen werden mussten, liefert diese Klasse bei Daten, die vor dem entsprechenden Umstellungstermin liegen, falsche Wochentage.
Diese Klasse `QDate` stellt die beiden folgenden Konstruktoren zur Verfügung:

[1]Manche Länder, wie z. B. Spanien oder Portugal, stellten schon wesentlich früher um.

`QDate()`
: legt ein leeres (ungültiges) Datum an.

`QDate(int y, int m, int d)`
: legt Datum mit Jahr `y`, Monat `m` und Tag `d` an. `y` muss im Bereich 1752 bis ca. 8000, `m` im Bereich 1 bis 12 und `d` im Bereich 1 bis 31 liegen. Eine Ausnahme gibt es: Wenn `y` im Bereich 0 bis 99 liegt, so repräsentiert dies die Jahre 1900 bis 1999.

Die wichtigsten Methoden, die die Klasse `QDate` anbietet, sind:

`QDate currentDate() static`
: liefert das aktuelle Datum.

`bool setYMD(int y, int m, int d)`
: setzt das Jahr `y`, den Monat `m` und den Tag `d` für dieses Datum und liefert `true`, wenn es sich um ein gültiges Datum handelt, und sonst `false`. Wenn `y` im Bereich 0 bis 99 liegt, so repräsentiert dies die Jahre 1900 bis 1999.

`int day() const`
`int month() const`
`int year() const`
: liefern Tag des Monats (1..31), Monatsnummer (Jan=1..Dez=12) bzw. Jahr (>= 1752).

`QString shortDayName(int weekday) static`
`QString longDayName(int weekday) static`
: liefern den abgekürzten Namen des Wochentags `weekday`: `Mon` für 1, `Tue` für 2 usw., bzw. den entsprechenden ausgeschriebenen Wochentagsnamen.

`QString shortMonthName(int month) static`
`QString longMonthName(int month) static`
: liefern den abgekürzten Namen des Monats `month`: `Jan` für 1, `Feb` für 2 usw., bzw. den entsprechenden ausgeschriebenen Monatsnamen.

`int dayOfWeek() const`
`int dayOfYear() const`
: liefern Nummer des Wochentags: `1` (Montag), `2` (Dienstag), ... bzw. des Tages (`1..366`).

`int daysInMonth() const`
: liefert die Anzahl der Tage im Monat dieses Datums (`28..31`).

`int daysInYear() const`
: liefert die Anzahl der Tage im Jahr dieses Datums (`365` oder `366`).

`bool leapYear(int y) static`
: liefert `true`, wenn `y` ein Schaltjahr ist, und sonst `false`.

`QString toString(const QString& format) const`
: liefert Datum als String; `format` legt dabei das Format des Strings fest:

`d`, `dd`	Tagesnummer ohne führende 0 (`1-31`) bzw. mit führender 0 (`01-31`)
`ddd`	abgekürzter Tagesname (`Mon`, `Sun`, ...)
`dddd`	ausgeschriebener Tagesname (`Monday`, `Sunday`, ...)
`M`, `MM`	Monatsnummer ohne führende 0 (`1-12`) bzw. mit führender 0 (`01-12`)
`MMM`	abgekürzter Monatsname (`Jan`, `Feb`, ...)
`MMMM`	ausgeschriebener Monatsname (`January`, `February`, ...)
`yy`, `yyy`	Jahresnummer mit zwei Ziffern (`00-99`) bzw. mit vier Ziffern (`1752-8000`)

Alle anderen Zeichen werden ignoriert. Bei einem ungültigen Datum liefert diese Methode `QString::null`. In Kapitel 20 wird gezeigt, wie man abhängig vom jeweiligen Kulturkreis eine entsprechende Datumsanzeige erstellen kann.

`bool isValid() const`

liefert `true`, wenn dieses Datum ein gültiges Datum ist, und sonst `false`.

`bool isValid(int y, int m, int d) static`

liefert `true`, wenn Datum (Jahr `y`, Monat `m`, Tag `d`) ein gültiges Datum ist, und sonst `false`. Es ist zu beachten, dass die Jahre 00 – 99 in 1900 – 1999 umgewandelt werden.

`QDate addDays(int ndays) const`

liefert das Datum, das sich ergibt, wenn man auf dieses Datum `ndays` Tage aufaddiert bzw. bei negativem `ndays` abzieht.

`int daysTo(const QDate& d) const`

liefert die Anzahl der Tage von diesem Datum bis zum Datum `d`, wobei eine negative Zahl andeutet, dass das Datum `d` vor diesem Datum liegt.

```
QDate d1( 2001, 6, 17 );     // 17. Juni 2001
QDate d2( 2001, 6, 20 );     // 20. Juni 2001
d1.daysTo( d2 );             // liefert 3
d2.daysTo( d1 );             // liefert -3
```

`bool operator== (const QDate& d) const`
`bool operator!= (const QDate& d) const`

liefern `true`, wenn dieses Datum gleich zum bzw. verschieden vom Datum `d` ist, und ansonsten `false`.

`bool operator< (const QDate& d) const`
`bool operator> (const QDate& d) const`

liefern `true`, wenn dieses Datum vor (<) bzw. nach (>) dem Datum `d` liegt, und ansonsten `false`.

`bool operator<= (const QDate& d) const`
`bool operator>= (const QDate& d) const`

liefern `true`, wenn dieses Datum gleich dem Datum `d` ist oder aber vor (<=) bzw. nach (>=) dem Datum `d` liegt, und ansonsten `false`.

9.1.1 Demonstrationsprogramm zur Klasse QDate[B]

Programm 9.1 liest ein Datum und eine Anzahl x von Tagen ein, die auch negativ sein darf. Danach gibt es alle wichtigen Daten zum heutigen Datum, zum eingegebenen Datum und zu dem Datum aus, das `x` Tage vor bzw. nach dem heutigen Datum liegt. Startet man dieses Programm, wäre z. B. folgender Ablauf möglich:

```
Datum (tt.mm.jjjj): 1.1.1999 ↵
Wie viele Tage von heute: 700 ↵
------ Heute ist: 1.11.2003
  Dieser Tag ist ein 'Sat' und der 305. Tag des Jahres
  Der Monatsname ist 'Nov' und dieser Monat hat '30' Tage
  Das Jahr 2003 hat 365 Tage und ist kein Schaltjahr
  Die Stringdarstellung dieses Datums ist: 01.Nov.03
  oder aber auch: Sat November 1 2003
  Dieses Datum liegt 1400 Tage nach dem Millenium

------ Das eingegebene Datum: 1.1.1999
  Dieser Tag ist ein 'Fri' und der 1. Tag des Jahres
  Der Monatsname ist 'Jan' und dieser Monat hat '31' Tage
```

```
  Das Jahr 1999 hat 365 Tage und ist kein Schaltjahr
  Die Stringdarstellung dieses Datums ist: 01.Jan.99
  oder aber auch: Fri January 1 1999
  Dieses Datum liegt 365 Tage vor dem Millenium

------ Das Datum heute in 700 Tagen ist: 1.10.2005
  Dieser Tag ist ein 'Sat' und der 274. Tag des Jahres
  Der Monatsname ist 'Oct' und dieser Monat hat '31' Tage
  Das Jahr 2005 hat 365 Tage und ist kein Schaltjahr
  Die Stringdarstellung dieses Datums ist: 01.Oct.05
  oder aber auch: Sat October 1 2005
  Dieses Datum liegt 2100 Tage nach dem Millenium
```

Programm 9.1 – `welchtag.cpp`:
Demoprogramm zur Klasse `QDate`

```
#include <qdatetime.h>
#include <stdio.h>
#include <stdlib.h>
void datumAusgabe( QString was, QDate datum ) {
   QDate millenium( 2000, 1, 1 );
   int  t = datum.day(),
        m = datum.month(),
        j = datum.year(),
        tm = datum.daysTo( millenium );
   printf("------ %s: %d.%d.%d\n"
        "  Dieser Tag ist ein '%s' und der %d. Tag des Jahres\n"
        "  Der Monatsname ist '%s' und dieser Monat hat '%d' Tage\n"
        "  Das Jahr %d hat %d Tage und ist%sein Schaltjahr\n"
        "  Die Stringdarstellung dieses Datums ist: %s\n"
        "  oder aber auch: %s\n"
        "  Dieses Datum liegt %d Tage %s dem Millenium\n\n",
        (const char *)was, t, m, j,
        (const char *)datum.shortDayName( datum.dayOfWeek() ), datum.dayOfYear(),
        (const char *)datum.shortMonthName( m ), datum.daysInMonth(),
        j, datum.daysInYear(), QDate::leapYear( j ) ? " " : " k",
        (const char *)datum.toString("dd.MMM.yy"),
        (const char *)datum.toString("ddd MMMM d yyyy"),
        abs(tm), tm > 0 ? "vor" : "nach" );
}
int  main(void) {
  int tag, monat, jahr, diff;
   QDate heute( QDate::currentDate() ); //... Heutiges Datum
   QDate eingabeDatum;                  //... einzugebendes Datum
   printf("Datum (tt.mm.jjjj): ");
   scanf("%d.%d.%d", &tag, &monat, &jahr);
   while ( !eingabeDatum.setYMD( jahr, monat, tag ) ) {
      printf("Ungueltiges Datum: %d.%d.%d\n", tag, jahr, monat);
      printf("Datum (tt.mm.jjjj): ");
      scanf("%d.%d.%d", &tag, &monat, &jahr);
   }
```

```
  printf("Wie viele Tage von heute: "); //... Datum in/vor x Tagen
  scanf("%d", &diff );
  QString s;
  s.sprintf( "Das Datum heute %s %d Tagen %s",
             diff >= 0 ? "in" : "vor", abs(diff),
             diff >= 0 ? "ist" : "war" );
  QDate diffDatum( QDate::currentDate().addDays( diff ) );
    //... Ausgabe der Daten zu den drei Dati
  datumAusgabe( "Heute ist", heute);
  datumAusgabe( "Das eingegebene Datum", eingabeDatum);
  datumAusgabe( s, diffDatum);
  return 0;
}
```

9.1.2 Tagesdifferenz zwischen zwei Daten^B

Programm 9.2 liest zwei Datumsangaben ein und gibt die Anzahl der Tage zwischen diesen aus, wie z. B:

```
          Tages-Differenz zwischen zwei Datumsangaben
          ===================================
1. Datum (tt.mm.jjjj): 7.11.1889 ⏎
2. Datum (tt.mm.jjjj): 7.11.1989 ⏎
..... Differenz: 36524 Tage .....

          Tages-Differenz zwischen zwei Datumsangaben
          ===================================
1. Datum (tt.mm.jjjj): 7.2.1996 ⏎
2. Datum (tt.mm.jjjj): 7.3.1996 ⏎
..... Differenz: 29 Tage .....
```

Programm 9.2 – datediff.cpp:
Tagesdifferenz zwischen zwei Datumsangaben

```
#include <qdatetime.h>
#include <stdio.h>
#include <stdlib.h>

int main(void) {
  int tag, monat, jahr;
  printf("            Tages-Differenz zwischen zwei Datumsangaben\n"
         "            ===================================\n\n");
  printf("1. Datum (tt.mm.jjjj): "); scanf("%d.%d.%d", &tag, &monat, &jahr);
  QDate datum( jahr, monat, tag );
  printf("2. Datum (tt.mm.jjjj): "); scanf("%d.%d.%d", &tag, &monat, &jahr);
  printf("\n..... Differenz: %d Tage .....\n\n",
         abs( datum.daysTo( QDate( jahr, monat, tag ) ) ) );
  return 0;
}
```

9.1.3 Ermitteln des Ostertermins für ein Jahr[Z]

Ein grundlegendes Verfahren zur Bestimmung des Ostersonntags stammt von C. F. Gauß. Das Programm `ostern.cpp` liest ein Jahr ein und ermittelt dann zum aktuellen und zum eingegebenen Jahr sowohl den Termin des Ostersonntags (mittels des Algorithmus von Gauß) als auch weiterer wichtiger Feiertage, wie z. B:

```
Welches Jahr (1782 - 2499): 2006 ⏎
..................... Ostern 2003: Sun, 20.Apr.2003
    Aschermittwoch:        Wed, 05.Mar.2003
    Christi Himmelfahrt: Thu, 29.May.2003
    Pfingstsonntag:        Sun, 08.Jun.2003
    Fronleichnam:          Thu, 19.Jun.2003
..................... Ostern 2006: Sun, 16.Apr.2006
    Aschermittwoch:        Wed, 01.Mar.2006
    Christi Himmelfahrt: Thu, 25.May.2006
    Pfingstsonntag:        Sun, 04.Jun.2006
    Fronleichnam:          Thu, 15.Jun.2006
```

9.2 Die Klasse `QTime`

Die Klasse `QTime` stellt Zeit-Funktionen für die 24 Stunden eines Tages zur Verfügung. Die interne Uhr von `QTime` kann dabei im Millisekunden-Takt ticken, was allerdings manche Betriebssysteme nicht realisieren können; so kennen z. B. MS-DOS und Windows 3.1 nur einen 55-Millisekunden-Takt.

Die Klasse `QTime` stellt die beiden folgenden Konstruktoren zur Verfügung:

`QTime()`
: legt eine gültige Zeit im Format `00:00:00.000` an.

`QTime(int h, int m, int s=0, int ms=0)`
: legt Zeit mit Stunde `h`, Minute `m`, Sekunde `s` und Millisekunden `ms` an.

Die wichtigsten Methoden, die die Klasse `QTime` anbietet, sind:

`bool setHMS(int h, int m, int s, int ms=0)`
: setzt die Stunde `h`, die Minute `m`, die Sekunde `s` und die Millisekunden `ms` für diese Zeit und liefert `true`, wenn es sich um eine gültige Zeit handelt, und sonst `false`.

`QTime currentTime()`	liefert die aktuelle Zeit (statische Funktion).
`int hour() const`	liefert die Stunden-Zahl (`0..23`) dieser Zeit.
`int minute() const`	liefert die Minuten-Zahl (`0..59`) dieser Zeit.
`int second() const`	liefert die Sekunden-Zahl (`0..59`) dieser Zeit.
`int msec() const`	liefert die Millisekunden-Zahl (`0..999`) dieser Zeit.

`QString toString(const QString& format) const`
: liefert Zeit als String; `format` legt das Zeitformat des Strings fest:

`h`	Stunde ohne führende 0 (`0..23` oder `1..12` bei AM/PM Darstellung)
`hh`	Stunde mit führender 0 (`00..23` oder `01..12` bei AM/PM Darstellung)
`m, mm`	Minute ohne (`0..59`) bzw. mit führender 0 (`00..59`)
`s, ss`	Sekunde ohne (`0..59`) bzw. mit führender 0 (`00..59`)
`z, zzz`	Millisekunden ohne (`0..999`) bzw. mit führenden Nullen (`000..999`)
`AP`	AM/PM-Darstellung: `AP` wird als "AM" oder "PM" dargestllt
`ap`	am/pm-Darstellung: `ap` wird als "am" oder "pm" dargestllt

`bool isValid() const`
: liefert `true`, wenn diese Zeit eine gültige Zeit ist, und sonst `false`. Z. B. ist `23:30:55.746` gültig, aber `24:12:30` ungültig.

`bool isValid(int h, int m, int s, int ms=0) static`
: liefert `true`, wenn über Parameter festgelegte Zeit gültig ist, sonst `false`.

```
QTime::isValid(20, 15, 36);     // liefert true
QTime::isValid(22, 5,  65);     // liefert false
```

`bool isNull() const`
: liefert `true`, wenn diese Zeit gleich `00:00:00.000` ist, was eine gültige Zeit ist.

`int secsTo(const QTime& t) const`
`int msecsTo(const QTime& t) const`
: liefern die Anzahl der Sekunden bzw. Millisekunden zwischen dieser Zeit und der Zeit `t`. Sollte die Zeit `t` vor dieser Zeit liegen, wird eine negative Zahl geliefert.

`QTime addSecs(int nsecs) const`
`QTime addMSecs(int ms) const`
: liefern die Zeit, die sich aus der Addition oder Substraktion (bei negativem Parameter) von `nsecs` Sekunden bzw. `ms` Millisekunden auf diese Zeit ergibt.

`start()`
: setzt die Zeit auf die aktuelle Zeit; wird für Zeitmessungen benötigt.

```
QTime t;
t.start();     // Starte Stoppuhr
  ... // Codeausschnitt
printf( "%d\n", t.elapsed() ); // Ausgabe, wie viele ms die Stoppuhr lief
```

`int restart()`
: setzt diese Zeit auf die aktuelle Zeit und liefert die Anzahl der Millisekunden, die seit dem letzten Aufruf von `start()` bzw. `restart()` vergangen sind.

`int elapsed() const`
: liefert die Anzahl der Millisekunden, die seit dem letzten Aufruf von `start()` bzw. `restart()` vergangen sind.

`bool operator== (const QTime& t) const`
`bool operator!= (const QTime& t) const`
: liefern `true`, wenn diese Zeit gleich bzw. verschieden von der Zeit `t` ist, und ansonsten `false`.

`bool operator< (const QTime& t) const`
`bool operator> (const QTime& t) const`
: liefern `true`, wenn diese Zeit vor (<) bzw. nach (>) der Zeit `t` liegt, und ansonsten `false`.

`bool operator<= (const QTime& t) const`
`bool operator>= (const QTime& t) const`
: liefern `true`, wenn diese Zeit gleich der Zeit `t` ist oder aber vor (<=) bzw. nach (>=) der Zeit `t` liegt, und ansonsten `false`.

9.2.1 Addition von zwei Zeiten[B]

Programm 9.3 addiert zwei Zeiten, die einzugeben sind. Es kann allerdings dabei nicht nur eine 24 Stundenzeit eingegeben werden, sondern auch eine Tageszahl. Nachfolgend sind zwei mögliche Abläufe dieses Programms gezeigt.

```
Gib 1. Zeit ein: (tt.hh.mm.ss): 1.5.23.49 ⏎
Gib 2. Zeit ein: (tt.hh.mm.ss): 3.19.44.26 ⏎

..... = 436095 Gesamtsekunden = 5 Tage, 01:08:15
```

```
Gib 1. Zeit ein: (tt.hh.mm.ss): 0.19.59.1 ⏎
Gib 2. Zeit ein: (tt.hh.mm.ss): 0.4.1.5 ⏎

..... = 86406 Gesamtsekunden = 1 Tage, 00:00:06
```

Programm 9.3 – `zeitadd.cpp`:
Addition von zwei Zeiten

```
#include  <qdatetime.h>
#include  <stdio.h>
//............................................................ lies_zeit_ein
int  lies_zeit_ein( int nr ) {
   QTime  zeit;
   int    tage, std, min, sek;
   do {
      printf("Gib %d. Zeit ein: (tt.hh.mm.ss): ", nr);
      scanf("%d.%d.%d.%d", &tage, &std, &min, &sek);
   } while ( !zeit.setHMS( std, min, sek ) );

   return tage * 86400 +
          ( (zeit.hour() * 60) + zeit.minute() ) * 60 + zeit.second();
}
//.................................................................... main
int  main(void) {
   int    gesamtSek, gesamtTage;
   QTime  gesamtZeit;

   gesamtSek  = lies_zeit_ein( 1 );
     gesamtSek += lies_zeit_ein( 2 );
     printf("\n..... = %d Gesamtsekunden = ", gesamtSek);
   gesamtTage = gesamtSek / 86400;
     gesamtZeit = gesamtZeit.addSecs( gesamtSek % 86400 );
     printf("%d Tage, %s\n ", gesamtTage,
                         (const char *)gesamtZeit.toString("hh.mm.ss"));
   return 0;
}
```

9.2.2 Ein Reaktionstest[B]

Programm 9.4 realisiert einen kleinen Reaktionstest. Dazu blendet es zunächst ein Fenster ein, wie es links in Abbildung 9.1 gezeigt ist. Klickt der Benutzer nun auf den Button *Starte Reaktionstest*, wird ihm nach einer zufälligen Zeit ein großer grüner Button (siehe rechts Mitte in Abbildung 9.1) eingeblendet, auf den er nun so schnell wie möglich drücken muss. Nachdem der Benutzer auf diesen großen Button geklickt hat, werden ihm sowohl die von ihm gebrauchte Reaktionszeit in Millisekunden als auch seine bisherige beste Reaktionszeit angezeigt (siehe rechts in Abbildung 9.1).

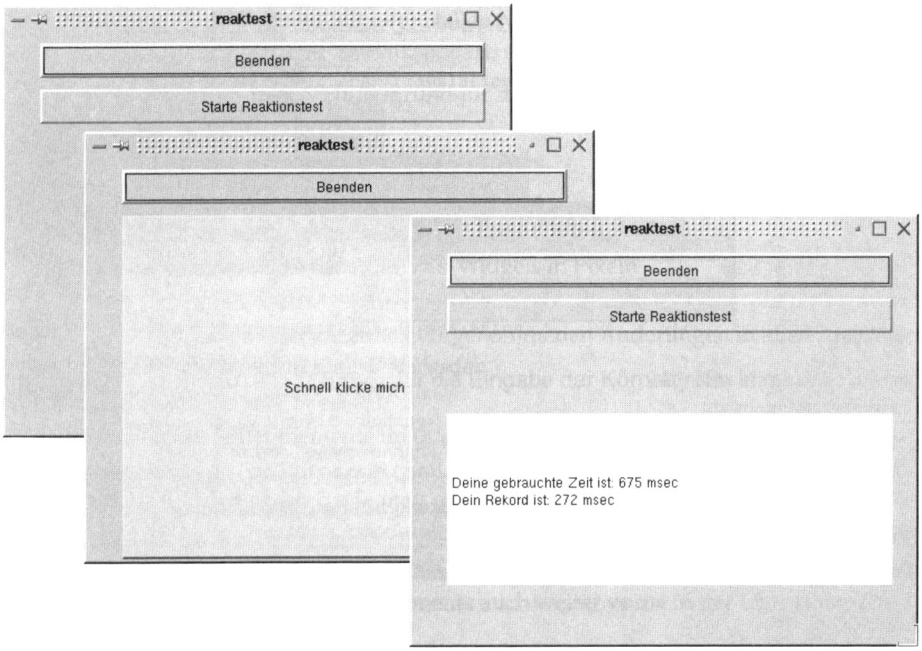

Abbildung 9.1: Startfenster und großer Button zum Testen der Reaktion sowie Anzeige der aktuellen und besten Reaktionszeit

Programm 9.4 – `reaktest.cpp`:
Ein Reaktionstest

```
#include <qapplication.h>
#include <qdatetime.h>
#include <qlabel.h>
#include <qpushbutton.h>
#include <qdatetime.h>
#include <stdlib.h>
//........................................................ Klasse reaktionsTest
class reaktionsTest : public QWidget {
   Q_OBJECT
public:
    reaktionsTest( QWidget *p=0, const char *t=0) : QWidget( p, t ) {
       rekord = 1000000000;
       QPushButton *b = new QPushButton( "Beenden", this );
        b->setGeometry( 30, 10, 400, 30 );
        QObject::connect( b, SIGNAL(clicked()), qApp, SLOT(quit()) );
       QPushButton *s = new QPushButton( "Starte Reaktionstest", this );
        s->setGeometry( 30, 50, 400, 30 );
        QObject::connect( s, SIGNAL(clicked()), this, SLOT( starteReakTest()) );
```

```
        zeitLabel = new QLabel( this );
        zeitLabel->setGeometry( 30, 150, 400, 150 );
    }
private slots:
    void starteReakTest() {
        stoppUhr.start();
        int x = 1000 + rand()%3000;
        while (1)
            if (stoppUhr.elapsed() > x)
                break;
        stoppUhr.restart();
        reakButton= new QPushButton( "Schnell klicke mich", this );
        reakButton->setGeometry( 30, 50, 400, 300 );
        reakButton->setPaletteBackgroundColor( Qt::green );
        reakButton->show();
        QObject::connect( reakButton, SIGNAL(pressed()), this, SLOT( gedrueckt()) );
    }
    void gedrueckt() {
        int ms = stoppUhr.elapsed();
        QString  z;
        if ( ms < rekord )
            rekord = ms;
        z.sprintf(" Deine gebrauchte Zeit ist: %d msectextbackslashn"
                  " Dein Rekord ist: %d msectextbackslashn", ms, rekord);
        zeitLabel->setText( z );
        if ( ms == rekord )
            zeitLabel->setPaletteBackgroundColor( Qt::red );
        else
            zeitLabel->setPaletteBackgroundColor( Qt::white );
        delete reakButton;
    }
private:
    QLabel       *zeitLabel;
    QTime        stoppUhr;
    QPushButton  *reakButton;
    int          rekord;
};
#include  "reaktest.moc"
//........................................................................ main
int main( int argc, char* argv[] ) {
    QApplication myapp( argc, argv );
    srand( time(NULL) );
    QWidget* mywidget = new reaktionsTest();
    mywidget->setGeometry( 200, 100, 450, 350 );
    myapp.setMainWidget( mywidget );
    mywidget->show();
    return myapp.exec();
}
```

9.2.3 Anzeige einer Uhr mit Fortschrittsbalken^Z

Das Programm `timeprogress.cpp` zeigt in einem eigenen Label die aktuelle Zeit im Sekundentakt an. Zusätzlich zeigt dieses Programm aber noch vier Fortschrittsbalken für die Stunden, Minuten, Sekunden und Millisekunden an, die es im Millisekunden-Takt aktualisiert (siehe auch Abbildung 9.2).

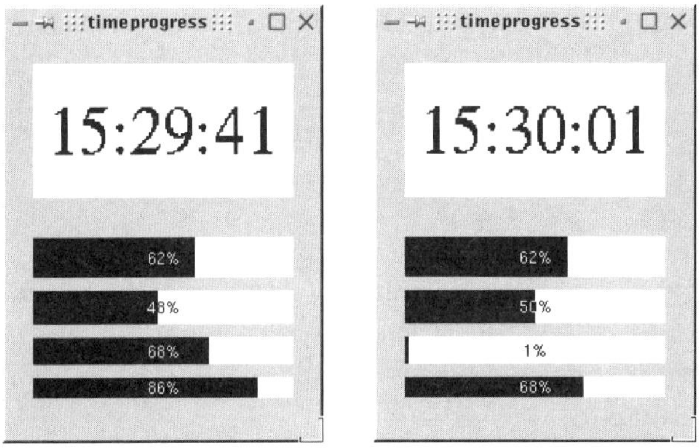

Abbildung 9.2: Anzeige der aktuellen Zeit mit Fortschrittsbalken

9.3 Die Klasse `QDateTime`

Die Klasse `QDateTime` kombiniert die beiden Klassen `QDate` and `QTime` zu einer Klasse. Sie stellt die folgenden Konstruktoren zur Verfügung:

`QDateTime()`
: legt leeres `QDateTime`-Objekt an. Ein leeres `QDateTime`-Objekt ist ungültig, da sein Datum ungültig ist, wenn auch die Zeit auf `00:00:00.000` gesetzt ist.

`QDateTime(const QDate& date)`
: legt `QDateTime`-Objekt mit Datum `date` und Zeit `00:00:00.000` an.

`QDateTime(const QDate& date, const QTime& time)`
: legt `QDateTime`-Objekt mit Datum `date` und Zeit `time` an.

Die wichtigsten Methoden, die die Klasse `QDateTime` anbietet, sind:

`QDateTime currentDateTime() static`
: liefert das aktuelle Datum und die aktuelle Zeit zurück.

`setDate(const QDate& date)`
: setzt Datum des `QDateTime`-Objekts auf `date`.

`setTime(const QTime& time)`
: setzt Zeit des `QDateTime`-Objekts auf `time`.

`setTime_t(uint secsSince1Jan1970UTC)`
: berechnet das Datum und die Zeit aus dem Parameter `secsSince1Jan1970UTC`, was die seit 1. Januar 1970 vergangenen Sekunden sind. Das so berechnete Datum und die so berechnete Zeit werden für dieses `QDateTime`-Objekt gesetzt.

`QDate date() const`
`QTime time() const`
liefern für `QDateTime`-Objekt gesetztes Datum bzw. gesetzte Zeit.

`QString toString(const QString& format) const`
liefert das Datum und die Zeit dieses `QDateTime`-Objekts als String. Über `format` lässt sich dabei das Datums- und Zeitformat des Strings festlegen. Die möglichen `format`-Angaben für das Datum sind auf Seite 384 und die für die Zeit sind auf Seite 388 gezeigt.

`bool isValid() const`
liefert `true`, wenn sowohl Datum als auch Zeit gültig sind, sonst `false`.

`int daysTo(const QDateTime& dt) const`
`int secsTo(const QDateTime& dt) const`
liefern die Anzahl der Tage bzw. Sekunden, die zwischen diesem `QDateTime`-Objekt und dem `QDateTime`-Objekt `dt` liegen. Sollte der Zeitpunkt `dt` vor diesem `QDateTime`-Objekt liegen, wird eine negative Zahl geliefert.

`QDateTime addYears(int nyears) const`
`QDateTime addMonths(int nmonths) const`
`QDateTime addDays(int ndays) const`
`QDateTime addSecs(int nsecs) const`
liefern das Datum und die Zeit, die sich aus der Addition bzw. Subtraktion des Parameters auf dieses `QDateTime`-Objekt ergeben.

`bool operator== (const QDateTime& dt) const`
`bool operator!= (const QDateTime& dt) const`
liefern `true`, wenn dieses `QDateTime`-Objekt gleich bzw. verschieden vom `QDateTime`-Objekt `dt` ist, und ansonsten `false`.

`bool operator< (const QDateTime& dt) const`
`bool operator> (const QDateTime& dt) const`
liefern `true`, wenn dieses `QDateTime`-Objekt vor (<) bzw. nach (>) dem `QDateTime`-Objekt `dt` liegt, und ansonsten `false`.

`bool operator<= (const QDateTime& dt) const`
`bool operator>= (const QDateTime& dt) const`
liefern `true`, wenn dieses `QDateTime`-Objekt gleich `dt` ist oder aber vor (<=) bzw. nach (>=) dem `QDateTime`-Objekt `dt` liegt, und ansonsten `false`.

9.3.1 Sekunden und Tage bis zu fixen Daten[B]

Programm 9.5 gibt zunächst das aktuelle Datum und die aktuelle Zeit aus, bevor es ausgibt, wie viele Sekunden und Tage noch bis Weihnachten in diesem Jahr vergehen müssen. Als nächstes gibt es dann aus, wie viele Sekunden und Tage seit Anfang dieses Jahres vergangen sind. Startet man dieses Programm, liefert es z. B. die folgende Ausgabe:

```
.. Jetzt haben wir: Sat, 01.Nov.2003;  15.01.23
 53 Tage bis Weihnachten
 4586316 Sekunden bis zur Bescherung


 In diesem Jahr sind schon 26319683 Sekunden vergangen
 In diesem Jahr sind schon 304 Tage vergangen
```

Programm 9.5 – biszeit.cpp:
Ausgeben der Sekunden und Tage bis zu fixen Daten

```
#include <qdatetime.h>
#include <stdlib.h>
#include <stdio.h>

int main( void ) {
    QDateTime dt = QDateTime::currentDateTime();
     printf( "... Jetzt haben wir: %s\n\n",
             (const char *)dt.toString("ddd, dd.MMM.yyyy;  hh.mm.ss") );
    QDateTime weihNachten( QDate(dt.date().year(),12,24), QTime( 17, 0 ) );
      printf( " %d Tage bis Weihnachten\n", dt.daysTo( weihNachten ) );
      printf( " %d Sekunden bis zur Bescherung\n\n", dt.secsTo( weihNachten ) );
    QDateTime neuJahr( QDate(dt.date().year(),1,1) );
     printf( " In diesem Jahr sind schon %d Sekunden vergangen\n",
              abs( dt.secsTo( neuJahr ) ) );
     printf( " In diesem Jahr sind schon %d Tage vergangen\n",
              abs( dt.daysTo( neuJahr ) ) );
    return 0;
}
```

9.3.2 Automatische Arbeitszeiterfassung^Z

Das Programm worktime.cpp führt eine automatische Arbeitserfassung durch. Es blendet zunächst einen Button *Arbeitsbeginn* ein, wie dies links in Abbildung 9.3 gezeigt ist. Klickt Benutzer auf diesen Button, beginnt die Zeitzählung und ihm wird ein Button *Arbeitsende* eingeblendet, auf den er klicken muss, wenn er seine Arbeit beendet (siehe dazu auch Mitte in Abbildung 9.3). Nach einem Klick auf den Button *Arbeitsende* wird ein zusätzlicher Button *Gesamtzeit* eingeblendet. Klickt er auf diesen, werden ihm nicht nur alle bisher geleisteten Arbeitsstunden, sondern auch noch die gesamte Zahl von Arbeitsstunden, wie dies rechts in Abbildung 9.3 gezeigt ist.

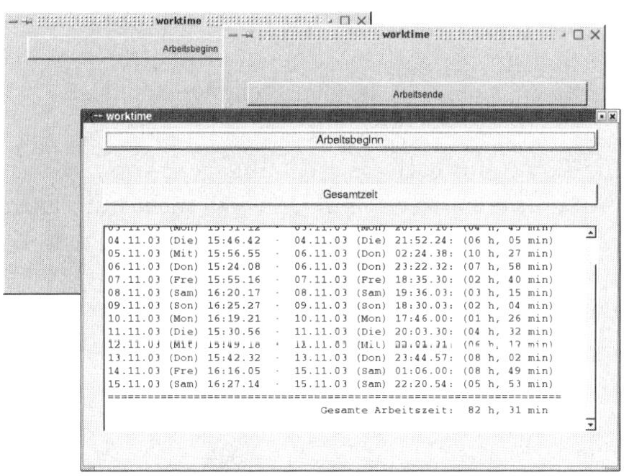

Abbildung 9.3: Buttons für Arbeitsbeginn und -ende sowie Anzeige aller geleisteten Arbeitsstunden einschließlich einer Gesamtzahl

9.4 Zeitschaltuhren (Timer)

9.4.1 Die Klasse `QTimer`

Die Klasse `QTimer` ermöglicht es, Zeitschaltuhren (Timer) in einem Programm laufen zu lassen, die in gewissen Perioden Signale schicken. Die Klasse `QTimer` ist sehr einfach zu verwenden: Zunächst legt man ein `QTimer`-Objekt an und verbindet das Signal `timeout()` dieses Objekts mit den entsprechenden Slotroutinen, die auszuführen sind, wenn der Timer das Signal `timeout()` schickt, wie z. B.:

```
QTimer *timer = new QTimer( meinObjekt );
connect( timer, SIGNAL( timeout() ),
         myObject, SLOT( timerAbgelaufen() ) );
timer->start( 2000, true ); // nach 2 Sek. einmal Signal timeout() schicken

QTimer *t = new QTimer( meinObjekt );
connect( t, SIGNAL(timeout()), SLOT(timerWiederMalAbgelaufen()) );
t->start( 2000, false ); // immer nach 2 Sek. das Signal timeout() schicken
```

Die Klasse `QTimer` stellt folgenden Konstruktor zur Verfügung:

`QTimer(QObject *parent=0, const char *name=0)`

legt einen Timer an. Grundsätzlich ist zu beachten, dass ein `QTimer`-Objekt automatisch gelöscht wird, wenn sein Eltern-Objekt gelöscht wird.

Die wichtigsten Methoden, die die Klasse `QTimer` anbietet, sind:

`int start(int msec, bool sshot=false)`

startet den Timer, der nun nach `msecs` Millisekunden das Signal `timeout()` schickt. Bei `sshot=true` wird das Signal `timeout()` nur einmal geschickt und bei `sshot=false` wird das Signal immer wieder nach Ablauf von `msecs` Millisekunden geschickt, bis der Timer gestoppt wird.

`stop()`

stoppt den Timer.

`changeInterval(int msec)`

ändert die Zeitperiode, in der dieser Timer das Signal `timeout()` schicken soll, auf `msecs` Millisekunden.

`bool isActive() const`

liefert `true`, wenn der Timer gerade läuft, und `false`, wenn er angehalten ist.

`singleShot(int msec, QObject *receiver, const char *member)`

Diese statische Funktion ruft eine Slotroutine nach einem Zeitintervall von `msec` Sekunden auf. Diese Funktion wird oft verwendet, wenn man sich nicht mit Timer-Events herumschlagen und man auch kein lokales `QTimer`-Objekt anlegen möchte. Mit dem folgenden Codeausschnitt erreicht man z. B., dass sich das Programm automatisch nach 10 Minuten beendet.

```
#include <qapplication.h>
#include <qtimer.h>
int main( int argc, char *argv[] ) {
    QApplication a( argc, argv );
    QTimer::singleShot( 10*60*1000, &a, SLOT(quit()) );
        ...
    return a.exec();
}
```

Realisierung einer Digitaluhr^B

Programm 9.6 simuliert eine Digitaluhr, im Sekundentakt mit blinkenden Doppelpunkten. Klickt der Benutzer mit der linken Maustaste in diese Digitaluhr, erscheint für 2 Sekunden das aktuelle Datum, bevor anschließend wieder die Uhrzeit läuft.

Programm 9.6 – `digitaluhr1.cpp`:
Realisierung einer Digitaluhr

```
#include .....
class DigitalUhr : public QLCDNumber {
    Q_OBJECT
public:
    DigitalUhr( QWidget *p=0, const char *nam=0 ) : QLCDNumber( 10, p, nam ) {
       dpkt = false;
       setFrameStyle( QFrame::Panel | QFrame::Raised );  setLineWidth( 5 );
       setPaletteBackgroundColor( Qt::blue.light( 160 ) );
       zeigeZeit();     // aktuelle Zeit anzeigen
       zeit = new QTimer( this );
       QObject::connect( zeit, SIGNAL( timeout() ), SLOT( zeigeZeit() ) );
       zeit->start( 500, false ); // Timer-Events fuer Zeit alle 0.5 Sek.
       datum = new QTimer( this );
       QObject::connect( datum, SIGNAL( timeout() ), SLOT( stopDatum() ) );
    }
protected:
    void mousePressEvent( QMouseEvent *e ) {
       if ( e->button() == QMouseEvent::LeftButton ) zeigeDatum();
    }
private slots:
    void zeigeZeit() {
       dpkt = !dpkt; // Ein-/Aus blinkender Doppelpkt.
       display( QTime::currentTime().toString(dpkt ? "hh:mm:ss" : "hh mm ss") );
    }
    void stopDatum() {
       zeit->start( 500, false ); // Timer-Events fuer Zeit alle 0.5 Sek.
    }
private:
    void zeigeDatum() {
       display( QDate::currentDate().toString("dd.MM.yyyy") );
       zeit->stop();
       datum->start( 2000 ); // Timer-Event fuer Datum-Anzeige: 2 Sek.
    }
    QTimer  *zeit, *datum;
    bool    dpkt;
};
#include "digitaluhr1.moc"
int main( int argc, char *argv[] ) {
    QApplication a( argc, argv );
    DigitalUhr *digUhr = new DigitalUhr; digUhr->resize( 270, 80 );
    a.setMainWidget( digUhr );            digUhr->show();
    return a.exec();
}
```

9.4.2 Timer-Events

Die Klasse `QTimerEvent`

Die Klasse `QTimerEvent` enthält Parameter, die ein Timer-Event beschreiben. Timer-Events werden in regelmäßigen Zeitintervallen an die Objekte geschickt, die einen oder mehrere Timer gestartet haben. Jeder Timer hat dabei eine eindeutige Identifizierung. Die Klasse `QTimerEvent` stellt folgenden Konstruktor und folgende Methode zur Verfügung:

`QTimerEvent(int timerId)`

legt ein `QTimerEvent`-Objekt, dessen Timer-Identifizierung `timerId` ist.

`int timerId() const`

liefert eine eindeutige Timer-Identifizierung, welche die gleiche Kennung ist, wie sie von der Methode `QObject::startTimer()` geliefert wird.

Die `QObject`-Methoden `startTimer()`, `killTimer()` und `killTimers()`

Eine Alternative zur Verwendung der Klasse `QTimer` ist die Verwendung der folgenden von `QObject` angebotenen Methoden:

`int QObject::startTimer(int interval)`

startet einen Timer und liefert die Timer-Identifizierung oder `0`, wenn Timer nicht gestartet werden kann. Dieser Timer schickt alle `interval` Millisekunden ein Timer-Event, bis `killTimer()` für diesen Timer oder `killTimers()` aufgerufen wird. Bei Verwendung dieser Methode muss man `timerEvent()` reimplementieren, um die Timer-Events zu bearbeiten. Laufen mehrere Timer gleichzeitig, kann man entsprechenden Timer mit `QTimerEvent::timerId()` identifizieren.

```
class MeinObjekt : public QObject {
        Q_OBJECT
    public:
        MeinObjekt( QObject *parent=0, const char *name=0 );
    protected:
        void  timerEvent( QTimerEvent * );
};
MeinObjekt::MeinObjekt( QObject *parent, const char *name )
                                          : QObject( parent, name ) {
    startTimer( 50 );      // 50 Millisekunden-Timer
    startTimer( 1000 );    // Sekunden-Timer
    startTimer( 60000 );   // Minuten-Timer
}
void MeinObjekt::timerEvent( QTimerEvent *e ) {
    printf( "timer event, id=%d", e->timerId() );
}
```

`QObject::killTimer(int id)`

löscht den Timer mit der Kennung `id`.

`QObject::killTimers()`

löscht alle Timer, die dieses Objekt gestartet hat.

`QObject::timerEvent(QTimerEvent *) virtual protected`

Diese virtuelle Methode muss reimplementiert werden, um Timer-Events zu bearbeiten, die von Timern geschickt werden, die mit der Methode `QObject::startTimer()` gestartet wurden.

Realisierung einer Digitaluhr mit `startTimer()` [B]

Programm 9.7 simuliert die gleiche Digitaluhr wie Programm 9.6, allerdings arbeitet dieses Programm mit Timer-Events, indem es die Methoden `QObject::startTimer()` und `QObject::killTimer()` verwendet und die virtuelle Methode `QObject::timerEvent()` reimplementiert.

Programm 9.7 – `digitaluhr2.cpp`:
Realisierung einer Digitaluhr mit Timer-Events

```
#include <qapplication.h>
#include <qlcdnumber.h>
#include <qdatetime.h>
//............................................... Klasse DigitalUhr
class DigitalUhr : public QLCDNumber {
    Q_OBJECT
public:
    DigitalUhr( QWidget *p=0, const char *nam=0 ) : QLCDNumber( 10, p, nam ) {
       dpkt = false;
       setFrameStyle( QFrame::Panel | QFrame::Raised );   setLineWidth( 5 );
       setPaletteBackgroundColor( Qt::blue.light( 160 ) );
       zeigeZeit();      // aktuelle Zeit anzeigen
       startTimer( 500 ); // Timer-Events fuer Zeit alle 0.5 Sek.
       datumTimerId = -1;  // Zu Beginn nicht das Datum zeigen
    }
protected:
    void timerEvent( QTimerEvent *e ) {
       if ( e->timerId() == datumTimerId )
          stopDatum();
       else if ( datumTimerId == -1 )
          zeigeZeit();
    }
    void mousePressEvent( QMouseEvent *e ) {
       if ( e->button() == QMouseEvent::LeftButton )  zeigeDatum();
    }
private slots:
    void stopDatum() {
       killTimer( datumTimerId );  datumTimerId = -1;  zeigeZeit();
    }
    void zeigeZeit() {
       dpkt = !dpkt; // Ein-/Aus blinkender Doppelpkt.
       display( QTime::currentTime().toString(dpkt ? "hh:mm:ss" : "hh mm ss") );
    }
private:
    void zeigeDatum() {
       display( QDate::currentDate().toString("dd.MM.yyyy") );
       datumTimerId = startTimer( 2000 ); // Datum fuer 2 Sek. anzeigen
    }
    bool dpkt;
    int  datumTimerId;
};
#include "digitaluhr2.moc"
```

```
//.................................................................. main
int main( int argc, char *argv[] ) {
    QApplication a( argc, argv );
    DigitalUhr *digUhr = new DigitalUhr;
    digUhr->resize( 270, 80 );
    a.setMainWidget( digUhr );
    digUhr->show();
    return a.exec();
}
```

Realisierung einer Ampelsteuerung^Z

Das Programm `ampeltimer.cpp` zeigt zwei Ampeln an, deren Schaltvorgänge es mittels Timer synchronisiert (siehe auch Abbildung 9.4).

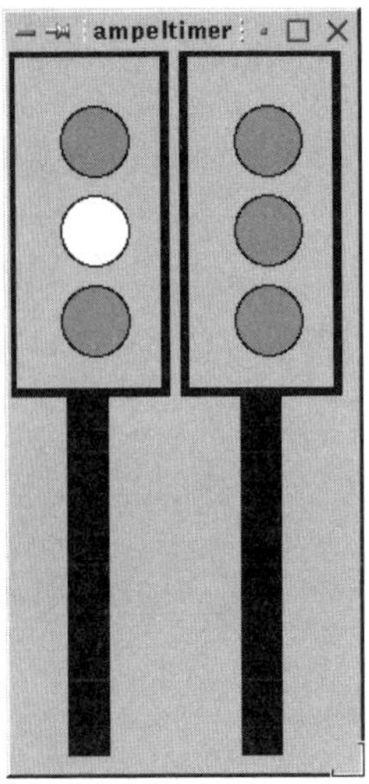

Abbildung 9.4: Eine Ampelsteuerung

Kapitel 10

Graphik

Die Natur kennt nur Farbenübergänge, keine Farben.
– C. Morgenstern

Dieses umfangreiche Kapitel stellt zunächst die Möglichkeiten der Farballozierung mit Qt vor, bevor es sich tiefergehend mit der Klasse `QPainter` beschäftigt.
Die Klasse `QPainter` ermöglicht in ein beliebiges `QPaintDevice`-Objekt (wie z. B. ein `QWidget`- oder `QPrinter`-Objekt) zu zeichnen. Diese Klasse kann alles zeichnen, von einfachen Linien bis zu komplexen Figuren wie Kuchenstücke oder andere geometrische Figuren. Auch kann sie Text und Pixmaps zeichnen. Graphiken können dabei auch transformiert, wie z. B. verkleinert, vergrößert oder rotiert werden.
Ein eigenes Kapitel stellt dann noch einige Techniken vor, mit denen man Flimmern beim Neuzeichnen eines `QPainter`-Objekts vermeiden oder zumindest reduzieren kann.
Das letzte Kapitel stellt schließlich noch die `QCanvas`-Klassen vor, mit denen Qt einen weiteren Satz von Klassen für zweidimensionale Graphiken zur Verfügung stellt. Die `QCanvas`-Klassen erlauben es, graphische Elemente schneller zeichnen zu lassen und benötigen auch wenig Speicher. Neben weiteren Vorteilen gestatten diese Klassen auch mehrere Ansichten der gleichen Graphikfläche.

10.1 Allozieren von Farben

Wie viele Farben einer Applikation zur Verfügung stehen, hängt unter anderem von der im jeweiligen Rechner eingebauten Graphikkarte ab. Nur bei *TrueColor*-Graphikkarten und entsprechenden Treibern, die diesen Modus unterstützen, muss man nicht viel über das Arbeiten mit Farben wissen, wenn man Qt-Programme schreibt. Für die anderen Fälle bietet Qt viel Unterstützung an, aber nichtsdestotrotz sollte man dann einiges über das Farb-Management von Qt wissen. Besitzt man keine *TrueColor*-Graphikkarte und entsprechende Treiber, kann man nur eine endliche Anzahl von Farben verwenden, die von der angebotenen Farbtiefe abhängt. Die Farbtiefe ist die Anzahl von Bits, die für jedes Pixel auf dem Bildschirm alloziert wird. Bei einer Farbtiefe von 8 Bits z. B. stehen 256 verschiedene Farben zur Verfügung.

10.1.1 Farballozierung mit Methoden der Klasse `QColor`

Zum Farben-Management bietet die Klasse `QColor` z. B. folgende Methoden an:

`int numBitPlanes() static`

liefert die vom darunterliegenden Windows-System verwendete Farbtiefe. Wenn ein Aufruf dieser Methode nach dem Anlegen des `QApplication`-Objekts einen Wert größer als `8` (typischerweise `16`, `24` oder `32`) liefert, so bedeutet dies *trueColor*.

`int maxColors() static`

liefert Anzahl von Farben, die darunterliegendes Windows-System unterstützt.

`int enterAllocContext() static`

Manchmal benötigt man nur kurzzeitig viele Farben. In diesem Fall kann man einen so genannten Farbkontext wählen, den man mit Aufruf dieser Methode betritt. Der Rückgabewert ist dabei eine eindeutige Kennung.

`leaveAllocContext() static`

verlässt einen Farbkontext wieder.

`destroyAllocContext(int context) static`

löscht den Farbkontext mit Kennung `context` wieder und dealloziert alle Farben, die für den Farbkontext `context` alloziert wurden. Bei `context=-1` werden alle Farben dealloziert, welche die Applikation alloziert hat. Bei `context=-2` werden alle von der Applikation allozierten Farben außer jenen aus dem voreingestellten Farbkontext (Kennung `0`) dealloziert.

`int currentAllocContext() static`

liefert die Kennung des aktuellen Farbkontexts. Der voreingestellte Farbkontext hat die Kennung `0`.

Die folgende Funktion lädt eine Pixmap aus einer Datei. Zunächst dealloziert sie jedoch alle Farben, die beim letzten Aufruf dieser Funktion `loadPixmap()` alloziert wurden.

```
QPixmap loadPixmap( QString fileName ) {
    static int kontextId = 0;
    if ( kontextId )
        QColor::destroyAllocContext( kontextId );
    kontextId = QColor::enterAllocContext();
    QPixmap pm( fileName );
    QColor::leaveAllocContext();
    return pm;
}
```

Bei jedem Aufruf von `enterAllocContext()` wird ein neuer Farbkontext betreten. Dieser bleibt solange bestehen, bis man `leaveAllocContext()` aufruft. `QColor` verwendet einen internen Stack für die einzelnen eingerichteten Farbkontexte. Dies erfordert, dass zu jedem Aufruf von `enterAllocContext()` ein korrespondierender Aufruf von `leaveAllocContext()` stattfinden muss.

```
// Kontext 0 aktiv
int k1 = QColor::enterAllocContext(); // Kontext k1 betreten
//.... Kontext k1 aktiv
int k2 = QColor::enterAllocContext(); // Kontext k2 betreten
//.... Kontext k2 aktiv
QColor::leaveAllocContext(); // Kontext k2 verlassen
//.... Kontext k1 wieder aktiv
QColor::leaveAllocContext(); // Kontext k1 verlassen
```

```
//.... Kontext 0 nun wieder aktiv
// Deallozieren aller Farben aus Kontext k2
QColor::destroyAllocContext( k2 );
```

10.1.2 Farballozierung mit Methoden der Klasse QApplication

Um dem Programmierer möglichst viel Arbeit beim Farben-Management abzunehmen, bietet Qt unterschiedliche Klassifizierungen für die Farbbenutzung eines Programms an:

`QApplication::NormalColor`
: Dies ist die voreingestellte Farballozierungsstrategie. Diese Strategie sollte für Programme gewählt werden, die nur Standard-Widgets wie Buttons, Menüs, Texte und Pixmaps mit wenigen Farben benutzen. Es werden hierbei nur systemglobale Farben alloziert. Diese Spezifikation reicht für die meisten Programme unter X11 aus. Unter Windows-Systemen kann dies jedoch zur Reduzierung (*Dithering*) der 256 Farben auf die 20 vordefinierten Systemfarben führen.

`QApplication::CustomColor`
: Unter X11 ist diese Spezifikation identisch zu `QApplication::NormalColor`. Unter Windows-Systemen erzeugt Qt hierbei aber eine entsprechende Windows-Palette, wenn der Bildschirm 256 Farben unterstützt.

`QApplication::ManyColor`
: Unter Windows-Systemen ist diese Spezifikation identisch zu `QApplication::CustomColor`. Diese Strategie sollte unter X11 für sehr farbhungrige Programme mit Tausenden von Farben gewählt werden. Qt alloziert bei dieser Strategie nur dann Farben, wenn sie benötigt werden. Wird eine Farbe angefordert, dann wird aus 216 ($6 \times 6 \times 6$) vorgegebenen Farben die Farbe gesucht und alloziert, die der angeforderten Farbe am nähesten liegt. Da auch viele andere Programme, wie z. B. der Netscape Navigator, die gleichen 216 vorgegebenen Farben verwenden, können bereits allozierte Farben gemeinsam von unterschiedlichen Applikationen genutzt werden.

Um eine der drei Strategien für ein Programm festzulegen, wird folgende Methode angeboten:

`QApplication::setColorSpec(int spec) static`
: legt für ein Programm die entsprechende Farballozierungsstrategie (`spec`) fest. Diese statische Methode muss aufgerufen werden, bevor das `QApplication`-Objekt erzeugt wird, wie z. B.:

```
int main( int argc, char *argv[] ) {
 QApplication::setColorSpec( QApplication::ManyColor );
 QApplication a( argc, argv );

}
```

10.2 Grundlegendes zur Klasse QPainter

Die Klasse `QPainter` ermöglicht es, in ein beliebiges `QPaintDevice`-Objekt (wie z. B. ein `QWidget`- oder `QPrinter`-Objekt) zu zeichnen.

Diese Klasse kann alles zeichnen, von einfachen Linien bis zu komplexen Figuren wie Kuchenstücke oder andere geometrische Figuren. Auch kann sie Text und Pixmaps zeichnen. Graphiken können dabei auch transformiert, z. B. verkleinert, vergrößert oder rotiert werden. Die typische Verwendung von `QPainter` ist:

1. Anlegen eines `QPainter`-Objekts
2. Eventuelles Festlegen einer Zeichenfarbe, eines Füllmusters und/oder Linientyps
3. Zeichen-Operationen im `QPainter`-Objekt
4. Löschen des `QPainter`-Objekts

Der folgende Codeausschnitt benutzt einen Konstruktor, der implizit die Methode `begin()` aufruft, und vertraut darauf, dass der Destruktor die Methode `end()` aufruft.

```
void MeinWidget::paintEvent() {
    QPainter paint( this );         // Starten der Zeichen-Operationen
    paint.setPen( Qt::red );        // Zeichenstift auf rot setzen
    paint.drawText( rect(),         // zeichnet einen Text, der sich in
                    AlignCenter,    // der Mitte des Widgets befindet
                    "Ein Text" );
}
```

Man kann die Zeichen-Aktivitäten auch explizit mit den Methoden `begin()` und `end()` starten und beenden, wie dies der folgende Codeausschnitt zeigt:

```
void MeinWidget::paintEvent() {
    QPainter paint;
    paint.begin( this );           // Starten der Zeichen-Operationen
    paint.setPen( Qt::red );       // Zeichenstift auf rot setzen
    paint.drawText( rect(),          // zeichnet einen Text, der sich in
                    AlignCenter,     // der Mitte des Widgets befindet
                    "Ein Text" );
    paint.end();   // Beenden des Zeichnens
}
```

Dies ist nützlich, da es nicht möglich ist, dass zwei `QPainter`-Objekte gleichzeitig im gleichen `QPaintDevice`-Objekt aktiv sind, also dort zeichnen.

`QPainter` wird fast nie außerhalb der virtuellen Methode `paintEvent()` benutzt. Jedes Widget muss jederzeit in der Lage sein, sich selbst wieder über die virtuelle Methode `paintEvent()` zu zeichnen. Deshalb ist es meistens das Beste, ein Widget so zu entwerfen, dass es alle seine Zeichen-Operationen in `paintEvent()` durchführt und die Methoden `QWidget::update()` oder `QWidget::repaint()` verwendet, um ein erneutes Zeichnen zu erzwingen, wenn dies notwendig ist. Jedem `QPainter`-Objekt ist eine Farbe, ein Füllmuster, ein Linientyp usw. zugeordnet.

10.2.1 Konstruktoren und Methoden der Klasse `QPainter`

Die wichtigsten von der Klasse `QPainter` angebotenen Konstruktoren sind:

`QPainter()`

legt ein `QPainter`-Objekt an. Es ist hier zu beachten, dass die Farbe, das Füllmuster, der Linientyp usw. dieses `QPainter`-Objekts auf die voreingestellten Werte zurückgesetzt werden, wenn die Methode `begin()` aufgerufen wird, weshalb es auch nicht sinnvoll ist, eines dieser Attribute vorher zu setzen.

`QPainter(const QPaintDevice *pd, bool unclipped=false)`
legt ein `QPainter`-Objekt an, das sofort das Zeichnen im `QPaintDevice`-Objekt `pd` startet. Dieser Konstruktor ist für kurzlebige Zeichnungen gedacht. Er ruft implizit die Methode `begin()` zum Starten der Zeichen-Operationen auf, und der `QPainter`-Destruktor ruft dann automatisch die Methode `end()` zur Beendigung der Zeichen-Operationen auf. Abhängig vom jeweiligen Grahiksystem werden bei `unclipped=true` Subwidgets von `pd` übermalt.

Grundlegende Methoden der Klasse `QPainter` sind:

`bool begin(const QPaintDevice *pd, , bool unclipped=false)`
startet das Zeichnen im `QPaintDevice`-Objekt `pd`. Diese Methode liefert `true`, wenn dies erfolgreich war, und `false`, wenn nicht mit dem Zeichnen begonnen werden kann. Bei `unclipped=true` wird über die Grenzen von `pd` hinaus gemalt, wenn dies von der entsprechenden Plattform unterstützt wird.

`bool end()`
beendet das Zeichnen in einem `QPaintDevice`-Objekt, wobei es die während des Zeichnens benutzten Ressourcen freigibt.

`setBackgroundColor(const QColor& c)`
legt als Hintergrundfarbe die Farbe `c` für das `QPainter`-Objekt fest.

10.2.2 Beispiele

Einsickern von Öl in unterschiedlich beschaffenen Boden[B]

Hier wird ein stark vereinfachtes Modell verwendet, das eine Vorstellung davon gibt, wie Öl in das Erdreich einsickert. Dazu stellt man sich einen vertikalen Schnitt durch den Erdboden vor. Über die anfängliche Verteilung des Öls nimmt man Folgendes an: Das Öl befindet sich in den mittleren beiden Vierteln der oberen Erdschicht, allerdings nur an jedem zweiten Pixel. Über das Eindringen des Öls in den Erdboden werden folgende Annahmen gemacht: Befindet sich Flüssigkeit an Position `(x,y)`, so dringt sie mit der Wahrscheinlichkeit `p (0 <= p <= 1)` in die nächsttiefere Schicht zur Position `(x-1,y+1)` und unabhängig davon ebenfalls mit der Wahrscheinlichkeit `p` zur Position `(x+1,y+1)` vor. Dabei kann `p` als Maß für die Bodenbeschaffenheit gedeutet werden. Befindet sich an der Position `(x,y)` keine Flüssigkeit, so gelangt von dieser Stelle her auch keine Flüssigkeit in die nächsttiefere Erdschicht.
Programm 10.1 simuliert dieses Einsickern des Öls, indem es zufällig als Wahrscheinlichkeit für die Bodenbeschaffenheit einen Wert zwischen `0.6` bis `0.75` auswählt, den es auch unten anzeigt (siehe Abbildung 10.1).
Programm 10.1, das bei jedem Mausklick über dem Malfenster einen neuen Simulationsvorgang startet, arbeitet nicht mit den beiden Methoden `begin()` und `end()`, sondern startet das Zeichnen sofort über den Konstruktor.

Programm 10.1 – `oel.cpp`:
Simulation des Einsickerns von Öl in das Erdreich

```
#include <qapplication.h>
#include <qwidget.h>
#include <qlabel.h>
#include <qpainter.h>
#include <stdlib.h>
#include <time.h>
```

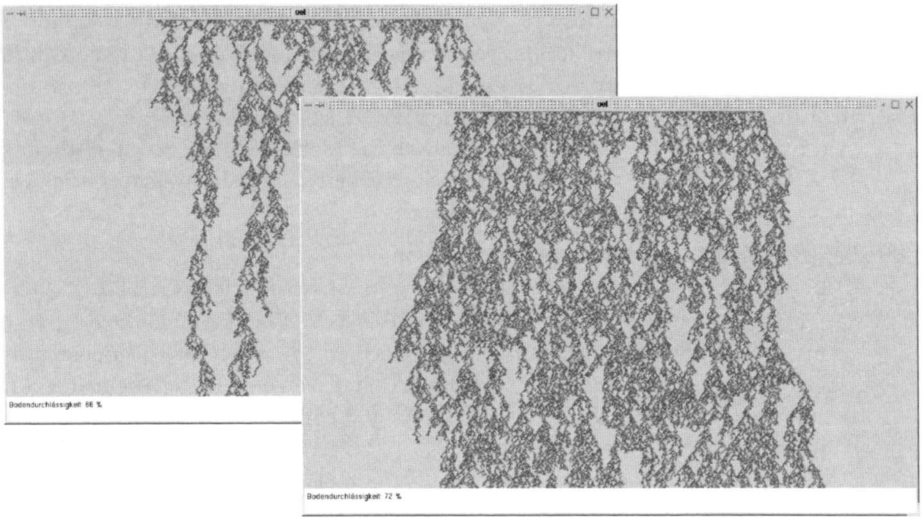

Abbildung 10.1: Simulation des Öl-Sickerns bei unterschiedlichen Bodenbeschaffenheiten

```
#define MAXX  1000
#define MAXY   600
class MalFenster : public QWidget {
 protected:
   virtual void mousePressEvent( QMouseEvent * ) {
      delete l;
      repaint( true );
   }
   virtual void paintEvent( QPaintEvent* ) {
      int      x, y;
      QColor  schicht[MAXX+1],  schichtDrueber[MAXX+1];
      bool    nochOel = true;
         //......... Beschaffenheit des Bodens zufaellig
      QString  s;
      int       prozent = rand() % 16 + 60; // 60..75%
      int       grenze = RAND_MAX/100*prozent;
      s.sprintf(" Bodendurchlässigkeit: %d %%", prozent );
      l = new QLabel( this );
      l->setGeometry( 0, MAXY, MAXX, 40 );
      l->setPaletteBackgroundColor( Qt::white );
      l->setText( s );
      l->show();
         //......... Eindringen des Oels am Bildschirm simulieren
      QPainter maler( this ); // erzeugt QPainter-Objekt zum Zeichnen
      maler.setBackgroundColor( Qt::lightGray );

      for (x=0 ; x<=MAXX ; x++)
         schichtDrueber[x] = Qt::lightGray;
```

```
      for (x=MAXX/4 ; x<=MAXX*3/4 ; x++) {
         maler.setPen( schichtDrueber[x] = x%2 ? Qt::blue : Qt::lightGray );
         maler.drawPoint( x, 0 );
      }
      for (y=0 ; y<MAXY && nochOel; y++) {
         nochOel = false;
         for (x=0 ; x<=MAXX ; x++)
            if (schichtDrueber[x]==Qt::blue || schichtDrueber[x]==Qt::red) {
               nochOel = true;
               if ( x-1>=0 ) {
                  maler.setPen( schicht[x-1] =
                                rand()<=grenze ? Qt::blue : Qt::lightGray );
                  maler.drawPoint( x-1, y+1 );
               }
               if ( x+1<=MAXX ) {
                  maler.setPen( schicht[x+1] =
                                rand()<=grenze ? Qt::red : Qt::lightGray );
                  maler.drawPoint( x+1, y+1 );
               }
            }
         for (x=0 ; x<=MAXX ; x++) {
            schichtDrueber[x] = schicht[x];
            schicht[x] = Qt::lightGray;
         }
      }
   }
private:
   QLabel *l;
};
//............................................................ main
int main( int argc, char* argv[] ) {
   QApplication myapp( argc, argv );
   srand( time(NULL) );
   MalFenster* mywidget = new MalFenster;
   mywidget->setGeometry( 50, 50, MAXX, MAXY+40 );
   myapp.setMainWidget( mywidget );
   mywidget->show();
   return myapp.exec();
}
```

Huhn in einem dreieckigen Kornfeld (Sierpinski-Sieb)^B

Ein Huhn befindet sich in einem dreieckigen abgeernteten Kornfeld. Es pickt nun die dort überall herumliegenden Körner nach folgender Methode auf: Es wählt sich zufällig eine der drei Ecken aus und läuft gerade auf diese Ecke zu. Nach der Hälfte des Weges bleibt es stehen und pickt dort ein Korn auf. Nun sucht es sich wieder zufällig einen der drei Eckpunkte aus, marschiert in Richtung dieses Punktes, bleibt aber auf der Hälfte der Strecke stehen und pickt das Korn auf, usw.

Programm 10.2, das zunächst zufällig drei Eckpunkte des Dreiecks `(x1,y1)`, `(x2,y2)`, `(x3,y3)` und die Anzahl der Picks seitens des Huhns (n) wählt, simuliert das Picken des Huhns, indem es an jedem Pickpunkt des Huhns ein Pixel in einer zuvor zufällig gewählten Farbe malt.

Klickt der Benutzer eine Maustaste über dem Malfenster, startet dieses Programm einen neuen Simulationsdurchgang, wobei bei einem Klick auf die linke Maustaste das alte Bild gelöscht wird, während es bei anderen Mausklicks übermalt wird.

Abbildung 10.2 zeigt ein mögliches Bild eines Simulationsvorgangs, die eine fraktale Struktur, das so genannte *Sierpinski-Sieb*, zeigt. Dieses Sieb ist nach seinem Entdecker, dem polnischen Mathematiker *Waclaw Sierpinski* benannt. Programm 10.2 startet das Zeichnen mit der Methode `begin()` und beendet es mit der Methode `end()`.

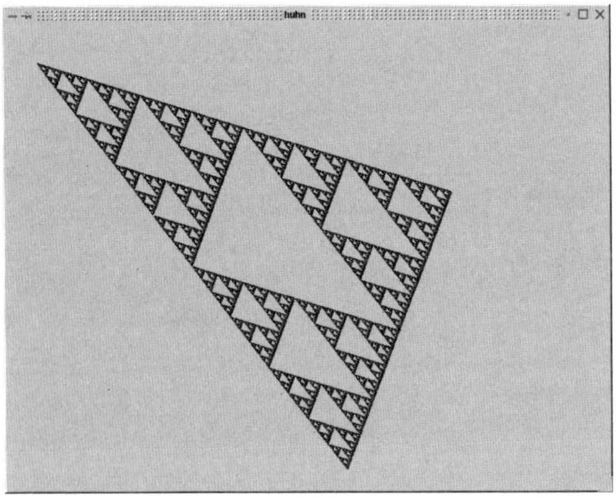

Abbildung 10.2: Sierpinksi-Sieb, das durch ein pickendes Huhn erzeugt wurde

Programm 10.2 – `huhn.cpp`:
Picken eines Huhns in einem dreieckigen Kornfeld

```
#include <qapplication.h>
#include <qwidget.h>
#include <qpainter.h>
#include <stdlib.h>
#include <time.h>

#define MAXX  800
#define MAXY  600
#define MAXPICKS  100000
class MalFenster : public QWidget {
  protected:
   virtual void mousePressEvent( QMouseEvent *e ) {
       //... bei linken Mausbutton Malflaeche loeschen, sonst nicht
      repaint( e->button() == QMouseEvent::LeftButton );
   }
   virtual void paintEvent( QPaintEvent* ) {
      int x1 = rand() % MAXX,  y1 = rand() % MAXY,
          x2 = rand() % MAXX,  y2 = rand() % MAXY,
          x3 = rand() % MAXX,  y3 = rand() % MAXY,
```

```
            xs = rand() % MAXX,  ys = rand() % MAXY,
            n = rand() % MAXPICKS;
        QPainter wMaler; // erzeugt QPainter-Objekt zum Zeichnen im Window
        wMaler.begin( this );    // Start des Zeichnens im Window
        wMaler.setPen( QColor( rand()%256, rand()%256, rand()%256 ) );
        for ( int i=1 ; i<=n ; i++ ) {
            wMaler.drawPoint( xs, ys );
            switch (rand()%3+1) {
                case 1: xs += x1; ys += y1; break;
                case 2: xs += x2; ys += y2; break;
                case 3: xs += x3; ys += y3; break;
            }
            xs /= 2;  ys /= 2;
        }
        wMaler.end();    // Beendigung des Zeichnens im Window
    }
};
int main( int argc, char* argv[] ) {
    QApplication myapp( argc, argv );
    MalFenster* mywidget = new MalFenster();
    mywidget->setGeometry( 50, 50, MAXX, MAXY );
    srand( time( NULL ) );
    myapp.setMainWidget( mywidget ); mywidget->show();
    return myapp.exec();
}
```

Eine Katze jagt eine Maus[Z]

Eine Maus möchte einen offenen Platz überqueren, dessen Ausmaße im folgenden Bild dargestellt sind:

```
(0,600)                           (600,600)
+------------------|-----------------
|                                   |
|                                   |
                                       Metzgerei
                                    |X| (600,300)

|                                   |
|                                   |
+-----------------| |-----------------+
(0,0)          Mauseloch (300,0)    (600,0)
```

Auf diesem Platz befindet sich jedoch nun immer eine Katze, welche die Maus, die aus dem ihr bekannten Mauseloch kommt, gnadenlos verfolgt. Das Mauseloch befindet sich an Position `(300,0)` im mathematischen Koordinatensystem. Während die Katze ständig ihre Richtung zur momentanen Mausposition hin ändert, läuft die Maus immer gerade auf die Metzgerei an Position `(600,300)` zu. Das Programm `katzmaus.cpp` zeigt diesen Verfolgungsprozess graphisch am Bildschirm.

In diesem Programm kann der Benutzer die Geschwindigkeiten der Katze und der Maus (in m/s) eingeben. Daneben kann der Benutzer festlegen, in welchen Zeitintervallen die

Katze ihre Richtung der momentanen Maus-Position anpasst. Um eventuell die Verfolgungsjagd in Zeitlupe beobachten zu können, kann der Benutzer noch eine Verzögerung festlegen, die zwischen jedem Verfolgungs-Schritt stattfindet. Abbildung 10.3 zeigt mögliche Abläufe dieses Programms.

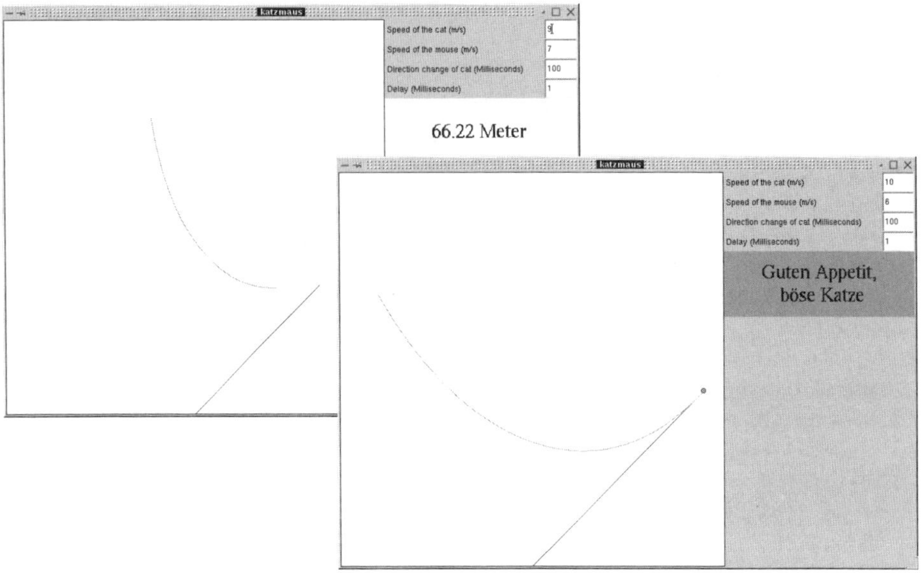

Abbildung 10.3: Katze befindet sich auf der Mausejagd und fängt die Maus

10.3 Einstellungen für `QPainter`-Objekte

Jedem `QPainter`-Objekt ist eine Zeichenfarbe, ein Füllmuster, ein Linientyp, ein Font usw. zugeordnet. Diese Attribute lassen sich nun durch eigens dafür angebotene Methoden entsprechend einstellen.

10.3.1 Einstellen des Zeichenstifts

Um den Zeichenstift für ein `QPainter`-Objekt einzustellen, stehen die folgenden von der Klasse `QPainter` angebotenen Methoden zur Verfügung:

`setPen(const QColor& color)`
: legt einen neuen Zeichenstift fest, der durchgezogene Linien mit der Breite `0` (Haarlinie) in der Farbe `color` zeichnet.

`setPen(PenStyle style)`
: legt einen neuen Zeichenstift fest, der schwarze Linien mit der Breite `0` (Haarlinie) und der Linienart `style` (siehe unten bei Konstruktor der Klasse `QPen`) zeichnet.

`setPen(const QPen& pen)`
: legt einen neuen Zeichenstift fest, dessen Attribute über das übergebene `QPen`-Objekt festgelegt werden.

Die Klasse QPen bietet unter anderem den folgenden Konstruktor an:

`QPen(const QColor& color, uint width=0, PenStyle style=SolidLine)`

color legt die Zeichenfarbe, width die Breite und style die Linienart (NoPen, SolidLine, DashLine, DotLine, DashDotLine, DashDotDotLine) fest. Die Zeichenfarbe legt im übrigen auch die Farbe für Textausgaben fest. So richtet z. B. folgender Aufruf für das QPainter-Objekt painter einen Zeichenstift ein, der blaue gestrichelte Linien mit der Dicke von 3 Pixeln zeichnet: painter.setPen(QPen(Qt::blue, 3, Qt::DashLine)); Die Voreinstellung für einen Zeichenstift ist: QPen(black,0,SolidLine).

Weitere Konstruktoren und Methoden der Klasse QPen kann der interessierte Leser in der Qt-Online-Dokumentation nachschlagen.

10.3.2 Festlegen eines Füllmusters

Um das Füllmuster in Figuren für ein QPainter-Objekt einzustellen, stehen die folgenden von der Klasse QPainter angebotenen Methoden zur Verfügung:

`setBrush(BrushStyle style)`

legt ein schwarzes Füllmuster im Stil style fest. Der Datentyp BrushStyle ist wie folgt in <qnamespace.h> definiert:

```
enum BrushStyle { NoBrush, SolidPattern,
                  Dense1Pattern, Dense2Pattern, Dense3Pattern, Dense4Pattern,
                  Dense5Pattern, Dense6Pattern, Dense7Pattern,
                  HorPattern, VerPattern, CrossPattern,
                  BDiagPattern, FDiagPattern, DiagCrossPattern,
                  CustomPattern=24                                         };
```

`setBrush(const QColor& color)`

legt Füllmuster im Stil SolidPattern fest, das mit Farbe color dargestellt wird.

`setBrush(const QBrush& brush)`

legt ein neues Füllmuster für Figuren fest.

Die Klasse QBrush bietet unter anderem die folgenden Konstruktoren an:

`QBrush(BrushStyle style)`

legt ein schwarzes Füllmuster im Stil style fest.

`QBrush(const QColor& color, BrushStyle style=SolidPattern)`

legt ein Füllmuster im Stil style fest, das in der Farbe color dargestellt wird.

`QBrush(const QColor& color, const QPixmap& pixmap)`

legt ein benutzerdefiniertes Füllmuster pixmap fest, das in der Farbe color dargestellt wird.

Die Voreinstellung für das Füllmuster ist QBrush(NoBrush).

Weitere Konstruktoren und Methoden der Klasse QBrush kann der interessierte Leser in der Qt-Online-Dokumentation nachschlagen.

10.3.3 Festlegen eines neuen Zeichenfonts

Um den Font für ein QPainter-Objekt einzustellen, steht die folgende von der Klasse QPainter angebotene Methode zur Verfügung:

`setFont(const QFont& font)`

legt den Font für Ausgaben von Text mit der Methode drawText() im QPainter-Objekt fest. Als Textfarbe wird dabei die eingestellte Stiftfarbe verwendet.

10.3.4 Zufällige Zeichenstifte mit allen Füllmustern^{Z}

Das Programm `painter.cpp` setzt die Farbe, die Dicke und die Linienart des Stiftes zufällig, gibt dann eine entsprechende Information zu diesen zufällig gesetzten Attributen als Text aus, bevor es unter diesem Text eine Linie mit dem so gesetzten Zeichenstift zeichnet. Anschließend zeigt dieses Programm alle möglichen Füllmuster an, indem es Rechtecke zeichnet, wie dies in Abbildung 10.4 gezeigt ist. Bei jedem Mausklick in dem angezeigten Widget werden zufällige neue Attribute für den Zeichenstift gewählt, die alten Zeichnungen gelöscht und unter Verwendung des neuen Zeichenstifts neu gezeichnet (siehe rechts in Abbildung 10.4).

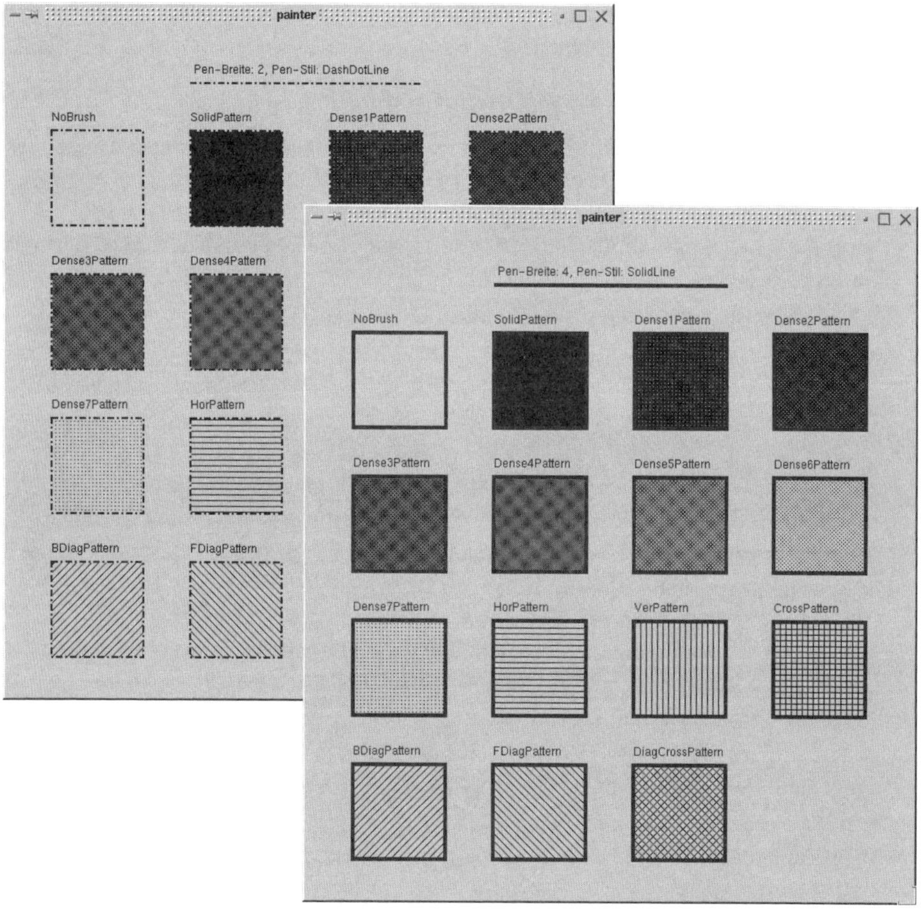

Abbildung 10.4: Anzeige durch das Programm `painter.cpp` bei Mausklicks

10.3.5 Interaktives Einstellen von Stift und Füllmuster^{Z}

Das Programm `penfill.cpp` bietet dem Benutzer folgende interaktive Auswahl an:

- Einstellen der Dicke des Stiftes über einen Schiebebalken
- Festlegen der Linienart und des Füllmuster-Stils über Radiobuttons
- Einstellen der Farbe des Stiftes und des Füllmusters über Pushbuttons

Bei jeder neuen Einstellung durch den Benutzer wird ihm links ein Rechteck angezeigt, das nach den aktuellen Benutzereinstellungen dargestellt wird (siehe auch Abbildungen 10.5 und 10.6).

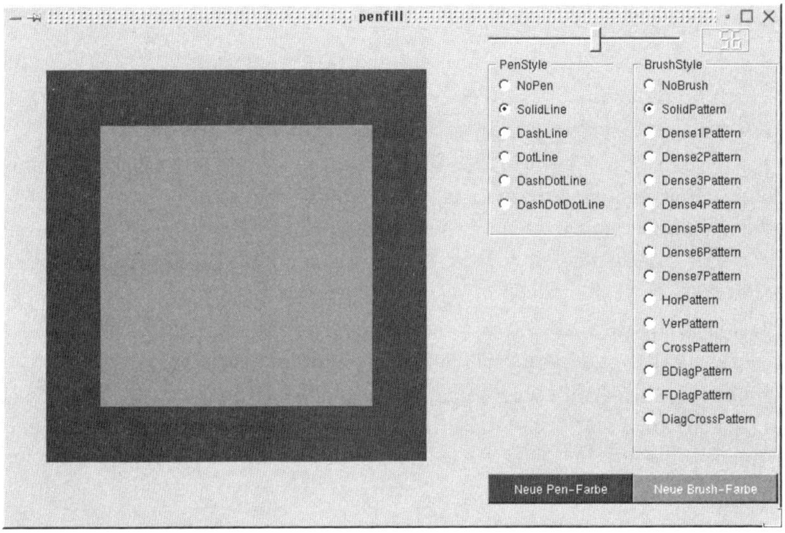

Abbildung 10.5: Interaktives Einstellen des Stiftes und des Füllmusters (I)

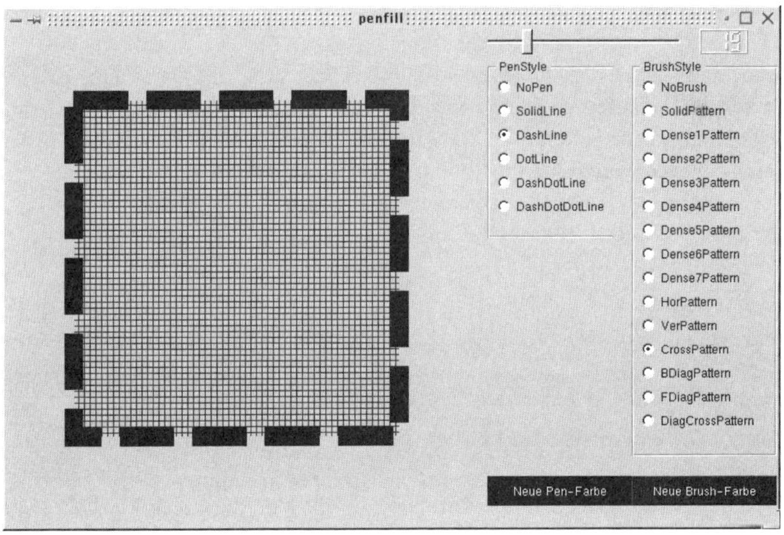

Abbildung 10.6: Interaktives Einstellen des Stiftes und des Füllmusters (II)

10.4 Ausgeben von Figuren und Text

10.4.1 Zeichnen geometrischer Figuren

Zum Zeichnen von Figuren bietet die Klasse `QPainter` folgende Methoden an:

`drawPoint(int x, int y)`

`drawPoint(QPoint& p)`

zeichnen einen Punkt an die Position (`x`, `y`) bzw. `p`.

`drawPoints(QPointArray& a, int i=0, int n=-1)`

zeichnet die Punkte, deren Koordinaten sich im Array `a` befinden. Über den Parameter `i` kann dabei festgelegt werden, ab welchem Index aus dem Array `a` die entsprechenden Punkte zu zeichnen sind, und über den Parameter `n`, wie viele Punkte aus dem Array `a` zu zeichnen sind. Bei `n=-1` werden alle Punkte bis zum Ende des Arrays gezeichnet.

`drawLine(int x1, int y1, int x2, int y2)`

`drawLine(QPoint& p1, QPoint& p2)`

zeichnen eine Linie vom Punkt (`x1`,`y1`) zum Punkt (`x2`, `y2`) bzw. vom Punkt `p1` zum Punkt `p2`. Der Punkt (`x2`, `y2`) bzw. der Punkt `p2` wird dann die neue Stiftposition.

`drawRect(int x, int y, int w, int h)`

`drawRect(QRect& r)`

zeichnen beide ein Rechteck. Bei der ersten Methode legt (`x`, `y`) die linke obere Ecke des Rechtecks fest; der Parameter `w` legt die Breite und der Parameter `h` die Höhe fest. Bei der zweiten Methode werden die Position und die Ausmaße des Rechtecks über den `QRect`-Parameter `r` festgelegt.

`fillRect(int x, int y, int w, int h, QBrush& brush)`

`fillRect(QRect& r, QBrush& brush)`

zeichnen ein gefülltes Rechteck, wobei das Füllmuster über den Parameter `brush` festgelegt wird. Bei der ersten Methode legt (`x`, `y`) die linke obere Ecke des Rechtecks fest; der Parameter `w` legt die Breite und der Parameter `h` die Höhe fest. Bei der zweiten Methode werden die Position und die Ausmaße des Rechtecks über den `QRect`-Parameter `r` festgelegt. Z. B. zeichnet der Aufruf `fillRect(10, 50, 100, 200, QBrush(Qt::red))` ein rot gefülltes Rechteck.

`eraseRect(int x, int y, int w, int h)`

`eraseRect(QRect& r)`

löscht den Inhalt des Rechtecks (`x`,`y`,`w`,`h`) bzw. `r`; entspricht dem Aufruf `fillRect(x, y, w, h, backgroundColor())` bzw. `fillRect(r, backgroundColor())`.

`drawRoundRect(int x, int y, int w, int h, int xR=25, int yR=25)`

`drawRoundRect(QRect& r, int xR=25, int yR=25)`

zeichnen beide ein Rechteck mit abgerundeten Ecken. Bei der ersten Methode legt (`x`, `y`) die linke obere Ecke des Rechtecks fest; der Parameter `w` legt die Breite und der Parameter `h` die Höhe fest. Bei der zweiten Methode werden die Position und die Ausmaße des Rechtecks über den `QRect`-Parameter `r` festgelegt. Die Parameter `xR` und `yR` legen fest, wie stark die Ecken abzurunden sind: `0` ist eine gewinkelte Ecke in x- bzw. y-Richtung. Der maximale Wert für die beiden Parameter `xR` und `yR` ist `99`. Wird dieser für beide Parameter angegeben, zeichnen diese Methoden einen Kreis.

`drawEllipse(int x, int y, int w, int h)`

`drawEllipse(QRect& r)`

zeichnen eine Ellipse mit (`x+w/2,y+h/2`) als Mittelpunkt und den Ausmaßen (`w,h`). Bei der zweiten Methoden legt der Parameter `r` die entsprechenden Werte fest.

`drawArc(int x, int y, int w, int h, int a, int alen)`

`drawArc(QRect& r, int a, int alen)`

zeichnen einen Bogen, der durch das Rechteck (`x,y,w,h`) bzw. `r` definiert ist. Der Parameter `a` definiert den Startwinkel und der Parameter `alen` die Länge des Bogens. Beide sind als 1/16 eines Grads anzugeben; z. B. müsste für einen vollen Kreis `5760` (16*360) angegeben werden. Positive Werte für `a` und `alen` bedeuten „entgegen Uhrzeigersinn", und negative Werte „im Uhrzeigersinn". `0` Grad entspricht 3 Uhr.

```
QPainter p;
p.drawArc( 10,10, 70,100, 100*16, 260*16 ); // zeichnet einen "(" Bogen
```

`drawPie(int x, int y, int w, int h, int a, int alen)`

`drawPie(QRect& r, int a, int alen)`

zeichnen ein „Kuchenstück", das durch das Rechteck (`x,y,w,h`) bzw. `r` definiert ist. Dieses „Kuchenstück" wird mit dem aktuell eingestellten Füllmuster gefüllt. Der Parameter `a` definiert den Startwinkel und der Parameter `alen` die Länge des Bogens. Die Parameter `a` und `alen` sind dabei als 1/16 eines Grads anzugeben; z. B. müsste für einen vollen Kreis `5760` (16 · 360) angegeben werden. Positive Werte für `a` und `alen` bedeuten „entgegen Uhrzeigersinn", und negative Werte „im Uhrzeigersinn". 0 Grad entspricht 3 Uhr.

`drawChord(int x, int y, int w, int h, int a, int alen)`

`drawChord(QRect& r, int a, int alen)`

zeichnen eine Kreissehne, die durch das Rechteck (`x,y,w,h`) bzw. `r` definiert ist. Diese Kreissehne wird mit dem aktuell eingestellten Füllmuster gefüllt. Die Parameter `a` und `alen` sind dabei als 1/16 eines Grads anzugeben; z. B. müsste für einen vollen Kreis `5760` (16*360) angegeben werden. Positive Werte für `a` und `alen` bedeuten „entgegen Uhrzeigersinn" und negative Werte „im Uhrzeigersinn". 0 Grad entspricht 3 Uhr.

`drawLineSegments(QPointArray& a, int i=0, int nlines=-1)`

zeichnet `nLines` getrennte Linien, wobei `a[i]` den ersten Punkt einer Linie festlegt. Falls `nLines` gleich `-1` ist, werden zu allen Punkten bis zum Ende des Arrays `a` Linien gezeichnet. Die erste Linie wird von `a[i]` nach `a[i+1]` gezeichnet, die zweite Linie von `a[i+2]` nach `a[i+3]` usw.

`drawCubicBezier(QPointArray& a, int i=0)`

zeichnet eine kubische Bezier-Kurve, die durch vier Kontrollpunkte in `a` definiert ist, wobei `a[i]` den ersten Punkt festlegt. Das Array `a` muss mindestens vier Punkte enthalten, wobei die Punkte `a[i+4]`, `a[i+5]` usw. ignoriert werden.

`drawPolyline(QPointArray& a, int i=0, int n=-1)`

zeichnet ein Polygon mit `n` Eckpunkten, wobei `a[i]` der erste Eckpunkt ist. Falls `n` gleich `-1` ist, werden alle Punkte bis zum Ende des Arrays `a` gezeichnet.

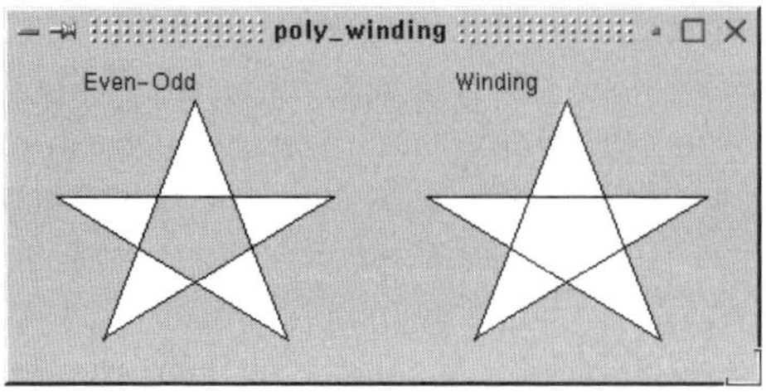

Abbildung 10.7: `drawPolygon()` mit Even-Odd- und mit Winding-Algorithmus

`drawPolygon(QPointArray& a,bool winding=false,int i=0,int n=-1)`
zeichnet ein Polygon mit `n` Eckpunkten, wobei `a[i]` der erste Eckpunkt ist. Falls `n` gleich `-1` ist, werden alle Punkte bis zum Ende des Arrays `a` gezeichnet. Der erste Eckpunkt wird immer mit dem letzten Eckpunkt verbunden. Das Polygon wird immer mit dem aktuellen Füllmuster gefüllt. Bei `winding=true` wird das Polygon mittels des *Winding-*, andernfalls mittels des *Even-Odd-Algorithmus* gefüllt. Beim *Winding-Algorithmus* wird auch bei sich überschneidenden Linien die vollständige Fläche gefüllt, die das Polygon umschließt, was beim *Even-Odd-Algorithmus* nicht der Fall ist. Der folgende Codeausschnitt liefert ein Widget, wie es in Abbildung 10.7 gezeigt ist.

```
virtual void paintEvent( QPaintEvent* ) {
  QString      text;
  QBrush       fuell( Qt::white);
  QPointArray  evenOdd, winding;
  QPainter     maler( this );
  maler.setBrush( fuell );

  text.sprintf("Even-Odd");  maler.drawText( 40, 20, text );
   evenOdd.setPoints( 5, 50, 150, 100, 25, 150, 150, 25, 75, 175, 75 );
   maler.drawPolygon( evenOdd, false );
  text.sprintf("Winding"); maler.drawText( 240, 20, text );
   winding.setPoints( 5, 250, 150, 300, 25, 350, 150, 225, 75, 375, 75 );
   maler.drawPolygon( winding, true );
}
```

`drawPixmap(QPoint& p, QPixmap& pm)`
zeichnet die ganze Pixmap `pm` an den Punkt `p`.

`drawPixmap(int x, int y, QPixmap& pm,`
`int sx=0, int sy=0, int sw=-1, int sh=-1)`

`drawPixmap(QPoint& p, QPixmap& pm, QRect& sr)`
zeichnen die Pixmap `pm` an den Punkt `(x,y)` bzw. `p`, wobei sie von der Pixmap jedoch nur den Ausschnitt `(sx,sy,sw,sh)` bzw. `sr` zeichnen. Mit der Angabe `-1` für `sw` bzw. `sh` kann man die ganze Pixmap zeichnen lassen.

`drawPixmap(QRect& r, QPixmap& pm)`
zeichnet die Pixmap `pm` in das Rechteck `r`, wobei diese entsprechend vergrößert bzw. verkleinert wird.

`drawImage(QPoint& p, QImage& image)`
zeichnet das ganze Bild `image` an den Punkt `p`.

```
drawImage(int x, int y, QImage& image,
          int sx=0, int sy=0, int sw=-1, int sh=-1)
drawImage(QPoint& p, QImage& image, QRect& sr)
```
zeichnen Bild `image` an den Punkt `(x,y)` bzw. `p`, wobei sie von dem Bild jedoch nur den Ausschnitt `(sx,sy,sw,sh)` bzw. `sr` zeichnen. Mit der Angabe `-1` für `sw` bzw. `sh` kann man die rechte bzw. untere Ecke des Bildes angeben.

`drawImage(QRect& r, QImage& image)`
zeichnet die Pixmap `image` in das Rechteck `r`, wobei dieses entsprechend vergrößert bzw. verkleinert wird.

```
drawTiledPixmap(QRect& r, QPixmap& pm)
drawTiledPixmap(int x, int y, int w, int h, QPixmap& pm,
                int sx=0, int sy=0)
drawTiledPixmap(QRect& r, QPixmap& pm, QPoint& sp)
```
kacheln den Bereich `(x,y,w,h)` bzw. `r` mit der Pixmap `pm` aus. Mit den Parametern `(sx,sy)` bzw. `sp` ist es möglich, bei den linken und oberen Kacheln nur einen Teil der Pixmap (ab linker oberen Ecke) als Kachelmotiv zu verwenden.

10.4.2 Ausgeben von Text

Einige wichtige Methoden der Klasse `QPainter` zum Ausgeben von Text sind:

```
drawText(int x, int y, const QString& str, int len=-1,
         TextDirection dir = Auto)
drawText(const QPoint& p, const QString& str, int len=-1,
         TextDirection dir = Auto)
```
gibt höchstens `len` Zeichen des String `str` an der Position `(x,y)` bzw. `p` aus. `(x,y)` bzw. `p` legt dabei die Position der Basislinie fest. Bei `len=-1` wird der ganze String ausgegeben. Über `dir` kann die Ausgaberichtung festgelegt werden. Neben `QPainter::Auto` kann auch `QPainter::RTL` (von rechts nach links) bzw. `QPainter::LTR` (von links nach rechts) angegeben werden.

```
drawText(int x,int y,int w,int h, int tf, QString& s, int n=-1)
drawText(QRect& r, int tf, QString& s, int n=-1)
```
gibt `n` bzw. bei `n=-1` alle Zeichen des Strings `s` im Rechteck `(x,y,w,h)` bzw. `r` aus. Für `tf` können eines oder mehrere (mit bitweisem `OR` verknüpfte) Flags aus der folgenden Liste angegeben werden, um die Ausrichtung des Texts festzulegen:

`AlignLeft,AlignRight`	an linker (Voreinstellung) bzw. an rechter Grenze
`AlignTop,AlignBottom`	an oberer (Voreinstellung) bzw. an unterer Grenze
`AlignHCenter,AlignVCenter`	horizontal bzw. vertikal in der Mitte
`AlignCenter`	entspricht `(AlignHCenter | AlignVCenter)`

Weitere möglcihe Angaben sind:

`SingleLine`	Neuezeilezeichen im Text werden ignoriert
`DontClip`	schneidet Text nicht ab
`ExpandTabs`	expandiert Tabulatoren
`ShowPrefix`	Bei Angaben wie `&x` wird das `x` unterstrichen
`WordBreak`	bricht den Text nach Wörtern um, damit er in das Rechteck passt.
`BreakAnywhere`	bricht Text an beliebigen Stellen um, damit er ins Rechteck passt.

```
QRect boundingRect(int x, int y, int w, int h, int tf,
                   QString& s, int n=-1)
QRect boundingRect(QRect& r, int tf, QString& s, int n=-1)
```

liefern das Rechteck, das den Text `s` bei entsprechender Ausrichtung umschließt, wenn dieser Text mit `drawText()` ausgegeben würde. Die möglichen Flags für `tf` sind bei der vorherigen Methode angegeben.

10.4.3 Beispiele

Demoprogramm zum Ausgeben geometrischer Figuren und Texte^Z

Das Programm `painter2.cpp` blendet rechts eine Gruppe von vier Radiobuttons ein, womit der Benutzer sich unterschiedliche Bilder zeichnen lassen kann (siehe Abbildung 10.8).

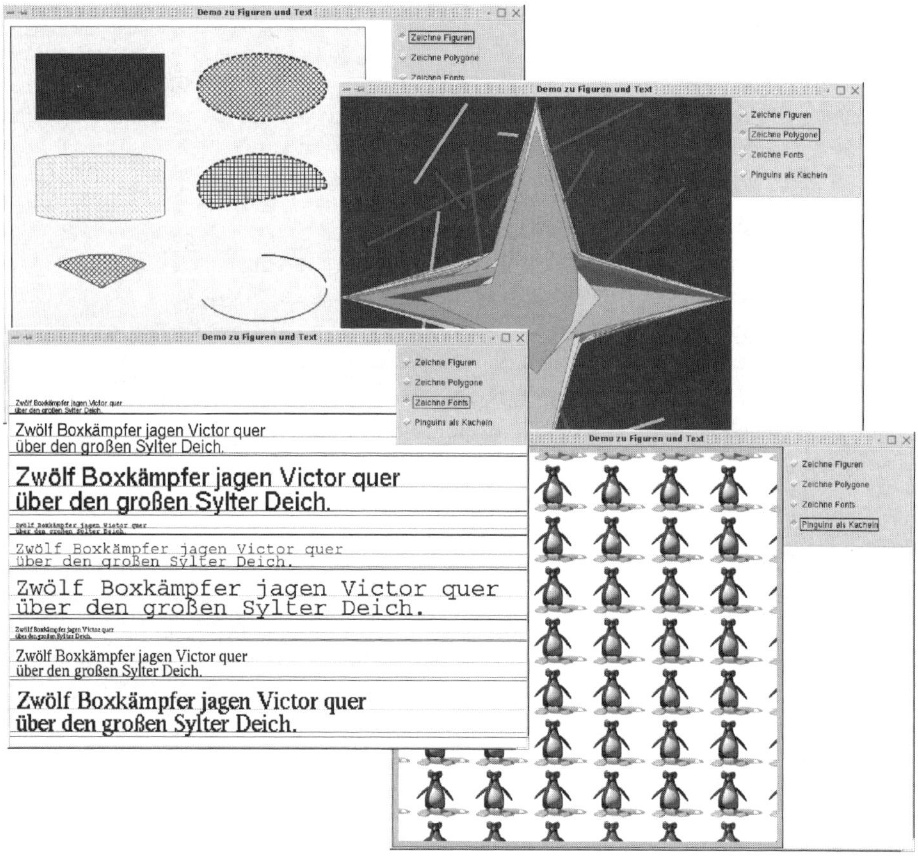

Abbildung 10.8: Anzeige unterschiedlicher geometrischer Figuren und Texte

Simulation von Wellenausbreitungen^Z

Das Programm `wellen.cpp` simuliert die Ausbreitung von Wellen. Bei jedem Simulations-Durchgang, der immer mit einem Mausklick gestartet wird, bestimmt dieses Programm eine zufällige Anzahl von Wellen (bis zu 6), die sich gleichzeitig ausbreiten. Die Mittelpunkte, von denen sich diese Wellen ausbreiten, werden dabei ebenfalls zufällig gewählt. Der Abstand von einem Kreis zum nächsten bei der Darstellung einer Welle wird auch zufällig festgelegt. Abbildung 10.9 zeigt mögliche durch das Programm `wellen.cpp` erzeugte Bilder.

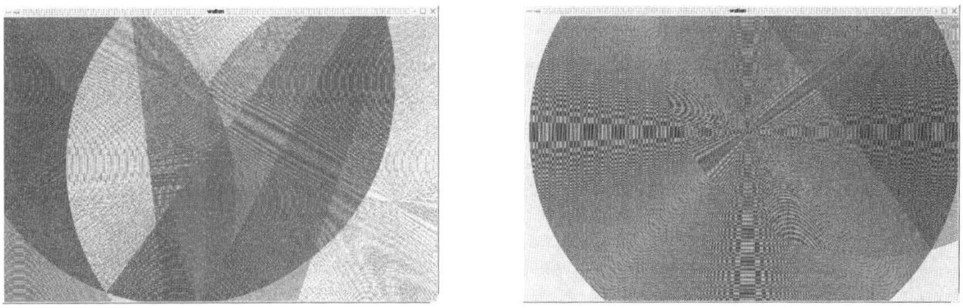

Abbildung 10.9: Simulation von Wellenausbreitungen

Männchen mit Heiligenschein und Tisch[Z]

Das Programm `manntisch.cpp` blendet bei jedem Mausklick im Fenster ein neues Männchen mit unterschiedlichen Mustern und Farben für die einzelnen Körperteile ein. Zudem steht dieses Männchen neben einem Tisch und besitzt einen Heiligenschein (siehe auch Abbildung 10.10).

Abbildung 10.10: Unterschiedliche Männchen nach jedem Mausklick

Simulation eines Waldbrandes[Z]

Das Programm `waldbrand.cpp` simuliert einen Waldbrand graphisch in einem Rechteck. Das Feuer kann sich dabei nicht über Lücken zwischen den Bäumen hinweg ausbreiten. Ein brennender Baum kann immer nur seine unmittelbaren Nachbarn in Brand stecken. Im quadratischen Gitter sind dies die Bäume an den Position links, rechts, über und unter dem brennenden Baum. Dieses Programm soll zufällig eine bestimmte Walddichte wählen und dann zunächst alle Bäume in der ersten Spalte in Brand stecken, bevor es mit der Simulation beginnt. Ein einzelner Baum kann bei der Simulation folgende Zustände durchlaufen, was man an der entsprechenden Farbe erkennen sollte: Baum – Grün, Brennender Baum – Rot, Abgebrannter Baum – Gelb, Stumpf – Weiß, Verschwunden – Schwarz. Abbildung 10.11 zeigt eine Momentaufnahme eines solchen Waldbrands. Bei jedem Mausklick im Malfenster wird eine neue Waldbrand-Simulation gestartet.

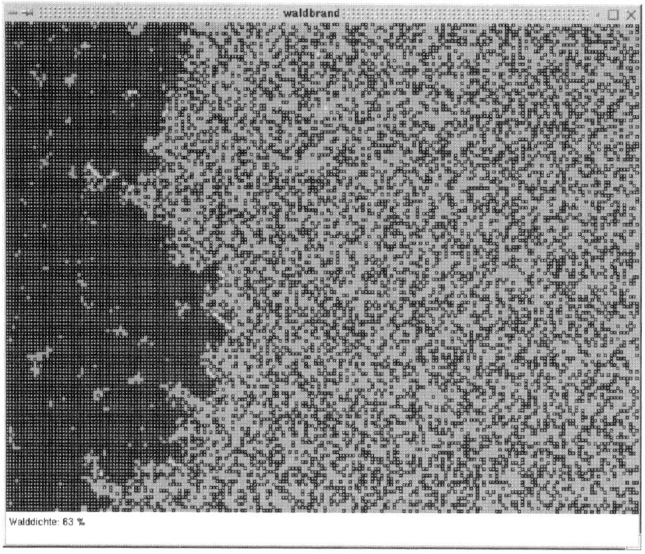

Abbildung 10.11: Momentaufnahme der Waldbrand-Simulation

10.5 Alternatives Ausgeben von Figuren

Über die Headerdatei `<qdrawutil.h>` werden weitere Funktionen zum Zeichnen von Linien oder Rechtecken mit und ohne Schattierungen angeboten. Der Vorteil dieser Funktionen ist, dass man mit ihnen direkt die entsprechenden geometrischen Figuren zeichnen kann, ohne explizit den Zeichenstift oder das Füllmuster ändern zu müssen.

10.5.1 Funktionen aus `<qdrawutil.h>`

Die in `<qdrawutil.h>` angebotenen Funktionen sind:

```
qDrawPlainRect(QPainter *p, int x, int y, int w, int h,
               QColor& c, int lineW, QBrush *fill)
```

zeichnet einfaches Rechteck (`x,y,w,h`) im `QPainter`-Objekt `p`. Argument `c` legt dabei Farbe der Umrandungslinie und `lineW` die Dicke dieser Linie fest. Das Rechteck wird mit dem Füllmuster `*fill` gefüllt, außer `fill` ist gleich `null`. Statt dieser Funktion könnte man auch `QFrame::setFrameStyle()` verwenden, wie z. B. `QFrame::setFrameStyle(QFrame::Box|QFrame::Plain)`.

```
qDrawShadeLine(QPainter *p, int x1, int y1, int x2, int y2,
               QColorGroup& g, bool sunken, int lineW, int mlineW)
```

zeichnet eine horizontale (y1==y2) oder eine vertikale (x1==x2) schattierte Linie im QPainter-Objekt, auf das p zeigt. Wenn y1!=y2 und x1!=x2 ist, wird nichts gezeichnet. Die Farbgruppe g legt die Schattierungsfarben (light, dark und middle) fest. Bei sunken=true wird die Linie versunken, andernfalls hervorgehoben gezeichnet. Das Argument lineW legt die Dicke der Linie und das Argument mlineW legt die Dicke der mittleren Linie fest, die in der Farbe QColorGroup::mid() gezeichnet wird. Anstelle dieser Funktion könnte man auch QFrame::setFrameStyle() verwenden, wie z. B. QFrame::setFrameStyle(QFrame::HLine | QFrame::Sunken).

```
qDrawWinButton(QPainter *p, int x, int y, int w, int h,
                 QColorGroup& g, bool sunken, const *fill)
qDrawWinPanel(QPainter *p, int x, int y, int w, int h,
                QColorGroup& g, bool sunken, QBrush *fill)
```

zeichnen beide einen Windows-Stil Button (x,y,w,h) im QPainter-Objekt, auf das p zeigt. Die Farbgruppe g legt die Schattierungsfarben (light, dark und middle) fest. Bei sunken=true wird der Button versunken, andernfalls hervorgehoben gezeichnet. Die Liniendicke ist dabei 2 Pixel. Der Button wird mit dem Füllmuster *fill gefüllt, außer fill ist gleich null. Anstelle dieser Funktionen könnte man auch QFrame::setFrameStyle() verwenden, wie z. B. QFrame::setFrameStyle(QFrame::WinPanel | QFrame::Raised).

```
qDrawShadePanel(QPainter *p, int x, int y, int w, int h,
   QColorGroup& g, bool sunken, int lineW, QBrush *fill)
qDrawShadeRect(QPainter p, int x, int y, int w, int h,
   QColorGroup& g,bool sunken,int lineW,int mlineW,QBrush *fill)
```

zeichnen beide ein schattiertes Rechteck (x,y,w,h) im QPainter-Objekt, auf das p zeigt. Die Farbgruppe g legt die Schattierungsfarben (light, dark und middle) fest. Bei sunken=true wird das Rechteck versunken, andernfalls hervorgehoben gezeichnet. Das Argument lineW legt die Dicke der Umrandungsinie und das Argument mlineW (nur bei qDrawShadeRect()) legt die Dicke der mittleren Linie fest, die in der Farbe QColorGroup::mid() gezeichnet wird. Das Rechteck wird mit dem Füllmuster *fill gefüllt, außer fill ist gleich null. Anstelle dieser Funktionen könnte man auch QFrame::setFrameStyle() verwenden, wie z. B. QFrame::setFrameStyle(QFrame::Panel | QFrame::Sunken) oder QFrame::setFrameStyle(QFrame::Box | QFrame::Raised).

10.5.2 Beispielprogramme zu <qdrawutil.h>

Demoprogramm zu den Funktionen aus <qdrawutil.h>[Z]

Das Programm drawutil.cpp ist ein Demoprogramm zu den Funktionen aus der Headerdatei <qdrawutil.h>. Bei jedem Mausklick im Fenster werden die entsprechenden geometrischen Figuren mit neuen Farben und anders konfiguriert eingeblendet (siehe Abbildung 10.12).

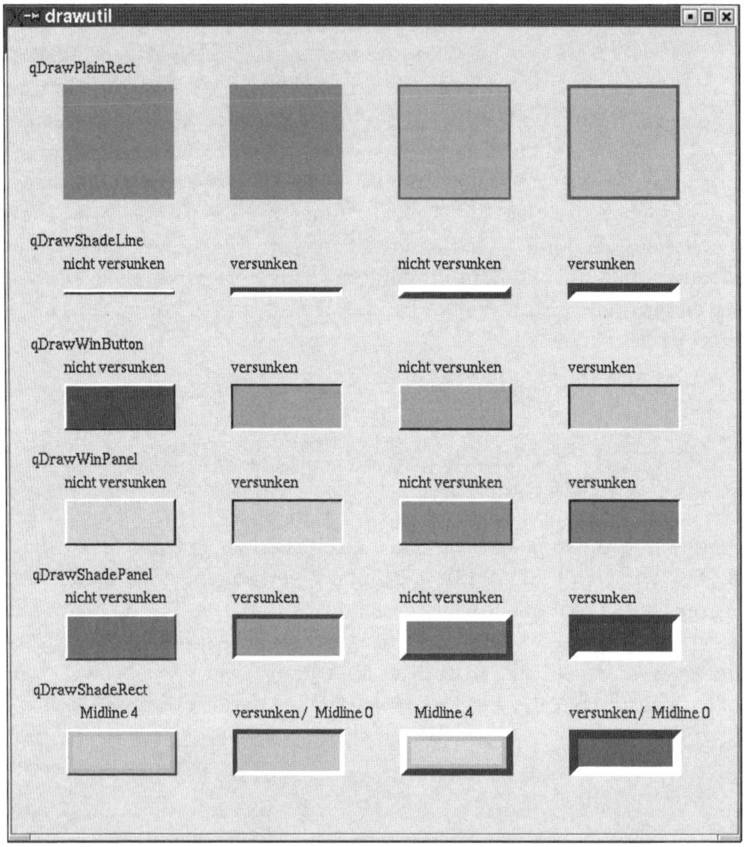

Abbildung 10.12: Anzeige durch das Programm `drawutil.cpp`

Game of Life[Z]

Die wesentliche Eigenschaft lebender Organismen ist ihre Fähigkeit zur Selbstreproduktion. Jeder Organismus kann Nachkommen erzeugen, die – bis auf Feinheiten – eine Kopie des erzeugenden Organismus sind. *John von Neumann* stellte folgende Fragen: „Sind auch Maschinen (z. B. Roboter) zur Selbstreproduktion fähig? Welche Art logischer Organisation ist dafür notwendig und hinreichend?“ *S. M. Ulam* schlug die Verwendung so genannter zellularer Automaten vor. Einen zellularen Automaten kann man sich anschaulich als eine in Quadrate (Zellen) aufgeteilte Ebene vorstellen. Auf jedem Quadrat befindet sich ein endlicher Automat, dessen Verhalten von seinem eigenen Zustand und von den Zuständen gewisser Nachbarn (Zellen) abhängt. Alle Automaten sind gleich und arbeiten im gleichen Takt.

Ein berühmtes Beispiel für einen zellularen Automaten ist das *Game of Life* (Lebensspiel) des englischen Mathematikers *John H. Conway*. Jede Zelle hat zwei Zustände (lebend, tot), und die Umgebung der Zelle besteht aus den angrenzenden acht Nachbarquadraten. Die Zeit verstreicht in diskreten Schritten. Von einem Schlag der kosmischen Uhr bis zum nächsten verharrt die Zelle im zuvor eingenommenen Zustand, beim Gong aber wird nach den folgenden Regeln erneut über Leben und Tod entschieden:

- *Geburt*: Eine tote Zelle feiert Auferstehung, wenn drei ihrer acht Nachbarn leben.
- *Tod durch Überbevölkerung*: Eine Zelle stirbt, wenn vier oder mehr Nachbarn leben.
- *Tod durch Vereinsamung*: Eine Zelle stirbt, wenn sie keinen oder nur einen lebenden Nachbarn hat.

Eine lebende Zelle bleibt also genau dann am Leben, wenn sie zwei oder drei lebende Nachbarn besitzt.

Der Reiz dieses Spiels liegt in seiner Unvorhersehbarkeit. Nach den oben angegebenen Regeln kann eine Population aus lebenden Zellen grenzenlos wachsen, sich zu einem periodisch wiederkehrenden oder stabilen Muster entwickeln oder aussterben.

Das Programm `life.cpp` simuliert dieses Spiel. Dieses Programm verteilt zunächst zufällig eine Population und startet dann die Simulation. Lebende Zellen werden blau hervorgehoben und tote Zellen grau versunken dargestellt (siehe dazu Abbildung 10.13).

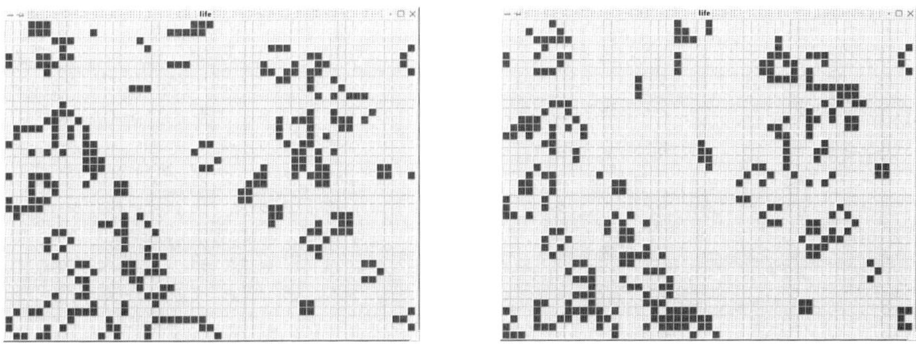

Abbildung 10.13: Unterschiedliche Generationen beim „Game of Life“

Zum Zeichnen der einzelnen Zellen wird die Funktion `qDrawShadePanel()` verwendet. Das Spielfeld stellt dabei eine Kugel dar, was bedeutet, dass die Zellen in der oberen Zeile Nachbarn zu den Zellen in der unteren Zeile und Zellen in der linken Spalte Nachbarn zu den Zellen in der rechten Spalte sind. Bei Klicks auf die linke Maustaste wird das Tempo der Generationswechsel verlangsamt und bei Klicks auf die rechte Maustaste beschleunigt. Eine neue Simulation wird bei einem Klick auf die mittlere Maustaste gestartet.

10.6 Transformationen

Die Klasse `QPainter` ist nicht nur in der Lage, geometrische Figuren wie Linien oder Rechtecke zu zeichnen, sondern sie bietet auch die Möglichkeit, zweidimensionale Transformationen (Rotieren, Skalieren usw.) oder so genannte View-Transformationen (einfache Verschiebungen und Skalierungen) durchzuführen.

10.6.1 Einfache World-Transformationen

Die hier vorgestellten zweidimensionalen Transformationen werden auch als „World-Transformationen“ bezeichnet; siehe auch Abbildung 10.14.

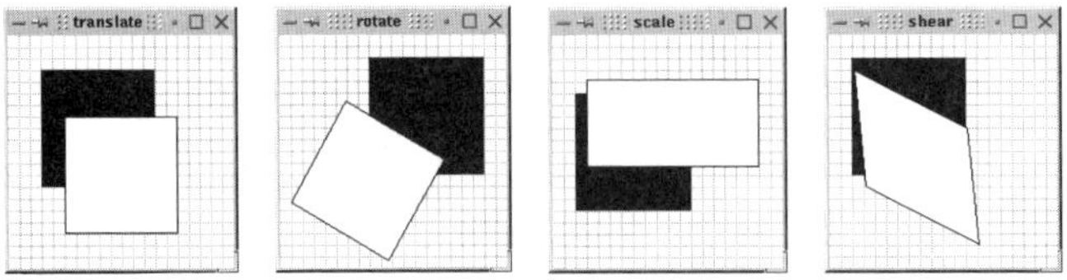

translate(20.0, 40.0)   rotate(30.0)   scale(1.5, 0.75)   shear(0.5, 0.1)

Abbildung 10.14: einfache World-Transformationen

Für einfache World-Transformationen bietet die Klasse `QPainter` folgende Methoden an:

`translate(double dx, double dy)`

verschiebt den Nullpunkt des Koordinatensystem von der linken oberen Ecke des `QPainter`-Objekts um `dx` nach rechts bzw. links (bei negativen `dx`) und um `dy` nach unten bzw. oben (bei negativen `dy`). Der folgende Codeausschnitt (aus `translate.cpp`) würde z. B. die erste in Abbildung 10.14 gezeigte Zeichnung liefern.

```
QPainter p( this );
p.setPen( QPen( Qt::lightGray ) );
for (int i = 10; i < 200; i+=10) { // Gitternetzlinien malen
   p.drawLine( 0, i, 200, i );
   p.drawLine( i, 0, i, 200 );
}
p.setPen( QPen( Qt::black ) );
p.setBrush( QBrush( Qt::black, Qt::SolidPattern ) );
p.drawRect( 30, 30, 100, 100 );
p.translate( 20.0, 40.0 );  // Um 20 Pixel nach rechts und
                            // um 40 Pixel nach unten
p.setBrush( QBrush( Qt::white, Qt::SolidPattern ) );
p.drawRect( 30, 30, 100, 100 );
p.translate( -20.0, -40.0 ); // Verschiebung rueckgaengig
```

`rotate(double a)`

rotiert das Koordinatensystem um `a` Grad „entgegen dem Uhrzeigersinn". Der folgende Codeausschnitt (aus `rotate.cpp`) würde z. B. die zweite in Abbildung 10.14 gezeigte Zeichnung liefern.

```
QPainter p( this );
p.setPen( QPen( Qt::lightGray ) );
for (int i = 10; i < 200; i+=10) { // Gitternetzlinien malen
   p.drawLine( 0, i, 200, i );
   p.drawLine( i, 0, i, 200 );
}
p.setPen( QPen( Qt::black ) );
p.setBrush( QBrush( Qt::black, Qt::SolidPattern ) );
p.drawRect( 80, 20, 100, 100 );
p.rotate( 30.0 );  // Um 30 Grad entgegen Uhrzeigersinn rotieren
p.setBrush( QBrush( Qt::white, Qt::SolidPattern ) );
p.drawRect( 80, 20, 100, 100 );
p.rotate( -30.0 ); // Rotieren rueckgaengig
```

`scale(double sx, double sy)`

legt Skalierungsfaktoren für die x-Richtung (sx) und die y-Richtung (sy) fest. Die Koordinaten von zu zeichnenden Objekten werden dann mit diesen Skalierungsfaktoren multipliziert. Der folgende Codeausschnitt (aus `scale.cpp`) würde z. B. die dritte in Abbildung 10.14 gezeigte Zeichnung liefern.

```
QPainter p( this );
p.setPen( QPen( Qt::lightGray ) );
for (int i = 10; i < 200; i+=10) { // Gitternetzlinien malen
   p.drawLine( 0, i, 200, i );
   p.drawLine( i, 0, i, 200 );
}
p.setPen( QPen( Qt::black ) );
p.setBrush( QBrush( Qt::black, Qt::SolidPattern ) );
p.drawRect( 20, 50, 100, 100 );
p.scale( 1.5, 0.75 ); // x-Richtung um 1,5 vergrößern und
                      // y-Richtung auf 0,75 verkleinern
p.setBrush( QBrush( Qt::white, Qt::SolidPattern ) );
p.drawRect( 20, 50, 100, 100 );
p.scale( 1/1.5, 1/0.75 ); // Skalieren rueckgaengig
```

`shear(double sh, double sv)`

führt eine so genannte Scherung (Verzerrung) für das Koordinatensystem durch. Der erste Parameter legt dabei die Stärke der Scherung in vertikaler Richtung fest (positiver Wert verschiebt alle Punkte mit positiver x-Koordinate nach unten und negativer Wert nach oben). Der zweite Parameter legt die Stärke der Scherung in horizontaler Richtung fest (positiver Wert verschiebt alle Punkte mit positiver y-Koordinate nach rechts und negativer Wert nach links). Der folgende Codeausschnitt (aus `shear.cpp`) würde z. B. die vierte in Abbildung 10.14 gezeigte Zeichnung liefern, in der das zweite Rechteck geschert ist. Beim Zeichnen dieses gescherten Rechtecks wird bei jedem Punkt zur y-Koordinate das 0,5fache und zur x-Koordinate das 0,1fache hinzuaddiert.

```
QPainter p( this );
p.setPen( QPen( Qt::lightGray ) );
for (int i = 10; i < 200; i+=10) { // Gitternetzlinien malen
   p.drawLine( 0, i, 200, i );
   p.drawLine( i, 0, i, 200 );
}
p.setPen( QPen( Qt::black ) );
p.setBrush( QBrush( Qt::black, Qt::SolidPattern ) );
p.drawRect( 20, 20, 100, 100 );
p.shear( 0.5, 0.1 );
p.setBrush( QBrush( Qt::white, Qt::SolidPattern ) );
p.drawRect( 20, 20, 100, 100 );
p.resetXForm(); // Scherung wieder rueckgaengig machen
```

`QPoint xForm(const QPoint& pv) const`

liefert zum Punkt pv im aktuellen Koordinatensystems die Koordinaten im ursprünglichen Koordinatensystem.

`QPointArray xForm(const QPointArray& av) const`
liefert zu den Punkten im Array `av`, die sich auf das aktuelle Koordinatensystem beziehen, die entsprechenden Koordinaten im ursprünglichen Koordinatensystem.

`QPointArray xForm(const QPointArray& av, int i, int n) const`
liefert zu den Punkten im Array `av`, die sich auf das aktuelle Koordinatensystem beziehen, die entsprechenden Koordinaten im ursprünglichen Koordinatensystem. Der Parameter `i` legt dabei den ersten Punkt in diesem Array `av` fest und `n` die Anzahl der Punkte, die zu transformieren sind. Wenn `n` negativ ist, werden alle Punkte ab `av[i]` bis zum letzten Punkt im Array transformiert.

`QRect xForm(const QRect& rv) const`
liefert zum Rechteck `rv` im aktuellen Koordinatensystem die Koordinaten im ursprünglichen Koordinatensystem. Wenn World-Transformation eingeschaltet ist und Rotation oder Scherung stattgefunden hat, werden die entsprechend transformierten Koordinaten des Rechtecks geliefert, welches das transformierte Rechteck umschließt.

`QPoint xFormDev(const QPoint& pd) const`
liefert zum Punkt `pd` im ursprünglichen Koordinatensystems die Koordinaten im aktuellen Koordinatensystem.

`QPointArray xFormDev(const QPointArray& ad) const`
`QPointArray xFormDev(const QPointArray& ad, int i, int n) const`
liefern beide zu den Punkten im Array `ad`, die sich auf das ursprüngliche Koordinatensystem beziehen, die entsprechenden Koordinaten im aktuellen Koordinatensystem. Bei der zweiten Methode legt der Parameter `i` den ersten Punkt in diesem Array `ad` fest und `n` die Anzahl der Punkte, die zu transformieren sind. Wenn `n` negativ ist, werden alle Punkte ab `ad[i]` bis zum letzten Punkt im Array transformiert.

`QRect xFormDev(const QRect& rd) const`
liefert zum Rechteck `rd` im ursprünglichen Koordinatensystem die Koordinaten im aktuellen Koordinatensystem. Wenn World-Transformation eingeschaltet ist und Rotation oder Scherung stattgefunden hat, werden die entsprechend transformierten Koordinaten des Rechtecks geliefert, welches das transformierte Rechteck umschließt.

`resetXForm()`
macht alle Transformationen des Koordinatensystems, die mit `translate()`, `scale()`, `shear()`, `rotate()`, `setWorldMatrix()`, `setViewport()` und `setWindow()` stattgefunden haben, wieder rückgängig und stellt das ursprüngliche Koordinatensystem wieder her.

`setWorldXForm(bool enable)`
Bei `enable=false` werden alle eingestellten World-Transformationen deaktiviert und bei `enable=true` wieder aktiviert.

`bool hasWorldXForm() const`
liefert `true`, wenn die World-Transformation gerade aktiviert ist, andernfalls `false`.

Rotation um einen Punkt^B

Alle Transformationen können auch kombiniert werden. Um z. B. das Rechteck aus den vorherigen Beispielen nicht um den Koordinatenursprung, sondern um seinen Mittelpunkt rotieren zu lassen, muss man zunächst mit `translate()` den Mittelpunkt als

Koordinatenursprung festlegen, anschließend mit `rotate()` den gewünschten Drehwinkel einstellen und schließlich wieder den ursprünglichen Koordinatenpunkt mit `translate()` einrichten. Der folgende Codeausschnitt (aus `punktrotate.cpp`) würde z. B. die in Abbildung 10.15 gezeigte Zeichnung liefern.

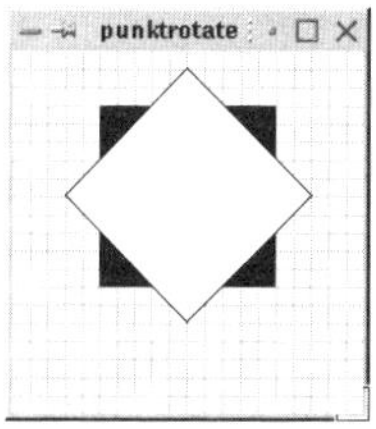

Abbildung 10.15: Rotation eines Rechtecks mit 45 Grad um seinen Mittelpunkt

```
QPainter p( this );
p.setPen( QPen( Qt::lightGray ) );
for (int i = 10; i < 200; i+=10) {
   p.drawLine( 0, i, 200, i );
   p.drawLine( i, 0, i, 200 );
}
p.setPen( QPen( Qt::black ) );
p.setBrush( QBrush( Qt::black, Qt::SolidPattern ) );
p.drawRect( 50, 30, 100, 100 );
p.translate( 100, 80 );
p.rotate( 45 );
p.translate( -100, -80 ); // Verschiebung rueckgaengig
p.setBrush( QBrush( Qt::white, Qt::SolidPattern ) );
p.drawRect( 50, 30, 100, 100 );
```

Demoprogramm zu `translate()`, `rotate()`, `scale()` und `shear()` ^{Z}

Das Programm `transform.cpp` blendet rechts eine Gruppe von vier Radiobuttons ein, womit der Benutzer sich unterschiedliche Transformationen eines Pinguin-Bildes anzeigen lassen kann (siehe Abbildungen 10.16 und 10.17). Die Werte und Faktoren bei den jeweiligen Transformationen werden dabei immer zufällig ermittelt.

Demobeispiel zu den Methoden `xForm()` und `XFormDev()` ^{Z}

Das Programm `xform.cpp` führt sowohl eine Rotation als auch eine Scherung durch. Dabei zeichnet es in beiden Fällen zunächst ein Rechteck im ursprünglichen Koordinatensystem und dann das gleiche Rechteck nochmals im jeweils transformierten Koordinatensystem. Bei beiden Transformationen zeichnet es dann das umschließende Rechteck zum ursprünglichen Rechteck in blau, während es sich im transformierten Koordinatensystem befindet, und nach der Rückkehr in das ursprüngliche Koordinatensystem das umschließende Rechteck zum transformierten Rechteck in gelb (siehe auch Abbildung 10.18).

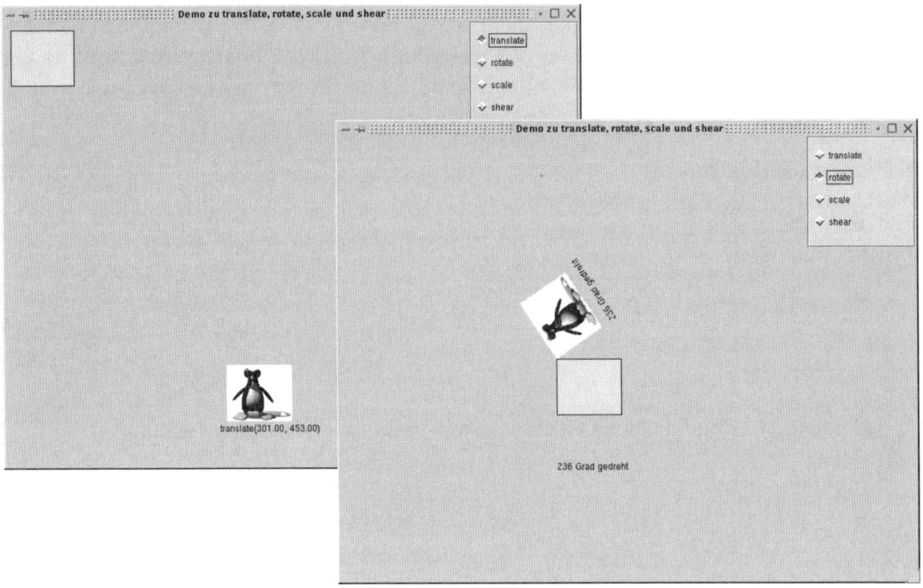

Abbildung 10.16: Verschieben und Rotieren des Pinguin-Bildes mit

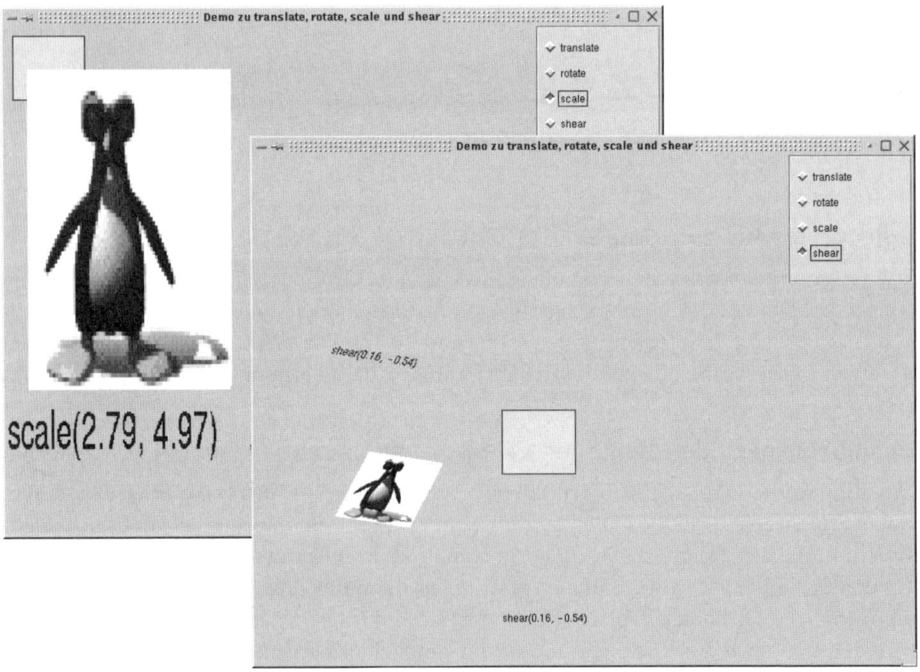

Abbildung 10.17: Skalieren und Scherung des Pinguin-Bildes

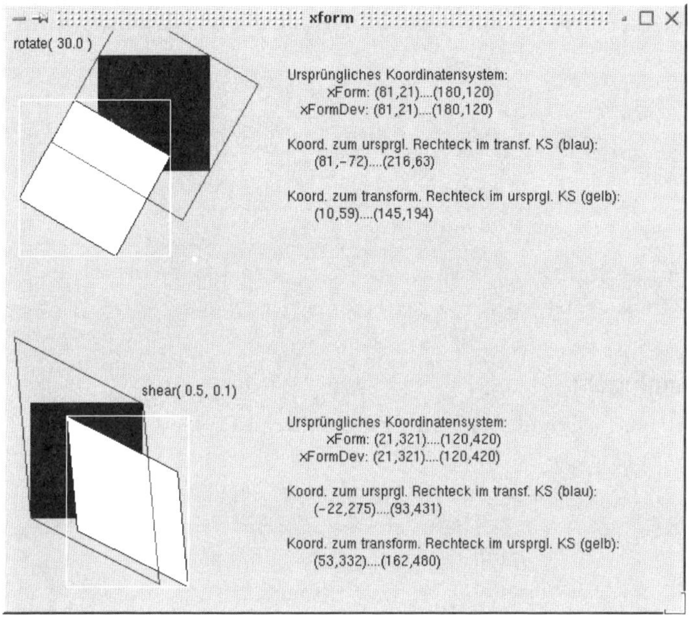

Abbildung 10.18: Umgrenzende Rechtecke zu originalen und transformierten Rechtecken

10.6.2 World-Transformationen mit der Klasse `QWMatrix`

In einem Objekt der Klasse `QWMatrix` kann eine Koordinatentransformation gespeichert werden, wie sie von der Klasse `QPainter` benutzt werden kann. Die Transformation wird dabei in einer 3×3-Matrix in Form von `double`-Werten hinterlegt. Nur sechs der neun Werte sind jedoch variabel, die anderen drei sind fest.
Mit den von der Klasse `QWMatrix` angebotenen Methoden `translate()`, `rotate()`, `scale()` und `shear()` kann eine Transformation verändert werden. Durch Multiplikation von zwei `QWMatrix`-Objekten können dann Transformationen kombiniert werden.
Weitere von `QWMatrix` angebotene Methoden kann der interessierte Leser in der Qt-Online-Dokumentation nachschlagen.
`QPainter`-Methoden zum Setzen bzw. Erfragen einer Transformationsmatrix für ein `QPainter`-Objekt sind:

`setWorldMatrix(const QWMatrix& m, bool combine=false)`

legt als Transformationsmatrix für das `QPainter`-Objekt die Matrix `m` fest und aktiviert die World-Transformation. Bei `combine=true` wird die Matrix `m` mit der aktuellen Transformationsmatrix kombiniert, andernfalls ersetzt die Matrix `m` die aktuelle Transformationsmatrix. Die von der Klasse `QPainter` angebotenen Methoden `translate()`, `scale()`, `shear()` und `rotate()` sind unter Zuhilfenahme von `setWorldMatrix()` implementiert, wie z. B.:

```
void QPainter::rotate( double a ) {
   QWMatrix m;
   m.rotate( a );
   setWorldMatrix( m, true );
}
```

Der folgende Codeasuschnitt würde z. B. das Koordinatensystem um 45 Grad drehen und um 20% vergrößern:

```
QWMatrix  m;
m.rotate( 45.0 );
m.scale( 1.2, 1.2 );
painter.setWorldMatrix( m );
//.. Alle Zeichnungen ab hier werden nun um 45 Grad rotiert und
//... um 20 % vergrößert.
```

`const QWMatrix& worldMatrix() const`
liefert die aktuelle Transformationsmatrix eines `QPainter`-Objekts.

Realisierung einer Analoguhr[B]

Programm 10.3 realisiert eine Analoguhr (siehe auch Abbildung 10.19).

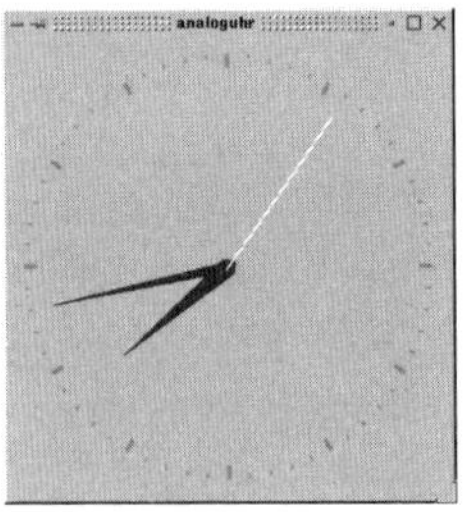

Abbildung 10.19: Eine Analoguhr

Programm 10.3 – `analoguhr.cpp`:
Realisierung einer einfachen Analoguhr

```
#include <qapplication.h>
#include <qwidget.h>
#include <qdatetime.h>
#include <qtimer.h>
#include <qpainter.h>
class AnalogUhr : public QWidget {
    Q_OBJECT
public:
    AnalogUhr( QWidget *p=0, const char *nam=0 ) : QWidget( p, nam ) {
        zeit = QTime::currentTime();  QTimer *uhrTimer = new QTimer( this );
        QObject::connect( uhrTimer, SIGNAL(timeout()), SLOT(timeout()) );
        uhrTimer->start( 500 );
    }
protected:
    void paintEvent( QPaintEvent * ) { QPainter paint(this); maleUhr(&paint); }
private slots:
    void timeout() {
        QTime neu_zeit = QTime::currentTime();
        if ( neu_zeit.second() != zeit.second() )  // Eine Sekunde weiter
            repaint();
```

```
    }
    void maleUhr( QPainter* );
private:
    QTime zeit;
};
void AnalogUhr::maleUhr( QPainter *p ) {
    QPointArray pkte;
    QPoint cp = rect().center();     // Mittelpunkt dieses Widgets
    int   d = QMIN( width(), height() ); // Minimum aus Breite u. Höhe
    zeit = QTime::currentTime(); // aktuelle Zeit
    QWMatrix matrix;
     matrix.translate( cp.x(), cp.y() );   // Nullpunkt in Mitte
     matrix.scale( d/1000.0, d/1000.0 );   // Koord.-System verkleinern
    float stdGrad = 30*(zeit.hour()%12-3) + zeit.minute()/2;
     matrix.rotate( stdGrad ); // Drehen, um Stdzeiger zu zeichnen
     p->setWorldMatrix( matrix );
     p->setPen( Qt::blue );   p->setBrush( Qt::blue );
     pkte.setPoints( 4, -20,0,  0,-20, 300,0, 0,20 );
     p->drawPolygon( pkte ); // Stdzeiger zeichnen
     matrix.rotate( -stdGrad );   // Rotieren rueckgaengig
    float minGrad = (zeit.minute()-15)*6;
     matrix.rotate( minGrad ); // Drehen, um Minzeiger zu zeichnen
     p->setWorldMatrix( matrix );
     pkte.setPoints( 4, -10,0, 0,-10, 400,0, 0,10 );
     p->drawPolygon( pkte );  // Minzeiger zeichnen
     matrix.rotate( -minGrad );   // Rotieren rueckgaengig
    float secGrad = (zeit.second()-15)*6;
     matrix.rotate( secGrad ); // Drehen, um Sekzeiger zu zeichnen
     p->setWorldMatrix( matrix );
     p->setPen( QPen( Qt::yellow, 2 ) );
     p->drawLine( -10,0, 400,0 );   // Sekzeiger zeichnen
     matrix.rotate( -secGrad );  // Rotieren rueckgaengig
    for ( int i=0; i<60; i++ ) {  // Uhrzeiten malen
       p->setWorldMatrix( matrix );
       p->setPen( QPen( Qt::red, (i%5==0) ? 4 : 2 ) );
       p->drawLine( (i%5==0) ? 430 : 450, 0, 460, 0 );
       matrix.rotate( 6 );
    }
}
int main( int argc, char *argv[] ) {
    QApplication a( argc, argv );
    AnalogUhr *uhr = new AnalogUhr;
    uhr->resize( 400, 400 );
    a.setMainWidget( uhr );
    uhr->show();
    return a.exec();
}
#include "analoguhr.moc"
```

Kreise mit Linien zeichnen^Z

Das Programm `linkreis.cpp` erzeugt durch Ziehen von Linien zwischen den Bildschirmrändern einen Kreis im Mittelpunkt des Widgets er. Der Radius des Kreises wird dabei zufällig bestimmt. Auch werden die Linien alle mit einer zufällig ermittelten gleichen Farbe gezeichnet. Nachdem ein Kreis komplett dargestellt ist, wird der Radius um einen zufälligen Wert erhöht und der ganze Vorgang für diesen neuen Kreis mit einer neuen zufälligen Farbe wiederholt. Dies wird solange wiederholt, bis der Radius größer als das Fenster ist, dann wird wieder das Zeichnen von innen begonnen (siehe auch Abbildung 10.20).
Dieses Zeichnen der Linien als Tangenten für einen Kreis lässt sich leicht mit den Methoden `rotate()` und `translate()` erreichen.

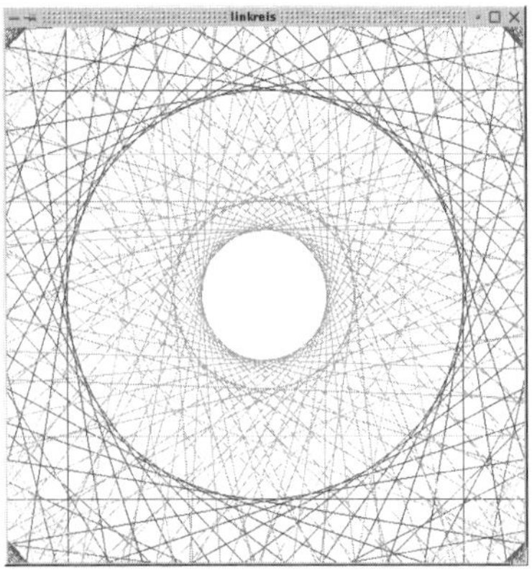

Abbildung 10.20: Kreise mit Linien zeichnen

10.6.3 View-Transformationen

Einfache Verschiebungen und Skalierungen können mit der so genannten *View-Transformation* durchgeführt werden. Anders als bei den im vorherigen Kapitel vorgestellten World-Transformationen wird bei View-Transformationen nicht das Koordinatensystem relativ zum alten Koordinatensystem geändert, sondern ein vollständiges neues Koordinatensystem angelegt.
Es existieren zwei Arten von View-Transformationen:

1. Window-Transformationen
2. Viewport-Transformationen

Um View-Transformationen zu deaktivieren, muss `setViewXForm(false)` aufgerufen werden. Mit `setViewXForm(true)` können sie dann wieder akiviert werden. Um zu erfragen, ob gerade eine View-Transformation aktiviert ist oder nicht, steht die folgende Methode zur Verfügung:

```
bool hasViewXForm() const
```

View-Transformationen können auch mit World-Transformationen kombiniert werden, wobei dann die World-Transformationen immer erst nach den View-Transformationen stattfinden.

Window-Transformationen

Für Window-Transformationen bietet die Klasse `QPainter` folgende Methoden an:

`setWindow(int x, int y, int w, int h)`

legt neues Koordinatensystem für `QPainter`-Objekt fest. Die linke obere Ecke dieses neuen Koordinatensystems hat die Koordinaten (`x,y`), und die rechte untere Ecke die Koordinaten (`x+w,y+h`). Folgender Codeausschnitt z. B. zeichnet immer unabhängig von der Größe des Window eine vertikale Linie in dessen Mitte:

```
QPainter p( this );
p.setWindow( 0, 0, 100, 100 );
p.drawLine( 50, 0, 50, 100 );
```

Mit negativen Werten für die Breite und Höhe kann man die Achsen auch in entgegengesetzte Richtung laufen lassen. So legt z. B. der folgende Aufruf den Koordinatenursprung in die linke untere Ecke:

```
p.setWindow( 0, height(), width(), -height() );
```

`setWindow(const QRect& r)`

ist eine überladene Methode, die das Gleiche leistet wie die vorherige Methode, nur dass sie das neue Koordinatensystem über einen `QRect`-Parameter festlegt.

`QRect window() const`

liefert die Maße des aktuell eingestellten Koordinatensystems.

Zeichnen eines Schachbretts (Window-Transformation)[B]

Programm 10.4 zeichnet ein 8×8-Schachbrett mit gelben und blauen Feldern. Dazu legt es das Koordinatensystem auf 8×8 Punkte fest, wobei der Koordinatenursprung `(0,0)` ist. Dieses gezeigte Schachbrett wird immer automatisch der aktuellen Fenstergröße angepasst, wenn diese Fenstergröße durch den Benutzer verändert wird (siehe auch Abbildung 10.21).

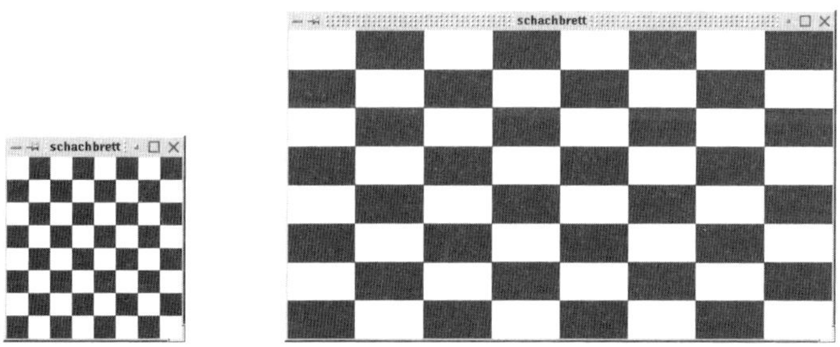

Abbildung 10.21: Schachbrett, das immer automatisch der Fenstergröße angepasst wird

Programm 10.4 – `schachbrett.cpp`:
Zeichnen eines von aktueller Fenstergröße unabhängigen Schachbretts

```
#include <qapplication.h>
#include <qwidget.h>
#include <qpainter.h>

#define nX  8
#define nY  8
```

```
//.................................................... Klasse malFenster
class malFenster : public QWidget {
  protected:
    void paintEvent( QPaintEvent * ) {
       QPainter p( this );
       p.setWindow( 0, 0, nX, nY );  //..... 8x8 Schachbrett
       for ( int i = 0; i < nX; i++ )
          for ( int j = 0; j < nY; j++ )
             if ( (i+j)%2 != 0 )
                p.fillRect( j, i, 2, 2, QBrush( Qt::blue, Qt::SolidPattern ) );
    }
};
//................................................................. main
int main( int argc, char *argv[] ) {
    QApplication a( argc, argv );
    malFenster  bild;
    bild.setGeometry( 100, 100, 200, 200 );
    bild.setPaletteBackgroundColor( Qt::yellow );
    a.setMainWidget( &bild );
    bild.show();
    return a.exec();
}
```

Zeichnen einer Sinuskurve (Window-Transformation)^B

Programm 10.5 zeichnet eine Sinuskurve für den Bereich von `-360` Grad bis `+360` Grad. Dazu legt es als x-Bereich für das Koordinatensystem den Bereich `-360` bis `+360` fest. Den y-Bereich vergrößert es um den Faktor `1000`, indem es dessen Ursprung auf `-1000` und dessen Höhe auf `2000` festlegt. Die gezeigte Sinuskurve wird immer automatisch der aktuellen Fenstergröße angepasst, wenn diese Fenstergröße durch den Benutzer verändert wird (siehe auch Abbildung 10.22).

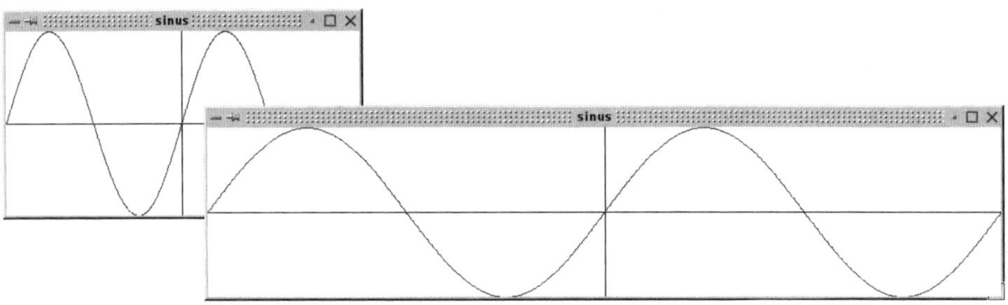

Abbildung 10.22: Sinuskurve, die immer automatisch der Fenstergröße angepasst wird

Programm 10.5 – `sinus.cpp`:
Zeichnen einer von der aktuellen Fenstergröße unabhängigen Sinuskurve

```
#include <qapplication.h>
#include <qwidget.h>
#include <qpainter.h>
```

```
#include <math.h>
//.................................................... Klasse malFenster
class malFenster : public QWidget {
  protected:
    void paintEvent( QPaintEvent * ) {
       const double  pi = 4 * atan(1),
                     faktor = pi/180;
       QPainter  p( this );
       p.setWindow( -360, -1000, 720, 2000 );
       p.drawLine( -360, 0, 360, 0 );   //... x-Achse
       p.drawLine( 0, -1000, 0, 1000 ); //... y-Achse
       p.setPen( Qt::blue );
       double letztY = -sin(360*faktor)*1000;
       for ( int i=-359; i<=360; i++ ) {
          p.drawLine( i-1, int(letztY), i, int(-sin(i*faktor)*1000) );
          letztY = -sin(i*faktor)*1000;
       }
    }
};
//.............................................................. main
int main( int argc, char *argv[] ) {
    QApplication a( argc, argv );
    malFenster  bild;
    bild.setPaletteBackgroundColor( Qt::yellow.light( 180 ) );
    bild.setGeometry( 100, 100, 400, 200 );
    a.setMainWidget( &bild );
    bild.show();
    return a.exec();
}
```

Spriolateralkurven (Window-Transformation)^Z

Bei Spirolateralkurven wird eine Figur durch Wiederholungen bestimmter Motive gezeichnet. Ein Motiv ist durch die Parameter `winkel` und `anzahl` festgelegt und nach folgenden Regeln gebildet:

1. Ausgehend vom momentanen Punkt wird um den `winkel` (in mathematisch positiver Richtung) gedreht. Dann wird in diese Richtung eine Linie mit Länge `1` gezeichnet. Danach wird dieser Vorgang wiederholt, aber mit doppelter Länge, beim dritten Mal mit dreifacher Länge usw., so oft dies die eingegebene `anzahl` verlangt. Damit ist ein Motiv gezeichnet. Insgesamt wurde somit um `anzahl*winkel` gedreht.
2. Nun wird das Motiv mit der neuen Anfangsrichtung wiederholt. Die gesamte Figur ist fertig, wenn die ursprüngliche Startrichtung wieder erreicht ist, wenn also der gesamte Drehwinkel ein Vielfaches von 360 Grad ist

Das Programm `spiro.cpp` zeichnet bei jedem Mausklick solche Spirolateralkurven. Der Winkel und die Anzahl der je Motiv zu zeichnenden Linien werden dabei zufällig bestimmt (siehe auch Abbildung 10.23).

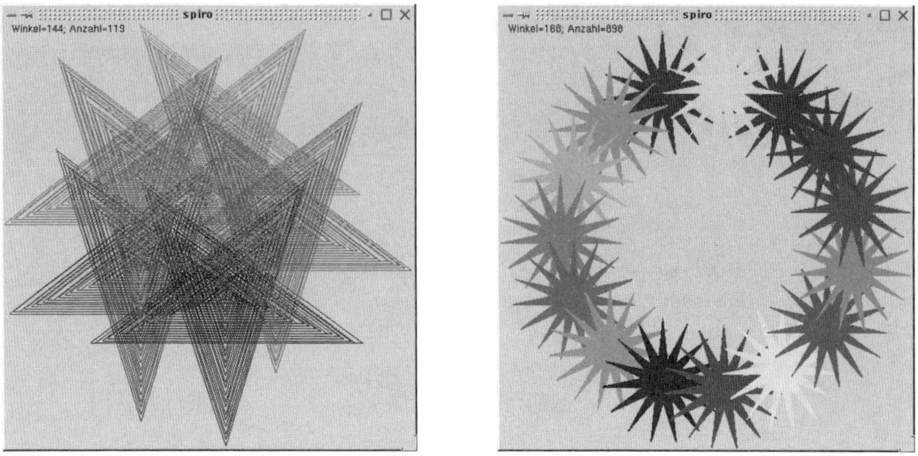

Abbildung 10.23: Von Programm `spiro.cpp` gezeichnete Spirolateralkurven

Viewport-Transformationen

Für Viewport-Transformationen bietet die Klasse `QPainter` folgende Methoden an:

`setViewport(int x, int y, int w, int h)`

`setViewport(const QRect& r)`

grenzt das Koordinatensystem für ein `QPainter`-Objekt auf das über die Parameter (x,y,w,h) bzw. `r` spezifizierte Rechteck ein und schaltet View-Transformation ein. Ursprünglich sind die Ausmaße des Viewport identisch zu den Ausmaßen des entsprechenden `QPainter`-Objekts: (`0,0,width(),height()`). Man kann diese Methode benutzen, um das Koordinatensystem auf einen bestimmten Bereich zu normalisieren. So würde z. B. der folgende Codeausschnitt ein blau gefülltes Rechteck mit einem freien Rand von 50 Pixel im `QPainter`-Objekt zeichnen:

```
QPainter p( this );
int  w = width(), h = height();
int  rand = 50;
p.setBrush( QBrush( Qt::blue, Qt::SolidPattern ) );
p.setViewport( rand, rand, w - 2*rand, h - 2*rand );
p.drawRect( 0, 0, w, h );
```

Die Methode `setViewport()` wird oft zusammen mit der Methode `setWindow()` eingesetzt, wie z. B. im folgenden Codeausschnitt:

```
QPainter p( this );
p.setWindow( 0, 0, 1000, 2000 );
p.setViewport( 100,100, 200,200 );
p.drawPoint( 500, 500 );    // zeichnet ein Pixel an Pos. (200,150)
```

Dieser Codeausschnitt legt eine Transformation fest, bei der die logischen Koordinaten (`0,0,1000,2000`) auf ein Rechteck abgebildet werden, das sich an der Position (`100,100`) befindet und eine Größe von `200x200` Pixel hat.

`QRect viewport() const`

liefert die Maße des aktuell eingestellten Viewport.

Zeichnen eines Schachbretts mit einem Rand (Viewport-Transformation)[B]

Programm 10.6 zeichnet wie Programm 10.4 ein 8×8-Schachbrett mit gelben und blauen Feldern. Dazu legt es zunächst mit `setWindow()` das Koordinatensystem auf 8×8 Punkte fest, wobei der Koordinatenursprung `(0,0)` ist. Anschließend grenzt es mit `setViewport()` diesen Malbereich so ein, dass sich immer ein Rand um das Schachbrett befindet, der ein Zehntel der aktuellen Breite bzw. Höhe des Window ist. Dieses gezeigte Schachbrett einschließlich des Randes wird immer der aktuellen Fenstergröße angepasst, wenn diese durch den Benutzer verändert wird (siehe auch Abbildung 10.24).

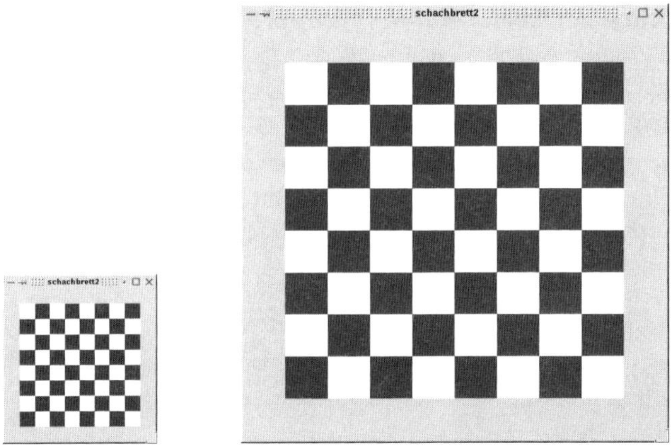

Abbildung 10.24: Schachbrett mit Rand, das sich immer der Fenstergröße angepasst

Programm 10.6 – `schachbrett2.cpp`:
Zeichnen eines Schachbretts mit Rand

```
#include <qapplication.h>
#include <qwidget.h>
#include <qpainter.h>
#define nX  8
#define nY  8
class malFenster : public QWidget {
  protected:
    void paintEvent( QPaintEvent * ) {
       QPainter p( this );
       int      w = width(), h = height();
       p.setWindow( 0, 0, nX, nY );  //..... 8x8 Schachbrett
       p.setViewport( w/10, h/10, w-w/5, h-h/5 );
       for ( int i = 0; i < nX; i++ )
          for ( int j = 0; j < nY; j++ ) {
             if ( (i+j)%2 != 0 )
                p.fillRect( j, i, 2, 2, QBrush(Qt::blue, Qt::SolidPattern) );
             else
                p.fillRect( j, i, 2, 2, QBrush(Qt::yellow, Qt::SolidPattern) );
          }
    }
};
```

```
int main( int argc, char *argv[] ) {
    QApplication a( argc, argv );
    malFenster   bild;
    bild.setGeometry( 100, 100, 400, 400 );
    a.setMainWidget( &bild );
    bild.show();
    return a.exec();
}
```

Farbenrad und Text entlang einer Bezier-Kurve (Viewport-Transformation)^Z

Das Programm `setviewport.cpp` bietet zwei Radiobuttons an, um den Benutzer wählen zu lassen, ob er sich ein Farbenrad oder einen Text entlang einer Bezier-Kurve anzeigen lassen möchte. Sowohl das Farbenrad als auch die Ausgabe des Bezier-Textes wird mittels einer Viewport-Transformation angezeigt. Die Größe dieses Viewport wird dabei immer zufällig gewählt (siehe Abbildungen 10.25 und 10.26). Dieses Programm zeigt im Übrigen auch, dass View-Transformationen mit World-Transformationen kombiniert werden können.

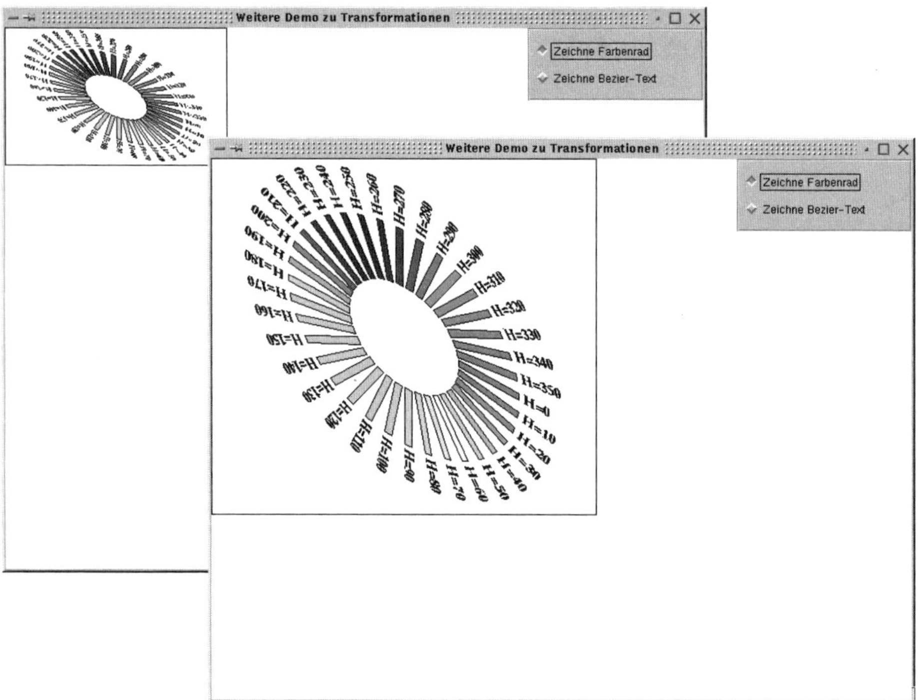

Abbildung 10.25: Anzeige eines Farbenrads in unterschiedlichen Viewports

Der Baum des Pythagoras (Viewport-Transformation)^Z

Der Baum des Pythagoras setzt sich nur aus Quadraten zusammen, die so um rechtwinklige Dreiecke angeordnet sind, dass sie den Satz des Pythagoras illustrieren. Das Seiten-

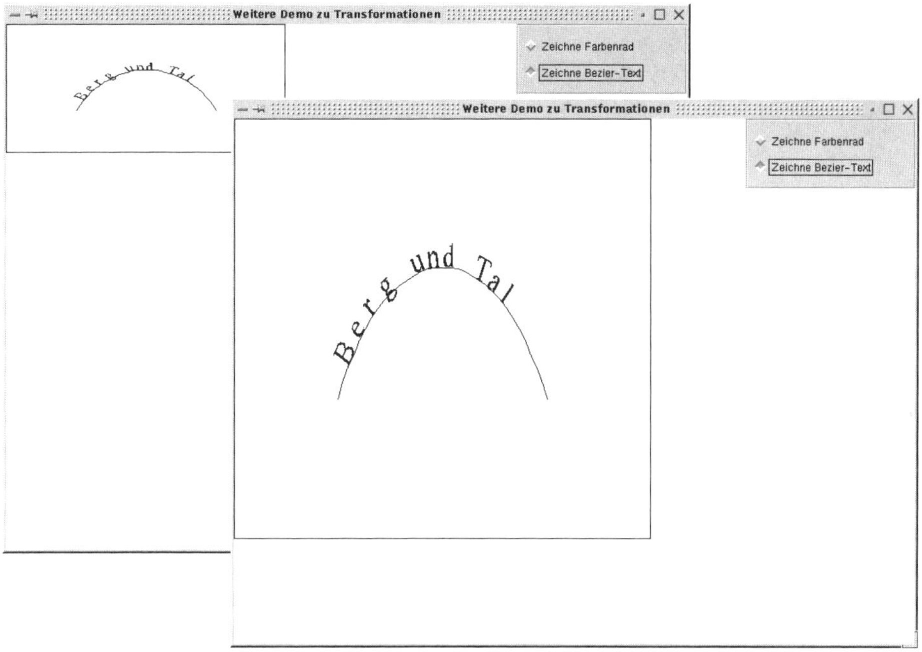

Abbildung 10.26: Text entlang einer Bezier-Kurve in unterschiedlichen Viewports

verhältnis der beiden Katheten zueinander bestimmt dabei die „Schiefe des Baums". In Abbildung 10.27 haben die beiden Katheten das Seitenverhältnis 4:5 (entspricht 0.8).

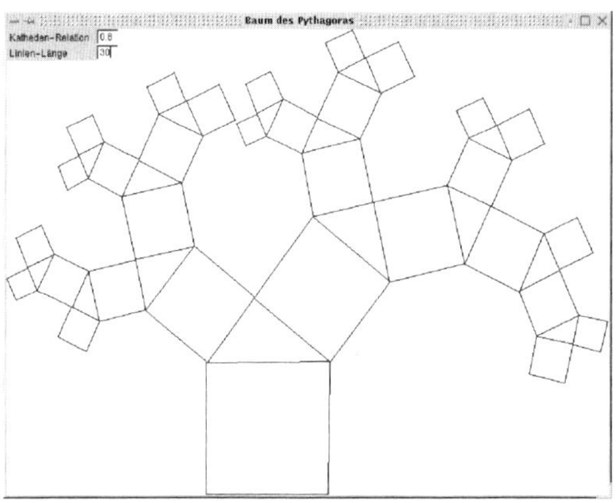

Abbildung 10.27: Baum des Pythagoras (Katheten-Verhältnis: 0.8 = 4:5)

Das Programm `pythagoras.cpp` liest zunächst das Seitenverhältnis und die maximale Länge der kleinsten Linie (in Pixel) ein, bevor es dann den Baum des Pythagoras genau auf den Bildschirm passend ausgibt. Je kleiner die maximale Länge der kleinsten Linie (in Pixel) gewählt wird, um so mehr verästelt sich dieser Baum (siehe auch Abbildungen 10.28 und 10.29).

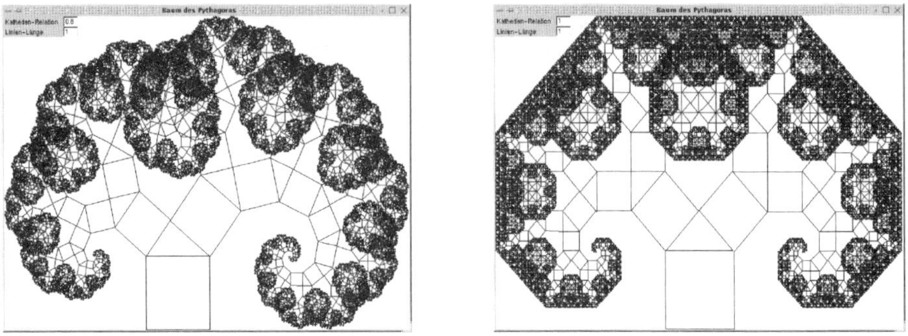

Abbildung 10.28: Baum des Pythagoras (Linienlänge 1); Katheten-Verhältnis: 0.8 = 4:5 (links), 1:1 (rechts)

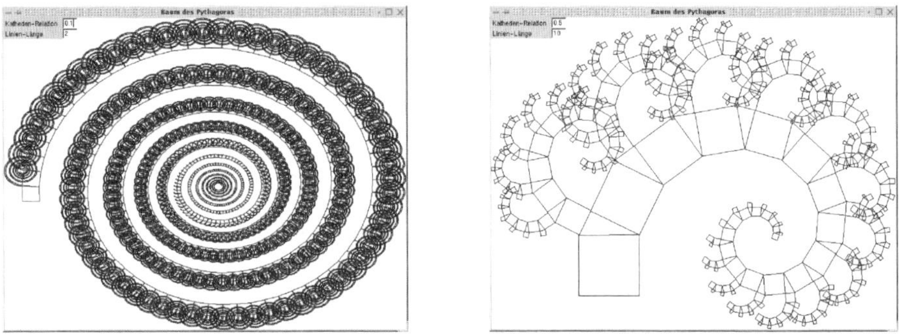

Abbildung 10.29: Baum des Pythagoras; (links: 0.1 = 1:10, Linienlänge 2), (rechts: 0.5 = 1:2, Linienlänge 10)

10.7 Clipping

Jedes Zeichnen in einem `QPainter`-Objekt findet nur innerhalb der festgelegten Zeichenfläche statt. Bei einem Zeichnen über den Rand hinaus wird einfach abgeschnitten, was man als *Clipping* bezeichnet. Qt bietet nun auch die Möglichkeit, dieses Abschneiden von Zeichnungen auch innerhalb der Zeichenfläche zu erreichen.

10.7.1 Festlegen von Clipping-Regionen

Dazu bietet die Klasse `QPainter` Methoden an, mit denen man einen begrenzten Zeichenbereich innerhalb des `QPainter`-Objekts festlegen kann, über den nicht hinausgezeichnet werden kann; jedes Zeichnen außerhalb eines so festgelegten Zeichenbereichs wird dabei einfach abgeschnitten.

Für Clipping bietet die Klasse `QPainter` die folgenden Methoden an:

`setClipping(bool enable)`
: schaltet bei `enable=true` Clipping ein- bzw. bei `enable=false` aus.

`bool hasClipping() const`
: liefert `true`, wenn Clipping gerade eingeschaltet ist, andernfalls `false`.

`setClipRect(int x,int y,int w,int h,CoordinateMode m=CoordDevice)`

`setClipRect(const QRect& r, CoordinateMode m=CoordDevice)`

legen als Clipping-Bereich das Rechteck (`x,y,w,h`) bzw. `r` fest und schalten beide automatisch Clipping ein. Die hier angegebenen Koordinaten sind bei `m=CoordDevice` physikalische Koordinaten und bei `m=CoordPainter` beziehen sie sich auf eventuell stattgefundene Koordinatentransformationen im `QPainter`-Objekt.

`setClipRegion(const QRegion& rgn, CoordinateMode m=CoordDevice)`

legt als Clipping-Bereich den Bereich `rgn` fest und schaltet automatisch Clipping ein. Die hier angegebenen Koordinaten sind bei `m=CoordDevice` physikalische Koordinaten und bei `m=CoordPainter` beziehen sie sich auf eventuell stattgefundene Koordinatentransformationen im `QPainter`-Objekt.

`const QRegion& clipRegion(CoordinateMode m=CoordDevice) const`

liefert den aktuell eingestellten Clipping-Bereich, wobei bei `m=CoordDevice` die physikalischen Koordinaten und bei `m=CoordPainter` die Koordinaten des `QPainter`-Objekts, welche eventuell transformiert wurden, zurückgeliefert werden.

10.7.2 Die Klasse `QRegion`

Die Methode `setClipRegion()` erwartet als Argument ein Objekt der Klasse `QRegion`, mit der man komplexere Clipping-Bereiche festlegen kann. Dazu bietet die Klasse `QRegion` unter anderem die folgenden Konstruktoren an:

`QRegion(const QPointArray& a, bool winding=false)`

legt einen Clipping-Bereich über ein Polygon (Array a) fest. Bei `winding=true` wird hier der *Winding-Algorithmus*, und bei `winding=false` der *Even-Odd-Algorithmus* verwendet (siehe auch Abbildung 10.7 auf Seite 416).

`QRegion(int x, int y, int w, int h, RegionType t=Rectangle)`

`QRegion(const QRect& r, RegionType t=Rectangle)`

legen beide einen rechteckigen oder elliptischen Clipping-Bereich über (`x,y,w,h`) bzw. `r` fest. Der Parameter `t` legt fest, ob der Clipping-Bereich rechteckig (`QRegion::Rectangle`) oder elliptisch (`QRegion::Ellipse`) sein soll.

Die Klasse `QRegion` bietet auch eine Vielzahl von Methoden an, mit denen komplexe Bereiche definiert werden können, wie z. B.:

`QRegion unite(const QRegion& r) const`

`QRegion operator| (const QRegion& r) const`

`QRegion operator+ (const QRegion& r) const`

liefern einen Bereich, welcher die Vereinigung dieses Bereichs mit dem Bereich `r` ist.

`QRegion intersect(const QRegion& r) const`

`QRegion operator& (const QRegion& r) const`

liefern einen Bereich, welcher der Schnitt dieses Bereichs mit dem Bereich `r` ist.

`QRegion subtract(const QRegion& r) const`

`QRegion operator- (const QRegion& r) const`

liefern einen Bereich, bei dem der Bereich `r` von diesem Bereich abgezogen ist.

`QRegion eor(const QRegion& r) const`

`QRegion operator^ (const QRegion& r) const`

liefern einen Bereich, der sich aus einer `XOR`-Verknüpfung dieses Bereichs mit dem Bereich `r` ergibt.

10.7.3 Beispielprogramm zu Clipping^B

Startet man Programm 10.7, blendet es ein Fenster ein, wie in Abbildung 10.30 gezeigt.

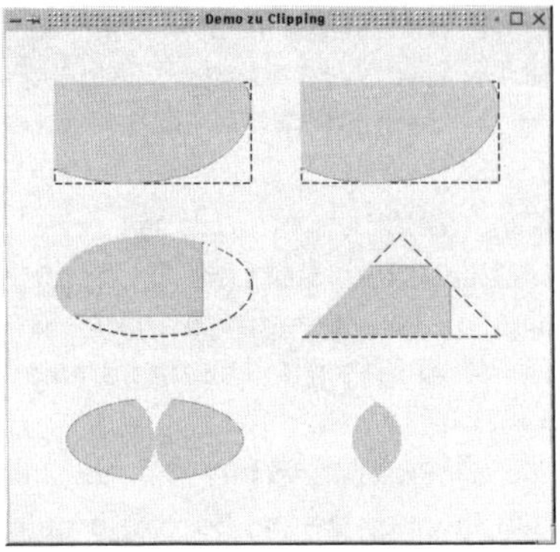

Abbildung 10.30: Anzeige durch das Programm 10.7 (`clipping.cpp`)

Programm 10.7 – `clipping.cpp`:
Demoprogramm zu Clipping

```
#include <qapplication.h>
#include <qwidget.h>
#include <qpainter.h>
#include <qpointarray.h>
class malFenster : public QWidget {
 public:
   malFenster() {
      setCaption( "Demo zu Clipping" );
      setPaletteBackgroundColor( Qt::green.light(180) ); resize( 550, 500 );
   }
 protected:
   void paintEvent( QPaintEvent * ) {
      QPainter p( this );
      p.setClipRect( 50, 50, 200, 100 ); //.. Rechteckiges Clipping
      p.setPen( Qt::DashLine );  p.drawRect( 50, 50, 200, 100 );
      p.setPen( Qt::red ); p.setBrush( Qt::blue.light( 180 ) );
      p.drawEllipse( 0, 0, 250, 150 );
      p.setBrush( Qt::NoBrush );      //.. auch Rechteckiges Clipping
      p.setClipRegion( QRegion( 300, 50, 200, 100 ) );
      p.setPen( QPen( Qt::black, 0, Qt::DashLine) );
      p.drawRect( 300, 50, 200, 100 );
      p.setPen( Qt::red ); p.setBrush( Qt::blue.light( 180 ) );
      p.drawEllipse( 250, 0, 250, 150 );
      p.setBrush( Qt::NoBrush );      //.. Ellipsenfoermiges Clipping
      p.setClipRegion( QRegion( 50, 200, 200, 100, QRegion::Ellipse ) );
      p.setPen( QPen( Qt::black, 0, Qt::DashLine) );
      p.drawEllipse( 50, 200, 200, 100 );
      p.setPen( Qt::red ); p.setBrush( Qt::blue.light( 180 ) );
      p.drawRect( 0, 130, 200, 150 );
```

```
        p.setClipRect( 0, 0, 500, 500 );       //..... Dreiecks-Clipping
         p.setBrush( Qt::NoBrush );
         QPointArray a( 3 );
         a.setPoints( 4, 300, 300, 500, 300, 400, 200, 300, 300 );
         p.setPen( QPen( Qt::black, 0, Qt::DashLine) );
         p.drawPolygon( a );
         p.setClipRegion( a );
         p.setPen( Qt::red );  p.setBrush( Qt::blue.light( 180 ) );
         p.drawRect( 250, 230, 200, 150 );
                                            //... Clipping ueber Vereinigung
        QRegion r1( 50, 350, 100, 100, QRegion::Ellipse );
        QRegion r2( 150, 350, 100, 100, QRegion::Ellipse );
        QRegion r3 = r1 | r2;
        p.setClipRegion( r3 );
        p.drawEllipse( 60, 360, 180, 80 );
                                            //... Clipping ueber Durchschnitt
        QRegion rd1( 250, 350, 150, 100, QRegion::Ellipse );
        QRegion rd2( 350, 350, 150, 100, QRegion::Ellipse );
        QRegion rd3 = rd1 & rd2;
        p.setClipRegion( rd3 );
        p.drawEllipse( 260, 360, 180, 80 );
    }
};
int main( int argc, char *argv[] ) {
    QApplication a( argc, argv );
    malFenster  bild;
    a.setMainWidget( &bild );  bild.show();
    return a.exec();
}
```

10.7.4 Vorbeifliegende Gegenstände an Fensterwand^{Z}

Das Programm `clipping2.cpp` blendet eine Wand mit mehreren Fenstern ein, an denen Gegenstände vorbeifliegen (siehe auch Abbildung 10.31).

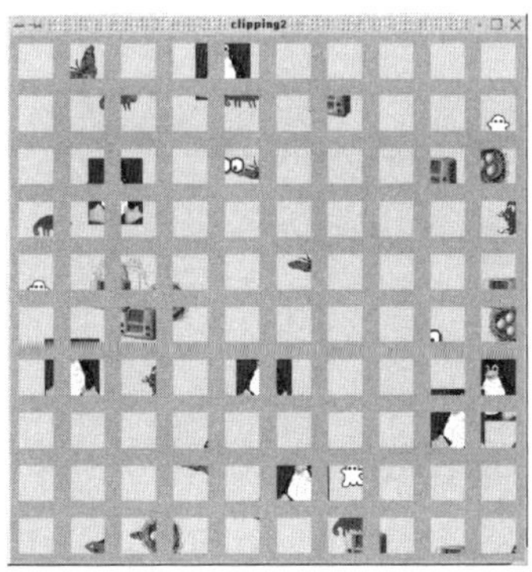

Abbildung 10.31: Vorbeifliegen von Gegenständen an einer Fensterwand

10.8 `QPainter`-Zustand sichern und wiederherstellen

10.8.1 Die `QPainter`-Methoden `save()` und `restore()`

Um den Zustand eines `QPainter`-Objekts zu sichern und später wiederherzustellen, bietet die Klasse `QPainter` die beiden folgenden Methoden an:

`save()`
: sichert aktuellen Zustand des `QPainter`-Objekts (auf einem Stack); entspricht einer *push*-Operation auf dem Stack. Um diesen Zustand wiederherzustellen, muss man später korrespondierend zu diesem Aufruf die Methode `restore()` aufrufen.

`restore()`
: stellt einen früher auf den Stack abgelegten Zustand des `QPainter`-Objekts wieder her; entspricht einer *pop*-Operation auf dem Stack.

10.8.2 Drehen einer sich ständig ändernden Figur^B

Programm 10.8 lässt ein Rechteck, das sich langsam in einen Kreis und dann wieder zurück in ein Rechteck verwandelt, ständig rotieren (Abbildung 10.32). Über die angebotenen Menüs kann dabei der Benutzer die Dicke der Linien sowie die Rotiergeschwindigkeit festlegen. Auch kann der Benutzer wählen, ob beim Rotieren ein Übermalen stattfinden soll oder nicht. Während die Figur rotiert, ändert sie langsam immer ihre Farbe.

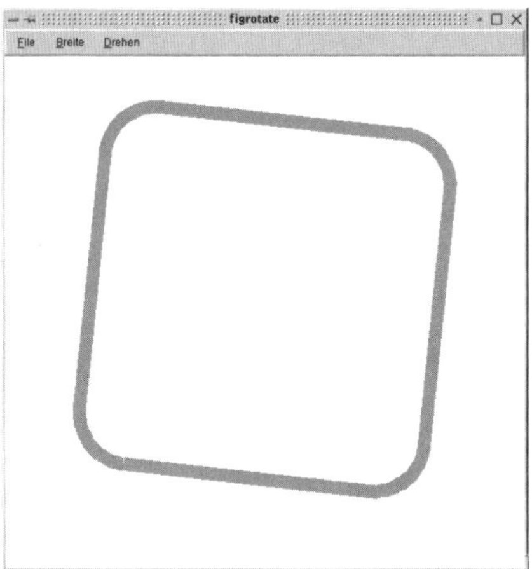

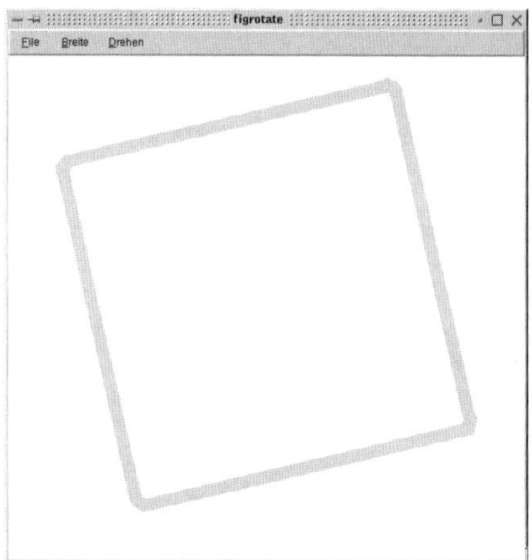

Abbildung 10.32: Drehen einer sich ständig verändernden geomtrischen Figur

Programm 10.8 – `figrotate.cpp`:
Drehen eines sich in einen Kreis umwandelnden Rechtecks

```
#include <qapplication.h>
#include <qmenubar.h>
#include <qpopupmenu.h>
#include <qpainter.h>
#include <qtimer.h>
```

```
class MyWidget : public QWidget {
   Q_OBJECT
public:
   MyWidget() {                //____________ MyWidget (Konstruktor)
      setPaletteBackgroundColor( Qt::white );
      maler = new QPainter(this);
      uebermalen = false;
      breite = 1;
      fileMenu = new QPopupMenu; //.................... File-Menu
      fileMenu->insertItem( "&Löschen",    0 );
      fileMenu->insertItem( "&Uebermalen", 1 );
      fileMenu->insertItem( "&Beenden",    2 );
      fileMenu->setItemChecked( 0, true );
      QObject::connect( fileMenu, SIGNAL(activated(int)),
                        this,     SLOT( fileSLOT(int)) );
      penMenu = new QPopupMenu;    //........... Stiftbreite-Menu
      penMenu->insertItem( "&schmal",       1 );
      penMenu->insertItem( "&breit",        5 );
      penMenu->insertItem( "b&reiter",     15 );
      penMenu->insertItem( "&extra breit", 30 );
      penMenu->setItemChecked( 1, true );
      QObject::connect( penMenu, SIGNAL(activated(int)),
                        this,    SLOT( penSLOT(int)) );
      rotateMenu = new QPopupMenu; //... DrehgeschwindigkeitsMenu
      rotateMenu->insertItem( "&schnell",      20 );
      rotateMenu->insertItem( "&langsam",      50);
      rotateMenu->insertItem( "s&ehr langsam", 200 );
      QObject::connect( rotateMenu, SIGNAL( activated(int) ),
                        this,       SLOT( rotateSLOT( int ) ) );
      rotateMenu->setItemChecked( 20, true);
      menuBalken = new QMenuBar( this ); //......... Menu-Balken
      menuBalken->insertItem( "&File",   fileMenu );
      menuBalken->insertItem( "&Breite", penMenu );
      menuBalken->insertItem( "&Drehen", rotateMenu );
      t=new QTimer( this );
      t->start( 20 );
      connect(t, SIGNAL(timeout()), this, SLOT(rotiere()) );
   }
protected:
   void paintEvent( QPaintEvent * ) {
      static int   i=0, h=0, rndX = 0, rndY = 0, dx = 1, dy = 1;
      rndX += dx;
      rndY += dy;
      if ( rndX >= 99 || rndX <= 0) dx = -dx;
      if ( rndY >= 99 || rndY <= 0) dy = -dy;
      QPen p=maler->pen();
      p.setWidth( breite );
      QColor farbe;
      farbe.setHsv( h, 255, 255 );
      p.setColor( farbe );
```

```
        maler->save();
        maler->translate( 300, 300);
        maler->rotate(i);
        maler->setPen(p);
        maler->drawRoundRect( -200, -200, 400, 400, rndX, rndY );
        maler->restore();
        i = ++i % 360;
        h = ++h % 256;
    }
private slots:
   void fileSLOT(int s) {
      if (s==2)
         qApp->quit();
      uebermalen = (s==1);
      fileMenu->setItemChecked( 0, !uebermalen );
      fileMenu->setItemChecked( 1, uebermalen );
    }
    void penSLOT(int s) { // .......... Rahmenbreite ändern
       penMenu->setItemChecked(  1,  (s==1) );
       penMenu->setItemChecked(  5,  (s==5) );
       penMenu->setItemChecked( 15, (s==15) );
       penMenu->setItemChecked( 30, (s==30) );
       breite=s;
    }
    void rotateSLOT(int s) { // .. Drehgeschwindigkeit ändern
       rotateMenu->setItemChecked(  20, (s==20)  );
       rotateMenu->setItemChecked(  50, (s==50)  );
       rotateMenu->setItemChecked( 200, (s==200) );
       t->changeInterval( s );
    }
    void rotiere() { repaint( !uebermalen ); }
private:
   QMenuBar   *menuBalken;
   QPopupMenu *fileMenu, *rotateMenu, *penMenu;
   QPainter   *maler;
   QTimer     *t;
   bool       uebermalen;
   int        breite;
};
#include "figrotate.moc"

int main( int argc, char* argv[] ) {
   QApplication myapp( argc, argv );
   MyWidget*mywidget = new MyWidget();
   mywidget->setFixedSize( 600, 600 );
   myapp.setMainWidget( mywidget );
   mywidget->show();
   return myapp.exec();
}
```

10.8.3 QPainter-Zustände im Stack^Z

Das Programm paintstack.cpp stellt in der linken Spalte immer einen neuen QPainter-Zustand her, bei dem die Dicke des Stiftes ständig zunimmt, während die Stiftfarbe und die Füllfarbe sowie das Füllmuster zufällig bestimmt werden. Mit diesem QPainter-Zustand wird dann eine Linie und ein Rechteck gezeichnet, bevor dieser QPainter-Zustand mit save() auf dem Stack hinterlegt wird. Danach wird wieder ein neuer QPainter-Zustand ermittelt, mit diesem eine Linie und ein Rechteck gezeichnet, dieser Zustand auf dem Stack hinterlegt usw. Nachdem dieser Vorgang zehnmal wiederholt wurde, wird in der rechten Spalte von unten nach oben immer eine Linie und eine Ellipse gezeichnet, wobei der QPainter-Zustand immer vom Stack geholt wird (siehe dazu auch Abbildung 10.33).

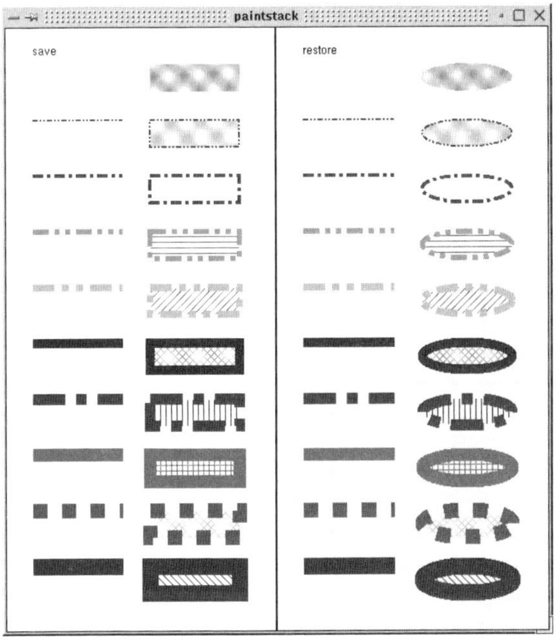

Abbildung 10.33: QPainter-Zustände auf Stack hinterlegen und wiederherstellen

10.9 Flimmerfreie Darstellung

Wird ein Widget neu gezeichnet, kann es zu einem mehr oder weniger starken Flimmern kommen, was in jedem Fall sehr störend ist. Hier werden einige Techniken vorgestellt, mit denen man solches Flimmern vermeiden oder zumindest reduzieren kann.

10.9.1 Ausschalten der Hintergrundfarbe

Legt man eine Hintergrundfarbe für ein Widget fest, so sorgt z. B. der X-Server dafür, dass alle neu zu zeichnenden Bereiche mit dieser Farbe ausgefüllt werden, bevor die Methode paintEvent() aufgerufen wird. Hat ein Widget keine einheitliche Hintergrundfarbe,

wie z. B. das Schachbrett in Programm 10.4, kann man das Flimmern, das sich beim Vergrößern bzw. Verkleinern dieses Widget (bedingt durch das erforderliche Neuzeichnen) ergibt, dadurch reduzieren, dass man ohne Hintergrundfarbe arbeitet (`setBackgroundMode(NoBackground)`) und die entsprechenden Bereiche in der Methode `paintEvent()` selbst zeichnet.
Programm 10.9, das das Gleiche wie Programm 10.4 auf Seite 433 leistet, aber bei einem Vergrößern oder Verkleinern des Schachbretts wesentlich weniger flimmert, verdeutlicht diese Technik.

Programm 10.9 – `noflimmer1.cpp`:
Zeichnen Schachbretts mit geringeren Flimmern

```
#include <qapplication.h>
#include <qwidget.h>
#include <qpainter.h>
#define nX  8
#define nY  8
//.................................................... Klasse malFenster
class malFenster : public QWidget {
  public:
    malFenster() { setBackgroundMode( NoBackground ); }
  protected:
    void paintEvent( QPaintEvent * ) {
       QPainter p( this );
       p.setWindow( 0, 0, nX, nY );  //..... 8x8 Schachbrett
       for ( int i = 0; i < nX; i++ )
          for ( int j = 0; j < nY; j++ )
             if ( (i+j)%2 != 0 )
                p.fillRect( j, i, 2, 2, QBrush(Qt::blue, Qt::SolidPattern) );
             else
                p.fillRect( j, i, 2, 2, QBrush(Qt::yellow, Qt::SolidPattern) );
    }
};
//.................................................................. main
int main( int argc, char *argv[] ) {
    QApplication a( argc, argv );
    malFenster  bild;
    bild.setGeometry( 100, 100, 200, 200 );
    a.setMainWidget( &bild );
    bild.show();
    return a.exec();
}
```

10.9.2 Vermeiden überflüssigen Zeichnens mittels Clipping

Bei vielen Anwendungen wird ein Bereich oft mehrmals übermalt. Solches überflüssiges Zeichnen lässt sich vermeiden, indem man beim Zeichnen eines Elements mittels Clipping den Bereich ausspart, der später durch andere Elemente überzeichnet wird, wie dies in Programm 10.10 gezeigt ist. Dieses Programm zeichnet von außen nach innen 10 immer kleiner werdende Rechtecke, wobei es diese abwechselnd in schwarz und weiß ausfüllt (siehe Abbildung 10.34). Ruft man dieses Programm ohne jegliche Argumente auf der Kommandozeile auf, so malt es überflüssigerweise auch Bereiche, die es anschließend wieder übermalt, was man am starken Flimmern bei einer Vergrößerung bzw. Verkleinerung dieses Widget erkennen kann. Ruft man dieses Programm mit der Option `-n` auf, so schließt es mittels der Methode `setClipRegion()` die jeweiligen Bereiche aus, die anschließend ohnehin übermalt werden, was zu einer sehr starken Reduzierung des Flimmerns bei einer Vergrößerung bzw. Verkleinerung dieses Widget führt.

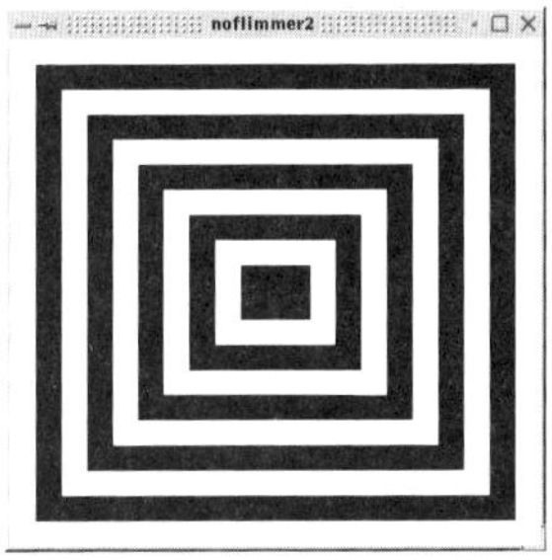

Abbildung 10.34: Schwarze und weiße Quadrate, von außen nach innen gezeichnet

Programm 10.10 – `noflimmer2.cpp`:
Vermeiden überflüssigen Zeichnens mittels `setClipRegion()`

```
#include <qapplication.h>
#include <qwidget.h>
#include <qpainter.h>
bool noflimmer;
//...................................................... Klasse malFenster
class malFenster : public QWidget {
 public:
    malFenster() { setBackgroundMode( NoBackground ); }
 protected:
    void paintEvent( QPaintEvent * ) {
       int  rx = width()/20, ry = height()/20;
       QPainter p( this );
       p.setPen( Qt::NoPen );
       for ( int i = 0; i < 10; i++ ) {
          QRect r1( rx*i, ry*i, width()-rx*2*i, height()-ry*2*i );
          if ( noflimmer )  //... nur bei Option -n
             if ( i < 9 ) {
                QRect r2( rx*(i+1), ry*(i+1),
                          width()-rx*2*(i+1), height()-ry*2*(i+1) );
                p.setClipRegion( QRegion( r1 ).subtract( QRegion( r2 ) ) );
             } else
                p.setClipRegion( QRegion( r1 ) );
          p.setBrush( i%2 ? Qt::black : Qt::white );
          p.drawRect( r1 );
       }
    }
};
```

```
//............................................................... main
int main( int argc, char *argv[] ) {
    QApplication a( argc, argv );
    noflimmer = ( argc > 1 && !strcmp( argv[1], "-n" ) );
    malFenster  bild;
    bild.setGeometry( 100, 100, 200, 200 );
    a.setMainWidget( &bild );
    bild.show();
    return a.exec();
}
```

10.9.3 Doppel-Pufferung

Bei dieser Technik verwendet man zwei Puffer. Ein Puffer ist das Widget selbst, und der andere Puffer ist ein `QPixmap`-Objekt, welches normalerweise die gleiche Größe wie das Widget hat. Es gibt verschiedene Möglichkeiten, Doppel-Pufferung zu verwenden, die im nachfolgenden einzelnen vorgestellt werden.

Die Methode `bitBlt()`

Die eigens für das Kopieren von Daten aus einer Pixmap in ein Widget bzw. umgekehrt angebotene Methode `bitBlt()` ist mächtig und sehr schnell:

```
bitBlt(QPaintDevice *dst, int dx, int dy, QPaintDevice *src,
       int sx, int sy, int sw, int sh,
       Qt::RasterOp rop, bool ignoreMask=false)
```

kopiert einen Block von Pixel (*bitBlt* steht für *bit block transfer*) vom `QPaintDevice`-Objekt `src` in das `QPaintDevice`-Objekt `dst`. Die Bedeutung der einzelnen Parameter ist dabei:

`dst`	ist das Ziel-Objekt, in das zu kopieren ist.
`(dx,dy)`	legt die linke obere Ecke fest, an die im Ziel-Objekt zu kopieren ist.
`src`	ist das Quell-Objekt, von dem zu kopieren ist
`(sx,sy)`	legt linke obere Ecke fest, von der aus dem Quell-Objekt zu kopieren ist.
`(sw,sh)`	legt die Breite und Höhe des zu kopierenden Blocks fest. Bei (`sw=0,sh=0`) findet überhaupt kein Kopieren statt. Wenn `sw` oder `sh` negativ sind, dann werden sie von `bitBlt()` automatisch festgelegt: `sw=src->width()-sx` und `sh=src->height()-sy`.
`rop`	definiert die beim Kopieren zu verwendende Raster-Operation (siehe Liste unten).
`ignoreMask`	legt fest, ob die Maske einer Pixmap, wenn sie eine solche hat, ignoriert werden soll (`ignoreMask=true`) oder nicht (`ignoreMask=false`).

Folgende Liste zeigt einige mögliche Angaben für den Parameter `rop` bei `bitBlt()` und die jeweilige Auswirkung (Operationen auf die einzelnen Pixel) in `dst`:

`CopyROP`	`dst = src`	`OrROP`	`dst = src OR dst`
`XorROP`	`dst = src XOR dst`	`AndROP`	`dst = src AND dst`
`NotROP`	`dst = NOT dst`	`ClearROP`	`dst = 0`
`SetROP`	`dst = 1`		

Weitere Angaben können in der Qt-Online-Dokumentation nachgeschlagen werden.

```
bitBlt(QPaintDevice *dst, QPoint& dp, QPaintDevice *src,
       QRect& sr, RasterOp rop)
```

dp legt linke obere Ecke, an die im Ziel-Objekt zu kopieren ist, und `sr` legt das Rechteck fest, das aus dem Quell-Objekt zu kopieren ist.

Für die Methode `bitBlt()` gelten zwei Einschränkungen, die zu beachten sind:

1. Als `src`-Parameter kann nur ein `QWidget`- oder `QPixmap`-Objekt angegeben werden. So ist es z. B. nicht möglich, Pixel aus einem `QPicture`- oder `QPrinter`-Objekt zu kopieren.
2. Das `src`-Objekt darf keine Pixeltiefe besitzen, die größer als die des `dst`-Objekts ist. Man kann also nicht von einer 8-Bit Pixmap in eine 1-Bit Pixmap kopieren.

Demoprogramm zu den Raster-Operationen^{Z}

Programm `bitblt.cpp` legt in einem Pixmap-Puffer ein Rechteck mit einer zufällig gewählten Füllfarbe ab. Diese Puffer-Pixmap kopiert es dann mit unterschiedlich gesetzten Raster-Operationen in das `QPainter`-Objekt, welches fünf vertikale Streifen enthält. Drei dieser vertikalen Streifen haben die gleiche Farbe wie das Rechteck in der Puffer-Pixmap. So kann man erkennen, welche Auswirkung die einzelnen Raster-Operationen beim Kopieren auf eine Hintergrundfarbe haben, die gleich bzw. unterschiedlich ist (siehe Abbildung 10.35).

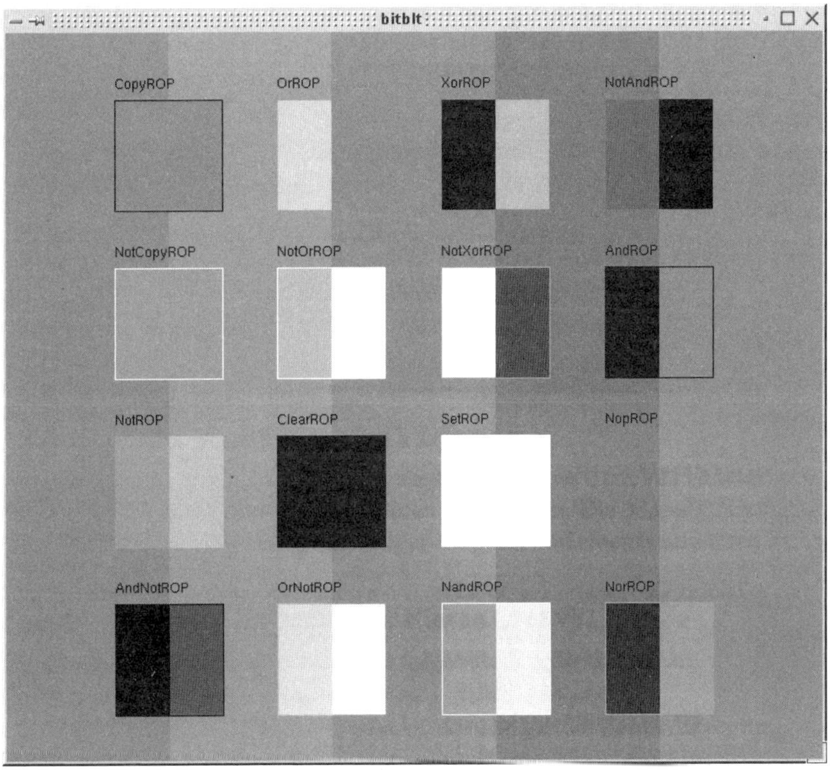

Abbildung 10.35: Auswirkung der unterschiedlichen Raster-Operationen

Malen in ein `QPixmap`-Objekt und anschließendes Kopieren mit `bitBlt()`^{B}

Programm 10.11, das das Gleiche leistet wie Programm 10.10, demonstriert diese Technik. Es zeigt unter anderem auch, dass man nicht immer das ganze Bild neu malen muss, son-

dern eben nur den Teil, der wirklich ein Neumalen erfordert. Welcher Teil dies ist, kann man über den `QPaintEvent`-Parameter `event` von `paintEvent()` in Erfahrung bringen.
So liefert `event->rect()` das Rechteck, das wirklich neu zu zeichnen ist.

Programm 10.11 – `noflimmer3.cpp`:
Zeichnen von schwarzen und weißen Quadraten von außen nach innen

```
#include <qapplication.h>
#include <qwidget.h>
#include <qpainter.h>
#include <qpixmap.h>
//........................................................ Klasse malFenster
class malFenster : public QWidget {
 public:
    malFenster() { setBackgroundMode( NoBackground ); }
 protected:
    void paintEvent( QPaintEvent *event ) {
        int   rx = width()/20,
              ry = height()/20;
          //.... Pixmap mit passender Groesse erzeugen
        QPixmap  pix( event->rect().size() );
          //.... In pix und nicht in this nun zeichnen,
          //.... wobei Einstellungen von this übernommen werden
        QPainter p( &pix, this );
          //.... Koordinaten auf diesen Abschnitt transformieren
        p.setWindow( event->rect() );
          //.... Pixmap mit Hintergrund fuellen
        p.eraseRect( event->rect() );
        p.setPen( Qt::NoPen );
        for ( int i = 0; i < 10; i++ ) {
            QRect r( rx*i, ry*i, width()-rx*2*i, height()-ry*2*i );
            p.setBrush( i%2 ? Qt::black : Qt::white );
            p.drawRect( r );
        }
          //.... Puffer flushen (Zeichenoperationen ausfuehren)
        p.flush();
          //.... Pufferinhalt von pix in QPainter-Objekt kopieren
        bitBlt( this, event->rect().topLeft(), &pix );
    }
};
//...................................................................... main
int main( int argc, char *argv[] ) {
    QApplication a( argc, argv );
    malFenster  bild;
    bild.setGeometry( 100, 100, 200, 200 );
    a.setMainWidget( &bild );
    bild.show();
    return a.exec();
}
```

Unterscheiden zwischen Malen eines neuen Bildes und erneutem Malen des gleichen Bildes

Oft muss ein Bild nicht vollständig neu gemalt werden, sondern lediglich das alte Bild oder nur ein Teil davon erneut eingeblendet werden. Solche Situationen treten z. B. auf, wenn ein Widget durch ein anderes Widget verdeckt war und wieder in den Vordergrund gebracht wird oder wenn ein Widget durch den Benutzer vergrößert oder verkleinert wird. Um in solchen Fällen ein überflüssiges neues Malen eines Bildes zu unterbinden, kann man folgenden Code verwenden:

```
void resizeEvent( QResizeEvent * ) {
   neuMalen = false;
   bild.resize( size() );
}
void  paintEvent( QPaintEvent *e ) {
    if ( neuMalen ) {
        //... bild ist private dekl.: QPixmap bild;
       bild.fill( backgroundColor() ); //... vorheriges Bild loeschen
       QPainter p( &bild );
        //..............
        //.... Malen eines neuen Bildes in den Puffer 'bild'
        //..............
       neuMalen = false; //... bild-Puffer nun aktualisiert
    }
    //...... bild-Puffer in das QPainter-Objekt kopieren
    bitBlt( this, e->rect().topLeft(), &bild, e->rect() );
}
```

Jede Methode, die eine Veränderung am Bild vornimmt, muss nun lediglich die Boolesche Variable `neuMalen` auf `true` setzen, so dass das neue Bild in den Puffer gemalt wird. Wurden keine Veränderungen am Bild vorgenommen und `paintEvent()` wird aufgerufen, wie z. B. bei Größenveränderungen oder bei einem Verschieben in den Vordergrund, so hat die Variable `neuMalen` den Wert `false` und der Inhalt des Puffers `bild` bleibt unverändert. Unabhängig vom Wert der Booleschen Variablen `neuMalen` wird immer am Ende von `paintEvent()` der aktuelle Inhalt des Puffers `bild` in das `QPainter`-Objekt kopiert.

Demoprogramm zum Vermeiden überflüssigen Zeichnens^Z

Das Programm `bitblt2.cpp` leistet das Gleiche wie Programm `bitblt.cpp` (siehe auch Abbildung 10.35 auf Seite 451). Anders jedoch als dieses zeichnet es nur dann wirklich ein neues Bild, wenn der Benutzer einen Mausklick über dem Widget durchführt. In allen anderen Fällen, wie z. B. Verkleinern/Vergrößern des Widget sowie beim erneuten Einblenden des Widget, wenn es sich im Hintergrund befand, kopiert es lediglich das alte, zuvor im Puffer `bild` hinterlegte Bild erneut in das Widget.

Flimmerfreies Vorbeifliegen von Gegenständen an Fensterwand^Z

Das Programm `flywindow.cpp` leistet das Gleiche wie das Programm `clipping2.cpp` auf Seite 443, indem es eine Wand mit mehreren Fenstern einblendet, an denen Gegenstände vorbeifliegen. Anders als beim Programm `clipping2.cpp` wird hier nun das Flimmern erheblich reduziert.

10.10 Die `QCanvas`-Klassen

Qt stellt mit den `QCanvas`-Klassen einen weiteren Satz von Klassen für zweidimensionale Graphiken zur Verfügung, die in diesem Kapitel vorgestellt werden.

10.10.1 Die Klasse `QCanvas`

Ein `QCanvas`-Objekt kann eine beliebige Menge von `QCanvasItem`-Objekten (Linien, Rechtecke, Ellipsen usw.) enthalten. Auch sind mehrere unterschiedliche Ansichten des `QCanvas`-Objekts mittels verschiedener `QCanvasView`-Widgets möglich.
Ein `QCanvas`-Widget, das viele `QCanvasItem`-Objekt enthält, unterscheidet sich von einem Widget, das viele unterschiedliche Subwidgets enthält, unter anderem in den folgenden Punkten:

- `QCanvasItem`-Elemente werden wesentlich schneller gezeichnet als Subwidgets.
- `QCanvasItem`-Elemente benötigen weniger Speicher als Widgets.
- Überlappung lässt sich bei `QCanvasItem`-Elementen leicht feststellen.
- Auffinden einzelner `QCanvasItem`-Elemente ist leicht möglich.
- Mehrere Ansichten des gleichen `QCanvas`-Objekts sind möglich.

Ein `QCanvas`-Objekt hat eine Hintergrundfarbe (Voreinstellung ist weiß) und eine Vordergrundfarbe. Man kann als Hintergrund jedoch auch ein Bild oder Kacheln mit Bildern einblenden.
Auf dem Hintergund befinden sich dann die einzelnen `QCanvasItem`-Objekte, wobei jedes dieser Objekte eine so genannte Z-Höhe besitzt, die festlegt, auf welcher Ebene sich dieses Element in dem `QCanvas`-Objekt befindet: Niedrigere Z-Werte bedeuten weiter im Hintergrund, höhere Z-Werte weiter im Vordergrund.
Die Klasse `QCanvas` bietet auch die Möglichkeit, Animationen ablaufen zu lassen.
Folgende Konstruktoren bietet die Klasse `QCanvas` an:

`QCanvas(QObject *parent=0, char *nam=0)`
: legt ein `QCanvas`-Objekt an, das noch keine Größe hat. Die Größe muss dann später mit `resize()` festgelegt werden.

`QCanvas(int w, int h)`
: legt ein `QCanvas`-Objekt an, das `w` Pixel breit und `h` Pixel hoch ist.

`QCanvas(QPixmap p, int h, int v, int tilewidth, int tileheight)`
: legt ein `QCanvas`-Objekt an, das `h` Kacheln in der Breite und `v` Kacheln in der Höhe beinhaltet. Jede Kachel hat dabei die Pixmap `p` mit der Größe (`tilewidth`, `tileheight`) als Motiv. Die Pixmap `p` ist dabei eine Liste von Kacheln, die von links nach rechts und von oben nach unten angeordnet sind, sodass die Kachel `0` in der linken oberen Ecke, die Kachel `1` rechts davon usw. angezeigt wird.
Zu Beginn ergibt sich die Größe des `QCanvas`-Objekts aus der angegebenen Zahl horizontaler und vertikaler Kacheln. Wird dieses `QCanvas`-Widget vergrößert, wird die festgelegte Kachel-Matrix entsprechend wiederholt angezeigt. Wird dieses `QCanvas`-Widget verkleinert, sind die entsprechdenen Kacheln rechts und unten nicht sichtbar.

Wichtige Methoden, die die Klasse `QCanvas` anbietet, sind:

`setBackgroundColor(const QColor& c) virtual`
: legt als Hintergrundfarbe die Farbe `c` für das `QCanvas`-Widget fest; die voreingestellte Hintergrundfarbe ist weiß.

`setBackgroundPixmap(const QPixmap& p) virtual`
: legt als Hintergrund die Pixmap `p` für das `QCanvas`-Widget fest; voreingestellt ist die null-Pixmap.

`QColor backgroundColor() const`
: liefert die Hintergrundfarbe des `QCanvas`-Objekts.

`QPixmap backgroundPixmap() const`
: liefert die Pixmap, die als Hintergrund für das `QCanvas`-Objekt eingerichtet ist.

`QSize size() const`
: liefert die Größe des `QCanvas`-Widgets in Pixel.

`int width() const`

`int height() const`
: liefern Breite bzw. Höhe des `QCanvas`-Widgets in Pixeln

`update() virtual slot`
: bewirkt, dass alle zwischenzeitlich vorgenommenen Änderungen in allen Ansichten des `QCanvas`-Objekts aktualisiert werden.

`QCanvasItemList allItems()`
: liefert eine Liste aller Elemente im `QCanvas`-Objekt.

`QCanvasItemList collisions(const QPoint& p) const`

`QCanvasItemList collisions(const QRect& r) const`
: liefern eine Liste aller Elemente in dem `QCanvas`-Objekt, die sich mit dem Punkt `p` bzw. dem Rechteck `r` überlappen. Diese Liste ist sortiert, sodass sich die weiter vorne (im Vordergrund) befindlichen Elemente auch weiter vorne in der Liste befinden.

`advance() virtual slot`
: bewirkt, dass die Animation für eingerichtete Animationselemente im `QCanvas`-Objekt fortgesetzt wird und alle daraus resultierenden Änderungen in allen Ansichten des `QCanvas`-Objekts entsprechend aktualisiert werden. Ein Animationsschritt setzt sich dabei aus zwei Phasen zusammen:
In Phase `0` wird die Methode `QCanvasItem:advance()` für jedes eingerichtete Animations-Objekt mit dem Phasen-Argument `0` aufgerufen, bevor dann für alle diese nochmals diese Methode mit dem Phasen-Argument `1` aufgerufen werden. In der Phase `0` sollten die Animations-Objekte nicht ihre Position ändern, sondern nur prüfen, ob für andere Objekte eine Spezialbehandlung notwendig ist, da sie sich z. B. mit diesen überlappen.
In Phase `1` werden dann alle Animationsobjekte auf ihre neue Position gesetzt.

`setAdvancePeriod(int ms) virtual`
: legt fest, dass die Methode `advanve()` alle `ms` Millisekunden aufzurufen ist.

`setUpdatePeriod(int ms) virtual`
: legt fest, dass die Methode `update()` alle `ms` Millisekunden aufzurufen ist.

`setDoubleBuffering(bool y) virtual`
: schaltet für das `QCanvas`-Objekt Doppelpufferung ein (`y=true`) bzw. aus (`y=false`). Die Voreinstellung ist, dass die Doppelpufferung eingeschaltet ist.

Die Klasse `QCanvas` bietet noch das folgende Signal an:

`resized() signal`
: wird geschickt, wenn Größe des `QCanvas`-Objekts sich ändert.

10.10.2 Die Klasse `QCanvasItem`

Die Klasse `QCanvasItem`, die von den Klassen `QCanvasPolygonalItem`, `QCanvas-Sprite` and `QCanvasText` geerbt wird, ist eine abstrakte Klasse. Es ist nicht einfach, von dieser *low-level*-Klasse `QCanvasItem` eine eigene Unterklasse abzuleiten, weswegen man eigene Unterklassen von den Klassen `QCanvasPolygonalItem`, `QCanvasRectangle` oder `QCanvasSprite` ableiten sollte. Folgenden Konstruktor bietet `QCanvasItem` an:

`QCanvasItem(QCanvas *canvas)`
: legt ein `QCanvasItem`-Objekt im `QCanvas`-Objekt `canvas` an.

Wichtige Methoden, die die Klasse `QCanvasItem` anbietet, sind:

`setCanvas(QCanvas *c) virtual`
: legt fest, dass das `QCanvasItem`-Objekt im Widget `canvas` zu zeichnen ist.

`QCanvas* canvas() const`
: liefert Zeiger auf das `QCanvas`-Objekt, das dieses `QCanvasItem`-Objekt enthält.

`setX(double x)`
`setY(double y)`
: verschieben das `QCanvasItem`-Objekt an die `x`- bzw. `y`-Position.

`move(double x, double y)`
: verschiebt durch Aufrufen der virtuellen Funktion `moveBy()` das `QCanvasItem`-Objekt so, dass `x` und `y` seine neue `x`- und `y`-Position wird.

`moveBy(double dx, double dy) virtual`
: verschiebt das `QCanvasItem`-Objekt um `dx` Pixel in horizontaler und um `dy` Pixel in vertikaler Richtung. Diese Methode ist in den Klassen `QCanvasPolygon` und `QCanvasText` reimplementiert.

`double x() const`
`double y() const`
: liefern die horizontale bzw. vertikale Position des `QCanvasItem`-Objekts. Es ist zu beachten, dass Unterklassen oft nicht die linke obere Ecke des `QCanvas`-Objekts als ihre `(0,0)`-Position haben.

`setZ(double z)`
: legt die `z`-Ebene für das `QCanvasItem`-Objekt fest. Objekte mit höheren `z`-Werten verdecken Objekte mit niedrigeren `z`-Werten.

`double z() const`
: liefert die `z`-Ebene, in der sich das `QCanvasItem`-Objekt befindet. Objekte mit höheren `z`-Werten verdecken Objekte mit niedrigeren `z`-Werten.

`setVelocity(double vx, double vy) virtual`
: legt fest, dass das `QCanvasItem`-Objekt animiert sein soll und legt für die horizontale und die vertikale Komponente des `QCanvasItem`-Objekts die Geschwindigkeit `vx` und `vy` fest.

`setXVelocity(double vx)`
`setYVelocity(double vy)`
: legen für die horizontale bzw. die vertikale Komponente des `QCanvasItem`-Objekts die Geschwindigkeit `vx` bzw. `vy` fest.

`double xVelocity() const`
`double yVelocity() const`
: liefern die horizontale bzw. die vertikale Komponente der Geschwindigkeit des `QCanvasItem`-Objekts.

`int rtti() const virtual`
  rtti ist die Abkürzung für *Run Time Type Identification*. Diese Methode wird benutzt, um Unterklassen von QCanvasItem zu identifizieren. Die abgeleiteten Klassen müssen dazu diese Methode reimplementieren und hier eine eindeutige Kennung (größer als 1000) zurückgeben. Diese Methode ist in den Klassen QCanvasPolygonalItem, QCanvasSprite, und QCanvasText reimplementiert. Der voreingestellte Rückgabewert dieser Methode ist 0.

`setAnimated(bool y) virtual`
  legt fest, ob dieses QCanvasItem-Objekt animiert sein soll (y=true) oder nicht (y=false).

`bool animated() const`
  liefert true, wenn das QCanvasItem-Objekt animiert ist, andernfalls false.

`QCanvasItemList collisions(bool exact) const`
  liefert eine Liste von QCanvasItem-Objekten, die sich mit diesem QCanvasItem-Objekt überlappen. Bei exact=true enthält die zurückgegebene Liste nur Elemente, die sich wirklich mit diesem QCanvasItem-Objekt überlappen, da dann eine genaue Überprüfung auf Pixelebene durchgeführt wird, was sehr langsam sein kann. Bei exact=false enthält die zurückgegebene Liste auch Elemente, die sich in der Nähe dieses QCanvasItem-Objekts befinden und sich nicht zwangsweise mit diesem überlappen müssen. In diesem Fall sollte man die Elemente aus der Liste einzeln mit der nachfolgenden Methode collidesWith() testen.

`bool collidesWith(const QCanvasItem *other) const virtual`
  liefert true, wenn dieses QCanvasItem-Objekt sich mit dem QCanvasItem-Objekt other überlappt.

`advance(int phase) virtual`
  bewirkt, dass die Animation für dieses QCanvasItem-Objekt fortgesetzt wird. Die voreingestellte Implementierung bewegt das QCanvasItem-Objekt nur bei phase=1 um die voreingestellten Geschwindigkeiten; bei phase=0 hat diese vorgegebene Implementierung keinerlei Auswirkung. Es ist bei einer Reimplementierung dieser virtuellen Methode zu beachten, dass man das QCanvasItem-Objekt in dieser Methode niemals ändern darf und man auch keine anderen QCanvasItem-Objekte hinzufügt oder löscht.

10.10.3 Die Klasse QCanvasLine

Die Klasse QCanvasLine ist für Linien vorgesehen. Folgenden Konstruktor bietet die Klasse QCanvasLine an:

`QCanvasLine(QCanvas *canvas)`
  legt einen Linie von (0,0) bis (0,0) im QCanvas-Objekt canvas an.

Wichtige Methoden, die die Klasse QCanvasLine anbietet, sind:

`setPoints(int xa, int ya, int xb, int yb)`
  legt die Endpunkte der Linie auf (xa,ya) und (xb,yb) fest.

`QPoint startPoint() const`

`QPoint endPoint() const`
  liefern den Start- bzw. Endpunkt der Linie.

`int rtti() const virtual`
  liefert QCanvasItem::Rtti_Line (7) als Rückgabewert; ist hier reimplementiert.

10.10.4 Die Klasse `QCanvasRectangle`

Die Klasse `QCanvasRectangle` ist für Rechtecke mit einer bewegbaren linken oberen Ecke vorgesehen. Das Rechteck wird dabei mit dem aktuell gültigen Füllmuster (`QBrush`) und Zeichenstift (`QPen`) gezeichnet.
Folgende Konstruktoren bietet die Klasse `QCanvasRectangle` an:

`QCanvasRectangle(QCanvas *canvas)`
: legt ein Rechteck `(0,0,32,32)` in dem `QCanvas`-Objekt `canvas` an.

`QCanvasRectangle(const QRect& r, QCanvas *canvas)`

`QCanvasRectangle(int x, int y, int w, int h, QCanvas *canvas)`
: legt ein Rechteck `r` bzw. `(x,y,w,h)` im `QCanvas`-Objekt `canvas` an.

Wichtige Methoden, die die Klasse `QCanvasRectangle` anbietet, sind:

`setSize(int width, int height)`
: legt die Größe des Rechtecks auf `width` und `height` fest.

`int width() const`

`int height() const`
: liefern die Breite bzw. Höhe des Rechtecks.

`QSize size() const`
: liefert die Größe des Rechtecks.

`QRect rect() const`
: liefert Position und Größe des Rechtecks als `QRect`-Objekt.

`drawShape(QPainter& p) virtual protected`
: zeichnet das Rechteck in das `QPainter`-Objekt `p`.

`int rtti() const virtual`
: liefert `QCanvasItem::Rtti_Rectangle(5)`; ist hier reimplementiert.

10.10.5 Die Klasse `QCanvasEllipse`

Die Klasse `QCanvasEllipse` ist für Ellipsen mit einem bewegbaren Mittelpunkt vorgesehen. Die Ellipse wird dabei mit dem aktuellen Füllmuster (`QBrush`) in Kuchenform gezeichnet. Folgende Konstruktoren bietet die Klasse `QCanvasEllipse` an:

`QCanvasEllipse(QCanvas *canvas)`
: legt eine `32x32` Ellipse mit `(0,0)` als Mittelpunkt im `QCanvas`-Objekt `canvas` an.

`QCanvasEllipse(int w, int h, QCanvas *canvas)`
: legt Ellipse mit Breite `w`, mit Höhe `h` und mit Mittelpunkt `(0,0)` an.

`QCanvasEllipse(int w, int h, int swnk, int wnk, QCanvas *canvas)`
: legt Ellipse mit Breite `w`, Höhe `h` und Mittelpunkt `(0,0)` an. Der Startwinkel `swnk` und die Länge `wnk` (siehe Abbildung 10.36) sind dabei in 1/16 Grad anzugeben.

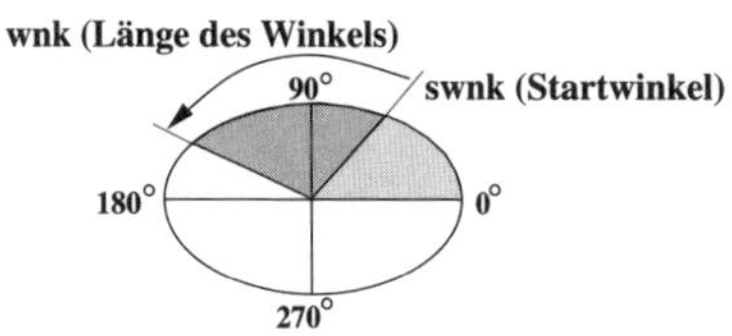

Abbildung 10.36: Startwinkel und Länge bei `QCanvasEllipse()`

Wichtige Methoden, die die Klasse QCanvasEllipse anbietet, sind:

`setSize(int width, int height)`
: legt die Breite und Höhe der Ellipse fest.

`int width() const, int height() const`
: liefern die Breite bzw. Höhe der Ellipse.

`setAngles(int start, int length)`
: legt die Winkel für die Ellipse fest; start ist der Startwinkel und length ist die Länge. start und length sind dabei in 1/16 Grad anzugeben. Die Voreinstellung für eine Ellipse ist: start=0 und length=360*16.

`int angleStart() const`

`int angleLength() const`
: liefern den Startwinkel bzw. den Längenwinkel der Ellipse in 1/16 Grad.

`drawShape(QPainter& p) virtual protected`
: zeichnet die Ellipse in das QPainter-Objekt p.

`int rtti() const virtual`
: liefert QCanvasItem::Rtti_Ellipse (6) als Rückgabewert.

10.10.6 Die Klasse QCanvasPolygon

Die Klasse QCanvasPolygon ist für Polygone mit einem bewegbaren Referenzpunkt vorgesehen. Das Polygon wird dabei mit dem aktuell gültigen Füllmuster (QBrush) gezeichnet. Folgenden Konstruktor bietet die Klasse QCanvasPolygon an:

`QCanvasPolygon(QCanvas *canvas)`
: legt ein leeres Polygon im QCanvas-Objekt an. Die einzelnen Punkte dieses Polygons lassen sich mit der Methode setPoints() festlegen.

Wichtige Methoden, die die Klasse QCanvasPolygon anbietet, sind:

`setPoints(QPointArray pa)`
: legt über den Parameter pa die Eckpunkte des Polygons fest.

`drawShape(QPainter& p) virtual protected`
: zeichnet das Polygon in das QPainter-Objekt p.

`int rtti() const virtual`
: liefert QCanvasItem::Rtti_Polygon (4) als Rückgabewert.

10.10.7 Die Klasse QCanvasPolygonalItem

Die Klasse QCanvasPolygonalItem ist für QCanvasItem-Objekte vorgesehen, die sich als Polygon darstellen lassen, weshalb auch die Klassen QCanvasEllipse, QCanvasLine, QCanvasPolygon and QCanvasRectangle von dieser Klasse abgeleitet sind. Folgenden Konstruktor bietet die Klasse QCanvasPolygonalItem an:

`QCanvasPolygonalItem(QCanvas *canvas)`
: legt ein QCanvasPolygonalItem-Objekt im QCanvas-Objekt canvas an.

Einige wichtige Methoden, die die Klasse QCanvasPolygonalItem anbietet, sind:

`setPen(QPen p) virtual, setBrush(QBrush b) virtual`
: legen den Zeichenstift bzw. das Füllmuster für das Objekt fest.

`int rtti() const virtual`
: liefert QCanvasItem::Rtti_PolygonalItem (2) als Rückgabewert.

10.10.8 Die Klasse `QCanvasSpline`

Die Klasse `QCanvasSpline` ist für *multi-bezier Splines* in einem `QCanvas`-Objekt vorgesehen. Folgenden Konstruktor bietet die Klasse `QCanvasSpline` an:

`QCanvasSpline(QCanvas *canvas)`
: legt ein leeres Spline ohne Kontrollpunkte im `QCanvas`-Objekt an. Die einzelnen Kontrollpunkte dieses Spline lassen sich mit der Methode `setControlPoints()` festlegen.

Wichtige Methoden, die die Klasse `QCanvasSpline` anbietet, sind:

`setControlPoints(QPointArray ctrl, bool close=true)`
: legt über den Parameter `ctrl` die Kontrollpunkte des Spline fest. Bei `close=true`, wird der erste Kontrollpunkt automatisch auch als letzter Kontollpunkt verwendet; in diesem Fall sollte die Anzahl der Kontrollpunkte in `ctrl` ein Vielfaches von 3 sein. Bei `close=false` wird ein zusätzlicher Kontrollpunkt benötigt, und die Anzahl der Kontrollpunkte in `ctrl` muss `(4, 7, 10, 13, ...)` sein.

`int rtti() const virtual`
: liefert `QCanvasItem::Rtti_Spline(8)` als Rückgabewert.

10.10.9 Die Klasse `QCanvasSprite`

Die Klasse `QCanvasSprite` ist für animierte Canvas-Objekte vorgesehen, die sich im `QCanvas`-Objekt unabhängig vom Vorder- und Hintergrund bewegen.
Folgenden Konstruktor bietet die Klasse `QCanvasSprite` an:

`QCanvasSprite(QCanvasPixmapArray *a, QCanvas *canvas)`
: legt ein `QCanvasSprite`-Objekt im `QCanvas`-Objekt an. Dieses `QCanvasSprite`-Objekt benutzt die Bilderfolge aus dem Array a.

Einige wichtige Methoden, die die Klasse `QCanvasSprite` anbietet, sind:

`setSequence(QCanvasPixmapArray *a)`
: legt das `QArray` a als Bilderfolge für dieses `QCanvasSprite`-Objekt fest.

`int rtti() const virtual`
: liefert `QCanvasItem::Rtti_Sprite(1)` als Rückgabewert.

Weitere Methoden zu dieser Klasse sollte der interessierte Benutzer in der Qt-Online-Dokumentation nachschlagen.

10.10.10 Die Klasse `QCanvasText`

Die Klasse `QCanvasText` ist für Text in einem `QCanvas`-Objekt vorgesehen. Ein `QCanvasText`-Objekt besitzt neben dem Text noch einen Font, eine Farbe und eine Position. Folgende Konstruktoren bietet die Klasse `QCanvasText` an:

`QCanvasText(QCanvas *canvas)`
: legt ein `QCanvasText`-Objekt mit dem Text «`text`>" im `QCanvas`-Objekt an.

`QCanvasText(const QString& t, QCanvas *canvas)`

`QCanvasText(const QString& t, QFont f, QCanvas *canvas)`
: legt ein `QCanvasText`-Objekt mit dem Text `t` im `QCanvas`-Objekt an, wobei im zweite Fall der Font `f` verwendet wird.

Wichtige Methoden, die die Klasse `QCanvasText` anbietet, sind:

`setText(const QString& t)`
: legt Text für das `QCanvasText`-Objekt fest; `t` darf hier Neuezeilezeichen enthalten.

`setTextFlags(int f)`
: legt fest, wie der Text auszurichten ist. Für `f` können eine oder mehrere (mit bitweisem `OR` verknüpfte) Konstanten angegeben werden (siehe Liste auf Seite 417).

`setColor(const QColor& c)`, `setFont(const QFont& f)`
: legen die Farbe bzw. den Font für das `QCanvasText`-Objekt fest.

`QString text() const`, `QColor color() const`, `QFont font() const`
: liefern den Text, die Farbe bzw. den Font des `QCanvasText`-Objekts.

`int rtti() const virtual`
: liefert `QCanvasItem::Rtti_Text` (3) als Rückgabewert.

10.10.11 Die Klasse `QCanvasPixmap`

Die Klasse `QCanvasPixmap` ist für Pixmaps in `QCanvasSprite`-Objekten vorgesehen. Folgende Konstruktoren bietet die Klasse `QCanvasPixmap` an:

`QCanvasPixmap(const QImage& image)`
: legt ein `QCanvasPixmap`-Objekt vom Bild `image` an.

`QCanvasPixmap(const QPixmap& pm, QPoint offset)`
: legt ein `QCanvasPixmap`-Objekt vom Bild `pm` und dem `offset` an.

`QCanvasPixmap(const QString& filename)`
: legt ein `QCanvasPixmap`-Objekt mit dem Bild aus Datei `filename` an.

Wichtige Methoden, die die Klasse `QCanvasPixmap` anbietet, sind:

`int offsetX() const`, `int offsetY() const`
: liefern x- bzw. y-Offset des `QCanvasPixmap`-Objekts.

`setOffset(int x, int y)`
: legen als Offset für das `QCanvasPixmap`-Objekt den Punkt `(x,y)` fest.

10.10.12 Die Klasse `QCanvasPixmapArray`

Die Klasse `QCanvasPixmapArray` wird von der Klasse `QCanvasSprite` verwendet, um ein Array von `QCanvasPixmap`-Objekten zu unterhalten, die in einer Animation nacheinander abzuspielen sind. Folgende Konstruktoren bietet `QCanvasPixmapArray` unter anderem an:

`QCanvasPixmapArray()`
: legt ein null-`QCanvasPixmapArray` an.

```
QCanvasPixmapArray(QValueList<QPixmap> list,
                   QPointArray hotspots=QPointArray())
```
: legt ein `QCanvasPixmapArray` an, das seine Pixmaps aus der Liste `list` mit den entsprechenden Offsets aus der Liste `hotspots` liest. Bei fehlendem `hotspots`-Argument wird den Pixmaps die Position `(0,0)` zugewiesen.

`QCanvasPixmapArray(const QString& pattern, int fc=0)`
: legt `QCanvasPixmapArray` an, das seine Pixmaps aus Dateien liest. `fc` legt dabei die Anzahl von zu ladenden Bildern fest. Wenn `fc` nicht 0 ist, sollte `pattern` die Formatangabe "`%1`" enthalten, wie z. B.: "`bild%1.png`". In diesem Fall werden dann die Bilder aus den Dateien "`bild0000.png, bild0001.png, bild0002.png, ...`" gelesen. Wieviele Bilder zu lesen sind, legt dabei der Wert des Parameters `fc` fest (von 0 bis `fc-1`). Bei `fc=0` sollte nur der entsprechende richtige Dateiname hier für `pattern` angegeben werden.

Einige wichtige Methoden, die die Klasse `QCanvasPixmapArray` anbietet, sind:

`uint count() const`
: liefert die Anzahl von Bildern im `QCanvasPixmapArray`-Objekt.

`QCanvasPixmap* image(int i) const`
: liefert die `i`.te Pixmap des `QCanvasPixmapArray`-Objekts

`setImage(int i, QCanvasPixmap *p)`
: ersetzt die `i`.te Pixmap des `QCanvasPixmapArray`-Objekts durch die Pixmap `p`.

10.10.13 Die Klasse `QCanvasView`

Die Klasse `QCanvasView`, die von der Klasse `QScrollView` abgeleitet ist, ist für andere Ansichten eines `QCanvas`-Objekts vorgesehen. Bei einer neuen Ansicht wird ein neues Widget eingeblendet, das eventuell mit einem Laufbalken versehen ist, wenn das zugehörige `QCanvas`-Objekt nicht vollständig in das Widget passt. Die Klasse `QCanvasView` bietet weitgehend die gleiche Funktionalität wie die Klasse `QScrollView`, von der sie abgeleitet ist. Um z. B. Maus-Events in einem `QCanvasView`-Objekt zu behandeln, muss man nur die von der Klasse `QScrollView` geerbten virtuellen Methoden `contentsMouseDoubleClickEvent()`, `contentsMouseMoveEvent()`, `contentsMousePressEvent()` und `contentsMouseReleaseEvent()` reimplementieren, um dem Benutzer z. B. das interaktive Bewegen der `QCanvasItem`-Objekte in einem `QCanvas`-Objekt zu ermöglichen. Folgende Konstruktoren bietet die Klasse `QCanvasView` an:

`QCanvasView(QWidget *parent=0, char *nam=0, WFlags f=0)`

`QCanvasView(QCanvas *c, QWidget *p=0, char *nam=0, WFlags f=0)`
: legt ein leeres `QCanvasView`-Objekt bzw. ein `QCanvasView`-Objekt an, das auf das `QCanvas`-Objekt `c` eingerichtet ist.

Einige wichtige Methoden, die die Klasse `QCanvasView` anbietet, sind:

`setCanvas(QCanvas *canvas)`
: legt für `QCanvasView`-Objekt als neues `QCanvas`-Objekt Objekt `canvas` fest.

`QCanvas* canvas() const`
: liefert das aktuelle `QCanvas`-Objekt, auf das das `QCanvasView`-Objekt gerade eingerichtet ist.

`QSize sizeHint() const virtual protected`
: liefert eine Größe für ein `QCanvasView`-Objekt zurück, die benötigt wird, damit der gesamte Inhalt des zugehörigen `QCanvas`-Objekts sichtbar ist.

10.10.14 Demoprogramm zu den `QCanvas`-Klassen

Die Programme 10.12 und 10.13 blenden zunächst ein `QCanvas`-Objekt ein, in dem sich

- vier Bilder mit dem gleichen Motiv, aber mit unterschiedlicher Größe,
- vier Schmetterlinge unterschiedlicher Größe und
- vier Stühle mit unterschiedlichen Farben befinden (siehe auch Abbildung 10.37).

Die einzelnen Elemente in dem `QCanvas`-Objekt von Abbildung 10.37 lassen sich mit der Maus verschieben. Neue Elemente lassen sich zu dem `QCanvas`-Widget mittels des *Edit*-Menüs hinzufügen (siehe Abbildung 10.38).
Eine neue Ansicht für ein `QCanvas`-Objekt kann man sich über das *File*-Menü einblenden lassen (siehe auch Abbildung 10.39).

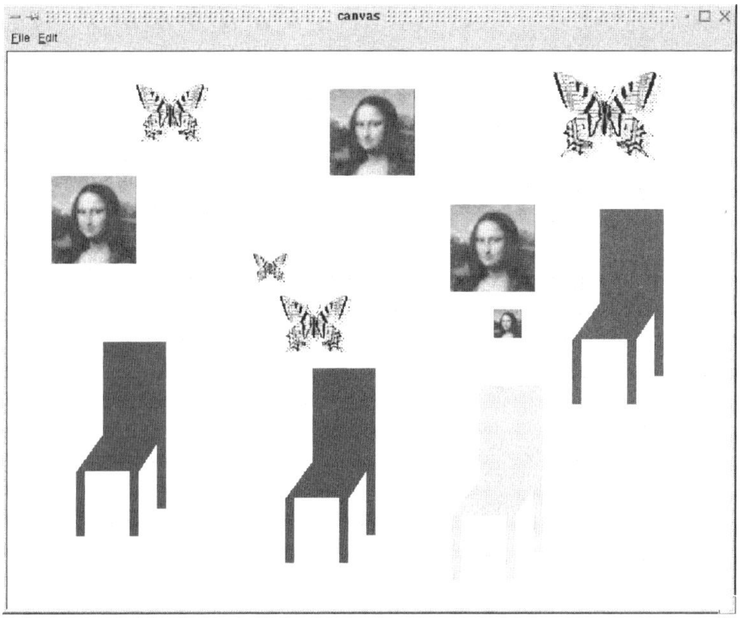

Abbildung 10.37: QCanvas-Objekt mit unterschiedlichen QCanvasItem-Objekten

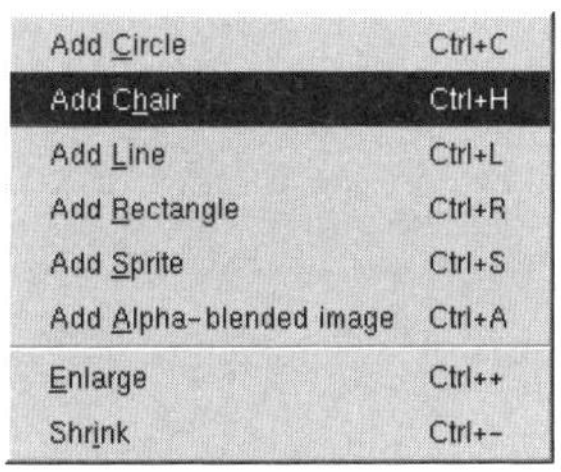

Abbildung 10.38: Das *Edit*-Menü des Demoprogramms zu QCanvas-Klassen

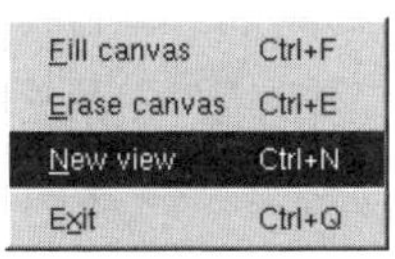

Abbildung 10.39: Das *File*-Menü des Demoprogramms zu QCanvas-Klassen

Programm 10.12 – canvas.h:
Headerdatei des Demoprogramms zu den QCanvas-Klassen

```
#ifndef EXAMPLE_H
#define EXAMPLE_H
#include <qapplication.h>
#include <qpopupmenu.h>
#include <qmainwindow.h>
```

```
#include <qintdict.h>
#include <qcanvas.h>
#include <qimage.h>
#include <qpixmap.h>
#include <qpainter.h>
#include <stdlib.h>
#include <time.h>

static const int imageRTTI = 999999;
const int ghost_rtti = 1234;
//.................................................. Klasse ImageItem
class ImageItem: public QCanvasRectangle {
 public:
    ImageItem(QImage img, QCanvas *c) : QCanvasRectangle(c), image(img) {
       setSize( image.width(), image.height() );
       pixmap.convertFromImage(image, OrderedAlphaDither);
    }
    int rtti () const { return imageRTTI; }
    bool hit( const QPoint &p ) const {
       int ix = p.x()-int(x()),
           iy = p.y()-int(y());
       if ( !image.valid( ix, iy) )
          return false;
       QRgb pixel = image.pixel( ix, iy );
       return qAlpha( pixel ) != 0;
    }
 protected:
    void drawShape( QPainter &p ) { p.drawPixmap(int(x()), int(y()), pixmap); }
 private:
    QImage   image;
    QPixmap  pixmap;
    int      ix, iy;
};
//................................................ Klasse FigureEditor
class FigureEditor : public QCanvasView {
    Q_OBJECT
public:
    FigureEditor( QCanvas& c, QWidget* par=0 ) : QCanvasView( &c, par ) { }
    void clear() {
       QCanvasItemList list = canvas()->allItems();
       QCanvasItemList::Iterator it = list.begin();
       for (; it != list.end(); ++it)
         if ( *it )
            delete *it;
    }
protected:
    void contentsMousePressEvent(QMouseEvent* e) {
       QCanvasItemList l=canvas()->collisions(e->pos());
       for (QCanvasItemList::Iterator it=l.begin(); it!=l.end(); ++it) {
          if ( (*it)->rtti() == imageRTTI ) {
```

```
            ImageItem *item = (ImageItem*)(*it);
            if ( !item->hit( e->pos() ) )
               continue;
         }
         moving = *it;
         moving_start = e->pos();
         return;
      }
      moving = 0;
   }
   void contentsMouseMoveEvent(QMouseEvent* e) {
      if ( moving ) {
         moving->moveBy(e->pos().x() - moving_start.x(),
                        e->pos().y() - moving_start.y());
         moving_start = e->pos();
         canvas()->update();
      }
   }
signals:
   void status(const QString&);
private:
   QCanvasItem* moving;
   QPoint       moving_start;
};
//.................................................... Klasse FlyingPic
class FlyingPic : public QCanvasSprite {
public:
   FlyingPic::FlyingPic(QCanvas* canvas) : QCanvasSprite(0,canvas) {
      static QCanvasPixmapArray ghost("penguin.png");
      setSequence( &ghost );
      setAnimated( true );
      initPos();
   }
   void advance(int);
   int rtti() const { return ghost_rtti; }
private:
   void initPos() {
      initSpeed();
      int trial=1000;
      do {
         move( rand()%canvas()->width(), rand()%canvas()->height());
         advance(0);
      } while ( trial-- && xVelocity()==0.0 && yVelocity()==0.0 );
   }
   void initSpeed() {
      const double speed = 4.0;
      double d = (double)(rand()%1024) / 1024.0;
      setVelocity( d*speed*2-speed, (1-d)*speed*2-speed );
   }
};
```

```
//........................................................ Klasse Main
class Main : public QMainWindow {
   Q_OBJECT
public:
   Main( QString, QString, QCanvas&, QWidget* par=0 );
private slots:
   void newView() {
      Main *m = new Main( butterfly_fn, picture_fn, canvas, 0 );
      qApp->setMainWidget( m );
      m->show();
      qApp->setMainWidget( 0 );
   }
   void clear() { editor->clear(); }
   void init() {
      clear();
      for ( int i=0; i<4; i++) {
         addPicture();
         addChair();
         addButterfly();
      }
   }
   void addSprite() {
      QCanvasItem* i = new FlyingPic( &canvas );
      i->setZ(rand()&255);
      i->show();
   }
   void addCircle() {
      QCanvasPolygonalItem* i = new QCanvasEllipse( 50, 50,&canvas);
      i->setBrush( QColor(rand()&255,rand()&255,rand()&155) );
      moveItem( (QCanvasPolygonalItem *)i, 50, 50 );
   }
   void addChair() {
      QCanvasPolygon* i = new QCanvasPolygon(&canvas);
      QPointArray pa;
      pa.putPoints(0,14, 30,0, 100,0, 100,180, 90,180, 90,110, 70,140, 70,210,
                        60,210, 60,140, 10,140, 10,210, 0,210, 0,140, 30,100);
      i->setPoints( pa );
      i->setBrush( QColor(rand()&255,rand()&255,rand()&255) );
      moveItem( (QCanvasPolygon *)i, 100, 210 );
   }
   void addLine() {
      QCanvasLine* i = new QCanvasLine( &canvas );
      int r, b;
      i->setPoints( rand()%canvas.width(), rand()%canvas.height(),
                    r=rand()%canvas.width(), b=rand()%canvas.height() );
      i->setPen( QPen( QColor( rand()&255, rand()&255, rand()&255 ), 6) );
      moveItem( (QCanvasLine *)i, r, b );
   }
   void addRectangle() {
      int  x = rand() % canvas.width(),
```

```
            y = rand() % canvas.height(),
            w = rand() % (canvas.width() - x ),
            h = rand() % (canvas.height() - y );
        QCanvasPolygonalItem *i = new QCanvasRectangle( x, y, w, h, &canvas );
        i->setBrush( QColor( rand()&255, rand()&255, rand()&255 ) );
        i->setPen( QPen( QColor( rand()&255, rand()&255, rand()&255 ), 6) );
        moveItem((QCanvasPolygonalItem *)i, canvas.width()-w, canvas.height()-h);
    }
    void addPicture() {
        if ( !picture_fn.isEmpty() ) {
            static QImage *img;
            displayImage( img, picture_fn );
        }
    }
    void addButterfly() {
        if ( !butterfly_fn.isEmpty() ) {
            static QImage *img;
            displayImage( img, butterfly_fn );
        }
    }
    void enlarge() { canvas.resize(canvas.width()*4/3, canvas.height()*4/3); }
    void shrink()  { canvas.resize(canvas.width()*3/4, canvas.height()*3/4); }
private:
    QCanvas      &canvas;
    FigureEditor *editor;
    QString      butterfly_fn, picture_fn;

    void moveItem( QCanvasItem *item, int offX, int offY ) {
        item->move( rand()%(canvas.width()-offX), rand()%(canvas.height()-offY) );
        item->setZ( rand()&255 );
        item->show();
    }
    void displayImage( QImage *img, QString fileName ) {
        if ( !img ) {
            img = new QImage[4];
            img[0].load( fileName );
            int w = img[0].width(), h = img[0].height();
            img[1] = img[0].smoothScale( int(w*0.75), int(h*0.75) );
            img[2] = img[0].smoothScale( int(w*0.5 ), int(h*0.5 ) );
            img[3] = img[0].smoothScale( int(w*0.25), int(h*0.25) );
        }
        QCanvasPolygonalItem* i = new ImageItem( img[rand()%4], &canvas );
        i->move( rand()%(canvas.width()-img->width() ),
                 rand()%(canvas.height()-img->height() ) );
        i->setZ( rand()&255 + 250 );
        i->show();
    }
};
#endif
```

Programm 10.13 – `canvas.cpp`:
Implementierung des Demoprogramms zu den `QCanvas`-Klassen

```
#include <qdatetime.h>
#include <qmainwindow.h>
#include <qstatusbar.h>
#include <qmenubar.h>
#include <qapplication.h>
#include <qkeycode.h>
#include <qpainter.h>
#include <qlabel.h>
#include <qimage.h>
#include "canvas.h"
//............................................... FlyingPic::advance
void FlyingPic::advance(int stage) {
   if ( stage == 0 ) {
      double vx = xVelocity();
      double vy = yVelocity();
      if ( vx == 0.0 && vy == 0.0 ) {
         initSpeed();
         vx = xVelocity();
         vy = yVelocity();
      }
      double nx = x() + vx;
      double ny = y() + vy;
      if ( nx < 0 || nx >= canvas()->width() )
          vx = -vx;
      if ( ny < 0 || ny >= canvas()->height() )
          vy = -vy;
      for (int bounce=0; bounce<4; bounce++) {
          QCanvasItemList l = collisions(false);
          for (QCanvasItemList::Iterator it=l.begin(); it!=l.end(); ++it) {
            QCanvasItem *hit = *it;
            if ( hit->rtti()==ghost_rtti && hit->collidesWith(this) ) {
                switch ( bounce ) {
                  case 0:  vx = -vx;          break;
                  case 1:  vy = -vy; vx = -vx; break;
                  case 2:  vx = -vx;          break;
                  case 3:  vx = 0; vy = 0;     break;
                }
                setVelocity(vx,vy);
                break;
            }
          }
      }
      if ( x()+vx < 0 || x()+vx >= canvas()->width() )
          vx = 0;
      if ( y()+vy < 0 || y()+vy >= canvas()->height() )
          vy = 0;
      setVelocity(vx,vy);
   } else if ( stage == 1 )
```

```
    QCanvasItem::advance(stage);
}
//............................................. Main (Konstruktor)
Main::Main( QString pic1, QString pic2, QCanvas& c, QWidget* par)
                                     : QMainWindow(par), canvas(c) {
    ::srand( time( NULL ) );
    butterfly_fn = pic1;
    picture_fn = pic2;
    editor = new FigureEditor(canvas,(QWidget *)this);
    QMenuBar* menu = menuBar();
    QPopupMenu* file = new QPopupMenu;
    file->insertItem( "&Fill canvas", this, SLOT(init()), CTRL+Key_F);
    file->insertItem( "&Erase canvas", this, SLOT(clear()), CTRL+Key_E);
    file->insertItem( "&New view", this, SLOT(newView()), CTRL+Key_N);
    file->insertSeparator();
    file->insertItem( "E&xit", qApp, SLOT(quit()), CTRL+Key_Q);
    menu->insertItem( "&File", file);
    QPopupMenu* edit = new QPopupMenu;
    edit->insertItem( "Add &Circle", this, SLOT(addCircle()), CTRL+Key_C);
    edit->insertItem( "Add C&hair", this, SLOT(addChair()), CTRL+Key_H);
    edit->insertItem( "Add &Line", this, SLOT(addLine()), CTRL+Key_L);
    edit->insertItem( "Add &Rectangle", this, SLOT(addRectangle()), CTRL+Key_R);
    edit->insertItem( "Add &Sprite", this, SLOT(addSprite()), CTRL+Key_S);
    edit->insertItem( "Add &Alpha-blended image", this,
                       SLOT(addButterfly()), CTRL+Key_A);
    edit->insertSeparator();
    edit->insertItem( "&Enlarge", this, SLOT(enlarge()), CTRL+Key_Plus);
    edit->insertItem( "Shr&ink", this, SLOT(shrink()), CTRL+Key_Minus);
    menu->insertItem( "&Edit", edit);
    setCentralWidget(editor);
    init();
}
```

Um das Demoprogramm zu den QCanvas-Klassen zu testen, wird nun noch eine main()-Funktion benötigt, wie sie in Programm 10.14 (main.cpp) gezeigt ist.

Programm 10.14 – main.cpp: main()-Funktion zum QCanvas-Demoprogramm

```
#include <qapplication.h>
#include <qcanvas.h>
#include "canvas.h"
int main( int argc, char*argv[] ) {
    QApplication app(argc,argv);

    QCanvas canvas( 800, 600 );
    canvas.setAdvancePeriod( 30 );
    Main m( argc>1 ? argv[1] : "butterfly.png",
            argc>2 ? argv[2] : "monalisa.xpm",
            canvas );
    m.resize( m.sizeHint() );
    qApp->setMainWidget( &m );
```

```
    if ( QApplication::desktop()->width() > m.width() + 10 &&
         QApplication::desktop()->height() > m.height() +30 )
       m.show();
    else
       m.showMaximized();
    m.show();
    qApp->setMainWidget(0);
    QObject::connect( qApp, SIGNAL(lastWindowClosed()), qApp, SLOT(quit()) );
    return app.exec();
}
```

10.10.15 Weiteres Beispiel zu den `QCanvas`-Klassen^Z

Das Programm `canvas2.cpp` blendet 20 mit zufälliger Farbe gefüllte Kreise ein, die es alle untereinander mit Linien verbindet, wie in Abbildung 10.40 gezeigt. Verschiebt der Benutzer mit der Maus einen der Kreise, so werden alle betroffenen Verbindungslinien entsprechend aktualisiert.

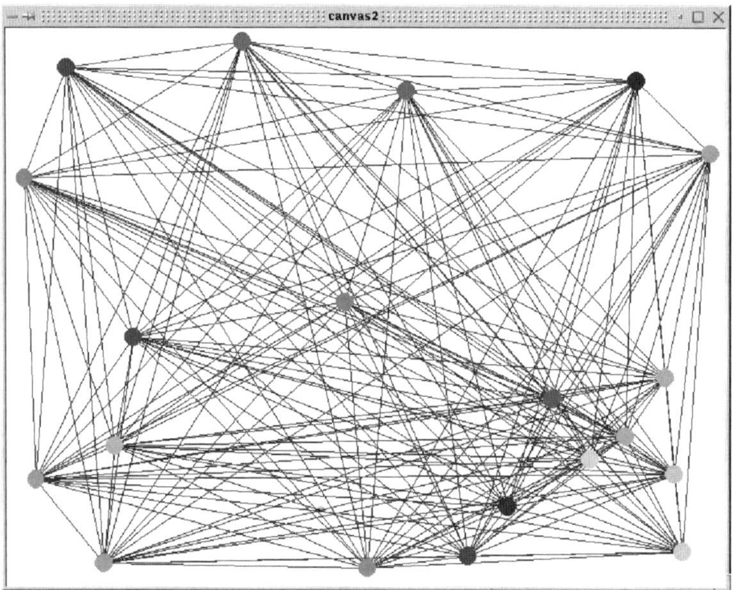

Abbildung 10.40: Punkte, die alle untereinander mit Linien verbunden sind

Kapitel 11

Bildformate und Cursorformen

Ein Bild sagt mehr als tausend Wörter.

– Redensart

Dieses Kapitel stellt die von Qt unterstützten Bildformate und Cursorformen vor. Dazu stellt es zunächst die Pixmap-Klassen vor. Die Pixmap-Klassen sind für Zeichnungen ausgelegt und optimiert. Im nächsten Abschnitt wird dann die Klasse `QCursor` behandelt, mit der man dem Mauscursor ein spezielles Aussehen geben kann. Der dritte Abschnitt stellt mit der Klasse `QImage` die zweite Klasse neben den Pixmap-Klassen vor, die von Qt für die Bildbearbeitung angeboten wird. Während die Pixmap-Klassen für Zeichnungen ausgelegt und optimiert sind, ist die Klasse `QImage` für E/A, direkte Pixel-Zugriffe und -Manipulationen geeignet, da sie ein hardwareunabhängiges Pixmap-Format verwendet. Im letzten Abschnitt dieses Kapitels wird dann noch die Klasse `QPicture` vorgestellt, die es ermöglicht, `QPainter`-Kommandos aufzuzeichnen und wieder ausführen zu lassen.

11.1 Pixmap-Klassen

11.1.1 Format einer Pixmap

Das Format einer Pixmap ist sehr einfach. Als Beispiel soll die Kodierung der deutschen Nationalflagge (schwarz, rot, gelb) mit einer blauen Linie oben, einer weißen Linie links und einem grünen Balken rechts als Pixmap hier definiert werden:

```
/* XPM */
static char * germanFlag[] = {
"47 21 7 1",   // 47 Pixel breit, 21 Pixel hoch;
               // 7 Farben mit einem Zeichen pro Farbangabe
"      c #FFFFFF", // Leerzeichen steht fuer WEISS
".     c #0000FF", // Punkt       steht fuer BLAU
"o     c #00FF00", // o           steht fuer GRÜN
"#     c #000000", // #           steht fuer SCHWARZ
"$     c #FF0000", // $           steht fuer ROT
"&     c #FFFF00", // &           steht fuer GELB
"ä     c None",       // ä = transparente Stelle

         // Nachfolgend: Pixelweise Kodierung des Bildes
```

```
" ................................oooooooooooooo",
" ################################oooooooooooooo",
" ################################oooooooooooooo",
" ################################oooooooooooooo",
" ################################oooooooooooooo",
" ################################oooooooooooooo",
" ################################oooooooooooooo",
" ################################oooooooooooooo",
" $$$$$$$$$$$$$$$$$$$$$$$$$$$$$$$$oooooooooooooo",
" $$$$$$$$$$$$$$$$$$$$$$$$$$$$$$$$oooooooooooooo",
" $$$$$$$$$$$$$$$$$$$$$$$$$$$$$$$$oooooooooooooo",
" $$$$$$$$$$$$$$$$$$$$$$$$$$$$$$$$oooooooooooooo",
" $$$$$$$$$$$$$$$$$$$$$$$$$$$$$$$$oooooooooooooo",
" $$$$$$$$$$$$$$$$$$$$$$$$$$$$$$$$oooooooooooooo",
" $$$$$$$$$$$$$$$$$$$$$$$$$$$$$$$$oooooooooooooo",
" &&&&&&&&&&&&&&&&&&&&&&&&&&&&&&&&oooooooooooooo",
" &&&&&&&&&&&&&&&&&&&&&&&&&&&&&&&&oooooooooooooo",
" &&&&&&&&&&&&&&&&&&&&&&&&&&&&&&&&oooooooooooooo",
" &&&&&&&&&&&&&&&&&&&&&&&&&&&&&&&&oooooooooooooo",
" &&&&&&&&&&&&&&&&&&&&&&&&&&&&&&&&oooooooooooooo",
" &&&&&&&&&&&&&&&&&&&&&&&&&&&&&&&&oooooooooooooo",
" &&&&&&&&&&&&&&&&&&&&&&&&&&&&&&&&oooooooooooooo" };
```

11.1.2 Die Klasse `QPixmap`

Die Klasse `QPixmap` ist eine der beiden Klassen, die von Qt für die Bildbearbeitung bereitgestellt wird; `QImage` ist die andere. Während `QPixmap` für Zeichnungen ausgelegt und optimiert ist, ist die Klasse `QImage` für E/A und direkte Pixel-Zugriffe und -Manipulationen geeignet.

Ein typische Verwendung der Klasse `QPixmap` ist ein flimmerfreies Aktualisieren einer Zeichenfläche, wenn neue Elemente zu zeichnen sind, wobei meist die folgende Vorgehensweise gewählt wird:

1. Anlegen einer Pixmap mit der gleichen Größe wie das Widget
2. Füllen der Pixmap mit der Hintergrundfarbe des Widget
3. Zeichnen des Elements in die Pixmap
4. Kopieren der Pixmap mit `bitBlt()` in das Widget

Eine Pixmap kann jedoch nicht nur in einer Zeichenfläche angezeigt werden, sondern auch in Labels, Buttons usw., wenn die entsprechenden Klassen hierzu eine Methode `setPixmap()` anbieten.

Die Klasse `QPixmap` bietet unter anderem die folgenden Konstruktoren an:

`QPixmap()`
: legt eine leere Pixmap an.

`QPixmap(QByteArray& img_data)`
: legt eine Pixmap an, in der das Bild `img_data` abgelegt wird. `img_data` kann dabei das Bild in einem beliebigen von Qt unterstützten Bildformat enthalten.

`QPixmap(char *xpm[])`
: legt ein Pixmap an, in der das Bild aus dem Array `xpm` abgelegt wird. Das Array `xpm` muss dabei ein gültiges XPM-Bild enthalten.

`QPixmap(QString& fileName, char *fmt, int convert)`

legt Pixmap an, in der das Bild aus der Datei `fileName` abgelegt wird. Für `convert` kann eine ganze Reihe von Konstanten angegeben werden, die man in der Qt-Online-Dokumentation nachschlagen kann, wobei bei `convert=0` die voreingestellten Flags verwendet werden, was auch für die meisten Anwendungsfälle ausreicht.

`QPixmap(QPixmap& pixmap)`

legt eine Pixmap an, die eine Kopie von `pixmap` ist.

Wichtige Methoden, die die Klasse `QPixmap` anbietet, sind:

`bool convertFromImage(QImage& img, int convert)`

konvertiert das Bild `img`, das im `QImage`-Format vorliegt, in eine Pixmap und legt dieses Bild als neue Pixmap fest. War die Konvertierung erfolgreich, liefert diese Methode `true`, andernfalls `false`.

`QImage convertToImage() const`

konvertiert diese Pixmap in ein Bild im `QImage`-Format und liefert dieses als Rückgabe. Eine Rückgabe von `null` zeigt dabei an, dass die Konvertierung fehlschlug.

`fill(const QColor& fillColor=Qt::white)`

füllt die Pixmap mit der Farbe `fillColor`.

```
QPixmap grabWidget(QWidget *widget, int x=0, int y=0,
                   int w=-1, int h=-1) static
QPixmap grabWindow(WId window, int x=0, int y=0,
                   int w=-1, int h=-1) static
```

liefern eine Pixmap zurück, die `widget` bzw. `window` als Bild enthält. Wenn `widget` Subwidgets enthält, so werden diese ebenfalls in das Bild übernommen. Mit den Parametern `x`, `y`, `w` und `h` lässt sich auch nur ein rechteckiger Ausschnitt innerhalb von `widget` bzw. `window` festlegen, der als Bild zu übernehmen ist. Die Voreinstellungen für diese Parameter sind: `(0,0)` für die linke obere Ecke und `w=-1` bzw. `h=-1` für die volle Breite bzw. Höhe.

`int width() const`

`int height() const`

liefern die Breite bzw. die Höhe der Pixmap.

`const char* imageFormat(QString& fileName) static`

liefert das Bildformat des Bildes, das sich in der Datei `fileName` befindet, als String. Die Rückgabe eines `null`-String bedeutet, dass die Datei entweder nicht lesbar ist oder aber ihr Inhalt keinem von Qt unterstützten Bildformat entspricht.

`bool isNull() const`

liefert `true` für eine null-Pixmap, andernfalls `false`. Eine null-Pxmap hat eine Breite und Höhe der Länge `0` und keinerlei Inhalt.

`bool isQBitmap() const`

liefert `true`, wenn Pixmap eine Bitmap (Pixmap mit Farbtiefe 1) ist, sonst `false`.

`resize(int w, int h)`

`resize(const QSize& size)`

legen eine neue Größe für die Pixmap fest.

`QSize size() const`

`QRect rect() const`

liefert die Größe der Pixmap bzw. das die umschließende Rechteck `(0,0,width(),height())`.

`bool save(QString& fileName, char *fmt, int quality) const`

speichert die Pixmap in der Datei `fileName` und liefert `true`, wenn dieses Abspeichern erfolgreich war, andernfalls `false`. Die Pixmap wird dabei im Bildformat `fmt` in der Datei `fileName` gespeichert. Über den Parameter `quality` kann ein Komprimierungsfaktor `[0,100]` beim Abspeichern festgelegt werden: `0` für kleine und stark komprimierte Dateien bis `100` für große unkomprimierte Dateien. Bei `quality=-1` wird ein voreingestellter Komprimierungsfaktor verwendet.

`bool load(QString& fileName, char *fmt=0, ColorMode mode=Auto)`

`bool load(QString& fileName, char *fmt, int convert)`

Beide Methoden laden eine Pixmap aus der Datei `fileName` und liefern `true`, wenn dieses Laden erfolgreich war, andernfalls `false`. Ist `fmt` angegeben, wird die Pixmap mittels dieses Formats gelesen. Ist kein `fmt` angegeben, liest diese Methode ein paar Bytes am Anfang der Datei und versucht so, automatisch das Format des Bildes zu erkennen, das sich in der Datei `fileName` befindet. Für den Parameter `convert` kann eine ganze Reihe von Konstanten angegeben werden, die der interessierte Leser in der Qt-Online-Dokumentation nachschlagen kann. Wird für den Parameter `convert` der Wert `0` angegeben, so werden die voreingestellten Flags verwendet, was auch für die meisten Anwendungsfälle ausreicht.

`bool loadFromData(uchar *buf, uint len, char *fmt, int convert)`

```
bool loadFromData(uchar *buf, uint len, char *fmt=0,
                  ColorMode mode=Auto)
```

`bool loadFromData(QByteArray& buf, char *fmt=0, int convert=0)`

Diese Methoden laden eine Pixmap aus dem Puffer `buf` und liefern `true`, wenn dieses Laden erfolgreich war, andernfalls `false`. Wie viele Bytes aus dem Puffer `buf` zu lesen sind, kann bei den ersten beiden Methoden über den Parameter `len` festgelegt werden. Ist `fmt` angegeben, wird die Pixmap mittels dieses Formats gelesen. Ist kein `fmt` angegeben, liest diese Methode ein paar Bytes am Anfang der Datei und versucht so, automatisch das Format des Bildes zu erkennen, das sich in der Datei `fileName` befindet. Für den Parameter `convert` kann eine ganze Reihe von Konstanten angegeben werden, die der interessierte Leser in der Qt-Online-Dokumentation nachschlagen kann. Wird für den Parameter `convert` der Wert `0` angegeben, so werden die voreingestellten Flags verwendet, was auch für die meisten Anwendungsfälle ausreicht.

`QPixmap& operator= (const QImage& image)`

konvertiert das `QImage`-Bild `image` in eine Pixmap, die dieser Pixmap zugewiesen und zu der eine Referenz zurückgeliefert wird.

`QPixmap& operator= (const QPixmap& pixmap)`

weist dieser Pixmap die Pixmap `pixmap` zu und liefert eine Referenz auf diese Pixmap zurück.

11.1.3 Die Klasse `QPixmapCache`

Mit der Klasse `QPixmapCache` stellt Qt einen Cache für Pixmaps zur Verfügung, den alle Applikationen verwenden können, um das Zeichnen von Pixmaps zu optimieren. In diesem Cache kann man mit der Methode `insert()` Pixmaps hinterlegen und mit der Methode `find()` wieder suchen. Um den ganzen Cache zu leeren, steht die Methode `clear()` zur Verfügung.

Die Klasse QPixmapCache bietet keinerlei Konstruktor an, sondern nur statische Funktionen, mit denen auf den globalen Pixmap-Cache zugegriffen werden kann. Für weitere Informationen zu dieser Klasse sei der interessierte Leser auf die Qt-Online-Dokumentation verweisen.

11.1.4 Die Klasse QBitmap

Die Klasse QBitmap steht für monochrome Pixmaps (1 Bit Farbtiefe) zur Verfügung. Sie wird hauptsächlich für das Anlegen benutzerdefinierter Cursorbilder und QBrush-Objekte verwendet. Ein QBitmap-Objekt ist ein QPixmap-Objekt mit der Farbtiefe 1.
Beim Zeichnen in ein QBitmap-Objekt bzw. einem QPixmap-Objekt mit der Farbtiefe 1 sollte man die Farben Qt::color0 und Qt::color1 verwenden. Qt::color0 setzt die entsprechenden Bits in dem QBitmap-Objekt auf 0, und Qt::color1 auf 1. Ein 0-Bit in einem QBitmap-Objekt steht dabei für die Hintergrundfarbe (oder weiß), ein 1-Bit für die Vordergrundfarbe (oder schwarz).
Die Klasse QBitmap bietet unter anderem die folgenden Konstruktoren an:

`QBitmap()`
: legt eine null-Bitmap an.

`QBitmap(const QString& fileName, const char *format=0)`
: legt ein Bitmap an, in der das Bild aus der Datei fileName abgelegt wird. Wenn die Datei fileName nicht existiert oder ein unbekanntes Bildformat besitzt, wird eine null-Bitmap angelegt.

`QBitmap(const QBitmap& bitmap)`
: legt eine Bitmap an, die eine Kopie von bitmap ist.

`QBitmap(int w, int h, uchar *bits, bool isXbitmap=false)`
`QBitmap(QSize& size, uchar *bits, bool isXbitmap=FALSE)`
: legen eine Bitmap mit der Größe (w,h) bzw. size und mit dem Inhalt von bits an. Unter X11 sollte für isXbitmap der Wert true angegeben werden.

Wichtige Methoden, die die Klasse QBitmap zur Verfügung stellt, sind:

`QBitmap& operator= (const QImage& image)`
: konvertiert das QImage-Bild image in eine Bitmap, die dieser Bitmap zugewiesen wird und zu der eine Referenz zurückgeliefert wird.

`QBitmap& operator= (const QBitmap& bitmap)`
`QBitmap& operator= (const QPixmap& pixmap)`
: weisen dieser Bitmap die Bitmap bitmap bzw. die Pixmap pixmap zu und liefern eine Referenz auf diese Bitmap zurück.

11.1.5 Erstellen eines Screenshot durch Ziehen der Maus^B

Programm 11.1 ermöglicht es, einen Screenshot für einen rechteckigen Bereich des Bildschirms zu erstellen. Klickt der Benutzer mit der linken oder rechten Maustaste in das eingeblendete Widget, nimmt der Cursor Kreuzform an. Nun kann der Benutzer an einem beliebigen Punkt am Bildschirm den Startpunkt seines Screenshot durch Drücken einer Maustaste festlegen. Zieht er nun die Maus bei weiterhin gedrückter Maustaste, wird ihm immer im Screenshot-Widget der bisher ausgewählte Bereich des Bildschirms angezeigt. Hat er seinen gewünschten Bereich des Bildschirms ausgewählt, muss er nur im Screenshot-Widget die rechte Maustaste anklicken, und ihm wird ein QFileDialog-Widget eingeblendet, in dem er den Dateinamen festlegen kann, unter dem dieser Screenshot als BMP-Datei zu speichern ist.

Programm 11.1 – `snapshot.cpp`:
Erstellen eines Screenshots durch Ziehen der Maus

```
#include <qapplication.h>
#include <qpushbutton.h>
#include <qpixmap.h>
#include <qlabel.h>
#include <qfiledialog.h>
#include <qpainter.h>
//........................................................ Klasse SnapShot
class SnapShot : public QWidget {
 public:
    SnapShot( QWidget *par=0, const char *nam=0 ) : QWidget( par, nam) {
       resize(350,350);
       grabx = graby = -1;
       grabbing = false;
       setMouseTracking( true );
       grabAround( QPoint(grabx=qApp->desktop()->width()/2,
                          graby=qApp->desktop()->height()/2) );
    }
 protected:
    void paintEvent( QPaintEvent * ) {
       if ( !p.isNull() ) {
          QPainter paint( this );
          paint.drawPixmap( 0, 0, p, 0,0, width(), height() );
       }
    }
    void mousePressEvent( QMouseEvent *e ) {
       if ( e->button() == RightButton) {
          if ( !p.isNull() ) {
             QString fileName = QFileDialog::getSaveFileName();
             if ( !fileName.isEmpty() )
                p.save( fileName, "BMP" );
          }
       } else {
          if ( !grabbing ) {
             grabbing = true;
             grabMouse( crossCursor ); // Cursor als Kreuz anzeigen
             grabx = graby = -1;
             oldRx = oldRy = -1;
          } else {
             grabx = mapToGlobal(e->pos()).x();
             graby = mapToGlobal(e->pos()).y();
          }
       }
    }
    void mouseMoveEvent( QMouseEvent * e ) {
        if ( grabbing && grabx > 0 && graby > 0 )
```

```
        grabAround(e->pos());
    }
    void mouseReleaseEvent( QMouseEvent * e ) {
        if ( grabbing && grabx >= 0 && graby >= 0 ) {
            grabbing = false;
            grabAround(e->pos());
            releaseMouse();
        }
    }
    void resizeEvent( QResizeEvent * ) { grab(); }
private:
    void grabAround( QPoint pos ) {
        int rx = mapToGlobal(pos).x(),
            ry = mapToGlobal(pos).y(),
            w = QABS(rx-grabx),
            h = QABS(ry-graby);
        if ( w > 10 && h > 10  &&
             ( QABS(oldRx-rx) > 10 || QABS( oldRy-ry) > 10 ) ) {
            resize( w, h );
            grab();
            oldRx = rx;   oldRy = ry;
        }
    }
    void grab() {
        if ( !isVisible() || grabx < 0 || graby < 0 )
            return;
        int w = width()-1, h = height()-1;
        if ( grabx + w > QApplication::desktop()->width() )
            grabx = QApplication::desktop()->width()-w;
        else if ( grabx < 0 )
            grabx = 0;
        if ( graby + h > QApplication::desktop()->height() )
            graby = QApplication::desktop()->height()-h;
        else if ( graby < 0 )
            graby = 0;
        p = QPixmap::grabWindow( QApplication::desktop()->winId(),
                                 grabx, graby, w, h );
    }
    QPixmap     p;
    bool        grabbing;
    int         grabx, graby, oldRx, oldRy;
};
//............................................................. main
int main( int argc, char *argv[] ) {
    QApplication a( argc, argv );
    SnapShot m;
    a.setMainWidget( &m );
    m.show();
    return a.exec();
}
```

11.1.6 Screenshot vom Bildschirm oder eines Teilbereichs^{Z}

Das Programm `snapshot2.cpp` führt beim Start sofort einen Screenshot des ganzen Bildschirms durch, den es verkleinert in einem eigenen Label anzeigt (siehe dazu auch Abbildung 11.1). Das Programm bietet nun neben einem *Quit*-Button dem Benutzer noch einen *Save*-Button an, damit er den aktuellen Snapshot in einer Datei über ein `QFileDialog`-Widget speichern kann. Um sich den Schnappschuss in Originalgröße in einem gesonderten Widget einblenden zu lassen, bietet dieses Programm den Button *Show Shot* an. Möchte der Benutzer einen Schnappschuss von einem ausgewählten rechteckigen Bereich des Bildschirms erstellen, muss er nur den Button *Mouse-Select* anklicken. Dann kann er mit gedrückter Maustaste den entsprechenden Bildschirmbereich auswählen.

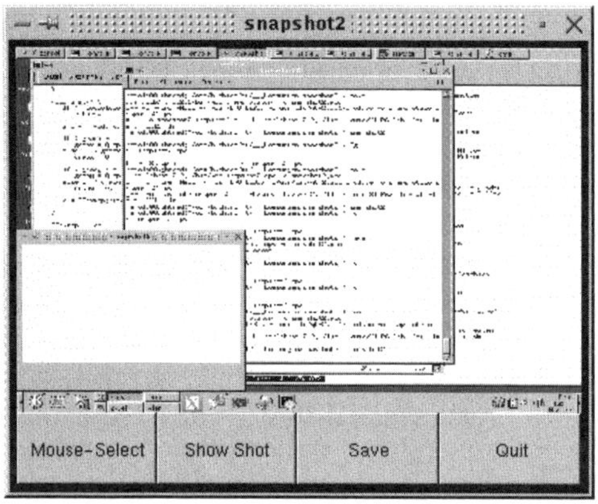

Abbildung 11.1: Snapshot des ganzen Bildschirms oder eines ausgewählten Bereichs

11.2 Die Klasse `QCursor`

Die Klasse `QCursor` stellt unterschiedliche Formen des Mauscursor zur Verfügung. Sie wird hauptsächlich verwendet, um dem Mauscursor eine spezielle Form zu geben oder aber, um den Mauscursor neu zu positionieren bzw. dessen aktuellen Position zu erfragen. Qt bietet zwar schon eine ganze Reihe von bereits vordefinierten Mauscursor-Formen an, lässt den Benutzer aber auch eigene Mauscursor-Formen definieren. Um einem Widget eine eigene Mauscursor-Form zuzuweisen, muss man die Methode `QWidget::setCursor()` aufrufen.

Um allen Widgets eine neue Mauscursor-Form zuzuweisen, muss man die statische Methode `QApplication::setOverrideCursor()` aufrufen. Um später wieder die vorherige Mauscursor-Form wiederherzustellen, muss man `QApplication::restoreOverrideCursor()` aufrufen. Mit der statischen Methode `QApplication::overrideCursor()` lässt sich die aktuelle Mauscursor-Form für alle Widgets erfragen. Diese Methode liefert einen Zeiger auf das entsprechende `QCursor`-Objekt oder aber `0`, wenn gerade kein *Override-Cursor* eingerichtet ist.

11.2.1 Konstruktoren und Methoden der Klasse `QCursor`

Folgende Konstruktoren bietet die Klasse `QCursor` an:

`QCursor()`

legt einen Mauscursor mit der voreingestellten Form an.

`QCursor(QBitmap& bitmap, QBitmap& mask, int hotX=-1,int hotY=-1)`

legt als Cursorform die Bitmap `bitmap` mit der Maske `mask` fest. `hotX` und `hotY` definieren dabei den so genannten Hotspot des Cursor. Wenn `hotX` negativ ist, wird die Bitmap beim Bewegen des Mauscursor immer so angezeigt, das sich die Mitte in horizontaler Richtung immer an der aktuellen Mausposition befindet. Ist `hotY` negativ, wird die Bitmap auch in vertikaler Richtung mittig zur aktuellen Mausposition angezeigt. Bezüglich der Kombination der einzelnen Bits aus der Bitmap (`B`) und der Maske (`M`) gelten folgende Regeln:

`B=1` und `M=1` ergibt schwarz.
`B=0` und `M=1` ergibt weiß.
`B=0` und `M=0` ergibt Transparenz
`B=1` und `M=0` ergibt ein undefiniertes Resultat.

`QCursor(QPixmap& pixmap, int hotX=-1, int hotY=-1)`

legt eine Cursorform aus der Pixmap `pixmap` fest. Über `hotX` und `hotY` kann dabei wieder der Hotspot festgelegt werden.

`QCursor(QCursor& c)`

erzeugt eine Kopie von der Cursorform `c`.

`QCursor(int shape)`

erzeugt eine vordefinierte Cursorform. Für den Parameter `shape` kann dabei eine der vordefinierten Konstanten aus der folgenden Liste angegeben werden:

`ArrowCursor`	Standard Pfeil-Cursor
`UpArrowCursor`	Aufwärts-Pfeil
`CrossCursor`	Kreuzform
`WaitCursor`	Sanduhr oder normale Uhr
`IbeamCursor`	Text-Cursor
`SizeVerCursor`	Vertikaler Strich mit Pfeilen an beiden Enden
`SizeHorCursor`	Horizontaler Strich mit Pfeilen an beiden Enden
`SizeBDiagCursor`	Diagonaler Strich (/) mit Pfeilen an beiden Enden
`SizeFDiagCursor`	Diagonaler Strich (\) mit Pfeilen an beiden Enden
`SizeAllCursor`	Kreuz mit Pfeilen an allen vier Enden
`BlankCursor`	Unsichtbarer Cursor
`SplitVCursor`	<-||->
`SplitHCursor`	horziontal splitting
`PointingHandCursor`	Zeigende Hand
`ForbiddenCursor`	Verbotsschild
`WhatsThisCursor`	ein Pfeil mit einem Fragezeichen
`BitmapCursor`	Benutzerdefinierter Bitmap-Cursor

Wichtige Methoden, die die Klasse `QCursor` anbietet, sind:

`setShape(int shape)`

legt die Cursorform fest. Für `shape` kann dabei eine der Konstanten aus der obigen Liste angegeben werden.

`int shape() const`

liefert die Konstante (`int`-Wert) für die Cursorform (s. o.).

`const QBitmap *bitmap() const`
`const QBitmap *mask() const`

liefern die Bitmap bzw. die Maske für die Cursorform oder `0`, wenn es eine Standard-Cursorform ist.

`QCursor& operator= (const QCursor& c)`

weist dieser Cursorform die Cursorform `c` zu und liefert eine Referenz auf diese Cursorform.

`setPos(int x, int y) static`

`setPos(const QPoint& p) static`

bewegen den Cursor an die globale Bildschirmposition (`x,y`) bzw. `p`.

`QPoint pos() static`

liefert die globale Bildschirmposition des Mauscursors.

11.2.2 Beispiel zu vor- und benutzerdefinierten Cursorformen[B]

Programm 11.2 blendet Labels ein. Bewegt der Benutzer die Maus über die Labels, wird ihm die entsprechende Cursorform angezeigt, die für dieses Label festgelegt wurde. Die vordefinierten Labels haben dabei hellgrau, und die benutzerdefinierten Labels hellblau als Hintergrundfarbe (siehe auch Abbildung 11.2).

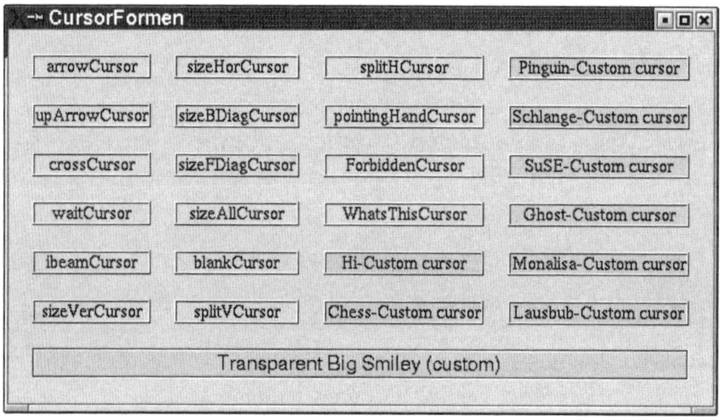

Abbildung 11.2: Anzeige vordefinierter und benutzerdefinierter Cursorformen

Programm 11.2 – `cursor.cpp`:
Anzeige vordefinierter und benutzerdefinierter Cursorformen

```
#include <qapplication.h>
#include <qlabel.h>
#include <qbitmap.h>
#include <qcursor.h>
#include <qlayout.h>
  // cb_bits und cm_bits wurden mit dem X-Programm bitmap erzeugt
#define cb_width  32
#define cb_height 32
static unsigned char cb_bits[] = {      // cursor bitmap
   0x00, 0x00, 0x00, 0x00, 0x00, 0x00, 0x00, 0x00, 0x00, 0xf8, 0x0f, 0x00,
   0x00, 0x06, 0x30, 0x00, 0x80, 0x01, 0xc0, 0x00, 0x40, 0x00, 0x00, 0x01,
   0x20, 0x00, 0x00, 0x02, 0x10, 0x00, 0x00, 0x04, 0x08, 0x3e, 0x3e, 0x08,
   0x08, 0x03, 0xe0, 0x08, 0xc4, 0x00, 0x00, 0x11, 0x04, 0x1e, 0x78, 0x10,
   0x02, 0x0c, 0x30, 0x20, 0x02, 0x40, 0x00, 0x20, 0x02, 0x40, 0x00, 0x20,
```

```
    0x02, 0x40, 0x00, 0x20, 0x02, 0x20, 0x04, 0x20, 0x02, 0x20, 0x04, 0x20,
    0x02, 0x10, 0x08, 0x20, 0x02, 0x08, 0x08, 0x20, 0x02, 0xf0, 0x07, 0x20,
    0x04, 0x00, 0x00, 0x10, 0x04, 0x00, 0x00, 0x10, 0x08, 0x00, 0xc0, 0x08,
    0x08, 0x3c, 0x30, 0x08, 0x10, 0xe6, 0x19, 0x04, 0x20, 0x00, 0x0f, 0x02,
    0x40, 0x00, 0x00, 0x01, 0x80, 0x01, 0xc0, 0x00, 0x00, 0x06, 0x30, 0x00,
    0x00, 0xf8, 0x0f, 0x00, 0x00, 0x00, 0x00, 0x00};
#define cm_width  32
#define cm_height 32
static unsigned char cm_bits[] = {      // cursor bitmap mask
    0x00, 0x00, 0x00, 0x00, 0x00, 0xf8, 0x1f, 0x00, 0x00, 0xfe, 0x3f, 0x00,
    0x80, 0x07, 0xf0, 0x00, 0xc0, 0x01, 0xc0, 0x01, 0x60, 0x00, 0x00, 0x03,
    0x30, 0x00, 0x00, 0x06, 0x18, 0x00, 0x00, 0x0c, 0x0c, 0x3e, 0x3e, 0x18,
    0x0e, 0x03, 0xe0, 0x18, 0xc6, 0x00, 0x00, 0x31, 0x07, 0x1e, 0x78, 0x30,
    0x03, 0x0c, 0x30, 0x60, 0x03, 0x40, 0x00, 0x60, 0x03, 0x40, 0x00, 0x60,
    0x03, 0x40, 0x00, 0x60, 0x03, 0x20, 0x04, 0x60, 0x03, 0x20, 0x04, 0x60,
    0x03, 0x10, 0x08, 0x60, 0x03, 0x08, 0x08, 0x60, 0x03, 0xf0, 0x07, 0x60,
    0x06, 0x00, 0x00, 0x30, 0x06, 0x00, 0x00, 0x30, 0x0c, 0x00, 0xc0, 0x18,
    0x0c, 0x3c, 0x30, 0x18, 0x18, 0xe6, 0x19, 0x0c, 0x30, 0x00, 0x0f, 0x06,
    0x60, 0x00, 0x00, 0x03, 0xc0, 0x01, 0xc0, 0x01, 0x80, 0x07, 0xf0, 0x00,
    0x00, 0xfe, 0x3f, 0x00, 0x00, 0xf8, 0x0f, 0x00};
//.............................................................. CursorView
class CursorView : public QWidget {
 public:
    CursorView() {
       static struct {
          CursorShape shape;
          const char  *name;
       } list[] = { { Qt::ArrowCursor,          "arrowCursor"          },
                    { Qt::UpArrowCursor,        "upArrowCursor"        },
                    { Qt::CrossCursor,          "crossCursor"          },
                    { Qt::WaitCursor,           "waitCursor"           },
                    { Qt::IbeamCursor,          "ibeamCursor"          },
                    { Qt::SizeVerCursor,        "sizeVerCursor"        },
                    { Qt::SizeHorCursor,        "sizeHorCursor"        },
                    { Qt::SizeBDiagCursor,      "sizeBDiagCursor"      },
                    { Qt::SizeFDiagCursor,      "sizeFDiagCursor"      },
                    { Qt::SizeAllCursor,        "sizeAllCursor"        },
                    { Qt::BlankCursor,          "blankCursor"          },
                    { Qt::SplitVCursor,         "splitVCursor"         },
                    { Qt::SplitHCursor,         "splitHCursor"         },
                    { Qt::PointingHandCursor, "pointingHandCursor" },
                    { Qt::ForbiddenCursor,      "ForbiddenCursor"      },
                    { Qt::WhatsThisCursor,      "WhatsThisCursor"      } };
       int listSize = sizeof( list ) / sizeof( *list );

       static struct {
          const char *fileName;
          const char *text;
       } list2[] = { { "hi.xpm",          "Hi-Custom cursor"       },
                     { "chess.xpm"   ,   "Chess-Custom cursor"    },
```

```
                        { "penguin.xpm",  "Pinguin-Custom cursor"  },
                        { "snake.xpm",    "Schlange-Custom cursor" },
                        { "suse.xpm",     "SuSE-Custom cursor"     },
                        { "gv.xpm",       "Ghost-Custom cursor"    },
                        { "monalisa.xpm", "Monalisa-Custom cursor" },
                        { "lausbub.xpm",  "Lausbub-Custom cursor"  } };
        setCaption( "CursorFormen" );
        QGridLayout* grid = new QGridLayout( this, 6, 5, 20 );
        QLabel *label;
        int i=0;
        for ( int y=0; y<4; y++ ) {
           for ( int x=0; x<6; x++ ) {
              label = new QLabel( this );
              label->setAlignment( AlignCenter );
              label->setFrameStyle( QFrame::Box | QFrame::Raised );
              label->setFont( QFont( "Times", 12 ) );
              if ( i < listSize ) {
                 label->setCursor( QCursor( list[i].shape ) );
                 label->setText( list[i].name );
              } else {
                 QPixmap  cb( list2[i-listSize].fileName );
                 QCursor custom( cb );
                 label->setCursor( custom );
                 label->setPaletteBackgroundColor( Qt::blue.light( 180 ) );
                 label->setText( list2[i-listSize].text );
              }
              grid->addWidget( label, x, y );
              i++;
           }
        }
        QBitmap cb( cb_width, cb_height, cb_bits, true );
         QBitmap cm( cm_width, cm_height, cm_bits, true );
         QCursor custom( cb, cm );
        label = new QLabel( this );
         label->setCursor( custom );
         label->setPaletteBackgroundColor( Qt::blue.light( 180 ) );
        label->setText( "Transparent Big Smiley (custom)" );
         label->setAlignment( AlignCenter );
         label->setFrameStyle( QFrame::Box | QFrame::Sunken );
        grid->addMultiCellWidget( label, 6, 6, 0, 3 );
    }
};
//.............................................................. main
int main( int argc, char *argv[] ) {
    QApplication a( argc, argv );
    CursorView   v;
    a.setMainWidget( &v );
    v.show();
    return a.exec();
}
```

11.2.3 Ändern des Mauscursor bei einem Mausklick^{Z}

Das Programm cursor2.cpp blendet ein Widget ein, in dem bei jedem Drücken der Maustaste der Cursor eine andere, zufällig gewählte, benutzerdefinierte Form annimmt. Der Hotspot ist dabei die linke obere Ecke des Cursorbildes.

11.3 Die Klassen QImage und QImageIO

Die Klasse QImage ist eine der beiden Klassen, die von Qt für die Bildbearbeitung bereitgestellt wird; QPixmap ist die andere Klasse. Während QPixmap für Zeichnungen ausgelegt und optimiert ist, ist die Klasse QImage für E/A und direkte Pixel-Zugriffe und -Manipulationen geeignet, da die Klasse QImage ein hardwareunabhängiges Pixmap-Format verwendet.
Ein QImage-Objekt hat die Parameter: Breite, Höhe, Tiefe (*bits per pixel, bpp*), eine Farbtabelle und die eigentlichen Pixel. Daneben gibt es noch Alpha-Kanäle, auf die hier nicht genauer eingegangen wird. Der interessierte Leser sei auf die Qt-Online-Dokumentation verwiesen.
Die Klasse QImage unterstützt Tiefen von 1-bpp, 8-bpp und 32-bpp. 1-bpp und 8-bpp Images verwenden eine Farbtabelle, wobei der Pixelwert ein Index für die Farbtabelle ist. 32-bpp Images kodieren einen RGB-Wert in 24 Bits und ignorieren die Farbtabelle. Das signifikanteste Byte wird für den Alpha-Puffer (Transparenz) verwendet.
Ein Eintrag in die Farbtabelle ist ein RGB-Wert, der sich aus den drei zugehörigen Werten zusammensetzt. Um die einzelnen Komponenten eines solchen RGB-Werts zu erfragen, verwendet man üblicherweise die QColor-Methoden qRed(), qGreen() und qBlue().
1-bpp (monochrome) Images haben eine Farbtabelle mit maximal zwei Farben. Da es zwei verschiedene Formate für die Bit-Reihenfolge gibt (*big endian* und *little endian*), sieht ein Zugriff auf ein einzelnes Bit z.B. wie folgt aus:

```
QImage image;
  // setze das Bit an Position (x,y) auf 1
if ( image.bitOrder() == QImage::LittleEndian )
    *(image.scanLine(y) + (x >> 3)) |= 1 << (x & 7);
else
    *(image.scanLine(y) + (x >> 3)) |= 1 << (7 -(x & 7));
```

Mit 8-bpp Images, die immer ein Byte pro Pixel haben, lässt sich wesentlich einfacher umgehen, wie der folgende Codeausschnitt zeigt:

```
QImage image;
  // setzt Eintrag 19 in der Farbtabelle auf gelb
image.setColor( 19, qRgb(255,255,0) );
  // setzt das Pixel an Position (x,y) auf gelb (Eintrag 19 in Farbtabelle)
*(image.scanLine(y) + x) = 19;
```

32-bpp Images ignorieren die Farbtabelle und enthalten stattdessen für jedes Pixel die entsprechenden RGB-Werte, wobei das signifikanteste Byte für den Alpha-Puffer reserviert ist.

```
QImage image;
  // setzt die 32 Bits für das Pixel an Pos. (x,y) auf gelb
uint *p = (uint *)image.scanLine(y) + x;
*p = qRgb(255,255,0);
```

Die Klasse QImage verwendet explizites Sharing, ähnlich der Klasse QArray.

11.3.1 Konstruktoren und Methoden der Klasse `QImage`

Die Klasse `QImage` bietet unter anderem folgende Konstruktoren an:

`QImage()`
: legt ein leeres `null`-Image an.

`QImage(const QByteArray& array)`
: legt ein Image zum `array` an, das ein von Qt unterstütztes Bildformat haben muss.

`QImage(QSize& s, int t, int n=0, Endian order=IgnoreEndian)`
`QImage(int w, int h, int t, int n=0, Endian order=IgnoreEndian)`
: legen Image mit `s` Pixeln bzw. der Größe (`w,h`), Farbtiefe `t` und Farbenzahl `n` an.

`QImage(const QString& fileName, const char *format=0)`
: legt Image mit dem Bild aus Datei `fileName` an.

`QImage(const QImage& image)`
: legt Image an, das eine flache Kopie von `image` ist.

`QImage(const char *xpm[])`
: legt Image an, in dem das Bild aus dem Array `xpm` abgelegt wird. Das Array `xpm` muss dabei ein gültiges XPM-Bild enthalten.

Wichtige Methoden, die die Klasse `QImage` anbietet sind:

`QImage::Endian bitOrder() const`
: liefert Bit-Reihenfolge des Image: `QImage::BigEndian` oder `QImage::LittleEndian`. Bei 1-bpp-Images wird `QImage::IgnoreEndian` zurückgegeben.

`int bytesPerLine() const`
: liefert die Anzahl der Bytes je Image-Scanline. Diese Methode entspricht dem Aufruf `numBytes()/height()`.

`QRgb color(int i) const`
: liefert die Farbe, die sich in der Farbtabelle beim Index `i` befindet.

`QRgb *colorTable() const`
: liefert einen Zeiger auf die Farbtabelle.

`QImage convertBitOrder(Endian bitOrder) const`
: konvertiert die Bit-Reihenfolge des Image entsprechend `bitOrder` und liefert das konvertierte Image als Rückgabe.

`QImage convertDepth(int depth) const`
: konvertiert die Tiefe (bpp) des Image auf `depth` und gibt konvertiertes Image zurück. Für `depth` muss einer der Werte `1`, `8`, `16` oder `32` angegeben werden.

`QImage copy() const`
: liefert eine tiefe Kopie des Image zurück.

`QImage copy(int x, int y, int w, int h) const`
`QImage copy(const QRect& r) const`
: liefern eine tiefe Kopie des rechteckigen Bereichs (`x,y,w,h`) bzw. `r` des Image zurück. Das zurückgegebene Image hat immer eine Größe von (`w,h`) bzw. `r`, eventuell auf diese Größe mit 0-Pixeln aufgefüllt.

`bool create(int w,int h,int t,int n=0, Endian ord=IgnoreEndian)`
`bool create(QSize& s, int t, int n=0, Endian ord=IgnoreEndian)`
: legen für Image die Größe `s` bzw. (`w,h`), Farbtiefe `t`, Farbenzahl `n` und Bit-Reihenfolge `ord` fest. Diese Methoden liefern `true`, wenn Festlegung erfolgreich war, sonst `false`, z. B. bei Angabe falscher Parameter oder Speicherplatzmangel.

`int depth() const`
liefert die Farbtiefe (bpp) des Image.

`fill(uint pixel)`
füllt das ganze Image mit dem Pixelwert `pixel`.

`int width() const`
`int height() const`
liefern die Breite bzw. Höhe des Image.

`const char* imageFormat(const QString& fileName) static`
liefert das Bildformat des Bildes, das sich in der Datei `fileName` befindet, als String. Die Rückgabe eines `null`-String bedeutet, dass die Datei entweder nicht lesbar ist oder aber ihr Inhalt keinem von Qt unterstützten Bildformat entspricht.

`QStringList inputFormatList() static`
`QStrList inputFormats() static`
liefern eine Liste von Bildformaten, die Qt bei Image-Eingaben unterstützt (vgl. auch das Programm `bildformat.cpp` auf Seite 373).

`invertPixels(bool invertAlpha=true)`
invertiert alle Pixelwerte des Image.

`bool isNull() const`
liefert `true`, wenn das Image ein `null`-Image (alle Parameter=0) ist.

`bool load(const QString& fileName, const char *format=0)`
lädt ein Image aus der Datei `fileName` und liefert `true`, wenn dieses Laden erfolgreich war, andernfalls `false`. Ist ein `format` angegeben, so wird das Image mittels dieses Formats gelesen. Ist kein `format` angegeben, liest diese Methode ein paar Bytes am Anfang der Datei und versucht so automatisch, das Format des Bildes zu erkennen, das sich in der Datei `fileName` befindet.

`bool loadFromData(QByteArray buf, const char *format=0)`
`bool loadFromData(uchar *buf, uint len, const char *format=0)`
laden beide ein Image aus dem Puffer `buf` und liefern `true`, wenn dieses Laden erfolgreich war, andernfalls `false`. Wie viele Bytes aus dem Puffer `buf` zu lesen sind, muss bei der zweiten Methode über den Parameter `len` festgelegt werden. Ist ein `format` angegeben, so wird die Pixmap mittels dieses Formats gelesen. Ist kein `format` angegeben, liest diese Methode ein paar Bytes am Anfang des Puffers `buf` und versucht so automatisch, das Format des Bildes zu erkennen, das sich im Puffer `buf` befindet.

`QImage mirror() const`
liefert eine Kopie dieses Image, welche dieses Image vertikal gespiegelt enthält.

`QImage mirror(bool horizontal, bool vertical) const`
liefert Image horizontal und/oder vertikal gespiegelt.

`int numColors() const`
liefert die Größe der Farbtabelle dieses Image.

`QImage& operator= (const QPixmap& pixmap)`
weist diesem Image die Pixmap `pixmap` zu und liefert eine Referenz auf dieses Image zurück. Diese Methode ruft `QPixmap::convertToImage()` auf.

`QImage& operator= (const QImage& image)`
weist diesem Image eine flache Kopie von `image` und liefert eine Referenz auf dieses Image zurück.

`QStringList outputFormatList() static]`

`QStrList outputFormats() static`

liefern eine Liste von Bildformaten, die Qt bei Image-Ausgaben unterstützt (vgl. auch das Programm `bildformat.cpp` auf Seite 373).

`QRgb pixel(int x, int y) const`

liefert die Farbe des Pixel an der Position (`x,y`) im Image.

`int pixelIndex(int x, int y) const`

liefert den Index des Pixel an der Position (`x,y`).

`QRect rect() const`

liefert das umschließende Rechteck (`0,0,width(),height()`) des Image.

`bool save(QString& fileName, const char *format, int quality)`

speichert das Image in der Datei `fileName` ab und liefert `true`, wenn dieses Abspeichern erfolgreich war, andernfalls `false`. Das Image wird dabei im Bildformat `format` in der Datei `fileName` gespeichert. Über den Parameter `quality` kann man den Komprimierungsfaktor `[0,100]` beim Abspeichern festlegen: `0` für kleine und stark komprimierte Dateien bis `100` für große unkomprimierte Dateien. Bei `quality=-1` wird ein voreingestellter Komprimierungsfaktor verwendet.

`setColor(int i, QRgb c)`

setzt die Farbe `c` für den `i`.ten Eintrag in der Farbtabelle.

`setNumColors(int numColors)`

legt eine neue Farbenzahl `numColors` für das Image fest, was bedeutet, dass diese Methode die Größe der Farbtabelle ändert. Wird die Farbtabelle vergrößert, so werden alle neuen Farben auf schwarz (RGB-Wert: `0,0,0`) gesetzt.

`QSize size() const`

liefert die Größe des Image.

`QImage smoothScale(QSize& s, ScaleMode mode=ScaleFree) const`

`QImage smoothScale(int w, int h, ScaleMode mode=ScaleFree) const`

liefert eine skalierte Kopie des Image. Das gelieferte Image hat bei `mode=ScaleFree` eine Größe von `s` bzw. `w x h` Pixel. Bei den beiden anderen möglichen `mode`-Angaben wird das Seitenverhältnis (*ratio*) des Bildes beim Skalieren beibehalten (siehe auch Abbildung 11.3), wobei das Bild so skaliert wird, dass es ...:

`ScaleMin`	in jedem Fall in die vorgegebene Größe passt.
`ScaleMax`	mindestes horizontal bzw. vertikal in vorgegebene Größe passt.

`QImage swapRGB() const`

liefert ein Image, in dem die Werte der roten und blauen RGB-Komponenten aller Pixel vertauscht sind. Von einem RGB-Image wird also ein BGR-Image geliefert.

`bool valid(int x, int y) const`

liefert `true`, wenn (`x,y`) eine gültige Position im Image ist, sonst `false`.

`QImage::Endian systemBitOrder() static`

liefert die Bit-Reihenfolge der Graphik-Hardware: `QImage::LittleEndian` oder `QImage::BigEndian`.

`QImage::Endian systemByteOrder() static`

liefert die Byte-Reihenfolge der Maschine: `QImage::LittleEndian` oder `QImage::BigEndian`.

11.3.2 Routinen zum Setzen bzw. Erfragen einzelner Pixel

```
//........................................................... 1bpp-Images
void setPixel1bpp( QImage &image, int x, int y, bool pixelValue ) {
   if ( pixelValue ) {
        //.... setze das Bit an Position (x,y) auf 1
      if ( image.bitOrder() == QImage::LittleEndian )
         *(image.scanLine(y) + (x >> 3)) |= 1 << (x & 7);
      else
         *(image.scanLine(y) + (x >> 3)) |= 1 << (7 -(x & 7));
   } else {
        //.... setze das Bit an Position (x,y) auf 0
      if ( image.bitOrder() == QImage::LittleEndian )
         *(image.scanLine(y) + (x >> 3)) &= 254 << (x & 7);
      else
         *(image.scanLine(y) + (x >> 3)) &= 254 << (7 -(x & 7));
   }
}
void getPixel1bpp( QImage &image, int x, int y ) {
   if ( image.bitOrder() == QImage::LittleEndian )
      return *(image.scanLine(y) + (x >> 3)) &= 1 << (x & 7);
   else
      return *(image.scanLine(y) + (x >> 3)) &= 1 << (7 -(x & 7));
}
//........................................................... 8bpp-Images
void setPixel8bpp( QImage &image, int x, int y, unsigned char pixelValue ) {
   *( image.scanLine(y) + x ) = pixelValue;
}
void getPixel8bpp( QImage &image, int x, int y ) {
   return *( image.scanLine(y) + x );
}
//.......................................................... 32bpp-Images
void setPixel32bpp( QImage &image, int x, int y,
                    uint red, uint green, uint blue ) {
   uint *ptr =(uint *)image.scanLine(y) + x;
   *ptr = qRgb( red, green, blue );
}
void getPixel32bpp( QImage &image, int x, int y,
                    uint &red, uint &green, uint &blue ) {
   uint *ptr =(uint *)image.scanLine(y) + x;
   red   = qRed( *ptr );
   green = qGreen( *ptr );
   blue  = qBlue( *ptr );
}
```

Mit diesen Routinen und der Qt-Dokumentation zu den Klassen QImageFormatType und QImageIO ist es möglich, ein eigenes Image-Format zu implementieren.

11.3.3 Die Klasse `QImageIO` für benutzerdefinierte Bildformate

Mit der Klasse `QImageIO` ist es möglich, eigene Bildformate zu definieren und diese in Qt-Programmen zu bearbeiten. Nehmen wir an, wir haben ein eigenes Bildformat `MBF` (*My Beauty Format*) erfunden und möchten nun einen Filter hinzufügen, um `MBF`-Bilder zu lesen und zu schreiben. Die entsprechenden Routinen dazu sind wie folgt deklariert:

```
void readMBF( QImageIO * )
void writeMBF( QImageIO * )
```

Um diese beiden Routinen zu registrieren, muss man nun folgende statische Methode der Klasse `QImageIO` aufrufen:

```
QImageIO::defineIOHandler( const char * format, // Format-Kennung
                           const char * header, // Regulärer Ausdr. für automat.
                                                // Erkennung  des Bildformats
                           const char * flags, // "T" für Textformat und
                                               // 0 für alle anderen
                           image_io_handler read_image, // Leseroutine
                           image_io_handler write_image ) // Schreibroutine
```

Für unser MBF-Format wäre z. B. folgender Aufruf denkbar:

```
QImageIO::defineIOHandler( "MBF", "^.*[Mm][Bb][Ff]", "T",
                           readMBF, writeMBF );
```

Auf eine tiefergehende Behandlung benutzerdefinierter Bildformate wird hier verzichtet. Programmierer, die eigene Bildformate erstellen, werden ohnehin nicht ohne die Qt-Online-Dokumentation auskommen.

11.3.4 Skalierungsarten bei `smoothScale()` ^{B}

Programm 11.3 zeigt die unterschiedlichen Skalierungsarten bei der Methode `smoothScale()`. Dieses Programm blendet das in Abbildung 11.3 gezeigte Widget ein.

Programm 11.3 – `smoothscale.cpp`:
Unterschiedliche Skalierungsarten bei `smoothScale()`

```
#include <qapplication.h>
#include <qwidget.h>
#include <qpainter.h>
#include <qimage.h>
class SmoothScale : public QWidget {
 public:
   SmoothScale(QWidget* parent = 0) : QWidget( parent ) {
      setPaletteBackgroundColor( Qt::white );
      QApplication::setOverrideCursor( waitCursor );
      img.load("lausbub.xpm");
      QApplication::restoreOverrideCursor();
   }
 protected:
   void paintEvent( QPaintEvent * ) {
      male( 150, 100, 70 );
      male( 70, 150, 320 );
   }
```

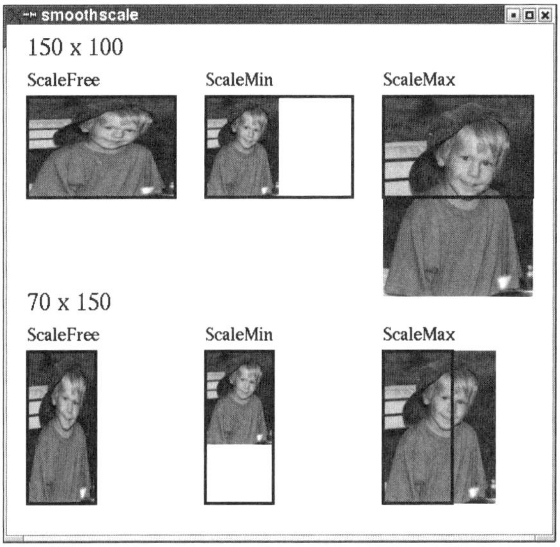

Abbildung 11.3: Unterschiedliche Skalierungsarten bei smoothScale()

```
    void male( int xs, int ys, int off ) {
       scaleFree.convertFromImage(img.smoothScale(xs, ys, QImage::ScaleFree));
       scaleMin.convertFromImage(img.smoothScale(xs, ys, QImage::ScaleMin));
       scaleMax.convertFromImage(img.smoothScale(xs, ys, QImage::ScaleMax));
       QString text;
       text.sprintf("%d x %d", xs, ys );
       QPainter p( this );
       p.setFont( QFont( "Times", 20 ) ); p.drawText( 20, off-40, text );
       p.setFont( QFont( "Times", 14 ) ); p.setPen( QPen( Qt::black, 3 ) );
       p.drawPixmap( 20, off, scaleFree ); p.drawText( 20, off-10, "ScaleFree");
       p.drawPixmap( 200, off, scaleMin ); p.drawText( 200, off-10, "ScaleMin");
       p.drawPixmap( 380, off, scaleMax ); p.drawText( 380, off-10, "ScaleMax");
       p.drawRect(  20, off, xs, ys);
       p.drawRect( 200, off, xs, ys);
       p.drawRect( 380, off, xs, ys);
    }
 private:
    QImage   img;
    QPixmap  scaleFree, scaleMin, scaleMax;
};
int main( int argc, char *argv[] ) {
    QApplication a( argc, argv );
    SmoothScale *s = new SmoothScale();
    s->setGeometry( 50, 50, 550, 500 );
    s->show();
    a.setMainWidget( s );
    return a.exec();
}
```

11.3.5 Einfache Bildbearbeitung^B

Programm 11.4 ermöglicht eine einfache Bildbearbeitung. Über das *File*-Menü lässt es den Benutzer zum einen Bilddateien laden und unter verschiedenen Formaten abspeichern (siehe auch links in Abbildung 11.4). Das *Edit*-Menü erlaubt es dem Benutzer, ein geladenes Bild zu bearbeiten (siehe auch rechts in Abbildung 11.4). Ein geladenes Bild wird, wenn notwendig, mit Laufbalken in einer Scrollview angezeigt.

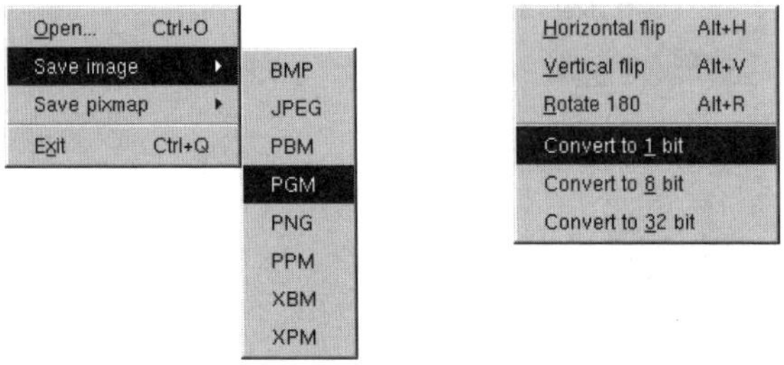

Abbildung 11.4: *File*- und `Edit`-Menü des Programms 11.4

Programm 11.4 – `image.cpp`:
Einfache Bildbearbeitung

```
#include <qapplication.h>
#include <qwidget.h>
#include <qscrollview.h>
#include <qmenubar.h>
#include <qfiledialog.h>
#include <qmessagebox.h>
#include <qpopupmenu.h>
#include <qlabel.h>
#include <qlayout.h>
#include <qkeycode.h>
#include <qimage.h>
#include <stdio.h>
/* XPM */
static const char *image_xpm[] = {
"17 15 9 1",
"        c #7F7F7F",
".       c #FFFFFF",
"X       c #00B6FF",
"o       c #BFBFBF",
"O       c #FF6C00",
"+       c #000000",
"@       c #0000FF",
"#       c #6CFF00",
"$       c #FFB691",
"             ..XX",
" .......o    .XXX",
" .OOOOOOOo.  XXX+",
" .O@@@@@@+++XXX++",
```

```
" .O@@@@@@O.XXX+++",
" .O@@@@@@OXXX+++.",
" .O######XXX++...",
" .O#####XXX++....",
" .O##$#$XX+o+....",
" .O#$$$$$+.o+....",
" .O##$$##O.o+....",
" .OOOOOOOO.o+....",
" .........o+....",
" ooooooooooo+....",
"++++++++++++...."
};
class ImageIconProvider : public QFileIconProvider {
 public:
    ImageIconProvider( QWidget *parent=0, const char *name=0 )
              : QFileIconProvider( parent, name ), imagepm(image_xpm) {
       fmts = QImage::inputFormats();
    }
    const QPixmap * pixmap( const QFileInfo &fi ) {
       QString ext = fi.extension().upper();
       if ( fmts.contains(ext) )
          return &imagepm;
       else
          return QFileIconProvider::pixmap(fi);
    }
 private:
    QStrList fmts;
    QPixmap  imagepm;
};
class MyScrollView : public QScrollView {
 public:
    MyScrollView( QWidget* parent = 0 ) : QScrollView( parent) {
        l = new QLabel( viewport() );   addChild( l );
    }
    void setPixmap( QPixmap pm ) { l->setPixmap( pm ); }
 private:
    QLabel *l;
};
class ImageViewer : public QWidget {
    Q_OBJECT
public:
    ImageViewer( QWidget *parent=0, const char *name=0, int wFlags=0 );

    void loadImage( QString fileName ) {
       filename = fileName;
       if ( filename ) {
          QApplication::setOverrideCursor( waitCursor );
          if ( image.load(filename, 0) &&  pm.convertFromImage(image) ) {
             setCaption( filename );   ms->setPixmap( pm );
          }
```

```
            QApplication::restoreOverrideCursor();
        }
        setMenuItemFlags();
    }
private slots:
    void to1Bit()  { toBitDepth(1);  }
    void to8Bit()  { toBitDepth(8);  }
    void to32Bit() { toBitDepth(32); }
    void toBitDepth( int d ) {
        QApplication::setOverrideCursor( waitCursor );
        image = image.convertDepth(d);
        if ( pm.convertFromImage(image) )
            ms->setPixmap( pm );
        QApplication::restoreOverrideCursor();
        setMenuItemFlags();
    }
    void hFlip()  { setImage(image.mirror(true, false)); }
    void vFlip()  { setImage(image.mirror(false, true)); }
    void rot180() { setImage(image.mirror(true, true));  }
    void openFile() {
        QString newfilename = QFileDialog::getOpenFileName();
        if ( !newfilename.isEmpty() ) loadImage( newfilename ) ;
    }
    void saveImage( int item ) {
        const char* fmt = saveimage->text(item);
        QString savefilename =
            QFileDialog::getSaveFileName( QString::null,
                                          QString::null, this, filename);
        if ( !savefilename.isEmpty() )
            if ( !image.save( savefilename, fmt ) )
                QMessageBox::warning( this, "Save failed", "Error saving file" );
    }
    void savePixmap( int item ) {
        const char* fmt = savepixmap->text(item);
        QString savefilename =
            QFileDialog::getSaveFileName( QString::null,
                                          QString::null, this, filename);
        if ( !savefilename.isEmpty() )
            if ( !pm.save( savefilename, fmt ) )
                QMessageBox::warning( this, "Save failed", "Error saving file" );
    }
private:
    void setMenuItemFlags() {
        bool valid_image = pm.size() != QSize( 0, 0 );
        file->setItemEnabled( si, valid_image );
        file->setItemEnabled( sp, valid_image );
        edit->setItemEnabled( t1, image.depth() != 1 );
        edit->setItemEnabled( t8, image.depth() != 8 );
        edit->setItemEnabled( t32, image.depth() != 32 );
    }
```

```
    void setImage(const QImage& newimage) {
       image = newimage;
       setCaption( filename );
       if ( image.width() == 0 ) return;
       QApplication::setOverrideCursor( waitCursor );
       if ( pm.convertFromImage(image) )
          ms->setPixmap( pm );
       QApplication::restoreOverrideCursor();
       setMenuItemFlags();
    }
    QString      filename;
    QImage       image;      // geladenes Image
    QPixmap      pm;         // konvertierte Pixmap
    MyScrollView *ms;
    QMenuBar     *menubar;
    QPopupMenu   *file, *saveimage, *savepixmap, *edit;
    QLabel       *status;
    int          si, sp,  t1, t8, t32;  // Menu Ids
};
ImageViewer::ImageViewer( QWidget *parent, const char *name, int wFlags )
                        : QWidget( parent, name, wFlags ), filename( 0 ) {
    QBoxLayout *box = new QVBoxLayout( this );
    menubar = new QMenuBar(this);
     menubar->setSeparator( QMenuBar::InWindowsStyle );
    QStrList fmt = QImage::outputFormats();
    saveimage  = new QPopupMenu();  savepixmap = new QPopupMenu();
    for (const char* f = fmt.first(); f; f = fmt.next()) {
       saveimage->insertItem( f );  savepixmap->insertItem( f );
    }
    connect( saveimage, SIGNAL(activated(int)),  this, SLOT(saveImage(int)) );
    connect( savepixmap, SIGNAL(activated(int)), this, SLOT(savePixmap(int)) );
    file = new QPopupMenu();
     menubar->insertItem( "&File", file );
     file->insertItem( "&Open...", this,  SLOT(openFile()), CTRL+Key_O );
     si = file->insertItem( "Save image", saveimage );
     sp = file->insertItem( "Save pixmap", savepixmap );
     file->insertSeparator();
     file->insertItem( "E&xit", qApp,  SLOT(quit()), CTRL+Key_Q );
    edit =  new QPopupMenu();
     menubar->insertItem( "&Edit", edit );
     edit->insertItem("&Horizontal flip", this, SLOT(hFlip()), ALT+Key_H);
     edit->insertItem("&Vertical flip", this, SLOT(vFlip()), ALT+Key V);
     edit->insertItem("&Rotate 180", this, SLOT(rot180()), ALT+Key_R);
     edit->insertSeparator();
     t1 = edit->insertItem( "Convert to &1 bit", this, SLOT(to1Bit()) );
     t8 = edit->insertItem( "Convert to &8 bit", this, SLOT(to8Bit()) );
     t32 = edit->insertItem( "Convert to &32 bit", this, SLOT(to32Bit()) );
    box->addWidget( menubar );
    ms = new MyScrollView( this );
     box->addWidget( ms );
```

```
    status = new QLabel(this);
     status->setFrameStyle( QFrame::WinPanel | QFrame::Sunken );
     status->setFixedHeight( fontMetrics().height() + 4 );
     box->addWidget( status );
}
#include "image.moc"
int main( int argc, char *argv[] ) {
    QApplication::setColorSpec( QApplication::CustomColor );
    QApplication::setFont( QFont("Helvetica", 12) );
    QApplication a( argc, argv );
    QFileDialog::setIconProvider(new ImageIconProvider);
    ImageViewer *w = new ImageViewer(0, "new window",
                         Qt::WDestructiveClose | Qt::WResizeNoErase );
    w->show();
    QObject::connect(qApp, SIGNAL(lastWindowClosed()), qApp, SLOT(quit()));
    return a.exec();
}
```

11.3.6 Erweiterte Bildbearbeitung^{Z}

Das Programm `image2.cpp` erweitert die Funktionalität von Programm 11.4. So bietet es z. B. im *Edit*-Menü zwei zusätzliche Einträge an, mit denen man zum einen alle Pixel des Bildes invertieren und zum anderen die rote und blaue Komponente aller RGB-Werte des Bildes vertauschen kann. Desweiteren blendet dieses Programm in der Statuszeile immer folgende Informationen ein: Größe des Bildes (Breite x Höhe), Farbtiefe des Bildes, aktuelle Mauscursor-Position, Farbwert des Pixel an aktueller Mauscursor-Position, Anzahl der Farben des Bildes, Index des Pixel an aktueller Mauscursor-Position in der Farbtabelle.

11.4 Die Klasse `QPicture`

Die Klasse `QPicture` ermöglicht die Aufzeichnungund spätere Ausführungvon `QPainter`-Kommandos. Ein Beispiel für das Aufzeichnen von `QPainter`-Kommandos zeigt der folgende Codeausschnitt:

```
QPicture  pic;
QPainter  p;
p.begin( &pic );
p.drawEllipse( 10,20, 80,70 );
p.end();
pic.save( "bild.pic" );
```

Beispiel für das Ausführen von zuvor aufgezeichneten `QPainter`-Kommandos:

```
QPicture  pic;
pic.load( "bild.pic" );
QPainter  p;
p.begin( &myWidget );
p.drawPicture( pic );
p.end();
```

11.4.1 Konstruktoren und Methoden der Klasse `QPicture`

Die Klasse `QPicture` bietet die folgenden Konstruktoren an:

`QPicture(int formatVer=0)`
: legt ein `QPicture`-Objekt an. Der Parameter `formatVersion` kann verwendet werden, um `QPicture`-Objekte anzulegen, die auch von früheren Qt-Versionen verwendet werden können: `formatVersion=1` für Qt 1.x-Programme und `formatVersion=2` für Qt 2.0.x Programme usw. Entsprechende Kennungen für die einzelnen Qt-Versionen können in der Qt-Online-Dokumentation nachgeschlagen werden.

`QPicture(const QPicture& pic)`
: erstellt eine flache Kopie von `pic`.

Wichtige Methoden, die die Klasse `QPicture` anbietet, sind:

`bool save(const QString& fileName, const char *fmt=0)`
: speichert ein Picture in der Datei `fileName`; diese Methode liefert `true`, wenn das Speichern erfolgreich war, andernfalls `false`. Die Angabe des `fmt`-Parameters ist optional. Nähere Informationen zu diesem Parameter können in der Qt-Online-Dokumentation nachgeschlagen werden.

`bool load(const QString& fileName, const char *fmt=0)`
: lädt ein Picture aus der Datei `fileName`; diese Methode liefert `true`, wenn das Laden erfolgreich war, andernfalls `false`. Die Angabe des `fmt`-Parameters ist optional. Nähere Informationen zu diesem Parameter können in der Qt-Online-Dokumentation nachgeschlagen werden.

`bool play(QPainter *painter)`
: führt die im Picture aufgezeichneten `QPainter`-Kommandos im `QPainter`-Objekt `painter` aus; diese Methode liefert `true`, wenn diese Kommandos erfolgreich ausgeführt werden konnten, andernfalls `false`. Diese Methode entspricht dem Aufruf `QPainter::drawPicture()`.

`QPicture& operator= (const QPicture& p)`
: macht eine tiefe Kopie von `p` und weist diese Kopie diesem `QPicture`-Objekt zu.

`bool isNull() const`
: liefert `true` bei einem leeren Picture, sonst `false`.

`uint size() const`
: liefert die Größe des `QPicture`-Objekts.

11.4.2 Demoprogramm zur Klasse `QPicture`^{B}

Programm 11.5 zeichnet ein Bild, wie es in Abbildung 11.5 gezeigt ist. Sollte die Datei `house.pic` bzw. die Datei, deren Name auf der Kommandozeile angegeben wurde, nicht existieren, zeichnet dieses Programm die entsprechenden `QPainter`-Kommandos in einem `QPicture`-Objekt auf, dessen Inhalt es dann in der entsprechenden Datei speichert. In diesem Fall wird dem Benutzer das Bild nicht angezeigt. Ruft er nun dieses Programm wieder auf, so existiert die entsprechende Datei schon, und das Programm lädt die darin abgespeicherten `QPainter`-Kommandos und lässt diese nun mittels der Methode `drawPicture()` ausführen, sodass nun das früher aufgezeichnete Bild am Bildschirm gezeichnet wird.

Abbildung 11.5: Aufgezeichnetes Bild

Programm 11.5 – `picture.cpp`:
Demoprogramm zur Klasse `QPicture`

```
#include <qapplication.h>
#include <qpainter.h>
#include <qpicture.h>
#include <qpixmap.h>
#include <qwidget.h>
#include <qmessagebox.h>
#include <qfile.h>
//.................................................. class PictureDisplay
class PictureDisplay : public QWidget {
 public:
    PictureDisplay( const char *fileName ) {
       pict = new QPicture;
       name = fileName;
       if ( !pict->load(fileName) ) {
          delete pict;
          pict = 0;
          name.sprintf( "kann Picture %s nicht laden", fileName );
       }
    }
    ~PictureDisplay() { delete pict; }
 protected:
    void paintEvent( QPaintEvent * ) {
       QPainter paint( this );
       if ( pict )
          paint.drawPicture( 0, 0, *pict );
```

```
      else
         paint.drawText( rect(), AlignCenter, name );
      }
 private:
   QPicture   *pict;
   QString     name;
};
//............................................................... paintHouse
void paintHouse( QPainter *p ) {
   QPointArray a;
   p->setPen( QPen( Qt::black, 5 ) );
   a.setPoints( 9, 200,400, 400,400, 200,250, 400,250, 300,100,
                   200,250, 200,400, 400,250, 400,400 );
   p->drawPolygon( a );
   p->setFont( QFont( "Helvetica", 18, QFont::Bold ) );
   p->setBrush( QBrush( Qt::blue.light(150) ) );
   p->setPen( QPen( Qt::black, 1 ) );
   p->drawRect( 20, 20, 250, 70 );
   p->drawText( 20, 20, 250, 70, Qt::AlignCenter,
               "Das ist das Haus\nvom Nikolaus" );
   QPixmap pixmap;
   if ( pixmap.load("santa.png") )
      p->drawPixmap( 10, 150, pixmap );
}
//..................................................................... main
int main( int argc, char *argv[] ) {
   QApplication a( argc, argv );
   const char *fileName = "house.pic";
   if ( argc == 2 )
      fileName = argv[1];
   if ( !QFile::exists(fileName) ) {
      QPicture pict;
      QPainter p;
      p.begin( &pict );
      paintHouse( &p );
      p.end();
      pict.save( fileName );
      QString t;
      t.sprintf( "Bild wurde aufgezeichnet...\n\n"
                 "Rufe nun '%s %s' auf!!", argv[0], fileName );
      QMessageBox::information( 0, "QPicture-Example", t);
      return 0;
   } else {
      PictureDisplay picture( fileName );
      picture.resize( 450, 450 );
      a.setMainWidget( &picture);
      picture.show();
      return a.exec();
   }
}
```

Kapitel 12

Animationen und Sounds

Nur in der Bewegung, so schmerzlich sie sei, ist Leben.
– J. Burckhardt

Qt unterstützt sowohl das Abspielen von Animationen als auch die akustische Wiedergabe von Klang-Dateien.
Zum Abspielen von Animationen stellt Qt die Klasse `QMovie`, und zur akustischen Wiedergabe von Sound-Dateien die Klasse `QSound` zur Verfügung, die beide in diesem Kapitel beschrieben werden.

12.1 Animationen mit der Klasse `QMovie`

Eine Animation besteht aus einer Folge von Bildern (*Frames*), die schnell nacheinander eingeblendet werden. Die Klasse `QMovie` ist so ausgelegt, dass sie vom Format der zu zeigenden Bilder unabhängig ist.
Momentan ist sie jedoch nur in der Lage, animierte GIF- und MNG-Bilder abzuspielen. Wenn eine Animation Schleifeninformation enthält, wird die zugehörige Folge von Bildern entsprechend der Schleifeninformation immer wiederholt abgespielt.

12.1.1 Konstruktoren und Methoden der Klasse `QMovie`

Die Klasse `QMovie` bietet unter anderem die folgenden Konstruktoren an:

`QMovie()`
: legt ein leeres `QMovie`-Objekt an. Dieser Konstruktor wird nur benötigt, wenn man ein anderes `QMovie`-Objekt einem solchen leeren `QMovie`-Objekt zuweisen möchte.

`QMovie(const QString& fileName, int bufsize=1024)`
: legt ein `QMovie`-Objekt, das die nacheinander anzuzeigenden Bilder aus der Datei `fileName` liest. Das Argument `bufsize` legt die maximale Menge von Daten fest, die von der Datei in einer Ereignisschleife (*Event-Loop*) transferiert werden. Je kleiner dieser Wert ist, umso besser ist die Qualität bei anderer Ereignis-Bearbeitung, aber umso langsamer wird das ganze Abspielen.

`QMovie(const QMovie& movie)`

legt ein `QMovie`-Objekt mit den gleichen Daten wie `movie` an, wobei explizites Data-Sharing verwendet wird, sodass Operationen, die auf die Kopie vorgenommen werden, sich auch auf das Original auswirken.

`QMovie(QDataSource *src, int bufsize=1024)`

legt ein `QMovie`-Objekt an, das die nacheinander anzuzeigende Folge von Bildern von `src` liest. `src` muss dabei dynamisch alloziert werden. Das Argument `bufsize` legt die maximale Menge von Daten fest, die von `src` in einer Ereignisschleife (*Event-Loop*) transferiert werden. Je kleiner dieser Wert ist, umso besser ist die Qualität bei anderer Ereignis-Bearbeitung, aber umso langsamer wird das ganze Abspielen.

`QMovie(QByteArray data, int bufsize=1024)`

legt ein `QMovie`-Objekt an, das die nacheinander anzuzeigende Folge von Bildern von `data` liest. Das Argument `bufsize` legt die maximale Menge von Daten fest, die von `data` in einer Ereignisschleife (*Event-Loop*) transferiert werden. Je kleiner dieser Wert ist, umso besser ist die Qualität bei anderer Ereignis-Bearbeitung, aber umso langsamer wird das ganze Abspielen.

Folgende Methoden bietet die Klasse `QMovie` an:

`connectStatus(QObject *receiver, const char *member)`

verbindet das `QMovie`-Objekt mit der Slotroutine `member`, die wie folgt deklariert sein muss: `void member(int status)`

Wenn sich der Status des `QMovie`-Objekts ändert, wird die Slotroutine `member()` aufgerufen. Negative Werte für Parameter `status` zeigen Fehler an, und positive Werte zeigen an, welche Art von Statusänderung im `QMovie`-Objekt aufgetreten ist:

`QMovie::SourceEmpty`	Angegebene Quelle für die anzuzeigende Bilderfolge kann nicht gelesen werden.
`QMovie::UnrecognizedFormat`	Angegebene Quelle für die anzuzeigende Bilderfolge enthält ein nicht von Qt unterstütztes Format.
`QMovie::Paused`	Abspielen wurde durch einen Aufruf von `pause()` oder nach einem `step()`-Aufruf angehalten
`QMovie::EndOfFrame`	Abspielen eines Bildes ist beendet.
`QMovie::EndOfLoop`	Abspielen einer Bilderfolge ist beendet; wird vor `QMovie::EndOfMovie` signalisiert.
`QMovie::EndOfMovie`	Abspielen einer Bilderfolge ist beendet und wird nicht erneut durch eine Schleife wieder gestartet.

Es ist zu beachten, dass so eingerichtete Verbindungen wegen des expliziten Data-Sharing von `QMovie`-Objekten so lange bestehen bleiben, bis sie explizit mittels `disconnectStatus()` aufgehoben werden, oder aber bis jede gemeinsame Kopie des `QMovie`-Objekts gelöscht wurde.

`connectUpdate(QObject *receiver, const char *member)`

verbindet das `QMovie`-Objekt mit der Slotroutine `member`, die wie folgt deklariert sein muss:

```
void member(const QRect&)
```

Wenn sich das aktuell angezeigte Bild eines `QMovie`-Objekts ändert, wird die Slotroutine `member()` aufgerufen. Es ist zu beachten, dass so eingerichtete Verbindungen wegen des expliziten Data-Sharing von `QMovie`-Objekten so lange bestehen bleiben, bis sie explizit über `disconnectUpdate()` aufgehoben werden, oder aber bis jede gemeinsame Kopie des `QMovie`-Objekts gelöscht wurde.

`connectResize(QObject *receiver, const char *member)`

verbindet das QMovie-Objekt mit der Slotroutine member, die wie folgt deklariert sein muss:

```
void member(const QSize&)
```

Wenn sich die Größe des Bildes in einem QMovie-Objekts ändert, wird die Slotroutine member() aufgerufen. Es ist zu beachten, dass so eingerichtete Verbindungen wegen des expliziten Data-Sharing von QMovie-Objekten so lange bestehen bleiben, bis sie explizit mittels disconnectResize() aufgehoben werden, oder aber bis jede gemeinsame Kopie des QMovie-Objekts gelöscht wurde.

`disconnectStatus(QObject *receiver, const char *member=0)`

`disconnectResize(QObject *receiver, const char *member=0)`

`disconnectUpdate(QObject *receiver, const char *member=0)`

heben eine zuvor mit connectStatus(), connectUpdate() oder connectResize() eingerichtete Verbindung zwischen dem QMovie-Objekt und der Slotroutine member() wieder auf. Wird für den Parameter member der Wert 0 angegeben, werden alle jeweiligen Verbindungen des entsprechenden Typs (connectStatus(), connectUpdate() oder connectResize()) aufgehoben.

`restart()`

startet das Abspielen der Bildsequenz im QMovie-Objekt.

`pause()`

hält das Abspielen der Bilder im QMovie-Objekt an.

`unpause()`

setzt Abspielen der Bilder in einem angehaltenen QMovie-Objekt fort.

`bool running() const`

liefert true, wenn das QMovie-Objekt gerade Bilder abspielt, also nicht angehalten oder beendet ist, andernfalls false.

`bool paused() const`

liefert true, wenn das Abspielen der Bilder im QMovie-Objekt angehalten wurde, andernfalls false.

`bool finished() const`

liefert true, wenn das Abspielen des QMovie-Objekts vollständig beendet ist, andernfalls false.

`setSpeed(int percent)`

legt die Geschwindigkeit fest, mit der die Bilder einer Bildsequenz im QMovie-Objekt abzuspielen sind. Normale Geschwindigkeit ist percent=100, was die Voreinstellung ist.

`int speed() const`

liefert die aktuelle Geschwindigkeit, mit der Bilder im QMovie-Objekt abgespielt werden. Die Voreinstellung ist 100 Prozent.

`step()`

zeigt das nächste Bild aus der Bildsequenz im QMovie-Objekt an und hält dann das Abspielen an.

`step(int steps)`

spielt die nächsten steps Bilder aus der Bildsequenz im QMovie-Objekt ab und hält dann das Abspielen an.

`int steps() const`
: liefert die Anzahl von Bildern, die nach einem `step()`-Aufruf noch abzuspielen sind. Der Rückgabewert `0` zeigt an, dass das Abspielen gerade angehalten ist, und ein negativer Rückgabewert zeigt an, dass gerade regulär Bilder abgespielt werden oder aber das Abspielen beendet ist.

`const QPixmap& framePixmap() const`

`const QImage& frameImage() const`
: liefern das aktuelle Bild (Frame) des `QMovie`-Objekts als `QPixmap`- bzw. als `QImage`-Objekt.

`const QRect& getValidRect() const`
: liefert die Rechteck-Koordinaten des `QMovie`-Objekts.

`int frameNumber() const`
: liefert zurück, wie oft das Signal `EndOfFrame` seit dem Start der aktuellen Abspiel-Schleife geschickt wurde.

`setBackgroundColor(const QColor& c)`
: legt die Hintergundfarbe für das `QMovie`-Objekt fest.

`const QColor& backgroundColor() const`
: liefert die über `setBackgroundColor()` eingestellte Hintergrundfarbe für das `QMovie`-Objekt.

`bool isNull() const`
: liefert `true`, wenn das `QMovie`-Objekt leer ist, andernfalls `false`.

`QMovie& operator=(const QMovie& movie)`
: bewirkt, dass dieses `QMovie`-Objekt die gleichen Daten benutzt wie `movie`.

12.1.2 Abspielen von Filmen[B]

Im hier vorgestellten Programm `movies.cpp` hat der Benutzer die Möglichkeit, mehrere Filme (animierte GIF-Dateien) abspielen zu lassen. Er kann dabei die Namen der abzuspielenden Dateien auf der Kommandozeile angeben oder aber interaktiv über ein `QFileDialog`-Widget auswählen. Dies wird durch die in Programm 12.1 gezeigte `main()`-Funktion realisiert.

Programm 12.1 – `main.cpp`:
`main()`-Funktion im Programm `movies.cpp`

```
#include <qapplication.h>
#include <qfiledialog.h>
#include <qlabel.h>
#include <qpainter.h>
#include <qmessagebox.h>
#include <qmovie.h>
//................................................... Klasse FilmFlaeche
class FilmFlaeche : public QFrame {
   // .... siehe weiter unten
};
//...................................................... Klasse FilmWahl
class FilmWahl : public QFileDialog {
   // .... siehe weiter unten
};
```

```
//............................................................... main
int main( int argc, char *argv[] ) {
   QApplication a(argc, argv);

   if (argc > 1) { //.... Abspielen aller Filme, deren Dateiname
                   //.... auf der Kommandozeile angegeben ist
      for (int i=1; i<argc; i++)
         (void)new FilmFlaeche(argv[i], QMovie(argv[i]), 0, 0,
                                         Qt::WDestructiveClose);
      QObject::connect(qApp, SIGNAL( lastWindowClosed() ),
                           qApp, SLOT( quit() ) );
   } else {
      FilmWahl* fd = new FilmWahl(".");
      fd->show();
        //...Help-Infos fuer den Benutzer
      QLabel* help = new QLabel(
         "Waehle deine Filme aus!\n\n"
         "- Shift-Klick zum Neustart.\n\n"
         "- Klick zum Anhalten, dann\n"
         "    > Links-Klick zum schrittweisen Abspielen,\n"
         "    > Strg-Links-Klick zum Abspielen in 10er Schritten,\n"
         "    > Rechts-Klick, um normales Abspielen fortzusetzen.\n", 0);
      help->setCaption("movies - Help");
      help->setIndent(10);
      help->adjustSize();
      help->show();
   }
   return a.exec();
}
#include "movies.moc"
```

Hat der Benutzer keine „Movie-Datei" auf der Kommandozeile angegeben, werden ein QFileDialog-Widget (siehe Abbildung 12.1) und ein Help-Widget (siehe Abbildung 12.2) eingeblendet.

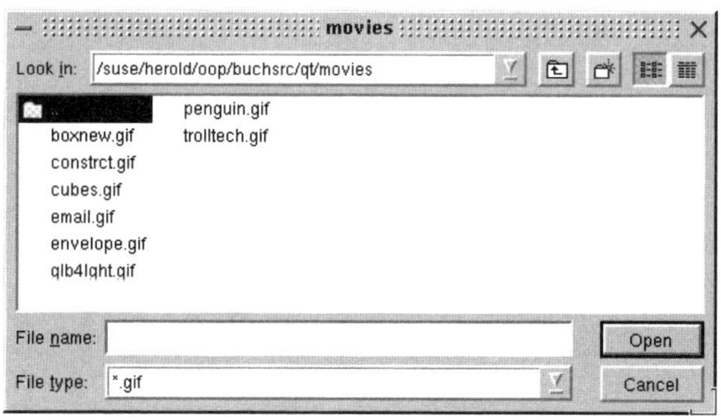

Abbildung 12.1: QFileDialog-Widget zum Programm movies.cpp

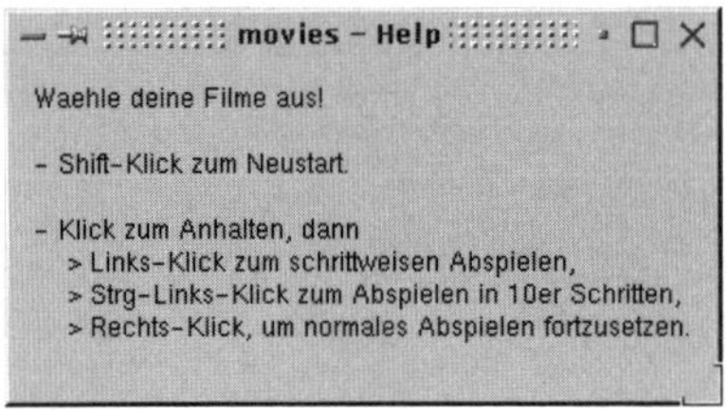

Abbildung 12.2: Help-Widget zum Programm `movies.cpp`

Das Einblenden des `QFileDialog`-Widget wird im Programm `movies.cpp` durch die Klasse `FilmWahl` realisiert, und zwar wie folgt:

```
//....................................................... Klasse FilmWahl
class FilmWahl : public QFileDialog {
    Q_OBJECT
public:
    //........................ FilmWahl (Konstruktor)
    FilmWahl(const char *dir) : QFileDialog(dir, "*.gif") {
        setMode( ExistingFile );
        connect(this, SIGNAL( fileSelected(const QString&) ),
                this, SLOT( starteFilm(const QString&) ));
    }
public slots:
    //.................................... starteFilm
    void starteFilm( const QString& dateiname ) {
        if ( dateiname )
            (void)new FilmFlaeche(dateiname, QMovie(dateiname),
                                  0, 0, WDestructiveClose);
    }
    //.......................................... done
    void done( int r ) {
        if (r != Accepted)
           qApp->quit(); //... Ende bei 'Cancel'
        setResult( r );
    }
};
```

Das Abspielen einer über das `QFileDialog` ausgewählten „Filmdatei" mit der entsprechenden Verwaltung von Benutzerinteraktionen erfolgt über die Klasse `FilmFlaeche`, und zwar wie folgt:

```
//.................................................... Klasse FilmFlaeche
class FilmFlaeche : public QFrame {
Q_OBJECT
    QMovie  film;
    QString dateiname;
public:
    //..................... FilmFlaeche (Konstruktor)
    FilmFlaeche(const char* fname, QMovie m, QWidget* p=0,
                const char* name=0, WFlags f=0) : QFrame(p, name, f) {
```

```
        setCaption( dateiname = fname );
        film = m;
        setFrameStyle(QFrame::StyledPanel|QFrame::Sunken);
        film.setBackgroundColor(backgroundColor());
        setBackgroundMode(NoBackground);
        film.connectUpdate(this, SLOT(filmUpdated(const QRect&)));
        film.connectResize(this, SLOT(filmResized(const QSize&)));
        film.connectStatus(this, SLOT(filmStatus(int)));
    }
protected:
    //................................ drawContents
    void drawContents( QPainter* p ) {
        QPixmap pf = film.framePixmap();
        QRect   r  = contentsRect();
          //...Aus Zeitgruenden: Nur Groesse veraendern, wenn noetig
        if ( r.size() != pf.size() ) {
            QWMatrix m;
            m.scale((double)r.width()/pf.width(),
                    (double)r.height()/pf.height());
            pf = pf.xForm(m);
        }
          //...Neues (evtl. vergroessertes/verkleinertes) Bild.
          //...filmUpdated() ruft repaint() nur mit der veraenderten Flaeche
          //...auf, sodass zur Neudarstellung nur ein minimaler Aufwand
          //...erforderlich ist.
        p->drawPixmap(r.x(), r.y(), pf);
        const char* message = 0;
        if (film.paused())          { message = "PAUSED";  }
        else if (film.finished())   { message = "THE END"; }
        else if (film.steps() > 0)  { message = "FF >>";   }
        if (message) {
            p->setFont(QFont("Helvetica", 24));
              //...Suchen einer optimalen Schriftgroesse
            QFontMetrics fm = p->fontMetrics();
            if ( fm.width(message) > r.width()-10 )
               p->setFont(QFont("Helvetica", 18));
            fm = p->fontMetrics();
            if ( fm.width(message) > r.width()-10 )
                p->setFont(QFont("Helvetica", 14));
            fm = p->fontMetrics();
            if ( fm.width(message) > r.width()-10 )
                p->setFont(QFont("Helvetica", 12));
            fm = p->fontMetrics();
            if ( fm.width(message) > r.width()-10 )
                p->setFont(QFont("Helvetica", 10));
              //..."Shadow"-Effekt.
            p->setPen(black);
            p->drawText(1, 1, width()-1, height()-1, AlignCenter, message);
            p->setPen(white);
            p->drawText(0, 0, width()-1, height()-1, AlignCenter, message);
```

```
        }
    }
    //............................ mouseReleaseEvent
    void mouseReleaseEvent(QMouseEvent* event) {
        if (event->state() & ShiftButton)
            film.restart();
        else if (!film.paused())
            film.pause();
        else {
            if (event->button() & LeftButton)
                film.step((event->state() & ControlButton) ? 10 : 1);
            else if (event->button() & (MidButton|RightButton))
                film.unpause();
        }
        repaint();
    }
private slots:
    //................................... filmUpdated
    void filmUpdated( const QRect& flaeche ) {
        if (!isVisible())
            show();
        QRect r = contentsRect();
        if ( r.size() != film.framePixmap().size() )
           repaint( r ); //... ganze Bild neu malen
        else
            //...nur geaenderte Flaeche neu malen
           repaint( flaeche.x()+r.x(), flaeche.y()+r.x(),
                    flaeche.width(), flaeche.height() );
    }
    //................................... filmResized
    void filmResized( const QSize& size ) {
         //...Filmflaeche hat sich geaendert
        int fw = frameWidth();
        resize( size.width() + fw*2, size.height() + fw*2 );
        qApp->setMainWidget(this);
        qApp->setMainWidget(0);
    }
    //.................................... filmStatus
    void filmStatus( int status ) {
        if (status < 0) {
            QString msg;
            msg.sprintf("Kann Film \"%s\" nicht abspielen",
                        (const char*)dateiname);
            QMessageBox::message("Error", msg);
        } else if (status == QMovie::Paused || status == QMovie::EndOfMovie)
            repaint();
    }
};
```

12.1.3 Einstellen der Abspielgeschwindigkeit^Z

Ähnlich wie das vorherige Programm movies.cpp erlaubt das Programm movies2.cpp die Auswahl einer abzuspielenden „Filmdatei" über ein QFileDialog-Widget (siehe Abbildung 12.1). Hat der Benutzer eine „Filmdatei" über dieses QFileDialog-Widget ausgewählt, wird diese mit der normalen voreingestellten Geschwindigkeit abgespielt. Allerdings kann nun der Benutzer diese Abspielgeschwindigkeit mittels eines Schiebebalkens, der links vom Filmfenster eingeblendet ist, interaktiv verändern, sodass der entsprechende Film schneller oder langsamer abläuft (siehe Abbildung 12.3).

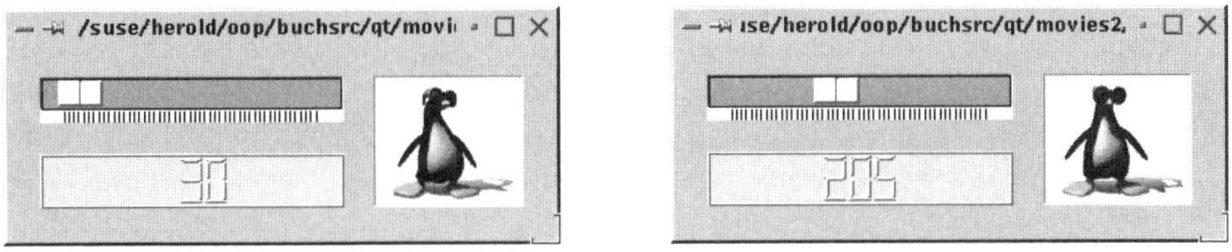

Abbildung 12.3: Interaktives Einstellen der Abspielgeschwindigkeit eines Films

12.1.4 Anzeigen einzelner Frames (Bilder) eines Films^Z

Das Programm movieframes.cpp lässt dem Benutzer über ein QFileDialog-Widget eine Filmdatei auswählen. Für jede ausgewählte Filmdatei blendet dieses Programm dann ein eigenes Widget ein, in dem in der Mitte der zugehörige Film angezeigt wird. Über dem Filmbild werden drei Buttons angezeigt: *Play/Stop* (Anhalten bzw. Weiterspielen des Films), *Rewind* (Zurückspulen und dann Anhalten des Films) und *Step* (Einblenden des nächsten Frame (Bildes) und dann Anhalten des Films). Unterhalb des Filmbildes blendet dieses Programm einen Fortschrittsbalken ein, der immer anzeigt, wie weit der Film schon abgespielt ist. Zusätzlich wird noch unterhalb des Fortschrittsbalkens immer die aktuelle Nummer des Frame (Bildes) ausgegeben, das gerade im Film gezeigt wird (siehe auch Abbildung 12.4).

Abbildung 12.4: Anzeigen der einzelnen Frames (Bilder) eines Films

12.2 Sound mit der Klasse `QSound`

Mit der Klasse `QSound` ermöglicht es Qt, Sound-Dateien akustisch wiedergeben zu lassen. Um eine Sound-Datei abspielen zu lassen, muss man nur folgende Codezeile angeben:

```
QSound::play("song.wav");
```

Eine andere Möglichkeit ist, sich ein `QSound`-Objekt von einer Sound-Datei anzulegen und diese dann später abspielen zu lassen, wie dies folgende beiden Codezeilen zeigen:

```
QSound beethoven("song.wav");
beethoven.play();
```

Bei Microsoft Windows-Systemen wird das darunterliegende Multimedia-System verwendet, und somit wird dort nur das WAVE-Format unterstützt. Unter X11 wird das *Network Audio System* (NAS) verwendet, welches das WAVE- und AU-Format unterstützt. Sollte NAS nicht verfügbar sein, führt dies zwar nicht zu einem Fehler, aber es wird auch keine akustische Wiedergabe erfolgen. Bei Qt/Embedded, wird ein built-in mixing Sound-Server verwendet, der direkt auf `/dev/dsp` zugreift.

12.2.1 Konstruktor und Methoden der Klasse `QSound`

Folgenden Konstruktor bietet die Klasse `QSound` an:

`QSound(QString& filename, QObject *parent=0, char *nam=0)`
: legt für die Datei `filename` ein `QSound`-Objekt an.

Folgende Methoden stellt die Klasse `QSound` unter anderem zur Verfügung:

`bool available() static`
: liefert `true`, wenn entsprechende Sound-Unterstützung für die Plattform vorhanden ist, sonst `false`.

`bool isAvailable() static`
: liefert `true`, wenn Sound-Hardware auf Plattform vorhanden ist, sonst `false`.

`bool isFinished() const`
: liefert `true`, wenn das Abspielen einer Sound-Datei beendet ist, andernfalls `false`. Auf Windows-Systemen liefert diese Methode immer `true`.

`play() slot`
: startet akustische Wiedergabe des `QSound`-Objekts und kehrt sofort wieder zurück. Abhängig von den Sound-Möglichkeiten der Plattform können andere Sound-Dateien gleichzeitig mit diesem `QSound`-Objekt abgespielt, also gemischt werden.

`play(const QString& filename) static`
: gibt den Sound der Datei `filename` akustisch wieder.

`setLoops(int n)`
: legt fest, dass die Sound-Datei `n` mal abzuspielen ist. Bei `n=-1` bzw. bei `n` ungleich 1 unter Windows-Systemen wird die Sound-Datei immerzu abgespielt.

`int loops() const`

`int loopsRemaining() const`
: liefert zurück, wieoft die Sound-Datei insgesamt bzw. noch abzuspielen ist. `loopsRemaining()` wird unter Windows nicht unterstützt und entspricht dort der Methode `loops()`.

`stop() slot`
: stoppt das Abspielen der Klang-Datei.

12.2.2 Demoprogramm zur Klasse QSound[B]

Programm 12.2 ermöglicht es dem Benutzer über ein Menü (siehe Abbildung 12.5), sich aus vier Sound-Dateien entweder einzelne oder auch mehrere auszuwählen, die einzeln oder gemeinsam abzuspielen sind.

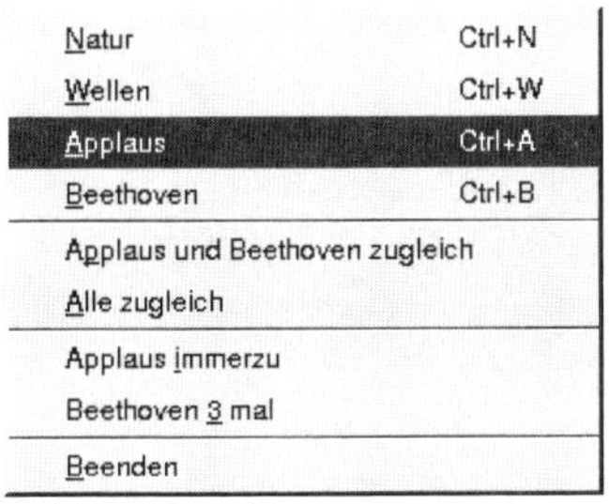

Abbildung 12.5: Auswahlmöglichkeiten des Programms 12.2 (sound.cpp)

Programm 12.2 – sound.cpp:
Demoprogramm zur Klasse QSound

```
#include <qapplication.h>
#include <qmainwindow.h>
#include <qsound.h>
#include <qmessagebox.h>
#include <qmenubar.h>

class SoundPlayer : public QMainWindow {
    Q_OBJECT
public:
    SoundPlayer() : QMainWindow(),beethoven("fuenfte.wav"),applaus("applause.wav") {
       if ( !QSound::available() ) {
          QMessageBox::warning(this, "Kein Sound",
             "Fehlendes Network Audio System (NAS) oder keine Soundkarte" );
       }
       QPopupMenu *file = new QPopupMenu;
       file->insertItem("&Natur",     this, SLOT(spielNatur()),     CTRL+Key_N);
       file->insertItem("&Wellen",    this, SLOT(spielWellen()),    CTRL+Key_W);
       file->insertItem("&Applaus",   this, SLOT(spielApplaus()),   CTRL+Key_A);
       file->insertItem("&Beethoven", this, SLOT(spielBeethoven()), CTRL+Key_B);
       file->insertSeparator();
       file->insertItem("A&pplaus und Beethoven zugleich", this, SLOT(spiel34()));
       file->insertItem("&Alle zugleich",  this, SLOT(spiel1234()));
       file->insertSeparator();
       file->insertItem("Applaus &immerzu", this, SLOT(applausImmerzu()));
       file->insertItem("Beethoven &3 mal", this, SLOT(beethoven3Mal()));
       file->insertSeparator();
       file->insertItem("&Beenden",  qApp, SLOT(quit()));
       menuBar()->insertItem("&Datei", file);
    }
public slots:
```

```
    void spielNatur()      { QSound::play("nature.wav");                }
    void spielWellen()     { QSound::play("waves.wav");                 }
    void spielApplaus()    { applaus.play();                            }
    void spielBeethoven()  { beethoven.play();                          }
    void spiel34()         { applaus.play(); beethoven.play();          }
    void spiel1234()       { spielNatur(); spielWellen(); spiel34();    }
    void applausImmerzu()  { applaus.setLoops(-1); applaus.play();      }
    void beethoven3Mal()   { beethoven.setLoops(3); beethoven.play();   }
private:
    QSound beethoven, applaus;
};
#include "sound.moc"
int main(int argc, char *argv[]) {
    QApplication app(argc,argv);
    SoundPlayer sp;
    app.setMainWidget(&sp);
    sp.show();
    return app.exec();
}
```

12.2.3 Auswahl einer Sound-Datei über `QFileDialog`^{Z}

Das Programm `sound2.cpp` lässt den Benutzer die abzuspielende Sound-Datei über eine `QFileDialog`-Box auswählen.

Kapitel 13

Konsistente Eingaben und reguläre Ausdrücke

Wie fang' ich nach der Regel an?
Ihr stellt sie selbst, und folgt ihr dann.
– Aus „Die Meistersinger von Nürnberg"

Dieses Kapitel zeigt zunächst, wie man falsche Benutzereingaben verhindern kann. Dazu stellt es die folgenden von Qt angebotenen Klassen vor:

`QValidator`
: abstrakte Basisklasse, von der die Klassen `QIntValidator`, `QDoubleValidator` und `QRegExpValidator` abgeleitet sind. Von dieser Klasse kann man sich auch eine eigene Validierungsklasse ableiten, in der man eigene Vorschriften für Benutzereingaben festlegt.

`QIntValidator`
: von Basisklasse `QValidator` abgeleitete Klasse, die speziell für konsistente Eingaben von ganzen Zahlen ausgelegt ist. Die Klasse `QIntValidator` ermöglicht das Eingrenzen bei ganzzahligen Eingaben auf einen bestimmten Zahlenbereich.

`QDoubleValidator`
: von Basisklasse `QValidator` abgeleitete Klasse, die speziell für konsistente Eingaben von Gleitpunktzahlen ausgelegt ist. Die Klasse `QDoubleValidator` ermöglicht das Eingrenzen bei Eingaben von Gleitpunktzahlen auf einen bestimmten Zahlenbereich sowie auf eine maximale Anzahl von Stellen nach dem Punkt.

Im zweiten Teil dieses Kapitels werden die von Qt unterstützten regulären Ausdrücke vorgestellt. Reguläre Ausdrücke geben Muster vor, mit denen man sehr flexible Stringvergleiche durchführen kann.
Dazu bietet Qt die beiden folgenden Klassen an:

`QRegExpValidator`
: von Basisklasse `QValidator` abgeleitete Klasse, die speziell für konsistente Eingaben von Strings ausgelegt ist. Die Klasse `QRegExpValidator` ermöglicht das Festlegen von Mustern bei Eingaben von Strings, die diese erfüllen müssen.

`QRegExp`
: ermöglicht das Festlegen von regulären Ausdrücken (Muster) für Strings.

13.1 Konsistente Eingaben

Bei vielen Eingaben durch den Benutzer setzt ein Programm voraus, dass diese bestimmte Vorgaben einhalten. Fordert ein Lohnabrechnungsprogramm z. B. den Benutzer auf, seine Wochenarbeitszeit in Stunden einzugeben, so muss dieses Programm sicherstellen, dass hier nur eine Zahl zwischen `0` und `168` (`=7x24` – unrealistisch, aber theoretisch möglich) durch den Benutzer eingegeben werden kann. Bei einem Statistikprogramm für Schulen, das das Alter und die Körpergröße einliest, würden z. B. Eingaben wie `-12` oder `65` für das Alter bzw. `3.40` oder `-2.05` für die Körpergröße wenig Sinn machen.
Um nun einen Benutzer nur Werte aus einem vorgegebenen Bereich eingeben zu lassen, bietet Qt die Klassen `QValidator`, `QIntValidator` und `QDoubleValidator` an.

13.1.1 Die Basisklasse `QValidator`

Die Klasse `QValidator` kann verwendet werden, um Konsistenz bei bestimmten Vorschriften von Texteingaben sicherzustellen.
Bei `QValidator` handelt es sich um eine abstrakte Basisklasse, von der die weiter unten vorgestellten Klassen `QIntValidator`, `QDoubleValidator` und `QRegExpValidator` abgeleitet sind, die speziell für konsistente Eingaben von ganzen Zahlen, Gleitpunktzahlen und Strings vorgesehen sind.

Methoden und Konstruktor der Klasse `QValidator`

Die Klasse `QValidator` enthält die zwei virtuellen Methoden `validate()` und `fixup()`, welche in der von dieser Basisklasse abgeleiteten Klasse reimplementiert werden müssen:

`virtual State validate(QString& text, int& pos) const`

Diese Methode ist rein virtuell, weshalb sie in jeder Unterklasse reimplementiert werden muss. Sie kann eine der drei folgenden `enum`-Konstanten als Rückgabe liefern:

`enum State { Invalid, Intermediate, Acceptable }`

Diese drei Möglichkeiten der Rückgabe informieren darüber, in welchem Zustand sich die aktuelle Eingabe befindet:

`Invalid`	Eingabe ist absolut nicht erlaubt, also ungültig.
`Intermediate`	Eingabe ist zwar nicht ungültig, aber auch noch nicht vollständig gültig. Dieser Zustand zeigt meist an, dass die bisherige Eingabe noch nicht vollständig abgeschlossen ist, also noch nicht ungültig ist oder aber durch weitere Eingaben noch gültig werden kann.
`Acceptable`	Eingabe wurde abgeschlossen und ist vollkommen richtig. Eine solche Eingabe wird also akzeptiert.

`fixup(QString& input) const virtual`

Diese virtuelle Methode kann man in von `QValidator` abgeleiteten Basisklassen reimplementieren, wenn man meint, falsche Benutzereingaben korrigieren zu können. Die Klasse `QLineEdit` ruft z. B. automatisch diese Methode `fixup()` auf, wenn der Benutzer ⏎ drückt und die bisherige Eingabe den Zustand `Intermediate` hat. Ein Beispiel für mögliche Korrekturen wäre das Entfernen von Leerzeichen am Anfang und Ende des String, wenn die Eingabe eines Nachnamens gefordert wurde.

Die Methode `validate()` wird immer automatisch dann aufgerufen, wenn im zugehörigen `QLineEdit`-Objekt, dem das `QValidator`-Objekt zugeordnet ist, eine Tastatureingabe erfolgt. Als Argumente werden dieser Methode dann der aktuelle Eingabetext und die

aktuelle Eingabeposition übergeben. Wenn der aktuelle `validate()`-Aufruf `Invalid` zurückgibt, aber der letzte `validate()`-Aufruf einen anderen Zustandswert zurückgab, wird die aktuelle Tastatureingabe einfach ignoriert und der alte Text bleibt erhalten. So wird verhindert, dass der Benutzer unerlaubte Eingaben vornimmt.
Drückt der Benutzer ⏎, wird die Methode `validate()` erneut aufgerufen. Dieses Mal muss sie jedoch als Zustandswert `Acceptable` zurückliefern. Ist dies nicht der Fall, wird die Methode `fixup()` aufgerufen, in der eventuelle Korrekturen vorgenommen werden können. In jedem Fall wird nach der Rückkehr von `fixup()` erneut `validate()` aufgerufen. Nur wenn dieser `validate()`-Aufruf den Zustandswert `Acceptable` zurückliefert, wird das Signal `returnPressed()` geschickt, andernfalls wird es nicht geschickt.
Die Klasse `QValidator` bietet den folgenden Konstruktor an:

`QValidator(QWidget *parent, const char *name=0)`

`QValidator` wird im Allgemeinen nur bei `QLineEdit`-, `QSpinBox`- and `QComboBox`-Objekten verwendet. Dazu bieten diese Klassen folgende Methoden an.

`QLineEdit::setValidator(const QValidator *v) virtual`

`QSpinBox::setValidator(const QValidator *v) virtual`

`QComboBox::setValidator(const QValidator *v) virtual`

legen jeweils fest, dass das entsprechende `QLineEdit`-, `QSpinBox`- bzw. `QComboBox`-Objekt nur Eingaben zulässt, die von `v` akzeptiert werden. Bei einem `QComboBox`-Objekt hat diese Methode keine Wirkung, wenn die Kombobox nicht editierbar ist.

`setValidator(0)`

schaltet bei allen drei Klassen die Validierung der Eingaben durch das `QValidator`-Objekt `v` wieder aus.

Demoprogramm zur Klasse `QValidator`[B]

Programm 13.1 fordert den Benutzer auf, in einem Texteingabefeld drei Buchstaben gefolgt von fünf Ziffern einzugeben. Dieses Programm lässt keine Benutzereingaben zu, die nicht diesen vorgegebenen Regeln entsprechen. Drückt der Benutzer vorzeitig die ⏎-Taste, wird implizit die reimplementierte Methode `fixup()` aufgerufen. Drückt der Benutzer nach einer vollständigen Eingabe die ⏎-Taste wird in diesem Programm explizit die reimplementierte Methode `fixup()` aufgerufen. In der Methode `fixup()` werden eventuell eingegebene Kleinbuchstaben in Großbuchstaben umgewandelt (siehe auch Abbildung 13.1).

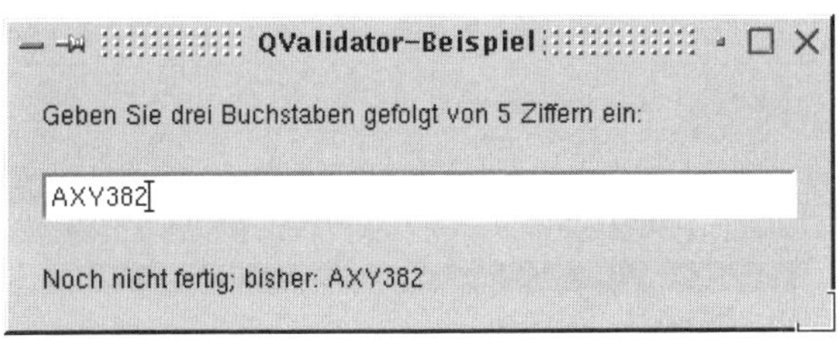

Abbildung 13.1: `QValidator` für drei Buchstaben gefolgt von fünf Ziffern

Programm 13.1 – `validator.cpp`:
`QValidator` für drei Buchstaben gefolgt von fünf Ziffern

```
#include <qapplication.h>
#include <qlineedit.h>
#include <qvalidator.h>
#include <qlabel.h>
#include <qvbox.h>
#include <ctype.h>
class EingabeValidator : public QValidator {
 public:
   EingabeValidator() : QValidator( 0 ) { };
 protected:
   virtual State validate( QString &text, int &pos ) const {
      int   textLaenge = text.length();
      if( textLaenge == 0 ) //... Leerer String wird akzeptiert
         return Intermediate;
      if ( ( pos <= 3 && !isalpha( text.at(pos-1).latin1() ) )              ||
           ( pos > 3 && pos <= 8 && !isdigit( text.at(pos-1).latin1() ) ) ||
             pos > 8 )
         return Invalid;
      else if ( pos <= 8 && textLaenge < 8 )
         return Intermediate;
      fixup( text ); //.... Expliziter Aufruf von fixup()
      return Acceptable;
   }
    //... fixup wird automat. aufgerufen, wenn validate() Intermediate
    //... zurueckgegeben hatte und anschliessend Return durch
    //... den Benutzer gedrueckt wird.
   virtual void fixup( QString& text ) const {
      for ( unsigned i= 0; i<3 && i < text.length(); i++ )
         text.at(i) = toupper( text.at(i).latin1() );
   }
};
class Code : public QVBox {
   Q_OBJECT
public:
    Code( QWidget *parent=0, const char *name=0 ) : QVBox( parent, name ) {
       setMargin( 10 );
       QVBox *box = new QVBox( this ); // Widget fuer das Layout
       box->setMargin( 5 );
       box->setSpacing( 20 );
       (void)new QLabel(
            "Geben Sie drei Buchstaben gefolgt von 5 Ziffern ein: ", box );
       eingabe = new QLineEdit( box );
       EingabeValidator *codVal = new EingabeValidator();
       eingabe->setValidator( codVal );
       logMeldung = new QLabel( "Noch nicht mit Eingabe begonnen", box );
       logMeldung->setPaletteBackgroundColor( Qt::blue.light( 180 ) );
       QObject::connect( eingabe, SIGNAL( textChanged( const QString & ) ),
                         this,    SLOT( slotTextChanged( const QString & ) ) );
       QObject::connect( eingabe, SIGNAL( returnPressed() ),
                         this,    SLOT( slotReturnPressed() ) );
```

```
   }
private slots:
   void slotTextChanged( const QString &text ) {
       QString  t;
       t.sprintf("Noch nicht fertig; bisher: %s", (const char *)text );
       logMeldung->setText( t );
       logMeldung->setPaletteBackgroundColor( Qt::red.light( 160 ) );
   }
   void slotReturnPressed() {
       QString  endeText;
       endeText.sprintf("Fertig und akzeptiert: %s",
                        (const char *)eingabe->text() );
       logMeldung->setText( endeText );
       logMeldung->setPaletteBackgroundColor( Qt::green.light(160) );
   }
private:
   QLineEdit *eingabe;
   QLabel    *logMeldung;
};
#include "validator.moc"
int main( int argc, char *argv[] ) {
    QApplication a( argc, argv );
    Code cod;
    cod.resize( 400, cod.sizeHint().height() );
    cod.setCaption( "QValidator-Beispiel" );
    a.setMainWidget( &cod );
    cod.show();
    return a.exec();
}
```

13.1.2 Die Klasse `QIntValidator`

Die von der Basisklasse `QValidator` abgeleitete Klasse `QIntValidator` ist speziell für konsistente Eingaben von ganzen Zahlen vorgesehen. Die Klasse `QIntValidator` ermöglicht das Eingrenzen bei ganzzahligen Eingaben auf einen bestimmten Zahlenbereich.

Konstruktoren und Methoden der Klasse `QIntValidator`

Die Klasse `QIntValidator` bietet die folgenden Konstruktoren an:

`QIntValidator(QWidget *parent, char *nam=0)`
: legt ein `QIntValidator`-Objekt an, das alle ganzen Zahlen akzeptiert.

`QIntValidator(int bottom, int top, QWidget *parent, char *nam=0)`
: legt ein `QIntValidator`-Objekt an, das alle ganzen Zahlen aus dem Bereich von `bottom` bis einschließlich `top` akzeptiert.

Die von der Klasse `QIntValidator` angebotenen Methoden sind:

`setRange(int bottom, int top) virtual`
: legt fest, dass das `QIntValidator`-Objekt nur ganze Zahlen aus dem Bereich von `bottom` bis einschließlich `top` akzeptiert.

`setBottom(int bottom) const`
`setTop(int top) const`
legen die kleinste bzw. größte gültige Zahl für das `QIntValidator`-Objekt fest.

`int bottom() const`
`int top() const`
liefern die kleinste bzw. größte gültige Zahl dieses `QIntValidator`-Objekts.

`State validate(QString& input, int& pos) const virtual`
liefert folgendes:

`Acceptable`	wenn `input` eine ganze Zahl aus festgelegten Bereich enthält.
`Intermediate`	wenn `input` eine ganze Zahl außerhalb des festgelegten Bereichs oder aber leer ist.
`Invalid`	wenn `input` andere Zeichen als Ziffern enthält.

Demoprogramm zur Klasse `QIntValidator`[B]

Programm 13.2 fordert den Benutzer auf, seine Wochenarbeitszeit in Stunden einzugeben. Dieses Programm lässt nur numerische Benutzereingaben zu. Den aktuellen Zustand der Eingabe zeigt dieses Programm immer unterhalb des Eingabefelds mit unterschiedlichen Farben an: blau (noch nicht mit Eingabe begonnen), gelb (gültige Zahl im geforderten Bereich 0-168), rot (ganze Zahl außerhalb des geforderten Bereichs) und grün (gültige Zahl wurde mit ↵-Taste übergeben und akzeptiert; siehe auch Abbildung 13.2).

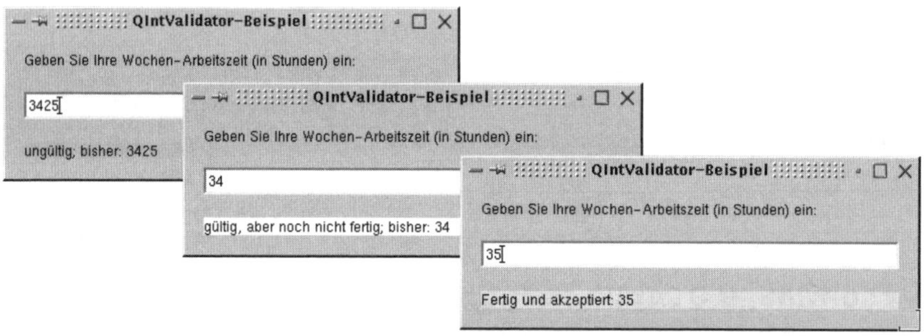

Abbildung 13.2: `QIntValidator` für die Eingabe der Wochenarbeitszeit in Stunden

Programm 13.2 – `intvalidator.cpp`:
`QIntValidator` für die Eingabe der Wochenarbeitszeit in Stunden

```
#include <qapplication.h>
#include <qlineedit.h>
#include <qvalidator.h>
#include <qlabel.h>
#include <qvbox.h>
class WochenZeit : public QVBox {
    Q_OBJECT
public:
    WochenZeit( QWidget *parent=0, const char *name=0 ) : QVBox( parent, name ) {
        setMargin( 10 );
        QVBox *box = new QVBox( this ); // Widget fuer das Layout
```

```
        box->setMargin( 5 );
        box->setSpacing( 20 );
        (void)new QLabel(
            "Geben Sie Ihre Wochen-Arbeitszeit (in Stunden) ein: ", box );
        eingabe = new QLineEdit( box );
        iValidator = new QIntValidator( 0, 168, this );
        eingabe->setValidator( iValidator );
        logMeldung = new QLabel( "Noch nicht mit Eingabe begonnen", box );
        logMeldung->setPaletteBackgroundColor( Qt::blue.light( 180 ) );
        QObject::connect( eingabe, SIGNAL( textChanged( const QString & ) ),
                          this,    SLOT( slotTextChanged( const QString & ) ) );
        QObject::connect( eingabe, SIGNAL( returnPressed() ),
                          this,    SLOT( slotReturnPressed() ) );
    }
private slots:
    void slotTextChanged( const QString &text ) {
        QString  t = text;
        int      pos;
        QValidator::State zustand = iValidator->validate( t, pos );
        if ( zustand == QValidator::Acceptable ) {
           logMeldung->setPaletteBackgroundColor( Qt::yellow.light( 160 ) );
           t.sprintf("gültig, aber noch nicht fertig; bisher: %s",
                     (const char *)text );
        } else {
           logMeldung->setPaletteBackgroundColor( Qt::red.light( 160 ) );
           t.sprintf("ungültig; bisher: %s", (const char *)text );
        }
        logMeldung->setText( t );
    }
    void slotReturnPressed() {
        QString  endeText;
        endeText.sprintf("Fertig und akzeptiert: %s",
                         (const char *)eingabe->text() );
        logMeldung->setText( endeText );
        logMeldung->setPaletteBackgroundColor( Qt::green.light( 160 ) );
    }
private:
    QLineEdit     *eingabe;
    QIntValidator *iValidator;
    QLabel        *logMeldung;
};
#include "intvalidator.moc"
int main( int argc, char *argv[] ) {
    QApplication a( argc, argv );
    WochenZeit w;   w.resize( 400, w.sizeHint().height() );
    w.setCaption( "QIntValidator-Beispiel" );
    a.setMainWidget( &w );   w.show();
    return a.exec();
}
```

13.1.3 Die Klasse `QDoubleValidator`

Die von der Basisklasse `QValidator` abgeleitete Klasse `QDoubleValidator` ist speziell für konsistente Eingaben von Gleitpunktzahlen vorgesehen. Die Klasse `QDoubleValidator` ermöglicht das Eingrenzen bei Eingaben von Gleitpunktzahlen auf einen bestimmten Zahlenbereich sowie auf eine maximale Anzahl von Stellen nach dem Punkt.

Konstruktoren und Methoden der Klasse `QDoubleValidator`

Die Klasse `QDoubleValidator` bietet die folgenden Konstruktoren an:

`QDoubleValidator(QWidget *parent, char *nam=0)`

legt ein `QDoubleValidator`-Objekt an, das alle double-Zahlen akzeptiert.

```
QDoubleValidator(double bottom, double top, int decimals,
                 QWidget *parent, char *nam=0)
```

legt `QDoubleValidator`-Objekt an, das double-Zahlen von `bottom` bis einschließlich `top` mit höchstens `decimals` Ziffern nach dem Punkt akzeptiert.

Die von der Klasse `QDoubleValidator` angebotenen Methoden sind:

`setRange(double bottom, double top, int decimals=0) virtual`

legt fest, dass das `QDoubleValidator`-Objekt nur double-Zahlen von `bottom` bis einschließlich `top` mit höchstens `decimals` Ziffern nach dem Punkt akzeptiert.

`setBottom(double bottom) const`
`setTop(double top) const`

legen kleinste bzw. größte gültige Zahl für das `QDoubleValidator`-Objekt fest.

`setDecimals(int nr) const`

legt die maximale Anzahl von Ziffern fest, die eine gültige Gleitpunktzahl dieses `QDoubleValidator`-Objekts nach dem Punkt haben kann.

`double bottom() const`
`double top() const`

liefern kleinste bzw. größte gültige Zahl des `QDoubleValidator`-Objekts.

`int decimals() const`

liefert die maximale Anzahl von Ziffern, die eine gültige Gleitpunktzahl dieses `QDoubleValidator`-Objekts nach dem Punkt haben kann.

`State validate(QString& input, int& pos) const virtual`

liefert folgende Zustandswerte:

`Acceptable`

wenn `input` eine gültige Gleitpunktzahl aus festgelegtem Bereich enthält und nicht mehr Ziffern nach dem Punkt besitzt als maximal zugelassen sind.

`Intermediate`

wenn `input` eine Gleitpunktzahl außerhalb des festgelegten Bereichs enthält oder mehr Ziffern nach dem Punkt besitzt, als maximal zugelassen sind. Dieser Zustandswert wird auch geliefert, wenn `input` leer ist.

`Invalid`

wenn `input` keine erlaubte Gleitpunktzahl ist.

Demoprogramm zur Klasse `QDoubleValidator`^{B}

Programm 13.3 fordert den Benutzer auf, seine Körpergröße (in cm) mit maximal zwei Stellen nach dem Punkt einzugeben. Dieses Programm lässt keine Benutzereingaben zu, die nicht einer erlaubten Gleitpunktzahl entsprechen. Den aktuellen Zustand der Eingabe zeigt dieses Programm immer unterhalb des Eingabefelds mit unterschiedlichen Farben an: blau (noch nicht mit Eingabe begonnen), gelb (gültige Zahl im geforderten Bereich 20.0-300.0 mit maximal zwei Ziffern nach dem Punkt), rot (ungültige Zahl außerhalb des geforderten Bereichs oder mehr als zwei Stellen nach dem Punkt) und grün (gültige Zahl wurde mit ⏎-Taste übergeben und akzeptiert; siehe auch Abbildung 13.3).

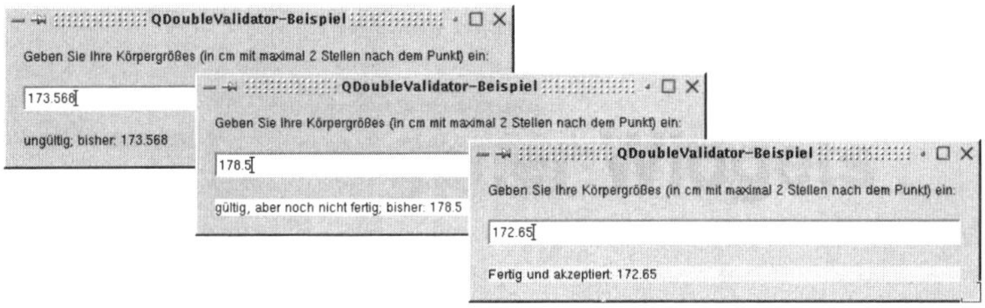

Abbildung 13.3: `QDoubleValidator` für die Eingabe der Körpergröße in cm

Programm 13.3 – `doublevalidator.cpp`:
`QDoubleValidator` für die Eingabe der Körpergröße in cm

```
#include <qapplication.h>
#include <qlineedit.h>
#include <qvalidator.h>
#include <qlabel.h>
#include <qvbox.h>
class WochenZeit : public QVBox {
    Q_OBJECT
public:
    WochenZeit( QWidget *parent=0, const char *name=0 ) : QVBox( parent, name ) {
        setMargin( 10 );
        QVBox *box = new QVBox( this ); // Widget fuer das Layout
        box->setMargin( 5 );
        box->setSpacing( 20 );
        (void)new QLabel( "Geben Sie Ihre Körpergröße "
                          "(in cm mit maximal 2 Stellen nach dem Punkt) ein: ", box );
        eingabe = new QLineEdit( box );
        dValidator = new QDoubleValidator( 20.0, 300.0, 2, this );
        eingabe->setValidator( dValidator );
        logMeldung = new QLabel( "Noch nicht mit Eingabe begonnen", box );
        logMeldung->setPaletteBackgroundColor( Qt::blue.light( 180 ) );
        QObject::connect( eingabe, SIGNAL( textChanged( const QString & ) ),
                          this, SLOT( slotTextChanged( const QString & ) ) );
        QObject::connect( eingabe, SIGNAL( returnPressed() ),
                          this, SLOT( slotReturnPressed() ) );
    }
private slots:
   void slotTextChanged( const QString &text ) {
        QString  t = text;
        int      pos;
```

```
        QValidator::State zustand = dValidator->validate( t, pos );
        if ( zustand == QValidator::Acceptable ) {
           logMeldung->setPaletteBackgroundColor( Qt::yellow.light( 160 ) );
           t.sprintf("gültig, aber noch nicht fertig; bisher: %s",
                        (const char *)text );
        } else {
           logMeldung->setPaletteBackgroundColor( Qt::red.light( 160 ) );
           t.sprintf("ungültig; bisher: %s", (const char *)text );
        }
        logMeldung->setText( t );
    }
    void slotReturnPressed() {
        QString endeText;
        endeText.sprintf("Fertig und akzeptiert: %s",
                              (const char *)eingabe->text() );
        logMeldung->setText( endeText );
        logMeldung->setPaletteBackgroundColor( Qt::green.light( 160 ) );
    }
private:
    QLineEdit         *eingabe;
    QDoubleValidator *dValidator;
    QLabel            *logMeldung;
};
#include "doublevalidator.moc"
int main( int argc, char *argv[] ) {
   QApplication a( argc, argv );
   WochenZeit w;    w.resize( 400, w.sizeHint().height() );
   w.setCaption( "QDoubleValidator-Beispiel" );
   a.setMainWidget( &w );   w.show();
   return a.exec();
}
```

Dynamisches Einstellen des Bereichs und der Nachkommastellen[Z]

Programm `dynvalidator.cpp` liest wie Programm 13.3 eine Gleitpunktzahl ein. In diesem Programm kann nun aber der Benutzer interaktiv die kleinste und größte Zahl des erlaubten Bereichs sowie die maximal erlaubten Nachkommastellen festlegen (siehe auch Abbildung 13.4).

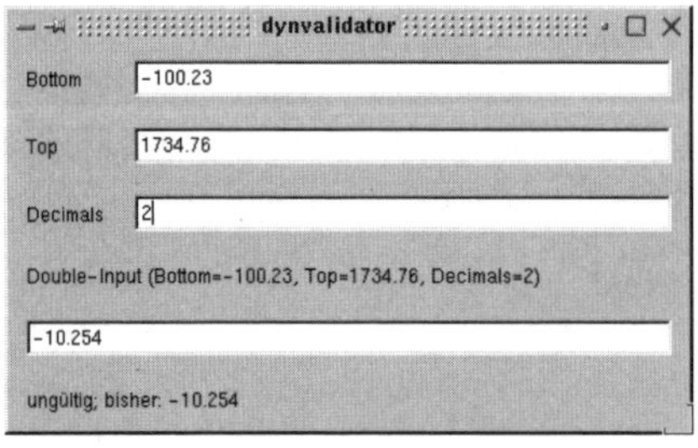

Abbildung 13.4: Dynamisches Einstellen des Bereichs und der Nachkommastellen

13.2 Reguläre Ausdrücke (QRegExp und QRegExpValidator)

Neben einfachen Vergleichen, wie sie von C-Funktionen für Strings (strcmp(), strncmp()) oder auch von Qt für QString-Objekte (compare(), ==, <= usw.) angeboten werden, bietet Qt mit regulären Ausdrücken noch flexiblere Vergleiche für Strings an. Hierfür stellt Qt die Klasse QRegExp zur Verfügung.

13.2.1 Unterschiedliche Arten von regulären Ausdrücken

Normale reguläre Ausdrücke

Hier unterstützt diese Klasse die in Tabelle 13.1 gezeigten üblichen Metazeichen, wie sie auch von anderen Programmen angeboten werden, wie z. B. awk oder egrep.

Tabelle 13.1: Von QRegExp unterstützte Metazeichen (normale reguläre Ausrücke)

<table>
<tr><th>Zeichen</th><th>deckt ab</th><th>Beispiel</th><th>deckt ab</th></tr>
<tr><td>.</td><td>ein beliebiges Zeichen</td><td>un.x</td><td>alle Strings, die vier Zeichen lang sind, mit un beginnen und mit x enden, wie z. B. unix, unax, un9x usw.</td></tr>
<tr><td>^</td><td>Beginn eines Strings</td><td>^al</td><td>alle Strings, die mit al beginnen, wie z. B. alle, allah, albin usw.</td></tr>
<tr><td>$</td><td>Ende eines Strings</td><td>ig$</td><td>alle Strings, die mit ig enden, wie z. B. lustig, wendig, pig usw.</td></tr>
<tr><td>[]</td><td>ein beliebiges Zeichen aus []</td><td>[aeiouAEIOU]</td><td>einen Vokal; z. B. deckt [aeiouAEIOU]ha die Strings aha, Eha, iha, oha und uha ab. In [] sind auch Bereichsangaben möglich. So deckt z. B. [a-zA-Z_-][a-zA-Z0-9_]* alle erlaubten C-Namen für Variablen, Funktionen usw. ab.</td></tr>
<tr><td>[^]</td><td>ein beliebiges Zeichen, das nicht in [^] angegeben ist</td><td>[^aeiouAEIOU]</td><td>ein Zeichen, das kein Vokal ist; z. B. deckt [^aeiouAEIOU]al Strings wie Wal, tal, mal, hal usw. ab. In [^] sind auch Bereichsangaben möglich. So deckt z. B. [^a-zA-Z][^a-zA-Z]* alle Strings ab, die keinen Buchstaben enthalten.</td></tr>
<tr><td>a*</td><td>Folge von keinem, einem oder mehreren a's</td><td>a*b</td><td>alle Strings, die eine beliebige Folge von a's (eventuell auch kein a) haben und denen ein b folgt, wie z. B. die Strings b, ab, aab, aaab usw.</td></tr>
<tr><td>a+</td><td>Folge von einem oder mehreren a's</td><td>a+b</td><td>alle Strings, die eine beliebige Folge von a's (mindestens ein a) haben und denen ein b folgt, wie z. B. die Strings ab, aab, aaab usw.</td></tr>
<tr><td>a?</td><td>kein oder ein a</td><td>Wah?l</td><td>die beiden Strings Wal und Wahl</td></tr>
<tr><td>a{n}</td><td>n mal a</td><td>a{4}</td><td>den String aaaa</td></tr>
<tr><td>a{n,m}</td><td>n bis m mal a</td><td>a{2,5}</td><td>die Strings aa, aaa, aaaa und aaaaa</td></tr>
<tr><td>a{n,}</td><td>n mal a und mehr a's</td><td>a{3,}</td><td>die Strings aaa, aaaa, aaaaa usw.</td></tr>
<tr><td>a{,m}</td><td>bis zu m mal a; entspricht a{0,m}</td><td>a{,3}</td><td>kein a und die Strings a, aa, aaa</td></tr>
<tr><td>\b</td><td>Wortgrenze</td><td>\bist\b</td><td>den String ist z. B. in dem Satz "Das ist gut"</td></tr>
<tr><td>\B</td><td>keine Wortgrenze</td><td>\Bist\B</td><td>keinen String z. B. in dem Satz "Das ist gut", aber den String ist in dem Satz "Die Kiste Birnen"</td></tr>
<tr><td>a|b</td><td>a oder b</td><td>Hans|Emil</td><td>die beiden Strings Hans und Emil</td></tr>
<tr><td>(?=E)</td><td>positives Lookahead</td><td>Ski(?=lift)</td><td>den String "Ski" im String "Skilift", aber nicht im String "Skipiste"</td></tr>
<tr><td>(?!E)</td><td>negatives Lookahead</td><td>Urlaubs(?!ende)</td><td>den String "Urlaubs" in Strings wie "Urlaubsbeginn" oder "Urlaubsreise", aber nicht im String "Urlaubsende"</td></tr>
<tr><td>(...)</td><td>Gruppieren</td><td>Be(rg|ben)</td><td>die beiden Strings "Berg" und "Beben"</td></tr>
<tr><td>\n</td><td>n. te Gruppe</td><td>(.*) gegen \1</td><td>Strings wie "Mann gegen Mann" oder "Jeder gegen Jeder"</td></tr>
</table>

Wildcard reguläre Ausdrücke

Hier werden nur drei Metazeichen unterstützt, deren Wirkung etwas anders ist als bei normalen regulären Ausdrücken. Ihre Bedeutung entspricht in diesem Modus der, wie man sie für Dateinamenexpandierung auf der Kommandozeile kennt (siehe Tabelle 13.2).

Tabelle 13.2: Von `QRegExp` unterstützte Metazeichen (Wildcard reguläre Ausdrücke)

Zeichen	deckt ab	Beispiel	deckt ab
?	ein beliebiges Zeichen	`un?x`	alle Strings, die vier Zeichen lang sind, mit un beginnen und mit x enden, wie z. B. `unix`, `unax`, `un9x` usw.
*	beliebige Folge von Zeichen (auch keines)	`a*b`	alle Strings ab, die mit a beginnen, dann eine beliebige Folge von Zeichen (eventuell auch keines) haben, und denen ein `b` folgt, wie z. B. die Strings `ab`, `axb`, `arab`, `alletab` usw.
`[]`	ein beliebiges Zeichen aus `[]`	`[aeiou]`	einen Vokal. Z. B. deckt `[aeiou]ha` die Strings `aha`, `eha`, `iha`, `oha` und `uha` ab. In `[]` sind auch Bereichsangaben möglich. So deckt z. B. `[a-zA-Z]*` alle Strings ab, die mit einem Buchstaben beginnen.
`[^]`	ein beliebiges Zeichen, das nicht in `[^]` angegeben ist	`[^aeiouAEIOU]`	ein Zeichen, das kein Vokal ist. Z. B. deckt `[^aeiouAEIOU]al` Strings wie `Wal`, `tal`, `mal`, `hal` usw. ab. In `[^]` sind auch Bereichsangaben möglich. So deckt z. B. `[^a-zA-Z]*` alle Strings ab, die nicht mit einem Buchstaben beginnen.

Im Wildcard-Modus würde der reguläre Ausdruck `qr*.cpp` z. B. `qregexp.cpp` abdecken, aber nicht den String `qicpp`, dafür würde aber dieser zweite String `qicpp` im normalen Modus durch den regulären Ausdruck `qr*.cpp` abgedeckt.

13.2.2 Escape-Sequenzen

Die Klasse `QRegExp` kennt die in folgender Tabelle gezeigten Escape-Sequenzen, mit denen man die Sonderbedeutung der obigen Metazeichen ausschalten oder aber Abkürzungen (wie z. B. `\d` für eine beliebige Ziffer) angeben kann.

\., \^, \$, \[, \]	Die Zeichen `.` (Punkt), `^`, `$`, `[`, `]`
\{, \}, *, \+, \?	Die Zeichen {, }, *, +, ?
\a	akustisches Signal (ASCII-Code 7)
\d	beliebige Ziffer
\D	jedes Zeichen, das keine Ziffer ist
\f	Seitenvorschub (*form feed*; ASCII-Code 12)
\n	Neuezeilezeichen (ASCII-Code 10)
\r	Return-Zeichen (an Zeilenanfang; ASCII-Code 13)
\s	beliebiges *whitespace*-Zeichen, wie Leer-, Tabulator-, Neuezeilezeichen usw.
\S	beliebiges Zeichen, das kein *whitespace*-Zeichen ist
\t, \v	horizontales bzw. vertikales Tabulatorzeichen (ASCII-Codes 9 und 11)
\w	Wortzeichen (Ziffern und Buchstaben)
\W	Nicht-Wortzeichen (keine Ziffern und Buchstaben)
\x*hhhh*	Unicode-Zeichen mit dem hexadezimalen Code *hhhh*
\0*ooo*	Zeichen mit dem oktalen ASCII-Wert *ooo*

Da auch C++ den Backslash verwendet, um die Sonderbedeutung bestimmter Zeichen auszuschalten, muss man in C++ zwei Backslashes `\\` angeben. Um z. B. das Zeichen `*` abzudecken, muss in einem C++ Programm `\\*` geschrieben werden.

13.2.3 Konstruktoren und Methoden der Klasse QRegExp

Die Klasse QRegExp bietet die folgenden Konstruktoren an:

QRegExp()
: legt einen leeren regulären Ausdruck an.

QRegExp(QString& pattern, bool cs=true, bool wildcard=false)
: legt einen regulären Ausdruck entsprechend dem angegebenen pattern-String an. Bei cs=true wird zwischen Groß- und Kleinschreibung unterschieden, und bei cs=false nicht. Der Parameter wildcard legt fest, ob das angegebene pattern als normaler regulärer Ausdruck (wildcard=false) oder als Wildcard regulärer Ausdruck (wildcard=true) zu interpretieren ist.

QRegExp(const QRegExp& r)
: legt einen regulären Ausdruck an, der eine Kopie des regulären Ausdrucks r ist.

Die Klasse QRegExp bietet unter anderem die folgenden Methoden an:

int search(QString& str, int pos=0, caret=CaretAtZero) const
: prüft, ob der reguläre Ausdruck den String str ab der Position pos abdeckt. Bei pos=-1 wird nach einer Abdeckung vom letzten Zeichen aus, und bei pos=-2 vom vorletzten Zeichen aus usw. gesucht. Der Rückgabewert gibt dann die Position an, ab welcher der reguläre Ausdruck diesen String abdeckt, wobei der Rückgabewert -1 anzeigt, dass keine Abdeckung vorliegt. Der Parameter caret legt fest, auf was sich das Metazeichen ^ im String beziehen soll:

QRegExp::CaretAtZero	auf den Index 0
QRegExp::CaretAtOffset	auf das angegebene Offset
QRegExp::CaretWontMatch	Sonderbedeutung ignorieren

```
QString str = "offsets: 1.23 .50 71.00 6.00";
QRegExp rx( "\\d*\\.\\d+" ); // einfache Gleitpunkdarstellung
int count = 0;
int pos = 0;
while ( (pos = rx.search(str, pos)) != -1 ) {
    count++;  // count wird bis 4 hochgezählt
    pos += rx.matchedLength(); // pos erhält Werte 9, 14, 18 und dann 24
}
```

int searchRev(QString& str, int pos=-1, caret=CaretAtZero) const
: entspricht weitgehend der vorherigen Methode, nur dass nach einer Abdeckung vom letzten Zeichen aus, bzw. bei pos=-2 vom vorletzten Zeichen aus usw. gesucht wird.

int matchedLength() const
: liefert die Länge des letzten abgedeckten Strings bzw. -1, wenn keine Abdeckung vorliegt.

bool exactMatch(const QString& str) const
: liefert true, wenn der String str genau durch diesen regulären Ausdruck abgedeckt wird, und ansonsten false. Bei dem regulären Ausdruck R z. B. ist der Aufruf exactMatch("R") identisch zum Aufruf search("^R$"), außer dass matchedLength() in diesem Fall eventuell einen anderen Wert liefert. Bei dem regulären Ausdruck blau z. B. liefert exactMatch() nur für den String "blau" true zurück. Für die Strings "blaualge", "blatt" und "hellblau" liefert exactMatch() false und matchedLength() die Werte 4, 3 und 0.

`setPattern(const QString& pattern)`
: legt für dieses `QRegExp`-Objekt als regulären Ausdruck den String `pattern` fest. Die eingestellte Unterscheidung von Groß-/Kleinschreibung sowie die Art des regulären Ausdrucks (normal oder wildcard) oder die eingestellte Minimalabdeckung wird hierbei nicht geändert.

`QString pattern() const`
: liefert den für diesen regulären Ausdruck eingerichteten `pattern`-String.

`setWildcard(bool wildcard)`
: schaltet für diesen regulären Ausdruck den normalen Modus (`wildcard=false`) oder den wildcard-Modus (`wildcard=true`) ein. Die Voreinstellung bei regulären Ausdrücken ist `wildcard=false`, also der normale Modus.

`bool wildcard() const`
: liefert `true`, wenn der wildcard-Modus eingestellt ist, sonst `false`.

`setCaseSensitive(bool enable)`
: schaltet die Unterscheidung von Groß- und Kleinschreibung für diesen regulären Ausdruck ein (`enable=true`) oder aus (`enable=false`).

`bool caseSensitive() const`
: liefert `true`, wenn bei diesem regulären Ausdruck zwischen Klein- und Großschreibung unterschieden wird, andernfalls `false`.

`setMinimal(bool minimal)`
: schaltet die minimale Abdeckung ein (`minimal=true`) oder aus (`minimal=false`). Die Voreinstellung ist `minimal=false`. Hat man z. B. den String "`das Haus, das man das Rathaus nennt, das gross ist`", so deckt der reguläre Ausdruck "`das.*das`" folgendes ab:

```
minimal=false:  das Haus, das man das Rathaus nennt, das
minimal=true:   das Haus, das
```

`bool minimal() const`
: liefert `true`, wenn für diesen regulären Ausdruck minimale Abdeckung eingestellt ist, andernfalls `false`.

`bool operator== (const QRegExp& r) const`
`bool operator!= (const QRegExp& r) const`
: liefern `true`, wenn dieser reguläre Ausdruck gleich bzw. ungleich dem regulären Ausdruck `r` ist. Zwei reguläre Ausdrücke sind nur dann gleich, wenn sie die gleichen `pattern`-Strings haben und für sie das gleiche bezüglich Groß-/Kleinschreibung, minimaler/maximaler Abdeckung und der Art von regulären Ausdrücken (normal oder wildcard) festgelegt ist.

`bool isValid() const`
: liefert `true`, wenn der reguläre Ausdruck gültig ist, andernfalls `false`. `[a-z` wäre z. B. ein ungültiger regulärer Ausdruck, da die schließende eckige Klammer fehlt.

`bool isEmpty() const`
: liefert `true`, wenn der reguläre Ausdruck leer ist, andernfalls `false`.

`QRegExp& operator= (const QRegExp& r)`
: weist diesem regulären Ausdruck den regulären Ausdruck `r` (einschließlich der eingestellten Unterscheidung von Groß-/Kleinschreibung, minimaler/maximaler Abdeckung sowie der Art (normal oder wildcard)) zu und liefert eine Referenz auf diesen regulären Ausdruck zurück.

Suchen von Wörtern über einen regulären Ausdruck[B]

Programm 13.4 sucht in der auf der Kommandozeile angegebenen Datei nach Wörtern, die durch den regulären Ausdruck (im wildcard-Modus) abgedeckt werden, der als erstes Argument auf der Kommandozeile angegeben ist. Dieses Programm liest Zeile für Zeile aus der Datei, deren Name als zweites Argument auf der Kommandozeile angegeben wurde. Mit Hilfe des regulären Ausdrucks `wortRA` holt es sich dann in der `while`-Schleife Wort für Wort aus der Zeile und prüft, ob dieses Wort durch den auf der Kommandozeile angegebenen regulären Ausdruck abgedeckt wird. Beim folgenden ersten Aufruf sollen alle Wörter aus der Datei `regexp1.cpp` gefunden und ausgegeben werden, die mit einem der Buchstaben `w`, `q` oder `Q` beginnen.

```
$ regexp1 "[wqQ]*" regexp1.cpp ⏎
   1: qapplication
   2: qstring
   3: qregexp
   4: qmessagebox
   5: qfile
  10: QString
  11: QApplication
  14: QMessageBox, QMessageBox
  17: QFile
  19: werden
  20: QMessageBox
  21: QMessageBox
  24: QString, wort
  27: QRegExp, wortRA, w
  28: QRegExp
  29: while
  33: QMessageBox
  34: QMessageBox
  42: wird
  43: while, wortRA
  44: wortRA
  45: wort
  46: wort
  48: wort
  51: wort
$
```

Beim zweiten Aufruf sollen alle Wörter aus `regexp1.cpp` ausgegeben werden, die mit einem der Buchstaben `w`, `q` oder `Q` beginnen und mit den Buchstaben `n` oder `t` enden.

```
$ regexp1 "[wqQ]*[nt]" regexp1.cpp ⏎
   1: qapplication
  11: QApplication
  19: werden
  24: wort
  45: wort
  46: wort
  48: wort
  51: wort
$
```

Programm 13.4 – `regexp1.cpp`:
Suchen von Wörtern über einen regulären Ausdruck

```
#include <qapplication.h>
#include <qstring.h>
#include <qregexp.h>
#include <qmessagebox.h>
#include <qfile.h>
#include <stdlib.h>
#include <stdio.h>

int main( int argc, char *argv[] ) {
   QString      msg;
   QApplication a( argc, argv );
   if (argc != 3) {
      msg.sprintf( "usage:  %s pattern dateiname", argv[0] );
      QMessageBox::information( 0, "Falscher Aufruf", msg, QMessageBox::Ok );
      return 1;
   }
   QFile datei( argv[2] );
   if ( !datei.open( IO_ReadOnly ) ) {
      msg.sprintf( "Datei '%s' kann nicht geöffnet werden", argv[2] );
      QMessageBox::information( 0, "Fehler beim Öffnen der Datei",
                                 msg, QMessageBox::Ok );
      return 2;
   } else {
      QString  zeile, wort;
      int      r, zeilnr=1;

      QRegExp  wortRA( "  w+" ); // Worttrennzeichen (normaler Modus fuer RA)
      QRegExp  regAusdruck( argv[1], true, true ); // RA von Kdozeile
      while ( ( r = datei.readLine( zeile, 1000 ) ) != 0 ) {
         if ( r == -1 ) {
            if ( !datei.atEnd() ) {
               msg.sprintf( "Fehler beim Lesen der Datei '%s'", argv[2] );
               QMessageBox::information( 0, "Fehler beim Lesen",
                                          msg, QMessageBox::Ok );
               return 3;
            }
            break;
         } else {
            bool erst = true;
            int  len, offset = 0;
              // Zeile in Worte zerlegen, und jedes Wort pruefen, ob es durch
              // den vom Benutzer auf Kdozeile angegebenen RA abgedeckt wird
            while ( ( offset = wortRA.search( zeile, offset ) ) >= 0 ) {
               len = wortRA.matchedLength();
               wort = zeile.mid( offset, len );
               if ( regAusdruck.exactMatch( wort ) )
                  if ( erst ) {
                     fprintf( stdout, "%5d: %s", zeilnr, (const char *)wort );
```

```
                    erst = false;
                 } else
                    fprintf( stdout, ", %s", (const char *)wort );
              offset += len;
           }
           if ( !erst )
              printf("\n");
           zeilnr++;
        }
     }
     datei.close();
  }
  return 0;
}
```

Prüfen von ISBN[B]

Programm 13.5 liest aus einer Datei, die je Zeile eine ISBN enthält, Zeile für Zeile und prüft, ob das Format und die Prüfziffer der gelesenen ISBN richtig sind. Jedes Buch hat eine solche „Internationale Standard-Buch-Nummer“ (ISBN). Eine ISBN ist in vier Ziffernblöcke aufgeteilt, welche Sprache, Verlag, Titelnummer und Prüfziffer festlegen:

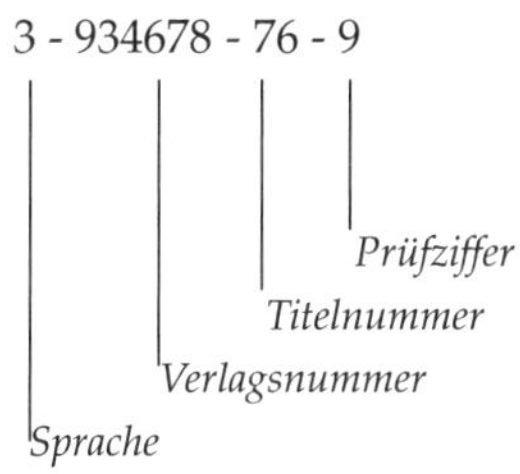

Die Prüfziffer kommt dabei so zustande:

$\mathbf{3}\cdot 1+\mathbf{9}\cdot 2+\mathbf{3}\cdot 3+\mathbf{4}\cdot 4+\mathbf{6}\cdot 5+\mathbf{7}\cdot 6+\mathbf{8}\cdot 7+\mathbf{7}\cdot 8+\mathbf{6}\cdot 9 = 284 = 25\cdot 11+\mathbf{9}$

Das heißt: Die Prüfziffer ist der Rest der Division von `284` durch `11`. Kommt als Rest der Wert `10` heraus, dann schreibt man als Prüfziffer `X` (römische Zahl), denn die ISBN ist stets zehnstellig.

Als Eingabedatei für Programm 13.5 wird im nachfolgenden Ablaufbeispiel die Datei `isbn.txt` verwendet:

```
$ cat isbn.txt ⏎
1-23456-771-8
3827315123
1-23456-71-8
3-89319-306-5
1-23456-771-x
1-2356-771-8
1-56592-566-2
3-89362-015-X
5-2345-6771-8
1234567890
123456-789-X
$
```

Startet man Programm 13.5 mit der Eingabedatei `isbn.txt`, liefert es folgende Ausgabe:

```
$ regexp2 isbn.txt ⏎
 1: .... 1-23456-771-8 .........falsche Prüfziffer (7 erwartet)
 2: .... 3827315123 <----- richtig
 3: .... 1-23456-71-8 .........falsches Format
 4: .... 3-89319-306-5 <----- richtig
 5: .... 1-23456-771-x .........falsche Prüfziffer (7 erwartet)
 6: .... 1-2356-771-8 .........falsches Format
 7: .... 1-56592-566-2 .........falsche Prüfziffer (1 erwartet)
 8: .... 3-89362-015-X <----- richtig
 9: .... 5-2345-6771-8 .........falsches Format
10: .... 1234567890 .........falsche Prüfziffer (X erwartet)
11: .... 123456-789-X <----- richtig
```

Programm 13.5 – `regexp2.cpp`:
Prüfen von ISBN

```
#include <qapplication.h>
#include <qstring.h>
#include <qregexp.h>
#include <qmessagebox.h>
#include <qfile.h>
#include <stdio.h>

int  main( int argc, char *argv[] ) {
   QString      msg;
   QApplication a( argc, argv );
   if (argc != 2) {
      msg.sprintf( "usage:  %s dateiname", argv[0] );
      QMessageBox::information( 0, "Falscher Aufruf", msg, QMessageBox::Ok );
      return 1;
   }
   QFile datei( argv[1] );
   if ( !datei.open( IO_ReadOnly ) ) {
      msg.sprintf( "Datei '%s' kann nicht geöffnet werden", argv[1] );
      QMessageBox::information( 0, "Fehler beim Öffnen der Datei",
                                   msg, QMessageBox::Ok );
      return 2;
   } else {
      QString  zeile;
      int      r, zeilnr=1;
      QRegExp  isbnNummer( "[0-9]-?"
                           "[0-9][0-9][0-9][0-9][0-9]-?[0-9][0-9][0-9]-?"
                           "[0-9xX]" );
      while ( ( r = datei.readLine( zeile, 1000 ) ) != 0 ) {
         if ( r == -1 ) {
            if ( !datei.atEnd() ) {
               msg.sprintf( "Fehler beim Lesen der Datei '%s'", argv[1] );
               QMessageBox::information( 0, "Fehler beim Lesen",
                                            msg, QMessageBox::Ok );
               return 3;
```

```
                }
                break;
            } else {
                int      wert=0, z=0, len;
                QString text( zeile ), t, p;
                zeile = zeile.stripWhiteSpace();
                len = zeile.length();
                if ( isbnNummer.exactMatch( zeile ) ) {
                    for ( int i=0; i<len-1; i++ )
                        if ( zeile[i].isDigit() )
                            wert += zeile[i].digitValue() * ++z;
                    wert %= 11;
                    p.sprintf( "%c", (wert<10) ? wert+'0' : 'X' );
                    if ( QString( zeile[len-1] ) == p )
                        zeile += " <----- richtig";
                    else {
                        t.sprintf( " .........falsche Prüfziffer (%s erwartet)",
                                   (const char *)p );
                        zeile += t;
                    }
                } else
                    zeile += " ........falsches Format";
                fprintf( stdout, "%5d: .... %s\n", zeilnr, (const char *)zeile );
                zeilnr++;
            }
        }
        datei.close();
    }
    return 0;
}
```

13.2.4 Die Klasse `QRegExpValidator`

Die von der Basisklasse `QValidator` abgeleitete Klasse `QRegExpValidator`, die speziell für konsistente Eingaben von Strings vorgesehen ist, ermöglicht das Festlegen von regulären Ausdrücken bei Eingaben von Strings, die diese erfüllen müssen.

Konstruktoren und Methoden der Klasse `QRegExpValidator`

Die Klasse `QRegExpValidator` bietet die folgenden Konstruktoren an:

`QRegExpValidator(QWidget *parent, char *nam=0)`
: legt ein `QRegExpValidator`-Objekt an, das alle Strings einschließlich dem leeren String akzeptiert.

`QRegExpValidator(QRegExp& rx, QWidget *parent, char *nam=0)`
: legt ein `QRegExpValidator`-Objekt an, das Strings akzeptiert, die durch den regulären Ausdruck `rx` abgedeckt sind.

Die von der Klasse `QRegExpValidator` angebotenen Methoden sind:

`setRegExp(const QRegExp& rx)`
: legt den regulären Ausdruck `rx` für das `QRegExpValidator`-Objekt fest.

`const QRegExp& regExp() const`
liefert festgelegten regulären Ausdruck.

`State validate(QString& str, int& pos) const virtual`
liefert:

`Acceptable`	wenn `str` vollständig durch regulären Ausdruck abgedeckt ist.
`Intermediate`	wenn `str` teilweise durch regulären Ausdruck abgedeckt ist.
`Invalid`	wenn `str` nicht durch regulären Ausdruck abgedeckt ist.

Eingabe einer gültigen IP-Adresse^B

Programm 13.6 fordert den Benutzer auf, eine IP-Adresse einzugeben. Eine IP-Adresse setzt sich aus vier Zahlenblöcken zusammen, die mit einem Punkt voneinander getrennt sind. Jeder Zahlenblock muss dabei einen Wert zwischen `0` und `255` haben. Dieses Programm lässt keine Benutzereingaben zu, die einen Verstoß gegen diese Vorgabe bedeuten würden. Den aktuellen Zustand der Eingabe zeigt dieses Programm immer unterhalb des Eingabefeldes mit unterschiedlichen Farben (siehe auch Abbildung 13.5) an:

hellblau	noch nicht mit Eingabe begonnen
gelb	bisher gültige, aber noch unvollständige IP-Adresse
hellgrün	gültige, aber noch nicht mit ↵ bestätigte IP-Adresse
weiss	gültige und mit ↵ bestätigte IP-Adresse

Abbildung 13.5: Konsistente Eingabe einer IP-Adresse

Programm 13.6 – `regexpvalidator.cpp`:
Konsistente Eingabe von IP-Adressen

```
#include <qapplication.h>
#include <qlineedit.h>
#include <qvalidator.h>
#include <qregexp.h>
#include <qlabel.h>
#include <qvbox.h>
#include <stdio.h>
class ipAdresse : public QVBox {
    Q_OBJECT
public:
    ipAdresse( QWidget *parent=0, const char *name=0 ) : QVBox( parent, name ) {
        setMargin( 10 );
        QVBox *box = new QVBox( this ); // Widget fuer das Layout
         box->setFont( QFont( "Times", 16 ) );
         box->setMargin( 5 );   box->setSpacing( 20 );
         (void)new QLabel( "Geben Sie bitte eine IP-Adresse ein: ", box );
        eingabe = new QLineEdit( box );
```

```
        QRegExp ra( "[0-9][0-9]?[0-9]?\\.[0-9][0-9]?[0-9]?\\."
                    "[0-9][0-9]?[0-9]?\\.[0-9][0-9]?[0-9]?" );
         ipValidator = new QRegExpValidator( ra, this);
         eingabe->setValidator( ipValidator );
        logMeldung = new QLabel( "Noch nicht mit Eingabe begonnen", box );
         logMeldung->setFont( QFont( "Times", 16 ) );
         logMeldung->setPaletteBackgroundColor( Qt::blue.light(180) );
        QObject::connect( eingabe, SIGNAL( textChanged( const QString & ) ),
                          this,    SLOT( slotTextChanged( const QString & ) ) );
        QObject::connect( eingabe, SIGNAL( returnPressed() ),
                          this,    SLOT( slotReturnPressed() ) );
    }
private slots:
    void slotTextChanged( const QString &text ) {
        QString  t = text;
        int      pos;
        QValidator::State zustand = ipValidator->validate( t, pos );
        if ( zustand == QValidator::Acceptable ) {
           logMeldung->setPaletteBackgroundColor( Qt::green.light( 180 ) );
           t.sprintf("gültig, aber noch nicht bestätigt: %s",
                     (const char *)text);
        } else if ( zustand == QValidator::Intermediate ) {
           logMeldung->setPaletteBackgroundColor( Qt::yellow.light( 160 ) );
           t.sprintf("gültig, aber noch nicht fertig; bisher: %s",
                     (const char *)text );
        }
        logMeldung->setText( t );
    }
    void slotReturnPressed() {
        QString  endeText;
        endeText.sprintf("Fertig und akzeptiert: %s",
                         (const char *)eingabe->text() );
        logMeldung->setText( endeText );
        logMeldung->setPaletteBackgroundColor( Qt::green.light(160) );
    }
private:
    QRegExpValidator *ipValidator;
    QLineEdit        *eingabe;
    QLabel           *logMeldung;
};
#include "regexpvalidator.moc"
int main( int argc, char *argv[] ) {
    QApplication a( argc, argv );
    ipAdresse ip;
    ip.resize( 400, ip.sizeHint().height() );
    ip.setCaption( "Eingabe einer erlaubten IP-Adresse" );
    a.setMainWidget( &ip );
    ip.show();
    return a.exec();
}
```

Einlesen einer Postleitzahl und Stadt[Z]

Das Programm `regexpvalidator2.cpp` lässt den Benutzer eine fünfstellige Postleitzahl, gefolgt von einem Leerzeichen und dem Namen der entsprechenden Stadt (Folge von Klein-/Großbuchstaben und Bindestrich) eingeben. Dieses Programm lässt dabei keine Eingaben zu, die gegen diese Vorgabe verstoßen.

Kapitel 14

Tastaturfokus

Der Mensch ist ein nachahmendes Geschöpf,
Und wer der Vorderste ist, führt die Herde.
– F. Schiller

Widgets enthalten oft viele Eingabeelemente wie z. B. Buttons, Menüs oder Eingabezeilen. Nur eines dieser Eingabeelemente kann nun jedoch zu einem Zeitpunkt Eingaben von der Tastatur entgegennehmen, und zwar dasjenige, auf das gerade der *Tastaturfokus* eingestellt ist.

Der Tastaturfokus kann üblicherweise mit der `Tab`-Taste auf das nächste Eingabeelement bzw. mit der `Tab`-Taste bei gleichzeitig gedrückter `Shift ⇑`-Taste auf das vorherige Eingabeelement verschoben werden. Ebenso kann man üblicherweise den Tastaturfokus direkt auf ein Eingabeelement einstellen, indem man auf dieses mit der Maustaste klickt.

Die meisten Eingabeelemente zeigen durch ein verändertes Aussehen an, dass sie gerade den Tastaturfokus besitzen; z. B. umrandet ein Button seinen Text mit einem gestrichelten Rechteck, und eine Eingabezeile zeigt einen blinkenden Cursor.

14.1 Einstellen und Erfragen von Fokusregeln

Methoden zum Einstellen und Erfragen von Fokusregeln

Für das Einstellen des Tastaturfokus sowie das Erfragen von entsprechender Information über den Tastaturfokus bietet Qt die folgende Methode an:

`QWidget::setFocusPolicy(FocusPolicy policy) virtual`

stellt entsprechende Fokusregel für ein Widget ein. Eine Fokusregel legt fest, ob ein Widget überhaupt den Tastaturfokus besitzen kann, und wenn ja, wie der Benutzer ihm diesen zuordnen kann. Zu Beginn besitzt ein Widget nicht den Tastaturfokus (`policy==QWidget::NoFocus`). Das Einstellen der geeigneten Fokusregel für Widgets, die Tastatureingaben entgegennehmen können, geschieht üblicherweise im Konstruktor des entsprechenden Widget. So ruft z. B. der `QLineEdit`-Konstruktor `setFocusPolicy(QWidget::StrongFocus)` auf. Für den Parameter `policy` können die folgenden Konstanten angegeben werden, um die Fokusregel für ein Widget festzulegen:

`TabFocus`	Fokus mit Tabulatortaste einstellbar
`ClickFocus`	Fokus mit Mausklick einstellbar
`StrongFocus`	Fokus mit Tabulatortaste und auch mit Mausklick einstellbar
`WheelFocus`	Fokus mit Tabulatortaste, Mausklick und Mausrad einstellbar
`NoFocus`	kein Fokus einstellbar

Allgemein gilt, dass man selten die von Qt vorgegebenen Fokusregeln für die vordefinierten Widgets wie `QPushButton`, `QLineEdit` usw. selbst umdefinieren muss, da diese schon in den Konstruktoren geeignet gesetzt werden – meist auf `StrongFocus`. Es gibt hier eine Ausnahme: Für ein Toplevel-Widget ist zwar als Fokusregel `NoFocus` eingestellt, aber es empfängt trotzdem Fokus- und Tasten-Events. So kann es benutzt werden, ohne dass man entsprechende Fokus-Funktionen aufruft.

`QWidget::setFocus() virtual slot`

ordnet diesem Wigdet unabhängig von der für ihn eingestellte Fokusregel, also auch bei `NoFocus`, den Tastaturfokus zu.

`bool QWidget::isFocusEnabled() const`

liefert `true` zurück, wenn das Widget einen Tastaturfokus zulässt, und `false`, wenn für dieses Widget `NoFocus` als Fokusregel eingestellt ist.

`QWidget *QWidget::focusWidget() const`

liefert das Widget, auf das gerade der Tastaturfokus in dem Window dieses Widget eingestellt ist. Diese Methode ist nicht identisch zur Methode `QApplication::focusWidget()`, die das Fokus-Widget in dem gerade aktiven Window zurückgibt.

`bool QWidget::hasFocus() const`

liefert `true`, wenn dieses Widget gerade den Tastaturfokus besitzt, andernfalls `false`. Diese Methode entspricht dem Aufruf `qApp->focusWidget()==this`.

`QWidget *QApplication::focusWidget() const`

liefert das Applikations-Widget, dem gerade der Tastaturfokus zugeordnet ist, oder `null`, wenn kein Applikations-Widget gerade den Tastaturfokus besitzt.

Hier einige Tipps, wann man welche Fokusregel verwenden sollte:

- `NoFocus`: sollte für Widgets benutzt werden,
  - die lediglich irgendwelche Information anzeigen und keinerlei Eingaben zulassen sollen (wie z. B: `QLabel`),
  - die nur Subwidgets enthalten,
  - wenn man gewisse Widgets beim Durchlaufen mit der Tabulatortaste ausschließen möchte; diese Widgets sollten dann über einen *Shortcut* anwählbar sein.
- `ClickFocus`: sollte nicht benutzt werden, wenn man wünscht, dass ein Programm auch ohne Maus bedient werden kann.
- `TabFocus`: wird üblicherweise für Widgets eingestellt, die nacheinander benutzt werden und die der Benutzer schrittweise durchlaufen können soll.
- `StrongFocus`: sollte für alle anderen Widgets eingestellt werden.

Demoprogramm zum Einstellen von Fokusregeln[B]

Programm 14.1 erzeugt zwei `QTextEdit`-Widgets nebeneinander. Jede Eingabe in einem dieser beiden Widgets wird im anderen mitprotokolliert, wobei alle im linken eingegebenen Buchstaben rechts als Großbuchstaben und alle rechts eingegebenen Buchstaben links als Kleinbuchstaben dargestellt werden. Zusätzlich erzeugt dieses Programm zehn Buttons, die es in zwei Reihen anordnet. Jedem dieser Buttons wird nun eine zufällige Fokusregel zugeteilt (siehe auch Abbildung 14.1). Der *Quit*-Button hat als Fokusregel `NoFocus`, sodass auf ihn niemals der Tastaturfokus eingestellt werden kann. Er kann lediglich mit der Maus angeklickt werden, wenn das Programm beendet werden soll.

Abbildung 14.1: Zufällige Vergabe von Fokusregeln an Buttons

Programm 14.1 – `fokus1.cpp`:
Demoprogramm zum Einstellen von Fokusregeln

```
#include <qwidget.h>
#include <qtextedit.h>
#include <qpushbutton.h>
#include <qapplication.h>
#include <qlayout.h>
#include <stdlib.h>
#include <time.h>

struct {
   const char  *focusName;
   int          focusTyp;
} focusRegel[] = { { "NoFocus",     QWidget::NoFocus     },
                   { "TabFocus",    QWidget::TabFocus    },
                   { "ClickFocus",  QWidget::ClickFocus  },
                   { "StrongFocus", QWidget::StrongFocus },
                   { "WheelFocus",  QWidget::WheelFocus  } };
//............................................................... FokusDemo
class FokusDemo : public QWidget {
    Q_OBJECT
public:
    FokusDemo() {
       int  i;
       ::srand( time( NULL ) );
```

```
        links  = new QTextEdit( this, "links" );
        rechts = new QTextEdit( this, "rechts" );
        connect( links,  SIGNAL(textChanged()), this, SLOT(changeRight()) );
        connect( rechts, SIGNAL(textChanged()), this, SLOT(changeLeft()) );
        for ( i=0; i<10; i++) {
           int w = ::rand()%5;
           b[i] = new QPushButton( focusRegel[w].focusName, this );
           b[i]->setFocusPolicy( (FocusPolicy)focusRegel[w].focusTyp );
        }
        QPushButton *quit = new QPushButton( "&Quit", this );
        quit->setFocusPolicy( NoFocus );
        connect( quit, SIGNAL(clicked()), qApp, SLOT(quit()) );
        QGridLayout *l = new QGridLayout( this, 7, 2, 5 );
        l->addWidget(  links, 0, 0 );
        l->addWidget( rechts, 0, 1 );
        for ( i=0; i<10; i++)
           l->addWidget( b[i], i/2+1, i%2 );
        l->addWidget( quit, 6, 1, AlignRight );
        links->setFocus();
    }
private slots:
    void changeLeft() {
        links->blockSignals( true ); // um Endlosrekursion bei
                                     // Signal textChanged() zu vermeiden
        links->setText( rechts->text().lower() );
        links->blockSignals( false ); // Signale wieder zulassen
    }
    void changeRight() {
        rechts->blockSignals( true ); // um Endlosrekursion bei
                                      // Signal textChanged() zu vermeiden
        rechts->setText( links->text().upper() );
        rechts->blockSignals( false ); // Signale wieder zulassen
    }
private:
    QTextEdit   *links, *rechts;
    QPushButton *b[10];
};
#include "fokus1.moc"
//.............................................................. main
int main( int argc, char *argv[] ) {
    QApplication a( argc, argv );
    FokusDemo r;
    r.resize( 400, 400 );
    a.setMainWidget( &r );
    r.show();
    return a.exec();
}
```

14.2 Reihenfolge beim Wechseln des Tastaturfokus mit Tabulatortaste

Die Reihenfolge, in der die Tabulatortaste (*tab order*) zwischen den Eingabeelementen wechselt, ist die Reihenfolge, in der die Subwidgets in das übergeordnete Widget eingefügt werden. Hat ein Subwidget seinerseits wieder Subwidgets, werden diese zunächst in ihrer Reihenfolge durchlaufen, bevor das nächste Widget den Tastaturfokus erhält. Diese Reihenfolge lässt sich jedoch auch ändern.

Nützliche Methoden zum Setzen bzw. Erfragen der Fokusreihenfolge

`QWidget::setTabOrder(QWidget *first, QWidget *second) static`

ordnet die Reihenfolge so um, dass das Widget `second` in der Ringliste nach dem Widget `first` eingeordnet wird.

```
QWidget *t = new QWidget();  // Toplevel-Widget
QLineEdit *a = new QLineEdit( t );
QLineEdit *b = new QLineEdit( t );
QLineEdit *c = new QLineEdit( t );
QLineEdit *d = new QLineEdit( t );
```

Dieser Programmausschnitt erzeugt ein Toplevel-Widget mit vier Eingabezeilen als Subwidgets. Die Reihenfolge beim Fokus-Wechsel ist nun folgende: `a->b->c->d->a->b...` Mit dem folgenden Aufruf

```
t->setTabOrder( a, d );
```

ändert sich dann die Reihenfolge in `a->d->b->c->a->d...`
Um eine vollständige neue Reihenfolge festzulegen, muss man die Ringliste von vorn nach hinten umordnen. Um z. B. die Reihenfolge `d->b->a->c->d->b->...` zu erhalten, müsste folgender Code angegeben werden:

```
t->setTabOrder( d, b ); // d->b
t->setTabOrder( b, a ); // d->b->a
t->setTabOrder( a, c ); // d->b->a->c
// t->setTabOrder( c, d ); // nicht notwendig, da dies automatisch gilt
d->setFocus(); // setzt Anfangsfokus auf d
```

`bool QWidget::focusNextPrevChild(bool next) virtual protected`

sucht nächstes Widget, das beim Drücken der `Tab`-Taste (mit oder ohne `Shift ⇑`) Tastaturfokus erhalten soll. Sie liefert `true`, wenn ein solches Widget gefunden werden kann, sonst `false`. Bei `next=true` sucht diese Methode „vorwärts" (`Tab`-Taste) und bei `next=false` „rückwärts" (`Tab`+`Shift ⇑`). Diese Methode wird immer bei einem Drücken der `Tab`-Taste (mit oder ohne `Shift ⇑`) aufgerufen, um nächstes Widget zu bestimmen, das den Tastaturfokus erhält. Durch Reimplementieren kann man auch eine neue Reihenfolge festlegen (siehe auch Beispiel weiter unten). Da die `Tab`-Taste in Qt die Sonderbedeutung „Wechsel des Tastaturfokus" hat, wird die `Tab`-Taste in der Regel nicht an Widgets weitergeleitet. Hat man nun aber ein Widget, das die Eingabe der `Tab`-Taste selbst benötigt, wie z. B. ein `QLineEdit`-Widget, in das man `Tab`-Tasten einfügen kann, muss man diese virtuelle Methode reimplementieren, denn wenn diese Methode `false` zurückliefert, wird die `Tab`-Taste an das Widget weitergeleitet. Der Code hierzu könnte wie folgt aussehen:

```
class MeinWidget : public QWidget {
   ....
protected:
   virtual bool focusNextPrevChild( bool next ) { return false; }
   ....
};
```

Es ist hier allerdings zu erwähnen, dass in Situationen, in denen nur ein Widget vorhanden ist, das den Tastaturfokus erhalten kann, (Tab)-Tasten automatisch an das Widget weitergeleitet werden. In solchen Fällen muss man die Methode `focusNextPrevChild()` natürlich nicht reimplementieren.

`QFocusData *QWidget::focusData() protected`

liefert einen Zeiger auf die Fokus-Daten das Toplevel-Widget dieses Widget. Die Fokus-Datenliste enthält alle Widgets in diesem Toplevel-Widget, die Fokus akzeptieren, in der entsprechenden Reihenfolge (*tab order*). Ein Iterator zeigt auf das aktuelle Fokus-Widget.

Die Klasse `QFocusData`

Die Klasse `QFocusData` stellt nun die folgenden Methoden zur Verfügung:

`QWidget *QFocusData::focusWidget() const`

liefert das Widget, das gerade den Tastaturfokus besitzt.

`QWidget *QFocusData::home()`

setzt den internen Listenzeiger auf das Widget, das gerade den Tastaturfokus besitzt. Diese Methode muss aufgerufen werden, bevor man sich mit den beiden folgenden Methoden `next()` oder `prev()` durch die Liste bewegen kann.

`QWidget *QFocusData::next()`

`QWidget *QFocusData::prev()`

bewegen den internen Listenzeiger „vorwärts" bzw. „rückwärts" in der Fokus-Ringliste.

`QWidget *QFocusData::first()`

`QWidget *QFocusData::last()`

liefern das erste bzw. letzte Widget in der Fokus-Ringliste.

`int QFocusData::count() const`

liefert die Anzahl der Widgets in der Fokus-Ringliste.

Dynamisches Einstellen der Reihenfolge beim Fokus-Wechsel[B]

In diesem Beispiel wird ein Dialogfenster eingeblendet, das eine Checkbox hat, zu der ein Texteingabefeld gehört, das nur dann editierbar sein soll, wenn die Checkbox nicht aktiviert ist. Ist die Checkbox angeklickt, so deaktiviert man mit der Methode `setEnabled(false)` das zugehörige Texteingabefeld, womit es auch gleichzeitig aus der *tab order* ausgeschlossen und automatisch beim Drücken der Tabulatortaste übersprungen wird. In manchen Anwendungsfällen möchte man ein solches Texteingabefeld aber weiterhin durch den Benutzer editierbar lassen, aber aus der *tab order* ausschließen. In diesem Fall muss man die virtuelle Methode `focusNextPrevChild()` reimplementieren, wie in Programm 14.2 gezeigt. Dieses Programm blendet ein Dialogfenster ein (siehe Abbildung 14.2).

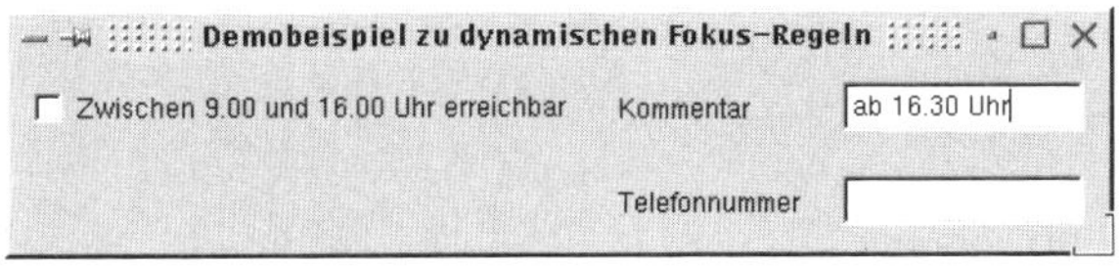

Abbildung 14.2: Einlesen eines Liefertermins und einer Telefonnummer

Programm 14.2 – `fokus2.cpp`:
Dynamisches Einstellen der Reihenfolge beim Fokus-Wechsel

```
#include <qapplication.h>
#include <qlayout.h>
#include <qcheckbox.h>
#include <qlineedit.h>
#include <qlabel.h>
#include <qfocusdata.h>
//........................................................... LieferDialog
class LieferDialog : public QWidget
{
public:
    LieferDialog( QWidget *p = 0, const char *n = 0 ) : QWidget( p, n ) {
       QGridLayout *box = new QGridLayout( this, 3, 3, 10, 20 );
       checkBox = new QCheckBox(
                         "Zwischen 9.00 und 16.00 Uhr erreichbar", this );
       checkBox->setFocusPolicy( QWidget::StrongFocus );
       box->addWidget( checkBox, 0, 0 );
       QLabel *label1 = new QLabel( "Kommentar", this );
       box->addWidget( label1, 0, 1 );
       zeile1 = new QLineEdit( this );
       box->addWidget( zeile1, 0, 2 );
       QLabel *label2 = new QLabel( "Telefonnummer", this );
       box->addWidget( label2, 1, 1 );
       zeile2 = new QLineEdit( this );
       box->addWidget( zeile2, 1, 2 );
       this->setTabOrder( checkBox, zeile1 );
       this->setTabOrder( zeile1, zeile2 );
       this->setTabOrder( zeile2, checkBox );
       checkBox->setFocus();
    }
protected:
    virtual bool focusNextPrevChild( bool forward ) {
       QFocusData *focusDaten = focusData();
       QWidget    *aktiv = focusDaten->home();
       if ( aktiv == checkBox ) {
          if ( !forward )
             zeile2->setFocus(); //... rueckwaerts zur 2. Zeile
          else if ( checkBox->isChecked() )
             zeile1->setFocus(); //... vorwaerts auf 1. Zeile
          else
```

```
            zeile2->setFocus(); //... Ueberspringe 1. Zeile
        } else { //.... nichts Besonderes zu tun
            if ( !forward )
                focusDaten->prev()->setFocus();
            else
                focusDaten->next()->setFocus();
        }
        return true;
    }
private:
    QCheckBox *checkBox;
    QLineEdit *zeile1, *zeile2;
};
//........................................................... main
int main( int argc, char *argv[] ) {
    QApplication a( argc, argv );
    LieferDialog lieferDlg;
    lieferDlg.setCaption( "Demobeispiel zu dynamischen Fokusregeln" );
    lieferDlg.resize( lieferDlg.sizeHint() );
    lieferDlg.show();
    a.setMainWidget( &lieferDlg );
    return a.exec();
}
```

Interaktives Einstellen der Tab Order[Z]

Das Programm dynfokus.cpp lässt dem Benutzer eine gewünschte Tab Order selbst einstellen. Dazu blendet dieses Programm links drei Radiobuttons ein: *Normal Tab Order, Reverse Tab Order* und *2-step Tab Order*. Die *2-step Tab Order* ist eine *Normal Tab Order,* bei der allerdings beim Drücken der Tab-Taste immer das nächste Element übersprungen wird. Zum Testen der eingestellten Tab Order blendet dieses Programm rechts fünf Buttons ein(siehe auch Abbildung 14.3)

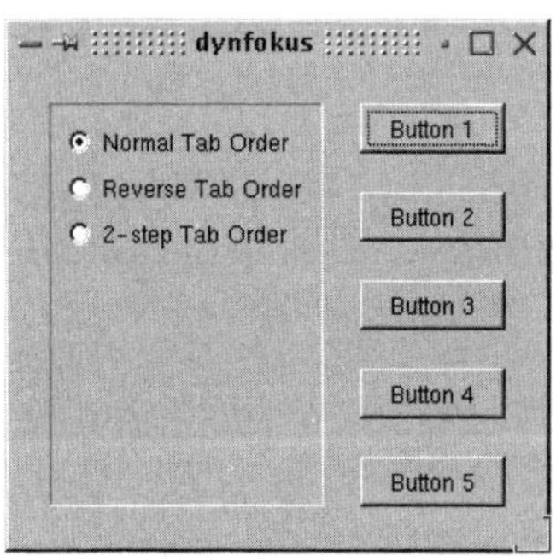

Abbildung 14.3: Interaktives Einstellen der Tab Order

Kapitel 15

Ereignisbehandlung (Event-Handling)

Wie wenig ist am Ende der Lebensbahn daran gelegen,
was wir erlebten, und wie unendlich viel,
was wir daraus machten.
– W. von Humboldt

Dieses Kapitel erläutert zunächst einmal die grundsätzliche Vorgehensweise von Qt beim Auftreten von Events, bevor es dann im nächsten etwas umfangreicheren Abschnitt die Basisklasse `QEvent` und alle von ihr abgeleiteten Event-Klassen vorstellt.
Der nächste Abschnitt behandelt dann so genannte Event-Filter. Ein Event-Filter ist ein Objekt, das alle Events für andere Objekte empfängt. Dieses Objekt kann dann entscheiden, ob es auf die empfangenen Events selbst reagiert und/oder die empfangenen Events an die entsprechenden anderen Objekte weiterleitet oder nicht.
In den beiden letzten Abschnitten dieses Kapitels wird dann das Senden eigener Events und die Bearbeitung benutzerdefinierter Events vorgestellt.

15.1 Allgemeines zu Events

Qt holt auftretende Events (Ereignisse) aus der Event-Warteschlange (*event queue*) des darunterliegenden Window-Systems, übersetzt diese in ein `QEvent` und schickt die so übersetzten Events an die einzelnen `QObject`-Objekte.
Events kommen zwar im Allgemeinen vom darunterliegenden Window-System, es ist jedoch auch unter Verwendung der Klasse `QApplication` möglich, eigene Events zu schicken; dazu werden die Methoden `QApplication::sendEvent()` und `QApplication::postEvent()` angeboten.
`QObject`-Objekte können ankommende Events dadurch bearbeiten, dass sie die virtuelle Methode `QObject::event()` reimplementieren.
Die von `QObject` abgeleitete Klasse `QWidget` reimplementiert ihrerseits die virtuelle Methode `event()` und klassifiziert ankommende Events, um sie dann anschließend den speziell für die Behandlung dieses Events vorgesehenen Event-Handlern zuzustellen, wie z. B. das Event „Tastendruck“ dem Event-Handler `QWidget::keyPressEvent()` oder „Bewegen der Maus“ dem Event-Handler `QWidget::mouseMoveEvent()`.

Allen Event-Methoden wird ein Zeiger auf ein Event-Objekt übergeben, das wichtige Informationen zum aufgetretenen Event enthält. Jede Event-Methode hat eine Event-Klasse, die die spezifischen Informationen zu diesem Event enthält. So wird beispielsweise an die Methoden `mousePressEvent()`, `mouseMoveEvent()`, `mouseReleaseEvent()` und `mouseDoubleClickEvent()` ein Zeiger auf ein Objekt der Klasse `QMouseEvent` übergeben, und an die Methoden `keyPressEvent()` und `keyReleaseEvent()` ein Zeiger auf ein Objekt der Klasse `QKeyEvent`.

15.2 Die Basisklasse `QEvent` und die davon abgeleiteten Event-Klassen

15.2.1 Die Basisklasse `QEvent`

`QEvent` ist die Basisklasse für alle Event-Klassen. Event-Objekte enthalten grundsätzlich Event-Parameter. In dieser Klasse sind unter anderem die Konstanten (vom Typ `Type`), wie sie in Tabelle 15.1 gezeigt sind, zur Identifizierung der einzelnen Events definiert:

Tabelle 15.1: Konstanten (vom Typ `Type`) zur Identifizierung der einzelnen Events

Konstante	Event-Typ
`None`	Ungültiges Event
`Timer`	Timer-Event
`MouseButtonPress`	Maustaste wurde gedrückt
`MouseButtonRelease`	Maustaste wurde wieder losgelassen
`MouseButtonDblClick`	Doppelklick auf Maustaste
`MouseMove`	Maus wurde bewegt
`KeyPress, KeyRelease`	Taste auf Tastatur wurde gedrückt bzw. losgelassen
`FocusIn, FocusOut`	Tastaturfokus wurde erhalten bzw. abgegeben
`Enter, Leave`	Maus wurde in das Widget bewegt bzw. hat es verlassen
`Paint`	Im Widget wurde gezeichnet
`Move, Resize`	Widget wurde bewegt bzw. seine Größe geändert
`Create, Destroy`	Objekt wurde erzeugt bzw. wird gerade gelöscht
`Show, Hide`	Widget wurde sichtbar bzw. unsichtbar
`Close`	Anforderung zum Schließen des Widget
`Quit`	Anforderung zur Beendigung der Applikation
`Accel`	Accelerator-Event
`Wheel`	Mausrad wurde gedreht
`AccelAvailable`	Event für Accelerator-Verfügbarkeit
`Clipboard`	Internes Clipboard-Event
`SockAct`	Socket-Aktivierung
`DragEnter`	Drag-Operation wurde das in Widget bewegt
`DragMove`	Drag-Operation wurde im Widget bewegt
`DragLeave`	Drag-Operation wurde beendet bzw. hat Widget wieder verlassen
`Drop`	Drop-Operation hat stattgefunden
`DragResponse`	Drag-Operation wurde zugelassen/zurückgewiesen
`ChildInserted`	Neues Subwidget wurde erzeugt
`ChildRemoved`	Subwidget wurde entfernt
`LayoutHint`	Größe eines Subwidget hat sich geändert
`ActivateControl`	ActiveX-Aktivierung
`DeactivateControl`	ActiveX-Deaktivierung
`User`	Erste ID für Benutzer-Events

Die Klasse `QEvent` stellt folgenden Konstruktor zur Verfügung:

`QEvent(Type type)`
: legt ein Event-Objekt des Typs `type` an. Während der Konstruktor der Basisklasse nur einen Parameter enthält, enthalten die Konstruktoren der von dieser Basisklasse abgeleiteten Unterklassen oft noch zusätzliche Parameter, welche das aufgetretene Event näher beschreiben.

Folgende Methode bietet die Klasse `QEvent` an:

`Type type() const`
: liefert den Typ des Event zurück.

Von der Basisklasse `QEvent` sind unter anderem die folgenden Klassen abgeleitet:

`QPaintEvent`	für Mal-Events
`QMouseEvent`	für Maus-Events
`QWheelEvent`	für Mausrad-Events
`QKeyEvent`	für Tastatur-Events
`QTimerEvent`	für Timer-Events
`QFocusEvent`	für Fokus-Events
`QResizeEvent`	für Größenveränderungen bei Widgets
`QMoveEvent`	für Positionsänderungen von Widgets
`QHideEvent`	für Versteck-Events von Widgets
`QShowEvent`	für Sichtbarkeits-Events von Widgets
`QCloseEvent`	für Schließ-Events von Widgets
`QChildEvent`	für Subwidget-Events (Erzeugen/Entfernen von Subwidgets)
`QDragEnterEvent`, `QDragMoveEvent`, `QDragLeaveEvent`, `QDropEvent`	für Drag-and-Drop-Events
`QCustomEvent`	für benutzerdefinierte Events

15.2.2 Mal-Events (`QPaintEvent`)

Mal-Events treten auf, wenn das Widget oder ein Teil davon neu gezeichnet werden muss. Dies ist z. B. unmittelbar nach einem Aufruf der Methode `show()` der Fall, oder aber auch, wenn ein Teil des Widget von einem anderen Fenster verdeckt war und nun wieder aufgedeckt wird.

Methoden für Mal-Events

Um Mal-Events zu bearbeiten, stellt Qt die folgende virtuelle Methode zur Verfügung:

`QWidget::paintEvent(QPaintEvent *e) virtual protected`
: Diese Methode wird immer dann aufgerufen, wenn ein Widget oder ein Teil davon neu gezeichnet werden muss; siehe auch Kapitel 10, wo `paintEvent()` anhand von Beispielen näher erläutert wurde.

Um vom Programm aus ein explizites Neuzeichnen eines Widget zu veranlassen, stehen die beiden `QWidget`-Methoden `repaint()` und `update()` zur Verfügung, die in mehreren überladenen Versionen angeboten werden:

`QWidget::repaint(const QRegion& reg, bool erase=true) slot`

`QWidget::repaint(const QRect& r, bool erase=true) slot`
: zeichnet durch einen direkten Aufruf der Methode `paintEvent()` das Widget neu. Bei `erase=true` wird der Bereich `reg` bzw. das Rechteck `r` vor dem Neuzeichnen gelöscht, was bei `erase=false` nicht der Fall ist.

`QWidget::repaint(int x,int y,int w,int h, bool erase=true) slot`
: zeichnet durch einen direkten Aufruf der Methode `paintEvent()` das Widget neu. Bei `erase=true` wird das mit (`x,y,w,h`) festgelegte Rechteck vor dem Neuzeichnen gelöscht, was bei `erase=false` nicht der Fall ist. Wenn `w` negativ ist, so entspricht dies der Angabe `width()-x`, und wenn `h` negativ ist, so entspricht dies der Angabe `height()-y`.

`Widget::repaint(bool erase) slot`
: zeichnet durch einen direkten Aufruf der Methode `paintEvent()` das ganze Widget neu. Bei `erase=true` wird das ganze Widget vor dem Neuzeichnen gelöscht, was bei `erase=false` nicht der Fall ist.

`QWidget::repaint() slot`
: entspricht dem Aufruf `repaint(true)`.

`QWidget::update() slot`
: löscht zunächst das ganze Widget und erzeugt dann ein Mal-Event vom Window-System, was zu einem Aufruf der Methode `repaint()` führt.

`QWidget::update(const QRect& r) slot`

`QWidget::update(int x, int y, int w, int h) slot`
: löscht zunächst das mit `r` bzw. (`x,y,w,h`) festgelegte Rechteck und erzeugt dann ein Mal-Event vom Window-System. Wenn `w` negativ ist, so entspricht dies der Angabe `width()-x`, und wenn `h` negativ ist, so entspricht dies der Angabe `height()-y`.

Die Klasse `QPaintEvent`

Der Methode `paintEvent()` wird ein Objekt der Klasse `QPaintEvent` übergeben. Diese Klasse, die eine Reihe von Informationen über das aufgetretene Mal-Event enthält, stellt folgende Konstruktoren zur Verfügung:

`QPaintEvent(const QRect& paintRect, bool erased=true)`

`QPaintEvent(const QRegion& paintRegion, bool erased=true)`
: Die Parameter `paintRect` bzw. `paintRegion` legen das neu zu zeichnende Rechteck bzw. den neu zu zeichnenden Bereich im Widget fest. Bei `erased=true` wird der Bereich `paintRegion` bzw. das Rechteck `paintRect` vor dem Neuzeichnen gelöscht, was bei `erased=false` nicht der Fall ist.

Folgende Methoden bietet die Klasse `QPaintEvent` an:

`const QRect& rect() const`
: liefert das Rechteck, das neu zu zeichnen ist.

`const QRegion& region() const`
: liefert Bereich, der neu zu zeichnen ist.

`bool erased() const`
: liefert `true`, wenn für dieses Mal-Event ein Löschen des entsprechenden Rechtecks oder Bereichs unter Verwendung der Hintergrundfarbe gefordert ist, sonst `false`.

15.2.3 Maus-Events (`QMouseEvent` und `QWheelEvent`)

Maus-Events treten auf, wenn eine Mausaktion für ein Widget stattgefunden hat.

Methoden für Maus-Events

Um Maus-Events zu bearbeiten, stellt Qt folgende virtuellen Methoden zur Verfügung:

`QWidget::mousePressEvent(QMouseEvent *e) virtual protected`

Diese Methode wird immer dann aufgerufen, wenn eine Maustaste innerhalb eines Widget gedrückt wird. Diese Methode wird nicht aufgerufen, wenn der Mauscursor sich in einem Subwidget befindet, da in diesem Fall dieses Event an das Subwidget geschickt wird. Sobald eine Maustaste gedrückt wurde, gehen alle folgenden Maus-Events an dieses Widget, auch wenn der Mauszeiger aus diesem Widget herausbewegt wird. Die voreingestellte Aktion dieser Methode ist das Schließen von Popup-Widgets, wenn man außerhalb des Window eine Maustaste drückt; für andere Widgets ist die Voreinstellung, dass hier keinerlei Aktion stattfindet.

`QWidget::mouseReleaseEvent(QMouseEvent *e) virtual protected`

Diese Methode wird immer dann aufgerufen, wenn eine gedrückte Maustaste wieder losgelassen wird.

`QWidget::mouseDoubleClickEvent(QMouseEvent *e) virtual protected`

Diese Methode wird immer dann aufgerufen, wenn eine Maustaste innerhalb kurzer Zeit zweimal gedrückt wird. Der erste Klick auf die Maustaste führt zu einem Aufruf der Methoden `mousePressEvent()` und `mouseReleaseEvent()`, und der zweite Klick zu einem Aufruf dieser Methode `mouseDoubleClickEvent()`. Ein dritter Klick würde wieder `mousePressEvent()`, gefolgt von `mouseReleaseEvent()`, und ein vierter wieder `mouseDoubleClickEvent()` aufrufen usw. Wie groß das Zeitintervall zwischen zwei Mausklicks maximal sein darf, damit `mouseDoubleClickEvent()` und nicht erneut `mousePressEvent()` aufgerufen wird, kann mit der statischen Methode `QApplication::setDoubleClickInterval(int ms)` festgelegt werden. Die voreingestellte Aktion dieser Methode ist der Aufruf von `mousePressEvent()`.

`QWidget::mouseMoveEvent(QMouseEvent *e) virtual protected`

Die Voreinstellung ist, dass diese Methode nur aufgerufen wird, wenn der Mauscursor bei mindestens einer gedrückten Maustaste bewegt wird. So wird verhindert, dass eine normale Mausbewegung unnötige Events erzeugt. Sollte es in der jeweiligen Applikation erforderlich sein, dass diese Methode auch bei einer Bewegung der Maus ohne gedrückte Maustaste aufgerufen wird, so müssen, abhängig vom jeweiligen Anwendungsfall, eine oder oder auch beide der folgenden Methoden aufgerufen werden:

```
QWidget::setMouseTracking( true );                 // virtuelle Slotroutine
QApplication::setGlobalMouseTracking( true ); // statische Methode
```

`QWidget::setEnabled(bool enable) virtual slot`

lässt das Auftreten von Tastatur- und Maus-Events in einem Widget zu (`enable=true`) oder nicht (`enable=false`). Einige Widgets verändern ihr Aussehen, wenn Eingabe-Events für sie nicht zugelassen sind; so ist z. B. die Schrift in einem Button, der keine Events zulässt, blass dargestellt.

Die Klasse `QMouseEvent`

Fast allen obigen Methoden wird ein Objekt der Klasse `QMouseEvent` übergeben. Diese Klasse, die eine Vielzahl von Informationen über das aufgetretene Maus-Event enthält, stellt folgende Konstruktoren zur Verfügung:

`QMouseEvent(Type type, QPoint& pos, int button, int state)`

`QMouseEvent(Type type, QPoint& pos, QPoint& globalPos, int button, int state)`

Der Parameter `type` muss einen der folgenden Werte haben: `QEvent::MouseButtonPress`, `QEvent::MouseButtonRelease`, `QEvent::MouseButtonDblClick` oder `QEvent::MouseMove`. Der Parameter `pos` enthält die Position des Mauscursor relativ zur linken oberen Ecke des Widget, in dem das Event aufgetreten ist. Der Parameter `globalPos` enthält die globale Position des Mauscursors (relativ zur linken oberen Bildschirmecke) zum Zeitpunkt, als das Event aufgetreten ist. Der Parameter `button` hat einen der folgenden Werte: `LeftButton`, `RightButton`, `MidButton` oder `NoButton`. Der Parameter `state` zeigt an, ob gleichzeitig eine Maustaste und eine der Tasten (Shift ⇑), (Strg) oder (Alt) gedrückt wurde, um das aufgetretene Event auszulösen. Dieser Parameter hat als Wert einen oder auch mehrere (mit bitweisem `OR` verknüpft) der folgenden Konstanten: `LeftButton`, `RightButton`, `MidButton`, `ShiftButton`, `ControlButton`, `AltButton` und `MetaButton`.

Folgende Methoden bietet die Klasse `QMouseEvent` an:

`accept() , ignore()`

`accept()` setzt und `ignore()` löscht das accept-Flag für das `QMouseEvent`-Objekt. Das accept-Flag legt fest, ob der Empfänger dieses Event auch den Empfang solcher Events wünscht. Unerwünschte Events werden an das Eltern-Widget geschickt. Die Voreinstellung ist, dass das accept-Flag gesetzt ist.

`ButtonState button() const`

liefert die Maustaste, welche das Maus-Event auslöste. Mögliche Rückgabewerte sind `LeftButton`, `RightButton`, `MidButton` oder `NoButton`. Bei Mausbewegungs-Events wird immer `NoButton` (`0`) zurückgegeben.

`ButtonState state() const`

liefert zurück, ob eventuell gleichzeitig eine Maustaste und eine der Tasten (Shift ⇑), (Strg) oder (Alt) gedrückt wurde, um das aufgetretene Event auszulösen. Der Rückgabewert ist eine oder auch mehrere (mit bitweisem `OR` verknüpft) der folgenden Konstanten: `LeftButton`, `RightButton`, `MidButton`, `ShiftButton`, `ControlButton` und `AltButton`.

`ButtonState stateAfter() const`

Da der Zustand, den die Methode `state()` zurückliefert, unmittelbar vor dem Event ermittelt wurde, ist bei den Methoden `QEvent::MouseButtonPress()` und `QEvent::MouseButtonDblClick()` das entsprechende Flag `LeftButton`, `RightButton` oder `MidButton` noch nicht gesetzt. Um nun nachträglich nach dem Auftreten des Event zu erfragen, welche Maustaste gedrückt wurde, steht die Methode `stateAfter()` zur Verfügung.

`const QPoint& globalPos() const`

`int globalX() const , int globalY() const`

liefern globale Positionen des Mauscursors zum Zeitpunkt, als Event aufgetreten ist.

`const QPoint& pos() const`

`int x() const , int y() const`

liefern Position des Mauscursors relativ zur linken oberen Ecke des Widget, in dem das Event aufgetreten ist.

Die Klasse QWheelEvent

Seit Version 2.0 unterstützt Qt auch ein Rad in der mittleren Maustaste der Maus. Wird dieses Rad der Maus bewegt, wird die virtuelle Methode

`QWidget::wheelEvent(QWheelEvent *e) virtual protected`

aufgerufen, die der Benutzer in einer eigenen Unterklasse reimplementieren kann, wenn er solche Wheel-Events bearbeiten möchte. Die Voreinstellung ist, dass dieses Event „Bewegen des Rads" ignoriert wird. Der Methode `QObject::wheelEvent()` wird ein Objekt der Klasse `QWheelEvent` übergeben. Diese Klasse, die eine Reihe von Informationen über das aufgetretene Maus-Event enthält, stellt folgende Konstruktoren zur Verfügung:

```
QWheelEvent(QPoint& p, QPoint& gPos, int d,
            int state, Orientation o=Vertical)
QWheelEvent(QPoint& p, int d, int state, Orientation o=Vertical)
```

Parameter `p` enthält die Position des Mauscursors relativ zur linken oberen Ecke des Widget, in dem das Event aufgetreten ist, und Parameter `gPos` die globale Position des Mauscursors zum Zeitpunkt des Events. Parameter `d` liefert Strecke, um die das Rad gedreht wurde. Diese Zahl ist ein Vielfaches von oder eine Division durch `WHEEL_DELTA`, was der Wert `120` ist. Ein positiver Wert zeigt an, dass Rad vorwärts, weg vom Benutzer, und ein negativer Wert, dass Rad rückwärts, in Richtung Benutzer gedreht wurde. Parameter `state` zeigt an, ob zugleich eine der Tasten `Shift ⇧`, `Strg` oder `Alt` gedrückt wurde, als das Maus-Rad bewegt wurde. Dieser Parameter hat als Wert einen oder auch mehrere (mit bitweisem `OR` verknüpft) der folgenden Konstanten: `ShiftButton`, `ControlButton` und `AltButton`. Der Parameter `o` liefert die Bewegung des Rads (`Vertical` oder `Horizontal`).

Folgende Methoden bietet die Klasse `QWheelEvent` unter anderem an:

`accept() , ignore()`

`accept()` setzt und `ignore()` löscht das accept-Flag für das `QWheelEvent`-Objekt. Das accept-Flag legt fest, ob der Empfänger dieses Event auch den Empfang solcher Events wünscht. Unerwünschte Events werden an das Eltern-Widget geschickt. Die Voreinstellung ist, dass das accept-Flag gesetzt ist.

`bool isAccepted() const`

liefert `true`, wenn Empfänger dieses Event dessen Empfang wünscht, sonst `false`.

`int delta() const`

liefert die Strecke, um die das Rad gedreht wurde. Die hier zurückgegebene Zahl ist ein Vielfaches von oder eine Division durch `WHEEL_DELTA`, was der Wert `120` ist. Ein positiver Wert zeigt an, dass das Rad vorwärts, weg vom Benutzer gedreht wurde, und ein negativer Wert, dass das Rad rückwärts, auf den Benutzer zu gedreht wurde.

`ButtonState state() const`

liefert zurück, ob eventuell zur gleichen Zeit auch eine der Tasten `Shift ⇧`, `Strg` oder `Alt` gedrückt wurde, als das Maus-Rad bewegt wurde. Der Rückgabewert ist eine oder auch mehrere (mit bitweisem `OR` verknüpft) der folgenden Konstanten: `ShiftButton`, `ControlButton` und `AltButton`.

`const QPoint& globalPos() const`

`int globalX() const , int globalY() const`

liefern globale Position des Mauscursors zum Zeitpunkt, als Event aufgetreten ist.

`const QPoint& pos() const , int x() const , int y() const`

liefern Position des Mauscursors relativ zur linken oberen Ecke des Widget, in dem das Event aufgetreten ist.

Unterscheiden zwischen Mausklick und Ziehen der Maus[B]

Oft muss man in einer Applikation unterscheiden, ob der Benutzer nur einen einfachen Mausklick ausführt oder aber die Maus bei gedrückter Taste ziehen möchte. Beim Klicken wird die Maustaste nur kurz gedrückt und sofort wieder losgelassen. Beim Ziehen wird die Maustaste gedrückt, die Maus bewegt und dann an der Zielposition wieder losgelassen. Da aber der Benutzer auch beim Klicken der Maus diese oft auch aus Versehen ein kleines Stück bewegt, ist die Unterscheidung meist sehr schwer. Um diese beiden Aktivitäten unterscheiden zu können, bezieht man die Distanz und die Zeitspanne mit ein, die zwischen dem Drücken und dem Loslassen der Maus lag. Üblich ist dabei eine Entfernung von mindestens 20 Pixeln oder einer Zeitspanne von mehr als 300 Millisekunden. Ist eine dieser beiden Bedingungen erfüllt, nimmt man im Programm an, dass der Benutzer ein Ziehen der Maus beabsichtigt.
Programm 15.1 verdeutlicht diese Technik. Bei einem Ziehen der Maus mit gedrückter linker Taste wird ein Rechteck auf der Malfläche aufgezogen, das erst dann endgültig gezeichnet wird, wenn der Benutzer die linke Maustaste wieder loslässt. Klickt der Benutzer lediglich auf die linke Maustaste, wird vom Endpunkt der letzten gezeichneten Linie eine neue Linie an diese Mausposition gezeichnet. Bei jedem Klick auf die rechte Maustaste wird das zuletzt mit der linken Maustaste aufgezogene Rechteck mit einer zufälligen Farbe gefüllt. Ein Doppelklick auf die mittlere Maustaste löscht das ganze gemalte Bild.

Programm 15.1 – `mouseevent.cpp`:
Unterscheiden zwischen Mausklick und Ziehen der Maus

```
#include ....
class MalFenster : public QWidget {
public:
   MalFenster() {
      setPaletteBackgroundColor( Qt::white );
      linkeTaste = rechteTaste = dragging = false;  lLetztePos = QPoint( 0, 0 );
   }
protected:
   virtual void mousePressEvent( QMouseEvent* event) {
      if ( event->button() == RightButton ) { //... Rechte Maustaste
         rechteTaste = true;   repaint( false );   rechteTaste = false;
      } else if ( event->button() == LeftButton ) { //.. Linke Maustaste
         ersteMal = linkeTaste = true;  startPos = event->pos();  timer.start();
      }
   }
   virtual void mouseMoveEvent( QMouseEvent* event) {
      if ( !linkeTaste ) //.... nur bei linker Maustaste ist diese
         return;         //.... Methode von Interesse
      if ( !dragging )
            //... Dragging (Ziehen), wenn mehr als 300 Millisek. seit letztem
            //... Aufruf vergangen oder neue Position mind. 20 Pixel entfernt ist
         if ( timer.elapsed() >= 300 ||
              QABS( startPos.x() - event->pos().x() ) >= 20 ||
              QABS( startPos.y() - event->pos().y() ) >= 20 ) {
            rStartPos = startPos;  dragging = true;
         }
      if ( dragging ) { rNeuePos = event->pos(); repaint( false ); }
```

```
  }
  virtual void mouseReleaseEvent( QMouseEvent* event) {
     if ( linkeTaste && !dragging ) { //... Linie zeichnen
        lNeuePos = event->pos(); repaint( false ); lLetztePos = lNeuePos;
     }
     linkeTaste = dragging = false;
  }
  virtual void mouseDoubleClickEvent( QMouseEvent* event ) {
     if ( event->button() == MidButton ) { //... bei mittlerer Maustaste
        bild.fill( backgroundColor() );     //... Bild loeschen
        repaint();
     } else if ( event->button() == RightButton ) { //... Rechte Maustaste
        rechteTaste = true; repaint( false ); rechteTaste = false;
     }
  }
  virtual void paintEvent( QPaintEvent *event ) {
     QPainter p( &bild );
     if ( linkeTaste ) {
        if ( dragging ) {
           if ( !ersteMal )
              p.eraseRect( QRect( rStartPos, rLetztePos ) );
           p.drawRect( QRect( rStartPos, rNeuePos ) );
           rLetztePos = rNeuePos;
        } else
           p.drawLine( lLetztePos, lNeuePos );
        ersteMal = false;
     } else if ( rechteTaste )
        p.fillRect( QRect( rStartPos, rNeuePos ),
            QBrush( QColor( ::rand()&255, ::rand()&255, ::rand()&255 ) ) );
     bitBlt( this, event->rect().topLeft(), &bild );
  }
  virtual void resizeEvent( QResizeEvent *event ) {
     QPixmap bild2( bild );
     bild.resize( event->size() );  bild.fill( backgroundColor() );
     bitBlt( &bild, 0, 0, &bild2 );
  }
private:
  QTime   timer;
  QPoint  startPos, rStartPos, rLetztePos, rNeuePos, lLetztePos, lNeuePos;
  bool    linkeTaste, rechteTaste, dragging, ersteMal;
  QPixmap bild;
};
int main( int argc, char* argv[] ) {
  QApplication myapp( argc, argv );
  MalFenster* mywidget = new MalFenster();
  mywidget->setGeometry( 50, 50, 400, 400 );
  myapp.setMainWidget( mywidget );
  mywidget->show();
  return myapp.exec();
}
```

15.2.4 Tastatur-Events (`QKeyEvent`)

Tastatur-Events treten auf, wenn eine beliebige Taste auf der Tastatur gedrückt wird. Jede Taste erzeugt ein Tastatur-Event, also auch die Tasten `Shift ⇑`, `Strg`, `Alt`, `Esc`, die Funktionstasten `F1` bis `F12`, die Cursortasten usw.

Methoden für Tastatur-Events

Um Tastatur-Events zu bearbeiten, stellt Qt folgende virtuellen Methoden zur Verfügung:

`QWidget::keyPressEvent(QKeyEvent *e) virtual protected`

wird immer aufgerufen, wenn eine Taste auf der Tastatur gedrückt wird. Nur Widgets, die gerade den Tastaturfokus besitzen, empfangen dieses Tastatur-Event. Die Voreinstellung dieser Methode ist, dass beim Drücken der `Esc`-Taste alle Popup-Widgets geschlossen werden und alle anderen Tastatur-Events ignoriert werden. Wenn eine Taste längere Zeit vom Benutzer gedrückt wird, so setzt die automatische Tastenwiederholung ein, und diese Methode wird entsprechend wiederholt aufgerufen.

`QWidget::keyReleaseEvent(QKeyEvent *e) virtual protected`

wird immer dann aufgerufen, wenn eine gedrückte Taste der Tastatur wieder losgelassen wird. Nur Widgets, die gerade den Tastaturfokus besitzen, empfangen dieses Tastatur-Event. Es ist hier zu erwähnen, dass Toplevel-Widgets auch dann Tastatur-Events empfangen, wenn sie als Fokusregel `NoFocus` eingestellt haben, was nicht für andere Widgets gilt.

Die Klasse `QKeyEvent`

Den beiden obigen Methoden wird ein Objekt der Klasse `QKeyEvent` übergeben. Diese Klasse, die Information über das aufgetretene Tastatur-Event enthält, stellt folgenden Konstruktor zur Verfügung:

```
QKeyEvent(Type type, int key, int ascii, int state,
          QString& text=null, bool autorep=false, ushort n=1)
```

`type` gibt an, welche Art von Tastatur-Event aufgetreten ist: `QEvent::KeyPress` oder `QEvent::KeyRelease`. Parameter `key` enthält den Code der Taste, die gedrückt oder losgelassen wurde. Die Headerdatei `<qnamespace.h>` enthält Konstanten für alle möglichen Tastencodes, wie z. B. `Key_A` bis `Key_Z` für die Tasten `A` bis `Z`, `Key_0` bis `Key_9` für die Tasten `0` bis `9`, `Key_F1` bis `Key_F12` für die Funktionstasten, `Key_Left`, `Key_Right`, `Key_Up` und `Key_Down` für die Cursortasten. Diese Tastencodes sind unabhängig vom darunterliegenden Window-System. Wenn Parameter `key` den Wert `0` hat, ist die Taste, die Event auslöste, keine bekannte Taste, sondern z. B. eine zusammengesetzte Folge von Tasten oder ein Tasten-Makro. Parameter `ascii` enthält den ASCII-Code der Taste, die gedrückt oder losgelassen wurde. Der Parameter `state` zeigt an, ob eine der Tasten `Shift ⇑`, `Strg` oder `Alt` gedrückt wurde, um das aufgetretene Event auszulösen. Dieser Parameter hat als Wert einen oder auch mehrere (mit bitweisem `OR` verknüpft) der folgenden Konstanten: `ShiftButton`, `ControlButton` und `AltButton`. Der Parameter `text` enthält den Unicode-Text der Taste, die dieses Event auslöste. Der Parameter `autorep` zeigt an, ob das aufgetretene Event durch die automatische Tastenwiederholung ausgelöst wurde (`autorep=true`) oder nicht (`autorep=false`). Der Parameter `n` enthält die Länge des Textes, der über den Parameter `text` übergeben wird.

Folgende Methoden bietet die Klasse `QKeyEvent` an:

`accept()`

`ignore()`

`accept()` setzt und `ignore()` löscht das accept-Flag für das `QKeyEvent`-Objekt. Das accept-Flag legt fest, ob der Empfänger dieses Event auch den Empfang solcher Events wünscht. Unerwünschte Events werden an das Eltern-Widget geschickt. Die Voreinstellung ist, dass das accept-Flag gesetzt ist.

`bool isAccepted() const`

liefert `true`, wenn der Empfänger dieses Event dessen Empfang wünscht, andernfals `false`.

`int key() const`

liefert den Code der Taste, die gedrückt oder losgelassen wurde. Die Headerdatei `<qnamespace.h>` enthält Konstanten für alle möglichen Tastencodes, wie z. B. `Key_A` bis `Key_Z` für die Tasten (A) bis (Z), `Key_0` bis `Key_9` für die Tasten (0) bis (9), `Key_F1` bis `Key_F12` für die Funktionstasten, `Key_Left`, `Key_Right`, `Key_Up` und `Key_Down` für die Cursortasten. Diese Tastencodes sind unabhängig vom darunterliegenden Window-System. Der Tastencode `0` zeigt an, das die Taste, die das Event auslöste, keine bekannte Taste, sondern z. B. eine zusammgesetzte Folge von Tasten oder ein Tasten-Makro ist.

`QString text() const`

liefert den Unicode-Text der Taste, die dieses Event auslöste.

`int ascii() const`

liefert den ASCII-Code der Taste, die gedrückt oder losgelassen wurde. International einsetzbare Software sollte statt dieser Methode die Methode `text()` benutzen.

`ButtonState state() const`

liefert zurück, ob eine der Tasten (Shift ⇑), (Strg) oder (Alt) gedrückt wurde, um das aufgetretene Event auszulösen. Der Rückgabewert ist eine oder auch mehrere (mit bitweisem `OR` verknüpft) der folgenden Konstanten: `ShiftButton`, `ControlButton`, `AltButton` und `MetaButton`.

`ButtonState stateAfter() const`

liefert die gleichen Konstanten wie die Methode `state()`, allerdings bezieht sich dieser Rückgabewert auf den Zustand, der vorliegt, unmittelbar nachdem das Event aufgetreten ist.

`int count() const`

liefert die Länge des Textes, den die Methode `text()` zurückliefert.

`bool isAutoRepeat() const`

liefert `true`, wenn dieses Event durch die automatische Tastenwiederholung ausgelöst wurde. In manchen Anwendungsfällen kann es notwendig sein, solche Events zu ignorieren.

Programm zur Anzeige der Tastencodes[Z]

Das Programm `keyevent.cpp` zeigt zu jeder gedrückten Taste den entsprechenden Tastencode aus `<qnamespace.h>` und, wenn möglich, auch den zugehörigen Unicode-Text dieser Taste an. Ebenso zeigt es an, ob eine Taste gleichzeitig mit einer oder mehreren der Tasten (Shift ⇑), (Strg) und (Alt) gedrückt wurde. Beim Loslassen einer Taste zeigt es die entsprechende Information in einem zweiten Label an (siehe auch Abbildung 15.1).

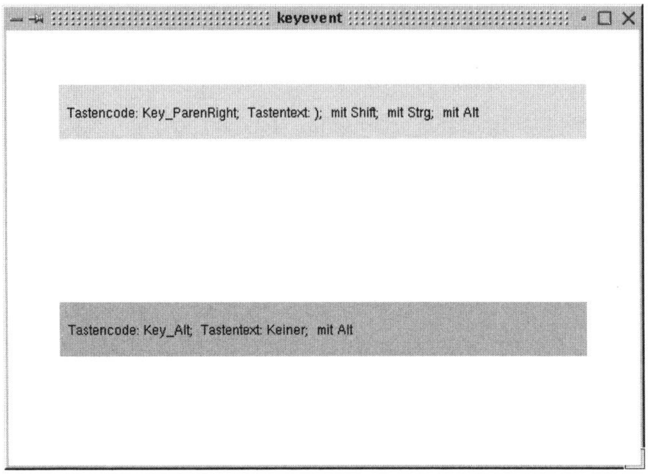

Abbildung 15.1: Anzeige der Codes beim Drücken bzw. Loslassen einer Taste

Horizontales und vertikales Zeichnen mit den Cursortasten[B]

Programm 15.2 erlaubt es dem Benutzer, den Graphikcursor mittels Cursortasten durch ein Malfenster zu bewegen, wobei an jeder aktuellen Position des Graphikcursor immer ein Pixel gezeichnet wird.

Programm 15.2 – `keyevent2.cpp`:
Horizontales und vertikales Zeichnen mit den Cursortasten

```
#include <qapplication.h>
#include <qwidget.h>
#include <qpainter.h>

#define MAXX  300
#define MAXY  300
class MeinFenster : public QWidget {
 public:
   MeinFenster() {
      setPaletteBackgroundColor( Qt::white );
      links = rechts = auf = ab = false;
      x = MAXX/2;
      y = MAXY/2;
   }
 protected:
   virtual void keyPressEvent( QKeyEvent* event ) {
      switch ( event->key() ) {
          case Key_Left : links = true;   break;
          case Key_Right: rechts = true;  break;
          case Key_Up   : auf = true;     break;
          case Key_Down : ab = true;      break;
      }
      repaint( false );
```

```
    }
    virtual void keyReleaseEvent( QKeyEvent* event ) {
      switch ( event->key() ) {
        case Key_Left : links = false;   break;
        case Key_Right: rechts = false;  break;
        case Key_Up   : auf = false;     break;
        case Key_Down : ab = false;      break;
      }
    }
    virtual void paintEvent( QPaintEvent * ) {
      QPainter p( this );
      if ( links )        { if (x-1 >= 0)    x--; }
      else if ( rechts )  { if (x+1 < MAXX)  x++; }
      else if ( auf )     { if (y-1 >= 0)    y--; }
      else if ( ab )      { if (y+1 < MAXY)  y++; }
      p.drawPoint( x, y);
    }
  private:
    bool  links, rechts, auf, ab;
    int   x, y;
};
int main( int argc, char* argv[] ) {
    QApplication myapp( argc, argv );
    MeinFenster* mywidget = new MeinFenster();
    mywidget->setGeometry( 50, 50, MAXX, MAXY );
    myapp.setMainWidget( mywidget );
    mywidget->show();
    return myapp.exec();
}
```

15.2.5 Timer-Events (QTimerEvent)

Timer-Events und die zugehörige Klasse QTimerEvent sowie die im Zusammenhang mit Timer-Events wichtigen Methoden QObject::startTimer(), QObject::killTimer() und QObject::killTimers() wurden bereits in Kapitel 9.4.2 auf Seite 398 beschrieben, weshalb hier auf eine erneute Beschreibung verzichtet werden kann.

15.2.6 Fokus-Events (QFocusEvent)

Fokus-Events treten auf, wenn ein Widget den Tastaturfokus erhält bzw. wieder verliert.

Methoden für Fokus-Events

Um Fokus-Events zu bearbeiten, stellt Qt folgende virtuellen Methoden zur Verfügung:

QWidget::focusInEvent(QFocusEvent *e) virtual protected

Diese Methode wird immer dann aufgerufen, wenn ein Widget den Tastaturfokus erhält. Die Voreinstellung ist, dass diese Methode repaint() aufruft, da die Farbengruppe des Widget sich von normal nach active ändert. Um Flackern zu reduzieren, kann man in der Reimplementierung dieser Methode repaint(false) aufrufen.

`QWidget::focusOutEvent(QFocusEvent *e) virtual protected`

Diese Methode wird immer dann aufgerufen, wenn ein Widget den Tastaturfokus wieder verliert. Die Voreinstellung ist, dass diese Methode `repaint(visibleRect())` aufruft, da die Farbgruppe des Widget sich von `active` nach `normal` ändert. Um Flackern zu reduzieren, kann man in der Reimplementierung dieser Methode `repaint(visibleRect(),false)` aufrufen.

Die Klasse `QFocusEvent`

Den obigen Methoden wird ein Objekt der Klasse `QFocusEvent` übergeben. Diese Klasse, die Information über das aufgetretene Fokus-Event enthält, stellt folgenden Konstruktor zur Verfügung:

`QFocusEvent(Type type)`

`type` muss hier entweder `QEvent::FocusIn` oder `QEvent::FocusOut` sein.

Die wichtigsten Methoden, die die Klasse `QFocusEvent` anbietet, sind:

`bool gotFocus() const`

liefert `true`, wenn das Widget den Tastaturfokus besitzt, andernfalls `false`.

`bool lostFocus() const`

liefert `true`, wenn das Widget den Tastaturfokus verloren hat, andernfalls `false`.

`Reason reason() static`

liefert eine Konstante, die die Auslösung für das aufgetretene Fokus-Event anzeigt:

`Mouse, Tab`	durch Maus- bzw. Tabtaste
`Backtab`	durch Tabtaste bei gedrückter `Shift`-Taste
`ActiveWindow`	durch Aktivierung bzw. Deaktivierung des Window
`Popup`	durch Öffnen bzw. Schliessen eines Popupmenüs
`Shortcut`	durch einen Tasten-Shortcut ausgelöst.
`Other`	anderer, meist benutzerspezifischer Grund

Demoprogramm zu Fokus-Events[B]

Programm 15.3 erzeugt zehn Buttons, die es in zwei Reihen anordnet. Jedem dieser Buttons wird nun eine zufällige Fokusregel zugeteilt (siehe auch Abbildung 15.2). Der *Quit*-Button hat als Fokusregel `NoFocus`, sodass auf ihn niemals der Tastaturfokus eingestellt werden kann. Er kann lediglich mit der Maus angeklickt werden, wenn das Programm beendet werden soll. Der Button, der gerade den Tastaturfokus besitzt, wird dabei in weißer Farbe angezeigt. Verliert ein Button den Tastaturfokus, erhält er wieder seine ursprüngliche Farbe.

Abbildung 15.2: Anzeige des Tastaturfokus mit weißer Farbe

Programm 15.3 – focusevent.cpp:
Demoprogramm zu Fokus-Events

```
#include <qapplication.h>
#include <qwidget.h>
#include <qpushbutton.h>
#include <qlayout.h>
#include <stdlib.h>
#include <time.h>
struct {
   const char  *focusName;
   int          focusTyp;
} focusRegel[] = { { "NoFocus",     QWidget::NoFocus     },
                   { "TabFocus",    QWidget::TabFocus    },
                   { "ClickFocus",  QWidget::ClickFocus  },
                   { "StrongFocus", QWidget::StrongFocus }  };
class Knopf: public QPushButton {
 public:
   Knopf( const QString &text, QWidget *p ) : QPushButton( text, p ) { }
 protected:
   virtual void focusInEvent( QFocusEvent *e ) {
      if ( e->gotFocus() )
         setPaletteBackgroundColor( Qt::white );
   }
   virtual void focusOutEvent( QFocusEvent *e ) {
      if ( e->lostFocus() )
         setPaletteBackgroundColor( Qt::lightGray );
   }
};
class FokusDemo: public QWidget {
 public:
   FokusDemo() {
      int  i;
      ::srand( time( NULL ) );
      for ( i=0; i<10; i++) {
         int w = ::rand()%4;
         b[i] = new Knopf( focusRegel[w].focusName, this );
         b[i]->setFocusPolicy( (FocusPolicy)focusRegel[w].focusTyp );
      }
      QPushButton *quit = new QPushButton( "&Quit", this );
      quit->setFocusPolicy( NoFocus );
      connect( quit, SIGNAL(clicked()), qApp, SLOT(quit()) );
      QGridLayout *l = new QGridLayout( this, 7, 2, 5 );
      for ( i=0; i<10; i++)
         l->addWidget( b[i], i/2, i%2 );
      l->addWidget( quit, 5, 1, AlignRight );
      b[0]->setFocus();
   }
 private:
   Knopf  *b[10];
};
```

```
int main( int argc, char *argv[] ) {
    QApplication a( argc, argv );
    FokusDemo r;
    r.resize( r.sizeHint() );
    a.setMainWidget( &r );
    r.show();
    return a.exec();
}
```

15.2.7 Größenänderungs-Events (`QResizeEvent`)

Größenänderungs-Events treten auf, wenn ein Widget seine Größe ändert.

Methoden für Größenänderungs-Events

Um Größenänderungs-Events zu bearbeiten, bietet Qt folgende virtuelle Methode an:

`QWidget::resizeEvent(QResizeEvent *e) virtual protected`

Diese Methode wird immer dann aufgerufen, wenn sich die Größe eines Widget ändert. Beim Aufruf dieser Methode hat die Größenveränderung schon stattgefunden. Bei einer Größenveränderung wird zunächst das alte Widget gelöscht und ihm unverzüglich ein Mal-Event geschickt, nachdem das Größenänderungs-Event bearbeitet wurde.

Die Klasse `QResizeEvent`

Der obigen Methode wird ein Objekt der Klasse `QResizeEvent` übergeben. Diese Klasse, die Information über das aufgetretene Größenänderungs-Event enthält, stellt folgenden Konstruktor zur Verfügung:

`QResizeEvent(const QSize& size, const QSize& oldSize)`

Die Parameter `size` bzw. `oldSize` liefern die neue bzw. alte Größe des Widget, nachdem bzw. bevor das Größenänderungs-Event auftrat.

Folgende Methoden bietet die Klasse `QResizeEvent` an:

`const QSize& oldSize() const ]`

`const QSize& size() const`

liefern die alte Größe des Widget, bevor das Größenänderungs-Event auftrat, bzw. die neue Größe des Widget, nachdem das Größenänderungs-Event auftrat; die neue Größe kann auch mit der Methode `QWidget::size()` erfragt werden.

Demoprogramm zu Größenänderungs-Events[B]

Programm 15.4 zeigt bei jeder Veränderung der Größe des Widget die alten und neuen Maße dieses Widget in einem eigenen Label (in der Mitte dieses Widget) an. Die Größe des Label passt sich dabei immer der aktuellen Größe des Widget an.

Programm 15.4 – `resizeevent.cpp`:
Demoprogramm zu Größenänderungs-Events

```
#include <qapplication.h>
#include <qwidget.h>
#include <qlabel.h>
```

```
class MeinFenster : public QWidget {
public:
   MeinFenster() {
      label = new QLabel( this );
      label->setGeometry( 20, rect().center().y()-20, width()-40, 40 );
      label->setFont( QFont( "Times", 12 ) );
      label->setPaletteBackgroundColor( Qt::white );
      label->setFrameStyle( QFrame::Box | QFrame::Raised );
      label->setLineWidth( 2 );   label->setAlignment( AlignCenter );
   }
protected:
   virtual void resizeEvent( QResizeEvent* ev ) {
      QString t;
      t.sprintf( "  alte Größe: %d, %d; neue Größe: %d,%d",
                  ev->oldSize().width(), ev->oldSize().height(),
                  ev->size().width(), ev->size().height() );
      label->setGeometry( 20, rect().center().y()-20, width()-40, 40 );
      label->setText( t );
   }
private:
   QLabel  *label;
};
int main( int argc, char* argv[] ) {
   QApplication myapp( argc, argv );
   MeinFenster* mywidget = new MeinFenster();
   mywidget->setGeometry( 50, 50, 300, 200 ); mywidget->setMinimumSize(300, 200);
   myapp.setMainWidget( mywidget );           mywidget->show();
   return myapp.exec();
}
```

15.2.8 Positionsänderungs-Events (QMoveEvent)

Positionsänderungs-Events treten auf, wenn ein Widget seine Position ändert, also verschoben wird.

Methoden für Positionänderungs-Events

Um Positionänderungs-Events zu bearbeiten, bietet Qt folgende virtuelle Methode an:

`QWidget::moveEvent(QMoveEvent *e) virtual protected`

Diese Methode wird immer dann aufgerufen, wenn sich die Position eines Widget ändert. Beim Aufruf dieser Methode hat die Positionsänderung schon stattgefunden.

Die Klasse QMoveEvent

Der obigen Methode wird ein Objekt der Klasse QMoveEvent übergeben. Diese Klasse, die Information über das aufgetretene Positionsänderungs-Event enthält, stellt folgenden Konstruktor zur Verfügung:

`QMoveEvent(const QPoint& pos, const QPoint& oldPos)`

Die Parameter pos bzw. oldPos liefern die neue bzw. alte Position des Widgets, nachdem bzw. bevor das Positionsänderungs-Event auftrat.

Folgende Methoden bietet die Klasse `QMoveEvent` an:

`const QPoint& oldPos() const`
: liefert die alte Position des Widget, bevor das Positionsänderungs-Event auftrat.

`const QPoint& pos() const`
: liefert die neue Position des Widget, nachdem das Positonsänderungs-Event auftrat.

Demoprogramm zu Positionsänderungs-Events[B]

Programm 15.5 zeigt bei jeder Veränderung der Position des Widget die alte und die neue Position dieses Widget in einem eigenen Label (in der Mitte dieses Widget) an. Die Größe des Label passt sich dabei immer der aktuellen Größe des Widget an.

Programm 15.5 – `moveevent.cpp`:
Demoprogramm zu Positionsänderungs-Events

```
#include <qapplication.h>
#include <qwidget.h>
#include <qlabel.h>
class MeinFenster : public QWidget {
public:
   MeinFenster() {
      label = new QLabel( this );
      label->setGeometry( 20, rect().center().y()-20, width()-40, 40 );
      label->setFont( QFont( "Times", 12 ) );
      label->setPaletteBackgroundColor( Qt::white );
      label->setFrameStyle( QFrame::Box | QFrame::Raised );
      label->setLineWidth( 2 );  label->setAlignment( AlignCenter );
   }
protected:
   virtual void moveEvent( QMoveEvent* e ) {
      QString t;
      t.sprintf( "  alte Position: %d, %d; neue Position: %d,%d",
                 e->oldPos().x(), e->oldPos().y(),
                 e->pos().x(), e->pos().y() );
      label->setGeometry( 20, rect().center().y()-20, width()-40, 40 );
      label->setText( t );
   }
   virtual void resizeEvent( QResizeEvent* ) {
      label->setGeometry( 20, rect().center().y()-20, width()-40, 40 );
   }
private:
   QLabel  *label;
};
int main( int argc, char* argv[] ) {
   QApplication myapp( argc, argv );
   MeinFenster* mywidget = new MeinFenster();
   mywidget->setGeometry( 50, 50, 350, 200 );
   mywidget->setMinimumSize( 350, 200 );
   myapp.setMainWidget( mywidget );   mywidget->show();
   return myapp.exec();
}
```

15.2.9 Eintritts- und Austritts-Events

Eintritts- und Austritts-Events treten auf, wenn die Maus in ein bzw. aus einem Widget bewegt wird.

Methoden für Eintritts- und Austritts-Events

Um Eintritts- und Austritts-Events zu bearbeiten, stellt Qt die folgenden virtuellen Methoden zur Verfügung:

`QWidget::enterEvent(QEvent *e) virtual protected`
wird immer aufgerufen, sobald der Mauscursor in ein Widget bewegt wird.

`QWidget::leaveEvent(QEvent *e) virtual protected`
wird immer aufgerufen, wenn Mauscursor aus einem Widget heraus bewegt wird.

Demoprogramm zu Eintritts- und Austritts-Events^Z

Das Programm `enterleave.cpp` ändert die Hintergrundfarbe des Toplevel-Widget bei jedem Eintritt mit der Maus auf blau. Wird die Maus wieder aus dem Toplevel-Widget bewegt, wird auch wieder die ursprüngliche Hintergrundfarbe (hellgrau) eingestellt. Zusätzlich wird in einem Label in der Mitte des Toplevel-Widget angezeigt, wie oft schon die Maus in dieses hinein bewegt wurde.

15.2.10 Versteck-, Sichtbarkeits- und Schließ-Events (`QHideEvent`, `QShowEvent`, `QCloseEvent`)

Versteck-Events

Solche Events treten auf, wenn ein Widget nicht mehr als Fenster sichtbar sein soll, z. B. wenn es nur noch als Symbol dargestellt werden soll oder aber wenn der Benutzer auf einen anderen virtuellen Desktop umschaltet. Das Event wird geschickt, unmittelbar bevor die Methode `QWidget::hide()` sich beendet. Um solche Events zu bearbeiten, bietet Qt folgende virtuelle Methode an:

`QWidget::hideEvent(QHideEvent *e) virtual protected`
wird aufgerufen, nachdem das entsprechende Widget ausgeblendet wurde.

Der Methode `QWidget::hideEvent()` wird ein Objekt der Klasse `QHideEvent` übergeben. Neben einem einfachen Konstruktor, der keinerlei Parameter besitzt, bietet die Klasse `QHideEvent` noch folgende Methode an:

`bool spontaneous() const`
liefert `true`, wenn das Event von außerhalb der Applikation ausgelöst wurde, z. B. wenn der Benutzer das Widget über den Window-Manager versteckte (in Symbolform brachte) oder auf einen anderen virtuellen Desktop umschaltete. Wurde das Event von der Applikation selbst gesendet, liefert diese Methode `false`.

Sichtbarkeits-Events

Solche Events treten auf, wenn ein Widget wieder als Fenster eingeblendet werden soll, z. B. wenn es von Symboldarstellung wieder in Fensterform gebracht werden soll oder aber wenn der Benutzer auf den entsprechenden virtuellen Desktop wieder zurückschaltet. Um solche Events zu bearbeiten, bietet Qt folgende virtuelle Methode an:

`QWidget::showEvent(QShowEvent *e) virtual protected`

Der Methode `QWidget::showEvent()` wird ein Objekt der Klasse `QShowEvent` übergeben. Neben einem einfachen Konstruktor, der keinerlei Parameter besitzt, bietet die Klasse `QShowEvent` noch folgende Methode an:

`bool spontaneous() const`

liefert `true`, wenn Event von außerhalb der Applikation ausgelöst wurde, z. B. wenn Benutzer das Widget über den Window-Manager sichtbar machte (in Fensterform brachte) oder auf den entsprechenden virtuellen Desktop zurückschaltete. Wurde das Event von der Applikation selbst gesendet, liefert diese Methode `false`.

Schließ-Events

Schließ-Events treten auf, wenn ein Widget geschlossen werden soll, z. B. über den X-Button in der Fensterleiste oder über den Menüeintrag *Schließen* aus dem Fenstermenü. Ein Schließ-Event wird jedoch auch geschickt, wenn die Methode `QWidget::close()` innerhalb der Applikation explizit aufgerufen wird. Um solche Events zu bearbeiten, stellt Qt die folgende virtuelle Methode zur Verfügung:

`QWidget::closeEvent(QCloseEvent *e) virtual protected`

Der Methode `QWidget::closeEvent()` wird ein Objekt der Klasse `QCloseEvent` übergeben. Neben einem einfachen Konstruktor, der keinerlei Parameter besitzt, bietet die Klasse `QCloseEvent` noch folgende Methoden an:

`accept()`

setzt das so genannte accept-Flag für Schließ-Event. Nur wenn accept-Flag gesetzt ist, akzeptiert Empfänger das Schließen des Widget. Wird accept-Flag in der Methode `QWidget::closeEvent()` gesetzt, wird das Widget versteckt. Nur wenn dieses Widget mit Flag `WDestructiveClose` erzeugt wurde, wird es vollständig gelöscht.

`ignore()`

löscht das accept-Flag für das Schließ-Event. Ein Löschen des accept-Flag bewirkt, dass der Empfänger dieses Events nicht wünscht, dass das Widget geschlossen wird; siehe auch folgenden Codeausschnitt.

`bool isAccepted() const`

liefert `true`, wenn das accept-Flag gesetzt ist, andernfalls `false`.

```
#include <qmainwindow.h>
#include <qtextedit.h>
class ApplicationWindow: public QMainWindow {
    Q_OBJECT
public:
    ApplicationWindow();
    ...
protected:
    void closeEvent( QCloseEvent* );
private:
    QTextEdit *e;
    ...
};
ApplicationWindow::ApplicationWindow()
   : QMainWindow( 0, "Beispiel", WDestructiveClose | WGroupLeader ) {
   ...
}
```

```
void ApplicationWindow::closeEvent( QCloseEvent* ce ) {
   if ( !e->isModified() ) {
      ce->accept();
      return;
   }
   switch( QMessageBox::information(
                  this, "Beispiel", "Änderungen speichern?"
                        "Ja", "Nein", "Verwerfen", 0, 1 ) ) {
        case 0:
            save();
            ce->accept();
            break;
        case 1:
            ce->accept();
            break;
        case 2:
        default:
            ce->ignore();
            break;
   }
}
```

Demoprogramm zu Versteck-, Sichtbarkeits- und Schließ-Events^{Z}

Das Programm `showhideclose.cpp` blendet zwei Toplevel-Widgets ein: Ein Widget, welches die Beschriftung „Steuerfenster" hat, ermöglicht es dem Benutzer, über die enthaltenen Buttons das andere Toplevel-Widget zu verstecken bzw. wieder sichtbar zu machen (siehe auch Abbildung 15.3). Bei jedem neuen Einblenden dieses anderen Toplevel-Widget ändert dieses seine Hintergrundfarbe. Im Steuerfenster-Widget wird zudem immer der aktuelle Status des anderen Widget angezeigt, das natürlich auch über das Fenstermenü oder über ein Umschalten zwischen unterschiedlichen virtuellen Desktops ein- und ausgeblendet werden kann.

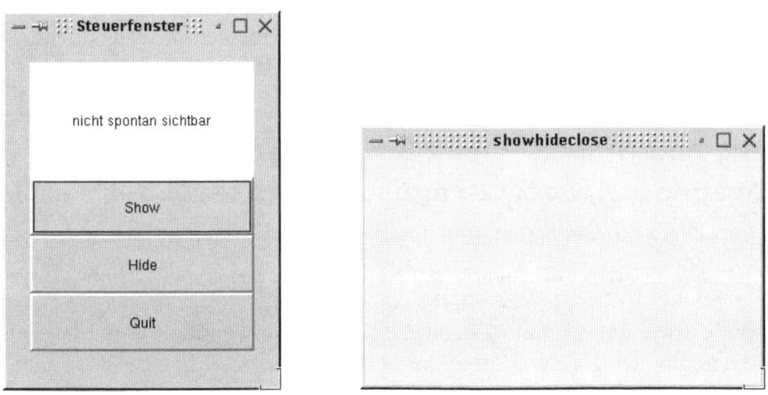

Abbildung 15.3: Steuerfenster zum Verstecken und Einblenden eines anderen Toplevel-Widget

15.2.11 Subwidget-Events (`QChildEvent`)

Subwidget-Events treten auf, wenn existierende Subwidgets entfernt oder neue hinzugefügt werden.

Methoden für Subwidget-Events

Um Subwidget-Events zu bearbeiten, bietet Qt folgende virtuelle Methode an:

`QObject::childEvent(QChildEvent *e) virtual protected`
: wird immer aufgerufen, wenn ein Subwidget gelöscht oder hinzugefügt wird.

Die Klasse `QChildEvent`

Der obigen Methode wird ein Objekt der Klasse `QChildEvent` übergeben. Diese Klasse, die Information über das aufgetretene Subwidget-Event enthält, stellt folgenden Konstruktor zur Verfügung:

`QChildEvent(Type type, QObject *child)`
: `type` muss dabei einen der beiden Werte `QEvent::ChildInserted` oder `QEvent::ChildRemoved` besitzen.

Folgende Methoden bietet die Klasse `QChildEvent` an:

`QObject *child() const`
: liefert das Subwidget, das hinzugefügt bzw. entfernt wurde.

`bool inserted() const`
: liefert `true`, wenn im Widget ein neues Subwidget hinzugefügt wurde, andernfalls `false`.

`bool removed() const`
: liefert `true`, wenn im Widget ein Subwidget gelöscht wurde, andernfalls `false`.

Demoprogramm zu Subwidget-Events^Z

Das Programm `childevent.cpp` blendet in einem Widget 24 Buttons ein, hinter welchen es Labels mit der gleichen Beschriftung und einer zufälligen Farbe versteckt. Die Beschriftung sowohl der Buttons als auch der Labels erfolgt dabei über die virtuelle Methode `childEvent()`. Klickt man auf einen Button, wird dieser geschlossen und das dahinterliegende Label kommt zum Vorschein.

15.2.12 Drag-and-Drop-Events (`QDragEnterEvent`, `QDragMoveEvent`, `QDragLeaveEvent`, `QDropEvent`)

Um Drag-and-Drop-Events zu bearbeiten, stellt Qt die folgenden virtuellen Methoden zur Verfügung:

`QWidget::dragEnterEvent(QDragEnterEvent *e) virtual protected`
: Diese Methode wird immer dann aufgerufen, wenn der Benutzer den Mauszeiger, nachdem er eine Drag-Operation gestartet hat, in dieses Widget bei gedrückter Maustaste bewegt.

`QWidget::dragMoveEvent(QDragMoveEvent *e) virtual protected`
: Nachdem `dragEnterEvent()` aufgerufen wurde, wird automatisch ständig diese Methode aufgerufen, solange sich der Mauszeiger bei gedrückter Maustaste innerhalb dieses Widget befindet.

`QWidget::dragLeaveEvent(QDragLeaveEvent e) virtual protected`
: Diese Methode wird automatisch aufgerufen, wenn eine Drag-Operation gestartet wurde und der Mauszeiger bei gedrückter Maustaste dieses Widget wieder verlässt.

`QWidget::dropEvent(QDropEvent *e) virtual protected`
: Diese Methode wird aufgerufen, wenn eine Drag-and-Drop-Operation abgeschlossen wird, also z. B. die Maustaste in einem Widget wieder losgelassen wird.

Da diese Methoden bereits in Kapitel 8.2 auf Seite 367 vorgestellt wurden, kann hier auf eine weitere Beschreibung verzichtet werden.

15.2.13 Anzeigen bestimmter Event-Informationen^Z

Das Programm `events.cpp` blendet ein Widget ein, in dem immer die folgenden Informationen angezeigt werden (siehe auch Abbildung 15.4):

- aktuelle Mausposition
- Taste gerade gedrückt oder nicht
- alte und neue Größe, wenn die Widgetgröße verändert wird
- alte und neue Position des Widget, wenn dieses verschoben wird.

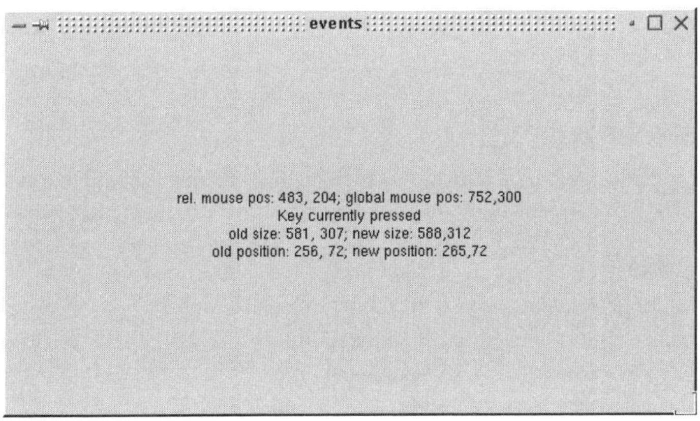

Abbildung 15.4: Anzeigen bestimmter Event-Informationen

15.3 Event-Filter

Ein Event-Filter ist ein Objekt, das alle Events für andere Objekte empfängt. Dieses Objekt kann dann entscheiden, ob es auf die empfangenen Events selbst reagiert und/oder die empfangenen Events an die entsprechenden anderen Objekte weiterleitet oder nicht.

Event-Filter werden z. B. dann benötigt, wenn man das vorgegebene Verhalten eines Objekts ändern möchte, aber man die zugehörige Klasse dieses Objekts nicht ändern kann oder nicht ändern will. Ein anderer typischer Anwendungsfall von Event-Filtern ist, dass man eine bestimmte Event-Behandlung für mehrere Widgets einrichten muss, aber man nicht diese identische Event-Behandlung wiederholt für die einzelnen Widgets in eigenen Unterklasse implementieren möchte.

Erstellen und Installieren von Event-Filtern

Um einen Event-Filter zu erstellen, muss man folgende virtuelle Methode überschreiben:

`bool QObject::eventFilter(QObject *object, QEvent *event) virtual`

Der Parameter `object` ist ein Zeiger auf das Widget (Objekt), für welches das Event ausgelöst wurde, und der Parameter `event` liefert die entsprechenden Event-Daten. Über den Booleschen Rückgabewert dieser Methode kann man nun steuern, ob das Event, nachdem es eventuell in dieser Methode bereits behandelt wurde, an das entsprechende `object`, für das es ausgelöst wurde, weiterzuleiten ist (Rückgabewert `false`) oder nicht (Rückgabewert `true`). Bei der Reimplementierung dieser Methode ist zu beachten, dass man in jedem Fall `true` zurückgeben muss, wenn man das Objekt `object` in dieser Methode löscht. Gibt man nämlich in diesem Fall `false` zurück, wird das Event an das gelöschte Objekt weitergeleitet, was zu einem Programmabsturz führt.

Um nun einen erstellten Event-Filter für die entsprechenden Widgets (Objekte) einzurichten, muss man die folgende Methode verwenden:

`QObject::installEventFilter(const QObject *object)`

Diese Methode installiert für dieses Widget (Objekt) den Event-Filter, der über die Klasse `object` zur Verfügung gestellt wird. Wenn mehrere Event-Filter für ein Widget (Objekt) installiert werden, so wird immer der zuletzt installierte Filter zuerst aktiviert.

Demoprogramm zu Event-Filtern[B]

Programm 15.6 blendet vier Widgets (Pushbutton, Schiebebalken, Checkbox und Radiobutton) ein, die sich nun alle mit den gleichen Maus-/Tastenkombinationen am Bildschirm verschieben lassen:

(Shift ⇑) + Klick linke Maustaste	1 Pixel nach oben
(Shift ⇑) + Doppelklick linke Maustaste	5 Pixel nach oben
(Strg) + Klick linke Maustaste	1 Pixel nach links
(Strg) + Doppelklick linke Maustaste	5 Pixel nach links
(Shift ⇑) + Klick rechte Maustaste	1 Pixel nach unten
(Shift ⇑) + Doppelklick rechte Maustaste	5 Pixel nach unten
(Strg) + Klick rechte Maustaste	1 Pixel nach rechts
(Strg) + Doppelklick rechte Maustaste	5 Pixel nach rechts

Alle anderen Events einschließlich Mausklicks ohne sonstige oder mit anderen gedrückten Tasten sowie Klicks auf die mittlere Maustaste werden direkt an die entsprechenden Widgets ohne Behandlung durch den Event-Filter weitergeleitet.

Programm 15.6 – `eventfilter.cpp`:
Verschieben von Widgets über vorgegebene Maus-/Tastenkombinationen

```
#include <qapplication.h>
#include <qpushbutton.h>
#include <qslider.h>
#include <qradiobutton.h>
#include <qcheckbox.h>
//............................................ Klasse VerschiebFilter
class VerschiebFilter : public QObject {
  protected:
```

```
  bool eventFilter( QObject *object, QEvent *event ) {
    QWidget *w = (QWidget *)object;
    int sw = 0; //... sw = Schrittweite
    if ( event->type() == QEvent::MouseButtonDblClick )
      sw = 5;
    if ( event->type() == QEvent::MouseButtonPress )
      sw = 1;
    if ( sw > 0 ) {
      ButtonState b = ( (QMouseEvent *)event)->button(),
                  s = ( (QMouseEvent *)event)->state();
      if ( (b & LeftButton) && (s & ShiftButton) ) {
        w->move( w->x(), w->y()-sw );  return true;
      } else if ( (b & LeftButton) && (s & ControlButton) ) {
        w->move( w->x()-sw, w->y() );  return true;
      } else if ( (b & RightButton) && (s & ShiftButton) ) {
        w->move( w->x(), w->y()+sw );  return true;
      } else if ( (b & RightButton) && (s & ControlButton) ) {
        w->move( w->x()+sw, w->y() );  return true;
      }
    }
    return false;
  }
};
//.................................................................... main
int main( int argc, char* argv[] ) {
  QApplication myapp( argc, argv );
  QWidget* mywidget = new QWidget();
  mywidget->resize( 260, 200 );
  QObject *verschiebFilter = new VerschiebFilter();
                                      //......................... Pushbutton
  QPushButton *button = new QPushButton( mywidget );
  button->setGeometry( 20, 20, 100, 50 );
  button->setText( "Button" );
  button->installEventFilter( verschiebFilter );
                                      //............................. Slider
  QSlider *slider = new QSlider( QSlider::Horizontal, mywidget );
  slider->setGeometry( 20, 120, 100, 30 );
  slider->installEventFilter( verschiebFilter );
                                      //........................... Checkbox
  QCheckBox *checkbox = new QCheckBox( "Checkbox", mywidget );
  checkbox->setGeometry( 150, 20, 100, 30 );
  checkbox->installEventFilter( verschiebFilter );
                                      //........................ Radiobutton
  QRadioButton *radiobutton = new QRadioButton( "Radiobutton", mywidget );
  radiobutton->setGeometry( 150, 120, 100, 30 );
  radiobutton->installEventFilter( verschiebFilter );
  myapp.setMainWidget( mywidget );
  mywidget->show();
  return myapp.exec();
}
```

Löschen von Widgets über rechte Maustaste mittels eines Event-Filters[Z]

Das Programm `eventfilter2.cpp` ist ähnlich wie Programm 15.6 aufgebaut, nur dass es bei einem Klick auf die rechte Maustaste über einem der entsprechenden Widgets eine neue zufällige Hintergrundfarbe für dieses Widget einstellt.

15.4 Senden eigener (synthetischer) Events

In manchen Situationen kann es notwendig sein, dass man eigene Events an andere Objekte schickt. Solche „unechten Events" werden unter anderem auch als „synthetische Events" bezeichnet.

Methoden zum Senden eigener Events

Solche synthetische Events lassen sich mit den folgenden statischen Methoden senden:

`bool QApplication::sendEvent(QObject *receiver, QEvent *e) static`

Diese Methode sendet das Event `e` direkt an das Objekt `receiver` und liefert als Rückgabewert den Wert, den der Event-Handler zurückgibt. Um z. B. vorzutäuschen, dass in einem Widget `w` an der Position `(100, 20)` die rechte Maustaste gedrückt wurde, könnte folgender Codeausschnitt verwendet werden:

```
QMouseEvent  me( QEvent::MouseButtonPress, QPoint(100, 20),
                 Qt::RightButton,
                 Qt::NoButton );
QApplication::sendEvent( w, &me );
```

`QApplication::postEvent(QObject receiver, QEvent *e) static`

Diese Methode sendet das Event e nicht wie die vorherige Methode direkt an das Objekt `receiver`, sondern reiht dieses – so als ob es vom darunterliegenden Window-System gesendet wurde – in der Event-Warteschlange ein und kehrt dann sofort wieder zum Aufrufer zurück. Dies bedeutet, dass alle Events, die sich schon in der Event-Warteschlange befinden, vor diesem neu eingereihten Event abgearbeitet werden. Sollen solche eingereihten synthetischen Events vorzeitig geschickt werden, also nicht gewartet werden, bis sie an der Reihe sind, muss eine der beiden folgenden statischen Methoden aufgerufen werden.

`QApplication::sendPostedEvents() static`

sendet alle in der Event-Warteschlange eingereihten synthetischen Events sofort.

`QApplication::sendPostedEvents(QObject *rec, int ev_typ) static`

sendet sofort alle in der Event-Warteschlange eingereihten synthetischen Events, die für das Objekt `rec` gedacht sind und den Event-Typ `event_type` haben. Bei `rec=0` empfangen alle Objekte die für sie gedachten Events und bei `event_type=0` werden alle Typen von Events zugestellt.

Demoprogramm zum Senden von Events[B]

Programm 15.7 blendet rechts in einem Widget eine ganze Reihe von farbigen Labels ein. Klickt der Benutzer eines dieser Labels mit der Maus an, wird die Farbe dieses Labels als Hintergrundfarbe dieses Widget eingestellt (siehe auch Abbildung 15.5).

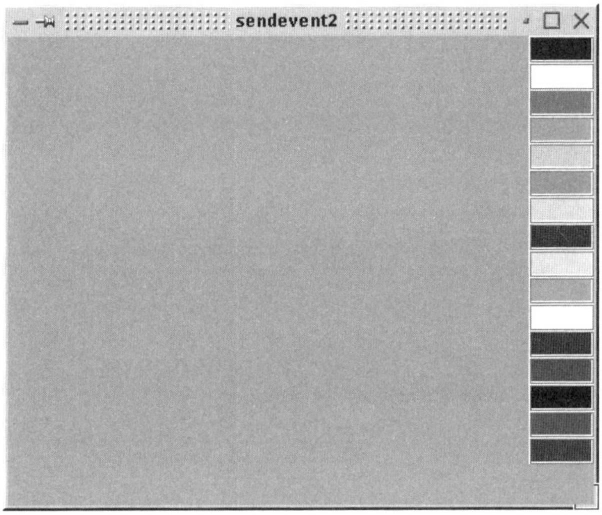

Abbildung 15.5: Einstellen der Hintergrundfarbe über Mausklicks auf farbige Labels

Programm 15.7 – `sendevent.cpp`:
Senden eigener Events

```
#include <qapplication.h>
#include <qcolor.h>
#include <qpalette.h>
#include <qlabel.h>

QColor colors[] = {
         Qt::black,      Qt::white,     Qt::darkGray, Qt::gray,
         Qt::lightGray,  Qt::red,       Qt::green,    Qt::blue,
         Qt::cyan,       Qt::magenta,   Qt::yellow,   Qt::darkRed,
         Qt::darkGreen,  Qt::darkBlue,  Qt::darkCyan, Qt::darkMagenta  };
const int colorNo = sizeof( colors ) / sizeof( colors[0] );

class ColorLabel : public QLabel {
   Q_OBJECT
public:
   ColorLabel( QWidget* p=0, const char* name=0 ): QLabel(p, name) { }
protected:
   virtual void mousePressEvent( QMouseEvent *e ) {
      QRect  r = geometry();
      QMouseEvent  me( QEvent::MouseButtonPress,
                       QPoint( r.x() + e->pos().x(),
                               r.y() + e->pos().y() ),
                       QMouseEvent::LeftButton,
                       QMouseEvent::NoButton );
      QApplication::sendEvent( parentWidget(), &me );
   }
};
```

```
class MyWidget : public QWidget {
    Q_OBJECT
public:
    MyWidget( QWidget* p=0, const char* name=0 ): QWidget(p, name) {
        for ( int c=0; c<colorNo; c++ ) {
            l[c] = new ColorLabel( this );
            l[c]->setPaletteBackgroundColor( colors[c] );
            l[c]->setFrameStyle( QFrame::Box | QFrame::Raised );
            l[c]->setGeometry( width()-50, c*20, 50, 20 );
        }
    }
protected:
    virtual void mousePressEvent( QMouseEvent *e ) {
        if ( e->pos().x() > width()-50 && e->pos().y() < colorNo*20 )
            setPaletteBackgroundColor( l[e->pos().y()/20]->backgroundColor() );
    }
    virtual void resizeEvent( QResizeEvent * ) {
        for ( int c=0; c<colorNo; c++ )
            l[c]->setGeometry( width()-50, c*20, 50, 20 );
    }
private:
    ColorLabel *l[colorNo];
};
#include "sendevent.moc"
int main( int argc, char *argv[] ) {
    QApplication a(argc,argv);
    MyWidget w;
    a.setMainWidget( &w );
    w.resize( 450, 350 );
    w.show();
    return a.exec();
}
```

15.5 Benutzerdefinierte Events (`QCustomEvent`)

Um benutzerdefinierte Events zu bearbeiten, stellt Qt die folgende virtuelle Methode zur Verfügung:

`QObject::customEvent(QCustomEvent *e) virtual protected`

Diese Methode muss man reimplementieren, um benutzerdefinierte Events zu empfangen und zu bearbeiten. Der Typ des benutzerdefinierten Event muss einen Wert besitzen, der gleich oder aber größer als die Konstante `User` (vom Typ `QEvent::Type`) ist.

Die Klasse `QCustomEvent`

Der obigen Methode wird ein Objekt der Klasse `QCustomEvent` übergeben. Diese Klasse, die Information über das aufgetretene benutzerdefinierte Event enthält, stellt die folgenden Konstruktoren zur Verfügung:

`QCustomEvent(Type type, void *data)`
: Der Parameter `type` identifiziert das benutzerdefinierte Event und muss ein Wert sein, der gleich oder aber größer als die Konstante `User` (vom Typ `QEvent::Type`) ist. `data` ist ein Zeiger auf Informationen zu dem aufgetretenen Event.

`QCustomEvent(int type)`
: Der Parameter `type` identifiziert den benutzerdefinierten Event und muss ein Wert sein, der gleich oder aber größer als die Konstante `User` (vom Typ `QEvent::Type`) ist. Anders als beim vorherigen Konstruktor liegen hier keine weiteren Informationen vor, sodass `data` hier ein Nullzeiger ist.

Folgende Methoden bietet die Klasse `QCustomEvent` an:

`void *data() const`
: liefert einen Zeiger auf weitere Informationen zum benutzerdefinierten Event.

`setData(void *data)`
: hinterlegt in dem Speicherplatz, auf den `data` zeigt, Informationen zum benutzerdefinierten Event.

Benutzerdefinierte Events können mit `QApplication::postEvent()` oder `QApplication::sendEvent()` an andere Widgets geschickt werden.

Senden einer Zahl an andere Widgets im Sekundentakt[B]

Programm 15.8 erzeugt ein Widget, das für das Senden von Events an vier andere Widgets zuständig ist, die das Sender-Widget in seinem Konstruktor erzeugt. Danach zählt dieses Sender-Widget im Sekundentakt eine Zählvariable hoch und sendet immer den aktuellen Wert an eines der vier Empfänger-Widgets, das es zufällig auswählt. Das ausgewählte Empfänger-Widget ändert nach dem Empfang des Event seine Farbe und zeigt die vom Sender-Widget gesendete Zahl, die es aus dem `QCustomEvent`-Parameter in der Methode `customEvent()` ermittelt, an.

Programm 15.8 – `customevent.cpp`:
Senden einer Zahl an andere Widgets im Sekundentakt

```
#include <qapplication.h>
#include <qwidget.h>
#include <qlabel.h>
#include <qtimer.h>
#include <stdlib.h>
#include <time.h>
#define NoWindows  4
//............................................ Klasse EmpfaengerWidget
class EmpfaengerWidget : public QLabel {
 public:
    EmpfaengerWidget( int id, QWidget *p ) : QLabel( p ), nr(id) {
       QString t;
       t.sprintf( "EmpfaengerWidget %d", nr+1 );
       setCaption( t );
       setAlignment( Qt::AlignCenter );
       setFont( QFont( "Helvetica", 30 ) );
       setGeometry( nr*100+400, 100+nr*120, 300, 150 );
       show();
    }
```

```
protected:
    virtual void customEvent( QCustomEvent *ev ) {
        if ( ev->type() == 20000+nr ) {
            setPaletteBackgroundColor( QColor(rand()&255,rand()&255,rand()&255) );
            setText( (*(QString *)ev->data() ) );
        }
    }
private:
    int  nr;
};
//........................................... Klasse SenderWidget
class SenderWidget: public QLabel {
    Q_OBJECT
public:
    SenderWidget( QWidget *p=0, const char *name=0 ) : QLabel( p, name ) {
        wieoft = 0;
        setFont( QFont( "Helvetica", 100 ) );
        setAlignment( Qt::AlignCenter );
        for ( int i=0; i<NoWindows; i++)
            window[i] = new EmpfaengerWidget( i, 0 );
        QTimer *timer = new QTimer;
        connect( timer, SIGNAL( timeout() ), this, SLOT( colorChangeSlot() ) );
        timer->start( 1000, false );
    }
private slots:
    void colorChangeSlot( void ) {
        int  whichWindow = rand() % NoWindows;
        QCustomEvent *event = new QCustomEvent( 20000+whichWindow );
        QString *t = new QString;
        t->sprintf("%d (%d)", whichWindow+1, ++wieoft );  setText( *t );
        t->sprintf("%d", wieoft );                        event->setData( t );
        QApplication::postEvent( window[whichWindow], event );
    }
private:
    EmpfaengerWidget *window[ NoWindows ];
    int              wieoft;
};
//.......................................................... main
int main( int argc, char *argv[] ) {
    QApplication app( argc, argv );
    srand( time( NULL ) );
    SenderWidget *control = new SenderWidget;
    control->setCaption( "SenderWidget" );
    control->setGeometry( 100, 200, 300, 300 );
    app.setMainWidget( control );
    control->show();
    return app.exec();
}
#include "customevent.moc"
```

Senden einer Zahl und einer Farbe an andere Widgets^Z

Man kann auch eigene Unterklassen von der Klasse `QCustomEvent` ableiten. Dies hat den Vorteil, dass man mehr Informationen für dieses Event mit unterschiedlichen Datentypen festlegen kann.
Das Programm `customevent2.cpp` leistet nahezu das Gleiche wie Programm 15.8, nur dass in diesem Programm vom Sender-Widget nicht nur der Wert der Zählvariablen, sondern auch noch die Farbe mitgeschickt wird, die das Empfänger-Widget anzeigen soll.

Einstellen der Hintergrundfarbe über Mausklicks auf farbige Labels^Z

Das Programm `customevent3.cpp` leistet das Gleiche wie Programm 15.7 (`sendevent.cpp`) auf Seite 567, nur dass es diese Aufgabenstellung unter Verwendung von benutzerdefinierten Events mittels der Klasse `QCustomEvent` löst.

Kapitel 16

Signale und Slots

Wer etwas Großes leisten will, muss tief eindringen,
scharf unterscheiden, vielseitig verbinden und
standhaft beharren.

– F. Schiller

Das Signal-Slot-Konzept wurde bereits zu Beginn kurz beschrieben und in den Beispielen der vorherigen Kapitel auch ständig verwendet. In diesem Kapitel soll dieses Konzept nochmals vollständig beschrieben werden, wobei auch einige noch nicht behandelte Aspekte des Signal-Slot-Konzepts vorgestellt werden.

16.1 Verbindung zwischen einem Signal und einer Slotroutine

Verbindung eines Signals und Slots mit `QObject::connect()`

Wie bereits in den Beispielen der vorherigen Kapitel immer wieder geschehen, kann man die statische Methode `QObject::connect()` verwenden, um ein Signal mit einer Slotroutine zu verbinden, wie z. B.:

```
QObject::connect( schiebBalk, SIGNAL( valueChanged( int ) ),
                  lcdAnzeig,  SLOT( display( int ) ) );
```

Verbindung eines Signals und Slots mit `connect()`

Die Angabe der Klasse `QObject` ist bei der Verbindung eines Signals mit einer Slotroutine nicht notwendig, wenn diese Verbindung in einer Klasse vorgenommen wird, die von der Klasse `QObject` abgeleitet ist, was wohl in den meisten Fällen zutrifft. In solchen Fällen könnte man statt

```
QObject::connect( schiebBalk, SIGNAL( valueChanged( int ) ),
                  lcdAnzeig,  SLOT( display( int ) ) );
```

auch Folgendes angeben:

```
connect( schiebBalk, SIGNAL( valueChanged( int ) ),
         lcdAnzeig,  SLOT( display( int ) ) );
```

Weglassen des Empfängers

Das Empfänger-Objekt eines Signals kann bei `connect()` weggelassen werden, wenn dies das Objekt selbst (`this`) ist, in dem eine Signal-Slot-Verbindung eingerichtet wird, wie z. B.:

```
class lcdAnzeig : public QLCDNumber {
    Q_OBJECT
public:
    lcdAnzeig() {
       .... // Anlegen eines schiebBalk-Objekts
         // statt:   connect( schiebBalk, SIGNAL( valueChanged( int ) ),
         //                     this, SLOT( display( int ) ) );
         // kann man folgendes angeben:
       connect( schiebBalk, SIGNAL( valueChanged( int ) ),
                   SLOT( display( int ) ) );
    }
};
```

Weglassen überflüssiger Parameter in der Slotroutine

Manchmal treten Situationen auf, in denen ein Signal Parameter zur Verfügung stellt, die nicht in der Slotroutine benötigt werden, die mit diesem Signal verbunden wird. Wenn man z. B. nur wissen möchte, ob ein Text in einem `QLineEdit`-Objekt geändert wurde, aber nicht, was der neue Textinhalt ist, z. B. weil man diesen Text anders erfragt oder aber diesen Inhalt einfach nicht benötigt, da man z. B. nur die Hintergrundfarbe des `QLineEdit`-Objekts ändert, dann gibt es zwei Alternativen:

- *Angabe des überflüssigen Parameters und Ignorieren in der Slotroutine:* In diesem Fall wählt man die übliche Vorgehensweise und lässt sich den überflüssigen Parameter an die Slotroutine weiterreichen. In der Slotroutine wertet man diesen aber überhaupt nicht aus, wie z. B.

```
connect( zeilEdit,          SIGNAL( valueChanged( const QString & ) ),
         empfaengerObjekt, SLOT( changeColor( const QString & ) ) );
```

- *Weglassen des nicht benötigten Parameters:* In diesem Fall lässt man den überflüssigen Parameter bei der Slotroutine einfach weg, wie z. B.

```
connect( zeilEdit,          SIGNAL( valueChanged( const QString & ) ),
         empfaengerObjekt, SLOT( changeColor() ) );
```

Diese Alternative muss z. B. gewählt werden, wenn man keinen Zugriff auf den Quellcode hat, der eine solche Slotroutine nur ohne solche zusätzlichen Parameter, wie sie vom Signal geliefert werden, zur Verfügung stellt.

16.2 Verbindung zwischen einem Signal und einem anderen Signal

Manchmal tritt der Anwendungsfall auf, dass man ein Signal mit einer eigenen Slotroutine verbinden muss, die ihrerseits dann nur ein weiteres Signal, was meist ein benutzerdefi-

niertes Signal ist, schickt. In einem solchen Anwendungsfall ist es nun möglich, dass man das zuerst geschickte Signal nicht mit der Slotroutine, sondern direkt mit dem anschließend zu schickenden Signal verbindet.
Nehmen wir z. B. eine von der Klasse `QDialog` abgeleitete Dialogbox, die es dem Benutzer ermöglicht, Zeilennummerierung für seine Textdatei in einem Editor einzustellen. Diese Dialogbox soll das Signal `numberLine()` schicken, wenn der Button *Line numbers* angeklickt wird. Ohne eine direkte Signal-Signal-Verbindung müsste der folgende Code verwendet werden:

```
LineNumberDialog::LineNumberDialog( ... ) : QDialog( ... ) {
   ...
   QPushButton *lineNo = new QPushButton( "Line numbers", this );
   connect( lineNo, SIGNAL( clicked() ),
            this,   SLOT( slotLineNumberClicked() ) );
}
...
LineNumberDialog::slotLineNumberClicked() {
   emit numberLine();
}
```

Eine direkte Signal-Signal-Verbindung könnte man mit folgendem Code erreichen:

```
LineNumberDialog::LineNumberDialog( ... ) : QDialog( ... )
{
   ...
   QPushButton *lineNo = new QPushButton( "Line numbers", this );
   connect( lineNo, SIGNAL( clicked() ),
            this,   SIGNAL( numberLine() ) );
}
```

Bei dieser zweiten Variante legt man fest, dass ein Drücken des Button *Line numbers* in einem Schicken des Signals `numberLine()` resultiert.

16.3 Auflösen bzw. temporäres Ausschalten von bestehenden Signal-Slot-Verbindungen

Auflösen bestehender Signal-Slot-Verbindungen

Um bestehende Signal-Slot-Verbindungen wieder aufzulösen, steht die Methode `QObject::disconnect()` zur Verfügung, die in drei Varianten angeboten wird:

`bool QObject::disconnect(QObject *sender, char *signal, QObject *receiver, char *member) static`

löst die Verbindung zwischen dem Signal vom Objekt `sender` und der Slotroutine bzw. dem Signal des Objekts `receiver` auf. Eine Signal-Slot-Verbindung wird immer automatisch aufgelöst, wenn eines der beiden Objekte `sender` oder `receiver` gelöscht wird. Diese Variante von `disconnect()` wird üblichweise in drei verschiedenen Arten aufgerufen:

`disconnect(myObject, 0, 0, 0)`

Auflösen aller bestehenden Verbindungen, in denen ein Signal von `myObject` vorkommt; äquivalent zu `myObject->disconnect()`.

`disconnect(myObject, SIGNAL( mySignal()), 0, 0)`
: Auflösen aller bestehenden Verbindungen, in denen das Signal `mySignal` von `myObject` vorkommt; äquivalent zu `myObject->disconnect( SIGNAL(mySignal()) )`

`disconnect(myObject, 0, myReceiver, 0)`
: Auflösen von bestehenden Verbindungen zu bestimmten Empfängerobjekten. Der Wert `0`, der nur für die letzten drei Parameter erlaubt ist, steht dabei für „alle". Welche Kombinationen dabei möglich sind, ist in der Qt-Online-Dokumentation beschrieben. Diese Aufrufform ist äquivalent zu `myObject->disconnect( myReceiver )`.

`bool QObject::disconnect(QObject *receiver, char *member=0)`
: löst alle bestehenden Signal-Slot-Verbindungen auf, die zwischen den Signalen dieses Objekts und der Slotroutine `member` des Empfängerobjekts `receiver` bestehen.

`bool QObject::disconnect(char *signal=0, QObject *receiver=0, char *member=0)`
: löst alle bestehenden Signal-Slot-Verbindungen auf, die zwischen dem Signal `signal` dieses Objekts und der Slotroutine `member` des Empfängerobjekts `receiver` bestehen.

Temporäres Deaktivieren von bestehenden Signal-Slot-Verbindungen

In manchen Situationen kann es notwendig sein, dass man bestehende Signal-Slot-Verbindungen kurzzeitig deaktiviert. Dazu muss man nicht eine solche bestehende Signal-Slot-Verbindung erst auflösen und dann später wieder einrichten, sondern man kann diese mit der folgenden Methode kurzzeitig deaktivieren und dann später wieder aktivieren:

`QObject::blockSignals(bool block)`
: bewirkt, dass alle Signale, die dieses Objekt schickt, blockiert werden (`block=true`) bzw. wieder geschickt werden (`block=false`). Ein solches temporäres Blockieren der Signale eines Objekts ist nützlich, wenn man den Zustand eines Widget vom Programm aus ändern muss, aber verhindern möchte, dass diese Zustandsänderung zum Schicken eines Signals führt, wie z. B.

```
myCheckBox->blockSignals( true ); // verhindert Schicken des Signals toggled()
myCheckBox->setChecked( true );
myCheckBox->blockSignals( false ); // Erneutes Aktivieren der Signale
```

16.4 Verbinden mehrerer Buttons mit einem Slot

In manchen Anwendungsfällen hat man mehrere Buttons in einem Dialog, die bei einem Klick ähnliche Reaktionen auslösen. In solchen Fällen muss man für jeden Button eine eigene Slotroutine zur Verfügung stellen, da das Signal `clicked()` keinerlei Information darüber liefert, welcher Button gedrückt wurde (siehe auch Klasse `Buttons1` in Programm 16.1). Hat man viele solcher Buttons mit ähnlicher Funktionalität, so ist dieses Schreiben einer eigenen Slotroutine für jeden einzelnen Button sehr aufwendig. Es existieren hier nun mehrere Möglichkeiten, um Signale zu einer Gruppe zusammenzufassen und diese Signalgruppe dann nur mit einer Slotroutine zu verbinden.

16.4.1 Bilden einer Buttongruppe mit Klasse `QButtonGroup`

Eine Lösung ist hier, dass man die einzelnen Buttons mit der Klasse `QButtonGroup` zu einer Gruppe zusammenfasst und dann für diese Button-Gruppe das Signal `clicked(int)` mit lediglich einer Slotroutine verbindet, der man als Parameter die Nummer des gedrückten Buttons (Parameter vom Signal `clicked(int)`) übergibt (siehe auch Klasse `Buttons2` in Programm 16.1). Soll der automatisch bei einem `QButtonGroup`-Objekt gezeichnete Rahmen für den Benutzer nicht sichtbar sein, also für ihn nicht erkennbar sein, dass es sich um eine Button-Gruppe handelt, muss lediglich für das `QButtonGroup`-Objekt `setFrameStyle(QFrame::NoFrame)` aufgerufen werden.
Programm 16.1, das bei einem Aufruf das in Abbildung 16.1 gezeigte Widget einblendet, verdeutlicht diese Techniken.

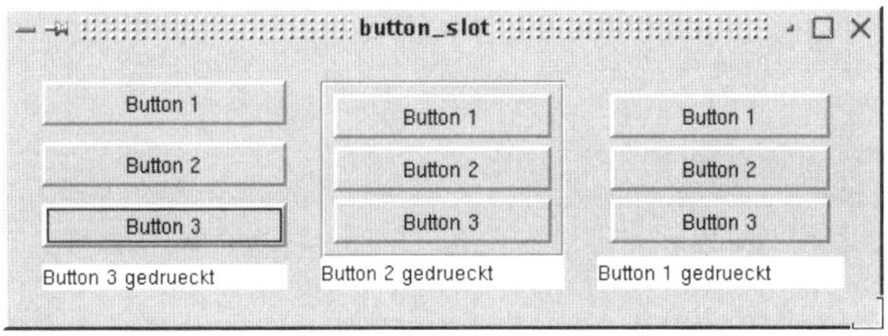

Abbildung 16.1: Alleinstehende und gruppierte Buttons (mit und ohne Rahmen)

Programm 16.1 – `button_slot.cpp`:
Verbinden mehrerer Buttons mit einer Slotroutine

```
#include ....
//.................................................... Klasse Anzeige
class Anzeige : public QLabel {
 public:
   Anzeige( QWidget *p ) : QLabel( p ) {
      setFont( QFont( "Times", 12 ) );  setPaletteBackgroundColor( Qt::white );
      setText( "Noch kein Button gedrückt" );
      resize( sizeHint() );
   }
};
//.................................................... Klasse Buttons1
class Buttons1 : public QVBox {
  Q_OBJECT
public:
   Buttons1( QWidget *p ) : QVBox( p ) {
      setSpacing( 10 );
      b1 = new QPushButton( "Button 1", this );
       QObject::connect( b1, SIGNAL( clicked() ), SLOT( slotB1() ) );
      b2 = new QPushButton( "Button 2", this );
       QObject::connect( b2, SIGNAL( clicked() ), SLOT( slotB2() ) );
      b3 = new QPushButton( "Button 3", this );
       QObject::connect( b3, SIGNAL( clicked() ), SLOT( slotB3() ) );
      label = new Anzeige( this );
   }
```

```
private slots:
   void slotB1() { label->setText( "Button 1 gedrueckt" ); }
   void slotB2() { label->setText( "Button 2 gedrueckt" ); }
   void slotB3() { label->setText( "Button 3 gedrueckt" ); }
private:
   QPushButton   *b1, *b2, *b3;
   Anzeige       *label;
};
//...................................................... Klasse Buttons2
class Buttons2 : public QVBox {
   Q_OBJECT
public:
   Buttons2( bool frame, QWidget *p ) : QVBox( p ) {
      buttonBox = new QButtonGroup( 3, Vertical, this );
      if ( !frame )
         buttonBox->setFrameStyle( QFrame::NoFrame );
      b1 = new QPushButton( "Button 1", buttonBox );
      b2 = new QPushButton( "Button 2", buttonBox );
      b3 = new QPushButton( "Button 3", buttonBox );
      QObject::connect( buttonBox, SIGNAL( clicked( int ) ),
                        SLOT( slotAlleButtons( int ) ) );
      label = new Anzeige( this );
   }
private slots:
   void slotAlleButtons( int i ) {
      QString text; text.sprintf( "Button %d gedrueckt", i+1 );
      label->setText( text );
   }
private:
   QButtonGroup  *buttonBox;
   QPushButton   *b1, *b2, *b3;
   Anzeige       *label;
};
#include "button_slot.moc"
//.............................................................. main
int main( int argc, char* argv[] ) {
   QApplication myapp( argc, argv );
   QWidget* mywidget = new QWidget;
   QGridLayout *layout = new QGridLayout( mywidget, 1, 3, 20 );
   Buttons1 *buttons1 = new Buttons1( mywidget );
    layout->addWidget( buttons1, 0, 0 );
   Buttons2 *buttons2a = new Buttons2( true, mywidget );
    layout->addWidget( buttons2a, 0, 1 );
   Buttons2 *buttons2b = new Buttons2( false, mywidget );
    layout->addWidget( buttons2b, 0, 2 );
   myapp.setMainWidget( mywidget );
   mywidget->show(); mywidget->resize( mywidget->sizeHint() );
   return myapp.exec();
}
```

16.4.2 Bilden einer Signalgruppe mit Klasse `QSignalMapper`

Eine andere mögliche Lösung, um Signale zu gruppieren, ist die Verwendung der Klasse `QSignalMapper`. Diese bietet den folgenden Konstruktor an:

`QSignalMapper(QObject *parent, const char *name=0)`
: legt ein Signalgruppen-Objekt für das Widget `parent` an.

An Methoden bietet die Klasse `QSignalMapper` folgendes an:

`setMapping(const QObject *sender, const QString& id) virtual`

`setMapping(const QObject *sender, int id) virtual`
: legen beide für das Objekt `sender` als Kennung den Parameter `id` fest. Wenn die Slotroutine `map()` über ein Signal vom Objekt `sender` aufgerufen wird, wird das Signal `mapped(id)` geschickt.

`removeMappings(const QObject *sender)`
: entfernt alle für das Objekt `sender` mit `setMapping()` eingerichteten Signalkennungen.

`map() slot`
: Diese Slotroutine schickt das Signal, das zuvor mit `setMapping()` für das Objekt eingerichtet wurde, das diese Slotroutine aufruft.

Folgende Signale stellt die Klasse `QSignalMapper` zur Verfügung:

`mapped(const QString&) signal`

`mapped(int) signal`
: Dieses Signal wird geschickt, wenn die Slotroutine `map()` über ein Signal von einem Objekt aufgerufen wird, das eine String- bzw. Ganzzahl-Identifizierung hat.

Programm 16.2 leistet nahezu das Gleiche wie Programm 16.1, nur dass es die Signale der einzelnen Buttons über ein `QSignalMapper`-Objekt gruppiert.

Programm 16.2 – `signalmapper.cpp`:
Verbinden von Signalen unterschiedlicher Buttons mit einer Slotroutine

```
#include .....
#include <qsignalmapper.h>
//................................................... Klasse Buttons
class Buttons : public QFrame {
   Q_OBJECT
public:
   Buttons( bool frame, QWidget *p ) : QFrame( p ), label(new QLabel(this) ) {
      if ( frame )
         setFrameStyle( QFrame::Box | QFrame::Sunken );
      QGridLayout *v = new QGridLayout( this, 4, 1, 10 );
      sm = new QSignalMapper( this );  //... Signalmapper-Objekt
      connect( sm,   SIGNAL( mapped( int ) ),
               this, SLOT( slotAlleButtons( int ) ) );
      for (int i=0; i<3; i++) {
         text.sprintf("Button %d", i+1);
         b[i] = new QPushButton( text, this );
         v->addWidget( b[i], i, 0 );
         sm->setMapping( b[i], i+1 ); //... Button b[i] hat Signal-Kennung 'i+1'
         connect( b[i], SIGNAL( clicked() ), sm, SLOT( map() ) );
      }
```

```
      label->setFont( QFont( "Times", 12 ) );
      label->setPalette( Qt::white );
      label->setText( " Noch kein Button gedrückt " );
      v->addWidget( label, 3, 0 );
   }
private slots:
   void slotAlleButtons( int i ) {
      text.sprintf( " Button %d gedrueckt ", i );
      label->setText( text );
   }
private:
   QSignalMapper *sm;
   QPushButton   *b[3];
   QLabel        *label;
   QString       text;
};
#include "signalmapper.moc"
//................................................................. main
int main( int argc, char* argv[] ) {
   QApplication myapp( argc, argv );
   QWidget* mywidget = new QWidget;
   QGridLayout *layout = new QGridLayout( mywidget, 1, 2, 20 );
   Buttons *buttons1 = new Buttons( true, mywidget );
   Buttons *buttons2 = new Buttons( false, mywidget );
   layout->addWidget( buttons1, 0, 0 );  layout->addWidget( buttons2, 0, 1 );
   myapp.setMainWidget( mywidget );
   mywidget->show();  mywidget->resize( mywidget->sizeHint() );
   return myapp.exec();
}
```

Addieren über Radiobuttons^{Z}

Das Programm `radioadd.cpp` bietet in einem Widget sechs Radiobuttons mit Zahlen an. Bei jedem Klick auf einen Radiobutton wird die zugehörige Zahl auf die bisher berechnete Summe, die immer rechts von den Radiobuttons angezeigt wird, aufaddiert (siehe auch Abbildung 16.2). Zur Gruppierung der Signale, die von den einzelnen Radiobuttons bei einem Anklicken ausgelöst werden, wird die Klasse `QSignalMapper` verwendet.

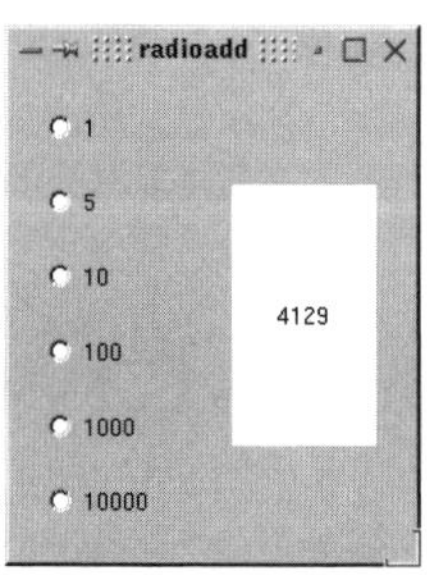

Abbildung 16.2: Addieren über Radiobuttons

16.5 Senden eigener Signale mit QSignal

Die Klasse QSignal, die eine einfache Erweiterung von QObject ist, kann verwendet werden, um Signale ohne Parameter zu schicken. Wenn man Signale von einer Klasse schicken möchte, die nicht von QObject abgeleitet ist, kann man sich ein eigenes QSignal-Objekt anlegen, um Signale zu schicken. Die Qt-Dokumentation erwähnt hier als Beispiel für eine Klasse, welche nicht von QObject abgeleitet ist, die Klasse QMenuData. Zusätzlich muss man noch eine Funktion angeben, die das Signal mit einer Slotroutine eines anderen Objekts verbindet.

Konstruktor und Methoden der Klasse QSignal

Die Klasse QSignal bietet den folgenden Konstruktor an:

`QSignal(QObject *parent=0, const char *name=0)`
: legt ein QSignal-Objekt mit parent als Elternobjekt und den Namen name an. Diese Argumente werden direkt an QObject übergeben.

Folgende Methoden bietet die Klasse QSignal an:

`activate()`
: schickt das Signal

`bool connect(const QObject *receiver, const char *member)`
: verbindet das Signal mit der Slotroutine member des Objekts receiver.

`bool disconnect(const QObject *receiver, const char *member=0)`
: löst eine Verbindung zwischen dem Signal und der Slotroutine member des Objekts receiver auf.

`setValue(const QVariant& value)`
: setzt den Parameter des Signals auf value.

`QVariant parameter() const`
: liefert den Parameter des Signals.

Demoprogramm zur Klasse QSignal[B]

Programm 16.3 definiert eine Klasse Sender, die nicht von QObject abgeleitet ist. Diese Klasse liest eine Zeile Text ein und schickt dann dem Receiver-Objekt r, das von der Klasse QWidget abgeleitet ist, ein Signal. Erst wenn das Objekt r das Signal empfängt, wird das zugehörige Widget eingeblendet, das ein Label mit dem Text „You pressed the Return key" und einen *Quit*-Button enthält.

Programm 16.3 – signal.cpp:
Demoprogramm zur Klasse QSignal

```
#include <qsignal.h>
#include <qapplication.h>
#include <qwidget.h>
#include <qpushbutton.h>
#include <qlabel.h>
#include <iostream>
using namespace std;
//............................................ Klasse Receiver
class Receiver : public QWidget {
   Q_OBJECT
```

```
public:
    Receiver() : QWidget( 0 ) {
        l = new QLabel( this );
        l->setGeometry( 0, 0, 300, 100 );
        l->setAlignment( QLabel::AlignCenter );
        l->setBackgroundColor( Qt::white );
        QPushButton *b = new QPushButton( "Quit", this );
        b->setGeometry( 0, 100, 300, 50 );
        connect( b, SIGNAL( clicked() ), qApp, SLOT( quit() ) );
        setGeometry( 100, 100, 300, 150 );
        show();
    }
public slots:
    void handleSignal() {
        l->setText( "You pressed the Return key" );
    }
private:
    QLabel *l;
};
//.............................................. Klasse Sender
class Sender {
public:
    Sender() {
        Receiver *r = new Receiver();
        sig = new QSignal;
        connect( r, SLOT( handleSignal() ) );
    }
    ~Sender() {
        delete sig;
    }
    void sendSignal() {
        char  *text = new char [100];
        cout << "Please give me some Text" << endl;
        cin.getline( text, 100 );
        sig->activate();
    }
    void connect( QObject *receiver, const char *member ) {
        sig->connect( receiver, member );
    }
private:
    QSignal *sig;
};
#include "signal.moc"
//........................................................ main
int main( int argc, char *argv[] ) {
   QApplication a( argc, argv );
   Sender s;
   s.sendSignal();
   return a.exec();
}
```

Kapitel 17

Erstellen eigener Widgets

Man muss etwas Neues machen,
um etwas Neues zu sehen.
– G. C. Lichtenberg

In diesem Kapitel wird gezeigt, wie man sich eigene Widget-Klassen erstellen kann. Dazu stellt dieses Kapitel zunächst kurz einige wichtige Punkte vor, die dabei zu beachten sind, bevor es anhand von zwei umfangreicheren Beispielen das Erstellen eigener Widgets verdeutlicht.

17.1 Grundlegende Vorgehensweise beim Entwurf eigener Widgets

Wenn man sich eigene Widgets entwerfen möchte, sollte man unter anderem die folgenden Punkte beachten:

- **Ableiten des Widget von einer geeigneten Basisklasse**
  Bietet Qt kein vordefiniertes Widget an, das sich als Basisklasse für das zu entwerfende Widget eignet, so sollte man `QWidget` als Basisklasse verwenden. Stellt jedoch bereits Qt ein Widget zur Verfügung, das dem zu entwerfenden Widget ähnlich ist, so spart man sich viel Arbeit, wenn man das spezielle Qt-Widget als Basisklasse für sein neues Widget wählt, da so das neue Widget die gesamte Grundfunktionalität der entsprechenden Basisklasse erbt. Möchte man z. B. ein eigenes Dialog-Widget entwerfen, so empfiehlt sich `QDialog` als Basisklasse. Die Verwendung der Basisklasse `QGridView` bzw. `QTable` wäre dagegen zu empfehlen, wenn man ein Widget entwerfen möchte, das seine Informationen graphisch oder als Text in Tabellenform anzeigt.
- **Reimplementieren der entsprechenden Event-Handler**
  Alle Event-Handler, die für die Funktionalität des eigenen Widget benötigt werden, sollten reimplementiert werden. Nahezu in allen Fällen sind dies die virtuellen Methoden `mousePressEvent()` und `mouseReleaseEvent()`. Soll das eigene Widget auch Tastatureingaben zulassen, so muss man z. B. auch die virtuelle Methode `keyPressEvent()` und eventuell auch die beiden virtuellen Methoden `focusInEvent()` und `focusOutEvent()` reimplementieren.

- **Festlegen eigener Signale**
  Möchte man, dass das Auftreten gewisser Ereignisse auch dem Benutzer dieser Klasse mitgeteilt wird, so muss man ihm dies über eigene Signale mitteilen. Üblicherweise wird man diese selbst definierten Signale in den reimplementierten virtuellen Methoden wie z. B. `mousePressEvent()`, `mouseReleaseEvent()` oder `mouseDoubleClickEvent()` mit `emit` schicken.
- **Reimplementieren der virtuellen Methode `paintEvent()`**
  Verwendet das eigene Widget `QPainter`-Objekte, um Zeichnungen durchzuführen, so muss man die virtuelle Methode `paintEvent()` reimplementieren, damit sich dieses eigene Widget selbst neu zeichnen kann, wenn dies erforderlich ist.
- **Festlegen geeigneter Slotroutinen**
  Methoden, die `public` sind und den Zustand des eigenen Widget ändern, sind potentielle Kandidaten für `public`-Slotroutinen. Typischerweise haben Slotroutinen keine Parameter (wie z. B. `clear()` oder `reset()`) oder eben nur einen Parameter (wie z. B. `setInitialValue(int)` oder `setExpandable(bool)`).
- **Entscheiden, ob vom eigenen Widget weitere Subklassen ableitbar sind**
  Wenn es möglich sein soll, dass vom eigenen Widget weitere Subklassen abgeleitet werden können, so sollte man festlegen, welche Methoden in Subklassen reimplementierbar sein sollen. Diese Methoden sollte man dann nicht als `private`, sondern als `protected` deklarieren.
- **Eventuelles Reimplementieren der Methoden `sizeHint()` und `sizePolicy()`**
  Möchte man, dass das eigene Widget problemlos in ein Layout eingefügt werden kann, kann man die beiden Methoden `QWidget::sizeHint()` und `QWidget::sizePolicy()` entsprechend reimplementieren.

Dies waren einige wichtige Punkte, die es beim Entwurf eigener Widgets zu beachten gilt. In den nächsten beiden Kapitel werden nun Beispiele für den Entwurf eigener Widgets gezeigt.

17.2 Beispiel: Ein Funktionsplotter-Widget^B

Als erstes Beispiel für ein selbstdefiniertes Widget soll hier ein Funktionsplotter entworfen werden.

17.2.1 Beschreibung des Funktionsplotters

Dieser Funktionsplotter soll zunächst mit `(x,y)`-Wertepaaren versorgt werden und dann die entsprechende Funktion graphisch anzeigen. Mittels Maus- und Tastaturtasten soll diese angezeigte Funktion dann entsprechend gezoomt werden können. Ein Vergrößern des anzuzeigenden Funktiosnbereichs soll dabei mit den Cursortasten (↑), (↓), (←) und (→) möglich sein. Ein „Hineinzoomen" (also Vergrößern einer Teilansicht der angezeigten Funktion) soll mittels Ziehen der Maus möglich sein. Dabei wird immer das aktuell ausgewählte Rechteck der Ansicht mit roter bzw. grüner Hintergrundfarbe angezeigt. Rot bedeutet dabei, dass das Zoomen noch nicht aktiviert ist, während grün bedeutet, dass nun das Zoomen aktiviert ist. Ein Wechseln von der Hintergrundfarbe Rot nach Grün erfolgt immer erst dann, wenn der Benutzer die Maus bei gedrückter Maustaste eine bestimmte Strecke entfernt hat. So soll verhindert werden, dass der Benutzer durch ein versehentliches Drücken der Maustaste einen zu kleinen Bereich auswählt. Lässt der Benutzer bei einer grünen Markierung die Maustaste los, wird die alte Funktionsansicht gelöscht und ihm nur der von ihm markierte Bereich der Funktion vergrößert im Widget angezeigt. Wenn der Benutzer bei einer roten Markierung die Maustaste loslässt, geschieht nichts und der alte Funktionsbereich bleibt eingeblendet.

17.2.2 Headerdatei für den Funktionsplotter^B

Da für diesen zu entwerfenden Funktionplotter keine geeignete Klasse in Qt existiert, wird `QWidget` als Basisklasse herangezogen.
Programm 17.1 zeigt die Headerdatei für den Funktionsplotter.

Programm 17.1 – `functionplot.h`:
Headerdatei für den Funktionsplotter

```
#ifndef  FUNCTIONPLOT_H
#define  FUNCTIONPLOT_H

#include <qapplication.h>
#include <qwidget.h>

typedef struct {
    double  x, y;
} valuePair;
//................................................ Klasse FunctionPlot
class FunctionPlot : public QWidget {
public:
      //... Konstruktor, dem die Anzahl der Wertepaare fuer
      //... die zu plottende Funktion uebergeben wird
   FunctionPlot( int n, QWidget *p=0, const char *name=0 );
      //... Destruktor; gibt den fuer die Wertepaare
      //... reservierten Speicherplatz wieder frei
   ~FunctionPlot()  { delete [] values; }
      //... setzt das i.te Wertepaar auf die Werte v.x und v.y
   void setValue( int i, valuePair v );
      //... setzt die ersten n Wertepaare auf die Werte aus dem Array v
   void setValues( int n, valuePair v[] );
      //... legt die minimalen und maximalen x- und y-Werte
      //... des Bereichs fest, der von der Funktion anzuzeigen ist
   void setPlotView( double minx, double miny, double maxx, double maxy );
      //... bewirkt, dass die Funktion gezeichnet wird
   void plotIt( void );
protected:
      //... bewirkt ein Vergroessern des Funktionsbereichs
      //...  "Cursor rechts": negative x-Achse wird verlaengert
      //...  "Cursor links" : positive x-Achse wird verlaengert
      //...  "Cursor hoch"  : negative y-Achse wird verlaengert
      //...  "Cursor tief"  : positive y-Achse wird verlaengert
   virtual void keyPressEvent( QKeyEvent *ev );
      //... leitet ein Zoomen (Verkleinern des Funktionsbereichs) ein
   virtual void mousePressEvent( QMouseEvent *ev );
      //... Zoomen (Verkleinern des Funktionsbereichs) findet gerade statt
```

```
    virtual void mouseMoveEvent( QMouseEvent *ev );
        //... Zoomen (Verkleinern des Funktionsbereichs) wird abgeschlossen
    virtual void mouseReleaseEvent( QMouseEvent *ev );
        //... bewirkt ein Neumalen der Funktion in dem aktuell
        //... festgelegten Funktionsbereich
    virtual void paintEvent( QPaintEvent *ev );
private:
        //... zeichnen die x- bzw. y-Achse
    void drawXScale( QPainter *p, double i, int yp );
    void drawYScale( QPainter *p, double i, int xp );
    int        valueNo;  // Anzahl der Wertepaare der Funktion
    valuePair  *values;  // enthaelt die einzelnen Wertepaare
    bool       plotViewSet; // zeigt an, ob explizit ein eigener
                            // anzuzeigender Funktionsbereich festgelegt
                            // wurde, also setPlotView() aufgerufen wurde.
                            // plotViewSet=false, werden die minimalen
                            // und maximalen x- und y-Werte des
                            // anzuzeigenden Bereichs implizit bestimmt
    double     minX, minY, maxX, maxY, // minimale und maximale x- und y-Werte
                                       // des anzuzeigenden Bereichs
               xFactor, yFactor; // interne Projektionsfaktoren
    QPoint     startPos, letztePos, neuePos; // Mauspositionen, die fuer
                                             // das Zoomen mit der Maus
                                             // benoetigt werden.
    bool       dragging, ersteMal; // fuer Ziehen der Maus benoetigt
    QColor     farbe; // zeigt an, ob Zoomen aktiviert ist (gruen)
                      // oder nicht (rot)
};
#endif
```

17.2.3 Implementierung des Funktionsplotters^B

Programm 17.2 zeigt die Implementierung des Funktionsplotters.

Programm 17.2 – `functionplot.cpp`:
Implementierung des Funktionsplotters

```
#include <qpainter.h>
#include <stdio.h>
#include "functionplot.h"
FunctionPlot::FunctionPlot( int n, QWidget *p, const char *name )
                                        : QWidget( p, name ) {
    valueNo = n;
    values = new valuePair [n];
    for ( int i=0; i<n; i++ )
        values[i].x = values[i].y = 0.0;
    plotViewSet = false;
}
void FunctionPlot::setValue( int i, valuePair v ) {
    if ( i >= valueNo || i < 0 ) return;
    values[i] = v;
```

```
}
void FunctionPlot::setValues( int n, valuePair v[] ) {
   for ( int i=0; i<n; i++ )
      setValue( i, v[i] );
}
void FunctionPlot::setPlotView( double minx, double miny,
                                double maxx, double maxy ) {
   plotViewSet = true;
   minX = minx;  minY = miny;  maxX = maxx;  maxY = maxy;
}
void FunctionPlot::plotIt( void ) {
   if ( !plotViewSet ) {
      minX = maxX = values[0].x;
      minY = maxY = values[0].y;
      for ( int i=1; i<valueNo; i++ ) {
         if ( values[i].x < minX ) minX = values[i].x;
         if ( values[i].x > maxX ) maxX = values[i].x;
         if ( values[i].y < minY ) minY = values[i].y;
         if ( values[i].y > maxY ) maxY = values[i].y;
      }
       //.... Sicherstellen, dass Achsen sichtbar
      if ( minX > 0 ) minX = 0;
      if ( maxX < 0 ) maxX = 0;
      if ( minY > 0 ) minY = 0;
      if ( maxY < 0 ) maxY = 0;
   }
   repaint();
}
void FunctionPlot::keyPressEvent( QKeyEvent *ev ) {
   double  diffX = (maxX-minX) / 10,   diffY = (maxY-minY) / 10;
   switch (ev->key() ) {
      case Key_Right:  minX -= diffX; repaint(); break;
      case Key_Left:   maxX += diffX; repaint(); break;
      case Key_Up:     minY -= diffY; repaint(); break;
      case Key_Down:   maxY += diffY; repaint(); break;
   }
}
void FunctionPlot::mousePressEvent( QMouseEvent *ev ) {
   ersteMal = true;   dragging = false;   startPos = ev->pos();
   repaint( false );
}
void FunctionPlot::mouseMoveEvent( QMouseEvent *ev ) {
   if ( !dragging )
         //.... Dragging (Ziehen) einschalten, wenn
         //.... neue Position mind. 20 Pixel entfernt ist
      if ( QABS( startPos.x() - ev->pos().x() ) >= 20 ||
           QABS( startPos.y() - ev->pos().y() ) >= 20 )
         dragging = true;
   if ( dragging ) {
      neuePos = ev->pos();
```

```
        //.... Farbe zeigt an, ob Zoom aktiviert ist
        if ( QABS( startPos.x() - ev->pos().x() ) >= 50 &&
             QABS( startPos.y() - ev->pos().y() ) >= 50 )
           farbe = Qt::green.light( 60 );
        else
           farbe = Qt::red.light( 150 );
        repaint( false );
     }
}
void FunctionPlot::mouseReleaseEvent( QMouseEvent *ev ) {
        //.... Bedingung soll versehentliches Zoomen verhindern
     if ( QABS( startPos.x() - ev->pos().x() ) >= 50 &&
          QABS( startPos.y() - ev->pos().y() ) >= 50 ) {
        if ( ev->pos().x() > startPos.x() ) {
           maxX = ev->pos().x()/xFactor+minX; minX = startPos.x()/xFactor+minX;
        } else {
           maxX = startPos.x()/xFactor+minX;  minX = ev->pos().x()/xFactor+minX;
        }
        if ( ev->pos().y() > startPos.y() ) {
           minY = maxY-ev->pos().y()/yFactor; maxY = maxY-startPos.y()/yFactor;
        } else {
           minY = maxY-startPos.y()/yFactor;  maxY = maxY-ev->pos().y()/yFactor;
        }
     }
     dragging = false;
     repaint();
}
void FunctionPlot::paintEvent( QPaintEvent * ) {
     QPainter p( this );
     double  xp, yp, xpAlt, ypAlt, diffX, diffY, i;
     xFactor = width() / (maxX -minX),
     yFactor = height() / (maxY -minY);
     if ( dragging ) {
        if ( !ersteMal )
           p.eraseRect( QRect( startPos, letztePos ) );
        p.fillRect( QRect( startPos, neuePos ), farbe );
        letztePos = neuePos;   ersteMal = false;
     }
     p.setPen( Qt::yellow );           //.... x- und y-Achsen zeichnen
     xp = -minX * xFactor;   yp = maxY * yFactor;
     p.drawLine( 0, int(yp), width(), int(yp) );  // x-Achse
     p.drawLine( int(xp), 0, int(xp), height() ); // y-Achse
     diffX = (maxX-minX) / 10;         //.... x-Skalen zeichnen/beschriften
     for ( i = -diffX; i>=minX; i-=diffX )
        drawXScale( &p, i, int(yp) );
     for ( i = diffX; i<=maxX; i+=diffX )
        drawXScale( &p, i, int(yp) );
     diffY = (maxY-minY) / 10;         //.... y-Skalen zeichnen/beschriften
     for ( i = -diffY; i>=minY; i-=diffY )
        drawYScale( &p, i, int(xp) );
```

```
   for ( i = diffY; i<=maxY; i+=diffY )
      drawYScale( &p, i, int(xp) );
                                          //.... Funktion zeichnen
   xpAlt = xp = ( values[0].x - minX ) * xFactor;
   ypAlt = yp = ( maxY - values[0].y ) * yFactor;
   p.setPen( Qt::black );   p.setBrush( Qt::black );
   p.drawEllipse( int(xp-1), int(yp-1), 2, 2 );
   for ( i=1; i<valueNo; i++ ) {
      xp = ( values[(int)i].x - minX ) * xFactor;
      yp = ( maxY - values[(int)i].y ) * yFactor;
      p.setPen( Qt::blue.light( 140 ) );
      p.drawLine( int(xpAlt), int(ypAlt), int(xp), int(yp) );
      p.setPen( Qt::blue.light( 120 ) );
      p.drawEllipse( int(xp), int(yp), 2, 2 );
      xpAlt = xp;   ypAlt = yp;
   }
}
void FunctionPlot::drawXScale( QPainter *p, double i, int yp ) {
    QString text;   double  xs = (i-minX) * xFactor;
   text.sprintf( "%.3g", i );
   p->drawLine( int(xs), int(yp-2), int(xs), int(yp+2) );
   p->drawText( int(xs+1), int(yp-2), text );
   p->setPen( QPen( Qt::yellow, 0, Qt::DotLine ) ); // Raster
   p->drawLine( int(xs), 0, int(xs), height() );
   p->setPen( QPen( Qt::yellow, 0, Qt::SolidLine ) );
}
void FunctionPlot::drawYScale( QPainter *p, double i, int xp ) {
    QString text;   double ys = (maxY-i) * yFactor;
   text.sprintf( "%.3g", i );
   p->drawLine( int(xp-2), int(ys), int(xp+2), int(ys) );
   p->drawText( int(xp+4), int(ys), text );
   p->setPen( QPen( Qt::yellow, 0, Qt::DotLine ) ); // Raster
   p->drawLine( 0, int(ys), width(), int(ys) );
   p->setPen( QPen( Qt::yellow, 0, Qt::SolidLine ) );
}
```

17.2.4 Plotten einer Sinusfunktion mit Funktionsplotter-Widget^B

Nachdem das Funktionsplotter-Widget entworfen wurde, müssen wir es auch testen. Dazu soll eine einfache Sinus-Funktion aus dem Bereich von -2π bis +3π geplottet werden, wie in Programm 17.3 gezeigt.

Programm 17.3 – `sinusfunc.cpp`:
Plotten einer Sinusfunktion mit dem eigenen Funktionsplotter

```
#include <qapplication.h>
#include <qwidget.h>
#include <math.h>
#include "functionplot.h"
```

```
int main( int argc, char *argv[] ) {
   QApplication myapp( argc, argv );
   const  double  pi = 4*atan(1);
   valuePair       v;
   int             i=0, z=0;
   for ( double x=-2*pi; x<3*pi; x+=0.01 ) // Zaehlen der Werte
      z++;
   FunctionPlot* plotWindow = new FunctionPlot( z );
   plotWindow->resize( 500, 500 );
   for ( v.x=-2*pi; v.x<=3*pi; v.x+=0.01 ) {
      v.y = sin(v.x);
      plotWindow->setValue( i, v );
      i++;
   }
   plotWindow->plotIt();
   myapp.setMainWidget( plotWindow );
   plotWindow->show();
   return myapp.exec();
}
```

Startet man nun Programm 17.3, blendet es das links in Abbildung 17.1 gezeigte Widget ein. Markiert man nun durch Ziehen der Maus einen bestimmten Funktionsbereich, den man „herauszoomen“ möchte (siehe rechts in Abbildung 17.1), und lässt anschließend die Maustaste los, wird die alte Funktionsanzeige gelöscht und nur der zuvor markierte Teil der Funktion entsprechend vergrößert im Widget angezeigt (siehe links in Abbildung 17.2). Möchte der Benutzer die angezeigte Sinusfunktion verkleinern, also den Funktionsbereich vergrößern, so kann er dies mit den Cursortasten erreichen (siehe rechts in Abbildung 17.2).

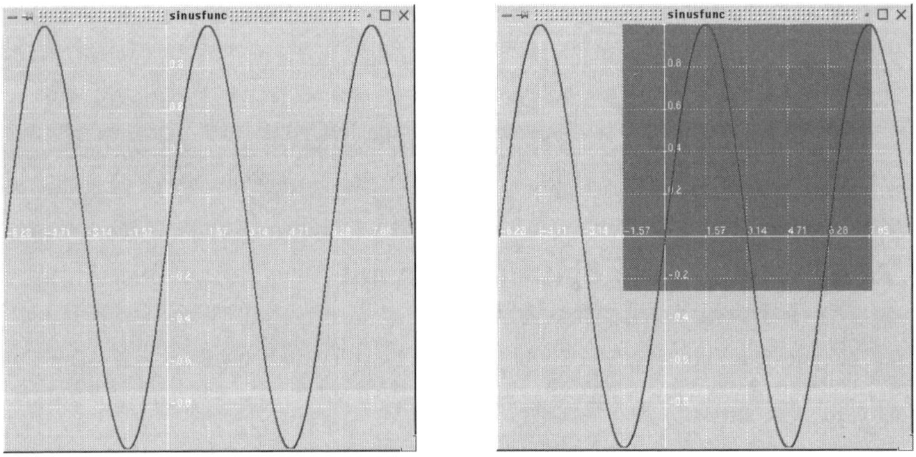

Abbildung 17.1: Sinusfunktion von -2π bis +3π und Markieren für Zoom

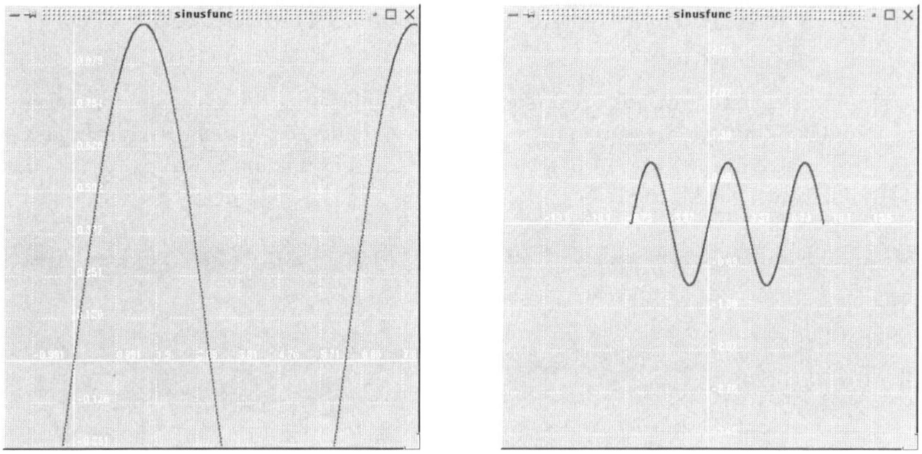

Abbildung 17.2: Gezoomte und verkleinerte Sinusfunktion

17.2.5 Plotten beliebiger Funktionen mit Funktionsplotter-Widget^{Z}

Das Plotten einer Sinusfunktion ist zwar ganz nett, aber wir wollen nun noch den Test unseres Funktionsplotters weiterführen und dem Benutzer den Term der zu plottenden Funktion interaktiv eingeben lassen. Dazu muss zunächst ein Funktionsparser erstellt werden. Programm `parser.h` realisiert die Headerdatei und Programm `parser.cpp` die Implementierung des Funktionsparsers. Abbildung 17.3 zeigt den Funktionsparser im Einsatz. Natürlich kann die angezeigte Funktion wieder mit Ziehen der Maustaste und den Cursortasten entsprechend gezoomt werden, da diese Funktionalität über den selbst definierten Funktionsplotter zur Verfügung gestellt wird.

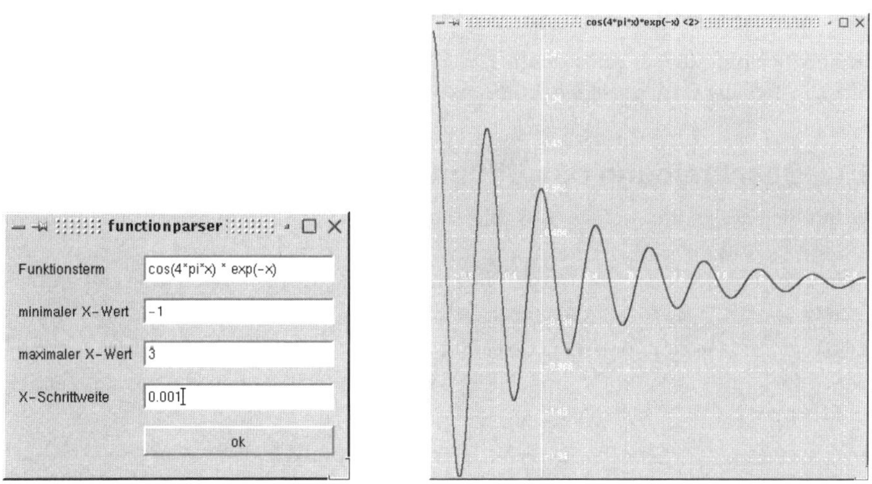

Abbildung 17.3: Eingabe eines Funktionsterms und Anzeige der entsprechenden Funktion

17.2.6 Plotten der Funktion `1-exp(0.5x)` und deren Ableitung^Z

Das Programm `functioplot2.cpp` stellt unter Zuhilfenahme des in diesem Kapitel eingeführten Funktionsplotters aus den Programmen 17.1 und 17.2 in einem Widget links die Funktion `1-exp(0.5x)` und rechts die Ableitung dieser Funktion `0.5exp(-0.5x)` dar (siehe dazu auch Abbildung 17.4).

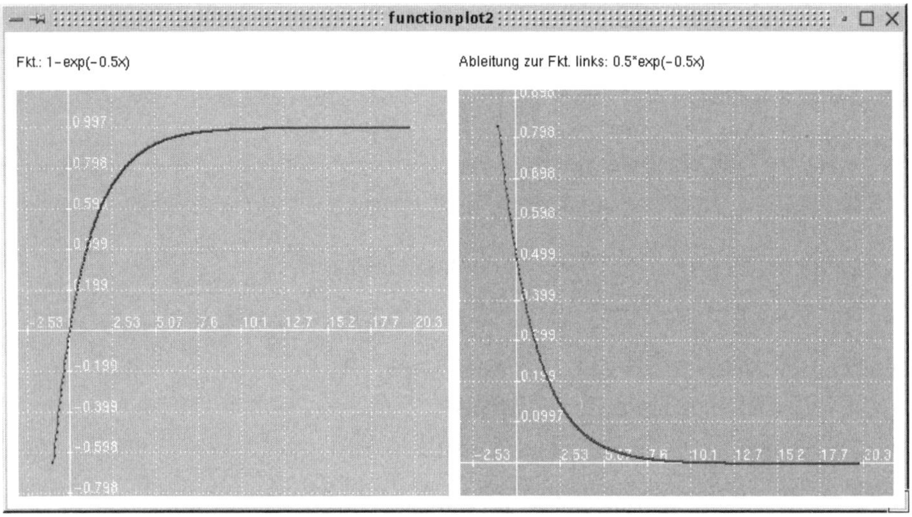

Abbildung 17.4: Anzeige der Funktion `1-exp(0.5x)` (links) und deren Ableitung (rechts)

17.3 Ein Bildertabellen-Widget^B

Als zweites Beispiel für ein selbstdefiniertes Widget soll ein Widget entworfen werden, das Bilder in Tabellenform anzeigen kann.

17.3.1 Beschreibung des Bildertabellen-Widget

Die Anzahl der Zeilen und Spalten des Bildertabellen-Widget soll der Benutzer über den Konstruktor bestimmen.

Folgende `public`-Methoden soll dieses Bildertabellen-Widget zur Verfügung stellen:

`setCell(int i, int j, QString bildName)`

`setCell(int i, int j, QPixmap bild)`

legen für Zelle `(i,j)` im Bildertabellen-Widget den Dateinamen des anzuzeigenden Bildes bzw. das Bild selbst fest.

`setCellSize(int w, int h, int border=0, int frameWidth=0)`

definiert für alle Zellen der Bildertabelle deren Breite (`w`) und Höhe (`h`). Über die beiden Parameter `border` kann dabei zusätzlich noch für die Zellen ein frei zu bleibender Rand, und über den Parameter `frameWidth` eine Rahmenbreite festgelegt werden.

`setCellMark(int i, int j, bool mark)`
: setzt für die Zelle `(i,j)` im Bildertabellen-Widget eine Markierung (`mark=true`) bzw. löscht eine Markierung für die Zelle `(i,j)` bei `mark=false`.

`bool isCellMarkSet(int i, int j)`
: liefert zurück, ob für Zelle `(i,j)` eine Markierung gesetzt ist oder nicht.

`resetAllMarks(void)`
: Diese Slotroutine löscht alle gesetzten Markierungen in der Bildertabelle.

Folgende Signale soll dieses Bildertabellen-Widget schicken, wenn entsprechende Ereignisse auftreten:

`pressPos(int z, int s)`
: wird geschickt, wenn eine Maustaste über der Zelle `(z,s)` im Bildertabellen-Widget gedrückt wird.

`doubleClickPos(int z, int s)`
: wird gesendet, wenn ein Maus-Doppelklick über der Zelle `(z,s)` im Bildertabellen-Widget auftritt.

`movePos(int z, int s)`
: wird geschickt, wenn die Maus bei gedrückter Maustaste über die Zelle `(z,s)` im Bildertabellen-Widget bewegt wird.

`releasePos(int z, int s)`
: wird zurückgegeben, wenn eine gedrückte Maustaste über der Zelle `(z,s)` im Bildertabellen-Widget wieder losgelassen wird.

`keyPressed(int key)`
: wird geschickt, wenn eine Taste von der Tastatur im Bildertabellen-Widget gedrückt wird. Der Parameter `key` liefert dabei den entsprechenden Tastencode.

17.3.2 Headerdatei für das Bildertabellen-Widget

Anders als beim vorherigen Beispiel (Funktionsplotter) existiert zu dieser Aufgabenstellung bereits ein geeignetes Qt-Widget, nämlich `QGridView`, welches als Basisklasse für das Bildertabellen-Widget herangezogen werden kann. Programm 17.4 zeigt die Headerdatei für das Bildertabellen-Widget.

Programm 17.4 – `bildtabelle.h`:
Headerdatei für das Bildertabellen-Widget

```
#ifndef BILDAUSWAHL_H
#define BILDAUSWAHL_H
#include <qgridview.h>
#include <qpixmap.h>
#define POSITION  rowAt(e->y()), columnAt(e->x())
//.................................................. Klasse Bildtabelle
class Bildtabelle : public QGridView {
    Q_OBJECT
public:
    //... Konstruktor, dem die Anzahl der Zeilen und Spalten
    //... der Bildertabelle uebergeben werden
    Bildtabelle( int zeilZahl, int spaltZahl, QWidget* p=0, const char* nam=0 );
    //... Destruktor; gibt den für die Bilder reservierten
    //... Speicherplatz wieder frei
    ~Bildtabelle() { delete[] bilder; }
```

```
    //... legt fuer Zelle (i,j) den Dateinamen des
    //... anzuzeigenden Bildes bzw. das Bild selbst fest
    void setCell( int  i, int j, QString bildName );
    void setCell( int  i, int j, QPixmap bild );
    //... legt fuer alle Zellen deren Breite (w) und Hoehe (h) fest; auch
    //... Festlegung einer Rand- (border) und Rahmenbreite (frameWidth) möglich
    void setCellSize( int  w, int h, int border = 0, int frameWidth = 0 );
    //... setzt fuer Zelle (i,j) eine Markierung (mark=true) bzw.
    //... loescht eine Markierung fuer Zelle (i,j) bei mark=false
    void setCellMark( int i, int j, bool mark );
    //... liefert zurueck, ob  fuer Zelle (i,j) eine Markierung
    //... Markierung gesetzt ist oder nicht
    bool isCellMarkSet( int i, int j ) { return marks[ indexOf( i, j) ]; }
public slots:
      //... loescht die Markierungen aller Zellen
    void resetAllMarks( void );
signals:
    void pressPos( int z, int s );
    void doubleClickPos( int z, int s );
    void movePos( int z, int s );
    void releasePos( int z, int s );
    void keyPressed( int key );
protected:
    void paintCell( QPainter*, int zeile, int spalte );
    void mousePressEvent(QMouseEvent *e)       { emit pressPos( POSITION );     }
    void mouseDoubleClickEvent(QMouseEvent *e) { emit doubleClickPos(POSITION); }
    void mouseMoveEvent(QMouseEvent *e)        { emit movePos(POSITION);        }
    void mouseReleaseEvent(QMouseEvent *e)     { emit releasePos(POSITION);     }
    void keyPressEvent(QKeyEvent *e)           { emit keyPressed(e->key());     }
private:
    int indexOf(int zeil, int spalt) const { return (zeil * numCols()) + spalt; }
    QPixmap  *bilder;
    bool     *marks;
    int      border, frameWidth;
};
#endif
```

17.3.3 Implementierung das Bildertabellen-Widget

Programm 17.5 zeigt die Implementierung des Bildertabellen-Widget:

Programm 17.5 – `bildtabelle.cpp`:
Implementierung des Bildertabellen-Widget

```
#include <qwidget.h>
#include <qpainter.h>
#include <qkeycode.h>
#include <qpainter.h>
#include <qdrawutil.h>
#include "bildtabelle.h"
```

```
Bildtabelle::Bildtabelle( int zeilZahl, int spaltZahl,
                          QWidget *p, const char *nam ) : QGridView(p,nam) {
    setFocusPolicy( StrongFocus );  // Tastaturfokus ist erlaubt
    setNumCols( spaltZahl );  // Festlegen der Spalten- und
    setNumRows( zeilZahl );   // Zeilenzahl in der Tabelle
    setCellWidth( 100 );     // Voreingest. Festlegen der Breite und
    setCellHeight( 100 );    //  Hoehe der Zellen (in Pixel)
    frameWidth = border = 0;   resize( 600, 600 );
    bilder = new QPixmap [zeilZahl * spaltZahl]; // Bilder
    marks  = new bool [zeilZahl * spaltZahl]; // Markierungen
    resetAllMarks();
}
void Bildtabelle::setCell( int  i, int j, QString bildName ) {
   if ( i < 0 || i >= numRows() || j < 0 || j >= numCols() ) return;
   bilder[ indexOf( i, j) ].load( bildName );
   repaintCell( i, j, false );
}
void Bildtabelle::setCell( int  i, int j, QPixmap bild ) {
   if ( i < 0 || i >= numRows() || j < 0 || j >= numCols() ) return;
   bilder[ indexOf( i, j) ] = bild;
   repaintCell( i, j, false );
}
void Bildtabelle::setCellSize( int  w, int h, int border, int frameWidth ) {
   setCellWidth( w );       setCellHeight( h );
   this->border = border;  this->frameWidth = frameWidth;
}
void Bildtabelle::setCellMark( int  i, int j, bool mark ) {
   if ( i < 0 || i >= numRows() || j < 0 || j >= numCols() ||
        marks[ indexOf( i, j) ] == mark )
      return;
   marks[ indexOf( i, j) ] = mark;
   repaintCell( i, j, false );
}
void Bildtabelle::resetAllMarks( void ) {
   for ( int i=0; i<numRows(); i++ )
      for ( int j=0; j<numCols(); j++ )
         setCellMark( i, j, false );
}
void Bildtabelle::paintCell( QPainter* p, int zeile, int spalte ) {
    int     width = cellWidth(),  height = cellHeight();
    double  w = width-border*2-frameWidth*2,  h = height-border*2-frameWidth*2;
    QBrush b( Qt::lightGray );
    if ( marks[ indexOf( zeile, spalte ) ] ) {
       b.setColor( Qt::blue );
       qDrawShadeRect (p, 0, 0, width, height, colorGroup(), true,
                       frameWidth, 0, &b );
    } else
       qDrawShadeRect (p, 0, 0, width, height, colorGroup(), false,
                       frameWidth, 0, &b );
     //... Bild ausgeben
```

```
    QPixmap bild = bilder[ indexOf( zeile, spalte ) ] ;
    double  xFactor = w / bild.width(),  yFactor = h / bild.height();
    p->scale( xFactor, yFactor );
    p->drawPixmap( int((frameWidth+border)/xFactor),
                   int((frameWidth+border)/yFactor), bild );
    p->scale( 1/xFactor, 1/yFactor );
}
```

17.3.4 Ein Memory-Spiel mit dem Bildertabellen-Widget[B]

Nachdem das Bildtabellen-Widget entworfen wurde, müssen wir es auch testen. Dazu soll zunächst ein kleines Memory-Spiel entwickelt werden, wie in Programm 17.6 gezeigt. Es blendet verdeckte Bilder ein, die man durch Mausklick aufdecken kann. Deckt man zwei gleiche Bilder auf, bleiben diese aufgedeckt und erhalten einen blauen Hintergrund, andernfalls werden sie wieder verdeckt (siehe Abbildung 17.5). Durch einen Maus-Doppelklick kann ein neues Memory-Spiel gestartet werden.

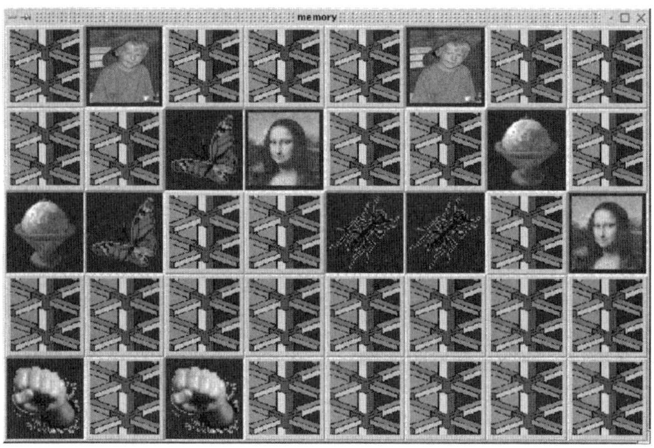

Abbildung 17.5: Memory-Spiel mit dem Bildtabellen-Widget

Programm 17.6 – `memory.cpp`:
Memory-Spiel unter Verwendung des Bildtabellen-Widget

```
#include <qapplication.h>
#include <qwidget.h>
#include <qmessagebox.h>
#include <stdlib.h>
#include <time.h>
#include "bildtabelle.h"
const char *picNames[] = {
      "Ameise.xpm",    "Butterfly.xpm", "monalisa.xpm", "Deutschl.xpm",
      "Grossbri.xpm",  "Krebs.xpm",     "Pinguin.xpm",  "Suse.xpm",
      "lausbub.xpm",   "marble.xpm",    "ruins.xpm",    "calvin2.xpm",
      "Wizard.xpm",    "HandReach.xpm", "HomeOpen.xpm", "HandOpen.xpm",
      "HandPunch.xpm", "Eggs.xpm",      "3dpaint.xpm",  "DeskGlobe.xpm" };
const int picNo = sizeof( picNames ) / sizeof( *picNames );
```

```
const int cardNo = picNo * 2;
const int bord     = 5;
const int frameWid = 2;
const int cellWid  = 100 + 2*bord + 2*frameWid;
const int cellHigh = 100 + 2*bord + 2*frameWid;
class Memory : public Bildtabelle {
    Q_OBJECT
public:
    Memory( int zeilen, int spalten, QWidget* p=0, const char* name=0 )
                              : Bildtabelle( zeilen, spalten, p, name ) {
       ::srand( time(NULL) );
       zeilZahl = zeilen;
       spaltZahl = spalten;
       setCellSize( cellWid, cellHigh, bord, frameWid );
       if ( !back.load( "back.bmp" ) ) {
          QMessageBox::information( 0, "Ladefehler",
                   "Kann Bild-Datei 'back.bmp' nicht laden" , QMessageBox::Ok );
          qApp->quit();
       }
       for ( int i=0; i<picNo; i++ )
          if ( !bild[i].load( picNames[i] ) ) {
             QString  text;
             text.sprintf( "Kann Bild-Datei '%s' nicht laden", picNames[i] );
             bild[i].resize( cellWid, cellHigh );
             bild[i].fill( QColor( ::rand()&255,::rand()&255,::rand()&255 ) );
             QMessageBox::information( 0, "Ladefehler", text, QMessageBox::Ok );
             qApp->quit();
          }
       QObject::connect( this, SIGNAL( pressPos( int, int ) ),
                         this, SLOT( pressHandle( int, int ) ) );
       QObject::connect( this, SIGNAL( doubleClickPos( int, int ) ),
                         this, SLOT( doubleClickHandle( int, int ) ) );
       newGame();
    }
    void newGame( void ) {
       int  i, c;
       oldIndex1 = oldIndex2 = -1;
       clickNo = 0;
       resetAllMarks();
       for ( i=0; i<picNo; i++ )
          picDrawn[ i ] = 0;
       for ( i=0; i<cardNo; i++ ) {
          do { } while ( picDrawn[ c = ::rand()%picNo ] >= 2 );
          picDrawn[ c ]++;
          boardCard[i] = c;
          setCell( i/spaltZahl, i%spaltZahl, back );
          boardCardOpen[ i ] = false;
       }
    }
private slots:
```

```
    void pressHandle( int z, int s ) {
        int index = z*spaltZahl + s;
        if ( isCellMarkSet( z, s ) || boardCardOpen[ index ] )
            return;
        if ( ++clickNo >= 3 ) {
            clickNo = 1;
            if ( boardCard[ oldIndex1 ] != boardCard[ oldIndex2 ] ) {
                setCell( oldIndex1/spaltZahl, oldIndex1%spaltZahl, back );
                setCell( oldIndex2/spaltZahl, oldIndex2%spaltZahl, back );
                boardCardOpen[ oldIndex1 ] = boardCardOpen[ oldIndex2 ] = false;
            }
        }
        if ( clickNo == 1 )
            oldIndex1 = index;
        else if ( clickNo == 2 ) {
            oldIndex2 = index;
            if ( boardCard[ oldIndex1 ] == boardCard[ oldIndex2 ] ) {
                setCellMark( oldIndex1/spaltZahl, oldIndex1%spaltZahl, true );
                setCellMark( oldIndex2/spaltZahl, oldIndex2%spaltZahl, true );
            }
        }
        setCell( index/spaltZahl, index%spaltZahl, bild[ boardCard[index] ] );
        boardCardOpen[ index ] = true;
    }
    void doubleClickHandle( int, int ) { newGame(); }
private:
    int      zeilZahl, spaltZahl;
    QPixmap  back;
    QPixmap  bild[ picNo ];
    int      picDrawn[ picNo ];
    int      boardCard[ cardNo ];
    bool     boardCardOpen[ cardNo ];
    int      clickNo;
    int      oldIndex1, oldIndex2;
};
#include "memory.moc"
int main( int argc, char *argv[] ) {
    QApplication a(argc,argv);
    int  lines = cardNo/8,
         cols = 8;
    if ( cardNo%8 != 0 )
        lines++;
    Memory *m = new Memory( lines, cols );
    a.setMainWidget( m );
    m->resize( 8*cellWid+5, 5*cellHigh+5 );
    m->show();
    return a.exec();
}
```

17.3.5 Ein Puzzle-Spiel mit dem Bildertabellen-Widget^Z

Als weiteres Beispiel zum Testen des Bildtabellen-Widget soll ein kleines Puzzle-Spiel entwickelt werden, bei dem der Benutzer durcheinander gewürfelte Puzzle-Teile eines Bildes richtig ordnen muss. Bei diesem Puzzle-Spiel kann der Benutzer zwei Puzzle-Teile vertauschen, indem er auf ein Puzzle-Teil klickt und dann die Maus bei gedrückter Maustaste auf den Zielort bewegt. Lässt er die Maustaste los, werden das angeklickte Puzzle-Teil und das Puzzle-Teil, über dem er die Maustaste losließ, vertauscht. Befindet sich ein Puzzle-Teil am richtigen Ort, wird dies durch einen blauen Rand um dieses Puzzle-Teil, das nun auch nicht mehr wegbewegt werden kann, angezeigt (siehe auch Abbildung 17.6). Durch einen Maus-Doppelklick kann ein neues Puzzle-Spiel gestartet werden. Das Programm `puzzle.cpp` zeigt die Implementierung dieses Puzzle-Spiels unter Zuhilfenahme unseres Bildtabellen-Widget.

Abbildung 17.6: Puzzle-Spiel mit dem Bildtabellen-Widget

17.3.6 Ein Poker-Spiel mit dem Bildertabellen-Widget^Z

Als weiteres Beispiel zum Testen des Bildtabellen-Widget soll ein interaktives Poker-Spiel entwickelt werden, bei dem dem Benutzer immer zunächst fünf zufällig ausgewählte Poker-Karten angezeigt werden. Er kann nun die Karten mit einem Mausklick markieren, die er behalten möchte, bevor er sich dann für die übrigen unmarkierten Karten neue geben lässt. Markierte Karten werden durch einen blauen Rand angezeigt. Nachdem sich der Benutzer durch einen Klick auf den Button *Draw* neue Karten hat geben lassen, ist eine Runde beendet und ihm wird angezeigt, was er gewonnen hat. Die Karten, die zu dem Gewinn führten, werden dabei wieder mit einem blauen Rand angezeigt. Mit einem Klick auf den Button *Draw* kann dann der Benutzer die nächste Runde starten. Abbildung 17.7 zeigt eine Runde bei diesem Pokerspiel: links die vom Benutzer markierten und behaltenen Karten; rechts das Aussehen der Karten nach Klicken auf den Button *Draw*. Die Karten, die zu seinem Gewinn „Zwei Paare" führten, sind dabei blau markiert.
Programm `poker.cpp` zeigt die Implementierung dieses Poker-Spiels unter Zuhilfenahme unseres Bildtabellen-Widget.

Abbildung 17.7: Eine Runde im Poker-Spiel

17.3.7 Ein Bilderbrowser mit Dia-Vorschau mit dem Bildertabellen-Widget^{Z}

Das Programm `picoverview.cpp` blendet unter Zuhilfenahme des in diesem Kapitel eingeführten Bildtabellen-Widget aus den Programmen 17.4 und 17.5 alle auf der Kommandozeile angegebenen Bilddateien als Dias ein. Mittels der Cursortasten oder aber mit einem einfachen Mausklick auf das entsprechende Bild kann der Benutzer sich ein Bild auswählen. Das gerade aktuelle Bild wird immer mit einem blauen Rahmen gekennzeichnet (siehe auch Abbildung 17.8). Das Anzeigen eines Bildes in seiner Originalgröße kann der Benutzer entweder mit Drücken der ↵-Taste erreichen, wobei ihm dann das aktuell markierte Bild angezeigt wird, oder aber auch mit einem Maus-Doppelklick auf ein beliebiges Dia. Zusätzlich wird dem Benutzer noch beim Bewegen der Maus über die Dias immer der Dateiname als *Bubble help* angezeigt, wenn er den Mauszeiger auf ein anderes Dia bewegt.

Abbildung 17.8: Auswahl von Bildern, die als Dias angezeigt werden

Kapitel 18

Zugriff auf Datenbanken

Das Vernünftigste ist immer, dass jeder sein Metier treibe, wozu er geboren ist und was er gelernt hat, und dass er den anderen nicht hindere, das Seinige zu tun.

– J. W. Goethe

Qt3 unterstützt auch Zugriffe auf Datenbanken, wobei zur Zeit die folgenden Datenbanken unterstützt werden:

`QMYSQL3`	MySQL 3.x und MySQL 4.x
`QOCI8`	Oracle Call Interface (OCI)
`QODBC3`	Open Database Connectivity (schliesst Microsoft SQL-Server mit ein)
`QPSQL7`	PostgreSQL Version 6 und 7
`QTDS7`	Sybase Adaptive Server
`QDB2`	IBM DB2 Driver (v7.1 oder höher)

Jedoch werden nicht alle diese Datenbanken in der *Qt Free Edition* unterstützt.

18.1 Installation der SQL-Module von Qt

Standardmäßig sind die SQL-Module wegen ihrer Größe nicht zu Qt hinzugebunden. Um die SQL-Module verwenden zu können, gibt es zwei Möglichkeiten:

- **Neue Generierung von Qt**
  Um Qt unter Linux/Unix bzw. Mac OS X neu zu generieren, muss man im `QTDIR`-Directory `./configure` mit entsprechenden Optionen aufrufen, wie z. B.:

```
./configure .. -qt-sql-mysql ..             # Dazubinden des MYSQL-Treibers oder
./configure .. -qt-sql-oci -qt-sql-odbc .. # der Oracle- und ODBC-Treiber
```

  Weitere Optionen zu `configure` lassen sich mit folgenden Aufruf anzeigen:

```
./configure -help
```

  Unter Windows muss man im Installationsprogramm zunächst `SQL` auf der entsprechenden Tabseite und dann in der `Advanced`-Tabseite die gewünschten Module auswählen. In beiden Fällen ist jedoch zu beachten, dass man `configure` bzw. dem Installationsprogramm die Pfade der Headerdateien und Bibliotheken für die ausgewählten Datenbanken mitteilt. Diese kann man `configure` über die Optionen `-I` und `-L` mitteilen.

- **Treiber als Plugin**
  Es ist auch möglich, die Treiber als Plugins zur Verfügung zu stellen, die dann nur bei Bedarf zu eigenen Qt-Programmen hinzugebunden werden. Die dazu notwendigen Installationsschritte sind in der Qt-Dokumentation beschrieben.

Nachdem die gewünschten Treiber installiert sind und die erforderlichen Datenbanken laufen, kann man auf diese aus seinen Qt-Programmen zugreifen.

18.2 Herstellen von Verbindungen zu Datenbanken

Um mit einer Datenbank zu arbeiten, sind zunächst folgende Schritte erforderlich:

1. **Aktivieren des entsprechenden Treibers**
   Dies erreicht man mit dem Aufruf der statischen Methode `QSqlDatabase::addDatabase()`, in der man den Namen des entsprechenden Treibers angeben muss, wie z. B.:

```
QSqlDatabase *db = QSqlDatabase::addDatabase("QMYSQL3"); // MySQL
QSqlDatabase *db = QSqlDatabase::addDatabase("QOCI8");   // Oracle
QSqlDatabase *db = QSqlDatabase::addDatabase("QODBC3");  // ODBC
... // Weitere vordefinierte Namen findet man in der Qt-Online-Dokumentation
```

2. **Herstellen einer Verbindung zur Datenbank**
   Hierfür muss man zunächst die folgenden vier Parameter festlegen:
   - *Host*, auf dem sich Datenbank(-Serverprogramm) befindet
   - *Namen der Datenbank*
   - *Benutzer*, der Verbindung herstellen möchte
   - *Passwort* des Benutzers

   Hierfür stellt die Klasse `QSqlBase` die folgenden Methoden zur Verfügung:

```
db->setHostName( "localhost" );
db->setDatabaseName( "adressbuch" );
db->setUserName( "hherold" );
db->setPassword( "geh2eim" );
```

   Um nun eine Verbindung herzustellen, muss man noch die Methode `open()` aufrufen, wie z. B.:

```
if ( !db->open() ) {
   db->lastError().showMessage( "Fehler bei Verbindungsaufbau\n");
   ...
}
```

   Die Methode `lastError()` liefert ein `QSqlError`-Objekt, das eine Methode `showMessage()` anbietet, welche eine Messagebox einblendet, in der nicht nur Information über den zuletzt aufgetretenen Fehler in der Datenbank, sondern zusätzlich noch der hier als Argument angegebene String angezeigt wird.

18.3 Lesen von Daten in einer Datenbank

18.3.1 Einfaches Lesen von Daten in einer Datenbank

Das einfache Lesen von Daten aus einer Datenbank wird hier anhand eines Beispiels gezeigt. Dazu erstellen wir ein Qt-Programm, das auf eine Datenbank zugreift, die Adressen enthält. Der Benutzer dieses Programms soll sich dabei die vorhandenen Adressen in der Datenbank anzeigen lassen können.

Zunächst legen wir dazu eine Datenbank `adrVerwaltung` an, in der wir eine Tabelle `privateAdressen` erzeugen. Zum Anlegen der Datenbank und der Tabelle verwenden wir dabei das folgende MySQL-Skript `createdb.sql`:

```
#... Anlegen einer neuen Datenbank
DROP DATABASE adrVerwaltung;
CREATE DATABASE adrVerwaltung;
USE adrVerwaltung;
#... Anlegen einer neuen Tabelle
DROP TABLE privatAdressen;
#... Festlegen der Tabellenstruktur für privatAdressen
CREATE TABLE privatAdressen
(  id           INT NOT NULL PRIMARY KEY AUTO_INCREMENT,
   nachName     VARCHAR(40) NOT NULL,
   vorName      VARCHAR(30) NOT NULL,
   telNummer    VARCHAR(25) NOT NULL,
   strasse      VARCHAR(40) NOT NULL,
   plz          INT(5) NOT NULL,
   wohnOrt      VARCHAR(40) NOT NULL,
   geburtsTag   DATE NOT NULL
);
CREATE INDEX privatAdressen_nachname_index ON privatAdressen (nachName);
```

Mit dem folgenden MySQL-Skript `daten.sql` tragen wir nun zwei Adressen in die Tabelle `privateAdressen` ein:

```
USE adrVerwaltung;
INSERT INTO privatAdressen ( nachName, vorName, telNummer,
                             strasse, plz, wohnOrt, geburtsTag )
values ( "Meier", "Helmut", "09131/67737346",
         "Waldweg 17a", 91051, "Erlangen", "1964-04-29");
INSERT INTO privatAdressen ( nachName, vorName, telNummer,
                             strasse, plz, wohnOrt, geburtsTag )
values ( "Walser", "Silke", "0911/6325323",
         "Stadtmauerstr. 162", 90402, "Nürnberg", "1979-12-07");
```

Lesen aller Daten

Programm 18.1 zeigt, wie man Daten aus einer Datenbank lesen kann. Die gelesenen Daten zeigt es in einer Listenansicht an, wie es in Abbildung 18.1 gezeigt ist.

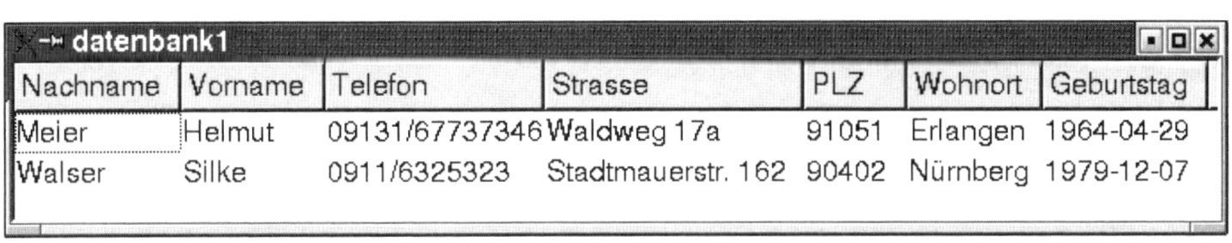

Abbildung 18.1: Anzeigen der Daten aus einer Datenbank in einer Listenansicht

Programm 18.1 – `datenbank1.cpp`:
Einfaches Lesen von Daten in einer Datenbank

```
#include <qapplication.h>
#include <qlistview.h>
#include <qsqldatabase.h>
#include <qsqlquery.h>

int main( int argc, char* argv[] ) {
   QApplication app( argc, argv );
    //... Verbindung zur Datenbank herstellen
   QSqlDatabase* adrVerwalt = QSqlDatabase::addDatabase( "QMYSQL3" );
   if ( adrVerwalt ) {
      adrVerwalt->setHostName( "localhost" );
      adrVerwalt->setDatabaseName( "adrVerwaltung" );
      adrVerwalt->setUserName( "root" );
      adrVerwalt->setPassword( "" );

      if ( adrVerwalt->open() ) { //... Öffnen der Datenbank
          //... Erzeugen einer Listenansicht
         QListView adrView;
         app.setMainWidget( &adrView );
         adrView.addColumn( "Nachname" );
         adrView.addColumn( "Vorname" );
         adrView.addColumn( "Telefon" );
         adrView.addColumn( "Strasse" );
         adrView.addColumn( "PLZ" );
         adrView.addColumn( "Wohnort" );
         adrView.addColumn( "Geburtstag" );
         adrView.show();
          // Erzeugen und Ausführen eines QUERY
         QSqlQuery query( "SELECT nachName, vorName, telNummer, strasse, "
                          "plz, wohnOrt, geburtsTag FROM privatAdressen;" );
         if ( query.isActive() ) {
            while ( query.next() ) {
               new QListViewItem( &adrView,
                      query.value( 0 ).toString(), query.value( 1 ).toString(),
                      query.value( 2 ).toString(), query.value( 3 ).toString(),
                      query.value( 4 ).toString(), query.value( 5 ).toString(),
                      query.value( 6 ).toString());
            }
         }
          return app.exec();
      } else
          adrVerwalt->lastError().showMessage( "Fehler bei Verbindung\n");
   } else
        qDebug( "Aktivierung des Datenbank-Treibers nicht möglich" );
   return 1;
}
```

Nachfolgend noch einige Erläuterungen zum Programm 18.1:

- Nachdem die Datenbank `adrVerwaltung` erfolgreich geöffnet wurde, wird ein `QListView`-Objekt mit dem Namen `adrView` angelegt, in dem die aus der Datenbank gelesenen Daten anzuzeigen sind.
- Danach legen wir ein `QSqlQuery`-Objekt an, mit dem wir eine SELECT-Anweisung auf die Tabelle `privatAdressen` ausführen lassen.
- Anschließend wird mit der Methode `QSqlQuery::isActive()` geprüft, ob Query (*Anfrage*) erfolgreich ausgeführt werden konnte, was nicht zwangsweise bedeutet, dass auch Daten gefunden wurden. `isActive()` prüft lediglich, ob das Query syntaktisch richtig war und ausgeführt werden konnte.
- Hat `isActive()` true geliefert, werden die einzelnen gefundenen Datensätze nacheinander mit der Methode `next()` erfragt und in der Listenansicht eingefügt. Weitere `QSqlQuery`-Methoden zum Navigieren in gelieferten Datensätzen sind `prev()`, `first()`, `last()` oder `seek()`.
- Um die einzelnen Datensätze innerhalb der while-Schleife in die Listenansicht einzufügen, wird die `QSqlQuery`-Methode `value()` mit der entsprechenden Spaltennummer aus der SELECT-Anweisung (beginnend bei 0) aufgerufen. Diese Methode liefert ein `QVariant`-Objekt, das mittels der Methode `toString()` in einen String umgewandelt wird, um diesen dann in der Listenansicht anzuzeigen.

Lesen nur bestimmter Spalten

Möchte man sich nicht alle Spalten der einzelnen Datensätze anzeigen lassen, so müsste der entsprechende Codeteil im vorherigen Programm wie folgt geändert werden, wenn man sich z. B. nur den Nachnamen, Vornamen und Wohnort anzeigen lassen möchte:

```
adrView.addColumn( "Nachname" );
adrView.addColumn( "Vorname" );
adrView.addColumn( "Wohnort" );
adrView.show();
// Erzeugen und Ausführen eines QUERY
QSqlQuery query( "SELECT nachName, vorName, wohnOrt FROM privatAdressen;" );
if ( query.isActive() ) {
   while ( query.next() ) {
      new QListViewItem( &adrView,
                query.value( 0 ).toString(), query.value( 1 ).toString(),
                query.value( 2 ).toString() );
   }
}
```

Es würden dann nur die entsprechenden Spalten in der Listenansicht angezeigt (siehe Abbildung 18.2).

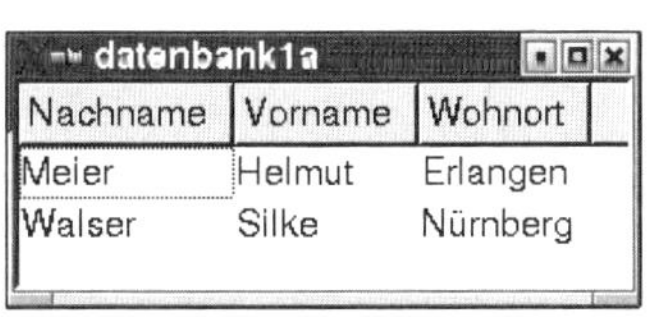

Abbildung 18.2: Anzeigen bestimmter Spalten aus einer Datenbank in Listenansicht

Lesen nur bestimmter Datensätze

Möchte man nun Datensätze lesen, die bestimmte Kriterien erfüllen, muss man dies über die SELECT-Anweisung festlegen, wie dies z. B. im folgenden Codeausschnitt gezeigt ist, der nur den Nachnamen, Vornamen und Wohnort zu Personen anzeigt, die mit Nachnamen "Meier" heissen:

```
....
// Erzeugen und Ausführen eines QUERY
QSqlQuery query( "SELECT nachName, vorName, wohnOrt FROM privatAdressen "
                 "WHERE nachName='Meier';" );
....
```

18.3.2 Lesen von Daten in einer Datenbank mit `QSqlCursor`

Lesen aller Daten

Neben der Klasse `QSqlQuery` existiert noch die Klasse `QSqlCursor`, um Daten aus einer Datenbank zu lesen. Der Vorteil dieser Klasse ist, dass man die Syntax einer SELECT-Anweisung nicht kennen muss. Während man sich bei der Klasse `QSqlQuery` leicht über die SELECT-Anweisung nur bestimmte Datensätze und/oder Spalten einer Tabelle liefern lassen kann, stellt ein `QSqlCursor`-Objekt immer alle Spalten und im einfachsten Fall auch alle Datensätze zur Verfügung. Man kann sich zwar auch nur bestimmte Spalten und Datensätze liefern lassen, jedoch ist dies umständlicher als bei der Klasse `QSqlQuery`. Programm 18.2, das die Klasse `QSqlCursor` verwendet, leistet das Gleiche wie Programm 18.1 (siehe auch Abbildung 18.1). In Programm 18.2 sind dabei nur die wesentlichen Unterschiede zu Programm 18.1 gezeigt.

Programm 18.2 – `datenbank2.cpp`:
Lesen von Daten in einer Datenbank mit `QSqlCursor`

```
#include <qapplication.h>
#include <qlistview.h>
#include <qsqldatabase.h>
#include <qsqlcursor.h>
int main( int argc, char* argv[] ) {
   ....
   if ( adrVerwalt ) {
      adrVerwalt->setHostName( "localhost" );
      ....
      if ( adrVerwalt->open() ) { //... Öffnen der Datenbank
          //... Erzeugen einer Listenansicht
          // Erzeugen und Ausführen eines QSqlCursor-Objekts
         QSqlCursor cursor( "privatAdressen" );
         cursor.select();
         if ( cursor.isActive() ) {
            while ( cursor.next() ) {
               new QListViewItem( &adrView,
                       cursor.value( "nachName" ).toString(),
                       cursor.value( "vorName" ).toString(),
                       cursor.value( "telNummer" ).toString(),
                       cursor.value( "strasse" ).toString(),
                       cursor.value( "plz" ).toString(),
```

```
                    cursor.value( "wohnOrt" ).toString(),
                    cursor.value( "geburtsTag" ).toString() );
            }
        }
        ....
}
```

Statt dem Code:

```
QSqlQuery query( "SELECT nachName, vorName, telNummer, strasse, "
                 "plz, wohnOrt, geburtsTag FROM privatAdressen;" );
```

wird hier nun folgender Code verwendet:

```
QSqlCursor cursor( "privatAdressen" );
cursor.select();
```

Anders als zuvor muss man also beim Anlegen eines `QSqlCursor`-Objekts nur den Namen der entsprechenden Tabelle angeben. Dafür muss man dann aber mit der Methode `select()` explizit das Query ausführen lassen.

Lesen nur bestimmter Spalten

Möchte man sich wieder nicht alle Spalten der einzelnen Datensätze anzeigen lassen, so müsste der entsprechende Codeteil im vorherigen Programm wie folgt geändert werden, wenn man sich z. B. nur den Nachnamen, Vornamen und Wohnort anzeigen lassen möchte (siehe Abbildung 18.2):

```
adrView.addColumn( "Nachname" );
adrView.addColumn( "Vorname" );
adrView.addColumn( "Wohnort" );
adrView.show();
 // Erzeugen und Ausführen eines QSqlCursor-Objekts
QSqlCursor cursor( "privatAdressen" );
cursor.select();

if ( cursor.isActive() ) {
   while ( cursor.next() ) {
      new QListViewItem( &adrView,
              cursor.value( "nachName" ).toString(),
              cursor.value( "vorName" ).toString(),
              cursor.value( "wohnOrt" ).toString() );
   }
}
```

Lesen nur bestimmter Datensätze

Möchte man nun Datensätze lesen, die bestimmte Kriterien erfüllen, muss man dies beim Aufruf der Methode `select()` festlegen. Möchte man z. B. nur den Nachnamen, Vornamen und Wohnort zu Personen anzeigen, die mit Nachnamen "Meier" heissen, müsste man im vorherigen Code folgendes ändern:

```
....
cursor.select( "nachName='Meier'" );
....
```

18.3.3 Sortieren und Filtern der gelesenen Daten mit QSqlIndex

Damit ein QSqlCursor-Objekt seine Datensätze in einer sortierten Form zurückgibt, muss man die Klasse QSqlIndex verwenden. Nachfolgender Codeausschnitt legt z. B. fest, dass die gelesenen Daten zuerst nach den Nachnamen, und bei gleichen Nachnamen nach den Vornamen zu sortieren sind. Sollten auch Nach- und Vornamen gleich sein, ist nach dem Geburtsdatum zu sortieren:

```
....
QSqlCursor cursor( "privatAdressen" );
QStringList reihenFolge =
      QStringList() << "nachName" << "vorName" << "geburtsTag";
QSqlIndex sortierFolge = cursor.index( reihenFolge );
cursor.select( sortierFolge );
....
```

Der Rest des Codes ist identisch zum Programm 18.2. Um diesen Code zu testen, fügen wir zunächst zu unserer Tabelle privatAdressen in der Datenbank weitere Adressen hinzu. Dazu verwenden wir folgendes MySQL-Skript daten2.sql:

```
USE adrVerwaltung;
INSERT INTO privatAdressen ( nachName, vorName, telNummer,
                             strasse, plz, wohnOrt, geburtsTag )
values ( "Meier", "Hans", "09131/635645",
         "Wiesenstr. 5", 91051, "Erlangen", "1973-03-21");
INSERT INTO privatAdressen ( nachName, vorName, telNummer,
                             strasse, plz, wohnOrt, geburtsTag )
values ( "Meier", "Silke", "0911/5343524",
         "Bohlenstr. 12", 90402, "Nürnberg", "1984-12-02");
INSERT INTO privatAdressen ( nachName, vorName, telNummer,
                             strasse, plz, wohnOrt, geburtsTag )
values ( "Meier", "Silke", "0911/7464621",
         "Bohlenstr. 12", 90402, "Nürnberg", "1984-12-03");
INSERT INTO privatAdressen ( nachName, vorName, telNummer,
                             strasse, plz, wohnOrt, geburtsTag )
values ( "Meier", "Hans", "09131/635645",
         "Vogelstr. 36", 91051, "Erlangen", "1973-03-19");
```

Starten wir nun dieses Programm datenbank3.cpp, zeigt es die Daten in der Reihenfolge an, wie es in Abbildung 18.3 gezeigt ist.

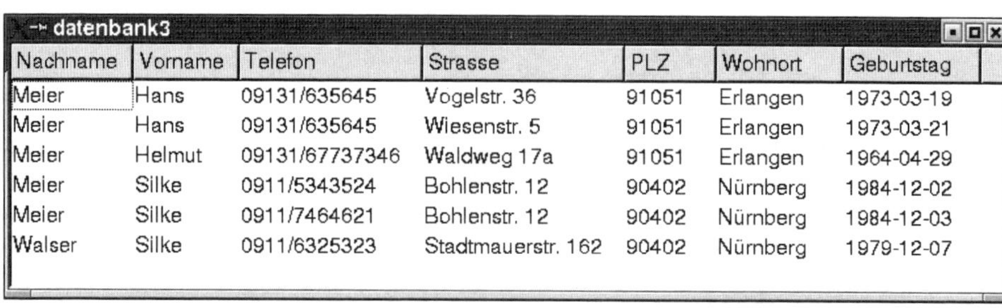

Nachname	Vorname	Telefon	Strasse	PLZ	Wohnort	Geburtstag
Meier	Hans	09131/635645	Vogelstr. 36	91051	Erlangen	1973-03-19
Meier	Hans	09131/635645	Wiesenstr. 5	91051	Erlangen	1973-03-21
Meier	Helmut	09131/67737346	Waldweg 17a	91051	Erlangen	1964-04-29
Meier	Silke	0911/5343524	Bohlenstr. 12	90402	Nürnberg	1984-12-02
Meier	Silke	0911/7464621	Bohlenstr. 12	90402	Nürnberg	1984-12-03
Walser	Silke	0911/6325323	Stadtmauerstr. 162	90402	Nürnberg	1979-12-07

Abbildung 18.3: Sortiertes Anzeigen von Daten aus einer Datenbank

Möchte man sich von den sortierten Datensätzen nur solche anzeigen lassen, die bestimmte Kriterien erfüllen, so muss man einen Filter einrichten, der als erstes Argument bei der Methode `select()` anzugeben ist. Möchte man sich z. B. aus den sortierten Daten nur die Personen anzeigen lassen, die mit Nachnamen "Meier" und mit Vornamen "Silke" heissen, so wäre dies mit folgenden Codeausschnitt möglich (siehe auch Abbilding 18.4).

```
QSqlCursor cursor( "privatAdressen" );
QStringList reihenFolge =
      QStringList() << "nachName" << "vorName" << "geburtsTag";
QSqlIndex sortierFolge = cursor.index( reihenFolge );
QStringList filterFelder = QStringList() << "nachName" << "vorName";
QSqlIndex filter = cursor.index( filterFelder );
cursor.setValue( "nachName", "Meier" );
cursor.setValue( "vorName", "Silke" );
cursor.select( filter, sortierFolge );
```

Der Rest des Codes ist identisch zum Programm 18.2. Starten man nun dieses Programm, zeigt es die herausgefilterten Datensätze in der gewünschten Reihenfolge an, wie es in Abbildung 18.4 gezeigt ist.

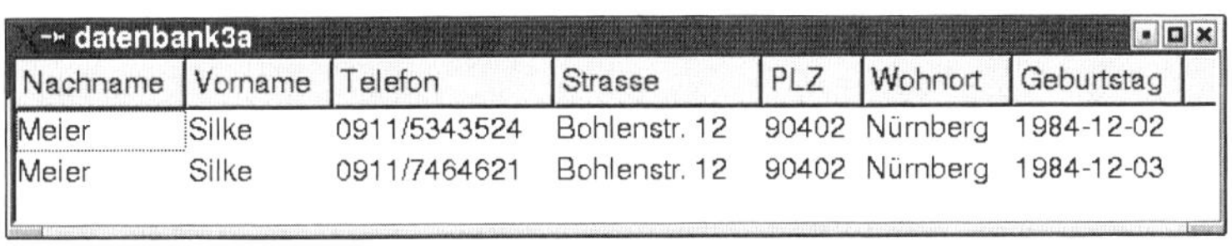

Abbildung 18.4: Sortiertes Anzeigen von gefilterten Daten aus der Datenbank

18.4 Anzeigen und Ändern von Datenbank-Daten mit `QDataTable`

18.4.1 Anzeigen von Daten mit `QDataTable`

In den vorherigen Beispielprogrammen haben wir die aus der Datenbank gelesenen Daten in einem `QListView`-Widget angezeigt. Das reicht jedoch oft nicht aus, z. B., wenn der Benutzer die angezeigten Daten editieren möchten. Für solche Anwendungsfälle stellt Qt die Klasse `QDataTable` zur Verfügung, die anhand des Programms 18.3 vorgestellt werden soll.

Programm 18.3 – `datenbank4.cpp`:
Demoprogramm zur Klasse `QDataTable`

```
#include <qapplication.h>
#include <qsqldatabase.h>
#include <qsqlcursor.h>
#include <qdatatable.h>

int main( int argc, char* argv[] ) {
   QApplication app( argc, argv );
    //... Verbindung zur Datenbank herstellen
   QSqlDatabase* adrVerwalt = QSqlDatabase::addDatabase( "QMYSQL3" );
```

```
   if ( adrVerwalt ) {
      adrVerwalt->setHostName( "localhost" );
      adrVerwalt->setDatabaseName( "adrVerwaltung" );
      adrVerwalt->setUserName( "root" );
      adrVerwalt->setPassword( "" );
      if ( adrVerwalt->open() ) { //... Öffnen der Datenbank
          // Erzeugen und Ausführen eines QSqlCursor-Objekts
         QSqlCursor cursor( "privatAdressen" );
          // Anlegen und Füllen eines QDataTable-Widgets
         QDataTable *adrTabelle = new QDataTable( &cursor );
         adrTabelle->addColumn( "nachName", "Nachname" );
         adrTabelle->addColumn( "vorName", "Vorname" );
         adrTabelle->addColumn( "telNummer", "Telefon" );
         adrTabelle->addColumn( "strasse", "Strasse" );
         adrTabelle->addColumn( "plz", "PLZ" );
         adrTabelle->addColumn( "wohnOrt", "Wohnort" );
         adrTabelle->addColumn( "geburtsTag", "Geburtstag" );
         adrTabelle->refresh();
         adrTabelle->show();
         app.setMainWidget( adrTabelle );
         int ret = app.exec();  delete adrTabelle;  return ret;
      } else
          adrVerwalt->lastError().showMessage( "Fehler bei Verbindung\n");
   } else
      qDebug( "Aktivierung des Datenbank-Treibers nicht möglich" );
   return 1;
}
```

Programm 18.3 blendet dann ein Widget ein, wie es in Abbildung 18.5 gezeigt ist.

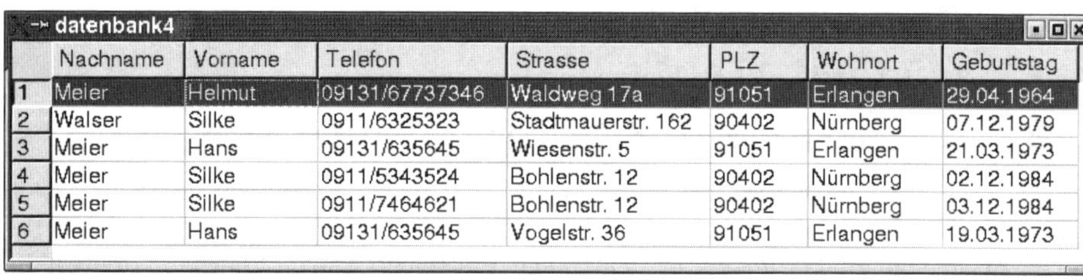

datenbank4

	Nachname	Vorname	Telefon	Strasse	PLZ	Wohnort	Geburtstag
1	Meier	Helmut	09131/67737346	Waldweg 17a	91051	Erlangen	29.04.1964
2	Walser	Silke	0911/6325323	Stadtmauerstr. 162	90402	Nürnberg	07.12.1979
3	Meier	Hans	09131/635645	Wiesenstr. 5	91051	Erlangen	21.03.1973
4	Meier	Silke	0911/5343524	Bohlenstr. 12	90402	Nürnberg	02.12.1984
5	Meier	Silke	0911/7464621	Bohlenstr. 12	90402	Nürnberg	03.12.1984
6	Meier	Hans	09131/635645	Vogelstr. 36	91051	Erlangen	19.03.1973

Abbildung 18.5: Mit `QDataTable` angezeigten Daten aus einer Datenbank

In Programm 18.3 ist erkennbar, dass man beim Anlegen des `QDataTable`-Objekts die Adresse eines zuvor erzeugten `QSqlCursor`-Objekts übergeben muss. Mit Aufruf der Methode `refresh()` liest dann das `QDataTable`-Objekt alle geforderten Daten aus der Datenbank. Dabei können zuvor wieder mit `QSqlCursor` und `QSqlIndex` Filter und eine Sortierreihenfolge eingerichtet werden. Hätte man in Programm 18.3 die `addColumn()`-Aufrufe weggelassen, die für die einzelnen Spalten der Datensätze die Beschriftung festlegen und als zweites Argument beim Anlegen des `QDataTable`-Objekts `true` angegeben, dann wären automatisch die Spaltennamen aus der Datenbanktabelle als Spaltenbeschriftung verwendet wurden (siehe Abbildung 18.5).

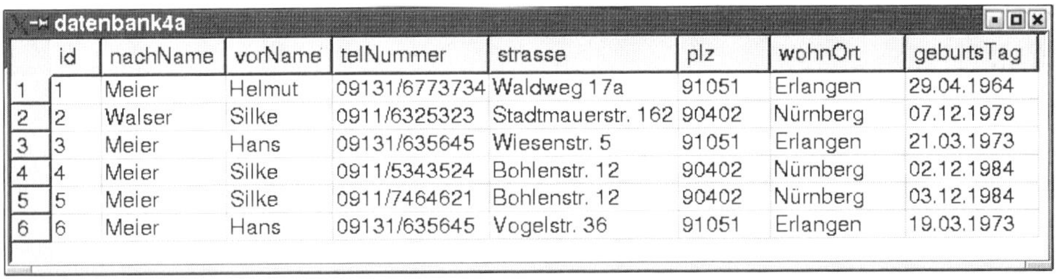

	id	nachName	vorName	telNummer	strasse	plz	wohnOrt	geburtsTag
1	1	Meier	Helmut	09131/6773734	Waldweg 17a	91051	Erlangen	29.04.1964
2	2	Walser	Silke	0911/6325323	Stadtmauerstr. 162	90402	Nürnberg	07.12.1979
3	3	Meier	Hans	09131/635645	Wiesenstr. 5	91051	Erlangen	21.03.1973
4	4	Meier	Silke	0911/5343524	Bohlenstr. 12	90402	Nürnberg	02.12.1984
5	5	Meier	Silke	0911/7464621	Bohlenstr. 12	90402	Nürnberg	03.12.1984
6	6	Meier	Hans	09131/635645	Vogelstr. 36	91051	Erlangen	19.03.1973

Abbildung 18.6: Automatische Spaltenbeschriftung bei QDataTable

Der nachfolgende Codeausschnitt zeigt den geänderten Code, wobei nur der davon betroffene Code (in Programm 18.3 fett gedruckt) gezeigt wird:

```
  // Anlegen und Füllen eines QDataTable-Widgets
QDataTable *adrTabelle = new QDataTable( &cursor, true );

adrTabelle->refresh();  adrTabelle->show();

app.setMainWidget( adrTabelle );
int ret = app.exec();  delete adrTabelle;  return ret;
```

Wichtige QDataTable-Methoden bezüglich des Anzeigens von Daten sind:

`addColumn(QString& feldName, QString& label=null,`
`           int w=-1, QIconSet& iconset=QIconSet()) virtual`

fügt eine Spalte für die Einträge zu `feldName` hinzu, wobei `w` die Spaltenbreite festlegt. Als Beschriftungstext ist dabei `label` und als Icon `iconset` zu verwenden.

`setColumn(uint s, QString& feldName, QString& label=null,`
`           int w=-1, QIconSet& iconset=QIconSet()) virtual`

legt fest, dass in der Spalte `s` die Einträge zu `feldName` anzuzeigen sind, wobei `w` die Spaltenbreite festlegt. Als Beschriftungstext ist dabei `label` und als Icon `iconset` zu verwenden.

`sortColumn(int s, bool auf=true, bool ganzeZeilen=false) virtual`

sortiert Spalte `s` abhängig vom zweiten Parameter auf- bzw. abwärts. Parameter `ganzeZeilen` wird ignoriert, da Qt immer ganze Zeilen beim Sortieren vertauscht.

`removeColumn(uint s) virtual`

entfernt die Spalte `s`.

`setFilter(const QString& filter) virtual`

`setSort(const QStringList& sort) virtual`

`setSort(const QSqlIndex& sort) virtual`

legen einen Filter bzw. Sortierkriterien für die anzuzeigenden Daten fest.

`setNullText(const QString& nullText) virtual`

`setTrueText(const QString& nullText) virtual`

`setFalseText(const QString& nullText) virtual`

legen den Text fest, der anstelle von NULL-Werten bzw. der booleschen Werte `true` und `false` anzuzeigen ist.

`setDateFormat(const DateFormat f) virtual`

legt das Format für Datums-/Zeitanzeigen fest: `Qt::TextDate` (Voreingestelltes Qt-Format), `Qt::ISODate` (ISO-8601 erweitertes Format;`YYYY-MM-DD` oder mit Zeit: `YYYY-MM-DDTHH:MM:SS`) oder `Qt::LocalDate` (lokal verwendetes Format).

18.4.2 Einfaches Ändern mit `QDataTable`

Die Klasse `QDataTable` bietet jedoch noch mehr Funktionalität an. So erlaubt sie es dem Benutzer auch, die angezeigten Daten zu ändern, oder aber auch über ein Popupmenü, das bei einem rechten Maustastenklick eingeblendet wird, neue Datensätze hinzufügen bzw. welche zu löschen. In Abbildung 18.7 z. B. wurde der dritte Datensatz geändert und mit der rechten Maustaste das Popupmenü gerade eingeblendet.

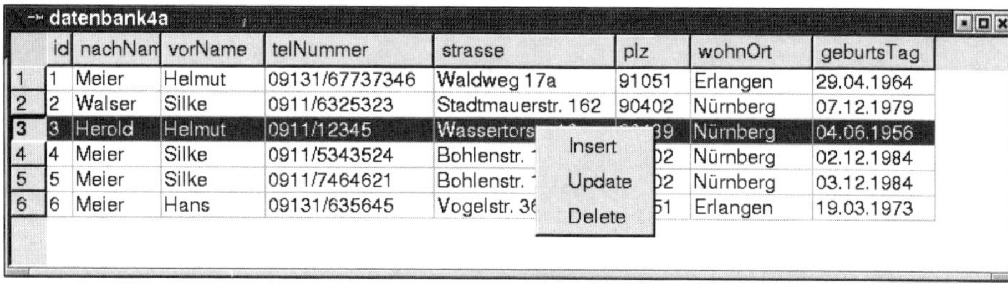

Abbildung 18.7: Ändern der Datenbank-Daten bei `QDataTable`

Wichtige `QDataTable`-Methoden bezüglich des Änderns von Daten sind:

`setAutoEdit(bool autoEdit) virtual`
: legt fest, ob die angezeigten Daten durch den Benutzer geändert werden dürfen (Voreinstellung) oder nicht.

`setConfirmCancels(bool confirm) virtual`
`setConfirmDelete(bool confirm) virtual`
`setConfirmEdits(bool confirm) virtual`
`setConfirmInsert(bool confirm) virtual`
`setConfirmUpdate(bool confirm) virtual`
: legen fest, ob vor dem Zurückschreiben der Daten der Benutzer entsprechende vorgenommene Änderungen erst bestätigen muss.

18.5 Erstellen von Formularen mit `QSqlForm` und Navigieren mit `QDataBrowser`

Wir haben in den Beispielen zuvor die Daten aus der Datenbanktabelle immer in einer Listenansicht gezeigt. Dies ist aber meist für die Benutzer, die auf eine Datenbank zugreifen, nicht komfortabel genug. Stattdessen ist es üblich, dass man die einzelnen Datensätze dem Benutzer in einem übersichtlichen Formular anbietet, in dem die einzelnen Felder eines Datensatzes mit einer Beschriftung angezeigt werden.
Für das Arbeiten mit Formularen steht die Klasse `QSqlForm` zur Verfügung. Jedoch reicht das Anlegen und Füllen eines Formulars mit einem Datensatz aus einer Datenbanktabelle nicht aus, denn der Benutzer möchte auch in den Datensätzen aus der Datenbanktabelle vor- und zurückblättern. Hierzu bietet Qt die Klasse `QDataBrowser` an. Programm 18.4 demonstriert nun nicht nur das Anlegen eines solchen Formulars, sondern auch das Blättern in den Datensätzen einer Datenbanktabelle (siehe auch Abbildungen 18.8 und 18.9).
In den Abbildungen ist erkennbar, dass der Benutzer sich mit den beiden Pushbuttons rechts und links unten in den Datensätzen vor- und zurückbewegen kann.

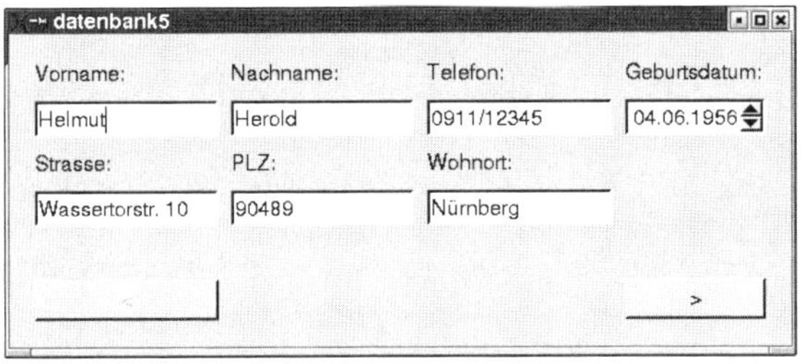

Abbildung 18.8: Formular mit dem ersten Datensatz

Abbildung 18.9: Formular mit späteren Datensatz nach einem Vorwärtsblättern

Programm 18.4 – `datenbank5.cpp`:
Anzeigen von Datenbankdaten in einem Formular sowie Vor- und Zurückblättern

```
#include <qapplication.h>
#include <qdatabrowser.h>
#include <qlabel.h>
#include <qlayout.h>
#include <qlineedit.h>
#include <qpushbutton.h>
#include <qsqldatabase.h>
#include <qsqlcursor.h>
#include <qsqlform.h>
#include <qdatetimeedit.h>
class FormDialog : public QDataBrowser {
 public:
   FormDialog() {
        //... Anlegen des Formulars mit Labels und Eingabemöglichkeiten
      QGridLayout *grid = new QGridLayout( this );
      grid->setSpacing( 10 );
      grid->setMargin( 20 );
      grid->addWidget(new QLabel( "Vorname:",      this ), 0, 0);
      grid->addWidget(new QLabel( "Nachname:",     this ), 0, 1);
      grid->addWidget(new QLabel( "Telefon:",      this ), 0, 2);
      grid->addWidget(new QLabel( "Geburtsdatum:", this ), 0, 3);
      grid->addWidget(vorName  = new QLineEdit(this) , 1, 0);
      grid->addWidget(nachName = new QLineEdit(this),  1, 1);
```

```
    grid->addWidget(telNr     = new QLineEdit(this),  1, 2);
    grid->addWidget(geburt    = new QDateEdit(this),  1, 3);
    grid->addWidget(new QLabel( "Strasse:", this ), 2, 0);
    grid->addWidget(new QLabel( "PLZ:", this),      2, 1);
    grid->addWidget(new QLabel( "Wohnort:", this ), 2, 2);
    grid->addWidget(strasse = new QLineEdit(this),  3, 0);
    grid->addWidget(plz     = new QLineEdit(this),  3, 1);
    grid->addWidget(wohnOrt = new QLineEdit(this),  3, 2);
     //... Anlegen der Buttons zum Vor- und Zurückblättern in den Datensätzen
    QPushButton *prevButton = new QPushButton( "<", this );
    QPushButton *nextButton = new QPushButton( ">", this );
    connect( prevButton, SIGNAL( clicked() ), this, SLOT( prev() ) );
    connect( this,       SIGNAL( prevRecordAvailable(bool) ),
             prevButton, SLOT( setEnabled(bool) ) );
    connect( nextButton, SIGNAL( clicked() ), this, SLOT( next() ) );
    connect( this,       SIGNAL( nextRecordAvailable(bool) ),
             nextButton, SLOT( setEnabled(bool) ) );
    grid->addMultiCellWidget( new QLabel( this ), 4, 4, 0, 3 );
    grid->addWidget(prevButton, 5, 0);  grid->addWidget(nextButton, 5, 3);
    grid->activate();
     //... Anlegen eines QSqlCursor-Objekts für Tabelle 'privatAdressen'
    QSqlCursor *cursor = new QSqlCursor ( "privatAdressen" );;
     //... Anlegen eines Formulars
    QSqlForm *sqlForm = new QSqlForm( this );
    sqlForm->insert(vorName,   "vorName");    sqlForm->insert(nachName, "nachName");
    sqlForm->insert(telNr,     "telNummer"); sqlForm->insert(strasse,  "strasse");
    sqlForm->insert(plz,       "plz");        sqlForm->insert(wohnOrt,  "wohnOrt");
    sqlForm->insert(geburt,    "geburtsTag");
     //... Konfigurieren des QDataBrowser-Objekts
    setForm( sqlForm );  // Formular für QDataBrowser-Objekt festlegen
    setSqlCursor( cursor ); // QSqlCursor-Objekt für QDataBrowser-Objekt
    setSort( cursor->index( // Sortierkriterien für QDataBrowser-Objekt
                QStringList() << "nachName" << "vorName" << "geburtsTag" ) );
    setReadOnly( true ); // kein Zurückschreiben geänderter Daten möglich
    refresh(); // Daten aus Datenbanktabelle lesen
    first();    // auf ersten Datensatz positionieren und im Formular anzeigen
  }
  ~FormDialog() { }
 private:
  QLineEdit *nachName, *vorName, *telNr, *strasse, *plz, *wohnOrt;
  QDateEdit *geburt;
};
int main( int argc, char *argv[] ) {
  QApplication app( argc, argv );
  QSqlDatabase* adrVerwalt = QSqlDatabase::addDatabase( "QMYSQL3" );
  if ( adrVerwalt ) {
    adrVerwalt->setHostName( "localhost" );
    adrVerwalt->setUserName( "root" );
    adrVerwalt->setDatabaseName( "adrVerwaltung" );
    adrVerwalt->setPassword( "" );
```

```
        if ( adrVerwalt->open() ) { //... Öffnen der Datenbank
           FormDialog *formDialog = new FormDialog();
           formDialog->show();
           app.setMainWidget( formDialog );
           return app.exec();
        } else
           adrVerwalt->lastError().showMessage( "Fehler bei Verbindung");
     } else
        qDebug( "Aktivierung des Datenbank-Treibers nicht möglich" );
     return 1;
}
```

Nachfolgend einige Erläuterungen zum Programm 18.4:

- Zunächst definieren wir eine eigene Klasse `FormDialog`, die von der Klasse `QDataBrowser` abgeleitet ist.
- In dieser Klasse wird zunächst ein `QGridLayout` für die einzelnen Felder eines Datensatzes aus der Datenbanktabelle durchgeführt, wobei für die Felder selbst `QLineEdit`- bzw. `QDateEdit`-Widgets angelegt werden, über denen sich jeweils eine Beschriftung befindet.
- Als nächstes werden zwei Pushbuttons für das Zurück- und Vorblättern erzeugt, deren Signal `clicked()` dann mit den beiden von `QDataBrowser` geerbten Slotroutinen `prev()` bzw. `next()` verbunden wird. Dies reicht aus, um mittels dieser beiden Buttons in den Datensätzen vor- und zurückzublättern. Zusätzlich verbinden wir die beiden `QDataBrowser`-Signale `prevRecordAvailable(bool)` und `nextRecordAvailable(bool)` mit der Slotroutine `setEnabled(bool)` der beiden Pushbuttons. Hiermit erreichen wir, dass die beiden Buttons nur aktiviert sind, wenn ein entsprechendes Blättern auch möglich ist. So ist z. B. der Button zum Zurückblättern deaktiviert, wenn gerade der erste Datensatz angezeigt wird, und der Button zum Vorblättern, wenn man sich auf dem letzten Datensatz befindet.
- Nachdem das Gridlayout aktiviert wurde, wird ein `QSqlCursor`-Objekt für unsere Tabelle "privatAdressen" angelegt.
- Anschließend wird ein `QSqlForm`-Objekt angelegt, in dem dann mit der Methode `insert()` die entsprechenden Formularfelder festgelegt werden. Als erster Parameter wird dabei das enstprechende zuvor erzeugte `QLineEdit`- bzw. `QDateEdit`-Widget angegeben, und als zweiter Parameter der Feldname aus der Datenbanktabelle, dessen Daten hierin anzuzeigen sind.
- Als nächstes werden entsprechende Einstellungen für das `QDataBrowser`-Objekt vorgenommen, die folgendes festlegen:

`setForm(sqlForm)`	das zu verwendende Formular
`setSqlCursor(cursor)`	das zu verwendende `QSqlCursor`-Objekt
`setSort(cursor->index())`	Sortierkriterien für die anzuzeigenden Daten; Filter kan man mit `setFilter()` einrichten
`setReadOnly(true)`	Zurückschreiben von Daten nicht möglich

- Als letztes lassen wir dann mit `refresh()` die Daten aus der Datenbanktabelle lesen und positionieren mit `first()` auf den ersten Datensatz.

Neben der Klasse `QDataBrowser` existiert noch eine Klasse `QDataView`, die laut Qt-Dokumentation für *read-only*-Formulare verwendet werden soll. Da die Funktionalität dieser Klasse jedoch sehr beschränkt ist, ist die Klasse `QDataBrowser` auch bei *read-only*-Formularen dieser Klasse `QDataView` vorzuziehen.

18.6 Manipulieren von Daten einer Datenbank

18.6.1 Manipulieren von Datenbank-Daten mit `QDataBrowser`

Um Daten in einer Datenbank über ein Formular zu ändern, bietet die Klasse `QDataBrowser` unter anderem die folgenden Slotroutinen an:

`insert()`	zeigt leere Formularfelder zum Einfügen eines neuen Datensatzes an
`update()`	aktualisiert Datenbank mit den im Formular vorgenommen Änderungen
`del()`	löscht den aktuellen Datensatz im Formular

Mit den folgenden `QDataBrowser`-Methoden kann man noch festlegen, ob der Benutzer vorgenommene Änderungen bestätigen muss:

`setConfirmEdits(bool)`

`setConfirmInsert(bool)`

`setConfirmUpdate(bool)`

`setConfirmDelete(bool)`

`setConfirmCancels(bool)`

Programm 18.5 zeigt den erforderlichen Code, um Daten in einer Datenbank mittels eines Formulars und unter Verwendung der Klasse `QDataBrowser` zu manipulieren. In Programm 18.5 sind dabei nur die Unterschiede zum Programm 18.4 gezeigt.

Programm 18.5 – `datenbank6.cpp`:
Manipulieren von Datenbankdaten über ein Formular

```
#include .... siehe Programm 18.4
//.............................................................. FormDialog
class FormDialog : public QDataBrowser {
 public:
   FormDialog() {
        //... Anlegen des Formulars mit Labels und Eingabemöglichkeiten
      QGridLayout *grid = new QGridLayout( this );
      ....... siehe Programm 18.4
        //... Anlegen der Buttons zum Vor- und Zurückblättern in den Datensätzen
      ....... siehe Programm 18.4
      QPushButton *insertButton = new QPushButton( "Einfügen", this );
      QPushButton *updateButton = new QPushButton( "Aktualisieren", this );
      QPushButton *deleteButton = new QPushButton( "Löschen", this );
      connect( insertButton, SIGNAL( clicked() ), this, SLOT( insert() ) );
      connect( updateButton, SIGNAL( clicked() ), this, SLOT( update() ) );
      connect( deleteButton, SIGNAL( clicked() ), this, SLOT( del() ) );
      grid->addMultiCellWidget( new QLabel( this ), 6, 6, 0, 3 );
      grid->addWidget(insertButton, 7, 0);
      grid->addWidget(updateButton, 7, 1);
      grid->addWidget(deleteButton, 7, 3);
      grid->activate();
       //... Anlegen eines QSqlCursor-Objekts für Tabelle 'privatAdressen'
      ....... siehe Programm 18.4
       //... Anlegen eines Formulars
      ....... siehe Programm 18.4
       //... Konfigurieren des QDataBrowser-Objekts
      setForm( sqlForm );  // Formular für QDataBrowser-Objekt festlegen
```

```
        setSqlCursor( cursor ); // QSqlCursor-Objekt für QDataBrowser-Objekt
        setSort( cursor->index( // Sortierkriterien für QDataBrowser-Objekt
                    QStringList() << "nachName" << "vorName" << "geburtsTag" ) );
//      setReadOnly( true ); // kein Zurückschreiben geänderter Daten möglich
        refresh(); // Daten aus Datenbanktabelle lesen
        first();   // auf ersten Datensatz positionieren und im Formular anzeigen
        setConfirmEdits( true );
        setConfirmDelete( true );
        setConfirmInsert( true );
        setConfirmUpdate( true );
    }
    ~FormDialog() { }
  private:
    QLineEdit *nachName, *vorName, *telNr, *strasse, *plz, *wohnOrt;
    QDateEdit *geburt;
};
//............................................................... main
int main( int argc, char *argv[] ) {
    ...... siehe Programm 18.4
}
```

Abbildung 18.10 zeigt das durch Programm 18.5 eingeblendete Formular, in dem gerade eine neue Adresse eingetragen wird. Auch ist erkennbar, dass nun drei zusätzliche Pushbuttons vorhanden sind.

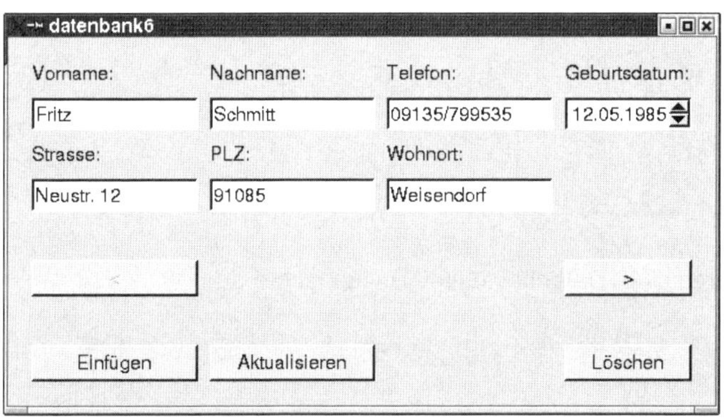

Abbildung 18.10: Manipulieren von Datensätzen in einer Datenbank über ein Formular

18.6.2 Manipulieren von Datenbank-Daten mit `QSqlCursor`

Hier wird demonstriert, wie man Daten in einer Datenbank mit der Klasse `QSqlCursor` einfügen, löschen oder ändern kann.

Zunächst legen wir dazu eine neue Datenbank `personalAbt` an, in der wir eine Tabelle `gehalt` erzeugen. Zum Anlegen der Datenbank und der Tabelle verwenden wir dabei das folgende MySQL-Skript `createGehaltDB.sql`:

```
#... Anlegen einer neuen Datenbank
DROP DATABASE personalAbt;
```

```
CREATE DATABASE personalAbt;
USE personalAbt;
#... Anlegen einer neuen Tabelle
DROP TABLE gehalt;
#... Festlegen der Tabellenstruktur für privatAdressen
CREATE TABLE gehalt
(
   id          INT NOT NULL PRIMARY KEY AUTO_INCREMENT,
   nachName    VARCHAR(40) NOT NULL,
   vorName     VARCHAR(30) NOT NULL,
   monGehalt   INT(5) NOT NULL
);
CREATE INDEX gehalt_nachname_index ON gehalt (nachName);
```

Mit dem folgenden MySQL-Skript `mitarbeiter.sql` tragen wir nun die Daten von zwei Mitarbeitern in die Tabelle `gehalt` ein:

```
USE personalAbt;
INSERT INTO gehalt ( nachName, vorName, monGehalt )
values ( "Meier", "Helmut", "3678");
INSERT INTO gehalt ( nachName, vorName, monGehalt )
values ( "Walser", "Anne", "2763" );
```

Mit dem Programm 18.6 manipulieren wir nun die Daten dieser Datenbanktabelle, so dass sie den in Abbildung 18.11 gezeigten Inhalt erhält.

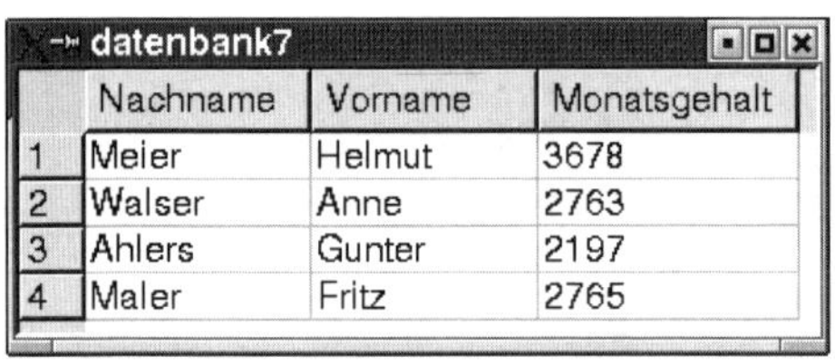

Abbildung 18.11: Manipulieren einer Datenbanktabelle mit `QSqlCursor`

Programm 18.6 – `datenbank7.cpp`:
Manipulieren von Datenbank-Daten mit `QSqlCursor`

```
#include <qapplication.h>
#include <qsqldatabase.h>
#include <qsqlcursor.h>
#include <qdatatable.h>

int main( int argc, char* argv[] ) {
   QApplication app( argc, argv );
   QSqlDatabase* lohnDatenbank = QSqlDatabase::addDatabase( "QMYSQL3" );
   if ( lohnDatenbank ) {
      lohnDatenbank->setHostName( "localhost" );
      lohnDatenbank->setDatabaseName( "personalAbt" );
      lohnDatenbank->setUserName( "root" );
      lohnDatenbank->setPassword( "" );
```

```
    if ( lohnDatenbank->open() ) {
       QSqlCursor cursor( "gehalt" );
       //.................................. Einfügen drei neuer Mitarbeiter
       QStringList::Iterator n, v, l;
       QStringList namen = QStringList() << "Schmitt" << "Ahlers" << "Maler",
                   vor   = QStringList() << "Emma"    << "Gunter" << "Fritz",
                   lohn  = QStringList() << "2192"    << "1987"   << "2765";
       for ( n=namen.begin(), v=vor.begin(), l=lohn.begin();
             n != namen.end();
             ++n, ++v, ++l ) {
          cursor.select();
          if ( cursor.last() ) {
             int id = cursor.at()+2; // interne Zählung beginnt bei 0
             QSqlRecord *puffer = cursor.primeInsert(); // Einfügen festlegen
             puffer->setValue( "id",  id );
             puffer->setValue( "nachName",  *n );
             puffer->setValue( "vorName",   *v );
             puffer->setValue( "monGehalt", *l );
             cursor.insert();
          }
       }
       //................. Mitarbeiter 'Ahlers Gunter' bekommt Gehaltserhöhung
       cursor.select( "nachName='Ahlers'" );
       if ( cursor.next() ) { // Auf Mitarbeiter mit 'Ahlers' positionieren
          QSqlRecord *puffer = cursor.primeUpdate(); // Ändern festlegen
          int gehalt    = puffer->value( "monGehalt" ).toInt();
          int neuGehalt = gehalt + 210;
          puffer->setValue( "monGehalt", neuGehalt );
          cursor.update();
       }
       //..................... Mitarbeiterin 'Schmitt Emma' verlässt die Firma
       cursor.select( "id=3" );
       if ( cursor.next() ) {
          cursor.primeDelete(); // Löschen festlegen
          cursor.del();
       }
       //........................ Anzeigen der manipulierten Datenbanktabelle
       QDataTable *tabelle = new QDataTable( &cursor );
       tabelle->addColumn( "nachName",  "Nachname" );
       tabelle->addColumn( "vorName",   "Vorname" );
       tabelle->addColumn( "monGehalt", "Monatsgehalt" );
       tabelle->refresh();  tabelle->show();
       app.setMainWidget( tabelle );
       int ret = app.exec();  delete tabelle;  return ret;
    } else
        lohnDatenbank->lastError().showMessage( "Fehler bei Verbindung");
  } else
     qDebug( "Aktivierung des Datenbank-Treibers nicht möglich" );
  return 1;
}
```

Möchte man Daten in einer Datenbanktabelle mit der Klasse `QSqlCursor` manipulieren, muss man wie folgt vorgehen:

1. *Auswahl der entsprechenden Datensätze mit* `select()`

```
cursor.select();                          // Alle Datensätze
cursor.select( "nachName='Ahlers'" ); // Nur Datensätze mit Nachname=Ahlers
cursor.select( "id=3" );                  // Datensatz mit der id=3
```

2. *Positionieren auf einen der ausgewählten Datensätze*

```
if ( cursor.last() ) { // auf letzten aller ausgewählten Datensätze
if ( cursor.next() ) { // auf ersten Datensatz der ausgewählten Datensätze
```

3. *Festlegen der Art von Manipulation, die durchzuführen ist*
   Dies muss für jeden einzelnen Datensatz geschehen, der zu manipulieren ist:

```
QSqlRecord *puffer = cursor.primeInsert(); // Einfügen festlegen
QSqlRecord *puffer = cursor.primeUpdate(); // Ändern festlegen
cursor.primeDelete();                      // Löschen festlegen
```

   Diese Methoden kopieren den entsprechenden Datensatz in einen Editierpuffer, und liefern die Adresse dieses Editierpuffers zurück.

4. *Durchführen der Änderungen im zurückgelieferten Editierpuffer*

```
puffer->setValue( "id",  id );
puffer->setValue( "nachName",  *n );
puffer->setValue( "vorName",   *v );
puffer->setValue( "monGehalt", *l );

int gehalt    = puffer->value( "monGehalt" ).toInt();
int neuGehalt = gehalt + 210;
puffer->setValue( "monGehalt", neuGehalt );
```

5. *Zurückschreiben des geänderten Editierpuffers in die Datenbank*
   Dies muss auch für jeden einzelnen manipulierten Datensatz geschehen.

```
cursor.insert(); //... Einfügen
cursor.update(); //... Aktualisieren
cursor.del();    //... Löschen
```

18.6.3 Manipulieren von Datenbank-Daten mit `QSqlQuery`

Hier wird demonstriert, wie man Daten in einer Datenbank mit direkten SQL-Anweisungen über die Klasse `QSqlQuery` einfügen, löschen oder ändern kann.
Mit dem Programm 18.7 manipulieren wir nun die Daten der Datenbanktabelle "gehalt", so dass sie den in Abbildung 18.12 gezeigten Inhalt erhält.

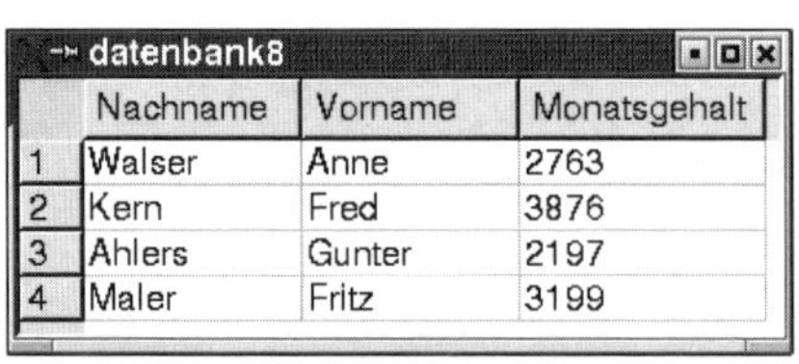

	Nachname	Vorname	Monatsgehalt
1	Walser	Anne	2763
2	Kern	Fred	3876
3	Ahlers	Gunter	2197
4	Maler	Fritz	3199

Abbildung 18.12: Manipulieren einer Datenbanktabelle mit `QSqlQuery`

Programm 18.7 – `datenbank8.cpp`:
Manipulieren von Datenbank-Daten mit `QSqlCursor`

```
#include <qapplication.h>
#include <qsqldatabase.h>
#include <qsqlquery.h>
#include <qdatatable.h>

int main( int argc, char* argv[] ) {
   QApplication app( argc, argv );
   QSqlDatabase* lohnDatenbank = QSqlDatabase::addDatabase( "QMYSQL3" );
   if ( lohnDatenbank ) {
      lohnDatenbank->setHostName( "localhost" );
      lohnDatenbank->setDatabaseName( "personalAbt" );
      lohnDatenbank->setUserName( "root" );
      lohnDatenbank->setPassword( "" );
      if ( lohnDatenbank->open() ) {
         //........................................ Navigieren mit QSqlQuery
         QSqlQuery query("SELECT id, nachName, vorName, monGehalt FROM gehalt;");
         if ( query.isActive() ) {
            qDebug("... %d Datensätze in Datenbank", query.size());
            query.first(); //... Auf ersten Datensatz positionieren
            qDebug("... nun auf ersten (%d.) Datensatz", query.at() );
            query.last(); //... Auf letzten Datensatz positionieren
            qDebug("... nun auf letzten (%d.) Datensatz", query.at() );
            query.seek( query.size() / 2 ); //... Auf mittleren Datensatz pos.
            qDebug("... nun auf mittleren (%d.) Datensatz", query.at() );
         }
         //......................... Direktes Manipulieren über SQL-Anweisungen
         int zeilen = 0;
         query.exec( "INSERT INTO gehalt (id, nachName, vorName, monGehalt) "
                     "VALUES ( 6, 'Kern', 'Fred', 3876 );" );
         if ( query.isActive() )
            zeilen += query.numRowsAffected() ;
         query.exec( "UPDATE gehalt SET monGehalt=3199 WHERE nachName='Maler';");
         if ( query.isActive() )
            zeilen += query.numRowsAffected() ;
         query.exec( "DELETE FROM gehalt WHERE vorName='Helmut';" );
         if ( query.isActive() )
            zeilen += query.numRowsAffected() ;
         qDebug( "..... %d Zeilen wurden manipuliert", zeilen);
         //........................ Anzeigen der manipulierten Datenbanktabelle
         QSqlCursor cursor( "gehalt" );
         QDataTable *tabelle = new QDataTable( &cursor );
         tabelle->addColumn( "nachName",  "Nachname" );
         //....
   //.... siehe Programm 18.6
}
```

Programm 18.7 gibt folgendes auf der Konsole aus:

```
... 4 Datensätze in Datenbank
... nun auf ersten (0.) Datensatz
... nun auf letzten (3.) Datensatz
... nun auf mittleren (2.) Datensatz
..... 3 Zeilen wurden manipuliert
```

Programm 18.7 verwendet die folgenden `QSqlQuery`-Methoden:

`at()`	liefert die interne Nummer des Datensatzes, auf den gerade positioniert ist
`numRowsAffected()`	liefert die Anzahl von Datensätzen, die von der vorherigen Query-Anweisung betroffen waren
`exec()`	führt eines Query-Anweisung durch

Hier wurden die wesentlichen Aspekte für Datenbankzugriffe von Qt-Programmen aus vorgestellt. Es existieren noch weitere Qt-Klassen für eine fortgeschrittenere Datenbankprogrammierung mittels Qt. Interessierte Leser seien hier auf die Qt-Online-Dokumentation verwiesen.

Kapitel 19

Thread-Programmierung und -Synchronisation

Abgeredet vor der Zeit
gibt nachher keinen Streit.
– Sprichwort

Nach der Vortsellung der Klasse `QThread`, die eine plattformunabhängige Thread-Programmierung ermöglicht, werden die Klassen `QMutex`, `QSemaphore` und `QWaitCondition` beschrieben, mit denen sich parallel laufende Threads synchronisieren lassen.

19.1 Die Klasse `QThread`

Die Klasse `QThread` ermöglicht eine plattformunabhängige Thread-Programmierung. Jedes `QThread`-Objekt stellt einen eigenen Thread dar, der sich zwar alle globalen Daten mit den anderen Threads im selben Prozess teilt, aber unabhängig von den anderen Threads abläuft, so als ob er ein eigenes und selbstständiges Programm auf einem Multitasking-System wäre. Anders als Programme, die über die Funktion `main()` gestartet werden, beginnen Threads ihre Ausführung über die Methode `run()`.

Einführendes Beispiel zu Threads[B]

Programm 19.1 ist ein einfaches Demobeispiel zu Threads. Es startet zwei Threads, von denen der eine in Deutsch und der andere in Englisch von Null bis Vier zählt. Das Starten der Threads geschieht mit der Methode `start()`, wonach der in der Methode `run()` angegebene Code ausgeführt wird. Die Ausführung eines Thread wird beendet, wenn Methode `run()` wieder verlassen wird. Die Aufrufe der Methode `wait()` in der Funktion `main()` sind hier notwendig, um zu verhindern, dass das Programm sich vorzeitig, vor vollständiger Ausführung der Threads beendet.

Programm 19.1 – `thread.cpp`:
Demoprogramm zu Threads

```
#include <qthread.h>
#include <stdio.h>
```

```
const char *zahl[]   = { "Null", "Eins", "Zwei", "Drei",  "Vier" };
const char *number[] = { "Zero", "One",  "Two",  "Three", "Four" };
class MyThread : public QThread {
 public:
    MyThread( int nr ) : QThread() { id = nr; }
    virtual void run() {
       for (int i=0; i<5; i++) {
          sleep(1);
          if ( id == 1 )
             printf(" %s\n", zahl[i] );
          else
             printf(" %s\n------\n", number[i] );
       }
    }
 private:
    int id;
};
int main() {
    MyThread a(1);    MyThread b(2);
    a.start();        b.start();
    a.wait();         b.wait();
    return 0;
}
```

Startet man Programm 19.1, liefert es folgende Ausgabe, wobei es immer im Sekundentakt jeweils drei Zeilen ausgibt:

```
Null
Zero
------
Eins
One
------
Zwei
Two
------
Drei
Three
------
Vier
Four
------
```

Konstruktor und wichtige Methoden der Klasse `QThread`

Die Klasse `QThread` bietet folgenden Konstruktor an:

`QThread(unsigned stackSize=0)`

erzeugt einen neuen Thread. Dieser Thread beginnt jedoch noch nicht mit der Ausführung. Dazu muss noch explizit die Methode `start()` aufgerufen werden. `stackSize` legt die maximale Stackgröße für den Thread fest. Bei `stackSize=0` wird die maximale Stackgröße automatisch durch das Betriebssystem ermittelt.

Die wichtigsten Methoden, die die Klasse `QThread` anbietet, sind:

`start(Priority priority=InheritPriority)`
: Diese Methode startet die Ausführung des Thread, indem sie die virtuelle Methode `run()` aufruft. Versucht man, einen Thread zu starten, der bereits läuft, wartet dieser Aufruf bis der Thread seine Ausführung beendet hat, und startet diesen Thread dann erneut. `priority` legt die Priorität des Threads fest. Folgende Konstanten können hier angegeben werden, um festzulegen, wann dieser Thread auszuführen ist:

`QThread::IdlePriority`	nur wenn keine andere Threads laufen
`QThread::LowestPriority`	weniger häufiger als bei `LowPriority`
`QThread::LowPriority`	weniger häufiger als bei `NormalPriority`
`QThread::NormalPriority`	nach voreingestellter Priorität des Betriebssystems
`QThread::HighPriority`	häufiger als bei `NormalPriority`
`QThread::HighestPriority`	häufiger als bei `HighPriority`
`QThread::TimeCriticalPriority`	so oft wie möglich
`QThread::InheritPriority`	mit gleicher Priorität wie Thread, der ihn startete

`run() virtual protected`
: Diese rein virtuelle Methode muss man in einer von `QThread` abgeleiteten Klasse reimplementieren; sie muss den vom Thread auszuführenden Code enthalten. Eine Rückkehr aus dieser Methode führt zur Beendigung des Thread.

`exit() static`
: beendet die Ausführung des Thread, der diese Methode aufruft, und weckt alle Threads auf, die auf die Beendigung dieses Thread warten, damit diese ihre Ausführung fortsetzen können.

`bool finished() const`
: liefert `true`, wenn der Thread sich beendet hat, andernfalls `false`.

`bool running() const`
: liefert `true`, wenn der Thread sich in der Ausführung befindet, andernfalls `false`.

`sleep(unsigned long secs) static protected`
`msleep(unsigned long msecs) static protected`
`usleep(unsigned long usecs) static protected`
: bewirken, dass Ausführung des Thread für `secs` Sekunden, `msecs` Millisekunden bzw. `usecs` Mikrosekunden suspendiert wird.

`bool wait(unsigned long time=ULONG_MAX)`
: Ein Thread, der diese Methode aufruft, wird blockiert, bis eine der folgenden Bedingungen eintritt:

1. Der Thread beendet sich (z. B. durch Rückkehr aus der Methode `run()`). In diesem Fall liefert diese Methode `true` als Rückgabewert.
2. Die für `time` angegebenen Millisekunden sind abgelaufen. In diesem Fall liefert diese Methode den Rückgabewert `false`.

Simulation eines Wettrennens mittels Threads[B]

Programm 19.2 simuliert ein Wettrennen zwischen 8 Läufern (siehe linken Teil in Abbildung 19.1), indem es für jeden Läufer einen eigenen Thread startet. Bei Beendigung des Rennens gibt dieses Programm noch hinter jedem Läufer den Platz aus, den er bei diesem Wettrennen belegte (siehe rechten Teil in Abbildung 19.1). Immer wenn sich ein Läufer ein Pixel weiterbewegt hat, signalisiert dies der entsprechende Läufer-Thread der Klasse

`RunnerDisplay` über ein Event. Diese Klasse zeigt diese Fortbewegung dann durch ein Verlängern des farbigen Balkens an, der diesen Läufer repräsentiert.

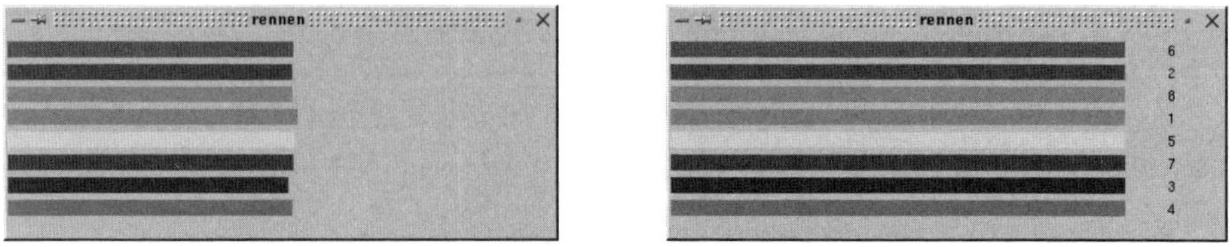

Abbildung 19.1: Simulation eines Wettrennens zwischen 8 Läufern

Programm 19.2 – `rennen.cpp`:
Simulation eines Wettrennens mittels Threads

```
#include <qapplication.h>
#include <qthread.h>
#include <qpainter.h>
#include <stdlib.h>
#include <time.h>

#define NoRunner  8
//......................................................... Klasse Runner
class Runner : public QThread {
 public:
   Runner( int id, QWidget *r ) : receiver( r ) { nr = id; };
 protected:
   void run() {
      int distance = 0;
      while ( distance < 400 ) {
         msleep( ::rand() % 20+1 );
         distance++;
         QCustomEvent *event = new QCustomEvent( 20000+nr );
         QString *t = new QString();
         t->sprintf("%d", distance );
         event->setData( t );
         QApplication::postEvent( receiver, event );
      }
   }
 private:
   int     nr;
   QWidget *receiver;
};
//.................................................. Klasse RunnerDisplay
class RunnerDisplay: public QWidget {
 public:
   RunnerDisplay( QWidget *p=0, const char *name=0 ) : QWidget( p, name ) {
      int i;
      order = 0;
      for ( i=0; i<NoRunner; i++ ) {
```

```
            oldDistance[i] = newDistance[i] = 0;
            runner[i] = new Runner( i, this );
            runnerColor[i].setRgb(
                     ::rand()&255, ::rand()&255, ::rand()&255 );
        }
        for ( i=0; i<NoRunner; i++ )
            runner[i]->start();
    }
protected:
    virtual void customEvent( QCustomEvent *ev ) {
        int  whichRunner = ev->type() % 20000;
        if ( whichRunner >= 0 && whichRunner < NoRunner ) {
            QString *d = (QString *)ev->data();
            newDistance[ whichRunner ] = d->toInt();
            repaint( false );
        }
    }
    virtual void paintEvent( QPaintEvent * ) {
        for ( int i=0; i<NoRunner; i++ )
            if ( newDistance[i] != oldDistance[i] ) {
                QPainter p( this );
                if ( newDistance[i] < 400 ) {
                    p.setPen( QPen( runnerColor[i], 5 ) );
                    p.drawRect( newDistance[i]+1, 20*i+10, 10, 10 );
                } else {
                    p.setPen( Qt::black );
                    QString text;
                    text.sprintf("%d", ++order);
                    p.drawText( 450, 20*i+20, text);
                }
                oldDistance[i] = newDistance[i];
            }
    }
private:
    Runner *runner[NoRunner];
    QColor runnerColor[NoRunner];
    int    newDistance[NoRunner], oldDistance[NoRunner], order;
};
//............................................................... main
int main( int argc, char *argv[] ) {
    QApplication app( argc, argv );
    ::srand( time( NULL ) );
    RunnerDisplay *stadium = new RunnerDisplay;
    stadium->setFixedSize( 500, NoRunner*20 + 20 );
    app.setMainWidget( stadium );
    stadium->show();
    return app.exec();
}
```

19.2 Synchronisation von Threads mit `QMutex`

`QMutex` ermöglicht es, ein Objekt, Datenstrukturen oder Codeteile so zu schützen, dass immer nur ein Thread zu einem Zeitpunkt, und nicht mehrere gleichzeitig auf diese zugreifen können. Man nennt diese Technik *mutual exclusion* (gegenseitigen Ausschluss).

Einfaches Demobeispiel zur Klasse `QMutex`[B]

Programm 19.3 ist ein einfaches Demobeispiel zur Klasse `QMutex`. In diesem Programm werden Threads erzeugt, deren Aufgabe es ist, den String `Hallo, wie gehts denn so?` auszugeben, wobei zwischen den Ausgaben der einzelnen Wörter dieses String 10 Millisekunden Pausen einzuhalten sind. Dazu wird eine Klasse `ThreadNoMutex` angeboten, die ohne `QMutex` arbeitet, und eine Klasse `ThreadWithMutex`, die `QMutex` verwendet, um die Ausgabe dieses String exklusiv nur von einem Thread ausführen zu lassen.

Programm 19.3 – `mutex.cpp`:
Einfaches Demoprogramm zur Klasse `QMutex`

```
#include <qapplication.h>
#include <qthread.h>
#include <stdio.h>
QMutex mutex;
class ThreadNoMutex : public QThread {
 protected:
    void run() {
       printf( "Hallo, " ); msleep( 10 );
       printf( "wie " );    msleep( 10 );
       printf( "gehts " );  msleep( 10 );
       printf( "denn ");    msleep( 10 );
       printf( "so?\n" );
    }
};
class ThreadWithMutex : public QThread {
 protected:
    void run() {
       mutex.lock();   //... Sperren des Mutex
       printf( "Hallo, " ); msleep( 10 );
       printf( "wie " );    msleep( 10 );
       printf( "gehts " );  msleep( 10 );
       printf( "denn ");    msleep( 10 );
       printf( "so?\n" );
       mutex.unlock(); //... wieder Freigeben des Mutex
    }
};
int main( int argc, char *argv[] ) {
    QApplication app( argc, argv );
    ThreadNoMutex tnm1, tnm2;
    tnm1.start();  tnm2.start();  tnm1.wait();  tnm2.wait();
    ThreadWithMutex twm1, twm2;
    twm1.start();  twm2.start();  twm1.wait();  twm2.wait();
    return 0;
}
```

Startet man Programm 19.3, liefert es die folgende Ausgabe:

```
Hallo, Hallo, wie wie gehts gehts denn denn so?
so?
Hallo, wie gehts denn so?
Hallo, wie gehts denn so?
```

Konstruktor und wichtige Methoden der Klasse `QMutex`

Die Klasse `QMutex` bietet folgenden Konstruktor an:

`QMutex(bool recursive=false)`
: legt ein neues `QMutex`-Objekt an, das sich im ungesperrten Zustand befindet. Bei `recursive=true` wird ein so genanntes rekursives Mutex erzeugt, was bedeutet, dass ein Thread dieses Mutex mehrmals mit `lock()` sperren kann und die Sperre für dieses Mutex erst wieder aufgehoben wird, wenn entsprechend oft `unlock()` für dieses Mutex aufgerufen wurde. Bei `recursive=false` wird ein normales Mutex angelegt, das nur einmal mit `lock()` gesperrt werden kann.

Folgende Methoden bietet die Klasse `QMutex` an:

`lock()`
: versucht das Mutex zu sperren. Wenn ein anderer Thread dieses Mutex gesperrt hat, dann wird die Ausführung des Thread, der gerade `lock()` aufgerufen hat, so lange blockiert, bis der andere Thread dieses Mutex wieder mit `unlock()` freigibt.

`unlock()`
: gibt eine für ein Mutex eingerichtete Sperre wieder frei. Der Versuch, ein Mutex freizugeben, das von einem anderen Thread mit `lock()` gesperrt wurde, resultiert in einem Fehler. Das Freigeben eines Mutex, für das zuvor keine Sperre mit `lock()` eingerichtet wurde, führt zu einem undefinierten Verhalten.

`bool trylock()`
: versucht das Mutex zu sperren. Wenn kein anderer Thread dieses Mutex gesperrt hat, erhält der aufrufende Thread Zugriff auf das Mutex, das dann auch gesperrt wird. In diesem Fall gibt diese Methode `true` zurück, und die eingerichtete Sperre muss dieser Thread dann auch später wieder mit `unlock()` freigeben. Hat aber ein anderer Thread dieses Mutex gesperrt, liefert diese Methode `false` zurück, und der Thread wird nicht wie bei `lock()` blockiert.

`bool locked()`
: liefert `true`, wenn Mutex gerade von anderem Thread gesperrt ist, sonst `false`.

Synchronisierte und unsynchronisierte Threads[B]

Programm 19.4 startet zum einen zwei Threads, die immer abwechselnd arbeiten, und zum anderen zwei Threads, die unabhängig voneinader und ohne jegliche Synchronisation ablaufen. Dieses Verhalten veranschaulicht dieses Programm auch in zwei getrennten Fenstern (siehe Abbildung 19.2).

Programm 19.4 – `mutex2.cpp`:
Veranschaulichung von synchronisierten und unsynchronisierten Threads

```
#include ......
#include <qthread.h>
#include <qmutex.h>
```

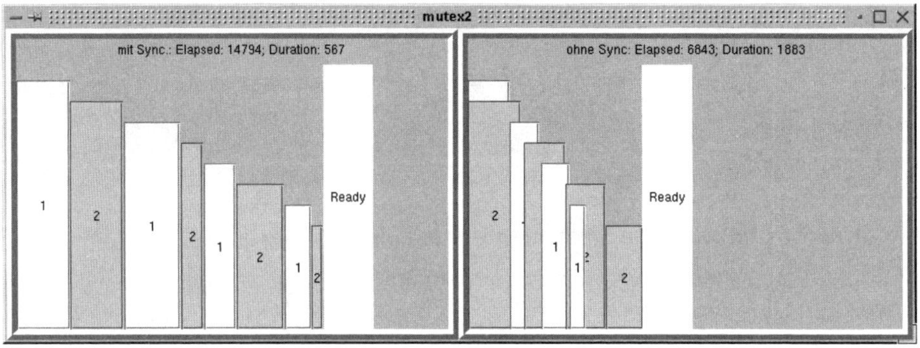

Abbildung 19.2: Synchronisierte und unsynchronisierte Threads

```
QMutex mutex;
int    offset1, offset2;
class WaitThread: public QThread {
 public:
    WaitThread( QThread *thr1, QThread *thr2, QLabel *lbl )
                         : thread1(thr1), thread2(thr2), label(lbl) {}
    void run() {
       QTime time;   time.start();
       thread1->wait();  thread2->wait();
       qApp->lock();
        QLabel *l = new QLabel( label ); l->setPaletteBackgroundColor(Qt::white);
        l->setText( "Ready" ) ;          l->setAlignment( Qt::AlignCenter );
        l->setGeometry( time.elapsed()/50+10, 35, 50, label->height()-45 );
        l->show();
       qApp->unlock();
    }
 private:
    QThread *thread1, *thread2;
    QLabel  *label;
};
class GUIThread : public QThread {
 public:
    GUIThread(int id, bool sync, QLabel* l, QColor c) : label( l ), color( c ) {
       text.sprintf("%d", id );
       withMutex = sync;
       label->setFrameStyle(QFrame::Box|QFrame::Raised); label->setLineWidth(5);
       label->setAlignment( Qt::AlignHCenter | Qt::AlignTop );
       time.start();
    }
 protected:
    void run() {
       int offset;
       for ( int i = 0; i < 4; i++ ) {
          if ( withMutex ) mutex.lock();
```

```
        qApp->lock();
         int  sec = ::rand()%2500 + 501;
         QLabel *l = new QLabel( label );
         QString t;
         t.sprintf( "%s: Elapsed: %d; Duration: %d\n",
                   withMutex ? "mit Sync." : "ohne Sync", time.elapsed(), sec);
         label->setText( t );
         l->setPaletteBackgroundColor( color );  l->setText( text );
         l->setFrameStyle( QFrame::Box | QFrame::Sunken );
         l->setAlignment( Qt::AlignCenter );
         offset = ( withMutex ) ? offset1 : offset2;
         l->setGeometry( time.elapsed()/50+10, offset,
                         sec/50, label->height()-offset-10 );
         if ( withMutex ) offset1 += 20;
         else             offset2 += 20;
         l->show();
        qApp->unlock();
        msleep( sec );
        if (withMutex )  mutex.unlock();
      }
   }
 private:
   QLabel* label;
   QString text;
   QColor  color;
   bool    withMutex;
   QTime   time;
};
int main( int argc, char *argv[] ) {
   QApplication app( argc, argv );
   offset1 = offset2 = 50;
   ::srand( time( NULL ) );
   QHBox box( 0, 0, true );
   QLabel label1( &box );              //..... mit Synchronisation
    label1.setMinimumSize( 450, 300 ); label1.show();
   GUIThread first1( 1, true, &label1, Qt::yellow );
    GUIThread second1( 2, true, &label1, Qt::green );
    WaitThread third1( &first1, &second1, &label1 );
   QLabel label2( &box );              //..... ohne Synchronisation
    label2.setMinimumSize( 450, 300 );
   GUIThread first2( 1, false, &label2, Qt::yellow );
    GUIThread second2( 2, false, &label2, Qt::green );
    WaitThread third2( &first2, &second2, &label2 );
   app.setMainWidget( &box );  box.show();
   first1.start(); second1.start(); third1.start();
   first2.start(); second2.start(); third2.start();
   return app.exec();
}
```

19.3 Synchronisation von Threads mit `QSemaphore`

Mit der Klasse `QSemaphore` stellt Qt Semaphore zur Synchronisation von Threads zur Verfügung. Semaphore sind dem im vorherigen Kapitel vorgestellten Mutex-Konzept ähnlich. Ein Semaphor unterscheidet sich von einem Mutex dadurch, dass es den Eintritt von mehr als einem Thread in einen kritischen Codeausschnitt ermöglicht. Ein Semaphor ist eine nichtnegative Zählvariable mit einem maximal möglichen Wert. Der Wert des Semaphors wird beim Eintritt in einen kritischen Codeausschnitt inkrementiert und beim Verlassen wieder dekrementiert. Der Eintritt in einen solchen kritischen Codeausschnitt wird jedoch nur gewährt, wenn durch das Inkrementieren nicht der maximal mögliche Wert überschritten wird.
Ein Beispiel für die Verwendung eines Semaphors wäre der Speiseraum in einem Restaurant. Zu Beginn wird für das Semaphor als Maximum die Anzahl von verfügbaren Stühlen im Speiseraum festgelegt. Wenn nun eine Gruppe von `n` Gästen ankommt und zu speisen wünscht, wird das Semaphor um `n` erhöht. Wenn noch mindestens `n` Stühle verfügbar sind, können sie sofort den Speiseraum betreten. Sind keine `n` Stühle mehr verfügbar, müssen sie warten, bis wieder mindestens `n` Stühle frei sind. Stühle werden immer frei, wenn eine Gruppe von Gästen mit dem Speisen fertig ist und den Speiseraum verlässt. In diesem Fall wird das Semaphor um die Anzahl der Personen, die den Raum verlassen, dekrementiert. Wenn z. B. eine Gruppe mit 6 Personen ankommt, aber nur noch 4 Stühle frei sind, muss diese Gruppe warten, während einer Gruppe von 3 Personen sofort der Zutritt zum Speiseraum gewährt würde.

Konstruktor und wichtige Methoden der Klasse `QSemaphore`

Die Klasse `QSemaphore` bietet folgenden Konstruktor an:

`QSemaphore(int maxcount)`

erzeugt ein neues Semaphor. Dieses Semaphor lässt nur dann einen Zutritt zu dem entsprechenden kritischen Codeausschnitt zu, wenn dadurch sein Wert nicht größer als `maxcount` wird.

Die wichtigsten Methoden, die die Klasse `QSemaphore` anbietet, sind:

`int total() const`

liefert den maximal möglichen Wert des Semaphors.

`int available() const`

liefert die Differenz aus dem maximal möglichen und dem aktuellen Semaphorwert, also die Anzahl der noch verfügbaren Zugriffe.

`int operator++ (int)`

Dieser Postfix-Operator erhöht den Semaphorwert um `1`, um einen kritischen Abschnitt zu betreten. Wenn dadurch der Semaphorwert größer als der maximal mögliche Semaphorwert wird, wird der aufrufende Thread solange blockiert, bis die Bedingung `available() > 0` erfüllt ist.

`int operator+= (int n)`

erhöht den Semaphorwert um `n`, um einen kritischen Abschnitt zu betreten. Wenn dadurch der Semaphorwert größer als der maximal mögliche Semaphorwert wird, wird der aufrufende Thread solange blockiert, bis die Bedingung `available() >= n` erfüllt ist.

`int operator-- (int)`
: Dieser Postfix-Operator erniedrigt den Semaphorwert um `1`, gibt also einen Zugriff auf den kritischen Abschnitt wieder frei und weckt alle Threads auf, die an diesem Semaphor auf ein Betreten des kritischen Abschnitts warten.

`int operator-= (int n)`
: erniedrigt den Semaphorwert um `n`, gibt also `n` Zugriffe auf den kritischen Abschnitt wieder frei und weckt alle Threads auf, die an diesem Semaphor auf ein Betreten des kritischen Abschnitts warten.

`bool tryAccess(int n)`
: versucht `n` Zugriffe auf das Semaphor zu erhalten. Bei `available() < n` liefert diese Methode `false` zurück, und der aufrufende Thread wird nicht blockiert. Bei `available() >= n` werden die angeforderten `n` Zugriffe auf das Semaphor gewährt und es wird `true` zurückgegeben.

Das Readers-Writer-Problem[B]

Hierbei handelt es sich um das klassische Problem, dass z. B. auf eine Datei gleichzeitig viele Threads lesend (Readers) zugreifen können, aber wenn ein Thread schreiben (Writer) möchte, muss er exklusiven Zugriff haben. Programm 19.5 simuliert dieses Problem, indem es für 50 Reader-Threads und 10 Writer-Threads, die zufällig ankommen, die folgenden Situationen abdeckt:

- Kommt ein Reader oder ein Writer an, und kein Reader oder Writer hat gerade Zugriff, bekommt der angekommene Thread sofort den Zugriff.
- Kommt ein Reader an, und kein Writer hat Zugriff oder befindet sich in der Writer-Warteschlange, bekommt er sofort Zugriff, unabhägig davon, ob bereits andere Reader Zugriff haben.
- Kommt ein Reader an, und ein Writer hat Zugriff oder es befinden sich Writer in der Writer-Warteschlange, wird der Reader in der Reader-Warteschlange eingereiht.
- Kommt ein Writer an, und es hat entweder ein Reader oder Writer gerade Zugriff, wird der neu angekommene Writer in die Writer-Warteschlange eingereiht. In jedem Fall werden ab diesem Zeitpunkt alle neu ankommenden Reader in der Reader-Warteschlange eingereiht, bis die letzte Writer-Anforderung wieder den Zugriff freigibt.

Programm 19.5 veranschaulicht dabei das Verhalten eines solchen Systems mit entsprechenden Reader- und Writer-Warteschlangen, wie im Schnappschuss von Abbildung 19.3 gezeigt.

Programm 19.5 – `readerwriter.cpp`:
Simulation des Readers-Writer-Problems mit Semaphoren

```
#include .....
#include <qthread.h>

#if defined(QT_NO_THREAD)
#  error Thread-Support nicht eingeschaltet
#endif
#define READER_ZAHL 50
#define WRITER_ZAHL 10
QSemaphore readersSem(READER_ZAHL), writerSem(1);
int  readWait, writeWait, readServ, writeServ, readReady, writeReady;
```

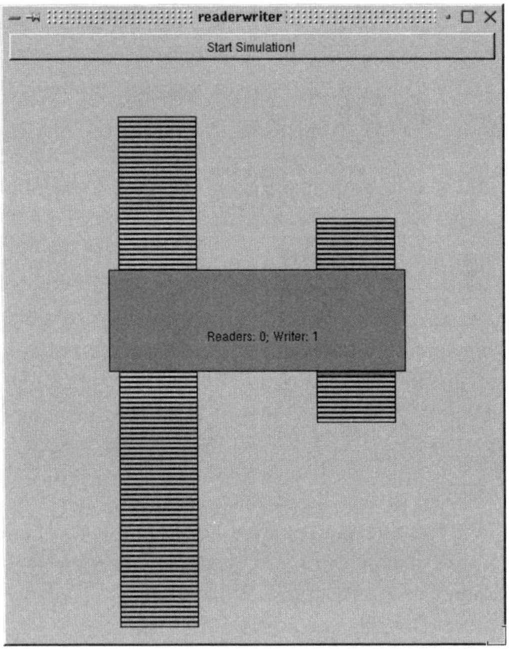

Abbildung 19.3: Veranschaulichung des Reader-Writer-Problems

```
class ReadersThread : public QThread {
 public:
    ReadersThread( int d, int t, QWidget *o ) : receiver(o), time(t), delay(d) {}
    void run() {
       msleep( delay );
       qApp->postEvent( receiver, new QCustomEvent(20000) ); // Read-Anforderung
       while ( writerSem.available() == 0 || writeWait > 0 )
          msleep( 10 );
       readersSem++;
       qApp->postEvent( receiver, new QCustomEvent(20001) ); // Read
       msleep( time );
       readersSem--;
       qApp->postEvent( receiver, new QCustomEvent(20002) ); // Read-Ende
    }
 private:
    QWidget *receiver;
    int     time, delay;
};
class WriterThread: public QThread {
 public:
    WriterThread( int d, int t, QWidget *o ) : receiver(o), time(t), delay(d) {}
    void run() {
       msleep( delay );
       qApp->postEvent( receiver, new QCustomEvent(30000) ); // Write-Anforderung
```

```
        while ( readersSem.available() < readersSem.total() )
            msleep( 10 );
        writerSem++;
        qApp->postEvent( receiver, new QCustomEvent(30001) ); // Write
        msleep( time );
        writerSem--;
        qApp->postEvent( receiver, new QCustomEvent(30002) ); // Write-Ende
    }
 private:
    QWidget *receiver;
    int     time, delay;
};
class ReadersWriter : public QWidget {
    Q_OBJECT
public:
    ReadersWriter() : QWidget() {
        int i;
          //........ Anlegen von READER_ZAHL Read- und WRITER_ZAHL Write-Threads
        for ( i=0; i<READER_ZAHL; i++ )
            readers[i] = new ReadersThread( rand()%15000+1000, rand()%2000, this );
        for ( i=0; i<WRITER_ZAHL; i++ )
            writer[i] = new WriterThread( rand()%18000+1000, rand()%2000, this );
        button = new QPushButton("Start Simulation!", this);
         connect(button, SIGNAL(clicked()), SLOT(startSimulation()));
        anzeige = new QWidget( this );
        QVBoxLayout *vbox = new QVBoxLayout( this, 5 );
        vbox->addWidget( button );  vbox->addWidget( anzeige );
    }
protected:
    virtual void customEvent( QCustomEvent *event ) {
        switch ( event->type() ) {
            case 20000: readWait++;                    break;
            case 20001: readWait--; readServ++;        break;
            case 20002: readServ--; readReady++;       break;
            case 30000: writeWait++;                   break;
            case 30001: writeWait--; writeServ++;      break;
            case 30002: writeServ--; writeReady++; break;
            default: qWarning("Unbekannter Event-Typ: %d", event->type()); break;
        }
        repaint();
    }
    virtual void paintEvent( QPaintEvent * ) {
        int  i;
        QPainter p( anzeige );
        QString t;
        t.sprintf( "Readers: %d; Writer: %d", readServ, writeServ );
        if ( readServ==0 && writeServ==0 )  p.setBrush( Qt::white );
        else if ( readServ != 0 )           p.setBrush( Qt::green );
        else if ( writeServ != 0 )          p.setBrush( Qt::blue.light(150) );
        p.drawRect( 100, 200, 300, 100 );   p.drawText( 200, 270, t );
```

```
        p.setBrush( Qt::green );      //.... Zeichnen wartender/fertiger Reads
        for ( i=0; i<readWait; i++ )  p.drawRect( 110, 200-(i+1)*5, 80, 5 );
        for ( i=0; i<readReady; i++ ) p.drawRect( 110, 300+i*5, 80, 5 );
        p.setBrush( Qt::lightGray ); //.... Zeichnen Read-Queue-Plaetze
        for (i=readWait; i<READER_ZAHL; i++)    p.drawRect(110, 200-(i+1)*5, 80, 5);
        for (i=readReady; i<READER_ZAHL; i++ ) p.drawRect(110, 300+i*5, 80, 5 );
        p.setBrush( Qt::blue.light(150) ); // Zeichnen wartender/fertiger Writes
        for ( i=0; i<writeWait; i++ )  p.drawRect( 310, 200-(i+1)*5, 80, 5 );
        for ( i=0; i<writeReady; i++ ) p.drawRect( 310, 300+i*5, 80, 5 );
        p.setBrush( Qt::lightGray );   //.... Zeichnen Write-Queue-Plaetze
        for (i=writeWait; i<WRITER_ZAHL; i++)  p.drawRect(310, 200-(i+1)*5, 80, 5);
        for (i=writeReady; i<WRITER_ZAHL; i++) p.drawRect(310, 300+i*5, 80, 5 );
    }
public slots:
    void startSimulation() {
        int  i;
        for ( i=0; i<READER_ZAHL; i++)
          if ( readers[i]->running() || (i < WRITER_ZAHL && writer[i]->running()) ) {
             QMessageBox::information( this, "Sorry", "Simulation läuft noch" );
             return;
          }
        readWait = writeWait = readServ = writeServ = readReady = writeReady = 0;
        repaint( true );
        for ( i=0; i<READER_ZAHL; i++ )
           readers[i]->start();
        for ( i=0; i<WRITER_ZAHL; i++ )
           writer[i]->start();
    }
private:
    QWidget      *anzeige;
    QPushButton *button;
    ReadersThread *readers[READER_ZAHL];
    WriterThread  *writer[WRITER_ZAHL];
};
#include "readerwriter.moc"
int main( int argc, char *argv[] ) {
    ::srand( time( NULL ) );
    QApplication app(argc, argv);
    ReadersWriter rw;
    app.setMainWidget( &rw );
    rw.resize( 500, 600 );  rw.show();
    return app.exec();
}
```

Die fünf speisenden Philosophen[Z]

Das Problem der speisenden Philosophen (von *Dijkstra* gestellt) ist sehr wichtig in der Forschung der Parallelprogrammierung. Dieses Problem erlaubt es, alle Fälle der Parallelprogrammierung in einer lebendigen graphischen Situation darzulegen: Das Leben eines Philosophen besteht aus den sich abwechselnden Zuständen *denkend, hungrig* und *essend.*

Fünf Philosophen, von 0 bis 4 durchnummeriert, leben in einem Haus, wo der Tisch für sie gedeckt ist. Jeder Philosoph hat seinen Platz am Tisch. Ihr einziges Problem – abgesehen von solchen philosophischer Natur – besteht darin, dass die aufgetragene Mahlzeit eine schwierig zu essende Art von Spaghetti ist, zu deren Verzehr man zwei Gabeln benötigt. Neben jedem Teller liegen zwei Gabeln, sodass grundsätzlich keine Schwierigkeiten auftauchen sollten, bis auf die Tatsache, dass zwei Nachbarn nicht zur selben Zeit essen können. Eine erste einfache Lösung wäre: „Wenn du hungrig bist, warte, bis links eine Gabel frei wird, und ergreife sie. Warte, bis rechts eine Gabel frei wird, und fange an zu essen. Nach dem Essen gib beide Gabeln wieder frei." Der folgende Pseudocode zeigt diese Lösung:

```
mutex gabel[5];

philosophThread( int i ) {
   while (1) {
      thinking;
      hungry;  gabel[ i ].lock();    gabel[ (i+1)%5 ].lock();
      eating;  gabel[ i ].unlock();  gabel[ (i+1)%5 ].unlock();
   }
}
....
for ( int i=0; i<5; i++ ) {
    philosoph[i] = new philosophThread( i );
    philosoph[i]->start();
....
```

Diese schöne, weil klare Lösung hat dummerweise den Nachteil, dass sie zum Deadlock (Verklemmung) führen kann: es ist ein zeitlicher Ablauf vorstellbar, wo alle Philosophen mehr oder weniger zur selben Zeit hungrig sind, gemäß der Anweisung die linke Gabel ergreifen und ewig auf die rechte warten. Die nachfolgende Lösung ähnelt dem ersten Versuch bis auf das Hinzufügen eines umschließenden Semaphors `exclusiveMax`. Die Sicherheitseigenschaften gelten wie vorher. Eine Verklemmung ist kein Problem, da `exclusiveMax` sicherstellt, dass höchstens 4 Philosophen versuchen, auf ihre Gabeln zuzugreifen. Diese Lösung ist auch frei vom Hungertod eines Philosophen.

```
mutex     gabel[5];
semaphore exclusiveMax( 4 );

philosophThread( int i ) {
   while (1) {
      thinking;
      hungry;  exclusiveMax++;  gabel[ i ].lock();  gabel[ (i+1)%5 ].lock();
      eating;  gabel[ i ].unlock();  gabel[ (i+1)%5 ].unlock();  exclusiveMax--;
   }
}
....
for ( int i=0; i<5; i++ ) {
    philosoph[i] = new philosophThread( i );
    philosoph[i]->start();
....
```

Abschließend kann gesagt werden, dass es derzeit keine perfekte Lösung gibt. Was passiert zum Beispiel, wenn ein Philosoph mit der Gabel in der Hand eine Herzattacke (Programmabsturz) bekommt und die Gabel nie wieder seinem Nachbarn zurückgibt? Wer nimmt dem Philosophen nun die Gabel aus der Hand? Eine mögliche Lösung wäre es, diese Aufgabe dem Wirt oder der Putzfrau (Betriebssystem oder Kontroll-Thread) zuzuteilen.
Das Programm `philosophen.cpp` zeigt das Verhalten der Philosophen, die zufällig hungrig werden, graphisch an: Die Farben in den Kreisen zeigen den Zustand des Philosophen an: Weiß=denkend, Rot=hungrig und Grün=essend. Dieses Programm bietet beide Lösungen an. Ruft man dieses Programm mit der Option `-f` auf, geht es nach dem ersten Algorithmus vor, was schließlich dann auch zu einer Verklemmung führt. Wird dieses Programm ohne Option aufgerufen, verwendet es den zweiten Algorithmus (siehe auch Abbildung 19.4).

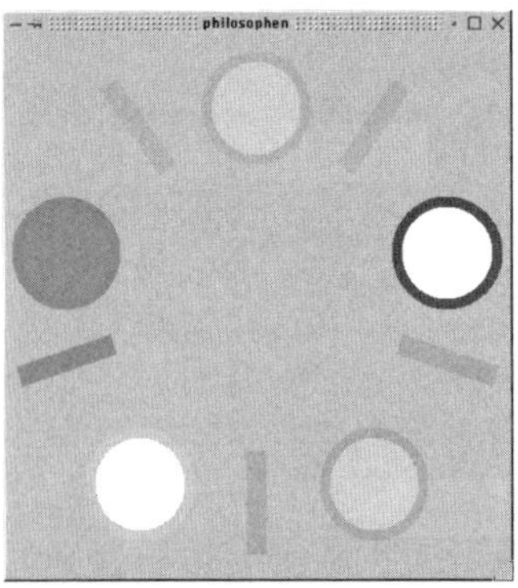

Abbildung 19.4: Simulation des „Fünf-Philosophen-Problems“

19.4 Synchronisation von Threads mit `QWaitCondition`

Die Klasse `QWaitCondition` erlaubt das Warten und Aufwecken von Threads abhängig von so genannten Bedingungs-Variablen (*condition variables*). Die Klasse `QWaitCondition` ermöglicht es einem Thread, anderen Threads mitzuteilen, dass eine bestimmte Bedingung eingetreten ist. Einer oder auch mehrere Threads können auf das Eintreten einer bestimmten Bedingung warten. Tritt die Bedingung ein, kann der Thread, der sich gerade in der Ausführung befindet, entweder mit `wakeAll()` alle oder mit `wakeOne()` nur einen der Threads aufwecken, die auf das Eintreten dieser Bedingung warten.

Einführendes Beispiel zu `QWaitCondition`^{B}

Die Qt-Online-Dokumentation zeigt zu `QWaitCondition` das folgende Beispiel: Man hat z. B. drei Aufgaben, die jedesmal durchzuführen sind, wenn der Benutzer eine Taste drückt, wobei jede einzelne Aufgabe durch einen eigenen Thread auszuführen ist. Die Methode `run()` der zugehörigen Thread-Klassen hat dann z. B. das folgende Aussehen:

```
QWaitCondition key_pressed;
while(1) {
   key_pressed.wait();
     //... Taste wurde gedrückt; führe nun die spezielle Aufgabe aus
   aufgabeX();
}
```

Ein vierter Thread wartet nun auf den Tastendruck und weckt dann immer die anderen drei Threads auf, nachdem er eine Taste eingelesen hat, wie z.B.:

```
QWaitCondition key_pressed;
while(1) {
   getchar();
    //... Alle auf den Tastendruck wartenden Threads aufwecken
   key_pressed.wakeAll();
}
```

Hierbei ist zu einem zu beachten, dass die Reihenfolge, in der die drei Threads aufgeweckt werden, nicht festgelegt ist. Zum anderen muss man hierbei beachten, dass Threads, die sich noch in der Funktion `aufgabeX()` befinden, wenn eine Taste gedrückt wird, nicht aufgeweckt werden, da sie ja nicht an der Bedingungsvariable `key_pressed` zu diesem Zeitpunkt warten. In dem Fall wird die zugehörige Aufgabe für diesen Tastendruck nicht ausgeführt. Um dies zu vermeiden, schlägt die Qt-Online-Dokumentation folgende Vorgehensweise vor:

```
QMutex          mymutex;
QWaitCondition key_pressed;
int             mycount=0;
  //... Thread für die Aufgabenausführung
while(1) {
   key_pressed.wait();
   mymutex.lock();  mycount++;  mymutex.unlock();
   aufgabeX();
   mymutex.lock();  mycount--;  mymutex.unlock();
}
  //... Thread, der Tastendruck einliest
while(1) {
   getchar();
   mymutex.lock();
      //... Solange suspendieren, bis alle Threads
      //... ihre Aufgabenausführung beendet haben
    while ( mycount>0 ) { mymutex.unlock();  sleep(1);  mymutex.lock(); }
   mymutex.unlock();
   key_pressed.wakeAll();
}
```

Konstruktor und wichtige Methoden der Klasse `QWaitCondition`

Die Klasse `QWaitCondition` bietet folgenden Konstruktor an:

`QWaitCondition()`

erzeugt ein neues `QWaitCondition`-Objekt.

Folgende Methoden bietet die Klasse `QWaitCondition` an:

`bool wait(unsigned long time=ULONG_MAX)`
bewirkt ein Blockieren des aufrufenden Thread bis eine der beiden folgenden Bedingungen eintritt:
1. Ein anderer Thread weckt diesen wartenden Thread mit `wakeOne()` oder `wakeAll()` auf. In diesem Fall liefert diese Methode `true` als Rückgabewert.
2. Es sind `time` Millisekunden vergangen. In diesem Fall liefert diese Methode `false` als Rückgabewert.

`bool wait(QMutex *mutex, unsigned long time=ULONG_MAX)`
gibt den gesperrten `mutex` frei und bewirkt dann ein Blockieren des aufrufenden Thread. `mutex` muss dabei vom aufrufenden Thread gesperrt sein, andernfalls kehrt diese Funktion sofort zurück. Der blockierte Thread wird wieder aufgeweckt, wenn eine der beiden folgenden Bedingungen eintritt:
1. Ein anderer Thread weckt diesen wartenden Thread mit `wakeOne()` oder `wakeAll()` auf. In diesem Fall liefert diese Methode `true` als Rückgabewert.
2. Es sind `time` Millisekunden vergangen. In diesem Fall liefert diese Methode `false` als Rückgabewert.
`mutex` wird dabei wieder vor der Rückkehr gesperrt. Diese Methode ermöglicht somit einen atomaren Übergang von einem *lock*-Zustand in den *wait*-Zustand.

`wakeAll()`
weckt alle am `QWaitCondition`-Objekt wartenden Threads auf. Die Reihenfolge, in der die wartenden Threads aufgeweckt werden, hängt vom jeweiligen Betriebssystem ab und ist nicht vorhersagbar.

`wakeOne()`
weckt einen der am `QWaitCondition`-Objekt wartenden Threads auf. Welcher der wartenden Threads aufgeweckt wird, hängt vom jeweiligen Betriebssystem ab und ist nicht vorhersagbar.

Ampelsteuerung mit `QWaitCondition`^{B}

Programm 19.6 realisiert eine Ampelsteuerung unter Zuhilfenahme der Klasse `QWaitCondition`. Es blendet dazu 12 verschiedene Ampeln ein, von denen immer nur eine von `rot->gelb->grün->gelb->rot` schaltet, während alle anderen Ampeln auf rot stehen. Hat eine Ampel ihren Schaltvorgang beendet, weckt sie die nächste Ampel auf, damit diese ihren Schaltvorgang durchführt usw. (siehe auch Abbildung 19.5)

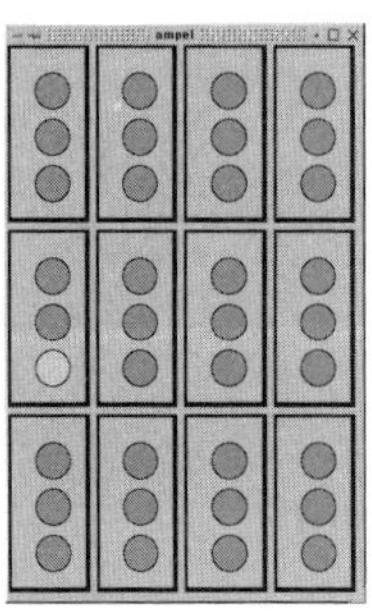

Abbildung 19.5: Ampelsteuerung für 12 Ampeln

Programm 19.6 – ampel.cpp:
Ampelsteuerung für 12 Ampeln

```
#include ....
#define  NoAmpel  12
QWaitCondition ampelCond; // Globale Condition-Variable
class Ampel : public QWidget, QThread {
 public:
   Ampel( int nr, QColor color, QWidget *parent = 0 ) : QWidget( parent ) {
      farbe = color;  setGeometry( nr%4*100, nr/4*200, 100, 200 );  show();
      QThread::start();
   }
 protected:
   void run() {
       while(1) {
          repaint( false );
          if ( farbe == Qt::red ) {
             ampelCond.wait(); //... Warten auf's Aufwecken
             msleep( 100 ); farbe = Qt::yellow;  repaint(false); //.. rot -> gelb
             msleep( 100 );
          }
          farbe = Qt::green; repaint( false ); //... gelb -> gruen
          msleep( 400 ); farbe = Qt::yellow; repaint(false);   //.. gruen -> gelb
          msleep( 100 ); farbe = Qt::red;                      /... gelb -> rot
          ampelCond.wakeOne(); //... Einen wartenden Thread aufwecken
       }
   }
   virtual void paintEvent( QPaintEvent * ) {
      QPainter p( this );
      QColor ausFarbe( 150, 150, 150 );
      p.setPen( QPen( Qt::black, 5 ) );  p.drawRect( 0, 0, 90, 190 );
      p.setPen( QPen( Qt::black, 1 ) );
      p.setBrush( (farbe == Qt::red) ? farbe : ausFarbe );
      p.drawEllipse( 30, 30, 40, 40 );
      p.setBrush( (farbe == Qt::yellow) ? farbe : ausFarbe );
      p.drawEllipse( 30, 80, 40, 40 );
      p.setBrush( (farbe == Qt::green) ? farbe : ausFarbe );
      p.drawEllipse( 30, 130, 40, 40 );  p.flush();
   }
 private:
   QColor farbe;
};
int main( int argc, char *argv[] ) {
    QApplication app(argc, argv);
    QWidget myWidget;
    Ampel *ampel[ NoAmpel ];  ampel[0] = new Ampel( 0, Qt::green, &myWidget );
    for ( int i=1; i<NoAmpel; i++ )  ampel[i] = new Ampel(i, Qt::red, &myWidget);
    app.setMainWidget( &myWidget);
    myWidget.resize( 400, 600 );  myWidget.show();
    return app.exec();
}
```

19.5 Zuteilung von Plätzen in einem Speiseraum^Z

Es wurde bereits als ein Beispiel für die Verwendung eines Semaphors ein Speiseraum in einem Restaurant erwähnt. Zu Beginn wird dabei für das Semaphor als Maximum die Anzahl verfügbarer Stühle festgelegt. Wenn nun eine Gruppe von `n` Gästen ankommt und zu speisen wünscht, wird das Semaphor um `n` erhöht. Wenn noch mindestens `n` Stühle verfügbar sind, können sie sofort den Speiseraum betreten. Sind keine `n` Stühle mehr verfügbar, müssen sie warten, bis wieder mindestens `n` Stühle frei sind. Stühle werden immer frei, wenn eine Gruppe von Gästen mit dem Speisen fertig ist und den Speiseraum verlässt. In diesem Fall wird das Semaphor um die Anzahl der Personen, die den Raum verlassen, dekrementiert. Wenn z. B. eine Gruppe mit 6 Personen ankommt, aber nur noch 4 Stühle frei sind, muss diese Gruppe warten, während einer Gruppe von 3 Personen sofort der Zutritt zum Speiseraum gewährt würde. Das Programm `restaurant.cpp` übernimmt diese Aufgabe und zeigt immer an, wenn eine neue Gruppe kommt oder eine Gruppe den Speisesaal verlässt. Ebenso zeigt dieses Programm immer alle wartenden wie auch speisenden Gruppen mit der Anzahl der noch freien Plätze an (siehe auch Abbildung 19.6).

```
restaurant
Event-Type | Waiting                | Eating            | Free Places
---------------------------------------------------------------------
   Arrival | 5,                     |                   | 8
    Access |                        | 5,                | 3
   Arrival | 4,                     | 5,                | 3
   Arrival | 3, 4,                  | 5,                | 3
    Access | 4,                     | 5, 3,             | 0
   Arrival | 4, 1,                  | 5, 3,             | 0
   Arrival | 5, 4, 1,               | 5, 3,             | 0
   Arrival | 5, 4, 2, 1,            | 5, 3,             | 0
   Arrival | 5, 4, 3, 2, 1,         | 5, 3,             | 0
   Arrival | 5, 4, 4, 3, 2, 1,      | 5, 3,             | 0
   Arrival | 5, 4, 1, 4, 3, 2, 1,   | 5, 3,             | 0
  Finished | 5, 4, 1, 4, 3, 2, 1,   | 3,                | 5
    Access | 5, 1, 4, 3, 2, 1,      | 3, 4,             | 1
  Finished | 5, 1, 4, 3, 2, 1,      | 4,                | 4
    Access | 5, 1, 4, 3, 2,         | 4, 1,             | 3
  Finished | 5, 1, 4, 3, 2,         | 1,                | 7
    Access | 1, 4, 3, 2,            | 5, 1,             | 2
   Arrival | 1, 4, 3, 2, 5,         | 5, 1,             | 2
  Finished | 1, 4, 3, 2, 5,         | 5,                | 3
    Access | 1, 4, 3, 5,            | 5, 2,             | 1
  Finished | 1, 4, 3, 5,            | 2,                | 6
    Access | 1, 4, 5,               | 3, 2,             | 3
  Finished | 1, 4, 5,               | 2,                | 6
    Access | 1, 5,                  | 4, 2,             | 2
  Finished | 1, 5,                  | 4,                | 4
    Access | 5,                     | 1, 4,             | 3
  Finished | 5,                     | 4,                | 4
  Finished | 5,                     |                   | 8
    Access |                        | 5,                | 3
  Finished |                        |                   | 8
```

Abbildung 19.6: Simulation der Zuteilung von Plätzen in einem Speiseraum

Kapitel 20

Mehrsprachige Applikationen und Internationalisierung

Wer fremde Sprachen nicht kennt,
weiß nichts von seiner eigenen.
– J. W. Goethe

Programme sollten so ausgelegt sein, dass sie in unterschiedlichen Sprachen mit dem Benutzer kommunizieren können. Dies bedeutet, dass eine einmal erstellte Applikation leicht und ohne viel Aufwand an länder- und kulturspezifische Gegebenheiten angepasst werden kann, sodass der Benutzer dieser Applikation in seiner Sprache sowie mit der ihm gewohnten Zeichenkodierung und -darstellung arbeiten kann.
Um eine international verwendbare Applikation zu erstellen, bietet Qt einige Unterstützung an, die in diesem Kapitel kurz vorgestellt wird.

20.1 Die Klasse `QString` für Unicode

Soll ein Programm international verwendbar sein, was wohl für die meisten professionell einsetzbaren Programmen zutrifft, sollte man für alle Texte, die man dem Benutzer anzeigt, die Klasse `QString` (und nicht das klassische C-Format `char*`) verwenden. Die Klasse `QString` verwendet nämlich intern die Unicode-Codierung, mit der alle Sprachen der Welt dargestellt und entsprechend bearbeitet werden können, was für die ASCII-Codierung (bei `char*`) nicht zutrifft.
Qt unterstützt diese Form der Internationalisierung auch, indem es bei allen Qt-Methoden, die dem Benutzer Text anzeigen, `QString`- (und keine `char*`)-Parameter verwendet.
Bei Texten dagegen, die nur intern im Programm verwendet werden, wie z. B. `QObject`-Namen oder Dateiformat-Texte, muss man nicht `QString` verwenden, da hier die Verwendung von `char*` (ASCII-Format) ausreicht.

20.2 Automatische Übersetzung in andere Sprachen

Um eine automatische Übersetzung für eine Applikation festzulegen, sollte man wie folgt vorgehen:

Verwendung von `tr()` für alle Stringkonstanten

Überall im Programm, wo „fester Text" verwendet wird, der dem Benutzer mitgeteilt werden soll, sollte dieser als Argument an die Methode `QObject::tr()`, die dann ihrerseits die Methode `QApplication::translate()` aufruft, übergeben werden, wie z. B.:

```
QPushButton *b1 = new QPushButton( tr("Cancel"), this );
```

Wenn der in Anführungszeichen angegebene „feste Text" sich nicht in einer Memberfunktion einer `QObject`- bzw. `QWidget`-Unterklasse befindet, muss man entweder die Funktion `tr()` einer geeigneten Klasse oder aber die Funktion `QApplication::translate()` direkt benutzen, wie z. B.:

```
void global_function( OtherWidget *w ) {
   QPushButton *b1 = new QPushButton( OtherWidget::tr("Cancel"), w );
   ....
}
```

oder

```
void global_function( OtherWidget *w ) {
   QPushButton *b1 = new QPushButton(
                         qApp->translate( "OtherWidget", "Cancel"), w );
   ....
}
```

Sollte sich nun der zu übersetzende Text aber auch noch außerhalb einer Funktion befinden, so muss man eines der beiden Makros `QT_TR_NOOP()` oder `QT_TRANSLATE_-NOOP()` verwenden, wie z. B.:

```
QString Number::nrWord( int nr ) {
    static const char* nrName[] = { QT_TR_NOOP( "One" ),
                                    QT_TR_NOOP( "Two" ) };
    return tr( nrName[ nr ] );
}
```

oder

```
static const char* nrName[] = { QT_TRANSLATE_NOOP( "Number", "One" ),
                                QT_TRANSLATE_NOOP( "Number", "Two" ) };
QString Number::nrWord( int nr ) { return tr( nrName[ nr ] );                  }
QString global_nrWord( int nr )  { return qApp->translate("Number", nrName[nr]); }
```

Verwendung der Klasse `QKeySequence` für Beschleuniger

Beschleuniger-Angaben wie `Strg`+`Q` oder `Alt`+`F` kann man mit der Klasse `QKeySequence` entsprechend übersetzen lassen, wie z.B.:

```
QPopupMenu *file = new QPopupMenu( this );
file->insertItem( tr("&Quit"), this, SLOT(quit()),
                  QKeySequence(tr("Ctrl+Q", "File|Quit")) );
```

Verwendung von `QString::arg()` für Textformatierungen

Sind Argumente in einem Text einzufügen, so sollte dies nicht mit `printf()` geschehen, sondern stattdesssen die Methode `QString::arg()` verwendet werden, wie z. B.:

```
void FileCopy::showProgress( int done, int total, const QString& current_file ) {
      label.setText( tr("%1 of %2 files copied.\nCopying: %3")
                     .arg(done).arg(total).arg(current_file) );
}
```

So hat man später auch die Möglichkeit, die Reihenfolge der einzelnen Argumente zu vertauschen, wie dies z. B. bei Datumsangaben in unterschiedlichen Kulturkreisen erforderlich ist.

Durchführung der Übersetzungen

Eine Übersetzung in Qt erfolgt in vier Schritten:

1. *Erstellen einer Projektdatei,* in der für jede zu unterstützende Sprache eine Datei angegeben ist, wie z. B.

   ```
   CONFIG       += qt warn_on release
   SOURCES       = international.cpp
   TARGET        = international
   TRANSLATIONS = international_de.ts \
                  international_en.ts \
                  international_el.ts \
                  international_eo.ts \
                  international_fr.ts \
                  international_it.ts \
                  international_jp.ts \
                  international_ko.ts \
                  international_no.ts \
                  international_ru.ts
   ```

2. *Aufrufen des Programms* `lupdate`, das Teil des von der Firma Trolltech angebotenen Tools *Qt Linguist* ist
   Das Programm `lupdate` extrahiert aus den C++-Quelldateien alle zu übersetzenden Texte, die sich in `tr()`, in `QT_TRANSLATE_NOOP()` usw. befinden, und erstellt aus diesen extrahierten Texten für jede geforderte Sprache eine Datei mit der Endung `.ts`. Für das Programm `international.cpp` auf Seite 648 erzeugt der Aufruf:

   ```
   lupdate international.pro ⏎
   ```

   die folgenden Dateien:

   ```
   international_de.ts
   international_el.ts
   international_en.ts
   international_eo.ts
   international_fr.ts
   international_it.ts
   international_jp.ts
   international_ko.ts
   international_no.ts
   international_ru.ts
   ```

Jede dieser erzeugten `.ts`-Dateien ist eine Datei im XML-Format und hat dann ein Aussehen, wie z. B. das folgende für das Programm `international.cpp`:

```
<!DOCTYPE TS><TS>
<codec>iso8859-1</codec>
<context>
    <name>MyWidget</name>
    <message>
        <source>First</source>
        <translation type='unfinished'></translation>
    </message>
    <message>
        <source>Second</source>
        <translation type='unfinished'></translation>
    </message>
    <message>
        <source>Third</source>
        <translation type='unfinished'></translation>
    </message>
    <message>
        <source>E&amp;xit</source>
        <translation type='unfinished'></translation>
    </message>
    <message>
        <source>Ctrl+Q</source>
        <translation type='unfinished'></translation>
    </message>
     ::::::::::::::::::::::::::::::
    <message>
        <source>Perspective</source>
        <translation type='unfinished'></translation>
    </message>
    <message>
        <source>Isometric</source>
        <translation type='unfinished'></translation>
    </message>
    <message>
        <source>Oblique</source>
        <translation type='unfinished'></translation>
    </message>
</context>
</TS>
```

3. *Übersetzen der entsprechenden Texte in den .ts-Dateien*
   Nun muss man „per Hand" in den einzelnen `.ts`-Dateien die entsprechenden Übersetzungen angeben. Dies kann man entweder mit einem normalen Editor oder aber mit dem eigens dazu konzipierten Programm `linguist`, was Bestandteil des Tools Qt Linguist ist. Nach der Übersetzung der entsprechenden Texte hat die entsprechende `.ts`-Datei z. B. ein Aussehen, wie es nachfolgend für die deutsche Sprache in der Datei `international_de.ts` gezeigt ist:

```
<!DOCTYPE TS><TS>
<codec>iso8859-1</codec>
<context>
    <name>MyWidget</name>
    <message>
        <source>First</source>
        <translation>Erstens</translation>
    </message>
    <message>
        <source>Second</source>
        <translation>Zweitens</translation>
    </message>
    <message>
        <source>Third</source>
        <translation>Drittens</translation>
    </message>
    <message>
        <source>E&amp;xit</source>
        <translation>Be&amp;enden</translation>
    </message>
    <message>
        <source>Ctrl+Q</source>
        <translation>Strg+E</translation>
    </message>
     ::::::::::::::::::::::::::::::
    <message>
        <source>Perspective</source>
        <translation>Perspektivisch</translation>
    </message>
    <message>
        <source>Isometric</source>
        <translation>Isometrisch</translation>
    </message>
    <message>
        <source>Oblique</source>
        <translation>Schief</translation>
    </message>
</context>
</TS>
```

4. *Transformieren der* `.ts`*-Dateien in* `.qm`*-Dateien*
   Nun müssen die `.ts`-Dateien noch in `.qm`-Dateien umgeformt werden. Dazu muss man das Programm `lrelease`, das wieder Bestandteil des Tool *Qt Linguist* ist, aufrufen. Für das Programm `international.cpp` muss z. B. der folgende Aufruf erfolgen:
   ```
   lrelease international.pro
   ```
   Um alte `.qm`-Dateien, die mit den alten Qt Tools `findtr`, `msg2qm` und `mergetr` erstellt wurden, in `.ts`-Dateien umzuformen, kann man das Programm `qm2ts` des *Qt Linguist* Tool verwenden.

Die Klasse `QTranslator`

Die Klasse `QTranslator` ermöglicht es, unter Zuhilfenahme der zuvor erstellten `.qm`-Dateien eine Applikation automatisch an eine bestimmte Sprache anzupassen. Der nachfolgende Codeausschnitt zeigt die typische Verwendung der Klasse `QTranslator`:

```
int main( int argc, char *argv[] ) {
   QApplication app( argc, argv );
   QTranslator translator( 0 );    //... Anlegen eines QTranslator-Objekts
   translator.load( "sprachdatei.qm", "." ); //... Laden der entspr. .qm-Datei
   app.installTranslator( &translator ); //... Installieren des Translators
     //... Deinstallieren eines Translators ist mit
     //...    QApplication::removeTranslator ( &translator )
     //... moeglich
   MyWidget m;
   app.setMainWidget( &m );
   m.show();
   return app.exec();
}
```

Die meisten Anwendungen werden mit diesen Konstrukten auskommen. Nur Applikationen, die direkt mit den Übersetzungsdateien (`.qm`-Dateien) arbeiten, benötigen weitere Methoden der Klasse `QTranslator`, die der interessierte Leser in der Qt-Online-Dokumentation nachlesen kann.

Programm, das sich automatisch an die gewählte Sprache anpasst[Z]

Das Programm `international.cpp` blendet, wenn es ohne ein Argument aufgerufen wird, dem Benutzer ein Widget ein, wie es in Abbildung 20.1 gezeigt ist. Nachdem der Benutzer seine Auswahl getroffen hat, muss er nur den *Ok*-Button drücken, und er bekommt das gleiche Widget mehrmals in unterschiedlichen Farben und in den entsprechend gewählten Sprachen eingeblendet (siehe auch Abbildung 20.2). Der Benutzer kann sich das entsprechende sprachabhängige Widget auch direkt anzeigen lassen; dazu muss er beim Aufruf dieses Programms nur das entsprechende Kürzel für die Sprache angeben: `de`, `el`, `en`, `eo`, `fr`, `it`, `jp`, `ko`, `no` oder `ru`.

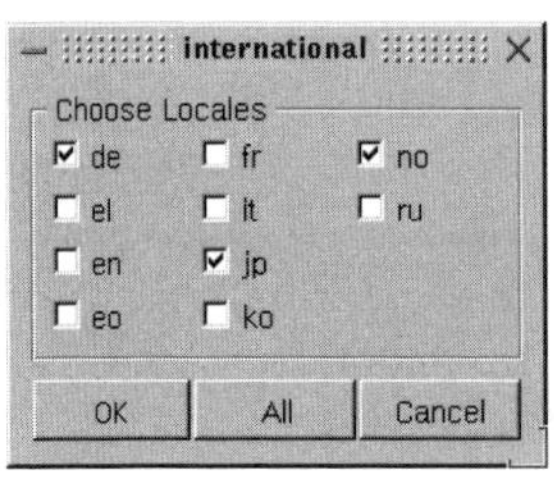

Abbildung 20.1: Auswahl der entsprechenden Sprachen

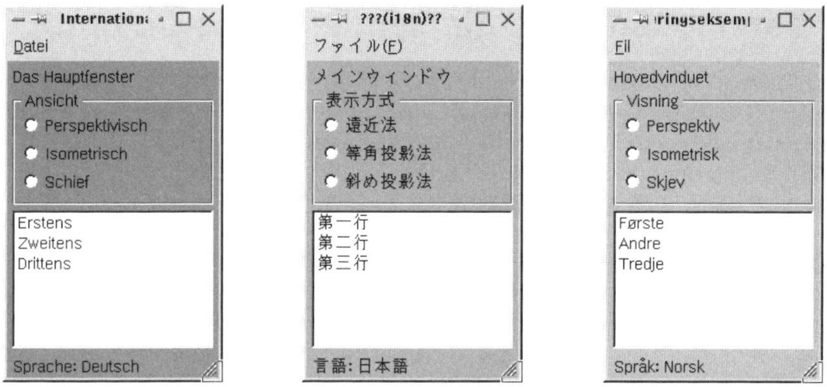

Abbildung 20.2: Gleiches Widget in unterschiedlichen Sprachen

20.3 Automatische Anpassung an lokale Besonderheiten

Lokale Besonderheiten liegen z. B. bei der Angabe von Zeit und Datum vor. Um eine automatische Anpassung an lokale Konventionen zu erreichen, kann man die von `tr()` gelieferten Strings verwenden, um hieraus dann die entsprechende Darstellung abzuleiten, wie dies der folgende Codeausschnitt für das Setzen einer Zeit zeigt:

```
void Clock::setTime(const QTime& t) {
    if ( tr("AMPM") == "AMPM" ) {
        // 12-Stunden Uhr
    } else {
        // 24-Stunden Uhr
    }
}
```

20.4 Konvertierung von Text-Kodierungen

Mit der Klasse `QTextCodec` und den Möglichkeiten der Klasse `QTextStream` können Konvertierungen zwischen unterschiedlichen Text-Kodierungen durchgeführt werden. Von der Klasse `QTextCodec` sind z.B. Klassen wie die folgenden abgeleitet, die zum Konvertieren von und nach folgender Zeichenmengen verwendet werden:

`QEucJpCodec`	EUC-JP (Kodierung für Unix-Maschinen in Japan)
`QEucKrCodec`	EUC-KR (Kodierung für Unix-Maschinen in Korea)
`QGb18030Codec`	chinesische GBx-Kodierung
`QJisCodec`	JIS-Kodierung (JIS X 0201 Latin, JIS X 0201 Kana, ...).
`QSjisCodec`	Shift-JIS-Kodierung (JIS X 0201 Latin, JIS X 0201 Kana, ...)
`QTsciiCodec`	Tamil TSCII-Kodierung

Auf eine tiefergehende Beschreibung der Klasse `QTextCodec` und der von ihr abgeleiteten Klassen soll hier verzichtet werden. Der interessierte Leser sei hier auf die Qt-Online-Dokumentation verwiesen.

20.5 Landabhängiges Einblenden eines Datums^{Z}

Programm `countrydate.cpp` blendet abhängig von der Angabe auf der Kommandozeile `de` bzw. `us` das heutige Datum in landesüblicher Darstellung und Sprache ein. Bei Angabe von `de` wird die deutsche Sprache und das Datumsformat `tt.mm.jjjj` verwendet, während bei Angabe von `us` die englische Sprache und das Datumsformat `mm/tt/jjjj` verwendet wird (siehe auch Abbildung 20.3).

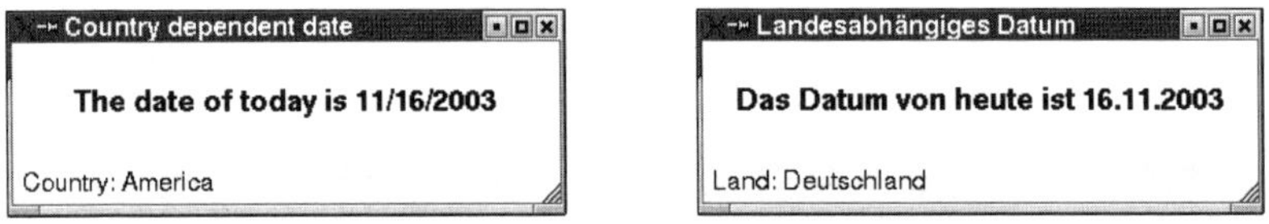

Abbildung 20.3: Landabhängiges Einblenden eines Datums (links `us`, rechts `de`)

Kapitel 21

Test- und Debugging-Möglichkeiten

Es ist von großem Vorteil, die Fehler, aus denen man lernen kann, recht frühzeitig zu machen.

– W. Churchill

Dieses Kapitel stellt zum einen Funktionen und Makros vor, mit denen man in einem Programm Testausgaben und automatische Verifizierungen einbauen kann. Zum anderen zeigt es, wie man Qt-Objekte mit Namen versehen kann, um sich dann beim Programmablauf mittels eigens dafür konzipierten Qt-Funktionen Debug-Informationen ausgeben zu lassen.

21.1 Funktionen `qDebug()`, `qWarning()`, `qFatal()`

Qt bietet über Klasse `QApllication` folgende globale Funktionen für Testausgaben an:

`qDebug(const char *msg, ...)`
`qWarning(const char *msg, ...)`
`qFatal(const char *msg, ...)`

geben den Text `msg` (als normalen Text, als Warnung oder bei Auftreten eines fatalen Fehlers) aus. Sie rufen den Message-Handler (siehe weiter unten) auf, wenn dieser installiert wurde. Diese Funktionen erwarten einen Format-String (`msg`) und eine Liste von Argumenten ähnlich der C-Funktion `printf()`. Der Text wird unter X11 auf `stderr` ausgegeben und unter Windows an den Debugger geschickt. Die Funktion `qFatal()` beendet nach der Ausgabe des Textes das Programm.

```
void f( int c ) {
    if ( toupper(c) < 'A' || toupper(c) > 'Z' )
        qWarning( "f: wrong argument: c == %d; letter expected", c );
}
int divide( int z, int n ) {
    if ( n == 0 )      // program error
        qFatal( "divide: cannot divide by zero" );
    return z/n;
}
```

Installieren eines eigenen Message-Handler

Alle drei zuvor vorgestellten Funktionen geben den Text unter X11 auf `stderr` aus und senden ihn unter Windows an den Debugger. Möchte man die Ausgabe an eine andere Stelle umlenken, muss man sich einen eigenen Message-Handler installieren. Dazu bietet Qt die folgende Funktion an:

`QtMsgHandler qInstallMsgHandler(msg_handler h)`

installiert einen Message-Handler und liefert einen Zeiger auf den zuvor installierten Message-Handler zurück. Die Funktion `qInstallMsgHandler()` erwartet als Argument die Adresse einer Funktion, nämlich die des Message-Handler. Die Funktion, die den Message-Handler definiert, muss folgende Deklaration haben:

`void messageHandler(QtMsgType type, const char *msg)`

`type` spezifiziert den Message-Typ: `QtDebugMsg`, `QtWarningMsg` oder `QtFatalMsg`, und `msg` liefert den auszugebenden Text. Zu einem Zeitpunkt kann in einer Applikation immer nur ein Message-Handler installiert sein. Um einen zuvor installierten Message-Handler wiederherzustellen, muss man nur `qInstallMsgHandler(0)` aufrufen.

```
#include <qapplication.h>
#include <stdio.h>
#include <stdlib.h>
void myMessageOutput( QtMsgType type, const char *msg ) {
  switch ( type ) {
    case QtDebugMsg:   fprintf(stderr, "Debug: %s\n", msg);    break;
    case QtWarningMsg: fprintf(stderr, "Warning: %s\n", msg); break;
    case QtFatalMsg:   fprintf(stderr, "Fatal: %s\n", msg);    abort(); //core-dump
  }
}
int main( int argc, char *argv[] ) {
  qInstallMsgHandler( myMessageOutput );
  QApplication a( argc, argv ); .......
  return a.exec();
}
```

21.2 Die Makros `ASSERT()` und `CHECK_PTR()`

Zwei wichtige Makros für Testzwecke aus der Headerdatei `<qglobal.h>` sind:

`ASSERT(b)`

`b` muss ein boolescher Ausdruck sein. Sollte Auswertung des Ausdrucks `b` `false` liefern, wird Funktion `qWarning()` mit folgendem Text als Argument aufgerufen: `"ASSERT: 'b' in file fileName (linenr)"`. Für *b* wird dabei entsprechender boolescher Ausdruck, für *`fileName`* der Name der Quelldatei und für *`linenr`* die Zeilennummer eingesetzt, in der dieses Makro `ASSERT()` aufgerufen wurde.

```
#include <qglobal.h>  //... Datei: div.cpp
int divide( int a, int b ) {
   ASSERT( b != 0 );  // Zeilennummer 3
   return a/b;
}
```

Wenn b den Wert 0 beim Aufruf der Funktion divide() hat, führt dies zur Ausgabe der folgenden Warnung: ASSERT: "b == 0" in div.cpp (3)

Möchte man, dass bei einem Fehlschlagen von ASSERT()-Makros nicht die Funktion qWarning() sondern die Funktion qFatal() aufgerufen wird, muss man die Konstante QT_FATAL_ASSERT definieren.

CHECK_PTR(p)

p muss hier ein Zeiger sein. Sollte p ein Null-Zeiger sein, wird die Funktion qFatal() z. B. mit dem folgenden Text als Argument aufgerufen:

In file *fileName*, linenr 234: Out of memory

Für *fileName* wird dabei der Name der Quelldatei und für *linenr* die Zeilennummer eingesetzt, in der dieses Makro CHECK_PTR() aufgerufen wurde.

Diese beiden Makros sind sehr nützlich, um Fehler in einem Programm aufzudecken, wie der nachfolgende Code nochmals verdeutlicht:

```
char *alloc( int size ) {
    ASSERT( size > 0 );
    char *p = new char[size];
    CHECK_PTR( p );
    return p;
}
```

Ein- und Ausschalten der Makros ASSERT() und CHECK_PTR()

Um die in einem Programm eingebauten Aufrufe der beiden Makros ASSERT() und CHECK_PTR() ein- oder auszuschalten, stehen die folgenden Flags (Konstanten) zur Verfügung.

QT_DEBUG	Debugging(Test)-Code einschalten
QT_NO_DEBUG	Debugging(Test)-Code ausschalten
QT_CHECK_STATE	ASSERT()-Makros einschalten
QT_CHECK_NULL	CHECK_PTR()-Makros einschalten
QT_CHECK_RANGE	Test auf Bereichsüberläufe einschalten
QT_CHECK_MATH	Test auf mathematisch unerlaubte Operationen (wie z. B. Division durch 0) einschalten
QT_NO_CHECK	Alle QT_CHECK_...-Flags ausschalten

Die Voreinstellung ist, dass sowohl alle QT_DEBUG- und auch alle QT_CHECK-Flags eingeschaltet sind. Um QT_DEBUG auszuschalten, muss man QT_NO_DEBUG definieren, und um die QT_CHECK-Flags auszuschalten, muss man QT_NO_CHECK definieren.

```
void f( char *p, int i ) {
#if defined(QT_CHECK_NULL)
    if ( p == 0 )
        qWarning( "f: Null pointer not allowed" );
#endif

#if defined(QT_CHECK_RANGE)
    if ( i < 0 )
        qWarning( "f: The index cannot be negative" );
#endif
}
```

Da ASSERT()- bzw. CHECK_PTR()-Makros zu leeren Ausdrücken expandiert werden, wenn QT_CHECK_STATE bzw. QT_CHECK_NULL nicht definiert ist, sollte man in keinem Fall Code wie im folgenden Beispiel angeben:

```
char *alloc( int size ) {
    char *p;
    CHECK_PTR( p = new char[size] );  // Falsch
    return p;
}
```

Stattdessen sollte man den folgenden Code angeben:

```
char *alloc( int size ) {
    char *p = new char[size];
    CHECK_PTR( p );
    return p;
}
```

21.3 Debuggen mittels Objektnamen

Die Qt-Konstruktoren besitzen einen eigenen Parameter für einen Namen (vom Typ const char *), der für Debugging-Zwecke genutzt werden kann. Der Name eines Objekts lässt sich mit der folgenden Funktion erfragen:

`const char *QObject::name() const`

Sollte ein Objekt keinen Namen haben, liefert diese Funktion den String unnamed zurück. Möchte man anstelle dieses String unnamed einen null-Zeiger bei namenlosen Objekten zurückgeliefert haben, muss man name(0) aufrufen.

Hat man die einzelne Objekte mit Namen versehen, so sind die beiden folgenden Methoden beim Debuggen nützlich:

`QObject::dumpObjectTree()`
: gibt eine Objekt-Hierarchie zu dem Objekt aus, in dem diese Funktion aufgerufen wird.

`QObject::dumpObjectInfo()`
: gibt Informationen über Signal-Verknüpfungen usw. für das Objekt aus, in dem diese Funktion aufgerufen wird.

Programm 21.1 ist ein Demoprogramm zu den eben vorgestellten Debugging-Funktionen.

Programm 21.1 – dumpobject.cpp:
Demoprogramm zum Debuggen mittels Objektnamen

```
#include <qapplication.h>
#include <qbuttongroup.h>
#include <qhbox.h>
#include <qradiobutton.h>
#include <qcheckbox.h>
#include <qgroupbox.h>
#include <qpushbutton.h>
#include <qvbox.h>
//.................................................... class ButtonGruppe
class ButtonGruppe : public QVBox {
public:
```

```
    ButtonGruppe( QWidget *parent, const char *name ) : QVBox( parent, name ) {
      QHBox *box1 = new QHBox( this, "box1" );
      QHBox *box2 = new QHBox( this, "box2" );
      QButtonGroup *grp1 = new QButtonGroup( 1, Horizontal,
                                  "Temperature", box1, "grp1" );
      grp1->setExclusive( true );
      (void)new QRadioButton( "&Cold", grp1, "cold" );
      (void)new QRadioButton( "&Warm", grp1, "warm" );
      QButtonGroup *grp2 = new QButtonGroup( 1, Horizontal,
                                  "Color", box1, "grp2" );
      grp2->setExclusive( false );
      (void)new QCheckBox( "&Red", grp2, "red" );
      (void)new QCheckBox( "&Green", grp2, "green" );
      qDebug( "........... Name of second ButtonGroup: %s", grp2->name() );
      QButtonGroup *grp3 = new QButtonGroup( 1, Horizontal,
                             "Push or Toggle", box2, "grp3" );
      (void)new QPushButton( "&Push me", grp3, "push" );
      QPushButton *toggle = new QPushButton( "&Toggle", grp3, "toggle" );
      toggle->setToggleButton( true );
      toggle->setOn( true );
      qDebug( "........................... dumpObjectTree()" );
      dumpObjectTree();
      qDebug( "........................... dumpObjectInfo()" );
      dumpObjectInfo();
      qDebug( "........... Name of this Object: %s", this->name() );
    }
};
//............................................................. main ..........
int main( int argc, char *argv[] ) {
    QApplication a( argc, argv );
    ButtonGruppe buttonGrp( 0, "ButtonGruppe" );
    buttonGrp.setCaption( "Buttons und Gruppen" );
    a.setMainWidget( &buttonGrp );
    buttonGrp.show();
    return a.exec();
}
```

Startet man Programm 21.1, blendet es ein Widget mit Radiobuttons, Checkboxen und zwei Pushbuttons ein. Zusätzlich gibt dieses Programm aber auch auf `stderr` die folgende Information aus, wenn die Qt-Bibliothek mit der Option `-debug` kompiliert wurde:

```
........... Name of second ButtonGroup: grp2
........................... dumpObjectTree()
QVBox::ButtonGruppe I
    QBoxLayout::ButtonGruppe
    QHBox::box1 I
        QHBoxLayout::box1
        QButtonGroup::grp1 I
            QVBoxLayout::unnamed
                QGridLayout::unnamed
            QRadioButton::cold I
```

```
                QAccel::buttonAccel
            QRadioButton::warm I
                QAccel::buttonAccel
        QButtonGroup::grp2 I
            QVBoxLayout::unnamed
                QGridLayout::unnamed
            QCheckBox::red I
                QAccel::buttonAccel
            QCheckBox::green I
                QAccel::buttonAccel
    QHBox::box2 I
        QHBoxLayout::box2
        QButtonGroup::grp3 I
            QVBoxLayout::unnamed
                QGridLayout::unnamed
            QPushButton::push I
                QAccel::buttonAccel
            QPushButton::toggle I
                QAccel::buttonAccel
.......................... dumpObjectInfo()
OBJECT QVBox::ButtonGruppe
  SIGNALS OUT
        destroyed()
          --> QGuardedPtrPrivate::_ptrpriv objectDestroyed()
          --> QGuardedPtrPrivate::_ptrpriv objectDestroyed()
          --> QGuardedPtrPrivate::_ptrpriv objectDestroyed()
          --> QGuardedPtrPrivate::_ptrpriv objectDestroyed()
          --> QGuardedPtrPrivate::_ptrpriv objectDestroyed()
          --> QGuardedPtrPrivate::_ptrpriv objectDestroyed()
  SIGNALS IN
        QBoxLayout::ButtonGruppe
        QAccel::buttonAccel
        QAccel::buttonAccel
        QAccel::buttonAccel
        QAccel::buttonAccel
        QAccel::buttonAccel
        QAccel::buttonAccel
.......... Name of this Object: ButtonGruppe
```

21.4 Testausgaben in eine Log-Datei[Z]

Das Programm `logging.cpp` protokolliert immer, wenn es aufgerufen wird, folgende Informationen am Ende einer eigenen Log-Datei `logfile.txt` mit: Zeitpunkt des Aufrufs und Argumente beim Aufruf.
Zudem gibt dieses Programm alle Ausgaben, die mit den Funktionen `qDebug()`, `qWarning()` oder `qFatal()` erfolgen, nicht auf `stderr` aus, sondern schreibt diese ebenfalls in diese Log-Datei `logfile.txt`.

Kapitel 22

Netzwerkprogrammierung mit Qt

Je weiter entfernt,
je größer die Sehnsucht.
– Sprichwort

Dieses Kapitel stellt die unterschiedlichen Typen von Qt-Klassen vor, mit denen man leicht und portabel Netzwerkprogrammierung durchführen kann:

- Protokollunabhängige Netzwerkprogrammierung
- Implementieren eigener Netzwerkprotokolle
- High-Level Socket-Programmierung
- Low-level Socket-Programmierung

22.1 Protokollunabhängige Netzwerkprogrammierung

Die Klassen `QUrlOperator`, `QUrl` und `QNetworkOperation` ermöglichen eine Netzwerkprogrammierung, die vom Netzwerkprotokoll unabhängig ist.

22.1.1 Die Klasse `QUrlOperator`

Die Klasse `QUrlOperator` stellt die üblichen Operationen (wie z. B. `get()`, `put()` usw.) zur Verfügung, die auf URLs (*Uniform Resource Locator*) möglich sind. Die Klasse `QUrlOperator` enthält eigentlich keine eigene Funktionalität für diese Operationen, sondern benutzt die entsprechende Funktionalität, welche die registrierten Netzwerkprotokolle zur Verfügung stellen. Dies bedeutet, dass sie abhängig vom verwendeten Protokoll der jeweiligen URL die Operationen der entsprechenden Netzwerkprotokoll-Klasse aufruft. Im einzelnen bedeutet dies, dass jede der Operations-Methoden aus der Klasse `QUrlOperation` ein `QNetworkOperation`-Objekt erzeugt, das die Operation beschreibt und welches in der Operations-Warteschlange des benutzten Netzwerkprotokolls platziert wird. Kann kein passendes Protokoll gefunden werden, weil keine Implementierung dafür registriert ist, schickt der entsprechende URL-Operator einen Fehler. Ebenso unterstützt auch nicht jedes Protokoll alle von der Klasse `QUrlOperator` angebotenen Operationen. Um z. B.

eine Datei von einem FTP-Server in das lokale Dateisystem herunterzuladen, kann der folgende Codeausschnitt verwendet werden:

```
QUrlOperator *op = new QUrlOperator();
op->copy( QString("ftp://ftp.trolltech.com/qt/source/qt-x11-free-3.2.3.tar.gz"),
          "file:/tmp" );
```

Nun kann man die entsprechenden Signale des `QUrlOperator`-Objekts mit eigenen Slotroutinen verbinden, um entsprechende Statusinformation über das Herunterladen anzuzeigen. Natürlich setzen diese beiden Codezeilen voraus, dass das FTP-Protokoll registriert ist. Man kann auch andere Operationen durchführen, wie z. B. neue Directories anlegen, Dateien löschen oder umbenennen usw. Um z. B. eine neues Directory in einem privaten FTP account einzurichten, wären die folgenden beiden Codezeilen denkbar:

```
QUrlOperator op( "ftp://username:password@host.domain.no/home/username" );
op.mkdir( "NewDirectory" );
```

Konstruktoren der Klasse `QUrlOperator`

Die von `QUrl` abgeleitete Klasse `QUrlOperator` bietet folgende Konstruktoren an:

`QUrlOperator()`
: legt eine leere ungültige URL an.

`QUrlOperator(QString& url)`
: legt eine URL zu dem String `url` an. Voreingestellt ist dabei das „file"-Protokoll. Ein Aufruf wie `QUrlOperator("/usr/lib")` entspricht also dem Aufruf `QUrlOperator("file:/usr/lib")`.

`QUrlOperator(QUrlOperator& url)`
: Dieser Copy-Konstruktor legt eine neue URL an, die eine Kopie von `url` ist.

`QUrlOperator(QUrlOperator& url,QString& relUrl,bool slash=false)`
: legt eine URL mit `url` als Basis und dem String `relUrl` als relative URL zu `url` an. Wenn `relUrl` nicht relativ ist, wird `relUrl` als neue URL verwendet.

```
QUrlOperator u( "ftp://ftp.trolltech.com/qt/source", "qt-x11-2.2.2.tar.gz" );
    //..... neuer URL = "/qt/source/qt-x11-2.2.2.tar.gz"
QUrlOperator u( "ftp://ftp.trolltech.com/qt/source", "/usr/local" );
    //..... neuer URL = "ftp://ftp.trolltech.com/usr/local"
QUrlOperator u( "ftp://ftp.trolltech.com/qt/source", "file:/usr/local" );
    //..... neuer URL = "file:/usr/local"
```

Normalerweise wird erwartet, dass der Pfad von `url` ein Directory benennt, auch wenn er keinen Slash am Ende hat. Wenn man jedoch möchte, dass der letzte Teil des Pfads als Dateiname interpretiert wird, wenn er nicht mit einem Slash endet, und durch `relUrl` zu ersetzen ist, muss für den Parameter `slash` der Wert `true` angegeben werden.

Da Operationen asynchron ausgeführt werden, kehrt der Aufruf für eine Operation zurück, bevor die Operation beendet ist. Deshalb liefern auch die nachfolgend vorgestellten Methoden für die Operationen keinen Rückgabewert, welcher auf Erfolg oder Misserfolg der geforderten Operation schließen lässt. Der Rückgabewert der Operations-Methoden ist immer ein Zeiger auf das `QNetworkOperation`-Objekt, das für diese Operation erzeugt wurde. In diesem `QNetworkOperation`-Objekt befinden sich alle Informationen zu dieser Operation. So bietet z. B. die Klasse `QNetworkOperation` eine Methode an, die den Zustand der Operation zurückliefert. Durch Aufruf dieser Methode kann man

jederzeit den aktuellen Zustand erfragen, in dem sich eine Operation gerade befindet. Weitere Methoden der Klasse `QNetworkOperation` erlauben das Erfragen des Typs der Operation oder der Argumente, die beim Aufrufen der Operations-Methode angegeben wurden. Wird eine angeforderte Operation gerade bearbeitet, so schickt das zugehörige `QUrlOperator`-Objekt immer Signale, die darüber informieren, wie weit die Operation schon durchgeführt ist.
Da jede angeforderte Operation für ein `QUrlOperator`-Objekt in eine Warteschlange eingereiht wird, in der zu einem Zeitpunkt mehrere Operationen auf ihre Bearbeitung warten, wird bei den entsprechenden Signalen als letztes Argument ein Zeiger auf das zugehörige `QNetworkOperation`-Objekt mitgeliefert, sodass man bei der Bearbeitung des Signals die entsprechende Operation identifizieren kann, für die dieses Signal geschickt wurde.

Operations-Methoden der Klasse `QUrlOperator`

Die Beendigung aller nachfolgend vorgestellten Operationen wird durch Senden des Signals `finished()` angezeigt, unabhängig davon, ob die Operation erfolgreich war oder nicht. Ob die Operation erfolgreich war oder nicht, kann man aus der Zustandsinformation und dem Fehlercode des Arguments erfahren, das dieses Signal liefert.
Da Operationen nicht sofort ausgeführt werden, wird ein Zeiger auf das `QNetworkOperation`-Objekt zurückgegeben, das für die jeweilige Operation erzeugt wurde. Dieses Objekt enthält alle Daten zu dieser Operation. Falls die entsprechende Operation kein `QNetworkOperation`-Objekt erzeugen kann, liefert sie `0` zurück.

`QNetworkOperation *put(QByteArray& data, QString& location=null) virtual`

fordert das Netzwerkprotokoll auf, an die URL `location` bzw. bei `location=null` an die Stelle, auf die dieses URL zeigt, Daten zu schicken. Abhängig vom Netzwerkprotokoll können nach der Datenübertragung wieder Daten zurückkommen, was durch das Schicken des Signals `data()` angezeigt wird. Solange diese Operation noch nicht abgeschlossen ist, wird ständig das Signal `dataTransferProgress()` geschickt, was darüber informiert, wie weit die Operation fortgeschritten ist. Bei `location=null` sollte der Pfad dieses `QUrlOperator`-Objekts bei dieser Operation auf eine Datei zeigen. Um z. B. Daten in eine Datei eines FTP-Servers zu übertragen, wären die beiden folgenden Codezeilen denkbar:

```
QUrlOperator op( "ftp://ftp.whatever.com/home/me/filename" );
op.put( data );
```

Wenn es aber erforderlich ist, dass der Pfad des `QUrlOperator`-Objekts auf ein Directory eingestellt ist, was für die meisten anderen Operationen gilt, so müsste man zum Übertragen einer Datei z. B. die folgende Vorgehensweise wählen:

```
QUrlOperator op( "ftp://ftp.whatever.com/home/me" );
op.put( data, "filename" ); //... schreibt data in die Datei
                            //...  ftp://ftp.whatever.com/home/me/filename
```

`QNetworkOperation *get(QString& location=null) virtual`

fordert das Netzwerkprotokoll auf, von URL `location` bzw. bei `location=null` von der Stelle, auf die diese URL zeigt, neue Daten bereitzustellen. Wenn neue Daten ankommen, wird das Signal `data()` geschickt. Da es unwahrscheinlich ist, dass alle Daten auf einmal übertragen werden, wird das Signal `data()` entsprechend mehrmals geschickt.

Solange diese Operation noch nicht abgeschlossen ist, wird ständig das Signal dataTransferProgress() geschickt, was darüber informiert, wie weit die Operation fortgeschritten ist. Bei location=null sollte der Pfad dieses QUrlOperator-Objekts bei dieser Operation auf eine Datei zeigen. Um z. B. den Inhalt einer Webseite zu erhalten, wären die beiden folgenden Codezeilen denkbar:

```
QUrlOperator op( "http://www.whatever.org/cgi-bin/search.pl?cmd=Hallo" );
op.get();
```

Wenn es aber erforderlich ist, dass der Pfad des QUrlOperator-Objekts auf ein Directory eingestellt ist, was für die meisten anderen Operationen gilt, so müsste man zum Herunterladen einer Datei z. B. die folgende Vorgehensweise wählen:

```
QUrlOperator op( "ftp://ftp.suse.com/pub" );
op.get( "file.txt" );   //... lädt Daten von
                        //...  ftp://ftp.suse.com/pub/file.txt herunter
```

QPtrList<QNetworkOperation> copy(QString& from, QString& to,
bool move=false, bool toPath=true) virtual

kopiert die Datei from nach to. Bei move=true wird die Datei from nach to verschoben, sodass danach die Datei from nicht mehr existiert. Während from der Name einer Datei sein muss, muss to der Name eines Directory sein, außer für den Fall toPath=false. Das Kopieren wird dabei unter Verwendung der beiden zuvor beschriebenen Methoden get() und put() durchgeführt. Wie bei get() und put() wird ständig das Signal dataTransferProgress() geschickt, das darüber informiert, wie weit die Operation fortgeschritten ist. Allerdings muss man hier wissen, dass dieses Signal sowohl von put() als auch von get() kommen kann, weshalb man den Typ der Operation erfragen muss, von der dieses Signal geschickt wird, wenn man wirklich genau wissen möchte, wie weit der Kopiervorgang schon fortgeschritten ist. Dieses Erfragen der Herkunft des Signals ist über den QNetworkOperation-Zeiger möglich, den das Signal dataTransferProgress() als letztes Argument bereitstellt. Da ein Kopiervorgang sich aus mehreren Operationen (get(), put() und eventuell remove() bei move=true) zusammensetzt, liefert diese Methode nicht ein QNetworkOperation-Objekt zurück, sondern eine Liste solcher Objekte, und zwar in der Reihenfolge der Operationen get(), put() und eventuell remove().

copy(QStringList& files, QString& dest, bool move=false) virtual

kopiert die Dateien files in das Directory dest. Bei move=true werden die files nach dest verschoben. dest muss hier der Name eines Directory sein. Diese Methode ruft zum Kopieren der einzelnen Dateien die obige Methode copy() auf. Anders als die obige Methode liefert diese Methode kein Resultat zurück. Stattdessen schickt sie immer das Signal startedNextCopy(), wenn das Kopieren einer neuen Datei beginnt. Das Argument dieses Signals liefert eine Liste von QNetworkOperation-Objekte, die den aktuellen Kopiervorgang beschreiben.

QNetworkOperation *remove(QString& filename) virtual

versucht die Datei filename zu löschen. Wenn diese erfolgreich gelöscht werden kann, wird das Signal removed() geschickt. Der Pfad dieses QUrlOperator-Objekts muss bei dieser Operation auf ein Directory zeigen, da hier für den Parameter filename ein relativer Dateiname angegeben wird.

`QNetworkOperation *rename(QString& old, QString& new) virtual`
: versucht die Datei `old` in `new` umzubenennen. Wenn dieses Umbenennen erfolgreich verlief, wird das Signal `itemChanged()` geschickt. Der Pfad dieses `QUrlOperator`-Objekts muss bei dieser Operation auf ein Directory zeigen, da für die Parameter `old` und `new` relative Dateinamen angegeben werden.

`QNetworkOperation *mkdir(QString& dirname) virtual`
: versucht das Directory `dirname` anzulegen. Wenn dieses Anlegen erfolgreich war, wird das Signal `newChildren()` mit dem neuen Kind als Argument geschickt. Ebenso wird das Signal `createdDirectory()` mit Informationen zu diesem neuen Kind geschickt. Der Pfad dieses `QUrlOperator`-Objekts muss bei dieser Operation auf ein Directory zeigen.

`QNetworkOperation *listChildren() virtual`
: startet das Auflisten der Kinder (z. B. eines Directory) dieses `QUrlOperator`-Objekts. Das Signal `start()` wird geschickt, bevor der erste Eintrag aufgelistet wird, und für jede Liste von neuen Einträgen wird das Signal `newChildren()` geschickt. Der Pfad dieses `QUrlOperator`-Objekts muss bei dieser Operation auf ein Directory zeigen.

Weitere Methoden der Klasse `QUrlOperator`

`QUrlInfo info(QString& entry) virtual`
: liefert die URL-Information für das Kind `entry` oder ein leeres `QUrlInfo`-Objekt, wenn zu diesem Eintrag `entry` keine Information verfügbar ist. Die Klasse `QUrlInfo` wird ab Seite 666 vorgestellt.

`getNetworkProtocol() protected`
: findet ein Netzwerkprotokoll für diese URL und löscht das alte Netzwerkprotokoll.

`bool isDir(bool *ok=0) virtual`
: liefert `true`, wenn die URL ein Directory ist, andernfalls `false`. Diese Methode funktioniert nicht immer richtig, wenn das Protokoll der URL etwas anderes als `file` ist. Um absolut sicher zu sein, dass der Rückgabewert der Wahrheit entspricht, kann man die Adresse einer booleschen Variablen übergeben. Ist `*ok` nach diesem Aufruf `true`, dann ist der Rückgabewert in jedem Fall korrekt, und bei `*ok=false` eben nur eventuell richtig.

`stop() virtual`
: stoppt die Netwerkoperation, die gerade bearbeitet wird, und entfernt alle wartenden Netzwerkoperationen dieses `QUrlOperator`-Objekts aus der Warteschlange.

Signale der Klasse `QUrlOperator`

In den folgenden Signalen ist der Parameter `op` immer ein Zeiger auf das entsprechende `QNetworkOperation`-Objekt, das alle Informationen zur betreffenden Operation einschließlich von Zustandsinformation usw. enthält.

`start(QNetworkOperation *op)`
: Einige Operationen wie z. B. `listChildren()` schicken dieses Signal, wenn die Bearbeitung der Operation beginnt.

`finished(QNetworkOperation *op)`
: wird geschickt, wenn eine Operation beendet ist, unabhängig davon, ob sie erfolgreich verlief oder nicht. Mit der Zustandsinformation und dem Fehlercode des Arguments `*op` kann man prüfen, ob die Operation erfolgreich war oder nicht,

`dataTransferProgress(int bytesDone, int bytesTotal, QNetworkOperation *op)`
wird geschickt, wenn Daten mittels `get()` und `put()` transferiert werden. Der Parameter `bytesDone` enthält die Anzahl der schon transferierten Bytes und `bytesTotal` die Anzahl der gesamten zu transferierenden Bytes. `bytesTotal` hat den Wert `-1`, wenn die Gesamtzahl der zu transferierenden Daten nicht bekannt ist.

`newChildren(const QValueList<QUrlInfo>& i, QNetworkOperation *op)`
wird geschickt, nachdem `listChildren()` aufgerufen wurde und neue Kinder (wie z. B. Dateien) aus einer Liste von Dateien gelesen wurden. Der Parameter `i` enthält die Information über die neuen Kinder.

`createdDirectory(const QUrlInfo& i, QNetworkOperation *op)`
wird geschickt, wenn die Operation `mkdir()` erfolgreich durchgeführt und das entsprechende Directory angelegt werden konnte. Der Parameter `i` enthält die Informationen über das neue Directory. Mit dem Aufruf `op->arg(0)` kann man den Namen des neuen Directory erfragen.

`removed(QNetworkOperation *op)`
wird geschickt, wenn die Operation `remove()` erfolgreich durchgeführt und die entsprechende Datei gelöscht werden konnte. Mit dem Aufruf `op->arg(0)` kann man den Namen der gelöschten Datei erfragen.

`itemChanged(QNetworkOperation *op)`
wird immer geschickt, wenn eine Datei, die ein Kind dieser URL ist, geändert wurde, z. B. durch einen erfolgreichen Aufruf von `rename()`. `op->arg(0)` liefert den originalen und `op->arg(1)` den neuen Dateinamen.

`startedNextCopy(const QPtrList<QNetworkOperation>&lst)`
wird geschickt, wenn `copy()` einen neuen Kopiervorgang startet. Der Parameter `lst` enthält alle `QNetworkOperation`-Objekte, die diese Kopier-Operation beschreiben.

`data(const QByteArray& data, QNetworkOperation *op)`
wird geschickt, nachdem neue Daten, bedingt durch Aufrufe von `get()` oder `put()`, angekommen sind. Mit `op->arg(0)` kann man den Namen der Datei, die Daten empfangen hat, und mit `op->rawArg(1)` kann man die Daten selbst erfragen.

`connectionStateChanged(int state, const QString& data)`
wird immer geschickt, wenn sich der Zustand der Verbindung des Netzwerkprotokolls des URL-Operators ändert. Der Parameter `state` liefert den neuen Zustand der Verbindung, was einer der folgenden Werte sein kann: `QNetworkProtocol::ConHostFound`, `QNetworkProtocol::ConConnected` oder `QNetworkProtocol::ConClosed`. Der Parameter `data` enthält eine zugehörige Nachricht.

Herunterladen einer Datei von einem FTP-Server[B]

Programm 22.1 ermöglicht es dem Benutzer, sich den Inhalt einer Datei, die sich im lokalen Dateisystem oder aber auch auf einem FTP-Server befindet, anzeigen zu lassen (siehe auch links in Abbildung 22.1). Zur Auswahl der anzuzeigenden Datei muss der Benutzer nur auf den Button *Download a file...* klicken und er bekommt anschließend ein Filedialog-Widget eingeblendet, das ihm die entsprechende Datei von einem FTP-Server oder aus dem lokalen Dateisystem auswählen lässt (siehe auch rechts in Abbildung 22.1).

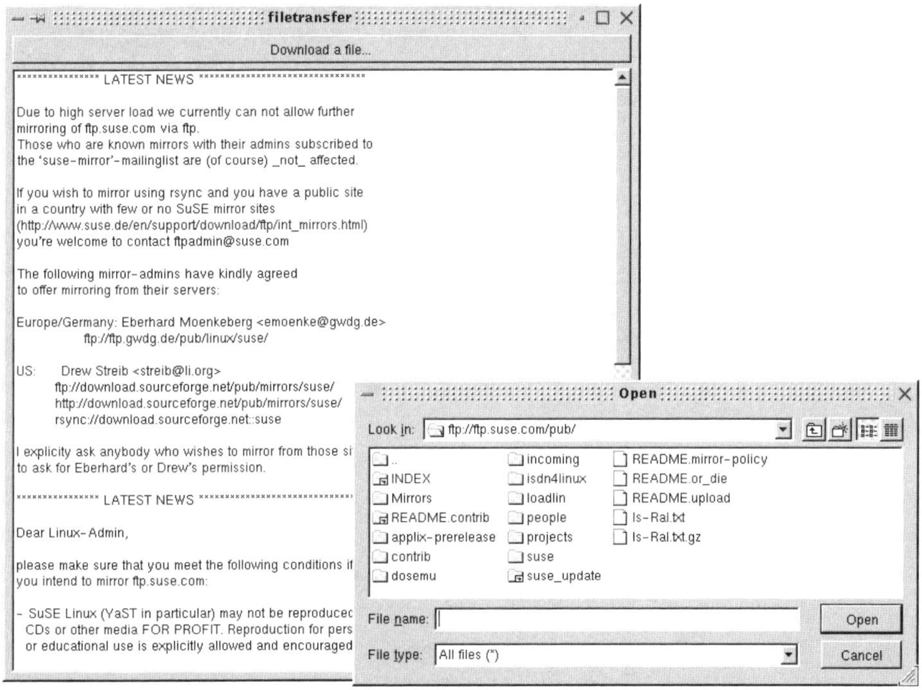

Abbildung 22.1: Inhalt einer Datei, die sich im lokalen Dateisystem oder auf einem FTP-Server befindet, sowie Filedialog-Widget zur Auswahl einer Datei auf FTP-Server bzw. im lokalen Dateisystem

Programm 22.1 – `filetransfer.cpp`:
Herunterladen einer Datei von einem FTP-Server

```
#include <qapplication.h>
#include <qnetwork.h>
#include <qvbox.h>
#include <qstring.h>
#include <qpushbutton.h>
#include <qtextedit.h>
#include <qfiledialog.h>
#include <qurloperator.h>
class View : public QVBox {
    Q_OBJECT
public:
    View() : QVBox() {
       setSpacing( 5 );   setMargin( 5 );
       QPushButton *b = new QPushButton( "Download a file...", this );
       connect( b, SIGNAL( clicked() ), this, SLOT( downloadFile() ) );
       fileView = new QTextEdit( this );  fileView->setReadOnly( true );
       connect( &op,  SIGNAL( data( const QByteArray &, QNetworkOperation * ) ),
                this, SLOT( newData( const QByteArray & ) ) );
    }
```

```
private slots:
    void downloadFile() {
        // QString file = QFileDialog::getOpenFileName();
        // unter Windows darf man nicht den zugrundliegenden Filedialog verwenden
        QString file = getOpenFileName();
        if ( !file.isEmpty() ) {
            fileView->clear();
            op = file;  op.get();    // Download der Daten
        }
    }
    void newData( const QByteArray &ba ) { fileView->append( ba ); }
private:
    QTextEdit *fileView;
    QUrlOperator  op;
    QString getOpenFileName() {
        static QString workingDirectory = "ftp://ftp.suse.com/";
        QFileDialog *dlg = new QFileDialog( workingDirectory,
                                            QString::null, 0, 0, true );
        dlg->setCaption( "Open" );
        dlg->setMode( QFileDialog::ExistingFile );
        QString result;
        if ( dlg->exec() == QDialog::Accepted ) {
            result = dlg->selectedFile();
            workingDirectory = dlg->url();
        }
        delete dlg;
        return result;
    }
};
#include "filetransfer.moc"
int main( int argc, char *argv[] ) {
    QApplication a( argc, argv );
    qInitNetworkProtocols(); // Implementierte Netzwerkprotokolle initialisieren
    View v;  v.resize( 600, 600 );  v.show();
    a.setMainWidget( &v );
    return a.exec();
}
```

22.1.2 Die Klasse `QUrl`

Die Klasse `QUrl`, von der die Klasse `QUrlOperator` abgeleitet ist, vereinfacht das Arbeiten mit URLs, indem sie dem Benutzer das Parsen, Kodieren und Dekodieren von URLs abnimmt. Die Klasse `QUrl` wird normalerweise wie folgt verwendet:

```
QUrl u( "http://www.trolltech.com" );
```

oder

```
QUrl u( "file:/home/myself/Mail", "Inbox" );
```

Danach ist dann ein Zugriff auf die Teile der URL möglich. Um ein einfaches Zusammenarbeiten zwischen den Klassen `QUrl` und `QString` zu ermöglichen, stellt die Klasse `QUrl` automatisch die erforderlichen Cast- und Zuweisungsoperationen zur Verfügung. Zum Beispiel könnte man folgenden Code angeben:

```
QUrl u( "http://www.trolltech.com" );    QString s = u;
```

oder

```
QString s( "http://www.trolltech.com" );    QUrl u( s );
```

Wenn man eine URL für eine hierarchische Struktur, wie z. B. ein lokales oder entferntes Dateisystem benötigt, sollte man die von der Klasse `QUrl` abgeleitete Klasse `QUrlOperator` verwenden. Die von der Klasse `QUrl` angebotenen Konstruktoren sind:

`QUrl()`

`QUrl(QString& url)`

`QUrl(QUrl& url)`

`QUrl(QUrl& url, QString& relUrl, bool slash=false)`

diese Konstruktoren entsprechen weitgehend denen der Klasse `QUrlOperator` (siehe Seite 658), weshalb hier auf eine erneute Beschreibung verzichtet werden kann.

Wichtige Methoden, die die Klasse `QUrl` anbietet, sind:

`QString path(bool correct=true) const`

liefert den Pfad der URL. Bei `correct=true` werden überflüssige Slashes aus dem Pfadnamen entfernt.

```
QString toString(bool encodedPath=false,
                 bool preProt=true) const virtual
```

liefert den String der URL. Bei `encodedPath=true` wird der zurückgelieferte String der URL kodiert, ansonsten dekodiert, sodass z.B. %20-Angaben durch Leerzeichen ersetzt werden. Bei `preProt=true` befindet sich das Protokoll (wie z. B.: `file:/`) am Anfang des zurückgelieferten String.

`QString fileName() const`

liefert Dateinamen der URL. Wenn Pfad der URL keinen Slash am Ende enthält, liefert diese Methode den Teil zwischen dem letzten Slash und dem Ende des Pfads. Wenn der Pfad einen Slash am Ende hat, liefert diese Methode einen leeren String.

`QString dirPath() const`

liefert den Directorypfad der URL ohne den Dateinamen. Dies ist der Teil des URL-Pfadnamens ohne `filename()`.

`QString encodedPathAndQuery()`

liefert den Pfad mit Query (beide kodiert).

```
QString host() const     QString password() const
int port() const         QString protocol() const
QString query() const    QString ref() const
QString user() const
```

liefern den Hostnamen, das Passwort, den Port, das Protokoll (wie z. B. `file` oder `ftp`), das kodierte Query, die Referenz bzw. den Benutzernamen der URL.

```
bool hasHost() const    bool hasPassword() const
bool hasPath() const    bool hasPort() const
bool hasRef() const     bool hasUser() const
```

liefern `true`, wenn die URL einen Hostnamen, ein Passwort, einen Pfad, einen Port, eine Referenz bzw. einen Benutzernamen enthält, andernfalls `false`.

`bool isLocalFile() const`

`bool isRelativeUrl(const QString& url) static`

`bool isValid() const`

liefern `true`, wenn URL lokale Datei, relativ bzw. eine gültige URL ist, sonst `false`.

`setFileName(const QString& name) virtual`

legt den Dateinamen der URL fest. Wenn die URL einen Dateinamen hat, wird dieser durch `name` ersetzt; siehe dazu auch die Beschreibung von `fileName()`.

`setEncodedPathAndQuery(const QString& path) virtual`

legt den Pfad und Query für die URL fest. Beide müssen kodiert sein.

`setHost(const QString& host) virtual`

`setPassword(const QString& pass) virtual`

`setPath(const QString& path) virtual`

`setPort(int port) virtual`

`setProtocol(const QString& protocol) virtual`

`setQuery(const QString& txt) virtual`

`setRef(const QString& txt) virtual`

`setUser(const QString& user) virtual`

legen den Hostnamen, das Passwort, den Pfadnamen, den Port, das Protokoll (wie z. B. `file` oder `ftp`), das Query (muss kodiert sein), die Referenz (muss kodiert sein) bzw. den Benutzernamen der URL fest.

`addPath(const QString& pa) virtual`

fügt den Pfad `pa` an den Pfad der URL an.

`bool cdUp() virtual`

wechselt in das übergeordnete Directory.

`encode(QString& url) static`

kodiert den String `url`.

`decode(QString& url) static`

dekodiert den String `url`.

`QUrl& operator= (const QString& url)`

weist dieser URL die Daten von `url` zu. Wird beim String `url` kein Protokoll angegeben, wie z. B. `/home/qt`, dann wird das `file`-Protokoll angenommen.

`QUrl& operator= (const QUrl& url)`

weist dieser URL die Daten von `url` zu.

`bool operator== (const QString& url) const`

`bool operator== (const QUrl& url) const`

liefern `true`, wenn diese URL gleich `url` ist, andernfalls `false`.

`reset() virtual protected`

setzt alle Werte der URL auf ihre voreingestellten Werte zurück, was diese URL ungültig macht.

22.1.3 Die Klasse `QUrlInfo`

Die Klasse `QUrlInfo` enthält Informationen zu URLs. Folgende Konstruktoren bietet die Klasse `QUrlInfo` an:

`QUrlInfo()`

legt ein leeres `QUrlInfo`-Objekt mit voreingestellten Werten an.

`QUrlInfo(XXXX, int permissions, QString& owner, QString& group, uint size, QDateTime& lastModified, QDateTime& lastRead, bool isDir, bool isFile, bool isSymLink, bool isWritable, bool isReadable, bool isExecutable)`
: Dieser Konstruktor wird in zwei Varianten angeboten, wobei bei der einen Variante der erste Parameter *XXXX* `const QString& name` und bei der anderen `const QUrl& url` ist. Beide Varianten legen ein `QUrlInfo`-Objekt mit allen Informationen für die URL an.

`QUrlInfo(const QUrlOperator& path, QString& file)`
: legt ein `QUrlInfo`-Objekt mit der Datei `file` im Pfad `path` an.

`QUrlInfo(const QUrlInfo& ui)`
: ist ein Copy-Konstruktor.

Einige wichtige Methoden, die die Klasse `QUrlInfo` anbietet, sind:

`setFile(bool b) virtual`
`setDir(bool b) virtual`
`setSymLink(bool b) virtual`
: legen fest, ob URL eine Datei, ein Directory bzw. ein symbolischer Link ist.

`setReadable(bool b) virtual , setWritable(bool b) virtual`
: legen fest, ob URL lesbar bzw. beschreibbar sein soll.

`bool isFile() const` `bool isDir() const`
`bool isSymLink() const` `bool isReadable() const`
`bool isWritable() const` `bool isExecutable() const`
: liefern `true`, wenn entsprechendes für URL zutrifft, ansonsten `false`.

`setPermissions(int p) virtual , int permissions() const`
: setzt bzw. liefert die URL-Zugriffsrechte.

`setOwner(const QString& s) virtual` `QString owner() const`
`setGroup(const QString& s) virtual` `QString group() const`
: setzen bzw. liefern URL-Eigentümer/Gruppe.

`setName(const QString& name) virtual` `QString name() const`
`setSize(uint s) virtual` `uint size() const`
: setzen bzw. liefern URL-Dateiname bzw. -Größe.

`QUrlInfo& operator= (const QUrlInfo& ui)`
: weist die Werte von `ui` diesem `QUrlInfo`-Objekt zu.

22.1.4 Die Klasse `QNetworkOperation`

Die Klasse `QNetworkOperation` ermöglicht es, Operationen für Netzwerkprotokolle zu definieren und Informationen zu einer Netzwerkoperation (wie aktueller Zustand, Argumente usw.) zu erfragen. Für jede Operation, die ein Netwerkprotokoll durchführen soll, wird ein `QNetworkOperation`-Objekt erzeugt, um die Operation und den aktuellen Zustand zu beschreiben. Für den Typ einer Operation stehen die folgenden Konstanten (`QNetworkProtocol::Operation`) zur Verfügung:

`OpListChildren`	Auflisten der Kinder einer URL, z. B. die eines Directory
`OpMkDir`	Anlegen eines Directory
`OpRemove, OpRename`	Löschen bzw. Umbenennen eines Kindes (z. B. einer Datei)
`OpGet, OpPut`	Anfordern bzw. Schicken von Daten

Für den Zustand einer Operation stehen die folgenden Konstanten (`QNetworkProtocol::State`) zur Verfügung:

`StWaiting`	Operation befindet sich in der Warteschlange des Netzwerkprotokolls und wartet auf ihre Bearbeitung.
`StInProgress`	Operation wird gerade bearbeitet.
`StDone`	Operation wurde erfolgreich durchgeführt.
`StFailed`	Operation konnte nicht erfolgreich durchgeführt werden.
`StStopped`	wurde bearbeitet, jedoch aber gestoppt, bevor sie sich beendete.

Folgende Konstruktoren bietet die Klasse `QNetworkOperation` an:

```
QNetworkOperation(QNetworkProtocol::Operation op,
            QByteArray& arg0, QByteArray& arg1, QByteArray& arg2)
QNetworkOperation(QNetworkProtocol::Operation op,
            QString& arg0, QString& arg1, QString& arg2)
```

legen beide ein Netzwerkoperation-Objekt an. `op` legt dabei den Typ der Operation fest. `arg0`, `arg1` und `arg2` sind dabei die ersten drei (raw)-Argumente der Operation. Der Zustand dieses Operationsobjekts wird auf `StWaiting` gesetzt.

Einige wichtige Methoden der Klasse `QNetworkOperation` sind:

`QNetworkProtocol::Operation operation() const`

`QNetworkProtocol::State state() const`

liefern den Typ bzw. den Zustand der Operation.

`QString arg(int n) const`

`QByteArray rawArg(int n) const`

liefern n.tes (raw)-Datenargument der Operation. Wenn dieses Argument nicht gesetzt wurde, wird ein leerer String bzw. ein leeres Bytearray zurückgegeben.

`int errorCode() const`

liefert Fehlercode, wenn Operation nicht erfolgreich durchgeführt werden konnte.

`QString protocolDetail() const`

Wenn die Operation nicht erfolgreich durchgeführt werden konnte, liefert diese Methode eine etwas detailliertere Fehlermeldung.

`setState(QNetworkProtocol::State state)`

setzt den Zustand der Operation auf `state`; diese Methode sollte vom Netzwerkprotokoll aufgerufen werden.

`setArg(int n, const QString& arg)`

`setRawArg(int n, const QByteArray& arg)`

setzen das n.te (raw-Daten-)Argument der Operation auf `arg`.

`setErrorCode(int ec)`

Wenn die Operation nicht erfolgreich durchgeführt werden konnte, sollte das entsprechende Protokoll diese Methode aufrufen, um einen entsprechenden Fehlercode zu setzen. Welche Fehlercodes hier möglich sind, wird ab Seite 675 beschrieben.

`setProtocolDetail(QString& detail)`

Wenn Operation nicht erfolgreich durchgeführt werden konnte, sollte entsprechendes Protokoll diese Methode aufrufen, um detailliertere Fehlermeldung festzulegen.

`free()`

löscht `QNetworkOperation`-Objekt, wenn es eine Sekunde nicht benutzt wurde, also keine Methode von ihm aufgerufen wurde. Benötigt ein `QNetworkProtocol`-Objekt eine Operation nicht mehr, sollte es diese Methode aufrufen.

Eine Slotroutine, die man mit dem Signal `QUrlOperator::finished( QNetworkOperation *)` verbindet, könnte z. B. wie folgt aussehen:

```
void slotOperationFinished( QNetworkOperation *op ) {
    switch ( op->operation() ) {
       case QNetworkProtocol::OpMkDir:
          if ( op->state() == QNetworkProtocol::StFailed )
             qDebug( "Konnte Directory %s nicht anlegen", op->arg(0).latin1() );
          else
             qDebug( "Directory %s wurde angelegt", op->arg(0).latin1() );
          break;
       //......
    }
}
```

Da einige Operationen auch andere Signale schicken, sollte man bei Bedarf diese Signale mit entsprechenden Slotroutinen verbinden. Nachfolgend ist ein Beispiel für die Operation `listChildren()` beim Lesen eines Directory auf einem FTP-Server gezeigt:

```
QUrlOperator op;

MyClass::MyClass() : QObject(), op( "ftp://ftp.trolltech.com" ) {
    connect( &op, SIGNAL( newChildren( const QValueList<QUrlInfo> &,
                                   QNetworkOperation * ) ),
             this, SLOT( slotInsertEntries( const QValueList<QUrlInfo> &,
                                   QNetworkOperation * ) ) );
    connect( &op, SIGNAL( start( QNetworkOperation * ) ),
             this, SLOT( slotStart( QNetworkOperation *) ) );
    connect( &op, SIGNAL( finished( QNetworkOperation * ) ),
             this, SLOT( slotFinished( QNetworkOperation *) ) );
}
void MyClass::slotInsertEntries( const QValueList<QUrlInfo> &info,
                                 QNetworkOperation * ) {
    QValueList<QUrlInfo>::ConstIterator it = info.begin();
    for ( ; it != info.end(); ++it ) {
       const QUrlInfo &inf = *it;
       qDebug( "Name: %s, Size: %d, Last Modified: %s",
               inf.name().latin1(), inf.size(),
               inf.lastModified().toString().latin1() );
    }
}
void MyClass::slotStart( QNetworkOperation * ) {
    qDebug( "Start reading '%s'", op.toString().latin1() );
}
void MyClass::slotFinished( QNetworkOperation *operation ) {
    if ( operation->operation() == QNetworkProtocol::OpListChildren ) {
       if ( operation->state() == QNetworkProtocol::StFailed )
          qDebug( "Couldn't read '%s'! Following error occurred: %s",
                  op.toString().latin1(), operation->protocolDetail().latin1() );
       else
          qDebug( "Finished reading '%s'!", op.toString().latin1() );
    }
}
```

22.1.5 Herunterladen einer Datei von einem FTP-Server mit Fortschrittsanzeige^B

Programm 22.2 leistet Ähnliches wie Programm 22.1, indem es den Benutzer eine Datei auf einem FTP-Server auswählen lässt (siehe auch Abbildung 22.1), die herunterzuladen ist. Anders als Programm 22.1 blendet dieses Programm nach der Auswahl einer herunterzuladenden Datei ein neues Filedialog-Widget ein, in dem der Benutzer ein Directory auswählen muss, in das die herunterzuladende Datei zu speichern ist. Hat der Benutzer das Zieldirectory ausgewählt, beginnt Programm 22.2 mit dem Herunterladen der betreffenden Datei, wobei es in einer Fortschrittsanzeige anzeigt, wie viele Bytes schon heruntergeladen wurden (siehe auch links in Abbildung 22.2). In dem Hauptwidget protokolliert dieses Programm mit, welche Dateien erfolgreich oder eventuell nicht erfolgreich heruntergeladen wurden (siehe rechts in Abbildung 22.2).

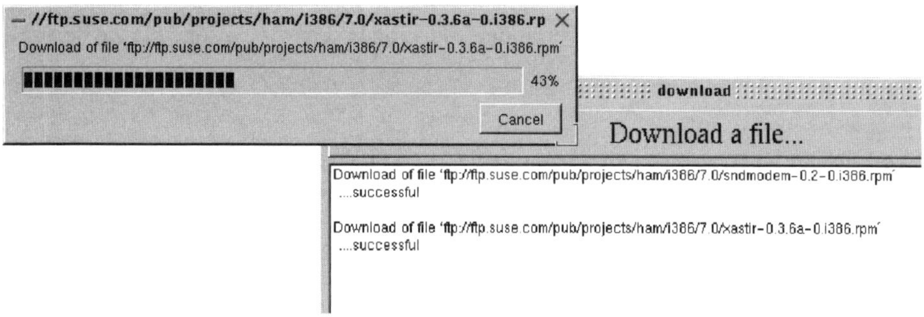

Abbildung 22.2: Fortschrittsanzeige beim Herunterladen einer Datei sowie Protokoll über heruntergeladene Dateien

Programm 22.2 – `download.cpp`:
Herunterladen einer Datei von einem FTP-Server mit Fortschrittsanzeige

```
#include <qapplication.h>
#include <qnetwork.h>
#include <qvbox.h>
#include <qstring.h>
#include <qpushbutton.h>
#include <qtextedit.h>
#include <qfiledialog.h>
#include <qurloperator.h>
#include <qprogressdialog.h>
class View : public QVBox {
    Q_OBJECT
public:
    View() : QVBox() {
        setSpacing( 5 );
        setMargin( 5 );
        QPushButton *b = new QPushButton( "Download a file...", this );
        connect( b,    SIGNAL( clicked() ),
                 this, SLOT( downloadFile() ) );
        b->setFont( QFont( "Times", 24 ) );
```

```
      logInfo = new QTextEdit( this );
      logInfo->setReadOnly( true );
      first = true;
      connect( &op,
          SIGNAL( dataTransferProgress( int, int, QNetworkOperation * ) ),
          this, SLOT( downloadProgress( int, int, QNetworkOperation * ) ) );
      connect( &op,  SIGNAL( finished( QNetworkOperation * ) ),
               this, SLOT( done( QNetworkOperation * ) ) );
   }
private slots:
   void downloadFile() {
      from = getOpenFileName();
      if ( !from.isEmpty() ) {
          to = QFileDialog::getExistingDirectory( "." );
          if ( !to.isEmpty() )
             op.copy( from, to );
      }
   }
   void downloadProgress( int bytesDone, int bytesTotal, QNetworkOperation *o ) {
      if ( o->operation() == QNetworkProtocol::OpGet ) {
         if ( first ) {
            first = false;
            QString t;
            t.sprintf( "Download of file `%s´", (const char *)from );
            pd = new QProgressDialog( t, "Cancel", bytesTotal, 0, 0, true );
            pd->setCaption( t );
            logInfo->append( t );
         }
         if ( pd->wasCancelled() ) {
            op.stop();
            delete pd;
         } else
            pd->setProgress( bytesDone );
      }
   }
   void done( QNetworkOperation *op ) {
      first = true;
      if ( op->state() != QNetworkProtocol::StInProgress )
         if ( op->state() == QNetworkProtocol::StDone )
            logInfo->append( " ....successful\n" );
         else
            logInfo->append( " ....not successful\n" );
   }
private:
   QTextEdit       *logInfo;
   QUrlOperator    op;
   QString         from, to;
   bool            first;
   QProgressDialog *pd;
```

```
    QString getOpenFileName() {
        static QString workingDirectory = "ftp://ftp.suse.com/";
        QFileDialog *dlg = new QFileDialog( workingDirectory,
                                            QString::null, 0, 0, true );
        dlg->setCaption( "Open" );
        dlg->setMode( QFileDialog::ExistingFile );
        QString result;
        if ( dlg->exec() == QDialog::Accepted ) {
            result = dlg->selectedFile();
            workingDirectory = dlg->url();
        }
        delete dlg;
        return result;
    }
};
#include "download.moc"
//............................................................... main
int main( int argc, char *argv[] ) {
    QApplication a( argc, argv );
    qInitNetworkProtocols(); // Implementierten Netzwerkprotokolle initialisieren
    View v;
    v.resize( 600, 400 );
    v.show();
    a.setMainWidget( &v );
    return a.exec();
}
```

22.1.6 Gleichzeitiges Herunterladen mehrerer Dateien mit Fortschrittsanzeigen^{Z}

Das Programm `multidownload.cpp` lässt dem Benutzer in einem eingeblendeten Filedialog-Widget mehrere Dateien auf einem FTP-Server zum Herunterladen auswählen. Hat der Benutzer seine herunterzuladenden Dateien ausgewählt, wird ihm ein neues Filedialog-Widget angezeigt, in dem er ein Directory auswählen muss, in das die herunterzuladenden Dateien zu speichern sind. Hat der Benutzer das Zieldirectory ausgewählt, beginnt das Programm `multidownload.cpp` mit dem Herunterladen der entsprechenden Dateien, wobei es jedoch in zwei Fortschrittsbalken anzeigt, wie viele der angeforderten Dateien und wie viele Bytes der gesamten zu transferierenden Bytes schon heruntergeladen sind. In dem Hauptwidget zeigt dieses Programm `multidownload.cpp` zusätzlich an, wie viele der angeforderten Dateien und wie viele der gesamten zu transferierenden Bytes schon heruntergeladen sind.

22.2 Implementieren eigener Netzwerkprotokolle mit `QNetworkProtocol`

Die Klasse `QNetworkProtocol`, die von den Klassen `QFtp`, `QHttp` und `QLocalFs` geerbt wird, ist die Basisklasse für Netzwerkprotokolle. Diese Klasse sollte verwendet werden, wenn man ein eigenes Netzwerkprotokoll implementieren will.

22.2.1 Vorgehensweise beim Implementieren eines eigenen Netzwerkprotokolls

Um ein eigenes Netzwerkprotokoll zu implementieren, sind die folgenden Schritte erforderlich.

Ableiten einer eigenen Klasse von `QNetworkProtocol`

Zunächst muss man eine eigene Klasse von der Klasse `QNetworkProtocol` ableiten. Andere Klassen können dann diese Protokoll-Implementierung benutzen, um Operationen mit diesem selbstdefinierten Protokoll durchzuführen.

Reimplementieren der entsprechenden Operationsmethoden

In der von `QNetworkProtocol` abgeleiteten Klasse sollten die folgenden Methoden reimplementiert werden:

```
void QNetworkProtocol::operationListChildren(QNetworkOperation *op);
void QNetworkProtocol::operationMkDir(QNetworkOperation *op);
void QNetworkProtocol::operationRemove(QNetworkOperation *op);
void QNetworkProtocol::operationRename(QNetworkOperation *op);
void QNetworkProtocol::operationGet(QNetworkOperation *op);
void QNetworkProtocol::operationPut(QNetworkOperation *op);
```

Natürlich sollten nur die wirklich vom eigenen Protokoll unterstützten Operationen reimplementiert werden.

Festlegen der vom eigenen Protokoll unterstützten Operationen

Um festzulegen, welche Operationen unterstützt werden, sollte man die Methode

```
int QNetworkProtocol::supportedOperations() const;
```

reimplementieren und einen `int`-Wert zurückliefern, der durch bitweises `OR` (|) der entsprechenden Konstanten für die unterstützten Protokolle gebildet wird. Für die einzelnen Operationen werden dazu die folgenden `enum`-Konstanten angeboten:

```
enum QNetworkProtocol::Operation {
   OpListChildren = 1,
   OpMkDir = 2,
   OpRemove = 4,
   OpRename = 8,
   OpGet = 32,
   OpPut = 64
};
```

Wenn das eigene Protokoll z. B. nur das Auflisten von Kindern und deren Umbenennung unterstützt, müsste folgende Reimplementierung angegeben werden:

```
int QNetworkProtocol::supportedOperations() const {
      return OpListChildren | OpRename;
}
```

Punkte, die bei der Reimplementierung zu beachten sind

Der Zustand des Operationsobjekts `*op` muss auf `QNetworkProtocol::StInProgress` gesetzt werden, wenn man mit der Bearbeitung der Operation beginnt, und auf `QNetworkProtocol::StDone`, wenn die Operation erfolgreich, bzw. auf `QNetworkProtocol::StFailed`, wenn sie nicht erfolgreich durchgeführt wurde.
Tritt ein Fehler auf, sollte man mit `QNetworkOperation::setErrorCode()` einen geeigneten Fehlercode setzen und wenn möglich mit `QNetworkOperation::setProtocolDetail()` eine entsprechende Fehlermeldung festlegen.
Bei jeder reimplementierten Methode sollte man das Signal `finished()` schicken, wenn die Operation erfolgreich oder auch nicht erfolgreich durchgeführt wurde.
Bei der Reimplementierung der einzelnen Methoden sollte man noch jeweils die in folgender Tabelle angegebenen Signale schicken:

Methode	zu schickende Signale
`operationListChildren()`	`start()`, unmittelbar vor dem Auflisten der Kinder `newChildren()`, wenn neues Kind gelesen wurde
`operationMkDir()`	`createdDirectory()` nach Anlegen des Directory `newChild()`[1] (oder `newChildren()`, nach Anlegen des Directory, da ein neues Directory zugleich auch ein neues Kind ist
`operationRemove()`	`removed()` nach dem Löschen eines Kinds
`operationRename()`	`itemChanged()` nach dem Umbenennen eines Kinds
`operationGet()`	`data()` jedesmal, wenn neue Daten gelesen wurden `dataTransferProgress()` jedesmal, wenn neue Daten gelesen wurden, um anzuzeigen, wieviel von den ganzen Daten schon gelesen wurden
`operationPut()`	`dataTransferProgress()` jedesmal, wenn neue Daten geschrieben wurden, um anzuzeigen, wie viel von den ganzen Daten schon geschrieben wurden

Alle obigen Methoden, die zu reimplementieren sind, erhalten einen Zeiger auf das zugehörige `QNetworkOperation`-Objekt. Um die zugehörige URL zu erfragen, steht die Methode `QNetworkProtocol::url()` zur Verfügung, die einen Zeiger auf den URL-Operator zurückliefert. Mittels dieses Zeigers kann man dann alle Informationen zu der URL erfragen, wie z. B. Pfadname, Host usw. Aus folgender Tabelle ist zu ersehen, welches Argument des Netzwerkoperations-Objekts man in welcher Methode erfragen kann bzw. setzen muss:

Methode	Argumente (`QNetworkOperation::arg(.)`)
`operationListChildren()`	Keines
`operationMkDir()`	`arg(0)`: Name des anzulegenden Directory
`operationRemove()`	`arg(0)`: Relativer Name der löschenden Datei; `QUrl(op->arg(0)).fileName()`: liefert absoluten Dateinamen
`operationRename()`	`arg(0)`: Name der umzubenennenden Datei `arg(1)`: neuer Name der Datei
`operationGet()`	`arg(0)`: volle URL der zu lesenden Datei
`operationPut()`	`arg(0)`: volle URL der zu schreibenden Datei `rawArg(1)`: die nach `arg(0)` zu schreibenden Daten

[1] siehe Seite 677

Reimplementieren der Methode checkConnection()

Die letzte Methode, die zu reimplementieren ist, ist die folgende:

`bool QNetworkProtocol::checkConnection(QNetworkOperation *o)`

Diese Methode sollte `true` zurückgeben, wenn die Verbindung steht und funktioniert, andernfalls `false`. Ist man überhaupt nicht in der Lage, die Verbindung aufzubauen, z. B. weil der Host nicht gefunden wird, sollte man das Signal `finished()` schicken, einen entsprechenden Fehlercode festlegen und den Zustand des Netzwerkoperations-Objekts auf `QNetworkProtocol::StFailed` setzen.

Registrieren des eigenen Netzwerkprotokolls

Damit man das eigene Netzwerkprotokoll nun mit der Klasse `QUrlOperator` benutzen kann, muss man es registrieren, wie z. B.:

```
QNetworkProtocol::registerNetworkProtocol( "myprot",
                        new QNetworkProtocolFactory<MyProtocol> );
```

Bei diesem Aufruf wurde angenommen, dass die eigene von `QNetworkProtocol` abgeleitete Klasse den Namen `MyProtocol` hat und das Protokoll den Namen `myprot`. Möchte man nun dieses eigene Protokoll benutzen, könnte man z. B. folgenden Code angeben:

```
QUrlOperator op( "myprot://host/path" );
op.listChildren();
```

Fehlerbehandlung

Folgende Fehlercodes sind in der Klasse `QNetworkProtocol` (vom Typ `QNetworkProtocol::Error`) definiert:

QNetworkProtocol::...	Bedeutung
NoError	Es ist kein Fehler aufgetreten
ErrValid	Operation auf eine ungültige URL
ErrUnknownProtocol	keine Implementierung für URL-Protokoll vorhanden
ErrUnsupported	Operation wird vom Protokoll nicht unterstützt.
ErrParse	Parse-Fehler bei der URL
ErrLoginIncorrect	Falcher Loginname bzw. falsches Passwort
ErrHostNotFound	Angegebener Host (in URL) nicht auffindbar
ErrListChildren	Fehler beim Auflisten der Kinder
ErrMkdir	Fehler beim Anlegen eines Directory
ErrRemove	Fehler beim Löschen einer Datei
ErrRename	Fehler beim Umbenennen eines Kindes
ErrGet	Fehler beim Herunterladen von Daten von der URL
ErrPut	Fehler beim Kopieren von Daten auf die URL
ErrFileNotExisting	Operation auf eine nicht existierende Datei
ErrPermissionDenied	Mangelnde Zugriffsrechte bei der Operation

Tritt ein Fehler auf, sollte man in einer eigenen Netzwerk-Implementierung mit `QNetworkOperation::setErrorCode()` den entsprechenden Fehlercode setzen und, wenn möglich, mit `QNetworkOperation::setProtocolDetail()` eine entsprechende Fehlermeldung festlegen. Wenn möglich, sollte man eine dieser vordefinierten Fehlercodes benutzen. Wenn dies nicht möglich ist, kann man auch eigene Fehlercodes (`int`-Zahlen) einführen, solange diese nicht schon durch vordefinierte oder eigene Fehlercodes belegt sind.

Einen Fehlercode kann man mit der Methode `QNetworkOperation::errorCode()` und die zugehörige Fehlermeldung mit `QNetworkOperation::protocolDetails()` erfragen.

Wenn man sein eigenes Netzwerkprotokoll implementiert, muss man beim Auftreten eines Fehlers zuerst einmal das Netzwerkoperations-Objekt identifizieren, das gerade bearbeitet wird und in dem der Fehler aufgetreten ist. Dies ist mit der Methode `QNetworkOperation::operationInProgress()` möglich, die einen Zeiger auf das entsprechende Netzwerkoperations-Objekt zurückliefert. Der Rückgabewert `0` zeigt an, dass momentan keine Operation bearbeitet wird. Ist ein Fehler aufgetreten, der behandelt werden muss, wäre z. B. folgender Codeausschnitt denkbar:

```
if ( operationInProgress() ) {
    operationInProgress()->setErrorCode( error_code_of_your_error );
    operationInProgress()->setProtocolDetails( detail ); // optional!
    emit finished( operationInProgress() );
    return;
}
```

Sollte der aufgetretene Fehler so fatal sein, dass keinerlei Operationen in diesem Zustand durchgeführt werden können, wie z. B. beim Nichtauffinden des Hosts, sollte man die Methode `QNetworkProtocol::clearOperationStack()` aufrufen, bevor man das Signal `finished()` schickt.

Ein Beispiel zum Implementieren von eigenen Netzwerkprotokollen befindet sich auf Seite 686.

22.2.2 Die Klasse `QNetworkProtocol`

Für den Zustand einer Operation stehen die folgenden Konstanten (`QNetworkProtocol::State`) zur Verfügung:

`QNetworkProtocol::`	Operation ...
`StWaiting`	wartet in Warteschlange auf Bearbeitung
`StInProgress`	wird gerade bearbeitet
`StDone`	wurde erfolgreich durchgeführt
`StFailed`	konnte nicht erfolgreich durchgeführt werden
`StStopped`	wurde zwar schon bearbeitet, ist gerade aber gestoppt

Wie bereits im vorherigen Kapitel beschrieben, sollte Folgendes bezüglich der Klasse `QNetworkProtocol` beachtet werden:

- Die Klasse `QNetworkProtocol` bietet folgende Methoden an, die man reimplementieren muss:

  `operationListChildren()`   `operationMkDir()`
  `operationRemove()`   `operationRename()`
  `operationGet()`   `operationPut()`

- Es sollten nur die wirklich vom eigenen Protokoll unterstützten Operationen reimplementiert werden. Um festzulegen, welche Operationen unterstützt werden, sollte man folgende Methode reimplementieren:

  `int supportedOperations() const virtual`

- Zusätzlich ist noch folgende Methode zu reimplementieren:

  `bool checkConnection(QNetworkOperation *op)`

- Damit man das eigene Netzwerkprotokoll mit der Klasse QUrlOperator benutzen kann, muss man es mit dem Aufruf folgender Methode registrieren:
  registerNetworkProtocol(const QString& protocol,
  QNetworkProtocolFactoryBase *protocolFactory) static
- Folgende Signale bietet die Klasse QNetworkProtocol unter anderem an:

```
start(QNetworkOperation *op)
finished(QNetworkOperation *op)
dataTransferProgress(int bytesDone, int bytesTotal, QNetworkOperation *op)
newChildren(const QValueList<QUrlInfo>& i, QNetworkOperation *op)
createdDirectory(const QUrlInfo& i, QNetworkOperation *op)
removed(QNetworkOperation *op)
itemChanged (QNetworkOperation *op)
data(const QByteArray& data, QNetworkOperation *op)
connectionStateChanged(int state, const QString& data)
```

  Da dies weitgehend die gleichen Signale wie bei der Klasse QUrlOperator sind, kann auf eine erneute Beschreibung verzichtet werden (siehe Seite 661).
- Ein neues Signal bietet die Klasse QNetworkProtocol noch an:
  newChild(const QUrlInfo& i, QNetworkOperation*op) signal
  wird geschickt, wenn ein neues Kind gelesen wurde. Dieses Signal wird automatisch mit einer Slotroutine verbunden, die eine Liste erzeugt, in der sich nur das QUrlInfo-Objekt i befindet, bevor sie das Signal newChildren() mit dieser einelementigen Liste schickt. Dieses Signal kann man also im eigenen Netzwerkprotokoll beim Lesen jedes einzelnen Kindes schicken.

Der Konstruktor QNetworkProtocol() der Klasse QNetworkProtocol führt einige Initialisierungen durch und stellt einige Signal/Slot-Verbindungen her.
Einige weitere Methoden, die die Klasse QNetworkProtocol anbietet, sind:

QNetworkOperation *operationInProgress() const
: liefert das Netzwerkoperations-Objekt der Operation, die gerade bearbeitet wird oder null, wenn sich gerade keine Operation in Bearbeitung befindet.

setUrl(QUrlOperator *u) virtual
: legt das QUrlOperator-Objekt fest, mit dem das Protokoll arbeitet.

QUrlOperator *url() const
: liefert das QUrlOperator-Objekt, mit dem das Protokoll arbeitet.

addOperation(QNetworkOperation *op) virtual
: fügt eine Operation in der Operations-Warteschlange ein und kehrt dann sofort zum Aufrufer zurück.

clearOperationQueue() virtual
: leert die Operations-Warteschlange

bool hasOnlyLocalFileSystem() static
: liefert true, wenn nur ein Protokoll für das Arbeiten im lokalen Dateisystem registriert ist, und false, wenn auch andere Netzwerkprotokolle registriert sind.

setAutoDelete(bool b, int i=10000) virtual
: Bei b=true wird das entsprechende Netzwerkprotokoll automatisch nach i Millisekunden gelöscht, wenn in dieser Zeit keine Operation für dieses durchgeführt wird. Bei diesem automatischen Löschen wird nicht nur das QNetworkProtocol-, sondern auch das zugehörige QUrlOperator-Objekt gelöscht.

`bool autoDelete() const`
liefert `true`, wenn automatisches Löschen eingeschaltet ist, andernfalls `false`.

`stop() virtual`
stoppt die aktuelle Netwerkoperation, die gerade bearbeitet wird, und entfernt alle wartenden Netzwerkoperationen aus der Warteschlange.

`QNetworkProtocol *getNetworkProtocol(QString& protocol) static`
Diese statische Methode liefert eine neue Instanz des Netzwerkprotokolls `protocol`. Wenn man z. B. einige FTP-Operationen durchführen muss, kann man

```
QFtp *ftp = QNetworkProtocol::getNetworkProtocol( "ftp" );
```

aufrufen. Dieser Aufruf liefert entweder `null`, wenn kein FTP-Protokoll registriert wurde, oder aber eine neue Instanz der FTP-Implementierung. Der Aufrufer dieser Funktion wird der Eigentümer des zurückgegebenen Zeigers, weshalb es auch in seiner Veranwortung liegt, diesen zu löschen, wenn er das Protokoll nicht mehr benötigt. Normalerweise sollte man nicht direkt mit Netzwerkprotokollen arbeiten, weshalb man diese Methode auch kaum benötigen wird. Stattdessen sollte man `QUrlOperator` verwenden.

22.2.3 Die Klasse `QFtp`

Die Klasse `QFtp` implementiert das FTP-Protokoll. Sie ist von der Klasse `QNetworkProtocol` abgeleitet und kann mit der Klasse `QUrlOperator` verwendet werden. Normalerweise wird man die Klasse `QFtp` nicht direkt, sondern sie stattdessen über die Klasse `QUrlOperator` benutzen, wie z. B.:

```
QUrlOperator op( "ftp://ftp.trolltech.com" );
op.listChildren();
```

Da die Klasse `QFtp` von der Klasse `QNetworkProtocol` abgeleitet ist, bietet sie auch die dort definierten Methoden an, weshalb hier auf eine weitergehende Beschreibung verzichtet werden kann.

Daneben bietet die Klasse `QFtp` aber auch eine direkte Schnittstelle zu FTP an, sodass man direkt auf das FTP-Protokoll zugreifen kann, um beliebige FTP-Kommandos ausführen zu lassen.

Möchte man z. B. eine Verbindung zu einem FTP-Server aufbauen und sich dort anmelden, wäre dies mit folgenden Codezeilen möglich:

```
QFtp *ftp = new QFtp( this );
ftp->connectToHost( "ftp.trolltech.com" );
ftp->login();
```

Möchte man z.B. die Datei `INSTALL` vom FTP-Server der Firma Trolltech herunterladen, wäre dies mit folgenden Codezeilen möglich:

```
ftp->connectToHost( "ftp.trolltech.com" );  // id == 1
ftp->login();                               // id == 2
ftp->cd( "qt" );                            // id == 3
ftp->get( "INSTALL" );                      // id == 4
ftp->close();                               // id == 5
```

Auf eine tiefergehende Vorstellung dieses driekten Zugriffs auf das FTP-Protokoll wird hier verzichtet. Interessierte Leser seien hier auf die Qt-Online-Dokumentation verwiesen.

22.2.4 Die Klasse `QHttp`

Die Klasse `QHttp` implementiert das HTTP-Protokoll. Sie ist von der Klasse `QNetworkProtocol` abgeleitet und kann mit der Klasse `QUrlOperator` verwendet werden. Normalerweise wird man die Klasse `QHttp` nicht direkt, sondern sie stattdessen über die Klasse `QUrlOperator` benutzen, wie z. B.:

```
QUrlOperator op( "http://www.trolltech.com" );
op.get( "index.html" );
```

Da die Klasse `QHttp` von der Klasse `QNetworkProtocol` abgeleitet ist, bietet sie auch die dort definierten Methoden an, wobei jedoch zu erwähnen ist, dass sie nur die Operationen `operationGet()` und `operationPut()` bzw. `QUrlOperator::get()` und `QUrlOperator::put()` unterstützt.
Daneben bietet die Klasse `QHttp` – ähnlich zur Klasse `QFtp` – aber auch eine direkte Schnittstelle zu HTTP an, sodass man direkt auf das HTTP-Protokoll zugreifen kann, um HTTP-Kommandos ausführen zu lassen. Interessierte Leser seien hier auf die Qt-Online-Dokumentation verwiesen.

22.2.5 Die Klasse `QLocalFs`

Die Klasse `QLocalFs` implementiert ein Netzwerkprotokoll für lokale Dateisysteme. Sie ist von der Klasse `QNetworkProtocol` abgeleitet und kann mit der Klasse `QUrlOperator` verwendet werden, um auf lokale Dateisysteme zuzugreifen.
Da die Klasse `QLocalFs` von der Klasse `QNetworkProtocol` abgeleitet ist, bietet sie auch die dort definierten Methoden an, weshalb hier auf eine weitergehende Beschreibung verzichtet werden kann.

22.3 High-Level Socket-Programmierung

Dieses Kapitel stellt zunächst die Klassen `QSocket`, `QSocketDevice` und `QServerSocket` vor, bevor es am Ende anhand von zwei Beispielen (einfacher http-Dämon und einfache Implementierung des nntp-Protokolls) die Benutzung dieser Klassen demonstriert.

22.3.1 Die Klasse `QSocket`

Mit der Klasse `QSocket` ist es möglich, eine gepufferte TCP-Verbindung herzustellen. Die Klasse `QSocket` definiert die folgenden Konstanten (vom Typ `QSocket::Error`) für mögliche Fehlersituationen:

`QSocket::ErrConnectionRefused`	Verbindungs-Anforderung wurde verweigert
`QSocket::ErrHostNotFound`	Host wurde nicht gefunden
`QSocket::ErrSocketRead`	Leseoperation auf ein Socket schlug fehl

Daneben definiert diese Klasse noch die folgenden Konstanten (vom Typ `QSocket::State`) für die unterschiedlichen Zustände:

`QSocket::Idle`	keine Verbindung
`QSocket::HostLookup`	während eines DNS-Lookup
`QSocket::Connecting`	während der Einrichtung einer TCP-Verbindung
`QSocket::Connection`	bei einer funktionierenden Verbindung
`QSocket::Closing`	Socket wird gerade geschlossen

Folgenden Konstruktor stellt die Klasse `QSocket` zur Verfügung:

`QSocket(QObject *parent=0, const char *name=0)`
: legt ein `QSocket`-Objekt im Zustand `QSocket::Idle` an.

Wichtige Methoden der Klasse `QSocket` sind:

`QHostAddress address() const`
: liefert die Host-Adresse des Socket, was normalerweise die Haupt-IP-Adresse des Host ist. Es kann jedoch auch bei Verbindungen zum `localhost` eine Adresse wie z. B. `127.0.0.1` sein.

`bool at(int index) virtual`
: verschiebt den Leseindex `index` vorwärts und liefert `true`, wenn diese Operation erfolgreich war. „Vorwärts verschieben" bedeutet, dass ankommende Daten übersprungen werden.

`bool atEnd() const virtual`
: liefert `true`, wenn keine Daten zum Lesen mehr vorhanden sind, andernfalls `false`.

`Q_ULONG bytesAvailable() const`

`Offset size() const virtual`
: liefern beide die Zahl von angekommenen Bytes, die gelesen werden können, wie z. B. die Größe des Lesepuffers.

`Q_ULONG bytesToWrite() const`
: liefert die Zahl von Bytes, die darauf warten, geschrieben zu werden, wie z. B. die Größe des Schreibpuffers.

`bool canReadLine() const`
: liefert `true`, wenn ganze Textzeile vom Socket gelesen werden kann, sonst `false`.

`close() virtual`
: schließt das Socket. Dabei wird der Lesepuffer gelöscht. Sollte der Schreibpuffer leer sein, wird der Zustand des Socket auf `QSocket::Idle` gesetzt und die Verbindung unverzüglich geschlossen. Sollte der Schreibpuffer aber noch Daten enthalten, wird der Zustand des Socket auf `QSocket::Closing` gesetzt und der Rest der noch nicht geschriebenen Daten des Ausgabepuffers wird geschrieben. Erst danach wird der Zustand des Socket auf `QSocket::Idle` gesetzt und das Signal `delayedCloseFinished()` geschickt.

`connectToHost(QString& host, Q_UINT16 port) virtual`
: versucht eine Verbindung zum Host `host` auf dem Port `port` einzurichten. Diese Methode kehrt unverzüglich zurück. Bereits bestehende Verbindungen werden geschlossen und der Zustand des Socket wird auf `QSocket::HostLookup` gesetzt. Wenn der Host `host` gefunden werden kann, wird das Signal `hostFound()` geschickt, eine TCP-Verbindung gestartet und der Zustand des Socket auf `QSocket::Connecting` gesetzt. Nachdem die Verbindung erfolgreich eingerichtet wurde, wird das Signal `connected()` geschickt und der Zustand des Socket auf `QSocket::Connection` gesetzt. Im Fehlerfalle wird das Signal `error()` geschickt.

`flush() virtual`
: veranlasst Schreiben aller noch im Schreibpuffer befindlichen Daten auf Socket.

`int getch() virtual`
: liest ein Byte aus dem internen Lesepuffer und liefert dieses zurück. Der Rückgabewert `-1` zeigt an, dass kein Zeichen gelesen werden konnte.

`QHostAddress peerAddress() const`
: liefert die Host-Adresse, die für Namen ermittelt wurde, der beim Aufruf der Methode `connectToHost()` angegeben wurde.

`QString peerName() const`
: liefert Host-Namen, wie er beim Aufruf von `connectToHost()` angegeben wurde.

`Q_UINT16 peerPort() const`
: liefert die Host-Portnummer des Peer, was normalerweise die Portnummer ist, die beim Aufruf der Methode `connectToHost()` angegeben wurde.

`Q_UINT16 port() const`
: liefert die Portnummer dieses Socket.

`int putch(int ch) virtual`
: schreibt das Zeichen `ch` in den Ausgabepuffer und liefert dieses Zeichen auch als Rückgabewert. Bei Rückgabe von `-1` ist ein Fehler aufgetreten.

`Q_LONG readBlock(char *data, Q_ULONG maxlen) virtual`
: liest maximal `maxlen` Bytes vom Socket und schreibt diese an die Adresse `data`. Diese Methode liefert die Anzahl der gelesenen Bytes als Rückgabe, wobei `-1` bei einem Fehler zurückgegeben wird.

`QString readLine() virtual`
: liest eine Textzeile (einschließlich `\n`) vom Socket. Diese Methode liefert einen leeren String, wenn die Methode `canReadLine()` `false` liefert.

`setSocket(int socket) virtual`
: legt `socket` für dieses Socket fest und setzt den Zustand dieses Socket auf `QSocket::Connected`. Das Socket sollte schon verbunden sein. Diese Methode ermöglicht es, die Klasse `QSocket` als Zwischenschicht für andere Socket-Typen, wie z. B. Unix-Domain Sockets einzusetzen.

`int socket() const`
: liefert die Socket-Nummer oder `-1`, wenn zur Zeit kein Socket existiert.

`QSocketDevice *socketDevice()`
: liefert Zeiger auf das interne Socket-Device.

`State state() const`
: liefert den Zustand der Socket-Verbindung.

`Q_ULONG waitForMore(int msecs) const`
: wartet bis zu `msecs` Millisekunden, dass mehr Daten zur Verfügung stehen. Bei `msecs=-1` blockiert dieser Aufruf für eine unbestimmbare Zeit. Diese Methode liefert die Zahl von verfügbaren Bytes als Rückgabe.

`Q_LONG writeBlock(const char *data, Q_ULONG len) virtual`
: schreibt `len` Bytes von der Adresse `data` auf das Socket und liefert die Anzahl der geschriebenen Bytes als Rückgabe, wobei `-1` bei einem Fehler zurückgegeben wird.

Die Klasse `QSocket` schickt die folgenden Signale:

`connected() signal`
: wird geschickt, nachdem `connectToHost()` aufgerufen und erfolgreich eine Verbindung eingerichtet wurde.

`connectionClosed() signal`
: wird geschickt, wenn das andere Ende die Verbindung geschlossen hat. Die Lesepuffer können dabei noch gepufferte Daten enthalten, die man auch nach dem Schließen der Verbindung noch lesen kann.

`delayedCloseFinished() signal`
: wird geschickt, wenn ein verzögertes Schließen des Socket beendet ist. Wenn man die Methode `close()` aufruft, und es befinden sich noch Daten im Schreibpuffer, die noch auf das Socket zu schreiben sind, wird der Zustand dieses Socket auf `QSocket::Closing` gesetzt, und die Methode `close()` kehrt dann unverzüglich zurück. Nachdem dann alle Daten aus dem Schreibpuffer auf das Socket geschrieben wurden, wird dieses Signal geschickt.

`readyRead() signal`
: wird geschickt, wenn am Socket angekommene Daten zum Lesen bereitstehen. Dieses Signal wird bei jeder Ankunft von neuen Daten einmal geschickt. Wenn man also nicht alle angekommenen Daten auf einmal liest, wird dieses Signal nicht nochmals für die noch nicht gelesenen Daten geschickt.

`bytesWritten(int nbytes) signal`
: wird geschickt, wenn Daten auf das Socket geschrieben wurden. Der Parameter `nbytes` gibt dabei an, wie viele Bytes geschrieben wurden.

`hostFound() signal`
: wird geschickt, nachdem `connectToHost()` aufgerufen wurde und der angeforderte Host gefunden werden konnte.

`error(int) signal`
: wird geschickt, wenn ein Fehler aufgetreten ist.

22.3.2 Die Klasse `QSocketDevice`

Die Klasse `QSocketDevice` ermöglicht eine plattformunabhängige low-level Socketprogrammierung. Normalerweise wird man diese Klasse nicht benötigen. Sie ist für einige wenige Situationen vorgesehen, in denen der Programierer nicht mit der von `QSocket` zur Verfügung gestellten Funktionialität auskommt. Interessierte Leser seien an dieser Stelle auf die Qt-Online-Dokumentation verwiesen.

22.3.3 Die Klasse `QServerSocket`

Die Klasse `QServerSocket` stellt einen auf TCP basierenden Server zur Verfügung. Um sich ein eigenes Serversocket einzurichten, muss man nur eine eigene Klasse von der Klasse `QServerSocket` ableiten und die rein virtuelle Methode `newConnection()` reimplementieren. Diese Methode ist für die Bearbeitung von neu ankommenden Verbindungs-Anforderungen zuständig. Die Klasse `QServerSocket` bietet folgende Konstruktoren an:

```
QServerSocket(Q_UINT16 port, int backlog=1,
              QObject *parent=0, const char *name=0)
QServerSocket(const QHostAddress& address, Q_UINT16 port,
              int backlog=1, QObject *parent=0, char *nam=0)
```
: legen Serversocket an, das Server für alle Adressen bzw. Adresse `address` dieses Host am angegebenen `port` ist. Bei `port=0` sucht sich dieses Serversocket einen geeigneten Port. `parent` und `name` werden an `QObject`-Konstruktor weitergeleitet.

`QServerSocket(QObject *parent=0, char *nam=0)`
: legt ein leeres Serversocket an. Die Verwendung dieses Konstruktors in Kombination mit der Methode `setSocket()` ermöglicht es, die Klasse `QServerSocket` als Zwischenschicht für andere Socket-Typen, wie z. B. Unix Domain Sockets einzusetzen.

Wichtige Methoden, die die Klasse `QServerSocket` anbietet, sind:

`bool ok() const`
: liefert `true`, wenn das Serversocket erfolgreich angelegt werden konnte, und ansonsten `false`.

`setSocket(int socket) virtual`
: legt `socket` für das Socket fest. Die Funktionen `bind()` und `listen()` sollten für dieses Socket bereits aufgerufen sein.

`int socket() const`
: liefert das Socket des Betriebssystems zurück.

`newConnection(int socket) virtual`
: Diese rein virtuelle Methode ist verantwortlich für die Einrichtung einer neuen Verbindung. Der Parameter `socket` ist dabei der Filedeskriptor der neu akzeptierten Verbindung.

`Q_UINT16 port() const`
: liefert die Portnummer, die für dieses Serverobjekt festgelegt ist. Bevor diese Funktion aufgerufen wurde, muss der Aufruf der Methode `ok()` `true` zurückgeliefert haben.

`QHostAddress address() const`
: liefert die Adresse, an der dieses Objekt „horcht", oder `0.0.0.0`, wenn dieses Objekt an mehr als an einer Adresse „horcht". Bevor diese Funktion aufgerufen wurde, muss der Aufruf der Methode `ok()` `true` zurückgeliefert haben.

`QSocketDevice *socketDevice() protected`
: liefert einen Zeiger auf das interne Socket-Device. Der zurückgelieferte Zeiger ist `null`, wenn keine Verbindung existiert.

22.3.4 Ein einfacher http-Dämon^B

Programm 22.3 realisiert einen einfachen http-Dämon. Nachdem man dieses Programm gestartet hat (siehe auch rechts in Abbildung 22.3), kann man sich auf Port `8080` (`http://localhost:8080/`) mit einem Webbrowser (wie z. B. *Netscape*) mit ihm verbinden. Das Programm schickt dann dem Webbrowser zunächst den Text „I'll count now up to ten", bevor es dann in einem halben Sekundentakt bis zehn hochzählt und dem Webbrowser immer die aktuelle Zahl schickt, die dieser dann anzeigt. Zum Abschluss übergibt das Programm dem Webbrowser noch zwei Hyperlinks zu den Homepages von Trolltech und SuSE (siehe auch links in Abbildung 22.3).

Programm 22.3 – `httpd.cpp`:
Ein einfacher http-Dämon

```
#include <qapplication.h>
#include <qsocket.h>
#include <qserversocket.h>
#include <qvbox.h>
#include <qlabel.h>
#include <qtextbrowser.h>
#include <qtextstream.h>
#include <qregexp.h>
#include <qpushbutton.h>
#include <qtimer.h>
```

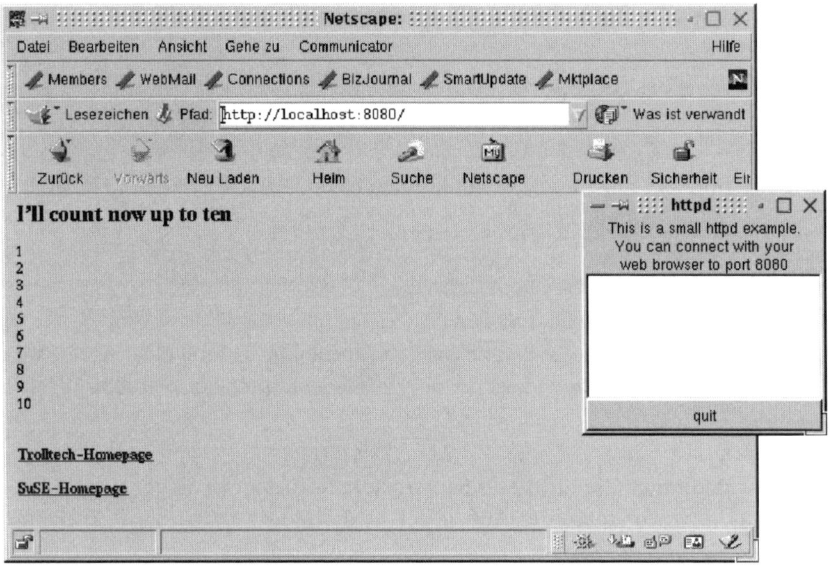

Abbildung 22.3: http-Dämon, der auf Verbindungen am Port `8080` wartet (links) sowie in *Netscape* angezeigte Daten, die vom http-Dämon geschickt wurden (rechts)

```
#include <stdlib.h>
class HttpDaemon : public QServerSocket {
    Q_OBJECT
public:
    HttpDaemon( QObject* parent=0 ) : QServerSocket( 8080, 0, parent ) {
       if ( !ok() ) {
          qWarning("Failed to bind to port 8080");
          exit(1);
       }
    }
    void newConnection( int sockNr ) {
       socket = new QSocket(this);
       connect( socket, SIGNAL( readyRead() ), this, SLOT( readClient() ) );
       connect( socket, SIGNAL( delayedCloseFinished() ),
                this,   SLOT( discardClient() ) );
       socket->setSocket(sockNr);
       emit newConnect();
    }
signals:
    void newConnect();
    void endConnect();
    void wroteToClient();
private slots:
    void readClient() {
       if ( socket->canReadLine() ) {
          QStringList tokens = QStringList::split( QRegExp("[ \n\r][ \n\r]*"),
```

```
                                              socket->readLine() );
        if ( tokens[0] == "GET" ) {
          nr = 1;
          ts.setDevice( socket );
          ts << "<h1>I'll count now up to ten</h1>" << endl;
          timer = new QTimer;
          connect( timer, SIGNAL( timeout() ), this,  SLOT( sendNumber() ) );
          timer->start( 500 );
        }
      }
    }
    void discardClient() { delete socket; emit endConnect(); }
    void sendNumber() {
      ts << nr++ << "<br>";
      if ( nr > 10 ) {
        ts << "<br><br><a href=\"http://www.trolltech.com.\">"
        ts << "<b>Trolltech-Homepage</b></a>";
        ts << "<br><br><a href=\"http://www.suse.de.\">"
        ts << "<b>SuSE-Homepage</b></a>";
        delete timer;
        emit wroteToClient();
        socket->close();
      }
      socket->flush();
    }
private:
    QSocket     *socket;
    QTextStream ts;
    int         nr;
    QTimer      *timer;
};
class HttpInfo : public QVBox {
    Q_OBJECT
public:
    HttpInfo() {
      HttpDaemon *httpd = new HttpDaemon( this );
      QString itext = QString( "This is a small httpd example.\n"
                               "You can connect with your\n"
                               "web browser to port %1").arg( httpd->port() );
      QLabel *lb = new QLabel( itext, this );
      lb->setAlignment( AlignHCenter );
      infoText = new QTextBrowser( this );
      QPushButton *quit = new QPushButton( "quit" , this );
      connect( httpd, SIGNAL(newConnect()), SLOT(newConnect()) );
      connect( httpd, SIGNAL(endConnect()), SLOT(endConnect()) );
      connect( httpd, SIGNAL(wroteToClient()), SLOT(wroteToClient()) );
      connect( quit, SIGNAL(pressed()), qApp, SLOT(quit()) );
    }
    ~HttpInfo() { }
private slots:
```

```
    void newConnect()     { infoText->append( "New connection" );    }
    void endConnect()     { infoText->append( "Connection closed" ); }
    void wroteToClient() { infoText->append( "Wrote to client" );   }
private:
    QTextBrowser *infoText;
};
#include "httpd.moc"
//.................................................................... main
int main( int argc, char *argv[] ) {
    QApplication app( argc, argv );
    HttpInfo info;
    app.setMainWidget( &info );
    info.show();
    return app.exec();
}
```

22.3.5 Einfache Implementierung des nntp-Protokolls[Z]

Es wurde bereits gezeigt, wie man sich ein eigenes Netzwerkprotokoll implementieren kann. Das Programm `networkprotocol.cpp` zeigt unter Zuhilfenahme von Sockets eine einfache und auch nicht vollständige Implementierung des nntp-Protokolls zum Lesen von news-Artikeln. Wie Programm 22.1 ermöglicht es auch das Herunterladen von Dateien auf einem FTP-Server (siehe Abbildung 22.1). Gibt der Benutzer im eingeblendeten Filedialog-Widget eine URL auf einem nntp-Server (wie z. B. `nntp://news.tu-graz.ac.at`) an, kann er sich von dort Artikel herunterladen (siehe auch Abbildung 22.4).

Abbildung 22.4: Newsartikel von einem nntp-Server herunterladen

22.4 Low-level Socket-Programmierung mit QSocketNotifier, QHostAddress und QDns

Hier werden Klassen vorgestellt, mit denen eine low-level Socket-Programmierung möglich ist.

22.4.1 Die Klasse QSocketNotifier

Die Klasse QSocketNotifier ermöglicht es, asynchronen TCP/IP socket-basierenden Code in Qt zu schreiben. Nach dem Öffnen eines nicht-blockierenden Socket (entweder für TCP, für UDP, Unix-Domain Socket oder für ein anderes vom jeweiligen Betriebssystem unterstütztes Protokoll) kann man ein QSocketNotifier-Objekt zur Überwachung dieses Socket anlegen. Es gibt drei Arten von QSocketNotifier-Objekten: read, write und exception. Welche Art man wünscht, muss man bereits beim Anlegen des Objekts im Konstruktor festlegen:

`QSocketNotifier(int s, Type type, QObject *parent=0, char *nam=0)`

legt ein QSocketNotifier-Objekt an. Der Parameter s legt das zu überwachende Socket fest, und der Parameter typ den Typ dieses QSocketNotifier-Objekts (QSocketNotifier::Read, QSocketNotifier::Write oder QSocketNotifier::Exception). Die für parent and name angegebene Argumente werden dem QObject-Konstruktor geschickt. Das QSocketNotifier-Objekt ist ursprünglich aktiviert. Es ist jedoch speziell für QSocketNotifier-Objekte vom Typ Write ratsam, diese explizit mit der Methode setEnabled() zu aktivieren oder wieder zu deaktivieren. Der optionale Parameter parent ermöglicht es, das QSocketNotifier-Objekt als Kindobjekt eines Widget festzulegen. Dies hat den Vorteil, dass dieses Objekt automatisch gelöscht wird, wenn Widget gelöscht wird.

Ein QSocketNotifier-Objekt, das aktiviert ist, schickt dann bei bestimmten Ereignissen, die am Socket auftreten, das Signal activated():

`activated(int socket) signal`

Dieses Signal wird geschickt, wenn, abhängig vom Typ des QSocketNotifier-Objekts, bestimmte Ereignisse auftreten:

QSocketNotifier::Read	Am Socket liegen Daten zum Lesen bereit
QSocketNotifier::Write	Auf Socket können Daten geschrieben werden
QSocketNofifier::Exception	Exception (Ausnahmesituation) ist aufgetreten

Das Argument socket liefert die Kennung des entsprechenden Socket.

```
int sockfd;                   // Socket-Kennung
struct sockaddr_in sa;        // sollte Host-Adresse enthalten
sockfd = socket( AF_INET, SOCK_STREAM, 0 ); // erzeugt ein TCP-Socket
   //... Socket als nicht-blockierend festlegen,
   //... üblicherweise mit fcntl( O_NONBLOCK )
::connect( sockfd, (struct sockaddr*)&sa,    // Verbinden mit Host
           sizeof(sa) );  //... nicht zu verwechseln mit QObject::connect()
QSocketNotifier *sn;
sn = new QSocketNotifier( sockfd, QSocketNotifier::Read, parent );
QObject::connect( sn,         SIGNAL(activated(int)),
                  myObject, SLOT(dataReceived()) );
```

Wenn man z. B. ein Socket gleichzeitig auf `read`- und `write`-Ereignisse überwachen möchte, muss man zwei `QSocketNotifier`-Objekte anlegen.
Für `QSocketNotifier`-Objekte vom Typ `read` ist es nicht sehr sinnvoll, das Signal `activated()` mit mehr als einer Slotroutine zu verbinden, da die Daten vom Socket nur einmal gelesen werden. Auch ist zu beachten, dass das Signal `activated()` für ein `QSocketNotifier`-Objekt immer weiter geschickt wird, bis alle am Socket liegenden Daten gelesen sind. Wird also nur ein Teil der Daten gelesen, so beendet dies nicht das Schicken des Signals `activated()`. Wenn man `QSocketNotifier`-Objekte vom Typ *read* mit `setEnable(false)` deaktiviert, kann dies zu einem Deadlock (Verklemmung) eines Programms führen.
Bei einem `QSocketNotifier`-Objekt vom Typ `write` sollte man unmittelbar, nachdem man das Signal `activated()` empfangen und daraufhin Daten auf dieses Socket geschrieben hat, dieses mit `setEnabled(false)` deaktivieren. Möchte man dann die nächsten Daten auf dieses Socket schreiben, sollte man dieses wieder mit `setEnabled(true)` aktivieren, um ein neues `activated()`-Signal empfangen zu können. Hier gibt es jedoch eine Ausnahme: Wenn die Schreib-Operation (`send()` oder ähnlich) des Socket selbst mit dem Fehler „Would block" fehlschlägt, was darauf hinweist, dass ein Puffer voll ist und man warten muss, bevor man mehr Daten auf das Socket schreiben kann. In diesem Fall muss man das `QSocketNotifier`-Objekt nicht deaktivieren und dann wieder aktivieren, da es dann, sobald wieder Daten geschrieben werden können, automatisch wieder das Signal `activated()` schickt.
Einige weitere nützliche Methoden der Klasse `QSocketNotifier` sind:

`bool isEnabled() const`
: liefert `true`, wenn das `QSocketNotifier`-Objekt aktiviert ist, andernfalls `false`.

`int socket() const`
: liefert die Kennung des `QSocketNotifier`-Objekts, die beim Konstruktor festgelegt wurde.

`Type type() const`
: liefert den Typ des `QSocketNotifier`-Objekts, der beim Konstruktor festgelegt wurde: `QSocketNotifier::Read`, `QSocketNotifier::Write` oder `QSocketNotifier::Exception`.

Anzeige von Text aus der Standardeingabe in einem Widget[B]

Programm 22.4 liest Text von der Standardeingabe ein und zeigt ihn in einem `QTextBrowser`-Widget an. Damit das Programm nicht blockiert, während es auf Daten wartet, benutzt es die Klasse `QSocketNotifier`. Der linke Teil von Abbildung 22.5 zeigt z. B. die Anzeige dieses Programms für den Aufruf

```
displaystdin < diplaystdin.cpp
```

und der rechte Teil die Anzeige für den Aufruf

```
ls -l | displaystdin
```

Programm 22.4 – `displaystdin.cpp`:
Anzeige von Text aus der Standardeingabe in einem Widget

```
#include <qapplication.h>
#include <qsocketnotifier.h>
#include <qtextbrowser.h>
#include <qfont.h>
#include <unistd.h> // Unter Windows (MS): #include <io.h>
```

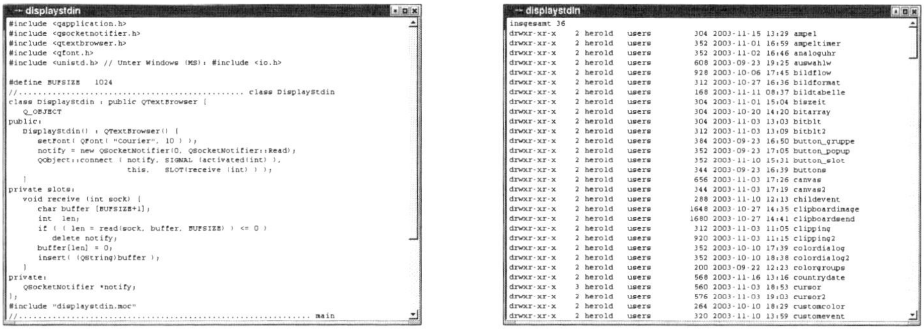

Abbildung 22.5: Anzeige von Text aus der Standardeingabe in einem Widget

```
#define BUFSIZE   1024
//............................................. class DisplayStdin
class DisplayStdin : public QTextBrowser {
   Q_OBJECT
public:
   DisplayStdin() : QTextBrowser() {
      setFont( QFont( "Courier", 10 ) );
      notify = new QSocketNotifier(0, QSocketNotifier::Read);
      QObject::connect ( notify, SIGNAL (activated(int) ),
                         this,   SLOT(receive (int) ) );
   }
private slots:
   void receive (int sock) {
      char buffer [BUFSIZE+1];
      int  len;
      if ( ( len = read(sock, buffer, BUFSIZE) ) <= 0 )
         delete notify;
      buffer[len] = 0;
      insert( (QString)buffer );
   }
private:
   QSocketNotifier *notify;
};
#include "displaystdin.moc"
//.............................................................. main
int main( int argc, char *argv[] ) {
   QApplication app (argc, argv);
   DisplayStdin *widget = new DisplayStdin();
   widget->resize( 700, 500 );
   widget->show();
   QObject::connect( &app, SIGNAL( lastWindowClosed() ),
                     &app, SLOT( quit() ) );
   return app.exec ();
}
```

22.4.2 Die Klasse `QHostAddress`

Die Klasse `QHostAddress` stellt eine IP-Adresse in einer plattform- und protokollunabhängigen Art zur Verfügung. Sie speichert sowohl die IPv4- und IPv6-Adressen. Die Klasse `QHostAddress` wird normalerweise zusammen mit den Klassen `QSocket`, `QServerSocket` und `QSocketDevice` benutzt, um einen Server aufzusetzen oder eine Verbindung zu einem Host herzustellen.
Folgende Konstruktoren bietet die Klasse `QHostAddress` an:

`QHostAddress()`
: legt ein `QHostAddress`-Objekt mit der IP-Adresse `0.0.0.0` an.

`QHostAddress(Q_UINT32 ip4Addr)`
: legt ein `QHostAddress`-Objekt mit der angegebenen IPv4-Adresse an.

`QHostAddress(Q_UINT8 *ip6Addr)`
: legt ein `QHostAddress`-Objekt mit der angegebenen IPv6-Adresse an. `ip6Addr` muss ein 16-Bytearray in Netzwerk-Bytereihenfolge sein (höchstwertiges Byte zuerst).

`QHostAddress(const QHostAddress& address)`
: legt eine Kopie des `QHostAddress`-Objekts `address` an.

Einige Methoden, welche die Klasse `QHostAddress` zur Verfügung stellt, sind:

`Q_UINT32 ip4Addr() const`
: liefert die IPv4-Adresse als Zahl. Wenn z. B. die Adresse `127.0.0.1` ist, gibt diese Methode den Werte `2130706433` (hexadezimal: `7f000001`) zurück. Der zurückgegebene Wert ist nur gültig, wenn die Methode `isIp4Addr()` `true` liefert.

`bool isIp4Addr() const`
: liefert `true`, wenn diese Host-Adresse eine gültige IPv4-Adresse ist.

`QHostAddress& operator= (const QHostAddress& address)`
: weist das `QHostAddress`-Objekt `address` diesem Objekt zu und liefert eine Referenz auf dieses Objekt zurück.

`bool operator== (const QHostAddress& other) const`
: liefert `true`, wenn dieses `QHostAddress`-Objekt identisch zu `other` ist, andernfalls `false`.

`bool setAddress(const QString& address)`
: setzt die IPv4- bzw. IPv6-Adresse dieses Objekts, die über den String `address` (wie z. B. `127.0.0.1`) übergeben wird. Wenn diese Funktion nicht in der Lage ist, diesen String auszuwerten, liefert sie `false` und die aktuelle Adresse wird nicht geändert.

`setAddress(Q_UINT32 ip4Addr)`
: setzt die IPv4-Adresse dieses Objekts auf `ip4Addr`.

`setAddress(Q_UINT8 *ip6Addr)`
: setzt die IPv6-Adresse dieses Objekts auf `ip6Addr`. `ip6Addr` muss ein 16-Byte-Array in Netzwerk-Bytereihenfolge sein (höchstwertiges Byte zuerst).

`QString toString() const`
: liefert die Adresse als String zurück. Wenn z. B. die IPv4-Adresse `127.0.0.1` vorliegt, liefert diese Methode den String "`127.0.0.1`" zurück.

22.4.3 DNS-Lookups mit der Klasse `QDns`

Die Klasse `QDns` ermöglicht asynchrone DNS-Lookups; DNS ist die Abkürzung für *Domain Name Service*. Sie ist nicht ganz einfach zu benutzen. Die Klasse `QSocket` bietet wesentlich einfachere Möglichkeiten für TCP-Verbindungen an. Laut Qt-Dokumentation wird die Klasse `QDns` nur angeboten, um asynchrones DNS-Lookup zur Verfügung zu stellen.
Die Klasse `QDns` definiert den `enum`-Datentyp: `QDns::RecordType`. Dieser `enum`-Typ definiert die DNS-Typen, welche die Klasse `QDns` bearbeiten kann. Zur Zeit sind dies die folgenden Typen:

`None`	keine Information; für `QDns`-Objekte mit voreingestellten Werten
`A`	IPv4-Addressen; der meistbenutzte Typ
`Aaaa`	IPv6-Addressen; noch nicht oft benutzt
`Mx`	Mail-eXchanger Namen; für mail-Zustellung benutzt
`Srv`	SeRVer-Namen (generischer Typ für Auffinden von Servern); wenig benutzt
`Cname`	Kanonischer Name; formt Kurznamen in wirkliche Hostnamen um
`Ptr`	PoinTeR Namen; formt IPv4- oder IPv6-Adressen in Hostnamen um
`Txt`	Beliebiger Text für Domains

RFC-2535-Erweiterungen werden in Zukunft auch unterstützt.
Bezüglich der von der Klasse `QDns` angebotenen Konstruktoren, Methoden und Signale sei der interessierte Leser auf die Qt-Online-Dokumentation verwiesen.

22.4.4 Alternative Implementierung eines einfachen http-Servers[B]

Programm 22.5 leistet weitgehend das Gleiche wie Programm 22.3, nur dass es unter Verwendung der Klasse `QSocketNotifier` und den vom Betriebssystem angebotenen Socket-Funktionen implementiert ist. Ein kleiner weiterer Unterschied ist, dass der hier realisierte http-Server die vom Webbrowser geschickten Daten diesem auch zu Beginn wieder zurückschickt, so wie in Abbildung 22.6 gezeigt.

Programm 22.5 – `httpd2.cpp`:
Andere Implementierung eines einfachen http-Dämons

```
#include <qapplication.h>
#include <qfile.h>
#include <qintdict.h>
#include <qsocketnotifier.h>
#include <qstring.h>
#include <qtextstream.h>
#include <qtimer.h>
/* Platform-specific includes. */
#ifdef _WS_X11_
  #include <netinet/in.h>
  #include <sys/socket.h>
  #include <sys/types.h>
  #include <unistd.h>
#else
  #error "Nur fuer Linux/Unix implementiert"
#endif
#define PORT 8080
```

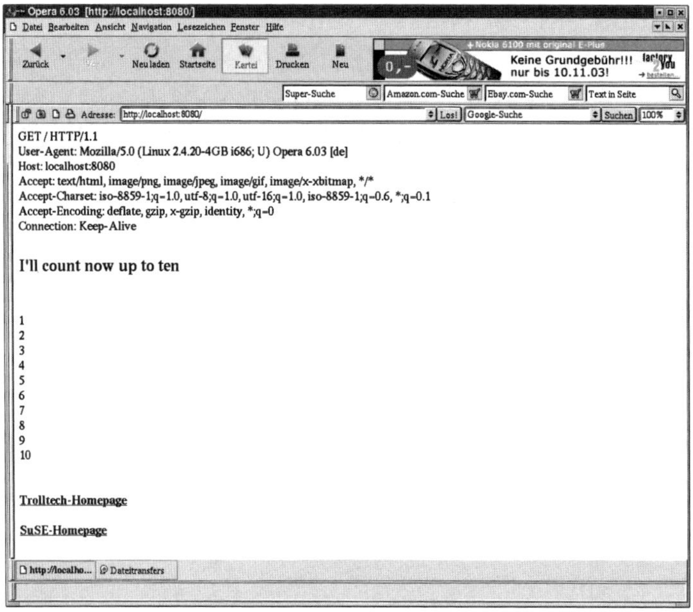

Abbildung 22.6: In *Opera* angezeigte Daten, die vom http-Dämon geschickt werden

```
class Socket {
 public:
   Socket() { _file = 0; _tstream = 0; _fd = -1;        }
   ~Socket() { close(); delete _file; delete _tstream;  }
   void close()                { ::close( _fd ); _file->close(); }
   int  handle()               { return _fd;                     }
   void read( QString& text )  { text = _tstream->readLine();    }
   void write( const char* text ) { *_tstream << text;           }
   void setFd( int newfd ) {
      _fd = newfd;   delete _file;   delete _tstream;
      _file = new QFile();   _file->open( IO_ReadWrite | IO_Raw, newfd );
      _tstream = new QTextStream( _file );
   }
 private:
   int         _fd;
   QFile       *_file;
   QTextStream *_tstream;
};
class ServerSocket : public Socket {
 public:
   ServerSocket( int port ) {
      int newfd = socket( AF_INET, SOCK_STREAM, 0 );
      struct sockaddr_in serverAddress;
      memset( &serverAddress, 0, sizeof( serverAddress ) );
      serverAddress.sin_family = AF_INET;
      serverAddress.sin_addr.s_addr = htonl( INADDR_ANY );
```

```
        serverAddress.sin_port = htons( port );
        bind( newfd, (sockaddr*)&serverAddress, sizeof( serverAddress ) );
        listen( newfd, 5 );   setFd( newfd );
    }
    Socket* accept() {
        struct sockaddr client_addr;
        socklen_t len;
        int newfd = ::accept( handle(), &client_addr, &len );
        Socket* newSocket = new Socket();   newSocket->setFd( newfd );
        return newSocket;
    }
};
class HTTPMirrorServer : QObject {
  Q_OBJECT
public:
    HTTPMirrorServer() {
        _serversocket = new ServerSocket( PORT );
        _notifier = new QSocketNotifier( _serversocket->handle(),
                                         QSocketNotifier::Read );
        connect( _notifier, SIGNAL( activated( int ) ),
                 this, SLOT( connectionWanted( int ) ) );
    }
    ~HTTPMirrorServer() { delete _notifier; delete _serversocket; }
private slots:
    void connectionWanted( int ) {
        Socket* socket = _serversocket->accept();
        _socketlist.insert( socket->handle(), socket );
        QSocketNotifier* datanotifier = new QSocketNotifier(socket->handle(),
                                                  QSocketNotifier::Read);
        connect( datanotifier, SIGNAL( activated( int ) ),
                 this, SLOT( dataArrived( int ) ) );
        _notifierlist.insert( socket->handle(), datanotifier );
    }
    void dataArrived( int handle ) {
        socket = _socketlist.take( fd = handle );
        if ( !socket )
            return;
        QString line;
        socket->read( line );
        while ( !line.isEmpty() ) {
            line += "<br>";
            socket->write( line );
            socket->read( line );
        }
        nr = 1;
        socket->write( "<h1>I'll count now up to ten</h1><br>");
        timer = new QTimer;
        connect( timer, SIGNAL( timeout() ), this,  SLOT( sendNumber() ) );
        timer->start( 500 );
    }
```

```
   void sendNumber() {
      QString t;
      t.sprintf( "%d<br>", nr++);
      socket->write( t );
      if ( nr > 10 ) {
          socket->write("<br><br><a href=\"http://www.trolltech.com.\">");
          socket->write("<b>Trolltech-Homepage</b></a>");
          socket->write("<br><br><a href=\"http://www.suse.de.\">");
          socket->write("<b>SuSE-Homepage</b></a>");
          delete timer;
          delete socket;
          delete _notifierlist.take( fd );
      }
   }
private:
    Socket                       *socket;
    int                          fd, nr;
    ServerSocket                 *_serversocket;
    QSocketNotifier              *_notifier;
    QIntDict<Socket>             _socketlist;
    QIntDict<QSocketNotifier> _notifierlist;
    QTimer                       *timer;
};
#include "httpd2.moc"
int main( int argc, char* argv[] ) {
  QApplication a( argc, argv );
  HTTPMirrorServer server;
  return a.exec();
}
```

22.4.5 Ein kleines Mail-Programm^{Z}

Das Programm `mymail.cpp` ist ein einfaches Mail-Programm, mit dem man zumindest intern Mails verschicken kann; dazu blendet es ein Widget wie in Abbildung 22.7 ein.

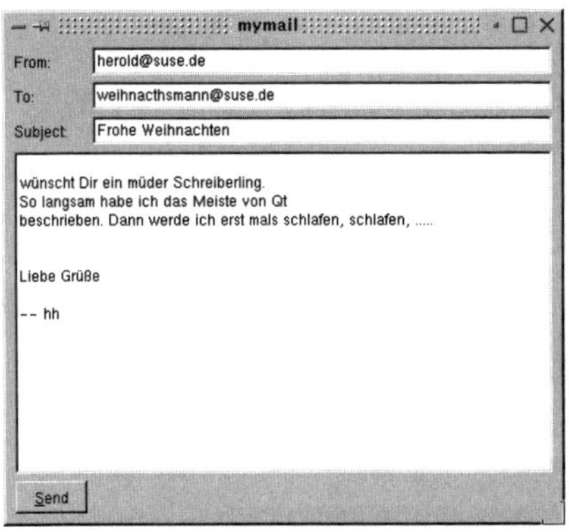

Abbildung 22.7: Versenden von Mails mit Programm `mymail.cpp`

22.4.6 Schicken einer Datei an Webbrowser^{Z}

Das Programm `httpd3.cpp` ist wie Programm 22.5 ein einfacher http-Server, nur dass es bei jeder Verbindungsanforderung seitens eines Webbrowsers ein `QLineEdit`-Widget einblendet, in dem der Benutzer den Namen einer Datei eingeben muss, deren Inhalt dann mit Zeilennummerierung an den Webbrowser geschickt wird (siehe auch Abbildung 22.8).

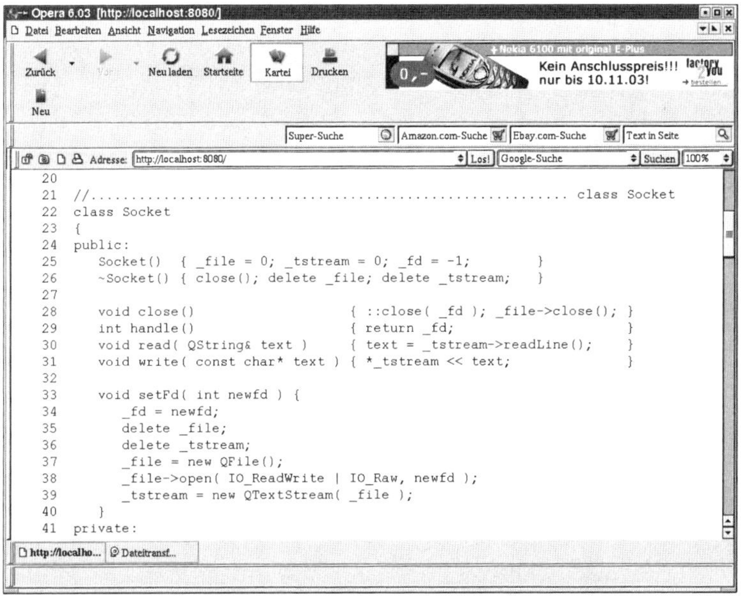

Abbildung 22.8: Anzeige des vom http-Dämon geschickten Textes im Webbrowser

Kapitel 23

Parsen von XML-Dokumenten

Vollkommenheit ist schon da, wenn das Notwendige geleistet wird, Schönheit, wenn das Notwendige geleistet, doch verborgen ist.

– J. W. Goethe

Der XML-Modul von Qt stellt einen XML-Parser mit einer *SAX2*- (*Simple API for XML*) Schnittstelle und eine Implementierung des *DOM Level 2* (*Document Object Model*) zur Verfügung.

- SAX2 ist eine sehr beliebte Java-Schnittstelle für XML-Parser. Detaillierte Informationen zu SAX2 können auf der Webseite `http://www.megginson.com/SAX/` nachgeschlagen werden.
- DOM Level 2 ist eine W3C Empfehlung für XML-Schnittstellen. Detaillierte Informationen zu DOM Level 2 können auf der Webseite `http://www.w3.org/DOM/` nachgeschlagen werden.

Dieses Kapitel gibt keine Einführung in XML, da dies den Rahmen dieses Buches sprengen würde. Dokumentation zu XML befindet sich z. B. auf der Webseite `http://www.w3.org/XML/`.

23.1 SAX2 und die zugehörigen Qt-Klassen

23.1.1 Die SAX2-Schnittstelle von Qt

Kurze Einführung in die SAX2-Schnittstelle von Qt

In SAX2 wird der Parser normalerweise als Leser (*Reader*) bezeichnet. Qt bietet hierfür eine abstrakte Klasse `QXmlReader` an, welche die Schnittstelle für alle Leser definiert. Mit der Klasse `QXmlSimpleReader` stellt Qt die Implementierung eines Lesers zur Verfügung.

Ein Leser liest das Dokument seriell und meldet das Auftreten so genannter Parsing-Events, weshalb man die SAX2-Schnittstelle auch als *event-driven* (ereignisgesteuert) bezeichnet. Das Melden von aufgetretenen Events erfolgt in Qt über so genannte *Handler-Klassen*. Dazu muss man die entsprechenden Handler-Klassen installieren, wenn man über das Auftreten der entsprechenden Parsing-Events informiert werden möchte.

Qt stellt die folgenden Handler-Klassen zur Verfügung:

`QXmlContentHandler`	meldet Ereignisse, die sich auf den Inhalt des Dokuments beziehen (wie z. B. ein Start-Tag, Zeichen usw.)
`QXmlErrorHandler`	meldet Fehler, die beim Parsen des Dokuments auftreten.
`QXmlEntityResolver`	meldet externe Einheiten (*entities*), die während des Parsen entdeckt wurden, und ermöglicht es so, dass man diese selbst auflöst und deren Auflösung nicht dem Leser überlässt.
`QXmlDTDHandler`	meldet Ereignisse, die sich auf DTD (*Notations-Deklarationen*) beziehen.
`QXmlDeclHandler`	meldet weitere Ereignisse, welche sich ebenfalls auf DTD beziehen, wie z. B. eine Attribut-Deklaration.
`QXmlLexicalHandler`	meldet Ereignisse, die sich auf die lexikalische Struktur des Dokuments beziehen, wie z. B. der Anfang von DTD, Kommentare usw.

Diese sechs Klassen sind alle abstrakte Klassen, die die Schnittstelle beschreiben. Zu diesen Klassen existiert eine Default-Implementierung in der Klasse `QXmlDefaultHandler`, sodass man nur die `QXmlDefaultHandler`-Funktionen reimplementieren muss, die man für seine Anwendung wirklich benötigt. Die Default-Inplementierung ist dabei, dass keinerlei Aktion durchgeführt wird.
Die XML-Eingabedaten werden von der Klasse `QXmlInputSource` gelesen.
Weitere Klassen der SAX2-Schnittstelle in Qt sind:

`QXmlAttributes`	wird verwendet, um Attribute in einem Startelement-Ereignis zu übergeben.
`QXmlLocator`	wird verwendet, um die aktuelle Parsing-Position eines Ereignisses zu erhalten.
`QXmlNamespaceSupport`	wird verwendet, um eine einfache Namespace-Unterstützung für einen Leser zu implementieren.

Einfaches Beispiel für einen Leser

Programm 23.1 ist ein einfaches Beispiel für die Implementierung eines Lesers. Der dort realisierte Leser gibt die Namen aller Start-Tags aus, die sich in den auf der Kommandozeile angegebenen XML-Dokumenten befinden. Die Namen werden dabei abhängig von ihrer Schachtelungstiefe jeweils um drei Leerzeichen eingerückt.
Wie aus Programm 23.1 zu ersehen ist, muss man die für die Aufgabenstellung benötigten Methoden der Handler-Klassen reimplementieren. In diesem Beispiel sind dies:

- `QXmlContentHandler::startDocument()`,
- `QXmlContentHandler::startElement()` und
- `QXmlContentHandler::endElement()`.

Dazu wird in diesem Beispiel eine eigene Unterklasse `MyXmlParser` von der Klasse `QXmlDefaultHandler` abgeleitet. In der `main()`-Funktion werden dann eine Instanz `handler` von der Klasse `MyXmlParser` und ein `QXmlInputSource`-Objekt `source` für das XML-Dokument erzeugt, das zu parsen ist. Danach wird ein `QXmlSimpleReader`-Objekt `reader` erzeugt, dem die Adresse des zuvor erzeugten Objekts `handler` übergeben wird, bevor das Parsen mit `reader.parse(source)` gestartet wird. Die Methode `parse()` kehrt zurück, wenn entweder das ganze Dokument bearbeitet wurde, oder aber auch, wenn einer der Event-Handler `false` als Rückgabewert liefert.

Programm 23.1 – `xml1.cpp`:
Einfacher Leser zum Einrücken der Start-Tags entsprechend der Schachtelungstiefe

```
#include  <qxml.h>
#include  <iostream>
using namespace std;
//............................................................ MyXmlParser
class MyXmlParser : public QXmlDefaultHandler {
 public:
   bool startDocument() { indent = ""; return true; }
   bool startElement( const QString&, const QString&,
                      const QString& qName, const QXmlAttributes& ) {
       cout << indent << qName << endl;  indent += "   "; // 3 Zeichen einrücken
       return true;
   }
   bool endElement( const QString&, const QString&, const QString& ) {
      indent.remove( 0, 3 );    // 3 Zeichen wieder ausrücken
      return true;
   }
 private:
   QString indent;
};
//................................................................... main
int main( int argc, char *argv[] ) {
   for ( int i=1; i<argc; i++ ) {
      QFile             xmlFile( argv[i] ); //.. Datei, die XML-Dokument enthält
      MyXmlParser       handler;  //... Handler-Objekt, das die Events empfängt
      QXmlInputSource   source( &xmlFile ); //... Festlegen der zu parsenden Datei
      QXmlSimpleReader reader;  //... Das Parser-Objekt (der Leser)
      cout << endl << argv[i] << endl << "===========" << endl;
      reader.setContentHandler( &handler ); //... Registrieren des Event-Handlers
      reader.parse( source ); //... Starten des Parsens
   }
   return 0;
}
```

Nachfolgend ein Ablaufbeispiel (unter Linux/Unix) zum Programm 23.1:

```
$ cat animals.xml ↵
<Tiere>
<Saeugetiere>
  <Affen> <Gorilla/> <Orang-utan/> </Affen>
</Saeugetiere>
<Voegel>
  <Meise/> <Star/> <Storch/>
</Voegel>
</Tiere>
$ cat xmlhier.xml ↵
<QXml-Classes>
<QXmlAttributes></QXmlAttributes>
<QXmlDefaultHandler></QXmlDefaultHandler>
<QXmlInputSource> </QXmlInputSource>
<QXmlLocator></QXmlLocator>
```

```
<QXmlNamespaceSupport></QXmlNamespaceSupport>
<QXmlParseException></QXmlParseException>
<QXmlSimpleReader></QXmlSimpleReader>
<QXmlContentHandler> <QXmlDefaultHandler/> </QXmlContentHandler>
<QXmlDeclHandler>    <QXmlDefaultHandler/> </QXmlDeclHandler>
<QXmlDTDHandler>     <QXmlDefaultHandler/> </QXmlDTDHandler>
<QXmlEntityResolver> <QXmlDefaultHandler/> </QXmlEntityResolver>
<QXmlErrorHandler>   <QXmlDefaultHandler/> </QXmlErrorHandler>
<QXmlLexcialHandler> <QXmlDefaultHandler/> </QXmlLexcialHandler>
<QXmlReader>         <QXmlSimpleReader/>   </QXmlReader>
</QXml-Classes>
$ xml1 animals.xml xmlhier.xml ⏎
animals.xml
===========
Tiere
   Saeugetiere
      Affen
         Gorilla
         Orang-utan
   Voegel
      Meise
      Star
      Storch
xmlhier.xml
===========
QXml-Classes
   QXmlAttributes
   QXmlDefaultHandler
   QXmlInputSource
   QXmlLocator
   QXmlNamespaceSupport
   QXmlParseException
   QXmlSimpleReader
   QXmlContentHandler
      QXmlDefaultHandler
   QXmlDeclHandler
      QXmlDefaultHandler
   QXmlDTDHandler
      QXmlDefaultHandler
   QXmlEntityResolver
      QXmlDefaultHandler
   QXmlErrorHandler
      QXmlDefaultHandler
   QXmlLexcialHandler
      QXmlDefaultHandler
   QXmlReader
      QXmlSimpleReader
$
```

Programm 23.1 ist lediglich ein einfaches Demonstrationsbeispiel, das noch weit von einer fertigen Applikation entfernt ist, da es z. B. keinerlei Fehlerbehandlung durchführt.

Darauf wird später in diesem Kapitel noch detaillierter eingegangen, wenn die Methode `QXmlReader::setErrorHandler()` vorgestellt wird, mit der man sich eine eigene Fehlerbehandlung einrichten kann.

23.1.2 Die Klassen der SAX2-Schnittstelle von Qt

Hier werden nur wesentliche Aspekte und Methoden der SAX2-Schnittstelle von Qt vorgestellt. Nähere Informationen zu den Konstruktoren und Methoden der einzelnen Klassen können in der Qt-Online-Dokumentation nachgeschlagen werden.

`QXmlContentHandler` – Ereignisse im Dokumentinhalt

Die Klasse `QXmlContentHandler` meldet Ereignisse, die sich auf den Inhalt des Dokuments beziehen (wie z. B. ein Start-Tag, Zeichen usw.). Wenn man über solche grundlegende Parsing-Events informiert werden möchte, muss man die entsprechenden Methoden dieser Klasse reimplementieren.

Die Klasse `QXmlDefaultHandler`, die unter anderem auch von dieser Klasse abgeleitet ist, stellt eine Default-Implementierung für diese Schnittstelle bereit, indem sie die meisten der hier angebotenen Methoden reimplementiert. Diese Default-Reimplementierung der einzelnen Methoden führt dabei keinerlei Aktion durch.

Die folgende Tabelle zeigt einige wichtige Methoden der Klasse `QXmlContentHandler`, die der Leser bei entsprechenden Ereignissen aufruft, wobei der Rückgabewert `false` bei diesen Methoden bewirkt, dass der Leser das Parsen beendet und die Methode `errorString()` aufruft, um die zugehörige Fehlermeldung zu erfragen.

Methode	Leser ruft Methode auf, wenn ...
`startDocument()`	Parsen des Dokuments beginnt
`endDocument()`	Parsen des Dokuments beendet ist, unabhängig davon, ob dieses Parsen erfolgreich war (alle Daten gelesen wurden) oder nicht (ein fataler Fehler aufgetreten ist).
`startElement()`	Startelement-Tag gelesen wurde. Bei leeren Element-Tags (wie z. B. `<Storch/>`) ruft der Leser zunächst `startElement()` und unmittelbar danach `endElement()` auf.
`endElement()`	Endelement-Tag gelesen wurde.
`characters()`	Block von Zeichen (normale Zeichen oder Zeichen in einem CDATA-Bereich) gelesen wurde. Ist zwischen diesen beiden Arten von Daten zu unterscheiden, muss man zusätzlich noch die beiden Methoden `QXmlLexicalHandler::startCDATA()` und `QXmlLexicalHandler::endCDATA()` reimplementieren.
`processingInstruction()`	eine Bearbeitungsanweisung gelesen wurde.

`QXmlErrorHandler` – Fehlerbehandlung bei XML-Dokumenten

Die Klasse `QXmlErrorHandler` meldet Fehler, die beim Parsen des XML-Dokuments aufgetreten sind. Wenn man eine Applikation erstellt, die eine Fehlerbehandlung bei fehlerbehafteten XML-Dokumenten durchführen soll, muss man eine eigene Klasse von dieser Klasse `QXmlErrorHandler` ableiten, in der man die entsprechenden Methoden reimple-

mentiert. Diese selbstdefinierte Fehlerbehandlung kann man dann mit `QXmlReader::setErrorHandler()` installieren.
Die Klasse `QXmlDefaultHandler`, welche unter anderem auch von dieser Klasse abgeleitet ist, stellt eine Default-Implementierung für diese Schnittstelle bereit, indem sie die hier angebotenen Methoden reimplementiert. Diese Default-Reimplementierung der einzelnen Methoden führt dabei keinerlei Aktion durch.
Methoden der Klasse `QXmlErrorHandler`, die der Leser aufruft, sind:

`bool fatalError(...)`
: wird aufgerufen, wenn ein fataler Fehler beim Parsen des Dokuments auftrat. Bei Rückgabe von `true`, kann der Leser versuchen, das XML-Dokument weiter zu parsen und eventuell weitere Fehler zu melden; in keinem Fall wird er weitere reguläre Parsing-Events mehr melden.

`bool error(...)`
: wird aufgerufen, wenn Leser das Auftreten eines Fehlers melden möchte, das ein Weiterparsen des XML-Dokuments ermöglicht. Der Leser muss in diesem Fall garantieren, dass er weiterhin reguläre Parsing-Events melden kann.

`bool warning(...)`
: wird aufgerufen, wenn Leser eine Warnung melden möchte. Warnungen sollten in Situtationen geschickt werden, die nicht durch die Methoden `error()` und `fatalError()` abgedeckt sind.

Liefern die beiden Methode `error()` und `warning()` als Rückgabewert `false`, beendet der Leser das Parsen und meldet einen Fehler. In diesem Fall ruft der Leser die rein virtuelle Methode

```
QString QXmlErrorHandler::errorString()
```

auf, um die zugehörige Fehlermeldung zu erfragen. Diese Methode muss also reimplementiert werden.

Die Klasse `QXmlParseException`

Die Klasse `QXmlParseException` wird verwendet, um Fehler bei der Reimplementierung der Methoden `fatalError()`, `error()` und `warning()` in einer von `QXmlErrorHandler` abgeleiteten Klasse näher zu spezifizieren.
Folgende Methoden bietet die Klasse `QXmlParseException` an:

`int lineNumber() , int columnNumber()`
: liefern Nummer der Zeile bzw. Spalte, in der Fehler auftrat.

`QString message()`
: liefert die zugehörige Fehlermeldung.

`QString publicId() , QString systemId()`
: liefern die öffentliche Kennung bzw. die System-Kennung, wo der Fehler auftrat.

Die Klasse `QXmlEntityResolver`

Die Klasse `QXmlEntityResolver` meldet externe Einheiten (*entities*), die während des Parsen entdeckt wurden, und ermöglicht es so, dass man diese selbst auflöst und deren Auflösung nicht dem Leser überlässt.
Wenn man eine Applikation erstellt, die externe Einheiten selbst bearbeiten soll, muss man eine eigene Klasse von dieser Klasse `QXmlEntityResolver` ableiten, in der man die hier angebotenen Methoden reimplementiert. Diese selbstdefinierte Bearbeitung externer Einheiten kann man dann mit `QXmlReader::setEntityResolver()` installieren.

Neben der rein virtuellen Methode `errorString()` bietet die Klasse `QXmlEntityResolver` noch folgende rein virtuelle Methode an:

`bool resolveEntity(...)`
: Leser ruft diese Methode auf, bevor er eine externe Einheit öffnet. Liefert diese Methode `false` zurück, beendet der Leser das Parsen und meldet einen Fehler. In diesem Fall ruft der Leser die Methode `errorString()` auf, um die zugehörige Fehlermeldung zu erfragen.

Die Klasse `QXmlDTDHandler`

Die Klasse `QXmlDTDHandler` meldet Ereignisse, die sich auf DTD (*Notations-Deklarationen*) beziehen. Wenn man eine Applikation erstellt, die Informationen über Notationen und nicht geparste Einheiten benötigt, muss man eine eigene Klasse von dieser Klasse `QXmlDTDHandler` ableiten, in der man die entsprechenden hier angebotenen Methoden reimplementiert. Diese selbstdefinierte Bearbeitung von Notations-Deklarationen kann man dann mit `QXmlReader::setDTDHandler()` installieren.
Neben der rein virtuellen Methode `errorString()` bietet die Klasse `QXmlDTDHandler` noch folgende rein virtuellen Methoden an:

`bool notationDecl(...)`
: Leser ruft diese Methode auf, wenn er eine Notations-Deklaration gelesen hat.

`bool unparsedEntityDecl(...)`
: Leser ruft diese Methode auf, wenn er nicht geparste Einheits-Deklaration findet.

Liefern diese beiden Methoden `false` zurück, beendet der Leser das Parsen und meldet einen Fehler. In diesem Fall ruft der Leser `errorString()` auf, um die zugehörige Fehlermeldung zu erfragen.

Die Klasse `QXmlDeclHandler`

Die Klasse `QXmlDeclHandler` stellt eine Schnittstelle zur Verfügung, um Deklarationsinhalte von XML-Daten zu melden. Wenn man eine Applikation erstellt, die Inhalte von Deklarationen bearbeiten soll, muss man eine eigene Klasse von dieser Klasse `QXmlDeclHandler` ableiten, in der man die hier angebotenen Methoden reimplementiert. Diese selbstdefinierte Bearbeitung von Deklarations-Inhalten kann man dann mit `QXmlReader::setDeclHandler()` installieren.
Neben der rein virtuellen Methode `errorString()` bietet die Klasse `QXmlDeclHandler` noch folgende rein virtuellen Methoden an:

`bool attributeDecl(...)`
: Leser ruft diese Methode auf, um die Deklaration eines Attribut-Typs zu melden.

`bool externalEntityDecl(...), bool internalEntityDecl(...)`
: Leser ruft diese Methoden auf, um zu melden, dass er die Deklaration einer externen bzw. einer internen Einheit gelesen hat.

Liefern diese Methoden `false` zurück, beendet der Leser das Parsen und meldet einen Fehler. In diesem Fall ruft der Leser `errorString()` auf, um die zugehörige Fehlermeldung zu erfragen.

Die Klasse `QXmlLexicalHandler`

Die Klasse `QXmlLexicalHandler` stellt eine Schnittstelle zur Verfügung, um Ereignisse zu melden, die sich auf die lexikalische Struktur des Dokuments beziehen, wie z. B. der Anfang von DTD, Kommentare usw. Wenn man eine Applikation erstellt, die solche Ereignisse bearbeiten soll, muss man eine eigene Klasse von dieser Klasse `QXmlLexicalHandler` ableiten, in der man die hier angebotenen Methoden reimplementiert. Diese selbstdefinierte Bearbeitung lexikalischer Struktur-Ereignisse kann man dann mit `QXmlReader::setLexicalHandler()` installieren.
Neben der rein virtuellen Methode `errorString()` bietet die Klasse `QXmlLexicalHandler` noch folgende rein virtuellen Methoden an:

Methode	Leser ruft Methode auf, wenn er ...
`bool comment(...)`	einen Kommentar gelesen hat.
`bool startCDATA()` `bool endCDATA()`	den Anfang bzw. das Ende eines CDATA-Bereichs im XML-Dokument gelesen hat. Der Inhalt des CDATA-Bereichs wird über die Methode `QXmlContentHandler::characters()` bereitgestellt.
`bool startDTD(...)` `bool endDTD()`	den Anfang bzw. das Ende einer DTD-Deklaration im XML-Dokument gelesen hat.
`bool startEntity(...)` `bool endEntity(...)`	den Anfang bzw. das Ende einer Einheit (*entity*) im XML-Dokument gelesen hat.

Liefern diese Methoden `false` zurück, beendet der Leser das Parsen und meldet einen Fehler. In diesem Fall ruft der Leser `errorString()` auf, um die zugehörige Fehlermeldung zu erfragen.

Die Klasse `QXmlDefaultHandler`

Die Klasse `QXMLDefaultHandler` stellt eine Default-Implementierung für die Methoden der einzelnen Handler-Klassen zur Verfügung. Folgende Liste zeigt nochmals die Klassen, deren Methoden in der Klasse `QXmlDefaultHandler` reimplementiert werden.

```
QXmlContentHandler  QXmlErrorHandler  QXmlEntityResolver
QXmlDTDHandler      QXmlDeclHandler   QXmlLexicalHandler
```

Bei fast allen Methoden aus der vorherigen Liste wird in der Reimplementierung keinerlei Aktion ausgeführt. Eine Ausnahme ist z. B. die Methode `errorString()`, die eine voreingestellte Fehlermeldung zurückliefert.
Üblicherweise leitet man von dieser Klasse eine eigene Klasse ab, um seine eigene Reimplementierung der entsprechenden Methoden durchzuführen.

Die Klasse `QXmlAttributes`

Die Klasse `QXmlAttributes` stellt XML-Attribute zur Verfügung. Wenn Attribute von der Methode `QXmlContentHandler::startElement()` gemeldet werden, wird diese Klasse verwendet, um Attributwerte zu übergeben. Dazu stellt diese Klasse unterschiedliche Methoden zur Verfügung, um auf die Attribute über Namen oder Werte zuzugreifen.

`QString value(const QString& qName) const`
: liefert den Wert des Attributs mit dem qualifizierten Namen `qName`.

`QString value(const QString& uri, const QString& localName) const`
: liefert den Wert des Attributs mit dem lokalen Namen `localName` im Namensraum `uri`. Leerer String für `uri` bedeutet, dass der Name keinen Namensraum hat.

`int count() const`
`int length() const`
liefern die Anzahl von Attributen in der Attributliste.

`QString localName(int index) const`
`QString qName(int index) const`
`QString uri(int index) const`
`QString value(int index) const`
liefern den lokalen Namen, den qualifizierten Namen, den Namensraum bzw. den Wert des Attributs zum Index `index` (`0`=erster Index).

`int index(const QString& qName) const`
liefert den Index des Attributs mit dem qualifizierten Namen `qName` (`0`=erster Index). Wenn `qName` nicht gefunden werden kann, liefert diese Methode `-1` zurück.

`int index(const QString& uri, const QString& localPart) const`
liefert den Index des Attributs mit dem lokalen Namen `localPart` (`0`=erster Index) im Namensraum `uri`. Leerer String für `uri` bedeutet, dass der Name keinen Namensraum hat. Wenn kein Name gefunden werden kann, liefert diese Methode `-1` zurück.

`QString type(const QString&qName) const`
`QString type(int index) const`
liefern den Typ des Attributs mit dem qualifizierten Namen `qName` bzw. mit dem Index `index` (`0`=erster Index); in der hier beschriebenen Qt-Version 3.2 wird nur `CDATA` zurückgegeben.

`QString type(const QString& uri, const QString& localName)`
liefert den Typ des Attributs mit dem lokalen Namen `localName` im Namensraum `uri`; in der hier beschriebenen Qt-Version 3.2 wird nur `CDATA` zurückgegeben. Leerer String für `uri` bedeutet, dass der Name keinen Namensraum hat.

Die Klasse `QXmlLocator`

Die Klasse `QXmlLocator` liefert Information darüber, wie weit das aktuelle Parsen fortgeschritten ist. Der Leser ruft die folgende rein virtuelle Methode
`QXmlContentHandler::setDocumentLocator(QXmlLocator *locator)`
immer auf, bevor er mit dem Parsen des Dokuments beginnt. Das Argument `locator` ist dabei ein Zeiger auf das zugehörige `QXmlLocator`-Objekt, welches es der Applikation erlaubt, die aktuelle Position des Lesers während des Parsen des Dokuments zu erfragen. Zum Erfragen der aktuellen Position stellt die Klasse `QXmlLocator` die beiden folgenden Methoden zur Verfügung:
`int lineNumber()` und `int columnNumber()`
Sie liefern `-1`, wenn keine Zeilen- bzw. Spaltennummern verfügbar sind.

Die Klasse `QXmlInputSource`

Die XML-Eingabedaten werden von der Klasse `QXmlInputSource` gelesen. Alle Unterklasssen von `QXmlReader` lesen die Eingaben von dieser Klasse.
Die Klasse `QXmlInputSource` stellt die folgenden Konstruktoren zur Verfügung:

`QXmlInputSource()`
legt `QXmlInputSource`-Objekt ohne Daten an.

`QXmlInputSource(QIODevice *dev)`
: legt ein `QXmlInputSource`-Objekt an, das seine Daten von `dev` erhält. Bei `dev=0` bzw. falls keine Daten von `dev` gelesen werden können, wird ein leeres `QXmlInputSource`-Objekt angelegt.

Folgende Methoden bietet die Klasse `QXmlInputSource` unter anderem an:

`QString data() virtual`
: liefert alle Daten des `QXmlInputSource`-Objekts.

`setData(const QString& dat) virtual`
: legt über den Parameter `dat` die Daten dieses `QXmlInputSource`-Objekt fest. Sollte dieses Objekt bereits Daten enthalten, werden diese einfach überschrieben.

Die Klasse `QXmlReader`

Die abstrakte Klasse `QXmlReader` stellt eine Schnittstelle bereit, mit der man XML-Leser (Parser) implementieren kann.
Zur Zeit existiert nur die Implementierung eines Lesers zu dieser Klasse, nämlich `QXmlSimpleReader`. Spätere Qt-Versionen werden wohl über weitere Leser-Implementierungen verfügen.
Alle Leser verwenden `QXmlInputSource`, um das XML-Dokument zu lesen.
Folgende rein virtuellen Methoden bietet die Klasse `QXmlReader`:

- **Parsen des XML-Dokuments `input`**:
  `bool parse(const QXmlInputSource* input) pure virtual`
  liefert `true`, wenn das Parsen erfolgreich war, andernfalls `false`.
- **Installieren der entsprechenden Handler**:
  `setContentHandler(QXmlContentHandler *handler)`
  `setErrorHandler(QXmlErrorHandler *handler)`
  `setEntityResolver(QXmlEntityResolver *handler)`
  `setDTDHandler(QXmlDTDHandler *handler)`
  `setDeclHandler(QXmlDeclHandler *handler)`
  `setLexicalHandler(QXmlLexicalHandler *handler)`
- **Erfragen von installierten Handler**: Die folgenden rein virtuellen Methoden liefern `0`, wenn entsprechender Handler nicht installiert wurde:
  `QXmlContentHandler *contentHandler()`
  `QXmlErrorHandler *errorHandler()`
  `QXmlEntityResolver *entityResolver()`
  `QXmlDTDHandler *DTDHandler()`
  `QXmlDeclHandler *declHandler()`
  `QXmlLexicalHandler *lexicalHandler()`
- **Setzen bzw. Erfragen von Features und Properties**:
  SAX2 erlaubt es, eigene *Features* und *Properties* für einen XML-Leser festzulegen. Features sind nur Optionen, die das Verhalten des Lesers verändern. Jedes Feature hat einen eindeutigen Namen, der durch eine URI dargestellt wird, und einen booleschen Wert (`true` oder `false`).
  Properties sind allgemeiner. Sie haben ebenfalls einen eindeutigen Namen, der durch eine URI dargestellt wird, aber der Typ ihres Werts ist `void *`, sodass nahezu alles

als Property-Wert benutzt werden kann. Properties sind nützlich, wenn der Leser spezielle Handler-Klassen unterstützt.
Die URIs für Features und Properties sind oft URLs wie z. B.
`http://xml.org/sax/features/namespace`. Solche URLs müssen keine Daten an dieser Adresse zur Verfügung stellen, sondern dienen nur dazu, eindeutige Namen zu definieren. Man kann beliebig neue SAX2-Features und -Properties für seine Leser definieren und verwenden. Es gibt nur zwei Features und keine Properties, die ein SAX2-Leser unterstützen muss:
`http://xml.org/sax/features/namespaces` und
`http://xml.org/sax/features/namespace-prefixes`.
Features und Properties können mit folgenden rein virtuellen Methoden gesetzt und erfragt werden:

`bool hasFeature(const QString& name)`

`bool hasProperty(const QString& name)`

liefern `true`, wenn Leser den Feature- bzw. Property-Namen `name` hat, sonst `false`.

`setFeature(const QString& name, bool value)`

`setProperty(const QString& name, void *value)`

setzt den Feature- bzw. Property-Namen `name` auf den Wert `value`. Sollte der Leser den Feature- bzw. Property-Namen `name` nicht haben, wird `value` ignoriert.

`bool feature(const QString& name, bool *ok=0)`

`void *property(const QString& name, bool *ok=0)`

Wenn der Leser den Feature- bzw. Property-Namen `name` hat, liefern diese Methoden den zugehörigen Wert, andernfalls ist der Rückgabewert undefiniert. Wenn `ok` nicht `0` ist, wird `*ok` auf `true` gesetzt, wenn der Leser den Feature- bzw. Property-Namen `name` hat, andernfalls auf `false`.

Die Klasse `QXmlSimpleReader`

Die Klasse `QXmlSimpleReader`, die die Klasse `QXmlReader` erbt, stellt eine Implementierung eines einfachen XML-Lesers (Parser) zur Verfügung. Diese Klasse unterstützt normale Parser-Funkionalität und Namensräume, aber nicht das Parsen externer Einheiten.
Zum Anlegen eines einfachen XML-Lesers bietet die Klasse `QXmlSimpleReader` folgenden Konstruktor an:
`QXmlSimpleReader()`
Die zuvor bei der Klasse `QXmlReader` vorgestellten Methoden werden in dieser Klasse `QXmlSimpleReader` reimplementiert.

Die Klasse `QXmlNamespaceSupport`

Die Klasse `QXmlNamespaceSupport` ist eine Hilfsklasse für XML-Leser, die Namensraum-Unterstützung anbieten. Diese Klasse stellt Funktionen zur Verfügung, mit denen die Bearbeitung von Namensräumen vereinfacht wird. Hauptsächlich wird diese Klasse für Unterklassen von `QXmlReader` benötigt, wenn diese Namensraum-Unterstützung anbieten wollen. Detaillierteres zu dieser Klasse sollte der interessierte Leser in der Qt-Online-Dokumentation nachschlagen.

23.1.3 Plotten einer Funktion über ein XML-Dokument[B]

Programm 23.2 liest den Inhalt eines XML-Dokuments, das sich an eine vorgegebene Syntax halten muss, und plottet dann dazu die entsprechende Funktion.

Programm 23.2 – `xmlplot.cpp`:
Plotten einer Funktion über ein XML-Dokument

```
#include <qapplication.h>
#include <qmessagebox.h>
#include <qfile.h>
#include <qpainter.h>
#include <qxml.h>
#define  MAX_VALUES  10000
class DataHandler : public QXmlDefaultHandler {
public:
    DataHandler() { }
    ~DataHandler() { }
    int    width()    { return w;       }
    int    height()   { return h;       }
    int    nrValues() { return valueNr; }
    double getXValue( int index ) { return valuePair[index].x; }
    double getYValue( int index ) { return valuePair[index].y; }
    QString errorProtocol()       { return errorProt;          }
    bool startDocument() {
       errorProt = "";  state = StateInit;
       w = 600;  h = 400;  valueNr = 0;
       return true;
    }
    bool startElement( const QString&, const QString&,
                       const QString& qName, const QXmlAttributes& atts ) {
       if ( qName == "function" && state == StateInit ) {
          state = StateDocument;
       } else if ( qName == "config" && state == StateDocument ) {
          state = StateConfig;
          QString tmp;  tmp = atts.value( "width" );
          if ( (w = tmp.toInt(0) ) < 100 ) {
             errorMsg = "Illegal width";  return false;  // Fehler
          }
          tmp = atts.value( "height" );
          if ( (h = tmp.toInt(0) ) < 100 ) {
             errorMsg = "Illegal height";  return false;  // Fehler
          }
       } else if ( qName == "value" && state == StateDocument ) {
          state = StateValue;
          QString tmp;
          bool  ok = true;
          tmp = atts.value( "x" );
          valuePair[valueNr].x = tmp.toDouble(&ok);
          if ( !ok ) {
             errorMsg = "Illegal or missing x-Value";  return false;  // Fehler
          }
```

```
            tmp = atts.value( "y" );
            valuePair[valueNr].y = tmp.toDouble(&ok);
            if ( !ok ) {
               errorMsg = "Illegal or missing x-Value";  return false;  // Fehler
            }
            valueNr++;
         } else
            return false;  // Fehler
         return true;
      }
      bool endElement( const QString&, const QString&, const QString& ) {
         switch ( state ) {
            case StateConfig: state = StateDocument; break;
            case StateValue:  state = StateDocument; break;
            default:                                 break;
         }
         return true;
      }
      bool    characters( const QString& ) { return true;     }
      QString errorString()                { return errorMsg; }
      bool fatalError( const QXmlParseException& exception ) {
         errorProt += QString( "fatal parsing error: %1 in line %2, column %3\n")
                         .arg( exception.message() ).arg( exception.lineNumber() )
                         .arg( exception.columnNumber() );
         return QXmlDefaultHandler::fatalError( exception );
      }
private:
      struct {  double  x, y; } valuePair[MAX_VALUES];
      QString     errorProt, errorMsg;
      int         w, h, valueNr;
      enum State { StateInit, StateDocument, StateConfig, StateValue };
      State state;
};
class Plotter : public QWidget {
public:
      Plotter( DataHandler handler, QWidget *p=0, const char *n=0 )
                                                      : QWidget( p, n ) {
         data = handler;  resize( data.width(), data.height() );  repaint( true );
     }
protected:
      virtual void paintEvent( QPaintEvent *) {
         int  i;
         QPainter p( this );   p.setBackgroundColor( Qt::white );
         double minx = data.getXValue(0), maxx = data.getXValue(0),
                miny = data.getYValue(0), maxy = data.getYValue(0);
         for ( i=1; i<data.nrValues(); i++ ) {
            double x = data.getXValue(i), y = data.getYValue(i);
            if ( x < minx ) minx = x;    if ( x > maxx ) maxx = x;
            if ( y < miny ) miny = y;    if ( y > maxy ) maxy = y;
         }
```

```
        double  xFactor = width()/(maxx -minx), yFactor = height()/(maxy -miny),
                xp = ( data.getXValue(0) - minx ) * xFactor,
                yp = ( maxy - data.getYValue(0) ) * yFactor;
        p.moveTo( int(xp), int(yp) );
        p.setPen( QPen( Qt::black, 2 ) );   p.setBrush( Qt::black );
        p.drawEllipse( int(xp-1), int(yp-1), 2, 2 );
         for ( i=1; i<data.nrValues(); i++ ) {
           xp = ( data.getXValue(i) - minx ) * xFactor;
           yp = ( maxy - data.getYValue(i) ) * yFactor;
           p.setPen( QPen(Qt::blue, 2)); p.lineTo( int(xp), int(yp) );
           p.setPen( QPen(Qt::black,2)); p.drawEllipse(int(xp)-2,int(yp)-2,4,4);
        }
    }
private:
    DataHandler data;
};
int main( int argc, char *argv[] ) {
    QApplication a( argc, argv );
    QString  msg;
    if ( argc != 2 ) {
       msg.sprintf( "usage:  %s xml-file", argv[0] );
       QMessageBox::information( 0, "Falscher Aufruf", msg, QMessageBox::Ok );
       return 1;
    }
    QFile file( argv[1] );
    if ( !file.open( IO_ReadOnly ) ) {
       msg.sprintf( "cannot open file '%s'", argv[1] );
       QMessageBox::information( 0, "file open error", msg, QMessageBox::Ok );
       return 1;
    }
    file.close();
    DataHandler      handler;
    QXmlInputSource  source( file );
    QXmlSimpleReader reader;
    reader.setContentHandler( &handler );
    reader.setErrorHandler( &handler );
    bool ok = reader.parse( source );
    file.close();
    if ( !ok ) {
       QMessageBox::critical( 0, a.tr( "Parse Error" ),
                                 a.tr( handler.errorProtocol() ) );
       return -1;
    }
    Plotter plot( handler );
    plot.setCaption( "XML-Functionplotter" );
    a.setMainWidget( &plot );
    plot.show();
    return a.exec();
}
```

Ruft man z. B. Programm 23.2 mit der XML-Datei `myfunction.xml` auf, wird die zugehörige Funktion angezeigt (siehe auch Abbildung 23.1).

```
$ cat myfunction.xml ↵
<?xml version="1.0" encoding="UTF-8"?><!DOCTYPE function>
<function>
<config   width="700" height="500"> </config>
<value  x="0" y="1"> </value>
<value  x="0.04" y="0.893319"> </value>
<value  x="0.08" y="0.672923"> </value>
<value  x="0.12" y="0.377632"> </value>
<value  x="0.16" y="0.0535066"> </value>
<value  x="0.2" y="-0.253002"> </value>
  ........................
  ........................
<value  x="2.68" y="0.0680225"> </value>
<value  x="2.72" y="0.0577265"> </value>
<value  x="2.76" y="0.0403437"> </value>
<value  x="2.8" y="0.0187913"> </value>
<value  x="2.84" y="-0.00366858"> </value>
<value  x="2.88" y="-0.023901"> </value>
<value  x="2.92" y="-0.039316"> </value>
<value  x="2.96" y="-0.04818"> </value>
</function>
$ xmlplot myfunction.xml ↵    # siehe auch Abbildung 23.1
$
```

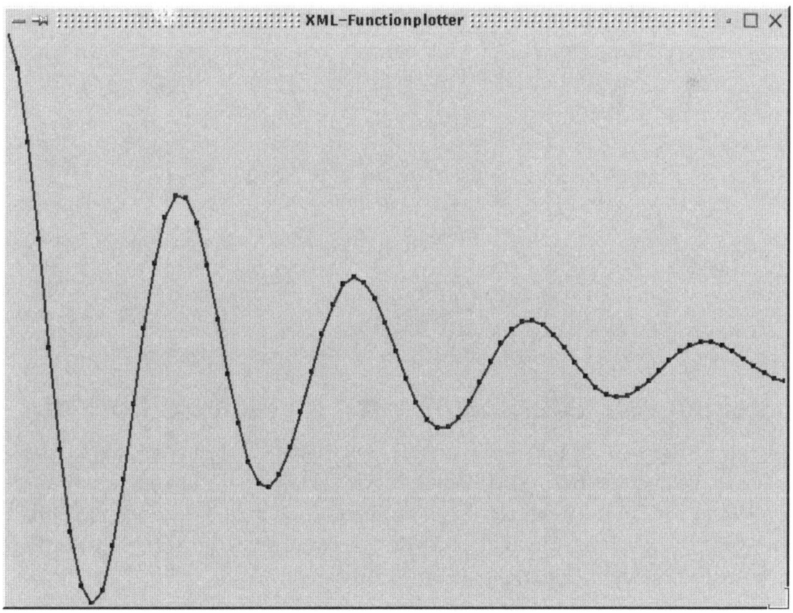

Abbildung 23.1: Plot zur Funktion, die in XML-Datei `myfunction.xml` beschrieben ist.

Um sich die zu einer Funktion gehörige XML-Datei automatisch erzeugen zu lassen, kann man Programm 23.3 verwenden. So wurde z. B. die obige XML-Datei `myfunction.xml` mit diesem Programm erzeugt:

```
$ makexmlfunction >myfunction.xml ⏎
$
```

Möchte man einen anderen Plot einer Funktion, muss man nur die fett hervorgehobenen Zeilen in Programm 23.3 ändern.

Programm 23.3 – `makexmlfunction.c`:
Erzeugen einer XML-Datei, die eine Funktion beschreibt

```
#include  <stdio.h>
#include  <stdlib.h>
#include  <math.h>

double function(double x) {
   const double PI = 4*atan(1);
   return( cos(3*PI*x) *exp(-x) ); //... change this
}
int  main(void) {
   double  start=0,   //... change this
           ende =3,   //... change this
           step=.04,  //... change this
           x;
   printf("<?xml version=\"1.0\" encoding=\"UTF-8\"?><!DOCTYPE function>\n"
          "\n<function>\n\n");
   printf( "<config");
   printf( "   width=\"700\" height=\"500\"> ");  //... change this
   printf( "</config>\n\n");

   for (x=start; x<ende; x+=step) {
      printf( "<value ");
      printf(" x=\"%g\" y=\"%g\"> ", x, function(x) );
      printf( "</value>\n");
   }
   printf( "\n</function>\n");
   return 0;
}
```

23.1.4 Anzeigen von XML-Dokumenten im Richtext-Format^Z

Das Programm `xmlrichtext.cpp` ist ein weiteres Demobeispiel zum Parsen von XML-Dokumenten. Dieses Programm liest entsprechende XML-Dateien und zeigt sie im Richtext-Format an. Wenn die XML-Datei `sayings.xml` den nachfolgend gezeigten Inhalt hat, dann leistet dieses Programm das Gleiche wie Programm `richtext.cpp` auf Seite 109 (vergleiche auch die zugehörigen Abbildungen).

23.2 DOM Level 2 und die zugehörigen Qt-Klassen

23.2.1 Die DOM-Schnittstelle von Qt

Kurze Einführung in DOM

DOM (*Document Object Model*) ist eine Schnittstelle, um den Inhalt und die Struktur einer XML-Datei zu lesen oder aber auch zu ändern. DOM gibt eine hierarchische Sicht des Dokuments in einer Baumform. Alle Knoten dieses Baums sind Unterklassen der Klasse `QDomNode`. Folgende Liste zeigt alle Knoten-Klassen und die Klassen, die Unterknoten von diesen Klassen sein können:

`QDomDocument`
: `QDomElement` (höchstens einmal), `QDomProcessingInstruction`, `QDomComment`, `QDomDocumentType`

`QDomDocumentFragment`
: `QDomElement`, `QDomProcessingInstruction`, `QDomComment`, `QDomText`, `QDomCDATASection`, `QDomEntityReference`

`QDomEntityReference`
: `QDomElement`, `QDomProcessingInstruction`, `QDomComment`, `QDomText`, `QDomCDATASection`, `QDomEntityReference`

`QDomElement`
: `QDomElement`, `QDomText`, `QDomComment`, `QDomProcessingInstruction`, `QDomCDATASection`, `QDomEntityReference`

`QDomAttr`
: `QDomText`, `QDomEntityReference`

`QDomEntity`
: `QDomElement`, `QDomProcessingInstruction`, `QDomComment`, `QDomText`, `QDomCDATASection`, `QDomEntityReference`

`QDomDocumentType`
`QDomProcessingInstruction`
`QDomComment`
`QDomText`
`QDomCDATASection`
`QDomNotation`
: keine

Es gibt auch zwei Containerklassen:

`QDomNodeList`	ist eine Liste von Knoten und
`QDomNamedNodeMap`	ist eine ungeordnete Menge von Knoten, die insbesondere für Attribute verwendet wird.

Mit der Klasse `QDomImplementation` kann man erfragen, über welche Funktionalität eine DOM-Implementierung verfügt.
Detaillierte Informationen zu DOM findet man auf der Webseite `http://www.w3.org/DOM/`.

Ein erstes einfaches Beispiel

Programm 23.4 ist ein erstes einfaches Beispiel zur DOM-Schnitstelle in Qt. Dieses Programm gibt die Namen aller Start-Tags aus, die sich in den auf der Kommandozeile angegebenen XML-Dokumenten befinden. Die Namen werden dabei abhängig von ihrer Schachtelungstiefe jeweils um drei Leerzeichen eingerückt.

Programm 23.4 – `dom1.cpp`:
Programm zum Einrücken der Start-Tags entsprechend der Schachtelungstiefe

```
#include <qdom.h>
#include <qfile.h>
#include <iostream>
using namespace std;
void printElement( QDomElement docElem, QString indent ) {
   QDomNode n = docElem;
   while( !n.isNull() ) {
      QDomElement e = n.toElement(); // konvertiere Knoten in ein Element
      if( !e.isNull() ) {
          cout << indent << e.tagName() << endl;
          if ( !e.firstChild().isNull() )
             printElement( e.firstChild().toElement(), indent+"   " );
      }
      n = n.nextSibling();
   }
}
int main( int argc, char *argv[] ) {
   QDomDocument doc;
   for ( int i=1; i<argc; i++ ) {
      QFile f( argv[i] );
      if ( !f.open( IO_ReadOnly ) )
         break;
      if ( !doc.setContent( &f ) ) { // Festlegen des Dokument-Inhalts
         f.close();  break;
      }
      f.close();
      cout << endl << argv[i] << endl << "===========" << endl;
      printElement( doc.documentElement(), "" );
   }
   return 0;
}
```

Nachfolgend ist ein Ablaufbeispiel für die Ausgabe von Programm 23.4 gegeben:

```
$ cat animals.xml ⏎
<Tiere>
<Saeugetiere>
  <Affen> <Gorilla/> <Orang-utan/> </Affen>
</Saeugetiere>
<Voegel>
  <Meise/> <Star/> <Storch/>
</Voegel>
</Tiere>
$ cat domhier.xml ⏎
<QDom-Classes>

<QDomNode>
   <QDomAttr/>
   <QDomCharacterData>
      <QDomComment/>
```

```
      <QDomText> <QDomCDATASection/> </QDomText>
   </QDomCharacterData>
   <QDomDocument/>
   <QDomDocumentFragment/>
   <QDomDocumentType/>
   <QDomElement/>
   <QDomEntity/>
   <QDomEntityReference/>
   <QDomNotation/>
   <QDomProcessingInstruction/>
</QDomNode>

<QDomImplementation/>
<QDomNamedNodeMap/>
<QDomNodeList/>

</QDom-Classes>
$ doml animals.xml xmlhier.xml ⏎
animals.xml
===========
Tiere
   Saeugetiere
      Affen
         Gorilla
         Orang-utan
   Voegel
      Meise
      Star
      Storch
domhier.xml
===========
QDom-Classes
   QDomNode
      QDomAttr
      QDomCharacterData
         QDomComment
         QDomText
            QDomCDATASection
      QDomDocument
      QDomDocumentFragment
      QDomDocumentType
      QDomElement
      QDomEntity
      QDomEntityReference
      QDomNotation
      QDomProcessingInstruction
   QDomImplementation
   QDomNamedNodeMap
   QDomNodeList
$
```

23.2.2 Die Klasse `QDomNode` und von ihr abgeleitete Klassen

Hier werden nur wesentliche Aspekte der DOM-Schnittstelle von Qt vorgestellt. Nähere Informationen zu den Konstruktoren und Methoden der einzelnen Klassen können in der Qt-Online-Dokumentation nachgeschlagen werden.
Weitere Informationen zum *Document Object Model* befinden sich auf den Webseiten `http://www.w3.org/TR/REC-DOM-Level-1/` und `http://www.w3.org/TR/DOM-Level-2-Core/`.

Die Basisklasse `QDomNode` für andere DOM-Klassen

Die Klasse `QDomNode` ist die Basisklasse für nahezu alle anderen Klassen im DOM. Viele Methoden im DOM liefern ein `QDomNode`-Objekt zurück. Als Beispiel mag der folgende Codeausschnitt dienen, der das erste Element des XML-Dokuments ermittelt, und dann die Namen aller Elemente ausgibt, die seine Unterknoten sind:

```
QDomDocument d;     d.setContent( XML-Dokument );
QDomNode n = d.firstChild();
while ( !n.isNull() ) {
    if ( n.isElement() ) {
        QDomElement e = n.toElement();
        cout << "Element name: " << e.tagName() << endl;
        break;
    }
    n = n.nextSibling();
}
```

`QDomNode` und alle von `QDomNode` abgeleiteten Klassen bieten folgende Methoden an:

`klassenname& operator= (const klassenname& x)`

Zuweisungsoperator. Die Daten der Kopie sind dabei shared, sodass bei Änderungen in der Kopie auch die originalen Daten geändert werden. Möchte man eine eigene unabhängige Kopie erstellen, muss man `QDomNode::cloneNode()` verwenden.

`QString nodeName() const virtual`

liefert den Namen des Knotens, der von der Unterklasse abhängig ist:

`QDomElement`, `QDomAttr`	Tag-Name bzw. Name des Attributs
`QDomText`	String "`#text`"
`QDomCDATASection`	String "`#cdata-section`"
`QDomEntityReference`	Name der referenzierten Einheit (*entity*)
`QDomEntity`	Name der Einheit (*entity*)
`QDomProcessingInstruction`	Ziel der Bearbeitungs-Instruktion
`QDomDocument`, `QDomComment`	String "`#document`" bzw. "`#comment`"
`QDomDocumentType`	Name des Dokument-Typs
`QDomDocumentFragment`	String "`#document-fragment`"
`QDomNotation`	Name der Notation

`QString nodeValue() const virtual`

liefert den Wert des Knotens, der von der Unterklasse abhängig ist:

`QDomAttr`, `QDomText`	der Attribut-Wert bzw. der Text
`QDomCDATASection`	der Inhalt des CDATA-Bereichs
`QDomProcessingInstruction`	die Daten der Bearbeitungsinstruktion
`QDomComment`	der Kommentar

Alle anderen Unterklassen haben keinen Knoten-Wert und liefern den null-String.

`NodeType nodeType() const virtual`

liefert Typ des Knotens zurück:

`ElementNode`	`AttributeNode`	`TextNode`
`CDATASectionNode`	`EntityReferenceNode`	`EntityNode`
`ProcessingInstructionNode`	`CommentNode`	`DocumentNode`
`DocumentTypeNode`	`DocumentFragmentNode`	`NotationNode`
`CharacterDataNode`		

Folgende Methoden liefern `true`, wenn der Knoten vom entsprechenden Typ ist:

```
bool isAttr() const virtual
bool isCDATASection() const virtual
bool isCharacterData() const virtual
bool isComment() const virtual
bool isDocument() const virtual
bool isDocumentFragment() const virtual
bool isDocumentType() const virtual
bool isElement() const virtual
bool isEntity() const virtual
bool isEntityReference() const virtual
bool isNotation() const virtual
bool isProcessingInstruction() const virtual
bool isText() const virtual
```

Folgende Methoden konvertieren ein `QDomNode`-Objekt in ein Objekt der entsprechenden Klasse (`QDomAttr`, `QDomCDATASection` usw.). Ist dies nicht möglich, liefern diese Methoden `null` zurück:

```
QDomAttr toAttr()
QDomCDATASection toCDATASection()
QDomCharacterData toCharacterData()
QDomComment toComment()
QDomDocument toDocument()
QDomDocumentFragment toDocumentFragment()
QDomDocumentType toDocumentType()
QDomElement toElement()
QDomEntity toEntity()
QDomEntityReference toEntityReference()
QDomNotation toNotation()
QDomProcessingInstruction toProcessingInstruction()
QDomText toText()
```

Die Klasse `QDomDocument` für das ganze XML-Dokument

Die von `QDomNode` abgeleitete Klasse `QDomDocument` stellt eine Repräsentation des ganzen XML-Dokuments zur Verfügung. Das geparste XML-Dokument wird dabei intern

durch einen Baum von Objekten repräsentiert, auf die mit den entsprechenden QDom-Klassen zugegriffen werden kann.
Die QDom-Klassen werden typischerweise wie folgt verwendet:

```
QDomDocument doc( "mydocument" );
QFile file( "mydocument.xml" );
if ( !file.open( IO_ReadOnly ) )
    return;
if ( !doc.setContent( &file ) ) {
    file.close();
    return;
}
file.close();
 // Ausgeben der Namen aller Elemente,
 // die direkte Unterknoten des äußersten Elements sind.
QDomElement docElem = doc.documentElement();

QDomNode n = docElem.firstChild();
while( !n.isNull() ) {
    QDomElement e = n.toElement(); // Konvertieren des Knotens in ein Element
    if( !e.isNull() )  // Wenn Konvertieren erfolgreich war
        cout << e.tagName() << endl;
    n = n.nextSibling();
}
 // Zur Demonstration: Anhängen eines neuen Elements am Ende des Dokuments
QDomElement elem = doc.createElement( "bild" );
elem.setAttribute( "src", "meinbild.png" );
docElem.appendChild( elem );
```

Die Klasse QDomElement für ein Element im DOM-Baum

Die Klasse QDomElement, die von QDomNode abgeleitet ist, repräsentiert ein Element im DOM-Baum. Elemente haben einen Namen und ein oder mehrere Attribute (QDomAttr-Objekte).
Möchte man z. B. den Text eines Knotens erfragen, so ist dies mit der Methode text() möglich:

```
QDomElement e = ...
 ...
QString s = e.text()
```

Möchte man den gesamten Text in allen Unterknoten eines Knotens ermitteln, so wäre dies z. B. wie folgt möglich:

```
QString text;
QDomElement element = doc.documentElement();
for( QDomNode n = element.firstChild(); !n.isNull(); n = n.nextSibling() ) {
    QDomText t = n.toText();
    if ( !t.isNull() )
        text += t.data();
}
```

In diesem Codeausschnitt wird versucht, mit `text()` jeden Knoten in einen Textknoten zu konvertieren. Eine Alternative wäre, nur den Text mit z. B. `firstChild().toText().data()` oder `n.toText().data()` zu extrahieren. Hierbei wäre jedoch dann zu beachten, dass der Knoten kein Text-Knoten ist, und somit die Methode `toText()` `null` zurückliefert, sodass der Versuch, mit `data()` darauf zuzugreifen, zum Programmabsturz führen würde.

Die Klasse `QDomAttr` für ein Attribut eines `QDomElement`-Objekts

Die Klasse `QDomAttr`, die von `QDomNode` abgeleitet ist, repräsentiert ein Attribut eines `QDomElement`-Objekts. Z. B. resultiert folgende XML-Zeile in einem Element ohne Unterknoten, aber mit zwei Attributen:
`<link href="http://www.trolltech.comcolor=red"/>`
Nachfolgender Code zeigt, wie man die Attribute eines Elements ermitteln kann:

```
QDomElement e = ...
...
QDomAttr a = e.attributeNode( "href" );
cout << a.value() << endl;                    // Ausgabe: "http://www.trolltech.com"
a.setValue( "http://doc.trolltech.com" ); // Ändern des Knoten-Attributs
QDomAttr a2 = e.attributeNode( "href" );
cout << a2.value() << endl;                   // Ausgabe: "http://doc.trolltech.com"
```

Dieser Codeausschnitt zeigt unter anderem auch, dass das Ändern eines Attributs, das man aus einem Element erhalten hat, auch das Attribut im Element ändert. Möchte man diese gleichzeitige Änderung im Element verhindern, muss man sich zuvor eine eigene unabhängige Kopie des Attributs mit `QDomNode::cloneNode()` erstellen.

Die Klasse `QDomCharacterData` für einen generischen String

Die Klasse `QDomCharacterData`, die von der Klasse `QDomNode` abgeleitet ist, repräsentiert einen generischen String im DOM. Von dieser Klasse sind dann die spezielleren Klassen `QDomComment`, `QDomText` und `QDomCDATASection` abgeleitet.
Neben den von `QDomNode` geerbten Methoden bietet die Klasse `QDomCharacterData` noch weitere Methoden an, wie z. B.:

`setData(QString& v) virtual`
: setzt String dieses Objekts auf `v`.

`QString data() const virtual`
: liefert den in diesem Objekt gespeicherten String. Wenn der Knoten ein null-Knoten ist, wird ein null-String zurückgegeben.

`QString substringData(ulong offset, ulong count) virtual`
: liefert aus dem in diesem Objekt gespeicherten String den Substring ab Position `offset` mit `count` Zeichen.

`uint length() const virtual`
: liefert die Länge des in diesem Objekt gespeicherten String.

`appendData(QString& arg) virtual`
: hängt den String `arg` an den schon gespeicherten String dieses Objekts an.

`insertData(ulong offset, QString& arg) virtual`
: fügt den String `arg` an der Position `offset` im schon gespeicherten String dieses Objekts ein.

`replaceData(ulong offset, ulong count, QString& arg) virtual`
: ersetzt im gespeicherten String dieses Objekts den Substring (ab `offset` mit `count` Zeichen) durch den String `arg`.

`deleteData(ulong offset, ulong count) virtual`
: löscht im gespeicherten String dieses Objekts den Substring ab Position `offset` mit `count` Zeichen.

Die Klasse `QDomComment` für XML-Kommentare

Die Klasse `QDomComment`, die von der Klasse `QDomCharacterData` abgeleitet ist, repräsentiert einen XML-Kommentar. Wird ein XML-Kommentar geparst, wie z. B.:

```
<!- this is a comment ->
```

so wird dieser durch ein `QDomComment`-Objekt im DOM-Baum repräsentiert.

Die Klasse `QDomText` für Texte

Die Klasse `QDomText`, die von der Klasse `QDomCharacterData` abgeleitet ist und von der Klasse `QDomCDATASection` geerbt wird, repräsentiert die Texte in einem geparsten XML-Dokument.

Neben den von `QDomNode` geerbten Methoden bietet die Klasse `QDomText` noch weitere Methoden an, wie z. B.:

`QDomText splitText(int offset)`
: zerteilt dieses Objekt an der Stelle `offset` in zwei `QDomText`-Objekte. Das neu erzeugte Objekt wird nach diesem Objekt im Dokument-Baum eingefügt und als Rückgabe geliefert.

Die Klasse `QDomCDATASection` für CDATA-Bereiche

Die Klasse `QDomCDATASection`, die von der Klasse `QDomText` abgeleitet ist, repräsentiert CDATA-Bereiche in einem geparsten XML-Dokument.

Die Klasse `QDomDocumentFragment` für Teile eines Dokuments

Die Klasse `QDomDocumentFragment`, die von der Klasse `QDomNode` abgeleitet ist, stellt einen Baum von `QDomNode`-Objekten bereit, der üblicherweise nicht das ganze Dokument, sondern eben nur Fragmente davon enthält.

Die Klasse `QDomDocumentType` für DTD (Notations-Deklaration)

Die Klasse `QDomDocumentType`, die von `QDomNode` abgeleitet ist, repräsentiert eine DTD (Notations-Deklaration) im Dokument-Baum. Sie lässt für einige Datenstrukturen im DTD nur *readonly*-Zugriff zu.

Neben den von `QDomNode` geerbten Methoden bietet die Klasse `QDomDocumentType` noch weitere Methoden an, wie z. B.:

`QString name() const virtual`
: liefert Namen des Dokument-Typs, der im Tag `<!DOCTYPE name>` spezifiziert ist.

`QDomNamedNodeMap entities() const virtual`

`QDomNamedNodeMap notations() const virtual`
: liefern ein `QDomNamedNodeMap`-Objekt, das alle Einheiten (*entities*) bzw. Notationen enthält, die im DTD beschrieben sind.

Die Klasse `QDomEntity` für eine XML-Entity

Die Klasse `QDomEntity`, die von der Klasse `QDomNode` abgeleitet ist, repräsentiert eine Einheit (*entity*) im XML-Dokument.
Neben den von `QDomNode` geerbten Methoden bietet die Klasse `QDomEntity` noch weitere Methoden an, wie z. B.:

`QString notationName() const virtual`
: liefert für nicht geparste Einheiten (*entities*) den Namen der zugehörigen Notation und für geparste Einheiten `QString::null`.

`QString publicId() const virtual`

`QString systemId() const virtual`
: liefern die öffentliche Kennung bzw. System-Kennung, die dieser Einheit (*entity*) zugeteilt wurde, oder `QString::null`, wenn diese Kennung nicht spezifiziert wurde.

Die Klasse `QDomEntityReference` für eine Entity-Referenz

Die Klasse `QDomEntityReference`, die von der Klasse `QDomNode` abgeleitet ist, repräsentiert eine XML-Einheitsreferenz (*entity reference*).

Die Klasse `QDomNotation` für eine XML-Notation

Die Klasse `QDomNotation`, die von der Klasse `QDomNode` abgeleitet ist, repräsentiert eine XML-Notation. DOM unterstützt nicht das Editieren von Notations-Knoten, weshalb diese auch *readonly* sind.
Neben den von `QDomNode` geerbten Methoden bietet die Klasse `QDomNotation` noch weitere Methoden an, wie z. B.:

`QString publicId() const`

`QString systemId() const`
: liefern die öffentliche Kennung bzw. System-Kennung dieser Notation.

Die Klasse `QDomProcessingInstruction` für eine XML-Bearbeitungsinstruktion

Die Klasse `QDomProcessingInstruction`, die von der Klasse `QDomNode` abgeleitet ist, repräsentiert eine XML-Bearbeitungsinstruktion.
Neben den von `QDomNode` geerbten Methoden bietet die Klasse `QDomProcessingInstruction` noch weitere Methoden an, wie z. B.:

`setData(const QString& d) virtual`
: legt den Inhalt dieser Bearbeitungsinstruktion auf `d` fest.

`QString data() const virtual`

`QString target() const virtual`
: liefern den Inhalt bzw. das Ziel dieser Bearbeitungsinstruktion.

23.2.3 Die Klasse `QDomImplementation`

Mit der Klasse `QDomImplementation` kann man erfragen, über welche Funktionalität eine DOM-Implementierung verfügt. In Qt-Version 3.2 wird nur die XML-Untermenge von DOM Level 1 und DOM Level 2 unterstützt. Normalerweise verwendet man `QDomDocument::implementation()`, um das `QDomImplementation`-Objekt zu erhalten. Methoden, die die Klasse `QDomImplementation` anbietet, sind:

`bool hasFeature(QString& feature, QString& version) virtual`
liefert `true`, wenn `QDom`-Implementierung `version` von `feature` zur Verfügung stellt. In Qt3.2 wird nur Feature „XML“ in Version 1.0 unterstützt.

`bool isNull()`
liefert `true`, wenn Objekt nicht mit `QDomDocument::implementation()` erzeugt wurde.

`bool operator== (const QDomImplementation& x) const`
`bool operator!= (const QDomImplementation& x) const`
liefern `true`, wenn beide Objekte vom gleichen bzw. von verschiedenen `QDomDocument`-Objekte erzeugt wurden.

`QDomImplementation& operator= (const QDomImplementation& x)`
Zuweisungooperator.

23.2.4 Die Containerklassen `QDomNamedNodeMap` und `QDomNodeList`

Die Klasse `QDomNamedNodeMap`

Die Klasse `QDomNamedNodeMap` ist eine ungeordnete Menge von Knoten, auf die über Knoten-Namen zugegriffen werden kann.
Die Klasse `QDomNamedNodeMap` wird an drei Stellen verwendet:

Methode	liefert eine Menge aller ...
`QDomDocumentType::entities()`	Einheiten, die im DTD beschrieben sind
`QDomDocumentType::notations()`	Notationen, die im DTD beschrieben sind
`QDomNode::attributes()`	Attribute eines Elements

Methoden, die die Klasse `QDomNamedNodeMap` anbietet, sind z. B.:

`bool contains(const QString& name) const`
liefert `true`, wenn Objekt einen Knoten mit Namen `name` enthält, sonst `false`.

`uint count() const`
`uint length() const`
liefern Anzahl der Knoten in diesem Objekt.

`QDomNode item(int index) const`
liefert Knoten an Position `index`; wird verwendet, um auf einzelne Knoten im Objekt nacheinander zuzugreifen.

`QDomNode namedItem(const QString& name) const`
liefert Knoten mit Namen `name`. Existiert keiner, wird null-Knoten zurückgegeben.

`bool operator== (const QDomNamedNodeMap& n) const`
`bool operator!= (const QDomNamedNodeMap& n) const`
liefern `true`, wenn `QDomNamedNodeMap`-Objekte gleich bzw. ungleich sind.

`QDomNamedNodeMap& operator= (const QDomNamedNodeMap& n)`
Zuweisungsoperator.

`QDomNode removeNamedItem(const QString& name)`
löscht den Knoten mit dem Namen `name` und gibt diesen gelöschten Knoten zurück. Sollte kein Knoten mit Namen `name` existieren, wird ein null-Knoten zurückgegeben.

`QDomNode setNamedItem(const QDomNode& newNode)`
fügt den Knoten `newNode` ein und gibt diesen eingefügten Knoten zurück.

Die Klasse `QDomNodeList`

Die Klasse `QDomNodeList` ist eine Liste von Knoten. Listen kann man sich mit `QDomDocument::elementsByTagName()` oder `QDomNode::childNodes()` zur Verfügung stellen lassen. Methoden der Klasse `QDomNodeList` sind z. B.:

`uint count() const`

`uint length() const virtual`

liefern die Anzahl von Knoten in der Liste.

`QDomNode item(int index) const virtual`

liefert den Knoten an der Position `index` in der Liste. Wenn `index` negativ ist oder größer gleich `length()`, wird ein null-Knoten zurückgegeben.

`bool operator== (const QDomNodeList& n) const`

`bool operator!= (const QDomNodeList& n) const`

liefern `true`, wenn die beiden Listen gleich bzw. ungleich sind, andernfalls `false`.

`QDomNodeList& operator= (const QDomNodeList& n)`

weist diesem Objekt die Knoten-Liste `n` zu.

23.2.5 Plotten einer Funktion über ein XML-Dokument[B]

Programm 23.5 leistet das Gleiche wie das Programm `xmlplot.cpp` auf Seite 708. Es liest den Inhalt eines XML-Dokuments, das sich an eine vorgegebene Syntax halten muss, und plottet dann dazu die entsprechende Funktion.

Programm 23.5 – `domplot.cpp`:
Plotten einer Funktion über ein XML-Dokument

```
#include <qapplication.h>
#include <qmessagebox.h>
#include <qfile.h>
#include <qpainter.h>
#include <qdom.h>

#define  MAX_VALUES  10000
class DataHandler : public QDomDocument {
public:
    DataHandler() { }
    ~DataHandler() { }
    int    width()    { return w;       }
    int    height()   { return h;       }
    int    nrValues() { return valueNr; }
    double getXValue( int index ) { return valuePair[index].x; }
    double getYValue( int index ) { return valuePair[index].y; }
    bool parse( QDomElement docElem ) {
       errorMsg = "";
       state = StateInit;
       w = 600;
       h = 400;
       valueNr = 0;
       parseTree( docElem );
       return errorMsg.isEmpty();
    }
```

```
    void parseTree( QDomElement docElem ) {
        QDomNode n = docElem;
        while( !n.isNull() ) {
            QDomElement e = n.toElement();
            if( !e.isNull() ) {
                startElement( e );
                if (!e.firstChild().isNull()) parseTree( e.firstChild().toElement());
                endElement();
            }
            n = n.nextSibling();
        }
    }
    void startElement( QDomElement e ) {
        QString nodeName = e.nodeName();
        if ( nodeName == "function" && state == StateInit ) {
            state = StateDocument;
        } else if ( nodeName == "config" && state == StateDocument ) {
            state = StateConfig;
            QString tmp;   tmp = e.attributeNode( "width" ).value();
            if ( (w = tmp.toInt(0) ) < 100 ) errorMsg = "Illegal width";
            tmp = e.attributeNode( "height" ).value();
            if ( (h = tmp.toInt(0) ) < 100 ) errorMsg = "Illegal height";
        } else if ( nodeName == "value" && state == StateDocument ) {
            state = StateValue;
            QString tmp;
            bool  ok = true;
            tmp = e.attributeNode( "x" ).value();
            valuePair[valueNr].x = tmp.toDouble(&ok);
            if ( !ok ) errorMsg = "Illegal or missing x-Value";
            tmp = e.attributeNode( "y" ).value();
            valuePair[valueNr].y = tmp.toDouble(&ok);
            if ( !ok ) errorMsg = "Illegal or missing x-Value";
            valueNr++;
        }
    }
    void endElement( void ) {
        switch ( state ) {
            case StateConfig: state = StateDocument; break;
            case StateValue:  state = StateDocument; break;
            default:                                 break;
        }
    }
    QString errorString() { return errorMsg; }
private:
    struct {  double  x, y; } valuePair[MAX_VALUES];
    QString     errorMsg;
    int         w, h, valueNr;
    enum State { StateInit, StateDocument, StateConfig, StateValue };
    State state;
};
```

```
//............................................................... Plotter
class Plotter : public QWidget {
    //... siehe auch Programm xmlplot.cpp auf Seite 708
};
//.................................................................. main
int main( int argc, char *argv[] ) {
    QApplication a( argc, argv );
    QString  msg;
    if ( argc != 2 ) {
       msg.sprintf( "usage:  %s xml-file", argv[0] );
       QMessageBox::information( 0, "Falscher Aufruf", msg, QMessageBox::Ok );
       return 1;
    }
    QFile file( argv[1] );
    if ( !file.open( IO_ReadOnly ) ) {
       msg.sprintf( "cannot open file '%s'", argv[1] );
       QMessageBox::information( 0, "file open error", msg, QMessageBox::Ok );
       return 1;
    }
    DataHandler   handler;
    if ( !handler.setContent( &file ) ) {
        file.close();
        return -1;
    }
    file.close();
    bool ok = handler.parse( handler.documentElement() );
    if ( !ok ) {
       QMessageBox::critical( 0, a.tr( "Wrong config or values" ),
                                 a.tr( handler.errorString() ) );
       return -1;
    }
    Plotter plot( handler );
    plot.setCaption( "XML-Functionplotter" );
    a.setMainWidget( &plot );
    plot.show();
    return a.exec();
}
```

23.2.6 Anzeigen von XML-Dokumenten im Richtext-Format^Z

Das Programm `domrichtext.cpp` leistet das Gleiche wie Programm `xmlrichtext.cpp` auf Seite 712. Dieses Programm liest entsprechende XML Dateien und zeigt sie im Richtext-Format an.

23.3 Plotten einer Funktion als Linie oder in Balkenform über ein XML-Dokument^Z

Die zwei Programme `xmlplot2.cpp` und `domplot2.cpp` erweitern jeweils die Funktionalität von Programm `xmlplot.cpp` auf Seite 708 und Programm `domplot.cpp` auf Seite 723, indem der Benutzer im `config`-Teil noch wählen kann, ob die Funktion als Linie (`ShowAs="Line"`), als Balken (`ShowAs="Bar"`) oder gleichzeitig als Linie und in Balkenform (`ShowAs=LineBar"`) anzuzeigen ist (siehe auch Abbildung 23.2).

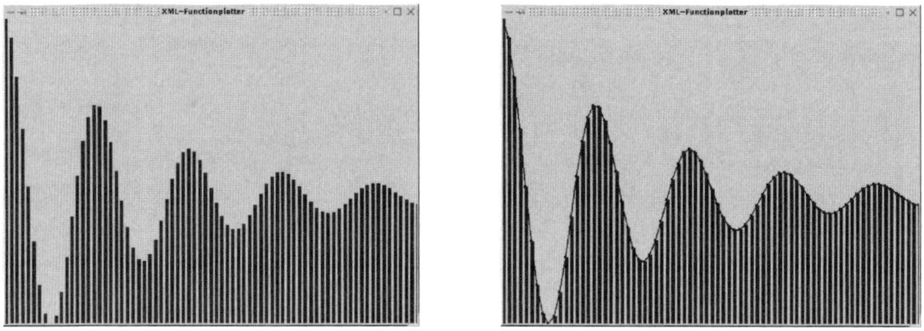

Abbildung 23.2: Anzeige der Funktion: links für `ShowAs="Bar"` und rechts für `ShowAs="LineBar"`

Kapitel 24

Qt-Programmierung mit anderen Bibliotheken und Sprachen

Mit jeder Sprache mehr, die du erlernst, befreist du einen bis dahin in dir gebundenen Geist.
– F. Rückert

Zwischenzeitlich wurde für eine Vielzahl von Bibliotheken und Sprachen eine Qt-Schnittstelle entwickelt. Diese Kapitel stellt stellvetretend zwei der wichtigsten dieser Schnittstellen kurz vor:

- OpenGL-Programmierung mit Qt
- Perl-Programmierung mit Qt

24.1 OpenGL-Programmierung mit Qt

Qt bietet eigene Klassen an, mit denen man OpenGL-Code in einem Qt-Programm einbetten kann. OpenGL ist ein plattform- und sprachunabhängiger API-Standard für dreidimensionale Vektorgraphiken, der auf vielen Systemen verwendet wird. So stellt z. B. Windows NT ebenso OpenGL-Bibliotheken zur Verfügung wie viele Unix-Systeme. Für Unix existiert mit MESA auch eine nicht-kommerzielle Implementierung von OpenGL.

Es würde den Rahmen dieses Buches sprengen, eine vollständige Einführung in die OpenGL-Programmierung zu geben. Deswegen wird hier nur anhand eines Beispiels die Einbettung von OpenGL-Code in Qt-Programme gezeigt. Weiterführende Informationen zur OpenGL-Programmierung können von der Webseite `http://www.opengl.org` heruntergeladen werden, wo man ausführliche Dokumentation zu OpenGL finden kann.

Um OpenGL-Code in Qt-Programme einzufügen, bietet Qt die vier Klassen `QGLWidget`, `QGLContext`, `QGLFormat` und `QGLColormap` an, die hier kurz vorgestellt werden.

24.1.1 Die Klasse `QGLWidget`

Die Klasse `QGLWidget` ist die wichtigste Klasse in der von Qt angebotenen OpenGL-Schnittstelle. Um nun OpenGL-Code in einem Qt-Programm einzubetten, muss man von der Klasse `QGLWidget` eine eigene Klasse ableiten, in der man die folgenden virtuellen Methoden reimplementieren muss:

`initializeGL() virtual protected`

wird immer nur einmal aufgerufen, und zwar bevor eine der beiden Methoden `paintGL()` oder `resizeGL()` aufgerufen wird. Danach wird diese Methode nur noch aufgerufen, wenn dem Widget ein neuer `QGLContext` zugewiesen wird. In dieser Methode sollte man das OpenGL-Subsystem initialisieren, wie z. B. die Hintergrundfarbe, die OpenGL-Displayliste (auszuführende OpenGL-Kommandos) und den Schattierungsmodus festlegen. Alle OpenGL-spezifischen Initialisierungen sollten in dieser Methode und nicht im Konstruktor des Widgets vorgenommen werden.

```
virtual void initializeGL() { //... initialisiert das OpenGL-Subsystem
   qglClearColor( green );  // OpenGL soll alles auf grün löschen
   glShadeModel( GL_FLAT ); // flache Schattierung; wegen Performance
   ...
}
```

`paintGL() virtual protected`

wird immer aufgerufen, wenn das Widget neu gezeichnet werden muss. Diese Methode ist mit der Methode `paintEvent()` vergleichbar, welche allerdings den Inhalt des Widget unter Zuhilfenahme von `QPainter`, und nicht mit OpenGL-Kommandos neu zeichnet, was ein wesentlicher Unterschied ist.

`resizeGL(int width, int height) virtual protected`

wird immer aufgerufen, wenn die Größe des Widget sich ändert. Hier sollten entsprechende OpenGL-Kommandos angegeben werden, die das Neuzeichnen bei einer Größenänderung des Widget vornehmen. Die Parameter `width` und `height` liefern dabei die neue Breite und Höhe des Widget.

Grundsätzlich gilt, dass man OpenGL-Kommandos nur innerhalb dieser drei virtuellen Methoden `initializeGL()`,`paintGL()` und `resizeGL()` aufrufen kann. An allen anderen Stellen einschließlich dem Konstruktor muss man erst die Methode `makeCurrent()` aufrufen, um festzulegen, dass OpenGL-Ausgaben nun in dieses Widget erfolgen.

24.1.2 Die Klassen `QGLContext`, `QGLFormat`, `QGLColormap`

Meist wird man eine OpenGL-Programmierung unter alleiniger Verwendung der Klasse `QGLWidget` durchführen können. Nur in Spezialfällen wird man auf die folgenden Klassen zurückgreifen müssen:

- **Die Klasse `QGLContext`**: Diese Klasse stellt eine Sammlung von OpenGL-Zustandsvariablen zur Verfügung, mit denen man einen OpenGL-Kontext festlegen kann. Die Klasse `QGLWidget` erzeugt automatisch einen solchen Kontext. Möchte man jedoch zwischen mehreren Kontexten hin- und herschalten, muss man zunächst Objekte von dieser Klasse anlegen. Anschließend kann man dann mit den entsprechenden Methoden, die in der Qt-Online-Dokumentation näher beschrieben sind, zwischen den verschiedenen Kontexten hin- und herschalten.
- **Die Klasse `QGLFormat`**: Ist man mit den Voreinstellungen der Klasse `QGLWidget` nicht zufrieden, kann man diese unter Zuhilfenahme der von der Klasse `QGLFormat` angebotenen Methoden seinen eigenen Bedürfnissen anpassen, wie z. B. Doppelpufferung einschalten, den Alpha-Kanal für den Framepuffer einschalten usw.
- **Die Klasse `QGLColormap`**
  Diese Klasse erlaubt es, eigene Farbtabellen für ein `QGLWidget` zu installieren.

24.1.3 Drehen eines Quaders in x-, y- und z-Richtung[B]

Programm 24.1 ermöglicht es, einen Quader über drei Schiebebalken in x-, y- und z-Richtung zu drehen. Links in Abbildung 24.1 ist der Quader in seiner Anfangsstellung gezeigt. Rechts ist der Quader gezeigt, nachdem er über die drei Schiebebalken entsprechend in alle drei Richtungen gedreht wurde.

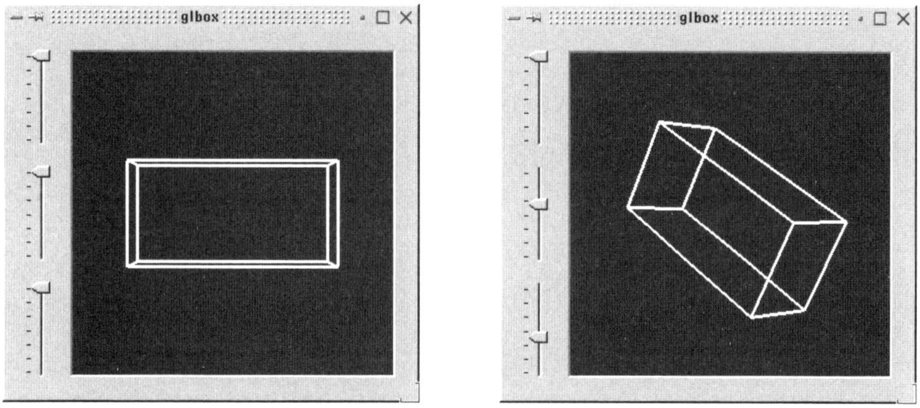

Abbildung 24.1: Drehen eines Quaders über Schiebebalken in x-, y- und z-Richtung

Programm 24.1 – `glbox.cpp`:
Drehen eines Quaders über Schiebebalken in x-, y- und z-Richtung

```
#include .....
#include <qgl.h>
//............................................................ class GLBox
class GLBox : public QGLWidget {
    Q_OBJECT
public:
    GLBox( QWidget* parent, const char* name ) : QGLWidget( parent, name ) {
        xRot = yRot = zRot = 0.0;    // voreingest. Objekt-Rotation
        scale = 1.25;                // voreingest. Objekt-Skalierung
        object = 0;  // OpenGl-Objekt hier noch 0
    }
    ~GLBox() {  // löscht die Displayliste
        makeCurrent();
        glDeleteLists( object, 1 ); // 2. Arg. gibt Anzahl der Displaylisten
    }
public slots:
    void setXRotation( int degrees ) {  // Festlegen des Rotationswinkels um
        xRot = (GLfloat)(degrees % 360); // die X-Achse;
        updateGL();                      // bedingt durch oberen Slider
    }
    void setYRotation( int degrees ) {  // Festlegen des Rotationswinkels um
        yRot = (GLfloat)(degrees % 360); // die Y-Achse;
        updateGL();                      // bedingt durch mittleren Slider
    }
```

```
    void setZRotation( int degrees ) { // Festlegen des Rotationswinkels um
       zRot = (GLfloat)(degrees % 360); // die Z-Achse;
       updateGL();                      // bedingt durch unteren Slider
    }
protected:
    void initializeGL() { //... initialisiert das OpenGL-Subsystem
       qglClearColor( blue );     // OpenGL soll alles auf blau löschen
       object = makeObject();     // Erzeuge eine OpenGL-Displayliste
                                  // (Gruppe von OpenGL-Kommandos)
       glShadeModel( GL_FLAT ); // flache Schattierung; wegen Performance
    }
    void paintGL() { //....... malt die Box; aktuellen OpenGL-Kommandos
                     //           zum Malen der Box werden hier ausgeführt
       glClear( GL_COLOR_BUFFER_BIT ); // Puffer löschen; farbiges Malen erlaubt
       glLoadIdentity(); // ersetze akt. Matrix durch Identitätsmatrix
       glTranslatef( 0.0, 0.0, -10.0 ); // Transformiere akt. Matrix mit den
                                        // folg. x-, y- und z-Werten
       glScalef( scale, scale, scale ); // Transformiere akt. Matrix mit den
                                        // folg. x-, y- und z-Werten (1.25)
       glRotatef( xRot, 1.0, 0.0, 0.0 ); // Rotiere Matrix um x-Achse um xRot
       glRotatef( yRot, 0.0, 1.0, 0.0 ); // Rotiere Matrix um y-Achse um yRot
       glRotatef( zRot, 0.0, 0.0, 1.0 ); // Rotiere Matrix um z-Achse um zRot
       glCallList( object ); // Führe Displayliste aus (neue Box zeichnen)
    }
    void resizeGL( int w, int h ) { //... wird aufgerufen, wenn Widgetgröße
                                    //    verändert wird
       glViewport( 0, 0, (GLint)w, (GLint)h );  // OpenGL-Viewport
       glMatrixMode( GL_PROJECTION ); // akt. Matrix auf Projektionsmatrix setzen
       glLoadIdentity(); // ersetze akt. Matrix durch Identitätsmatrix
         // setze Perspektiven der Matrix; siehe auch OpenGL-Dokumentation
         // auf www.opengl.org
       glFrustum( -1.0, 1.0, -1.0, 1.0, 5.0, 15.0 );
       glMatrixMode( GL_MODELVIEW ); // akt. Matrix auf Modelview-Matrix setzen
    }
    virtual GLuint makeObject() { //.... Erzeugt OpenGL-Displayliste fuer
       GLuint list;               //     das zu zeigende Objekt
       list = glGenLists( 1 ); // erzeugt leere Displayliste
       glNewList( list, GL_COMPILE ); // startet Definition der neuen
                                      // Displayliste
       qglColor( white );    // setzt Zeichenfarbe auf weiss
       glLineWidth( 3.0 );   // setzt Breite des Zeichenstiftes auf 3
       glBegin( GL_LINE_LOOP ); // nachfolg. Scheitelpunkte verbinden
       glVertex3f(  1.0,  0.5, -0.4 ); // Zeichne vier Scheitelpunkte
       glVertex3f(  1.0, -0.5, -0.4 ); //  1.Arg=x, 2.Arg=y, 3.Arg=z
       glVertex3f( -1.0, -0.5, -0.4 );
       glVertex3f( -1.0,  0.5, -0.4 );
       glEnd();
       glBegin( GL_LINE_LOOP ); // wie zuvor
       glVertex3f(  1.0,  0.5, 0.4 );  glVertex3f(  1.0, -0.5, 0.4 );
       glVertex3f( -1.0, -0.5, 0.4 );  glVertex3f( -1.0,  0.5, 0.4 );
```

```
        glEnd();
        glBegin( GL_LINES ); // jedes Scheitelpaar als unabh. Liniensegm. behandeln
        glVertex3f(  1.0,  0.5, -0.4 ); glVertex3f(  1.0,  0.5, 0.4 ); // 1.
        glVertex3f(  1.0, -0.5, -0.4 ); glVertex3f(  1.0, -0.5, 0.4 ); // 2.
        glVertex3f( -1.0, -0.5, -0.4 ); glVertex3f( -1.0, -0.5, 0.4 ); // 3.
        glVertex3f( -1.0,  0.5, -0.4 ); glVertex3f( -1.0,  0.5, 0.4 ); // 4.
        glEnd();
        glEndList(); // Ende der Definition der Displayliste
        return list; // Rückgabe der Displayliste
    }
private:
    GLuint   object;
    GLfloat  xRot, yRot, zRot, scale;
};

//................................................ class GLObjectWindow
class GLObjectWindow : public QWidget {
    Q_OBJECT
public:
    GLObjectWindow( QWidget* parent = 0, const char* name = 0 )
                                            : QWidget( parent, name ) {
        QFrame* f = new QFrame( this, "frame" );
        f->setFrameStyle( QFrame::Sunken | QFrame::Panel );
        f->setLineWidth( 2 );
        GLBox* c = new GLBox( f, 0 ); // Erzeuge das OpenGL-Widget
            //... Slider für x-Achse
        QSlider* x = new QSlider( 0, 360, 60, 0, QSlider::Vertical, this );
        x->setTickmarks( QSlider::Left );
        QObject::connect(x, SIGNAL(valueChanged(int)),c,SLOT(setXRotation(int)));
            //... Slider für y-Achse
        QSlider* y = new QSlider( 0, 360, 60, 0, QSlider::Vertical, this );
        y->setTickmarks( QSlider::Left );
        QObject::connect(y, SIGNAL(valueChanged(int)),c,SLOT(setYRotation(int)));
            //... Slider für z-Achse
        QSlider* z = new QSlider( 0, 360, 60, 0, QSlider::Vertical, this );
        z->setTickmarks( QSlider::Left );
        QObject::connect(z, SIGNAL(valueChanged(int)),c,SLOT(setZRotation(int)));
            //... Layout für die Slider
        QVBoxLayout* vlayout = new QVBoxLayout( 20 );
        vlayout->addWidget(x); vlayout->addWidget(y); vlayout->addWidget(z);
            //... Layout für das OpenGL-Window
        QHBoxLayout* flayout = new QHBoxLayout( f, 2, 2 );
        flayout->addWidget( c, 1 );
        QHBoxLayout* hlayout = new QHBoxLayout( this, 20, 20 );
        hlayout->addLayout( vlayout );
        hlayout->addWidget( f, 1 );
    }
};
#include "glbox.moc"
```

```
int main( int argc, char *argv[] ) {
    QApplication::setColorSpec( QApplication::CustomColor );
    QApplication a(argc,argv);
    if ( !QGLFormat::hasOpenGL() ) {
       qWarning( "This system has no OpenGL support. Exiting." );  return -1;
    }
    GLObjectWindow w;
    w.resize( 400, 350 );
    a.setMainWidget( &w );   w.show();
    return a.exec();
```

24.1.4 Drehen einer Pyramide in x-, y- und z-Richtung[Z]

Das Programm `glpyramide.cpp` ist dem Programm 24.1 sehr ähnlich, nur dass es anstelle eines Quaders eine Pyramide in alle drei Richtungen drehen lässt. Links in Abbildung 24.2 ist die Pyramide in ihrer Anfangsstellung gezeigt, rechts, nachdem sie über die drei Schiebebalken entsprechend in alle drei Richtungen gedreht wurde.

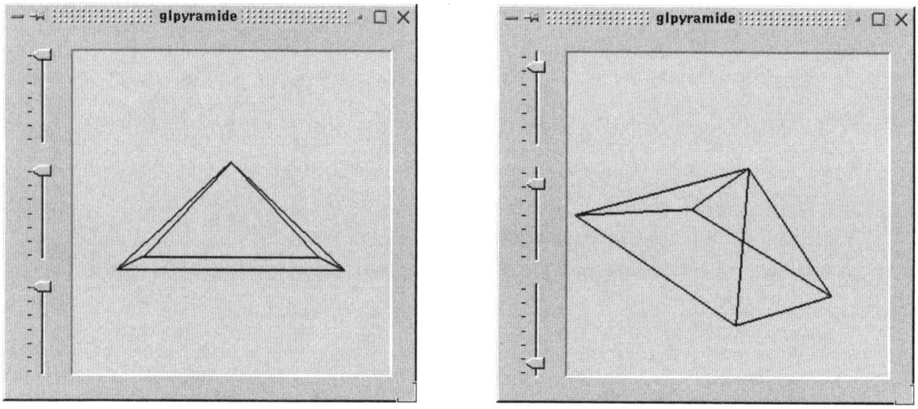

Abbildung 24.2: Drehen einer Pyramide über Schiebebalken in x-, y- und z-Richtung

24.2 Qt-Programmierung mit Perl

Zwischenzeitlich wurde für eine Vielzahl von Sprachen wie z. B. C, Python und Perl eine Qt-Schnittstelle entwickelt. Hier wird lediglich die Perl-Schnittstelle vorgestellt, da Perl heute sehr weit verbreitet ist. So laufen z. B. auf einem Großteil der CGI-Server im Internet Perl-Programme.

Perl ist eine Skriptsprache, die ursprünglich von *Larry Wall* entwickelt wurde und mittlerweile von einer Vielzahl freiwilliger Programmierer, die über das Internet kommunizieren, weiterentwickelt wird. Perl ist eine plattformunabhängige Sprache, sodass Perl-Programme z. B. unter allen Linux-/Unix-Systemen, Windows-Systemen und auch unter Macintosh lauffähig sind, soweit dort ein entsprechender Perl-Interpreter vorhanden ist. Eine zusätzliche Einführung in Perl würde den Rahmen dieses Buches überschreiten, weshalb entsprechende Perl-Kenntnisse in diesem Kapitel vorausgesetzt werden.

PerlQt, das Qt-Programmierung mit Perl ermöglicht, wurde von Ashley Winters entwickelt und ist frei verfügbar. Es kann vom nächsten CPAN (*Comprehensive Perl Archive Network*) `http://www.perl.com/CPAN` aus dem Directory `authors/Ashley_Winters` heruntergeladen werden. Nachdem man PerlQt und eventuell auch Perl, wenn noch nicht vorhanden, installiert hat, sollte man zum Testen einige der mitgelieferten PerlQt-Beispiele ablaufen lassen.

24.2.1 Ein erstes PerlQt-Beispiel ("Hello World")

Programm 24.2 erzeugt ein Widget mit einem Pushbutton, der den Text "`Hello World`" enthält; siehe auch Abbildung 24.3.

Abbildung 24.3: Von Programm 24.2 eingeblendetes Widget

Programm 24.2 – `perl_helloworld`:
Pushbutton mit dem Text "`Hello World`"

```
#!/usr/bin/perl -w    # Pfad des Perl-Interpreters
use Qt;          # Laden des Qt-Interface
  # Anlegen eines Applikations-Objekts
  #  mit einer Referenz auf die Kommandozeilenarg. (@ARGV)
  # Zugriff auf dieses Appl.-Objekt ist später mit Zeiger  Qt::app()  möglich
my $a = Qt::Application(\@ARGV);
  # Anlegen eines Pushbuttons ohne Elternwidget (undef)
my $hello = Qt::PushButton("Hello World!", undef);
  # Größe des Pushbuttons und Pushbutton als Mainwidget festlegen
$hello->resize(160, 25);
$a->setMainWidget($hello);
  # Widget hello einblenden und Kontrolle an Applikation übergeben
$hello->show;
exit $a->exec;
```

Aus diesem Beispiel kann man folgende Regeln für PerlQt ableiten:

- Auf Qt-Klassen kann man zugreifen, indem man das Präfix **Qt::** statt dem führenden **Q** des entsprechenden Klassennamens angibt, wie z.B.: `Qt::Slider`, `Qt::Label`, `Qt::RadioButton` usw.
- Ein Objekt zu einer Qt-Klasse kann man mit dem entsprechenden Konstruktoraufruf anlegen, wie z.B.:

```
# mit Argumente:
  my $object = Qt::klassenname(arg1, arg2, ..., argn);
# ohne Argumente:
  my $object = Qt::klassenname;
```

- In PerlQt muss man, wenn beim Aufruf von Qt-Funktionen ein NULL-Zeiger als Argument zu übergeben ist, das Perl-Schlüsselwort `undef` übergeben. Ebenso erhält man in PerlQt `undef` als Rückgabewert, wenn eine Qt-Funktion einen NULL-Zeiger als Rückgabe liefert.

24.2.2 Eigene Subwidgets und Vererbung in PerlQt

Programm 24.3 leistet das Gleiche wie Programm 24.2 (siehe auch Abbildung 24.3), wobei es dazu jedoch ein eigenes Widget anbietet, das eine Unterklasse von `QPushButton` ist.

Programm 24.3 – `perl_helloworld2`:
Eigenes Subwidget von `QPushbutton` mit Text "`Hello World`"

```
#!/usr/bin/perl -w
use strict;
#.......................................... neues Package mit Namen MyButton
package MyButton; # neues Package mit Namen MyButton
   use Qt;  # Qt-Interface importieren
   use Qt::isa qw(Qt::PushButton); # MyButton ist Unterklasse von QPushButton
     #....... Konstruktor für diese eigene Klasse
   sub NEW {
      shift->SUPER::NEW(@_[0..2]); # Aufruf des Konstruktors der Elternklasse
                                   # (hier QPushButton) mit allen Argumenten,
                                   # die diesem Konstr. übergeben wurden
      resize(130, 40);
   }
#............................................................. main-Package
package main;
   use Qt;  # Qt-Interface importieren
   use MyButton;  # package MyButton importieren

   my $a = Qt::Application(ARGV);
   my $w = MyButton("Hello World!", undef); # Anlegen eines MyButton-Objekts
   $a->setMainWidget($w);
   $w->show;
   exit $a->exec;
```

Um ein eigenes Subwidget von einem Qt-Widget anzulegen, muss man wie folgt vorgehen:

- Anlegen eines neuen `package`, Importieren des Qt-Interface und Festlegen des Elternwidgets:

```
package subwidgetName;
   use Qt;
   use Qt::isa qw(Qt::nameElternWidget);
```

- Anlegen eines Konstruktors für das eigene Subwidget mit **sub NEW {**, und Aufrufen des Elternwidget-Konstruktors mit **shift->SUPER::NEW(@_[...])** und Übergabe der entsprechenden Argumente:

```
   sub NEW {
      shift->SUPER::NEW(@_[0..2]); # Aufruf des Konstruktors der Elternklasse
                                   # (hier QPushButton) mit allen Argumenten,
                                   # die diesem Konstr. übergeben wurden
      ....
   }
```

24.2.3 Membervariablen (Attribute) in PerlQt

Programm 24.4 zeigt, wie man Membervariablen in PerlQt realisieren kann. Dieses Programm zeigt ein Label an, in dem die aktuelle Breite und Höhe des Widgets angezeigt wird. Ändert sich die Größe des Widgets, so wird immer die neue aktuelle Breite und Höhe angezeigt, sowie die seit Programmstart vergangenen Sekunden; siehe auch Abbildung 24.4.

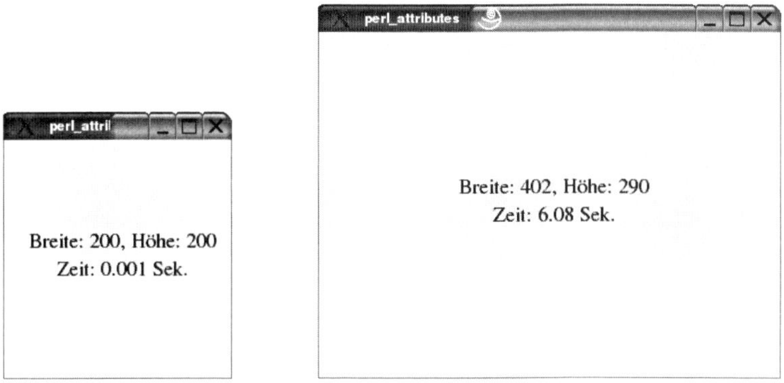

Abbildung 24.4: Anzeige der aktuellen Breite/Höhe sowie seit Programmstart vergangenen Sekunden bei einer Größenänderung

Programm 24.4 – `perl_attributes`:
Demoprogramm zu PerlQt-Attribute

```
#!/usr/bin/perl -w
use strict;
#........................................................... class myLabel
package MyLabel;
   use Qt;
   use Qt::isa qw(Qt::Label);
   use Qt::attributes qw( zeit text ); # Festlegen der Attributnamen
   sub NEW {
      shift->SUPER::NEW(@_[0..2]);
      text = $_[0];       # Zuweisen des ersten Arguments an Attribut text
      setFont( Qt::Font( "Times", 16 ) );
      setAlignment( &Qt::AlignCenter );  # Zugriff auf Qt-enum-Konstanten
      zeit = Qt::Time;   # Zeit wird ein QTime-Objekt
      zeit->start;        # ... Stoppuhr starten
      resize( 200, 200 );
   }
   sub resizeEvent {
        # Anzeigen der aktuellen Breite und Höhe, sowie
        # die seit Programmstart vergangene Zeit
      setText( "  Breite: ". width() .", Höhe: ". height() .
              "\n  Zeit: ". zeit->elapsed/1000 . text );
   }
#................................................................... main
package main;
   use Qt;  # Qt-Interface importieren
   use MyLabel;  # package MyLabel importieren
```

```
    my $a = Qt::Application(ARGV);
    my $w = MyLabel(" Sek.", undef); # Anlegen eines MyLabel-Objekts
    $a->setMainWidget($w);
    $w->show;
    exit $a->exec;
```

Um Membervariablen (Attribute) in PerlQt zu verwenden, muss man diese also wie folgt deklarieren:

```
   use Qt::attributes qw( attr1 attr2 ... );
```

oder aber auch wie folgt:

```
   use Qt::attributes qw(
          attr1
          attr2
          ...
   );
```

24.2.4 Signale, Slots und Destruktoren

Programm 24.5 demonstriert die Verwendung von Signalen und Slots in PerlQt. Dieses Programm blendet einen Pushbutton ein, der bei einem Klick immer die aktuelle Größe seines Widgets so wie die seit Programmstart vergangene Zeit (in Sekunden) als Text anzeigt. Zusätzlich wird seine aktuelle Größe bei einem Klick auch auf der Standardfehlerausgabe (`STDERR`) ausgegeben.

Programm 24.5 – `perl_slots`:
Demoprogramm zu Signalen und Slots in PerlQt

```
#!/usr/bin/perl -w
use strict;
#............................................................ MyButton
package MyButton;
   use Qt;
   use Qt::isa qw(Qt::PushButton);
   use Qt::attributes qw(zeit);
   use Qt::slots
         wasClicked => [],
         change     => ['int', 'int'];
   use Qt::signals
         changeIt   => ['int', 'int'];
   sub NEW {
      shift->SUPER::NEW(@_[0..2]);
      setText(" Klicke mich\ndoch einfach");
      zeit = Qt::Time;
      zeit->start;
      this->connect(this, SIGNAL 'clicked()', SLOT 'wasClicked()');
      this->connect(this, SIGNAL 'changeIt(int,int)', SLOT 'change(int,int)');
   }
   sub wasClicked {
      my $w = width();
      my $h = height();
      setText( "Breite: $w,  Höhe: $h\n".
               "Zeit: ". zeit->elapsed/1000 . " Sek." );
```

```
      emit changeIt($w, $h);
   }
   sub change {
      my ($w, $h) = @_;
      print STDERR "Breite: $w, Höhe: $h \n";
   }
   sub DESTROY {
      print STDERR "Tschuess\n"
   }
#............................................................... main
package main;
   use Qt;
   use MyButton;
   my $a = Qt::Application(ARGV);
   my $w = MyButton;
   $a->setMainWidget($w);
   $w->show;
   exit $a->exec;
```

Aus diesem Programmbeispiel kann man folgende Regeln für PerlQt ableiten:

- **Deklarieren von Signalen und Slotroutinen**
  Wenn man eine Klasse definiert, muss man am Anfang alle eigenen Slotroutinen und Signale mit ihren Parametertypen aufzählen, wie z. B.:

```
use Qt::slots
      wasClicked => [],
      change     => ['int', 'int'];
use Qt::signals
      changeIt   => ['int', 'int'];
```

- **Definieren von Slotroutinen**
  Die entsprechenden Slotroutinen können dann wie alle anderen Methoden in der Klasse definiert werden:

```
sub wasClicked {
   #... Code für diese Slotroutine
   #...
}
sub change {
   #... Code für diese Slotroutine
   #...
}
```

- **Schicken von Signalen**
  Wie aus dem vorherigen Programmbeispiel zu ersehen ist, kann man ein Signal wie folgt schicken:

```
emit signalName(argListe);
```

- **Verbindung von Signalen und Slots**
  Eine Verbindung von Signalen und Slots erfolgt in PerlQt wie folgt:

```
myObject->connect(sender, SIGNAL 'signalName(...)', SLOT 'slotName(...)');
```

  oder aber auch wie:

```
Qt::Object::connect(sender, SIGNAL 'signalName(...)',
                    receiver, SLOT 'slotName(...)');
```

- **Definition von Destruktoren**
  Um einen Destruktor zu definieren, muss man eine Methode DESTROY definieren, in der man den entsprechenden Destruktor-Code angeben kann, wie z. B.:

```
sub DESTROY {
   #... Code für den Destruktor
   #...
}
```

24.2.5 Einige weiteren Regeln zu PerlQt

Zugriff auf statische Funktionen

Statische Funktionen werden in PerlQt direkt (ohne Objekt) aufgerufen, wie z.B.:

```
QString dateiName = Qt::FileDialog::getOpenFileName(...);
QDate heute = Qt::Date::currentDate();
```

Die einzig erwähnenswerten Ausnahmen sind:

```
qApp         # entspricht: Qt::app
qVersion     # entspricht: Qt::version
```

Übergabe von Zeiger- oder Referenzargumenten

Um eine Referenz als Argument an eine Funktion zu übergeben, muss man dem Namen ein **&** voranstellen, wie z.B.:

```
    $keyseq = Qt::KeySequence( &Qt::CTRL + &Qt::F5 );
    $widget->setAccel( $keyseq, 120 );
oder:
    $widget->setAccel( Qt::KeySequence( &Qt::CTRL + &Qt::F5 ), 120 );
```

Möchte man einen Zeiger als Argument übergeben, muss dem entsprechenden Argumentnamen einen Stern (*) voranstellen.

Konstanten

Um Qt-Konstanten benutzen zu können, bietet PerlQt den Modul **Qt::constants** an:

```
  use Qt::constants qw( :IO );  # Importieren aller IO-Konstanten
# Importieren bestimmter Konstanten
    use Qt::constants qw( IO_ReadOnly IO_WriteOnly );
```

Importieren einer Klasse aus einem anderen Modul

Um eine Klasse aus einer anderen Datei (Modul) benutzen zu können, muss nur Folgendes angeben:

```
use klassenName;  # Laden der Klasse klassenName aus der Datei klassenName.pm
```

Aufruf des Superclass-Konstruktors mit ausgewählten Argumenten

Möchte man die an den Konstruktor übergebenen Argumente nicht an den Superclass-Konstruktor weitergeben, kann man statt @_ entsprechende eigene Argumente angeben, um diese dem Superclass-Konstruktor zu übergeben.

Besitzt ein Konstruktor Argumente, die man selbst benötigt, so empfiehlt sich die folgende Vorgehensweise:

```
sub NEW {
  shift->SUPER::NEW(@_[5..$#_]); # nur Argumente ab Nr. 5 an Superclass-Konstr.
  my $arg1 = shift;  # 1. Argument
  my $arg2 = shift;  # 2. Argument
      ..........     # usw.
}
```

Virtuelle Methoden

PerlQt ermöglicht es auch, virtuelle Qt-Methoden zu reimplementieren, wie z. B. die virtuelle Methode `resizeEvent()`, die immer aufgerufen wird, wenn sich die Größe eines Widget ändert:

```
sub resizeEvent {
   my $event = shift;
   printf "Old size: %s, %s\n", $event->oldSize->x, $event->oldSize->y;
   printf "Current size: %s, %s\n", $self->size->x, $self->size->y;
}
```

24.2.6 Beispiele zur PerlQt-Programmierung

Es konnten nicht alle Konstrukte von PerlQt hier vorgestellt werden. Nachfolgend werden einige PerlQt-Programme gezeigt, die den Leser etwas vertrauter mit PerlQt machen sollen.

Schiebebalken und zwei Buttons zum Ändern einer Textgröße

Programm 24.6, das das Gleiche leistet wie Programm `text_groes.cpp` auf Seite 25 (vgl. auch die dortige Abbildung), soll einen ersten Einblick in die PerlQt-Programmierung geben.

Programm 24.6 – `perl_textgroes`:
Schiebebalken und zwei Buttons zum Ändern der Größe eines Textes

```
#!/usr/bin/perl -w   # Pfad des Perl-Interpreters
use strict;
#.......................................................... class Schrift
package Schrift;
   use Qt; # Laden des PerlQt-Moduls
   use Qt::isa qw(Qt::Label); # Klasse Schrift erbt Qt::Label
   use Qt::slots
       stelle_neu_dar => [ 'int' ];
   sub NEW { #... Schrift-Konstruktor
      shift->SUPER::NEW(@_[0..2]);
      setCaption("PerlQt Beispiel zur Schriftgrößenänderung");
   }
   sub stelle_neu_dar { # Slotroutine
      my $value = shift;
      setFont( Qt::Font("Times", $value) );
   }
```

```
#.................................................................... main
package main;
    use Qt; # Laden des PerlQt-Moduls
    use Schrift; # package Schrift importieren
    my $app = Qt::Application(\@ARGV);
    my $mywidget = Qt::Widget;
    $mywidget->setGeometry( 400, 300, 550, 150 );
    my $myslider = Qt::Slider(0, 99, 1, 20, &Qt::Horizontal, $mywidget, "Slider");
     $myslider->setGeometry( 10, 10, 180, 30 );
    my $mylcdnum = Qt::LCDNumber( 2, $mywidget );
     $mylcdnum->setGeometry( 60, 50, 80, 50 );
     $mylcdnum->display( 20 );
     $mylcdnum->connect( $myslider, SIGNAL 'valueChanged(int)',
                                    SLOT 'display(int)' );
    my $decrement = Qt::PushButton( "<", $mywidget );
     $decrement->setGeometry( 10, 110, 50, 30 );
     $decrement->setFont(Qt::Font("Times", 18, &Qt::Font::Bold) );
     $decrement->setPaletteBackgroundColor( Qt::Color(255, 0, 0) );
    my $increment = Qt::PushButton( ">", $mywidget );
     $increment->setGeometry( 140, 110, 50, 30 );
     $increment->setFont(Qt::Font("Times", 18, &Qt::Font::Bold) );
     $decrement->setPaletteBackgroundColor( Qt::Color(0, 255, 0) );
    $myslider->connect( $decrement, SIGNAL 'clicked()', SLOT 'subtractStep()' );
    $myslider->connect( $increment, SIGNAL 'clicked()', SLOT 'addStep()' );
    my $anzeige = Schrift( " Text", $mywidget);
     $anzeige->setGeometry( 200, 10, 340, 130 );
     $anzeige->setFont(Qt::Font("Times", 20) );
     $anzeige->setPaletteBackgroundColor( &Qt::white );
    $anzeige->connect( $myslider, SIGNAL 'valueChanged(int)',
                                  SLOT 'stelle_neu_dar(int)' );
    $app->setMainWidget($mywidget);
    $mywidget->show;
    exit $app->exec;
```

Synchronisierte LCD-Nummern in verschiedenen Zahlensystemen

Programm 24.7 leistet das Gleiche wie Programm `lcdwandel.cpp` auf Seite 112. Es zeigt in vier verschiedenen `QLCDNumber`-Widgets die gleiche LCD-Nummer an, allerdings jeweils in einem anderen Zahlensystem (Dual, Oktal, Dezimal und Hexadezimal). Jedes `QLCDNumber`-Widget ist dabei mit einem Schiebebalken versehen. Ändert man eine dieser LCD-Zahlen mit dem zugehörigen Schiebebalken, so werden automatisch die anderen drei LCD-Nummern (einschließlich ihres Schiebebalkens) entsprechend angepasst (siehe auch Abbildung 3.13 auf Seite 112).

Programm 24.7 – `perl_lcdwandel`:
Synchronisierte LCD-Nummern in verschiedenen Zahlensystemen

```
#!/usr/bin/perl -w   # Pfad des Perl-Interpreters
use strict;
use Qt;  # Laden des PerlQt-Moduls
```

```
#.......................................................... class LCDZahl
package LCDZahl;
   use Qt;
   use Qt::isa qw(Qt::Widget); # Klasse LCDZahl erbt Qt::Widget
   use Qt::attributes qw( slider ); # Festlegen der Attributnamen
   use Qt::slots
       setValue      => [ 'int' ];
   use Qt::signals
       valueChanged => [ 'int' ];
   sub NEW {       #.... LCDZahl-Konstruktor
      shift->SUPER::NEW(@_[5..$#_]);
      my $titel           = shift;
      my $ziffernzahl     = shift;
      my $zsystem         = shift;
      my $hintergrundFarbe = shift;
      my $stil            = shift;
      my $text = Qt::Label( this );
       $text->setGeometry( 0, 0, 150, 20 );
       $text->setText( $titel );
       $text->setAlignment( &Qt::AlignCenter );
      my $lcd = Qt::LCDNumber( this );
       $lcd->setGeometry( 0, 20, 150, 150 );
       $lcd->setNumDigits( $ziffernzahl );
       $lcd->setMode( $zsystem );
       $lcd->setBackgroundColor( $hintergrundFarbe );
       $lcd->setSegmentStyle( $stil );
       $lcd->display( 100 );
      my $slider = Qt::Slider( 0, 65535, 1, 100, &Qt::Horizontal, this );
       $slider->setGeometry( 0, 180, 150, 20 );
       $slider->setValue( 100 );
      $lcd->connect( $slider, SIGNAL 'valueChanged(int)',
                              SLOT 'display(int)');
       this->connect( $slider, SIGNAL 'valueChanged(int)',
                               SIGNAL 'valueChanged(int)' );
       slider = $slider;
   }
   sub value {
      return this->slider->value();
   }
     #................................................... Slotroutinen
   sub setValue {
      my $value = shift;
      this->slider->setValue( $value );
   }
#................................................................... main
package main;
   use LCDZahl;
   my $app = Qt::Application(ARGV);
   my $mywidget = Qt::Widget;
    $mywidget->setGeometry( 10, 10, 600, 300 );
```

```
 $mywidget->setMinimumSize( 200, 300 );
my $blaugruen = Qt::Color( 0, 255, 255 );
my @z;
$z[0] = LCDZahl( "Dual", 16, &Qt::LCDNumber::BIN, $blaugruen,
                          &Qt::LCDNumber::Flat, $mywidget );
$z[0]->setGeometry(0, 10, 150, 200);
$z[1] = LCDZahl( "Oktal", 6, &Qt::LCDNumber::OCT, &Qt::darkBlue,
                          &Qt::LCDNumber::Outline, $mywidget );
$z[1]->setGeometry(150, 10, 150, 200);
$z[2] = LCDZahl( "Dezimal", 5, &Qt::LCDNumber::DEC, &Qt::darkGray,
                          &Qt::LCDNumber::Filled, $mywidget );
$z[2]->setGeometry(300, 10, 150, 200);
$z[3] = LCDZahl( "Hexadezimal", 4, &Qt::LCDNumber::HEX, &Qt::darkYellow,
                          &Qt::LCDNumber::Filled, $mywidget );
$z[3]->setGeometry(450, 10, 150, 200);
my $i;
my $j;
for ($i=0; $i<4; $i++) {
   for ($j=0; $j < 4; $j++) {
      if ($i != $j) {
         $z[$j]->connect( $z[$i], SIGNAL 'valueChanged(int)',
                                  SLOT 'setValue(int)');
      }
   }
}
my $quit = Qt::PushButton( "Quit", $mywidget );
 $quit->setGeometry( 0, 240, 600, 40 );
 $quit->setFont( Qt::Font( "Times", 18, &Qt::Font::Bold ) );
 $quit->setPaletteBackgroundColor( &Qt::yellow );
 $app->connect( $quit, SIGNAL 'clicked()', SLOT 'quit()' );
$app->setMainWidget($mywidget);
$mywidget->show();
exit $app->exec();
```

Digitaluhr mit Datumsanzeige

Die Programme 24.8 und 24.9 realisieren eine Digitaluhr, die im Sekundentakt läuft. Klickt der Benutzer mit der linken Maustaste auf diese Digitaluhr, wird ihm für zwei Sekunden das aktuelle Datum angezeigt. Programm 24.8 ist dabei die `main()`-Funktion, und Programm 24.9 stellt die Klasse `DigitalClock` zur Verfügung.

Programm 24.8 – `perl_dclock`:
`main`-Funktion der Digitaluhr mit Datumsanzeige

```
#!/usr/bin/perl -w
use strict;
package main;
   use Qt;
   use DigitalClock;  # aus DigitalClock.pm
   my $app = Qt::Application(\@ARGV);
   my $clock = DigitalClock(8);
```

```
    $clock->resize(350, 80);
    $app->setMainWidget($clock);
    $clock->show;
    exit $app->exec();
```

Programm 24.9 – `DigitalClock.pm`:
Klasse `DigitalClock` für die Digitaluhr mit Datumsanzeige

```
use strict;
#............................................................ DigitalClock
package DigitalClock;
   use Qt;
   use Qt::isa qw(Qt::LCDNumber); # Klasse DigitalClock erbt Qt::LCDNumber
   use Qt::attributes qw( showingColon normalTimer showDateTimer );
   use Qt::slots
       stopDate => [];
       showTime => [];
   sub NEW { #................................... Konstruktor
      shift->SUPER::NEW(@_[0..2]);
      setFrameStyle(&Qt::Frame::Panel | &Qt::Frame::Raised);
      setLineWidth(2);
      showTime();
      showingColon  = 0;
      normalTimer   = startTimer(500);
      showDateTimer = -1;
   }
   sub timerEvent { #.............................. timerEvent
      my $e = shift;
      if ($e->timerId() == showDateTimer) {
         stopDate();
      } elsif (showDateTimer == -1) {
         showTime();
      }
   }
   sub mousePressEvent { #..................... mousePressEvent
      my $event = shift;
      if ($event->button() == &Qt::LeftButton) {
         showDate();
      }
   }
   sub showDate { #................................. showDate
      return unless showDateTimer == -1;
      my($day, $mon) = (localtime)[3, 4];
      display(sprintf('%2d.%2d', $day, $mon+1));
      showDateTimer = startTimer(2000);
   }
   sub stopDate { #................................. stopDate
      killTimer(showDateTimer);
      showDateTimer = -1;
      showTime();
   }
```

```
sub showTime { #................................. showTime
   showingColon = !showingColon;
   my($sec, $min, $hour) = (localtime)[0, 1, 2];
   my $s = sprintf("%d %.2d %.2d", $hour, $min, $sec);
   if (showingColon) {
      $s =~ s/ /:/g;
   }
   display($s);
}
```

Einfaches Malprogramm mit PerlQt^Z

Das Malprogramm `perl_malprog` verhält sich in etwa so wie die einfache Version des Malprogramms in Kapitel 2.5.1 auf Seite 45.

Farbanzeige über RGB-Schiebebalken^Z

Das Programm `perl_listspin` verhält sich in etwa so wie Programm `listspin.cpp` auf Seite 101. Dieses Programm ermöglicht es es dem Benutzer, sich eine zu einem bestimmten RGB-Wert gehörige Farbe direkt anzeigen zu lassen. Um die einzelnen RGB-Werte zu ändern, stehen ihm sowohl ein Schiebebalken als auch eine Spinbox zur Verfügung. In der Spinbox wird vor dem `0`-Wert (also an Indexstelle `-1`) der Text „Default" angezeigt. Wählt der Benutzer diesen „Default"-Eintrag, wird automatisch die Voreinstellung für diesen Farbwert (hier `120`) angenommen (siehe auch die Abbildung auf Seite 101).

Kapitel 25

Schnittstellen zum Betriebssystem

Suche immer zu nützen! Suche nie,
dich unentbehrlich zu machen.
– M. v. Ebner-Eschenbach

Dieses Kapitel stellt Qt-Klassen vor, die portable Schnittstellen für systemspezifische Aufgaben anbieten:

`QProcess`	Starten externer Programme sowie Kommunizieren mit diesen
`QLibrary`	Laden von dynamischen Bibliotheken (*shared libraries*)

25.1 Kommunikation mit externen Programmen (`QProcess`)

Konstruktoren und Methoden der Klasse `QProcess`

Die Klasse `QProcess` ermöglicht es, externe Programme zu starten und mit diesen zu kommunizieren. Dazu bietet sie die folgenden Konstruktoren an:

`QProcess(QObject *parent=0, char *nam=0)`
: legt ein leeres `QProcess`-Objekt an.

`QProcess(const QString& kdo, QObject *parent=0, char *nam=0)`
: legt ein `QProcess`-Objekt mit dem Kommando `kdo` an. Um `kdo` ausführen zu lassen, muss man hier dann die Methode `start()` oder `launch()` aufrufen.

`QProcess(const QStringList& kdo, QObject *parent=0, char *nam=0)`
: legt ein `QProcess`-Objekt mit dem Kommando `kdo` an. Das erste Element in der Stringliste legt dabei das Kommando fest, und die restlichen Elemente sind die dazugehörigen Kommandozeilenargumente. Um das Kommando `kdo` ausführen zu lassen, muss man hier dann die Methode `start()` oder `launch()` aufrufen.

Einige wichtige Methoden der Klasse `QProcess` sind:

`setArguments(const QStringList& kdo) virtual`
: legt nachträglich mit `kdo` die entspechende Kommandozeile fest. Eine eventuell schon vorhandene Kommandozeile wird durch diese Methode überschrieben. Es ist zu beachten, dass `QProcess` keine Dateinamenexpandierung (wie z. B. "`*.c`") oder Variablensubstitution (wie z. B. "`$QTDIR`") unterstützt. Solche Angaben werden von `QProcess` als normale Strings behandelt.

`addArgument(const QString &arg) virtual`
fügt Argument `arg` zu den Kommandozeilenargumenten hinzu.

`QStringList arguments() const`
liefert die Liste der Argumente, die man mittels einer Kopie durchlaufen sollte:

```
QStringList liste = myProcess.arguments();
QStringList::Iterator it = liste.begin();
while ( it != liste.end() ) {
    // *it enthält das jeweilige Argument
    ++it;
}
```

`bool start(QStringList *env=0) virtual`
versucht das entsprechende Kommando zu starten, wobei in den vorgegebenen Pfaden für ausführbare Kommandos gesucht wird, wenn der Kommandoname nicht absolut angegeben wurde. Über `env` lässt sich dabei eine eigene Environment für den zu startenden Prozess festlegen. Bei `env=0` wird der Prozess mit der gleichen Environment wie der aktuelle Prozess gestartet. Diese Methode liefert `true`, wenn der Prozess gestartet werden konnste, und sonst `false`.

`bool launch(const QByteArray& buf, QStringList *env=0) virtual`
`bool launch(const QString& buf, QStringList *env=0) virtual`
starten das entsprechende Kommando und schreiben Inhalt von `buf` in die Standardeingabe dieses gestarteten Prozesses. Nachdem `buf` vollständig in die Standardeingabe geschrieben wurde, wird diese geschlossen. Bezüglich Parameter `env` und der Suche nach dem Kommandonamen gilt das Gleiche wie bei `start()`.

`setCommunication(int commFlags)`
legt die Kommunikationskanäle für den Prozess fest. Für `commFlags` können dabei unter anderem die folgenden Konstanten angegeben werden, die mit bitweisem OR verknüpft werden können. Sie legen dabei fest, dass Daten ...:

`QProcess::Stdin`	in die Standardeingabe des Prozesses geschrieben werden können
`QProcess::Stdout`	von der Standardausgabe des Prozesses gelesen werden können
`QProcess::Stderr`	von der Standardfehlerausgabe des Prozesses gelesen werden können

Die Voreinstellung ist: `Stdin|Stdout|Stderr`

`closeStdin() virtual slot`
schliesst die Standardeingabe des Prozesses.

`bool isRunning() const`
liefert `true`, wenn der Prozess gerade läuft, sonst `false`.

`bool normalExit() const`
liefert `true`, wenn der Prozess sich normal beendet hat, sonst `false`. Für einen noch ablaufenden Prozess liefert diese Methode auch `false`.

`int exitStatus() const`
liefert den Exit-Status des Prozesses bzw. 0, wenn dieser noch läuft.

`kill() const slot`
beendet den Prozess.

`QByteArray readStdout() virtual`
`QByteArray readStderr() virtual`
lesen die Daten, die der Prozess auf die Standardausgabe bzw. Standardfehlerausgabe geschrieben hat. Wenn keine Daten vorhanden sind, liefert diese Methode ein `QByteArray`-Objekt der Größe 0.

`bool canReadLineStdout() const`
`bool canReadLineStderr() const`
: liefern `true`, wenn es möglich ist, eine ganze Zeile von Text von der Standardausgabe bzw. Standardfehlerausgabe zu lesen, und sonst `false`.

`QString readLineStdout() virtual`
`QString readLineStderr() virtual`
: lesen eine Zeile von der Standardausgabe bzw. Standardfehlerausgabe (ohne das abschliessende Neuezeilezeichen) und liefern diese als Rückgabewert. `null` zeigt dabei an, dass keine Zeile gelesen werden konnte.

`writeToStdin(const QByteArray& buf) virtual slot`
`writeToStdin(const QString& buf) virtual slot`
: schreiben den Inhalt von `buf` in die Standardeingabe des Prozesses.

`setWorkingDirectory(const QDir& dir) virtual`
: legt `dir` als Working-Directory des Prozesses fest.

`QDir workingDirectory() const`
: liefert das Working-Directory des Prozesses; wurde kein Working-Directory explizit festgelegt, wird das aktuelle Directory als Working-Directory verwendet.

Die Klasse `QProcess` schickt die folgenden Signale:

`void readyReadStdout() signal`
`readyReadStderr() signal`
: werden geschickt, wenn der Prozess Daten in die Standardausgabe bzw. Standardfehlerausgabe geschrieben hat.

`processExited() signal`
: wird geschickt, wenn der Prozess sich beendet.

`wroteToStdin() signal`
: wird geschickt, wenn der Prozess die in Standardeingabe geschriebenen Daten (mit `writeToStdin()`) empfangen hat.

`launchFinished() signal`
: wird geschickt, wenn der Prozess mit `launch()` gestartet wurde. War dieser Start erfolgreich, wird dieses Signal geschickt, nachdem alle Daten in die Standardeingabe geschrieben wurden. Sollte der Start nicht erfolgreich sein, wird es sofort geschickt.

Demoprogramm zur Klasse `QProcess`^{B}

Programm 25.1 ruft das Unix-Kommando `cal` mit dem aktuellen Jahr auf, liest dessen Ausgabe und zeigt diesen aktuellen Kalender in einem `QTextEdit`-Widget an; siehe auch Abbildung 25.1.

Programm 25.1 – `process.cpp`:
Lesen der Ausgabe des Kommandos `cal` und Anzeige in einem `QTextEdit`-Widget

```
#include <qapplication.h>
#include <qtextedit.h>
#include <qdatetime.h>
#include <qprocess.h>

QTextEdit* edit;
QProcess* process;
```

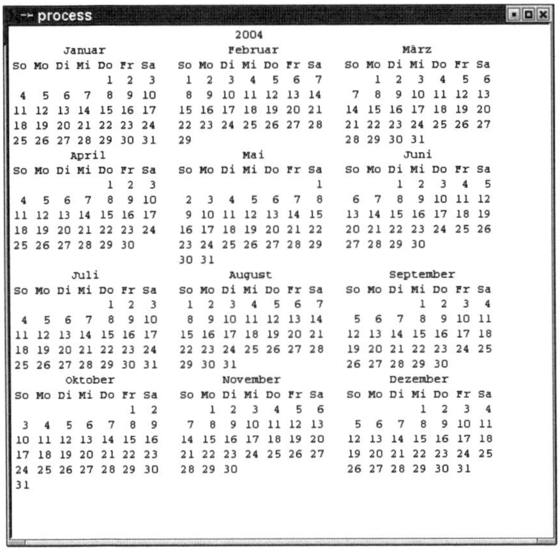

Abbildung 25.1: Ausgabe des Kommandos `cal` in einem `QTextEdit`-Widget

```
class Leser : public QObject {
    Q_OBJECT
 public slots:
    void slotDataOnStdout() {
        while( process->canReadLineStdout() ) {
            QString line = process->readLineStdout(); edit->append( line );
        }
    }
};
int main( int argc, char* argv[] ) {
    QApplication app( argc, argv );
      // Das Textedit-Fenster, das den Kalender anzeigt
    edit = new QTextEdit();
    app.setMainWidget( edit );  edit->setFont( QFont( "Courier", 10 ) );
    edit->resize( 600, 550 );   edit->show();
      // Der Leser, der die Standardausgabe liest
    Leser *reader = new Leser;
    process = new QProcess();  process->addArgument( "cal" );
    process->addArgument( QDate::currentDate().toString("yyyy") );
    QObject::connect( process, SIGNAL( readyReadStdout() ),
                      reader, SLOT( slotDataOnStdout() ) );
    if ( !process->start() )
        edit->append( "Konnte Prozess nicht starten" );
    int ret = app.exec();  delete process;  delete edit;
    return ret;
}
#include "process.moc"
```

Weiteres Demoprogramm zur Klasse QProcess[Z]

Das Programm process2.cpp startet das folgende C-Programm zaehle.c, das eine Zahl einliest, und dann beginnend bei 1 im Sekundentakt bis zu dieser Zahl hochzählt, wobei es beim Zählen die Zahlen immer auf stderr ausgibt:

```
#include <stdio.h>

int main(void) {
   int i, wieviel;

   scanf("%d", &wieviel);
   fprintf(stderr, "%d\n", wieviel);
   for (i=1; i<=wieviel; i++) {
      fprintf(stderr, "%d\n", i);
      sleep(1);
   }
   return 0;
}
```

Das Programm process2.cpp startet dieses Programm zaehle mittels der Methode QProcess::launch(), wobei es als Argument eine Zufallszahl schickt, bis zu der das Programm zaehle im Sekundentakt hochzählen soll. Das Programm process2.cpp liest dabei die auf stderr ausgegebenen Zahlen und zeigt diese nicht nur in einem QTextEdit-Fenster an, sondern zeigt zusätzlich noch in einem Füllbalken an, wie lange das Programm zaehle noch läuft; siehe auch Abbildung 25.2.

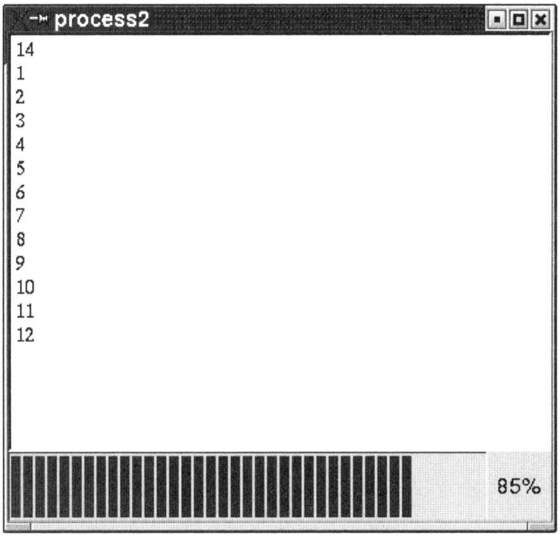

Abbildung 25.2: Anzeige der gelesenen Zahlen in einem QTextEdit-Widget sowie die verbleibende Dauer in einem Füllbalken

25.2 Laden dynamischer Bibliotheken (`QLibrary`)

Die Klasse `QLibrary` ermöglicht einen plattformunabhängigen Zugriff auf so genannte dynamische Bibliotheken (*shared-Libraries*) Sie stellt sicher, dass die entsprechende dynamische Bibliothek geladen wird und so lange im Speicher gehalten wird, wie sie benötigt wird. Ein `QLibrary`-Objekt wird immer dann benötigt, wenn in einem Programm eine Referenz auf eine externe Funktion vorhanden ist, deren Realisierung sich in einer shared-Library befindet. Der folgende Codeausschnitt lädt eine shared-Library, löst die Referenz auf das Symbol "`meinSymbol`" auf, und ruft anschließend die nun dynamisch dazugebundene Funktion `meinSymbol` auf.

```
typedef void (*MeinPrototyp)();
MeinPrototyp meineFunktion;
QLibrary meineBibl( "meinelib" );
meineFunktion = (MeinProtoyp) meineBibl.resolve( "meinSymbol" );
if ( meineFunktion )
    meineFunktion();
```

Wenn das `QLibrary`-Object zerstört wird, wird automatisch auch die entsprechende dynamische Bibliothek wieder aus dem Speicher entfernt, so dass alle Referenzen auf die jeweiligen externen Symbole damit wieder ungültig sind. Die Klasse `QLibrary` bietet folgenden Konstruktor an:

`QLibrary(const QString& filename)`

legt ein `QLibrary`-Objekt für die dynamische Bibliothek `filename` an. `filename` muss dabei keine plattformspezifische Dateinamenerweiterung beinhalten. So ist z. B. die Angabe `QLibrary lib( "meinebibl" )` äquivalent zu

`QLibrary lib( "meinebibl.dll" )` unter Windows
`QLibrary lib( "libmeinebibl.so" )` unter Linux/Unix

Enthält `filename` keine Pfadangabe, wird in den plattformspezifischen Suchpfaden nach dieser dynamischen Bibliothek gesucht.

Wichtige Methoden der Klasse `QLibrary` sind:

`void *resolve (const char *symb)`

liefert die Adresse des externen Symbols, wobei die entsprechende dynamische Bibliothek geladen wird, wenn dies noch nicht zuvor geschehen ist. Die Rückgabe eines `NULL`-Zeigers zeigt an, dass die Bibliothek nicht geladen werden konnte oder aber das Symbol `symb` dort nicht definiert ist.

```
typedef float (*func1)( float, int );
func1 potenz = (func1) library->resolve( "potenz" );
if ( potenz )
   return potenz( 2.3, 4 );
else  return -1.0;
```

`void *resolve(const QString& filename, const char *symb) static`

lädt die Bibliothek `filename` und gibt die Adresse des externen Symbols `symb` zurück. Wie beim Konstruktor muss `filename` keine plattformspezifische Dateinamenerweiterung beinhalten. Die Bibliothek bleibt dabei solange geladen, bis der Prozess sich beendet. Die Rückgabe eines `NULL`-Zeigers zeigt an, dass die Bibliothek nicht geladen werden konnte oder aber das Symbol `symb` dort nicht definiert ist. Diese Methode ist nützlich, wenn man nur ein externes Symbol auflösen muss:

```
typedef void (*funktionsTyp)();
static funktionTyp *funktionZgr = 0;
if ( !funktionZgr)
   funktionZgr = QLibrary::resolve( "meinBibl", "meinsymb" );
if ( funktionZgr )
   funktionZgr();
```

`bool load()`
: lädt die Bibliothek; `resolve()` ruft diese Methode automatisch auf.

`bool unload() virtual`
: entfernt die Bibliothek wieder aus dem Speicher und liefert `true`, wenn dies möglich war, ansonsten `false`. Der Destruktor ruft diese Methode auf, wenn `autoUnload()` eingeschaltet ist.

`bool isLoaded() const`
: liefert `true`, wenn Bibliothek geladen ist, und sonst `false`

`setAutoUnload(bool enabled)`
: legt fest, ob die Bibliothek automatisch durch den Destruktor aus den Speicher zu entfernen ist (`enabled=true`) oder nicht (`enabled=false`). Voreinstellung ist: `enabled=true`.

`QString library() const`
: liefert den Dateinamen der dynamischen Bibliothek mit plattformspezifischer Dateinamenerweiterung.

```
QLibrary lib( "meinbib" );
QString str = lib.library(); // str = meinbib.dll (unter Windows) und
                             // str = libmeinbib.so (unter Linux/Unix)
```

Kapitel 26

Der Qt GUI-Designer

Der Meister der Schönschreibekunst wird sich nie über den Pinsel beklagen, den er benutzt.
– Sprichwort aus Korea

Der Qt-Designer ist ein visuelles Design-Tool, das das Entwerfen und Implementieren graphischer Benutzerschnittstellen erheblich vereinfacht. In diesem Kapitel wird eine kurze Einführung in den bei Qt mitgelieferten Qt-Designer gegeben.

26.1 Erstellen einer ersten einfachen Applikation mit dem Qt-Designer

26.1.1 Starten des Qt-Designers und Auswahl eines Form-Typs

Zunächst muss man den Qt-Designer starten. Es genügt der Aufruf

```
$ designer ⏎
```

und es erscheint ein Widget, wie in Abbildung 26.1 gezeigt.
In Abbildung 26.1 ist erkennbar, dass beim Start des Qt-Designers eine modale Dialogbox über dem Hauptfenster eingeblendet wird. In dieser Dialog kann man dann einige Typen von Formen auswählen, wobei meistens wohl entweder ein neuer Dialog oder ein neues Widget gewählt wird. Andere Wahlmöglichkeiten sind z. B. das Anlegen eines Wizard-Widget, eines Tabdialogs, einer Dialogbox mit oder ohne einigen vordefinierten Buttons. Für unsere einfache Applikation genügt ein Dialog, weshalb wir diesen auch auswählen. Der Qt-Designer erzeugt dann ein Widget, wie es in Abbildung 26.2 gezeigt ist.
In diesem Widget befinden sich nun neben dem leeren Form-Editor in der Mitte von Abbildung 26.2 noch andere Windows, wie z. B.:

- die Toolbox (links in Abbildung 26.2)
- der Property-Editor (rechts unten in Abbildung 26.2)
- das Pojekt-Window (rechts oben in Abbildung 26.2), das alle Dateinamen anzeigt, die zu einem Projekt gehören.
- das Objekt-Window (recht in der Mitte in Abbildung 26.2), das alle beteiligten Widgets anzeigt, die zum Projekt gehören.

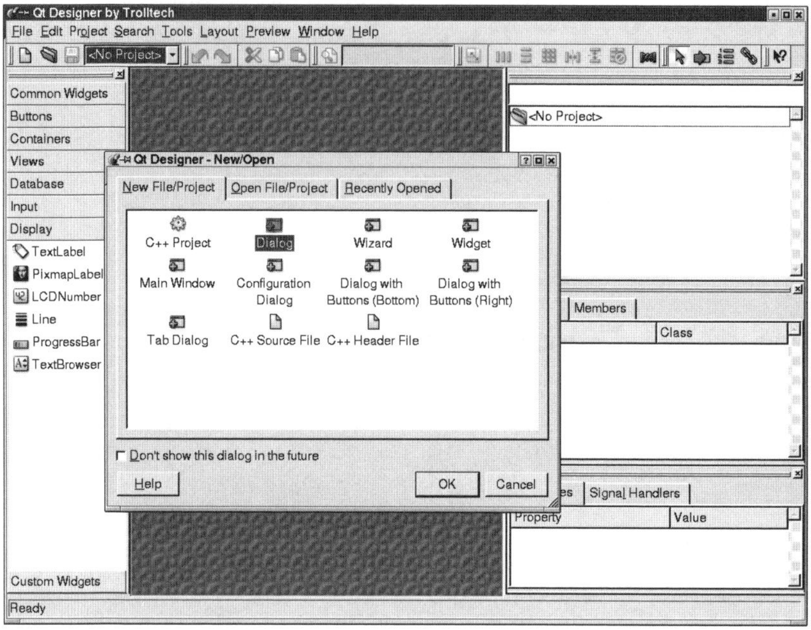

Abbildung 26.1: Start-Window des Qt-Designers

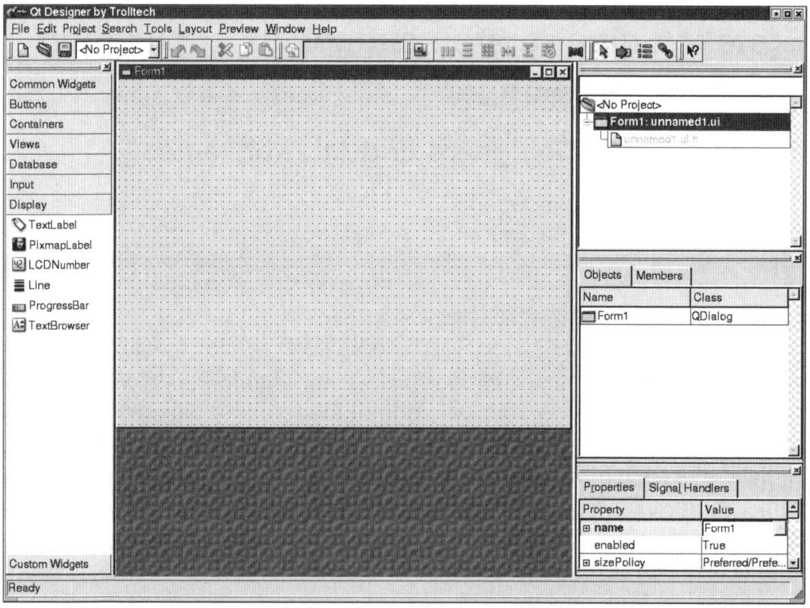

Abbildung 26.2: Qt-Designer mit dem ausgewählten leeren Dialog

Diese einzelnen Windows lassen sich natürlich auch anders anordnen.

26.1.2 Der Property-Editor

Mit dem so genannten *Property-Editor*, kann man die Properties des Dialogs und die Properties der UI-Komponenten, die man in solche Dialoge einbettet, editieren kann. Eine Property ist ein Attribut oder eine bestimmte Eigenschaft einer UI-Komponente, wie z. B. ihre Größe, ihre Farbe oder Schalter, die das Verhalten der Komponente verändern. Abhängig vom Typ der Property hat man verschiedene Editiermöglichkeiten. Hier wollen wir anhand der ersten drei Properties unseres Dialogs die wesentlichen Punkte von Properties kurz erläutern:

`name`: legt den internen Namen des Dialogs fest. Die Voreinstellung ist hier „`Form1`". Dieser String ist in einem Texteingabefeld eingeblendet. Klickt man in dieses Texteingabefeld, kann man diesen Namen ändern. In diesem Beispiel ändern wir ihn auf „`TextSize`". Diese Änderung wirkt sich auch auf das Projekt- und Objekt-Window aus.

`enabled`: hat einen booleschen Wert, kann also `True` oder `False` sein. Da unser Dialog aktiviert sein soll, lassen wir den voreingestellten Wert `True` unverändert. Würde man aber mit der Maus auf diese `enabled`-Zeile klicken, würde eine Kombobox eingeblendet, in der man zwischen `True` und `False` wählen kann.

`sizePolicy`: ist eine Property, die sich aus mehreren Subproperties zusammensetzt, von denen jede ihren eigenen Wert haben kann. Dass sich `sizePolicy` aus mehreren Subproperties zusammensetzt, kann man am Pluszeichen links vom Propertynamen erkennen. Klickt man auf dieses Pluszeichen, wird die nächste Ebene von Subproperties (hier `hSizeType`, `vSizeType`, `horizontalStretch` und `verticalStretch`) eingeblendet. Klickt man auf eine dieser Subproperties, wird rechts eine Kombobox eingeblendet, in der man entsprechende Einstellungen auswählen kann, wie z. B. `Minimum`, `Maximum` usw. bei der Subproperty `hSizeType`.

Bei jeder Property kann man sich mit dem Drücken der (F1)-Taste Hilfsinformation anzeigen lassen.

26.1.3 Der Form-Editor

Der Form-Editor befindet sich in Abbildung 26.2 in der Mitte. Hier kann man seine UI-Komponenten (Widgets) platzieren. In diesem Beispiel werden wir unsere einzelnen Widgets mit der Hand platzieren. Später werden wir dazu das automatische Layout benutzen. Zunächst wollen wir einen Schiebebalken im Form-Editor einordnen. Dazu muss man zunächst den Widget-Typ, also einen Slider festlegen. Dies ist entweder über das Menü *Tools/Input/Slider* oder durch einen Klick auf den Button *Input* links in der Toolbox und anschließender Auswahl von *Slider* im daraufhin eingeblendeten Menü möglich.

In jedem Fall nimmt der Mauscursor nach der Auswahl die Form eines Kreuzes an. Man kann nun im Form-Editor die linke obere Ecke des Schiebebalkens mit Drücken der linken Maustaste festlegen, wobei man die Maustaste gedrückt lässt. Durch Ziehen der Maus (bei gedrückter Maustaste) kann man nun Länge und Höhe des Schiebebalkens festlegen, welcher erst platziert wird, wenn man die Maustaste loslässt.

Die Position und die Ausmaße dieses Schiebebalkens kann man jederzeit verändern. Dazu muss man auf den Schiebebalken klicken, um ihn anzuwählen. Danach kann man mit der linken Maustaste entweder den ganzen Schiebebalken verschieben oder seine Größe über die angezeigten Referenzpunkte verändern.

Der Property-Editor zeigt immer die Properties des gerade ausgewählten Elements an. Für unseren Schiebebalken wollen wir nun folgende Properties ändern: `name=mySlider`, `maxValue=120` und `value=10` (siehe auch Abbildung 26.3). In der Abbildung ist auch erkennbar, dass die Namen aller geänderten oder durch Platzieren neu hinzugekommenen Properties (`geometry`, `orientation`) in Fettschrift angezeigt werden.

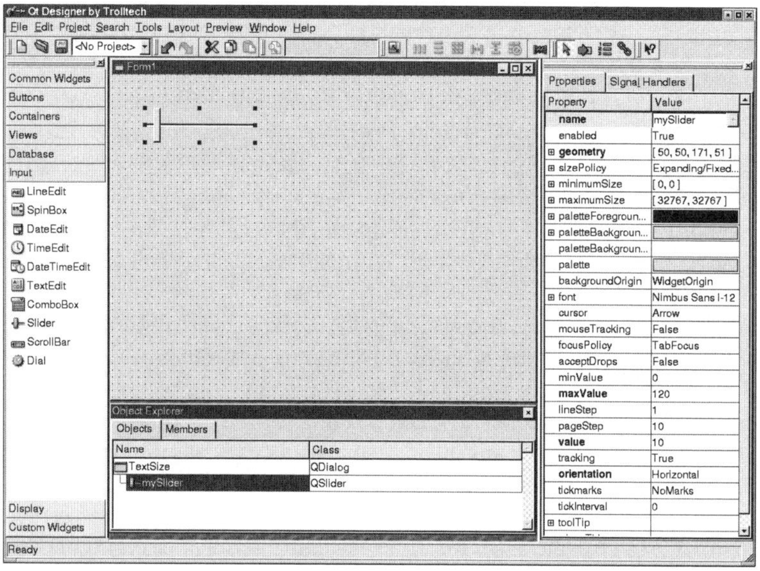

Abbildung 26.3: Form-Editor mit einem eingefügten Schiebebalken

Auf die gleiche Art, wie der Schiebebalken im Form-Editor eingeordnet wurde, soll nun noch eine LCD-Nummer (über das Menü *Tools/Display/LCDNumber* bzw. wieder über den *Display*-Button links in der Toolbox) unterhalb des Schiebebalkens angeordnet werden. Folgende Properties sollen für diese LCD-Nummer eingestellt werden: `name=myLCDNumber`, `numDigits=3`, `segmentStyle=Filled` und `intValue=10` (siehe auch Abbildung 26.4).

Anschließend wollen wir nun noch einen Pushbutton einfügen, der den Wert im Schiebebalken um 10 erniedrigt, wenn man auf ihn klickt. Dies ist über das Menü *Tools/Buttons/PushButton* bzw. auch wieder über den *Buttons*-Button links in der Toolbox möglich. Für diesen eingefügten Pushbutton sollen die folgenden Properties eingestellt werden: `name=decrement`, `PaletteBackgroundColor:Red=255`, `PaletteBackgroundColor:Green=PaletteBackgroundColor:Blue=0`,`font=times-18` und `text="<"` (siehe auch Abbildung 26.5).

Um nun noch einen Pushbutton einzufügen, mit dem man den Wert des Schiebebalkens um 10 erhöhen kann, könnte man die gleiche Vorgehensweise nochmals wählen. Hier soll aber nun eine andere Vorgehensweise beschrieben werden: Dazu muss man mit der rechten Maustaste auf den gerade eingefügten Dekrementier-Button klicken und es wird ein Popupmenü eingeblendet (Abbildung 26.6). In diesem Popupmenü wählt man nun den Menüeintrag *Copy* aus. Klickt man nun die rechte Maustaste an einer freien Stelle im Form-Editor, wird einem wieder ein ähnliches Popupmenü eingeblendet, in dem man nun den Menüeintrag *Paste* auswählen muss, was dazu führt, dass man den Dekrementierbutton nun dupliziert hat. Diesen duplizierten Dekrementierbutton zieht man dann mit der Maus an die gewünschte Stelle und ändert für diesen die folgenden Properties:

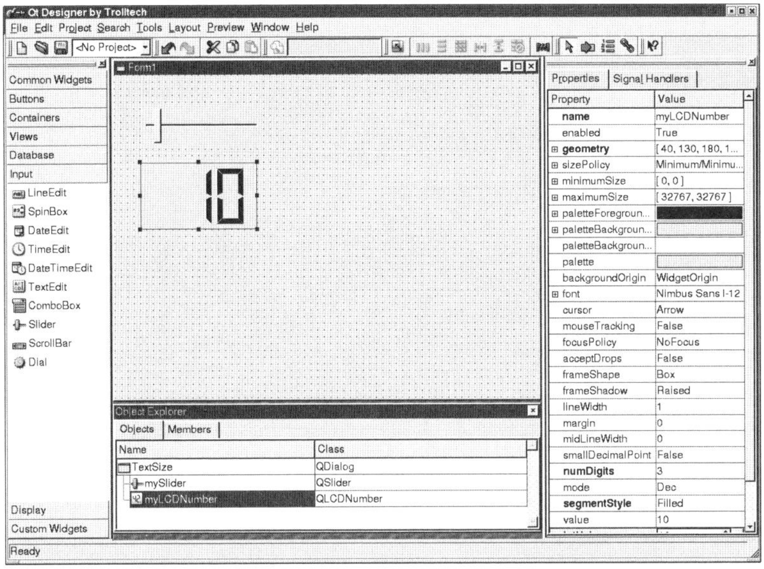

Abbildung 26.4: Form-Editor mit einem eingefügten Schiebebalken und LCD-Nummer

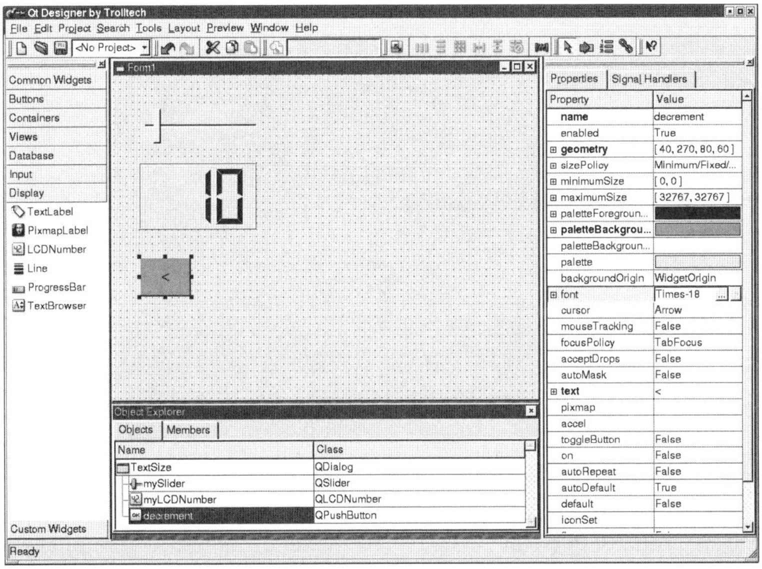

Abbildung 26.5: Form-Editor mit Schiebebalken, LCD-Nummer und Dekrementier-Button

`name=increment,PaletteBackgroundColor:Green=255, PaletteBackground-Color:Red=PaletteBackgroundColor:Blue=0` und `text=">"` (Abbildung 26.7). Der Text eines Pushbuttons lässt sich im Übrigen auch durch einen Doppelklick auf den entsprechenden Button ändern. Einem Doppelklick auf ein Widget ist dabei immer das Ändern der wichtigsten Property dieses Widget-Typs (bei Buttons der Text) zugeordnet.

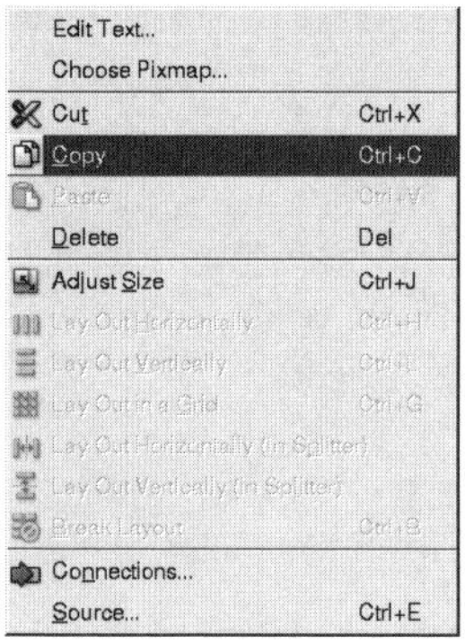

Abbildung 26.6: Popupmenü bei Klick mit rechter Maustaste auf den Dekrementierbutton

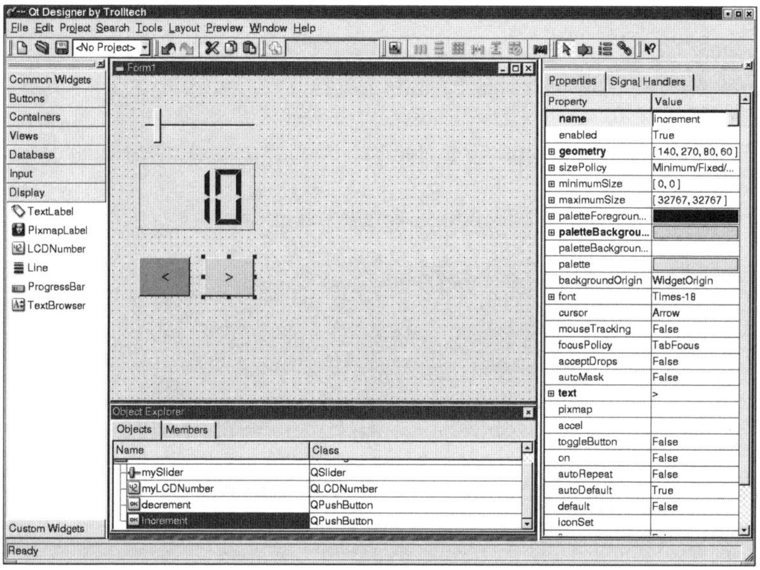

Abbildung 26.7: Form-Editor mit Schiebebalken, LCD-Nummer, Dekrementier- und Inkrementier-Button

Was als die wichtigste Property gilt, kann man am ersten Menüeintrag des Popupmenüs erkennen, das bei einem rechten Mausklick auf ein Widget eingeblendet wird (siehe auch Abbildung 26.6).

Zuletzt soll nun noch ein Text-Label eingefügt werden. Dies ist über das Menü *Tools/Display/TextLabel* oder wieder über den *Display*-Button links in der Toolbox möglich. Für das eingefügte Text-Label sollen die folgenden Properties eingestellt werden:
`name=textShow`,
`PaletteBackgroundColor:Green,Red,Blue=255`,
`font=helvetica-10,text="Text"`,
`hAlign=AlignHCenter` und `vAlign=AlignVCenter` (siehe auch Abbildung 26.8).

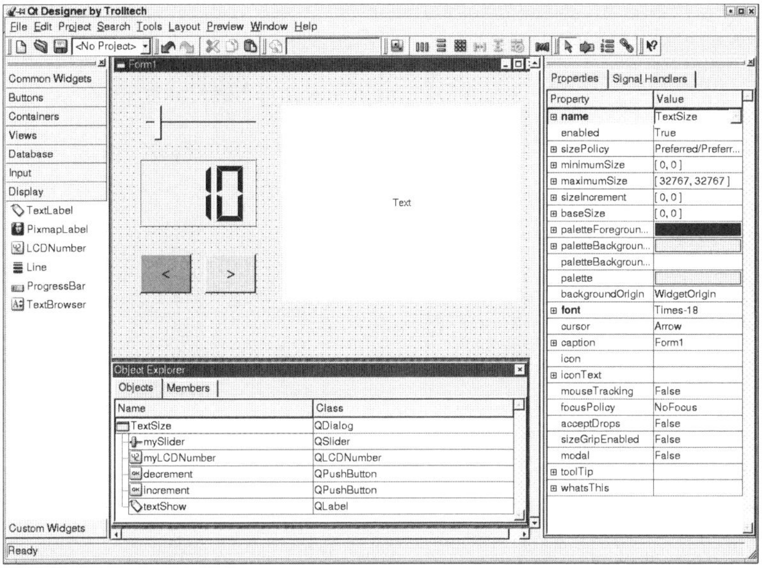

Abbildung 26.8: Form-Editor mit Schiebebalken, LCD-Nummer, Dekrementier-, Inkrementier-Button und Textlabel

Die zu einem Entwurf gehörende Widget-Hierarchie wird im übrigen immer im Objekt-Window (unterhalb des Form-Editors in Abbildung 26.8) angezeigt.
Zuletzt ändern wir noch den Titel des ganzen Entwurfs, indem wir im Toplevel-Widget `TextSize` für die Property `caption` den Text "`Interactive change of font size`" festlegen.

26.1.4 Sichern des Dialogs und Erzeugen von C++-Quellcode

Über den Menüeintrag *File/Save as* sichern wir schließlich noch unseren Entwurf in der Datei `textsize.ui`.
Wie man bereits an der Endung `.ui` erkennen kann, erzeugt der Qt-Designer keinen C++-Code, sondern stattdessen eine XML-Datei, aus der man nun erst die entsprechenden C++-Quelldateien generieren muss. Dazu muss man den mit dem Qt-Designer mitgelieferten Compiler `uic` (*user interface compiler*) verwenden, den man zweimal aufrufen muss, um sowohl die Headerdatei als auch die Implementations-Datei zu erzeugen, wie z. B.:

```
$ uic -o textsize.h textsize.ui ↵
$ uic -i textsize.h -o textsize.cpp textsize.ui ↵
```

26.1.5 Testen des entworfenen Dialogs

Zum Testen müssen wir nun nur noch eine `main()`-Funktion bereitstellen, wie sie z. B. in Programm 26.1 gezeigt ist.

Programm 26.1 – `maintextsize.cpp`:
`main()`-Funktion zum Testen des entworfenen Dialogs

```
#include <qapplication.h>
#include "textsize.h"

int main( int argc, char *argv[] )
{
  QApplication app( argc, argv );

  TextSize textSize;
  app.setMainWidget( &textSize );
  textSize.show();

  return app.exec();
}
```

Zusätzlich erstellen wir uns noch eine `.pro`-Datei, um uns dann ein `Makefile` mittels `qmake` erzeugen zu lassen:

```
$ cat textsize.pro ↵
HEADERS = textsize.h
SOURCES = textsize.cpp maintextsize.cpp
$ qmake -o Makefile textsize.pro ↵
$
```

Nun müssen wir nur noch `make` aufrufen, um unser Programm zu kompilieren:

```
$ make ↵
g++ -c -pipe -Wall -W -O2 -DNO_DEBUG -I/usr/lib/qt/include
 -o textsize.o textsize.cpp
g++ -c -pipe -Wall -W -O2 -DNO_DEBUG -I/usr/lib/qt/include
 -o maintextsize.o maintextsize.cpp
/usr/lib/qt-2.2.1/bin/moc textsize.h -o moc_textsize.cpp
g++ -c -pipe -Wall -W -O2 -DNO_DEBUG -I/usr/lib/qt/include
 -o moc_textsize.o moc_textsize.cpp
g++  -o textsize textsize.o maintextsize.o moc_textsize.o
 -L/usr/lib/qt/lib -L/usr/X11R6/lib -lqt -lXext -lX11 -lm
$
```

Starten wir nun das Programm `textsize`, zeigt es das in Abbildung 26.9 gezeigte Widget. Unser Programm `textsize` zeigt zwar ein nettes Window, verfügt aber noch über keinerlei Funktionalität, denn Klicks auf den Inkrementier- bzw. Dekrementier-Button haben ebenso wenig Auswirkung wie das Ändern des Wertes im Schiebebalken. Dies wollen wir nun ändern.

26.1.6 Öffnen eines schon existierenden Dialogs

Zuerst öffnen wir den zuvor entworfenen Dialog (`textsize.ui`) wieder im Qt-Designer.

Dies ist über das Menü *File/Open* oder durch einen Klick auf das Load-Icon ()möglich. Verwendet man Windows oder KDE (*K Desktop Environment*) auf einem Linux/Unix-System, kann man auch ein Icon, das eine `.ui`-Datei repräsentiert, aus einem Explorer- bzw. Konqueror-Window oder vom Desktop mittels Drag-and-Drop direkt in das Qt-Designer-Window ziehen. Der Qt-Designer zeigt in jedem Fall dann den Entwurf so an, wie er vorlag, als man ihn zuletzt abspeicherte.

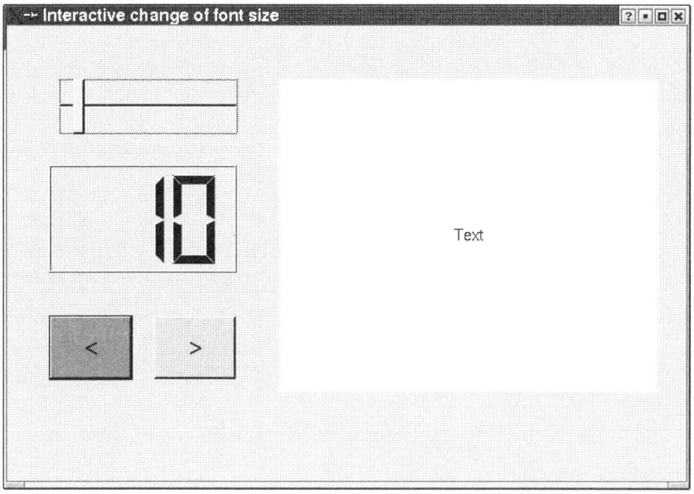

Abbildung 26.9: Anzeige des mit dem Qt-Designer entworfenen Programms `textsize`

26.1.7 Hinzufügen vordefinierter Signal-Slot-Verbindungen

Wir wollen unseren Entwurf nun noch um folgende Funktionalität erweitern:

- Klickt der Benutzer auf den Inkrementier- bzw. Dekrementier-Button, wird der Wert des Schiebebalkens um 10 inkrementiert bzw. dekrementiert.
- Ändert sich der Wert des Schiebebalkens entweder explizit durch Verschieben seitens des Benutzers oder bedingt durch einen Klick auf den Inkrementier- bzw. Dekrementier-Button, soll der aktuelle Wert immer im LCD-Widget angezeigt werden.

Beide Forderungen lassen sich am besten durch Signal-/Slot-Verknüpfungen realisieren. Um solche Verknüpfungen herzustellen, muss man im im Qt-Designer in den Zustand *Connect Signal/Slots* wechseln. Dies erreicht man durch Drücken der (F3)-Taste bzw. über das Menü *Tools/Connect Signal/Slots*, oder durch einen Mausklick auf das Connection-Icon (). Anschließend sollte man mit der linken Maustaste den Dekrementier-Button anklicken, wobei man die Maustaste gedrückt lässt und in den Schiebebalken zieht. Der Qt-Designer unterstützt einen dabei durch das Anzeigen einer Linie vom umrandeten Quell-Widget (Sender des Signals) zum aktuell gewählten Ziel-Widget (Empfänger-Widget, aus dem eine Slotroutine aufzurufen ist). Lässt man die Maustaste los, wird ein Widget eingeblendet, in dem man nun das entsprechende Signal des Sender-Widgets (hier `decrement`) mit einer Slotroutine des Empfänger-Widgets (hier `mySlider`) verknüpfen kann (Abbildung 26.10). In unserem Dialog sollte man das Signal `clicked()` des `decrement`-Button mit der vordefinierten Slotroutine `subtractStep()` des Schiebebalkens `mySlider` verbinden. Dazu muss man jeweils auf die Texte "`<No Signal>`" und "`<No Slot>`" klicken, und in der dann eingeblendeten Kombobox das entsprechende Signal mit der zugehörigen Slotroutine auswählen.

Nun kann man in diesem Widget auf die gleiche Weise das Signal `clicked()` des `increment`-Button mit der vordefinierten Slotroutine `addStep()` des Schiebebalkens `mySlider` und das Signal `valueChanged(int)` des Schiebebalkens `mySlider` mit der vordefinierten Slotroutine `display(int)` der LCD-Anzeige `myLCDNumber` verbinden (siehe auch Abbildung 26.11).

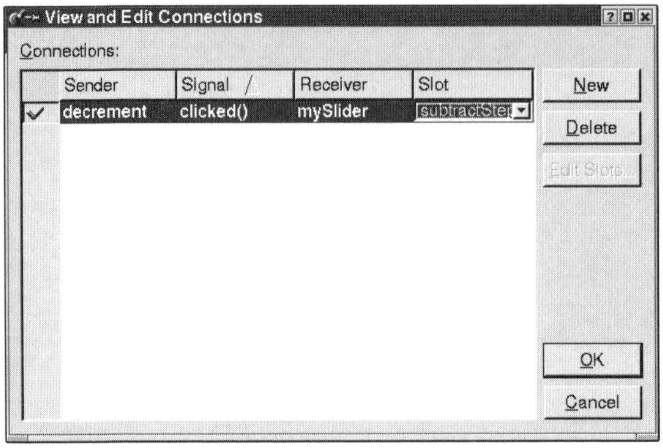

Abbildung 26.10: Verknüpfen eines Signals mit einer Slotroutine

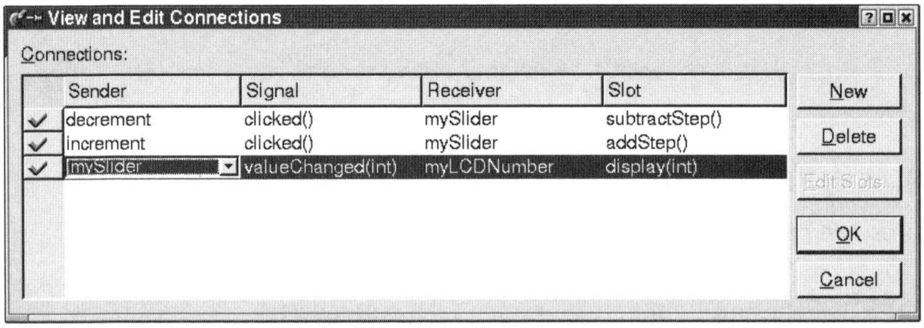

Abbildung 26.11: Alle bisher eingerichteten Signal/Slot-Verknüpfungen

26.1.8 Festlegen eigener Slots und deren Verknüpfung mit Signalen

Festlegen eigener Slotroutinen

In unserem Entwurf fehlt nun noch die Verknüpfung, die den Text im `TextShow`-Widget an die Größe anpasst, die aktuell im Schiebebalken eingestellt ist. Dazu muss man zunächst den Menüpunkt *Edit/Slots...* auswählen, was zum Einblenden eines Widget führt (Abbildung 26.12). In diesem Widget sollte man zuerst den Button *New Function* anklicken, wodurch ein Texteingabefeld mit der Beschriftung *newSlot()* aktiviert wird, sodass man hier dann den Namen seines Slot eintragen, also den voreingestellten Namen `new_slot()` überschreiben kann. In unserem Entwurf wird hier der Name `changeTextSizeSlot (int)` eingetragen, bevor der *Ok*-Button angeklickt wird.

Verknüpfen von Signalen mit eigenen Slotroutinen

Nun muss man über das Widget für Signal-Slot-Verknüpfungen das Signal `valueChanged(int)` des `mySlider`-Elements mit der eigenen Slot-Routine verknüpfen. Dies ist auf zwei Arten möglich:

1. Über den Menüpunkt *Edit/Connections...* und einem anschließenden Klick auf den Button *New* oder

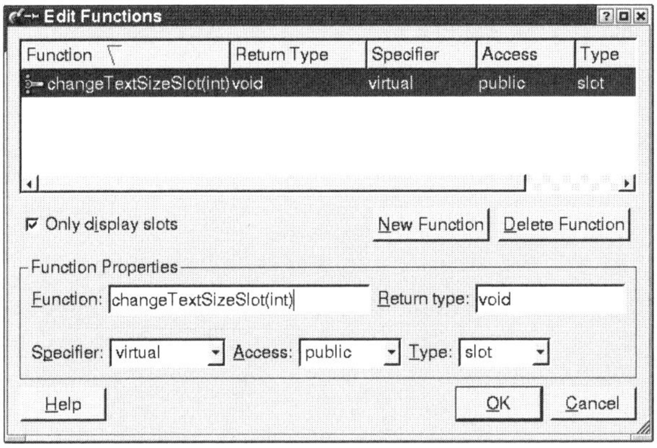

Abbildung 26.12: Dialog zum Festlegen eines neuen Slot

2. durch Drücken der (F3)-Taste bzw. über das Menü *Tools/Connect Signal/Slots*, oder durch einen Mausklick auf das Connection-Icon ( ). Anschließend sollte man mit der linken Maustaste den Schiebebalken anklicken, wobei man die Maustaste gedrückt lässt und die Maus in den Dialog zieht, wo sich kein anderes Widget befindet, und dann die Maustaste loslässt.

In beiden Fällen erscheint ein Widget, wie es in Abbildung 26.13 gezeigt ist. In diesem Widget kann man nun das Signal `valueChanged(int)` des `mySlider`-Elements mit der selbstdefinierten Slotroutine `changeTextSizeSlot(int)` des `TextSize`-Elements verknüpfen.

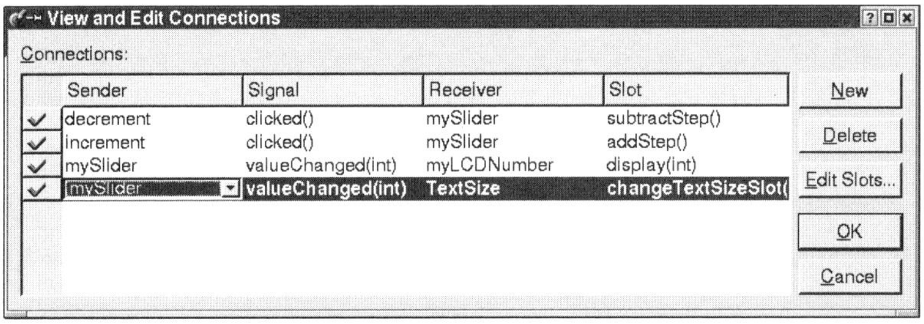

Abbildung 26.13: Verknüpfen des Signals `valueChanged(int)` von `mySlider` mit der eigenen Slotroutine

Anschließend speichern wir unseren Entwurf in der Datei `textsize2.ui`.

26.1.9 Implementieren selbstdefinierter Slots

Zum Implementieren eigener Slotroutinen stehen zwei Möglichkeiten zur Verfügung:

1. Implementieren der Slotroutine in einer Unterklasse oder
2. Implementieren als inline-Slotroutine direkt im Designer

Beide Möglichkeiten werden nachfolgend vorgestellt.

Implementieren der Slotroutine in einer Unterklasse

In diesem Fall muss die selbstdefinierte Slotroutine `changeTextSizeSlot(int)` nun „per Hand“ implementiert werden, indem man eine neue Klasse `TextSizeImpl` von der Klasse `TextSize` ableitet, in der man die Slotroutine `changeTextSizeSlot(int)` implementiert. Diese Implementierung ist für unser Beispiel in den Programmen 26.2 und 26.3 gezeigt.

Programm 26.2 – `textsizeimpl.h`:
Headerdatei zur Implementierung der eigenen Slotroutine

```
#ifndef TEXTSIZEIMPL_H
#define TEXTSIZEIMPL_H
#include <qlabel.h>
#include "textsize2.h"

class TextSizeImpl : public TextSize {
    Q_OBJECT
public:
    TextSizeImpl( QWidget* parent = 0, const char* name = 0,
                  bool modal = false, WFlags f = 0 ) :
                            TextSize( parent, name, modal, f ) {
    }
public slots:
    virtual void changeTextSizeSlot( int size );
};
#endif
```

Programm 26.3 – `textsizeimpl.cpp`:
Implementierung der eigenen Slotroutine

```
#include "textsizeimpl.h"

void TextSizeImpl::changeTextSizeSlot( int size ) {
   textShow->setFont(QFont("Times", size) );
}
```

Nun müssen wir unser Programm 26.1 noch leicht abändern, wie es in Programm 26.4 gezeigt ist.

Programm 26.4 – `maintextsize2.cpp`:
Geändertes Programm `maintextsize.cpp`

```
#include <qapplication.h>
#include "textsizeimpl.h"

int main( int argc, char *argv[] ) {
  QApplication app( argc, argv );
  TextSizeImpl textSize;
  app.setMainWidget( &textSize );
  textSize.show();
  return app.exec();
}
```

Unsere `textsize.pro`-Datei kopieren wir nach `textsize2.pro` und ändern diese Datei `textsize2.pro` wie nachfolgend gezeigt, damit auch die Generierung des C++-Codes aus der vom Qt-Designer erzeugten `.ui`-Datei automatisch erfolgt:

```
$ cat textsize2.pro ⏎
FORMS   = textsize2.ui
HEADERS = textsizeimpl.h
SOURCES = textsizeimpl.cpp \
          maintextsize2.cpp
TARGET  = textsize2
$ qmake -o Makefile textsize2.pro ⏎
$
```

Nun müssen wir nur noch `make` aufrufen, um unser Programm zu kompilieren, wobei dieses Mal auch die C++-Dateien `textsize.h` und `textsize.cpp` automatisch durch `uic`-Aufrufe aus der Datei `textsize2.ui` erzeugt werden. Jetzt ist das Programm `textsize2` fertig, und wir können die Größe des Textes im Text-Label sowohl über den Schiebebalken als auch über den Dekrementier- bzw. Inkrementier-Button ändern, wobei die aktuelle Textgröße immer in der LCD-Anzeige sichtbar ist (Abbildung 26.14).

Abbildung 26.14: Schiebebalken und Buttons zum Ändern der Schriftgröße mit Anzeige

Implementieren einer inline-Slotroutine direkt im Designer

Neben der zuvor vorgestellten Vorgehensweise, eine Slotroutine in einer abgeleiteten Unterklasse "per Hand" zu implementieren, besteht auch die Möglichkeit, Slotroutinen direkt im Designer zu implementieren. Um dies an unserem Beispiel zu verdeutlichen, kopieren wir zuerst die Datei `textsize2.ui` nach `textsize3.ui`, und öffnen dann im Designer diese neue Datei `textsize3.ui`. Im Projekt-Window muss man nun auf den Namen `textsize3.ui.h` klicken, woraufhin ein Widget einblendet wird, in dem man nun den Code zu den selbstdefinierten Slotroutinen direkt im Designer eingeben kann (siehe auch Abbildung 26.15).

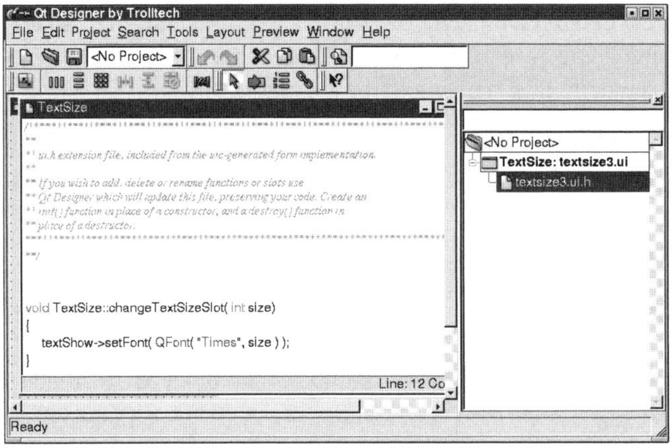

Abbildung 26.15: Direktes Implementieren von Slotroutinen im Designer

Nun müssen wir unser Programm 26.1 noch etwas ändern, wie es in Programm 26.5 gezeigt ist.

Programm 26.5 – `maintextsize3.cpp`:
Geändertes Programm `maintextsize.cpp`

```
#include <qapplication.h>
#include "textsize3.h"

int main( int argc, char *argv[] )
{
  QApplication app( argc, argv );

  TextSize textSize;
  app.setMainWidget( &textSize );
  textSize.show();

  return app.exec();
}
```

Nun erstellen wir eine neue Datei `textsize3.pro`, wie es nachfolgend gezeigt ist:

```
$ cat textsize3.pro ↵
FORMS   = textsize3.ui
SOURCES = maintextsize3.cpp
TARGET  = textsize3
$ qmake -o Makefile textsize3.pro ↵
$
```

Nun müssen wir nur noch `make` aufrufen, um unser Programm zu kompilieren.
Jetzt ist das Programm `textsize3` fertig, und wir können die Größe des Textes im Text-Label sowohl über den Schiebebalken als auch über den Dekrementier- bzw. Inkrementier-Button ändern, wobei die aktuelle Textgröße immer in der LCD-Anzeige sichtbar ist (Abbildung 26.14).

26.1.10 Initialisierungen für Widgets

Initialisierungen von Widgets lassen sich wieder auf zwei Arten durchführen:

- im Konstruktor einer abgeleiteten Unterklasse oder
- in einer Slotroutine mit den Namen `init()` direkt im Designer

Beide Möglichkeiten werden nachfolgend vorgestellt.

Initialiserungen im Konstruktor einer abgeleiteten Unterklasse

Wünschen wir für unser Beispiel z. B., dass der Text weiß auf einem schwarzen Hintergrund angezeigt wird, und dass zu Beginn die Textgröße auf 80 gesetzt ist, müssten wir den entsprechenden Code im Konstruktor der Klasse `TextSizeImpl` angeben. Programm 26.6 zeigt die erforderlichen Änderungen im Programm 26.2 von Seite 764. Üblicherweise wird man die Implementierung des Konstruktors allerdings in der `.cpp`-Datei vornehmen.

Programm 26.6 – `textsizeimpl2.h`:
Initalisierungen von Widgets im Konstruktor der Reimplementierung

```
#ifndef TEXTSIZEIMPL_H
#define TEXTSIZEIMPL_H

#include <qlabel.h>
#include <qslider.h>
#include "textsize4.h"

class TextSizeImpl : public TextSize {
    Q_OBJECT
public:
    TextSizeImpl( QWidget* parent = 0, const char* name = 0,
                  bool modal = false, WFlags f = 0 ) :
                           TextSize( parent, name, modal, f ) {
      mySlider->setValue( 80 );
      textShow->setPaletteBackgroundColor( Qt::black );
      textShow->setPaletteForegroundColor( Qt::white );
    }
public slots:
    virtual void changeTextSizeSlot( int size );
};
#endif
```

Initialisierungen in einer Slotroutine `init()` direkt im Designer

Um Widgets direkt im Designer zu initialisieren, muss man dort zunächst eine Slotroutine mit dem Namen `init()` anlegen, in der man dann den entsprechenden Initialisierungscode angeben kann. Dazu muss man im Projekt-Window auf den Namen `textsizex.ui.h` klicken, woraufhin ein Widget einblendet wird, in dem man nun den Code zu der Slotroutine `init()` direkt im Designer eingeben kann (siehe auch Abbildung 26.16).
Um den Destruktor direkt im Designer zu implementieren, muss man eine Slotroutine mit den Namen `destroy()` anlegen, in der man dann entsprechend den Code im Designer angeben kann.

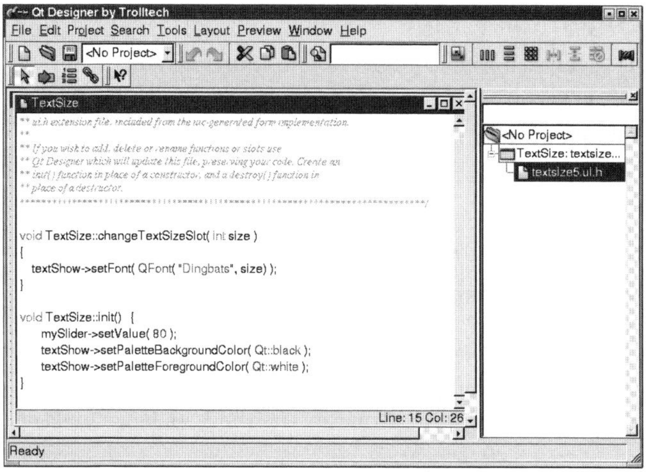

Abbildung 26.16: Direktes Initialisieren von Widgets über Slotroutine `init()` im Designer

26.2 Layout-Management im Qt-Designer

Hier soll anhand eines einfachen Beispiels aufgezeigt werden, wie man im Qt-Designer ein Layout für die Widgets erreichen kann. Layout ist dabei immer nur für ein Container-Widget möglich, welches Subwidgets enthält. Ein Container-Widget ist dabei kein besonderes Widget, sondern jedes Widget, das weitere Subwidgets enthält. Später in diesem Kapitel werden wir sehen, dass man sich vom Qt-Designer auch automatisch ein Container-Widget erzeugen lassen kann, in das dieser dann die ausgewählten Widgets intern platziert, ohne dass man explizit ein künstliches Container-Widget erzeugen muss.

Vertikales Layout

In unserem Beispiel soll zunächst ein `QButtonGroup`-Widget angelegt werden, in dem dann drei Radiobuttons platziert werden, wie in Abbildung 26.17 gezeigt.

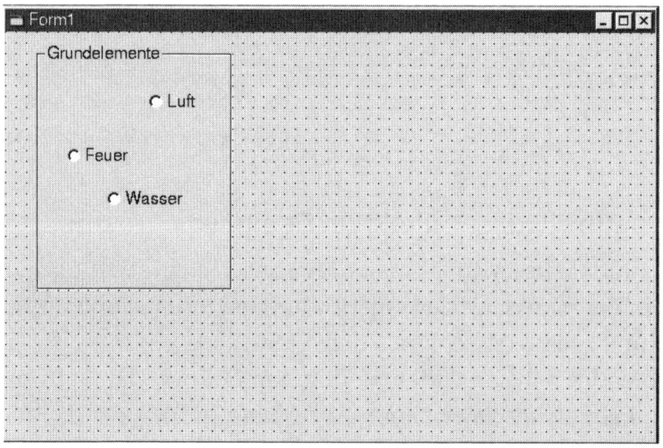

Abbildung 26.17: `QButtonGroup`-Widget, in das drei Radiobuttons eingebettet sind

Wählt man nun das `QButtonGroup`-Widget mittels Mausklick aus und fordert ein vertikales Layout über das Menü *Layout/Lay Out Vertically* (bzw. Strg+L) oder mit einem Mausklick auf das Icon an, wird ein horizontales Layout für die Radiobuttons im `QButtonGroup`-Widget durchgeführt, sodass diese untereinander ausgerichtet sind (Abbildung 26.18).

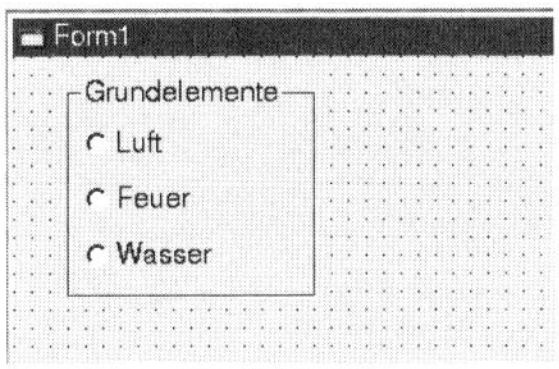

Abbildung 26.18: `QButtonGroup`-Widget nach Zuweisung eines vertikalen Layout

Nun kann man die Radiobuttons nun nicht mehr verschieben oder verkleinern bzw. vergrössern kann. Dies ist darin begründet, dass der vertikale Layoutmanager diese Aufgaben nun übernommen hat. Ebenso ist im Property-Editor die Property `geometry` nicht mehr für die Radiobuttons verfügbar, da auch diese nun vom Layoutmanager verwaltet wird.

Aufheben eines Layout und horizontales Layout

Möchte man die Größe oder Position eines Widget in einem Layout verändern, muss man den entsprechenden Layoutmanager zuerst löschen. Das Zurücknehmen eines vorgenommenen Layout ist über das Menü *Layout/Break Layout* oder mit einem Mausklick auf das Icon möglich, wobei man zuvor das entsprechende Layout mittels Mausklick auswählen muss. Danach könnte man zum Testen einmal ein horizontales Layout für die Radiobuttons versuchen. Dies ist über das Menü *Layout/Lay Out Horizontally* (bzw. Strg+H) oder mit einem Mausklick auf das Icon möglich, sodass diese nebeneinander angeordnet werden (Abbildung 26.19).

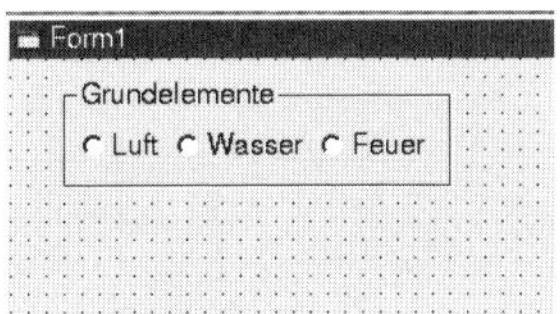

Abbildung 26.19: Horizontales Layout für das Widget

Undo-Operation im Qt-Designer

Da dies nur ein Versuch war, wollen wir wieder zurück zu unserem vertikalen Layout. Dazu müssen wir zweimal die *Undo*-Operation durchführen, was über das Menü *Edit/Undo* bzw. durch einen zweimaligen Klick auf das Icon möglich ist.

Hinzufügen weiterer Widgets zum Dialog

Nun soll eine Gruppe von Checkboxen in einem `QButtonGroup`-Widget platziert werden, die dann wie zuvor ein vertikales Layout erhalten sollen (Abbildung 26.20).

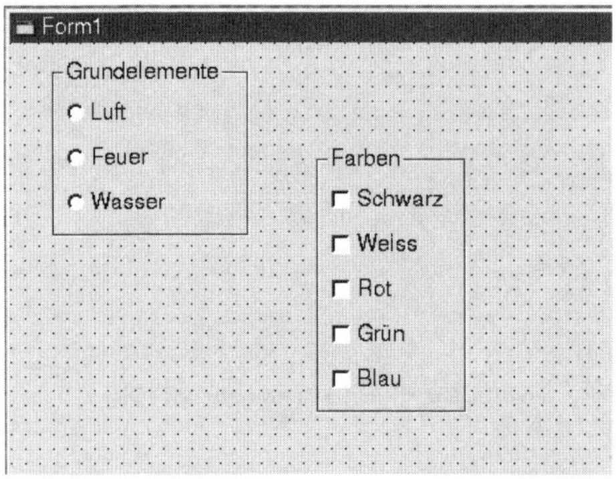

Abbildung 26.20: Zwei `QButtonGroup`-Widgets mit vertikalen Layout

Nun sollen noch ein Texteingabefeld sowie ein *Ok*- und ein *Cancel*-Button zu unserem Dialog hinzugefügt werden (Abbildung 26.21).

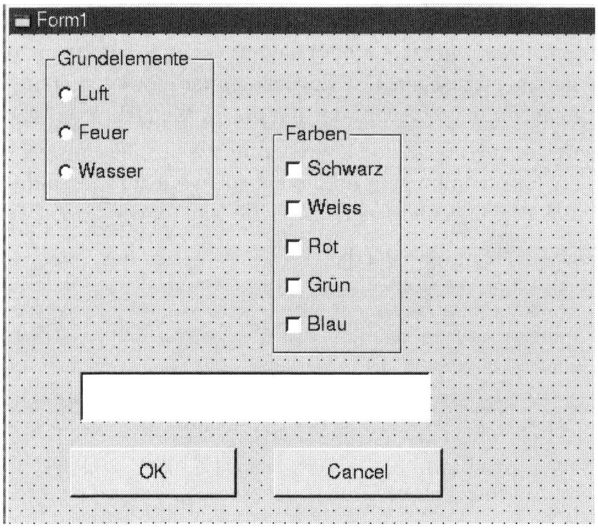

Abbildung 26.21: Der Dialog mit fünf Elementen, die aber noch ausgerichtet sind

Gruppieren von Elementen und Layout für mehrere Element-Gruppen

Zunächst sollen die zwei `QButtonGroup`-Elemente in einer Zeile angeordnet werden. Da diese beiden `QButtonGroup`-Elemente in keinem Container-Widget enthalten sind, lassen wir uns vom Qt-Designer ein solches unsichtbares Container-Widget automatisch erzeugen. Um mehrere Elemente zu gruppieren, muss man zunächst das erste Element anklicken und dann bei gedrückter `Shift ⇑`-Taste die anderen Elemente anklicken, die zu einer Gruppe zusammengefasst werden sollen. In unserem Fall klicken wir also z. B. zuerst die *Grundelemente*-Buttongruppe an und anschließend klicken wir bei gedrückter `Shift ⇑`-Taste die Farben-Buttongruppe an. Nun müssen wir dieser Gruppe nur noch ein horizontales Layout zuweisen (Abbildung 26.22).

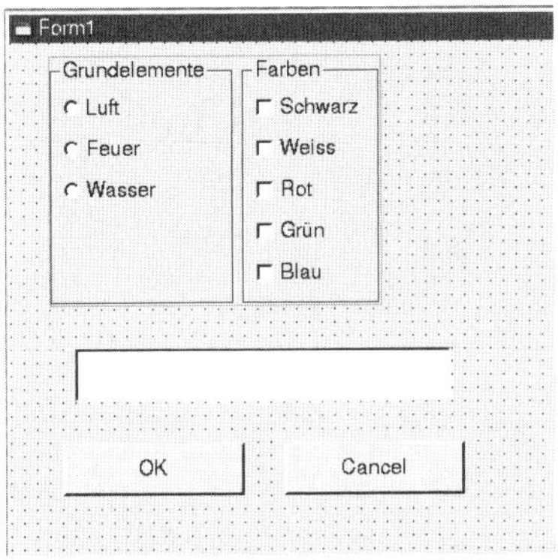

Abbildung 26.22: Horizontale Anordnung der beiden `QButtonGroup`-Elemente in einer Zeile

Anschließend gruppieren wir noch die beiden Button *Ok* und *Cancel*. Das Gruppieren könnten wir hier wieder mit Anklicken bei gedrückter `Shift ⇑`-Taste durchführen. Gruppieren ist jedoch auch möglich, indem man bei gedrückter linker Maustaste einen Rahmen um die zu gruppierenden Widgets (hier die beiden Buttons) zieht. Nach dieser Gruppierung richten wir die beiden PushButtons genau wie die beiden `QButtonGroup`-Elemente horizontal aus.
Nun verbleiben nur noch drei Elemente (`QButtonGroup`-Gruppe, Texteingabefeld und Button-Gruppe), die wir ausrichten müssen. Um dies zu erreichen, muss man diese drei Elemente entweder einzeln mittels Mausklicks bei gedrückter `Shift ⇑`-Taste oder Ziehen eines Rahmens bei gedrückter linker Maustaste um die drei Elemente zu einer Gruppe zusammenfassen. Anschließend muss man dann auf den Hintergrund des Dialogs klicken und daraufhin ein vertikales Layout durchführen; das Ergebnis zeigt Abbildung 26.23.
Im Property-Editor für den Dialog (`Form1`) sollte man dann noch `sizeGripEnabled` auf `True` setzen, um dem Benutzer anzuzeigen, dass dieses Widget verkleinert bzw. vergrößert werden kann. Die Größe dieses Widget kann man nun beliebig verändern, wobei sich die einzelnen Elemente automatisch an die aktuelle Größe anpassen (Abbildung 26.24).

Hinzufügen von Zwischenräumen (Spacer)

Nun sollen noch dehnbare Zwischenräume (*Spacer*) im Dialog hinzugefügt werden. Dazu müssen wir zunächst wieder das oberste Layout für die drei Elemente `QButtonGroup`-Gruppe, Texteingabefeld und Button-Gruppe aufheben. Nun verkleinern wir zunächst das Texteingabefeld links etwas, um Platz für einen Spacer zu schaffen. Danach schieben wir die Gruppe der Buttons *Ok* und *Cancel* etwas nach unten und anschließend das Texteingabefeld, um Platz für Spacer oberhalb und unterhalb des Texteingabefelds zu haben. Nun fügen wir über das Menü *Layout/Add Spacer* bzw. durch einen Mausklick auf das Spacer-

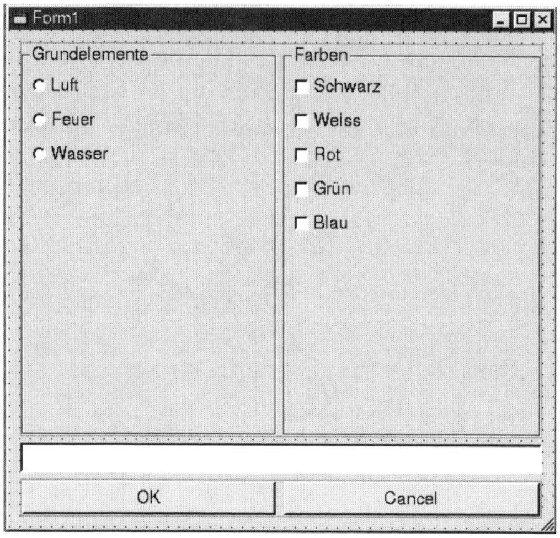

Abbildung 26.23: Vorläufiges Layout

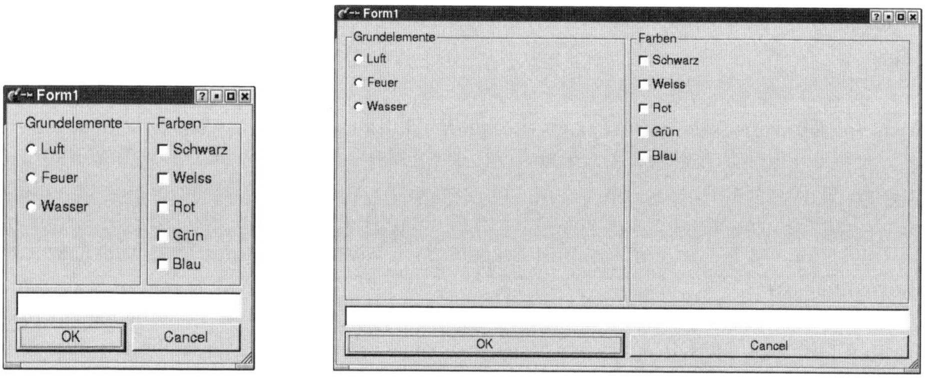

Abbildung 26.24: Dialog-Aussehen für verschiedene Window-Größen

Icon einen horizontalen Spacer links vom Texteingabefeld und vertikale Spacer ober- und unterhalb des Texteingabefelds ein (Abbildung 26.25).
Nun fassen wir die eingefügten Spacer und das Texteingabefeld mittels Mausklicks bei gedrückter `Shift ⇑`-Taste zu einer Gruppe zusammen und legen dann für diese Gruppe ein Grid-Layout über das Menü *Layout/Lay Out in a Grid* oder durch einen Klick auf das Icon fest (Abbildung 26.26).
Nun müssen wir für die drei Elemente `QButtonGroup`-Gruppe, Texteingabefeld/Spacer-Gruppe und Button-Gruppe noch ein vertikales Layout anfordern. Dazu klicken wir, nachdem wir diese Elemente zu einer Gruppe zusammengefasst haben, wieder auf den Hintergrund des Dialogs und fordern anschließend ein vertikales Layout an (Abbildung 26.27).

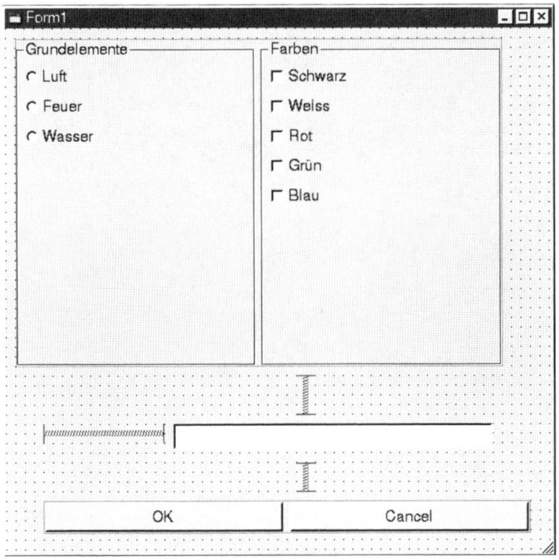

Abbildung 26.25: Dialog-Aussehen nach dem Einfügen von Spacern

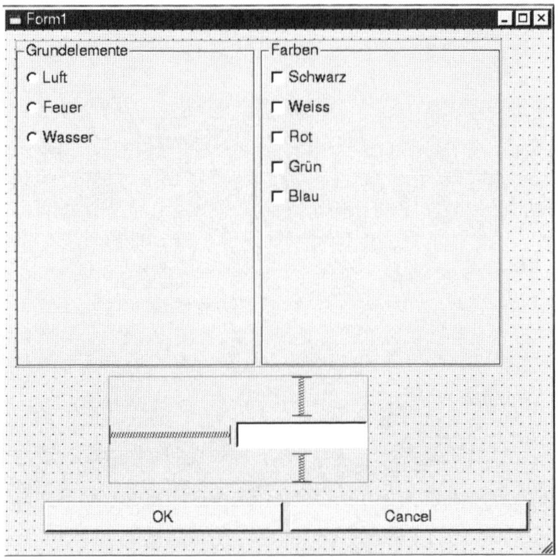

Abbildung 26.26: Grid-Layout für die eingefügten Spacer und das Texteingabefeld

Erstellen einer `main()`-Funktion

Man könnte natürlich auch noch Spacer zwischen `Luft` und `Feuer` und zwischen `Feuer` und `Wasser` einfügen, aber wir wollen es nun hierbei belassen. Im Qt-Designer speichern wir unseren Entwurf noch unter den Namen `layout.ui` ab, bevor wir den Qt-Designer

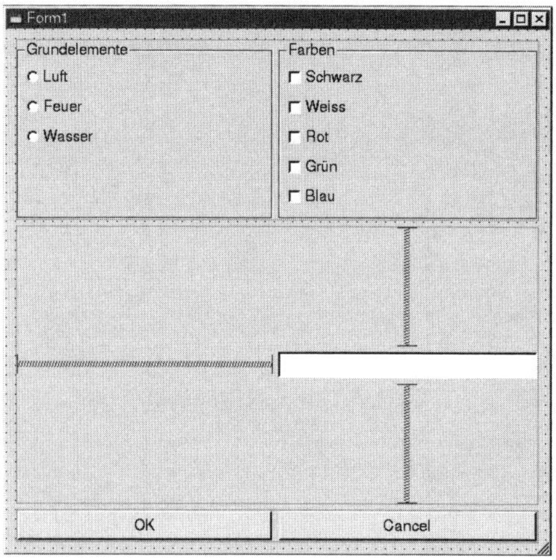

Abbildung 26.27: Endgültiges Layout

verlassen. Nun erstellen wir noch eine `main()`-Funktion wie sie in Programm 26.7 gezeigt ist.

Programm 26.7 – `main.cpp`:
`main()`-Funktion zu unserem Layout-Dialog

```
#include <qapplication.h>
#include "layout.h"

int main( int argc, char *argv[] ) {
  QApplication app( argc, argv );

  Layout layout;    // wenn als interner Name der Form "Layout" gewählt wurde;
                    // sonst evtl.: Form1 layout;
  app.setMainWidget( &layout );
  layout.show();
  return app.exec();
}
```

Anschließend erstellen wir noch eine `.pro`-Datei, rufen dann `qmake` und anschließend `make` auf:

```
$ cat layout.pro ↵
SOURCES = main.cpp
FORMS   = layout.ui
TARGET  = layout
$ qmake layout.pro -o Makefile ↵
$ make ↵
.....
$
```

Starten wir nun das Programm `layout`, blendet es ein Window ein, wie in Abbildung 26.28 gezeigt.

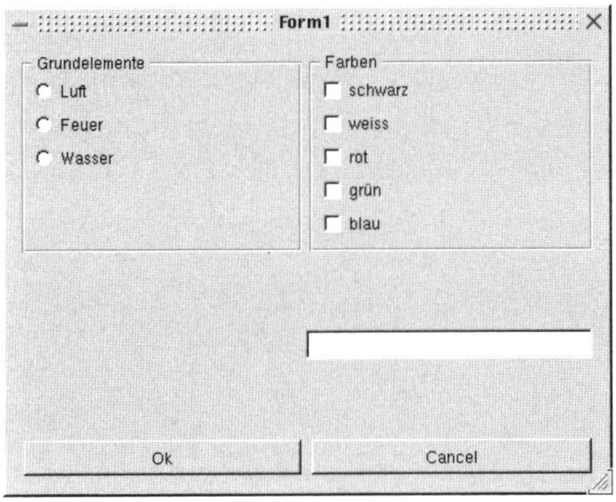

Abbildung 26.28: Window, das das Programm `layout` zu Beginn einblendet

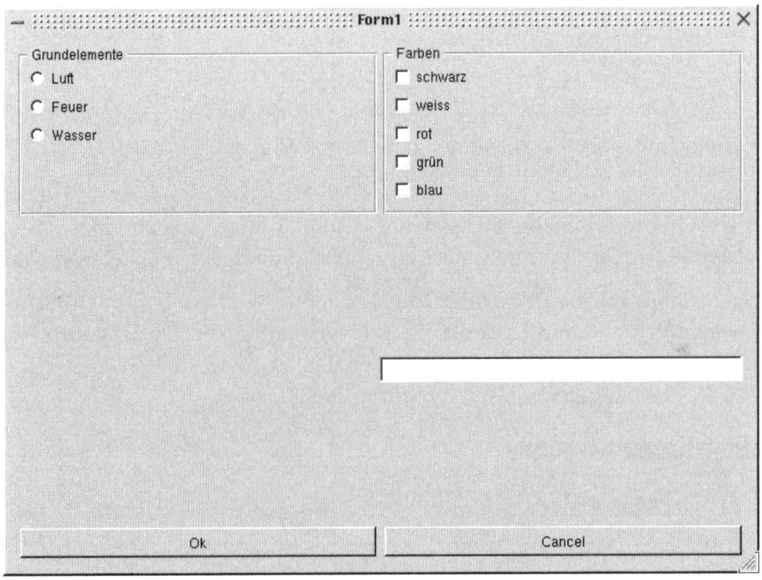

Abbildung 26.29: Vergrößertes Window aus Abbildung 26.28

Vergrößern bzw. Verkleinern wir dieses eingeblendete Window, so werden die Spacer entsprechend angepasst, wie dies Abbildung 26.29 für das Vergrößern des Window zeigt.

26.3 Ändern der Tab Order

Die Reihenfolge, in der die Tabulatortaste zwischen den Eingabeelementen wechselt, nennt man auch *Tab Order*. Die voreingestellte Tab Order im Qt-Designer ist die Reihenfolge, in der die Widgets im Dialog eingefügt werden.

Das Tab-Order-Tool des Qt-Designers

Zur Demonstration des Tab-Order-Tools im Qt-Designer entwerfen wir zunächst einen Dialog, wie in Abbildung 26.30 gezeigt.

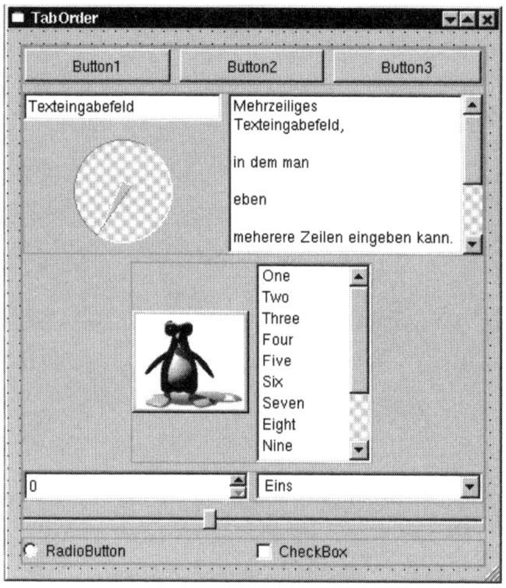

Abbildung 26.30: Dialog mit einer Vielzahl unterschiedlicher Widgets

Möchte man die Tab Order verändern, muss man das Tab-Order-Tool zuerst aktivieren. Dies ist über das Menü *Tools/Tab Order* bzw. auch durch Drücken der (F4)-Taste, oder aber auch mit einem Mausklick auf das Tab-Order-Icon  möglich. Danach werden kleine blaue Kreise mit weißen Nummern bei allen Widgets eingeblendet, die den Tastaturfokus besitzen können. Die Nummern in den Kreisen geben dabei an, an welcher Stelle der Tab Order das jeweilige Widget eingeordnet ist (Abbildung 26.31).

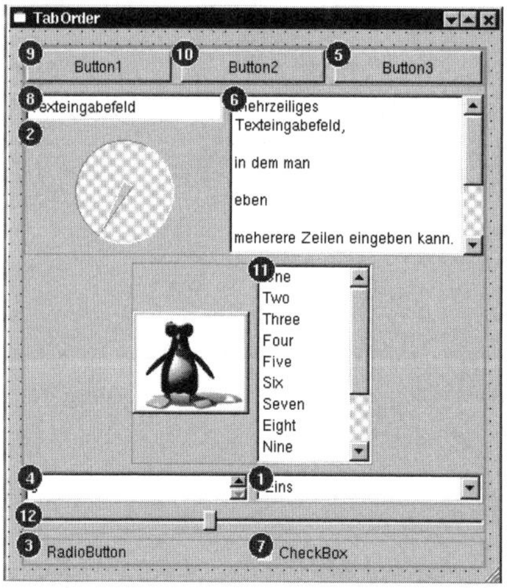

Abbildung 26.31: Dialog, nachdem das Tab-Order-Tool aktiviert wurde

Um die Tab Order zu ändern, muss man in der Reihenfolge, in der man die Tab Order festlegen möchte, auf die jeweiligen blauen Kreise klicken. Die Nummern in den Kreisen ändern sich dann entsprechend. Der Kreis, auf den man zuerst klickt, erhält die Nummer 1, der Kreis des zweiten Klicks die Nummer 2 usw. (Abbildung 26.33).

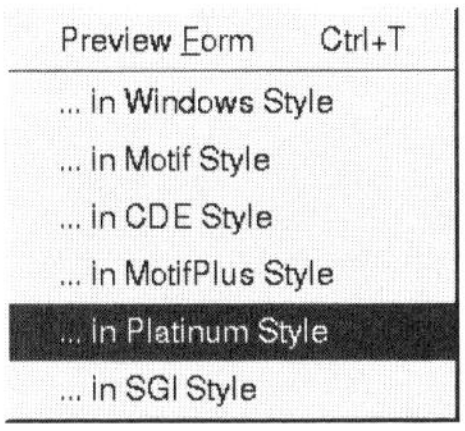

Abbildung 26.32: Preview-Menü

Um das Tab-Order-Tool zu beenden, muss man die (Esc)-Taste drücken.

Testen des Entwurfs im Qt-Designer

Um einen Entwurf bereits im Qt-Designer zu testen, muss man im Menü *Preview* (Abbildung 26.32) einen Windows-Stil auswählen, und man bekommt ein Widget eingeblendet (Abbildung 26.34). Dieses Widget verhält sich dann wie das später erzeugte Programm. So kann man es z. B. vergrößern oder verkleinern, und auch die eingerichteten Signal/Slot-Verknüpfungen wären hier schon aktiviert, soweit es sich um vordefinierte Slots handelt. Für unseren Entwurf können wir hier nun bereits im Qt-Designer die eingestellte Tab Order testen.

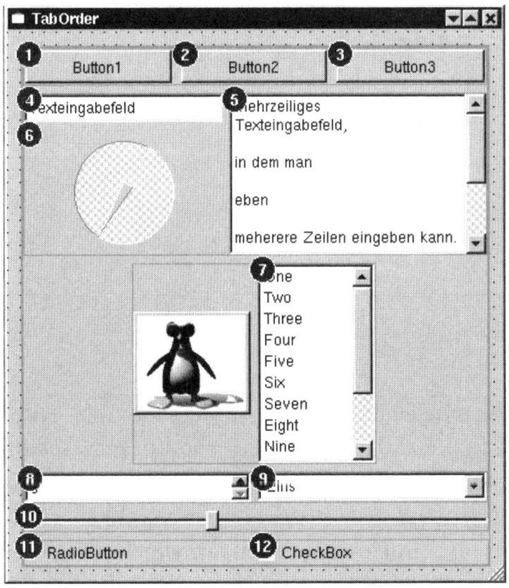

Abbildung 26.33: Dialog, nachdem neue Tab-Order festgelegt wurde

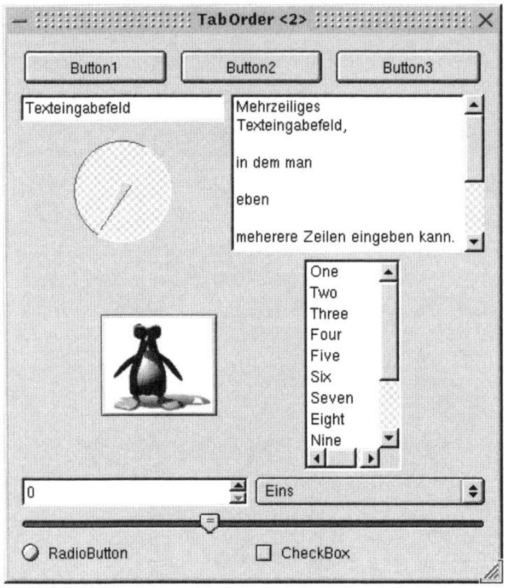

Abbildung 26.34: Testen des Entwurfs im Qt-Designer

26.4 Projektmanagement

Die im Projektmanagement angebotene Funktionalität basiert auf der von *qmake*. Ein neues Projekt lässt sich über den Menüpunkt *File/New* anlegen. Im anschließend eingeblendeten Widget muss man dann den Icon *C++ Project* auswählen. Danach erscheint ein Widget, wie es in Abbildung 26.35 gezeigt ist.

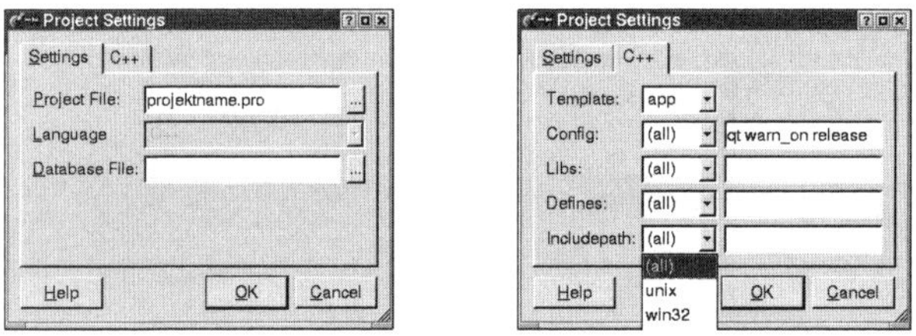

Abbildung 26.35: Einstellungen für ein Projekt

Neben den Namen des Projekts kann man noch eine Datenbank-Konfiguration hier festlegen, oder aber mit einem Klick auf den Tab *C++* qmake-spezifische Einstellungen (rechts in Abbildung 26.35) vornehmen. Nachdem man den *OK*-Button angeklickt hat, wird das neue Projekt angelegt, und der festgelegte Projektname wird in der Kombobox (links oben) angezeigt. Alle Widgets und Dateien, die man nun im Designer erzeugt, werden nun automatisch diesem Projekt zugeordnet. Über die Kombobox oben lässt sich jedoch auch jederzeit auf ein anderes Projekt umschalten.
Über den Menüpunkt *Project* lassen sich nun Dateien, Bilder sowie Datenbank-Verknüpfungen zum aktiven Projekt hinzufügen.

26.5 Erstellen von Hauptfenstern (Mainwidgets)

Wählt man in der modalen Dialogbox, die beim Menüpunkt *File/New* bzw. auch automatisch beim Start des Designers (siehe Abbildung 26.1) eingeblendet wird, das Icon *Main Window* aus, wird man der Erzeugung des entsprechenden Hauptfensters durch einen Assistenten unterstützt, wie es in Abbildung 26.36 gezeigt ist. Hier kann man nun die entsprechenden Menüs und Werkzeugleisten festlegen, die im Hauptfenster vorhanden sein sollen.

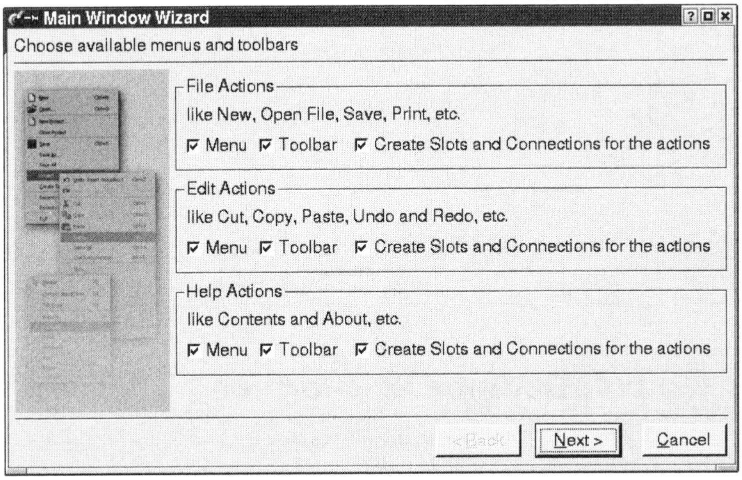

Abbildung 26.36: Assistent beim Erzeugen eines Hauptfensters

Nachdem man den Button *Next>* angeklickt hat, wird ein Widget eingeblendet, wie es in Abbildung 26.37 gezeigt ist. In diesem Widget kann man nun die Aktionen für die einzelnen Werkzeugleisten festlegen.

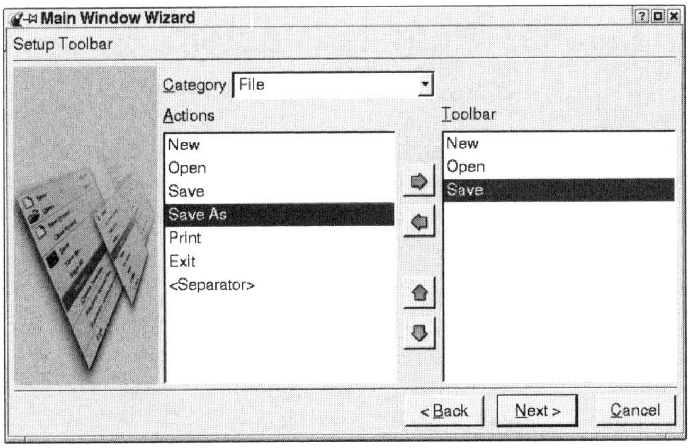

Abbildung 26.37: Assistent zum Festlegen der Aktionen in Werkzeugleisten

Nach einem weiteren Klick auf den Button *Next>* und dem Fertigstellen des gewünschten Hauptfensters, wird das erzeugte Hauptfenster im Form-Editor angezeigt. Daneben wird jedoch auch noch ein Action-Editor eingeblendet, in dem man die erzeugten Aktionen editieren oder löschen kann. Zudem ist es auch möglich, neue Aktionen bzw. Aktionsgruppen anzulegen. Dazu muss man nur mit der rechten Maustaste auf die entsprechende Aktion im Action-Editor klicken, woraufhin ein Popupmenü eingeblendet wird, wie es in Abbildung 26.38 gezeigt ist. Möchte man z.B. eine Aktion mit einer Slotroutine verknüpfen, muss man hier nur den Menüpunkt *Connect Action ...* auswählen.

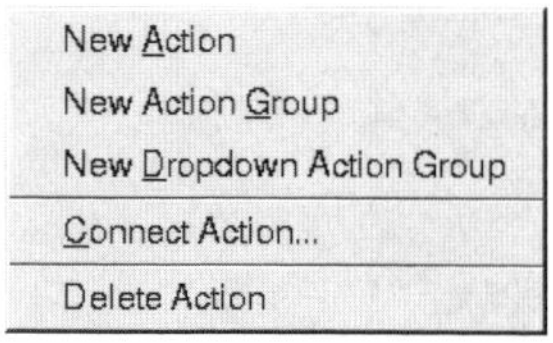

Abbildung 26.38: Popupmenü (bei rechtem Mausklick) im Action-Editor

26.6 Erstellen von Datenbank-Zugriffen

Datenbank-Zugriffe lassen sich über den *Database*-Button rechts in der Toolbox oder über den Menüpunkt *Tools/Database* im Form-Editor einfügen. In beiden Fällen stehen die Auswahlmöglichkeiten *DataTable, DataBrowser* und *DataView* zur Verfügung.
In allen drei Fällen wird man bei der Erstellung der Datenbank-Verbindungen durch einen Assistenten unterstützt. Wenn noch keine Datenbank-Anbindung existiert, muss man zuerst auf den Button *Setup Database Connections ...* klicken. In der daraufhin eingeblendeten Dialogbox kann man nun neue Datenbank-Verbindungen einrichten bzw. auch bereits bestehende löschen.

26.7 Verwenden eigener Widgets (Custom Widgets)

In Kapitel 17 auf Seite 583 haben wir eigene Widgets entwurfen, die man in anderen Anwendungen verwenden konnte. Möchte man solche selbstdefinierte Widgets auch im Designer verwenden, muss man so genannte Beschreibungen (*descriptions*) für diese erstellen, was über den Menüpunkt *Tools/Custom/Edit Custom Widgets ...* möglich ist. Daraufhin wird eine Dialogbox eingeblendet, wie sie in Abbildung 26.39 gezeigt ist.
Hier kann man nun neue Beschreibungen für eigene Widgets erzeugen bzw. bestehende löschen, oder aber auch Beschreibungsdateien laden bzw. Beschreibungen in einer Datei sichern.
Rechts im Tabdialog muss man hier das eigene Widget beschreiben:

- *Definition*: Hier muss man die Headerdatei und den entsprechenden Klassennamen angeben. Daneben kann man unter anderem noch ein Bild (Pixmap) für das eigene Widget festlegen, das dann in den Menüs und Werkzeugleisten für dieses Widget angezeigt wird. Weitere Festlegungen sind hier in den Texteingabefeldern zu *Size Hint* und *Size Policy* möglich.

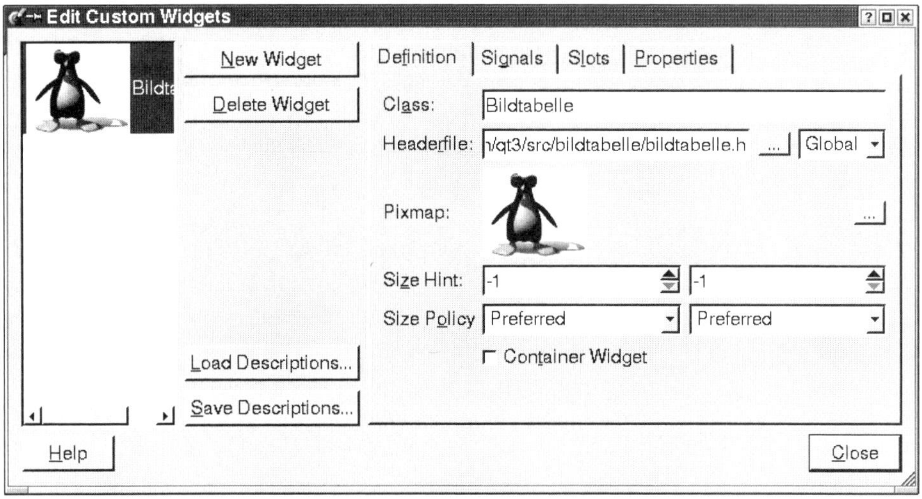

Abbildung 26.39: Assistent zum Festlegen von selbstdefinierten Widgets

- *Signals*: Hier muss man die Signale angeben, die das eigene Widget hat. So ist es dann möglich, diese Signale mit Slotroutinen anderer Widgets zu verknüpfen.
- *Slots*: Hier muss man die Slotroutinen angeben, die das eigene Widget anbietet, um so später eine Verknüpfung mit diesen zu ermöglichen.
- *Properties*: Hier kann man Properties des eigenen Widgets festlegen.

Nachdem man die Beschreibung eigener Widgets abgeschlossen hat, kann man diese mit einem Klick auf den Button *Save Descriptions...* in einer Datei sichern. Laden bereits vorhandener Beschreibungen, ob nun von einem selbst oder von anderen erstellt, ist über den Button *Load Descriptions...* möglich.

Nachdem man selbst definierte Widgets beschrieben oder aber Beschreibungsdateien geladen hat, kann man diese über den *Custom Widgets*-Button rechts in der Toolbox oder über den Menüpunkt *Tools/Custom* im Form-Editor einfügen.

Hat man einmal ein selbstdefiniertes Widget beschrieben oder aber welche über fertige Beschreibungsdateien geladen, werden diese auch automatisch beim nächsten Start des Designers geladen. Ebenso werden beim Öffnen einer Form mit selbstdefinierten Widgets diese automatisch geladen, auch wenn sie nie zuvor explizit in den Qt-Designer geladen wurden.

Dies war eine kurze Einführung in den Qt-Designer. Weitere Informationen hierzu kann der interessierte Leser in der mit dem Qt-Designer mitgelieferten Online-Dokumentation nachschlagen.

Index